BERND MANTZ

THE
SOUTH AMERICAN
FOOTBALL
YEARBOOK

2021-2022

British Library Cataloguing in Publication Data
A catalogue record for this book is available from the British Library

ISBN: 978-1-86223-464-2

Copyright © 2021, SOCCER BOOKS LIMITED (01472 696226)
72 St. Peter's Avenue, Cleethorpes, N.E. Lincolnshire, DN35 8HU, England

Web site   www.soccer-books.co.uk
e-mail   info@soccer-books.co.uk

All rights are reserved. No part of this publication may be reproduced, stored in a retrieval system or transmitted, in any form or by any means, electronic, mechanical, photocopying, recording, or otherwise, without the prior written permission of Soccer Books Limited.

Printed in the UK by 4edge Ltd

Dear Readers

The 2020/2021 football season in South America was characterised by further difficult phases as the effects of the ongoing pandemic caused havoc across the continent both on and off the field of play. The championships did take place at national level, but the competitions often had to be postponed due to further waves of infection, which is why some of the national championships of 2020 were not completed until January or February 2021. This was only shortly before the following season was due to begin. At international level, the situation was no different. The World Cup qualifiers eventually commenced in October 2020 and the first four match days were completed without issue, but in spring 2021, two match days had to be postponed until an unspecified future date. Exactly when these matches can be played without disrupting the international calendar is open to question and, at the time of writing, no date has yet been set.

In the World Cup qualifiers played to date there have been no big surprises. Brazil started strongly with a perfect record of six wins from six games so are on course to top the group and qualification seems almost certain even after just a third of the matches. Argentina remain undefeated in second place after 3 wins and 3 draws. Unfortunately, the Chilean team has not begun as well as they would have hoped with just one win in their games played so far. Time is catching up with a talented generation of players which has formed the backbone of the team and they don't appear to be able to perform in the manner of previous years. An improvement in form will be required if they are to play in Qatar in 2022. Peru, who did so well to qualify for the last World Cup in Russia, are propping up the qualification group table but, with so few games played so far, still have the time to turn things around. Shortly after match days 5 and 6 were played early in June, the Copa America 2021 began.

The 47th edition of the continental tournament was supposed to take place in 2020, but, as with the 2020 UEFA European Championship, was postponed for a year due to the pandemic. In fact, the problems caused by the pandemic remained so severe that it was not at all clear where the tournament would take place until virtually the last minute! Argentina and Colombia were originally scheduled to host the event, but the epidemiological situation in Argentina and also the political unrest in Colombia made it absolutely impossible for these two countries to host the tournament. Brazil stepped in, although there was some resistance on the part of the locals, but finally the tournament was held, with all matches being played behind closed doors, with the exception of the Final itself where a meagre attendance of 7,800 was allowed inside the huge Maracanã Stadium. Brazil and Argentina reached the final, where Lionel Messi won his very first title with the national team, as they won by a single goal scored by Ángel Di María. Remarkably, this victory marked Argentina's first Copa America title since 1993, and many members of the team had not even been born when their country last lifted the trophy!

At international club level, the 2020 Copa Libertadores was also postponed due to the pandemic and the final took place on 30th January 2021. This was a purely Brazilian final as Palmeiras Sao Paulo beat Santos FC by a single goal to win their second title, the first coming back in 1999. The 2020 Copa Sudamericana – with the Final played on 23rd January 2021 – became an all-Argentine affair, with a surprising winner, CSD Defensa y Justicia Florencio Varela, outsiders who comfortably defeated CA Lanús 3-0 in the Final held in Córdoba. This was the first international trophy for this relatively unknown club.

This new edition of the South American Football Yearbook contains, as usual, detailed statistics for the 2020/2021 football season throughout South America, at both club level and international level. There is also a statistical innovation for this yearbook: every player to make at least one appearance in the national championship for the individual clubs also now has numbers of substitute appearances listed. Finally, this book includes complete statistics for the recently-completed 2021 Copa America tournament, with team line-ups and squads.

Please enjoy the read!

The Author

ABBREVIATIONS

GK	Goalkeeper	**Ape**	Apertura
DF	Defender	**Cla**	Clausura
MF	Midfielder	**M**	Matches played
FW	Forward	**(s)**	Matches played as substitute
DOB	Date of birth	**G**	Goals

(F) International friendly matches
(CA) 2021 Copa América
(WCQ) 2022 FIFA World Cup Qualifiers

FIFA COUNTRY CODES – SOUTH AMERICA

ARG	Argentina	**ECU**	Ecuador
BOL	Bolivia	**PAR**	Paraguay
BRA	Brazil	**PER**	Peru
CHI	Chile	**URU**	Uruguay
COL	Colombia	**VEN**	Venezuela

FIFA COUNTRY CODES – EUROPE

ARM	Armenia	**NED**	Netherlands
BEL	Belgium	**NOR**	Norway
BUL	Bulgaria	**POR**	Portugal
DEN	Denmark	**ROU**	Romania
ENG	England	**RUS**	Russia
FRA	France	**SCO**	Scotland
GER	Germany	**SVK**	Slovakia
GRE	Greece	**ESP**	Spain
HUN	Hungary	**SUI**	Switzerland
ITA	Italy	**TUR**	Turkey

FIFA COUNTRY CODES – NORTH & CENTRAL AMERICA

CAN	Canada	**HON**	Honduras
CRC	Costa Rica	**MEX**	Mexico
CUB	Cuba	**PAN**	Panama
SLV	El Salvador	**USA**	United States of America

FIFA COUNTRY CODES – AFRICA

CMR	Cameroon	**CIV**	Ivory Coast
EQG	Equatorial Guinea	**NGA**	Nigeria
GHA	Ghana	**SEN**	Senegal
GUI	Guinea	**TOG**	Togo

FIFA COUNTRY CODES – ASIA

AUS	Australia	**KOR**	Korea Republic
CHN	China P.R.	**QAT**	Qatar
JPN	Japan	**KSA**	Saudi Arabia

SUMMARY

Editorial	*3*
Abbreviations, FIFA Country Codes	*4*
Summary	*5*

COMPETITIONS FOR NATIONAL TEAMS
Copa América 2021	*7*
2022 FIFA World Cup – CONMEBOL Qualifiers	*20*

SOUTH AMERICAN CONTINENTAL COMPETITIONS FOR CLUB TEAMS
Copa Libertadores 2020	*23*
Copa Sudamericana 2020	*82*
Recopa Sudamericana 2020	*121*

NATIONAL ASSOCIATIONS *123*

Argentina
National and international records	*124*
Copa de la Liga Profesional / Copa "Diego Armando Maradona" 2020	*135*
Copa de la Liga Profesional / Copa "Diego Armando Maradona" 2021	*142*
The Clubs 2020/2021	*147*
Campeonato de Transición Primera Nacional 2020	*174*
The Argentinian National Team 2020/2021	*176*

Bolivia
National and international records	*182*
División de Fútbol Profesional 2020	*189*
The Clubs 2020	*192*
Segunda División – Copa "Simón Bolívar" 2020	*206*
The Bolivian National Team 2020/2021	*208*

Brazil
National and international records	*215*
Campeonato Brasileiro Série A 2020	*221*
Copa do Brasil 2020	*227*
The Clubs 2020	*228*
Campeonato Brasileiro Série B 2020	*251*
The State Championships 2020	*252*
The Brazilian National Team 2020/2021	*311*

Chile
National and international records	*316*
Primera División de Chile 2020	*323*
Copa Chile 2020	*328*
The Clubs 2020	*329*
Campeonato National de Primera División B 2020	*347*
The Chilian National Team 2020/2021	*349*

Colombia
National and international records	*356*
Primera A 2020	*363*
Copa Colombia 2020	*370*
The Clubs 2020	*371*

Primera B 2020	*391*
The Colombian National Team 2020/2021	*392*

Ecuador

National and international records	*399*
Campeonato Ecuatoriano de Fútbol - Serie A 2020	*404*
The Clubs 2020	*410*
Campeonato Ecuatoriano de Fútbol - Serie B 2020	*426*
The Ecuadorian National Team 2020/2021	*427*

Paraguay

National and international records	*434*
División Profesional - 2020 Copa de Primera TIGO-Visión Banco	*441*
Copa Paraguay 2020	*446*
The Clubs 2020	*447*
División Intermedia 2020	*460*
The Paraguayan National Team 2020/2021	*461*

Peru

National and international records	*467*
Liga 1 Movistar 2020	*474*
Copa Perú & Copa Bicentenario 2020	*481*
The Clubs 2020	*482*
Liga 2 de Fútbol Profesional del Perú 2020	*502*
The Peruvian National Team 2020/2021	*503*

Uruguay

National and international records	*510*
Campeonato Uruguayo de Primera División 2020	*517*
The Clubs 2020	*527*
Campeonato Uruguayo de Segunda División 2020	*543*
The Uruguayan National Team 2020/2021	*544*

Venezuela

National and international records	*549*
Primera División de Venezuela 2020	*556*
Copa Venezuela 2020	*562*
The Clubs 2020	*562*
Segunda División de Venezuela 2020	*579*
The Venezuelan National Team 2020/2021	*580*

THE SOUTH AMERICAN FOOTBALLER OF THE YEAR 2020   *586*

COPA AMÉRICA 2021

The 2021 Copa América was the 47th edition of the Copa América, organized by South America's football ruling body CONMEBOL. The tournament was scheduled to be organized by Colombia and Argentina from 11 June to 11 July 2021. Unfortunately, Colombia was removed as co-host due to political protest, later also Argentina was removed due to the COVID-19 pandemic. On 31.05.2021, CONMEBOL confirmed Brazil as the new host of the tournament. The tournament took plae between 13 June and 10 July 2021, only with CONMEBOL teams, as both guest nations (Australia & Qatar) could not participate.

Argentina won their first title since 1993, defeating title-holders Brazil 1-0 in Estádio Maracanã. With this 15th title, Argentina equalled Uruguay's overall record of Copa América titles!

List of venues:

City	Stadium	Capacity
Brasília	Estádio Nacional "Mané Garrincha"	72,788
Cuiabá	Arena Pantanal	44,000
Goiânia	Estádio Olímpico "Pedro Ludovico"	13,500
Rio de Janeiro	Estádio "Jornalista Mário Filho" [Maracanã]	78,838
Rio de Janeiro	Estádio Olímpico "Nilton Santos"	46,931

FINAL TOURNAMENT

GROUP STAGE

Team ranked 1-4 were qualified for the Quarter-Finals.

GROUP A

14.06.2021	Rio de Janeiro	Argentina - Chile	1-1(1-0)
14.06.2021	Goiânia	Paraguay - Bolivia	3-1(0-1)
18.06.2021	Cuiabá	Chile - Bolivia	1-0(1-0)
18.06.2021	Brasília	Argentina - Uruguay	1-0(1-0)
21.06.2021	Cuiabá	Uruguay - Chile	1-1(0-1)
21.06.2021	Brasília	Argentina - Paraguay	1-0(1-0)
24.06.2021	Cuiabá	Bolivia - Uruguay	0-2(0-1)
24.06.2021	Brasília	Chile - Paraguay	0-2(0-1)
28.06.2021	Rio de Janeiro	Uruguay - Paraguay	1-0(1-0)
28.06.2021	Cuiabá	Bolivia - Argentina	1-4(0-3)

FINAL STANDINGS

1.	Argentina	4	3	1	0	7	-	2	10
2.	Uruguay	4	2	1	1	4	-	2	7
3.	Paraguay	4	2	0	2	5	-	3	6
4.	Chile	4	1	2	1	3	-	4	5
5.	Bolivia	4	0	0	4	2	-	10	0

GROUP B

13.06.2021	Brasília	Brazil - Venezuela	3-0(1-0)
13.06.2021	Cuiabá	Colombia - Ecuador	1-0(1-0)
17.06.2021	Goiânia	Colombia - Venezuela	0-0
17.06.2021	Rio de Janeiro	Peru - Brazil	4-0(1-0)
20.06.2021	Rio de Janeiro	Venezuela - Ecuador	2-2(0-1)
20.06.2021	Goiânia	Colombia - Peru	1-2(0-1)
23.06.2021	Goiânia	Ecuador - Peru	2-2(2-0)
23.06.2021	Rio de Janeiro	Brazil - Colombia	2-1(0-1)
27.06.2021	Goiânia	Brazil - Ecuador	1-1(1-0)
27.06.2021	Brasília	Venezuela - Peru	0-1(0-0)

FINAL STANDINGS

1.	Brazil	4	3	1	0	10	-	2	10
2.	Peru	4	2	1	1	5	-	7	7
3.	Colombia	4	1	1	2	3	-	4	4
4.	Ecuador	4	0	3	1	5	-	6	3
5.	Venezuela	4	0	2	2	2	-	6	2

QUARTER-FINALS

02.07.2021	Goiânia	Peru - Paraguay	3-3(2-1,3-3,3-3); 4-3 pen
02.07.2021	Rio de Janeiro	Brazil - Chile	1-0(0-0)
03.07.2021	Brasília	Uruguay - Colombia	0-0; 2-4 pen
03.07.2021	Goiânia	Argentina - Ecuador	3-0(1-0)

SEMI-FINALS

| 05.07.2021 | Rio de Janeiro | Brazil - Peru | 1-0(1-0) |
| 06.07.2021 | Brasília | Argentina - Colombia | 1-1(1-0,1-1,1-1); 3-2 pen |

3rd PLACE PLAY-OFF

| 09.07.2021 | Brasília | Colombia - Peru | 3-2(0-1) |

FINAL

10.07.2021, Estádio „Jornalista Mário Filho" (Maracanã), Rio de Janeiro; Attendance: 7,800
Referee: Esteban Daniel Ostojich Vega (Uruguay)
ARGENTINA - BRAZIL **1-0(1-0)**
ARG: Damián Emiliano Martínez Romero, Nicolás Hernán Gonzalo Otamendi, Gonzalo Ariel Montiel, Cristian Gabriel Romero (79.Germán Alejo Pezzella), Leandro Daniel Paredes (54.Guido Rodríguez), Marcos Javier Acuña, Rodrigo Javier De Paul, Giovani Lo Celso (63.Nicolás Alejandro Tagliafico), Ángel Fabián Di María Hernández (79.Exequiel Alejandro Palacios), Lionel Andrés Messi Cuccittini (Cap), Lautaro Javier Martínez (79.Nicolás Iván González). Trainer: Lionel Sebastián Scaloni.
BRA: Ederson II, Danilo I, Marquinhos III, Thiago Silva (Cap), Renan Lodi (76.Emerson), Casemiro, Fred III (46.Roberto Firmino), Éverton (63.Vinícius Júnior), Lucas Paquetá (76.Gabriel Barbosa), Neymar, Richarlison. Trainer: Adenor Leonardo Bacchi „Tite".
Goal: 1-0 Ángel Fabián Di María Hernández (22).

Best goalscorers:
Lionel Andrés Messi Cuccittini (Argentina) & Luis Fernando Díaz Marulanda (Colombia)
– 4 goals each

COPA AMÉRICA SQUADS

ARGENTINA
Trainer: Lionel Sebastián Scaloni (16.05.1978)

Nr	Name Club	DOB	M	(s)	G
Goalkeepers:					
1	Franco Armani *CA River Plate Buenos Aires*	16.10.1986	1		
12	Agustín Federico Marchesín *FC do Porto (POR)*	16.03.1988			
23	Damián Emiliano Martínez Romero *Aston Villa FC (ENG)*	02.09.1992	6		
28	Juan Agustín Musso *Udinese Calcio (ITA)*	06.05.1994			
Defenders:					
2	Lucas Martínez Quarta *ACF Fiorentina (ITA)*	10.05.1996	1		
3	Nicolás Alejandro Tagliafico *AFC Ajax Amsterdam (NED)*	31.08.1992	3	(2)	
4	Gonzalo Ariel Montiel *CA River Plate Buenos Aires*	01.01.1997	3	(1)	
6	Germán Alejo Pezzella *ACF Fiorentina (ITA)*	27.06.1991	4	(2)	
13	Cristian Gabriel Romero *Atalanta Bergamasca Calcio (ITA)*	27.04.1998	3		
19	Nicolás Hernán Gonzalo Otamendi *Sport Lisboa e Benfica(POR)*	12.02.1988	5		
25	Lisandro Martínez *AFC Ajax Amsterdam (NED)*	18.01.1998	1		
26	Nahuel Molina Lucero *Udinese Calcio (ITA)*	06.04.1998	4	(1)	
Midfielders:					
5	Leandro Daniel Paredes *Paris Saint-Germain FC (FRA)*	29.09.1994	4	(2)	
7	Rodrigo Javier De Paul *Udinese Calcio (ITA)*	24.05.1994	5	(1)	1
8	Marcos Javier Acuña *Sevilla FC (ESP)*	28.10.1991	4		
14	Exequiel Alejandro Palacios *TSV Bayer 04 Leverkusen (GER)*	05.10.1998	1	(3)	
17	Nicolás Martín Domínguez *Bologna FC 1909 (ITA)*	28.06.1998		(2)	
18	Guido Rodríguez *Real Betis Balompié Sevilla (ESP)*	12.04.1994	4	(2)	1
20	Giovani Lo Celso *Tottenham Hotspur FC London (ENG)*	09.04.1996	5	(1)	
21	Ángel Martín Correa Martínez *Club Atlético de Madrid (ESP)*	09.03.1995	1	(1)	
24	Alejandro Darío Gómez *Atalanta Bergamasca Calcio (ITA)*	15.01.1988	2		2
Forwards:					
9	Sergio Leonel Agüero Del Castillo *Manchester City FC (ENG)*	02.06.1988	2	(2)	
10	Lionel Andrés Messi Cuccittini *FC Barcelona (ESP)*	24.06.1987	7		4
11	Ángel Fabián Di María Hernández *Paris St-Germain FC (FRA)*	14.02.1988	2	(4)	1
15	Nicolás Iván González *VfB Stuttgart (GER)*	06.04.1998	4	(1)	
16	Carlos Joaquín Correa *SS Lazio Roma (ITA)*	13.08.1994		(3)	
22	Lautaro Javier Martínez *FC Internazionale Milano (ITA)*	22.08.1997	5	(1)	3
27	Julián Álvarez *CA River Plate Buenos Aires*	31.01.2000		(1)	

BOLIVIA

Trainer: César Alejandro Farías Acosta (VEN, 14.06.1973)

Nr	Name Club	DOB	M	(s)	G
Goalkeepers:					
1	Carlos Emilio Lampe Porras *Club Always Ready La Paz*	17.03.1987	3		
12	Rubén Cordano Justiniano *Club Bolívar La Paz*	16.10.1998	1		
23	Javier Rojas Iguaro *Club Bolívar La Paz*	14.01.1996			
Defenders:					
2	Jairo Quinteros Sierra *Club Bolívar La Paz*	07.02.2001	3		
3	Jesús Manuel Sagredo Chávez *CSCD Blooming Santa Cruz*	10.03.1994	1	(1)	
4	Luis Fernando Haquín López *CD Melipilla (CHI)*	15.11.1997	1		
5	Adrián Johnny Jusino Cerruto *AE Lárissa (GRE)*	09.07.1992	4		
8	Diego Bejarano Ibáñez *Club Bolívar La Paz*	24.08.1991	3		
17	Roberto Carlos Fernández Toro *Club Bolívar La Paz*	12.07.1999	3	(1)	
19	Jorge Enrique Flores Yrahory *Club Always Ready La Paz*	01.02.1994	1	(2)	
26	Luis René Barboza Quiróz *Club Aurora Cochabamba*	03.04.1993			
27	Óscar Leandro Ribera Guzmán *CSCD Blooming Santa Cruz*	10.02.1992			
Midfielders:					
6	Leonel Justiniano Araúz *Club Bolívar La Paz*	02.07.1992	4		
10	Henry Vaca Urquiza *CD Oriente Petrolero Santa Cruz*	27.01.1998		(2)	
13	Diego Horacio Wayar Cruz *Club The Strongest La Paz*	15.10.1993		(2)	
14	Moisés Villarroel Angulo *Club Jorge Wilsterman Cochabamba*	06.09.1998	1	(2)	
15	Boris Adrián Céspedes *Servette FC Genève (SUI)*	19.06.1995	2		
16	Erwin Mario Saavedra Flores *Club Bolívar La Paz*	22.02.1996	4		2
20	Ramiro Vaca Ponce *Club The Strongest La Paz*	01.07.1999	3		
21	Erwin Junior Sánchez *CSCD Blooming Santa Cruz de la Sierra*	23.07.1992		(2)	
22	Danny Brayhan Bejarano Yañez *PAS Lamia (GRE)*	03.01.1994		(3)	
25	Jeyson Ariel Chura Almanza *Club The Strongest La Paz*	03.02.2002	3		
Forwards:					
7	Juan Carlos Arce Justiniano *Club Always Ready La Paz*	10.04.1985	2		
9	Marcelo Martins Moreno *Cruzeiro EC Belo Horizonte (BRA)*	18.06.1987		(1)	
11	Rodrigo Luis Ramallo Cornejo *Club Always Ready La Paz*	14.10.1990	1	(3)	
18	Gilbert Álvarez Vargas *Club Jorge Wilstermann Cochabamba*	07.04.1992	3		
24	Jaume Albert Cuéllar Mendoza *SPAL Ferrara (ITA)*	23.08.2001	1		

BRAZIL

Trainer: Adenor Leonardo Bacchi „Tite" (25.05.1961)

Nr	Name *Club*	DOB	M	(s)	G
Goalkeepers:					
1	Alisson Ramses Becker *Liverpool FC (ENG)*	02.10.1992	2		
12	Weverton Pereira da Silva *SE Palmeiras São Paulo*	13.12.1987	1		
23	Ederson Santana de Moraes "Ederson II" *Manchester City (ENG)*	17.08.1993	4		
Defenders:					
2	Danilo Luiz da Silva „Danilo I" *Juventus FC Torino (ITA)*	15.07.1991	6	(1)	
3	Thiago Emiliano da Silva *Chelsea FC London (ENG)*	22.09.1984	5		
4	Marcos Aoás Corrêa „Marquinhos III" *Paris S.Germain FC(FRA)*	14.05.1994	6		1
6	Alex Sandro Lobo Silva *Juventus FC Torino (ITA)*	26.01.1991	2	(1)	1
13	Emerson Aparecido Leite de Souza Junior *Betis Sevilla (ESP)*	14.01.1999	1	(2)	
14	Éder Gabriel Militão *Real Madrid CF (ESP)*	18.01.1998	3	(2)	1
16	Renan Augusto Lodi dos Santos *Club Atlético de Madrid (ESP)*	08.04.1998	5	(2)	
22	Felipe Augusto de Almeida Monteiro *Atlético de Madrid (ESP)*	16.05.1989			
22	* Leonardo Rech Ortiz "Léo Ortiz" *Red Bull Bragantino*	03.01.1996			
Midfielders:					
5	Carlos Henrique Casemiro *Real Madrid CF (ESP)*	23.02.1992	5	(1)	1
8	Frederico Rodrigues de Paula Santos "Fred III" *ManUnited(ENG)*	05.03.1993	6		
11	Éverton Augusto de Barros Ribeiro *CR Flamengo Rio de Janeiro*	10.04.1989	1	(4)	1
15	Fábio Henrique Tavares "Fabinho" *Liverpool FC (ENG)*	23.10.1993	2	(2)	
17	Lucas Tolentino Coelho de Lima "Lucas Paquetá" *Ol.Lyon(FRA)*		4	(2)	2
25	Douglas Luiz Soares de Paulo *Aston Villa FC (ENG)*	09.05.1998	1	(1)	
Forwards:					
7	Richarlison de Andrade *Everton FC Liverpool (ENG)*	10.05.1997	5	(2)	1
9	Gabriel Fernando de Jesus *Manchester City FC (ENG)*	03.04.1997	4		
10	Neymar da Silva Santos Júnior *Paris Saint-Germain FC (FRA)*	05.02.1992	6		2
18	Vinícius José Paixão de Oliveira Júnior *Real Madrid CF (ESP)*	12.07.2000		(4)	
19	Éverton Sousa Soares *Sport Lisboa e Benfica (POR)*	22.03.1996	4	(2)	
20	Roberto Firmino Barbosa de Oliveira *Liverpool FC (ENG)*	02.10.1991	2	(3)	1
21	Gabriel Barbosa Almeida *CR Flamengo Rio de Janeiro*	30.08.1996	2	(3)	1

*from 26.06.2021, for Felipe Augusto de Almeida Monteiro.

CHILE

Trainer: Martín Bernardo Lasarte Arróspide (URU, 20.03.61)

Nr	Name Club	DOB	M	(s)	G
Goalkeepers:					
12	Gabriel Arias Arroyo *Racing Club Avellaneda (ARG)*	13.09.1987			
1	Claudio Andrés Bravo Muñoz *Real Betis Balompié Sevilla (ESP)*	13.04.1983	5		
23	Gabriel Jesús Castellón Velazque *CD Huachipato*	08.09.1993			
Defenders:					
2	Eugenio Esteban Mena Reveco *Racing Club Avellaneda (ARG)*	18.07.1988	5		
3	Guillermo Alfonso Maripán Loaysa *AS Monaco FC (FRA)*	06.05.1994	3		
4	Mauricio Aníbal Isla Isla *CR Flamengo Rio de Janeiro (BRA)*	12.06.1988	5		
5	Enzo Pablo Roco Roco *Fatih Karagümrük SK (TUR)*	16.08.1992		(3)	
6	Francisco Andrés Sierralta Carvallo *Watford FC (ENG)*	06.05.1997	3		
15	Daniel Enrique González Orellana *CD Santiago Wanderers*	20.02.2002			
17	Gary Alexis Medel Soto *Bologna FC 1909 (ITA)*	03.08.1987	5		
18	Sebastián Ignacio Vegas Orellana *CF Monterrey (MEX)*	04.12.1996	1		
Midfielders:					
19	Tomás Jesús Alarcón Vergara *CD O`Higgins Rancagua*	19.01.1999	1	(3)	
27	Pablo Mauricio Aránguiz Salazar *Club Universidad de Chile*	17.03.1997		(1)	
20	Charles Mariano Aránguiz Sandoval *Bayer Leverkusen (GER)*	17.04.1989	5		
28	Claudio Andrés Baeza Baeza *ID Necaxa Aguascalientes (MEX)*	23.12.1993			
14	Pablo Ignacio Galdames Millán *CA Vélez Sarsfield Buenos Aires*	30.12.1996		(2)	
25	Marcelino Ignacio Nuñez Espinoza *CD Univ. Católica Santiago*	01.03.2000			
7	César Ignacio Pinares Tamayo *Grêmio Porto Alegrense (BRA)*	23.05.1991	1	(2)	
13	Erick Antonio Pulgar Farfán *ACF Fiorentina (ITA)*	15.01.1994	4		
8	Arturo Erasmo Vidal Pardo *FC Internazionale Milano (ITA)*	22.05.1987	5		
Forwards:					
24	Luciano Daniel Arriagada García *CSD Colo-Colo Santiago*	30.04.2002		(1)	
22	Benjamin Anthony Brereton *Blackburn Rovers FC (ENG)*	18.04.1999	3	(2)	1
26	Clemente José Montes Barroilhet *CD Univ. Católica Santiago*	25.04.2001			
16	Felipe Andrés Mora Aliaga *Portland Timbers (USA)*	02.08.1993			
21	Carlos Enrique Palacios Núñez *Internacional Porto Alegre (BRA)*	20.07.2000	1	(1)	
10	Alexis Alejandro Sánchez Sánchez *Internazionale Milano (ITA)*	19.12.1988	1		
3	* Diego Martín Valencia Morello *CD Univ. Católica Santiago*	14.01.2000		(1)	
11	Eduardo Jesús Vargas Rojas *Atlético Mineiro B.Horizonte (BRA)*	20.11.1989	5		2
9	Jean David Meneses Villarroel *Club León (MEX)*	16.03.1993	2	(3)	

*from 27.06.2021, for Guillermo Alfonso Maripán Loaysa.

COLOMBIA

Trainer: Reinaldo Rueda Rivera (16.04.1957)

Nr	Name *Club*	DOB	M	(s)	G
Goalkeepers:					
1	David Ospina Ramírez *SSC Napoli (ITA)*	31.08.1988	6		
12	Camilo Andrés Vargas Gil *Atlas FC Guadalajara (MEX)*	09.03.1989	1		
22	Aldair Quintana *Atlético Nacional Medellín*	11.07.1994			
Defenders:					
2	John Stefan Medina Ramírez *CF Monterrey (MEX)*	14.06.1992	2		
3	Óscar Fabián Murillo Murillo *CF Pachuca (MEX)*	18.04.1988	2	(1)	
4	Carlos Eccehomo Cuesta Figueroa *KRC Genk (BEL)*	09.03.1999			
6	William José Tesillo Gutiérrez *Club León (MEX)*	02.02.1990	6	(1)	
13	Yerry Fernando Mina González *Everton FC Liverpool (ENG)*	23.09.1994	7		
16	Daniel Muñoz Mejia *KRC Genk (BEL)*	24.05.1996	5		
23	Davinson Sánchez Mina *Tottenham Hotspur FC London (ENG)*	12.05.1996	5	(2)	
24	Jhon Janer Lucumí Bonilla *KRC Genk (BEL)*	26.06.1998			
26	Frank Yusty Fabra Palacios *Boca Juniors Buenos Aires (ARG)*	22.02.1991		(1)	
Midfielders:					
5	Wílmar Enrique Barrios Terán *FK Zenit Saint Petersburg (RUS)*	16.10.1993	7		
8	Gustavo Leonardo Cuéllar Gallegos *Al Hilal FC Riyadh (KSA)*	14.10.1992	3	(3)	
10	Edwin Andrés Cardona Bedoya *CA Boca Juniors B.Aires (ARG)*	08.12.1992	4	(1)	1
11	Juan Guillermo Cuadrado Bello *Juventus FC Torino (ITA)*	26.05.1988	6		1
15	Andrés Mateus Uribe Villa *FC do Porto (POR)*	21.03.1991	3		
17	Yairo Yesid Moreno Berrío *Club León (MEX)*	04.04.1995	1		
21	Sebastian Pérez Cardona *Boavista FC Porto (POR)*	29.03.1993	1	(1)	
25	Baldomero Perlaza Perlaza *Atlético Nacional Medellín*	25.06.1992			
27	Jaminton Leandro Campaz *CD Tolima Ibagué*	24.05.2000		(1)	
Forwards:					
7	Duván Esteban Zapata Banguero *Atalanta Bergam. Calcio (ITA)*	01.04.1991	6	(1)	
9	Luis Fernando Muriel Fruto *Atalanta Bergamasca Calcio (ITA)*	16.04.1991	2	(2)	
14	Luis Fernando Díaz Marulanda *FC do Porto (POR)*	13.01.1997	4	(1)	4
18	Rafael Santos Borré Maury *CA River Plate Buenos Aires (ARG)*	15.09.1995	4	(1)	
19	Miguel Ángel Borja Hernández *CDP Junior Barranquilla*	26.01.1993	2	(5)	1
20	Alfredo José Morelos Aviléz *Rangers FC Glasgow (SCO)*	21.06.1996		(1)	
28	Yimmi Javier Chará Zamora *Portland Timbers (USA)*	02.04.1991		(4)	

ECUADOR

Trainer: Gustavo Julio Alfaro (ARG, 14.08.1962)

Nr	Name *Club*	DOB	M	(s)	G
	Goalkeepers:				
1	Hernán Ismael Galíndez *CD Universidad Católica Quito*	30.03.1987	3		
12	Pedro Alfredo Ortíz Angulo *CS Emelec Guayaquil*	19.02.1990	2		
22	Alexander Domínguez Carabalí *Vélez Sarsfield B. Aires (ARG)*	05.06.1987			
	Defenders:				
2	Felix Eduardo Torres Caicedo *Santos Laguna Torreón (MEX)*	11.01.1997			
3	Piero Martín Hincapié Reyna *CA Talleres Córdoba (ARG)*	09.01.2002	5		
4	Robert Abel Arboleda Escobar *São Paulo FC (BRA)*	22.10.1991	5		
7	Pervis Josué Estupiñán Tenorio *Villarreal CF (ESP)*	21.01.1998	5		
14	Xavier Ricardo Arreaga Bermello *Seattle Sounders FC (USA)*	28.09.1994			
16	Mario Alberto Pineida Martínez *Barcelona SC Guayaquil*	06.07.1992		(1)	
17	Ángelo Smit Preciado Quiñónez *KRC Genk (BEL)*	18.02.1998	5		
24	Luis Fernando León Bermeo *Barcelona SC Guayaquil*	11.04.1993			
27	Diego José Palacios Espinoza *Los Angeles FC (USA)*	12.07.1999	2		
28	José Andrés Hurtado Cheme *Independiente del Valle Sangolquí*	23.12.2001			
	Midfielders:				
5	Dixon Jair Arroyo Espinoza *CS Emelec Guayaquil*	01.06.1992			
6	Christian Fernando Noboa Tello *FK Sochi (RUS)*	09.04.1985		(2)	
10	Damián Rodrigo Díaz Montero *Barcelona SC Guayaquil*	01.05.1986	1	(1)	
10	*Carlos Armando Gruezo Arboleda *FC Augsburg (GER)*	19.04.1995	1		
18	Eduar Ayrton Preciado García *Santos Laguna Torreón (MEX)*	17.07.1994	3	(1)	2
19	Gonzalo Jordy Plata Jiménez *Sporting Clube de P. Lisboa (POR)*	01.11.2000	1	(3)	1
20	Jhegson Sebastián Méndez Carabalí *Orlando City SC (USA)*	26.04.1997	5		
21	Alan Steven Franco Palma *Atlético Mineiro B. Horizonte (BRA)*	21.08.1998	3	(1)	
23	Moisés Isaac Caicedo Corozo *Brighton & Hove Albion (ENG)*	02.11.2001	4	(1)	
25	José Joel Carabalí Prado *CD Universidad Católica Quito*	19.05.1997			
	Forwards:				
8	Fidel Francisco Martínez Tenorio *Club Tijuana (MEX)*	15.02.1990	1	(2)	
9	Leonardo Campana Romero *FC Famalicão (POR)*	24.07.2000	2	(2)	
11	Michael Steveen Estrada Martínez *Deportivo Toluca FC (MEX)*	07.04.1996	1	(2)	
13	Enner Remberto Valencia Lastra *Fenerbahçe SK İstanbul (TUR)*	11.04.1989	4		
15	Ángel Israel Mena Delgado *Club León (MEX)*	21.01.1988	2	(3)	1
26	Jordy Josué Caicedo Medina *PFC CSKA Sofia (BUL)*	18.11.1997		(2)	

*from 29.06.2021, for Damián Rodrigo Díaz Montero.

PARAGUAY		Trainer: Manuel Eduardo Berizzo Magnolo (ARG,13.11.1969)			
Nr	Name Club	DOB	M	(s)	G

Goalkeepers:					
1	Antony Domingo Silva Cano Club Puebla (MEX)	27.02.1984	5		
12	Alfredo Aguilar Club Olimpia Asunción	18.07.1988			
22	Gerardo Amílcar Ortiz Garza CD Once Caldas Manizales (COL)	25.03.1989			

Defenders:					
2	Robert Samuel Rojas Chávez River Plate Buenos Aires (ARG)	30.04.1996	1	(1)	
3	Omar Federico Alderete Fernández Hertha BSC Berlin (GER)	26.12.1996	1	(1)	
4	Fabián Cornelio Balbuena González West Ham United FC(ENG)	23.08.1991			
6	Júnior Osmar Ignacio Alonso Mujica Atlético Mineiro B.H.(BRA)	09.02.1993	5		1
13	Alberto Espínola Giménez Club Cerro Porteño Asunción	08.02.1991	5		
15	Gustavo Raúl Gómez Portillo SE Palmeiras São Paulo (BRA)	06.05.1993	4		1
19	Santiago Arzamendia Duarte Club Cerro Porteño Asunción	05.05.1998	4		
24	Héctor David Martínez CA River Plate Buenos Aires (ARG)	21.01.1998	2	(2)	

Midfielders:					
5	Gastón Claudio Giménez Chicago Fire FC (USA)	27.07.1991	1	(1)	
8	Richard Rafael Sánchez Guerrero América Cd de México (MEX)	29.03.1996	1	(3)	
10	Miguel Ángel Almirón Rejala Newcastle United FC (ENG)	13.11.1993	4		1
14	Adrián Andrés Cubas Nimes Olympique (FRA)	22.05.1996	1	(2)	
16	Ángel Rodrigo Cardozo Lucena Club Cerro Porteño Asunción	19.10.1994	2	(1)	
17	Alejandro Sebastián Romero Gamarra Al-Taawon FC (KSA)	11.01.1995	2		1
21	Óscar David Romero Villamayor CA San Lorenzo (ARG)	04.07.1992		(3)	
23	Mathías Adalberto Villasanti Rolón Cerro Porteño Asunción	24.01.1997	4		
25	Braian Óscar Ojeda Rodríguez Club Olimpia Asunción	27.06.2000			
26	Robert Ayrton Piris Da Motta Mendoza Gençlerbirliği SK (TUR)	26.07.1994	2	(1)	
27	Jorge Emanuel Morel Barrios Club Guaraní Asunción	22.01.1998			

Forwards:					
7	Carlos Gabriel González Espínola CF Tigres UANL (MEX)	04.02.1993	2	(3)	
9	Gabriel Ávalos Stumpfs Argentinos Juniors Buenos Aires (ARG)	12.10.1990	3	(1)	1
11	Ángel Rodrigo Romero Villamayor CA San Lorenzo (ARG)	04.07.1992	4	(1)	2
18	Braian José Samudio Segovia Çaykur Rizespor Kulübü (TUR)	23.12.1995	2	(2)	1
20	Antonio Bareiro Álvarez Club Libertad Asunción	24.04.1989		(1)	
28	Julio César Enciso Espínola Club Libertad Asunción	23.01.2004		(2)	

PERU

Trainer: Ricardo Alberto Gareca Nardi (ARG, 10.02.1958)

Nr	Name Club	DOB	M	(s)	G
Goalkeepers:					
1	Pedro David Gallese Quiroz *Orlando City SC (USA)*	23.04.1990	7		
12	Carlos Alberto Cáceda Ollaguez *FBC Melgar Arequipa*	27.09.1991			
21	José Aurelio Carvallo Alonso *Universitario de Deportes Lima*	01.03.1986			
Defenders:					
2	Luis Alfonso Abram Ugarelli *Vélez Sarsfield B. Aires (ARG)*	27.02.1996	1	(1)	
3	Aldo Sebastián Corzo Chávez *Universitario de Deportes Lima*	20.04.1989	7		
4	Anderson Santamaría Bardales *Atlas FC Guadalajara (MEX)*	10.01.1992	3		
5	Miguel Gianpierre Araujo Blanco *FC Emmen (NED)*	24.10.1994	1	(1)	
6	Miguel Ángel Trauco Saavedra *AS Saint-Étienne (FRA)*	25.08.1992	4		
15	Christian Guillermo Martín Ramos Garagay *César V. Trujillo*	04.11.1988	5		
16	Marcos Johan López Lanfranco *San Jose Earthquakes (USA)*	20.11.1999	3	(1)	
22	Alexander Martín Marquinho Callens Asín *New York City (USA)*	04.05.1992	5		
25	Renzo Renato Garcés Mori *César Vallejo Trujillo*	12.06.1996			
26	Carlos Jhilmar Lora Saavedra *Club Sporting Cristal Lima*	24.10.2000		(3)	
Midfielders:					
7	Gerald Martin Távara Mogollón *Club Sporting Cristal Lima*	25.03.1999		(2)	
8	Sergio Fernando Peña Flores *FC Emmen (NED)*	28.09.1995	7		1
10	Christian Alberto Cueva Bravo *Al-Fateh SC Hofuf (KSA)*	23.11.1991	7		
13	Renato Fabrizio Tapia Cortijo *RC Celta de Vigo (ESP)*	28.07.1995	7		
14	Wilder José Cartagena Mendoza *CD Godoy Cruz (ARG)*	23.09.1994		(4)	
19	Víctor Yoshimar Yotún Flores *Cruz Azul FC (MEX)*	07.04.1990	7		2
23	Alexis Arias Tuesta *FBC Melgar Arequipa*	13.12.1995		(1)	
24	Raziel Samir Fernando García Paredes *CS Cienciano Cuzco*	15.02.1994		(4)	
Forwards:					
9	Gianluca Lapadula Vargas *Benevento Calcio (ITA)*	07.02.1990	7		3
11	Alex Eduardo Valera Sandoval *Universitario de Deportes Lima*	16.05.1996		(2)	
17	Luis Enrique Iberico Robalino *FBC Melgar Arequipa*	06.02.1998		(2)	
18	André Martín Carrillo Díaz *Al-Hilal FC Riyadh (KSA)*	14.06.1991	6		2
20	Santiago Gabriel Ormeño Zayas *Club León (MEX)*	04.02.1994		(6)	

URUGUAY

Trainer: Óscar Wáshington Tabárez Silva (03.03.1947)

Nr	Name Club	DOB	M	(s)	G
Goalkeepers:					
1	Néstor Fernando Muslera Micol SK Galatasaray Istanbul (TUR)	16.06.1986	5		
12	Martín Nicolás Campaña Delgado Al Batin FC (KSA)	29.05.1989			
23	Sergio Rochet Álvarez Club Nacional de Football Montevideo	23.03.1993			
Defenders:					
2	José María Giménez De Vargas Club Atlético de Madrid (ESP)	20.01.1995	5		
3	Diego Roberto Godín Leal Cagliari Calcio (ITA)	16.02.1986	5		
4	Ronald Federico Araújo da Silva FC Barcelona (ESP)	07.03.1999			
11	Camilo Damián Cándido Aquino Club Nacional Montevideo	02.06.1995			
13	Giovanni Alessandro González Apud CA Peñarol Montevideo	20.09.1994	2	(1)	
17	Matías Nicolás Viña Susperreguy Palmeiras São Paulo (BRA)	09.11.1997	5		
19	Sebastián Coates Nion Sporting Clube de Portugal Lisboa(POR)	07.10.1990		(1)	
22	José Martín Cáceres Silva ACF Fiorentina (ITA)	07.04.1987		(3)	
Midfielders:					
5	Matías Vecino Falero FC Internazionale Milano (ITA)	24.08.1991	4	(1)	
6	Rodrigo Bentancur Colmán Juventus FC Torino (ITA)	25.06.1997	3	(1)	
7	Diego Nicolás De La Cruz Arcosa River Plate B. Aires (ARG)	01.06.1997	4		
8	Nahitan Michel Nández Acosta Cagliari Calcio (ITA)	28.12.1995	3	(2)	
10	Giorgian Daniel De Arrascaeta Benedetti Flamengo Rio (BRA)	01.05.1994	4		
14	Lucas Sebastián Torreira Di Pascua Atlético de Madrid (ESP)	11.02.1996	1	(2)	
15	Federico Santiago Valverde Dipetta Real Madrid CF (ESP)	22.07.1998	5		
24	Fernando Gorriarán Fontes Club Santos Laguna Torreón (MEX)	27.11.1994		(1)	
Forwards:					
9	Luis Alberto Suárez Díaz Club Atlético de Madrid (ESP)	24.01.1987	4	(1)	1
16	Paul Brian Rodríguez Bravo UD Almería (ESP)	20.05.2000			
18	Maximiliano Gómez González Valencia CF (ESP)	14.08.1996		(1)	
20	Jonathan Javier Rodríguez Portillo Cruz Azul FC (MEX)	06.07.1993		(1)	
21	Edinson Roberto Cavani Gómez Manchester United FC (ENG)	14.02.1987	5		2
25	Facundo Daniel Torres Pérez CA Peñarol Montevideo	13.04.2000		(5)	
26	Brian Alexis Ocampo Ferreira Club Nacional Montevideo	25.06.1999		(1)	

VENEZUELA

Trainer: José Vitor dos Santos Peseiro (POR, 04.04.1960)

Nr	Name Club	DOB	M	(s)	G
Goalkeepers:					
1	Wuilker Faríñez Aray *Racing Club Lens (FRA)*	15.02.1998	3		
12	Joel David Graterol Nader *SAD América de Cali (COL)*	13.02.1997	1		
22	Luis Enrique Romero Durán *Portuguesa FC Acarigua*	16.11.1990			
Defenders:					
2	Nahuel Adolfo Ferraresi Hernández *Moreirense FC (POR)*	19.11.1998	1		
3	Mikel Villanueva Álvarez *CD Santa Clara (POR)*	14.04.1993	1		
4	Jhon Carlos Chancellor Cedeño *Brescia Calcio (ITA)*	02.01.1992			
4	* José Manuel Velázquez Rodríguez *FC Arouca (POR)*	08.09.1990	1		
8	Francisco Andrés La Mantia Pipaón *Deportivo La Guaira*	24.02.1996	2		
14	Luis Enrique Del Pino Mago *Universidad de Chile Santiago(CHI)*	15.09.1994	4		
16	Roberto José Rosales Altuve *CD Leganés (ESP)*	20.11.1988	1		
20	Ronald José Hernández Pimentel *Atlanta United FC (USA)*	26.06.1997	1	(3)	1
21	Alexander David González Sibulo *Málaga CF (ESP)*	13.09.1992	3	(1)	
27	Yohán Eduardo Cumana Hernández *Deportivo La Guaira*	08.03.1996	3		
28	Luis Adrián Martínez Olivo *Deportivo La Guaira*	14.07.1993	3		
Midfielders:					
5	Junior Leonardo Moreno Borrero *Washington DC United (USA)*	20.07.1993	4		
6	Yangel Clemente Herrera Ravelo *Granada CF (ESP)*	07.01.1998		(1)	
7	Jefferson David Savarino Quintero *Atlético Mineiro B.H. (BRA)*	11.11.1996	1		
10	Yeferson Julio Soteldo Martínez *Toronto FC (CAN)*	30.06.1997		(1)	
13	José Andrés Martínez Torres *Philadelphia Union (USA)*	07.08.1994	3	(1)	
18	Rómulo Otero Vásquez *SC Corinthians São Paulo (BRA)*	09.11.1992		(1)	
23	Cristian Sleiker Cásseres Yepes *New York Red Bulls (USA)*	20.01.2000	4		
24	Bernaldo Antonio Manzano Varón *ACD Lara Cabudare*	02.07.1990	2	(1)	
26	Edson Daniel Castillo García *Caracas FC*	18.05.1994	2	(2)	1
Forwards:					
9	Fernando Luis Aristeguieta de Luca *Mazatlán FC (MEX)*	09.04.1992	3		
11	Sergio Duvan Córdova Lezama *DSC Arminia Bielefeld (GER)*	09.08.1997	1	(3)	
15	** Jan Carlos Hurtado Anchico *Red Bull Bragantino (BRA)*	05.03.2000		(2)	
15	Jhon Eduard Murillo Romaña *CD Tondela (POR)*	21.11.1995			
17	Josef Alexander Martínez Mencia *Atlanta United FC (USA)*	19.05.1993			
19	Jhonder Leonel Cádiz Fernández *Nashville SC (USA)*	29.07.1995			
25	Richard Enrique Celis Sánchez *Caracas FC*	23.04.1996		(2)	

*from 17.06.2021, for Jhon Carlos Chancellor Cedeño.
**from 17.06.2021, for Jhon Eduard Murillo Romaña.

FIFA WORLD CUP 2022

The 22nd FIFA World Championship will be organized between 2020 and 2022, its final tournament will be hosted by Qatar between 21 November – 18 December 2022.

All 10 FIFA-affiliated CONMEBOL national associations have entered the World Cup qualifiers. The format of the qualifying tournament is identical to the previous five editions., all national teams will play a home and away match against each other competing team. The top-4 national teams will qualify automatically for the Final Tournament. The 5th placed South American team will advance to Inter-Confederation Play-offs.

QUALIFYING MATCHES RESULTS

		Round 1	
08.10.2020	Asunción	Paraguay - Peru	2-2(0-0)
08.10.2020	Montevideo	Uruguay - Chile	2-1(1-0)
08.10.2020	Buenos Aires	Argentina - Ecuador	1-0(1-0)
09.10.2020	Barranquilla	Colombia - Venezuela	3-0(3-0)
09.10.2020	São Paulo	Brazil - Bolivia	5-0(2-0)
		Round 2	
13.10.2020	La Paz	Bolivia - Argentina	1-2(1-1)
13.10.2020	Quito	Ecuador - Uruguay	4-2(2-0)
13.10.2020	Mérida	Venezuela - Paraguay	0-1(0-0)
13.10.2020	Lima	Peru - Brazil	2-4(1-1)
13.10.2020	Santiago	Chile - Colombia	2-2(2-1)
		Round 3	
12.11.2020	La Paz	Bolivia - Ecuador	2-3(1-0)
12.11.2020	Buenos Aires	Argentina - Paraguay	1-1(1-1)
13.11.2020	Barranquilla	Colombia - Uruguay	0-3(0-1)
13.11.2020	Santiago	Chile - Peru	2-0(2-0)
13.11.2020	São Paulo	Brazil - Venezuela	1-0(0-0)
		Round 4	
17.11.2020	Caracas	Venezuela - Chile	2-1(1-1)
17.11.2020	Quito	Ecuador - Colombia	6-1(4-1)
17.11.2020	Montevideo	Uruguay - Brazil	0-2(0-2)
17.11.2020	Asunción	Paraguay - Bolivia	2-2(1-2)
17.11.2020	Lima	Peru - Argentina	0-2(0-2)

		Round 5	
24.03.2021	La Paz	Bolivia - Peru	*postponed*
24.03.2021	Caracas	Venezuela - Ecuador	*postponed*
24.03.2021	Santiago	Chile - Paraguay	*postponed*
24.03.2021	Barranquilla	Colombia - Brazil	*postponed*
25.03.2021	Santiago del Estero	Argentina - Uruguay	*postponed*
		Round 6	
29.03.2021	Quito	Ecuador - Chile	*postponed*
29.03.2021	Montevideo	Uruguay - Bolivia	*postponed*
29.03.2021	Asunción	Paraguay - Colombia	*postponed*
29.03.2021	São Lourenço da M.	Brazil - Argentina	*postponed*
29.03.2021	Lima	Peru - Venezuela	*postponed*
		Round 7	
03.06.2021	La Paz	Bolivia - Venezuela	3-1(1-1)
03.06.2021	Montevideo	Uruguay - Paraguay	0-0
03.06.2021	Santiago del Estero	Argentina - Chile	1-1(1-1)
03.06.2021	Lima	Peru - Colombia	0-3(0-1)
04.06.2021	Porto Alegre	Brazil - Ecuador	2-0(0-0)
		Round 8	
08.06.2021	Quito	Ecuador - Peru	1-2(0-0)
08.06.2021	Caracas	Venezuela - Uruguay	0-0
08.06.2021	Barranquilla	Colombia - Argentina	2-2(0-2)
08.06.2021	Asunción	Paraguay - Brazil	0-2(0-1)
08.06.2021	Santiago	Chile - Bolivia	1-1(0-0)

STANDINGS

1.	Brazil	6	6	0	0	16	-	2	18
2.	Argentina	6	3	3	0	9	-	5	12
3.	Ecuador	6	3	0	3	14	-	10	9
4.	Uruguay	6	2	2	2	7	-	7	8
5.	Colombia	6	2	2	2	11	-	13	8
6.	Paraguay	6	1	4	1	6	-	7	7
7.	Chile	6	1	3	2	8	-	8	6
8.	Bolivia	6	1	2	3	9	-	14	5
9.	Venezuela	6	1	1	4	3	-	9	4
10.	Peru	6	1	1	4	6	-	14	4

NEXT MATCHES

Round 9
02.09.2021	Peru - Uruguay
02.09.2021	Venezuela - Argentina
02.09.2021	Bolivia - Colombia
02.09.2021	Chile - Brazil
02.09.2021	Ecuador - Paraguay

Round 10
07.09.2021	Uruguay - Ecuador
07.09.2021	Colombia - Chile
07.09.2021	Brazil - Peru
07.09.2021	Paraguay - Venezuela
07.09.2021	Argentina - Bolivia

Round 11
07.10.2021	Uruguay - Colombia
07.10.2021	Peru - Chile
07.10.2021	Venezuela - Brazil
07.10.2021	Paraguay - Argentina
07.10.2021	Ecuador - Bolivia

Round 12
12.10.2021	Colombia - Ecuador
12.10.2021	Brazil - Uruguay
12.10.2021	Bolivia - Paraguay
12.10.2021	Argentina - Peru
12.10.2021	Chile - Venzuela

Round 13
11.11.2021	Uruguay - Argentina
11.11.2021	Peru - Bolivia
11.11.2021	Brazil - Colombia
11.11.2021	Paraguay - Chile
11.11.2021	Ecuador - Venezuela

Round 14
16.11.2021	Colombia - Paraguay
16.11.2021	Venezuela - Peru
16.11.2021	Bolivia - Uruguay
16.11.2021	Argentina - Brazil
16.11.2021	Chile - Ecuador

Round 15
27.01.2022	Colombia - Peru
27.01.2022	Venezuela - Bolivia
27.01.2022	Paraguay - Uruguay
27.01.2022	Chile - Argentina
27.01.2022	Ecuador - Brazil

Round 16
01.02.2022	Uruguay - Venezuela
01.02.2022	Peru - Ecuador
01.02.2022	Brazil - Paraguay
01.02.2022	Bolivia - Chile
01.02.2022	Argentina - Colombia

Round 17
24.03.2022	Uruguay - Peru
24.03.2022	Colombia - Bolivia
24.03.2022	Brazil - Chile
24.03.2022	Paraguay - Ecuador
24.03.2022	Argentina - Venezuela

Round 18
29.03.2022	Peru - Paraguay
29.03.2022	Venezuerla - Colombia
29.03.2022	Bolivia - Brazil
29.03.2022	Chile - Uruguay
29.03.2022	Ecuador - Argentina

SOUTH AMERICAN CLUB COMPETITIONS 2020

COPA LIBERTADORES 2020

The 2020 Copa CONMEBOL Libertadores was the 61st edition of the Copa Libertadores, CONMEBOL's and South Americas most important club tournament.

List of participating clubs:

Argentina (6 teams)	Racing Club de Avellaneda
	CSD Defensa y Justicia Florencio Varela
	CA River Plate Buenos Aires
	CA Tigre Victoria
	CA Boca Juniors Buenos Aires
	CA Tucumán San Miguel de Tucumán
Bolivia (4 teams)	Club Bolívar La Paz
	CD Jorge Wilsterman Cochabamba
	Club The Strongest La Paz
	CD San José Oruro
Brazil (7+1 teams)	CR Flamengo Rio de Janeiro (title holders)
	Club Athletico Paranaense Curitiba
	Santos Futebol Clube
	SE Palmeiras São Paulo
	Grêmio Foot-Ball Porto Alegrense
	São Paulo Futebol Clube
	SC Internacional Porto Alegre
	SC Corinthians Paulista São Paulo
Chile (4 teams)	CD Universidad Católica Santiago
	CSD Colo-Colo Santiago
	CD Palestino Santiago
	Club Universidad de Chile Santiago

Colombia (4 teams)	CDP Junior Barranquilla SAD América de Cali CD Tolima Ibagué CD Independiente Medellín
Ecuador (4+1 teams)	CARE Independiente del Valle Sangolquí (2019 Copa Sudamericana winners) Delfín SC Manta Liga Deportiva Universitaria de Quito CSD Macará Ambato Barcelona SC Guayaquil
Paraguay (4 teams)	Club Olimpia Asunción Club Libertad Asunción Club Cerro Porteño Asunción Club Guaraní Asunción
Peru (4 teams)	Escuela Municipal Deportivo Binacional Desaguadero Club Alianza Lima Club Sporting Cristal Lima Club Universitario de Deportes Lima
Uruguay (4 teams)	Club Nacional de Football Montevideo CA Peñarol Montevideo Cerro Largo FC Melo CA Progreso Montevideo
Venezuela (4 teams)	Caracas FC Estudiantes de Mérida FC Deportivo Táchira FC San Cristóbal Carabobo FC Valencia

QUALIFYING STAGES

FIRST STAGE

21.02.2020, Estadio Polideportivo Cachamay, Ciudad Guayana
Referee: John Alexander Ospina Londoño (Colombia)
Carabobo FC Valencia - Club Universitario de Deportes Lima   1-1(0-0)
Carabobo: Ángel Andrés Hernández Velásquez, William Alexander Díaz Gutiérrez, Richard Emmanuel Badillo Pérez, Luís Alfredo García Lozada, Ottoniel José Medina Medina (75.Edwar Segundo Bracho Suárez), Luis Alexis Barrios Rojas, Luis Carlos Melo Salcedo, Edson Alejandro Tortolero Toro (62.José Ángel Ferrer Torres), Carlos Ignacio Ramos Rodríguez, Williams José Pedrozo García, Jesús Alberto González Quijada (58.Wilfredo Alexander Herrera Torres). Trainer: Antonio Franco López.
Universitario: José Aurelio Carvallo Alonso, Aldo Sebastián Corzo Chávez, Nelinho Minzúm Quina Asín, Iván Diego Santillán Atoche, Federico Damián Alonso, Donald Diego Millán Rodríguez (74.Alexander Succar Cañote), Alberto Abdiel Quintero Medina, Armando André Alfageme Palacios, Rafael Nicanor Guarderas Saravia (41.Jesús Miguel Barco Bozzeta), Alejandro Hohberg González (66.Luis Alfredo Urruti Giménez), Jonathan David Dos Santos Duré. Trainer: Gregorio Elso Pérez Perdigón (Uruguay).
Goals: Edson Alejandro Tortolero Toro (46) / Jonathan David Dos Santos Duré (83).

28.02.2020, Estadio Monumental, Lima
Referee: Bráulio da Silva Machado (Brazil)
Club Universitario de Deportes Lima - Carabobo FC Valencia   1-0(1-0)
Universitario: José Aurelio Carvallo Alonso, Aldo Sebastián Corzo Chávez, Nelinho Minzúm Quina Asín, Iván Diego Santillán Atoche, Federico Damián Alonso, Donald Diego Millán Rodríguez (67.Luis Alfredo Urruti Giménez), Alberto Abdiel Quintero Medina (81.Jesús Miguel Barco Bozzeta), Armando André Alfageme Palacios, Gerson Alexis Barreto Gamboa, Alejandro Hohberg González, Jonathan David Dos Santos Duré (85.Alexander Succar Cañote). Trainer: Gregorio Elso Pérez Perdigón (Uruguay).
Carabobo: Ángel Andrés Hernández Velásquez, William Alexander Díaz Gutiérrez, Richard Emmanuel Badillo Pérez, Davixson Slayter Flórez Quintero (69.José Ángel Ferrer Torres), Ottoniel José Medina Medina, Luis Alexis Barrios Rojas, Luis Carlos Melo Salcedo, Edson Alejandro Tortolero Toro, Carlos Ignacio Ramos Rodríguez (81.Edwar Segundo Bracho Suárez), Williams José Pedrozo García, Jesús Alberto González Quijada (76.Winston Alberto Azuaje Parra). Trainer: Antonio Franco López.
Goal: Federico Damián Alonso (24).
[Club Universitario de Deportes Lima won 2-1 on aggregate]

22.02.2020, Estadio „Jesús Bermúdez", Oruro
Referee: Augusto Bergelio Aragón Bautista (Ecuador)
CD San José Oruro - Club Guaraní Asunción   0-1(0-0)
San José: Jesús Enrique Careaga Guzmán, Luis Anibal Torrico Valverde, Jorge Leonardo Toco Arredondo, José Marcelo Gomes, Roly Desiderio Sejas Muñoz, Iván Gonzalo Vidaurre Mejía (69.Erlan Boris Condori Galvarro), Marco Antonio Morgon Filho „Marquinho" (58.Jorge Luis Añez Torrico), Rodrigo Vargas Touchard, Ronald Segovia Calzadilla, Freddy Alessandro Abastoflor Molina, Kevin Aquilino Fernández (85.William Velasco). Trainer: Omar Andrés Asad (Argentina).
Guaraní: Gaspar Andrés Servio, Rolando García Guerreño (46.Jhohan Sebastián Romaña Espitia), Hernán Ezequiel Lopes, Cristhian Javier Báez, Iván Rodrigo Ramírez Segovia, Ángel Guillermo Benítez, Rodney Iván Redes Cáceres (75.Nicolás Andrés Maná), Ángel María Benítez Argüello, José Ignacio Florentín Bobadilla, Edgar Milciades Benítez Santander, Fernando Fabián Fernández Acosta (66.Walter David Clar Fritz). Trainer: Gustavo Adolfo Costas Makeira (Argentina).
Goal: Cristhian Javier Báez (85 penalty).

29.02.2020, Estadio „Luis Alfonso Giagni", Villa Elisa
Referee: Fernando Gabriel Echenique (Argentina)
Club Guaraní Asunción - CD San José Oruro   4-0(2-0)
Guaraní: Gaspar Andrés Servio, Cristhian Javier Báez, Iván Rodrigo Ramírez Segovia, Ángel Guillermo Benítez, Jhohan Sebastián Romaña Espitia, Rodney Iván Redes Cáceres (85.Milton Marcelo Maciel Britez), Nicolás Andrés Maná (70.Raúl Marcelo Bobadilla), Ángel María Benítez Argüello, José Ignacio Florentín Bobadilla (75.Walter David Clar Fritz), Edgar Milciades Benítez Santander, Fernando Fabián Fernández Acosta. Trainer: Gustavo Adolfo Costas Makeira (Argentina).
San José: Jesús Enrique Careaga Guzmán, Luis Anibal Torrico Valverde, Jorge Leonardo Toco Arredondo, José Marcelo Gomes, Iván Gonzalo Vidaurre Mejía, Erlan Boris Condori Galvarro (79.William Velasco), Luis Serrano, Jorge Luis Añez Torrico, Rodrigo Vargas Touchard, Ronald Segovia Calzadilla (19.Marco Antonio Morgon Filho „Marquinho"), Freddy Alessandro Abastoflor Molina (66.Jairo Samuel Thomas Enríquez). Trainer: Omar Andrés Asad (Argentina).
Goals: Edgar Milciades Benítez Santander (17), Nicolás Andrés Maná (25), Fernando Fabián Fernández Acosta (78), Rodney Iván Redes Cáceres (84).
[Club Guaraní Asunción won 5-0 on aggregate]

22.02.2020, Parque „Alfredo Víctor Viera", Montevideo
Referee: Eduardo Gamboa (Chile)
CA Progreso Montevideo - Barcelona SC Guayaquil   0-2(0-1)
Progreso: Alison Nicola Pérez Barone, Rodrigo Gastón Mieres Pérez, Federico Platero Gazzaneo, Mauricio Loffreda Zinula, Mathías Damian Riquero Beretta (76.Joaquín Gottesman Villanueva), Rodrigo Pascual Viega Alves, Esteban Ricardo González Maciel, Gonzalo Sebastián Andrada Acosta, Alexander Maximiliano Silva Garrel, Alexander Mauricio Rosso Génova (76.Facundo Peraza Fontana), Luis Santiago Gáspari Vázquez (66.Maicol Ezequiel Rodríguez Alonso). Trainer: Leonel Rocco Herrera.
Barcelona: Javier Nicolás Burrai, Mario Alberto Pineida Martínez, Pedro Pablo Velasco Arboleda, Darío Javier Aimar Álvarez, Damián Rodrigo Díaz (85.Ely Jair Esterilla Castro), Gabriel Marques de Andrade Pinto, Williams Ismael Riveros Ibáñez, Bruno Piñatares Prieto, Leandro Emmanuel Martínez (55.Jean Carlos Montaño Valencia), Fidel Francisco Martínez Tenorio (89.Matías Damián Oyola), Jonatan Daniel Álvez Sagar. Trainer: Fabián Daniel Bustos Barbero (Argentina).
Goals: Fidel Francisco Martínez Tenorio (22), Leandro Emmanuel Martínez (48).

29.02.2020, Estadio Monumental „Isidro Romero Carbo", Guayaquil
Referee: Arnaldo Samaniego (Paraguay)
Barcelona SC Guayaquil - CA Progreso Montevideo   3-1(1-0)
Barcelona: Javier Nicolás Burrai, Mario Alberto Pineida Martínez, Pedro Pablo Velasco Arboleda, Darío Javier Aimar Álvarez, Damián Rodrigo Díaz (83.Matías Damián Oyola), Gabriel Marques de Andrade Pinto, Williams Ismael Riveros Ibáñez, Bruno Piñatares Prieto, Leandro Emmanuel Martínez (85.José Enrique Angulo Caicedo), Fidel Francisco Martínez Tenorio (76.Ely Jair Esterilla Castro), Jonatan Daniel Álvez Sagar. Trainer: Fabián Daniel Bustos Barbero (Argentina).
Progreso: Alison Nicola Pérez Barone, Rodrigo Gastón Mieres Pérez, Federico Platero Gazzaneo, Mauricio Loffreda Zinula, Mathías Damian Riquero Beretta (80.Joel Isaac Lew Veloso), Rodrigo Pascual Viega Alves (61.Joaquín Gottesman Villanueva), Esteban Ricardo González Maciel, Gonzalo Sebastián Andrada Acosta, Alexander Maximiliano Silva Garrel, Alexander Mauricio Rosso Génova, Luis Santiago Gáspari Vázquez (46.Facundo Peraza Fontana). Trainer: Leonel Rocco Herrera.
Goals: Damián Rodrigo Díaz (13), Fidel Francisco Martínez Tenorio (57), Pedro Pablo Velasco Arboleda (73) / Alexander Mauricio Rosso Génova (56).
[Barcelona SC Guayaquil won 5-1 on aggregate]

SECOND STAGE

04.02.2020, Estadio „Atanasio Girardot", Medellín
Referee: Leodán Franklin González Cabrera (Uruguay)
CD Independiente Medellín - Deportivo Táchira FC San Cristóbal   4-0(3-0)
Independiente: Andrés Felipe Mosquera Marmolejo, Andrés Felipe Cadavid Cardona, Jesús David Murillo Largacha, Yulián Andrés Gómez Mosquera, Javier Arley Reina Calvo, Andrés Ricaurte Vélez, Adrián Arregui, Didier Delgado Delgado (80.Luis Hernando Mena Sepúlveda), Larry Johan Angulo Riascos (69.Juan Manuel Cuesta Baena), Juan Fernando Caicedo Benítez (75.Federico Raúl Laurito), Maicol Balanta Peña. Trainer: Aldo Antonio Bobadilla Ávalos (Paraguay).
Deportivo Táchira: José David Contreras Verna, José Manuel Velázquez Rodríguez [*sent off 63*], Pablo Jesús Camacho Figueira, Anthony Eduardo Graterol Pérez, Carlos Alberto Vivas González, Marlon Antonio Fernández Jiménez, Yeferson José Velasco Leal, Carlos Eduardo Cermeño Uzcategui (69.David Alejandro Zalzman Guevara), Miguel Elías Camargo Cañizalez, Edgar Fernando Pérez Greco (65.Nicolás Adrián Foglia), Jacobo Salvador Kouffati Agostini (46.Duglar Alexander Angarita Martínez). Trainer: Juan Domingo Tolisano.
Goals: Javier Arley Reina Calvo (3 penalty), Larry Johan Angulo Riascos (23), Javier Arley Reina Calvo (43), Juan Manuel Cuesta Baena (70).

11.02.2020, Estadio Polideportivo de Pueblo Nuevo, San Cristóbal
Referee: Andrés Matias Matonte Cabrera (Uruguay)
Deportivo Táchira FC San Cristóbal - CD Independiente Medellín   2-0(1-0)
Deportivo Táchira: José David Contreras Verna, Pablo Jesús Camacho Figueira, Nicolás Adrián Foglia, Anthony Eduardo Graterol Pérez, Carlos Alberto Vivas González, Marlon Antonio Fernández Jiménez, Yeferson José Velasco Leal (81.Javier del Valle Liendo), Carlos Eduardo Cermeño Uzcategui (77.Jacobo Salvador Kouffati Agostini), Miguel Elías Camargo Cañizalez, Edgar Fernando Pérez Greco, Duglar Alexander Angarita Martínez. Trainer: Juan Domingo Tolisano.
Independiente: Andrés Felipe Mosquera Marmolejo, Andrés Felipe Cadavid Cardona, Jesús David Murillo Largacha, Yulián Andrés Gómez Mosquera, Javier Arley Reina Calvo, Luis Hernando Mena Sepúlveda, Andrés Ricaurte Vélez (85.Francisco Javier Flores Sequera), Adrián Arregui, Larry Johan Angulo Riascos (90.Yesid Alberto Díaz Montero), Juan Fernando Caicedo Benítez, Maicol Balanta Peña (77.Juan Manuel Cuesta Baena). Trainer: Aldo Antonio Bobadilla Ávalos (Paraguay).
Goals: Carlos Eduardo Cermeño Uzcategui (38), Duglar Alexander Angarita Martínez (68).
[CD Independiente Medellín won 4-2 on aggregate]

04.02.2020, Estadio Bellavista, Ambato
Referee: Michael Espinoza Valles (Peru)
CSD Macará Ambato - CD Tolima Ibagué   0-1(0-0)
Macará: Agustín Silva, John Willian Narváez Arroyo, Galo Ricardo Corozo Junco, Leonel Enríque Quiñónez Padilla, Braian Nicolás Molina, Mario Enrique Rizotto Vázquez, Jonny Alexander Uchuari Pintado, Ronald Erick Champang Zambrano (66.Fernando David Mora Peñaranda), Carlos Alfredo Feraud Silva, Pablo José Mancilla George (46.Ángel Eduardo Viotti), Juan Sebastián Herrera Sanabria (74.José Manuel Balza Liscano). Trainer: Ángel Paúl Vélez Ordoñez.
CD Tolima: Álvaro David Montero Perales, Julian Alveiro Quiñónes García, José David Moya Rojas, Danovis Banguero Lerma, Carlos Julio Robles Rocha, Yeison Stiven Gordillo Vargas, Nilson David Castrillón Burbano, Andrey Estupiñán Quiñones (79.Juan David Ríos Henao), Francisco Javier Rodríguez Hernández (90+1.Roger Fabricio Rojas Lazo), Luis Fernando Miranda Molinarez (59.Omar Antonio Albornoz Contreras), Jaminton Leandro Campaz. Trainer: Hernán Torres Oliveros.
Goal: Jaminton Leandro Campaz (76).

11.02.2020, Estadio „Manuel Murillo Toro", Ibagué
Referee: Juan Gabriel Benítez Mareco (Paraguay)
CD Tolima Ibagué - CSD Macará Ambato   **1-0(1-0)**
CD Tolima: Álvaro David Montero Perales, Julian Alveiro Quiñónes García, José David Moya Rojas, Omar Antonio Albornoz Contreras (74.Leyvin Jhojane Balanta Fory), Danovis Banguero Lerma, Carlos Julio Robles Rocha (82.Juan David Ríos Henao), Yeison Stiven Gordillo Vargas, Nilson David Castrillón Burbano, Andrey Estupiñán Quiñones (63.Daniel Felipe Cataño Torres), Francisco Javier Rodríguez Hernández, Jaminton Leandro Campaz. Trainer: Hernán Torres Oliveros.
Macará: Agustín Silva, John Willian Narváez Arroyo, Galo Ricardo Corozo Junco, Leonel Enríque Quiñónez Padilla, Braian Nicolás Molina [*sent off 60*], Mario Enrique Rizotto Vázquez, Fernando David Mora Peñaranda (82.Jhon Adonis Santacruz Campos), Jonathan Oswaldo de la Cruz Valverde (62.César Ricardo Mercado Lemo), Carlos Alfredo Feraud Silva, Jonny Alexander Uchuari Pintado (69.Ronald Erick Champang Zambrano), Juan Sebastián Herrera Sanabria. Trainer: Ángel Paúl Vélez Ordoñez.
Goal: Jaminton Leandro Campaz (42).
[CD Tolima Ibagué won 2-0 on aggregate]

04.02.2020, Estadio Nacional „Julio Martínez Prádanos", Santiago
Referee: Facundo Raúl Tello Figueroa (Argentina)
Club Universidad de Chile Santiago - SC Internacional Porto Alegre   **0-0**
Universidad: Fernando Carlos de Paul Lanciotti, Matías Nicolas Rodríguez, Jean André Emamuel Beausejour Coliqueo, Diego Andrés Carrasco Muñoz, Luis Enrique del Pino Mago, Walter Damián Montillo, Sebastián Paolo Galani Villega, Pablo Mauricio Aránguiz Salazar (83.Fernando Nicolás Cornejo Miranda), Camilo Andrés Moya Carreño, Joaquin Óscar Larrivey (82.Nicolás Bastián Guerra Ruz), Ángelo José Henríquez Iturra (66.Gonzalo Alejandro Espinoza Toledo). Trainer: Héctor Hernán Caputto Gómez.
Internacional: Marcelo Lomba do Nascimento, Rodrigo Modesto da Silva Moledo, Víctor Leandro Cuesta, Rodinei Marcelo de Almeida (90+1.Gabriel Boschilia), Moisés Roberto Barbosa, Andrés Nicolás D'Alessandro, Damián Marcelo Musto (73.Thiago Galhardo do Nascimento Rocha), Edenilson Andrade dos Santos, Rodrigo Oliveira Lindoso, Patrick Bezerra Do Nascimento (74.Marcos Guilherme de Almeida Santos Matos), José Paolo Guerrero Gonzales. Trainer: Eduardo Germán Coudet (Argentina).

11.02.2020, Estádio "José Pinheiro Borda" [Beira-Rio], Porto Alegre
Referee: Esteban Daniel Ostojich Vega (Uruguay)
SC Internacional Porto Alegre - Club Universidad de Chile Santiago   **2-0(1-0)**
Internacional: Marcelo Lomba do Nascimento, Rodrigo Modesto da Silva Moledo, Víctor Leandro Cuesta, Rodinei Marcelo de Almeida, Moisés Roberto Barbosa, Andrés Nicolás D'Alessandro (62.Marcos Guilherme de Almeida Santos Matos), Damián Marcelo Musto (84.João Lucas de Souza Cardoso "Johnny"), Edenilson Andrade dos Santos, Rodrigo Oliveira Lindoso, Patrick Bezerra Do Nascimento (14.Gabriel Boschilia), José Paolo Guerrero Gonzales. Trainer: Eduardo Germán Coudet (Argentina).
Universidad: Cristóbal Alejandro Campos Véliz, Matías Nicolas Rodríguez, Jean André Emamuel Beausejour Coliqueo, Diego Andrés Carrasco Muñoz, Luis Enrique del Pino Mago, Fernando Nicolás Cornejo Miranda (46.Gonzalo Alejandro Espinoza Toledo), Sebastián Paolo Galani Villega, Pablo Mauricio Aránguiz Salazar (83.Jonathan Fabián Zacaría), Camilo Andrés Moya Carreño, Joaquin Óscar Larrivey, Ángelo José Henríquez Iturra (46.César Franco Lobos Asman). Trainer: Héctor Hernán Caputto Gómez.
Goals: Gabriel Boschilia (43), Marcos Guilherme de Almeida Santos Matos (76).
[SC Internacional Porto Alegre won 2-0 on aggregate]

05.02.2020, Estadio Monumental, Lima
Referee: Andrés José Rojas Noguera (Colombia)
Club Universitario de Deportes Lima - Club Cerro Porteño Asunción   1-1(0-0)
Universitario: José Aurelio Carvallo Alonso, Aldo Sebastián Corzo Chávez, Nelinho Minzúm Quina Asín, Iván Diego Santillán Atoche, Federico Damián Alonso, Donald Diego Millán Rodríguez (76.Alexander Succar Cañote), Armando André Alfageme Palacios (48.Jesús Miguel Barco Bozzeta), Rafael Nicanor Guarderas Saravia, Alejandro Hohberg González, Luis Alfredo Urruti Giménez (67.Alberto Abdiel Quintero Medina), Jonathan David Dos Santos Duré. Trainer: Gregorio Elso Pérez Perdigón (Uruguay).
Cerro Porteño: Rodrigo Martin Muñóz Salomón, Marcos Antonio Cáceres Centurión, Juan Gabriel Patiño Martínez, Raúl Alejandro Cáceres Bogado, Santiago Arzamendia Duarte, Juan José Aguilar Orzusa, Federico Gastón Carrizo (60.Sergio Ismael Díaz Velázquez), Óscar Ramón Ruiz Roa (82.David Josué Colmán Escobar), Ángel Rodrigo Cardozo Lucena, Mathías Adalberto Villasanti Rolón, Nelson Antonio Haedo Valdez (71.Jorge Daniel Benítez Guillen). Trainer: Francisco Javier Arce Rolón.
Goals: Jonathan David Dos Santos Duré (52) / Óscar Ramón Ruiz Roa (65).

12.02.2020, Estadio „General Pablo Rojas", Asunción
Referee: Patricio Hernán Loustau (Argentina)
Club Cerro Porteño Asunción - Club Universitario de Deportes Lima   1-0(0-0)
Cerro Porteño: Rodrigo Martin Muñóz Salomón, Marcos Antonio Cáceres Centurión, Juan Gabriel Patiño Martínez, Raúl Alejandro Cáceres Bogado, Santiago Arzamendia Duarte, Juan José Aguilar Orzusa, Federico Gastón Carrizo (82.Fernando Amorebieta Mardaras), Óscar Ramón Ruiz Roa, Ángel Rodrigo Cardozo Lucena, Mathías Adalberto Villasanti Rolón (76.Víctor Javier Cáceres Centurión), Nelson Antonio Haedo Valdez (56.Jorge Daniel Benítez Guillen). Trainer: Francisco Javier Arce Rolón.
Universitario: José Aurelio Carvallo Alonso, Aldo Sebastián Corzo Chávez, Nelinho Minzúm Quina Asín, Iván Diego Santillán Atoche, Federico Damián Alonso, Donald Diego Millán Rodríguez (63.Luis Alfredo Urruti Giménez), Alberto Abdiel Quintero Medina, Rafael Nicanor Guarderas Saravia (57.Gerson Alexis Barreto Gamboa), Jesús Miguel Barco Bozzeta (75.Alexander Succar Cañote), Alejandro Hohberg González, Jonathan David Dos Santos Duré. Trainer: Gregorio Elso Pérez Perdigón (Uruguay).
Goal: Federico Gastón Carrizo (61).
[Club Cerro Porteño Asunción won 2-1 on aggregate]

05.02.2020, Estadio „Domingo Burgueño Miguel", Maldonado
Referee: Fernando Andrés Rapallini (Argentina)
Cerro Largo FC Melo - CD Palestino Santiago   1-1(1-0)
Cerro Largo: Washington Omar Aguerre Lima *[sent off 39]*, Robinson Martín Ferreira García, José Enrique Etcheverry Mendoza, Mauricio Sebastián Gómez Castro, Hugo Alejandro Magallanes Silveira, Gastón Agustín Heredia, Víctor Hugo Dorrego Coito, Gonzalo Agustín Lamardo (42.Pablo Ramiro Bentancur Rodríguez), Enzo Araciel Borges Couto (59.Hans Axel Müller Odriozola), Gonzalo José Latorre Bovio, Aldo Tomás Luján Fernández (74.Richard Andrés Dorrego Coito). Trainer: Luis Danielo Nuñez Maciel.
Palestino: Gastón Guruceaga Fagundez, Bryan Paul Carrasco Santos (46.Renato Nicolás Tarifeño Aranda), Guillermo Tomás Soto Arredondo, Sergio Andrés Felipe Silva, Nicolás Andrés Díaz Huincales, Vicente Felipe Fernández Godoy, Luis Antonio Jiménez Garcés, Carlos Agustín Farías, Jonathan Óscar Benítez (90+4.Esteban Andrés Carvajal Tapia), César Alexis Cortés Pinto (70.Fabián Antonio Ahumada Astete), Leandro Iván Benegas. Trainer: Ivo Alexie Basay Hatibovic.
Goals: Enzo Araciel Borges Couto (29) / Jorge Daniel Benítez Guillen (71).

12.02.2020, Estadio „San Carlos de Apoquindo", Santiago
Referee: Nicolás Gallo Barragán (Colombia)
CD Palestino Santiago - Cerro Largo FC Melo   5-1(2-0)
Palestino: Gastón Guruceaga Fagundez, Bryan Paul Carrasco Santos (63.Matías Rodrigo Campos López), Guillermo Tomás Soto Arredondo, Lucas Javier Acevedo, Sergio Andrés Felipe Silva, Nicolás Andrés Díaz Huincales (84.Henry Steven Sanhueza Galaz), Vicente Felipe Fernández Godoy, Luis Antonio Jiménez Garcés, Carlos Agustín Farías, César Alexis Cortés Pinto, Leandro Iván Benegas (80.Renato Nicolás Tarifeño Aranda). Trainer: Ivo Alexie Basay Hatibovic.
Cerro Largo: Pablo Ramiro Bentancur Rodríguez, Robinson Martín Ferreira García, José Enrique Etcheverry Mendoza, Hugo Alejandro Magallanes Silveira (46.Gonzalo Agustín Lamardo), Gastón Agustín Heredia, Ángel Gabriel Cayetano Pirez, Víctor Hugo Dorrego Coito (40.Gonzalo José Latorre Bovio), Hans Axel Müller Odriozola (41.Enzo Araciel Borges Couto), Adrián Guillermo Sánchez, Borys Santiago Barone Grillo, Aldo Tomás Luján Fernández. Trainer: Luis Danielo Nuñez Maciel.
Goals: Bryan Paul Carrasco Santos (18), Carlos Agustín Farías (34), Leandro Iván Benegas (71), Carlos Agustín Farías (76), Renato Nicolás Tarifeño Aranda (88) / Enzo Araciel Borges Couto (78).
[CD Palestino Santiago won 6-2 on aggregate]

05.02.2020, Estadio „Hernando Siles Reyes", La Paz
Referee: Guillermo Enrique Guerrero Alcivar (Ecuador)
Club The Strongest La Paz - CA Tucumán San Miguel de Tucumán   2-0(1-0)
The Strongest: Daniel Vaca Tasca, Marvin Orlando Bejarano Jiménez, Gonzalo Damián Godoy Silva, Gonzalo Gabriel Castillo Cabral, Juan Gabriel Valverde Rivera, Saúl Torres Rojas, Carlos Enrique Añez Oliva (62.Willie Hortencio Barbosa), Diego Horacio Wayar Cruz, Ramiro Vaca Porcel (90+2.Rudy Alejandro Cardozo Fernández), Rolando Manrique Blackburn Ortega (86.Harold Fernando Reina Figueroa), Jair Alexander Reinoso Moreno. Trainer: Mauricio Ronald Soria Portillo.
Tucumán: Alejandro Miguel Sánchez, Dylan Gissi, Marcelo Damián Ortíz, Yonathan Emanuel Cabral, Gabriel Risso Patrón, Ariel Mauricio Rojas (62.Leonardo Alexis Heredia), Cristian Damián Erbes, Guillermo Gastón Acosta, Javier Fabián Toledo, Leandro Nicolás Díaz (76.Lucas Santiago Melano), Augusto Diego Lotti (46.Ramiro Ángel Carrera). Trainer: Ricardo Alberto Zielinski.
Goals: Jair Alexander Reinoso Moreno (45+1), Willie Hortencio Barbosa (69).

12.02.2020, Estadio Monumental „José Fierro", Tucumán
Referee: Raphael Claus (Brazil)
CA Tucumán San Miguel de Tucumán - Club The Strongest La Paz   2-0(1-0,2-0,2-0);
                                                                    6-5 on penalties
Tucumán: Cristian David Lucchetti, Marcelo Damián Ortíz, Yonathan Emanuel Cabral, Ariel Mauricio Rojas, José Luis Fernández, Cristian Damián Erbes (82.Federico Bravo), Guillermo Gastón Acosta, Leonardo Alexis Heredia (64.Augusto Diego Lotti), Javier Fabián Toledo, Leandro Nicolás Díaz (72.Ramiro Ángel Carrera), Lucas Santiago Melano. Trainer: Ricardo Alberto Zielinski.
The Strongest: Daniel Vaca Tasca, Marvin Orlando Bejarano Jiménez, Gonzalo Damián Godoy Silva, Gonzalo Gabriel Castillo Cabral, Juan Gabriel Valverde Rivera, Saúl Torres Rojas, Walter Veizaga Argote, Diego Horacio Wayar Cruz, Raúl Castro Peñaloza (33.Willie Hortencio Barbosa), Jair Alexander Reinoso Moreno, Harold Fernando Reina Figueroa (46.Rolando Manrique Blackburn Ortega). Trainer: Mauricio Ronald Soria Portillo.
Goals: Marcelo Damián Ortíz (22), Leonardo Alexis Heredia (58).
Penalties: Javier Fabián Toledo (saved); Jair Alexander Reinoso Moreno 0-1; Ramiro Ángel Carrera 1-1; Walter Veizaga Argote 1-2; Cristian David Lucchetti 2-2; Juan Gabriel Valverde Rivera 2-3; Augusto Diego Lotti 3-3; Willie Hortencio Barbosa 3-4; Federico Bravo 4-4; Rolando Manrique Blackburn Ortega (saved); José Luis Fernández 5-4; Gonzalo Gabriel Castillo Cabral 5-5; Marcelo Damián Ortíz 6-5; Saúl Torres Rojas (saved).
[CA Tucumán San Miguel de Tucumán won 6-5 on penalties (after 2-2 on aggregate)]

05.02.2020, Estadio „General Pablo Rojas", Asunción
Referee: Alexis Adrian Herrera Hernández (Venezuela)
Club Guaraní Asunción - SC Corinthians Paulista São Paulo   1-0(1-0)
Guaraní: Gaspar Andrés Servio, Cristhian Javier Báez, Iván Rodrigo Ramírez Segovia, Ángel Guillermo Benítez, Jhohan Sebastián Romaña Espitia, Rodney Iván Redes Cáceres, Ángel María Benítez Argüello, José Ignacio Florentín Bobadilla (84.Fernando Omar Barrientos), Jorge Emanuel Morel Barrios, Edgar Milciades Benítez Santander (25.Nicolás Andrés Maná), Fernando Fabián Fernández Acosta (63.Raúl Marcelo Bobadilla). Trainer: Gustavo Adolfo Costas Makeira (Argentina).
Corinthians: Cássio Ramos, Fágner Conserva Lemos, Carlos Gilberto Nascimento Silva "Gil", Sidcley Ferreira Pereira (58.Lucas Piton Crivellaro), Pedro Henrique Ribeiro Gonçalves, Guilherme de Aguiar Camacho, Víctor Danilo Cantillo Jiménez, Mauro Boselli, Luan Guilherme de Jesús Vieira, Everaldo Silva do Nascimento (59.Mateus Da Silva Vital Assumpção), Janderson Santos de Souza (74.Madson de Souza Silva). Trainer: Tiago Retzlaff Nunes.
Goal: Jorge Emanuel Morel Barrios (7).

12.02.2020, Arena Corinthians, São Paulo
Referee: Néstor Fabián Pitana (Argentina)
SC Corinthians Paulista São Paulo - Club Guaraní Asunción   2-1(2-0)
Corinthians: Cássio Ramos, Fágner Conserva Lemos, Carlos Gilberto Nascimento Silva "Gil", Sidcley Ferreira Pereira (62.Lucas Piton Crivellaro), Pedro Henrique Ribeiro Gonçalves, Guilherme de Aguiar Camacho (80.Janderson Santos de Souza), Víctor Danilo Cantillo Jiménez, Pedro Victor Delmino da Silva "Pedrinho" [*sent off 29*], Vágner Silva Nascimento "Vágner Love" (66.Gustavo Henrique da Silva Sousa), Mauro Boselli, Luan Guilherme de Jesús Vieira. Trainer: Tiago Retzlaff Nunes.
Guaraní: Gaspar Andrés Servio, Rolando García Guerreño (34.Nicolás Andrés Maná), Cristhian Javier Báez, Iván Rodrigo Ramírez Segovia, Ángel Guillermo Benítez, Jhohan Sebastián Romaña Espitia [*sent off 85*], Rodney Iván Redes Cáceres, Ángel María Benítez Argüello, José Ignacio Florentín Bobadilla (46.Raúl Marcelo Bobadilla), Jorge Emanuel Morel Barrios, Fernando Fabián Fernández Acosta (82.Edgar Milciades Benítez Santander). Trainer: Gustavo Adolfo Costas Makeira (Argentina).
Goals: Luan Guilherme de Jesús Vieira (9), Mauro Boselli (32) / Fernando Fabián Fernández Acosta (53).
[Club Guaraní Asunción won on away goals rule (2-2 on aggregate)]

06.02.2020, Estadio Monumental „Isidro Romero Carbo", Guayaquil
Referee: Cristian Marcelo Garay Reyes (Chile)
Barcelona SC Guayaquil - Club Sporting Cristal Lima   4-0(2-0)
Barcelona: Javier Nicolás Burrai, Mario Alberto Pineida Martínez, Pedro Pablo Velasco Arboleda, Darío Javier Aimar Álvarez, Damián Rodrigo Díaz, Gabriel Marques de Andrade Pinto, Williams Ismael Riveros Ibáñez, Bruno Piñatares Prieto, Leandro Emmanuel Martínez (90.José Enrique Angulo Caicedo), Fidel Francisco Martínez Tenorio (67.Byron David Castillo Segura), Jonatan Daniel Álvez Sagar (88.Ángel Fernando Quiñónez Guerrero). Trainer: Fabián Daniel Bustos Barbero (Argentina).
Sporting Cristal: Patricio Leonel Álvarez Noguera, Omar Jesús Merlo, Nilson Evair Loyola Morales, Johan Arturo Alexander Madrid Reyes, Carlos Miguel Cabello Anagua (46.Kevin Armando Sandoval Laynes), Gianfranco Chávez Massoni, Jorge Luis Cazulo, Horacio Martín Calcaterra, Gerald Martin Távara Mogollón, Christian Jonatan Ortíz López (84.José María Alberto Inga Guerrero), Washington Bryan Corozo Becerra (62.Emanuel Herrera). Trainer: Manuel Francisco Barreto Sayán.
Goals: Fidel Francisco Martínez Tenorio (6), Gabriel Marques de Andrade Pinto (13), Fidel Francisco Martínez Tenorio (50), Jonatan Daniel Álvez Sagar (82 penalty).

13.02.2020, Estadio Nacional, Lima
Referee: Wilton Pereira Sampaio (Brazil)
Club Sporting Cristal Lima - Barcelona SC Guayaquil   2-1(0-0)
Sporting Cristal: Renato Alfredo Solis Salinas, Omar Jesús Merlo, Nilson Evair Loyola Morales (46.Carlos Junior Huerto Saavedra), Johan Arturo Alexander Madrid Reyes, Gianfranco Chávez Massoni, Jorge Luis Cazulo, Horacio Martín Calcaterra, Gerald Martin Távara Mogollón, Kevin Armando Sandoval Laynes, Emanuel Herrera (83.Christopher Robin Olivares Burga), Christian Jonatan Ortíz López (74.Ray Anderson Sandoval Baylón). Trainer: Manuel Francisco Barreto Sayán.
Barcelona: Javier Nicolás Burrai, Mario Alberto Pineida Martínez, Pedro Pablo Velasco Arboleda, Darío Javier Aimar Álvarez, Damián Rodrigo Díaz, Gabriel Marques de Andrade Pinto, Williams Ismael Riveros Ibáñez, Bruno Piñatares Prieto (82.Éder Derik Cetre Castillo), Leandro Emmanuel Martínez (86.José Enrique Angulo Caicedo), Fidel Francisco Martínez Tenorio (76.Byron David Castillo Segura), Jonatan Daniel Álvez Sagar. Trainer: Fabián Daniel Bustos Barbero (Argentina).
Goals: Kevin Armando Sandoval Laynes (80), Christopher Robin Olivares Burga (90+3 penalty) / Fidel Francisco Martínez Tenorio (68).
[Barcelona SC Guayaquil won 5-2 on aggregate]

THIRD STAGE

18.02.2020, Estadio „Atanasio Girardot", Medellín
Referee: Bruno Arleu de Araújo (Brazil)
CD Independiente Medellín - CA Tucumán San Miguel de Tucumán   1-0(1-0)
Independiente: Andrés Felipe Mosquera Marmolejo, Andrés Felipe Cadavid Cardona, Jesús David Murillo Largacha, Yulián Andrés Gómez Mosquera, Javier Arley Reina Calvo (86.Yesid Alberto Díaz Montero), Andrés Ricaurte Vélez, Adrián Arregui, Didier Delgado Delgado, Larry Johan Angulo Riascos (68.Edwín Stiven Mosquera Palacios), Juan Fernando Caicedo Benítez, Maicol Balanta Peña (62.Leonardo Fabio Castro Loaiza). Trainer: Aldo Antonio Bobadilla Ávalos (Paraguay).
Tucumán: Cristian David Lucchetti, Gustavo Ariel Toledo, Dylan Gissi, Guillermo Luis Ortíz, Marcelo Damián Ortíz, Ariel Mauricio Rojas (75.Nicolás Diego Aguirre), Cristian Damián Erbes, Guillermo Gastón Acosta, Ramiro Ángel Carrera (71.Leandro Nicolás Díaz), Javier Fabián Toledo (90.Leonardo Alexis Heredia), Lucas Santiago Melano. Trainer: Ricardo Alberto Zielinski.
Goal: Andrés Ricaurte Vélez (16).

25.02.2020, Estadio Monumental „José Fierro", Tucumán
Referee: Alexis Adrian Herrera Hernández (Venezuela)
CA Tucumán San Miguel de Tucumán - CD Independiente Medellín   1-0(1-0,1-0,1-0);
                                                                    2-4 on penalties
Tucumán: Cristian David Lucchetti, Fabián Luciano Monzón, Guillermo Luis Ortíz, Marcelo Damián Ortíz, Yonathan Emanuel Cabral, Cristian Damián Erbes, Guillermo Gastón Acosta, Ramiro Ángel Carrera (61.Nicolás Diego Aguirre), Leonardo Alexis Heredia (69.Leandro Nicolás Díaz), Javier Fabián Toledo, Lucas Santiago Melano (80.Augusto Diego Lotti). Trainer: Ricardo Alberto Zielinski.
Independiente: Andrés Felipe Mosquera Marmolejo, Andrés Felipe Cadavid Cardona, Jesús David Murillo Largacha, Yulián Andrés Gómez Mosquera, Andrés Ricaurte Vélez, Adrián Arregui, Didier Delgado Delgado, Larry Johan Angulo Riascos, Juan Fernando Caicedo Benítez (89.Yesid Alberto Díaz Montero), Maicol Balanta Peña (46.Javier Arley Reina Calvo), Edwín Stiven Mosquera Palacios (67.Leonardo Fabio Castro Loaiza). Trainer: Aldo Antonio Bobadilla Ávalos (Paraguay).
Goal: Leonardo Alexis Heredia (20).
Penalties: Leandro Nicolás Díaz (missed); Andrés Ricaurte Vélez 0-1; Augusto Diego Lotti (saved); Andrés Felipe Cadavid Cardona 0-2; Nicolás Diego Aguirre 1-2; Leonardo Fabio Castro Loaiza 1-3; Fabián Luciano Monzón 2-3; Adrián Arregui 2-4.
[CD Independiente Medellín won 4-2 on penalties (after 1-1 on aggregate)]

19.02.2020, Estadio Monumental „Isidro Romero Carbo", Guayaquil
Referee: Gustavo Adrian Tejera Capo (Uruguay)
Barcelona SC Guayaquil - Club Cerro Porteño Asunción   1-0(1-0)
Barcelona: Javier Nicolás Burrai, Mario Alberto Pineida Martínez, Pedro Pablo Velasco Arboleda, Darío Javier Aimar Álvarez, Damián Rodrigo Díaz, Gabriel Marques de Andrade Pinto, Williams Ismael Riveros Ibáñez, Bruno Piñatares Prieto, Leandro Emmanuel Martínez (71.Byron David Castillo Segura), Fidel Francisco Martínez Tenorio (83.José Enrique Angulo Caicedo), Jonatan Daniel Álvez Sagar (87.Ángel Fernando Quiñónez Guerrero). Trainer: Fabián Daniel Bustos Barbero (Argentina).
Cerro Porteño: Rodrigo Martin Muñóz Salomón, Marcos Antonio Cáceres Centurión (11.Fernando Amorebieta Mardaras; 46.Juan Camillo Saiz Ortegón), Juan Gabriel Patiño Martínez, Raúl Alejandro Cáceres Bogado, Santiago Arzamendia Duarte, Víctor Javier Cáceres Centurión, Federico Gastón Carrizo, Óscar Ramón Ruiz Roa, Ángel Rodrigo Cardozo Lucena, Mathías Adalberto Villasanti Rolón, Nelson Antonio Haedo Valdez (46.Jonathan Óscar Benítez). Trainer: Francisco Javier Arce Rolón.
Goal: Fidel Francisco Martínez Tenorio (25).

26.02.2020, Estadio „General Pablo Rojas", Asunción
Referee: Anderson Daronco (Brazil)
Club Cerro Porteño Asunción - Barcelona SC Guayaquil   0-4(0-1)
Cerro Porteño: Rodrigo Martin Muñóz Salomón, Fernando Amorebieta Mardaras [*sent off 56*], Juan Gabriel Patiño Martínez, Raúl Alejandro Cáceres Bogado (46.Alberto Espinola Giménez), Santiago Arzamendia Duarte, Víctor Javier Cáceres Centurión, Federico Gastón Carrizo (60.David Josué Colmán Escobar), Óscar Ramón Ruiz Roa, Ángel Rodrigo Cardozo Lucena, Diego Churín Puyo, Jonathan Óscar Benítez (63.Sergio Ismael Díaz Velázquez). Trainer: Francisco Javier Arce Rolón.
Barcelona: Javier Nicolás Burrai (13.Víctor Eduardo Mendoza Izurieta), Mario Alberto Pineida Martínez, Pedro Pablo Velasco Arboleda, Anthony Patricio Bedoya Caicedo, Damián Rodrigo Díaz (85.Matías Damián Oyola), Gabriel Marques de Andrade Pinto, Williams Ismael Riveros Ibáñez, Bruno Piñatares Prieto, Leandro Emmanuel Martínez, Fidel Francisco Martínez Tenorio, Jonatan Daniel Álvez Sagar (72.Byron David Castillo Segura). Trainer: Fabián Daniel Bustos Barbero (Argentina).
Goals: Leandro Emmanuel Martínez (34), Fidel Francisco Martínez Tenorio (66), Damián Rodrigo Díaz (73), Fidel Francisco Martínez Tenorio (82).
[Barcelona SC Guayaquil won 5-0 on aggregate]

19.02.2020, Estadio „Manuel Murillo Toro", Ibagué
Referee: Roberto Andrés Tobar Vargas (Chile)
CD Tolima Ibagué - SC Internacional Porto Alegre   0-0
CD Tolima: Álvaro David Montero Perales, Julian Alveiro Quiñónes García, José David Moya Rojas, Omar Antonio Albornoz Contreras (73.Daniel Felipe Cataño Torres), Danovis Banguero Lerma, Carlos Julio Robles Rocha, Yeison Stiven Gordillo Vargas, Nilson David Castrillón Burbano, Andrey Estupiñán Quiñones (59.Luis Fernando Miranda Molinarez), Francisco Javier Rodríguez Hernández (77.Roger Fabricio Rojas Lazo), Jaminton Leandro Campaz. Trainer: Hernán Torres Oliveros.
Internacional: Marcelo Lomba do Nascimento, Uendel Pereira Gonçalves, Víctor Leandro Cuesta, Rodinei Marcelo de Almeida, Bruno da Lara Fuchs, Damián Marcelo Musto, Edenilson Andrade dos Santos, Rodrigo Oliveira Lindoso, Gabriel Boschilia, José Paolo Guerrero Gonzales, Marcos Guilherme de Almeida Santos Matos (68.Andrés Nicolás D'Alessandro). Trainer: Eduardo Germán Coudet (Argentina).

26.02.2020, Estádio "José Pinheiro Borda" [Beira-Rio], Porto Alegre
Referee: Guillermo Enrique Guerrero Alcivar (Ecuador)
SC Internacional Porto Alegre - CD Tolima Ibagué   1-0(1-0)
Internacional: Marcelo Lomba do Nascimento, Uendel Pereira Gonçalves, Víctor Leandro Cuesta, Rodinei Marcelo de Almeida (90+3.Rodrigo Modesto da Silva Moledo), Bruno da Lara Fuchs, Andrés Nicolás D'Alessandro [*sent off 61*], Damián Marcelo Musto, Edenilson Andrade dos Santos, Rodrigo Oliveira Lindoso (40.Marcos Guilherme de Almeida Santos Matos), Gabriel Boschilia (87.João Lucas de Souza Cardoso "Johnny"), José Paolo Guerrero Gonzales. Trainer: Eduardo Germán Coudet (Argentina).
CD Tolima: Álvaro David Montero Perales, Julian Alveiro Quiñónes García, José David Moya Rojas, Danovis Banguero Lerma, Carlos Julio Robles Rocha, Yeison Stiven Gordillo Vargas, Juan David Ríos Henao (64.Omar Antonio Albornoz Contreras), Nilson David Castrillón Burbano, Andrey Estupiñán Quiñones (72.Luis Fernando Miranda Molinarez), Francisco Javier Rodríguez Hernández (69.Jorge Luis Ramos Sánchez), Jaminton Leandro Campaz. Trainer: Hernán Torres Oliveros.
Goal: José Paolo Guerrero Gonzales (45+4).
[SC Internacional Porto Alegre won 1-0 on aggregate]

20.02.2020, Estadio „San Carlos de Apoquindo", Santiago
Referee: Facundo Raúl Tello Figueroa (Argentina)
CD Palestino Santiago - Club Guaraní Asunción   0-1(0-1)
Palestino: Gastón Guruceaga Fagundez, Bryan Paul Carrasco Santos (57.Fabián Antonio Ahumada Astete), Guillermo Tomás Soto Arredondo, Lucas Javier Acevedo, Sergio Andrés Felipe Silva, Vicente Felipe Fernández Godoy (76.Renato Nicolás Tarifeño Aranda), Carlos Agustín Farías, Jonathan Óscar Benítez, Jorge Matias Araya Pozo (46.Matías Rodrigo Campos López), César Alexis Cortés Pinto, Leandro Iván Benegas. Trainer: Ivo Alexie Basay Hatibovic.
Guaraní: Gaspar Andrés Servio, Rolando García Guerreño, Hernán Ezequiel Lopes, Cristhian Javier Báez, Iván Rodrigo Ramírez Segovia, Ángel Guillermo Benítez, Rodney Iván Redes Cáceres (89.Miguel Ángel Benítez Guayuan), Fernando Omar Barrientos [*sent off 64*], Ángel María Benítez Argüello, Jorge Emanuel Morel Barrios (86.José Ignacio Florentín Bobadilla), Fernando Fabián Fernández Acosta (62.Raúl Marcelo Bobadilla). Trainer: Gustavo Adolfo Costas Makeira (Argentina).
Goal: Rodney Iván Redes Cáceres (45+1).

27.02.2020, Estadio „General Pablo Rojas", Asunción
Referee: Víctor Hugo Carrillo Casanova (Peru)
Club Guaraní Asunción - CD Palestino Santiago   2-1(0-1)
Guaraní: Gaspar Andrés Servio, Rolando García Guerreño (46.Nicolás Andrés Maná), Cristhian Javier Báez, Iván Rodrigo Ramírez Segovia, Ángel Guillermo Benítez, Jhohan Sebastián Romaña Espitia, Rodney Iván Redes Cáceres, Ángel María Benítez Argüello, Jorge Emanuel Morel Barrios, Raúl Marcelo Bobadilla (74.Fernando Fabián Fernández Acosta), Edgar Milciades Benítez Santander (85.José Ignacio Florentín Bobadilla). Trainer: Gustavo Adolfo Costas Makeira (Argentina).
Palestino: Gastón Guruceaga Fagundez, Guillermo Tomás Soto Arredondo, Lucas Javier Acevedo, Sergio Andrés Felipe Silva (83.Matías Rodrigo Campos López), Nicolás Andrés Díaz Huincales, Luis Antonio Jiménez Garcés (55.Sebastián Eduardo Cabrera Morgado), Carlos Agustín Farías, Jonathan Óscar Benítez [*sent off 69*], César Alexis Cortés Pinto (85.Bryan Paul Carrasco Santos), Leandro Iván Benegas, Renato Nicolás Tarifeño Aranda. Trainer: Ivo Alexie Basay Hatibovic.
Goals: Raúl Marcelo Bobadilla (49), Rodney Iván Redes Cáceres (83) / Leandro Iván Benegas (45+1).
[Club Guaraní Asunción won 3-1 on aggregate]

| COPA SUDAMERICANA QUALIFICATION RANKING |

1.	CA Tucumán San Miguel de Tucumán	2	1	0	1	1	- 1	3
2.	CD Tolima Ibagué	2	0	1	1	0	- 1	1
3.	CD Palestino Santiago	2	0	0	2	1	- 3	0
4.	Club Cerro Porteño Asunción	2	0	0	2	0	- 5	0

CA Tucumán San Miguel de Tucumán and CD Tolima Ibagué qualified for the 2020 Copa Sudamericana second stage.

GROUP STAGE

Each group winner and runner-up advanced to the Round of 16. Teams ranked third were qualified for the 2020 Copa Sudamericana.

GROUP A

04.03.2020, Estadio Monumental „Isidro Romero Carbo", Guayaquil
Referee: Roberto Andrés Tobar Vargas (Chile)
Barcelona SC Guayaquil - CARE Independiente del Valle Sangolquí   0-3(0-0)
Barcelona: Víctor Eduardo Mendoza Izurieta, Mario Alberto Pineida Martínez [*sent off 81*], Pedro Pablo Velasco Arboleda, Darío Javier Aimar Álvarez, Byron David Castillo Segura (46.Cristian Ariel Colmán Ortíz), Damián Rodrigo Díaz, Gabriel Marques de Andrade Pinto, Williams Ismael Riveros Ibáñez, Bruno Piñatares Prieto (76.Christian Fernando Alemán Alegría), Leandro Emmanuel Martínez (76.Ely Jair Esterilla Castro), Fidel Francisco Martínez Tenorio. Trainer: Fabián Daniel Bustos Barbero (Argentina).
Independiente del Valle: Jorge Bladimir Pinos Haiman, Richard Hernán Schunke, Beder Julio Caicedo Lastra, Luis Geovanny Segovia Vega, Fernando Alexander Guerrero Vásquez (67.Jhon Jairo Sánchez Enríquez), Cristian Alberto Pellerano, Efrén Alexander Mera Moreira (63.Moisés Isaac Caicedo Corozo), Jacob Israel Murillo Moncada, Lorenzo Abel Faravelli, Ángelo Smit Preciado Quiñónez, Gabriel Arturo Torres Tejada (73.Christian Jonatan Ortiz López). Trainer: Miguel Ángel Ramírez Medina (Spain).
Goals: Gabriel Arturo Torres Tejada (55), Christian Jonatan Ortiz López (87), Cristian Alberto Pellerano (90+5 penalty).

04.03.2020, Estadio Metropolitano „Roberto Meléndez", Barranquilla
Referee: Alexis Adrian Herrera Hernández (Venezuela)
CDP Junior Barranquilla - CR Flamengo Rio de Janeiro   1-2(0-1)
Junior: Mario Sebastián Viera Galaín, Marlon Javier Piedrahita Londoño (83.Fabián Alexis Viáfara Alarcón), Germán Mera Cáceres, Daniel Alejandro Rosero Valencia, Gabriel Rafael Fuentes Gómez, James Amilkar Sánchez Altamiranda, Didier Andrés Moreno Asprilla, Freddy Hinestroza Arias (79.Sherman Andrés Cárdenas Estupiñan), Teófilo Antonio Gutiérrez Roncancio, Miguel Ángel Borja Hernández, Edwuin Steven Cetré Angulo (73.Carmelo Enrique Valencia Chaverra). Trainer: Julio Avelino Comesaña López (Uruguay).
Flamengo: Diego Alves Carreira, Filipe Luís Kasmirski, Gustavo Henrique Vernes, Leonardo Pereira „Léo Pereira", João de Almeida Carvalho „João Lucas", Éverton Augusto de Barros Ribeiro, Giorgian Daniel de Arrascaeta Benedetti (63.Michael Richard Delgado de Oliveira), Thiago Maia Alencar, Gerson Santos da Silva, Victor Vinícius Coelho dos Santos "Vitinho" (90+1.Pedro Guilherme Abreu dos Santos), Gabriel Barbosa Almeida. Trainer: Jorge Fernando Pinheiro de Jesus (Portugal).
Goals: Teófilo Antonio Gutiérrez Roncancio (90+5) / Éverton Augusto de Barros Ribeiro (6, 79).

11.03.2020, Estadio Olímpico „Atahualpa", Quito
Referee: Diego Mirko Haro Sueldo (Peru)
CARE Independiente del Valle Sangolquí - CDP Junior Barranquilla   3-0(0-0)
Independiente del Valle: Jorge Bladimir Pinos Haiman, Richard Hernán Schunke, Beder Julio Caicedo Lastra, Luis Geovanny Segovia Vega, Fernando Alexander Guerrero Vásquez (67.Jhon Jairo Sánchez Enríquez), Cristian Alberto Pellerano, Efrén Alexander Mera Moreira (77.Moisés Isaac Caicedo Corozo), Lorenzo Abel Faravelli, Ángelo Smit Preciado Quiñónez, Gabriel Arturo Torres Tejada (85.Jacob Israel Murillo Moncada), Christian Jonatan Ortiz López. Trainer: Miguel Ángel Ramírez Medina (Spain).
Junior: Mario Sebastián Viera Galaín, Germán Mera Cáceres, Jefferson José Gómez Genes, Fabián Alexis Viáfara Alarcón, Gabriel Rafael Fuentes Gómez, Didier Andrés Moreno Asprilla, Larry Vásquez Ortega, Freddy Hinestroza Arias, Luis Daniel González Cova, Miguel Ángel Borja Hernández, Edwuin Steven Cetré Angulo (63.Teófilo Antonio Gutiérrez Roncancio). Trainer: Julio Avelino Comesaña López (Uruguay).
Goals: Fernando Alexander Guerrero Vásquez (60), Moisés Isaac Caicedo Corozo (84), Lorenzo Abel Faravelli (90+4).

11.03.2020, Estádio "Jornalista Mário Filho" [Maracanã], Rio de Janeiro
Referee: Facundo Raúl Tello Figueroa (Argentina)
CR Flamengo Rio de Janeiro - Barcelona SC Guayaquil   3-0(2-0)
Flamengo: Diego Alves Carreira, Márcio Rafael Ferreira de Souza „Rafinha", Filipe Luís Kasmirski, Gustavo Henrique Vernes, Leonardo Pereira „Léo Pereira", Éverton Augusto de Barros Ribeiro, Giorgian Daniel de Arrascaeta Benedetti (72.Michael Richard Delgado de Oliveira), Thiago Maia Alencar (78.Diego Ribas da Cunha), Gerson Santos da Silva, Gabriel Barbosa Almeida, Bruno Henrique Pinto (90.Victor Vinícius Coelho dos Santos "Vitinho"). Trainer: Jorge Fernando Pinheiro de Jesus (Portugal).
Barcelona: Víctor Eduardo Mendoza Izurieta, Pedro Pablo Velasco Arboleda, Darío Javier Aimar Álvarez (22.Anthony Patricio Bedoya Caicedo), Byron David Castillo Segura, Damián Rodrigo Díaz (80.Matías Damián Oyola), Gabriel Marques de Andrade Pinto, Williams Ismael Riveros Ibáñez, Bruno Piñatares Prieto, Leandro Emmanuel Martínez, Fidel Francisco Martínez Tenorio (76.Jean Carlos Montaño Valencia), Jonatan Daniel Álvez Sagar. Trainer: Fabián Daniel Bustos Barbero (Argentina).
Goals: Gustavo Henrique Vernes (39), Gabriel Barbosa Almeida (45 penalty), Bruno Henrique Pinto (53).

17.09.2020, Estadio „Rodrigo Paz Delgado", Quito
Referee: Wilmar Alexander Roldán Pérez (Colombia)
CARE Independiente del Valle Sangolquí - CR Flamengo Rio de Janeiro   5-0(1-0)
Independiente del Valle: Jorge Bladimir Pinos Haiman, Richard Hernán Schunke, Beder Julio Caicedo Lastra, Luis Geovanny Segovia Vega, Fernando Alexander Guerrero Vásquez (61.Jhon Jairo Sánchez Enríquez), Cristian Alberto Pellerano, Jacob Israel Murillo Moncada (69.Christian Jonatan Ortiz López), Lorenzo Abel Faravelli (76.Efrén Alexander Mera Moreira), Ángelo Smit Preciado Quiñónez [*sent off 90+3*], Moisés Isaac Caicedo Corozo (76.Braian Abel Rivero), Gabriel Arturo Torres Tejada (75.Edson Eli Montaño Angulo). Trainer: Miguel Ángel Ramírez Medina (Spain).
Flamengo: César Bernardo Dutra, Filipe Luís Kasmirski (76.Renê Rodrigues Martins), Mauricio Anibal Isla Isla, Rodrigo Caio Coquete Russo, Leonardo Pereira „Léo Pereira", Diego Ribas da Cunha (46.Bruno Henrique Pinto), Éverton Augusto de Barros Ribeiro (66.Michael Richard Delgado de Oliveira), Willian Souza Arão da Silva, Giorgian Daniel de Arrascaeta Benedetti (76.Pedro Guilherme Abreu dos Santos), Gerson Santos da Silva (65.Thiago Maia Alencar), Gabriel Barbosa Almeida. Trainer: Domènec Torrent Font (Spain).
Please note: Gustavo Henrique Vernes were sent off on the bench (90+5).
Goals: Moisés Isaac Caicedo Corozo (40), Ángelo Smit Preciado Quiñónez (49), Gabriel Arturo Torres Tejada (58), Jhon Jairo Sánchez Enríquez (81), Beder Julio Caicedo Lastra (90+2).

17.09.2020, Estadio Monumental „Isidro Romero Carbo", Guayaquil
Referee: Kevin Paolo Ortega Pimentel (Peru)
Barcelona SC Guayaquil - CDP Junior Barranquilla   1-2(1-1)
Barcelona: Javier Nicolás Burrai, Darío Javier Aimar Álvarez, Byron David Castillo Segura, Bryan Steven Rivera Andrango (73.Exon Gustavo Vallecilla Godoy), Michael Antonio Arroyo Mina (84.Alexander David Bolaños Casierra), Gabriel Marques de Andrade Pinto, Williams Ismael Riveros Ibáñez, Jefferson Gabriel Orejuela Izquierdo (73.Matías Damián Oyola), Leandro Emmanuel Martínez, Adonis Stalin Preciado Quintero (46.José Enrique Angulo Caicedo), Cristian Ariel Colmán Ortíz (84.Nixon Andrés Molina Torres). Trainer: Fabián Daniel Bustos Barbero (Argentina).
Junior: Mario Sebastián Viera Galaín, Marlon Javier Piedrahita Londoño, Germán Mera Cáceres, Daniel Alejandro Rosero Valencia, Gabriel Rafael Fuentes Gómez, Didier Andrés Moreno Asprilla, Rubén Leonardo Pico Carvajal, Freddy Hinestroza Arias (90.Jeison Andrés Angulo Trujillo), Teófilo Antonio Gutiérrez Roncancio (77.Daniel Moreno Mosquera), Luis Daniel González Cova (77.Sherman Andrés Cárdenas Estupiñan), Miguel Ángel Borja Hernández. Trainer: Luis Amaranto Perea Mosquera.
Goals: Cristian Ariel Colmán Ortíz (28) / Mario Sebastián Viera Galaín (7), Miguel Ángel Borja Hernández (70).

22.09.2020, Estadio Monumental „Isidro Romero Carbo", Guayaquil
Referee: Diego Mirko Haro Sueldo (Peru)
Barcelona SC Guayaquil - CR Flamengo Rio de Janeiro   1-2(0-2)
Barcelona: Javier Nicolás Burrai, Darío Javier Aimar Álvarez (53.Gabriel Marques de Andrade Pinto), Byron David Castillo Segura, Exon Gustavo Vallecilla Godoy, Damián Rodrigo Díaz, Michael Antonio Arroyo Mina (53.Jonatan Daniel Álvez Sagar), Williams Ismael Riveros Ibáñez, Jefferson Gabriel Orejuela Izquierdo (72.Matías Damián Oyola), Bruno Piñatares Prieto (72.Sergio Saúl Quintero Chávez), Leandro Emmanuel Martínez (81.Adonis Stalin Preciado Quintero), Cristian Ariel Colmán Ortíz. Trainer: Fabián Daniel Bustos Barbero (Argentina).
Flamengo: César Bernardo Dutra, Rodrigo Caio Coquete Russo, Renê Rodrigues Martins, Leonardo Pereira „Léo Pereira", Matheus Soares Thuler (75.Ramon Ramos Lima), Éverton Augusto de Barros Ribeiro, Willian Souza Arão da Silva, Giorgian Daniel de Arrascaeta Benedetti, Thiago Maia Alencar, Gerson Santos da Silva, Pedro Guilherme Abreu dos Santos (73.Lincoln Corrêa dos Santos). Trainer: Domènec Torrent Font (Spain).
Goals: Leandro Emmanuel Martínez (48) / Pedro Guilherme Abreu dos Santos (6), Giorgian Daniel de Arrascaeta Benedetti (26).

22.09.2020, Estadio Metropolitano „Roberto Meléndez", Barranquilla
Referee: José Argote Vega (Venezuela)
CDP Junior Barranquilla - CARE Independiente del Valle Sangolquí   4-1(1-1)
Junior: Mario Sebastián Viera Galaín, Marlon Javier Piedrahita Londoño, Germán Mera Cáceres, Daniel Alejandro Rosero Valencia, Gabriel Rafael Fuentes Gómez, Sherman Andrés Cárdenas Estupiñan (76.Fabián Alexis Viáfara Alarcón), Didier Andrés Moreno Asprilla, Rubén Leonardo Pico Carvajal, Freddy Hinestroza Arias (90+3.Jesús David Murillo León), Carmelo Enrique Valencia Chaverra (85.Michael Jhon Ander Rangel Valencia), Edwuin Steven Cetré Angulo (76.Luis Daniel González Cova). Trainer: Luis Amaranto Perea Mosquera.
Independiente del Valle: Jorge Bladimir Pinos Haiman, Pablo Andrés Alvarado, Beder Julio Caicedo Lastra (69.Fernando Alexander Guerrero Vásquez), Luis Geovanny Segovia Vega, Anthony Rigoberto Landázuri Estacio, Cristian Alberto Pellerano, Efrén Alexander Mera Moreira (69.Moisés Isaac Caicedo Corozo), Jacob Israel Murillo Moncada, Lorenzo Abel Faravelli (77.Edson Eli Montaño Angulo), Jhon Jairo Sánchez Enríquez (69.Christian Jonatan Ortiz López), Gabriel Arturo Torres Tejada (84.Darlin Alberto Leiton Lamilla). Trainer: Miguel Ángel Ramírez Medina (Spain).
Goals: Carmelo Enrique Valencia Chaverra (44, 55, 78), Freddy Hinestroza Arias (85) / Gabriel Arturo Torres Tejada (20).

30.09.2020, Estádio "Jornalista Mário Filho" [Maracanã], Rio de Janeiro
Referee: Fernando Andrés Rapallini (Argentina)
CR Flamengo Rio de Janeiro - CARE Independiente del Valle Sangolquí   4-0(2-0)
Flamengo: Hugo de Souza Nogueira, Ramon Ramos Lima, Matheus França Silva „Matheuzinho" (71.Guilherme da Silva Gonçalves „Guilherme Bala"), Gabriel Rodrigues Noga, Natan Bernardo de Souza, Giorgian Daniel de Arrascaeta Benedetti, Thiago Maia Alencar (78.Diego Ribas da Cunha), Gerson Santos da Silva, Gabriel Barbosa Almeida (45+1.Bruno Henrique Pinto), Pedro Guilherme Abreu dos Santos (78.Michael Richard Delgado de Oliveira), Lincoln Corrêa dos Santos (71.Mauricio Anibal Isla Isla). Trainer: Domènec Torrent Font (Spain).
Independiente del Valle: Jorge Bladimir Pinos Haiman, Richard Hernán Schunke, Luis Geovanny Segovia Vega, Anthony Rigoberto Landázuri Estacio, Fernando Alexander Guerrero Vásquez (83.Jhoanner Stalin Chávez Quintero), Cristian Alberto Pellerano (60.Edson Eli Montaño Angulo), Lorenzo Abel Faravelli, Ángelo Smit Preciado Quiñónez, Moisés Isaac Caicedo Corozo, Gabriel Arturo Torres Tejada (83.Pablo Andrés Alvarado), Christian Jonatan Ortiz López (64.Jhon Jairo Sánchez Enríquez). Trainer: Miguel Ángel Ramírez Medina (Spain).
Goals: Lincoln Corrêa dos Santos (26), Pedro Guilherme Abreu dos Santos (30), Bruno Henrique Pinto (51, 72).

30.09.2020, Estadio Metropolitano „Roberto Meléndez", Barranquilla
Referee: Alexis Adrian Herrera Hernández (Venezuela)
CDP Junior Barranquilla - Barcelona SC Guayaquil   0-2(0-1)
Junior: Mario Sebastián Viera Galaín, Marlon Javier Piedrahita Londoño, Germán Mera Cáceres, Daniel Alejandro Rosero Valencia, Gabriel Rafael Fuentes Gómez, Didier Andrés Moreno Asprilla, Rubén Leonardo Pico Carvajal (86.Larry Vásquez Ortega), Freddy Hinestroza Arias, Carmelo Enrique Valencia Chaverra (73.Michael Jhon Ander Rangel Valencia), Luis Daniel González Cova (54.Miguel Ángel Borja Hernández), Edwuin Steven Cetré Angulo (54.Sherman Andrés Cárdenas Estupiñan). Trainer: Luis Amaranto Perea Mosquera.
Barcelona: Javier Nicolás Burrai, Mario Alberto Pineida Martínez, Darío Javier Aimar Álvarez, Byron David Castillo Segura, Matías Damián Oyola (78.Pedro Pablo Velasco Arboleda), Damián Rodrigo Díaz (77.Leandro Emmanuel Martínez), Williams Ismael Riveros Ibáñez, Nixon Andrés Molina Torres (59.Gabriel Marques de Andrade Pinto), Sergio Saúl Quintero Chávez, Cristian Ariel Colmán Ortíz (87.Bruno Piñatares Prieto), Jonatan Daniel Álvez Sagar (87.Jeison Andrés Angulo Trujillo). Trainer: Fabián Daniel Bustos Barbero (Argentina).
Goals: Byron David Castillo Segura (45), Jonatan Daniel Álvez Sagar (46).

21.10.2020, Estádio "Jornalista Mário Filho" [Maracanã], Rio de Janeiro
Referee: Patricio Hernán Loustau (Argentina)
CR Flamengo Rio de Janeiro - CDP Junior Barranquilla   3-1(2-0)
Flamengo: César Bernardo Dutra, Renê Rodrigues Martins, Leonardo Pereira „Léo Pereira", Matheus Soares Thuler (68.Gabriel Rodrigues Noga), Matheus França Silva „Matheuzinho", Diego Ribas da Cunha, Willian Souza Arão da Silva (46.João Victor Gomes da Silva), Victor Vinícius Coelho dos Santos "Vitinho" (46.Lázaro Vinicius Marques), Bruno Henrique Pinto, Michael Richard Delgado de Oliveira, Lincoln Corrêa dos Santos (80.Ramon Ramos Lima). Trainer: Domènec Torrent Font (Spain).
Junior: Mario Sebastián Viera Galaín, Marlon Javier Piedrahita Londoño (85.Jhon Jairo Sánchez Enríquez), Daniel Alejandro Rosero Valencia, Gabriel Rafael Fuentes Gómez, Willer Emilio Ditta Pérez, Didier Andrés Moreno Asprilla (69.Larry Vásquez Ortega), Rubén Leonardo Pico Carvajal, Teófilo Antonio Gutiérrez Roncancio, Luis Daniel González Cova (71.Fabián Alexis Viáfara Alarcón), Miguel Ángel Borja Hernández (84.Carmelo Enrique Valencia Chaverra), Edwuin Steven Cetré Angulo. Trainer: Luis Amaranto Perea Mosquera.
Goals: Matheus Soares Thuler (10), Lincoln Corrêa dos Santos (40), Bruno Henrique Pinto (75) / Teófilo Antonio Gutiérrez Roncancio (69).

21.10.2020, Estadio Olímpico „Atahualpa", Quito
Referee: Luis Eduardo Quiroz Prado (Ecuador)
CARE Independiente del Valle Sangolquí - Barcelona SC Guayaquil   2-0(1-0)
Independiente del Valle: Jorge Bladimir Pinos Haiman, Richard Hernán Schunke, Beder Julio Caicedo Lastra (46.Bryan Jahir García Realpe), Luis Geovanny Segovia Vega (46.William Joel Pacho Tenorio), Fernando Alexander Guerrero Vásquez (72.Braian Abel Rivero), Jacob Israel Murillo Moncada (46.Jhon Jairo Sánchez Enríquez), Lorenzo Abel Faravelli, Ángelo Smit Preciado Quiñónez, Moisés Isaac Caicedo Corozo, Gabriel Arturo Torres Tejada (60.Edson Eli Montaño Angulo), Christian Jonatan Ortiz López. Trainer: Miguel Ángel Ramírez Medina (Spain).
Barcelona: Víctor Eduardo Mendoza Izurieta, Pedro Pablo Velasco Arboleda, Darío Javier Aimar Álvarez, Byron David Castillo Segura, Exon Gustavo Vallecilla Godoy, Matías Damián Oyola (77.Nixon Andrés Molina Torres), Jefferson Gabriel Orejuela Izquierdo (77.Jean Carlos Montaño Valencia), Leandro Emmanuel Martínez (82.Freddy Darío Mina Quiñónez), Sergio Saúl Quintero Chávez (66.Bruno Piñatares Prieto), Jonatan Daniel Álvez Sagar, Alexander David Bolaños Casierra (46.Adonis Stalin Preciado Quintero). Trainer: Fabián Daniel Bustos Barbero (Argentina).
Goals: Christian Jonatan Ortiz López (24), Gabriel Arturo Torres Tejada (60).

FINAL STANDINGS

1.	CR Flamengo Rio de Janeiro	6	5	0	1	14	- 8	15
2.	CARE Independiente del Valle Sangolquí	6	4	0	2	14	- 8	12
3.	CDP Junior Barranquilla	6	2	0	4	8	- 12	6
4.	Barcelona SC Guayaquil	6	1	0	5	4	- 12	3

GROUP B

04.03.2020, Estadio „José Dellagiovanna", Victoria
Referee: Wilmar Alexander Roldán Pérez (Colombia)
CA Tigre Victoria - SE Palmeiras São Paulo   **0-2(0-1)**
Tigre: Gonzalo Marinelli, Néstor Emanuel Moiraghi, Gerardo Alcoba Rebollo, Lucas Nahuel Rodríguez, Matías Pérez Acuña [*sent off 61*], Jorge Alberto Ortíz (72.Fabricio Domínguez Huertas), Leonardo Sebastián Prediger, Diego Alberto Morales, Fernando Emanuel Denning, Facundo Emmanuel Melivillo (66.Martín Sebastián Galmarini), Juan Ignacio Cavallaro (77.Carlos Ariel Luna). Trainer: Néstor Raúl Gorosito.
Palmeiras: Wéverton Pereira da Silva, Gustavo Raúl Gómez Portillo, Matías Nicolás Viña Susperreguy, Felipe Melo de Carvalho, Ramires Santos do Nascimento (66.Luan Garcia Teixeira), Bruno Henrique Corsini, Gabriel Vinicius Menino, Luiz Adriano de Souza da Silva (68.Gabriel Veron Fonseca de Souza), Willian Gomes de Siqueira (84.José Rafael Vivian „Zé Rafael"), Eduardo Pereira Rodrigues „Dudu", Ronielson da Silva Barbosa „Rony". Trainer: Vanderlei Luxemburgo da Silva.
Goals: Luiz Adriano de Souza da Silva (16), Willian Gomes de Siqueira (65).

04.03.2020, Estadio „General Pablo Rojas", Asunción
Referee: Augusto Bergelio Aragón Bautista (Ecuador)
Club Guaraní Asunción - Club Bolívar La Paz   **2-0(1-0)**
Guaraní: Gaspar Andrés Servio, Cristhian Javier Báez, Iván Rodrigo Ramírez Segovia, Ángel Guillermo Benítez, Jhohan Sebastián Romaña Espitia, Rodney Iván Redes Cáceres, Nicolás Andrés Maná (46.Bautista Merlini), Ángel María Benítez Argüello, Jorge Emanuel Morel Barrios, Raúl Marcelo Bobadilla (90+4.Fernando Fabián Fernández Acosta), Edgar Milciades Benítez Santander (70.Rodrigo Fernández Cedrés). Trainer: Gustavo Adolfo Costas Makeira (Argentina).
Bolívar: Javier Rojas Iguaro, Teodoro Paul Paredes Pavón, Oscar Leandro Ribera Guzmán, Roberto Carlos Domínguez Fuentes (54.Leonardo Vaca Gutiérrez), Adrián Johnny Jusino Cerruto, Roberto Carlos Fernández Toro, Fidencio Oviedo Domínguez, Emiliano Gabriel Vecchio, Cristhian Machado Pinto, Pedro Jesús Azogue Rojas (52.Erwin Mario Saavedra Flores), Víctor Alonso Ábrego Aguilera (67.Vladimir Castellón Colque). Trainer: Claudio Alejandro Vivas (Argentina).
Goals: Cristhian Javier Báez (4 penalty), Raúl Marcelo Bobadilla (50).

10.03.2020, Estadio „Hernando Siles Reyes", La Paz
Referee: Ángel Antonio Arteaga Cabriales (Venezuela)
Club Bolívar La Paz - CA Tigre Victoria   **2-0(0-0)**
Bolívar: Javier Rojas Iguaro, Teodoro Paul Paredes Pavón, Jorge Enrique Flores Yrahory, Oscar Leandro Ribera Guzmán, Adrián Johnny Jusino Cerruto, Fidencio Oviedo Domínguez, Emiliano Gabriel Vecchio (58.Pedro Jesús Azogue Rojas), Cristhian Machado Pinto (46.Víctor Alonso Ábrego Aguilera), Erwin Mario Saavedra Flores, Juan Carlos Arce Justiniano (79.Luis Alberto Gutiérrez Herrera), Jorge Rolando Pereyra Díaz. Trainer: Claudio Alejandro Vivas (Argentina).
Tigre: Marco Wolff, Martín Sebastián Galmarini, Ezequiel Alejandro Rodríguez, Diego Alejandro Sosa, Facundo Nicolás Giacopuzzi, Agustín Ezequiel Cardozo, Fabricio Domínguez Huertas (78.Carlos Ariel Luna), Jonathan Raphael Ramis Persincula, Facundo Emmanuel Melivillo (78.Jorge Iván Bolaño), Gustavo Alejandro Villarruel (58.Franco Ezequiel Bustamante), Enzo Roberto Díaz. Trainer: Néstor Raúl Gorosito.
Goals: Jorge Enrique Flores Yrahory (48), Erwin Mario Saavedra Flores (69).

10.03.2020, Allianz Parque, São Paulo
Referee: Roberto Andrés Tobar Vargas (Chile)
SE Palmeiras São Paulo - Club Guaraní Asunción   **3-1(0-0)**
Palmeiras: Wéverton Pereira da Silva, Marcos Luis Rocha de Aquino, Gustavo Raúl Gómez Portillo (85.Vitor Hugo Franchescoli de Souza), Matías Nicolás Viña Susperreguy, Felipe Melo de Carvalho, Ramires Santos do Nascimento (66.Patrick de Paula Carreiro), Bruno Henrique Corsini, Luiz Adriano de Souza da Silva, Willian Gomes de Siqueira (77.José Rafael Vivian „Zé Rafael"), Eduardo Pereira Rodrigues „Dudu", Ronielson da Silva Barbosa „Rony". Trainer: Vanderlei Luxemburgo da Silva.
Guaraní: Gaspar Andrés Servio, Cristhian Javier Báez, Víctor Hugo Dávalos Aguirre, Ángel Guillermo Benítez, Jhohan Sebastián Romaña Espitia, Rodney Iván Redes Cáceres, Ángel María Benítez Argüello, Jorge Emanuel Morel Barrios (66.Fernando Omar Barrientos), Rodrigo Fernández Cedrés, Raúl Marcelo Bobadilla, Edgar Milciades Benítez Santander (61.Bautista Merlini). Trainer: Gustavo Adolfo Costas Makeira (Argentina).
Goals: Luiz Adriano de Souza da Silva (53, 73, 82) / Raúl Marcelo Bobadilla (88).

16.09.2020, Estadio „Hernando Siles Reyes", La Paz
Referee: Piero Daniel Maza Gómez (Chile)
Club Bolívar La Paz - SE Palmeiras São Paulo   **1-2(0-1)**
Bolívar: Javier Rojas Iguaro, Luis Alberto Gutiérrez Herrera, Diego Bejarano Ibañez, Jorge Enrique Flores Yrahory, Adrián Johnny Jusino Cerruto, Roberto Carlos Fernández Toro (46.Víctor Alonso Ábrego Aguilera), Fidencio Oviedo Domínguez, Cristhian Machado Pinto (62.Álvaro Rey Vázquez), Erwin Mario Saavedra Flores (80.Anderson Emanuel Castelo Branco de Cruz), Juan Carlos Arce Justiniano, Marcos Daniel Riquelme. Trainer: Claudio Alejandro Vivas (Argentina).
Palmeiras: Wéverton Pereira da Silva, Marcos Luis Rocha de Aquino, Gustavo Raúl Gómez Portillo, Luan Garcia Teixeira, Matías Nicolás Viña Susperreguy, Ramires Santos do Nascimento (54.Bruno Henrique Corsini), José Rafael Vivian „Zé Rafael" (86.Gustavo Henrique Furtado Scarpa), Raphael Cavalcante Veiga (74.Danilo dos Santos de Oliveira), Gabriel Vinicius Menino, Willian Gomes de Siqueira (86.Vitor Hugo Franchescoli de Souza), Ronielson da Silva Barbosa „Rony" (75.Gabriel Veron Fonseca de Souza). Trainer: Vanderlei Luxemburgo da Silva.
Goals: Marcos Daniel Riquelme (67) / Willian Gomes de Siqueira (34 penalty), Gabriel Vinicius Menino (60).

17.09.2020, Estadio Defensores del Chaco, Asunción
Referee: Gustavo Adrian Tejera Capo (Uruguay)
Club Guaraní Asunción - CA Tigre Victoria   **4-1(1-1)**
Guaraní: Gaspar Andrés Servio, Rolando García Guerreño (23.Hernán Ezequiel Lopes; 59.Cecilio Andrés Domínguez Ruiz), Iván Rodrigo Ramírez Segovia, Ángel Guillermo Benítez, Jhohan Sebastián Romaña Espitia (80.Ángel María Benítez Argüello), Rodney Iván Redes Cáceres (59.Nicolás Andrés Maná), Bautista Merlini (80.Edgar Milciades Benítez Santander), José Ignacio Florentín Bobadilla, Jorge Emanuel Morel Barrios, Rodrigo Fernández Cedrés, Fernando Fabián Fernández Acosta. Trainer: Gustavo Adolfo Costas Makeira (Argentina).
Tigre: Gonzalo Marinelli, Brian Abel Luciatti, Facundo Daniel Monteseirín, Sebastián Nahuel Prieto, Facundo Nicolás Giacopuzzi, Leonardo Sebastián Prediger, Diego Alberto Morales (68.Ijiel César Protti), Agustín Ezequiel Cardozo, Jonathan David Gallardo (68.Facundo Emmanuel Melivillo), Pablo Daniel Magnín, Juan Ignacio Cavallaro (78.Enzo Roberto Díaz). Trainer: Néstor Raúl Gorosito.
Goals: Bautista Merlini (26), Cecilio Andrés Domínguez Ruiz (67 penalty), Edgar Milciades Benítez Santander (83), Ángel María Benítez Argüello (90) / Pablo Daniel Magnín (9).

22.09.2020, Estadio „José Dellagiovanna", Victoria
Referee: Roberto Andrés Tobar Vargas (Chile)
CA Tigre Victoria - Club Bolívar La Paz   1-1(1-1)
Tigre: Gonzalo Marinelli, Brian Abel Luciatti, Facundo Daniel Monteseirín, Sebastián Nahuel Prieto, Facundo Nicolás Giacopuzzi (88.Martín Sebastián Galmarini), Leonardo Sebastián Prediger, Diego Alberto Morales (84.Enzo Roberto Díaz), Agustín Ezequiel Cardozo (72.Ijiel César Protti), Jonathan David Gallardo (46.Facundo Emmanuel Melivillo), Pablo Daniel Magnín, Juan Ignacio Cavallaro (46.Jorge Iván Bolaño). Trainer: Néstor Raúl Gorosito.
Bolívar: Javier Rojas Iguaro, Luis Alberto Gutiérrez Herrera, Diego Bejarano Ibañez, Jorge Enrique Flores Yrahory (74.Roberto Carlos Fernández Toro), Adrián Johnny Jusino Cerruto, Álvaro Rey Vázquez (67.Anderson Emanuel Castelo Branco de Cruz), Cristhian Machado Pinto (87.Pedro Jesús Azogue Rojas), Erwin Mario Saavedra Flores, Leonardo Vaca Gutiérrez (73.Víctor Alonso Ábrego Aguilera), Juan Carlos Arce Justiniano (87.Vladimir Castellón Colque), Marcos Daniel Riquelme. Trainer: Claudio Alejandro Vivas (Argentina).
Goals: Pablo Daniel Magnín (17) / Marcos Daniel Riquelme (36).

23.09.2020, Estadio Defensores del Chaco, Asunción
Referee: Néstor Fabián Pitana (Argentina)
Club Guaraní Asunción - SE Palmeiras São Paulo   0-0
Guaraní: Gaspar Andrés Servio, Cristhian Javier Báez, Iván Rodrigo Ramírez Segovia, Jhohan Sebastián Romaña Espitia, Miguel Ángel Benítez Guayuan, Rodney Iván Redes Cáceres (83.Nicolás Andrés Maná), Bautista Merlini, José Ignacio Florentín Bobadilla (62.Cecilio Andrés Domínguez Ruiz), Jorge Emanuel Morel Barrios (82.Ángel María Benítez Argüello), Rodrigo Fernández Cedrés, Fernando Fabián Fernández Acosta. Trainer: Gustavo Adolfo Costas Makeira (Argentina).
Palmeiras: Wéverton Pereira da Silva, Marcos Luis Rocha de Aquino, Gustavo Raúl Gómez Portillo, Matías Nicolás Viña Susperreguy, Felipe Melo de Carvalho, Lucas Rafael Araújo Lima (69.Raphael Cavalcante Veiga), José Rafael Vivian „Zé Rafael", Gabriel Vinicius Menino (79.Bruno Henrique Corsini), Danilo dos Santos de Oliveira (69.Ramires Santos do Nascimento), Luiz Adriano de Souza da Silva (62.Willian Gomes de Siqueira), Gabriel Veron Fonseca de Souza (62.Wesley Ribeiro Silva). Trainer: Vanderlei Luxemburgo da Silva.

30.09.2020, Allianz Parque, São Paulo
Referee: Leodán Franklin González Cabrera (Uruguay)
SE Palmeiras São Paulo - Club Bolívar La Paz   5-0(1-0)
Palmeiras: Wéverton Pereira da Silva, Marcos Luis Rocha de Aquino (63.Gabriel Vinicius Menino), Gustavo Raúl Gómez Portillo (63.Luan Garcia Teixeira), Matías Nicolás Viña Susperreguy, Felipe Melo de Carvalho (63.Vitor Hugo Franchescoli de Souza), Bruno Henrique Corsini (66.Ramires Santos do Nascimento), Raphael Cavalcante Veiga, Patrick de Paula Carreiro (66.Danilo dos Santos de Oliveira), Willian Gomes de Siqueira, Ronielson da Silva Barbosa „Rony", Wesley Ribeiro Silva. Trainer: Vanderlei Luxemburgo da Silva.
Bolívar: Javier Rojas Iguaro, Diego Bejarano Ibañez (77.Jairo Quinteros Sierra), Adrián Johnny Jusino Cerruto, Luis Fernando Haquin López, Roberto Carlos Fernández Toro, Álvaro Rey Vázquez (63.Leonardo Vaca Gutiérrez), Fidencio Oviedo Domínguez (63.Cristhian Machado Pinto), Erwin Mario Saavedra Flores, Juan Carlos Arce Justiniano, Marcos Daniel Riquelme, Anderson Emanuel Castelo Branco de Cruz (77.Juan Cataldi). Trainer: Claudio Alejandro Vivas (Argentina).
Goals: Willian Gomes de Siqueira (4), Wesley Ribeiro Silva (47), Matías Nicolás Viña Susperreguy (59), Veiga (61), Ronielson da Silva Barbosa „Rony" (64).

01.10.2020, Estadio „José Dellagiovanna", Victoria
Referee: Roberto Andrés Tobar Vargas (Chile)
CA Tigre Victoria - Club Guaraní Asunción   **1-3(1-1)**
Tigre: Gonzalo Marinelli, Ezequiel Alejandro Rodríguez, Nicolás Sansotre, Sebastián Nahuel Prieto (79.Román Fernando Martínez), Facundo Nicolás Giacopuzzi, Leonardo Sebastián Prediger (79.Diego Alejandro Sosa), Agustín Ezequiel Cardozo, Facundo Emmanuel Melivillo (65.Jonathan David Gallardo), Pablo Daniel Magnín, Juan Ignacio Cavallaro (55.Diego Alberto Morales), Ijiel César Protti (65.Carlos Ariel Luna). Trainer: Néstor Raúl Gorosito.
Guaraní: Gaspar Andrés Servio, Cristhian Javier Báez, Iván Rodrigo Ramírez Segovia, Ángel Guillermo Benítez, Jhohan Sebastián Romaña Espitia, Rodney Iván Redes Cáceres, Bautista Merlini (84.Edgar Milciades Benítez Santander), Nicolás Andrés Maná (67.Cecilio Andrés Domínguez Ruiz), José Ignacio Florentín Bobadilla (90+2.Ángel María Benítez Argüello), Rodrigo Fernández Cedrés, Fernando Fabián Fernández Acosta (66.Raúl Marcelo Bobadilla). Trainer: Gustavo Adolfo Costas Makeira (Argentina).
Goals: Pablo Daniel Magnín (36) / Jhohan Sebastián Romaña Espitia (19), José Ignacio Florentín Bobadilla (54), Cecilio Andrés Domínguez Ruiz (86).

21.10.2020, Allianz Parque, São Paulo
Referee: Esteban Daniel Ostojich Vega (Uruguay)
SE Palmeiras São Paulo - CA Tigre Victoria   **5-0(1-0)**
Palmeiras: Wéverton Pereira da Silva, Gustavo Raúl Gómez Portillo (76.Emerson Raymundo Santos), Matías Nicolás Viña Susperreguy, Felipe Melo de Carvalho, José Rafael Vivian „Zé Rafael" (70.Ramires Santos do Nascimento), Raphael Cavalcante Veiga, Gabriel Vinicius Menino (78.Mayke Rocha de Oliveira), Danilo dos Santos de Oliveira, Luiz Adriano de Souza da Silva (70.Willian Gomes de Siqueira), Gabriel Veron Fonseca de Souza, Wesley Ribeiro Silva (70.Ronielson da Silva Barbosa „Rony"). Trainer: Andrey Lopes dos Santos.
Tigre: Felipe Zenobio, Martín Sebastián Galmarini, Ezequiel Alejandro Rodríguez (6.Román Fernando Martínez), Facundo Daniel Monteseirín, Brian Alexis Leizza (65.Diego Eugenio Becker), Facundo Nicolás Giacopuzzi, Diego Alberto Morales, Agustín Ezequiel Cardozo, Jonathan David Gallardo (72.Jorge Iván Bolaño), Facundo Emmanuel Melivillo, Pablo Daniel Magnín (72.Ivo Kestler). Trainer: Néstor Raúl Gorosito.
Goals: Raphael Cavalcante Veiga (34), Gustavo Raúl Gómez Portillo (54), José Rafael Vivian „Zé Rafael" (66), Gabriel Veron Fonseca de Souza (75), Ronielson da Silva Barbosa „Rony" (81).

21.10.2020, Estadio „Hernando Siles Reyes", La Paz
Referee: Ángelo Hermosilla Baeza (Chile)
Club Bolívar La Paz - Club Guaraní Asunción   **2-3(0-1)**
Bolívar: Javier Rojas Iguaro, Luis Alberto Gutiérrez Herrera, Diego Bejarano Ibañez (74.Roberto Carlos Domínguez Fuentes), Jorge Enrique Flores Yrahory (74.Víctor Alonso Ábrego Aguilera), Roberto Carlos Fernández Toro (46.Álvaro Rey Vázquez), Jairo Quinteros Sierra [sent off 72], Pedro Jesús Azogue Rojas (74.Juan Cataldi), Erwin Mario Saavedra Flores, Leonardo Vaca Gutiérrez (57.Anderson Emanuel Castelo Branco de Cruz), Juan Carlos Arce Justiniano, Marcos Daniel Riquelme. Trainer: Claudio Alejandro Vivas (Argentina).
Guaraní: Gaspar Andrés Servio, Cristhian Javier Báez, Víctor Hugo Dávalos Aguirre, Roberto Fernández Urbieta, Miguel Ángel Benítez Guayuan, Alejandro Javier Villalva Pavón, Fernando Omar Barrientos (73.Jorge Emanuel Morel Barrios), José Ignacio Florentín Bobadilla, Rodrigo Fernández Cedrés (90.Rodney Iván Redes Cáceres), Edgar Milciades Benítez Santander (66.Nicolás Andrés Maná, Fernando Fabián Fernández Acosta (66.Cecilio Andrés Domínguez Ruiz). Trainer: Gustavo Adolfo Costas Makeira (Argentina).
Goals: Marcos Daniel Riquelme (80), Roberto Carlos Domínguez Fuentes (89) / Fernando Fabián Fernández Acosta (13), Nicolás Andrés Maná (90+2), José Ignacio Florentín Bobadilla (90+6).

	FINAL STANDINGS								
1.	SE Palmeiras São Paulo	6	5	1	0	17	-	2	16
2.	Club Guaraní Asunción	6	4	1	1	13	-	7	13
3.	Club Bolívar La Paz	6	1	1	4	6	-	13	4
4.	CA Tigre Victoria	6	0	1	5	3	-	17	1

GROUP C

03.03.2020, Arena da Baixada, Curitiba
Referee: Éber Aquino Gaona (Paraguay)
Club Athletico Paranaense Curitiba - CA Peñarol Montevideo 1-0(0-0)
Athletico Paranaense: Jandrei Chitolina Carniel, Adriano Correia Claro (89.Jonathan Cícero Moreira), Thiago Heleno Henrique Ferreira, Márcio Gonzaga Azevedo, Robson Alves de Barros „Robson Bambu", Wellington Aparecido Martins, Maycon Vinícius Ferreira da Cruz "Nikão", Leonardo Cittadini "Léo Cittadini", Erick Luis Conrado Carvalho (67.Fernando Canesin Matos), Carlos Eduardo Ferreira de Souza (90+2.Marcos Gabriel do Nascimento „Marquinhos Gabriel"), Guilherme Bissoli Campos. Trainer: Dorival Silvestre Júnior.
Peñarol: Kevin Emiliano Dawson Blanco, Gary Christofer Kagelmacher Pérez, Giovanni Alessandro González Apud, Rodrigo Abascal Barros, Gabriel Hernán Rojas, Krisztián Vadócz, Jesús Emiliano Trindade Flores, Miguel David Terans Pérez (72.Facundo Pellistri Rebollo), Joaquín Piquerez Moreira (84.Luis Miguel Acevedo Tabárez), Marcos Matías De los Santos Morales (39.Christian Daniel Bravo Araneda), Francisco Jiménez Tejada "Xisco". Trainer: Diego Martín Forlán Corazo.
Goal: Guilherme Bissoli Campos (77).

04.03.2020, Estadio „Félix Capriles", Cochabamba
Referee: Andrés Luis Merlos (Argentina)
CD Jorge Wilsterman Cochabamba - CSD Colo-Colo Santiago 2-0(0-0)
Jorge Wilsterman: Arnaldo Andrés Giménez, Edward Mauro Zenteno Álvarez, Ismael Benegas Arévalos, Juan Pablo Aponte Gutiérrez, Cristian Manuel Chávez, Didi Torrico Camacho (72.Alejandro Meleán Villarroel), Sérgio Henrique Francisco "Serginho", Leonel Justiniano Arauz, Cristian Paul Arano Ruiz (46.Jaime Dario Arrascaita Iriondo), Ricardo Pedriel Suárez (84.Ramiro Daniel Ballivián), Esteban Gabriel Orfano. Trainer: Cristian Lionel Díaz (Argentina).
Colo-Colo: Brayan Josué Cortés Fernández, Julio Alberto Barroso, Juan Manuel Insaurralde, Óscar Mauricio Opazo Lara, Carlos Emilio Carmona Tello (75.William Héctor Alarcón Cepeda), Leonardo Felipe Valencia Rossel (70.Basilio Gabriel Costa Heredia), César Nicolás Fuentes González, Gabriel Alonso Suazo Urbina, Pablo Nicolás Mouche, Nicolás Blandi (61.Javier Andrés Parraguez Herrera), Marcos Nikolas Bolados Hidalgo. Trainer: Gualberto Jara (Paraguay).
Goals: Ricardo Pedriel Suárez (58), Brayan Josué Cortés Fernández (90+4 own goal).

11.03.2020, Estadio Monumental „David Arellano", Santiago
Referee: Nicolás Gallo Barragán (Colombia)
CSD Colo-Colo Santiago - Club Athletico Paranaense Curitiba 1-0(1-0)
Colo-Colo: Brayan Josué Cortés Fernández, Juan Manuel Insaurralde, Óscar Mauricio Opazo Lara, Felipe Manuel Campos Mosqueira, Carlos Emilio Carmona Tello, Leonardo Felipe Valencia Rossel, César Nicolás Fuentes González, Gabriel Alonso Suazo Urbina, Pablo Nicolás Mouche (90+2.Javier Andrés Parraguez Herrera), Nicolás Blandi (84.William Héctor Alarcón Cepeda), Marcos Nikolas Bolados Hidalgo (52.Bryan Alfonso Vejar Utreras). Trainer: Gualberto Jara (Paraguay).
Athletico Paranaense: Jandrei Chitolina Carniel [*sent off 90+5*], Adriano Correia Claro (80.Vitor Hugo Naum Dos Santos „Vitinho"), Thiago Heleno Henrique Ferreira, Márcio Gonzaga Azevedo, Robson Alves de Barros „Robson Bambu", Wellington Aparecido Martins, Maycon Vinícius Ferreira da Cruz "Nikão", Leonardo Cittadini "Léo Cittadini", Erick Luis Conrado Carvalho (61.Marcos Gabriel do Nascimento „Marquinhos Gabriel"), Carlos Eduardo Ferreira de Souza (72.Jair Diego Alves Carreira de Brito "Jajá"), Guilherme Bissoli Campos. Trainer: Dorival Silvestre Júnior.
Goal: Pablo Nicolás Mouche (11).

11.03.2020, Estadio Campeón del Siglo, Montevideo
Referee: José Argote Vega (Venezuela)
CA Peñarol Montevideo - CD Jorge Wilsterman Cochabamba   1-0(0-0)
Peñarol: Kevin Emiliano Dawson Blanco, Gary Christofer Kagelmacher Pérez, Giovanni Alessandro González Apud, Rodrigo Abascal Barros [*sent off 50*], Gabriel Hernán Rojas, Krisztián Vadócz, Jesús Emiliano Trindade Flores, Miguel David Terans Pérez (90+1.Marcos Matías De los Santos Morales), Kevin Mathías Lewis Rodríguez (59.Francisco Jiménez Tejada "Xisco"), Facundo Pellistri Rebollo, Luis Miguel Acevedo Tabárez (59.Matías Britos Cardoso). Trainer: Diego Martín Forlán Corazo.
Jorge Wilsterman: Arnaldo Andrés Giménez, Marco Natanael Torsiglieri (79.Ramiro Daniel Ballivián), Edward Mauro Zenteno Álvarez, Ismael Benegas Arévalos, Alejandro Meleán Villarroel (72.Jaime Dario Arrascaita Iriondo), Juan Pablo Aponte Gutíerrez, Cristian Manuel Chávez, Sérgio Henrique Francisco "Serginho", Leonel Justiniano Arauz, Ricardo Pedriel Suárez (64.Humberto Segundo Osorio Botello), Esteban Gabriel Orfano. Trainer: Cristian Lionel Díaz (Argentina).
Goal: Alejandro Meleán Villarroel (68 own goal).

15.09.2020, Estadio Monumental „David Arellano", Santiago
Referee: Mauro Vigliano (Argentina)
CSD Colo-Colo Santiago - CA Peñarol Montevideo   2-1(0-1)
Colo-Colo: Brayan Josué Cortés Fernández, Julio Alberto Barroso, Juan Manuel Insaurralde, Óscar Mauricio Opazo Lara, Felipe Manuel Campos Mosqueira, Carlos Emilio Carmona Tello (46.Leonardo Felipe Valencia Rossel), César Nicolás Fuentes González, Gabriel Alonso Suazo Urbina, Pablo Nicolás Mouche (89.Ronald Bladimir de la Fuente Arias), Esteban Efraín Paredes Quintanilla (89.Javier Andrés Parraguez Herrera), Marcos Nikolas Bolados Hidalgo (84.Bryan Alfonso Vejar Utreras). Trainer: Gualberto Jara (Paraguay).
Peñarol: Kevin Emiliano Dawson Blanco, Fabricio Orosmán Formiliano Duarte, Giovanni Alessandro González Apud, Enzo Gabriel Martínez Suárez, Walter Alejandro Gargano Guevara (72.Krisztián Vadócz), Jesús Emiliano Trindade Flores, Miguel David Terans Pérez (81.Christian Daniel Bravo Araneda), Joaquín Piquerez Moreira, Facundo Pellistri Rebollo, Facundo Daniel Torres Pérez (71.Francisco Jiménez Tejada "Xisco"), Agustín Álvarez Martínez (81.Luis Miguel Acevedo Tabárez). Trainer: Mario Daniel Saralegui Iriarte.
Goals: Gabriel Alonso Suazo Urbina (51), Esteban Efraín Paredes Quintanilla (62 penalty) / Facundo Pellistri Rebollo (40).

15.09.2020, Estadio „Félix Capriles", Cochabamba
Referee: Ángelo Hermosilla Baeza (Chile)
CD Jorge Wilsterman Cochabamba - Club Athletico Paranaense Curitiba   2-3(1-1)
Jorge Wilsterman: Arnaldo Andrés Giménez, Edward Mauro Zenteno Álvarez, Ismael Benegas Arévalos, Juan Pablo Aponte Gutíerrez (90+3.William Gustavo Álvarez Vargas), Cristian Manuel Chávez, Sérgio Henrique Francisco "Serginho" [*sent off 88*], Leonel Justiniano Arauz, Carlos Antonio Melgar Vargas (79.Didi Torrico Camacho), Patricio Julián Rodríguez (76.Jaime Dario Arrascaita Iriondo), Gilbert Álvarez Vargas (76.Ricardo Pedriel Suárez), Esteban Gabriel Orfano. Trainer: Cristian Lionel Díaz (Argentina).
Athletico Paranaense: Aderbar Melo dos Santos Neto, Jonathan Cícero Moreira, Márcio Gonzaga Azevedo (78.Abner Vinicius Da Silva Santos), Felipe Aguilar Mendoza, Pedro Henrique Ribeiro Gonçalves, Luis Óscar González (64.Pedro Gabriel Pereira Lopes "Pedrinho"), Wellington Aparecido Martins, Erick Luis Conrado Carvalho, Fabio Augusto Luciano da Silva "Fabinho" (84.Carlos Eduardo Ferreira de Souza), Christian Roberto Alves Cardoso (83.Wálter Henrique da Silva), Geuvânio Santos Silva (64.Ravanelli Ferreira dos Santos). Trainer: Eduardo Maciel de Barros.
Goals: Gilbert Álvarez Vargas (11), Sérgio Henrique Francisco "Serginho" (56) / Luis Óscar González (40 penalty), Christian Roberto Alves Cardoso (74), Wálter Henrique da Silva (90+1).

23.09.2020, Arena da Baixada, Curitiba
Referee: Fernando Andrés Rapallini (Argentina)
Club Athletico Paranaense Curitiba - CSD Colo-Colo Santiago 2-0(2-0)
Athletico Paranaense: Aderbar Melo dos Santos Neto, Jonathan Cícero Moreira (82.Jorge de Moura Xavier „Jorginho“), Thiago Heleno Henrique Ferreira, Márcio Gonzaga Azevedo (46.Abner Vinicius Da Silva Santos), Pedro Henrique Ribeiro Gonçalves, Wellington Aparecido Martins, Leonardo Cittadini "Léo Cittadini" (82.Luis Óscar González), Erick Luis Conrado Carvalho, Fabio Augusto Luciano da Silva "Fabinho", Christian Roberto Alves Cardoso (90.Leonardo da Silva Gomes „Léo Gomes"), Pedro Gabriel Pereira Lopes "Pedrinho" (69.Geuvânio Santos Silva). Trainer: Eduardo Maciel de Barros.
Colo-Colo: Brayan Josué Cortés Fernández, Juan Manuel Insaurralde, Óscar Mauricio Opazo Lara (57.Bryan Andrés Soto Pereira), Ronald Bladimir de la Fuente Arias (46.Bryan Alfonso Vejar Utreras), Felipe Manuel Campos Mosqueira, Matías Ariel Fernández Fernández (46.Carlos Emilio Carmona Tello), César Nicolás Fuentes González, Gabriel Alonso Suazo Urbina, Pablo Nicolás Mouche (7.Leonardo Felipe Valencia Rossel), Javier Andrés Parraguez Herrera, Marcos Nikolas Bolados Hidalgo (76.Basilio Gabriel Costa Heredia). Trainer: Gualberto Jara (Paraguay).
Goals: Felipe Manuel Campos Mosqueira (7 own goal), Gabriel Alonso Suazo Urbina (14 own goal).

24.09.2020, Estadio „Félix Capriles“, Cochabamba
Referee: Piero Daniel Maza Gómez (Chile)
CD Jorge Wilsterman Cochabamba - CA Peñarol Montevideo 3-1(3-1)
Jorge Wilsterman: Arnaldo Andrés Giménez, Edward Mauro Zenteno Álvarez, Ronny Fernando Montero Martínez, Juan Sebastián Reyes Farrell (23.Óscar Edmundo Vaca Ortega; 63.Ismael Benegas Arévalos), Cristian Manuel Chávez, Didi Torrico Camacho, Leonel Justiniano Arauz, Carlos Antonio Melgar Vargas (62.Alejandro Meleán Villarroel), Patricio Julián Rodríguez (79.Jaime Dario Arrascaita Iriondo), Gilbert Álvarez Vargas (80.William Gustavo Álvarez Vargas), Esteban Gabriel Orfano. Trainer: Cristian Lionel Díaz (Argentina).
Peñarol: Kevin Emiliano Dawson Blanco, Gary Christofer Kagelmacher Pérez, Fabricio Orosmán Formiliano Duarte, Giovanni Alessandro González Apud, Rodrigo Abascal Barros, Walter Alejandro Gargano Guevara (57.Krisztián Vadócz), Jesús Emiliano Trindade Flores, Miguel David Terans Pérez (68.Matías Britos Cardoso), Facundo Pellistri Rebollo (79.Fabián Larry Estoyanoff Poggio), Facundo Daniel Torres Pérez (79.Luis Miguel Acevedo Tabárez), Agustín Álvarez Martínez (67.Francisco Jiménez Tejada "Xisco"). Trainer: Mario Daniel Saralegui Iriarte.
Goals: Carlos Antonio Melgar Vargas (11 penalty), Patricio Julián Rodríguez (45, 53) / Fabricio Orosmán Formiliano Duarte (3).

29.09.2020, Estadio Campeón del Siglo, Montevideo
Referee: Juan Gabriel Benítez Mareco (Paraguay)
CA Peñarol Montevideo - CSD Colo-Colo Santiago 3-0(1-0)
Peñarol: Kevin Emiliano Dawson Blanco, Gary Christofer Kagelmacher Pérez, Fabricio Orosmán Formiliano Duarte, Giovanni Alessandro González Apud, Walter Alejandro Gargano Guevara (71.Agustín Álvarez Wallace), Jesús Emiliano Trindade Flores, Miguel David Terans Pérez, Joaquín Piquerez Moreira, Facundo Pellistri Rebollo (81.Carlos Emilio Rodríguez Rodríguez), Facundo Daniel Torres Pérez (75.Jonathan Matías Urretaviscaya da Luz), Agustín Álvarez Martínez. Trainer: Mario Daniel Saralegui Iriarte.
Colo-Colo: Miguel Ángel Pinto Jerez, Juan Manuel Insaurralde, Ronald Bladimir de la Fuente Arias, Felipe Manuel Campos Mosqueira, Carlos Emilio Carmona Tello (64.Óscar Mauricio Opazo Lara), Leonardo Felipe Valencia Rossel, César Nicolás Fuentes González, Basilio Gabriel Costa Heredia (73.Matías Ariel Fernández Fernández), Gabriel Alonso Suazo Urbina, Esteban Efraín Paredes Quintanilla (90.Javier Andrés Parraguez Herrera), Marcos Nikolas Bolados Hidalgo (90.Ethan Mauricio Espinoza Martínez). Trainer: Gualberto Jara (Paraguay).
Goals: Gary Christofer Kagelmacher Pérez (23), Facundo Daniel Torres Pérez (57), Jonathan Matías Urretaviscaya da Luz (83).

29.09.2020, Arena da Baixada, Curitiba
Referee: Patricio Hernán Loustau (Argentina)
Club Athletico Paranaense Curitiba - CD Jorge Wilsterman Cochabamba 0-0
Athletico Paranaense: Aderbar Melo dos Santos Neto, Jonathan Cícero Moreira, Thiago Heleno Henrique Ferreira, Pedro Henrique Ribeiro Gonçalves (90+3.Lucas Halter), Abner Vinicius Da Silva Santos, Wellington Aparecido Martins (64.Guilherme Bissoli Campos), Leonardo Cittadini "Léo Cittadini" (80.Geuvânio Santos Silva), Erick Luis Conrado Carvalho, Fabio Augusto Luciano da Silva "Fabinho" (64.Jorge de Moura Xavier „Jorginho"), Christian Roberto Alves Cardoso, Pedro Gabriel Pereira Lopes "Pedrinho" (80.Luis Óscar González). Trainer: Eduardo Maciel de Barros.
Jorge Wilsterman: Arnaldo Andrés Giménez (45+2.Luis Alberto Ojeda), Edward Mauro Zenteno Álvarez, Ismael Benegas Arévalos, Ronny Fernando Montero Martínez, Juan Pablo Aponte Gutíerrez (46.Óscar Edmundo Vaca Ortega), Cristian Manuel Chávez (46.Esteban Gabriel Orfano), Didi Torrico Camacho, Sérgio Henrique Francisco "Serginho" (59.Carlos Antonio Melgar Vargas), Leonel Justiniano Arauz, Patricio Julián Rodríguez, Gilbert Álvarez Vargas (80.Jaime Dario Arrascaita Iriondo). Trainer: Cristian Lionel Díaz (Argentina).

20.10.2020, Estadio Campeón del Siglo, Montevideo
Referee: José Natanael Méndez Acosta (Paraguay)
CA Peñarol Montevideo - Club Athletico Paranaense Curitiba 3-2(1-2)
Peñarol: Kevin Emiliano Dawson Blanco, Gary Christofer Kagelmacher Pérez, Fabricio Orosmán Formiliano Duarte, Giovanni Alessandro González Apud, Walter Alejandro Gargano Guevara (46.Carlos Emilio Rodríguez Rodríguez), Jonathan Matías Urretaviscaya da Luz (90+2.Krisztián Vadócz), Jesús Emiliano Trindade Flores, Miguel David Terans Pérez, Joaquín Piquerez Moreira, Facundo Daniel Torres Pérez, Agustín Álvarez Martínez (77.Matías Britos Cardoso). Trainer: Mario Daniel Saralegui Iriarte.
Athletico Paranaense: Aderbar Melo dos Santos Neto, Felipe Aguilar Mendoza, José Ivaldo Almeida Silva, Khellven Douglas Silva Oliveira, Luis Óscar González (77.Ravanelli Ferreira dos Santos), Maycon Vinícius Ferreira da Cruz "Nikão" (78.Carlos Eduardo Ferreira de Souza), Richard Candido Coelho, Erick Luis Conrado Carvalho, Jaime Alberto Alvarado Hoyos, Fabio Augusto Luciano da Silva "Fabinho" (87.Geuvânio Santos Silva), Guilherme Bissoli Campos (68.Bruno da Silva Costa Leite). Trainer: Eduardo Maciel de Barros.
Goals: Fabricio Orosmán Formiliano Duarte (2), Gary Christofer Kagelmacher Pérez (63), Matías Britos Cardoso (81) / Luis Óscar González (36), Richard Candido Coelho (45).

20.10.2020, Estadio Monumental „David Arellano", Santiago
Referee: Darío Humberto Herrera (Argentina)
CSD Colo-Colo Santiago - CD Jorge Wilsterman Cochabamba 0-1(0-0)
Colo-Colo: Brayan Josué Cortés Fernández, Juan Manuel Insaurralde, Óscar Mauricio Opazo Lara (83.Iván Andrés Morales Bravo), Felipe Manuel Campos Mosqueira, Leonardo Felipe Valencia Rossel (60.Nicolás Blandi), César Nicolás Fuentes González (46.Branco Antonio Provoste Ovalle), Basilio Gabriel Costa Heredia, Bryan Alfonso Vejar Utreras (73.Ronald Bladimir de la Fuente Arias), Gabriel Alonso Suazo Urbina, Esteban Gabriel Efraín Paredes Quintanilla (60.Javier Andrés Parraguez Herrera), Marcos Nikolas Bolados Hidalgo. Trainer: Gustavo Domingo Quinteros Desabato (Bolivia).
Jorge Wilsterman: Arnaldo Andrés Giménez, Edward Mauro Zenteno Álvarez, Ismael Benegas Arévalos, Ronny Fernando Montero Martínez, Juan Pablo Aponte Gutíerrez, Cristian Manuel Chávez (60.Sérgio Henrique Francisco "Serginho"), Didi Torrico Camacho, Carlos Antonio Melgar Vargas (74.Moisés Villarroel Angulo), Patricio Julián Rodríguez (83.Ramiro Daniel Ballivián), Gilbert Álvarez Vargas (82.Jaime Dario Arrascaita Iriondo), Esteban Gabriel Orfano. Trainer: Cristian Lionel Díaz (Argentina).
Goal: Moisés Villarroel Angulo (88).

	FINAL STANDINGS							
1.	CD Jorge Wilsterman Cochabamba	6	3	1	2	8	- 5	10
2.	Club Athletico Paranaense Curitiba	6	3	1	2	8	- 6	10
3.	*CA Peñarol Montevideo*	6	3	0	3	9	- 8	9
4.	CSD Colo-Colo Santiago	6	2	0	4	3	- 9	6

GROUP D

04.03.2020, Estadio „Rodrigo Paz Delgado", Quito
Referee: Andrés José Rojas Noguera (Colombia)
Liga Deportiva Universitaria de Quito - CA River Plate Buenos Aires   3-0(2-0)
LDU Quito: Adrián José Gabbarini, Carlos Emilio Rodríguez Rodríguez, Franklin Joshua Guerra Cedeño, Luis Miguel Ayala Brucil, José Alfredo Quintero Ordóñez (83.Paul Matías Zunino Escudero), Pedro Pablo Perlaza Caicedo, Luis Antonio Valencia Mosquera, Marcos Jackson Caicedo Caicedo (61.Billy Vladimir Arce Mina), Junior Nazareno Sornoza Moreira, Lucas David Villarruel, Cristian Martínez Borja (68.Rodrigo Sebastián Aguirre Soto). Trainer: Pablo Eduardo Repetto (Uruguay).
River Plate: Enrique Alberto Bologna Gómez [*sent off 71*], Fabricio Germán Angileri, Robert Samuel Rojas Chávez, Franco Ezequiel Paredes, Leonardo Daniel Ponzio, Bruno Zuculini, Jorge Andrés Carrascal Guardo (67.Federico Girotti Bonazza), Cristian Ezequiel Ferreira, Santiago Sosa (81.Enzo Jeremías Fernández), Lucas David Pratto, Julián Álvarez (73.Germán Darío Lux). Trainer: Marcelo Daniel Gallardo.
Goals: Franklin Joshua Guerra Cedeño (15), Cristian Martínez Borja (36), Junior Nazareno Sornoza Moreira (76 penalty).

05.03.2020, Estadio „Guillermo Briceño Rosamedina", Juliaca
Referee: José Natanael Méndez Acosta (Paraguay)
EMD Binacional Desaguadero - São Paulo FC   2-1(0-1)
Binacional: Raúl Omar Fernández Valverde, Jeickson Gustavo Reyes Aparcana, John Anderson Fajardo Pinchi, Ángel Arturo Pérez Madrid, Éder Alberto Fernández Esquivel, Reimond Orangel Manco Albarracín (54.Andy Jeferson Polar Paredes), Dahwling Leudo Cossio, Johan Leandro Arango Ambuila, Ángel Ojeda Allauca (67.Roque Ariel Guachiré Lugo), Yorkman Hiromi Tello Hayashida, Marco Aldair Rodríguez Iraola (85.Héctor Alipio Zeta Lacherre). Trainer: José Flabio Torres Sierra (Colombia).
São Paulo: Tiago Luis Volpi, Robert Abel Arboleda Escobar, Reinaldo Manoel da Silva, Bruno Fabiano Alves (85.Anderson Hernanes de Carvalho Viana Lima), Igor Vinicius de Souza, Daniel Alves da Silva, Danilo das Neves Pinheiro "Tchê Tchê", Igor Silveira Gomes, Alexandre Rodrigues da Silva „Alexandre Pato" (73.Jonas Gabriel Da Silva Nunes „Jonas Toró"), Pablo Felipe Teixeira (68.Igor Matheus Liziero Pereira), Antony Matheus dos Santos. Trainer: Fernando Diniz Silva.
Goals: Marco Aldair Rodríguez Iraola (50), Johan Leandro Arango Ambuila (77) / Alexandre Rodrigues da Silva „Alexandre Pato" (20).

11.03.2020, Estadio Monumental „Antonio Vespucio Liberti", Buenos Aires
Referee: Jesús Valenzuela (Venezuela)
CA River Plate Buenos Aires - EMD Binacional Desaguadero   8-0(1-0)
River Plate: Franco Armani, Milton Óscar Casco, Paulo César Díaz Huincales, Lucas Martínez Quarta, Gonzalo Ariel Montiel, Robert Samuel Rojas Chávez (81.Juan Fernando Quintero Paniagua), Enzo Nicolás Pérez, Ignacio Martín Fernández Lobbe, Diego Nicolás de la Cruz Arcosa (56.Jorge Andrés Carrascal Guardo), Matías Ezequiel Suárez, Rafael Santos Borré Amaury (81.Ignacio Martín Scocco). Trainer: Marcelo Daniel Gallardo.
Binacional: Raúl Omar Fernández Valverde, Nery Rubén Bareiro Zorrilla, Jeickson Gustavo Reyes Aparcana, John Anderson Fajardo Pinchi, Ángel Arturo Pérez Madrid, Éder Alberto Fernández Esquivel (81.Reimond Orangel Manco Albarracín), Dahwling Leudo Cossio, Johan Leandro Arango Ambuila, Ángel Ojeda Allauca (46.Andy Jeferson Polar Paredes), Yorkman Hiromi Tello Hayashida, Marco Aldair Rodríguez Iraola (67.Roque Ariel Guachiré Lugo). Trainer: José Flabio Torres Sierra (Colombia).
Goals: Milton Óscar Casco (38), Rafael Santos Borré Amaury (55), Jorge Andrés Carrascal Guardo (58), Ignacio Martín Fernández Lobbe (74), Robert Samuel Rojas Chávez (79), Paulo César Díaz Huincales (80), Matías Ezequiel Suárez (88), Ignacio Martín Fernández Lobbe (90+2).

11.03.2020, Estádio do Morumbi, São Paulo
Referee: Esteban Daniel Ostojich Vega (Uruguay)
São Paulo FC - Liga Deportiva Universitaria de Quito   3-0(2-0)
São Paulo: Tiago Luis Volpi (59.Lucas Estella Perri), Juan Francisco Torres Belén „Juanfran", Robert Abel Arboleda Escobar, Reinaldo Manoel da Silva, Bruno Fabiano Alves, Daniel Alves da Silva, Danilo das Neves Pinheiro "Tchê Tchê", Vitor Frezarin Bueno (74.Pablo Felipe Teixeira), Igor Silveira Gomes (82.Anderson Hernanes de Carvalho Viana Lima), Alexandre Rodrigues da Silva „Alexandre Pato", Antony Matheus dos Santos. Trainer: Fernando Diniz Silva.
LDU Quito: Adrián José Gabbarini, Carlos Emilio Rodríguez Rodríguez, Franklin Joshua Guerra Cedeño, Luis Miguel Ayala Brucil, José Alfredo Quintero Ordóñez, Luis Antonio Valencia Mosquera, Paul Matías Zunino Escudero (66.Billy Vladimir Arce Mina), Marcos Jackson Caicedo Caicedo, Junior Nazareno Sornoza Moreira [*sent off 67*], Lucas David Villarruel (86.Édison Fernando Vega Obando), Cristian Martínez Borja (66.Rodrigo Sebastián Aguirre Soto). Trainer: Pablo Eduardo Repetto (Uruguay).
Goals: Reinaldo Manoel da Silva (14 penalty), Daniel Alves da Silva (15), Igor Silveira Gomes (61).

15.09.2020, Estadio Nacional, Lima
Referee: Ivo Nigel Méndez Chávez (Bolivia)
EMD Binacional Desaguadero - Liga Deportiva Universitaria de Quito   0-1(0-1)
Binacional: Raúl Omar Fernández Valverde, Jeickson Gustavo Reyes Aparcana, Camilo Javier Mancilla Valencia, Éder Alberto Fernández Esquivel, Dahwling Leudo Cossio, Johan Leandro Arango Ambuila, Yorkman Hiromi Tello Hayashida, Andy Jeferson Polar Paredes (68.Roque Ariel Guachiré Lugo), Pablo Stefano Labrín Seclen (55.Ángel Elías Romero Iparraguirre), Gerardo Sebastián Gularte Fros, Jean Carlos Francisco Deza Sánchez (81.Anthony Roberth Osorio Del Rosario). Trainer: Javier Silvano Arce Arias.
LDU Quito: Adrián José Gabbarini, Franklin Joshua Guerra Cedeño, Christian Geovanny Cruz Tapia (90+2.Luis Miguel Ayala Brucil), Moisés David Corozo Cañizares, Pedro Pablo Perlaza Caicedo, Paul Matías Zunino Escudero (90+1.Billy Vladimir Arce Mina), Marcos Jackson Caicedo Caicedo (60.Adolfo Alejandro Muñoz Cervantes), Lucas David Villarruel, Lucas Ezequiel Piovi, Jhojan Esmaides Julio Palacios (72.Cristian Martínez Borja), Rodrigo Sebastián Aguirre Soto. Trainer: Pablo Eduardo Repetto (Uruguay).
Goal: Paul Matías Zunino Escudero (30).

17.09.2020, Estádio do Morumbi, São Paulo
Referee: Esteban Daniel Ostojich Vega (Uruguay)
São Paulo FC - CA River Plate Buenos Aires   2-2(1-1)
São Paulo: Tiago Luis Volpi, Reinaldo Manoel da Silva, Leonardo Pinheiro da Conceição „Leo", Igor Vinicius de Souza, Diego Henrique Costa Barbosa, Anderson Hernanes de Carvalho Viana Lima, Danilo das Neves Pinheiro "Tchê Tchê", Vitor Frezarin Bueno (84.Paulo Henrique Pereira da Silva „Paulo Bóia"), Igor Silveira Gomes, Gabriel Rodrigas da Silva (84.Jonas Gabriel Da Silva Nunes „Jonas Toró"), Pablo Felipe Teixeira (78.Brenner Souza da Silva). Trainer: Fernando Diniz Silva.
River Plate: Franco Armani, Javier Horacio Pinolá, Fabricio Germán Angileri, Lucas Martínez Quarta, Gonzalo Ariel Montiel, Enzo Nicolás Pérez (90+2.Santiago Sosa), Ignacio Martín Fernández Lobbe (89.Leonardo Daniel Ponzio), Diego Nicolás de la Cruz Arcosa (90+2.Cristian Ezequiel Ferreira), Matías Ezequiel Suárez (61.Jorge Andrés Carrascal Guardo), Rafael Santos Borré Amaury, Julián Álvarez. Trainer: Marcelo Daniel Gallardo.
Goals: Enzo Nicolás Pérez (10 own goal), Fabricio Germán Angileri (83 own goal) / Rafael Santos Borré Amaury (18), Julián Álvarez (80).

22.09.2020, Estadio „Rodrigo Paz Delgado", Quito
Referee: Wilmar Alexander Roldán Pérez (Colombia)
Liga Deportiva Universitaria de Quito - São Paulo FC   4-2(3-0)
LDU Quito: Adrián José Gabbarini, Franklin Joshua Guerra Cedeño, Christian Geovanny Cruz Tapia (62.Luis Miguel Ayala Brucil), Moisés David Corozo Cañizares, Pedro Pablo Perlaza Caicedo, Paul Matías Zunino Escudero (53.Billy Vladimir Arce Mina), Lucas David Villarruel, Lucas Ezequiel Piovi (79.Jordy José Alcívar Macías), Adolfo Alejandro Muñoz Cervantes (62.José Alfredo Quintero Ordóñez), Jhojan Esmaides Julio Palacios, Cristian Martínez Borja (80.Ronny Bryan Medina Valencia). Trainer: Pablo Eduardo Repetto (Uruguay).
São Paulo: Tiago Luis Volpi, Reinaldo Manoel da Silva, Leonardo Pinheiro da Conceição „Leo", Igor Vinicius de Souza (46.Paulo Henrique Pereira da Silva „Paulo Bóia"), Diego Henrique Costa Barbosa, Anderson Hernanes de Carvalho Viana Lima (72.Hélio Júnio Nunes de Castro "Helinho"), Danilo das Neves Pinheiro "Tchê Tchê" (72.Rodrigo Nestor Bertalia), Vitor Frezarin Bueno (46.Brenner Souza da Silva), Igor Silveira Gomes, Gabriel Rodrigas da Silva, Pablo Felipe Teixeira (72.Santiago Tréllez Viveros). Trainer: Fernando Diniz Silva.
Goals: Cristian Martínez Borja (21), Jhojan Esmaides Julio Palacios (36, 45+1), Billy Vladimir Arce Mina (76) / Brenner Souza da Silva (60), Santiago Tréllez Viveros (82).

22.09.2020, Estadio Nacional, Lima
Referee: Gery Anthony Vargas Carreño (Bolivia)
EMD Binacional Desaguadero - CA River Plate Buenos Aires   0-6(0-3)
Binacional: Raúl Omar Fernández Valverde, John Anderson Fajardo Pinchi, Camilo Javier Mancilla Valencia, Dahwling Leudo Cossio (78.Pablo Stefano Labrín Seclen), Johan Leandro Arango Ambuila (74.Paolo Anthony Méndez Sánchez), Ángel Ojeda Allauca, Ángel Elías Romero Iparraguirre, Yorkman Hiromi Tello Hayashida, Omar Ernesto Reyes Burga, Roque Ariel Guachiré Lugo (62.Andy Jeferson Polar Paredes), Gerardo Sebastián Gularte Fros (74.Anthony Roberth Osorio Del Rosario). Trainer: Javier Silvano Arce Arias.
River Plate: Franco Armani, Javier Horacio Pinolá, Fabricio Germán Angileri, Lucas Martínez Quarta, Gonzalo Ariel Montiel, Enzo Nicolás Pérez, Ignacio Martín Fernández Lobbe (89.Cristian Ezequiel Ferreira), Diego Nicolás de la Cruz Arcosa, Matías Ezequiel Suárez (73.Lucas David Pratto), Rafael Santos Borré Amaury (74.Federico Girotti Bonazza), Julián Álvarez (73.Jorge Andrés Carrascal Guardo). Trainer: Marcelo Daniel Gallardo.
Goals: Diego Nicolás de la Cruz Arcosa (15), Matías Ezequiel Suárez (25), Julián Álvarez (36), Ignacio Martín Fernández Lobbe (70), Lucas David Pratto (84, 90+2).

29.09.2020, Estadio „Rodrigo Paz Delgado", Quito
Referee: John Alexander Ospina Londoño (Colombia)
Liga Deportiva Universitaria de Quito - EMD Binacional Desaguadero   4-0(2-0)
LDU Quito: Adrián José Gabbarini, Franklin Joshua Guerra Cedeño, Christian Geovanny Cruz Tapia (63.Édison Fernando Vega Obando), Moisés David Corozo Cañizares (46.Luis Alberto Caicedo Medina), Pedro Pablo Perlaza Caicedo (72.José Alfredo Quintero Ordóñez), Lucas David Villarruel, Lucas Ezequiel Piovi, Adolfo Alejandro Muñoz Cervantes, Jhojan Esmaides Julio Palacios, Billy Vladimir Arce Mina (72.Marcos Jackson Caicedo Caicedo), Cristian Martínez Borja (63.Ronny Bryan Medina Valencia). Trainer: Pablo Eduardo Repetto (Uruguay).
Binacional: Raúl Omar Fernández Valverde, Jeickson Gustavo Reyes Aparcana, Diego Armando Otoya Grandez, Camilo Javier Mancilla Valencia, Paolo Anthony Méndez Sánchez (26.Diego Fernando Angles Quispe), Johan Leandro Arango Ambuila (69.Mauricio Daiki Matzuda Gusukuda), Ángel Ojeda Allauca, Ángel Elías Romero Iparraguirre, Yorkman Hiromi Tello Hayashida, Roque Ariel Guachiré Lugo (66.Felipe Arturo Mesones Bayona), Anthony Roberth Osorio Del Rosario (66.Gerardo Sebastián Gularte Fros). Trainer: Javier Silvano Arce Arias.
Goals: Diego Armando Otoya Grandez (2 own goal), Camilo Javier Mancilla Valencia (14 own goal), Adolfo Alejandro Muñoz Cervantes (58, 81).

30.09.2020, Estadio Libertadores de América, Avellaneda
Referee: Cristian Marcelo Garay Reyes (Chile)
CA River Plate Buenos Aires - São Paulo FC   2-1(2-1)
River Plate: Franco Armani, Javier Horacio Pinolá, Milton Óscar Casco, Lucas Martínez Quarta, Gonzalo Ariel Montiel, Enzo Nicolás Pérez (86.Leonardo Daniel Ponzio), Ignacio Martín Fernández Lobbe (87.Cristian Ezequiel Ferreira), Diego Nicolás de la Cruz Arcosa, Matías Ezequiel Suárez, Rafael Santos Borré Amaury (81.Lucas David Pratto), Julián Álvarez (70.Paulo César Díaz Huincales). Trainer: Marcelo Daniel Gallardo.
São Paulo: Tiago Luis Volpi, Juan Francisco Torres Belén „Juanfran", Reinaldo Manoel da Silva, Leonardo Pinheiro da Conceição „Leo", Diego Henrique Costa Barbosa, Daniel Alves da Silva, Anderson Hernanes de Carvalho Viana Lima (46.Brenner Souza da Silva), Danilo das Neves Pinheiro „Tchê Tchê" (85.Jonas Gabriel Da Silva Nunes „Jonas Toró"), Vitor Frezarin Bueno (78.Paulo Henrique Pereira da Silva „Paulo Bóia"), Igor Silveira Gomes, Pablo Felipe Teixeira (78.Santiago Tréllez Viveros). Trainer: Fernando Diniz Silva.
Goals: Julián Álvarez (11, 37) / Diego Henrique Costa Barbosa (26).

20.10.2020, Estadio Libertadores de América, Avellaneda
Referee: Roberto Andrés Tobar Vargas (Chile)
CA River Plate Buenos Aires - Liga Deportiva Universitaria de Quito   3-0(0-0)
River Plate: Franco Armani, Javier Horacio Pinolá, Milton Óscar Casco, Paulo César Díaz Huincales, Gonzalo Ariel Montiel, Enzo Nicolás Pérez (66.Leonardo Daniel Ponzio), Ignacio Martín Fernández Lobbe (46.Santiago Sosa), Diego Nicolás de la Cruz Arcosa (88.Lucas David Pratto), Matías Ezequiel Suárez, Rafael Santos Borré Amaury (83.Cristian Ezequiel Ferreira), Julián Álvarez (83.Jorge Andrés Carrascal Guardo). Trainer: Marcelo Daniel Gallardo.
LDU Quito: Adrián José Gabbarini, Luis Alberto Caicedo Medina, Luis Miguel Ayala Brucil, José Alfredo Quintero Ordóñez (66.Junior Nazareno Sornoza Moreira), Moisés David Corozo Cañizares, Pedro Pablo Perlaza Caicedo, Lucas David Villarruel (66.Jordy José Alcívar Macías), Lucas Ezequiel Piovi, Adolfo Alejandro Muñoz Cervantes (90.Billy Vladimir Arce Mina), Jhojan Esmaides Julio Palacios (76.Marcos Jackson Caicedo Caicedo), Cristian Martínez Borja. Trainer: Pablo Eduardo Repetto (Uruguay).
Goals: Rafael Santos Borré Amaury (53), Julián Álvarez (60), Jorge Andrés Carrascal Guardo (89).

20.10.2020, Estádio do Morumbi, São Paulo
Referee: Facundo Raúl Tello Figueroa (Argentina)
São Paulo FC - EMD Binacional Desaguadero 5-1(2-1)
São Paulo: Tiago Luis Volpi, Robert Abel Arboleda Escobar, Bruno Fabiano Alves, Leonardo Pinheiro da Conceição „Leo", Daniel Alves da Silva (65.Rodrigo Nestor Bertalia), Danilo das Neves Pinheiro "Tchê Tchê", Vitor Frezarin Bueno (83.Hélio Júnio Nunes de Castro "Helinho"), Igor Silveira Gomes (64.Paulo Henrique Pereira da Silva „Paulo Bóia"), Luan Vinicius da Silva Santos (75.Jonas Gabriel Da Silva Nunes „Jonas Toró"), Pablo Felipe Teixeira, Brenner Souza da Silva (64.Santiago Tréllez Viveros). Trainer: Fernando Diniz Silva.
Binacional: Raúl Omar Fernández Valverde, Jeickson Gustavo Reyes Aparcana, John Anderson Fajardo Pinchi, Ángel Arturo Pérez Madrid, Camilo Javier Mancilla Valencia, Diego Fernando Angles Quispe, Johan Leandro Arango Ambuila (74.Gerardo Sebastián Gularte Fros), Ángel Ojeda Allauca, Roque Ariel Guachiré Lugo, Pablo Stefano Labrín Seclen, Héctor Alipio Zeta Lacherre (27.Jean Carlos Francisco Deza Sánchez). Trainer: Javier Silvano Arce Arias.
Goals: Vitor Frezarin Bueno (7), Brenner Souza da Silva (35), Pablo Felipe Teixeira (51), Robert Abel Arboleda Escobar (54), Pablo Felipe Teixeira (85) / Jean Carlos Francisco Deza Sánchez (40).

FINAL STANDINGS
1. **CA River Plate Buenos Aires** 6 4 1 1 21 - 6 13
2. **Liga Deportiva Universitaria de Quito** 6 4 0 2 12 - 8 12
3. *São Paulo FC* 6 2 1 3 14 - 11 7
4. Escuela Municipal Deportivo Binacional Desaguadero 6 1 0 5 3 - 25 3

GROUP E

03.03.2020, Estádio "José Pinheiro Borda" [Beira-Rio], Porto Alegre
Referee: Ángel Antonio Arteaga Cabriales (Venezuela)
SC Internacional Porto Alegre - CD Universidad Católica Santiago   **3-0(0-0)**
Internacional: Marcelo Lomba do Nascimento, Uendel Pereira Gonçalves, Víctor Leandro Cuesta (80.Bruno Conceição Praxedes), Rodinei Marcelo de Almeida, Bruno da Lara Fuchs, Damián Marcelo Musto, Edenilson Andrade dos Santos, Thiago Galhardo do Nascimento Rocha (82.Gustavo Henrique da Silva Sousa), Gabriel Boschilia (76.Rodrigo Oliveira Lindoso), José Paolo Guerrero Gonzales, Marcos Guilherme de Almeida Santos Matos. Trainer: Eduardo Germán Coudet (Argentina).
Universidad Católica: Matías Ezequiel Dituro, Alfonso Cristián Parot Rojas, Valber Roberto Huerta Jérez [*sent off 77*], Tomás Pablo Asta-Buruaga Montoya (73.César Ignacio Pinares Tamayo), Benjamín Kuščević Jaramillo, Luciano Román Aued (73.Marcelino Ignacio Núñez Espinoza), José Pedro Fuenzalida Gana, Ignacio Antonio Saavedra Pino, César Augusto Munder Rodríguez, Fernando Matías Zampedri, Edson Raúl Puch Cortez (73.Diego Martín Valencia Morello). Trainer: Ariel Enrique Holan (Argentina).
Goals: José Paolo Guerrero Gonzales (62, 67), Marcos Guilherme de Almeida Santos Matos (71).

03.03.2020, Estadio Olímpico "Pascual Guerrero", Cali
Referee: Guillermo Enrique Guerrero Alcivar (Ecuador)
SAD América de Cali - Grêmio Foot-Ball Porto Alegrense   **0-2(0-1)**
América: Eder Aleixo Chaux Ospina, Juan Pablo Segovia González, Edwin Alexis Velasco Uzuriaga, Marlon Aldair Torres Obeso, Matías Pisano (75.Jhon Adolfo Arias Andrade), Yesus Segundo Cabrera Ramírez, Rodrigo Andrés Ureña Reyes, Carlos José Sierra López, Michael Jhon Ander Rangel Valencia, Cristian Camilo Arrieta Medina (68.Juan David Pérez Benítez), Duván Andrés Vergara Hernández. Trainer: Alexandre Henrique Borges Guimarães (Costa Rica).
Grêmio: Vanderlei Farias da Silva, David Braz de Oliveira Filho, Pedro Tonon Geromel (81.Jonathan Doin "Paulo Miranda"), Victor Ferraz Macedo, Caio Henrique Oliveira Silva, Maicon Thiago Pereira de Souza Nascimento (46.Thaciano Mickael da Silva), Lucas Silva Borges, Alisson Euler de Freitas Castro, Éverton Cardoso da Silva, Matheus Henrique De Souza (75.Bruno Cortês Barbosa), Diego de Souza Andrade. Trainer: Renato Portaluppi "Renato Gaúcho".
Goals: Victor Ferraz Macedo (15), Matheus Henrique De Souza (50).

10.03.2020, Estadio „San Carlos de Apoquindo", Santiago
Referee: Gustavo Adrian Tejera Capo (Uruguay)
CD Universidad Católica Santiago - SAD América de Cali   **1-2(1-1)**
Universidad Católica: Matías Ezequiel Dituro, Alfonso Cristián Parot Rojas (77.Juan Francisco Cornejo Palma), Tomás Pablo Asta-Buruaga Montoya, Benjamín Kuščević Jaramillo, Raimundo Rebolledo Valenzuela, Luciano Román Aued, César Ignacio Pinares Tamayo, César Augusto Munder Rodríguez (62.Diego Mario Buonanotte Rende), Marcelino Ignacio Núñez Espinoza (75.Diego Martín Valencia Morello), Fernando Matías Zampedri, Edson Raúl Puch Cortez. Trainer: Ariel Enrique Holan (Argentina).
América: Eder Aleixo Chaux Ospina, Juan Pablo Segovia González, Edwin Alexis Velasco Uzuriaga, Marlon Aldair Torres Obeso, Matías Pisano (89.Pedro Camilo Franco Ulloa), Yesus Segundo Cabrera Ramírez (62.Felipe Jaramillo Velásquez), Rodrigo Andrés Ureña Reyes, Carlos José Sierra López, Michael Jhon Ander Rangel Valencia, Cristian Camilo Arrieta Medina, Duván Andrés Vergara Hernández (84.Juan David Pérez Benítez). Trainer: Alexandre Henrique Borges Guimarães (Costa Rica).
Goals: Marcelino Ignacio Núñez Espinoza (45+1) / Duván Andrés Vergara Hernández (22), Matías Pisano (53).

12.03.2020, Arena do Grêmio, Porto Alegre
Referee: Fernando Andrés Rapallini (Argentina)
Grêmio Foot-Ball Porto Alegrense - SC Internacional Porto Alegre   0-0
Grêmio: Vanderlei Farias da Silva, David Braz de Oliveira Filho, Pedro Tonon Geromel, Victor Ferraz Macedo, Maicon Thiago Pereira de Souza Nascimento (52.Jean Pyerre Casagrande Silveira Correa), Lucas Silva Borges, Alisson Euler de Freitas Castro (63.Eduardo Gabriel Aquino Cossa „Pepê" [*sent off 88*]), Éverton Cardoso da Silva, Matheus Henrique De Souza, Caio Henrique Oliveira Silva [*sent off 90+5*], Diego de Souza Andrade (79.Luciano da Rocha Neves [*sent off 88*]). Trainer: Renato Portaluppi "Renato Gaúcho".
Internacional: Marcelo Lomba do Nascimento, Uendel Pereira Gonçalves (46.Moisés Roberto Barbosa [*sent off 89*]), Víctor Leandro Cuesta [*sent off 90+5*], Rodinei Marcelo de Almeida, Bruno da Lara Fuchs, Damián Marcelo Musto, Edenilson Andrade dos Santos [*sent off 89*], Thiago Galhardo do Nascimento Rocha (75.Andrés Nicolás D'Alessandro), Gabriel Boschilia, José Paolo Guerrero Gonzales (90+8.Rodrigo Oliveira Lindoso), Marcos Guilherme de Almeida Santos Matos. Trainer: Eduardo Germán Coudet (Argentina).
Please note: Jonathan Doin "Paulo Miranda" (90+6) and Bruno Conceição Praxedes (90+7) were sent off on the bench.

16.09.2020, Estádio "José Pinheiro Borda" [Beira-Rio], Porto Alegre
Referee: Facundo Raúl Tello Figueroa (Argentina)
SC Internacional Porto Alegre - SAD América de Cali   4-3(3-1)
Internacional: Marcelo Lomba do Nascimento, Uendel Pereira Gonçalves, Rodrigo Modesto da Silva Moledo, Renzo Saravia, Rodrigo Oliveira Lindoso (81.Andrés Nicolás D'Alessandro), Thiago Galhardo do Nascimento Rocha, Patrick Bezerra Do Nascimento, Gabriel Boschilia (90+4.Lucas Ribeiro dos Santos), Gustavo Nonato Santana (65.João Lucas de Souza Cardoso "Johnny"), José Gabriel dos Santos Silva „Zé Gabriel", Abel Mathías Hernández Platero (65.Leandro Miguel Fernández). Trainer: Eduardo Germán Coudet (Argentina).
América: Eder Aleixo Chaux Ospina, Juan Pablo Segovia González, Edwin Alexis Velasco Uzuriaga, Marlon Aldair Torres Obeso, Luis Alejandro Paz Mulato (73.Felipe Jaramillo Velásquez), Rodrigo Andrés Ureña Reyes, Rafael Andrés Carrascal Avílez, Carlos José Sierra López, Gustavo Adrián Ramos Vásquez, Juan David Pérez Benítez (67.Santiago Moreno), Duván Andrés Vergara Hernández (85.Jhon Adolfo Arias Andrade). Trainer: Juan Cruz Real (Argentina).
Goals: Abel Mathías Hernández Platero (1), Gabriel Boschilia (19), Abel Mathías Hernández Platero (32), Gabriel Boschilia (90) / Duván Andrés Vergara Hernández (28), Gustavo Adrián Ramos Vásquez (49), Santiago Moreno (78).

16.09.2020, Estadio „San Carlos de Apoquindo", Santiago
Referee: Darío Humberto Herrera (Argentina)
CD Universidad Católica Santiago - Grêmio Foot-Ball Porto Alegrense   2-0(2-0)
Universidad Católica: Matías Ezequiel Dituro, Valber Roberto Huerta Jérez, Germán Lanaro, Raimundo Rebolledo Valenzuela, Luciano Román Aued, José Pedro Fuenzalida Gana, César Ignacio Pinares Tamayo (83.Marcelino Ignacio Núñez Espinoza), Ignacio Antonio Saavedra Pino (83.Francisco Andrés Silva Gajardo), Fernando Matías Zampedri (83.Diego Martín Valencia Morello), Edson Raúl Puch Cortez (90+2.Diego Mario Buonanotte Rende), Gastón Adrián Lezcano (89.César Augusto Munder Rodríguez). Trainer: Ariel Enrique Holan (Argentina).
Grêmio: Vanderlei Farias da Silva, David Braz de Oliveira Filho [*sent off 86*], Pedro Tonon Geromel (42.Antônio Josenildo Rodrigues de Oliveira), Bruno Cortês Barbosa, Luis Manuel Orejuela García, Alisson Euler de Freitas Castro (71.Rildo Gonçalves de Amorim Filho), Matheus Henrique De Souza, Darlan Pereira Mendes (70.Guilherme da Silva Azevedo), Diego de Souza Andrade, Luiz Fernando Morais dos Santos (52.Róbson Michael Signorini „Robinho"), Isaque Elias Brito (53.Aldemir dos Santos Ferreira). Trainer: Renato Portaluppi "Renato Gaúcho".
Goals: Fernando Matías Zampedri (44), César Ignacio Pinares Tamayo (45+1).

23.09.2020, Estadio Olímpico "Pascual Guerrero", Cali
Referee: Jesús Valenzuela (Venezuela)
SAD América de Cali - CD Universidad Católica Santiago   1-1(1-1)
América: Joel David Graterol Nader, Juan Pablo Segovia González, Nicolás Andrés Giraldo Urueta (29.Daniel Alexander Quiñones Navarro), Marlon Aldair Torres Obeso, Luis Alejandro Paz Mulato, Rodrigo Andrés Ureña Reyes, Rafael Andrés Carrascal Avílez, Carlos José Sierra López (46.Felipe Jaramillo Velásquez), Jhon Adolfo Arias Andrade (74.Santiago Moreno), Gustavo Adrián Ramos Vásquez (54.Juan David Pérez Benítez), Duván Andrés Vergara Hernández (74.Luis Francisco Sánchez Mosquera). Trainer: Juan Cruz Real (Argentina).
Universidad Católica: Matías Ezequiel Dituro, Valber Roberto Huerta Jérez, Germán Lanaro, Raimundo Rebolledo Valenzuela, Luciano Román Aued, José Pedro Fuenzalida Gana, César Ignacio Pinares Tamayo (75.Diego Mario Buonanotte Rende), Ignacio Antonio Saavedra Pino, Fernando Matías Zampedri, Edson Raúl Puch Cortez, Gastón Adrián Lezcano (75.Diego Martín Valencia Morello). Trainer: Ariel Enrique Holan (Argentina).
Goals: Duván Andrés Vergara Hernández (4) / Fernando Matías Zampedri (34).

23.09.2020, Estádio "José Pinheiro Borda" [Beira-Rio], Porto Alegre
Referee: Patricio Hernán Loustau (Argentina)
SC Internacional Porto Alegre - Grêmio Foot-Ball Porto Alegrense   0-1(0-0)
Internacional: Marcelo Lomba do Nascimento, Víctor Leandro Cuesta, Renzo Saravia, Damián Marcelo Musto, Rodrigo Oliveira Lindoso (77.Andrés Nicolás D'Alessandro), Thiago Galhardo do Nascimento Rocha, Gabriel Boschilia, Matheus Isaias dos Santos „Matheus Jussa", José Gabriel dos Santos Silva „Zé Gabriel", Abel Mathías Hernández Platero, Marcos Guilherme de Almeida Santos Matos (77.Leandro Miguel Fernández). Trainer: Eduardo Germán Coudet (Argentina).
Grêmio: Vanderlei Farias da Silva, Walter Kannemann, Bruno Cortês Barbosa, Luis Manuel Orejuela García (90+6.Ruan Tressoldi Neto), Antônio Josenildo Rodrigues de Oliveira, Lucas Silva Borges, Alisson Euler de Freitas Castro (90+1.Guilherme da Silva Azevedo), Matheus Henrique De Souza, Darlan Pereira Mendes (82.Róbson Michael Signorini „Robinho"), Diego de Souza Andrade (82.Isaque Elias Brito), Eduardo Gabriel Aquino Cossa „Pepê" (82.Luiz Fernando Morais dos Santos). Trainer: Renato Portaluppi "Renato Gaúcho".
Goal: Eduardo Gabriel Aquino Cossa „Pepê" (74).

29.09.2020, Arena do Grêmio, Porto Alegre
Referee: Facundo Raúl Tello Figueroa (Argentina)
Grêmio Foot-Ball Porto Alegrense - CD Universidad Católica Santiago   2-0(0-0)
Grêmio: Vanderlei Farias da Silva, David Braz de Oliveira Filho, Bruno Cortês Barbosa, Luis Manuel Orejuela García, Antônio Josenildo Rodrigues de Oliveira (81.Ruan Tressoldi Neto), Róbson Michael Signorini „Robinho" (67.Thaciano Mickael da Silva), Alisson Euler de Freitas Castro (90.Luiz Fernando Morais dos Santos), Matheus Henrique De Souza, Darlan Pereira Mendes, Diego de Souza Andrade (90.Lucas Araujo de Oliveira), Eduardo Gabriel Aquino Cossa „Pepê" (80.Aldemir dos Santos Ferreira). Trainer: Renato Portaluppi "Renato Gaúcho".
Universidad Católica: Matías Ezequiel Dituro, Valber Roberto Huerta Jérez, Germán Lanaro, Raimundo Rebolledo Valenzuela, Luciano Román Aued, José Pedro Fuenzalida Gana, César Ignacio Pinares Tamayo, Ignacio Antonio Saavedra Pino, Fernando Matías Zampedri, Edson Raúl Puch Cortez, Gastón Adrián Lezcano. Trainer: Ariel Enrique Holan (Argentina).
Goals: Eduardo Gabriel Aquino Cossa „Pepê" (47), Antônio Josenildo Rodrigues de Oliveira (63).

29.09.2020, Estadio Olímpico "Pascual Guerrero", Cali
Referee: Guillermo Enrique Guerrero Alcivar (Ecuador)
SAD América de Cali - SC Internacional Porto Alegre   0-0
América: Joel David Graterol Nader, Juan Pablo Segovia González, Edwin Alexis Velasco Uzuriaga, Marlon Aldair Torres Obeso, Luis Alejandro Paz Mulato (61.Felipe Jaramillo Velásquez), Rodrigo Andrés Ureña Reyes, Rafael Andrés Carrascal Avílez, Carlos José Sierra López, Jhon Adolfo Arias Andrade (67.Yesus Segundo Cabrera Ramírez), Emerson Geovanny Batalla Martínez (78.Santiago Moreno), Gustavo Adrián Ramos Vásquez. Trainer: Juan Cruz Real (Argentina).
Internacional: Marcelo Lomba do Nascimento, Rodrigo Modesto da Silva Moledo, Víctor Leandro Cuesta, Renzo Saravia (79.Abel Mathías Hernández Platero), Leonardo Borges Da Silva „Léo Borges", Rodrigo Oliveira Lindoso, Thiago Galhardo do Nascimento Rocha (12.Heitor Rodrigues da Fonseca), Patrick Bezerra Do Nascimento, Gustavo Nonato Santana (63.Damián Marcelo Musto), Bruno Conceição Praxedes (46.Gabriel Boschilia), Leandro Miguel Fernández [*sent off 58*]. Trainer: Eduardo Germán Coudet (Argentina).

22.10.2020, Arena do Grêmio, Porto Alegre
Referee: Fernando Andrés Rapallini (Argentina)
Grêmio Foot-Ball Porto Alegrense - SAD América de Cali   1-1(0-0)
Grêmio: Vanderlei Farias da Silva, Pedro Tonon Geromel, Victor Ferraz Macedo, Walter Kannemann [*sent off 90+2*], Diogo Barbosa Mendanha, Luis Manuel Orejuela García (46.Luiz Fernando Morais dos Santos), Maicon Thiago Pereira de Souza Nascimento (68.Éverton Cardoso da Silva), Róbson Michael Signorini „Robinho" (68.Thaciano Mickael da Silva), Lucas Silva Borges (46.Isaque Elias Brito), Diego de Souza Andrade, Eduardo Gabriel Aquino Cossa „Pepê" (77.Aldemir dos Santos Ferreira). Trainer: Renato Portaluppi "Renato Gaúcho".
América: Joel David Graterol Nader, Juan Pablo Segovia González, Edwin Alexis Velasco Uzuriaga, Marlon Aldair Torres Obeso, Luis Alejandro Paz Mulato, Rafael Andrés Carrascal Avílez, Carlos José Sierra López (75.Felipe Jaramillo Velásquez), Santiago Moreno (85.Yesus Segundo Cabrera Ramírez), Juan David Pérez Benítez (64.Jhon Adolfo Arias Andrade), Cristian Camilo Arrieta Medina, Duván Andrés Vergara Hernández. Trainer: Juan Cruz Real (Argentina).
Goals: Diego de Souza Andrade (90+11 penalty) / Walter Kannemann (53 own goal).

22.10.2020, Estadio „San Carlos de Apoquindo", Santiago
Referee: Mauro Vigliano (Argentina)
CD Universidad Católica Santiago - SC Internacional Porto Alegre   2-1(1-1)
Universidad Católica: Matías Ezequiel Dituro, Alfonso Cristián Parot Rojas, Valber Roberto Huerta Jérez, Germán Lanaro, Raimundo Rebolledo Valenzuela, José Pedro Fuenzalida Gana, César Ignacio Pinares Tamayo, Ignacio Antonio Saavedra Pino, Fernando Matías Zampedri, Edson Raúl Puch Cortez, Gastón Adrián Lezcano. Trainer: Ariel Enrique Holan (Argentina).
Internacional: Marcelo Lomba do Nascimento, Uendel Pereira Gonçalves (79.Matheus Isaias dos Santos „Matheus Jussa"), Rodrigo Modesto da Silva Moledo, Víctor Leandro Cuesta, Rodinei Marcelo de Almeida, Andrés Nicolás D'Alessandro (72.Bruno Conceição Praxedes), Damián Marcelo Musto, Gustavo Nonato Santana (72.Thiago Galhardo do Nascimento Rocha), William de Oliveira Pottker (56.Edenilson Andrade dos Santos), Yuri Alberto Monteiro Da Silva, João Gabriel Martins Peglow (56.Marcos Guilherme de Almeida Santos Matos). Trainer: Eduardo Germán Coudet (Argentina).
Goals: Fernando Matías Zampedri (25, 89) / Andrés Nicolás D'Alessandro (24 penalty).

	FINAL STANDINGS							
1.	**Grêmio Foot-Ball Porto Alegrense**	6	3	2	1	6 - 3	11
2.	**SC Internacional Porto Alegre**	6	2	2	2	8 - 6	8
3.	*CD Universidad Católica Santiago*	6	2	1	3	5 - 8	7
4.	SAD América de Cali	6	1	3	2	6 - 8	6

GROUP F

05.03.2020, Estadio Metropolitano de Mérida, Mérida
Referee: Raphael Claus (Brazil)
Estudiantes de Mérida FC - Racing Club de Avellaneda   **1-2(0-0)**
Estudiantes: Alejandro Araque Peña, José Manuel Manríquez Hernández, Daniel Orlando Linarez Cordero, José Luis Marrufo Jiménez, Edison José Penilla Herrera, Jesús Manuel Meza Moreno (85.Jaime José Moreno Ciorciari), Cristian Leonardo Flores Calderón, Cristian Yonaiker Rivas Vielma, Alexis Nahuel Messidoro (77.Ayrton Andrés Páez Yepez), Armando José Araque Peña, José Alejandro Rivas Gamboa (68.Luz Lorenzo Rodríguez Hernández). Trainer: Martín Eugenio Brignani (Argentina).
Racing Club: Gabriel Arias Arroyo, Leonardo Germán Sigali, Iván Alexis Pillud, Eugenio Esteban Mena Reveco, Marcelo Alfonso Díaz Rojas (39.Benjamín Antonio Garré), Leonel Ariel Miranda, Mauricio Leonel Martínez, Matías Nicolás Rojas Romero (89.Alexis Nahuel Soto), Federico Matías Javier Zaracho, Lisandro López, Gastón Nicolás Reniero (72.David Matías Barbona). Trainer: Sebastián Andrés Beccacece.
Goals: José Alejandro Rivas Gamboa (48) / Gastón Nicolás Reniero (71), Federico Matías Javier Zaracho (84).

05.03.2020, Estadio „Alejandro Villanueva", Lima
Referee: Bruno Arleu de Araújo (Brazil)
Club Alianza Lima - Club Nacional de Football Montevideo   **0-1(0-1)**
Alianza: Leao Butrón Gotuzzo, Alberto Junior Rodríguez Valdelomar, Rubert José Quijada Fasciana, Edwin Alexi Gómez Gutiérrez (81.Cristian David Zúñiga Pino), Josepmir Aarón Ballón Villacorta, Luís Bernardo Aguiar Burgos (64.Federico Martín Rodríguez Rodríguez), Carlos Antonio Ascues Avila, Aldair Amarildo Fuentes Siguas, Oslimg Roberto Mora Pasache, Luiz Humberto da Silva Silva (60.Joazhino Waldhir Arroé Salcedo), Adrián Martin Balboa Camacho. Trainer: Pablo Javier Bengoechea Dutra (Uruguay).
Nacional: Luis Angel Mejía Cajar, Mathías Sebastián Suárez Suárez, Guzmán Corujo Bríccola, Mathías Nicolás Laborda Malseñido, Agustín Oliveros Cano, Felipe Ignacio Carballo Ares, Santiago Mariano Rodríguez Molina (61.Gonzalo Castro Irizabal), Gabriel Neves Perdomo, Sebastián Bruno Fernández Miglierina (71.Emiliano Martínez Toranza), Thiago Vecino Berriel, Brian Alexis Ocampo Ferreira (68.Armando Jesús Méndez Alcorta). Trainer: Gustavo Adolofo Munúa Vera.
Goal: Santiago Mariano Rodríguez Molina (1).

12.03.2020, Estadio „Presidente Juan Domingo Perón", Avellaneda
Referee: José Natanael Méndez Acosta (Paraguay)
Racing Club de Avellaneda - Estudiantes de Mérida FC   **1-0(0-0)**
Racing Club: Gabriel Arias Arroyo, Leonardo Germán Sigali, Iván Alexis Pillud, Eugenio Esteban Mena Reveco, Nery Andrés Domínguez, Leonel Ariel Miranda, Matías Nicolás Rojas Romero (89.David Matías Barbona), Federico Matías Javier Zaracho, Lisandro López (46.Darío Cvitanich), Héctor Hugo Fértoli, Benjamín Antonio Garré (55.Gastón Nicolás Reniero). Trainer: Sebastián Andrés Beccacece.
Estudiantes: Leao Butrón Gotuzzo, Alberto Junior Rodríguez Valdelomar, Rubert José Quijada Fasciana (70.Paulo Rinaldo Cruzado Durand), Edwin Alexi Gómez Gutiérrez, Carlos Javier Beltrán Neroni, Héctor Aldair Salazar Tejada, Josepmir Aarón Ballón Villacorta, Luís Bernardo Aguiar Burgos (62.Joazhino Waldhir Arroé Salcedo), Aldair Amarildo Fuentes Siguas, Oslimg Roberto Mora Pasache (46.Cristian David Zúñiga Pino), Adrián Martin Balboa Camacho.
Goal: Gastón Nicolás Reniero (56).

12.03.2020, Estadio Gran Parque Central, Montevideo
Referee: Wilton Pereira Sampaio (Brazil)
Club Nacional de Football Montevideo - Club Alianza Lima   1-0(0-0)
Nacional: Luis Angel Mejía Cajar, Mathías Sebastián Suárez Suárez, Guzmán Corujo Bríccola, Mathías Nicolás Laborda Malseñido, Agustín Oliveros Cano, Gonzalo Castro Irizabal, Rodrigo Nahuel Amaral Pereira (59.Claudio Ariel Yacob), Felipe Ignacio Carballo Ares, Santiago Mariano Rodríguez Molina (86.Pablo Javier García Lafluf), Gabriel Neves Perdomo, Thiago Vecino Berriel (64.Sebastián Bruno Fernández Miglierina). Trainer: Gustavo Adolofo Munúa Vera.
Alianza: Alejandro Araque Peña, José Manuel Manríquez Hernández, Daniel Orlando Linarez Cordero, José Luis Marrufo Jiménez, Galileo Antonio del Castillo Carrasquel (73.Alexis Nahuel Messidoro), Edison José Penilla Herrera, Jesús Manuel Meza Moreno (73.Yorwin de Jesús Lobo Peña), Cristian Leonardo Flores Calderón (87.Jaime José Moreno Ciorciari), Cristian Yonaiker Rivas Vielma, Armando José Araque Peña, José Alejandro Rivas Gamboa. Trainer: Martín Eugenio Brignani (Argentina).
Goal: Felipe Ignacio Carballo Ares (69).

16.09.2020, Estadio Metropolitano de Mérida, Mérida
Referee: Nicolás Gallo Barragán (Colombia)
Estudiantes de Mérida FC - Club Alianza Lima   3-2(0-0)
Estudiantes: Alejandro Araque Peña, Daniel Orlando Linarez Cordero, José Luis Marrufo Jiménez, Galileo Antonio del Castillo Carrasquel, Ronaldo David Rivas Vielma (77.Wilson Antonio Mena Asprilla), Jesús Manuel Meza Moreno (84.Yorwin de Jesús Lobo Peña), Ayrton Andrés Páez Yepez, Cristian Yonaiker Rivas Vielma, Édson Armando Rivas Vielma (62.José Manuel Manríquez Hernández), José Alejandro Rivas Gamboa, Luz Lorenzo Rodríguez Hernández (62.Cristian Leonardo Flores Calderón). Trainer: Martín Eugenio Brignani (Argentina).
Alianza: Leao Butrón Gotuzzo, Alberto Junior Rodríguez Valdelomar, Rubert José Quijada Fasciana, Edwin Alexi Gómez Gutiérrez (90+1.Sebastián José Cavero Nakahoro), Héctor Aldair Salazar Tejada, José Anthony Rosell Delgado, Paulo Rinaldo Cruzado Durand (68.Miguel Cornejo Loli), Josepmir Aarón Ballón Villacorta, Joazhino Waldhir Arroé Salcedo (77.Cristian David Zúñiga Pino), Oslimg Roberto Mora Pasache, Gonzalo Gabriel Sánchez Franco. Trainer: Mario Alfredo Salas Saieg (Chile).
Goals: Édson Armando Rivas Vielma (64), Wilson Antonio Mena Asprilla (81), José Alejandro Rivas Gamboa (90+7 penalty) / Edwin Alexi Gómez Gutiérrez (51 penalty), Joazhino Waldhir Arroé Salcedo (54).

17.09.2020, Estadio „Presidente Juan Domingo Perón", Avellaneda
Referee: Cristian Marcelo Garay Reyes (Chile)
Racing Club de Avellaneda - Club Nacional de Football Montevideo   0-1(0-0)
Racing Club: Gabriel Arias Arroyo, Leonardo Germán Sigali, Iván Alexis Pillud, Eugenio Esteban Mena Reveco, Augusto Jorge Mateo Solari [*sent off 54*], Leonel Ariel Miranda, Mauricio Leonel Martínez (68.Nery Andrés Domínguez), Matías Nicolás Rojas Romero (46.Carlos Jonas Alcaraz), Darío Cvitanich (58.Gastón Nicolás Reniero), Héctor Hugo Fértoli (58.Lisandro López), Benjamín Antonio Garré (68.Walter Iván Alexis Montoya). Trainer: Sebastián Andrés Beccacece.
Nacional: Sergio Ramón Rochet Álvarez, Paulo Vinicius Souza Dos Santos, Guzmán Corujo Bríccola, Agustín Oliveros Cano, Armando Jesús Méndez Alcorta, Claudio Ariel Yacob (63.Felipe Ignacio Carballo Ares), Santiago Mariano Rodríguez Molina (85.Santiago Cartagena Listur), Gabriel Neves Perdomo, Gonzalo Rubén Bergessio (85.Thiago Vecino Berriel), Brian Alexis Ocampo Ferreira (63.Gonzalo Castro Irizabal), Alfonso Trezza Hernández (75.Sebastián Bruno Fernández Miglierina). Trainer: Gustavo Adolofo Munúa Vera.
Goal: Gonzalo Rubén Bergessio (53 penalty).

22.09.2020, Estadio Metropolitano de Mérida, Mérida
Referee: Andrés José Rojas Noguera (Colombia)
Estudiantes de Mérida FC - Club Nacional de Football Montevideo   1-3(1-2)
Estudiantes: Alejandro Araque Peña, José Manuel Manríquez Hernández, Daniel Orlando Linarez Cordero (75.Luz Lorenzo Rodríguez Hernández), José Luis Marrufo Jiménez, Galileo Antonio del Castillo Carrasquel, Ronaldo David Rivas Vielma (62.Ayrton Andrés Páez Yepez), Jesús Manuel Meza Moreno, Cristian Leonardo Flores Calderón (87.Yorwin de Jesús Lobo Peña), Cristian Yonaiker Rivas Vielma, Édson Armando Rivas Vielma (46.Wilson Antonio Mena Asprilla), José Alejandro Rivas Gamboa. Trainer: Martín Eugenio Brignani (Argentina).
Nacional: Luis Angel Mejía Cajar, Mathías Sebastián Suárez Suárez, Carlos Ayrton Cougo Rivero (57.Armando Jesús Méndez Alcorta), Mathías Nicolás Laborda Malseñido, Renzo Miguel Orihuela Barcos, Felipe Gedoz da Conceição (57.Sebastián Bruno Fernández Miglierina), Felipe Ignacio Carballo Ares, Joaquin Gabriel Trasante Hernández (80.Emiliano Martínez Toranza), Santiago Cartagena Listur (65.Miguel Isaías Jacquet Duarte), Thiago Vecino Berriel, Brian Alexis Ocampo Ferreira (56.Alfonso Trezza Hernández). Trainer: Gustavo Adolofo Munúa Vera.
Goals: Ronaldo David Rivas Vielma (45+1) / Thiago Vecino Berriel (6), Renzo Miguel Orihuela Barcos (27), Thiago Vecino Berriel (60 penalty).

23.09.2020, Estadio „Alejandro Villanueva", Lima
Referee: Ivo Nigel Méndez Chávez (Bolivia)
Club Alianza Lima - Racing Club de Avellaneda   0-2(0-0)
Alianza: Leao Butrón Gotuzzo, Alberto Junior Rodríguez Valdelomar, Rubert José Quijada Fasciana, Héctor Aldair Salazar Tejada, José Anthony Rosell Delgado, Paulo Rinaldo Cruzado Durand (90+4.Kevin Josué Ferreyra Chonlón), Josepmir Aarón Ballón Villacorta, Carlos Antonio Ascues Avila, Joazhino Waldhir Arroé Salcedo (75.Kluvierth Miguel Aguilar Díaz), Oslimg Roberto Mora Pasache, Gonzalo Gabriel Sánchez Franco (80.Cristian David Zúñiga Pino). Trainer: Mario Alfredo Salas Saieg (Chile).
Racing Club: Gabriel Arias Arroyo, Leonardo Germán Sigali, Iván Alexis Pillud (64.Eugenio Esteban Mena Reveco), Alexis Nahuel Soto, Marcelo Alfonso Díaz Rojas (74.Darío Cvitanich), Lorenzo Antonio Melgarejo Sanabria (74.Tiago Nahuel Banega), Nery Andrés Domínguez, Leonel Ariel Miranda, Walter Iván Alexis Montoya (46.Benjamín Antonio Garré), Héctor Hugo Fértoli, Gastón Nicolás Reniero (46.Carlos Jonas Alcaraz). Trainer: Sebastián Andrés Beccacece.
Goals: Tiago Nahuel Banega (87), Benjamín Antonio Garré (90).

30.09.2020, Estadio Gran Parque Central, Montevideo
Referee: José Natanael Méndez Acosta (Paraguay)
Club Nacional de Football Montevideo - Racing Club de Avellaneda   1-2(0-1)
Nacional: Sergio Ramón Rochet Álvarez, Carlos Ayrton Cougo Rivero, Mathías Nicolás Laborda Malseñido, Renzo Miguel Orihuela Barcos, Armando Jesús Méndez Alcorta, Rodrigo Nahuel Amaral Pereira (55.Alfonso Trezza Hernández), Felipe Ignacio Carballo Ares (84.Sebastián Bruno Fernández Miglierina), Santiago Mariano Rodríguez Molina, Emiliano Martínez Toranza (54.Claudio Ariel Yacob), Thiago Vecino Berriel (55.Gonzalo Rubén Bergessio), Brian Alexis Ocampo Ferreira (71.Gonzalo Castro Irizabal). Trainer: Gustavo Adolofo Munúa Vera.
Racing Club: Gabriel Arias Arroyo, Leonardo Germán Sigali, Iván Alexis Pillud, Alexis Nahuel Soto, Marcelo Alfonso Díaz Rojas (46.Tiago Nahuel Banega), Lorenzo Antonio Melgarejo Sanabria (67.Benjamín Antonio Garré), Nery Andrés Domínguez, Leonel Ariel Miranda, Walter Iván Alexis Montoya (46.Augusto Jorge Mateo Solari), Héctor Hugo Fértoli (81.Eugenio Esteban Mena Reveco), Gastón Nicolás Reniero. Trainer: Sebastián Andrés Beccacece.
Goals: Alexis Nahuel Soto (53 own goal) / Gastón Nicolás Reniero (17), Héctor Hugo Fértoli (76 penalty).

30.09.2020, Estadio „Alejandro Villanueva", Lima
Referee: Gery Anthony Vargas Carreño (Bolivia)
Club Alianza Lima - Estudiantes de Mérida FC   2-2(1-1)
Alianza: Italo Gilmar Espínoza Gómez, Rubert José Quijada Fasciana, Carlos Javier Beltrán Neroni, Héctor Aldair Salazar Tejada (76.Gonzalo Gabriel Sánchez Franco), José Anthony Rosell Delgado, Paulo Rinaldo Cruzado Durand (66.Kluvierth Miguel Aguilar Díaz), Josepmir Aarón Ballón Villacorta, Carlos Antonio Ascues Avila, Joazhino Waldhir Arroé Salcedo, Oslimg Roberto Mora Pasache, Patricio Rodolfo Rubio Pulgar. Trainer: Mario Alfredo Salas Saieg (Chile).
Estudiantes: Alejandro Araque Peña, José Manuel Manríquez Hernández, Henry Junior Plazas Mendoza, José Luis Marrufo Jiménez, Galileo Antonio del Castillo Carrasquel, Jesús Manuel Meza Moreno (89.Ayrton Andrés Páez Yepez), Cristian Leonardo Flores Calderón (83.Edison José Penilla Herrera), Yorwin de Jesús Lobo Peña, Cristian Yonaiker Rivas Vielma, Wilson Antonio Mena Asprilla (63.Armando José Araque Peña), José Alejandro Rivas Gamboa (89.Édson Armando Rivas Vielma). Trainer: Martín Eugenio Brignani (Argentina).
Goals: Joazhino Waldhir Arroé Salcedo (3), Patricio Rodolfo Rubio Pulgar (90+5) / José Alejandro Rivas Gamboa (35 penalty, 67 penalty).

21.10.2020, Estadio Gran Parque Central, Montevideo
Referee: Juan Gabriel Benítez Mareco (Paraguay)
Club Nacional de Football Montevideo - Club Alianza Lima   2-0(2-0)
Nacional: Sergio Ramón Rochet Álvarez, Paulo Vinicius Souza Dos Santos, Carlos Ayrton Cougo Rivero, Mathías Nicolás Laborda Malseñido, Agustín Oliveros Cano, Rodrigo Nahuel Amaral Pereira (62.Sebastián Bruno Fernández Miglierina), Joaquin Gabriel Trasante Hernández, Gabriel Neves Perdomo, Emiliano Martínez Toranza (77.Santiago Cartagena Listur), Gonzalo Rubén Bergessio (66.Thiago Vecino Berriel), Alfonso Trezza Hernández (77.Carlos Adrián Vila Núñez). Trainer: Jorge Antonio Giordano Moreno.
Alianza: Leao Butrón Gotuzzo, Rubert José Quijada Fasciana, Héctor Aldair Salazar Tejada, José Anthony Rosell Delgado, Carlos Joao Montoya García, Josepmir Aarón Ballón Villacorta, Carlos Antonio Ascues Avila (88.Miguel Cornejo Loli), Kevin Josué Ferreyra Chonlón (60.Joazhino Waldhir Arroé Salcedo), Oslimg Roberto Mora Pasache, Patricio Rodolfo Rubio Pulgar, Gonzalo Gabriel Sánchez Franco. Trainer: Mario Alfredo Salas Saieg (Chile).
Goals: Gonzalo Rubén Bergessio (8), Alfonso Trezza Hernández (31).

21.10.2020, Estadio „Presidente Juan Domingo Perón", Avellaneda
Referee: Andrés Ismael Cunha Soca (Uruguay)
Racing Club de Avellaneda - Estudiantes de Mérida FC   2-1(0-0)
Racing Club: Gabriel Arias Arroyo, Leonardo Germán Sigali, Iván Alexis Pillud (90+1.Darío Cvitanich), Eugenio Esteban Mena Reveco, Marcelo Alfonso Díaz Rojas (57.Matías Nicolás Rojas Romero), Lorenzo Antonio Melgarejo Sanabria, Augusto Jorge Mateo Solari (70.Benjamín Antonio Garré), Nery Andrés Domínguez, Leonel Ariel Miranda, Héctor Hugo Fértoli (57.Lisandro López), Gastón Nicolás Reniero. Trainer: Sebastián Andrés Beccacece.
Estudiantes: Alejandro Araque Peña, José Manuel Manríquez Hernández, Henry Junior Plazas Mendoza, José Luis Marrufo Jiménez (46.Daniel Orlando Linarez Cordero), Galileo Antonio del Castillo Carrasquel (85.Edison José Penilla Herrera), Jesús Manuel Meza Moreno, Cristian Leonardo Flores Calderón, Yorwin de Jesús Lobo Peña (78.Ronaldo David Rivas Vielma), Cristian Yonaiker Rivas Vielma, Armando José Araque Peña (67.Wilson Antonio Mena Asprilla), José Alejandro Rivas Gamboa (86.Ayrton Andrés Páez Yepez). Trainer: Martín Eugenio Brignani (Argentina).
Goals: Lorenzo Antonio Melgarejo Sanabria (60), Matías Nicolás Rojas Romero (86) / Henry Junior Plazas Mendoza (66).

	FINAL STANDINGS								
1.	Club Nacional de Football Montevideo	6	5	0	1	9	-	3	15
2.	Racing Club de Avellaneda	6	5	0	1	9	-	4	15
3.	Estudiantes de Mérida FC	6	1	1	4	8	-	12	4
4.	Club Alianza Lima	6	0	1	5	4	-	11	1

GROUP G

03.03.2020, Estadio „Norberto Tomaghello", Florencio Varela
Referee: Gustavo Adrian Tejera Capo (Uruguay)
CSD Defensa y Justicia Florencio Varela - Santos FC   **1-2(1-0)**
Defensa y Justicia: Luis Ezequiel Unsain, Juan Gabriel Rodríguez, Marcelo Nicolás Benítez, Néstor Ariel Breitenbruch, Héctor David Martínez, Neri Raúl Cardozo (69.Braian Óscar Ojeda Rodríguez), Rubén Alejandro Botta Montero (79.Enzo Gabriel Coacci), Nelson Fernando Acevedo, Guido Mainero (79.Fernando Andrés Márquez), Juan Martín Lucero, Francisco Andrés Pizzini. Trainer: Hernán Jorge Crespo.
Santos: Éverson Felipe Marques Pires, Marcos Rogério Ricci Lopes "Pará", Luiz Felipe Nascimento dos Santos (85.Felipe Jonatan Rocha Andrade), Luan Peres Petroni, Lucas Veríssimo da Silva, Evandro Goebel (58.Jobson Souza Santos), Carlos Andrés Sánchez Arcosa, Diego Cristiano Evaristo „Diego Pituca", Yeferson Julio Soteldo Martínez, Eduardo Colcenti Antunes „Eduardo Sasha", Yuri Alberto Monteiro Da Silva (69.Kaio Jorge Pinto Ramos). Trainer: Manuel Jesualdo Ferreira (Portugal).
Goals: Juan Gabriel Rodríguez (45+1) / Jobson Souza Santos (72), Kaio Jorge Pinto Ramos (86).

04.03.2020, Estadio Jocay, Manta
Referee: Leodán Franklin González Cabrera (Uruguay)
Delfin SC Manta - Club Olimpia Asunción   **1-1(0-1)**
Delfin SC: Alain Baroja Méndez, Geovanny Enrique Nazareno Simisterra, Luis David Cangá Sánchez, Agustín Ale Perego, Harold Jonathan González Guerrero, Richard Rodrigo Calderón Llori, Juan Diego Rojas Caicedo, Diego Martín Alaníz Ávila (74.Óscar Junior Benítez), David Alejandro Noboa Tello (58.Janner Hitcler Corozo Alman), Carlos Jhon Garcés Acosta, Jhon Jairo Cifuente Vergara (58.José Adolfo Valencia Arrechea). Trainer: Carlos Luis Ischia (Argentina).
Olimpia: Alfredo Ariel Aguilar, Antolín Alcaráz Viveros, Sergio Andrés Otálvaro Botero, José Alfredo Leguizamón Ortega, Juan Rodrigo Rojas Ovelar, Iván Arturo Torres Riveros (46.Miguel Angel Ramón Samudio), Richard Ortíz Bustos, Nicolás Mario Domingo, Jorge Luis Rojas Meza (68.Alejandro Daniel Silva González), Roque Luis Santa Cruz Cantero (80.Emmanuel Adebayor), Derlis Alberto González Galeano. Trainer: Daniel Oscar Garnero (Argentina).
Goals: Diego Martín Alaníz Ávila (69) / Luis David Cangá Sánchez (5 own goal).

10.03.2020, Estádio „Urbano Caldeira" [Vila Belmiro], Santos
Referee: Kevin Paolo Ortega Pimentel (Peru)
Santos FC - Delfin SC Manta   **1-0(1-0)**
Santos: Éverson Felipe Marques Pires, Marcos Rogério Ricci Lopes "Pará", Luan Peres Petroni, Lucas Veríssimo da Silva, Felipe Jonatan Rocha Andrade, Carlos Andrés Sánchez Arcosa (89.Evandro Goebel), Diego Cristiano Evaristo „Diego Pituca", Yeferson Julio Soteldo Martínez, Jobson Souza Santos, Eduardo Colcenti Antunes „Eduardo Sasha" (58.Arthur Gomes Lourenco), Kaio Jorge Pinto Ramos (46.Yuri Alberto Monteiro Da Silva). Trainer: Manuel Jesualdo Ferreira (Portugal).
Delfin SC: Alain Baroja Méndez, Geovanny Enrique Nazareno Simisterra, Luis David Cangá Sánchez, Agustín Ale Perego, Harold Jonathan González Guerrero, Richard Rodrigo Calderón Llori (86.Óscar Junior Benítez), Juan Diego Rojas Caicedo (88.Jhon Jairo Cifuente Vergara), Diego Martín Alaníz Ávila, Janner Hitcler Corozo Alman (72.José Adolfo Valencia Arrechea), David Alejandro Noboa Tello, Carlos Jhon Garcés Acosta. Trainer: Carlos Luis Ischia (Argentina).
Goal: Lucas Veríssimo da Silva (30).

11.03.2020, Estadio „Manuel Ferreira", Asunción
Referee: Víctor Hugo Carrillo Casanova (Peru)
Club Olimpia Asunción - CSD Defensa y Justicia Florencio Varela   2-1(0-0)
Olimpia: Alfredo Ariel Aguilar, Antolín Alcaráz Viveros, Sergio Andrés Otálvaro Botero, Miguel Angel Ramón Samudio (90+1.Jorge Enrique Arias de la Hoz), Carlos Adalberto Rolón Ibarra, Juan Rodrigo Rojas Ovelar, Nestor Abraham Camacho Ledesma (76.Brian Guillermo Montenegro Martínez), Richard Ortíz Bustos, Roque Luis Santa Cruz Cantero (37.Alejandro Daniel Silva González), Emmanuel Adebayor [*sent off 72*], Derlis Alberto González Galeano. Trainer: Daniel Oscar Garnero (Argentina).
Defensa y Justicia: Luis Ezequiel Unsain, Juan Gabriel Rodríguez, Marcelo Nicolás Benítez, Néstor Ariel Breitenbruch, Héctor David Martínez, Adonis Uriel Frias (68.Enzo Gabriel Coacci), Neri Raúl Cardozo, Rubén Alejandro Botta Montero (86.Braian Óscar Ojeda Rodríguez), Francisco Javier Cerro (77.Nicolás Leguizamón), Juan Martín Lucero, Francisco Andrés Pizzini. Trainer: Hernán Jorge Crespo.
Goals: Carlos Adalberto Rolón Ibarra (60), Brian Guillermo Montenegro Martínez (80) / Marcelo Nicolás Benítez (90+1).

15.09.2020, Estádio „Urbano Caldeira" [Vila Belmiro], Santos
Referee: Leodán Franklin González Cabrera (Uruguay)
Santos FC - Club Olimpia Asunción   0-0
Santos: João Paulo Silva Martins, Marcos Rogério Ricci Lopes "Pará" (81.Mádson Ferreira dos Santos), Luan Peres Petroni, Lucas Veríssimo da Silva, Felipe Jonatan Rocha Andrade (80.Jean Mota Oliveira de Sousa), Carlos Andrés Sánchez Arcosa, Alison Lopes Ferreira (75.Lucas Lourenço Andrade), Diego Cristiano Evaristo „Diego Pituca", Yeferson Julio Soteldo Martínez, Mário Sérgio Santos Costa "Marinho", Raniel Santana de Vasconcelos (63.Marcos Leonardo Santos Almeida). Trainer: Alexi Stival "Cuca".
Olimpia: Librado Daniel Azcona Salinas, Antolín Alcaráz Viveros, Sergio Andrés Otálvaro Botero, José Alfredo Leguizamón Ortega, Juan Rodrigo Rojas Ovelar [*sent off 68*], Nestor Abraham Camacho Ledesma (73.Hernesto Caballero Benítez), Iván Arturo Torres Riveros (86.Jorge Enrique Arias de la Hoz), Alejandro Daniel Silva González (73.Derlis Alberto González Galeano), Richard Ortíz Bustos, Willian Benito Candia Garay (46.Luis Eladio de la Cruz), Roque Luis Santa Cruz Cantero (18.Isidro Miguel Pitta Saldívar). Trainer: Daniel Oscar Garnero (Argentina).

17.09.2020, Estadio „Norberto Tomaghello", Florencio Varela
Referee: Roberto Andrés Tobar Vargas (Chile)
CSD Defensa y Justicia Florencio Varela - Delfin SC Manta   3-0(0-0)
Defensa y Justicia: Luis Ezequiel Unsain, Marcelo Nicolás Benítez (84.Aldo Agustín Maiz Gill), Néstor Ariel Breitenbruch, Héctor David Martínez, Adonis Uriel Frias, Washington Fernando Camacho Martínez (64.Nicolás Leguizamón), Ciro Pablo Rius Aragallo (64.Nicolás Martín Tripichio), Enzo Jeremías Fernández, Francisco Andrés Pizzini (45+1.Gabriel Alejandro Hachen), Braian Ezequiel Romero (84.Miguel Ángel Merentiel Serrano), Eugenio Horacio Isnaldo. Trainer: Hernán Jorge Crespo.
Delfin SC: Dennis Wilber Corozo Villalva, Geovanny Enrique Nazareno Simisterra, Carlos Emilio Rodríguez Rodríguez, Luis David Cangá Sánchez, Agustín Ale Perego (80.Charles Ariel Vélez Plaza), Harold Jonathan González Guerrero, Julio Joao Ortíz Landázuri, Janner Hitcler Corozo Alman, Óscar Junior Benítez, Carlos Jhon Garcés Acosta, Jhon Jairo Cifuente Vergara (61.José Adolfo Valencia Arrechea). Trainer: Miguel Ángel Zahzú (Argentina).
Goals: Braian Ezequiel Romero (52), Gabriel Alejandro Hachen (55), Nicolás Leguizamón (79).

23.09.2020, Estadio „Norberto Tomaghello", Florencio Varela
Referee: Cristian Marcelo Garay Reyes (Chile)
CSD Defensa y Justicia Florencio Varela - Club Olimpia Asunción   2-1(1-0)
Defensa y Justicia: Luis Ezequiel Unsain, Juan Gabriel Rodríguez, Marcelo Nicolás Benítez, Héctor David Martínez, Adonis Uriel Frias (26.Néstor Ariel Breitenbruch), Washington Fernando Camacho Martínez, Ciro Pablo Rius Aragallo, Gabriel Alejandro Hachen (63.Miguel Ángel Merentiel Serrano), Enzo Jeremías Fernández (62.Nelson Fernando Acevedo), Braian Ezequiel Romero, Eugenio Horacio Isnaldo (77.Édison Mauricio Duarte Barajas). Trainer: Hernán Jorge Crespo.
Olimpia: Librado Daniel Azcona Salinas, Antolín Alcaráz Viveros, Sergio Andrés Otálvaro Botero, Luis Eladio de la Cruz (70.Nestor Abraham Camacho Ledesma), José Alfredo Leguizamón Ortega, Iván Arturo Torres Riveros (31.Jorge Enrique Arias de la Hoz), Alejandro Daniel Silva González (46.Hugo Francisco Fernández; 88.Brian Guillermo Montenegro Martínez), Richard Ortíz Bustos, Hernesto Caballero Benítez [*sent off 67*], Isidro Miguel Pitta Saldívar, Derlis Alberto González Galeano (69.Jorge Eduardo Recalde Ramírez). Trainer: Daniel Oscar Garnero (Argentina).
Goals: Washington Fernando Camacho Martínez (20), Braian Ezequiel Romero (62) / Isidro Miguel Pitta Saldívar (75).

24.09.2020, Estadio Jocay, Manta
Referee: Kevin Paolo Ortega Pimentel (Peru)
Delfin SC Manta - Santos FC   1-2(0-1)
Delfin SC: Dennis Wilber Corozo Villalva, Geovanny Enrique Nazareno Simisterra, Carlos Emilio Rodríguez Rodríguez [*sent off 41*], Luis David Cangá Sánchez, Charles Ariel Vélez Plaza, Harold Jonathan González Guerrero (88.Jhon Jairo Cifuente Vergara), Alejandro Javier Villalva Pavón (71.Juan Diego Rojas Caicedo), Julio Joao Ortíz Landázuri, Janner Hitcler Corozo Alman, José Adolfo Valencia Arrechea (57.Óscar Junior Benítez), Carlos Jhon Garcés Acosta. Trainer: Miguel Ángel Zahzú (Argentina).
Santos: João Paulo Silva Martins, Marcos Rogério Ricci Lopes "Pará", Luan Peres Petroni, Lucas Veríssimo da Silva (46.Alex de Oliveira Nascimento), Felipe Jonatan Rocha Andrade, Carlos Andrés Sánchez Arcosa (82.Lucas Lourenço Andrade), Diego Cristiano Evaristo „Diego Pituca", Yeferson Julio Soteldo Martínez, Mário Sérgio Santos Costa "Marinho", Arthur Gomes Lourenço (67.Raniel Santana de Vasconcelos), Kaio Jorge Pinto Ramos (81.Jean Mota Oliveira de Sousa). Trainer: Alexi Stival "Cuca".
Goals: Juan Diego Rojas Caicedo (74) / Mário Sérgio Santos Costa "Marinho" (18), Jean Mota Oliveira de Sousa (82).

01.10.2020, Estadio „Manuel Ferreira", Asunción
Referee: Néstor Fabián Pitana (Argentina)
Club Olimpia Asunción - Santos FC   2-3(2-2)
Olimpia: Librado Daniel Azcona Salinas, Antolín Alcaráz Viveros, Jorge Enrique Arias de la Hoz, Alan Max Benítez Domínguez (87.Sergio Andrés Otálvaro Botero), José Alfredo Leguizamón Ortega, Juan Rodrigo Rojas Ovelar, Nestor Abraham Camacho Ledesma (64.Roque Luis Santa Cruz Cantero), Alejandro Daniel Silva González (64.Brian Guillermo Montenegro Martínez), Nicolás Mario Domingo, Jorge Eduardo Recalde Ramírez (64.Luis Eladio de la Cruz), Isidro Miguel Pitta Saldívar (76.Jorge Luis Rojas Meza). Trainer: Daniel Oscar Garnero (Argentina).
Santos: João Paulo Silva Martins, Marcos Rogério Ricci Lopes "Pará", Mádson Ferreira dos Santos, Felipe Jonatan Rocha Andrade, Carlos Andrés Sánchez Arcosa (66.Alison Lopes Ferreira), Diego Cristiano Evaristo „Diego Pituca", Yeferson Julio Soteldo Martínez (79.Lucas Braga Ribeiro), Jobson Souza Santos (73.Ivonei Junior da Silva Rabelo), Alex de Oliveira Nascimento, Mário Sérgio Santos Costa "Marinho", Kaio Jorge Pinto Ramos (80.Raniel Santana de Vasconcelos). Trainer: Alexi Stival "Cuca".
Goals: Jorge Eduardo Recalde Ramírez (22, 33) / Carlos Andrés Sánchez Arcosa (14 penalty), Mário Sérgio Santos Costa "Marinho" (40), Kaio Jorge Pinto Ramos (58).

01.10.2020, Estadio Jocay, Manta
Referee: Diego Mirko Haro Sueldo (Peru)
Delfin SC Manta - CSD Defensa y Justicia Florencio Varela   3-0(1-0)
Delfin SC: Máximo Orlando Banguera Valdivieso, Geovanny Enrique Nazareno Simisterra, Luis David Cangá Sánchez, Agustín Ale Perego, Charles Ariel Vélez Plaza, Harold Jonathan González Guerrero, Julio Joao Ortíz Landázuri, Janner Hitcler Corozo Alman (46.Alejandro Javier Villalva Pavón), José Adolfo Valencia Arrechea (90.Jhon Jairo Cifuente Vergara), Óscar Junior Benítez, Carlos Jhon Garcés Acosta (86.Jerry Gabriel León Nazareno). Trainer: Miguel Ángel Zahzú (Argentina).
Defensa y Justicia: Luis Ezequiel Unsain, Juan Gabriel Rodríguez (46.Nicolás Martín Tripichio), Édison Mauricio Duarte Barajas (46.Enzo Gabriel Coacci), Marcelo Nicolás Benítez, Néstor Ariel Breitenbruch [*sent off 90+1*], Héctor David Martínez, Ciro Pablo Rius Aragallo (68.Nicolás Leguizamón), Nelson Fernando Acevedo (46.Miguel Ángel Merentiel Serrano), Gabriel Alejandro Hachen (80.Valentín Larralde), Enzo Jeremías Fernández, Braian Ezequiel Romero. Trainer: Hernán Jorge Crespo.
Goals: Janner Hitcler Corozo Alman (12), José Adolfo Valencia Arrechea (72), Carlos Jhon Garcés Acosta (75).

20.10.2020, Estadio „Manuel Ferreira", Asunción
Referee: Gustavo Adrian Tejera Capo (Uruguay)
Club Olimpia Asunción - Delfin SC Manta   0-1(0-0)
Olimpia: Alfredo Ariel Aguilar, Antolín Alcaráz Viveros, Sergio Andrés Otálvaro Botero, Diego Fabián Polenta Museti, Juan Rodrigo Rojas Ovelar (64.Luis Eladio de la Cruz), Iván Arturo Torres Riveros (75.Jorge Enrique Arias de la Hoz), Alejandro Daniel Silva González (64.Isidro Miguel Pitta Saldívar), Richard Ortíz Bustos, Jorge Eduardo Recalde Ramírez, Roque Luis Santa Cruz Cantero (90+2.Jorge Luis Rojas Meza), Derlis Alberto González Galeano (75.Nestor Abraham Camacho Ledesma). Trainer: Daniel Oscar Garnero (Argentina).
Delfin SC: Máximo Orlando Banguera Valdivieso, Geovanny Enrique Nazareno Simisterra, Luis David Cangá Sánchez (65.Carlos Emilio Rodríguez Rodríguez), Agustín Ale Perego, Charles Ariel Vélez Plaza, Harold Jonathan González Guerrero, Julio Joao Ortíz Landázuri (90.David Alejandro Noboa Tello), Janner Hitcler Corozo Alman, José Adolfo Valencia Arrechea (90.Roberto Francisco Luzárraga Mendoza), Óscar Junior Benítez (72.Juan Diego Rojas Caicedo), Carlos Jhon Garcés Acosta. Trainer: Miguel Ángel Zahzú (Argentina).
Goal: Agustín Ale Perego (81).

20.10.2020, Estádio „Urbano Caldeira" [Vila Belmiro], Santos
Referee: Leodán Franklin González Cabrera (Uruguay)
Santos FC - CSD Defensa y Justicia Florencio Varela   2-1(0-0)
Santos: João Paulo Silva Martins, Marcos Rogério Ricci Lopes "Pará" (82.Marcos Leonardo Santos Almeida), Luiz Felipe Nascimento dos Santos, Luan Peres Petroni, Felipe Jonatan Rocha Andrade (74.Wagner Leonardo Calvelo De Souza), Jean Mota Oliveira de Sousa (46.Lucas Lourenço Andrade), Diego Cristiano Evaristo „Diego Pituca", Yeferson Julio Soteldo Martínez, Jobson Souza Santos (57.Sandry Roberto Santos Góes), Arthur Gomes Lourenco (57.Lucas Braga Ribeiro), Kaio Jorge Pinto Ramos. Trainer: Alexi Stival „Cuca".
Defensa y Justicia: Luis Ezequiel Unsain, Marcelo Nicolás Benítez, Héctor David Martínez, Adonis Uriel Frias, Franco Ezequiel Paredes (90+3.Nicolás Leguizamón), Ciro Pablo Rius Aragallo, Gabriel Alejandro Hachen (78.Miguel Ángel Merentiel Serrano), Enzo Jeremías Fernández (78.Nelson Fernando Acevedo), Francisco Andrés Pizzini (69.Washington Fernando Camacho Martínez), Braian Ezequiel Romero, Eugenio Horacio Isnaldo. Trainer: Hernán Jorge Crespo.
Goals: Lucas Braga Ribeiro (78), Marcos Leonardo Santos Almeida (90+1) / Braian Ezequiel Romero (51).

FINAL STANDINGS
1. **Santos FC**   6   5   1   0   10 - 5   16
2. **Delfin SC Manta**   6   2   1   3   6 - 7   7
3. *CSD Defensa y Justicia Florencio*   6   2   0   4   8 - 10   6
   Varela
4. Club Olimpia Asunción   6   1   2   3   6 - 8   5

GROUP H

03.03.2020, Estadio „Atanasio Girardot", Medellín
Referee: Kevin Paolo Ortega Pimentel (Peru)
CD Independiente Medellín - Club Libertad Asunción   1-2(0-2)
Independiente: Andrés Felipe Mosquera Marmolejo, Andrés Felipe Cadavid Cardona, Jesús David Murillo Largacha, Javier Arley Reina Calvo, Andrés Ricaurte Vélez, Adrián Arregui, Didier Delgado Delgado (75.Maicol Balanta Peña), Larry Johan Angulo Riascos (46.Edwín Stiven Mosquera Palacios), Juan Fernando Caicedo Benítez, Jhord Bayron Garcés Moreno (46.Leonardo Fabio Castro Loaiza), Yulián Andrés Gómez Mosquera. Trainer: Aldo Antonio Bobadilla Ávalos (Paraguay).
Libertad: Martín Andrés Silva Leites, Luis Carlos Cardozo Espillaga, Daniel Eduardo Bocanegra Ortíz (69.Luciano Andrés Abecasis), Iván Rodrigo Leguizamon Piris, Diego Francisco Viera Ruiz Díaz, Alexander Mejía Sabalsa, Nicolás Milesi van Lommel, Iván René Franco Díaz, Óscar René Cardozo Marín (73.Paulo César da Silva Barrios), Héctor Daniel Villalba (78.Adrián Emanuel Martínez), Carlos Sebastián Ferreira Vidal. Trainer: Ramón Ángel Díaz (Argentina).
Goals: Jesús David Murillo Largacha (59) / Daniel Eduardo Bocanegra Ortíz (3), Óscar René Cardozo Marín (28).

03.03.2020, Estadio Olímpico de la UCV, Caracas
Referee: Esteban Daniel Ostojich Vega (Uruguay)
Caracas FC - CA Boca Juniors Buenos Aires   1-1(0-1)
Caracas FC: Cristhian Jesús Flores Ramírez, Carlos Gregorio Rivero González, Bernardo Añor Acosta, Rosmel Gabriel Villanueva Parra, Eduardo Enrique Ferreira Peñaranda, Robert Enrique Hernández Aguado, Leonardo José Flores Soto, Jorge Eliézer Echeverría Montilva (59.Ricardo Andreutti Jordán), Anderson Rafael Contreras Pérez (79.Kwaku Bonsu Osei), Alexis Hernán Blanco, Richard Enríque Celis Sánchez (86.Luis Alejandro Ramírez López). Trainer: Noel Sanvicente Bethelmy.
Boca Juniors: Esteban Maximiliano Andrada, Carlos Augusto Zambrano Ochandarte (66.Junior Osmar Ignacio Alonso Mujica), Emanuel Matías Mas, Leonardo Rafael Jara (72.Julio Alberto Buffarini), Carlos Roberto Izquierdoz, Iván José Marcone, Emanuel Reynoso, Nicolás Capaldo, Ramón Darío Ábila, Sebastián Villa Cano (66.Guillermo Matías Fernández), Agustín Obando. Trainer: Miguel Ángel Russo.
Goals: Robert Enrique Hernández Aguado (55) / Ramón Darío Ábila (25).

10.03.2020, Estadio „General Pablo Rojas", Asunción
Referee: Ángelo Hermosilla Baeza (Chile)
Club Libertad Asunción - Caracas FC   3-2(1-2)
Libertad: Martín Andrés Silva Leites, Luis Carlos Cardozo Espillaga, Daniel Eduardo Bocanegra Ortíz (62.Antonio Bareiro Álvarez), Iván Rodrigo Leguizamon Piris, Diego Francisco Viera Ruiz Díaz, Alexander Mejía Sabalsa, Nicolás Milesi van Lommel, Iván René Franco Díaz, Óscar René Cardozo Marín, Héctor Daniel Villalba (90+1.Luciano Andrés Abecasis), Carlos Sebastián Ferreira Vidal. Trainer: Ramón Ángel Díaz (Argentina).
Caracas FC: Cristhian Jesús Flores Ramírez, Carlos Gregorio Rivero González, Bernardo Añor Acosta, Rosmel Gabriel Villanueva Parra [*sent off 75*], Eduardo Enrique Ferreira Peñaranda (48.Diego Andrés Osio Valencia), Ricardo Andreutti Jordán, Robert Enrique Hernández Aguado, Leonardo José Flores Soto, Anderson Rafael Contreras Pérez (77.Javier Alejandro Maldonado Manzini), Alexis Hernán Blanco, Richard Enríque Celis Sánchez (84.Jorge Eliézer Echeverría Montilva). Trainer: Noel Sanvicente Bethelmy.
Goals: Carlos Sebastián Ferreira Vidal (19, 64), Iván René Franco Díaz (80) / Anderson Rafael Contreras Pérez (26), Alexis Hernán Blanco (43).

10.03.2020, Estadio „Alberto J. Armando", Buenos Aires
Referee: Guillermo Enrique Guerrero Alcivar (Ecuador)
CA Boca Juniors Buenos Aires - CD Independiente Medellín   3-0(1-0)
Boca Juniors: Esteban Maximiliano Andrada, Julio Alberto Buffarini, Carlos Roberto Izquierdoz, Frank Yusty Fabra Palacios, Junior Osmar Ignacio Alonso Mujica, Eduardo Antonio Salvio (78.Nicolás Capaldo), Guillermo Matías Fernández, Jorman David Campuzano Puentes, Carlos Alberto Martínez Tévez (69.Emanuel Reynoso), Franco Soldano (70.Ramón Darío Ábila), Sebastián Villa Cano. Trainer: Miguel Ángel Russo.
Independiente: Andrés Felipe Mosquera Marmolejo, Andrés Felipe Cadavid Cardona, Jesús David Murillo Largacha, Javier Arley Reina Calvo, Andrés Ricaurte Vélez, Adrián Arregui (75.Yesid Alberto Díaz Montero), Didier Delgado Delgado, Juan Fernando Caicedo Benítez (58.Francisco Javier Flores Sequera), Leonardo Fabio Castro Loaiza, Edwín Stiven Mosquera Palacios (59.Mauricio Cortés Armero), Juan David Mosquera López. Trainer: Aldo Antonio Bobadilla Ávalos (Paraguay).
Goals: Eduardo Antonio Salvio (35, 57), Emanuel Reynoso (72).

16.09.2020, Estadio „Atanasio Girardot", Medellín
Referee: Carlos Aníbal Orbe Ruíz (Ecuador)
CD Independiente Medellín - Caracas FC   2-3(1-2)
Independiente: Andrés Felipe Mosquera Marmolejo, Andrés Felipe Cadavid Cardona, Jesús David Murillo Largacha, Javier Arley Reina Calvo, Yulián Andrés Gómez Mosquera (69.Edwín Stiven Mosquera Palacios), Didier Delgado Delgado (87.José Hernando Estupiñan Riascos), Larry Johan Angulo Riascos (87.Juan Manuel Cuesta Baena), Wálter David Rodríguez Burgos, Leonardo Fabio Castro Loaiza, Mauricio Cortés Armero (34.Carlos Daniel Monges Ávalos), Andrés Stiven Rodríguez Ossa (35.Israel Enoc Escalante). Trainer: Aldo Antonio Bobadilla Ávalos (Paraguay).
Caracas FC: Beycker Eduardo Velásquez Ortega, Carlos Gregorio Rivero González, Diego Andrés Osio Valencia, Sandro Notaroberto Peci, Eduardo Enrique Ferreira Peñaranda, Ricardo Andreutti Jordán (75.Junior Alberto Moreno Paredes), Robert Enrique Hernández Aguado (81.Saúl Alejandro Guarirapa Briceño), Leonardo José Flores Soto, Anderson Rafael Contreras Pérez (74.Jorge Eliézer Echeverría Montilva), Alexis Hernán Blanco (71.Kwaku Bonsu Osei), Richard Enríque Celis Sánchez (81.Javier Alejandro Maldonado Manzini). Trainer: Noel Sanvicente Bethelmy.
Goals: Javier Arley Reina Calvo (45+3 penalty), Leonardo Fabio Castro Loaiza (46) / Eduardo Enrique Ferreira Peñaranda (6), Anderson Rafael Contreras Pérez (24), Alexis Hernán Blanco (54).

17.09.2020, Estadio „General Pablo Rojas", Asunción
Referee: Rodolpho Toski Marques (Brazil)
Club Libertad Asunción - CA Boca Juniors Buenos Aires   0-2(0-1)
Libertad: Martín Andrés Silva Leites, Luis Carlos Cardozo Espillaga, Daniel Eduardo Bocanegra Ortíz (67.Matías David Espinoza Acosta), Iván Rodrigo Leguizamon Piris, Pablo Javier Adorno Martínez, Alexander Mejía Sabalsa (80.Lucas Daniel Sanabria Brítez), Hugo Javier Martínez Cantero, Óscar René Cardozo Marín (67.Adrián Emanuel Martínez), Héctor Daniel Villalba (80.Alfio Ovidio Oviedo Álvarez), Rodrigo Manuel Bogarín Giménez (46.Antonio Bareiro Álvarez [*sent off 85*]), Carlos Sebastián Ferreira Vidal. Trainer: Ramón Ángel Díaz (Argentina).
Boca Juniors: Esteban Maximiliano Andrada, Carlos Augusto Zambrano Ochandarte, Emanuel Matías Mas, Leonardo Rafael Jara, Carlos Roberto Izquierdoz, Eduardo Antonio Salvio (87.Frank Yusty Fabra Palacios), Guillermo Matías Fernández, Jorman David Campuzano Puentes (86.Iván José Marcone), Gonzalo Maroni (58.Nicolás Capaldo), Carlos Alberto Martínez Tévez (73.Edwin Andrés Cardona Bedoya), Franco Soldano (73.Walter Ariel Bou). Trainer: Miguel Ángel Russo.
Goals: Eduardo Antonio Salvio (6, 84).

23.09.2020, Estadio Olímpico de la UCV, Caracas
Referee: Nicolás Gallo Barragán (Colombia)
Caracas FC - Club Libertad Asunción   2-1(0-1)
Caracas FC: Beycker Eduardo Velásquez Ortega, Carlos Gregorio Rivero González, Diego Andrés Osio Valencia, Sandro Notaroberto Peci, Eduardo Enrique Ferreira Peñaranda (84.Saúl Alejandro Guarirapa Briceño), Ricardo Andreutti Jordán (46.Jorge Eliézer Echeverría Montilva), Robert Enrique Hernández Aguado (90.Javier Alejandro Maldonado Manzini), Leonardo José Flores Soto, Anderson Rafael Contreras Pérez (84.Junior Alberto Moreno Paredes), Alexis Hernán Blanco, Richard Enrique Celis Sánchez (76.Rosmel Gabriel Villanueva Parra). Trainer: Noel Sanvicente Bethelmy.
Libertad: Martín Andrés Silva Leites, Paulo César da Silva Barrios, Luis Carlos Cardozo Espillaga, Luciano Andrés Abecasis (60.Daniel Eduardo Bocanegra Ortíz), Pablo Javier Adorno Martínez, Alexander Mejía Sabalsa, Blas Antonio Cáceres Garay (71.Rodrigo Manuel Bogarín Giménez), Matías David Espinoza Acosta (60.Rodrigo Rivero Fernández), Hugo Javier Martínez Cantero (65.Sergio Daniel Aquino), Carlos Sebastián Ferreira Vidal, Adrián Emanuel Martínez (70.Óscar René Cardozo Marín). Trainer: Ramón Ángel Díaz (Argentina).
Goals: Jorge Eliézer Echeverría Montilva (48 penalty), Saúl Alejandro Guarirapa Briceño (87) / Matías David Espinoza Acosta (44).

24.09.2020, Estadio „Atanasio Girardot", Medellín
Referee: Augusto Bergelio Aragón Bautista (Ecuador)
CD Independiente Medellín - CA Boca Juniors Buenos Aires   0-1(0-0)
Independiente: Andrés Felipe Mosquera Marmolejo, Andrés Felipe Cadavid Cardona, Jesús David Murillo Largacha, Javier Arley Reina Calvo, Didier Delgado Delgado, Larry Johan Angulo Riascos (83.Yesid Alberto Díaz Montero), Wálter David Rodríguez Burgos (87.Jhord Bayron Garcés Moreno), Jaime Andrés Giraldo Ocampo, José Hernando Estupiñan Riascos (46.Edwín Stiven Mosquera Palacios), Leonardo Fabio Castro Loaiza (65.Juan Manuel Cuesta Baena), Israel Enoc Escalante (46.Carlos Daniel Monges Ávalos). Trainer: Aldo Antonio Bobadilla Ávalos (Paraguay).
Boca Juniors: Esteban Maximiliano Andrada, Carlos Augusto Zambrano Ochandarte, Emanuel Matías Mas, Leonardo Rafael Jara, Carlos Roberto Izquierdoz, Eduardo Antonio Salvio, Guillermo Matías Fernández, Jorman David Campuzano Puentes (69.Nicolás Capaldo), Gonzalo Maroni (37.Agustín Obando), Carlos Alberto Martínez Tévez (83.Edwin Andrés Cardona Bedoya), Franco Soldano (46.Walter Ariel Bou). Trainer: Miguel Ángel Russo.
Goal: Eduardo Antonio Salvio (88).

29.09.2020, Estadio „Alberto J. Armando", Buenos Aires
Referee: Roberto Andrés Tobar Vargas (Chile)
CA Boca Juniors Buenos Aires - Club Libertad Asunción   0-0
Boca Juniors: Esteban Maximiliano Andrada, Leonardo Rafael Jara, Lisandro Ezequiel López, Carlos Roberto Izquierdoz, Frank Yusty Fabra Palacios (87.Emanuel Matías Mas), Eduardo Antonio Salvio, Guillermo Matías Fernández (87.Nicolás Capaldo), Jorman David Campuzano Puentes, Carlos Alberto Martínez Tévez (75.Mauro Matías Zárate Riga), Franco Soldano (62.Walter Ariel Bou), Agustín Obando (62.Edwin Andrés Cardona Bedoya). Trainer: Miguel Ángel Russo.
Libertad: Martín Andrés Silva Leites, Paulo César da Silva Barrios, Daniel Eduardo Bocanegra Ortíz, Iván Rodrigo Leguizamon Piris (46.Rodrigo Manuel Bogarín Giménez), Diego Francisco Viera Ruiz Díaz, Sergio Daniel Aquino (90+2.Lucas Daniel Sanabria Brítez), Blas Antonio Cáceres Garay, Matías David Espinoza Acosta, Antonio Bareiro Álvarez, Carlos Sebastián Ferreira Vidal, Adrián Emanuel Martínez (71.Rodrigo Rivero Fernández). Trainer: Gustavo Eliseo Morínigo Vázquez.

30.09.2020, Estadio Olímpico de la UCV, Caracas
Referee: Carlos Aníbal Orbe Ruíz (Ecuador)
Caracas FC - CD Independiente Medellín   0-2(0-0)
Caracas FC: Cristhian Jesús Flores Ramírez, Carlos Gregorio Rivero González, Diego Andrés Osio Valencia, Sandro Notaroberto Peci [sent off 19], Eduardo Enrique Ferreira Peñaranda [sent off 79], Robert Enrique Hernández Aguado (71.Saúl Alejandro Guarirapa Briceño), Leonardo José Flores Soto (65.Ricardo Andreutti Jordán), Jorge Eliézer Echeverría Montilva (21.Rosmel Gabriel Villanueva Parra), Anderson Rafael Contreras Pérez (65.Junior Alberto Moreno Paredes), Alexis Hernán Blanco (71.Jairo José Otero Vásquez), Richard Enríque Celis Sánchez [sent off 70]. Trainer: Noel Sanvicente Bethelmy.
Independiente: Andrés Felipe Mosquera Marmolejo, Jesús David Murillo Largacha, Juan Camilo Moreno Abadía (46.Yulián Andrés Gómez Mosquera), Javier Arley Reina Calvo (85.Juan Manuel Cuesta Baena), Didier Delgado Delgado (74.Edwin Stiven Mosquera Palacios), Larry Johan Angulo Riascos, Jaime Andrés Giraldo Ocampo, José Hernando Estupiñan Riascos, Jhord Bayron Garcés Moreno (88.Mauricio Cortés Armero), Leonardo Fabio Castro Loaiza (85.Yesid Alberto Díaz Montero), Juan David Mosquera López. Trainer: Ricardo Calle Estrada.
Goals: Leonardo Fabio Castro Loaiza (58), Jesús David Murillo Largacha (66).

22.10.2020, Estadio „Alberto J. Armando", Buenos Aires
Referee: Christian Ferreyra (Uruguay)
CA Boca Juniors Buenos Aires - Caracas FC   3-0(3-0)
Boca Juniors: Esteban Maximiliano Andrada, Julio Alberto Buffarini (71.Leonardo Rafael Jara), Lisandro Ezequiel López, Carlos Roberto Izquierdoz, Frank Yusty Fabra Palacios, Eduardo Antonio Salvio, Edwin Andrés Cardona Bedoya (87.Gonzalo Maroni), Guillermo Matías Fernández, Nicolás Capaldo, Carlos Alberto Martínez Tévez (72.Agustín Obando), Franco Soldano (57.Ramón Darío Ábila). Trainer: Miguel Ángel Russo.
Caracas FC: Beycker Eduardo Velásquez Ortega, Carlos Gregorio Rivero González, Diego Andrés Osio Valencia, Rosmel Gabriel Villanueva Parra, Luis Fernando Casiani Zúñiga (75.Javier Alejandro Maldonado Manzini), Ricardo Andreutti Jordán (46.Saúl Alejandro Guarirapa Briceño), Robert Enrique Hernández Aguado, Leonardo José Flores Soto, Anderson Rafael Contreras Pérez (81.Jorge Eliézer Echeverría Montilva), Alexis Hernán Blanco (75.Rodrigo Febres Chacón), Kwaku Bonsu Osei (70.Diego Antonio Castillo Prado). Trainer: Noel Sanvicente Bethelmy.
Goals: Lisandro Ezequiel López (27), Carlos Alberto Martínez Tévez (33, 44).

22.10.2020, Estadio „General Pablo Rojas", Asunción
Referee: Néstor Fabián Pitana (Argentina)
Club Libertad Asunción - CD Independiente Medellín   2-4(1-1)
Libertad: Martín Andrés Silva Leites, Paulo César da Silva Barrios (82.Rodrigo Manuel Bogarín Giménez), Daniel Eduardo Bocanegra Ortíz, Diego Francisco Viera Ruiz Díaz, Alexander Mejía Sabalsa (66.Hugo Javier Martínez Cantero), Sergio Daniel Aquino (55.Iván Rodrigo Leguizamon Piris), Blas Antonio Cáceres Garay, Matías David Espinoza Acosta (82.Luis Carlos Cardozo Espillaga), Antonio Bareiro Álvarez, Carlos Sebastián Ferreira Vidal, Adrián Emanuel Martínez (66.Óscar René Cardozo Marín). Trainer: Gustavo Eliseo Morínigo Vázquez.
Independiente: Andrés Felipe Mosquera Marmolejo, Andrés Felipe Cadavid Cardona, Javier Arley Reina Calvo (73.Andrés Stiven Rodríguez Ossa), Luis Hernando Mena Sepúlveda (67.Juan David Mosquera López), Larry Johan Angulo Riascos, Wálter David Rodríguez Burgos (28.José Hernando Estupiñan Riascos), Jaime Andrés Giraldo Ocampo, Guillermo Alejandro Tegue Caicedo, Yesid Alberto Díaz Montero (73.Juan José Parra Barrientos), Leonardo Fabio Castro Loaiza (67.Carlos Daniel Monges Ávalos), Yulián Andrés Gómez Mosquera. Trainer: Javier Ignacio Álvarez Arteaga.
Goals: Adrián Emanuel Martínez (4), Carlos Sebastián Ferreira Vidal (79) / Larry Johan Angulo Riascos (37), J. Estupiñán (60), Javier Arley Reina Calvo (63), Carlos Daniel Monges Ávalos (71).

FINAL STANDINGS

1.	**CA Boca Juniors Buenos Aires**	6	4	2	0	10 - 1	14
2.	**Club Libertad Asunción**	6	2	1	3	8 - 11	7
3.	*Caracas FC*	6	2	1	3	8 - 12	7
4.	CD Independiente Medellín	6	2	0	4	9 - 11	6

ROUND OF 16

24.11.2020, Estadio „Presidente Juan Domingo Perón", Avellaneda
Referee: Alexis Adrian Herrera Hernández (Venezuela)
Racing Club de Avellaneda - CR Flamengo Rio de Janeiro   1-1(1-1)
Racing Club: Gabriel Arias Arroyo, Leonardo Germán Sigali, Eugenio Esteban Mena Reveco, Alexis Nahuel Soto, Nery Andrés Domínguez, Leonel Ariel Miranda, Matías Nicolás Rojas Romero, Fabricio Domínguez Huertas (66.Iván Alexis Pillud), Lisandro López, Héctor Hugo Fértoli (90+1.Santiago Leandro Godoy), Gastón Nicolás Reniero. Trainer: Sebastián Andrés Beccacece.
Flamengo: Diego Alves Carreira, Filipe Luís Kasmirski, Renê Rodrigues Martins (90+4.Gustavo Henrique Vernes), Leonardo Pereira „Léo Pereira", Matheus Soares Thuler [*sent off 82*], Éverton Augusto de Barros Ribeiro (86.João Victor Gomes da Silva), Willian Souza Arão da Silva, Giorgian Daniel de Arrascaeta Benedetti (86.Diego Ribas da Cunha), Gerson Santos da Silva, Gabriel Barbosa Almeida (57.Victor Vinícius Coelho dos Santos "Vitinho"), Bruno Henrique Corsini Pinto. Trainer: Rogério Mücke Ceni.
Please note: Natan Bernardo de Souza was sent off on the bench (83).
Goals: Héctor Hugo Fértoli (13) / Gabriel Barbosa Almeida (15).

01.12.2020, Estádio "Jornalista Mário Filho" [Maracanã], Rio de Janeiro
Referee: Roberto Andrés Tobar Vargas (Chile)
CR Flamengo Rio de Janeiro - Racing Club de Avellaneda   1-1(0-0,1-1,1-1); 3-5 on penalties
Flamengo: Diego Alves Carreira, Filipe Luís Kasmirski, Mauricio Anibal Isla Isla, Rodrigo Caio Coquete Russo [*sent off 63*], Gustavo Henrique Vernes (89.Diego Ribas da Cunha), Éverton Augusto de Barros Ribeiro (69.Pedro Guilherme Abreu dos Santos), Willian Souza Arão da Silva, Giorgian Daniel de Arrascaeta Benedetti (65.João Victor Gomes da Silva), Gerson Santos da Silva, Victor Vinícius Coelho dos Santos "Vitinho", Bruno Henrique Pinto. Trainer: Rogério Mücke Ceni.
Racing Club: Gabriel Arias Arroyo, Leonardo Germán Sigali, Eugenio Esteban Mena Reveco, Alexis Nahuel Soto, Nery Andrés Domínguez (73.Lucas Alfonso Orbán), Leonel Ariel Miranda, Matías Nicolás Rojas Romero, Fabricio Domínguez Huertas, Lisandro López, Héctor Hugo Fértoli (54.Walter Iván Alexis Montoya), Gastón Nicolás Reniero (43.Carlos Jonas Alcaraz). Trainer: Sebastián Andrés Beccacece.
Goals: Willian Souza Arão da Silva (90+3) / Leonardo Germán Sigali (65).
Penalties: Lisandro López 0-1; Filipe Luís Kasmirski 1-1; Matías Nicolás Rojas Romero 1-2; Gerson Santos da Silva 2-2; Leonardo Germán Sigali 2-3; Pedro Guilherme Abreu dos Santos 3-3; Carlos Jonas Alcaraz 3-4; Willian Souza Arão da Silva (saved); Fabricio Domínguez Huertas 3-4.
[Racing Club de Avellaneda won 5-3 on penalties (after 2-2 on aggregate)]

24.11.2020, Arena da Baixada, Curitiba
Referee: Andrés José Rojas Noguera (Colombia)
Club Athletico Paranaense Curitiba - CA River Plate Buenos Aires   1-1(0-0)
Athletico Paranaense: Bento Matheus Krepski, Thiago Heleno Henrique Ferreira, Pedro Henrique Ribeiro Gonçalves, João Victor da Silva Oliveira (75.Felipe Aguilar Mendoza), Wellington Aparecido Martins, Leonardo Cittadini "Léo Cittadini", Richard Candido Coelho (79.Luis Óscar González), Erick Luis Conrado Carvalho, Reinaldo di Nascimento Satorno [*sent off 66*], Carlos Eduardo Ferreira de Souza (46.Wálter Henrique da Silva), Renato Kayzer de Souza (46.Guilherme Bissoli Campos). Trainer: Paulo Autuori de Mello.
River Plate: Franco Armani, Javier Horacio Pinolá, Milton Óscar Casco (74.Lucas David Pratto), Paulo César Díaz Huincales, Gonzalo Ariel Montiel, Enzo Nicolás Pérez, Ignacio Martín Fernández Lobbe, Diego Nicolás de la Cruz Arcosa (58.Jorge Andrés Carrascal Guardo), Santiago Sosa, Matías Ezequiel Suárez, Rafael Santos Borré Amaury (66.Julián Álvarez). Trainer: Marcelo Daniel Gallardo.
Goals: Guilherme Bissoli Campos (57) / Paulo César Díaz Huincales (90).

01.12.2020, Estadio Libertadores de América, Avellaneda
Referee: Jesús Valenzuela (Venezuela)
CA River Plate Buenos Aires - Club Athletico Paranaense Curitiba   1-0(0-0)
River Plate: Franco Armani, Javier Horacio Pinolá, Milton Óscar Casco, Paulo César Díaz Huincales, Gonzalo Ariel Montiel, Robert Samuel Rojas Chávez, Enzo Nicolás Pérez, Ignacio Martín Fernández Lobbe (68.Jorge Andrés Carrascal Guardo), Diego Nicolás de la Cruz Arcosa (89.Leonardo Daniel Ponzio), Matías Ezequiel Suárez (77.Julián Álvarez), Rafael Santos Borré Amaury. Trainer: Marcelo Daniel Gallardo.
Athletico Paranaense: Bento Matheus Krepski, Thiago Heleno Henrique Ferreira, Pedro Henrique Ribeiro Gonçalves, Lucas Halter (86.Guilherme Bissoli Campos), Luis Óscar González (68.Ravanelli Ferreira dos Santos), Leonardo Cittadini "Léo Cittadini", Richard Candido Coelho (76.Wellington Aparecido Martins), Erick Luis Conrado Carvalho, Christian Roberto Alves Cardoso, Wálter Henrique da Silva (68.Renato Kayzer de Souza), Carlos Eduardo Ferreira de Souza (76.Fabio Augusto Luciano da Silva "Fabinho"). Trainer: Paulo Autuori de Mello.
Goal: Diego Nicolás de la Cruz Arcosa (84).
[CA River Plate Buenos Aires won 2-1 on aggregate]

24.11.2020, Estadio „Rodrigo Paz Delgado", Quito
Referee: Fernando Andrés Rapallini (Argentina)
Liga Deportiva Universitaria de Quito - Santos FC   1-2(1-1)
LDU Quito: Adrián José Gabbarini, Christian Geovanny Cruz Tapia (46.Luis Miguel Ayala Brucil), Luis Alberto Caicedo Medina, Anderson Rafael Ordóñez Váldez, José Alfredo Quintero Ordóñez (56.Rodrigo Sebastián Aguirre Soto), Pedro Pablo Perlaza Caicedo (90+3.Paul Matías Zunino Escudero), Édison Fernando Vega Obando (76.Marcos Jackson Caicedo Caicedo), Jhojan Esmaides Julio Palacios, Billy Vladimir Arce Mina, Jordy José Alcívar Macías, Cristian Martínez Borja. Trainer: Pablo Eduardo Repetto (Uruguay).
Santos: John Victor Maciel Furtado, Marcos Rogério Ricci Lopes "Pará", Luiz Felipe Nascimento dos Santos, Lucas Veríssimo da Silva, Felipe Jonatan Rocha Andrade (81.Lucas Braga Ribeiro), Alison Lopes Ferreira, Jean Mota Oliveira de Sousa (45+1.Wagner Leonardo Calvelo De Souza), Diego Cristiano Evaristo „Diego Pituca", Yeferson Julio Soteldo Martínez (89.Vinicius Baleiro Lourenco De Carvalho), Mário Sérgio Santos Costa "Marinho" (89.Lucas Lourenço Andrade), Kaio Jorge Pinto Ramos. Trainer: Alexi Stival "Cuca".
Goals: Jhojan Esmaides Julio Palacios (45+2) / Yeferson Julio Soteldo Martínez (7), Mário Sérgio Santos Costa "Marinho" (59 penalty).

01.12.2020, Estádio „Urbano Caldeira" [Vila Belmiro], Santos
Referee: Néstor Fabián Pitana (Argentina)
Santos FC - Liga Deportiva Universitaria de Quito   0-1(0-0)
Santos: John Victor Maciel Furtado, Marcos Rogério Ricci Lopes "Pará", Luan Peres Petroni, Lucas Veríssimo da Silva, Felipe Jonatan Rocha Andrade (87.Wagner Leonardo Calvelo De Souza), Alison Lopes Ferreira, Diego Cristiano Evaristo „Diego Pituca", Yeferson Julio Soteldo Martínez (82.Sandry Roberto Santos Góes), Mário Sérgio Santos Costa "Marinho", Lucas Braga Ribeiro (82.Mádson Ferreira dos Santos), Kaio Jorge Pinto Ramos (70.Bruno Henrique Marques Torres „Bruninho"). Trainer: Alexi Stival "Cuca".
LDU Quito: Adrián José Gabbarini, Luis Alberto Caicedo Medina, Anderson Rafael Ordóñez Váldez, Luis Miguel Ayala Brucil (57.Christian Geovanny Cruz Tapia), José Alfredo Quintero Ordóñez, Pedro Pablo Perlaza Caicedo (54.Paul Matías Zunino Escudero), Lucas David Villarruel (83.Rodrigo Sebastián Aguirre Soto [*sent off 90+12*]), Jhojan Esmaides Julio Palacios, Billy Vladimir Arce Mina (57.Marcos Jackson Caicedo Caicedo), Jordy José Alcívar Macías, Cristian Martínez Borja. Trainer: Pablo Eduardo Repetto (Uruguay).
<u>Please note:</u> Luiz Felipe Nascimento dos Santos and Lucas David Villarruel were sent off on the bench (90+22).
Goal: Paul Matías Zunino Escudero (66).
[Santos FC won on away goals rule (2-2 on aggregate)]

25.11.2020, Estadio „Rodrigo Paz Delgado", Quito
Referee: Raphael Claus (Brazil)
CARE Independiente del Valle Sangolquí - Club Nacional de Football Montevideo   0-0
Independiente del Valle: Jorge Bladimir Pinos Haiman, Richard Hernán Schunke, Beder Julio Caicedo Lastra, Luis Geovanny Segovia Vega, Ángelo Smit Preciado Quiñónez, Cristian Alberto Pellerano, Jacob Israel Murillo Moncada (73.Jhon Jairo Sánchez Enríquez), Lorenzo Abel Faravelli (82.Braian Abel Rivero), Bryan Jahir García Realpe (66.Fernando Alexander Guerrero Vásquez), Gabriel Arturo Torres Tejada, Christian Jonatan Ortiz López (82.Edson Eli Montaño Angulo). Trainer: Miguel Ángel Ramírez Medina (Spain).
Nacional: Sergio Ramón Rochet Álvarez, Rafael García Casanova (66.Claudio Ariel Yacob), Carlos Ayrton Cougo Rivero, Mathías Nicolás Laborda Malseñido, Renzo Miguel Orihuela Barcos, Armando Jesús Méndez Alcorta, Felipe Ignacio Carballo Ares, Joaquin Gabriel Trasante Hernández (88.Agustín González Pereira), Emiliano Martínez Toranza (90+5.Santiago Cartagena Listur), Gonzalo Rubén Bergessio (66.Gonzalo Castro Irizabal), Alfonso Trezza Hernández (65.Ignacio Lores Varela). Trainer: Jorge Antonio Giordano Moreno.

02.12.2020, Estadio Gran Parque Central, Montevideo
Referee: Juan Gabriel Benítez Mareco (Paraguay)
Club Nacional de Football Montevideo - CARE Independiente del Valle   0-0; 4-2 on penalties
Nacional: Sergio Ramón Rochet Álvarez, Rafael García Casanova (77.Claudio Ariel Yacob), Carlos Ayrton Cougo Rivero, Mathías Nicolás Laborda Malseñido, Renzo Miguel Orihuela Barcos, Armando Jesús Méndez Alcorta (84.Gonzalo Castro Irizabal), Felipe Ignacio Carballo Ares, Joaquin Gabriel Trasante Hernández (58.Ignacio Lores Varela), Emiliano Martínez Toranza, Gonzalo Rubén Bergessio, Alfonso Trezza Hernández. Trainer: Jorge Antonio Giordano Moreno.
Independiente del Valle: orge Bladimir Pinos Haiman, Richard Hernán Schunke, Beder Julio Caicedo Lastra, Luis Geovanny Segovia Vega, Anthony Rigoberto Landázuri Estacio (83.Jacob Israel Murillo Moncada), Cristian Alberto Pellerano, Lorenzo Abel Faravelli (90+3.Efrén Alexander Mera Moreira), Ángelo Smit Preciado Quiñónez, Bryan Jahir García Realpe (63.Jhon Jairo Sánchez Enríquez), Gabriel Arturo Torres Tejada, Christian Jonatan Ortiz López. Trainer: Miguel Ángel Ramírez Medina (Spain).
Penalties: Gonzalo Rubén Bergessio 1-0; Cristian Alberto Pellerano (saved); Gonzalo Castro Irizabal 2-0; Efrén Alexander Mera Moreira 2-1; Claudio Ariel Yacob 3-1; Gabriel Arturo Torres Tejada 3-2; Felipe Ignacio Carballo Ares (missed); Richard Hernán Schunke (missed); Emiliano Martínez Toranza 4-2.
[Club Nacional de Football Montevideo won 4-2 on penalties (after 0-0 on aggregate)]

25.11.2020, Estadio Jocay, Manta
Referee: Leodán Franklin González Cabrera (Uruguay)
Delfin SC Manta - SE Palmeiras São Paulo   1-3(0-2)
Delfin SC: Máximo Orlando Banguera Valdivieso, Geovanny Enrique Simisterra, Carlos Emilio Rodríguez Rodríguez, Francisco Javier Mera Herrera (37.Óscar Junior Benítez), Agustín Ale Perego, Charles Ariel Vélez Plaza (86.Jhon Jairo Cifuente Vergara), Harold Jonathan González Guerrero, Julio Joao Ortíz Landázuri, Janner Hitcler Corozo Alman (71.Juan Diego Rojas Caicedo), José Adolfo Valencia Arrechea, Carlos Jhon Garcés Acosta. Trainer: Miguel Ángel Zahzú (Argentina).
Palmeiras: Wéverton Pereira da Silva, Marcos Luis Rocha de Aquino, Gustavo Raúl Gómez Portillo, Mayke Rocha de Oliveira, Emerson Raymundo Santos, Ramires Santos do Nascimento (84.Renan Victor da Silva), Lucas Rafael Araújo Lima (84.Lucas Esteves Souza), José Rafael Vivian „Zé Rafael" (69.Danilo dos Santos de Oliveira), Gabriel Vinicius Menino, Patrick de Paula Carreiro, Ronielson da Silva Barbosa „Rony" (86.Gabriel Silva Viera). Trainer: Abel Fernando Moreira Ferreira (Portugal).
Goals: Ramires Santos do Nascimento (69 own goal) / Gabriel Vinicius Menino (18), Ronielson da Silva Barbosa „Rony" (36 penalty), José Rafael Vivian „Zé Rafael" (60).

02.12.2020, Allianz Parque, São Paulo
Referee: Darío Humberto Herrera (Argentina)
SE Palmeiras São Paulo - Delfin SC Manta   **5-0(1-0)**
Palmeiras: Wéverton Pereira da Silva, Gustavo Raúl Gómez Portillo, Luan Garcia Teixeira, Matías Nicolás Viña Susperreguy (53.Mayke Rocha de Oliveira), Lucas Rafael Araújo Lima (46.Raphael Cavalcante Veiga), Gustavo Henrique Furtado Scarpa (32.Alan Pereira Empereur), Gabriel Vinicius Menino, Patrick de Paula Carreiro (46.José Rafael Vivian „Zé Rafael"), Danilo dos Santos de Oliveira, Willian Gomes de Siqueira (64.Gabriel Silva Viera), Gabriel Veron Fonseca de Souza. Trainer: Abel Fernando Moreira Ferreira (Portugal).
Delfin SC: Máximo Orlando Banguera Valdivieso, Luis David Cangá Sánchez, Roberto Francisco Luzárraga Mendoza, Jerry Gabriel León Nazareno, Charles Ariel Vélez Plaza, Harold Jonathan González Guerrero, Julio Joao Ortíz Landázuri, Janner Hitcler Corozo Alman (56.Francisco Javier Mera Herrera), Anthony Joel Macías Savedra (55.Juan Diego Rojas Caicedo), José Adolfo Valencia Arrechea (86.Jairo Antonio Carreño Vélez), Óscar Junior Benítez. Trainer: Miguel Ángel Zahzú (Argentina).
Goals: Patrick de Paula Carreiro (29), Gabriel Veron Fonseca de Souza (49), Willian Gomes de Siqueira (52), Gabriel Veron Fonseca de Souza (60), Danilo dos Santos de Oliveira (90+4).
[SE Palmeiras São Paulo won 8-1 on aggregate]

25.11.2020, Estadio „General Pablo Rojas", Asunción
Referee: Anderson Daronco (Brazil)
Club Libertad Asunción - CD Jorge Wilsterman Cochabamba   **3-1(0-0)**
Libertad: Martín Andrés Silva Leites, Daniel Eduardo Bocanegra Ortíz (46.Iván Rodrigo Ramírez Segovia), Diego Francisco Viera Ruiz Díaz, Pablo Javier Adorno Martínez, Blas Antonio Cáceres Garay, Álvaro Marcial Campuzano, Matías David Espinoza Acosta (85.Iván Rodrigo Leguizamon Piris), Óscar René Cardozo Marín (81.Alfio Ovidio Oviedo Álvarez), Antonio Bareiro Álvarez, Rodrigo Manuel Bogarín Giménez (46.Julio César Enciso), Carlos Sebastián Ferreira Vidal (48.Adrián Emanuel Martínez). Trainer: Gustavo Eliseo Morínigo Vázquez.
Jorge Wilsterman: Arnaldo Andrés Giménez, Edward Mauro Zenteno Álvarez, Ismael Benegas Arévalos *[sent off 79]*, Ronny Fernando Montero Martínez, Juan Pablo Aponte Gutíerrez, Sérgio Henrique Francisco "Serginho" (72.Jaime Dario Arrascaita Iriondo), Leonel Justiniano Arauz (61.Didi Torrico Camacho), Carlos Antonio Melgar Vargas (84.Alejandro Meleán Villarroel), Patricio Julián Rodríguez (84.Cristian Paul Arano Ruiz), Gilbert Álvarez Vargas (61.Humberto Segundo Osorio Botello), Esteban Gabriel Orfano. Trainer: Cristian Lionel Díaz (Argentina).
Goals: Julio César Enciso (46), Óscar René Cardozo Marín (69), Adrián Emanuel Martínez (90+6) / Humberto Segundo Osorio Botello (74).

02.12.2020, Estadio „Félix Capriles", Cochabamba
Referee: Patricio Hernán Loustau (Argentina)
CD Jorge Wilsterman Cochabamba - Club Libertad Asunción   **0-2(0-0)**
Jorge Wilsterman: Arnaldo Andrés Giménez, Edward Mauro Zenteno Álvarez, Ronny Fernando Montero Martínez, Juan Pablo Aponte Gutíerrez, Cristian Manuel Chávez, Sérgio Henrique Francisco "Serginho" (74.Ricardo Pedriel Suárez), Leonel Justiniano Arauz (77.Didi Torrico Camacho), Carlos Antonio Melgar Vargas (62.Jaime Dario Arrascaita Iriondo), Patricio Julián Rodríguez, Humberto Segundo Osorio Botello (77.William Gustavo Álvarez Vargas), Esteban Gabriel Orfano. Trainer: Cristian Lionel Díaz (Argentina).
Libertad: Martín Andrés Silva Leites, Luis Carlos Cardozo Espillaga, Iván Rodrigo Leguizamon Piris (88.Paulo César da Silva Barrios), Iván Rodrigo Ramírez Segovia (88.Daniel Eduardo Bocanegra Ortíz), Pablo Javier Adorno Martínez, Alexander Mejía Sabalsa (74.Blas Antonio Cáceres Garay), Álvaro Marcial Campuzano, Matías David Espinoza Acosta, Antonio Bareiro Álvarez, Carlos Sebastián Ferreira Vidal (56.Óscar René Cardozo Marín), Adrián Emanuel Martínez (73.Héctor Daniel Villalba). Trainer: Gustavo Eliseo Morínigo Vázquez.
Goals: Óscar René Cardozo Marín (67, 79).
[Club Libertad Asunción won 5-1 on aggregate]

26.11.2020, Estadio Defensores del Chaco, Asunción
Referee: Guillermo Enrique Guerrero Alcivar (Ecuador)
Club Guaraní Asunción - Grêmio Foot-Ball Porto Alegrense   0-2(0-0)
Guaraní: Gaspar Andrés Servio, Cristhian Javier Báez, Nicolás Martín Tripichio, Jhohan Sebastián Romaña Espitia, Miguel Ángel Benítez Guayuan, Bautista Merlini (73.Nicolás Andrés Maná), José Ignacio Florentín Bobadilla (69.Rodney Iván Redes Cáceres), Jorge Emanuel Morel Barrios [*sent off 90+2*], Rodrigo Fernández Cedrés, Cecilio Andrés Domínguez Ruiz, Fernando Fabián Fernández Acosta (68.Raúl Marcelo Bobadilla). Trainer: Gustavo Adolfo Costas Makeira (Argentina).
Grêmio: Vanderlei Farias da Silva, David Braz de Oliveira Filho, Pedro Tonon Geromel, Victor Ferraz Macedo, Diogo Barbosa Mendanha, Jean Pyerre Casagrande Silveira Correa (78.César Ignacio Pinares Tamayo), Matheus Henrique De Souza (78.Lucas Silva Borges), Darlan Pereira Mendes (88.Antônio Josenildo Rodrigues de Oliveira), Diego de Souza Andrade (65.Diego Churín Puyo), Luiz Fernando Morais dos Santos (78.Éverton Cardoso da Silva), Eduardo Gabriel Aquino Cossa „Pepê". Trainer: Renato Portaluppi "Renato Gaúcho".
Goals: Jean Pyerre Casagrande Silveira Correa (56), Eduardo Gabriel Aquino Cossa „Pepê" (86).

03.12.2020, Arena do Grêmio, Porto Alegre
Referee: Wilmar Alexander Roldán Pérez (Colombia)
Grêmio Foot-Ball Porto Alegrense - Club Guaraní Asunción   2-0(1-0)
Grêmio: Vanderlei Farias da Silva, David Braz de Oliveira Filho, Bruno Cortês Barbosa, Luis Manuel Orejuela García, Antônio Josenildo Rodrigues de Oliveira, Lucas Silva Borges, Jean Pyerre Casagrande Silveira Correa (45+2.Isaque Elias Brito), Darlan Pereira Mendes (74.César Ignacio Pinares Tamayo), Diego Churín Puyo (82.Diego de Souza Andrade), Eduardo Gabriel Aquino Cossa „Pepê" (82.Guilherme da Silva Azevedo), Aldemir dos Santos Ferreira (74.Maicon Thiago Pereira de Souza Nascimento). Trainer: Renato Portaluppi "Renato Gaúcho".
Guaraní: Gaspar Andrés Servio, Cristhian Javier Báez, Nicolás Martín Tripichio (46.Alejandro Javier Villalva Pavón), Jhohan Sebastián Romaña Espitia, Miguel Ángel Benítez Guayuan [*sent off 88*], Nicolás Andrés Maná, Ángel María Benítez Argüello (78.Bautista Merlini), José Ignacio Florentín Bobadilla (46.Fernando Fabián Fernández Acosta), Rodrigo Fernández Cedrés, Raúl Marcelo Bobadilla (89.Ángel Guillermo Benítez), Cecilio Andrés Domínguez Ruiz. Trainer: Gustavo Adolfo Costas Makeira (Argentina).
Goals: Aldemir dos Santos Ferreira (3), Antônio Josenildo Rodrigues de Oliveira (90+7).
[Grêmio Foot-Ball Porto Alegrense won 4-0 on aggregate]

02.12.2020, Estádio "José Pinheiro Borda" [Beira-Rio], Porto Alegre
Referee: Esteban Daniel Ostojich Vega (Uruguay)
SC Internacional Porto Alegre - CA Boca Juniors Buenos Aires   0-1(0-0)
Internacional: Marcelo Lomba do Nascimento, Uendel Pereira Gonçalves, Rodrigo Modesto da Silva Moledo, Heitor Rodrigues da Fonseca, Andrés Nicolás D'Alessandro (46.Mauricio Magalhães Prado), Rodrigo Oliveira Lindoso (81.Gustavo Nonato Santana), Thiago Galhardo do Nascimento Rocha, Rodrigo Dourado, Patrick Bezerra Do Nascimento, José Gabriel dos Santos Silva „Zé Gabriel", Yuri Alberto Monteiro Da Silva (69.Leandro Miguel Fernández). Trainer: Abel Carlos da Silva Braga.
Boca Juniors: Esteban Maximiliano Andrada, Julio Alberto Buffarini, Lisandro Ezequiel López, Carlos Roberto Izquierdoz, Frank Yusty Fabra Palacios, Eduardo Antonio Salvio (75.Gonzalo Maroni), Edwin Andrés Cardona Bedoya (90+2.Leonardo Rafael Jara), Jorman David Campuzano Puentes, Nicolás Capaldo, Carlos Alberto Martínez Tévez (90+2.Franco Soldano), Sebastián Villa Cano. Trainer: Miguel Ángel Russo.
Goal: Carlos Alberto Martínez Tévez (63)

09.12.2020, Estadio „Alberto J. Armando", Buenos Aires
Referee: Roberto Andrés Tobar Vargas (Chile)
CA Boca Juniors Buenos Aires - SC Internacional Porto Alegre　　　**0-1(0-0,0-1,0-1);**
5-4 on penalties
Boca Juniors: Esteban Maximiliano Andrada, Julio Alberto Buffarini (60.Leonardo Rafael Jara), Lisandro Ezequiel López, Carlos Roberto Izquierdoz, Frank Yusty Fabra Palacios, Eduardo Antonio Salvio, Edwin Andrés Cardona Bedoya, Jorman David Campuzano Puentes, Nicolás Capaldo, Carlos Alberto Martínez Tévez, Sebastián Villa Cano (60.Agustín Obando [*sent off 90+4*]). Trainer: Miguel Ángel Russo.
Internacional: Marcelo Lomba do Nascimento, Rodrigo Modesto da Silva Moledo, Víctor Leandro Cuesta, Rodinei Marcelo de Almeida, Moisés Roberto Barbosa, Edenilson Andrade dos Santos, Rodrigo Oliveira Lindoso, Thiago Galhardo do Nascimento Rocha (82.João Gabriel Martins Peglow), Patrick Bezerra Do Nascimento (90+5.Leandro Miguel Fernández), Bruno Conceição Praxedes (82.Rodrigo Dourado Cunha), Marcos Guilherme de Almeida Santos Matos (68.Yuri Alberto Monteiro Da Silva). Trainer: Abel Carlos da Silva Braga.
Goal: Frank Yusty Fabra Palacios (48 own goal).
Penalties: Carlos Alberto Martínez Tévez 1-0; Rodinei Marcelo de Almeida 1-1; Edwin Andrés Cardona Bedoya (saved); Edenilson Andrade dos Santos 1-2; Eduardo Antonio Salvio 2-2; Rodrigo Oliveira Lindoso (missed); Frank Yusty Fabra Palacios 3-2; Yuri Alberto Monteiro Da Silva 3-3; C.Izquierdoz 4-3; Leandro Miguel Fernández 4-4; Leonardo Rafael Jara 5-4; João Gabriel Martins Peglow (missed).
[CA Boca Juniors Buenos Aires won 5-3 on penalties (after 1-1 on aggregate)]

QUARTER-FINALS

08.12.2020, Estadio Defensores del Chaco, Asunción
Referee: Fernando Andrés Rapallini (Argentina)
Club Libertad Asunción - SE Palmeiras São Paulo   **1-1(0-1)**
Libertad: Martín Andrés Silva Leites, Luis Carlos Cardozo Espillaga, Iván Rodrigo Leguizamon Piris, Iván Rodrigo Ramírez Segovia, Pablo Javier Adorno Martínez, Blas Antonio Cáceres Garay (63.Hugo Javier Martínez Cantero), Álvaro Marcial Campuzano, Matías David Espinoza Acosta, Óscar René Cardozo Marín (63.Carlos Sebastián Ferreira Vidal), Antonio Bareiro Álvarez, Adrián Emanuel Martínez (81.Héctor Daniel Villalba). Trainer: Gustavo Eliseo Morínigo Vázquez.
Palmeiras: Wéverton Pereira da Silva, Gustavo Raúl Gómez Portillo, Luan Garcia Teixeira, Matías Nicolás Viña Susperreguy, José Rafael Vivian „Zé Rafael" (68.Emerson Raymundo Santos), Gustavo Henrique Furtado Scarpa (90+1.Gabriel Silva Viera), Raphael Cavalcante Veiga (68.Lucas Rafael Araújo Lima [*sent off 90+6*]), Gabriel Vinicius Menino, Danilo dos Santos de Oliveira, Ronielson da Silva Barbosa „Rony" (74.Willian Gomes de Siqueira), Gabriel Veron Fonseca de Souza (74.Breno Henrique Vasconcelos Lopes). Trainer: Abel Fernando Moreira Ferreira (Portugal).
Goals: Matías David Espinoza Acosta (62) / Gustavo Raúl Gómez Portillo (39).

15.12.2020, Allianz Parque, São Paulo
Referee: Jesús Valenzuela (Venezuela)
SE Palmeiras São Paulo - Club Libertad Asunción   **3-0(1-0)**
Palmeiras: Wéverton Pereira da Silva, Marcos Luis Rocha de Aquino (86.Mayke Rocha de Oliveira), Gustavo Raúl Gómez Portillo (58.Emerson Raymundo Santos), Luan Garcia Teixeira, Matías Nicolás Viña Susperreguy, Gustavo Henrique Furtado Scarpa (86.Breno Henrique Vasconcelos Lopes), Raphael Cavalcante Veiga (77.José Rafael Vivian „Zé Rafael"), Gabriel Vinicius Menino, Danilo dos Santos de Oliveira, Ronielson da Silva Barbosa „Rony" (77.Willian Gomes de Siqueira), Gabriel Veron Fonseca de Souza. Trainer: Abel Fernando Moreira Ferreira (Portugal).
Libertad: Martín Andrés Silva Leites, Luis Carlos Cardozo Espillaga, Iván Rodrigo Leguizamon Piris [*sent off 64*], Iván Rodrigo Ramírez Segovia, Pablo Javier Adorno Martínez, Blas Antonio Cáceres Garay (69.Hugo Javier Martínez Cantero), Álvaro Marcial Campuzano (80.Iván René Franco Díaz), Matías David Espinoza Acosta, Antonio Bareiro Álvarez (46.Héctor Daniel Villalba), Carlos Sebastián Ferreira Vidal (69.Julio César Enciso), Adrián Emanuel Martínez (46.Óscar René Cardozo Marín). Trainer: Gustavo Eliseo Morínigo Vázquez.
Goals: Gustavo Henrique Furtado Scarpa (21), Ronielson da Silva Barbosa „Rony" (68), Gabriel Vinicius Menino (82).
[SE Palmeiras São Paulo won 4-1 on aggregate]

09.12.2020, Arena do Grêmio, Porto Alegre
Referee: Juan Gabriel Benítez Mareco (Paraguay)
Grêmio Foot-Ball Porto Alegrense - Santos FC   **1-1(0-1)**
Grêmio: Vanderlei Farias da Silva, Pedro Tonon Geromel, Victor Ferraz Macedo (89.Diego Churín Puyo), Walter Kannemann (46.David Braz de Oliveira Filho), Diogo Barbosa Mendanha, Maicon Thiago Pereira de Souza Nascimento (66.Darlan Pereira Mendes), César Ignacio Pinares Tamayo (78.Éverton Cardoso da Silva), Matheus Henrique De Souza, Diego de Souza Andrade, Luiz Fernando Morais dos Santos (66.Aldemir dos Santos Ferreira), Eduardo Gabriel Aquino Cossa „Pepê". Trainer: Renato Portaluppi "Renato Gaúcho".
Santos: John Victor Maciel Furtado, Marcos Rogério Ricci Lopes "Pará" (86.Jean Mota Oliveira de Sousa), Luan Peres Petroni, Lucas Veríssimo da Silva, Felipe Jonatan Rocha Andrade, Diego Cristiano Evaristo „Diego Pituca" [*sent off 90+1*], Jobson Souza Santos (59.Alison Lopes Ferreira), Sandry Roberto Santos Góes (85.Vinicius Balieiro Lourenco De Carvalho), Mário Sérgio Santos Costa "Marinho" (85.Bruno Henrique Marques Torres „Bruninho"), Lucas Braga Ribeiro, Kaio Jorge Pinto Ramos (77.Mádson Ferreira dos Santos). Trainer: Alexi Stival "Cuca".
Goals: Diego de Souza Andrade (90+12 penalty) / Kaio Jorge Pinto Ramos (36).

16.12.2020, Estádio „Urbano Caldeira" [Vila Belmiro], Santos
Referee: Wilmar Alexander Roldán Pérez (Colombia)
Santos FC - Grêmio Foot-Ball Porto Alegrense   **4-1(2-0)**
Santos: John Victor Maciel Furtado, Mádson Ferreira dos Santos, Luan Peres Petroni, Lucas Veríssimo da Silva, Felipe Jonatan Rocha Andrade (67.Wagner Leonardo Calvelo De Souza), Alison Lopes Ferreira (76.Laércio Soldá), Jobson Souza Santos (46.Guilherme Nunes da Silva), Sandry Roberto Santos Góes, Mário Sérgio Santos Costa "Marinho" (66.Jean Mota Oliveira de Sousa), Lucas Braga Ribeiro, Kaio Jorge Pinto Ramos (82.Marcos Leonardo Santos Almeida). Trainer: Alexi Stival "Cuca".
Grêmio: Vanderlei Farias da Silva, David Braz de Oliveira Filho (77.Diego Churín Puyo), Pedro Tonon Geromel, Diogo Barbosa Mendanha, Luis Manuel Orejuela García (18.Victor Ferraz Macedo), Jean Pyerre Casagrande Silveira Correa (59.Thaciano Mickael da Silva), Matheus Henrique De Souza, Darlan Pereira Mendes (46.César Ignacio Pinares Tamayo), Diego de Souza Andrade, Luiz Fernando Morais dos Santos (59.Aldemir dos Santos Ferreira), Eduardo Gabriel Aquino Cossa „Pepê". Trainer: Renato Portaluppi "Renato Gaúcho".
Goals: Kaio Jorge Pinto Ramos (1), Mário Sérgio Santos Costa "Marinho" (16), Kaio Jorge Pinto Ramos (54), Laércio Soldá (83) / Thaciano Mickael da Silva (81).
[Santos FC won 5-2 on aggregate]

10.12.2020, Estadio Libertadores de América, Avellaneda
Referee: Andrés José Rojas Noguera (Colombia)
CA River Plate Buenos Aires - Club Nacional de Football Montevideo   **2-0(0-0)**
River Plate: Franco Armani, Fabricio Germán Angileri, Paulo César Díaz Huincales, Gonzalo Ariel Montiel, Robert Samuel Rojas Chávez, Leonardo Daniel Ponzio (82.Santiago Sosa), Ignacio Martín Fernández Lobbe (75.Bruno Zuculini), Jorge Andrés Carrascal Guardo (84.Lucas David Pratto), Diego Nicolás de la Cruz Arcosa, Matías Ezequiel Suárez, Rafael Santos Borré Amaury (74.Julián Álvarez). Trainer: Marcelo Daniel Gallardo.
Nacional: Sergio Ramón Rochet Álvarez, Rafael García Casanova (72.Claudio Ariel Yacob), Carlos Ayrton Cougo Rivero (73.Gonzalo Castro Irizabal), Mathías Nicolás Laborda Malseñido, Agustín Oliveros Cano, Renzo Miguel Orihuela Barcos, Armando Jesús Méndez Alcorta (78.Ignacio Lores Varela), Gabriel Neves Perdomo, Emiliano Martínez Toranza (88.Joaquin Gabriel Trasante Hernández), Gonzalo Rubén Bergessio, Alfonso Trezza Hernández (72.Brian Alexis Ocampo Ferreira). Trainer: Jorge Antonio Giordano Moreno.
Goals: Gonzalo Ariel Montiel (67 penalty), Bruno Zuculini (90+6).

17.12.2020, Estadio Gran Parque Central, Montevideo
Referee: Roberto Andrés Tobar Vargas (Chile)
Club Nacional de Football Montevideo - CA River Plate Buenos Aires   **2-6(1-2)**
Nacional: Sergio Ramón Rochet Álvarez [*sent off 18*], Carlos Ayrton Cougo Rivero (68.Paulo Vinicius Souza Dos Santos), Mathías Nicolás Laborda Malseñido, Agustín Oliveros Cano, Renzo Miguel Orihuela Barcos, Gonzalo Castro Irizabal (53.Santiago Mariano Rodríguez Molina), Pablo Javier García Lafluf, Gabriel Neves Perdomo, Emiliano Martínez Toranza (68.Santiago Cartagena Listur), Gonzalo Rubén Bergessio (54.Ignacio Lores Varela), Alfonso Trezza Hernández (20.Luis Angel Mejía Cajar). Trainer: Jorge Antonio Giordano Moreno.
River Plate: Franco Armani, Fabricio Germán Angileri (85.Lucas David Pratto), Paulo César Díaz Huincales, Gonzalo Ariel Montiel, Robert Samuel Rojas Chávez, Leonardo Daniel Ponzio (85.Santiago Sosa), Bruno Zuculini (59.Milton Óscar Casco), Jorge Andrés Carrascal Guardo (85.Benjamín Rollheiser), Diego Nicolás de la Cruz Arcosa, Matías Ezequiel Suárez (74.Julián Álvarez), Rafael Santos Borré Amaury. Trainer: Marcelo Daniel Gallardo.
Goals: Carlos Ayrton Cougo Rivero (45+1), Santiago Mariano Rodríguez Molina (54) / Jorge Andrés Carrascal Guardo (28), Diego Nicolás de la Cruz Arcosa (45), Bruno Zuculini (50), Rafael Santos Borré Amaury (67, 73, 80).
[CA River Plate Buenos Aires won 8-2 on aggregate]

16.12.2020, Estadio „Presidente Juan Domingo Perón", Avellaneda
Referee: Esteban Daniel Ostojich Vega (Uruguay)
Racing Club de Avellaneda - CA Boca Juniors Buenos Aires   1-0(0-0)
Racing Club: Gabriel Arias Arroyo, Leonardo Germán Sigali, Eugenio Esteban Mena Reveco, Alexis Nahuel Soto (76.Lucas Alfonso Orbán), Lorenzo Antonio Melgarejo Sanabria (81.Walter Iván Alexis Montoya), Nery Andrés Domínguez, Leonel Ariel Miranda, Matías Nicolás Rojas Romero (81.Augusto Jorge Mateo Solari), Fabricio Domínguez Huertas, Lisandro López (75.Darío Cvitanich), Héctor Hugo Fértoli (68.Carlos Jonas Alcaraz). Trainer: Sebastián Andrés Beccacece.
Boca Juniors: Esteban Maximiliano Andrada, Leonardo Rafael Jara, Lisandro Ezequiel López, Carlos Roberto Izquierdoz, Frank Yusty Fabra Palacios, Eduardo Antonio Salvio (76.Mauro Matías Zárate Riga), Edwin Andrés Cardona Bedoya (61.Franco Soldano), Jorman David Campuzano Puentes, Nicolás Capaldo, Carlos Alberto Martínez Tévez, Sebastián Villa Cano. Trainer: Miguel Ángel Russo.
Goal: Lorenzo Antonio Melgarejo Sanabria (60).

23.12.2020, Estadio „Alberto J. Armando", Buenos Aires
Referee: Wilmar Alexander Roldán Pérez (Colombia)
CA Boca Juniors Buenos Aires - Racing Club de Avellaneda   2-0(1-0)
Boca Juniors: Esteban Maximiliano Andrada, Leonardo Rafael Jara (84.Julio Alberto Buffarini), Lisandro Ezequiel López, Carlos Roberto Izquierdoz, Frank Yusty Fabra Palacios, Diego Hernán González (52.Nicolás Capaldo), Eduardo Antonio Salvio (75.Edwin Andrés Cardona Bedoya), Jorman David Campuzano Puentes, Carlos Alberto Martínez Tévez, Franco Soldano, Sebastián Villa Cano. Trainer: Miguel Ángel Russo.
Racing Club: Gabriel Arias Arroyo, Leonardo Germán Sigali, Eugenio Esteban Mena Reveco, Alexis Nahuel Soto, Lorenzo Antonio Melgarejo Sanabria (68.Carlos Jonas Alcaraz), Nery Andrés Domínguez (84.Gastón Nicolás Reniero), Leonel Ariel Miranda, Matías Nicolás Rojas Romero (46.Augusto Jorge Mateo Solari), Fabricio Domínguez Huertas (62.Walter Iván Alexis Montoya), Lisandro López, Héctor Hugo Fértoli (46.Darío Cvitanich). Trainer: Sebastián Andrés Beccacece.
Goals: Eduardo Antonio Salvio (23), Sebastián Villa Cano (61 penalty).
[CA Boca Juniors Buenos Aires won 2-1 on aggregate]

SEMI-FINALS

05.01.2021, Estadio „Alberto J. Armando", Buenos Aires
Referee: Roberto Andrés Tobar Vargas (Chile)
CA Boca Juniors Buenos Aires - Santos FC   **0-0**
Boca Juniors: Esteban Maximiliano Andrada, Leonardo Rafael Jara, Lisandro Ezequiel López, Carlos Roberto Izquierdoz, Frank Yusty Fabra Palacios, Diego Hernán González (63.Edwin Andrés Cardona Bedoya), Eduardo Antonio Salvio (78.Julio Alberto Buffarini), Nicolás Capaldo, Carlos Alberto Martínez Tévez, Franco Soldano (77.Ramón Darío Ábila), Sebastián Villa Cano. Trainer: Miguel Ángel Russo.
Santos: John Victor Maciel Furtado, Marcos Rogério Ricci Lopes "Pará", Luan Peres Petroni, Lucas Veríssimo da Silva (84.Laércio Soldá), Felipe Jonatan Rocha Andrade, Alison Lopes Ferreira, Diego Cristiano Evaristo „Diego Pituca", Yeferson Julio Soteldo Martínez (56.Sandry Roberto Santos Góes), Mário Sérgio Santos Costa "Marinho", Lucas Braga Ribeiro, Kaio Jorge Pinto Ramos (78.Mádson Ferreira dos Santos). Trainer: Alexi Stival "Cuca".

12.01.2021, Estádio „Urbano Caldeira" [Vila Belmiro], Santos
Referee: Wilmar Alexander Roldán Pérez (Colombia)
Santos FC - CA Boca Juniors Buenos Aires   **3-0(1-0)**
Santos: João Paulo Silva Martins, Marcos Rogério Ricci Lopes "Pará", Luan Peres Petroni, Lucas Veríssimo da Silva, Felipe Jonatan Rocha Andrade (80.Mádson Ferreira dos Santos), Alison Lopes Ferreira (85.Vinicius Balieiro Lourenco De Carvalho), Diego Cristiano Evaristo „Diego Pituca" (61.Sandry Roberto Santos Góes), Yeferson Julio Soteldo Martínez (61.Jobson Souza Santos), Mário Sérgio Santos Costa "Marinho", Lucas Braga Ribeiro (80.Jean Mota Oliveira de Sousa), Kaio Jorge Pinto Ramos. Trainer: Alexi Stival "Cuca".
Boca Juniors: Esteban Maximiliano Andrada, Leonardo Rafael Jara (46.Julio Alberto Buffarini), Lisandro Ezequiel López, Carlos Roberto Izquierdoz, Frank Yusty Fabra Palacios [sent off 56], Diego Hernán González (46.Nicolás Capaldo), Eduardo Antonio Salvio (61.Emanuel Matías Mas), Jorman David Campuzano Puentes, Carlos Alberto Martínez Tévez, Franco Soldano (59.Ramón Darío Ábila), Sebastián Villa Cano. Trainer: Miguel Ángel Russo.
Goals: Diego Cristiano Evaristo „Diego Pituca" (16), Yeferson Julio Soteldo Martínez (49), Lucas Braga Ribeiro (51).
[Santos FC won 3-0 on aggregate]

06.01.2021, Estadio Libertadores de América, Avellaneda
Referee: Leodán Franklin González Cabrera (Uruguay)
CA River Plate Buenos Aires - SE Palmeiras São Paulo   **0-3(0-1)**
River Plate: Franco Armani, Javier Horacio Pinolá, Milton Óscar Casco (74.Federico Girotti Bonazza), Gonzalo Ariel Montiel, Robert Samuel Rojas Chávez, Enzo Nicolás Pérez (88.Paulo César Díaz Huincales), Ignacio Martín Fernández Lobbe (81.Julián Álvarez), Jorge Andrés Carrascal Guardo [sent off 60], Diego Nicolás de la Cruz Arcosa, Matías Ezequiel Suárez (74.Leonardo Daniel Ponzio), Rafael Santos Borré Amaury. Trainer: Marcelo Daniel Gallardo.
Palmeiras: Wéverton Pereira da Silva, Marcos Luis Rocha de Aquino, Gustavo Raúl Gómez Portillo, Alan Pereira Empereur, Matías Nicolás Viña Susperreguy, Gustavo Henrique Furtado Scarpa (71.Raphael Cavalcante Veiga), Gabriel Vinicius Menino, Patrick de Paula Carreiro (78.Emerson Raymundo Santos), Danilo dos Santos de Oliveira (67.José Rafael Vivian „Zé Rafael"), Luiz Adriano de Souza da Silva (78.Willian Gomes de Siqueira), Ronielson da Silva Barbosa „Rony" (71.Breno Henrique Vasconcelos Lopes). Trainer: Abel Fernando Moreira Ferreira (Portugal).
Goals: Ronielson da Silva Barbosa „Rony" (27), Luiz Adriano de Souza da Silva (47), Matías Nicolás Viña Susperreguy (62).

13.01.2021, Allianz Parque, São Paulo
Referee: Esteban Daniel Ostojich Vega (Uruguay)
SE Palmeiras São Paulo - CA River Plate Buenos Aires   0-2(0-2)
Palmeiras: Wéverton Pereira da Silva, Marcos Luis Rocha de Aquino (81.Benjamín Kuščević Jaramillo), Gustavo Raúl Gómez Portillo (41.Luan Garcia Teixeira), Alan Pereira Empereur, Matías Nicolás Viña Susperreguy, José Rafael Vivian „Zé Rafael" (69.Emerson Raymundo Santos), Gustavo Henrique Furtado Scarpa (69.Breno Henrique Vasconcelos Lopes), Gabriel Vinicius Menino, Danilo dos Santos de Oliveira (81.Raphael Cavalcante Veiga), Luiz Adriano de Souza da Silva, Ronielson da Silva Barbosa „Rony". Trainer: Abel Fernando Moreira Ferreira (Portugal).
River Plate: Franco Armani, Javier Horacio Pinolá (90+7.Federico Girotti Bonazza), Fabricio Germán Angileri (87.Milton Óscar Casco), Paulo César Díaz Huincales, Gonzalo Ariel Montiel, Robert Samuel Rojas Chávez [*sent off 73*], Enzo Nicolás Pérez, Ignacio Martín Fernández Lobbe, Diego Nicolás de la Cruz Arcosa (87.Julián Álvarez), Matías Ezequiel Suárez, Rafael Santos Borré Amaury. Trainer: Marcelo Daniel Gallardo.
Goals: Robert Samuel Rojas Chávez (29), Rafael Santos Borré Amaury (44).
[SE Palmeiras São Paulo won 3-2 on aggregate]

FINAL

30.01.2021, Estádio "Jornalista Mário Filho" [Maracanã], Rio de Janeiro; Attendance: 5,000
Referee: Patricio Hernán Loustau (Argentina)
SE Palmeiras São Paulo - Santos FC   1-0(0-0)
Palmeiras: Wéverton Pereira da Silva, Marcos Luis Rocha de Aquino, Gustavo Raúl Gómez Portillo, Luan Garcia Teixeira, Matías Nicolás Viña Susperreguy, José Rafael Vivian „Zé Rafael" (78.Patrick de Paula Carreiro), Raphael Cavalcante Veiga (90+12.Alan Pereira Empereur), Gabriel Vinicius Menino (85.Breno Henrique Vasconcelos Lopes), Danilo dos Santos de Oliveira, Luiz Adriano de Souza da Silva, Ronielson da Silva Barbosa „Rony" (90+12.Felipe Melo de Carvalho). Trainer: Abel Fernando Moreira Ferreira (Portugal).
Santos: John Victor Maciel Furtado, Marcos Rogério Ricci Lopes "Pará" (90+11.Bruno Henrique Marques Torres „Bruninho"), Luan Peres Petroni, Lucas Veríssimo da Silva, Felipe Jonatan Rocha Andrade (90+3.Wellington Gonzaga de Assis Filho), Alison Lopes Ferreira, Diego Cristiano Evaristo „Diego Pituca", Yeferson Julio Soteldo Martínez, Sandry Roberto Santos Góes (73.Lucas Braga Ribeiro), Mário Sérgio Santos Costa "Marinho", Kaio Jorge Pinto Ramos (90+3.Mádson Ferreira dos Santos). Trainer: Alexi Stival "Cuca".
Goal: 1-0 Breno Henrique Vasconcelos Lopes (90+9).

Copa Libertadores Winner 2020: **Sociedade Esportiva Palmeiras São Paulo** (Brazil)
Best Goalscorer: Fidel Francisco Martínez Tenorio (Barcelona SC Guayaquil) – 8 goals

COPA LIBERTADORES (1960-2020) TABLE OF HONOURS		
1960	Club Atlético Peñarol Montevideo	(URU)
1961	Club Atlético Peñarol Montevideo	(URU)
1962	Santos Futebol Clube	(BRA)
1963	Santos Futebol Clube	(BRA)
1964	Club Atlético Independiente Avellaneda	(ARG)
1965	Club Atlético Independiente Avellaneda	(ARG)
1966	Club Atlético Peñarol Montevideo	(URU)
1967	Racing Club Avellaneda	(ARG)
1968	Club Estudiantes de La Plata	(ARG)
1969	Club Estudiantes de La Plata	(ARG)

Year	Club	Country
1970	Club Estudiantes de La Plata	(ARG)
1971	Club Nacional de Football Montevideo	(URU)
1972	Club Atlético Independiente Avellaneda	(ARG)
1973	Club Atlético Independiente Avellaneda	(ARG)
1974	Club Atlético Independiente Avellaneda	(ARG)
1975	Club Atlético Independiente Avellaneda	(ARG)
1976	Cruzeiro Esporte Clube Belo Horizonte	(BRA)
1977	Club Atlético Boca Juniors Buenos Aires	(ARG)
1978	Club Atlético Boca Juniors Buenos Aires	(ARG)
1979	Club Olimpia Asunción	(PAR)
1980	Club Nacional de Football Montevideo	(URU)
1981	Clube de Regatas do Flamengo Rio de Janeiro	(BRA)
1982	Club Atlético Peñarol Montevideo	(URU)
1983	Grêmio Foot-Ball Porto Alegrense	(BRA)
1984	Club Atlético Independiente Avellaneda	(ARG)
1985	Asociación Atlética Argentinos Juniors Buenos Aires	(ARG)
1986	Club Atlético River Plate Buenos Aires	(ARG)
1987	Club Atlético Peñarol Montevideo	(URU)
1988	Club Nacional de Football Montevideo	(URU)
1989	Atlético Nacional Medellín	(COL)
1990	Club Olimpia Asunción	(PAR)
1991	Club Social y Deportivo Colo-Colo Santiago	(CHI)
1992	São Paulo Futebol Clube	(BRA)
1993	São Paulo Futebol Clube	(BRA)
1994	Club Atlético Vélez Sársfield Buenos Aires	(ARG)
1995	Grêmio Foot-Ball Porto Alegrense	(BRA)
1996	Club Atlético River Plate Buenos Aires	(ARG)
1997	Cruzeiro Esporte Clube Belo Horizonte	(BRA)
1998	Club de Regatas Vasco da Gama Rio de Janeiro	(BRA)
1999	Sociedade Esportiva Palmeiras São Paulo	(BRA)
2000	Club Atlético Boca Juniors Buenos Aires	(ARG)
2001	Club Atlético Boca Juniors Buenos Aires	(ARG)
2002	Club Olimpia Asunción	(PAR)
2003	Club Atlético Boca Juniors Buenos Aires	(ARG)
2004	Corporación Deportiva Once Caldas Manizales	(COL)
2005	São Paulo Futebol Clube	(BRA)
2006	Sport Club Internacional Porto Alegre	(BRA)
2007	Club Atlético Boca Juniors Buenos Aires	(ARG)
2008	Liga Deportiva Universitaria Quito	(ECU)
2009	Club Estudiantes de La Plata	(ARG)
2010	Sport Club Internacional Porto Alegre	(BRA)
2011	Santos Futebol Clube	(BRA)
2012	Sport Club Corinthians Paulista São Paulo	(BRA)
2013	Clube Atlético Mineiro Belo Horizonte	(BRA)
2014	Club Atlético San Lorenzo de Almagro	(ARG)
2015	Club Atlético River Plate Buenos Aires	(ARG)
2016	Atlético Nacional Medellín	(COL)
2017	Grêmio Foot-Ball Porto Alegrense	(BRA)
2018	Club Atlético River Plate Buenos Aires	(ARG)
2019	CR Flamengo Rio de Janeiro	(BRA)
2020	Sociedade Esportiva Palmeiras São Paulo	(BRA)

COPA SUDAMERICANA 2020

- CONMEBOL -
SUDAMERICANA

The 2020 Copa Sudamericana was the 19th edition of the CONMEBOL's and South Americas second most important club tournament.

List of participating clubs:

Argentina (6 + 2* teams)	AA Argentinos Juniors Buenos Aires CA Vélez Sársfield Buenos Aires CA Independiente Avellaneda CA Unión de Santa Fe CA Huracán Buenos Aires CA Lanús *CA Tucumán San Miguel de Tucumán** *CSD Defensa y Justicia Florencio Varela**
Bolivia (4 +1* teams)	Club Atlético Nacional Potosí CSCD Blooming Santa Cruz de la Sierra Club Always Ready La Paz CD Oriente Petrolero Santa Cruz de la Sierra *Club Bolívar La Paz**
Brazil (6+1* teams)	Fortaleza Esporte Clube Goiás EC Goiânia Esporte Clube Bahia Salvador CR Vasco da Gama Rio de Janeiro Clube Atlético Mineiro Belo Horizonte Fluminense FC Rio de Janeiro *São Paulo Futebol Clube**
Chile (4+1* teams)	CD Unión La Calera CD Coquimbo Unido CD Huachipato Talcahuano Audax CS Italiano La Florida *CD Universidad Católica Santiago**

Colombia (4+2* teams)	Asociación Deportivo Cali Atlético Nacional Medellín Millonarios FC Bogotá Asociación Deportivo Pasto *CD Tolima Ibagué** *CDP Junior Barranquilla**
Ecuador (4 teams)	CD Universidad Católica Quito SD Aucas Quito CS Emelec Guayaquil CD El Nacional Quito
Paraguay (4 teams)	Club Sol de América Asunción Club Nacional Asunción Club River Plate Asunción Club Sportivo Luqueño
Peru (4+2 teams)	Deportivo Sport Huancayo Foot Ball Club Melgar Arequipa Cusco FC Club Atlético Grau Piura
Uruguay (4+1* teams)	Liverpool FC Montevideo Club Plaza Colonia de Deportes Colonia del Sacramento CA River Plate Montevideo CA Fénix Montevideo *CA Peñarol Montevideo**
Venezuela (4+2 teams)	Zamora FC Barinas AC CD Mineros de Guayana Puerto Ordaz Llaneros de Guanare FC AC Aragua FC Maracay *Estudiantes de Mérida FC** *Caracas FC**

*Clubs eliminated from the 2020 Copa Libertadores and transfered to this competition.

PRELIMINARY ROUND – FIRST STAGE

04.02.2020, Estadio Municipal „Francisco Sánchez Rumoroso", Coquimbo; Attendance: 7,091
Referee: José Natanael Méndez Acosta (Paraguay)
CD Coquimbo Unido - AC Aragua FC Maracay   3-0(0-0)
Coquimbo: Matías Nicolás Cano, Federico Hernán Pereyra, Raúl Andrés Osorio Medina, Gaspar Emmanuel Iñíguez, Víctor Manuel González Chang, John Michael Salas Torres, Andrés Eduardo Montero Cadenas (86.Diego Alfredo Vallejos Hernández), Diego Sebastián Aravena Ramírez (60.Mauricio Ricardo Pinilla Ferrera), Joe Axel Abrigo Navarro, Rubén Ignacio Farfán Arancibia, Mathias Daniel Pinto Mell (73.Fernando Alejandro Manríquez Hernández). Trainer: Germán Luis Corengia (Argentina).
Aragua FC: Yhonathan Alexander Yustiz Linarez, José Jesús Yégüez Salgado, César José Urpín Díaz, Octavio Mauricio Zapata Possu, Moisés Manuel Acuña Morales, Héctor Enrique Pérez Ramírez, José Francisco Torres Briceño (72.Joiser Daniel Arias Maza), Homero Ernesto Calderón Gazui, Edanyilber José Navas Alayón, Pedro Luis Álvarez Benavides, Daniel Ricardo Febles Argüelles (72.Roger Alexander Manríque Laorca). Trainer: Enrique García Feijó.
Goals: Federico Hernán Pereyra (67), Víctor Manuel González Chang (70), Rubén Ignacio Farfán Arancibia (80).

18.02.2020, Estadio Olímpico de la UCV, Caracas
Referee: Ivo Nigel Méndez Chávez (Bolivia)
AC Aragua FC Maracay - CD Coquimbo Unido   1-0(1-0)
Aragua FC: Yhonathan Alexander Yustiz Linarez, José Jesús Yégüez Salgado, César José Urpín Díaz, Moisés Manuel Acuña Morales [*sent off 53*], Arquímides Hernández Díaz, José Francisco Torres Briceño (58.Pedro Luis Álvarez Benavides [*sent off 90+3*]), Diego Leonardo García Veneri (57.Octavio Mauricio Zapata Possu), Homero Ernesto Calderón Gazui, Edanyilber José Navas Alayón, Daniel Ricardo Febles Argüelles (77.Kenny Anthony Romero Alvarado), Guillermo Orlando Fernández Gagliardi. Trainer: Enrique García Feijó.
Coquimbo: Matías Nicolás Cano, Nicolás Berardo, Federico Hernán Pereyra [*sent off 83*], Bayron Antonio Saavedra Navarro (61.Raúl Andrés Osorio Medina), Fernando Alejandro Manríquez Hernández, Gaspar Emmanuel Iñíguez (68.Diego Sebastián Aravena Ramírez), Víctor Manuel González Chang, John Michael Salas Torres, Andrés Eduardo Montero Cadenas (81.Joe Axel Abrigo Navarro), Mauricio Ricardo Pinilla Ferrera [*sent off 90*], Rubén Ignacio Farfán Arancibia. Trainer: Germán Luis Corengia (Argentina).
Goal: Guillermo Orlando Fernández Gagliardi (13).
[CD Coquimbo Unido won 3-1 on aggregate]

04.02.2020, Estadio „Víctor Agustín Ugarte", Potosí
Referee: Gustavo Adrian Tejera Capo (Uruguay)
Club Atlético Nacional Potosí - Foot Ball Club Melgar Arequipa   0-2(0-1)
Nacional Potosí: Yimmy Leandro Roca Salazar, Carlos Oscar Añez Urachianta, Rodrigo Sergio Cabrera Sasía, Abraham Cabrera Scapin, Luis Francisco Rodríguez Zegada (77.Daniel Mancilla), Alexis Hinestroza Estacio, Paolo Jiménez Coto (56.Juan Eduardo Fierro Ribera), Miguel Alejandro Quiroga Castillo, Diego Fernando Navarro Iturri (38.Edson Rigoberto Pérez Torres), Mauro Sergio Bustamante, Pablo Nicolás Royón Silvera. Trainer: Jeaustin Campos Madriz.
FBC Melgar: Carlos Enrique Cáceda Ollaguez, Hernán Darío Pellerano, Paolo Fuentes Varcárel, Carlos Roberto Neyra Layva, Leonardo William Mifflin Cabezudo, Edson Diego Aubert Cervantes, Joel Melchor Sánchez Alegría (73.Jhonny Víctor Vidales Lature), Pablo Nicolas Míguez Farre, Emanuel Joel Amoroso (83.Paulo Hernán Junior Hinostroza Vásquez), Alexis Arias Tuesta, Othoniel Arce Jaramillo (86.Irven Beybe Ávila Acero). Trainer: Carlos Julio Bustos (Argentina).
Goals: Joel Melchor Sánchez Alegría (5), Othoniel Arce Jaramillo (66).

18.02.2020, Estadio Monumental de la UNSA, Arequipa
Referee: Luis Eduardo Quiroz Prado (Ecuador)
Foot Ball Club Melgar Arequipa - CA Nacional Potosí   **0-2(0-0,0-2,0-2); 4-3 on penalties**
FBC Melgar: Carlos Enrique Cáceda Ollaguez, Hernán Darío Pellerano (7.Jesús Emanuel Pretell Panta), Paolo Fuentes Varcárel, Carlos Roberto Neyra Layva, Eduardo Valentin Rabanal Jaramillo, Edson Diego Aubert Cervantes, Pablo Nicolas Míguez Farre, Emanuel Joel Amoroso (61.Joel Melchor Sánchez Alegría), Alexis Arias Tuesta, Irven Beybe Ávila Acero, Jhonny Víctor Vidales Lature (72.Omar Alejandro Tejeda López). Trainer: Carlos Julio Bustos (Argentina).
Nacional Potosí: Yimmy Leandro Roca Salazar, Carlos Oscar Añez Urachianta (86.Mauro Sergio Bustamante), Rodrigo Sergio Cabrera Sasía, Abraham Cabrera Scapin, Daniel Mancilla, Edson Rigoberto Pérez Torres, Alexis Hinestroza Estacio, Paolo Jiménez Coto, Miguel Alejandro Quiroga Castillo (67.Juan Eduardo Fierro Ribera), Juan Pablo Rioja, Miguel Gerardo Suárez Savino (65.Pablo Nicolás Royón Silvera). Trainer: Jeaustin Campos Madriz.
Goals: Pablo Nicolás Royón Silvera (77, 86).
Penalties: Rodrigo Sergio Cabrera Sasía (saved); Edson Diego Aubert Cervantes 1-0; Edson Rigoberto Pérez Torres 1-1; Omar Alejandro Tejeda López 2-1; Juan Eduardo Fierro Ribera (saved); Irven Beybe Ávila Acero (missed); Mauro Sergio Bustamante 2-2; Joel Melchor Sánchez Alegría 3-2; Abraham Cabrera Scapin 3-3; Paolo Fuentes Varcárel 4-3.
[Foot Ball Club Melgar Arequipa 4-3 on penalties (after 2-2 on aggregate)]

04.02.2020, Estadio „José Amalfitani", Buenos Aires
Referee: Gery Anthony Vargas Carreño (Bolivia)
CA Vélez Sársfield Buenos Aires - SD Aucas Quito   **1-0(0-0)**
Vélez Sársfield: Alexander Domínguez Carabalí, Lautaro Daniel Gianetti, Luis Alfonso Abram Ugarelli, Brian Ezequiel Cufré (65.Francisco Ortega), Tomás Ezequiel Guidara, Gastón Claudio Giménez, Lucas Gastón Robertone (72.Tobías Joel Zárate), Thiago Ezequiel Almada, Adrián Ricardo Centurión, Lucas Ezequiel Janson (79.Agustín Bouzat), Maximiliano Samuel Romero. Trainer: Gabriel Iván Heinze.
Aucas: Damián Andrés Frascarelli Gutiérrez, Alejandro Sebastián Manchot, Tomás Alexis Oneto, Alejandro Javier Frezzotti, José Luis Cazares Quiñónez, Carlos Andres Cuero Quiñonez (90+4.Enson Jesús Rodríguez Mesa), Alexander Antonio Alvarado Carriel (66.Gregori Alexander Anangonó Minda), Jhon Jairo Espínoza Izquierdo, Víctor Alberto Figueroa (79.Carlos Alexi Arboleda Ruíz), Edson Eli Montaño Angulo, Bryan David Sánchez Congo [*sent off 56*]. Trainer: Máximo Manuel Jorge Villafañe (Argentina).
Goal: Adrián Ricardo Centurión (76).

18.02.2020, Estadio „Gonzalo Pozo Ripalda", Quito
Referee: Rodolpho Toski Marques (Brazil)
SD Aucas Quito - CA Vélez Sársfield Buenos Aires   **2-1(0-0)**
Aucas: Damián Andrés Frascarelli Gutiérrez, Alejandro Sebastián Manchot, Tomás Alexis Oneto [*sent off 37*], Alejandro Javier Frezzotti, José Luis Cazares Quiñónez, Enson Jesús Rodríguez Mesa (69.Edison Javier Carcelén Chalá), Carlos Andres Cuero Quiñonez (83.Carlos Alexi Arboleda Ruíz), Alexander Antonio Alvarado Carriel (80.Jhon Sergio Pereira Córtez), Jhon Jairo Espínoza Izquierdo, Víctor Alberto Figueroa, Edson Eli Montaño Angulo. Trainer: Máximo Manuel Jorge Villafañe (Argentina).
Vélez Sársfield: Alexander Domínguez Carabalí, Lautaro Daniel Gianetti, Luis Alfonso Abram Ugarelli (69.Tobías Joel Zárate), Brian Ezequiel Cufré, Tomás Ezequiel Guidara, Gastón Claudio Giménez (46.Matías de los Santos de los Santos), Mauro Rodolfo Pittón, Lucas Gastón Robertone (61.Lucas Ezequiel Janson), Thiago Ezequiel Almada, Adrián Ricardo Centurión, Maximiliano Samuel Romero. Trainer: Gabriel Iván Heinze.
Please note: Francisco Ortega sent off on the bench (74).
Goals: Alexander Antonio Alvarado Carriel (49), Jhon Jairo Espínoza Izquierdo (66) / Thiago Ezequiel Almada (90+6 penalty).
[CA Vélez Sársfield Buenos Aires won on away goals rule (2-2 on aggregate)]

04.02.2020, Estadio "Jornalista Mário Filho" [Maracanã], Rio de Janeiro; Attendance: 17,771
Referee: Carlos Mario Herrera Bernal (Colombia)
Fluminense FC Rio de Janeiro - CD Unión La Calera   **1-1(0-0)**
Fluminense: Muriel Gustavo Becker, Egídio de Araujo Pereira Júnior, Rodrigo Junior Paula Silva „Digão", Luccas Claro dos Santos, Gilberto Moraes Junior, Anderson Luiz de Carvalho "Nenê", Henrique Pacheco de Lima, Húdson Rodrigues dos Santos, Yago Felipe da Costa Rocha (46.Marcos Paulo Costa do Nascimento), Miguel Silveira dos Santos (78.Michel Daryl Araújo Villar), Matheus Alessandro dos Santos Pereira (64.Francisco Evanilson de Lima Barbosa). Trainer: Odair Hellmann.
La Calera: Alexis Martín Arias, Cristián Vilches González, Santiago García, Felipe Ignacio Seymour Dobud (19.Thomas Rodríguez Trogsar [*sent off 82*]), Fernando Patricio Cordero Fonseca, Gonzalo Pablo Castellani, Juan Andrés Leiva Mieres, Yonathan Wladimir Andía León (75.Matías Cristóbal Navarrete Fuentes), Esteban Cristobal Valencia Reyes, Jorge Sebastián Sáez, Nicolás Marcelo Stefanelli (60.Ariel Ignacio Cáceres Lizana). Trainer: Juan Pablo Vojvoda Rizzo (Argentina).
Goals: Francisco Evanilson de Lima Barbosa (71) / Gonzalo Pablo Castellani (74).

18.02.2020, Estadio Municipal „Nicolás Chahuán Nazar", La Calera
Referee: José Natanael Méndez Acosta (Paraguay)
CD Unión La Calera - Fluminense FC Rio de Janeiro   **0-0**
La Calera: Alexis Martín Arias, Cristián Vilches González, Matías Cristóbal Navarrete Fuentes, Santiago García, Fernando Patricio Cordero Fonseca, Gonzalo Pablo Castellani, Juan Andrés Leiva Mieres, Yonathan Wladimir Andía León, Esteban Cristobal Valencia Reyes, Jorge Sebastián Sáez, Nicolás Marcelo Stefanelli (70.Jeisson Andrés Vargas Salazar; 77.Andrés Alejandro Vílches Araneda). Trainer: Juan Pablo Vojvoda Rizzo (Argentina).
Fluminense: Muriel Gustavo Becker, Egídio de Araujo Pereira Júnior, Rodrigo Junior Paula Silva „Digão", Luccas Claro dos Santos, Gilberto Moraes Junior, Anderson Luiz de Carvalho "Nenê", Henrique Pacheco de Lima (81.Matheus Alessandro dos Santos Pereira), Yuri Oliveira Lima, Caio Fernando de Oliveira „Caio Paulista" (70.Michel Daryl Araújo Villar), Francisco Evanilson de Lima Barbosa, Marcos Paulo Costa do Nascimento (59.Paulo Henrique Chagas de Lima "Ganso"). Trainer: Odair Hellmann.
[CD Unión La Calera won on away goals rule (1-1 on aggregate)]

05.02.2020, Estádio São Januário, Rio de Janeiro; Attendance: 18,105
Referee: Augusto Bergelio Aragón Bautista (Ecuador)
CR Vasco da Gama Rio de Janeiro - CD Oriente Petrolero Santa Cruz de la Sierra   **1-0(1-0)**
Vasco da Gama: Fernando Miguel Kaufmann, Leandro Castán da Silva, Werley Ananias da Silva, Henrique Silva Milagres, Glaybson Yago Souza Lisboa „Yago Pikachu", Andrey Ramos Do Nascimento, Raul Lo Gonçalves, Marcos Antônio Candido Ferreira Júnior (76.Alexandre Almeida Silva Júnior „Juninho"), Germán Ezequiel Cano, Marrony da Silva Liberato (68.Vinícius dos Santos de Oliveira Paiva), Talles Magno Bacelar Martins. Trainer: Abel Carlos da Silva Braga.
Oriente Petrolero: Luis Rodrigo Banegas Cury, Gustavo Olguín Mancilla, Daniel Alejandro Franco, Widen Saucedo Candia, Norberto Darío Palmieri, Daniel Rojas Céspedes, Kevin Francisco Salvatierra Flores (54.Juan Diego Gutiérrez De las Casas), Samuel Pozo Challa, Oscar Fernando Salinas Aguilar (68.Héctor Ronaldo Sánchez Camaras), Marco Antonio Bueno Ontiveros, Alán Jorge Mercado Berthalet (83.Santos Rodrigo Navarro Arteaga). Trainer: Pablo Andrés Sánchez Spucches (Argentina).
Goal: Germán Ezequiel Cano (20).

19.02.2020, Estadio „Ramón 'Tahuichi' Aguilera", Santa Cruz de la Sierra
Referee: José Ramón Argote Vega (Venezuela)
CD Oriente Petrolero Santa Cruz de la Sierra - CR Vasco da Gama Rio de Janeiro   0-0
Oriente Petrolero: Luis Rodrigo Banegas Cury, Daniel Alejandro Franco, Widen Saucedo Candia, Daniel Rojas Céspedes, Wilfredo Soleto Vargas, Samuel Pozo Challa, Oscar Fernando Salinas Aguilar (63.Mateo Henrique Zoch Méndez), Marco Antonio Bueno Ontiveros, Jaime Matías Carreño Le-Chong (57.Carlos Alberto Solíz Caba), Alán Jorge Mercado Berthalet, Juan Carlos Montenegro (72.José Alfredo Castillo Parada). Trainer: Pablo Andrés Sánchez Spucches (Argentina).
Vasco da Gama: Fernando Miguel Kaufmann, Leandro Castán da Silva, Werley Ananias da Silva, Henrique Silva Milagres (70.Alexandre Melo Ribeiro da Silva), Glaybson Yago Souza Lisboa „Yago Pikachu", Andrey Ramos Do Nascimento, Raul Lo Gonçalves, Marcos Antônio Candido Ferreira Júnior (74.Bruno Gomes da Silva Clevelário), Germán Ezequiel Cano, Marrony da Silva Liberato (81.Lucas Ribamar Lopes dos Santos Bibiano), Talles Magno Bacelar Martins. Trainer: Abel Carlos da Silva Braga.
[CR Vasco da Gama Rio de Janeiro won 1-0 on aggregate]

05.02.2020, Estadio „Atanasio Girardot", Medellín; Attendance: 31,444
Referee: Anderson Daronco (Brazil)
Atlético Nacional Medellín - CA Huracán Buenos Aires   3-0(3-0)
Atlético Nacional: José Fernando Cuadrado Romero, Diego Luis Braghieri, Christian Camilo Mafla Rebellón, Helibelton Palacios Zapata, Daniel Muñoz Mejia, Andrés Felipe Andrade Torres, Yerson Candelo Miranda, Baldomero Perlaza Perlaza (56.Brayan Andrés Rovira Ferreira), Jarlan Junior Barrera Escalona (68.Sebastián Gómez Londoño), Vladimir Javier Hernández Rivero, Jefferson Andrés Duque Montoya (61.Fabián Andrés González Lasso). Trainer: Juan Carlos Osorio Arbeláez.
Huracán: Antony Domingo Silva Cano, Carlos Luciano Araujo, Nicolás Romat, Lucas Gabriel Merolla, César Fernando Ibáñez, Mauro Ezequiel Bogado (56.Lucas Mariano Bareiro), Adrián Daniel Calello, Rodrigo Manuel Gómez, Javier Osvaldo Mendoza (52.Martín Ezequiel Ojeda), Fernando Coniglio (60.Nicolás Fernando Cordero), Norberto Alejandro Briasco Balekian. Trainer: Israel Alejandro Damonte.
Goals: Daniel Muñoz Mejia (32), Jefferson Andrés Duque Montoya (38), Vladimir Javier Hernández Rivero (42).

19.02.2020, Estadio „Tomás Adolfo Ducó", Buenos Aires
Referee: Julio Alberto Bascuñán González (Chile)
CA Huracán Buenos Aires - Atlético Nacional Medellín   1-1(1-1)
Huracán: Diego Fernando Pellegrino, Leandro Damián Marcelo Grimi, Nicolás Romat, Lucas Gabriel Merolla, César Fernando Ibáñez (65.Martín Ezequiel Ojeda), Santiago Ezequiel Navarro, Mauro Ezequiel Bogado (75.Fernando Coniglio), Joaquín Arzura, Rodrigo Manuel Gómez (57.Juan Ignacio Vieyra), Santiago Hezze, Nicolás Fernando Cordero. Trainer: Israel Alejandro Damonte.
Atlético Nacional: José Fernando Cuadrado Romero, Diego Luis Braghieri, Christian Camilo Mafla Rebellón, Helibelton Palacios Zapata, Daniel Muñoz Mejia, Andrés Felipe Andrade Torres (75.Jarlan Junior Barrera Escalona), Yerson Candelo Miranda (69.Jefferson Andrés Duque Montoya), Baldomero Perlaza Perlaza, Gustavo Adolfo Torres Grueso, Sebastián Gómez Londoño (61.Brayan Andrés Rovira Ferreira), Fabián Andrés González Lasso. Trainer: Juan Carlos Osorio Arbeláez.
Goals: Leandro Damián Marcelo Grimi (21) / Andrés Felipe Andrade Torres (15 penalty).
[Atlético Nacional Medellín won 4-1 on aggregate]

05.02.2020, Estadio Polideportivo Cachamay, Ciudad Guayana
Referee: Flavio Rodrigues de Souza (Brazil)
AC CD Mineros de Guayana Puerto Ordaz - Club Sportivo Luqueño   2-3(2-3)
Mineros: Edixson Antonio González Peroza, Julio César Machado Cesario, José Luis Granados Asprilla, Anthony Gabriel Matos Rivero, Edgar Hernán Jiménez González, Francisco Emilio Pol Hurtado, Argenis José Gómez Ortega, Nelson Antonio Hernández Belorín, Richard José Blanco Delgado (70.Brayan Yohangel Hurtado Cortesía), Gustavo Andrés Páez Martínez (55.Michael O'Neal Covea Uzcátegui), Darwin de Jesús Gómez Rivas (65.Mynor Javier Escoe Miller). Trainer: Richard Alfred Mayela Páez Monzón.
Sportivo Luqueño: Rubén Escobar Fernández, Jorge Rodrigo Paredes [*sent off 76*], Paulo Fabián Lima Simoes, Richard Ariel Cabrera Aveiro, Aníbal Enrique Gómez Sánchez, Eduardo Daniel Duarte González (62.Orlando Gabriel Gaona Lugo), Walter Pablo Ortíz (54.Fernando Benítez Aguirre), Blas Yamil Díaz Silva, Aldo Emmanuel Quiñónez Ayala (74.Fernando Martínez Rojas), Isidro Miguel Pitta Saldívar, Yeiber Murillo Gamboa. Trainer: Celso Rafael Ayala Gavilán.
Goals: Richard José Blanco Delgado (38, 42) / Yeiber Murillo Gamboa (33), Isidro Miguel Pitta Saldívar (35), Blas Yamil Díaz Silva (40).

19.02.2020, Estadio „Luis Alfonso Giagni", Villa Elisa
Referee: Michael Espinoza Valles (Peru)
Club Sportivo Luqueño - AC CD Mineros de Guayana Puerto Ordaz   2-2(1-2)
Sportivo Luqueño: Rubén Escobar Fernández, Paulo Fabián Lima Simoes, Wildo Javier Alonso Jara, Oscar Vidal Noguera Urquhart, Eduardo Daniel Duarte González, Blas Yamil Díaz Silva, Aldo Emmanuel Quiñónez Ayala, Ariel Schwartzman Cardona (65.Diego Agustín Fernández Servín), Isidro Miguel Pitta Saldívar (81.Fernando Martínez Rojas), Orlando Gabriel Gaona Lugo (46.Valdeci Moreira da Silva), Yeiber Murillo Gamboa. Trainer: Celso Rafael Ayala Gavilán.
Mineros: Edixson Antonio González Peroza, José Luis Granados Asprilla, Anthony Gabriel Matos Rivero, Luis Adrián Martínez, Edgar Hernán Jiménez González, Francisco Emilio Pol Hurtado, Argenis José Gómez Ortega (59.Michael O'Neal Covea Uzcátegui), Nelson Antonio Hernández Belorín, Richard José Blanco Delgado, Mynor Javier Escoe Miller (69.Gustavo Andrés Páez Martínez), Brayan Yohangel Hurtado Cortesía (55.Darwin de Jesús Gómez Rivas). Trainer: Richard Alfred Mayela Páez Monzón.
Goals: Oscar Vidal Noguera Urquhart (36), Paulo Fabián Lima Simoes (70) / Mynor Javier Escoe Miller (10), Paulo Fabián Lima Simoes (13 own goal).
[Club Sportivo Luqueño won 5-4 on aggregate]

05.02.2020, Parque „Alfredo Víctor Viera", Montevideo
Referee: Bruno Arleu de Araújo (Brazil)
CA Fénix Montevideo - CD El Nacional Quito   1-0(0-0)
Fénix: Ernesto Exequiel Hernández Oncina, José Ignacio Pallas Martínez, Adrián Argachá González, Leonardo Henriques Coelho "Léo Coelho", Ángel Leonardo Rodríguez Güelmo, Edgardo Andrés Schetino Yancev (46.Agustín Canobbio Graviz), Roberto Nicolás Fernández Fagúndez, Bryan Olivera Calvo, Maureen Javier Franco Alonso, Nicolás Teodoro Machado Mira (46.Bruno Scorza Perdomo), Ignacio Agustín Pereira González (72.Kevín Nicolás Alaniz Acuña). Trainer: Juan Ramón Carrasco Torres.
El Nacional: Johan David Padilla Quiñónez, Juan Carlos Paredes Reasco, Henry Raúl Quiñónez Díaz, Holger Eduardo Matamoros Chunga, Ronal David de Jesús Ogonaga, Pedro Angel Quiñónez Rodríguez (65.Esteban Nicolás Davila Alarcon), Pablo César Cifuentes Cortez, Jairo Santiago Padilla Folleco, Jean Carlos Peña Ludueña, Kevin Marcelo Peralta Ayoví (57.Darío Fabian Pazmiño Daza), Marlon Jonathan De Jesús Pabón (81.Felipe Jonathan Mejía Perlaza). Trainer: Eduardo Lara Lozano (Colombia).
Goal: José Ignacio Pallas Martínez (81).

20.02.2020, Estadio Olímpico „Atahualpa", Quito
Referee: Nicolás Lamolina (Argentina)
CD El Nacional Quito - CA Fénix Montevideo   2-2(0-1)
El Nacional: Johan David Padilla Quiñónez, Juan Carlos Paredes Reasco, Henry Junior Cangá Ortiz, Henry Raúl Quiñónez Díaz, Holger Eduardo Matamoros Chunga, Ronal David de Jesús Ogonaga, Jairo Santiago Padilla Folleco, Jean Carlos Peña Ludueña [*sent off 69*], Marlon Jonathan De Jesús Pabón (88.Darío Fabian Pazmiño Daza), Tito Johan Valencia Gómez (56.Kevin Marcelo Peralta Ayoví), Luis Gonzalo Congo Minda (56.Felipe Jonathan Mejía Perlaza). Trainer: Eduardo Lara Lozano (Colombia).
Fénix: Ernesto Exequiel Hernández Oncina, Juan Daniel Álvez Ortíz, José Ignacio Pallas Martínez, Adrián Argachá González (73.Bryan Olivera Calvo), Leonardo Henriques Coelho "Léo Coelho", Ángel Leonardo Rodríguez Güelmo (46.Alexander Nahuel Barboza Ullúa), Roberto Nicolás Fernández Fagúndez, Agustín Canobbio Graviz, Manuel Ugarte Ribeiro, Maureen Javier Franco Alonso (65.Edgardo Andrés Schetino Yancev), Nicolás Teodoro Machado Mira. Trainer: Juan Ramón Carrasco Torres.
Goals: Holger Eduardo Matamoros Chunga (59), Felipe Jonathan Mejía Perlaza (90+4) / Maureen Javier Franco Alonso (21), Nicolás Teodoro Machado Mira (81).
[CA Fénix Montevideo won 3-2 on aggregate]

06.02.2020, Estadio „Ramón 'Tahuichi' Aguilera", Santa Cruz de la Sierra
Referee: Darío Humberto Herrera (Argentina)
CSCD Blooming Santa Cruz de la Sierra - CS Emelec Guayaquil   0-3(0-1)
Blooming: Rubén Cordano Justiniano, Evanildo Borges Barbosa Junior „Juninho" (46.José Andrés Veizaga Vargas), Julio César Pérez Peredo, Walter Humberto Rioja Ugarte, Jesús Manuel Sagredo Chávez, José Carlos Vaca Velasco (62.Julio Héctor Herrera Farel), Helmut Enrique Gutiérrez Zapana (46.Erwin Junior Sánchez Paniagua), Christian Marcelo Latorre Long, José María Carrasco Sanguino, Gustavo Martín Fernández, César Alejandro Menacho Claros. Trainer: Miguel Andrés Ponce Torres (Chile).
Emelec: Pedro Alfredo Ortíz Angulo, Marlon Mauricio Mejía Díaz, Aníbal Leguizamón Espínola, Bryan Ignacio Carabalí Cañola, Sebastián Javier Rodríguez Iriarte, José Francisco Cevallos Enríquez, Romario Javier Caicedo Ante, Robert Javier Burbano Cobeña (77.Bryan Alfredo Cabezas Segura), Alexis Zapata Álvarez (86.Jefferson Steven Caicedo Figueroa), Joao Joshimar Rojas López (70.Dixon Jair Arroyo Espinoza), Facundo Barceló Viera. Trainer: Ismael Rescalvo Sánchez (Spain).
Goals: Facundo Barceló Viera(28), Dixon Jair Arroyo Espinoza (87), Facundo Barceló Viera(90+4).

20.02.2020, Estadio „George Capwell", Guayaquil
Referee: John Alexander Ospina Londono (Colombia)
CS Emelec Guayaquil - CSCD Blooming Santa Cruz de la Sierra   2-0(1-0)
Emelec: Pedro Alfredo Ortíz Angulo, Marlon Mauricio Mejía Díaz, Aníbal Leguizamón Espínola, Sebastián Javier Rodríguez Iriarte, José Francisco Cevallos Enríquez (74.Xavier Edu Pineda Arana), Romario Javier Caicedo Ante, Robert Javier Burbano Cobeña, Bryan Alfredo Cabezas Segura, Manuel José Hernández Porozo (65.Óscar Dalmiro Bagüi Angulo), Roberto Javier Ordóñez Ayoví, Facundo Barceló Viera (70.Joao Joshimar Rojas López). Trainer: Ismael Rescalvo Sánchez (Spain).
Blooming: José Feliciano Peñarrieta Flores, Evanildo Borges Barbosa Junior „Juninho", Walter Humberto Rioja Ugarte, Jesús Manuel Sagredo Chávez, José Carlos Vaca Velasco (54.Edward Vaca Hurtado), Christian Marcelo Latorre Long, José Fernando Arismendi Peralta, Erwin Junior Sánchez Paniagua, José María Carrasco Sanguino (45+2.Luis José Vargas García), Clody Yunior Menacho Salvatierra (78.Jorge Nelson Orozco Quiroga), César Alejandro Menacho Claros. Trainer: Miguel Andrés Ponce Torres (Chile).
Goals: José Francisco Cevallos Enríquez (27), Robert Javier Burbano Cobeña (57).
[CS Emelec Guayaquil won 5-0 on aggregate]

06.02.2020, Estadio 15 de Abril, Santa Fe
Referee: Jesús Valenzuela Sáez (Venezuela)
CA Unión de Santa Fe - Clube Atlético Mineiro Belo Horizonte   3-0(2-0)
Unión: Sebastián Emanuel Moyano, Jonathan Pablo Bottinelli, Gastón Claudio Corvalán, Brian Rolando Blasi, Franco Ezequiel Calderón, Marcelo Javier Cabrera Rivero (78.Ezequiel Augusto Bonifacio Moreno), Horacio Gabriel Carabajal (66.Federico Emanuel Milo), Óscar Javier Méndez Albornoz, Jalil Juan José Elías, Walter Ariel Bou (72.Nicolás Mario Mazzola), Franco Troyansky. Trainer: Leonardo Carol Madelón.
Atlético Mineiro: Michael Matias Fracaro, Fábio Santos Romeu (79.Guilherme Antonio Arana Lopes), Réver Humberto Alves Araújo, Gabriel Costa França, Maílton dos Santos de Sá, Hyoran Kaue Dalmoro (74.Dylan Felipe Borrero Caicedo), Jair Rodrigues Júnior (58.Francisco Edson Moreira da Silva "Edinho"), José Welison da Silva, Allan Rodrigues de Souza [sent off 90+3], José Marcos Costa Martins „Marquinhos", Franco Matías Di Santo. Trainer: Rafael Edgar Dudamel Ochoa (Venezuela).
Goals: Walter Ariel Bou (4), Marcelo Javier Cabrera Rivero (43), Horacio Gabriel Carabajal (52).

20.02.2020, Estádio Independência, Belo Horizonte
Referee: Nicolás Gallo Barragan (Colombia)
Clube Atlético Mineiro Belo Horizonte - CA Unión de Santa Fe   2-0(2-0)
Atlético Mineiro: Michael Matias Fracaro, Réver Humberto Alves Araújo (62.Iago Justen Maidana Martins), Gabriel Costa França, Guilherme Antonio Arana Lopes, Igor Rabello da Costa, Claudio Rodrigues Gomes "Guga" (84.Ricardo de Oliveira), Rómulo Otero Vásquez (68.José Marcos Costa Martins „Marquinhos"), Hyoran Kaue Dalmoro, Jair Rodrigues Júnior, Nathan Allan de Souza, Franco Matías Di Santo. Trainer: Rafael Edgar Dudamel Ochoa (Venezuela).
Unión: Sebastián Emanuel Moyano, Jonathan Pablo Bottinelli, Gastón Claudio Corvalán, Federico Emanuel Milo (65.Ezequiel Augusto Bonifacio Moreno), Brian Rolando Blasi, Franco Ezequiel Calderón, Marcelo Javier Cabrera Rivero, Horacio Gabriel Carabajal (46.Franco Troyansky), Óscar Javier Méndez Albornoz, Jalil Juan José Elías, Walter Ariel Bou (72.Nicolás Mario Mazzola). Trainer: Leonardo Carol Madelón.
Goals: Rómulo Otero Vásquez (16), Hyoran Kaue Dalmoro (29 penalty).
[CA Unión de Santa Fe won 3-2 on aggregate]

11.02.2020, Estadio „Nemesio Camacho" [El Campín], Bogotá
Referee: Ángelo Hermosilla Baeza (Chile)
Millonarios FC Bogotá - Club Always Ready La Paz   2-0(2-0)
Millonarios: Wuilker Faríñez Aray, Elvis Yohan Perlaza Lara, Juan Pablo Vargas Campos, Breiner Alexander Paz Medina, Omar Andrés Bertel Vergara, David Macalister Silva Mosquera (84.Stiven Vega Londoño), Juan Carlos Pereira Díaz, Jhon Fredy Duque Arias, Ayron Del Valle Rodríguez (74.Jorge Alexander Rengifo Clavel), José Guillermo Ortíz Picado, Hansel Orlando Zapata Zape (78.Diego Armando Godoy Vásquez). Trainer: Alberto Miguel Gamero Morillo.
Always Ready: Carlos Emilio Lampe Porras, Nelson David Cabrera Báez, Marcos Israel Barrera, Marc François Enoumba, Gustavo Ezequiel Britos (68.Marcos Emanuel Ovejero), Samuel Galindo Suheiro, Fernando Javier Saucedo Pereyra (90+2.Jorge Hugo Rojas Justiniano), Cristhian Alexis Arabe Pedraza, Víctor Hugo Melgar Bejarano, Javier Andrés Sanguinetti, Junior Kevin Romay Sánchez. Trainer: Eduardo Andres Villegas Camarena.
Goals: David Macalister Silva Mosquera (5), Hansel Orlando Zapata Zape (31).

25.02.2020, Estadio „Hernando Siles Reyes", La Paz
Referee: Franklin Andrés Congo Viteri (Ecuador)
Club Always Ready La Paz - Millonarios FC Bogotá   1-0(0-0)
Always Ready: Carlos Emilio Lampe Porras, Nelson David Cabrera Báez, Jair Torrico Camacho, Marcos Israel Barrera, Marc François Enoumba, Fernando Javier Saucedo Pereyra, Cristhian Alexis Arabe Pedraza (57.Gustavo Ezequiel Britos), Víctor Hugo Melgar Bejarano (72.Samuel Galindo Suheiro), Javier Andrés Sanguinetti, Marcos Emanuel Ovejero (64.Juan Sergio Adrián Rodríguez), Rafael da Silva Souza. Trainer: Eduardo Andres Villegas Camarena.
Millonarios: Wuilker Faríñez Aray, Elvis Yohan Perlaza Lara, Juan Pablo Vargas Campos, Breiner Alexander Paz Medina, Omar Andrés Bertel Vergara [*sent off 63*], Diego Armando Godoy Vásquez, Juan Carlos Pereira Díaz, Jhon Fredy Duque Arias, Ayron Del Valle Rodríguez (65.Andrés Felipe Román Mosquera), José Guillermo Ortíz Picado (76.Cristian Daniel Arango Duque), Hansel Orlando Zapata Zape (86.Stiven Vega Londoño). Trainer: Alberto Miguel Gamero Morillo.
Goal: Nelson David Cabrera Báez (90).
[Millonarios FC Bogotá won 2-1 on aggregate]

06.02.2020, Estadio Monumental, Lima
Referee: Piero Daniel Maza Gómez (Chile)
Club Atlético Grau Piura - CA River Plate Montevideo   1-2(0-2)
Atlético Grau: Bernardo David Medina, Jonathan Acasiete Ariadela, Jonathan Ávila Martínez, Andy Maelo Reátegui Castillo, Ronaldo Paolo Andía Uculmana, Gary Jeamsen Correa Gauguín (69.Diego Antonio Ramírez Cutti), Carlos Martín Canales Fernández, Juan Raúl Neira Medina (46.Oshiro Carlos Takeuchi Bambaren), Axel Yair Sánchez Solano, Cristian Yesid Lasso Lucumi (44.Carlos Jairsinho Gonzáles Ávalos), Jefferson Collazos Viveros. Trainer: Pablo César Zegarra Zamora.
CA River Plate: Gastón Hernán Olveira Echeverría, Gonzalo Viera Davyt, Horacio David Salaberry Marrero, Santiago Martín Pérez Casal, Joaquín Fernández Pertusso, Ribair Rodríguez Pérez (84.Claudio Herrera Casanova), Maximiliano Matías Calzada Fuentes, Nicolás Alejandro Rodríguez Charquero, Facundo Ospitaleche Hernández (76.Daniel Nicolás González Álvarez), Juan Manuel Olivera López (64.Matías Damián Alonso Vallejo), José Pablo Neris Figueredo. Trainer: Jorge Daniel Fossati Lurachi.
Goals: Diego Antonio Ramírez Cutti (86) / Juan Manuel Olivera López (16), José Pablo Neris Figueredo (24).

20.02.2020, Parque „Alfredo Víctor Viera", Montevideo
Referee: José Natanael Méndez Acosta (Paraguay)
CA River Plate Montevideo - Club Atlético Grau Piura   1-0(1-0)
CA River Plate: Gastón Hernán Olveira Echeverría, Gonzalo Viera Davyt, Horacio David Salaberry Marrero, Santiago Martín Pérez Casal (66.Claudio Herrera Casanova), Marcos Daniel Montiel González, Joaquín Fernández Pertusso, Maximiliano Matías Calzada Fuentes, Nicolás Alejandro Rodríguez Charquero, Facundo Ospitaleche Hernández, Juan Manuel Olivera López (73.Daniel Nicolás González Álvarez), José Pablo Neris Figueredo (87.Douglas Matías Arezo Martínez). Trainer: Jorge Daniel Fossati Lurachi.
Atlético Grau: Bernardo David Medina, Jonathan Acasiete Ariadela, Jonathan Ávila Martínez, Andy Maelo Reátegui Castillo [*sent off 52*], Roberto Ronaldo Céspedes Sánchez (77.Juan Raúl Neira Medina), Diego Antonio Ramírez Cutti (72.Ronaldo Paolo Andía Uculmana), Oshiro Carlos Takeuchi Bambaren, Axel Yair Sánchez Solano, Denilson Gonzáles Perlado, Jefferson Collazos Viveros, Kleiber Mauricio Palomino Hurtado (53.Brackzon Henry León Canchaya). Trainer: Pablo César Zegarra Zamora.
Goal: Juan Manuel Olivera López (15).
[CA River Plate Montevideo won 3-1 on aggregate]

11.02.2020, Estadio „Luis Alfonso Giagni", Villa Elisa
Referee: Kevin Paolo Ortega Pimentel (Peru)
Club Sol de América Asunción - Goiás EC Goiânia   1-0(1-0)
Sol de América: Víctor Hugo Centurión Miranda, Facundo Cobos, Milciades Portillo Castro, Iván Emilio Villalba Chamorro, José María Canale Domínguez, Hernán Novick Rattich (67.Jacson Mauricio Pita Mina), Aldo Anibal Vera Grance, Edgar Ramón Ferreira Gallas, Matías Gabriel Pardo, Diego Gabriel Váldez Samudio (67.Federico Jourdan), Nildo Arturo Viera Recalde (80.Iván Javier Cazal Báez). Trainer: Luis Alberto Islas Ranieri (Argentina).
Goiás: Tadeu Antonio Ferreira, Fábio Pizarro Sanches [*sent off 90+5*], Luiz Gustavo Tavares Conde, Gilberto dos Santos Souza Júnior, Daniel Sartori Bessa, Juan de Dios Pintado Leines, Jefferson Junio da Silva, Thalles Gabriel Morais dos Reis (64.Lucas Vinicius Gonçalves Silva "Lucão do Break"), Rafael Martiniano de Miranda Moura (86.Vinícius Lopes da Silva), Marcio Antonio de Sousa Junior "Marcinho" (42.Daniel Alberto Villalva Barrios), Victor Andrade dos Santos. Trainer: Ney Franco da Silveira Júnior.
Goal: Nildo Arturo Viera Recalde (32).

25.02.2020, Estádio Olímpico "Pedro Ludovico", Goiânia
Referee: Andrés Ismael Cunha Soca (Uruguay)
Goiás EC Goiânia - Club Sol de América Asunción   0-1(0-1)
Goiás: Tadeu Antonio Ferreira, Luiz Gustavo Tavares Conde, Heron Crespo da Silva, Daniel Sartori Bessa (75.Mike dos Santos Nenatarvicius), Juan de Dios Pintado Leines, Leonardo de Souza Sena "Léo Sena", Jefferson Junio da Silva (46.Wanderson de Jesus Martins „Caju"), Rafael Martiniano de Miranda Moura, Daniel Alberto Villalva Barrios, Victor Andrade dos Santos, Miguel Ferreira Damasceno (46.Vinícius Lopes da Silva). Trainer: Ney Franco da Silveira Júnior.
Sol de América: Víctor Hugo Centurión Miranda, Facundo Cobos, Milciades Portillo Castro, Iván Emilio Villalba Chamorro, José María Canale Domínguez, Hernán Novick Rattich (64.Edgar Ramón Ferreira Gallas), Aldo Anibal Vera Grance, Matías Gabriel Pardo (75.Federico Jourdan), Iván Javier Cazal Báez, Diego Gabriel Váldez Samudio, Nildo Arturo Viera Recalde (70.Jacson Mauricio Pita Mina) Trainer: Luis Alberto Islas Ranieri (Argentina).
Goal: Hernán Novick Rattich (29 penalty).
[Club Sol de América Asunción won 2-0 on aggregate]

11.02.2020, Estadio Deportivo Cali, Palmira
Referee: Diego Mirko Haro Sueldo (Peru)
Asociación Deportivo Cali - Club River Plate Asunción   2-1(2-0)
Deportivo Cali: David González Giraldo, Juan Camilo Angulo Villegas, Jorge Hernán Menosse Acosta, Darwin Zamir Andrade Marmolejo, Eduar Hernán Caicedo Solis, Carlos David Lizarazo Landazury (73.Andrés Juan Arroyo Romero), Juan Daniel Roa Reyes (46.Déiber Jair Caicedo Mideros), Jhon Freduar Vásquez Anaya [*sent off 90+4*], Agustín Palavecino, Andrés Felipe Colorado Sánchez, Jesús David Arrieta Farak (65.Richard Stevens Rentería Moreno). Trainer: Alfredo Carlos Arias Sánchez (Uruguay).
River Plate: Pablo Martín Gavilán Fernández, Álvaro Daniel Pereira Barragán, Gustavo Antonio Giménez Báez, Rodrigo Alborno Ortega (84.Diego Fabián Barreto Lara), Mario Arsenio Saldívar Rijas, Alberto Cirilo Contrera Jiménez, Emiliano Germán Agüero, Rodrigo Francisco Vera Encina (60.Dionisio Ismael Pérez Mambreani), Ramón Sosa Acosta, Marco Antonio Prieto (55.Juan José Gauto Cáceres), Óscar Guillermo Giménez. Trainer: Marcelo Philipp (Argentina).
Goals: Jhon Freduar Vásquez Anaya (5), Jesús David Arrieta Farak (39) / Dionisio Ismael Pérez Mambreani (77).

25.02.2020, Estadio „Luis Alfonso Giagni", Villa Elisa
Referee: Raphael Claus (Brazil)
Club River Plate Asunción - Asociación Deportivo Cali   **1-3(0-1)**
River Plate: Pablo Martín Gavilán Fernández, Álvaro Daniel Pereira Barragán, Gustavo Antonio Giménez Báez, Rodrigo Alborno Ortega, Richard Ernesto Fernández Rodríguez, Darío Jorge Cáceres Ovelar (68.Óscar Guillermo Giménez), Alberto Cirilo Contrera Jiménez (84.Juan Aníbal Roa), Juan José Gauto Cáceres, Emiliano Germán Agüero (77.Diego Fabián Barreto Lara), Ramón Sosa Acosta, Dionisio Ismael Pérez Mambreani. Trainer: Marcelo Philipp (Argentina).
Deportivo Cali: David González Giraldo, Juan Camilo Angulo Villegas, Jorge Hernán Menosse Acosta, Darwin Zamir Andrade Marmolejo (60.Harold Andrés Gómez Muñoz), Eduar Hernán Caicedo Solis, Carlos David Lizarazo Landazury, Agustín Palavecino, Andrés Felipe Balanta Cifuentes, Andrés Felipe Colorado Sánchez, Angelo José Rodríguez Henry (67.Iván Camilo Ibáñez Mojica), Déiber Jair Caicedo Mideros (75.José David Enamorado Gómez). Trainer: Alfredo Carlos Arias Sánchez (Uruguay).
Goals: Dionisio Ismael Pérez Mambreani (53) / Angelo José Rodríguez Henry (13), Agustín Palavecino (68 penalty, 89).
[Asociación Deportivo Cali won 5-2 on aggregate]

11.02.2020, Estadio „Diego Armando Maradona", Buenos Aires
Referee: Ángel Antonio Arteaga Cabriales (Venezuela)
AA Argentinos Juniors Buenos Aires - Deportivo Sport Huancayo   **1-1(0-1)**
Argentinos Juniors: Lucas Abraham Chávez, Matías Nicolás Caruzzo, Carlos Gustavo Quintana, Elias José Gómez, Kevin Mac Allister (78.Tomás Gustavo Andrade), Fausto Emanuel Montero (58.Nicolás Alexis Silva), Francis Manuel Mac Allister, Matko Mijael Miljevic (46.Diego Sosa), César Gabriel Florentín, Gabriel Agustín Hauche, Edwar Manuel López Gómez. Trainer: Diego Omar Dabove.
Sport Huancayo: Joel Ademir Pinto Herrera, Giancarlo Carmona Maldonado, Hervé Kambou, Hugo Alexis Ademir Ángeles Chávez, Carlos Alberto Caraza Pérez, Palanqueta Valoyes Córdoba, Marcio Andre Valverde Zamora (73.Víctor Manuel Peña Espinoza), Ricardo Enrique Salcedo Smith (82.Milton Rodrigo Benítez Lirio), Alfredo Junior Rojas Pajuelo, Marco Alexander Lliuya Cristóbal, Carlos Ariel Neumann Torres (78.Ronal Omar Huaccha Jurado). Trainer: Elar Wilmar Elisban Valencia Pacheco.
Goals: Gabriel Agustín Hauche (71) / Marco Alexander Lliuya Cristóbal (45).

25.02.2020, Estadio Huancayo, Huancayo
Referee: Daniel Adán Fedorczuk Betancour (Uruguay)
Deportivo Sport Huancayo - AA Argentinos Juniors Buenos Aires   **0-0**
Sport Huancayo: Joel Ademir Pinto Herrera, Giancarlo Carmona Maldonado, Hervé Kambou, Hugo Alexis Ademir Ángeles Chávez, Carlos Alberto Caraza Pérez (46.Jorge Luis Bazán Lazarte), Palanqueta Valoyes Córdoba, Marcio Andre Valverde Zamora (85.Charles Junior Monsalvo Peralta), Víctor Manuel Peña Espinoza, Ricardo Enrique Salcedo Smith (76.Alfredo Junior Rojas Pajuelo), Marco Alexander Lliuya Cristóbal, Carlos Ariel Neumann Torres. Trainer: Elar Wilmar Elisban Valencia Pacheco.
Argentinos Juniors: Lucas Abraham Chávez, Marcos Alberto Angeleri, Miguel Ángel Torrén, Carlos Gustavo Quintana, Elias José Gómez, Matías Alexis Romero (75.Diego Sosa), Francis Manuel Mac Allister (67.Iván Leonardo Colman), Fausto Mariano Vera, Gabriel Agustín Hauche, Nicolás Alexis Silva (81.Tomás Gustavo Andrade), Edwar Manuel López Gómez. Trainer: Diego Omar Dabove.
[Deportivo Sport Huancayo won on away goals rule (1-1 on aggregate)]

12.02.2020, Itaipava Arena Fonte Nova, Salvador
Referee: Roberto Andrés Tobar Vargas (Chile)
EC Bahia Salvador - Club Nacional Asunción   3-0(2-0)
Bahia: Anderson Pedro da Silva, Lucas Silva Fonseca, João Pedro Maturano dos Santos, José Carlos Ferreira Junior „Juninho", Luis Antonio da Rocha Junior "Juninho Capixaba", Gregore de Magalhães da Silva, Flávio Medeiros da Silva, Gilberto Oliveira Souza Júnior (83.José Fernando Viana de Santana "Fernandão"), José Élber Pimentel da Silva, Rossicley Pereira da Silva „Rossi" (77.Jádson Alves dos Santos), Clayson Henrique da Silva Vieira (61.Arthur Caíque do Nascimento Cruz). Trainer: Roger Machado Marques.
Nacional: Juan Ángel Espínola González, Farid Alfonso Díaz Rhenals (77.Marcos de Jesús Duré Cantero), Luis Alberto Cabral Vázquez, Ricardo Garay Lima, Cristian Miguel Riveros Núñez, Edgar Catalino Zaracho Zorilla, Alexis Joel González Belotto (60.Leonardo Adrián Villagra Enciso), Juan José Franco Arrellaga, Franco Lautaro Costa, Guillermo Alexis Beltrán Paredes, Juan Danilo Santacruz González (46.Julián Alfonso Benítez Franco). Trainer: Roberto Ismael Torres Baez.
Goals: Gilberto Oliveira Souza Júnior (40), Gregore de Magalhães da Silva (42), José Élber Pimentel da Silva (50).

26.02.2020, Estadio „Luis Alfonso Giagni", Villa Elisa
Referee: Patricio Hernán Loustau (Argentina)
Club Nacional Asunción - EC Bahia Salvador   1-3(0-3)
Nacional: Santiago Gerardo Rojas López, Farid Alfonso Díaz Rhenals, Luis Alberto Cabral Vázquez, Hugo Humberto Espínola Cuéllar, Cristian Miguel Riveros Núñez, Edgar Catalino Zaracho Zorilla, Juan José Franco Arrellaga, Franco Lautaro Costa (79.Ernesto Raúl Álvarez Fleitas), Julián Alfonso Benítez Franco (71.Juan Danilo Santacruz González), Guillermo Alexis Beltrán Paredes, Leonardo Adrián Villagra Enciso (63.Enrique Javier Borja Araújo). Trainer: Roberto Ismael Torres Baez.
Bahia: Anderson Pedro da Silva, Lucas Silva Fonseca, João Pedro Maturano dos Santos, José Carlos Ferreira Junior „Juninho", Luis Antonio da Rocha Junior "Juninho Capixaba", Gregore de Magalhães da Silva, Flávio Medeiros da Silva, Gilberto Oliveira Souza Júnior (56.José Fernando Viana de Santana "Fernandão"), José Élber Pimentel da Silva (75.Daniel Sampaio Simões „Danielzinho"), Rossicley Pereira da Silva „Rossi", Clayson Henrique da Silva Vieira (32.Arthur Caíque do Nascimento Cruz). Trainer: Roger Machado Marques.
Goals: Leonardo Adrián Villagra Enciso (51 penalty) / José Élber Pimentel da Silva (3), Gilberto Oliveira Souza Júnior (32 penalty, 45).
[EC Bahia Salvador won 6-1 on aggregate]

12.02.2020, Estadio Ciudad de Lanús, Lanús
Referee: Éber Aquino Gaona (Paraguay)
CA Lanús - CD Universidad Católica Quito   3-0(0-0)
Lanús: Agustín Daniel Rossi, Ezequiel Matías Muñoz, Guillermo Enio Burdisso, Nicolás Pasquini, Leonel Di Plácido, Facundo Tomás Quignón (83.Facundo Martín Pérez), Damián Marcelino Moreno, Lautaro Germán Acosta, José Gustavo Sand, Carlos Daniel Auzqui (75.Nicolás Orsini), Matias Eduardo Esquivel (71.Fernando Daniel Belluschi). Trainer: Luis Francisco Zubeldía.
Universidad Católica Quito: Hernán Ismael Galíndez, Yuber Antonio Mosquera Perea, Marcos Andrés López Cabrera, Gustavo Orlando Córtez Quiñónez, Facundo Martin Martínez Montagnoli, Christian Andrés Oña Alcocer, Carlos Manuel Insaurralde, Juan Manuel Tévez (64.Luis Andrés Chicaiza Morales), Walter Leodán Chalá Vázquez, Bruno Leonel Vides (65.Bryan Alejandro de Jesús Pabón), Jeison Daniel Chalá Vásquez (81.Jonathan Enrique Betancourt Mina). Trainer: Santiago Escobar Saldarriaga (Colombia).
Goals: Lautaro Germán Acosta (53), Nicolás Orsini (75, 80).

26.02.2020, Estadio Olímpico „Atahualpa", Quito
Referee: Gery Anthony Vargas Carreño (Bolivia)
CD Universidad Católica Quito - CA Lanús   **2-0(1-0)**
Universidad Católica Quito: Hernán Ismael Galíndez, Yuber Antonio Mosquera Perea, Marcos Andrés López Cabrera, Guillermo Daniel de los Santos Viana, Gustavo Orlando Córtez Quiñónez, Kevin Andrés Minda Ruales, Facundo Martin Martínez Montagnoli (80.José Joel Carabalí Prado), Diego Andrés Armas Benavides (65.Nazareno Daniel Bazán), Juan Manuel Tévez, Walter Leodán Chalá Vázquez (73.Bruno Leonel Vides), Jeison Daniel Chalá Vásquez. Trainer: Santiago Escobar Saldarriaga (Colombia).
Lanús: Agustín Daniel Rossi, Ezequiel Matías Muñoz, Guillermo Enio Burdisso, Nicolás Pasquini, Nicolás Jorge Morgantini, Fernando Daniel Belluschi, Tomás Belmonte, Facundo Martín Pérez (67.Carlos Daniel Auzqui), Lautaro Germán Acosta (80.Alexandro Ezequiel Bernabei), Nicolás Orsini (73.Pedro De la Vega), Lautaro Valenti. Trainer: Luis Francisco Zubeldía.
Goals: Walter Leodán Chalá Vázquez (39), Juan Manuel Tévez (50 penalty).
[CA Lanús won 3-2 on aggregate]

12.02.2020, Estadio CAP, Talcahuano; Attendance: 4,621
Referee: Franklin Andrés Congo Viteri (Ecuador)
CD Huachipato Talcahuano - Asociación Deportivo Pasto   **1-0(0-0)**
Huachipato: Yerko Andrés Urra Cortés, Cristián Alejandro Cuevas Jara, Nicolás Enrique Ramírez Aguilera, Ignacio Tapia Bustamante, César Valenzuela Martínez (51.Cris Robert Martínez Escobar), Claudio Elias Sepúlveda Castro, Israel Elías Poblete Zúñiga, Juan Guillermo Córdova Torres, Javier Adolfo Altamirano Altamirano (77.Brayan Enrique Palmezano Reyes), Juan Ignacio Sánchez Sotelo (88.Sebastián Martínez Muñoz), Joffre Andrés Escobar Moyano. Trainer: Gustavo Atilano Florentín Morínigo (Paraguay).
Deportivo Pasto: Luis Enrique Delgado Mantilla, Juan Guillermo Arboleda Sánchez, Jerson Andrés Malagón Piracún, Leonardo Jesús Aponte Matute, Danilo Arboleda Hurtado, Francisco Javier Rodríguez Ibarra, César Alexander Quintero Jiménez, Cristian Marcelo Álvarez (68.Daniel Alejandro Hernández González), Jhon Freddy Pajoy Ortíz (81.Carlos Rodrigo Núñez Techera), Feiver Alonso Mercado Galera (76.Sneyder Julián Guevara Muñoz), Ray Andrés Vanegas Zúñiga. Trainer: Diego Andrés Corredor Hurtado.
Goal: Claudio Elias Sepúlveda Castro (86 penalty).

26.02.2020, Estadio Departamental Libertad, Pasto
Referee: Wilton Pereira Sampaio (Brazil)
Asociación Deportivo Pasto - CD Huachipato Talcahuano   **0-1(0-0)**
Deportivo Pasto: Luis Enrique Delgado Mantilla, Juan Guillermo Arboleda Sánchez, Jerson Andrés Malagón Piracún (80.Jeison Medina Escobar), Danilo Arboleda Hurtado, Camilo Andrés Ayala Quintero (64.Edis Horacio Ibargüen García), Francisco Javier Rodríguez Ibarra, Daniel Alejandro Hernández González, Marvin Leandro Vallecilla Gómez, Cristian Marcelo Álvarez (57.César Alexander Quintero Jiménez), Feiver Alonso Mercado Galera, Ray Andrés Vanegas Zúñiga. Trainer: Diego Andrés Corredor Hurtado.
Huachipato: Yerko Andrés Urra Cortés, Cristián Alejandro Cuevas Jara, Diego Alejandro Oyarzún Carrasco, Nicolás Enrique Ramírez Aguilera, Ignacio Tapia Bustamante, Claudio Elias Sepúlveda Castro, Sebastián Martínez Muñoz (79.Brayan Enrique Palmezano Reyes), Israel Elías Poblete Zúñiga, Juan Guillermo Córdova Torres, Cris Robert Martínez Escobar (59.Juan Ignacio Sánchez Sotelo), Joffre Andrés Escobar Moyano (67.Joaquín Verdugo Salazar). Trainer: Gustavo Atilano Florentín Morínigo (Paraguay).
Goal: Juan Ignacio Sánchez Sotelo (81).
[CD Huachipato Talcahuano won 2-0 on aggregate]

12.02.2020, Estadio „Agustín Tovar", Barinas
Referee: Ivo Nigel Méndez Chávez (Bolivia)
Llaneros de Guanare FC - Liverpool FC Montevideo   0-2(0-2)
Llaneros: Wilver Eduardo Jiménez Herrera, Carlos José Torres Mendoza, Leonardo Javier Terán Balaustren (46.Junior Miguel Vargas Vega), Douglas Leo Julio Castro, Alejandro Jesús González Tábata, Yonaiker Yohan Reyes Jiménez, Manuel Alejandro Fuentes Álvarez, Edgar Alexander Pérez, David Enrique Barreto Benítez (78.Díver Jesús Torres Ferrer), Anderson Perea Murillo (44.Eliecer Yovanny Mina Arrollo), Kevin Raphael Díaz. Trainer: Edwin Quilagury Sayago.
Liverpool: Andrés Ulises Mehring, Ernesto Goñi Ameijenda, Franco Gastón Romero Ponte, Camilo Damián Cándido Aquino, Andrés Federico Pereira Castelnoble, Hernán Figueredo Alonzo, Bruno Martín Correa Araújo (87.Joel Gustavo Acosta), Lucas Agustín Ocampo Galván (75.Martín Alejandro Fernández Figueira), Alan Damián Medina Silva (59.Emiliano Alfaro Toscano), Fabricio Díaz Badaracco, Fabián Agustín Dávila Silva. Trainer: Román Marcelo Cuello Arizmendi.
Goals: Fabián Agustín Dávila Silva (31), Hernán Figueredo Alonzo (45+1).

26.02.2020, Estadio „Luis Franzini", Montevideo
Referee: Kevin Paolo Ortega Pimentel (Peru)
Liverpool FC Montevideo - Llaneros de Guanare FC   5-0(2-0)
Liverpool: Andrés Ulises Mehring, Ernesto Goñi Ameijenda, Franco Gastón Romero Ponte, Camilo Damián Cándido Aquino, Andrés Federico Pereira Castelnoble, Hernán Figueredo Alonzo, Bruno Martín Correa Araújo, Lucas Agustín Ocampo Galván (34.Álex Bacilio Vázquez Álvez), Alan Damián Medina Silva, Fabricio Díaz Badaracco (46.Martín Alejandro Fernández Figueira), Fabián Agustín Dávila Silva (55.Emiliano Alfaro Toscano). Trainer: Román Marcelo Cuello Arizmendi.
Llaneros: Wilver Eduardo Jiménez Herrera, Carlos José Torres Mendoza, Leonardo Javier Terán Balaustren, Douglas Leo Julio Castro, Alejandro Jesús González Tábata, Germán José Chanchamire Burguillos, Manuel Alejandro Fuentes Álvarez, David Enrique Barreto Benítez, Jhonny Alexander Rodríguez Gaviria, Díver Jesús Torres Ferrer, Pablo Andrés Caro Villamil (57.José Gregorio Marulanda Quijano). Trainer: Edwin Quilagury Sayago.
Goals: Lucas Agustín Ocampo Galván (13), Andrés Federico Pereira Castelnoble (20), Bruno Martín Correa Araújo (52, 90+1), Emiliano Alfaro Toscano (90+4).
[Liverpool FC Montevideo won 7-0 on aggregate]

13.02.2020, Estadio „Agustín Tovar", Barinas
Referee: Rodolpho Toski Marques (Brazil)
Zamora FC Barinas - Club Plaza Colonia de Deportes Colonia del Sacramento   1-0(0-0)
Zamora: Luis Enrique Romero Durán, Jorge Ignacio González Barón, Daniel Eduardo Benítez Pernía, Carlos Enrique Castro Abreu, Kevin Eduardo De la Hoz Morys, Gustavo Adolfo Rojas Rocha (67.Maikol Julián Quintero Mora), Pedro Antonio Ramírez Paredes, José Daniel Soto Montero, Duván Rodríguez Urango (86.Darwin Daniel Matheus Tovar), Manuel Alejandro Arteaga Rubianes (82.Mauricio Isaac Márquez Centeno), Richard José Figueroa Avilés. Trainer: José Manuel Rey Cortegoso.
Plaza Colonia: Nicolás Guirin Chialvo, Mario Pablo Risso Caffiro, Federico Pérez Silvera, Facundo Kidd Álvarez, Matías Ezequiel Caseras Taberna (68.Álvaro Fernández Gay), Ezequias Emanuel Redín Morales, Iván Ernesto Salazar Aleijón (77.Leandro Suhr Avondet), Yvo Nahuel Calleros Rébori, Juan Crúz Mascia Paysée, Ramiro Manuel Quintana Hernández, Nicolás Ezequiel Dibble Aristimuño (87.Agustín Sebastián Miranda Cambón). Trainer: Victor Matias Rosa Castro.
Goal: Jorge Ignacio González Barón (49).

27.02.2020, Estadio „Profesor Alberto Suppici", Colonia del Sacramento
Referee: Juan Gabriel Benítez Mareco (Paraguay)
Club Plaza Colonia de Deportes Colonia del Sacramento - Zamora FC Barinas 3-0(2-0)
Plaza Colonia: Nicolás Guirin Chialvo, Mario Pablo Risso Caffiro, Federico Pérez Silvera, Haibrany Nick Ruíz Díaz Minervino, Facundo Kidd Álvarez, Matías Ezequiel Caseras Taberna (82.Leonai Souza de Almeida), Facundo Federico Waller Martiarena, Yvo Nahuel Calleros Rébori, Juan Crúz Mascia Paysée (67.Ezequias Emanuel Redín Morales), Ramiro Manuel Quintana Hernández [*sent off 75*], Leandro Suhr Avondet (78.Nicolás Ezequiel Dibble Aristimuño). Trainer: Victor Matias Rosa Castro.
Zamora: Luis Enrique Romero Durán, Jorge Ignacio González Barón, Daniel Eduardo Benítez Pernía, Marcel Daniel Guaramato García (40.Carlos Enrique Castro Abreu), Kevin Eduardo De la Hoz Morys [*sent off 30*], Pedro Antonio Ramírez Paredes (60.Mauricio Isaac Márquez Centeno), José Daniel Soto Montero, Maikol Julián Quintero Mora (58.Darwin Daniel Matheus Tovar), Duván Rodríguez Urango, Manuel Alejandro Arteaga Rubianes [*sent off 74*], Richard José Figueroa Avilés. Trainer: José Manuel Rey Cortegoso.
Goals: Ramiro Manuel Quintana Hernández (16), Facundo Federico Waller Martiarena (18, 54).
[Club Plaza Colonia de Deportes Colonia del Sacramento won 3-1 on aggregate]

13.02.2020, Estadio Monumental de la UNSA, Arequipa
Referee: Luis Eduardo Quiroz Prado (Ecuador)
Cusco FC - Audax CS Italiano La Florida 2-0(0-0)
Cusco: Juan Miguel Pretel Sánchez, Jair Edson Céspedes Zegarra, Marcos Abner Delgado Ocampo (68.Miguel Ángel Aucca Cruz), Yordi Eduardo Vilchez Cienfuegos, Jorge Jair Toledo Bravo, Miguel Ángel Paniagua Rivarola, Eduardo Lorenzo Aranda, Alfredo Sebastian Ramúa, Miguel Alexander Carranza Macahuachi (90+2.Brandon Roberto Palacios Bustamante), Janio Carlo Pósito Olazábal, Franco Emanuel Boló (86.José André Guidino Otero). Trainer: Javier Silvano Arce Arias.
Audax Italiano: José Antonio Devecchi, Carlos Alfredo Labrín Candia, Nicolás Iván Orellana Acuña, Nicolás Esteban Fernández Muñoz, Luis Alberto Cabrera Figueroa, Pablo Damián Lavandeira Hernández (86.Bryan Jesús Figueroa de la Hoz), Osvaldo Javier Bosso Torres, Diego Ignacio Torres Quintana (54.Nicolás Ignacio Crovetto Aqueveque), Jorge Alexis Henríquez Neira (83.Ariel Elias Martínez Arce), Iván Patricio Ledezma Ahumada, Rodrigo Julián Holgado. Trainer: Francisco Meneghini (Argentina).
Goals: Yordi Eduardo Vilchez Cienfuegos (73), José Antonio Devecchi (83 own goal).

27.02.2020, Estadio Nacional „Julio Martínez Prádanos", Santiago
Referee: Augusto Bergelio Aragón Bautista (Ecuador)
Audax CS Italiano La Florida - Cusco FC 3-0(2-0)
Audax Italiano: José Antonio Devecchi, Carlos Alfredo Labrín Candia, Nicolás Iván Orellana Acuña, Nicolás Esteban Fernández Muñoz, Luis Alberto Cabrera Figueroa, Osvaldo Javier Bosso Torres, Diego Ignacio Torres Quintana (83.Nicolás Ignacio Crovetto Aqueveque), Jorge Alexis Henríquez Neira (45+4.Ariel Elias Martínez Arce), Iván Patricio Ledezma Ahumada, Rodrigo Julián Holgado, Bryan Jesús Figueroa de la Hoz (71.Alfred Jeafra Canales Céspedes). Trainer: Francisco Meneghini (Argentina).
Cusco: Juan Miguel Pretel Sánchez, Jair Edson Céspedes Zegarra, Marcos Abner Delgado Ocampo, Yordi Eduardo Vilchez Cienfuegos, Jorge Jair Toledo Bravo, Miguel Ángel Paniagua Rivarola, Eduardo Lorenzo Aranda (82.Brandon Roberto Palacios Bustamante), Alfredo Sebastian Ramúa (90+2.José Junior Velásquez Huillca), Miguel Alexander Carranza Macahuachi (46.Edinson José Chávez Quiñónez), Janio Carlo Pósito Olazábal, Franco Emanuel Boló. Trainer: Javier Silvano Arce Arias.
Goals: Rodrigo Julián Holgado (40, 45, 65).
[Audax CS Italiano La Florida won 3-2 on aggregate]

13.02.2020, Estadio Libertadores de América, Avellaneda
Referee: Wilmar Alexander Roldán Pérez (Colombia)
CA Independiente Avellaneda - Fortaleza Esporte Clube   1-0(0-0)
Independiente: Martín Nicolás Campaña Delgado, Fabricio Tomás Bustos Sein (88.Cecilio Andrés Domínguez Ruiz), Alexander Nahuel Barboza Ullúa, Alan Javier Franco, Juan Manuel Sánchez Miño [*sent off 44*], Lucas Daniel Romero, Domingo Felipe Blanco, Alan Soñora, Silvio Ezequiel Romero, Leandro Miguel Fernández (59.Alan Agustín Velasco), Martín Nicolás Benítez (71.Braian Miguel Martínez). Trainer: Lucas Andrés Pusineri Bignone.
Fortaleza: Felipe Alves Raymundo, Paulo Marcos De Jesus Ribeiro „Paulão", Bruno Ferreira Melo, Juan Sebastián Quintero Fletcher [*sent off 44*], Luiz Antonio Ferreira Rodrigues "Felipe", Paulo Roberto Valoura Júnior "Juninho", Gabriel Dias de Oliveira, Mariano Vázquez, Osvaldo Lourenço Filho (85.Marlon Adriano Prezotti), José Romario Silva de Souza "Romarinho" (85.Guilherme de Jesus da Silva "Tinga"), David Correa da Fonseca (46.Miguel Silveira dos Santos). Trainer: Rogério Mücke Ceni.
Goal: Leandro Miguel Fernández (51).

27.02.2020, Estádio Castelão, Fortaleza
Referee: Roberto Andrés Tobar Vargas (Chile)
Fortaleza Esporte Clube - CA Independiente Avellaneda   2-1(1-0)
Fortaleza: Felipe Alves Raymundo, Paulo Marcos De Jesus Ribeiro „Paulão", Jackson de Souza, Bruno Ferreira Melo, Luiz Antonio Ferreira Rodrigues "Felipe", Paulo Roberto Valoura Júnior "Juninho", Gabriel Dias de Oliveira, Mariano Vázquez (59.Guilherme de Jesus da Silva "Tinga"), Osvaldo Lourenço Filho (90.Wellington Pereira do Nascimento "Wellington Paulista"), José Romario Silva de Souza "Romarinho" (78.Marlon Adriano Prezotti), David Correa da Fonseca. Trainer: Rogério Mücke Ceni.
Independiente: Martín Nicolás Campaña Delgado, Gastón Alexis Silva Perdomo, Fabricio Tomás Bustos Sein, Alexander Nahuel Barboza Ullúa, Alan Javier Franco, Lucas Daniel Romero, Domingo Felipe Blanco (84.Andrés Felipe Roa Estrada), Gastón Alberto Togni (76.Cecilio Andrés Domínguez Ruiz), Silvio Ezequiel Romero, Leandro Miguel Fernández, Braian Ezequiel Romero (88.Alan Agustín Velasco). Trainer: Lucas Andrés Pusineri Bignone.
Goals: Paulo Roberto Valoura Júnior "Juninho" (27 penalty), Marlon Adriano Prezotti (79) / Bruno Ferreira Melo (90+3 own goal).
[CA Independiente Avellaneda won on away goals rule (2-2 on aggregate)]

PRELIMINARY ROUND – SECOND STAGE

27.10.2020, Estadio Municipal „Nicolás Chahuán Nazar", La Calera
Referee: Fernando Gabriel Echenique (Argentina)
CD Unión La Calera - CD Tolima Ibagué **0-0**
La Calera: Alexis Martín Arias, Cristián Vilches González, Santiago García, Érick Andrés Wiemberg Higuera, Felipe Ignacio Seymour Dobud, Fernando Patricio Cordero Fonseca, Gonzalo Pablo Castellani (88.Fabrizio Fabián Manzo Melo), Yonathan Wladimir Andía León, Esteban Cristobal Valencia Reyes, Andrés Alejandro Vílches Araneda, Nicolás Marcelo Stefanelli (73.Jeisson Andrés Vargas Salazar). Trainer: Juan Pablo Vojvoda Rizzo (Argentina).
Tolima: Álvaro David Montero Perales, Sergio Andrés Mosquera Zapata, Omar Antonio Albornoz Contreras, Danovis Banguero Lerma, Yeison Stiven Gordillo Vargas, Juan David Ríos Henao, Juan Pablo Nieto Salazar, Nilson David Castrillón Burbano, Andrey Estupiñán Quiñones (81.Luis Fernando Miranda Molinarez), Jean Carlos Pestaña Hernández, Juan Fernando Caicedo Benítez (90+4.Anderson Daniel Plata Guillén). Trainer: Hernán Torres Oliveros.

03.11.2020, Estadio „Manuel Murillo Toro", Ibagué
Referee: Augusto Bergelio Aragón Bautista (Ecuador)
CD Tolima Ibagué - CD Unión La Calera **1-1(1-1)**
Tolima: Álvaro David Montero Perales, Sergio Andrés Mosquera Zapata, Omar Antonio Albornoz Contreras (71.Anderson Daniel Plata Guillén), Danovis Banguero Lerma, Yeison Stiven Gordillo Vargas, Juan David Ríos Henao (59.Luis Fernando Miranda Molinarez), Nilson David Castrillón Burbano, Andrey Estupiñán Quiñones (59.Daniel Felipe Cataño Torres), Jean Carlos Pestaña Hernández, Francisco Javier Rodríguez Hernández, Jaminton Leandro Campaz. Trainer: Hernán Torres Oliveros.
La Calera: Alexis Martín Arias, Cristián Vilches González, Santiago García (46.Matías Cristóbal Navarrete Fuentes), Érick Andrés Wiemberg Higuera, Felipe Ignacio Seymour Dobud, Gonzalo Pablo Castellani (67.Fernando Patricio Cordero Fonseca), Juan Andrés Leiva Mieres, Yonathan Wladimir Andía León, Esteban Cristobal Valencia Reyes, Andrés Alejandro Vílches Araneda (81.Jeisson Andrés Vargas Salazar), Nicolás Marcelo Stefanelli (78.Thomas Rodríguez Trogsar). Trainer: Juan Pablo Vojvoda Rizzo (Argentina).
Goals: Jaminton Leandro Campaz (36) / Andrés Alejandro Vílches Araneda (45+1).
[CD Unión La Calera won on away goals rule (1-1 on aggregate)]

27.10.2020, Estadio Nacional, Lima
Referee: Marlon Gregorio Vera Solis (Ecuador)
Deportivo Sport Huancayo - Liverpool FC Montevideo **1-1(0-0)**
Sport Huancayo: Joel Ademir Pinto Herrera, Giancarlo Carmona Maldonado, Víctor Julio Rodolfo Balta Mori, Hugo Alexis Ademir Ángeles Chávez, Carlos Alberto Caraza Pérez (67.Moises Aldair Velásquez Gamboa), Palanqueta Valoyes Córdoba, Marcio Andre Valverde Zamora, Alfredo Junior Rojas Pajuelo, Daniel Fabio Morales Quispe, Marco Alexander Lliuya Cristobál, Carlos Ariel Neumann Torres (67.Ronal Omar Huaccha Jurado). Trainer: Flar Wilmar Elisban Valencia Pacheco.
Liverpool: Andrés Ulises Mehring, Christian Andrés Almeida Rodríguez, Franco Gastón Romero Ponte, Camilo Damián Cándido Aquino, Andrés Federico Pereira Castelnoble, Hernán Figueredo Alonzo (88.Diego Agustín Cor Morales), Bruno Martín Correa Araújo (64.Gastón Alejandro Pérez Conde), Lucas Agustín Ocampo Galván (64.Ezequiel Alexandre Escobar Luna), Martín Alejandro Fernández Figueira, Fabricio Díaz Badaracco, Juan Ignacio Ramírez Polero. Trainer: Marcelo Fabián Méndez Russo.
Goals: Hugo Alexis Ademir Ángeles Chávez (60) / Juan Ignacio Ramírez Polero (54).

03.11.2020, Estadio „Luis Franzini", Montevideo
Referee: Ariel Arnaldo Samaniego Cantero (Paraguay)
Liverpool FC Montevideo - Deportivo Sport Huancayo   1-2(0-1)
Liverpool: Andrés Ulises Mehring, Christian Andrés Almeida Rodríguez, Franco Gastón Romero Ponte, Camilo Damián Cándido Aquino, Andrés Federico Pereira Castelnoble, Hernán Figueredo Alonzo, Bruno Martín Correa Araújo (59.Ezequiel Alexandre Escobar Luna), Lucas Agustín Ocampo Galván, Martín Alejandro Fernández Figueira, Fabricio Díaz Badaracco (80.Diego Agustín Cor Morales), Juan Ignacio Ramírez Polero. Trainer: Marcelo Fabián Méndez Russo.
Sport Huancayo: Joel Ademir Pinto Herrera, Giancarlo Carmona Maldonado, Víctor Julio Rodolfo Balta Mori, Hugo Alexis Ademir Ángeles Chávez, Carlos Alberto Caraza Pérez (70.Jorge Luis Bazán Lazarte), Palanqueta Valoyes Córdoba, Marcio Andre Valverde Zamora (88.Hervé Kambou), Alfredo Junior Rojas Pajuelo, Daniel Fabio Morales Quispe (88.Moises Aldair Velásquez Gamboa), Marco Alexander Lliuya Cristobál, Ronal Omar Huaccha Jurado (75.Carlos Ariel Neumann Torres). Trainer: Elar Wilmar Elisban Valencia Pacheco.
Goals: Lucas Agustín Ocampo Galván (49) / Daniel Fabio Morales Quispe (41), Carlos Ariel Neumann Torres (78).
[Deportivo Sport Huancayo won 3-2 on aggregate]

27.10.2020, Estadio San Carlos de Apoquindo, Santiago
Referee: Fernando David Espinoza (Argentina)
Audax CS Italiano La Florida - Club Bolívar La Paz   2-1(1-1)
Audax Italiano: José Antonio Devecchi, Fabián Andrés Torres Cuello, Manuel Elias Fernández Guzmán, Nicolás Iván Orellana Acuña (79.Jesús Andrés Ramírez Díaz), Luis Alberto Cabrera Figueroa (70.Oliver Jesús Rojas Múñoz), Pablo Damián Lavandeira Hernández (60.René Antonio Meléndez Plaza), Osvaldo Javier Bosso Torres, Diego Ignacio Torres Quintana (79.Nicolás Ignacio Crovetto Aqueveque), Álvaro Alejandro Delgado Sciaraffia (46.Bryan Jesús Figueroa de la Hoz), Jorge Alexis Henríquez Neira, Rodrigo Julián Holgado. Trainer: Francisco Meneghini (Argentina).
Bolívar: Javier Rojas Iguaro [*sent off 88*], Luis Alberto Gutiérrez Herrera, Diego Bejarano Ibañez, Jorge Enrique Flores Yrahory, Adrián Johnny Jusino Cerruto, Álvaro Rey Vázquez (74.Roberto Carlos Fernández Toro), Cristhian Machado Pinto, Erwin Mario Saavedra Flores, Juan Carlos Arce Justiniano, Marcos Daniel Riquelme (90.Guillermo Vizcarra Bruckner), Anderson Emanuel Castelo Branco de Cruz (80.Pedro Jesús Azogue Rojas). Trainer: Wálter Alberto Flores Condarco.
Goals: Nicolás Iván Orellana Acuña (15), Jesús Andrés Ramírez Díaz (84) / Erwin Mario Saavedra Flores (23 penalty).

03.11.2020, Estadio „Hernando Siles Reyes", La Paz
Referee: Kevin Paolo Ortega Pimentel (Peru)
Club Bolívar La Paz - Audax CS Italiano La Florida   3-0(1-0)
Bolívar: Guillermo Vizcarra Bruckner, Luis Alberto Gutiérrez Herrera, Diego Bejarano Ibañez (22.Oscar Leandro Ribera Guzmán), Jorge Enrique Flores Yrahory, Adrián Johnny Jusino Cerruto, Álvaro Rey Vázquez (80.Roberto Carlos Fernández Toro), Cristhian Machado Pinto, Erwin Mario Saavedra Flores, Juan Carlos Arce Justiniano, Marcos Daniel Riquelme, Víctor Alonso Ábrego Aguilera (59.Anderson Emanuel Castelo Branco de Cruz). Trainer: Wálter Alberto Flores Condarco.
Audax Italiano: José Antonio Devecchi (12.Joaquín Emanuel Muñoz Almarza), Fabián Andrés Torres Cuello (52.Nicolás Esteban Fernández Muñoz), Carlos Alfredo Labrín Candia, Manuel Elias Fernández Guzmán, Nicolás Iván Orellana Acuña (66.Jesús Andrés Ramírez Díaz), Luis Alberto Cabrera Figueroa, Osvaldo Javier Bosso Torres, Diego Ignacio Torres Quintana, Jorge Alexis Henríquez Neira, Rodrigo Julián Holgado, Oliver Jesús Rojas Múñoz (65.Pablo Damián Lavandeira Hernández). Trainer: Francisco Meneghini (Argentina).
Goals: Víctor Alonso Ábrego Aguilera (21), Marcos Daniel Riquelme (69), Roberto Carlos Fernández Toro (90+7).
[Club Bolívar La Paz won 4-2 on aggregate]

28.10.2020, Estadio „Nemesio Camacho" [El Campín], Bogotá
Referee: Franklin Andrés Congo Viteri (Ecuador)
Millonarios FC Bogotá - Asociación Deportivo Cali   1-2(0-0)
Millonarios: Christian Vargas Cortez, Elvis Yohan Perlaza Lara, Matías de los Santos de los Santos, Stiven Vega Londoño, Juan Pablo Vargas Campos, Diego Armando Godoy Vásquez, David Macalister Silva Mosquera (62.Juan Camilo Salazar Hinestrosa), Jhon Fredy Duque Arias (88.Juan Camilo García Soto), Ayron Del Valle Rodríguez (46.Ricardo Luis Márquez González), Cristian Daniel Arango Duque (88.Diego Ferney Abadía García), Emerson Rivaldo Rodríguez Valois (74.Elieser Evangelista Quiñónes Tenorio). Trainer: Alberto Miguel Gamero Morillo.
Deportivo Cali: David González Giraldo, Juan Camilo Angulo Villegas, Jorge Hernán Menosse Acosta, Darwin Zamir Andrade Marmolejo (62.Carlos Alberto Lucumí González), Eduar Hernán Caicedo Solis, Jhojan Manuel Valencia Jiménez, Agustín Palavecino, Andrés Felipe Colorado Sánchez (78.Andrés Felipe Balanta Cifuentes), Andrés Juan Arroyo Romero (54.Kevin Andrés Velasco Bonilla), Angelo José Rodríguez Henry, Déiber Jair Caicedo Mideros (78.Carlos David Lizarazo Landazury). Trainer: Alfredo Carlos Arias Sánchez (Uruguay).
Goals: Cristian Daniel Arango Duque (46) / Andrés Felipe Colorado Sánchez (75), Jorge Hernán Menosse Acosta (85).

04.11.2020, Estadio Deportivo Cali, Palmira
Referee: Wilton Pereira Sampaio (Brazil)
Asociación Deportivo Cali - Millonarios FC Bogotá   1-2(1-1,1-2,1-2); 5-4 on penalties
Deportivo Cali: David González Giraldo, Juan Camilo Angulo Villegas, Jorge Hernán Menosse Acosta, Darwin Zamir Andrade Marmolejo (60.Harold Andrés Gómez Muñoz), Eduar Hernán Caicedo Solis, Jhojan Manuel Valencia Jiménez (90+2.Juan Daniel Roa Reyes), Agustín Palavecino (90+2.Carlos David Lizarazo Landazury), Kevin Andrés Velasco Bonilla, Andrés Felipe Colorado Sánchez, Angelo José Rodríguez Henry, Déiber Jair Caicedo Mideros (87.Andrés Felipe Balanta Cifuentes). Trainer: Alfredo Carlos Arias Sánchez (Uruguay).
Millonarios: Juan Esteban Moreno Córdoba, Elvis Yohan Perlaza Lara (88.Elieser Evangelista Quiñónes Tenorio), Stiven Vega Londoño, Juan Pablo Vargas Campos, Breiner Alexander Paz Medina, Diego Armando Godoy Vásquez (71.Ricardo Luis Márquez González), David Macalister Silva Mosquera, Jhon Fredy Duque Arias, Ayron Del Valle Rodríguez (78.Santiago Montoya Muñoz), Cristian Daniel Arango Duque (78.Diego Ferney Abadía García), Emerson Rivaldo Rodríguez Valois (78.Juan Camilo Salazar Hinestrosa). Trainer: Alberto Miguel Gamero Morillo.
Goals: Jorge Hernán Menosse Acosta (23) / Andrés Felipe Colorado Sánchez (30 own goal), Elieser Evangelista Quiñónes Tenorio (90+3).
Penalties: Carlos David Lizarazo Landazury 1-0; Juan Camilo Salazar Hinestrosa 1-1; Harold Andrés Gómez Muñoz 2-1; Juan Pablo Vargas Campos 2-2; Kevin Andrés Velasco Bonilla 3-2; Ricardo Luis Márquez González 3-3; Juan Camilo Angulo Villegas (saved); Santiago Montoya Muñoz (saved); Angelo José Rodríguez Henry 4-3; Elieser Evangelista Quiñónes Tenorio 4-4; Juan Daniel Roa Reyes 5-4; David Macalister Silva Mosquera (saved).
[Asociación Deportivo Cali won 5-4 on penalties (after 3-3 on aggregate)]

28.10.2020, Estádio São Januário, Rio de Janeiro
Referee: Michael Espinoza Valles (Peru)
CR Vasco da Gama Rio de Janeiro - Caracas FC   **1-0(0-0)**
Vasco da Gama: Fernando Miguel Kaufmann, Leandro Castán da Silva, Henrique Silva Milagres, Matheus dos Santos Miranda, Cayo Henrique Nascimento Ferreira „Cayo Tenório", Leonardo Roque Albano Gil (79.Marcos Antônio Candido Ferreira Júnior), Carlos Vinicius Santos de Jesus „Carlinhos" (72.Guilherme Parede Pinheiro), Andrey Ramos Do Nascimento, Lucas Ribamar Lopes dos Santos Bibiano (85.Tiago Rodrigues dos Reis), Talles Magno Bacelar Martins, Vinícius dos Santos de Oliveira Paiva (73.Ygor de Oliveira Ferreira „Ygor Catatau" [*sent off 83*]). Trainer: Ricardo Manuel Andrade e Silva Sá Pinto (Portugal).
Caracas FC: Beycker Eduardo Velásquez Ortega, Diego Andrés Osio Valencia, Rosmel Gabriel Villanueva Parra, Sandro Notaroberto Peci, Junior Alberto Moreno Paredes (78.Ricardo Andreutti Jordán), Luis Fernando Casiani Zúñiga, Diego Antonio Castillo Prado, Robert Enrique Hernández Aguado (79.Kwaku Bonsu Osei), Luis David González Torres (61.Saúl Alejandro Guarirapa Briceño), Alexis Hernán Blanco (86.Rodrigo Febres Chacón), Richard Enríque Celis Sánchez (87.Edgar José Silva Infante). Trainer: Noel Sanvicente Bethelmy.
Goal: Tiago Rodrigues dos Reis (89).

04.11.2020, Estadio Olímpico de la UCV, Caracas
Referee: John Alexander Ospina Londono (Colombia)
Caracas FC - CR Vasco da Gama Rio de Janeiro   **0-0**
Caracas FC: Beycker Eduardo Velásquez Ortega, Carlos Gregorio Rivero González, Diego Andrés Osio Valencia, Rosmel Gabriel Villanueva Parra [*sent off 67*], Eduardo Enrique Ferreira Peñaranda, Diego Antonio Castillo Prado (86.Jorge Eliézer Echeverría Montilva), Robert Enrique Hernández Aguado, Leonardo José Flores Soto (76.Junior Alberto Moreno Paredes), Anderson Rafael Contreras Pérez (68.Javier Alejandro Maldonado Manzini), Alexis Hernán Blanco (76.Saúl Alejandro Guarirapa Briceño), Richard Enríque Celis Sánchez (86.Rodrigo Febres Chacón). Trainer: Noel Sanvicente Bethelmy.
Vasco da Gama: Fernando Miguel Kaufmann, Leandro Castán da Silva, Vivaldo Borges dos Santos Neto, Ricardo Queiroz de Alencastro Graça, Matheus dos Santos Miranda, Leonardo Roque Albano Gil, Glaybson Yago Souza Lisboa „Yago Pikachu", Carlos Vinicius Santos de Jesus „Carlinhos" (75.Vinícius dos Santos de Oliveira Paiva), Andrey Ramos Do Nascimento (75.Marcos Antônio Candido Ferreira Júnior), Martín Nicolás Benítez (75.Talles Magno Bacelar Martins), Tiago Rodrigues dos Reis (81.Lucas Ribamar Lopes dos Santos Bibiano). Trainer: Ricardo Manuel Andrade e Silva Sá Pinto (Portugal).
[CR Vasco da Gama Rio de Janeiro won 1-0 on aggregate]

28.10.2020, Estadio Ciudad de Lanús, Lanús
Referee: Christian Ferreyra (Uruguay)
CA Lanús - São Paulo FC   **3-2(0-1)**
Lanús: Lautaro Alberto Morales, Guillermo Enio Burdisso, Leonel Di Plácido, Nicolás Alejandro Thaller, Alexandro Ezequiel Bernabei, Brian Nahuel Aguirre (55.Franco Orozco), Tomás Belmonte, Lucas Gabriel Vera (71.Facundo Tomás Quignón), Facundo Martín Pérez (71.Fernando Daniel Belluschi), José Gustavo Sand, Pedro De la Vega (81.Nicolás Orsini). Trainer: Luis Francisco Zubeldía.
São Paulo FC: Tiago Luis Volpi, Reinaldo Manoel da Silva, Bruno Fabiano Alves, Diego Henrique Costa Barbosa, Daniel Alves da Silva, Danilo das Neves Pinheiro "Tchê Tchê", Igor Silveira Gomes (81.Pablo Felipe Teixeira), Gabriel Rodrigas da Silva (69.Vitor Frezarin Bueno), Luan Vinicius da Silva Santos, Luciano da Rocha Neves, Brenner Souza da Silva. Trainer: Fernando Diniz Silva.
Goals: José Gustavo Sand (53, 84), Facundo Tomás Quignón (90+1) / Brenner Souza da Silva (13, 87).

04.11.2020, Estádio do Morumbi, São Paulo
Referee: Alexis Adrian Herrera Hernández (Venezuela)
São Paulo FC - CA Lanús **4-3(1-2)**
São Paulo FC: Tiago Luis Volpi, Reinaldo Manoel da Silva, Bruno Fabiano Alves (81.Vitor Frezarin Bueno), Diego Henrique Costa Barbosa (46.Pablo Felipe Teixeira), Daniel Alves da Silva, Danilo das Neves Pinheiro "Tchê Tchê", Igor Silveira Gomes, Gabriel Rodrigas da Silva, Luan Vinicius da Silva Santos, Luciano da Rocha Neves (90+2.Leonardo Pinheiro da Conceição „Leo"), Brenner Souza da Silva (90+2.Robert Abel Arboleda Escobar). Trainer: Fernando Diniz Silva.
Lanús: Lautaro Alberto Morales, Guillermo Enio Burdisso, Leonel Di Plácido, Nicolás Alejandro Thaller, Alexandro Ezequiel Bernabei (72.Lautaro Germán Acosta), Brian Nahuel Aguirre (90+1.Franco Orozco), Tomás Belmonte, Lucas Gabriel Vera (72.Facundo Tomás Quignón), Facundo Martín Pérez (88.Alexis Rafael Pérez Fontanilla), José Gustavo Sand, Pedro De la Vega (71.Nicolás Orsini). Trainer: Luis Francisco Zubeldía.
Goals: Daniel Alves da Silva (27), Pablo Felipe Teixeira (62), Nicolás Alejandro Thaller (87 own goal), Gabriel Rodrigas da Silva (89) / Pedro De la Vega (17), Brian Nahuel Aguirre (45), Nicolás Orsini (90+3).
[CA Lanús won on away goals rule (6-6 on aggregate)]

28.10.2020, Estadio „Luis Alfonso Giagni", Villa Elisa
Referee: Andrés Matias Matonte Cabrera (Uruguay)
Club Sportivo Luqueño - CSD Defensa y Justicia Florencio Varela **1-2(1-1)**
Sportivo Luqueño: Dante Nicolás Campisi, Richard Ariel Cabrera Aveiro (67.Carlos Javier González Ozuna), Juan Miguel Ojeda Gauto, Oscar Vidal Noguera Urquhart, Aldo Aníbal Vera Grance, Marcos de Jesús Duré Cantero (74.Federico Andrés Martínez Berroa), Hugo Aquino, Jorge Miguel Ortega Salinas [*sent off 86*], Orlando Gabriel Gaona Lugo (46.Andrés Daniel Duarte Pereira jr.), Emanuel Morales (67.Javier Domínguez), Valdeci Moreira da Silva (53.Blas Yamil Díaz Silva). Trainer: Carlos Humberto Paredes Monges.
Defensa y Justicia: Luis Ezequiel Unsain, Juan Gabriel Rodríguez, Marcelo Nicolás Benítez, Adonis Uriel Frías, Franco Ezequiel Paredes, Nelson Fernando Acevedo, Ciro Pablo Rius Aragallo (90+4.Emanuel Brítez), Francisco Andrés Pizzini (88.Enzo Jeremías Fernández), Gabriel Alejandro Hachen (65.Nicolás Leguizamón), Braian Ezequiel Romero (65.Enzo Gabriel Coacci), Eugenio Horacio Isnaldo. Trainer: Hernán Jorge Crespo.
Goals: Aldo Aníbal Vera Grance (8) / Aldo Aníbal Vera Grance (31 own goal), Braian Ezequiel Romero (55).

04.11.2020, Estadio „Norberto Tomaghello", Florencio Varela
Referee: Christian Ferreyra (Uruguay)
CSD Defensa y Justicia Florencio Varela - Club Sportivo Luqueño **1-1(0-1)**
Defensa y Justicia: Luis Ezequiel Unsain, Juan Gabriel Rodríguez, Marcelo Nicolás Benítez, Héctor David Martínez, Adonis Uriel Frías, Ciro Pablo Rius Aragallo (90.Emanuel Brítez), Nelson Fernando Acevedo, Raúl Alberto Loaiza Morelos (68.Washington Fernando Camacho Martínez), Francisco Andrés Pizzini (75.Miguel Ángel Merentiel Serrano), Braian Ezequiel Romero, Eugenio Horacio Isnaldo. Trainer: Hernán Jorge Crespo.
Sportivo Luqueño: Dante Nicolás Campisi, Roberto Carlos Hernández Rodríguez, Juan Miguel Ojeda Gauto, Oscar Vidal Noguera Urquhart, Andrés Daniel Duarte Pereira jr. (72.Richard Ariel Cabrera Aveiro), Aldo Aníbal Vera Grance, Marcos de Jesús Duré Cantero (72.Marcos Antonio Riveros Krayacich [*sent off 90+5*]), Blas Yamil Díaz Silva, Hugo Aquino (62.Joel Sebastián Aquino Moreno), Carlos Javier González Ozuna (55.Orlando Gabriel Gaona Lugo), Emanuel Morales (72.Luis Nery Caballero Chamorro). Trainer: Carlos Humberto Paredes Monges.
Goals: Braian Ezequiel Romero (82) / Emanuel Morales (45).
[CSD Defensa y Justicia Florencio Varela won 3-2 on aggregate]

28.10.2020, Estadio „José Amalfitani", Buenos Aires
Referee: Derlis Fabián López López (Paraguay)
CA Vélez Sársfield Buenos Aires - CA Peñarol Montevideo   0-0
Vélez Sársfield: Alexander Domínguez Carabalí, Lautaro Daniel Gianetti, Luis Alfonso Abram Ugarelli, Tomás Ezequiel Guidara, Hernán De La Fuente, Fernando Rubén Gago, Federico Andrés Mancuello (67.Ricardo Gabriel Álvarez), Pablo Ignacio Galdames Millán (90+1.Florián Gonzalo de Jesús Monzón), Juan Martín Lucero (78.Cristian Alberto Tarragona), Lucas Ezequiel Janson (78.Luca Nicolás Orellano), Agustín Bouzat (67.Adrián Ricardo Centurión). Trainer: Mauricio Pellegrino.
Peñarol: Kevin Emiliano Dawson Blanco, Gary Christofer Kagelmacher Pérez, Fabricio Orosmán Formiliano Duarte, Giovanni Alessandro González Apud, Cristian Gabriel Rodríguez Barrotti, Jonathan Matías Urretaviscaya da Luz (86.Christian Daniel Bravo Araneda), Jesús Emiliano Trindade Flores, Miguel David Terans Pérez (86.Walter Alejandro Gargano Guevara), Joaquín Piquerez Moreira, Matías Britos Cardoso (90+4.Luis Miguel Acevedo Tabárez), Facundo Daniel Torres Pérez. Trainer: Mario Daniel Saralegui Iriarte.

04.11.2020, Estadio Campeón del Siglo, Montevideo
Referee: Flávio Rodrigues de Souza (Brazil)
CA Peñarol Montevideo - CA Vélez Sársfield Buenos Aires   1-1(0-0)
Peñarol: Kevin Emiliano Dawson Blanco, Gary Christofer Kagelmacher Pérez, Fabricio Orosmán Formiliano Duarte, Giovanni Alessandro González Apud, Cristian Gabriel Rodríguez Barrotti, Jonathan Matías Urretaviscaya da Luz (33.Christian Daniel Bravo Araneda), Jesús Emiliano Trindade Flores, Miguel David Terans Pérez, Joaquín Piquerez Moreira, Matías Britos Cardoso (82.Luis Miguel Acevedo Tabárez), Facundo Daniel Torres Pérez (82.Agustín Álvarez Martínez). Trainer: Mario Daniel Saralegui Iriarte.
Vélez Sársfield: Alexander Domínguez Carabalí, Lautaro Daniel Gianetti, Luis Alfonso Abram Ugarelli, Tomás Ezequiel Guidara, Hernán De La Fuente (46.Adrián Ricardo Centurión), Fernando Rubén Gago, Pablo Ignacio Galdames Millán (65.Ricardo Gabriel Álvarez), Francisco Ortega, Juan Martín Lucero (57.Cristian Alberto Tarragona), Lucas Ezequiel Janson (89.Luca Nicolás Orellano), Agustín Bouzat (58.Thiago Ezequiel Almada). Trainer: Mauricio Pellegrino.
Goals: Cristian Gabriel Rodríguez Barrotti (90+6 penalty) / Thiago Ezequiel Almada (90+3 penalty).
[CA Vélez Sársfield Buenos Aires won on away goals rule (1-1 on aggregate)]

28.10.2020, Estadio „Atanasio Girardot", Medellín
Referee: Ángel Antonio Arteaga Cabriales (Venezuela)
Atlético Nacional Medellín - CA River Plate Montevideo   1-1(1-0)
Atlético Nacional: Aldair Alejandro Quintana Rojas, Diego Luis Braghieri, Helibelton Palacios Zapata, Brayan Stiven Córdoba Barrientos, Andrés Felipe Andrade Torres (57.Jarlan Junior Barrera Escalona), Yerson Candelo Miranda (57.Deinner Alexander Quiñónes Quiñónes), Baldomero Perlaza Perlaza, Brayan Andrés Rovira Ferreira, Yerson Mosquera Valdelamar *[sent off 45+3]*, Vladimir Javier Hernández Rivero (64.Yair Mena Palacios), Jefferson Andrés Duque Montoya (46.Jimer Esteban Fory Mejía). Trainer: Juan Carlos Osorio Arbeláez.
CA River Plate: Gastón Hernán Olveira Echeverría, Horacio David Salaberry Marrero, Facundo Bonifazi Castro, Guzmán Rodríguez Ferrari (46.Gonzalo Viera Davyt), Ribair Rodríguez Pérez, Maximiliano Matías Calzada Fuentes (36.Adrián Eloys Leites López), Nicolás Alejandro Rodríguez Charquero, Facundo Ospitaleche Hernández (68.Facundo Vigo González), Diego Sebastián Vicente Pereyra, José Pablo Neris Figueredo (77.Juan Manuel Olivera López), Douglas Matías Arezo Martínez (77.Thiago Nicolás Borbas Silva). Trainer: Jorge Daniel Fossati Lurachi.
Goals: Vladimir Javier Hernández Rivero (34) / Horacio David Salaberry Marrero (69).

04.11.2020, Parque „Alfredo Víctor Viera", Montevideo
Referee: Andrés Luis Joaquín Merlos (Argentina)
CA River Plate Montevideo - Atlético Nacional Medellín   3-1(2-1)
CA River Plate: Gastón Hernán Olveira Echeverría, Gonzalo Viera Davyt, Horacio David Salaberry Marrero, Facundo Bonifazi Castro, Ribair Rodríguez Pérez (16.Guzmán Rodríguez Ferrari), Nicolás Alejandro Rodríguez Charquero, Facundo Ospitaleche Hernández, Diego Sebastián Vicente Pereyra (82.Marcos Daniel Montiel González), Adrián Eloys Leites López (46.Sebastián Gerardo Píriz Ribas), José Pablo Neris Figueredo (71.Daniel Nicolás González Álvarez), Douglas Matías Arezo Martínez (82.Matías Damián Alonso Vallejo). Trainer: Jorge Daniel Fossati Lurachi.
Atlético Nacional: Aldair Alejandro Quintana Rojas, Diego Luis Braghieri, Helibelton Palacios Zapata, Brayan Stiven Córdoba Barrientos (54.Ewil Hernando Murillo Renteria), Andrés Felipe Andrade Torres, Yerson Candelo Miranda, Baldomero Perlaza Perlaza, Jarlan Junior Barrera Escalona (72.Fabián Andrés González Lasso), Brayan Andrés Rovira Ferreira (81.Estéfano Arango González), Sebastián Gómez Londoño (72.Deinner Alexander Quiñónes Quiñónes), Jefferson Andrés Duque Montoya. Trainer: Juan Carlos Osorio Arbeláez.
Goals: Douglas Matías Arezo Martínez (5, 26), Sebastián Gerardo Píriz Ribas (90) / Jefferson Andrés Duque Montoya (34).
[CA River Plate Montevideo won 4-2 on aggregate]

28.10.2020, Parque „Alfredo Víctor Viera", Montevideo
Referee: Ariel Arnaldo Samaniego Cantero (Paraguay)
CA Fénix Montevideo - CD Huachipato Talcahuano   3-1(0-0)
Fénix: Guillermo Rafael De Amores Ravelo, Adrián Argachá González, Leonardo Henriques Coelho "Léo Coelho", Fernando Esekiel Souza Píriz (46.Bryan Olivera Calvo), Ángel Leonardo Rodríguez Güelmo, Kaique Vergilio da Silva (46.Nicolás Teodoro Machado Mira), Roberto Nicolás Fernández Fagúndez, Manuel Ugarte Ribeiro, Kevín Nicolás Alaniz Acuña (46.Edgardo Andrés Schetino Yancev), Maureen Javier Franco Alonso (46.Luciano Nequecaur, Ignacio Agustín Pereira González (70.Bruno Scorza Perdomo). Trainer: Juan Ramón Carrasco Torres.
Huachipato: Gabriel Jesús Castellón Velazque, Cristián Alejandro Cuevas Jara (78.Javier Adolfo Altamirano Altamirano), Diego Alejandro Oyarzún Carrasco, Nicolás Enrique Ramírez Aguilera, Ignacio Tapia Bustamante, César Valenzuela Martínez (67.Brayan Enrique Palmezano Reyes), Claudio Elias Sepúlveda Castro, Israel Elías Poblete Zúñiga (67.Sebastián Martínez Muñoz), Juan Guillermo Córdova Torres, Cris Robert Martínez Escobar (56.Walter Uriel Mazzantti), Joffre Andrés Escobar Moyano (56.Juan Ignacio Sánchez Sotelo). Trainer: Gustavo Atilano Florentín Morínigo (Paraguay).
Goals: Luciano Nequecaur (53, 62), Bruno Scorza Perdomo (81) / Juan Ignacio Sánchez Sotelo (77).

04.11.2020, Estadio CAP, Talcahuano
Referee: Ivo Nigel Méndez Chávez (Bolivia)
CD Huachipato Talcahuano - CA Fénix Montevideo   1-1(0-0)
Huachipato: Gabriel Jesús Castellón Velazque, Cristián Alejandro Cuevas Jara, Nicolás Enrique Ramírez Aguilera, Ignacio Tapia Bustamante, Joaquin Ignacio Gutiérrez Jara, Claudio Elias Sepúlveda Castro, Israel Elías Poblete Zúñiga (65.Maximiliano Alexander Rodríguez Vejar), Juan Ignacio Sánchez Sotelo, Cris Robert Martínez Escobar (46.César Valenzuela Martínez), Joffre Andrés Escobar Moyano, Walter Uriel Mazzantti (58.Denilson Josué Ovando Ramírez). Trainer: Gustavo Atilano Florentín Morínigo (Paraguay).
Fénix: Guillermo Rafael De Amores Ravelo, Leonardo Henriques Coelho "Léo Coelho", Fernando Esekiel Souza Píriz, Ángel Leonardo Rodríguez Güelmo, Kaique Vergilio da Silva (46.Carlos Roberto Fernández Martínez), Edgardo Andrés Schetino Yancev, Roberto Nicolás Fernández Fagúndez, Bryan Olivera Calvo (46.Ignacio Agustín Pereira González), Manuel Ugarte Ribeiro (86.Camilo Alejandro Núñez Gómez), Luciano Nequecaur (85.Christian Marcelo Silva de León), Nicolás Teodoro Machado Mira (72.Maureen Javier Franco Alonso). Trainer: Juan Ramón Carrasco Torres.
Goals: Ángel Leonardo Rodríguez Güelmo (73 own goal) / Luciano Nequecaur (81).
[CA Fénix Montevideo won 4-2 on aggregate]

29.10.2020, Estadio Libertadores de América, Avellaneda
Referee: Christian Ferreyra (Uruguay)
CA Independiente Avellaneda - CA Tucumán San Miguel de Tucumán   1-0(1-0)
Independiente: Carlos Sebastián Sosa Silva, Lucas Nahuel Rodríguez, Fabricio Tomás Bustos Sein, Alexander Nahuel Barboza Ullúa, Alan Javier Franco, Pedro Pablo Hernández, Lucas Daniel Romero, Silvio Ezequiel Romero, Jonathan Diego Menéndez (71.Domingo Felipe Blanco), Federico Andrés Martínez Berroa (78.Andrés Felipe Roa Estrada), Alan Agustín Velasco (90+1.Braian Miguel Martínez). Trainer: Lucas Andrés Pusineri Bignone.
Tucumán: Cristian David Lucchetti, Fabián Luciano Monzón, Guillermo Luis Ortíz, Marcelo Damián Ortíz, Yonathan Emanuel Cabral, Franco Gabriel Mussis (69.Ramiro Ruiz Rodríguez), Guillermo Gastón Acosta (69.Álvaro Agustín Lagos), Ramiro Ángel Carrera [*sent off 49*], Javier Fabián Toledo, Lucas Santiago Melano (89.Gabriel Risso Patrón), Augusto Diego Lotti (55.Leonardo Alexis Heredia). Trainer: Ricardo Alberto Zielinski.
Goal: Silvio Ezequiel Romero (27 penalty).

05.11.2020, Estadio Monumental "José Fierro", Tucumán
Referee: Andrés Ismael Cunha Soca (Uruguay)
CA Tucumán San Miguel de Tucumán - CA Independiente Avellaneda   1-1(1-1)
Tucumán: Cristian David Lucchetti, Fabián Luciano Monzón, Gustavo Ariel Toledo, Yonathan Emanuel Cabral, Mauro Gabriel Osores, Cristian Damián Erbes (79.Gustavo Matías Alustiza), Franco Gabriel Mussis (46.Augusto Diego Lotti), Guillermo Gastón Acosta (70.Ramiro Ruiz Rodríguez), Leonardo Alexis Heredia, Javier Fabián Toledo, Lucas Santiago Melano. Trainer: Ricardo Alberto Zielinski.
Independiente: Carlos Sebastián Sosa Silva, Lucas Nahuel Rodríguez, Fabricio Tomás Bustos Sein, Alexander Nahuel Barboza Ullúa, Alan Javier Franco, Pedro Pablo Hernández (86.Sergio Damián Barreto), Lucas Daniel Romero, Andrés Felipe Roa Estrada (62.Alan Soñora), Silvio Ezequiel Romero, Jonathan Diego Menéndez (27.Domingo Felipe Blanco), Alan Agustín Velasco (62.Federico Andrés Martínez Berroa). Trainer: Lucas Andrés Pusineri Bignone.
Goals: Leonardo Alexis Heredia (40) / Silvio Ezequiel Romero (20).
[CA Independiente Avellaneda won 2-1 on aggregate]

29.10.2020, Estadio 15 de Abril, Santa Fe
Referee: Andrés Ismael Cunha Soca (Uruguay)
CA Unión de Santa Fe - CS Emelec Guayaquil   0-1(0-1)
Unión: Sebastián Emanuel Moyano, Gastón Claudio Corvalán, Brian Rolando Blasi, Matías Germán Nani, Federico Gabriel Vera (80.Horacio Gabriel Carabajal), Marcelo Javier Cabrera Rivero (80.Mauro Luna Diale), Nery Francisco Leyes, Alberto Sebastián Assis Silva (67.Gastón Comas), Juan Manuel García (88.Imanol Machuca), Franco Troyansky, Martín Ezequiel Cañete (67.Kevin Zenón). Trainer: Juan Manuel Azconzábal.
Emelec: Pedro Alfredo Ortíz Angulo, Óscar Dalmiro Bagüi Angulo, Marlon Mauricio Mejía Díaz, Aníbal Leguizamón Espínola, Bryan Ignacio Caralabí Cañola, Sebastián Javier Rodríguez Iriarte, Dixon Jair Arroyo Espinoza, Romario Javier Caicedo Ante, Bryan Alfredo Cabezas Segura (88.Jackson Gabriel Rodríguez Perlaza), Joao Joshimar Rojas López (88.José Francisco Cevallos Enríquez), Facundo Barceló Viera (83.Roberto Javier Ordóñez Ayoví). Trainer: Ismael Rescalvo Sánchez (Spain).
Goal: Facundo Barceló Viera (43).

05.11.2020, Estadio „George Capwell", Guayaquil
Referee: Ángelo Hermosilla Baeza (Chile)
CS Emelec Guayaquil - CA Unión de Santa Fe   **1-2(0-1)**
Emelec: Pedro Alfredo Ortíz Angulo, Óscar Dalmiro Bagüi Angulo, Marlon Mauricio Mejía Díaz, Aníbal Leguizamón Espínola, Sebastián Javier Rodríguez Iriarte, Dixon Jair Arroyo Espinoza (59.Wilmer Javier Godoy Quiñónez), José Francisco Cevallos Enríquez (59.Manuel José Hernández Porozo), Romario Javier Caicedo Ante, Bryan Alfredo Cabezas Segura (40.Bryan Ignacio Carabalí Cañola), Joao Joshimar Rojas López (77.Roberto Javier Ordóñez Ayoví), Facundo Barceló Viera. Trainer: Ismael Rescalvo Sánchez (Spain).
Unión: Sebastián Emanuel Moyano, Gastón Claudio Corvalán, Brian Rolando Blasi, Matías Germán Nani, Federico Gabriel Vera (87.Francisco Joel Gerometta), Marcelo Javier Cabrera Rivero, Nery Francisco Leyes, Horacio Gabriel Carabajal (78.Jonathan Sebastián Galván), Juan Manuel García (65.Fernando Andrés Márquez), Franco Troyansky (65.Mauro Luna Diale), Martín Ezequiel Cañete (87.Juan Ignacio Martín Nardoni). Trainer: Juan Manuel Azconzábal.
Goals: Facundo Barceló Viera (62) / Marcelo Javier Cabrera Rivero (21), Fernando Andrés Márquez (76 penalty).
[CA Unión de Santa Fe won on away goals rule (2-2 on aggregate)]

29.10.2020, Estadio „Luis Alfonso Giagni", Villa Elisa
Referee: Nicolás Lamolina (Argentina)
Club Sol de América Asunción - CD Universidad Católica Santiago   **0-0**
Sol de América: Rubén Escobar Fernández, Gustavo David Noguera Domínguez, Miguel Angel Ramón Samudio, Milciades Portillo Castro, José María Canale Domínguez, Edgar Ramón Ferreira Gallas (86.Gustavo Alberto Velázquez Núñez), Cristian Gabriel Esparza (59.Federico Jourdan), Matías Gabriel Pardo, Richard Darío Franco Escobar, Diego Gabriel Váldez Samudio, Jacson Mauricio Pita Mina (58.Nildo Arturo Viera Recalde). Trainer: Sergio Daniel Ortemán Rodríguez (Uruguay).
Universidad Católica Santiago: Matías Ezequiel Dituro, Alfonso Cristián Parot Rojas, Valber Roberto Huerta Jérez, Germán Lanaro, Luciano Román Aued, José Pedro Fuenzalida Gana, César Ignacio Pinares Tamayo, Ignacio Antonio Saavedra Pino, Fernando Matías Zampedri, Edson Raúl Puch Cortez, Gastón Adrián Lezcano (65.Raimundo Rebolledo Valenzuela). Trainer: Ariel Enrique Holan (Argentina).

05.11.2020, Estadio San Carlos de Apoquindo, Santiago
Referee: Fernando David Espinoza (Argentina)
CD Universidad Católica Santiago - Club Sol de América Asunción   **2-1(0-0)**
Universidad Católica Santiago: Matías Ezequiel Dituro, Alfonso Cristián Parot Rojas, Valber Roberto Huerta Jérez [*sent off 55*], Germán Lanaro, Raimundo Rebolledo Valenzuela (46.Ignacio Antonio Saavedra Pino), Luciano Román Aued, José Pedro Fuenzalida Gana, César Ignacio Pinares Tamayo (61.Diego Mario Buonanotte Rende), Fernando Matías Zampedri, Edson Raúl Puch Cortez (85.Diego Martín Valencia Morello), Gastón Adrián Lezcano (61.Tomás Pablo Asta-Buruaga Montoya). Trainer: Ariel Enrique Holan (Argentina).
Sol de América: Rubén Escobar Fernández, Gustavo David Noguera Domínguez, Miguel Angel Ramón Samudio, Héctor Antonio Urrego Hurtado, Milciades Portillo Castro (85.Edgar Ramón Ferreira Gallas), José María Canale Domínguez, Cristian Gabriel Esparza (73.Santiago Úbeda), Matías Gabriel Pardo (73.Iván Javier Cazal Báez), Richard Darío Franco Escobar (85.Jorge Daniel Benítez Guillen), Diego Gabriel Váldez Samudio, Jacson Mauricio Pita Mina (46.Nildo Arturo Viera Recalde). Trainer: Sergio Daniel Ortemán Rodríguez (Uruguay).
Goals: Diego Mario Buonanotte Rende (64), Fernando Matías Zampedri (81) / Nildo Arturo Viera Recalde (57 penalty).
[CD Universidad Católica Santiago won 2-1 on aggregate]

29.10.2020, Estadio Municipal „Francisco Sánchez Rumoroso", Coquimbo
Referee: Jordy Alemán Peralta (Bolivia)
CD Coquimbo Unido - Estudiantes de Mérida FC   3-0(0-0)
Coquimbo: Matías Nicolás Cano, Benjamín Fernando Vidal Allendes, Raúl Andrés Osorio Medina, Fernando Alejandro Manríquez Hernández, Juan Carlos Espinoza Reyes (89.Felipe Andrés Villagrán Rivera), Víctor Manuel González Chang, John Michael Salas Torres, Diego Sebastián Aravena Ramírez, Diego Alfredo Vallejos Hernández (70.Lautaro Agustín Palacios), Joe Axel Abrigo Navarro (80.Diego Vergara Bernales), Rubén Ignacio Farfán Arancibia (89.Cristofer Andrés Salas Barriga). Trainer: Juan José Ribera Fonseca.
Estudiantes: Alejandro Araque Peña, José Manuel Manríquez Hernández, Henry Junior Plazas Mendoza, Omar Alberto Labrador Gutiérrez (61.Ayrton Andrés Páez Yepez), Galileo Antonio del Castillo Carrasquel (33.Edison José Penilla Herrera), Ronaldo David Rivas Vielma, Jesús Manuel Meza Moreno, Yorwin de Jesús Lobo Peña, Cristian Yonaiker Rivas Vielma, José Alejandro Rivas Gamboa, Luz Lorenzo Rodríguez Hernández (70.Wilson Antonio Mena Asprilla). Trainer: Martín Eugenio Brignani (Argentina).
Goals: Diego Alfredo Vallejos Hernández (50), Diego Sebastián Aravena Ramírez (59), Lautaro Agustín Palacios (71).

05.11.2020, Estadio Metropolitano de Mérida, Mérida
Referee: Luis Eduardo Quiroz Prado (Ecuador)
Estudiantes de Mérida FC - CD Coquimbo Unido   0-2(0-1)
Estudiantes: Alejandro Araque Peña, José Manuel Manríquez Hernández, Henry Junior Plazas Mendoza, Daniel Orlando Linarez Cordero, José Luis Marrufo Jiménez [*sent off 74*], Jesús Manuel Meza Moreno, Cristian Leonardo Flores Calderón (67.Ronaldo David Rivas Vielma), Yorwin de Jesús Lobo Peña (58.Ayrton Andrés Páez Yepez), Cristian Yonaiker Rivas Vielma, Armando José Araque Peña (78.Wilson Antonio Mena Asprilla), José Alejandro Rivas Gamboa (78.Wilson José Barrios Rondón). Trainer: Martín Eugenio Brignani (Argentina).
Coquimbo: Matías Nicolás Cano, Federico Hernán Pereyra, Raúl Andrés Osorio Medina (83.Cristofer Andrés Salas Barriga), Fernando Alejandro Manríquez Hernández (75.Benjamín Fernando Vidal Allendes), Juan Carlos Espinoza Reyes (60.Nicolás Berardo), Víctor Manuel González Chang, John Michael Salas Torres, Diego Sebastián Aravena Ramírez, Diego Alfredo Vallejos Hernández (60.Felipe Andrés Villagrán Rivera), Joe Axel Abrigo Navarro, Rubén Ignacio Farfán Arancibia (46.Lautaro Agustín Palacios). Trainer: Juan José Ribera Fonseca.
Goals: Joe Axel Abrigo Navarro (8), Lautaro Agustín Palacios (55).
[CD Coquimbo Unido won 5-0 on aggregate]

29.10.2020, Estadio „Profesor Alberto Suppici", Colonia del Sacramento
Referee: Andrés Luis Joaquín Merlos (Argentina)
Club Plaza Colonia de Deportes Colonia del Sacramento - CDP Junior Barranquilla   0-1(0-0)
Plaza Colonia: Santiago Andrés Mele Castanero, Mario Pablo Risso Caffiro, Federico Pérez Silvera, Haibrany Nick Ruíz Díaz Minervino, Facundo Kidd Álvarez, Álvaro Fernández Gay (65.Facundo Julián Píriz González), Yvo Nahuel Calleros Rébori, Leonai Souza de Almeida, Nicolás Ezequiel Dibble Aristimuño (70.Ezequias Emanuel Redín Morales), Leandro Suhr Avondet (88.Jorge Daniel Gravi Piñeiro), Diogo de Oliveira Barbosa (70.Juan Crúz Mascia Paysée). Trainer: Victor Matias Rosa Castro.
Junior: Mario Sebastián Viera Galaín, Marlon Javier Piedrahita Londoño, Germán Mera Cáceres, Daniel Alejandro Rosero Valencia, Gabriel Rafael Fuentes Gómez, Didier Andrés Moreno Asprilla (89.James Amilkar Sánchez Altamiranda), Rubén Leonardo Pico Carvajal, Teófilo Antonio Gutiérrez Roncancio, Luis Daniel González Cova (89.Sherman Andrés Cárdenas Estupiñan), Miguel Ángel Borja Mosquera, Edwuin Steven Cetré Angulo (77.Freddy Hinestroza Arias). Trainer: Luis Amaranto Perea Mosquera.
Goal: Teófilo Antonio Gutiérrez Roncancio (87).

05.11.2020, Estadio Metropolitano „Roberto Meléndez", Barranquilla
Referee: Ángel Antonio Arteaga Cabriales (Venezuela)
CDP Junior Barranquilla - Club Plaza Colonia de Deportes Colonia del Sacramento   0-0
Junior: Mario Sebastián Viera Galaín, Marlon Javier Piedrahita Londoño, Germán Mera Cáceres, Daniel Alejandro Rosero Valencia, Gabriel Rafael Fuentes Gómez, James Amilkar Sánchez Altamiranda, Rubén Leonardo Pico Carvajal (86.Didier Andrés Moreno Asprilla), Freddy Hinestroza Arias (68.Edwuin Steven Cetré Angulo), Teófilo Antonio Gutiérrez Roncancio, Luis Daniel González Cova (86.Sherman Andrés Cárdenas Estupiñan), Miguel Ángel Borja Hernández (68.Carmelo Enrique Valencia Chaverra). Trainer: Luis Amaranto Perea Mosquera.
Plaza Colonia: Santiago Andrés Mele Castanero, Mario Pablo Risso Caffiro, Federico Pérez Silvera, Haibrany Nick Ruíz Díaz Minervino, Facundo Kidd Álvarez, Facundo Julián Píriz González (67.Juan Crúz Mascia Paysée), Agustín Sebastián Miranda Cambón (46.Ramiro Manuel Quintana Hernández), Ezequias Emanuel Redín Morales (84.Diogo de Oliveira Barbosa), Yvo Nahuel Calleros Rébori, Leonai Souza de Almeida, Leandro Suhr Avondet (86.Nicolás Ezequiel Dibble Aristimuño). Trainer: Victor Matias Rosa Castro.
[CDP Junior Barranquilla won 1-0 on aggregate]

29.10.2020, Estadio Nacional, Lima
Referee: Carlos Andres Betancur Gutiérrez (Colombia)
Foot Ball Club Melgar Arequipa - EC Bahia Salvador   1-0(0-0)
FBC Melgar: Carlos Enrique Cáceda Ollaguez, Hernán Darío Pellerano, Alec Hugo Deneumostier Ortmann (60.Paolo Fuentes Varcárel), Paolo Alessandro Reyna Lea, Pedro Guillermo Ibáñez Gálvez (66.Carlos Roberto Neyra Layva), Joel Melchor Sánchez Alegría, Pablo Nicolas Míguez Farre, Emanuel Joel Amoroso, Walter Angello Tandazo Silva (75.Daniel Fabricio Cabrera Ramírez), Othoniel Arce Jaramillo (76.Irven Beybe Ávila Acero), Jhonny Víctor Vidales Lature (66.Hideyoshi Enrique Arakaki Chinen). Trainer: Marco Antonio Valencia Pacheco.
Bahia: Douglas Alan Schuck Friedrich, Ernando Rodrigues Lopes (66.Severino de Ramos Clementino da Silva "Nino Paraíba"), Lucas Silva Fonseca, José Carlos Ferreira Junior „Juninho", Luis Antonio da Rocha Junior "Juninho Capixaba", Elías Mendes Trindade, Gregore de Magalhães da Silva, Ramon Rodrigo de Carvalho (58.Daniel Sampaio Simões „Danielzinho"), Gilberto Oliveira Souza Júnior (58.Matheus Bonifacio Saldanha Marinho), Rossicley Pereira da Silva „Rossi" (83.Jefferson Gabriel Nascimento Brito „Fessin"), Clayson Henrique da Silva Vieira (46.José Élber Pimentel da Silva). Trainer: Luiz Antonio Venker de Menezes „Mano Menezes".
Goal: Severino de Ramos Clementino da Silva "Nino Paraíba" (80 own goal).

05.11.2020, Itaipava Arena Fonte Nova, Salvador
Referee: Cristian Marcelo Garay Reyes (Chile)
EC Bahia Salvador - Foot Ball Club Melgar Arequipa   4-0(4-0)
Bahia: Douglas Alan Schuck Friedrich, Severino de Ramos Clementino da Silva "Nino Paraíba", Lucas Silva Fonseca, José Carlos Ferreira Junior „Juninho", Luis Antonio da Rocha Junior "Juninho Capixaba", Elías Mendes Trindade, Gregore de Magalhães da Silva (76.Ronaldo da Silva Souza), Daniel Sampaio Simões „Danielzinho" (64.Rodrigo Eduardo Costa Marinho „Rodriguinho"), Jefferson Gabriel Nascimento Brito „Fessin" (76.Alesson dos Santos Batista), Gilberto Oliveira Souza Júnior (58.Matheus Bonifacio Saldanha Marinho), José Élber Pimentel da Silva (63.Rossicley Pereira da Silva „Rossi"). Trainer: Luiz Antonio Venker de Menezes „Mano Menezes".
FBC Melgar: Carlos Enrique Cáceda Ollaguez, Paolo Fuentes Varcárel (79.Leonardo William Mifflin Cabezudo), Alec Hugo Deneumostier Ortmann, Paolo Alessandro Reyna Lea, Pedro Guillermo Ibáñez Gálvez (63.Eduardo Valentin Rabanal Jaramillo), Joel Melchor Sánchez Alegría, Pablo Nicolas Míguez Farre, Emanuel Joel Amoroso, Walter Angello Tandazo Silva (67.Daniel Fabricio Cabrera Ramírez), Othoniel Arce Jaramillo (46.Irven Beybe Ávila Acero), Jhonny Víctor Vidales Lature (63.Hideyoshi Enrique Arakaki Chinen). Trainer: Marco Antonio Valencia Pacheco.
Goals: Jefferson Gabriel Nascimento Brito „Fessin" (12), Gregore de Magalhães da Silva (20), Jefferson Gabriel Nascimento Brito „Fessin" (34), Gilberto Oliveira Souza Júnior (35).
[EC Bahia Salvador won 4-1 on aggregate]

ROUND OF 16

24.11.2020, Itaipava Arena Fonte Nova, Salvador
Referee: Kevin Paolo Ortega Pimentel (Peru)
EC Bahia Salvador - CA Unión de Santa Fe   **1-0(0-0)**
Bahia: Douglas Alan Schuck Friedrich, Anderson Vieira Martins, Severino de Ramos Clementino da Silva „Nino Paraíba", José Carlos Ferreira Junior „Juninho", Luis Antonio da Rocha Junior "Juninho Capixaba", Gregore de Magalhães da Silva, Ronaldo da Silva Souza (61.Elías Mendes Trindade), Daniel Sampaio Simões „Danielzinho" (61.Rodrigo Eduardo Costa Marinho „Rodriguinho"), Jefferson Gabriel Nascimento Brito „Fessin" (61.Rossicley Pereira da Silva „Rossi"), Gilberto Oliveira Souza Júnior (90+3.Ramon Rodrigo de Carvalho), José Élber Pimentel da Silva (83.Clayson Henrique da Silva Vieira). Trainer: Luiz Antonio Venker de Menezes „Mano Menezes".
Unión: Sebastián Emanuel Moyano, Gastón Claudio Corvalán, Jonathan Sebastián Galván, Brian Rolando Blasi, Federico Gabriel Vera, Marcelo Javier Cabrera Rivero (80.Fernando Gastón Elizari Sedano), Horacio Gabriel Carabajal (80.Mauro Luna Diale), Juan Ignacio Martín Nardoni (90.Kevin Zenón), Juan Manuel García (61.Fernando Andrés Márquez), Franco Troyansky, Martín Ezequiel Cañete. Trainer: Juan Manuel Azconzábal.
Goal: Gilberto Oliveira Souza Júnior (78 penalty).

01.12.2020, Estadio 15 de Abril, Santa Fe
Referee: John Alexander Ospina Londono (Colombia)
CA Unión de Santa Fe - EC Bahia Salvador   **0-0**
Unión: Sebastián Emanuel Moyano, Gastón Claudio Corvalán, Jonathan Sebastián Galván, Brian Rolando Blasi, Federico Gabriel Vera (76.Marcelo Javier Cabrera Rivero), Nery Francisco Leyes (84.Gastón González), Horacio Gabriel Carabajal (76.Juan Manuel García), Juan Ignacio Martín Nardoni (83.Gastón Comas), Kevin Zenón (46.Lucas Esquivel), Fernando Andrés Márquez, Mauro Luna Diale [*sent off 45+5*]. Trainer: Juan Manuel Azconzábal.
Bahia: Douglas Alan Schuck Friedrich, Anderson Vieira Martins (53.Ernando Rodrigues Lopes), Severino de Ramos Clementino da Silva „Nino Paraíba" (46.Elías Mendes Trindade), José Carlos Ferreira Junior „Juninho", Matheus Bahia Santos (62.Daniel Sampaio Simões „Danielzinho"), Gregore de Magalhães da Silva, Edson Fernando da Silva Gomes (84.Rodrigo Eduardo Costa Marinho „Rodriguinho"), Ramon Rodrigo de Carvalho, Gilberto Oliveira Souza Júnior, José Élber Pimentel da Silva (46.Clayson Henrique da Silva Vieira), Rossicley Pereira da Silva „Rossi". Trainer: Luiz Antonio Venker de Menezes „Mano Menezes".
[EC Bahia Salvador won 1-0 on aggregate]

24.11.2020, Estadio „José Amalfitani", Buenos Aires
Referee: Cristian Marcelo Garay Reyes (Chile)
CA Vélez Sársfield Buenos Aires - Asociación Deportivo Cali   **2-0(0-0)**
Vélez Sársfield: Lucas Adrián Hoyos, Lautaro Daniel Gianetti, Luis Alfonso Abram Ugarelli, Tomás Ezequiel Guidara, Federico Andrés Mancuello (90+11.Marcos Nahuel Enrique), Ricardo Gabriel Álvarez (63.Cristian Alberto Tarragona), Pablo Ignacio Galdames Millán, Francisco Ortega, Thiago Ezequiel Almada (90+11.Hernán De La Fuente), Juan Martín Lucero (63.Adrián Ricardo Centurión), Lucas Ezequiel Janson (90.Miguel Marcelo Brizuela). Trainer: Mauricio Pellegrino.
Deportivo Cali: David González Giraldo, Juan Camilo Angulo Villegas, Jorge Hernán Menosse Acosta, Darwin Zamir Andrade Marmolejo, Eduar Hernán Caicedo Solis, Jhon Freduar Vásquez Anaya, Jhojan Manuel Valencia Jiménez (89.Jesús David Arrieta Farak), Agustín Palavecino (89.Carlos David Lizarazo Landazury), Andrés Felipe Colorado Sánchez (77.Andrés Felipe Balanta Cifuentes), Angelo José Rodríguez Henry, Déiber Jair Caicedo Mideros (76.Kevin Andrés Velasco Bonilla). Trainer: Alfredo Carlos Arias Sánchez (Uruguay).
Goals: Thiago Ezequiel Almada (73, 84).

01.12.2020, Estadio Deportivo Cali, Palmira
Referee: Éber Aquino Gaona (Paraguay)
Asociación Deportivo Cali - CA Vélez Sársfield Buenos Aires   1-5(1-2)
Deportivo Cali: David González Giraldo, Juan Camilo Angulo Villegas, Jorge Hernán Menosse Acosta, Darwin Zamir Andrade Marmolejo (66.Kevin Andrés Velasco Bonilla), Eduar Hernán Caicedo Solis (62.Carlos David Lizarazo Landazury; 87.Richard Stevens Rentería Moreno), Jhon Freduar Vásquez Anaya (62.José David Enamorado Gómez [*sent off 85*]), Jhojan Manuel Valencia Jiménez, Agustín Palavecino, Andrés Felipe Colorado Sánchez [*sent off 79*], Angelo José Rodríguez Henry, Déiber Jair Caicedo Mideros (46.Jesús David Arrieta Farak). Trainer: Alfredo Carlos Arias Sánchez (Uruguay).
Vélez Sársfield: Matias Nahuel Borgogno, Lautaro Daniel Gianetti, Luis Alfonso Abram Ugarelli, Tomás Ezequiel Guidara, Hernán De La Fuente, Federico Andrés Mancuello (80.Nicolás Garayalde), Ricardo Gabriel Álvarez (60.Mauro Rodolfo Pittón), Francisco Ortega (65.Miguel Marcelo Brizuela), Thiago Ezequiel Almada (66.Adrián Ricardo Centurión), Juan Martín Lucero (66.Cristian Alberto Tarragona), Lucas Ezequiel Janson. Trainer: Mauricio Pellegrino.
Goals: Agustín Palavecino (37) / Lucas Ezequiel Janson (20, 35), Luis Alfonso Abram Ugarelli (59), Cristian Alberto Tarragona (75, 88).
[CA Vélez Sársfield Buenos Aires won 7-1 on aggregate]

25.11.2020, Parque „Alfredo Víctor Viera", Montevideo
Referee: Juan Gabriel Benítez Mareco (Paraguay)
CA Fénix Montevideo - CA Independiente Avellaneda   1-4(1-3)
Fénix: Francisco Casanova Bruzzone, Adrián Argachá González, Leonardo Henriques Coelho "Léo Coelho", Ángel Leonardo Rodríguez Güelmo, Kaique Vergilio da Silva (33.Nicolás Teodoro Machado Mira), Roberto Nicolás Fernández Fagúndez [*sent off 24*], Bryan Olivera Calvo (80.Camilo Alejandro Núñez Gómez), Manuel Ugarte Ribeiro, Luciano Nequecaur (64.Bruno Scorza Perdomo), Jorge Luis Trinidad Ferreira (33.Edgardo Andrés Schetino Yancev), Ignacio Agustín Pereira González (80.Agustín Canobbio Graviz). Trainer: Juan Ramón Carrasco Torres.
Independiente: Carlos Sebastián Sosa Silva (46.Milton David Álvarez), Lucas Nahuel Rodríguez, Fabricio Tomás Bustos Sein, Alexander Nahuel Barboza Ullúa, Alan Javier Franco, Pedro Pablo Hernández, Lucas Daniel Romero (78.Carlos Nahuel Benavídez Protesoni), Lucas Nahuel González Martínez (70.Domingo Felipe Blanco), Silvio Ezequiel Romero, Federico Andrés Martínez Berroa (78.Andrés Felipe Roa Estrada), Alan Agustín Velasco (70.Alan Soñora). Trainer: Lucas Andrés Pusineri Bignone.
Goals: Bryan Olivera Calvo (29 penalty) / Lucas Nahuel González Martínez (3), Alan Agustín Velasco (38), Silvio Ezequiel Romero (44), Federico Andrés Martínez Berroa (51).

02.12.2020, Estadio Libertadores de América, Avellaneda
Referee: Wilton Pereira Sampaio (Brazil)
CA Independiente Avellaneda - CA Fénix Montevideo   1-0(1-0)
Independiente: Milton David Álvarez, Lucas Nahuel Rodríguez (61.Thomas Sebastián Ortega), Fabricio Tomás Bustos Sein, Alexander Nahuel Barboza Ullúa, Alan Javier Franco, Pedro Pablo Hernández, Lucas Daniel Romero (85.Juan Ignacio Pacchini), Lucas Nahuel González Martínez (61.Andrés Felipe Roa Estrada), Silvio Ezequiel Romero, Federico Andrés Martínez Berroa (70.Jonathan Diego Menéndez), Alan Agustín Velasco (70.Alan Soñora). Trainer: Lucas Andrés Pusineri Bignone.
Fénix: Guillermo Rafael De Amores Ravelo, Adrián Argachá González, Leonardo Henriques Coelho "Léo Coelho", Fernando Esekiel Souza Píriz [*sent off 45+4*], Ángel Leonardo Rodríguez Güelmo, Kaique Vergilio da Silva (33.Carlos Roberto Fernández Martínez), Bryan Olivera Calvo (55.Kevín Nicolás Alaniz Acuña), Camilo Alejandro Núñez Gómez, Agustín Canobbio Graviz (56.Edgardo Andrés Schetino Yancev), Nicolás Teodoro Machado Mira (55.Maureen Javier Franco Alonso), Ignacio Agustín Pereira González (69.Nicolás Daniel Ruíz Tabárez). Trainer: Juan Ramón Carrasco Torres.
Goal: Silvio Ezequiel Romero (25).
[CA Independiente Avellaneda won 5-1 on aggregate]

25.11.2020, Estadio Municipal „Francisco Sánchez Rumoroso", Coquimbo
Referee: Gery Anthony Vargas Carreño (Bolivia)
CD Coquimbo Unido - Deportivo Sport Huancayo   0-0
Coquimbo: Matías Nicolás Cano, Federico Hernán Pereyra (46.Nicolás Berardo), Raúl Andrés Osorio Medina, Fernando Alejandro Manríquez Hernández, Juan Carlos Espinoza Reyes (83.Felipe Andrés Villagrán Rivera), Víctor Manuel González Chang, John Michael Salas Torres, Diego Sebastián Aravena Ramírez, Diego Alfredo Vallejos Hernández (66.Lautaro Agustín Palacios), Joe Axel Abrigo Navarro (88.Rafael Daniel Arace Gargaro), Rubén Ignacio Farfán Arancibia. Trainer: Juan José Ribera Fonseca.
Sport Huancayo: Joel Ademir Pinto Herrera, Giancarlo Carmona Maldonado, Víctor Julio Rodolfo Balta Mori, Hugo Alexis Ademir Ángeles Chávez, Carlos Alberto Caraza Pérez (79.Víctor Manuel Peña Espinoza), Palanqueta Valoyes Córdoba, Alfredo Junior Rojas Pajuelo, Daniel Fabio Morales Quispe (79.Jorge Luis Bazán Lazarte), Marco Alexander Lliuya Cristobál (90+2.Ronal Omar Huaccha Jurado), Moises Aldair Velásquez Gamboa (67.Leonardo Marcelo Villar Callupe), Charles Junior Monsalvo Peralta (67.Carlos Ariel Neumann Torres). Trainer: Elar Wilmar Elisban Valencia Pacheco.

02.12.2020, Estadio Nacional, Lima
Referee: Augusto Bergelio Aragón Bautista (Ecuador)
Deportivo Sport Huancayo - CD Coquimbo Unido   0-2(0-1)
Sport Huancayo: Joel Ademir Pinto Herrera, Giancarlo Carmona Maldonado (81.Víctor Manuel Peña Espinoza), Víctor Julio Rodolfo Balta Mori, Hugo Alexis Ademir Ángeles Chávez, Palanqueta Valoyes Córdoba, Marcio Andre Valverde Zamora, Jorge Luis Bazán Lazarte (81.Ronal Omar Huaccha Jurado), Alfredo Junior Rojas Pajuelo, Daniel Fabio Morales Quispe (46.Carlos Ariel Neumann Torres), Marco Alexander Lliuya Cristobál, Charles Junior Monsalvo Peralta. Trainer: Elar Wilmar Elisban Valencia Pacheco.
Coquimbo: Matías Nicolás Cano, Federico Hernán Pereyra, Raúl Andrés Osorio Medina, Fernando Alejandro Manríquez Hernández (85.Felipe Andrés Villagrán Rivera), Juan Carlos Espinoza Reyes (72.Nicolás Berardo), Víctor Manuel González Chang, John Michael Salas Torres, Diego Sebastián Aravena Ramírez, Diego Alfredo Vallejos Hernández (72.Jorge Paul Gática Loyola), Joe Axel Abrigo Navarro (85.Rafael Daniel Arace Gargaro), Rubén Ignacio Farfán Arancibia (81.Lautaro Agustín Palacios). Trainer: Juan José Ribera Fonseca.
Goals: Diego Alfredo Vallejos Hernández (1), Lautaro Agustín Palacios (81).
[CD Coquimbo Unido won 2-0 on aggregate]

25.11.2020, Estadio „Hernando Siles Reyes", La Paz
Referee: Flávio Rodrigues de Souza (Brazil)
Club Bolívar La Paz - CA Lanús   2-1(1-1)
Bolívar: Javier Rojas Iguaro, Diego Bejarano Ibañez, Jorge Enrique Flores Yrahory, Adrián Johnny Jusino Cerruto, Luis Fernando Haquin López, Roberto Carlos Fernández Toro (46.Víctor Alonso Ábrego Aguilera), Álvaro Rey Vázquez (63.Anderson Emanuel Castelo Branco de Cruz), Cristhian Machado Pinto (84.Vladimir Castellón Colque), Erwin Mario Saavedra Flores, Juan Carlos Arce Justiniano, Marcos Daniel Riquelme. Trainer: Wálter Alberto Flores Condarco.
Lanús: Lautaro Alberto Morales, Leonel Di Plácido [*sent off 90+11*], Alexis Rafael Pérez Fontanilla, Matías Damián Pérez, Alexandro Ezequiel Bernabei (78.Gastón Andrés Lodico), Facundo Tomás Quignón, Tomás Belmonte, Cristian David Núñez Morales, Lautaro Germán Acosta, José Gustavo Sand (89.Alejo Tabares), Nicolás Orsini. Trainer: Luis Francisco Zubeldía.
Goals: Marcos Daniel Riquelme (45), Luis Fernando Haquin López (86) / Tomás Belmonte (32).

02.12.2020, Estadio Ciudad de Lanús, Lanús
Referee: Víctor Hugo Carrillo Casanova (Peru)
CA Lanús - Club Bolívar La Paz   **6-2(2-1)**
Lanús: Lautaro Alberto Morales, Alexis Rafael Pérez Fontanilla, Matías Damián Pérez, Alexandro Ezequiel Bernabei (76.Julian Ezequiel Aude Bernardi), Brian Nahuel Aguirre, Facundo Tomás Quignón, Tomás Belmonte, Lucas Gabriel Vera (82.Facundo Martín Pérez), Lautaro Germán Acosta (75.Cristian Gonzalo Torres), Nicolás Orsini (87.Pedro De la Vega), Franco Orozco (87.Guillermo Enio Burdisso). Trainer: Luis Francisco Zubeldía.
Bolívar: Javier Rojas Iguaro, Luis Alberto Gutiérrez Herrera, Diego Bejarano Ibañez (17.Juan Cataldi; 76.Roberto Carlos Fernández Toro), Jorge Enrique Flores Yrahory, Adrián Johnny Jusino Cerruto, Luis Fernando Haquin López, Álvaro Rey Vázquez, Cristhian Machado Pinto, Erwin Mario Saavedra Flores, Marcos Daniel Riquelme, Anderson Emanuel Castelo Branco de Cruz. Trainer: Wálter Alberto Flores Condarco.
Goals: Franco Orozco (26), Tomás Belmonte (39, 49), Franco Orozco (54), Lautaro Germán Acosta (63), Nicolás Orsini (86) / Marcos Daniel Riquelme (4), Álvaro Rey Vázquez (73).
[CA Lanús won 7-4 on aggregate]

26.11.2020, Estadio Metropolitano „Roberto Meléndez", Barranquilla
Referee: Facundo Raúl Tello Figueroa (Argentina)
CDP Junior Barranquilla - CD Unión La Calera   **2-1(1-0)**
Junior: Mario Sebastián Viera Galaín, Germán Mera Cáceres, Daniel Alejandro Rosero Valencia, Fabián Alexis Viáfara Alarcón, Gabriel Rafael Fuentes Gómez, James Amilkar Sánchez Altamiranda (71.Fabián Steven Ángel Bernal), Didier Andrés Moreno Asprilla, Freddy Hinestroza Arias (81.Luis Daniel González Cova), Teófilo Antonio Gutiérrez Roncancio, Miguel Ángel Borja Hernández, Edwuin Steven Cetré Angulo. Trainer: Luis Amaranto Perea Mosquera.
La Calera: Alexis Martín Arias, Cristián Vilches González, Matías Cristóbal Navarrete Fuentes, Érick Andrés Wiemberg Higuera, Felipe Ignacio Seymour Dobud, Gonzalo Pablo Castellani (86.Matías Alejandro Laba), Juan Andrés Leiva Mieres, Thomas Rodríguez Trogsar (81.Nicolás Marcelo Stefanelli), Yonathan Wladimir Andía León, Esteban Cristobal Valencia Reyes (31.Fernando Patricio Cordero Fonseca), Andrés Alejandro Vílches Araneda (86.Jeisson Andrés Vargas Salazar). Trainer: Juan Pablo Vojvoda Rizzo (Argentina).
Goals: Edwuin Steven Cetré Angulo (44), Miguel Ángel Borja Hernández (84) / Thomas Rodríguez Trogsar (60).

03.12.2020, Estadio Municipal „Nicolás Chahuán Nazar", La Calera
Referee: Bruno Arleu de Araújo (Brazil)
CD Unión La Calera - CDP Junior Barranquilla   2-1(1-1,2-1,2-1); 2-4 on penalties
La Calera: Alexis Martín Arias, Cristián Vilches González, Santiago García, Érick Andrés Wiemberg Higuera, Felipe Ignacio Seymour Dobud, Fernando Patricio Cordero Fonseca, Gonzalo Pablo Castellani (79.Nicolás Marcelo Stefanelli), Juan Andrés Leiva Mieres, Thomas Rodríguez Trogsar, Yonathan Wladimir Andía León, Andrés Alejandro Vílches Araneda. Trainer: Juan Pablo Vojvoda Rizzo (Argentina).
Junior: Mario Sebastián Viera Galaín, Marlon Javier Piedrahita Londoño (71.Fabián Alexis Viáfara Alarcón), Germán Mera Cáceres, Daniel Alejandro Rosero Valencia, Gabriel Rafael Fuentes Gómez, James Amilkar Sánchez Altamiranda (60.Larry Vásquez Ortega [*sent off 90+5*]), Rubén Leonardo Pico Carvajal (90+6.Carmelo Enrique Valencia Chaverra), Freddy Hinestroza Arias (70.Willer Emilio Ditta Pérez), Teófilo Antonio Gutiérrez Roncancio [*sent off 84*], Miguel Ángel Borja Hernández, Edwuin Steven Cetré Angulo (61.Sherman Andrés Cárdenas Estupiñan). Trainer: Luis Amaranto Perea Mosquera.
Goals: Fernando Patricio Cordero Fonseca (45), Juan Andrés Leiva Mieres (59) / Miguel Ángel Borja Hernández (1).
Penalties: Nicolás Marcelo Stefanelli (saved); Miguel Ángel Borja Hernández 0-1; Fernando Patricio Cordero Fonseca 1-1; Sherman Andrés Cárdenas Estupiñan 1-2; Andrés Alejandro Vílches Araneda (missed); Carmelo Enrique Valencia Chaverra 1-3; Thomas Rodríguez Trogsar 2-3; Gabriel Rafael Fuentes Gómez 2-4.
[CDP Junior Barranquilla won 4-2 on penalties (after 3-3 on aggregate)]

26.11.2020, Parque „Alfredo Víctor Viera", Montevideo
Referee: José Natanael Méndez Acosta (Paraguay)
CA River Plate Montevideo - CD Universidad Católica Santiago   1-2(1-1)
CA River Plate: Gastón Hernán Olveira Echeverría, Gonzalo Viera Davyt, Horacio David Salaberry Marrero (86.Juan Manuel Olivera López), Facundo Bonifazi Castro, Marcos Daniel Montiel González (86.Adrián Eloys Leites López), Guzmán Rodríguez Ferrari, Sebastián Gerardo Píriz Ribas, Nicolás Alejandro Rodríguez Charquero, Facundo Ospitaleche Hernández (76.Matías Damián Alonso Vallejo), José Pablo Neris Figueredo (77.Daniel Nicolás González Álvarez), Douglas Matías Arezo Martínez (89.Thiago Nicolás Borbas Silva). Trainer: Jorge Daniel Fossati Lurachi.
Universidad Católica Santiago: Matías Ezequiel Dituro, Alfonso Cristián Parot Rojas, Juan Francisco Cornejo Palma, Tomás Pablo Asta-Buruaga Montoya, Luciano Román Aued, Diego Mario Buonanotte Rende (60.Gastón Adrián Lezcano), José Pedro Fuenzalida Gana, Ignacio Antonio Saavedra Pino, Marcelino Ignacio Núñez Espinoza (55.Raimundo Rebolledo Valenzuela), Fernando Matías Zampedri (46.Diego Martín Valencia Morello), Edson Raúl Puch Cortez. Trainer: Ariel Enrique Holan (Argentina).
Goals: Sebastián Gerardo Píriz Ribas (45+3) / Fernando Matías Zampedri (9), Luciano Román Aued (73 penalty).

03.12.2020, Estadio San Carlos de Apoquindo, Santiago
Referee: Alexis Adrian Herrera Hernández (Venezuela)
CD Universidad Católica Santiago - CA River Plate Montevideo   0-1(0-0)
Universidad Católica Santiago: Matías Ezequiel Dituro, Alfonso Cristián Parot Rojas, Valber Roberto Huerta Jérez, Germán Lanaro (84.Tomás Pablo Asta-Buruaga Montoya; 90.Juan Francisco Cornejo Palma), Raimundo Rebolledo Valenzuela (58.Edson Raúl Puch Cortez), Luciano Román Aued, Diego Mario Buonanotte Rende (90.Diego Martín Valencia Morello), José Pedro Fuenzalida Gana, Ignacio Antonio Saavedra Pino, Fernando Matías Zampedri, Gastón Adrián Lezcano. Trainer: Ariel Enrique Holan (Argentina).
CA River Plate: Gastón Hernán Olveira Echeverría, Gonzalo Viera Davyt, Horacio David Salaberry Marrero, Facundo Bonifazi Castro (86.Santiago Martín Pérez Casal), Marcos Daniel Montiel González, Ribair Rodríguez Pérez (86.Guzmán Rodríguez Ferrari), Sebastián Gerardo Píriz Ribas [*sent off 52*], Nicolás Alejandro Rodríguez Charquero (33.Maximiliano Matías Calzada Fuentes), Facundo Ospitaleche Hernández (86.Matías Damián Alonso Vallejo), José Pablo Neris Figueredo (59.Diego Sebastián Vicente Pereyra), Douglas Matías Arezo Martínez. Trainer: Jorge Daniel Fossati Lurachi.
Goal: Facundo Bonifazi Castro (51).
[CD Universidad Católica Santiago won on away goals rule (2-2 on aggregate)]

26.11.2020, Estadio „Norberto Tomaghello", Florencio Varela
Referee: Andrés Matias Matonte Cabrera (Uruguay)
CSD Defensa y Justicia Florencio Varela - CR Vasco da Gama Rio de Janeiro   1-1(0-0)
Defensa y Justicia: Luis Ezequiel Unsain, Marcelo Nicolás Benítez, Emanuel Brítez, Néstor Ariel Breitenbruch, Héctor David Martínez, Adonis Uriel Frías, Raúl Alberto Loaiza Morelos (13.Nelson Fernando Acevedo), Valentín Larralde (78.Gabriel Alejandro Hachen), Ciro Pablo Rius Aragallo, Francisco Andrés Pizzini (90+1.Juan Cruz Villagra), Braian Ezequiel Romero. Trainer: Hernán Jorge Crespo.
Vasco da Gama: Lucas Alexandre Galdino de Azevedo "Lucão", Leonardo de Matos Cruz „Léo Matos", Leandro Castán da Silva, Vivaldo Borges dos Santos Neto, Ricardo Queiroz de Alencastro Graça, Matheus dos Santos Miranda (89.Marcelo Alves dos Santos), Leonardo Roque Albano Gil (89.Bruno Gomes da Silva Clevelário), Glaybson Yago Souza Lisboa „Yago Pikachu" (70.Carlos Vinicius Santos de Jesus „Carlinhos"), Gustavo Adolfo Torres Grueso (80.Lucas Santos da Silva), Marcos Antônio Candido Ferreira Júnior, Germán Ezequiel Cano (89.Ygor de Oliveira Ferreira „Ygor Catatau"). Trainer: Ricardo Manuel Andrade e Silva Sá Pinto (Portugal).
Goals: Braian Ezequiel Romero (79) / Germán Ezequiel Cano (62).

03.12.2020, Estádio São Januário, Rio de Janeiro
Referee: Andrés Ismael Cunha Soca (Uruguay)
CR Vasco da Gama Rio de Janeiro - CSD Defensa y Justicia Florencio Varela   0-1(0-0)
Vasco da Gama: Lucas Alexandre Galdino de Azevedo "Lucão", Leandro Castán da Silva, Vivaldo Borges dos Santos Neto, Matheus dos Santos Miranda, Marcelo Alves dos Santos (77.Tiago Rodrigues dos Reis), Leonardo Roque Albano Gil (88.Lucas Santos da Silva), Glaybson Yago Souza Lisboa „Yago Pikachu", Gustavo Adolfo Torres Grueso, Marcos Antônio Candido Ferreira Júnior (82.Alexandre Almeida Silva Júnior „Juninho"), Martín Nicolás Benítez (82.Talles Magno Bacelar Martins), Lucas Ribamar Lopes dos Santos Bibiano (88.Carlos Vinicius Santos de Jesus „Carlinhos"). Trainer: Ricardo Manuel Andrade e Silva Sá Pinto (Portugal).
Defensa y Justicia: Luis Ezequiel Unsain, Néstor Ariel Breitenbruch (57.Eugenio Horacio Isnaldo), Héctor David Martínez, Adonis Uriel Frías, Franco Ezequiel Paredes (82.Pedro David Ramírez), Washington Fernando Camacho Martínez (46.Gabriel Alejandro Hachen), Nelson Fernando Acevedo, Valentín Larralde (90.Lautaro Tomás Escalante), Ciro Pablo Rius Aragallo, Francisco Andrés Pizzini (90.Miguel Ángel Merentiel Serrano), Braian Ezequiel Romero. Trainer: Hernán Jorge Crespo.
Goal: Gabriel Alejandro Hachen (58).
[CSD Defensa y Justicia Florencio Varela won 2-1 on aggregate]

QUARTER-FINALS

08.12.2020, Estadio „José Amalfitani", Buenos Aires
Referee: Bruno Arleu de Araújo (Brazil)
CA Vélez Sársfield Buenos Aires - CD Universidad Católica Santiago   1-2(0-1)
Vélez Sársfield: Alexander Domínguez Carabalí, Lautaro Daniel Gianetti, Luis Alfonso Abram Ugarelli, Tomás Ezequiel Guidara, Hernán De La Fuente (46.Adrián Ricardo Centurión), Federico Andrés Mancuello, Francisco Ortega, Thiago Ezequiel Almada (52.Juan Martín Lucero), Agustín Nicolás Mulet (86.Agustín Bouzat), Cristian Alberto Tarragona, Lucas Ezequiel Janson. Trainer: Mauricio Pellegrino.
Universidad Católica Santiago: Matías Ezequiel Dituro, Alfonso Cristián Parot Rojas, Valber Roberto Huerta Jérez, Germán Lanaro, Raimundo Rebolledo Valenzuela, Luciano Román Aued, José Pedro Fuenzalida Gana, Ignacio Antonio Saavedra Pino, Fernando Matías Zampedri, Edson Raúl Puch Cortez (83.César Augusto Munder Rodríguez), Gastón Adrián Lezcano (83.Diego Martín Valencia Morello). Trainer: Ariel Enrique Holan (Argentina).
Goals: Juan Martín Lucero (90) / Fernando Matías Zampedri (45+5), Edson Raúl Puch Cortez (50).

15.12.2020, Estadio San Carlos de Apoquindo, Santiago
Referee: Leodan Frankin González Cabrera (Uruguay)
CD Universidad Católica Santiago - CA Vélez Sársfield Buenos Aires   1-3(0-1)
Universidad Católica Santiago: Matías Ezequiel Dituro, Alfonso Cristián Parot Rojas, Germán Lanaro [sent off 90+6], Juan Eduardo Fuentes Jiménez, Raimundo Rebolledo Valenzuela, Luciano Román Aued, José Pedro Fuenzalida Gana, Ignacio Antonio Saavedra Pino (85.Francisco Andrés Silva Gajardo), Edson Raúl Puch Cortez, Gastón Adrián Lezcano (78.Diego Mario Buonanotte Rende), Diego Martín Valencia Morello. Trainer: Ariel Enrique Holan (Argentina).
Vélez Sársfield: Lucas Adrián Hoyos, Lautaro Daniel Gianetti, Luis Alfonso Abram Ugarelli, Tomás Ezequiel Guidara (68.Hernán De La Fuente), Federico Andrés Mancuello (80.Ricardo Gabriel Álvarez), Pablo Ignacio Galdames Millán, Francisco Ortega, Cristian Alberto Tarragona, Adrián Ricardo Centurión (69.Juan Martín Lucero), Lucas Ezequiel Janson, Agustín Bouzat (59.Luca Nicolás Orellano). Trainer: Mauricio Pellegrino.
Goals: Luciano Román Aued (68 penalty) / Cristian Alberto Tarragona (17 penalty), Luca Nicolás Orellano (73), Juan Martín Lucero (90+4).
[CA Vélez Sársfield Buenos Aires won 4-3 on aggregate]

09.12.2020, Itaipava Arena Fonte Nova, Salvador
Referee: Guillermo Enrique Guerrero Alcivar (Ecuador)
EC Bahia Salvador - CSD Defensa y Justicia Florencio Varela   2-3(1-2)
Bahia: Anderson Pedro da Silva, Anderson Vieira Martins, Severino de Ramos Clementino da Silva "Nino Paraíba", José Carlos Ferreira Junior „Juninho", Luis Antonio da Rocha Junior "Juninho Capixaba" (72.Matheus Bahia Santos), Edson Fernando da Silva Gomes (59.Elías Mendes Trindade), Daniel Sampaio Simões „Danielzinho" (46.Rodrigo Eduardo Costa Marinho „Rodriguinho"), Ramon Rodrigo de Carvalho, Gilberto Oliveira Souza Júnior, José Élber Pimentel da Silva (46.Gabriel Novaes Fernandes), Rossicley Pereira da Silva „Rossi" (72.Juan Pablo Ramírez Velásquez). Trainer: Luiz Antonio Venker de Menezes „Mano Menezes".
Defensa y Justicia: Luis Ezequiel Unsain, Héctor David Martínez, Adonis Uriel Frías, Franco Ezequiel Paredes, Nelson Fernando Acevedo, Valentín Larralde (62.Lautaro Tomás Escalante), Ciro Pablo Rius Aragallo, Francisco Andrés Pizzini (81.Gabriel Alejandro Hachen), Braian Ezequiel Romero (90+2.Miguel Ángel Merentiel Serrano), Eugenio Horacio Isnaldo (81.Nahuel Ezequiel Gallardo), Walter Ariel Bou (67.Enzo Jeremías Fernández). Trainer: Hernán Jorge Crespo.
Goals: Gilberto Oliveira Souza Júnior (40 penalty), Matheus Bahia Santos (80) / Braian Ezequiel Romero (4, 26 penalty), Enzo Jeremías Fernández (68).

16.12.2020, Estadio „Norberto Tomaghello", Florencio Varela
Referee: Éber Aquino Gaona (Paraguay)
CSD Defensa y Justicia Florencio Varela - EC Bahia Salvador   1-0(0-0)
Defensa y Justicia: Luis Ezequiel Unsain, Emanuel Brítez, Héctor David Martínez, Adonis Uriel Frías, Franco Ezequiel Paredes (89.Néstor Ariel Breitenbruch), Nelson Fernando Acevedo [*sent off 75*], Valentín Larralde (57.Lautaro Tomás Escalante), Ciro Pablo Rius Aragallo (71.Walter Ariel Bou), Francisco Andrés Pizzini (57.Enzo Jeremías Fernández), Braian Ezequiel Romero (88.Raúl Alberto Loaiza Morelos), Eugenio Horacio Isnaldo. Trainer: Hernán Jorge Crespo.
Bahia: Douglas Alan Schuck Friedrich, Ernando Rodrigues Lopes, Severino de Ramos Clementino da Silva "Nino Paraíba" (81.José Carlos Cracco Neto „Zeca"), José Carlos Ferreira Junior „Juninho", Luis Antonio da Rocha Junior "Juninho Capixaba", Gregore de Magalhães da Silva, Juan Pablo Ramírez Velásquez (81.Daniel Sampaio Simões „Danielzinho"), Ronaldo da Silva Souza (77.Gabriel Novaes Fernandes), Gilberto Oliveira Souza Júnior (81.Rodrigo Eduardo Costa Marinho „Rodriguinho"), José Élber Pimentel da Silva (60.Clayson Henrique da Silva Vieira), Rossicley Pereira da Silva „Rossi" [*sent off 71*]. Trainer: Luiz Antonio Venker de Menezes „Mano Menezes".
Goal: Braian Ezequiel Romero (87).
[CSD Defensa y Justicia Florencio Varela won 4-2 on aggregate]

09.12.2020, Estadio Metropolitano „Roberto Meléndez", Barranquilla
Referee: Jesús Valenzuela Sáez (Venezuela)
CDP Junior Barranquilla - CD Coquimbo Unido   1-2(1-0)
Junior: Mario Sebastián Viera Galaín, Germán Mera Cáceres, Jesús David Murillo León, Daniel Alejandro Rosero Valencia, Fabián Alexis Viáfara Alarcón, James Amilkar Sánchez Altamiranda, Freddy Hinestroza Arias (76.Daniel Moreno Mosquera), Fabián Steven Ángel Bernal, Michael Jhon Ander Rangel Valencia, Miguel Ángel Borja Hernández (76.Luis Fernando Sandoval Oyola), Edwuin Steven Cetré Angulo. Trainer: Luis Amaranto Perea Mosquera.
Coquimbo: Matías Nicolás Cano, Federico Hernán Pereyra, Raúl Andrés Osorio Medina, Fernando Alejandro Manríquez Hernández, Juan Carlos Espinoza Reyes (86.Felipe Andrés Villagrán Rivera), Víctor Manuel González Chang, John Michael Salas Torres, Diego Sebastián Aravena Ramírez (57.Jorge Paul Gática Loyola), Diego Alfredo Vallejos Hernández (58.Lautaro Agustín Palacios), Joe Axel Abrigo Navarro (86.Cristofer Andrés Salas Barriga), Rubén Ignacio Farfán Arancibia (77.Rafael Daniel Arace Gargaro). Trainer: Juan José Ribera Fonseca.
Goals: Miguel Ángel Borja Hernández (25 penalty) / Joe Axel Abrigo Navarro (73), Lautaro Agustín Palacios (88).

16.12.2020, Estadio Municipal „Francisco Sánchez Rumoroso", Coquimbo
Referee: Víctor Hugo Carrillo Casanova (Peru)
CD Coquimbo Unido - CDP Junior Barranquilla   0-1(0-1)
Coquimbo: Matías Nicolás Cano, Federico Hernán Pereyra, Raúl Andrés Osorio Medina, Fernando Alejandro Manríquez Hernández, Víctor Manuel González Chang, John Michael Salas Torres, Diego Sebastián Aravena Ramírez, Jorge Paul Gática Loyola (63.Felipe Andrés Villagrán Rivera), Diego Alfredo Vallejos Hernández (75.Lautaro Agustín Palacios), Joe Axel Abrigo Navarro (88.Rafael Daniel Arace Gargaro), Rubén Ignacio Farfán Arancibia. Trainer: Juan José Ribera Fonseca.
Junior: Mario Sebastián Viera Galaín, Germán Mera Cáceres, Daniel Alejandro Rosero Valencia, Fabián Alexis Viáfara Alarcón, James Amilkar Sánchez Altamiranda, Didier Andrés Moreno Asprilla, Freddy Hinestroza Arias, Teófilo Antonio Gutiérrez Roncancio, Miguel Ángel Borja Hernández, Daniel Moreno Mosquera, Edwuin Steven Cetré Angulo. Trainer: Luis Amaranto Perea Mosquera.
Goal: Miguel Ángel Borja Hernández (7 penalty).
[CD Coquimbo Unido won on away goals rule (2-2 on aggregate)]

10.12.2020, Estadio Ciudad de Lanús, Lanús
Referee: Esteban Daniel Ostojich Vega (Uruguay)
CA Lanús - CA Independiente Avellaneda   0-0
Lanús: Lautaro Alberto Morales, Nicolás Jorge Morgantini, Alexis Rafael Pérez Fontanilla, Matías Damián Pérez, Alexandro Ezequiel Bernabei, Brian Nahuel Aguirre, Facundo Tomás Quignón, Tomás Belmonte, José Gustavo Sand, Pedro De la Vega (70.Lucas Gabriel Vera), Franco Orozco (77.Matias Eduardo Esquivel). Trainer: Luis Francisco Zubeldía.
Independiente: Carlos Sebastián Sosa Silva, Lucas Nahuel Rodríguez, Fabricio Tomás Bustos Sein, Alexander Nahuel Barboza Ullúa, Sergio Damián Barreto, Pedro Pablo Hernández (74.Alan Soñora), Lucas Daniel Romero (20.Carlos Nahuel Benavídez Protesoni), Lucas Nahuel González Martínez (85.Domingo Felipe Blanco), Federico Andrés Martínez Berroa (75.Jonathan Diego Menéndez), Nicolás Ariel Messiniti (75.Marcos Landáburu), Alan Agustín Velasco. Trainer: Lucas Andrés Pusineri Bignone.

17.12.2020, Estadio Libertadores de América, Avellaneda
Referee: Raphael Claus (Brazil)
CA Independiente Avellaneda - CA Lanús   1-3(0-3)
Independiente: Carlos Sebastián Sosa Silva, Lucas Nahuel Rodríguez (60.Alan Soñora), Fabricio Tomás Bustos Sein, Alexander Nahuel Barboza Ullúa, Alan Javier Franco, Pedro Pablo Hernández (46.Nicolás Ariel Messiniti), Carlos Nahuel Benavídez Protesoni, Lucas Nahuel González Martínez (74.Jonathan Diego Menéndez), Silvio Ezequiel Romero, Federico Andrés Martínez Berroa, Alan Agustín Velasco (83.Andrés Felipe Roa Estrada). Trainer: Lucas Andrés Pusineri Bignone.
Lanús: Lautaro Alberto Morales, Guillermo Enio Burdisso (79.Matías Damián Pérez), Alexis Rafael Pérez Fontanilla, Alexandro Ezequiel Bernabei (90+3.Nicolás Alejandro Thaller), Brian Nahuel Aguirre, Facundo Tomás Quignón, Tomás Belmonte, Lautaro Germán Acosta (86.Pablo Ezequiel Aranda), José Gustavo Sand, Nicolás Orsini (90+3.Fernando Daniel Belluschi), Pedro De la Vega (86.Nicolás Jorge Morgantini). Trainer: Luis Francisco Zubeldía.
Goals: Andrés Felipe Roa Estrada (88) / Tomás Belmonte (15), José Gustavo Sand (17), Nicolás Orsini (44).
[CA Lanús won 3-1 on aggregate]

SEMI-FINALS

06.01.2021, Estadio „José Amalfitani", Buenos Aires
Referee: John Alexander Ospina Londono (Colombia)
CA Vélez Sársfield Buenos Aires - CA Lanús   0-1(0-1)
Vélez Sársfield: Lucas Adrián Hoyos, Lautaro Daniel Gianetti, Luis Alfonso Abram Ugarelli, Tomás Ezequiel Guidara, Ricardo Gabriel Álvarez (79.Federico Andrés Mancuello), Pablo Ignacio Galdames Millán, Francisco Ortega, Cristian Alberto Tarragona, Adrián Ricardo Centurión (69.Thiago Ezequiel Almada), Lucas Ezequiel Janson (79.Juan Martín Lucero), Agustín Bouzat (69.Luca Nicolás Orellano).
Trainer: Mauricio Pellegrino.
Lanús: Lautaro Alberto Morales, Guillermo Enio Burdisso (60.Matías Damián Pérez), Alexis Rafael Pérez Fontanilla, Alexandro Ezequiel Bernabei, Brian Nahuel Aguirre, Facundo Tomás Quignón, Tomás Belmonte, Lautaro Germán Acosta, José Gustavo Sand, Nicolás Orsini, Pedro De la Vega (89.José Luis Gómez). Trainer: Luis Francisco Zubeldía.
Goal: José Gustavo Sand (39).

13.01.2021, Estadio Ciudad de Lanús, Lanús
Referee: Wilton Pereira Sampaio (Brazil)
CA Lanús - CA Vélez Sársfield Buenos Aires   **3-0(1-0)**
Lanús: Lautaro Alberto Morales, Alexis Rafael Pérez Fontanilla, Matías Damián Pérez, Alexandro Ezequiel Bernabei, Brian Nahuel Aguirre (90+2.Nicolás Alejandro Thaller), Facundo Tomás Quignón (90+2.Facundo Martín Pérez), Tomás Belmonte, Lautaro Germán Acosta, José Gustavo Sand, Nicolás Orsini (Fernando Daniel Belluschi), Pedro De la Vega (71.José Luis Gómez). Trainer: Luis Francisco Zubeldía.
Vélez Sársfield: Lucas Adrián Hoyos, Lautaro Daniel Gianetti, Tomás Ezequiel Guidara (68.Hernán De La Fuente), Miguel Marcelo Brizuela, Federico Andrés Mancuello (46.Juan Martín Lucero), Pablo Ignacio Galdames Millán, Francisco Ortega (68.Luca Nicolás Orellano), Thiago Ezequiel Almada, Cristian Alberto Tarragona, Adrián Ricardo Centurión (76.Ricardo Gabriel Álvarez), Lucas Ezequiel Janson (76.Florián Gonzalo de Jesús Monzón). Trainer: Mauricio Pellegrino.
Goals: Tomás Belmonte (45+3), Nicolás Orsini (60), Alexandro Ezequiel Bernabei (88).
[CA Lanús won 4-0 on aggregate]

12.01.2021, Estadio „Manuel Ferreira", Asunción (Paraguay)
Referee: Jesús Valenzuela Sáez (Venezuela)
CD Coquimbo Unido - CSD Defensa y Justicia Florencio Varela   **0-0**
Coquimbo: Matías Nicolás Cano, Federico Hernán Pereyra, Raúl Andrés Osorio Medina, Fernando Alejandro Manríquez Hernández (56.Jorge Paul Gática Loyola), Juan Carlos Espinoza Reyes (68.Felipe Andrés Villagrán Rivera), Víctor Manuel González Chang, John Michael Salas Torres, Diego Sebastián Aravena Ramírez, Joe Axel Abrigo Navarro (83.Rafael Daniel Arace Gargaro), Rubén Ignacio Farfán Arancibia, Lautaro Agustín Palacios (83.Benjamín Fernando Vidal Allendes). Trainer: Juan José Ribera Fonseca.
Defensa y Justicia: Luis Ezequiel Unsain, Emanuel Brítez (61.Rafael Marcelo Delgado), Héctor David Martínez, Adonis Uriel Frías, Franco Ezequiel Paredes, Enzo Jeremías Fernández, Valentín Larralde (88.Maximiliano Daniel Luayza Koot), Ciro Pablo Rius Aragallo (73.Francisco Andrés Pizzini), Braian Ezequiel Romero, Eugenio Horacio Isnaldo, Walter Ariel Bou (73.Gabriel Alejandro Hachen). Trainer: Hernán Jorge Crespo.

16.01.2021, Estadio „Norberto Tomaghello", Florencio Varela
Referee: Andrés José Rojas Noguera (Colombia)
CSD Defensa y Justicia Florencio Varela - CD Coquimbo Unido   **4-2(4-1)**
Defensa y Justicia: Luis Ezequiel Unsain, Rafael Marcelo Delgado, Emanuel Brítez, Héctor David Martínez, Adonis Uriel Frías, Enzo Jeremías Fernández, Valentín Larralde (55.Marcelo Nicolás Benítez), Francisco Andrés Pizzini (75.Washington Fernando Camacho Martínez), Braian Ezequiel Romero (83.Ciro Pablo Rius Aragallo), Eugenio Horacio Isnaldo (75.Franco Ezequiel Paredes), Walter Ariel Bou (82.Miguel Ángel Merentiel Serrano). Trainer: Hernán Jorge Crespo.
Coquimbo: Matías Nicolás Cano, Benjamín Fernando Vidal Allendes (46.Nicolás Berardo), Federico Hernán Pereyra, Raúl Andrés Osorio Medina, Juan Carlos Espinoza Reyes (46.Felipe Andrés Villagrán Rivera), John Michael Salas Torres, Diego Sebastián Aravena Ramírez (84.Diego Alfredo Vallejos Hernández), Jorge Paul Gática Loyola, Joe Axel Abrigo Navarro (65.Rafael Daniel Arace Gargaro), Rubén Ignacio Farfán Arancibia, Lautaro Agustín Palacios. Trainer: Juan José Ribera Fonseca.
Goals: Francisco Andrés Pizzini (11), Braian Ezequiel Romero (20, 23, 44) / Rubén Ignacio Farfán Arancibia (8), Lautaro Agustín Palacios (62)
[CSD Defensa y Justicia Florencio Varela won 4-2 on aggregate]

FINAL

23.01.2021, Estadio „Mario Alberto Kempes", Córdoba
Referee: Jesús Valenzuela Sáez (Venezuela)
CA Lanús - CSD Defensa y Justicia Florencio Varela　　　　　　**0-3(0-1)**
Lanús: Lautaro Alberto Morales, Guillermo Enio Burdisso, Alexis Rafael Pérez Fontanilla, Alexandro Ezequiel Bernabei (81. Lucas Agustín Besozzi), Brian Nahuel Aguirre, Facundo Tomás Quignón (69.Facundo Martín Pérez), Tomás Belmonte, Lucas Gabriel Vera (69.Fernando Daniel Belluschi), José Gustavo Sand, Nicolás Orsini, Pedro De la Vega (59.Franco Orozco). Trainer: Luis Francisco Zubeldía.
Defensa y Justicia: Luis Ezequiel Unsain, Rafael Marcelo Delgado, Héctor David Martínez, Adonis Uriel Frías (75.Washington Fernando Camacho Martínez), Franco Ezequiel Paredes, Enzo Jeremías Fernández, Valentín Larralde (84.Marcelo Nicolás Benítez), Francisco Andrés Pizzini, Braian Ezequiel Romero (76.Emanuel Brítez), Eugenio Horacio Isnaldo, Walter Ariel Bou (61.Miguel Ángel Merentiel Serrano). Trainer: Hernán Jorge Crespo.
Goals: 0-1 Adonis Uriel Frías (34), 0-2 Braian Ezequiel Romero (62), 0-3 Washington Fernando Camacho Martínez (90+2).

Copa Sudamericana Winner 2020: **CSD Defensa y Justicia Florencio Varela** (ARG)

Best Goalscorer: Braian Ezequiel Romero (CSD Defensa y Justicia Florencio Varela) – 10 goals

COPA SUDAMERICANA (2002-2020) TABLE OF HONOURS	
2002	Club Atlético San Lorenzo de Almagro Buenos Aires　　(ARG)
2003	Club Sportivo Cienciano de Cuzco　　(PER)
2004	Club Atlético Boca Juniors Buenos Aires　　(ARG)
2005	Club Atlético Boca Juniors Buenos Aires　　(ARG)
2006	Club de Fútbol Pachuca　　(MEX)
2007	Arsenal Fútbol Club de Sarandí　　(ARG)
2008	Sport Club Internacional Porto Alegre　　(BRA)
2009	Liga Deportiva Universitaria Quito　　(ECU)
2010	Club Atlético Independiente Avellaneda　　(ARG)
2011	CFP de la Universidad de Chile Santiago　　(CHI)
2012	São Paulo Futebol Clube　　(BRA)
2013	Club Atlético Lanús　　(ARG)
2014	Club Atlético River Plate Buenos Aires　　(ARG)
2015	Independiente Santa Fe Bogotá　　(COL)
2016	Associação Chapecoense de Futebol　　(BRA)
2017	Club Atlético Independiente Avellaneda　　(ARG)
2018	Club Athletico Paranaense Curitiba　　(BRA)
2019	CARE Independiente del Valle Sangolquí　　(ECU)
2020	CSD Defensa y Justicia Florencio Varela　　(ARG)

RECOPA SUDAMERICANA 2020

The Recopa Sudamericana is an annual football competition disputed between the reigning champions of the previous year's Copa Libertadores and the Copa Sudamericana. Previously, the Recopa Sudamericana was contested between the Copa Libertadores winner and the Supercopa „João Havelange" (created 1988) champion until the Supercopa was disbanded 1997.

The 2020 (28th) edition was disputed between CR Flamengo Rio de Janeiro (Brazil, 2019 Copa Libertadores winner) and CARE Independiente del Valle Sangolquí (Ecuador, 2019 Copa Sudamericana winner). CR Flamengo Rio de Janeiro won 5-1 on aggregate, obtaining their first Recopa Sudamericana trophy.

19.02.2020, Estadio Olímpico "Atahualpa", Quito; Attendance: 15,031
Referee: Leodán Franklin González Cabrera (Uruguay)
CARE Independiente del Valle Sangolquí - CR Flamengo Rio de Janeiro 2-2(1-0)
Independiente del Valle: Jorge Bladimir Pinos Haiman, Jhon Jairo Sánchez Enriquez, Richard Hernán Schunke, Luis Geovanny Segovia Vega, Beder Julio Caicedo Lastra, Cristian Alberto Pellerano (Cap), Lorenzo Abel Faravelli (79.Efrén Alexander Mera Moreira), Fernando Alexander Guerrero Vásquez (61.Alejandro Jair Cabeza Jiménez), Alan Steven Franco Palma, Jacob Israel Murillo Moncada, Gabriel Arturo Torres Tejada (72.Ángelo Smit Preciado Quiñónez). Trainer: Miguel Ángel Ramírez Medina (Spain).
Flamengo: Diego Alves Carreira, Márcio Rafael Ferreira de Souza „Rafinha", Rodrigo Caio Coquete Russo (84.Matheus Soares Thuler), Gustavo Henrique Vernes, Filipe Luís Kasmirski, Willian Souza Arão da Silva, Gerson Santos da Silva, Éverton Augusto de Barros Ribeiro, Diego Ribas da Cunha (Cap) (46.Victor Vinícius Coelho dos Santos "Vitinho"), Giorgian Daniel de Arrascaeta Benedetti, Bruno Henrique Pinto (68.Pedro Guilherme Abreu dos Santos). Trainer: Jorge Fernando Pinheiro de Jesus (Portugal).
Goals: 1-0 Jacob Israel Murillo Moncada (20), 1-1 Bruno Henrique Pinto (65), 1-2 Pedro Guilherme Abreu dos Santos (85), 2-2 Cristian Alberto Pellerano (90+1 penalty).

26.02.2020, Estádio "Jornalista Mário Filho" [Maracanã], Rio de Janeiro; Attendance: 69,986
Referee: Fernando Andrés Rapallini (Argentina)
CR Flamengo Rio de Janeiro - CARE Independiente del Valle Sangolquí 3-0(1-0)
Flamengo: Diego Alves Carreira, Márcio Rafael Ferreira de Souza „Rafinha",Gustavo Henrique Vernes, Leonardo Pereira „Léo Pereira", Filipe Luís Kasmirski, Éverton Augusto de Barros Ribeiro (Cap) (88.Michael Richard Delgado de Oliveira), Willian Souza Arão da Silva [*sent off 23*], Gerson Santos da Silva, Giorgian Daniel de Arrascaeta Benedetti (75.Victor Vinícius Coelho dos Santos "Vitinho"), Gabriel Barbosa Almeida, Pedro Guilherme Abreu dos Santos (27.Thiago Maia Alencar). Trainer: Jorge Fernando Pinheiro de Jesus (Portugal).
Independiente del Valle: Jorge Bladimir Pinos Haiman, Ángelo Smit Preciado Quiñónez, Richard Hernán Schunke, Luis Geovanny Segovia Vega (66.Alejandro Jair Cabeza Jiménez [*sent off 86*]), Beder Julio Caicedo Lastra (55.Fernando Alexander Guerrero Vásquez), Cristian Alberto Pellerano (Cap), Lorenzo Abel Faravelli (75.Daniel Nieto Vela „Dani Nieto"),Jhon Jairo Sánchez Enriquez, Alan Steven Franco Palma, Jacob Israel Murillo Moncada, Gabriel Arturo Torres Tejada. Trainer: Miguel Ángel Ramírez Medina (Spain).
Goals: 1-0 Gabriel Barbosa Almeida (19), 2-0 Gerson Santos da Silva (69), 3-0 Gerson Santos da Silva (89).

2020 Recopa Sudamericana Winner: **CR Flamengo Rio de Janeiro** (BRA)

RECOPA SUDAMERICANA (1989-2020)
TABLE OF HONOURS

Year	Club	Country
1989	Club Nacional de Football Montevideo	(URU)
1990	Club Atlético Boca Juniors Buenos Aires	(ARG)
1991	Club Olimpia Asunción[1]	(PAR)
1992	Club Social y Deportivo Colo Colo Santiago	(CHI)
1993	São Paulo Futebol Clube	(BRA)
1994	São Paulo Futebol Clube	(BRA)
1995	Club Atlético Independiente Avellaneda	(ARG)
1996	Grêmio Foot-Ball Porto Alegrense	(BRA)
1997	Club Atlético Vélez Sarsfield Buenos Aires	(ARG)
1998	Cruzeiro Esporte Clube Belo Horizonte	(BRA)
1999	*No competition*	
2000	*No competition*	
2001	*No competition*	
2002	*No competition*	
2003	Club Olimpia Asunción	(PAR)
2004	Club Sportivo Cienciano de Cuzco	(PER)
2005	Club Atlético Boca Juniors Buenos Aires	(ARG)
2006	Club Atlético Boca Juniors Buenos Aires	(ARG)
2007	Sport Club Internacional Porto Alegre	(BRA)
2008	Club Atlético Boca Juniors Buenos Aires	(ARG)
2009	Liga Deportiva Universitaria Quito	(ECU)
2010	Liga Deportiva Universitaria Quito	(ECU)
2011	Sport Club Internacional Porto Alegre	(BRA)
2012	Santos Futebol Clube	(BRA)
2013	Sport Club Corinthians Paulista São Paulo	(BRA)
2014	Clube Atlético Mineiro Belo Horizonte	(BRA)
2015	Club Atlético River Plate Buenos Aires	(ARG)
2016	Club Atlético River Plate Buenos Aires	(ARG)
2017	Club Atlético Nacional Medellín	(COL)
2018	Grêmio Foot-Ball Porto Alegrense	(BRA)
2019	Club Atlético River Plate Buenos Aires	(ARG)
2020	CR Flamengo Rio de Janeiro	(BRA)

[1] No final match disputed. Club Olimpia Asunción won both Copa Libertadores and the Supercopa „João Havelange" and was declared Recopa winners.

NATIONAL ASSOCIATIONS

The South American Football Confederation, commonly known as CONMEBOL, but also known as CSF (from Spanish: Confederación Sudamericana de Fútbol) is the continental governing body of association football in South America and it is one of FIFA's six continental confederations. CONMEBOL - the oldest continental confederation in the world, having its headquarters located in Luque (Paraguay) - is responsible for the organization and governance of South American football's major international tournaments. With only 10 member football associations, it has the fewest members of all the confederations in FIFA. This 10 member associations are as follows:

Argentina   Bolivia   Brazil   Chile   Colombia

- CONMEBOL -

Ecuador   Paraguay   Peru   Uruguay   Venezuela

ARGENTINA

The Country:
República Argentina (Argentine Republic) Capital: Buenos Aires Surface: 2,780,400 km² Inhabitants: 44,938,712 [2019] Time: UTC-3

The FA:
Asociación del Fútbol Argentino Viamonte 1366/76 Buenos Aires 1053 Year of Formation: 1893 Member of FIFA since: 1912 Member of CONMEBOL since: 1916 Internet: www.afa.org.ar

NATIONAL TEAM RECORDS	
First international match:	20.07.1902, Montevideo: Uruguay – Argentina 0-6
Most international caps:	Lionel Andrés Messi – 151 caps (since 2005)
Most international goals:	Lionel Andrés Messi – 76 goals (151 caps, since 2005)

FIFA CONFEDERATIONS CUP 1992-2017
1992 **(Winners)**, 1995 (Runners-up), 2005 (Runners-up).

OLYMPIC FOOTBALL TOURNAMENTS 1908-2016							
1908	Did not enter	1948	Did not enter	1972	Qualifiers	1996	Runners-up
1912	Did not enter	1952	Did not enter	1976	Qualifiers	2000	Qualifiers
1920	Did not enter	1956	Did not enter	1980	*Withdrew*	2004	**Winners**
1924	Did not enter	1960	Quarter-Finals	1984	Qualifiers	2008	**Winners**
1928	Runners-up	1964	Group Stage	1988	Quarter-Finals	2012	Qualifiers
1936	Did not enter	1968	Qualifiers	1992	Qualifiers	2016	Group Stage

COPA AMÉRICA	
1916	Runners-up
1917	Runners-up
1919	3rd Place
1920	Runners-up
1921	**Winners**
1922	4th Place
1923	Runners-up
1924	Runners-up
1925	**Winners**
1926	Runners-up
1927	**Winners**
1929	**Winners**
1935	Runners-up
1937	**Winners**
1939	Withdrew
1941	**Winners**
1942	Runners-up
1945	**Winners**
1946	**Winners**
1947	**Winners**
1949	Withdrew
1953	Withdrew
1955	**Winners**
1956	3rd Place
1957	**Winners**
1959	**Winners**
1959E	Runners-up
1963	3rd Place
1967	Runners-up
1975	Round 1
1979	Round 1
1983	Round 1
1987	4th Place
1989	3rd Place
1991	**Winners**
1993	**Winners**
1995	Quarter-Finals
1997	Quarter-Finals
1999	Quarter-Finals
2001	Withdrew
2004	Runners-up
2007	Runners-up
2011	Quarter-Finals
2015	Runners-up
2016	Runners-up
2019	3rd Place
2021	**Winners**

FIFA WORLD CUP	
1930	Final Tournament (Runners-up)
1934	Final Tournament (1st Round)
1938	Withdrew
1950	Withdrew
1954	Withdrew
1958	Final Tournament (Group Stage)
1962	Final Tournament (Group Stage)
1966	Final Tournament (Quarter-Finals)
1970	Qualifiers
1974	Final Tournament (2nd Round)
1978	**Final Tournament (Winners)**
1982	Final Tournament (2nd Round)
1986	**Final Tournament (Winners)**
1990	Final Tournament (Runners-up)
1994	Final Tournament (2nd Round of 16)
1998	Final Tournament (Quarter-Finals)
2002	Final Tournament (Group Stage)
2006	Final Tournament (Quarter-Finals)
2010	Final Tournament (Quarter-Finals)
2014	Final Tournament (Runners-up)
2018	Final Tournament (2nd Round of 16)

ARGENTINIAN CLUB HONOURS IN SOUTH AMERICAN CLUB COMPETITIONS:

COPA LIBERTADORES 1960-2020
CA Independiente Avellaneda (1964, 1965, 1972, 1973, 1974, 1975, 1984)
Racing Club Avellaneda (1967)
Club Estudiantes de La Plata (1968, 1969, 1970, 2009)
CA Boca Juniors Buenos Aires (1977, 1978, 2000, 2001, 2003, 2007)
AA Argentinos Juniors Bunoes Aires (1985)
CA River Plate Buenos Aires (1986, 1996, 2015, 2018)
CA Vélez Sársfield Buenos Aires (1994)
CA San Lorenzo de Almagro (2014)

COPA SUDAMERICANA 2002-2020
CA San Lorenzo de Almagro (2002)
CA Boca Juniors Buenos Aires (2004, 2005)
Arsenal Fútbol Club de Sarandí (2007)
CA Independiente Avellaneda (2010, 2017)
CA Lanús (2013)
CA River Plate Buenos Aires (2014)
CSD Defensa y Justicia Florencio Varela (2020)

RECOPA SUDAMERICANA 1989-2020
CA Boca Juniors Buenos Aires (1990, 2005, 2006, 2008)
CA Independiente Avellaneda (1995)
CA Vélez Sarsfield Buenos Aires (1997)
CA River Plate Buenos Aires (2015, 2016, 2019)

COPA CONMEBOL 1992-1999
CA Rosario Central (1995)
CA Lanús (1996)
CA Talleres Córdoba (1999)

SUPERCUP „JOÃO HAVELANGE" 1988-1997*
Racing Club Avellaneda (1988)
CA Boca Juniors Buenos Aires (1989)
CA Independiente Avellaneda (1994, 1995)
CA Vélez Sársfield Buenos Aires (1996)
CA River Plate Buenos Aires (1997)

COPA MERCOSUR 1998-2001**
CA San Lorenzo de Almagro (2001)

*Contested betwenn winners of all previous editions of the Copa Libertadores
**Contested between teams belonging countries from the southern part of South America (Argentina, Brazil, Chile, Paraguay and Uruguay).

NATIONAL COMPETITIONS
TABLE OF HONOURS

NATIONAL CHAMPIONS
1891-2021

The Amateur Era in Argentine football lasted between 1891 and 1934 and it was the first league tournament outside the United Kingdom. Between 1912-1914 (FAF = Federación Argentina de Football) and 1919-1926 (AAM = Asociación Amateurs de Football), other rival Football Associations organized their own amateur championships, but this associations were not recognized by the FIFA.

	Argentinean Amateur Championship
1891	Saint Andrew's Old Caledonians
1892	*No competition*
1893	Lomas Athletic Club Buenos Aires
1894	Lomas Athletic Club Buenos Aires
1895	Lomas Athletic Club Buenos Aires
1896	Lomas Academy Buenos Aires
1897	Lomas Athletic Club Buenos Aires
1898	Lomas Athletic Club Buenos Aires
1899	Belgrano Athletic Club
1900	Buenos Aires English High School*
1901	Alumni Athletic Club
1902	Alumni Athletic Club
1903	Alumni Athletic Club
1904	Belgrano Athletic Club
1905	Alumni Athletic Club
1906	Alumni Athletic Club
1907	Alumni Athletic Club
1908	Belgrano Athletic Club
1909	Alumni Athletic Club
1910	Alumni Athletic Club
1911	Alumni Athletic Club
1912	Quilmes Atlético Club / Club Porteño (FAF)
1913	Racing Club de Avellaneda / Club Estudiantes de La Plata (FAF)
1914	Racing Club de Avellaneda / Club Porteño (FAF)
1915	Racing Club de Avellaneda
1916	Racing Club de Avellaneda
1917	Racing Club de Avellaneda
1918	Racing Club de Avellaneda
1919	Club Atlético Boca Juniors Buenos Aires / Racing Club de Avellaneda (AAM)
1920	Club Atlético Boca Juniors Buenos Aires / Club Atlético River Plate Buenos Aires (AAM)
1921	Club Atlético Huracán Buenos Aires / Racing Club de Avellaneda (AAM)
1922	Club Atlético Huracán Buenos Aires / Club Atlético Independiente Avellaneda (AAM)
1923	Club Atlético Boca Juniors Buenos Aires / Club Atlético San Lorenzo de Almagro (AAM)
1924	Club Atlético Boca Juniors Buenos Aires / Club Atlético San Lorenzo de Almagro (AAM)
1925	Club Atlético Huracán Buenos Aires / Racing Club de Avellaneda (AAM)
1926	Club Atlético Boca Juniors Buenos Aires / Club Atlético Independiente Avellaneda (AAM)

1927	Club Atlético San Lorenzo de Almagro
1928	Club Atlético Huracán Buenos Aires
1929	Club de Gimnasia y Esgrima La Plata
1930	Club Atlético Boca Juniors Buenos Aires
1931	Club Atlético Estudiantil Porteño
1932	Club Sportivo Barracas Bolívar
1933	Club Sportivo Dock Sud Avellaneda
1934	Club Atlético Estudiantil Porteño

*became later Alumni Athletic Club

The best teams played since 1931 for the Professional League, founded in 1931. Between 1967 and 1985 two championships were played:
Metropolitano (=Met; First Division) with the club teams based in the Metropolitan area.
Nacional (=Nac) played with teams from all regions.

Between 1985/1986 and 1990/1991, the League played on European style, with autumn-spring seasons.

Since 1991/1992, two championships were played: **Apertura** (=Ape) is the initial championship of the League; **Clausura** (=Cla) is the last championship of the League.

	Argentinean Professional Championship
1931	Club Atlético Boca Juniors Buenos Aires
1932	Club Atlético River Plate Buenos Aires
1933	Club Atlético San Lorenzo de Almagro
1934	Club Atlético Boca Juniors Buenos Aires
1935	Club Atlético Boca Juniors Buenos Aires
1936	Club Atlético River Plate Buenos Aires
1937	Club Atlético River Plate Buenos Aires
1938	Club Atlético Independiente Avellaneda
1939	Club Atlético Independiente Avellaneda
1940	Club Atlético Boca Juniors Buenos Aires
1941	Club Atlético River Plate Buenos Aires
1942	Club Atlético River Plate Buenos Aires
1943	Club Atlético Boca Juniors Buenos Aires
1944	Club Atlético Boca Juniors Buenos Aires
1945	Club Atlético River Plate Buenos Aires
1946	Club Atlético San Lorenzo de Almagro
1947	Club Atlético River Plate Buenos Aires
1948	Club Atlético Independiente Avellaneda
1949	Racing Club de Avellaneda
1950	Racing Club de Avellaneda
1951	Racing Club de Avellaneda
1952	Club Atlético River Plate Buenos Aires
1953	Club Atlético River Plate Buenos Aires
1954	Club Atlético Boca Juniors Buenos Aires
1955	Club Atlético River Plate Buenos Aires
1956	Club Atlético River Plate Buenos Aires
1957	Club Atlético River Plate Buenos Aires
1958	Racing Club de Avellaneda
1959	Club Atlético San Lorenzo de Almagro
1960	Club Atlético Independiente Avellaneda
1961	Racing Club de Avellaneda
1962	Club Atlético Boca Juniors Buenos Aires

1963	Club Atlético Independiente Avellaneda		
1964	Club Atlético Boca Juniors Buenos Aires		
1965	Club Atlético Boca Juniors Buenos Aires		
1966	Racing Club de Avellaneda		
1967	Met:	Club Estudiantes de La Plata	
	Nac:	Club Atlético Independiente Avellaneda	
1968	Met:	Club Atlético San Lorenzo de Almagro	
	Nac:	Club Atlético Vélez Sársfield Buenos Aires	
1969	Met:	Club Atlético Chacarita Juniors San Martín	
	Nac:	Club Atlético Boca Juniors Buenos Aires	
1970	Met:	Club Atlético Independiente Avellaneda	
	Nac:	Club Atlético Boca Juniors Buenos Aires	
1971	Met:	Club Atlético Independiente Avellaneda	
	Nac:	Club Atlético Rosario Central	
1972	Met:	Club Atlético San Lorenzo de Almagro	
	Nac:	Club Atlético San Lorenzo de Almagro	
1973	Met:	Club Atlético Huracán Buenos Aires	
	Nac:	Club Atlético Rosario Central	
1974	Met:	Club Atlético Newell's Old Boys Rosario	
	Nac:	Club Atlético San Lorenzo de Almagro	
1975	Met:	Club Atlético River Plate Buenos Aires	
	Nac:	Club Atlético River Plate Buenos Aires	
1976	Met:	Club Atlético Boca Juniors Buenos Aires	
	Nac:	Club Atlético Boca Juniors Buenos Aires	
1977	Met:	Club Atlético River Plate Buenos Aires	
	Nac:	Club Atlético Independiente Avellaneda	
1978	Met:	Quilmes Atlético Club	
	Nac:	Club Atlético Independiente Avellaneda	
1979	Met:	Club Atlético River Plate Buenos Aires	
	Nac:	Club Atlético River Plate Buenos Aires	
1980	Met:	Club Atlético River Plate Buenos Aires	
	Nac:	Club Atlético Rosario Central	
1981	Met:	Club Atlético Boca Juniors Buenos Aires	
	Nac:	Club Atlético River Plate Buenos Aires	
1982	Nac:	Club Ferro Carril Oeste Buenos Aires	
	Met:	Club Estudiantes de La Plata	
1983	Nac:	Club Estudiantes de La Plata	
	Met:	Club Atlético Independiente Avellaneda	
1984	Nac:	Club Ferro Carril Oeste Buenos Aires	
	Met:	Asociación Atlética Argentinos Juniors Buenos Aires	
1985	Nac:	Asociación Atlética Argentinos Juniors Buenos Aires	
1985/1986	Club Atlético River Plate Buenos Aires		
1986/1987	Club Atlético Rosario Central		
1987/1988	Club Atlético Newell's Old Boys Rosario		
1988/1989	Club Atlético Independiente Avellaneda		
1989/1990	Club Atlético River Plate Buenos Aires		
1990/1991	Club Atlético Newell's Old Boys Rosario		
1991/1992	Ape:	Club Atlético River Plate Buenos Aires	
	Cla:	Club Atlético Newell's Old Boys Rosario	
1992/1993	Ape:	Club Atlético Boca Juniors Buenos Aires	
	Cla:	Club Atlético Vélez Sársfield Buenos Aires	
1993/1994	Ape:	Club Atlético River Plate Buenos Aires	

	Cla:	Club Atlético Independiente Avellaneda
1994/1995	Ape:	Club Atlético River Plate Buenos Aires
	Cla:	Club Atlético San Lorenzo de Almagro
1995/1996	Ape:	Club Atlético Vélez Sársfield Buenos Aires
	Cla:	Club Atlético Vélez Sársfield Buenos Aires
1996/1997	Ape:	Club Atlético River Plate Buenos Aires
	Cla:	Club Atlético River Plate Buenos Aires
1997/1998	Ape:	Club Atlético River Plate Buenos Aires
	Cla:	Club Atlético Vélez Sársfield Buenos Aires
1998/1999	Ape:	Club Atlético Boca Juniors Buenos Aires
	Cla:	Club Atlético Boca Juniors Buenos Aires
1999/2000	Ape:	Club Atlético River Plate Buenos Aires
	Cla:	Club Atlético River Plate Buenos Aires
2000/2001	Ape:	Club Atlético Boca Juniors Buenos Aires
	Cla:	Club Atlético San Lorenzo de Almagro
2001/2002	Ape:	Racing Club de Avellaneda
	Cla:	Club Atlético River Plate Buenos Aires
2002/2003	Ape:	Club Atlético Independiente Avellaneda
	Cla:	Club Atlético River Plate Buenos Aires
2003/2004	Ape:	Club Atlético Boca Juniors Buenos Aires
	Cla:	Club Atlético River Plate Buenos Aires
2004/2005	Ape:	Club Atlético Newell's Old Boys Rosario
	Cla:	Club Atlético Vélez Sársfield Buenos Aires
2005/2006	Ape:	Club Atlético Boca Juniors Buenos Aires
	Cla:	Club Atlético Boca Juniors Buenos Aires
2006/2007	Ape:	Club Estudiantes de La Plata
	Cla:	Club Atlético San Lorenzo de Almagro
2007/2008	Ape:	Club Atlético Lanús
	Cla:	Club Atlético River Plate Buenos Aires
2008/2009	Ape:	Club Atlético Boca Juniors Buenos Aires
	Cla:	Club Atlético Vélez Sársfield Buenos Aires
2009/2010	Ape:	Club Atlético Banfield
	Cla:	Asociación Atlética Argentinos Juniors Buenos Aires
2010/2011	Ape:	Club Estudiantes de La Plata
	Cla:	Club Atlético Vélez Sársfield Buenos Aires
2011/2012	Ape:	CA Boca Juniors Buenos Aires
	Cla:	Arsenal FC de Sarandí
2012/2013	Ini:	Club Atlético Vélez Sársfield Buenos Aires
	Fin:	Club Atlético Newell's Old Boys Rosario
2013/2014	Ini:	Club Atlético San Lorenzo de Almagro
	Fin:	CA River Plate Buenos Aires
2014	Tra:	Racing Club de Avellaneda
2015	CA Boca Juniors Buenos Aires	
2016	CA Lanús	
2016/2017	CA Boca Juniors Buenos Aires	
2017/2018	CA Boca Juniors Buenos Aires	
2018/2019	Racing Club de Avellaneda	
2019/2020	CA Boca Juniors Buenos Aires	

	Copa de la Liga Profesional
2020	CA Boca Juniors Buenos Aires
2021	CA Colón de Santa Fe

TOP SCORERS
1891-2020

	Argentinean Amateur Championship	
1891	F. Archer (Buenos Aires & Rosario railway)	7
1892	*No competition*	
1893	William Leslie (Lomas AC Buenos Aires)	7
1894	James Gifford (Flores Athletic Club)	4
1895	*Not awarded*	
1896	T. F. Allen (Flores Athletic Club), Juan O. Anderson (Lomas AC Buenos Aires)	7
1897	William Stirling (Lomas AC Buenos Aires)	20
1898	T. F. Allen (Lanús Athletic)	11
1899	Percy Hooton (Belgrano AC)	3
1900	Spencer Leonard (Buenos Aires English High School)	8
1901	Herbert Dorning (Belgrano AC)	5
1902	Jorge Gibson Brown (Alumni AC)	11
1903	Jorge Gibson Brown (Alumni AC)	12
1904	Alfredo Carr Brown (Alumni AC)	11
1905	Tristán González (CA Estudiantes Buenos Aires), Carlos Lett (Alumni AC)	12
1906	Eliseo Brown (Alumni AC), Percy Hooton (Quilmes AC), Henry Lawrie (Lomas AC Buenos Aires), C. H. Whaley (Belgrano AC)	8
1907	Eliseo Brown (Alumni AC)	24
1908	Eliseo Brown (Alumni AC)	19
1909	Eliseo Brown (Alumni AC)	17
1910	Watson Hutton & Arnold Pencliff (Alumni AC)	13
1911	Ricardo S. Malbrán (San Isidro AC), Ricardo S. Malbrán (Alumni AC), Antonio Piaggio (Club Porteño)	10
1912	Alberto Bernardino Ohaco (Racing Club de Avellaneda)	9
	Enrique Colla (CA Independiente Avellaneda)/FAF	12
1913	Alberto Bernardino Ohaco (Racing Club de Avellaneda)	20
	Guillermo Dannaher (CA Argentino de Quilmes)/FAF	16
1914	Alberto Bernardino Ohaco (Racing Club de Avellaneda)	20
	Norberto Carabelli (Club Hispano Argentino)/FAF	11
1915	Alberto Bernardino Ohaco (Racing Club de Avellaneda)	31
1916	Marius Hiller (Club de Gimnasia y Esgrima La Plata)	16
1917	Alberto Andrés Marcovecchio (Racing Club de Avellaneda)	18
1918	Albérico Zabaleta (Racing Club de Avellaneda)	13
1919	Alfredo Garassino, Alfredo Martín (CA Boca Juniors Buenos Aires)	6
	Alberto Andrés Marcovecchio (Racing Club de Avellaneda)/AAM	12
1920	Fausto Lucarelli (CA Banfield)	15
	Santiago Carreras (CA Vélez Sársfield Buenos Aires)/AAM	19
1921	Guillermo Dannaher (CA Huracán Buenos Aires)	23
	Albérico Zabaleta (Racing Club de Avellaneda)/AAM	32
1922	J. Clarke (Sportivo Palermo), Domingo Alberto Tarasconi (CA Boca Juniors)	11
	Manuel Seoane (CA Independiente Avellaneda)/AAM	55
1923	Domingo Alberto Tarasconi (CA Boca Juniors Buenos Aires)	40
	Martín Barceló (Racing Club de Avellaneda)/AAM	15
1924	Domingo Alberto Tarasconi (CA Boca Juniors Buenos Aires)	16
	Ricardo Lucarelli (Sportivo Buenos Aires), Luis Ravaschino (CA Independiente Avellaneda)/AAM	15
1925	José Gaslini (CA Chacarita Juniors San Martín)	16
	Alberto Bellomo (Estudiantes de La Plata)/AAM	16

131

Year	Player	Goals
1926	Roberto Eugenio Cerro (CA Boca Juniors Buenos Aires)	20
	Manuel Seoane (CA Independiente Avellaneda)/AAM	29
1927	Domingo Alberto Tarasconi (CA Boca Juniors Buenos Aires)	32
1928	Roberto Eugenio Cerro (CA Boca Juniors Buenos Aires)	32
1929	Juan Bautista Cortesse (CA San Lorenzo de Almagro),	
	Manuel Seoane (CA Independiente Avellaneda)	13
1930	Roberto Eugenio Cerro (CA Boca Juniors Buenos Aires)	37
1931	Julio Ciancia (Club Almagro)	14
1932	Juan Carlos Irurieta (CA All Boys Buenos Aires)	23
1933	A. Lorenzo (CA Barracas Central Buenos Aires)	16
1934	C. Maseda (CA Argentino de Quilmes),	
	Domingo Alberto Tarasconi (Club General San Martín)	16
Argentinean Professional Championship		
1931	Alberto Máximo Zozaya (Club Estudiantes de La Plata)	33
1932	Bernabé Ferreyra (CA River Plate Buenos Aires)	43
1933	Francisco Antonio Varallo (CA Boca Juniors Buenos Aires)	34
1934	Evaristo Vicente Barrera (Racing Club de Avellaneda)	34
1935	Agustín Cosso (CA Vélez Sársfield Buenos Aires)	33
1936	Evaristo Vicente Barrera (Racing Club de Avellaneda)	33
1937	Arsenio Pastor Erico (CA Independiente Avellaneda)	47
1938	Arsenio Pastor Erico (CA Independiente Avellaneda)	43
1939	Arsenio Pastor Erico (CA Independiente Avellaneda)	40
1940	Delfín Benítez Cáceres (Racing Club de Avellaneda)	
	Isidro Lángara Galarraga (CA San Lorenzo de Almagro)	33
1941	José Canteli (CA Newell's Old Boys Rosario)	30
1942	Rinaldo Fioramonte Martino (CA San Lorenzo de Almagro)	25
1943	Luis Arrieta (CA Lanús),	
	Ángel Amadeo Labruna (CA River Plate Buenos Aires),	
	Raúl Frutos (CA Platense)	23
1944	Atilio Mellone (CA Huracán Buenos Aires)	26
1945	Ángel Amadeo Labruna (CA River Plate Buenos Aires)	25
1946	Mario Emilio Heriberto Boyé Auterio (CA Boca Juniors Buenos Aires)	24
1947	Alfredo Di Stéfano Laulhé (CA River Plate Buenos Aires)	27
1948	Benjamín Santos (CA Rosario Central)	27
1949	Llamil Simes (Racing Club de Avellaneda),	
	Juan José Pizzuti (CA Banfield)	26
1950	Mario Papa (CA San Lorenzo de Almagro)	24
1951	Júlio Carlos Santiago Vernazza (CA River Plate Buenos Aires)	22
1952	Eduardo Ricagni (CA Huracán Buenos Aires)	28
1953	Juan José Pizzuti (Racing Club de Avellaneda),	
	Juan Benavidez (CA San Lorenzo de Almagro)	22
1954	Angel Antonio Berni Gómez (PAR, CA San Lorenzo de Almagro),	
	Norberto Conde (CA Vélez Sársfield Buenos Aires),	
	José Borello (CA Boca Juniors Buenos Aires)	19
1955	Oscar Massei (CA Rosario Central)	21
1956	Juan Alberto Castro (CA Rosario Central),	
	Ernesto Grillo (CA Independiente Avellaneda)	17
1957	Roberto Zárate (CA River Plate Buenos Aires)	22
1958	José Francisco Sanfilippo (CA San Lorenzo de Almagro)	28
1959	José Francisco Sanfilippo (CA San Lorenzo de Almagro)	31
1960	José Francisco Sanfilippo (CA San Lorenzo de Almagro)	34
1961	José Francisco Sanfilippo (CA San Lorenzo de Almagro)	26

Year		Player	Goals
1962		Luis Artime (CA River Plate Buenos Aires)	28
1963		Luis Artime (CA River Plate Buenos Aires)	26
1964		Héctor Rodolfo Veira (CA San Lorenzo de Almagro)	17
1965		Juan Carlos Carone (CA Vélez Sársfield Buenos Aires)	19
1966		Luis Artime (CA Independiente Avellaneda)	23
1967	Met:	Bernardo Acosta (CA Lanús)	18
	Nac:	Luis Artime (CA Independiente Avellaneda)	11
1968	Met:	Alfredo Domingo Obberti (CA Los Andes)	13
	Nac:	Omar Wehbe (CA Vélez Sársfield Buenos Aires)	13
1969	Met:	Walter Machado (Racing Club de Avellaneda)	14
	Nac:	Rodolfo José Fischer (CA San Lorenzo de Almagro), Carlos Bulla (CA Platense)	14
1970	Met:	Oscar Antonio Más (CA River Plate Buenos Aires)	16
	Nac:	Carlos Arcecio Bianchi (CA Vélez Sársfield Buenos Aires)	18
1971	Met:	Carlos Arcecio Bianchi (CA Vélez Sársfield Buenos Aires)	36
	Nac:	Alfredo Domingo Obberti (CA Newell's Old Boys Rosario), José Luñíz (Centro Juventud Antoniana Salta)	10
1972	Met:	Miguel Ángel Brindisi (CA Huracán Buenos Aires)	21
	Nac:	Carlos Manuel Morete (CA River Plate Buenos Aires)	14
1973	Met:	Oscar Antonio Más (CA River Plate Buenos Aires), Hugo Alberto Curioni (CA Boca Juniors Buenos Aires), Ignacio Peña (Club Estudiantes de La Plata)	17
	Nac:	Juan Gómez Voglino (CA Atlanta Buenos Aires)	18
1974	Met:	Carlos Manuel Morete (CA River Plate Buenos Aires)	18
	Nac:	Mario Alberto Kempes (CA Rosario Central)	25
1975	Met:	Héctor Horacio Scotta (CA San Lorenzo de Almagro)	28
	Nac:	Héctor Horacio Scotta (CA San Lorenzo de Almagro)	32
1976	Met:	Mario Alberto Kempes (CA Rosario Central)	21
	Nac:	Norberto Eresumo (San Lorenzo de Mar del Plata), Luis Ludueña (CA Talleres Córdoba), Víctor Marchetti (CA Unión de Santa Fé)	12
1977	Met:	Carlos Álvarez (AA Argentinos Juniors Buenos Aires)	27
	Nac:	Alfredo Letanú (Club Estudiantes de La Plata)	13
1978	Met:	Diego Armando Maradona (AA Argentinos Juniors Buenos Aires), Luis Andreucci (Quilmes AC)	22
	Nac:	José Omar Reinaldi (CA Talleres Córdoba)	18
1979	Met:	Diego Armando Maradona (AA Argentinos Juniors Buenos Aires), Sergio Élio Fortunato (Club Estudiantes de La Plata)	14
	Nac:	Diego Armando Maradona (AA Argentinos Juniors Buenos Aires)	12
1980	Met:	Diego Armando Maradona (AA Argentinos Juniors Buenos Aires)	25
	Nac:	Diego Armando Maradona (AA Argentinos Juniors Buenos Aires)	17
1981	Met:	Raúl Chaparro (Instituto Atlético Central Córdoba)	20
	Nac:	Carlos Arcecio Bianchi (CA Vélez Sársfield Buenos Aires)	15
1982	Nac:	Miguel Juárez (Club Ferro Carril Oeste Buenos Aires)	22
	Met:	Carlos Manuel Morete (CA Independiente Avellaneda)	20
1983	Nac:	Armando Mario Husillos (Club Social y Deportivo Loma Negra Olavarría)	11
	Met:	Víctor Rogelio Ramos (CA Newell's Old Boys Rosario)	30
1984	Nac:	Pedro Pablo Pasculli (AA Argentinos Juniors Buenos Aires)	9
	Met:	Enzo Francescoli Uriarte (URU, CA River Plate Buenos Aires)	24
1985	Nac:	Jorge Alberto Comas Romero (CA Vélez Sársfield Buenos Aires)	12
1985/1986		Enzo Francescoli Uriarte (URU, CA River Plate Buenos Aires)	25
1986/1987		Omar Arnaldo Palma (CA Rosario Central)	20

1987/1988	José Luis Rodríguez (Club Social, Deportivo y Cultural Español Buenos Aires)	18
1988/1989	Oscar Alberto Dertycia Álvarez (AA Argentinos Juniors Buenos Aires), Néstor Raúl Gorosito (CA San Lorenzo de Almagro)	20
1989/1990	Ariel Osvaldo Cozzoni (CA Newell's Old Boys Rosario)	23
1990/1991	Esteban Fernando González Sánchez (CA Vélez Sársfield Buenos Aires)	18
1991/1992	Ape: Ramón Ángel Díaz (CA River Plate Buenos Aires)	14
	Cla: Darío Oscar Scotto (CA Platense), Diego Fernando Latorre (CA Boca Juniors Buenos Aires)	9
1992/1993	Ape: Alberto Federico Acosta (CA San Lorenzo de Almagro)	12
	Cla: Rubén Fernando da Silva Echeverrito (URU, CA River Plate Buenos Aires)	13
1993/1994	Ape: Sergio Daniel Martínez Alzuri (URU, CA Boca Juniors Buenos Aires)	12
	Cla: Marcelo Fabian Espina (CA Platense), Marcelo Fabian Espina (CA River Plate Buenos Aires)	11
1994/1995	Ape: Enzo Francescoli Uriarte (URU, CA River Plate Buenos Aires)	12
	Cla: José Oscar Flores (CA Vélez Sársfield Buenos Aires)	14
1995/1996	Ape: José Luis Calderón (Club Estudiantes de La Plata)	13
	Cla: Ariel Maximiliano López (CA Lanús)	13
1996/1997	Ape: Gustavo Enrique Reggi (CA Newell's Old Boys Rosario)	11
	Cla: Sergio Daniel Martínez Alzuri (URU, CA Boca Juniors Buenos Aires)	15
1997/1998	Ape: Rubén Fernando da Silva Echeverrito (URU, CA Rosario Central)	15
	Cla: Roberto Carlos Sosa (Club de Gimnasia y Esgrima La Plata)	16
1998/1999	Ape: Martín Palermo (CA Boca Juniors Buenos Aires)	20
	Cla: José Luis Calderón (CA Independiente Avellaneda)	17
1999/2000	Ape: Javier Pedro Saviola Fernández (CA River Plate Buenos Aires)	15
	Cla: Oscar Esteban Fuertes (CA Colón)	17
2000/2001	Ape: Juan Pablo Ángel (COL, CA River Plate Buenos Aires)	13
	Cla: Bernardo Daniel Romeo (CA San Lorenzo de Almagro)	15
2001/2002	Ape: Martín Alejandro Cardetti (CA River Plate Buenos Aires)	17
	Cla: Fernando Ezequiel Cavenaghi (CA River Plate Buenos Aires)	15
2002/2003	Ape: Néstor Andrés Silvera (CA Independiente Avellaneda)	16
	Cla: Luciano Gabriel Figueroa Herrera (CA Rosario Central)	17
2003/2004	Ape: Ernesto Antonio Farías (Club Estudiantes de La Plata)	12
	Cla: Rolando David Zárate Riga (CA Vélez Sársfield Buenos Aires)	13
2004/2005	Ape: Lisandro López (Racing Club de Avellaneda)	12
	Cla: Hugo Mariano Pavone (Club Estudiantes de La Plata)	16
2005/2006	Ape: Javier Edgardo Bustamante Cámpora (CA Tiro Federal Argentino Rosario)	13
	Cla: Gonzalo Vargas Abella (URU, Club de Gimnasia y Esgrima La Plata)	12
2006/2007	Ape: Mauro Matías Zárate (CA Vélez Sársfield Buenos Aires), Rodrigo Sebastián Palacio (CA Boca Juniors Buenos Aires)	12
	Cla: Martín Palermo (CA Boca Juniors Buenos Aires)	11
2007/2008	Ape: Germán Gustavo Denis (CA Independiente Avellaneda)	18
	Cla: Nicolás Cvitanich (CA Banfield)	13
2008/2009	Ape: José Gustavo Sand (CA Lanús)	15
	Cla: José Gustavo Sand (CA Lanús)	13
2009/2010	Ape: Santiago Martín Silva Olivera (URU, CA Banfield)	14
	Cla: Mauro Boselli (Club Estudiantes de La Plata)	13
2010/2011	Ape: Santiago Martín Silva Olivera (URU, CA Vélez Sársfield Buenos Aires) Denis Stracqualursi (CA Tigre Victoria)	11
	Cla: Javier Edgardo Cámpora Bustamante (CA Huracán Buenos Aires) Teófilo Antonio Gutiérrez Rocancio (Racing Club de Avellaneda)	11
2011/2012	Ape: Rubén Darío Ramírez (CD Godoy Cruz Mendoza)	12
	Cla: Carlos Ariel Luna (CA Tigre Victoria)	12

2012/2013	Ini:	Facundo Ferreyra (CA Vélez Sársfield Buenos Aires)	
		Ignacio Martín Scocco (CA Newell's Old Boys Rosario)	13
	Fin:	Emanuel Gigliotti (CA Colón de Santa Fé)	
		Ignacio Martín Scocco (CA Newell's Old Boys Rosario)	11
2013/2014	Ini:	César Emanuel Pereyra (CA Belgrano Córdoba)	10
	Fin:	Mauro Matías Zárate (CA Vélez Sársfield Buenos Aires)	13
2014	Tra:	Lucas David Pratto (CA Vélez Sársfield Buenos Aires)	
		Maximiliano Rubén Rodríguez (CA Newell's Old Boys Rosario)	
		Silvio Ezequiel Romero (CA Lanús)	11
2015		Marco Gastón Ruben Rodríguez (CA Rosario Central)	21
2016		José Gustavo Sand (CA Lanús)	15
2016/2017		Darío Ismael Benedetto (CA Boca Juniors Buenos Aires)	21
2017/2018		Santiago Damian García Correa (URU, CD Godoy Cruz Mendoza)	17
2018/2019		Lisandro López (Racing Club de Avellaneda)	17
2019/2020		Silvio Ezequiel Romero (CA Independiente Avellaneda)	
		Rafael Santos Borré Maury (COL, CA River Plate Buenos Aires)	12

NATIONAL CHAMPIONSHIP
Copa de la Liga Profesional 2020 / Copa "Diego Armando Maradona"
(30.10.2020 - 10.03.2021)

The 2020 Copa de la Liga Profesional, officially called "Copa Diego Armando Maradona" was the first edition of the Copa de la Liga Profesional, an Argentine domestic cup contested by the 24 teams that took part in the Primera División during the last (2019/2020) season. The competition was planned and organised by the "Liga Profesional de Fútbol", being created as a contingency competition after the schedule for a regular league season had been repeatedly delayed because of the COVID-19 pandemic.

For the group stage, the 24 teams are drawn into six groups of four teams each, playing on a double round-robin basis. The top two teams advanced to the "Fase Campeón" (Championship Round) while the bottom two teams advanced to the "Fase Complementación".

In the "Fase Campeón", the 12 qualified teams were split into two groups of six teams each, where they played a single round-robin tournament. The winners of each group played the final match at a neutral venue, the winners being crowned champions of the competition. The "Fase Complementación" played under the same format as in the "Fase Campeón", the winners of the Fase Complementación final played a match against the Fase Campeón runners-up with the winners qualifying for the 2022 Copa Sudamericana.

Group Stage / Fase Clasificación - Results

Zona 1

Date	Home		Away	Result
01.11.2020	CA Unión de Santa Fe	-	Arsenal FC de Sarandí	0-0
	Racing Club de Avellaneda	-	Club Atlético Tucumán	1-4(0-2)
08.11.2020	Arsenal FC de Sarandí	-	Club Atlético Tucumán	1-2(0-1)
	CA Unión de Santa Fe	-	Racing Club de Avellaneda	2-0(1-0)
13.11.2020	Club Atlético Tucumán	-	CA Unión de Santa Fe	3-1(0-0)
14.11.2020	Racing Club de Avellaneda	-	Arsenal FC de Sarandí	0-2(0-2)
19.11.2020	Club Atlético Tucumán	-	Racing Club de Avellaneda	2-0(1-0)
20.11.2020	Arsenal FC de Sarandí	-	CA Unión de Santa Fe	2-3(1-1)
28.11.2020	Racing Club de Avellaneda	-	CA Unión de Santa Fe	1-0(1-0)
30.11.2020	Club Atlético Tucumán	-	Arsenal FC de Sarandí	3-2(0-0)
05.12.2020	Arsenal FC de Sarandí	-	Racing Club de Avellaneda	1-0(1-0)
	CA Unión de Santa Fe	-	Club Atlético Tucumán	3-5(1-2)

Final Standings

1.	CA Tucumán San Miguel de Tucumán	6	6	0	0	19	-	8	18
2.	Arsenal FC Sarandí	6	2	1	3	8	-	8	7
3.	CA Unión de Santa Fe	6	2	1	3	9	-	11	7
4.	Racing Club de Avellaneda	6	1	0	5	2	-	11	3

Zona 2

Date	Home		Away	Result
01.11.2020	CSD Defensa y Justicia	-	CA Colón	0-3(0-1)
	CA Central Córdoba	-	CA Independiente Avellaneda	0-1(0-1)
09.11.2020	CA Independiente Avellaneda	-	CA Colón	1-1(0-1)
	CA Central Córdoba	-	CSD Defensa y Justicia	2-2(2-2)
15.11.2020	CSD Defensa y Justicia	-	CA Independiente Avellaneda	0-0
16.11.2020	CA Colón	-	CA Central Córdoba	2-0(1-0)
21.11.2020	CA Colón	-	CSD Defensa y Justicia	2-0(1-0)
	CA Independiente Avellaneda	-	CA Central Córdoba	0-0
28.11.2020	CA Colón	-	CA Independiente Avellaneda	1-2(0-0)
29.11.2020	CSD Defensa y Justicia	-	CA Central Córdoba	2-3(1-2)
04.12.2020	CA Central Córdoba	-	CA Colón	0-2(0-1)
06.12.2020	CA Independiente Avellaneda	-	CSD Defensa y Justicia	1-0(1-0)

Final Standings

1.	CA Colón de Santa Fe	6	4	1	1	11	-	3	13
2.	CA Independiente Avellaneda	6	3	3	0	5	-	2	12
3.	CA Central Córdoba Santiago del Estero	6	1	2	3	5	-	9	5
4.	CSD Defensa y Justicia Florencio Varela	6	0	2	4	4	-	11	2

Zona 3

Date	Home		Away	Score
01.11.2020	CA River Plate	-	CA Banfield	1-3(1-2)
02.11.2020	CA Rosario Central	-	CD Godoy Cruz	2-1(1-0)
07.11.2020	CA Banfield	-	CD Godoy Cruz	1-0(0-0)
	CA River Plate	-	CA Rosario Central	2-1(1-0)
13.11.2020	CA Rosario Central	-	CA Banfield	2-4(1-2)
14.11.2020	CD Godoy Cruz	-	CA River Plate	0-1(0-0)
20.11.2020	CA Banfield	-	CA River Plate	0-2(0-0)
23.11.2020	CD Godoy Cruz	-	CA Rosario Central	0-1(0-1)
28.11.2020	CD Godoy Cruz	-	CA Banfield	0-0
	CA Rosario Central	-	CA River Plate	0-2(0-1)
04.12.2020	CA Banfield	-	CA Rosario Central	1-1(1-1)
05.12.2020	CA River Plate	-	CD Godoy Cruz	3-1(2-0)

Final Standings

1.	CA River Plate Buenos Aires	6	5	0	1	11	-	5	15
2.	CA Banfield	6	3	2	1	9	-	6	11
3.	CA Rosario Central	6	2	1	3	7	-	10	7
4.	CD Godoy Cruz Mendoza	6	0	1	5	2	-	8	1

Zona 4

Date	Home		Away	Score
30.10.2020	CA Talleres	-	CA Newell's Old Boys	3-1(0-0)
31.10.2020	CA Lanús	-	CA Boca Juniors	1-2(1-1)
08.11.2020	CA Newell's Old Boys	-	CA Boca Juniors	0-2(0-1)
09.11.2020	CA Talleres	-	CA Lanús	1-1(0-1)
14.11.2020	CA Lanús	-	CA Newell's Old Boys	2-4(0-1)
15.11.2020	CA Boca Juniors	-	CA Talleres	0-1(0-0)
20.11.2020	CA Boca Juniors	-	CA Lanús	1-2(0-2)
23.11.2020	CA Newell's Old Boys	-	CA Talleres	1-1(1-0)
29.11.2020	CA Boca Juniors	-	CA Newell's Old Boys	2-0(2-0)
	CA Lanús	-	CA Talleres	1-0(0-0)
06.12.2020	CA Talleres	-	CA Boca Juniors	0-0
	CA Newell's Old Boys	-	CA Lanús	3-1(1-1)

Final Standings

1.	CA Boca Juniors Buenos Aires	6	3	1	2	7	-	4	10
2.	CA Talleres Córdoba	6	2	3	1	6	-	4	9
3.	CA Newell's Old Boys Rosario	6	2	1	3	9	-	11	7
4.	CA Lanús	6	2	1	3	8	-	11	7

Zona 5

31.10.2020	CA Aldosivi	-	Estudiantes La Plata	0-0
	Argentinos Juniors	-	CA San Lorenzo	0-0
06.11.2020	Argentinos Juniors	-	CA Aldosivi	0-1(0-0)
07.11.2020	CA San Lorenzo	-	Estudiantes La Plata	2-0(1-0)
14.11.2020	CA Aldosivi	-	CA San Lorenzo	1-4(0-3)
15.11.2020	Estudiantes La Plata	-	Argentinos Juniors	0-1(0-0)
22.11.2020	Estudiantes La Plata	-	CA Aldosivi	0-1(0-1)
	CA San Lorenzo	-	Argentinos Juniors	2-0(1-0)
30.11.2020	CA Aldosivi	-	Argentinos Juniors	1-4(0-2)
	Estudiantes La Plata	-	CA San Lorenzo	0-0
07.12.2020	CA San Lorenzo	-	CA Aldosivi	0-0
	Argentinos Juniors	-	Estudiantes La Plata	1-0(1-0)

Final Standings

1.	CA San Lorenzo de Almagro	6	3	3	0	8 - 1	12
2.	AA Argentinos Juniors Buenos Aires	6	3	1	2	6 - 4	10
3.	CA Aldosivi	6	2	2	2	4 - 8	8
4.	Club Estudiantes de La Plata	6	0	2	4	0 - 5	2

Zona 6

30.10.2020	Gimnasia y Esgrima de La Plata	-	CA Patronato	3-0(1-0)
31.10.2020	CA Vélez Sarsfield	-	CA Huracán	1-1(0-1)
06.11.2020	CA Patronato	-	CA Huracán	1-2(0-1)
08.11.2020	Gimnasia y Esgrima de La Plata	-	CA Vélez Sarsfield	2-2(0-1)
15.11.2020	CA Huracán	-	Gimnasia y Esgrima de La Plata	3-2(1-1)
16.11.2020	CA Vélez Sarsfield	-	CA Patronato	1-0(0-0)
21.11.2020	CA Huracán	-	CA Vélez Sarsfield	1-2(1-2)
22.11.2020	CA Patronato	-	Gimnasia y Esgrima de La Plata	0-0
28.11.2020	CA Huracán	-	CA Patronato	1-0(1-0)
29.11.2020	CA Vélez Sarsfield	-	Gimnasia y Esgrima de La Plata	0-1(0-1)
05.12.2020	Gimnasia y Esgrima de La Plata	-	CA Huracán	0-0
	CA Patronato	-	CA Vélez Sarsfield	0-0

Final Standings

1.	CA Huracán Buenos Aires	6	3	2	1	8 - 6	11
2.	Club de Gimnasia y Esgrima La Plata	6	2	3	1	8 - 5	9
3.	CA Vélez Sársfield Buenos Aires	6	2	3	1	6 - 5	9
4.	CA Patronato de la Juventud Católica Paraná	6	0	2	4	1 - 7	2

Fase Campeón - Results

Grupo A

12.12.2020	CA Boca Juniors	-	Arsenal FC de Sarandí	1-1(1-0)
13.12.2020	CA River Plate	-	Argentinos Juniors	1-1(1-0)
	CA Huracán	-	CA Independiente Avellaneda	3-2(1-2)
18.12.2020	Arsenal FC de Sarandí	-	Argentinos Juniors	0-1(0-1)
20.12.2020	CA Independiente Avellaneda	-	CA Boca Juniors	1-2(1-0)
	CA Huracán	-	CA River Plate	1-3(0-2)
27.12.2020	CA Boca Juniors	-	CA Huracán	3-0(2-0)
	CA River Plate	-	Arsenal FC de Sarandí	2-1(0-0)
28.12.2020	Argentinos Juniors	-	CA Independiente Avellaneda	0-2(0-1)
02.01.2021	CA Boca Juniors	-	CA River Plate	2-2(1-0)
03.01.2021	CA Independiente Avellaneda	-	Arsenal FC de Sarandí	3-4(1-1)
	CA Huracán	-	Argentinos Juniors	0-1(0-0)
09.01.2021	CA River Plate	-	CA Independiente Avellaneda	0-2(0-2)
	Argentinos Juniors	-	CA Boca Juniors	2-2(1-1)
10.01.2021	Arsenal FC de Sarandí	-	CA Huracán	1-0(1-0)

Final Standings

1. CA Boca Juniors Buenos Aires	5	2	3	0	10	- 6	9
2. CA River Plate Buenos Aires	5	2	2	1	8	- 7	8
3. AA Argentinos Juniors Buenos Aires	5	2	2	1	5	- 5	8
4. Arsenal FC Sarandí	5	2	1	2	7	- 7	7
5. CA Independiente Avellaneda	5	2	0	3	10	- 9	6
6. CA Huracán Buenos Aires	5	1	0	4	4	- 10	3

CA Boca Juniors Buenos Aires were qualified for the Fase Campeón Final.

Grupo B

12.12.2020	CA Colón	-	Gimnasia y Esgrima de La Plata	0-2(0-1)
	CA San Lorenzo	-	CA Talleres	0-2(0-1)
14.12.2020	Club Atlético Tucumán	-	CA Banfield	0-2(0-2)
19.12.2020	CA San Lorenzo	-	CA Colón	2-2(1-0)
	CA Talleres	-	Club Atlético Tucumán	1-1(0-1)
21.12.2020	CA Banfield	-	Gimnasia y Esgrima de La Plata	2-1(1-0)
28.12.2020	CA Colón	-	CA Banfield	1-2(1-0)
	Gimnasia y Esgrima de La Plata	-	CA Talleres	2-2(0-1)
29.12.2020	Club Atlético Tucumán	-	CA San Lorenzo	1-3(0-1)
04.01.2021	CA San Lorenzo	-	Gimnasia y Esgrima de La Plata	1-2(0-0)
	CA Talleres	-	CA Banfield	3-2(2-1)
05.01.2021	Club Atlético Tucumán	-	CA Colón	0-2(0-0)
10.01.2021	CA Colón	-	CA Talleres	1-2(0-1)
	CA Banfield	-	CA San Lorenzo	4-1(1-0)
	Gimnasia y Esgrima de La Plata	-	Club Atlético Tucumán	0-1(0-0)

Final Standings

1. CA Banfield	5	4	0	1	12 - 6	12
2. CA Talleres Córdoba	5	3	2	0	10 - 6	11
3. Club de Gimnasia y Esgrima La Plata	5	2	1	2	7 - 6	7
4. CA Colón de Santa Fe	5	1	1	3	6 - 8	4
5. CA San Lorenzo de Almagro	5	1	1	3	7 - 11	4
6. CA Tucumán San Miguel de Tucumán	5	1	1	3	3 - 8	4

CA Banfield were qualified for the Fase Campeón Final.

Fase Campeón Final

17.01.2021, Estadio San Juan del Bicentenario, San Juan; Attendance: 0
Referee: Facundo Tello Figueroa
CA Boca Juniors Buenos Aires - CA Banfield   1-1(0-0,1-1,1-1); 5-3 on penalties
Boca Juniors: Esteban Maximiliano Andrada, Julio Alberto Buffarini, Carlos Augusto Zambrano Ochandarte, Carlos Roberto Izquierdoz (Cap), Emanuel Matías Mas [*sent off 86*], Nicolás Capaldo, Jorman David Campuzano Puentes (60.Diego Hernán González), Sebastián Villa Cano, Mauro Matías Zárate Riga (84.Alan Gonzalo Varela), Edwin Andrés Cardona Bedoya (66.Eduardo Antonio Salvio), Ramón Darío Ábila (83.Carlos Alberto Martínez Tévez). Trainer: Miguel Ángel Russo.
CA Banfield: Iván Mauricio Arboleda, Emanuel Gustavo Coronel, Luis Alexis Maldonado, Mauricio Luciano Lollo, Claudio Nicolás Bravo (90+3.Mauricio Gabriel Asenjo), Jorge Agustín Rodríguez (Cap), Giuliano Galoppo (78.Agustin José Urzi), Martín Ismael Payero, Mauricio Andrés Cuero Castillo (78.Luciano Daniel Pons), Cristian Agustín Fontana, Fabian Ramón Bordagaray (64.Juan Pablo Álvarez). Trainer: Javier Esteban Sanguinetti.
Goals: 1-0 Edwin Andrés Cardona Bedoya (63), 1-1 Mauricio Luciano Lollo (90+5).
Penalties: Carlos Alberto Martínez Tévez 1-0; Mauricio Luciano Lollo 1-1; Sebastián Villa Cano 2-1; Cristian Agustín Fontana 2-2; Eduardo Antonio Salvio 3-2; Jorge Agustín Rodríguez (missed); Carlos Roberto Izquierdoz 4-2; Juan Pablo Álvarez 4-3; Julio Alberto Buffarini 5-3.

Copa de la Liga Profesional 2020 Winers: **CA Boca Juniors Buenos Aires**

CA Boca Juniors Buenos Aires were qualified for the 2021 Copa Libertadores.

Fase Complementación - Results

Grupo A

13.12.2020	CA Unión de Santa Fe	-	CSD Defensa y Justicia	1-3(1-2)
	CA Aldosivi	-	CA Lanús	1-2(0-1)
14.12.2020	CA Rosario Central	-	CA Patronato	4-0(1-0)
19.12.2020	CA Patronato	-	CA Aldosivi	0-1(0-0)
20.12.2020	CA Lanús	-	CSD Defensa y Justicia	1-1(1-1)
21.12.2020	CA Rosario Central	-	CA Unión de Santa Fe	2-2(2-1)
27.12.2020	CSD Defensa y Justicia	-	CA Patronato	2-1(2-1)
29.12.2020	CA Aldosivi	-	CA Rosario Central	0-1(0-1)
	CA Unión de Santa Fe	-	CA Lanús	2-0(1-0)
02.01.2021	CA Rosario Central	-	CSD Defensa y Justicia	3-0(1-0)
03.01.2021	CA Patronato	-	CA Lanús	1-1(0-0)
04.01.2021	CA Aldosivi	-	CA Unión de Santa Fe	1-3(0-1)
09.01.2021	CA Unión de Santa Fe	-	CA Patronato	1-2(1-2)
	CA Lanús	-	CA Rosario Central	2-0(2-0)
14.01.2021	CSD Defensa y Justicia	-	CA Aldosivi	4-4(3-2)

Final Standings

1.	CA Rosario Central	5	3	1	1	10 - 4	10
2.	CA Lanús	5	2	2	1	6 - 5	8
3.	CSD Defensa y Justicia Florencio Varela	5	2	2	1	10 - 10	8
4.	CA Unión de Santa Fe	5	2	1	2	9 - 8	7
5.	CA Aldosivi	5	1	1	3	7 - 10	4
6.	CA Patronato de la Juventud Católica Paraná	5	1	1	3	4 - 9	4

CA Rosario Central were qualified for the Fase Complementación Final.

Grupo B

11.12.2020	CA Vélez Sarsfield	-	Racing Club de Avellaneda	2-1(0-0)
12.12.2020	CA Newell's Old Boys	-	Estudiantes La Plata	1-0(1-0)
14.12.2020	CA Central Córdoba	-	CD Godoy Cruz	1-1(1-1)
19.12.2020	CD Godoy Cruz	-	CA Newell's Old Boys	0-3(0-2)
20.12.2020	Estudiantes La Plata	-	Racing Club de Avellaneda	1-1(0-1)
21.12.2020	CA Central Córdoba	-	CA Vélez Sarsfield	0-2(0-1)
27.12.2020	Racing Club de Avellaneda	-	CD Godoy Cruz	6-1(0-1)
28.12.2020	CA Newell's Old Boys	-	CA Central Córdoba	3-1(0-0)
	CA Vélez Sarsfield	-	Estudiantes La Plata	2-3(2-3)
03.01.2021	CA Newell's Old Boys	-	CA Vélez Sarsfield	0-1(0-0)
	CA Central Córdoba	-	Racing Club de Avellaneda	2-2(1-1)
05.01.2021	CD Godoy Cruz	-	Estudiantes La Plata	1-0(1-0)
09.01.2021	CA Vélez Sarsfield	-	CD Godoy Cruz	3-2(2-1)
	Racing Club de Avellaneda	-	CA Newell's Old Boys	3-1(2-1)
11.01.2021	Estudiantes La Plata	-	CA Central Córdoba	1-2(1-0)

	Final Standings							
1.	CA Vélez Sársfield Buenos Aires	5	4	0	1	10	- 6	12
2.	CA Newell's Old Boys Rosario	5	3	0	2	8	- 5	9
3.	Racing Club de Avellaneda	5	2	2	1	13	- 7	8
4.	CA Central Córdoba Santiago del Estero	5	1	2	2	6	- 9	5
5.	Club Estudiantes de La Plata	5	1	1	3	5	- 7	4
6.	CD Godoy Cruz Mendoza	5	1	1	3	5	- 13	4

CA Vélez Sársfield Buenos Aires were qualified for the Fase Complementación Final.

Fase Complementación Final [16.01.2021]

CA Rosario Central - **CA Vélez Sársfield Buenos Aires** 1-3(1-1)

Copa Sudamericana qualifying Play-off [31.03.2021]

CA Vélez Sársfield Buenos Aires - CA Banfield 2-3(1-2)

NATIONAL CHAMPIONSHIP
Copa de la Liga Profesional 2021 / Copa "Diego Armando Maradona"
(12.02.2021 - 04.06.2021)

The 2021 Copa de la Liga Profesional, officially called "Copa Diego Armando Maradona" was the second edition of the Copa de la Liga Profesional. The competition was contested by the 26 teams that will take part in the Primera División during the 2021 season, including the two promoted teams from the 2020 Primera Nacional (CA Sarmiento Junín and CA Platense Buenos Aires).

For the Group Stage, the 26 teams were drawn into two groups of 13 teams each, playing on a single round-robin basis. The top four teams advanced to the Quarter-Finals.

Group Stage - Results

Round 1 [12-15.02.2021]	Round 2 [19-22.02.2021]
CA Banfield - Racing Club 2-0(0-0)	Gimnasia - CA Talleres 3-0(1-0)
Central Córdoba - CA Colón 0-3(0-1)	Arsenal FC - CA Banfield 0-2(0-0)
CA Unión - Atlético Tucumán 2-2(1-2)	Godoy Cruz - Estudiantes 0-2(0-0)
CA Aldosivi - Godoy Cruz 1-2(1-1)	CA Lanús - Defensa y Justicia 2-1(2-1)
CA Talleres - Patronato 1-0(1-0)	Racing Club - CA Aldosivi 2-2(0-1)
Vélez Sarsfield - Newell's Old Boys 1-0(1-0)	River Plate - Rosario Central 3-0(1-0)
San Lorenzo - Arsenal FC 2-1(2-1)	Argentinos Juniors - CA Platense 0-1(0-0)
Defensa y Justicia - Huracán 3-2(2-1)	CA Sarmiento - Vélez Sarsfield 1-2(0-1)
Boca Juniors - Gimnasia 2-2(1-1)	Patronato - Independiente 0-1(0-0)
Estudiantes - River Plate 2-1(0-0)	Newell's Old Boys - Boca Juniors 0-1(0-0)
Rosario Central - Argentinos Juniors 2-1(2-0)	Huracán - CA Unión 1-1(1-1)
Independiente - CA Lanús 0-1(0-0)	Atlético Tucumán - Central Córdoba 1-2(1-1)
CA Platense - CA Sarmiento 1-1(1-1) [10.03.]	CA Colón - San Lorenzo 2-0(0-0)

Round 3 [26.02.-01.03.2021]
CA Aldosivi - Arsenal FC 3-0(0-0)
Defensa y Justicia - Patronato 1-0(0-0)
Argentinos Juniors - Vélez Sarsfield 0-2(0-0)
CA Banfield - CA Colón 0-3(0-1)
CA Talleres - Newell's Old Boys 2-2(0-0)
Independiente - Gimnasia 1-0(0-0)
San Lorenzo - Central Córdoba 0-4(0-1)
CA Platense - River Plate 0-1(0-1)
Estudiantes - Racing Club 0-0
Boca Juniors - CA Sarmiento 1-1(0-0)
CA Unión - CA Lanús 3-2(1-1)
Rosario Central - Godoy Cruz 2-2(2-1)
Atlético Tucumán - Huracán 1-1 [03.03.]

Round 4 [05-08.03.2021]
Newell's Old Boys - Independiente 1-2(0-2)
Central Córdoba - CA Banfield 1-1(0-0)
Godoy Cruz - CA Platense 3-1(1-1)
CA Sarmiento - CA Talleres 1-1(1-0)
CA Colón - CA Aldosivi 2-1(1-1)
CA Lanús - Atlético Tucumán 2-1(0-1)
San Lorenzo - Huracán 1-1(1-0)
Arsenal FC - Estudiantes 0-5(0-3)
Patronato - CA Unión 0-1(0-0)
Gimnasia - Defensa y Justicia 1-1(0-0)
Vélez Sarsfield - Boca Juniors 1-7(1-2)
Racing Club - Rosario Central 1-0(0-0)
River Plate - Argentinos Juniors 0-1(0-0)

Round 5 [12-15.03.2021]
CA Aldosivi - Central Córdoba 1-2(1-2)
CA Unión - Gimnasia 1-1(1-0)
Huracán - CA Lanús 0-0
CA Platense - Racing Club 0-2(0-0)
CA Talleres - Vélez Sarsfield 0-1(0-0)
Argentinos Juniors - Godoy Cruz 2-0(1-0)
Defensa y Justicia - Newell's Old Boys 4-0(2-0)
Estudiantes - CA Colón 0-2(0-1)
Boca Juniors - River Plate 1-1(1-0)
CA Banfield - San Lorenzo 0-0
Rosario Central - Arsenal FC 2-1(1-0)
Atlético Tucumán - Patronato 4-2(2-1)
Independiente - CA Sarmiento 6-0(4-0)

Round 6 [19-24.03.2021]
Newell's Old Boys - CA Unión 0-0
Central Córdoba - Estudiantes 1-1(1-1)
Gimnasia - Atlético Tucumán 2-0(1-0)
CA Banfield - CA Lanús 2-0(1-0)
Vélez Sarsfield - Independiente 1-0(0-0)
Godoy Cruz - River Plate 1-6(0-5)
CA Sarmiento - Defensa y Justicia 3-1(1-0)
CA Colón - Rosario Central 0-0
San Lorenzo - CA Aldosivi 1-2(0-1)
Boca Juniors - CA Talleres 1-2(0-1)
Arsenal FC - CA Platense 0-0
Racing Club - Argentinos Juniors 1-0(0-0)
Patronato - Huracán 0-1(0-0)

Round 7 [26-29.03.2021]
CA Lanús - Patronato 4-2(1-0)
CA Unión - CA Sarmiento 0-0
CA Platense - CA Colón 1-3(0-0)
CA Aldosivi - CA Banfield 1-1(0-0)
Argentinos Juniors - Arsenal FC 3-2(0-1)
Rosario Central - Central Córdoba 2-2(1-0)
CA Talleres - Godoy Cruz 1-1(0-1)
Defensa y Justicia - Vélez Sarsfield 1-1(1-0)
River Plate - Racing Club 0-0
Independiente - Boca Juniors 1-1(1-0)
Estudiantes - San Lorenzo 0-2(0-1)
Atlético Tucumán - Newell's Old Boys 2-2(0-1)
Huracán - Gimnasia 1-1(1-0)

Round 8 [02-05.04.2021]
Patronato - CA Aldosivi 2-0(1-0)
San Lorenzo - Rosario Central 2-0(1-0)
Central Córdoba - CA Platense 0-1(0-0)
CA Talleres - Independiente 3-1(2-0)
Gimnasia - CA Lanús 2-4(1-2)
CA Sarmiento - Atlético Tucumán 1-2(1-0)
Boca Juniors - Defensa y Justicia 2-1(1-1)
Arsenal FC - River Plate 0-0
Newell's Old Boys - Huracán 2-2(2-1)
CA Colón - Argentinos Juniors 0-0
Vélez Sarsfield - CA Unión 4-1(2-1)
Racing Club - Godoy Cruz 2-4(0-2)
CA Banfield - Estudiantes 2-2(0-2)

Round 9 [10-12.04.2021]
CA Platense - San Lorenzo 2-4(2-2)
Estudiantes - CA Aldosivi 1-0(0-0)
Defensa y Justicia - CA Talleres 2-2(1-1)
Racing Club - Independiente 1-0(0-0)
Godoy Cruz - Arsenal FC 2-3(0-1)
Argentinos Juniors - Central Córdoba 0-0
Patronato - Gimnasia 4-1(3-0)
Rosario Central - CA Banfield 3-1(1-1)
CA Unión - Boca Juniors 1-0(0-0)
River Plate - CA Colón 3-2(1-1)
Huracán - CA Sarmiento 3-0(1-0)
CA Lanús - Newell's Old Boys 1-3(1-1)
Atlético Tucumán - Vélez Sarsfield 2-0(1-0)

Round 10 [16-19.04.2021]
CA Talleres - CA Unión 3-0(1-0)
CA Aldosivi - Rosario Central 0-1(0-0)
Vélez Sarsfield - Huracán 2-0(0-0)
Central Córdoba - River Plate 0-5(0-1)
CA Sarmiento - CA Lanús 1-0(0-0)
San Lorenzo - Argentinos Juniors 1-1(1-0)
Boca Juniors - Atlético Tucumán 3-1(2-1)
Newell's Old Boys - Patronato 2-0(1-0)
Arsenal FC - Racing Club 2-1(2-1)
Estudiantes - Gimnasia 0-0
Independiente - Defensa y Justicia 1-0(0-0)
CA Colón - Godoy Cruz 2-2(1-0)
CA Banfield - CA Platense 0-1(0-1)

Round 11 [23-26.04.2021]
Godoy Cruz - Central Córdoba 1-0(1-0)
Patronato - CA Sarmiento 1-0(0-0)
Argentinos Juniors - CA Banfield 1-1(0-0)
Huracán - Boca Juniors 0-2(0-0)
CA Unión - Independiente 0-0
CA Lanús - Vélez Sarsfield 1-2(0-0)
Defensa y Justicia - Arsenal FC 0-1(0-1)
Racing Club - CA Colón 2-1(1-1)
River Plate - San Lorenzo 1-2(0-1)
Rosario Central - Estudiantes 0-1(0-0)
Atlético Tucumán - CA Talleres 2-3(1-1)
CA Platense - CA Aldosivi 0-2(0-0)
Gimnasia - Newell's Old Boys 2-1(0-0)

Round 12 [30.04.-03.05.2021]
Vélez Sarsfield - Patronato 1-0(1-0)
CA Colón - Arsenal FC 2-0(2-0)
Boca Juniors - CA Lanús 1-0(0-0)
Independiente - Atlético Tucumán 0-1(0-1)
Defensa y Justicia - CA Unión 0-1(0-0)
San Lorenzo - Godoy Cruz 1-0(1-0)
CA Talleres - Huracán 1-1(1-0)
CA Banfield - River Plate 1-0(0-0)
CA Aldosivi - Argentinos Juniors 1-3(1-1)
Central Córdoba - Racing Club 1-0(0-0)
Rosario Central - Newell's Old Boys 3-0(1-0)
CA Sarmiento - Gimnasia 0-0
Estudiantes - CA Platense 2-0(2-0)

Round 13 [08-09.05.2021]
Godoy Cruz - CA Banfield 0-1(0-0)
Atlético Tucumán - Defensa y Justicia 5-0(2-0)
Gimnasia - Vélez Sarsfield 0-5(0-3)
Patronato - Boca Juniors 1-0(0-0)
Arsenal FC - Central Córdoba 1-1(1-1)
Argentinos Juniors - Estudiantes 2-0(2-0)
Racing Club - San Lorenzo 2-0(1-0)
River Plate - CA Aldosivi 4-1(2-1)
CA Platense - Rosario Central 4-1(1-1)
Huracán - Independiente 1-3(1-0)
CA Lanús - CA Talleres 1-0(1-0)
CA Colón - CA Unión 1-1(1-0)
Newell's Old Boys - CA Sarmiento 1-1(1-0)

Final Standings

Zona A

#	Team	P	W	D	L	GF	-	GA	Pts
1.	CA Colón de Santa Fe	13	7	4	2	23	-	10	25
2.	Club Estudiantes de La Plata	13	6	4	3	16	-	10	22
3.	CA River Plate Buenos Aires	13	6	3	4	25	-	11	21
4.	Racing Club de Avellaneda	13	6	3	4	14	-	12	21
5.	CA San Lorenzo de Almagro	13	6	3	4	16	-	16	21
6.	CA Banfield	13	5	5	3	14	-	12	20
7.	AA Argentinos Juniors Buenos Aires	13	5	4	4	14	-	11	19
8.	CA Rosario Central	13	5	3	5	16	-	18	18
9.	CA Central Córdoba Santiago del Estero	13	4	5	4	14	-	17	17
10.	CD Godoy Cruz Mendoza	13	4	3	6	18	-	24	15
11.	CA Platense Buenos Aires	13	4	2	7	12	-	19	14
12.	Arsenal FC Sarandí	13	3	3	7	11	-	23	12
13.	CA Aldosivi	13	3	2	8	15	-	21	11

Zona B

#	Team	P	W	D	L	GF	-	GA	Pts
1.	CA Vélez Sársfield Buenos Aires	13	10	1	2	23	-	13	31
2.	CA Boca Juniors Buenos Aires	13	6	4	3	22	-	12	22
3.	CA Independiente Avellaneda	13	6	2	5	16	-	10	20
4.	CA Talleres Córdoba	13	5	5	3	19	-	16	20
5.	CA Lanús	13	6	1	6	18	-	18	19
6.	CA Unión de Santa Fe	13	4	7	2	12	-	14	19
7.	CA Tucumán San Miguel de Tucumán	13	5	3	5	24	-	20	18
8.	Club de Gimnasia y Esgrima La Plata	13	3	6	4	15	-	20	15
9.	CA Huracán Buenos Aires	13	2	7	4	14	-	17	13
10.	CA Patronato de la Juventud Católica Paraná	13	4	0	9	12	-	17	12
11.	CSD Defensa y Justicia Florencio Varela	13	3	3	7	15	-	21	12
12.	CA Sarmiento Junín	13	2	6	5	10	-	19	12
13.	CA Newell's Old Boys Rosario	13	2	5	6	14	-	21	11

Top-4 teams advanced to the Quarter-Finals.

Quarter-Finals [15-16.05.2021]

Club Estudiantes de La Plata - CA Independiente Avellaneda	0-0 aet	1-4 pen
CA Colón de Santa Fe - CA Talleres Córdoba	1-1 aet	5-3 pen
CA Vélez Sársfield Buenos Aires - Racing Club de Avellaneda	0-0 aet	2-4 pen
CA Boca Juniors Buenos Aires - CA River Plate Buenos Aires	1-1 aet	4-2 pen

Semi-Finals [31.05.2021]

Racing Club de Avellaneda - CA Boca Juniors Buenos Aires	0-0 aet	4-2 pen
CA Colón de Santa Fe - CA Independiente Avellaneda	2-0(1-0)	

Final

04.06.2021, Estadio San Juan del Bicentenario, San Juan; Attendance: 0
Referee: Néstor Fabián Pitana
CA Colón de Santa Fe - Racing Club de Avellaneda   3-0(0-0)
CA Colón: Leonardo Fabián Burián Castro, Facundo Mura, Facundo Tomás Garcés, Gonzalo Rubén Piovi, Gonzalo Daniel Escobar, Alexis Castro (88.Yéiler Andrés Góez), Federico Eduardo Lértora, Rodrigo Germán Aliendro, Cristián Oscar Bernardi (80.Santiago Pierotti), Cristian Ezequiel Ferreira, Luis Miguel Rodríguez (Cap) (64.Nicolás Leguizamón). Trainer: Eduardo Rodrigo Domínguez.
Racing Club: Gastón Gómez, Iván Alexis Pillud (Cap) (83.Juan José Cáceres), Leonardo Germán Sigali, Nery Andrés Domínguez (74.Ignacio Galván), Lucas Alfonso Orbán, Leonel Ariel Miranda, Mauricio Leonel Martínez (65.Matías Nicolás Rojas Romero), Ignacio Piatti (65.Maximiliano Alberto Lovera), Tomás Alejandro Chancalay, Nicolás Cvitanich (46.Aníbal Ismael Moreno), Enzo Nahuel Copetti. Trainer: Juan Antonio Pizzi Torroja (Spain).
Goals: 1-0 Rodrigo Germán Aliendro (57), 2-0 Cristián Oscar Bernardi (71), 3-0 Alexis Castro (85).

Copa de la Liga Profesional 2021 Winers: **CA Colón de Santa Fe**

THE CLUBS 2020/2021

CLUB ATLÉTICO ALDOSIVI MAR DEL PLATA
Foundation date: March 29, 1913
Address: Avenida de los Trabajadores 1800, 7600 Mar del Plata
Stadium: Estadio „José María Minella", Mar del Plata - Capacity: 35,354

THE SQUAD

	DOB	Copa 2020 M	(s)	G	Copa 2021 M	(s)	G
Goalkeepers:							
Walter Fabián Assmann	23.03.1986	1			3		
Luis Ignacio Ingolotti	14.01.2000	1					
Luciano Darío Pocrnjic	04.08.1981	9			10		
Defenders:							
Mauro Joel Carli	19.10.1986	2					
Emanuel Mariano Insúa Zapata	10.04.1991				8		
Emiliano Adrián Insúa Zapata	07.01.1989				5	(1)	
Emanuel Iñiguez	16.09.1996	11		2	10	(2)	1
Mario López Quintana (PAR)	06.07.1995	8	(1)	1	1	(3)	
Marcos David Miers (PAR)	24.03.1990	1					
Federico Emanuel Milo	10.01.1992	3	(3)		8	(1)	
Fernando Aurelio Román Villalba (PAR)	20.11.1998	4	(3)		2	(4)	
Jonathan Ariel Schunke	22.02.1987	10	(1)		11		1
Lucas Hernán Villalba	19.08.1994	10					
Mariano Nahuel Yeri	12.09.1991	1	(3)			(1)	
Midfielders:							
Gastón Ignacio Gil Romero	06.05.1993	3			12		
Francisco Guillermo Grahl	05.03.1992	9		2	12	(1)	2
Joaquín Indacoechea	08.09.2000	8	(2)		10	(1)	
Javier Eduardo Iritier	20.12.1994				1	(9)	
Gastón Andrés Lódico	28.05.1998				6	(3)	
Leandro Isaac Maciel	29.12.1995	6			7	(3)	1
Patricio Núñez	19.04.1999					(1)	
Franco Alejandro Perinciolo	30.04.1997		(5)		1	(2)	
Uriel Matías Ramírez Kloster	19.08.1999						
Raúl Matías Villarreal	16.01.1992	5	(2)		1	(2)	
Jonathan Fabián Zacaría	06.02.1990		(1)			(5)	
Jonatan Gustavo Zárate	06.02.1999		(1)				
Forwards:							
Federico Óscar Andrada	03.03.1994	10		2	13		6
Pablo Ignacio Becker	29.04.1993	1	(2)			(3)	
Malcom Nahuel Braida	17.05.1997	1	(4)	1	13		2
Rodrigo Nicolás Contreras	27.10.1995	5	(3)	2		(10)	2
Lucas Gabriel Di Yorio	22.11.1996	5	(2)				
Brian Lautaro Guzmán	18.01.2000				9	(3)	
Javier Eduardo Iritier	20.12.1994	6	(2)				
Manuel Panaro	05.11.2002					(2)	
Franco Farid Pérez	04.11.1998	1	(3)			(2)	
Lautaro Patricio Rinaldi	30.12.1993		(3)	1		(1)	
Felipe Jorge Rodríguez Valla (URU)	26.05.1990		(2)				
Facundo Tobares	23.03.2000		(3)				
Trainer:							
Ángel Guillermo Hoyos [09.10.2019-10.01.2021]	09.06.1963	10					
[Favio Damián Fernández [10-16.01.2021; Caretaker]	25.07.1972	1					
Fernando Rubén Gago [from 16.01.2021]	10.04.1986				13		

ASOCIACIÓN ATLÉTICA ARGENTINOS JUNIORS BUENOS AIRES
Foundation date: August 15, 1904
Address: Punta Arenas 1271, La Paternal, 1427 Capital Federal, Ciudad de Buenos Aires
Stadium: Estadio „Diego Armando Maradona", La Paternal, Buenos Aires - Capacity: 25,000

THE SQUAD	DOB	Copa 2020 M	(s)	G	Copa 2021 M	(s)	G
Goalkeepers:							
Lucas Abraham Chávez	09.08.1995	11			12		
Leandro Finochietto	25.04.1997				1		
Defenders:							
Juan Manuel Cabrera	10.03.2000				1		
Matías Nicolás Caruzzo	15.08.1984	1	(1)				
Maximiliano Tomás Centurión	20.02.1999					(1)	
Marco Genaro di Cesare	30.01.2002	3	(1)		5	(1)	
Elias José Gómez	09.06.1994	9	(1)	1	10	(1)	2
Kevin Mac Allister	07.11.1997	4	(4)		8	(1)	
Pablo Minissale	14.01.2001				3	(2)	
Carlos Gustavo Quintana	11.02.1988	11			8		
Jonathan Alexis Sandoval Rojas (URU)	25.06.1987	7			4	(1)	1
Miguel Ángel Torrén	12.08.1988	7			8		
Román Vega	01.01.2004					(1)	
Lucas Hernán Villalba	19.08.1994				7		1
Midfielders:							
Tomás Gustavo Andrade	16.11.1996		(1)				
Marcelo Javier Cabrera Rivero (URU)	18.03.1992				10		
Horacio Gabriel Carabajal	09.12.1990				5	(5)	
Iván Leonardo Colman	06.05.1995	4	(2)		1	(3)	
César Gabriel Florentín	13.03.1999	1	(5)		5	(6)	1
Jonatan David Gómez	21.12.1989				4	(7)	
Franco Gabriel Ibarra	28.04.2001	10					
Francis Manuel Mac Allister	30.10.1995		(1)				
Facundo Mater	23.07.1998		(1)			(1)	
Fausto Emanuel Montero	22.10.1988		(3)				
Franco David Moyano	13.09.1997	4	(2)		7	(1)	
Matías Alexis Romero	01.02.1996	4	(1)	1	11		
Diego Sosa	24.10.1991	2	(4)	1	2	(4)	
Fausto Mariano Vera	26.03.2000	9		1	7	(1)	1
Forwards:							
Lucas Ambrogio	14.07.1999		(1)		1	(4)	
Gabriel Ávalos Stumpfs (PAR)	12.10.1990	3	(1)	2	9	(2)	3
Damián Iván Batallini	24.06.1996	4		1			
Mateo Agustín Coronel	24.10.1998	3	(6)	1	3	(3)	1
Gabriel Agustín Hauche	27.11.1986	11		1	5	(4)	1
Emanuel Herrera	13.04.1987				3	(6)	1
Edwar Manuel López Gómez (COL)	09.03.1995	7					
Matías Pisano	13.12.1991				3	(4)	
Juan Ramón Pucheta	11.07.2001	1	(7)	1		(3)	1
Daniel Alessandro Saggiomo Mosquera (VEN)	02.07.1998		(1)				
Nicolás Alexis Silva	24.01.1990	5	(3)	1			
Trainer:							
Diego Omar Dabove [14.12.2018-13.01.2021]	18.01.1973	11					
Gabriel Alejandro Milito [from 19.01.2021]	07.09.1980				13		

ARSENAL FÚTBOL CLUB SARANDÍ

Foundation date: January 11, 1957
Address: Juan Díaz de Solís 3660, Sarandí 1872, Avellaneda, Provincia de Buenos Aires
Stadium: Estadio „Julio Humberto Grondona", Sarandí - Capacity: 18,500

THE SQUAD

	DOB	Copa 2020 M	(s)	G	Copa 2021 M	(s)	G
Goalkeepers:							
Maximiliano José Gagliardo	21.04.1983	9					
Alejandro Ezequiel Rivero	12.06.1998	2					
Alejandro Gabriel Medina	17.12.1986				5		
Nicolás Gastón Navarro	25.03.1985				8		
Defenders:							
Marcos Ulises Abreliano	09.04.1998	2	(2)		3		
Ramiro Agustín Balbuena	28.02.2000		(2)				
Gastón Américo Benavidez	23.10.1995				5	(1)	
Jonathan Pablo Bottinelli	14.09.1984				6	(2)	
Mateo Carabajal	21.02.1997	11		2	6	(2)	
Ignacio Gariglio	25.04.1998	2	(1)		6		
Leonardo Marchi Rivero	17.09.1996		(2)				
Julián Alejandro Navas Granados	30.11.1993	2	(2)		7		2
Emiliano Ramiro Papa	19.04.1982	8			6	(1)	
Fabio Jesús Pereyra	31.01.1990	10					
Tadeo Tomás Rodríguez	18.02.2001				1		
Lucas Matías Suárez Scalarea	17.03.1995				3	(2)	
Gastón Suso	12.03.1991	8			6		1
Midfielders:							
Juan Andrada	04.01.1995				2	(2)	
Alejo Antilef	20.07.1998	11			7	(4)	
Nicolás Eduardo Castro	15.08.1990	7	(4)		8	(2)	
Brian Farioli	19.02.1998				4	(2)	
Facundo Krupsky	27.07.2002		(6)		1	(1)	
Ramiro Braian Luna	21.07.1995	2	(4)	2		(3)	
Emiliano Jorge Rubén Méndez	15.02.1989	8	(1)		6		
Gonzalo Muscia	09.01.2000					(2)	
Lucas Misael Necul	21.08.1999	2	(3)	1	1	(1)	
Jorge Alberto Ortíz	20.06.1984				1	(1)	
Leonel Marcelo Picco	22.10.1998	3	(6)		9	(1)	
Maximiliano Juan Rogoski	17.06.1994				4	(3)	
Alan Nahuel Ruíz	19.08.1993	2	(4)	1	7	(3)	1
Bruno Christian Sepúlveda	17.09.1992				4	(7)	1
Jesús Miguel Soraire	03.12.1988	9			10		1
Forwards:							
Lucas Gabriel Albertengo	30.01.1991	10		3	6	(4)	2
Bruno Báez	06.04.2000	1	(2)	1		(2)	
Matías Luis Belloso	16.02.2000					(3)	
Diego Armando Buceta	23.02.2002					(1)	
Jhonatan Marcelo Candia Hernández (URU)	15.03.1995	9	(1)	4	8	(2)	2
Nicolás Miracco	12.04.1991	2			3	(4)	
Facundo Pons	22.11.1995	1	(7)			(1)	
Trainer:							
Sergio Gabriel Rondina [from 01.01.2018]	11.03.1971	11			13		

CLUB ATLÉTICO TUCUMÁN SAN MIGUEL DE TUCUMÁN

Foundation date: September 27, 1902
Address: 25 de Mayo 1351 y República de Chile, 4000 San Miguel de Tucumán
Stadium: Estadio Monumental „José Fierro", San Miguel de Tucumán – Capacity: 32,700

THE SQUAD	DOB	Copa 2020 M (s) G	Copa 2021 M (s) G
Goalkeepers:			
Cristian David Lucchetti	26.06.1978	10	13
Tomás Ignacio Marchiori Carreño	20.06.1995	1	
Defenders:			
Yonathan Emanuel Cabral	10.05.1992	8 (1)	
Álvaro Agustín Lagos	09.10.2001	1	6 (4)
Fabián Luciano Monzón	13.04.1987	1 (1)	4 (2)
Guillermo Luis Ortíz	09.08.1992	5 (2)	13 2
Marcelo Damián Ortíz	13.01.1994	8 (1) 2	7 (3)
Mauro Gabriel Osores	20.02.1997	9 (1)	3
Gabriel Risso Patrón	05.11.1995	9 (1) 1	9
Nicolás Fernando Romero	28.11.2003		1 (1)
Gustavo Ariel Toledo	19.09.1989	2 (1)	2
Santiago Vergini	03.08.1988		8 1
Midfielders:			
Guillermo Gastón Acosta	01.07.1987	7 (4) 2	10 (1) 2
Nicolás Diego Aguirre	27.06.1990	5 (2)	4 (3)
Camilo Hernán Albornoz	24.10.2000		1
Abel Bustos	18.05.1999		4 (1)
Ramiro Ángel Carrera	24.10.1993	4 (3) 1	11 (1) 1
Cristian Damián Erbes	06.01.1990	9	8
Leonardo Alexis Heredia	11.01.1996	8 (3) 3	5 (2) 2
Nicolás Emanuel Laméndola	12.12.1998		(6) 1
Franco Gabriel Mussis	19.04.1992	2 (6)	5 (5)
Emanuel Hernán Rosales	08.02.1999		(2)
Forwards:			
Gustavo Matías Alustiza	31.05.1984	4 (5) 3	(2)
Óscar Junior Benítez	14.01.1993		5 (2) 2
Kevin Amir Isa Luna	18.04.2001	(5) 2	1 (2)
Augusto Diego Lotti	10.06.1996	8 (3) 2	8 (4) 7
Lucas Santiago Melano	01.03.1993	9 (2) 3	
Jonás Samuel Romero	21.08.2000	(1)	
Ramiro Ruiz Rodríguez	21.03.2000	4 (4) 1	6 (6) 2
Javier Fabián Toledo	20.04.1986	7 (2) 2	9 (3) 4
Trainer:			
Ricardo Alberto Zielinski [24.06.2017-10.01.2021]	14.10.1959	11	
Omar De Felippe [from 10.01.2021]	03.04.1962		13

CLUB ATLÉTICO BANFIELD BUENOS AIRES

Foundation date: January 21, 1896
Address: Avenida Valentín Vergara 1635/55, Banfield 1828, Lomas de Zamora, Provincia de B. Aires
Stadium: Estadio "Florencio Solá", Banfield - Capacity: 34,901

THE SQUAD	DOB	Copa 2020 M	(s)	G	Copa 2021 M	(s)	G
Goalkeepers:							
Facundo Altamirano	21.03.1996		(1)		1		
Iván Mauricio Arboleda (COL)	21.04.1996	12			11		
Gino Santilli	26.10.2001				1		
Defenders:							
Abel Amaya	01.08.2002				1		
Rodrigo Sebastián Arciero	12.03.1993	1	(1)				
Claudio Nicolás Bravo	13.03.1997	11					
Emanuel Gustavo Coronel	01.02.1997	12			9		
Ramiro Sebastián di Luciano	21.01.2004				2		
Marcos Fredes	09.12.2000					(1)	
Luciano Luis Romilio Gómez	22.03.1996		(3)		4	(4)	
Mauricio Luciano Lollo	29.03.1987	11		1	12		1
Luis Alexis Maldonado	02.09.1997	12			9	(1)	
Franco Agustín Quinteros	13.10.1998				8		
Aaron Quiroz	31.10.2001				1		
Jorge Agustín Rodríguez	15.09.1995	12					
Alexis Gastón Sosa	22.07.1999	1			6		
Gregorio José Tanco	10.10.1999					(1)	
Midfielders:							
Alejandro Martín Cabrera	30.09.1992		(6)		13		
Jesús Alberto Dátolo	19.05.1984		(4)	1	1	(3)	
Ramiro Enrique	04.05.2001				3	(10)	2
Julián Eseiza	16.02.2002				3	(1)	1
Giuliano Galoppo	18.06.1999	12		5	11		4
Matías Nahuel González	28.02.2002				1		
Jonás Manuel Gutiérrez	05.07.1983		(5)		1	(5)	
Nicolás Hugo Linares	06.03.1996				1	(3)	
Martín Ismael Payero	11.09.1998	11		1	9	(1)	
Ignacio Agustín Rodríguez	22.02.2002				1	(1)	
Nicolás Villagra	08.06.2002					(1)	
Forwards:							
Juan Pablo Álvarez	10.02.1996	4	(8)	3	11		3
Mauricio Gabriel Asenjo Albelda	23.07.1994		(6)	1			
Fabian Ramón Bordagaray	15.02.1987	12		2	1	(4)	
Juan Manuel Cruz	19.07.1999					(6)	1
Mauricio Andrés Cuero Castillo (COL)	28.01.1993	9	(1)	2	8	(2)	
Cristian Agustín Fontana	11.06.1996	12		5			
Federico Santiago Ibáñez	14.02.2002					(1)	
Axel Ovejero	11.09.2001					(2)	
Luciano Daniel Pons	18.04.1990		(8)		11		2
Agustin José Urzi	04.05.2000		(10)		3	(6)	
Trainer:							
Javier Estebán Sanguinetti [from 01.07.2020]	08.01.1971	12			13		

CLUB ATLÉTICO BOCA JUNIORS BUENOS AIRES

Foundation date: April 3, 1905
Address: Brandsen 805, C1161AAQ, La Boca, Buenos Aires
Stadium: Estadio „Alberto J. Armando" [La Bombonera], Buenos Aires - Capacity: 49,000

THE SQUAD	DOB	Copa 2020 M	(s)	G	Copa 2021 M	(s)	G
Goalkeepers:							
Esteban Maximiliano Andrada	26.01.1991	6			9		
Javier Hernán García	29.01.1987				1		
Agustín Daniel Rossi	21.08.1995	6			5		
Defenders:							
Gastón Ávila	30.09.2001	4					
Julio Alberto Buffarini	18.08.1988	9	(3)		4	(4)	
Frank Yusty Fabra Palacios (COL)	22.02.1991	4			15		
Renzo Giampaoli	07.01.2000				1		
Carlos Roberto Izquierdoz	03.11.1988	7	(1)		13		3
Leonardo Rafael Jara	20.05.1991	6	(3)		1	(4)	
Lisandro Ezequiel López	01.09.1989	3		1	7	(2)	1
Emanuel Matías Mas	15.01.1989	8	(2)			(3)	
Faustino Marcos Alberto Rojo	20.03.1990				5	(2)	
Gonzalo Agustín Sández	16.01.2001					(1)	
Nicolás Valentini	06.04.2001					(1)	
Carlos Augusto Zambrano Ochandarte (PER)	10.07.1989	10			9		1
Midfielders:							
Agustín Ezequiel Almendra	11.02.2000				6	(3)	
Jorman David Campuzano Puentes (COL)	30.04.1996	7			10	(1)	1
Nicolás Capaldo	14.09.1997	8	(3)		11	(1)	
Edwin Andrés Cardona Bedoya (COL)	08.12.1992				6	(1)	2
Guillermo Matías Fernández	11.10.1991		(1)				
Ignacio Ezequiél Agustín Fernández Carballo	25.07.2002				1		
Diego Hernán González	09.02.1988	3	(3)	1		(2)	
Gonzalo Maroni	18.03.1999	3	(2)		5	(4)	3
Cristian Nicolás Medina	01.06.2002				11	(2)	1
Alan Gonzalo Varela	04.07.2001	3	(1)		6	(5)	
Forwards:							
Ramón Darío Ábila	14.10.1989	8	(1)	6			
Edwin Andrés Cardona Bedoya (COL)	08.12.1992	8	(3)	4			
Agustín Obando	11.03.2000	2	(6)	1	2	(3)	
Cristian David Pavón	21.01.1996				1	(3)	
Eduardo Antonio Salvio	13.07.1990	3	(3)		2	(1)	
Franco Soldano	14.09.1994	3	(5)	1	2	(9)	2
Carlos Alberto Martínez Tévez	05.02.1984	3	(3)	2	12		3
Luis Vázquez	24.04.2001		(1)			(1)	
Sebastián Villa Cano (COL)	19.05.1996	7	(3)	1	14		4
Mauro Matías Zárate Riga	18.03.1987	8	(1)	1	4	(4)	1
Oscar Exequiel Zeballos	24.04.2002	3	(1)		2		
Trainer:							
Miguel Ángel Russo [from 27.12.2019]	09.04.1956	12			15		

CLUB ATLÉTICO CENTRAL CÓRDOBA DE SANTIAGO DEL ESTERO
Foundation date: June 3, 1919
Address: Granadero Saavedra, Santiago del Estero, Provincia de Santiago del Estero
Stadium: Estadio „Alfredo Terrera", Santiago del Estero - Capacity: 16,000

THE SQUAD

	DOB	Copa 2020 M	(s)	G	Copa 2021 M	(s)	G
Goalkeepers:							
Andrés Ulises Mehring	19.04.1994				5		
Alejandro Miguel Sánchez	25.10.1986	8			8		
César Omar Taborda	23.01.1984	3					
Defenders:							
Federico Andueza Velazco (URU)	25.05.1997	2			9		
Nahuel Eugenio Banegas	06.10.1996	3				(3)	
Jonathan Bay	01.02.1993	11			13		1
Gonzalo Bettini	26.09.1992				6	(2)	
Cristian Alberto Díaz	26.05.1989		(2)				
Alejandro Ramón Maciel	22.04.1997	5			6		
Ismael Alberto Quílez	02.10.1988	10					
Dixon Stiven Rentería Mosquera (COL)	24.09.1995				10		
Oscar Camilo Salomón	22.03.1999	7	(1)		12		1
Franco Sbuttoni	06.05.1989	3					
Hugo Heriberto Vera Oviedo (PAR)	01.01.1991	3		1		(1)	
Midfielders:							
Francisco Javier Cerro	09.02.1988	5	(3)		8	(3)	
José Luis Fernández	26.10.1987	1	(3)				
Juan Daniel Galeano	03.07.1988	3	(2)		7	(3)	
Juan Cruz González	02.12.1996				4	(4)	
Hernán Darío López Muñoz	07.09.2000				1	(5)	
Mateo Montenegro	28.08.1998		(2)		1	(2)	
Iván Ricardo Ramírez	23.02.1990	3	(2)				
Ariel Mauricio Rojas	16.01.1986	7	(3)			(3)	
Santiago José Rosales	22.03.1995				2	(5)	
Leonardo Exequiel Sequeira	26.04.1995				8	(1)	3
Cristian Orlando Vega	17.09.1993	10		2	13		1
Forwards:							
Pablo Abel Argañaraz Paradi	21.07.1998	8	(2)	2	3	(8)	
Pablo Agustín Barraza	04.05.2001					(1)	
Cristian Nahuel Barrios	07.05.1998	2	(6)		1	(6)	
Lucas Emanuel Brochero	23.01.1999		(4)		8	(2)	1
Milton Giménez	12.08.1996				10		5
Carlo María Lattanzio	25.07.1997				5	(3)	2
Claudio Maximiliano Riaño	16.08.1988	9	(1)	2	3	(4)	
Sebastián César Helios Ribas Barbato (URU)	11.03.1988	2	(5)	1		(3)	
Santiago José Rosales	22.03.1995	4	(4)	2			
Leandro Vella	09.11.1996	3	(4)				
Juan Ignacio Vieyra	20.04.1992	9	(2)	1			
Trainer:							
Alfredo Jesús Berti [01.06.-05.12.2020]	05.10.1971	6					
Alexis Javier Ferrero [06.12.2020-31.01.2021]	31.03.1979	5					
Gustavo Coleoni [from 01.02.2021]	24.08.1964				13		

CLUB ATLÉTICO COLÓN DE SANTA FE

Foundation date: May 5, 1905
Address: Avenida Juan José Paso 3535, 3000 Ciudad de Santa Fé
Stadium: Estadio „Brigadier General Estanislao López", Santa Fe – Capacity: 47,000

THE SQUAD	DOB	Copa 2020 M	(s)	G	Copa 2021 M	(s)	G
Goalkeepers:							
Leonardo Fabián Burián Castro (URU)	21.01.1984	11			16		
Defenders:							
Lucas Javier Acevedo	08.11.1991					(2)	
Bruno Félix Bianchi Massey	17.02.1989	11			4	(1)	1
Rafael Marcelo Delgado	13.01.1990	9			12	(1)	2
Gonzalo Daniel Escobar	16.03.1997	8			11		
Facundo Tomás Garcés	05.09.1999	3	(1)		14		
Paolo Duval Goltz	12.05.1985				11		
Eric Meza	08.04.1999	1	(2)		14		
Facundo Mura	24.03.1999				2	(5)	
Emanuel Olivera	02.04.1990	7					
Gonzalo Rubén Piovi	08.09.1994	5	(1)		10	(1)	
Alex Vigo	28.04.1999	10					
Midfielders:							
Rodrigo Germán Aliendro	16.02.1991	11			15		2
Alexis Castro	18.10.1994				11	(2)	5
Facundo Hernán Farías	28.08.2002	2	(7)	3	8	(3)	2
Brian Farioli	19.02.1998		(3)				
Cristian Ezequiel Ferreira	12.09.1999				2	(3)	
Yéiler Andrés Góez (COL)	01.11.1999	4	(5)		2	(8)	
Danilo Alexandro Gómez	12.02.2002					(1)	
Guillermo Federico Gonzálvez	05.03.2003					(1)	
Federico Eduardo Lértora	05.07.1990	11		1	14		
Tomás Moschión	02.06.2000				1		
Santiago Pierotti	03.04.2001		(1)		2	(9)	2
Forwards:							
Cristián Oscar Bernardi	10.03.1990	6	(3)	3	5	(2)	2
Tomás Alejandro Chancalay	01.01.1999	8	(1)				
Brian Leonel Fernández	26.09.1994	1	(3)	1			
Nicolás Leguizamón	26.01.1995				6	(2)	2
Wilson David Morelo López (COL)	21.05.1987	6	(2)	2	1	(3)	1
Luis Miguel Rodríguez	01.01.1985	7	(3)	5	14		8
Tomás David Sandoval	30.03.1999		(3)	1	1	(5)	2
Trainer:							
Eduardo Rodrigo Domínguez [from 10.03.2020]	01.09.1978	11			16		

CLUB SOCIAL Y DEPORTIVO DEFENSA Y JUSTICIA
FLORENCIO VARELA

Foundation date: March 20, 1935
Address: Avenida San Martín 360 Florencio Varela, 1888 Florencio Varela, Provincia de Buenos Aires
Stadium: Estadio „ Norberto 'Tito' Tomaghello", Florencio Varela - Capacity: 12,000

THE SQUAD

	DOB	Copa 2020 M	(s)	G	Copa 2021 M	(s)	G
Goalkeepers:							
Marcos Ignacio Ledesma	15.09.1996	7			1		
Luis Ezequiel Unsain	09.03.1995	4			12		
Defenders:							
Enzo de la Cruz Avalos	11.09.2000				1		
Marcelo Nicolás Benítez	13.01.1991	3	(1)	1	7	(3)	3
Néstor Ariel Breitenbruch	13.09.1995	9	(1)		6		
Emanuel Brítez	26.03.1992				9	(2)	
Adonis Uriel Frías	17.03.1998	3			10	(1)	
Nahuel Ezequiel Gallardo	09.05.1998	8	(1)		1	(1)	
Rodrigo Herrera	02.08.2000	5	(1)		2	(2)	
Héctor David Martínez	21.01.1998	4					
Fernando Nicolás Meza	21.03.1990				6	(1)	
Franco Ezequiel Paredes	18.03.1999	4	(1)	1	4	(2)	
Mariano Pieres	08.01.2000				1		
Juan Gabriel Rodríguez	28.02.1994	3			5	(2)	
Agustín Sienra	14.07.1999	1	(1)		1		
Nicolás Martín Tripichio	05.01.1996				3		
Midfielders:							
Nelson Fernando Acevedo	11.07.1988	4	(1)				
Gabriel Martiniano Altamirano	20.06.2001					(1)	
Washington Fernando Camacho Martínez (URU)	08.04.1986	9		2			
Walter Chavez	07.06.2002				1		
Enzo Gabriel Coacci	09.08.1998	4	(3)				
Manuel Duarte	02.08.2001					(1)	
Facundo Echevarria	31.07.2002		(1)			(2)	
Lautaro Tomás Escalante	02.07.1999	5			4	(3)	1
Jonathan Leonardo Farías	27.05.1998		(3)				
Enzo Jeremías Fernández	17.01.2001	3			9	(1)	
Valentín Larralde	15.11.2000	1	(2)		5	(2)	
Raúl Alberto Loaiza Morelos (COL)	08.06.1994	2	(2)		6	(1)	
Maximiliano Daniel Luayza Koot	15.04.2002	4	(2)		1	(1)	
Tomás Martínez	07.03.1995				2	(6)	
Tomás Facundo Mariano Ortíz	10.03.2000	2	(3)		2	(1)	
Pedro David Ramírez	04.04.2000	5					
Forwards:							
Walter Ariel Bou	25.08.1993				10	(1)	5
Lautaro Fedele	14.07.2001					(1)	
José Nicolás González	24.02.1999	1	(3)		2		
Gabriel Alejandro Hachen	16.10.1990	4	(5)	1	1	(8)	1
Eugenio Horacio Isnaldo	07.01.1994	1	(1)		8	(2)	1
Nicolás Leguizamón	26.01.1995	5	(3)	2			
Kevin Alejandro Lencina	28.02.2001				1	(1)	
Miguel Ángel Merentiel Serrano (URU)	24.02.1996	8	(2)	6	2	(6)	1
Francisco Andrés Pizzini	19.09.1993	4	(2)		9	(1)	1

Ciro Pablo Rius Aragallo	27.10.1988	4	(1)		2	(4)	
Braian Ezequiel Romero	15.06.1991	2	(3)	1	6	(2)	2
Carlos Rodolfo Rotondi	12.03.1997				2	(4)	
Tomás Ignacio Sosa	08.10.2001				1		
Juan Cruz Villagra	03.01.2000	2	(3)				

Trainer:

Hernán Jorge Crespo [26.01.2020-08.02.2021]	05.07.1975	11	
Pablo Daniel De Muner [10-15.02.2021; Caretaker]	14.04.1981		1
Sebastián Andrés Beccacece [from 15.02.2021]	17.12.1980		12

CLUB ESTUDIANTES DE LA PLATA

Foundation date: August 4, 1905
Address: Estudiantes La Plata, Avenida 53 Centro N°620 B1900BAZ, La Plata
Stadium: Estadio "Jorge Luis Hirschi", La Plata - Capacity: 30,018

THE SQUAD

	DOB	Copa 2020 M	(s)	G	Copa 2021 M	(s)	G
Goalkeepers:							
Mariano Gonzalo Andújar	30.07.1983	11			13		
Jerónimo Pourtau	23.01.2000				1		
Defenders:							
Nicolás Bazzana	23.02.1996	4	(2)				
Nazareno Colombo	20.03.1999	8			3	(2)	
Iván Erquiaga	26.03.1998	5	(1)				
Leonardo Godoy	28.04.1995	11			14		1
Mauricio Guzmán	16.09.1999	10			1		
Facundo Mura	24.03.1999	1	(1)				
Fabián Ariel Noguera	20.03.1993				12		2
Nicolás Pasquini	02.01.1991	5	(2)		11	(3)	
Jorge Agustín Rodríguez	15.09.1995				12		
Agustín Maximiliano Rogel Paita (URU)	17.10.1997				10		1
Juan Manuel Sánchez Miño	01.01.1990				11	(1)	1
Omar Fernando Tobio	18.10.1989				3		
Bruno Váldez	04.01.2002				1	(1)	
Midfielders:							
Maximiliano David Ayala	26.07.2002	9			6	(5)	
Luis Manuel Castro Cáceres (URU)	27.09.1995				8	(6)	
Mauro Alberto Díaz	10.03.1991	1	(5)		2	(8)	1
Diego Gonzalo García Cardozo (URU)	29.12.1996	10		1			
Iván Alejandro Gómez	28.02.1997	7	(2)		4	(2)	
Ángel González	16.05.1994	7	(3)		8	(5)	1
Javier Alejandro Mascherano	08.06.1984	3					
Esteban Obregón	15.06.2001		(3)				
Franco Romero	23.04.2000		(2)				
Darío Ariel Sarmiento	29.03.2003	6	(3)				
Enzo Maximiliano Kalinski Martínez	10.03.1987					(2)	
Deian Verón	25.09.2000					(1)	
Forwards:							
Juan Francisco Apaolaza	19.06.1997				2	(4)	1
Martín Cauteruccio Rodríguez (URU)	14.04.1987	4	(4)	1	8	(4)	3
Leandro Nicolás Díaz	06.06.1992	8	(1)	1	11	(3)	3
Gaspar Di Pizio	23.02.2000	2	(4)				

Federico Rafael González	06.01.1987	1	(5)		5	(3)	
Carlo María Lattanzio	25.07.1997		(3)				
Lucas Ariel Rodríguez	27.04.1997	8	(1)	1	8	(2)	1
Pablo David Sabbag Daccarett (COL)	11.06.1997					(8)	1
Darío Ariel Sarmiento	29.03.2003					(4)	

Trainer:

Leandro Desábato [05.03.-23.12.2020]	24.01.1979	8
Pablo Javier Quattrocchi [24.12.2020-11.01.2021]	19.01.1974	3
Ricardo Alberto Zielinski [from 12.01.2021]	14.10.1959	14

CLUB DE GIMNASIA Y ESGRIMA LA PLATA

Foundation date: June 3, 1887
Address: Calle 4 N° 979, 1900 La Plata, Provincia de Buenos Aires
Stadium: Estadio "Juan Carmelo Zerillo", La Plata - Capacity: 24,544

THE SQUAD

	DOB	Copa 2020 M (s) G	Copa 2021 M (s) G
Goalkeepers:			
Jorge Emanuel Broun	26.05.1986	11	
Tomás Durso	26.02.1999		1
Nelson Federico Insfrán	24.05.1995		1
Rodrigo Francisco Jesús Rey	08.03.1991		11
Defenders:			
Maximiliano Coronel	28.04.1989	7 2	7
Paolo Duval Goltz	12.05.1985	9	
Germán Leonel Guiffrey	31.12.1997	4 (1)	12 1
Lucas Matías Licht	06.04.1981	(4)	2 (3) 3
Fernando Martínez Sánchez	27.07.2000		(2)
Matías Germán Melluso	09.06.1998	11	11
Leonardo Morales	11.04.1991	3 (2) 1	8 (2)
Bruno Palazzo	18.11.2000	1 (1) 1	2 (1)
Marcelo Alexis Weigandt	11.01.2000	8 1	12 2
Midfielders:			
Brahian Milton Alemán Athaydes (URU)	22.12.1989	4 (5)	13 3
Gustavo Iván Areco	31.05.2000		1
Víctor Hugo Ayala Núñez (PAR)	01.01.1988	11 1	10
Emanuel Rodrigo Cecchini	24.12.1996		2 (4)
Lautaro Chávez	17.01.2001		(2)
Ariel Matías García	22.10.1991	9 2	
Estanislao Jara	26.08.1999		(1)
Leandro Mamut	31.12.2003		(1)
Harrinson Mancilla Mulato (COL)	22.12.1991	11	9
Juan Ignacio Miramón	12.06.2003		1 (1)
Matías Miranda	05.05.2000	2 (4)	8 (4)
Patricio Iván Monti	15.01.1998	(1)	
Antonio Napolitano	16.02.1999		(2)
José Antonio Paradela	15.12.1998	7 (2)	
Matías Augusto Pérez García	13.10.1984	2 (4)	3 (5) 1
Matías Toledo	10.06.2000		(1)
Forwards:			
Lucas Ramón Barrios Cáceres (PAR)	13.11.1984	(5) 1	5 (3) 2
Johan Stiven Carbonero Balanta (COL)	20.07.1999	6 (4) 2	11 (1) 3

157

Sebastián Cocimano	19.05.2000		(2)		1	(1)	
Maximiliano Gabriel Comba	16.01.1994				1	(2)	
Leandro Nicolás Contín	07.12.1995	8	(3)	1	4	(7)	
Ivo Mammini	15.04.2003		(1)			(1)	
Elías Agustín Ramírez	02.05.2000					(1)	
Erik Iván Jesús Ramírez	21.09.1996	7	(4)	3	7	(5)	
Horacio Gabriel Tijanovich	28.02.1996		(1)				
Trainer:							
Diego Armando Maradona [05.09.2019-†**25.11.2020**]	30.10.1960	1					
Sebastián Ariel Méndez Pardiñas [30.10.-28.11.2021]	04.07.1977	3					
Mariano Messera [from 28.11.2020]	23.02.1978	7			13		

CLUB DEPORTIVO GODOY CRUZ MENDOZA

Foundation date: June 21, 1921
Address: Calle Balcarce 477, CP 5501 Godoy Cruz, Mendoza,
Stadium: Estadio Malvinas Argentinas, Mendoza - Capacity: 40,268

THE SQUAD

	DOB	Copa 2020 M	(s)	G	Copa 2021 M	(s)	G
Goalkeepers:							
Juan Cruz Bolado	22.07.1997	1	(1)				
Juan Ángel Espínola González (PAR)	02.11.1994				12		
Nelson Martín Ibáñez	13.11.1981	6			1		
Roberto Ramírez	07.07.1996	4	(1)				
Defenders:							
Augusto Ezequiel Aguirre	02.08.1999				1	(2)	
Tomás Agustín Álvarez	08.01.2000	2	(2)				
Gabriel Darío Carrasco	07.03.1997	1					
Mauro Javier Dos Santos	07.07.1989				10		
Ian Eduardo Escobar Ibáñez	29.05.1996	2	(3)		3	(2)	
Gianluca Ferrari	30.06.1997	8	(1)		7	(3)	
Leonel Hernán González	15.03.1994	10		1	9		
Marcos Gonzalo Goñi	16.08.1998	8	(1)			(1)	
Luis Marcelo Herrera	26.02.1992	3					
Elías Sebastián López	08.07.2000				6	(1)	
Danilo Fabián Ortíz Soto (PAR)	28.05.1992	1					
Damián Alfredo Pérez	22.12.1988	9			11		
Hugo Ezequiel Silva	04.02.1992		(3)	1	6		
Midfielders:							
Gonzalo Damián Abrego	07.01.2000	4			12	(1)	
Juan Andrada	04.01.1995	4					
Valentín Alberto Burgoa	16.08.2000	1	(3)		4	(8)	1
Wilder José Cartagena Mendoza (PER)	23.09.1994	1	(1)		11		2
Adrián Ezequiel Cirigliano	24.01.1992					(1)	
Jalil Juan José Elías	25.04.1996	11					
Franco Raúl González	07.03.1999		(3)				
Fabián Gastón Henríquez	08.06.1995		(2)		1	(5)	
Agustín Manzur	29.09.2000	1	(1)				
Martín Ezequiel Ojeda	27.11.1998				10	(3)	3
Luciano Gastón Pizarro	14.07.1997	3	(2)		3	(4)	
Zaid Abner Romero	15.12.1999	1					
Renzo Iván Tesuri	07.06.1996				8	(1)	3

158

Forwards:							
Tomás Oscar Badaloni	02.05.2000	9	(2)	2	6	(7)	3
Ezequiel Eduardo Bullaude	26.10.2000	4	(3)		7	(3)	3
Alan Martín Cantero	28.06.1998	1	(4)			(1)	
Cristian Ariel Colmán Ortíz (PAR)	26.02.1994				7	(3)	2
Santiago Damián García Correa (URU)	14.09.1990	3	(3)				
Matías Tomás González	07.03.1999					(1)	
Sebastián Ariel Lomónaco	17.09.1998	2	(3)		2	(6)	1
Martín Ezequiel Ojeda	27.11.1998	11		2			
Claudio Matías Ramírez	14.03.1999				6	(5)	
Víctorio Gabriel Ramis	07.07.1994	3	(1)				
Renzo Iván Tesuri	07.06.1996	6	(3)				
Silvio Ulariaga	02.03.2002	1		1			
Trainer:							
Diego Hernán Martínez [10.08.-29.12.2020]	16.11.1978	9					
Daniel Walter Oldrá [29.12.2020-10.01.2021]	15.03.1967	2					
Sebastián Ariel Méndez Pardiñas [from 11.01.2021]	04.07.1977				13		

CLUB ATLÉTICO HURACÁN BUENOS AIRES

Foundation date: November 1, 1908
Address: Avenida Caseros 3159, Parque Patricios, 1623 Capital Federal, Ciudad de Buenos Aires
Stadium: Estadio „Tomás Adolfo Ducó", Parque Patricios, Buenos Aires – Capacity: 48,314

THE SQUAD	DOB	Copa 2020 M	(s)	G	Copa 2021 M	(s)	G
Goalkeepers:							
Facundo Nicolás Cambeses	09.04.1997	11			2		
Sebastián Meza	14.03.2000				11		
Defenders:							
David Ángel Abraham	15.07.1986				1		
Ezequiel Augusto Bonifacio Moreno	09.05.1994	4	(3)		9	(2)	
Renato Civelli	14.10.1983	11			7	(1)	
Iván Erquiaga	26.03.1998				5		
Leandro Damián Marcelo Grimi	09.02.1985	8					
Raúl Alberto Lozano	02.09.1997	11			7	(3)	
Lucas Gabriel Merolla	27.06.1995	7			11	(1)	2
José David Moya Rojas (COL)	07.08.1992				8		
Santiago Ezequiel Navarro	06.07.2001	1					
Walter Gabriel Pérez	23.10.1998		(2)		6	(2)	
Saúl Savin Salcedo Zárate (PAR)	29.08.1997	5	(3)				
Midfielders:							
Adrián Arregui	12.08.1992	9		1			
Franco Sebastián Cristaldo	15.08.1996	10		1	12	(1)	2
Matias Nicolás Forlano	12.11.2001		(2)				
Santiago Hezze	22.10.2001	6	(4)	1	4	(8)	
Federico Ezequiel Marín	24.03.1998	1	(4)				
Diego Alan Mercado Carrizo	03.01.1997		(1)		1		
Cristian David Núñez Vázquez (PAR)	12.08.2000				4	(4)	1
Pablo Damián Oro	09.08.2002		(4)			(5)	1
Sebastián Francisco Ramírez	04.09.2000		(4)		2	(8)	1
Esteban Leonardo Rolón	25.03.1995	6	(2)		11		1
Agostino Luigi Spina	31.10.2001				2		1
Patricio Daniel Toranzo	19.03.1982		(3)			(6)	
Claudio Ariel Yacob	18.07.1987				9	(1)	
Forwards:							
Norberto Alejandro Briasco Balekian (ARM)	29.02.1996	7	(2)	2	8	(3)	
Rodrigo Ezequiel Cabral	08.08.2000	2					
Andrés Eliseo Chávez	21.03.1991	11		4	2	(4)	2
Nicolás Fernando Cordero	11.04.1999	1	(9)	1	6	(2)	1
Agustín Curruhinca	06.01.2000		(1)			(1)	
Juan Fernando Garro	24.11.1992	7	(2)	1	7	(4)	2
Braian Ezequiel Maidana Talavera	22.07.1999		(1)			(1)	
Diego Roberto Mendoza	30.09.1992				2	(3)	
Cristian David Núñez Vázquez (PAR)	12.08.2000	3	(2)				
Nicolás Alexis Silva	24.01.1990				6		
Trainer:							
Israel Alejandro Damonte [01.01.2020-17.03.2021]	06.01.1982	11			6		
Frank Darío Kudelka [from 26.03.2021]	12.05.1961				7		

CLUB ATLÉTICO INDEPENDIENTE AVELLANEDA

Foundation date: January 1, 1905
Address: Avenida Mitre 470, 1870 Avellaneda, Provincia de Buenos Aires
Stadium: Estadio "Libertadores de América", Avellaneda - Capacity: 49,592

THE SQUAD

	DOB	Copa 2020 M	(s)	G	Copa 2021 M	(s)	G
Goalkeepers:							
Milton David Álvarez	26.01.1989	4			2		
Carlos Sebastián Sosa Silva (URU)	19.08.1986	7			13		
Defenders:							
Gonzalo Asis	28.03.1996	5	(1)		3		
Alexander Nahuel Barboza Ullúa	16.03.1995	7	(1)				
Sergio Damián Barreto	20.04.1999	4	(3)		15		1
Fabricio Tomás Bustos Sein	28.04.1996	7			13		1
Ayrton Enrique Costa (URU)	12.07.1999	2			5	(2)	
Alan Javier Franco	11.10.1996	8			6		
Juan Manuel Insaurralde	03.10.1984				12		1
Thomas Sebastián Ortega	06.12.2000	5	(1)		3	(4)	
Javier Patricio Ostachuk	05.05.2000	1	(1)		1	(1)	
Lucas Nahuel Rodríguez	27.09.1993	6		1	7	(2)	
Midfielders:							
Adrián Arregui	12.08.1992				1	(6)	
Carlos Nahuel Benavídez Protesoni (URU)	30.03.1998	4	(1)				
Domingo Felipe Blanco	22.04.1995	5	(3)		11	(3)	1
Lucas Nahuel González Martínez	03.06.2000	5	(2)		6	(3)	
Pedro Pablo Hernández (CHI)	24.10.1986	2			3		
Federico Andrés Martínez Berroa (URU)	28.02.1996	2	(5)				
Juan Ignacio Pacchini	17.06.2000	2	(2)		1	(2)	
Tomás Agustín Pozzo	27.09.2000		(1)				
Andrés Felipe Roa Estrada (COL)	25.05.1993	8	(1)		3	(6)	
Lucas Daniel Romero	18.04.1994	6	(1)	1	10	(1)	
Alan Soñora (USA)	03.08.1998	5	(5)	1	1	(3)	
Gastón Alberto Togni	20.09.1997				6	(2)	1
Forwards:							
Mauricio Jordán del Castillo	10.03.1996		(1)				
Jonathan Carlos Herrera	16.09.1991				1	(5)	
Marcos Landáburu	26.08.2000		(3)				
Braian Miguel Martínez	18.08.1999	2	(6)			(5)	
Jonathan Diego Menéndez	05.03.1994	6	(1)	3	9	(1)	2
Nicolás Ariel Messiniti	21.02.1996	4	(5)	1	2	(4)	
Sebastián Alberto Palacios	20.01.1992				14	(1)	4
Silvio Ezequiel Romero	22.07.1988	7	(1)	1	13		4
Alan Agustín Velasco	27.07.2002	7	(2)	5	4	(7)	
Trainer:							
Lucas Andrés Pusineri Bignone [23.12.2020-07.01.2021]	16.07.1976	10					
Fernando Berón [08-10.01.2021; Caretaker]	01.07.1967	1					
Julio César Falcioni Capedevila [from 21.01.2021]	20.07.1956				15		

CLUB ATLÉTICO LANÚS

Foundation date: January 3, 1915
Address: Calle 9 de Julio N°1680, B1824KJL Lanús, Provincia de Buenos Aires
Stadium: Estadio Ciudad de Lanús „Néstor Díaz Pérez", Lanús - Capacity: 46,619

THE SQUAD	DOB	Copa 2020 M	(s)	G	Copa 2021 M	(s)	G
Goalkeepers:							
Lucas Mauricio Acosta	12.03.1995	4	(1)				
Lautaro Alberto Morales	16.12.1999	7			13		
Defenders:							
Brian Nahuel Aguirre	28.07.2000	7			7	(2)	
Pablo Ezequiel Aranda	16.05.2001				1	(1)	
Julian Ezequiel Aude Bernardi	24.03.2003	4	(1)		6	(3)	
Alexandro Ezequiel Bernabei	24.09.2000	3	(2)		9	(2)	1
Guillermo Enio Burdisso	26.09.1988	5			7		1
Leonel Di Plácido	28.01.1994	6					
José Luis Gómez	10.09.1993	1	(3)		4		
Kevin Joel Lomónaco	08.01.2002		(2)				
Nicolás Jorge Morgantini	11.09.1994	1	(1)		1	(1)	
Ousmane N'Dong (SEN)	20.09.1999	2					
Alexis Rafael Pérez Fontanilla (COL)	25.03.1994	4	(2)		11		
Matías Damián Pérez	24.09.1999	5				(2)	
Alejo Tabares	20.06.2001		(2)				
Nicolás Alejandro Thaller	07.09.1998	6		1	8	(1)	
Midfielders:							
Pablo Ezequiel Aranda	14.05.2001	2	(2)				
Fernando Daniel Belluschi	10.09.1983	3	(3)				
Tomás Belmonte	27.05.1998	7			11	(1)	2
Gonzalo Adrián Casazza	19.02.1999		(1)				
Ignacio Cechi	26.07.2001		(1)			(1)	
Matias Eduardo Esquivel	22.03.1999	3	(4)	1			
Gastón Andrés Lodico	28.05.1998	1	(3)	1			
José Manuel López	06.12.2000					(7)	
Facundo Martín Pérez	31.07.1999	7	(2)		8	(3)	2
Facundo Tomás Quignón	02.05.1993	4	(3)		10	(1)	
Lucas Gabriel Vera	18.04.1997	8	(1)	1		(5)	1
Forwards:							
Lautaro Germán Acosta	14.03.1988	3	(1)		6	(3)	
Lucas Agustín Besozzi	22.01.2003	1	(3)			(1)	
Pedro De la Vega	07.02.2001	6			10	(3)	2
Matias Eduardo Esquivel	22.03.1999				6	(4)	2
Juan Pablo Krilanovich	07.04.2002	2	(2)				
José Manuel López	06.12.2000	1	(1)	1			
Franco Orozco	09.01.2002	6	(3)	3	3	(5)	
Nicolás Orsini	12.09.1994	4	(3)	3	9	(3)	1
José Gustavo Sand	17.07.1980	5		3	13		6
Cristian Gonzalo Torres	24.12.1999	3	(3)				
Lucas Ariel Varaldo	24.02.2002		(1)				
Trainer:							
Luis Francisco Zubeldía [from 31.08.2018]	13.01.1981	11			13		

CLUB ATLÉTICO NEWELL'S OLD BOYS ROSARIO

Foundation date: November 3, 1903
Address: Parque de la Independencia 2000, Rosario, Santa Fe
Stadium: Estadio „Marcelo Bielsa", Rosario - Capacity: 38,095

THE SQUAD

	DOB	Copa 2020 M	(s)	G	Copa 2021 M	(s)	G
Goalkeepers:							
Alan Joaquín Aguerre	23.08.1990	2			13		
Ramiro Jesús Macagno	18.03.1997	9	(1)				
Defenders:							
Mariano Ezequiel Bíttolo	24.04.1990	11			2		
Fabricio Bautista Fontanini	30.03.1990	5	(1)	1			
Yonathan Emanuel Cabral	10.05.1992				11		
Manuel Vicente Capasso	19.04.1996				8	(1)	
Juan Pablo Freytes	11.01.2000					(4)	
Ángelo Emanuel Gabrielli Scaroni (URU)	23.09.1992	5	(1)				
Santiago Juan Gentiletti Selak	09.01.1985	10		1			
Manuel Guanini	14.02.1996	7	(1)				
Cristian Franco Lema	24.03.1990				11		1
Milton Leyendeker	08.03.1998				1		
Facundo Agustín Nadalin	16.08.1997	5	(1)		4	(1)	
Matías Exequiel Orihuela Bonino	17.02.1992				3	(1)	
Midfielders:							
Fernando Daniel Belluschi	10.09.1983					(2)	
Jerónimo Cacciabué	24.01.1998	6	(3)	1	8	(3)	3
Diego Ezequiel Calcaterra	26.07.2001				3	(3)	
Nicolás Federico Castro	01.11.2000		(4)		1	(1)	
Julián Rodrigo Fernández	22.03.1995	8	(1)		7	(3)	1
Mauro Abel Fórmica	04.04.1988	1	(8)	1	1	(5)	
Misael Omar Jaime	13.01.2004					(1)	
Manuel Tadeo Llano Massa	26.08.1999	1	(1)		5	(4)	
Mateo Ignacio Maccari	29.12.2000		(1)				
Aníbal Ismael Moreno	13.05.1999	5	(3)				
Franco Negri	20.02.1995				8	(1)	2
Pablo Javier Pérez	10.08.1985	10			7	(2)	
Braian Abel Rivero	22.02.1996				2	(1)	
Juan Sebastián Sforza	14.02.2002	1	(3)	1	8	(3)	
Ramiro Gabriel Sordo	29.06.2000		(3)		2	(1)	
Forwards:							
Brian Nicolás Aguirre	01.06.2003					(2)	
Enzo Daniel Cabrera	20.11.1999		(4)		1	(3)	
Lisandro Agustín Cabrera	04.01.1998		(3)				
Luciano Cingolani	06.04.2001		(3)		2	(3)	1
Jonathan Ezequiel Cristaldo	05.03.1989				5	(2)	1
Justo Giani	07.04.1999				3	(2)	
Francisco Agustín González	06.04.2001	4	(3)				
Julián Marcioni	19.03.1998				4		
Sebastián Alberto Palacios	20.01.1992	11		5			
Alexis Agustín Rodríguez	21.03.1996	4	(2)	1	6	(4)	
Maximiliano Rubén Rodríguez	02.01.1981	11		3	11	(2)	2
Ignacio Martín Scocco	29.05.1985	5	(1)	1	6	(4)	2
Trainer:							

| Frank Darío Kudelka [24.05.2019-13.03.2021] | 12.05.1961 | 11 | 5 |
| Germán Adrián Ramón Burgos [from 14.03.2021] | 16.04.1969 | | 8 |

CLUB ATLÉTICO PATRONATO DE LA JUVENTUD CATÓLICA PARANÁ

Foundation date: February 1, 1914
Address: Calle Presbítero Bartolomé Grella 874, Paraná
Stadium: Estadio „Presbítero Bartolomé Grella", Paraná – Capacity: 23,500

THE SQUAD	DOB	Copa 2020 M (s) G	Copa 2021 M (s) G
Goalkeepers:			
Federico Costa	08.10.1988	4	
Matías Alejandro Ibáñez Basualdo	16.12.1986		13
Claudio Daniel Sappa	09.02.1995	7	
Defenders:			
Oliver Paz Benítez	07.06.1991	7 (1)	8 2
Gustavo Damián Canto	25.02.1994	6 (1) 1	10
Cristian Chimino	09.02.1988	7	
Rolando García Guerreño (PAR)	10.02.1990		10
Lautaro Dante Geminiani	02.03.1991	2	8
Dylan Gissi (SUI)	27.04.1991	5	9 1
Juan Cruz Guasone	27.03.2001	2	1 (1)
Lucas Nahuel Kruspzky	06.04.1992	(1)	
Lucas Leandro Marín	22.01.1992	7	5 (1)
Brian Negro	08.09.1997	5	
Sergio Maximiliano Ojeda	04.01.1992		(2)
Bruno Saúl Urribarri	06.11.1986	2 (2)	1 (5)
Midfielders:			
Juan Pablo Barinaga	13.06.2000	1 (4)	
Santiago David Briñone	28.12.1996	(2)	
Héctor Miguel Canteros	15.03.1989		10 (1)
Lautaro Nicolás Comas	15.01.1995	10 (1)	
Matías Román Comas	19.07.1999	1 (1)	2 (5) 1
Gabriel Carlos Compagnucci	29.08.1991	2 (2)	
Martín Garay	12.06.1999		8 (2) 1
Mauro Ezequiel González	31.08.1996	4 (2)	
Gabriel Alejandro Gudiño	16.03.1992		6 (1) 3
Damián Oscar Lemos	31.01.1989	5 (2)	5 (1)
Franco Ezequiel Leys	18.10.1993		11 (1)
Fernando David Luna	19.01.1990	3 (3)	
Dardo Federico Miloc	16.10.1990	6	
Brian Agustín Nievas	28.04.1998	3 (1)	6 (2)
Jorge Alberto Ortíz	20.06.1984	1	
Matías Tomás Palavecino	23.03.1998		(6)
Agustín Pastorelli	09.09.1997	4 1	(1)
Lautaro Gabriel Torres	28.09.1996	6 (4)	1 (3) 1
Forwards:			
Junior Gabriel Arias Cáceres (URU)	17.05.1993	8 (2) 2	4 (6)
Neri Ricardo Bandiera	03.07.1989		7 (1)
Juan Pablo Barinaga	13.06.2000		2 (3)
José Alberto Barreto	22.02.2000	4 (4)	2 (4)

Nicolás Delgadillo Godoy	02.10.1997	2	(5)		5	(2)	1
Faustino Dettler	11.06.1998	3	(2)		2	(3)	
Nicolás Franco	29.04.1996					(5)	
Agustín Guiffrey	03.11.1997		(1)				
Germán Ariel Rivero	17.03.1992	4	(3)		1	(1)	
Alexander Sosa	18.05.2001		(1)				
Sebastián Sosa Sánchez (URU)	13.03.1994				6	(1)	2

Trainer:			
Gustavo Álvarez [01.12.2019-16.12.2020]	27.10.1972	7	
Gabriel Reinaldo Graciani [16-23.12.2020]	16.02.1982	2	
Iván Raúl Delfino [from 24.12.2020]	14.01.1971	2	13

CLUB ATLÉTICO PLATENSE BUENOS AIRES

Foundation date: May 25, 1905
Address: Calle Juan Zufriategui 2021, Florida 1602, Vicente López, Provincia de Buenos Aires
Stadium: Estadio Ciudad de Vicente López, Florida - Capacity: 34,530

THE SQUAD				
	DOB	Copa 2021		
		M	(s)	G
Goalkeepers:				
Jorge Alberto De Olivera	21.08.1982	13		1
Defenders:				
Stefano Callegari	06.01.1997	3	(3)	
Juan José Infante	07.01.1996	10		
Nahuel Nicolás Iribarren	02.02.1988	4		
Braian Emanuel Lluy	25.04.1989	12	(1)	
Cristián Alejandro Marcial	10.01.1996	2	(1)	
Sasha Julián Marcich	29.05.1998	2	(1)	
Luciano Leonel Recalde	12.08.1995	12		1
Nicolás Mauricio Zalazar	29.01.1997	8		1
Midfielders:				
Franco Pedro Baldassarra	29.09.1998	8	(2)	2
Nicolás Santiago Bertolo	02.01.1986	5	(2)	
Roberto Agustín Bochi	06.07.1987	6	(3)	
Mauro Ezequiel Bogado	31.05.1985	12		1
Hernán Agustín Lamberti	03.05.1984	7	(1)	1
Alexis Nahuel Messidoro	13.05.1997	3	(1)	
Cristian David Núñez Morales (PAR)	20.09.1997		(2)	
Tiago Palacios	28.03.2001	9	(2)	1
Ignacio Schor	04.08.2000	1	(2)	
Forwards:				
Facundo Nicolás Curuchet	21.01.1990	5	(4)	2
Pablo Gastón Gerzel	05.01.2000	4	(7)	
Francisco Ilarregui	06.05.1997		(2)	
Jorge Rolando Pereyra Díaz	05.08.1990	4	(3)	2
Ian Lucas Puleio Araya	19.07.1998		(4)	
José Luis Sinisterra Castillo (COL)	23.07.1998	3	(3)	
Matías Fabián Tissera	06.09.1996	5	(6)	
Daniel Alejandro Vega	19.10.1981	1		
Nadir Zeineddin	15.05.2000	4	(2)	

Trainer:		
Juan Manuel Llop [from 12.03.2020]	01.06.1963	13

RACING CLUB DE AVELLANEDA

Foundation date: March 25, 1903
Address: Avenida Presidente Bartolome Mitre N°934, B1870AAW Avellaneda
Stadium: Estadio „Presidente Juan Domingo Perón", Avellaneda - Capacity: 51,389

THE SQUAD

	DOB	Copa 2020 M	(s)	G	Copa 2021 M	(s)	G
Goalkeepers:							
Gabriel Arias Arroyo (CHI)	13.09.1987	6			13		
Gastón Gómez	04.03.1996	1			2	(1)	
Matías Alejandro Ibáñez Basualdo	16.12.1986	4	(1)				
Matías Nicolás Tagliamonte	19.02.1998				1		
Defenders:							
Juan José Cáceres	01.06.2000	4	(2)		5	(3)	1
Mauro Damián Luque	27.05.1999		(1)				
Elías Ezequiel Machuca	28.03.2003	1					
Eugenio Esteban Mena Reveco (CHI)	18.07.1988	6			10	(2)	
Joaquín Ariel Novillo	19.02.1998				7	(1)	
Lucas Alfonso Orbán	03.02.1989	5	(1)		8	(1)	
Iván Alexis Pillud	24.04.1986	6	(2)		5	(3)	
Fernando Andrés Prado Avelino (URU)	21.03.2001	5	(1)				
Matías Ezequiel Schelotto (ITA)	23.05.1989				4	(1)	
Leonardo Germán Sigali	29.05.1987	5			12		
Alexis Nahuel Soto	20.10.1993	2	(1)		1		
Midfielders:							
Carlos Jonas Alcaraz	30.11.2002	7	(1)	1	3	(3)	
Tiago Nahuel Banega	01.07.1999	6	(1)	1			
Marcelo Alfonso Díaz Rojas (CHI)	30.12.1986	1					
Fabricio Domínguez Huertas (URU)	24.06.1998	5			3	(6)	
Nery Andrés Domínguez	09.04.1990	3			10	(1)	
Ángel Nahuel Gómez	29.08.2001	1	(4)				
Kevin Facundo Gutiérrez	03.06.1997				5	(1)	
Julián Alejo López	08.01.2000		(3)		1	(3)	
Mauricio Leonel Martínez	20.02.1993	4	(2)	1	6	(2)	
Leonel Ariel Miranda	07.01.1994	5	(1)		16		1
Walter Iván Alexis Montoya	21.07.1993	6	(1)				
Aníbal Ismael Moreno	13.05.1999				5	(5)	
Ignacio Piatti	04.02.1985				7	(3)	1
Matías Nicolás Rojas Romero (PAR)	03.11.1995	5		3	4	(9)	
Sergio Fabián Sánchez	17.08.2001	2	(1)				
Augusto Jorge Mateo Solari	03.01.1992	3	(3)	1			
Patricio Damián Tanda	05.04.2002	3	(1)				
Forwards:							
Evelio Ramón Cardozo	06.02.2001		(2)				
Tomás Alejandro Chancalay	01.01.1999				14	(1)	5
Enzo Nahuel Copetti	16.01.1996				13	(2)	3
Jonathan Ezequiel Cristaldo	05.03.1989	2	(2)				
Pablo Maximiliano Cuadra	06.06.1995				1		
Nicolás Cvitanich	16.05.1984	2	(3)		5	(3)	1
Héctor Hugo Fértoli	03.12.1994	4	(2)	3	1	(2)	
Ignacio Galván	06.09.2002					(1)	
Benjamín Antonio Garré	11.07.2000	3	(3)				
Santiago Leandro Godoy	04.02.2001	2	(2)				

Lisandro López	02.03.1983	6		1			
Maximiliano Alberto Lovera	09.03.1999				6	(6)	
Iván Gabriel Maggi	14.06.1999				3	(3)	1
Lorenzo Antonio Melgarejo Sanabria (PAR)	10.08.1990	4	(1)	4	3	(8)	1
Gastón Nicolás Reniero	18.03.1995	2			2	(2)	
Trainer:							
Sebastián Andrés Beccacece [16.12.2019-09.01.2021]	17.12.1980	11					
Juan Antonio Pizzi Torroja (ESP) [from 21.01.2021]	07.06.1968				16		

CLUB ATLÉTICO RIVER PLATE

Foundation date: May 25, 1901
Address: Av. Presidente José Figueroa Alcorta 7597, Núñez 1428, Capital Federal, Buenos Aires
Stadium: Estadio Monumental „Antonio Vespucio Liberti" / Estadio "Libertadores de América", Buenos Aires / Avellaneda - Capacity: 64,000 / 49,592

THE SQUAD

	DOB	Copa 2020 M	(s)	G	Copa 2021 M	(s)	G
Goalkeepers:							
Franco Armani	16.10.1986	6			13		
Enrique Alberto Bologna Gómez	13.02.1982	5					
Leonardo Alán Díaz	27.01.2000				1		
Defenders:							
Fabricio Germán Angileri	15.03.1994	8	(1)		11		2
Milton Óscar Casco	11.04.1988	6	(1)		6	(2)	
Paulo César Díaz Huincales (CHI)	25.08.1994	5			13		
Jonatan Ramón Maidana	29.07.1985				4	(2)	
Héctor David Martínez	21.01.1998				9	(1)	
Gonzalo Ariel Montiel	01.01.1997	5	(4)		8		3
Jorge Luís Moreira Ferreira (PAR)	01.02.1990	2					
Javier Horacio Pinolá	24.02.1983	9	(1)		3		
Robert Samuel Rojas Chávez (PAR)	30.04.1996	7		2	6		
Alex Vigo	28.04.1999				4	(3)	
Midfielders:							
Jorge Andrés Carrascal Guardo (COL)	25.05.1998	5	(5)		6	(7)	
Tomás Ezequiel Castro Ponce	03.03.2001		(1)				
Diego Nicolás de la Cruz Arcosa (URU)	01.06.1997	6	(1)	3	11		1
Ignacio Martín Fernández Lobbe	12.01.1990	5	(2)	2			
Cristian Ezequiel Ferreira	12.09.1999	2	(3)				
Tomás Ezequiel Galván	11.04.2000					(1)	
Agustín Palavecino Lamela	09.11.1996				8	(4)	1
José Antonio Paradela	15.12.1998					(9)	2
Enzo Nicolás Pérez	22.02.1986	5	(1)		13		
Leonardo Daniel Ponzio	29.01.1982	6	(1)		1	(4)	
Santiago Sosa	03.05.1999	5	(3)				
Bruno Zuculini	02.04.1993	7	(1)	1	1	(2)	
Forwards:							
Julián Álvarez	31.01.2000	8	(2)	2	11	(3)	2
Lucas Beltrán	20.03.2001	1	(3)		2	(3)	1
Rafael Santos Borré Amaury (COL)	15.09.1995	6	(2)	2	12	(1)	8
Cristian Agustín Fontana	11.06.1996				1	(5)	
Federico Girotti Bonazza	02.06.1999	1	(5)	2		(12)	2
Daniel Alexandro Lucero	17.04.2002					(1)	
Lucas David Pratto	04.06.1988	6	(1)	2			

Benjamín Rollheiser	24.03.2000		(5)		1	(2)	
Santiago Simón	13.06.2002		(2)		1	(1)	
Matías Ezequiel Suárez	09.05.1988	5	(3)	2	8	(1)	4
Trainer:							
Marcelo Daniel Gallardo [from 06.06.2014]	18.01.1976	11			14		

CLUB ATLÉTICO ROSARIO CENTRAL

Foundation date: December 24, 1889
Address: Calle 4 N° 979, 1900 La Plata, Provincia de Buenos Aires
Stadium: Estadio "Dr. Lisandro de la Torre" [Gigante de Arroyito], Rosario - Capacity: 41,654

THE SQUAD

	DOB	Copa 2020 M (s) G	Copa 2021 M (s) G
Goalkeepers:			
Jorge Emanuel Broun	26.05.1986		13
Josué Daniel Díaz Ayala	30.05.1988	2	
Marcelo Agustín Miño	21.08.1997	7	
Juan Pablo Romero	02.06.1998	3	
Defenders:			
Facundo Ezequiel Almada	10.07.1998	3 (3)	5
Gastón Ávila	30.09.2001		9 (1)
Lautaro Emanuel Blanco	19.02.1999	12	8 (3)
Jonathan Pablo Bottinelli	14.09.1984	7	
Nicolás Agustín Ferreyra	30.03.1993		9 (1) 1
Joaquin Marcelo Laso	04.07.1990	9 (1) 1	13 1
Damián Alberto Martínez	31.01.1990	6	5 (4) 2
Joan David Mazzaco	25.04.2000	(1)	3
Diego Martín Novaretti	09.05.1985	9 (2) 1	
Rafael Sangiovani	31.03.1998	3	7 (1)
Fernando Torrent Guidi	02.10.1991	3	4 (5)
Midfielders:			
Luciano Ismael Ferreyra	19.02.2002		5 (3)
Lautaro Darío Giaccone	01.02.2001	(2)	(1)
Francesco Lo Celso	05.03.2000	3 (4) 1	1 (4)
Pedro Emmanuel Ojeda	05.11.1997	5 (2) 1	3 (1)
Joel López Pissano	06.01.1997	2 (4)	
Martín Ernesto Rabuñal Rey (URU)	22.04.1994		(2) 1
Fabián Andrés Rinaudo	08.05.1987	8 (3) 1	1
Mateo Tanlongo	12.08.2003	(1)	1 (1)
Emiliano Gabriel Vecchio	16.11.1988	11 (1) 5	11 1
Rodrigo Román Villagra	14.02.2001	10	12
Diego Martín Zabala Morales (URU)	19.09.1991	(5) 1	6 (4) 1
Forwards:			
Alan Leonel Bonansea	06.05.1996	1 (2)	
Patricio Cucchi	05.03.1993		2 (3)
Luciano Ismael Ferreyra	19.02.2002	9	
Lucas Emanuel Gamba	24.06.1987	10 (1) 1	8 (4) 3
Gino Infantino	19.05.2003	1 (4)	
Alan Nicolás Marinelli	07.04.1999	5 (2) 5	5 (6)
Luca Martínez Dupuy (MEX)	05.06.2001	2 (5)	4 (5) 3
Marco Gastón Rubén Rodríguez	26.10.1986		8 (3) 3
Ignacio Russo Cordero	13.12.2000	1 (2)	(1)
Trainer:			
Cristian Alberto González Perret [from 01.07.2020]	04.08.1974	12	13

CLUB ATLÉTICO SAN LORENZO DE ALMAGRO
Foundation date: April 1, 1908
Address: Calle Varela N°2680 C1437BJH, Cd. Buenos Aires
Stadium: Estadio „Pedro Bidegain", Nueva Pompeya, Buenos Aires - Capacity: 39,494

THE SQUAD	DOB	Copa 2020 M	(s)	G	Copa 2021 M	(s)	G
Goalkeepers:							
José Antonio Devecchi	09.07.1995				5		
Fernando Monetti	21.02.1989	11			5		
Sebastián Alberto Torrico	22.02.1980				3		
Defenders:							
Ramón Gínes Arias Quinteros (URU)	27.07.1992	3					
Diego Luis Braghieri	23.02.1987				12		
Fabricio Coloccini	22.01.1982					(1)	
Alejandro César Donatti	24.10.1986	9			6		
Nicolás Ezequiel Fernández Mercau	11.01.2000					(1)	
Alexis Francisco Flores	11.01.2002		(1)		2		
Federico Gattoni	16.02.1999	10		1	8	(1)	1
Marcelo Andrés Herrera Mansilla	03.11.1998				3	(3)	
Guillermo Agustín Peralta Bauer	12.02.2000		(1)				
Gino Peruzzi Lucchetti	09.06.1992	3			9		
Bruno Alejandro Pittón	01.02.1993	7		1	6	(2)	1
Gabriel Hernán Rojas	22.06.1997	3	(2)		7		1
Víctor Ezequiel Salazar	26.05.1993	7	(1)	1	1	(1)	
Santiago Vergini	03.08.1988	1					
Midfielders:							
Siro Ignacio Cabral Rosané	07.06.2000				4	(4)	
Jalil Juan José Elías	25.04.1996				9	(4)	1
Nicolás Emanuel Fernández	08.02.1996				9	(1)	2
Yeison Stiven Gordillo Vargas (COL)	25.06.1992				1		
Agustin Martegani	20.05.2000					(1)	
Lucas Andrés Menossi	11.07.1992	7	(2)			(1)	
Julian Palacios	04.02.1999	1	(3)		3	(2)	
Matías Damián Palacios	10.05.2002	1	(3)				
Ignacio Piatti	04.02.1985	3	(3)	1			
Juan Edgardo Ramírez	25.05.1993	10	(1)	1	9	(3)	1
Diego Martín Rodríguez Berrini (URU)	04.09.1989	9	(1)		8	(1)	
Óscar David Romero Villamayor (PAR)	04.07.1992	7	(1)	2	8	(4)	1
Alexis Amadeo Sabella	20.06.2001	3	(3)		1	(4)	1
Forwards:							
Alexander Díaz	22.01.2000	4	(3)	1	1	(6)	
Franco Di Santo	07.04.1989	3	(3)		7	(1)	4
Nicolás Emanuel Fernández	08.02.1996	4	(2)	1			
Agustín Hausch	21.05.2003		(3)				
Jonathan Carlos Herrera	16.09.1991		(4)				
Lucas Santiago Melano	01.03.1993				4	(3)	
Mariano Ezequiel Peralta Bauer	20.02.1998	7	(2)	2		(2)	
Ángel Rodrigo Romero Villamayor (PAR)	04.07.1992	8		4	9	(3)	2
Franco Troyansky	03.06.1997				3	(6)	1
Trainer:							
Mariano Andrés Soso [16.03.2020-12.01.2021]	30.04.1981	11					
Diego Omar Dabove [from 20.01.2021]	18.01.1973				13		

CLUB ATLÉTICO SARMIENTO JUNÍN

Foundation date: April 1, 1911
Address: Avenida Vicente Gandini 801, 6000 Junín, Provincia de Buenos Aires
Stadium: Estadio "Eva Perón", Junín - Capacity: 22,000

THE SQUAD	DOB	Copa 2021 M	(s)	G
Goalkeepers:				
Facundo Ferrero	05.03.1995	2		
Manuel Matías Vicentini	19.04.1990	11		
Defenders:				
Juan Antonini	04.03.1999		(2)	
Nicolás Bazzana	23.02.1996	7	(1)	
Facundo Castet	11.09.1998	5		
Martín García	25.08.1998	9		
Luis Yamil Garnier	22.12.1982	4		
Luis Marcelo Herrera	26.02.1992	12		1
Lautaro Oscar Montoya	07.10.1994	6	(1)	
Braian Javier Salvareschi	13.04.1999	7		
Midfielders:				
Gabriel Gustavo Alanís	16.03.1994	13		2
Yair Ezequiel Arismendi	05.04.1998		(4)	
Federico Bravo	05.10.1993	8	(1)	
Juan Caviglia	16.06.1997		(2)	
Joaquín Gho	14.05.2003		(2)	
Gabriel Maximiliano Graciani	28.11.1992	8	(2)	1
Fausto Emanuel Montero	22.10.1988	6	(2)	
Federico Paradela	03.07.2001		(1)	
Claudio Martín Pombo	28.04.1994	3	(2)	
Brian Sánchez	11.06.1993		(1)	
Guido Nahuel Vadalá	08.02.1997		(3)	
Fabio Francisco Vázquez	19.02.1994	2	(9)	
Federico Vismara	05.09.1983	11		
Forwards:				
Benjamín Borasi	11.11.1997	4	(5)	
Luciano Emilio Gondou Zanelli	22.06.2001		(2)	
Edson Eli Montaño Angulo (ECU)	15.03.1991	1	(7)	
Sergio Alejandro Quiroga Gabutti	07.06.1994	10	(3)	1
Sebastián Rincón Lucumí (COL)	14.01.1994	1	(5)	
Jonathan Torres	29.12.1996	13		5
Trainer:				
Mario Alfredo Sciacqua [from 19.02.2021]	30.08.1970	13		

CLUB ATLÉTICO TALLERES CÓRDOBA

Foundation date: October 12, 1913
Address: Avenida Rosario de Santa Fe 15, 5000 Ciudad de Córdoba
Stadium: Estadio „Mario Alberto Kempes", Córdoba – Capacity: 57,000

THE SQUAD

	DOB	Copa 2020 M	(s)	G	Copa 2021 M	(s)	G
Goalkeepers:							
Joaquín Blázquez	28.01.2001	2	(2)				
Maurico Ariel Caranta	31.07.1978	5					
Marcos Guillermo Díaz	05.02.1986	4			8		
Guido Herrera	29.02.1992				6		
Defenders:							
Enzo Hernán Díaz	07.12.1995	10			6	(3)	
Piero Martín Hincapié Reyna (ECU)	09.01.2002	1			13		
Juan Cruz Komar	13.08.1996	10			1		
Julián Malatini	31.05.2001					(3)	
Rafael Enrique Pérez Almeida (COL)	09.01.1990	11			11	(2)	1
Augusto Schott	17.01.2000	2	(3)		7	(1)	
Facundo Nahuel Tenaglia	21.02.1996	10		2	12		1
Midfielders:							
Francis Manuel Mac Allister	30.10.1995	1	(4)		5	(6)	
Ángelo Martino	05.06.1998				7	(2)	
José Agustín Mauri (ITA)	16.05.1996				3	(1)	
Juan Ignacio Méndez Aveiro	28.04.1997	10		1	10	(3)	
Federico Navarro	09.03.2000	11			10	(1)	
Tomás Pochettino	01.02.1996	11		3			
Joel Soñora (USA)	15.09.1996		(10)	2	6	(3)	
Gastón Torres	02.02.2000		(1)				
Forwards:							
Carlos Daniel Auzqui	18.09.1991	2	(8)	1	11	(3)	4
Favio Benjamin Cabral	05.02.2001	2	(2)			(1)	
Franco Rodrigo Fragapane	06.02.1993	10		1	13		3
Brian Lautaro Guzmán	18.01.2000	1	(1)				
Guilherme Parede Pinheiro (BRA)	19.09.1995	2	(4)		5	(3)	1
Manuel Ignacio Lago	05.08.2002		(3)		1		
Mauro Gabriel Ortíz	27.12.1994					(4)	
Mateo Retegui	29.04.1999	6	(5)	1	9	(5)	2
Michael Nicolás Santos Rosadilla (URU)	13.03.1993				2	(11)	3
Matías Josiás Sosa	18.08.2001					(2)	
Diego Luis Valoyes Ruíz (COL)	22.09.1996	10	(1)	4	8	(4)	3
Trainer:							
Alexander Jesús Medina Reobasco [from 06.06.2019]	08.08.1978	11			14		

CLUB ATLÉTICO UNIÓN DE SANTA FE

Foundation date: April 15, 1907
Address: Avenida Vicente López y Planes 3513, 3000 Ciudad de Santa Fé
Stadium: Estadio „15 de Abril", Santa Fe – Capacity: 22,853

THE SQUAD

	DOB	Copa 2020 M	(s)	G	Copa 2021 M	(s)	G
Goalkeepers:							
Federico Bonansea	13.03.1998	2					
Sebastián Emanuel Moyano	26.08.1990	9			13		
Defenders:							
Brian Rolando Blasi	08.02.1996	5	(1)		4	(2)	
Franco Ezequiel Calderón	13.05.1998	5	(1)		11		1
Gastón Claudio Corvalán	23.03.1989	8	(2)		3	(5)	
Lucas Esquivel	14.10.2001	3					
Jonathan Sebastián Galván	25.06.1992	4	(2)		8		
Francisco Joel Gerometta	01.09.1999	4				(6)	
Matías Germán Nani	26.03.1998	7			2	(2)	
Nicolás Ignacio Peñailillo Acuña (CHI)	13.06.1991				11		1
Juan Carlos Portillo	18.05.2000		(3)		13		
Federico Gabriel Vera	24.03.1998				11	(1)	
Midfielders:							
Nelson Fernando Acevedo	11.07.1988				12		
Alberto Sebastián Assis Silva (URU)	04.03.1993	2	(2)				
Leonel Bucca	19.03.1999	3	(2)				
Horacio Gabriel Carabajal	09.12.1990	2	(3)	1			
Emanuel Rodrigo Cecchini	24.12.1996		(1)				
Gastón Comas	13.06.1998		(6)		1	(2)	
Fernando Gastón Elizari Sedano	05.04.1991	4	(3)				
Franco Lionel Godoy Milessi	28.06.2000	1					
Gastón González	27.06.2001	4	(4)	2	9	(4)	
Nery Francisco Leyes	05.09.1989	4				(1)	
Imanol Machuca	15.01.2000		(1)		4	(4)	
Juan Ignacio Martín Nardoni	14.07.2002	8	(2)			(1)	
Mauro Rodolfo Pittón	08.08.1994				2	(6)	
Kevin Zenón	29.07.2001	4	(2)		10	(2)	1
Forwards:							
Nicolás Andereggen	22.09.1999	1	(1)			(3)	
Marco Borgnino	25.10.1997				1	(7)	1
Marcelo Javier Cabrera Rivero (URU)	18.03.1992	7		1			
Martín Ezequiel Cañete	17.06.1999	5	(2)	1	12		3
Juan Manuel García	14.11.1992	5	(4)	4	9	(3)	4
Cristian Manuel Insaurralde	20.07.1991				1	(6)	
Daniel Eduardo Juárez	30.07.2001		(1)			(2)	1
Mauro Luna Diale	26.04.1999	4	(5)	3	2		
Fernando Andrés Márquez	10.12.1987	5	(2)	2	4	(7)	
Franco Troyansky	03.06.1997	8	(2)	3			
Federico Gabriel Vera	24.03.1998	7					
Trainer:							
Juan Manuel Azconzábal [from 01.07.2020]	08.09.1974	11			13		

CLUB ATLÉTICO VÉLEZ SÁRSFIELD BUENOS AIRES

Foundation date: January 1, 1910
Address: Avenida Dr. Juan Bautista Justo N°9200, C1408AKU, Ciudad de Buenos Aires
Stadium: Estadio „José Amalfitani", Buenos Aires - Capacity: 45,540

THE SQUAD

	DOB	Copa 2020 M	(s)	G	Copa 2021 M	(s)	G
Goalkeepers:							
Matias Nahuel Borgogno	21.08.1998	2					
Alexander Domínguez Carabalí (ECU)	05.06.1987	2			4		
Lucas Adrián Hoyos	29.04.1989	8			10		
Defenders:							
Luis Alfonso Abram Ugarelli (PER)	27.02.1996	5			10	(2)	1
Emiliano Javier Amor	16.05.1995	6	(1)		4		
Miguel Marcelo Brizuela	05.01.1997	9		1	7	(3)	
Tomás Bernardo Cavanagh	05.01.2001	2	(2)				
Hernán De La Fuente	07.01.1997	7	(2)	1	8	(2)	1
Matías de los Santos de los Santos (URU)	22.11.1992				5	(2)	1
Damián Ariel Fernández	02.01.2001	1			1	(1)	
Roberto Joaquín García	20.08.2001				4		
Lautaro Daniel Gianetti	13.11.1993	8	(1)		8	(1)	
Tomás Ezequiel Guidara	13.03.1996	5	(2)		5	(3)	
Francisco Ortega	19.03.1999	5	(4)		8	(4)	
Midfielders:							
Thiago Ezequiel Almada	26.04.2001	5	(3)	3	8	(4)	3
Ricardo Gabriel Álvarez	12.04.1988	7		3	3	(4)	
Agustín Bouzat	28.03.1994	6	(4)		6	(5)	2
Facundo Agustín Cáseres	28.05.2001	2	(1)				
Santiago Cáseres	25.02.1997				3	(1)	
Adrián Ricardo Centurión	19.01.1993	9	(1)	1	8	(4)	3
Marcos Nahuel Enrique	30.12.1999	1					
Fernando Rubén Gago	10.04.1986		(1)				
Pablo Ignacio Galdames Millán (CHI)	30.12.1996	5	(3)		8	(3)	
Nicolás Garayalde	21.07.1999				1		
Federico Andrés Mancuello	26.03.1989	5	(7)		6	(3)	2
Agustín Nicolás Mulet	22.02.2000	3	(1)	1	4	(5)	
Mauro Rodolfo Pittón	08.08.1994	4	(1)				
Gerónimo Gastón Poblete	02.01.1993				3	(2)	
Forwards:							
Lucas Ezequiel Janson	16.08.1994	6	(5)	2	6	(5)	2
Juan Martín Lucero	30.11.1991	6	(5)	1	7	(4)	4
Guido Mainero	23.03.1995	1					
Florián Gonzalo de Jesús Monzón	03.01.2001	1	(2)	1		(2)	
Luca Nicolás Orellano	22.03.2000	4	(7)	1	10	(3)	2
Jonathan Raphael Ramis Persincula (URU)	06.11.1989	1					
Cristian Alberto Tarragona	09.04.1991	6	(5)	4	7	(6)	2
Federico Versaci	16.02.2002		(2)				
Trainer:							
Mauricio Pellegrino [from 17.04.2020]	05.10.1971	11			14		

SECOND LEVEL
Campeonato de Transición Primera Nacional 2020

First Promotion Stage

Zona A
1.	AA Estudiantes Río Cuarto	7	3	4	0	11	-	5	13
2.	CA Platense Buenos Aires	7	3	4	0	10	-	6	13
3.	CA Estudiantes Buenos Aires	7	3	3	1	13	-	10	12
4.	Club Agropecuario Argentino Carlos Casares	7	3	1	3	7	-	11	10
5.	CA Atlanta Villa Crespo	7	2	2	3	12	-	12	8
6.	CD Morón	7	1	3	3	6	-	8	6
7.	CA Temperley	7	1	3	3	3	-	5	6
8.	Club Ferro Carril Oeste Buenos Aires	7	2	0	5	7	-	12	6

Zona B
1.	CA Sarmiento Junín	7	4	3	0	8	-	4	15
2.	AMSD Atlético de Rafaela	7	4	2	1	13	-	8	14
3.	CA Defensores de Belgrano Nuñez	7	4	1	2	6	-	3	13
4.	CA Tigre Victoria	7	2	2	3	9	-	9	8
5.	Club Gimnasia y Esgrima Mendoza	7	1	4	2	10	-	10	7
6.	Deportivo Riestra AF Barrio Colón	7	1	3	3	8	-	11	6
7.	Club Villa Dálmine Campana	7	1	3	3	5	-	9	6
8.	CA San Martín San Miguel de Tucumán	7	1	2	4	3	-	8	5

Both group winners advanced to the First Promotion Stage Final.

Runners-up advanced to the Eliminatory third knockout round, while teams ranked 3-8 advanced to the Eliminatory first knockout round.

First Promotion Stage Final [16.01.2021]

AA Estudiantes Río Cuarto - CA Sarmiento Junín   1-1 aet; 3-4 pen
AA Estudiantes Río Cuarto qualified for the Eliminatory Round Semi-Finals.

Second Promotion Stage

Zona A
1.	CA San Martín de San Juan	7	4	3	0	5	-	1	15
2.	CA Barracas Central	7	4	2	1	7	-	4	14
3.	CA Belgrano Córdoba	7	3	3	1	8	-	3	12
4.	CA Alvarado Mar del Plata	7	2	3	2	12	-	8	9
5.	CA Mitre Santiago del Estero	7	1	5	1	8	-	9	8
6.	CSA Guillermo Brown Puerto Madryn	7	1	3	3	6	-	7	6
7.	CA Nueva Chicago Mataderos	7	1	2	4	6	-	12	5
8.	CS Independiente Rivadavia Mendoza	7	1	1	5	3	-	11	4

Zona B

1. Quilmes AC	7	4	1	2	9	-	7	13
2. Instituto Atlético Central Córdoba	7	3	3	1	11	-	9	12
3. Club Almagro Buenos Aires	7	4	0	3	7	-	5	12
4. CB Ramón Santamarina Tandil	7	3	1	3	11	-	10	10
5. CA Brown Adrogué	7	2	3	2	6	-	5	9
6. CA Gimnasia y Esgrima de Jujuy	7	2	2	3	9	-	9	8
7. CA All Boys Floresta	7	1	4	2	3	-	8	7
8. CA Chacarita Juniors Villa Crespo	7	1	2	4	6	-	9	5

Both group winners and runners-up advanced to the Eliminatory first knockout round.

Eliminatory Round

First knockout round* [17-18.01.2021]

*contested by 16 teams: 12 from First Promotion Stage and 4 from Second Promotion Stage.

CA Defensores de Belgrano Nuñez - Instituto Atlético Central Córdoba	2-0(1-0)
CA Atlanta Villa Crespo - CA San Martín San Miguel de Tucumán	2-2 aet; 4-1 pen
Club Gimnasia y Esgrima Mendoza - Club Ferro Carril Oeste Buenos Aires	1-4(0-2)
CD Morón - Club Villa Dálmine Campana	2-1(1-0)
CA Estudiantes Buenos Aires - CA Barracas Central	2-2 aet; 3-2 pen
CA Tigre Victoria - CA San Martín de San Juan	1-1 aet; 3-4 pen
Deportivo Riestra AF Barrio Colón - CA Temperley	1-0(0-0)
Club Agropecuario Argentino Carlos Casares - Quilmes AC	0-1(0-0)

Second knockout round** [21.01.2021]

**contested by 8 winners from First knockout round.

CA Estudiantes Buenos Aires - CA San Martín de San Juan	3-1(0-1)
CD Morón - Deportivo Riestra AF Barrio Colón	0-1(0-0)
CA Atlanta Villa Crespo - Club Ferro Carril Oeste Buenos Aires	2-1(1-0)
CA Defensores de Belgrano Nuñez - Quilmes AC	0-1(0-0)

Third knockout round*** [24.01.2021]

***contested by 4 winners from Second knockout round and two runners-up from First Promotion Stage

AMSD Atlético de Rafaela - Quilmes AC	2-2 aet; 10-9 pen
CA Estudiantes Buenos Aires - CA Atlanta Villa Crespo	1-0(0-0)
CA Platense Buenos Aires - Deportivo Riestra AF Barrio Colón	0-0; 8-7 pen

Eliminatory Round Semi-Finals**** [27.01.2021]

***contested by 3 winners from Third knockout round and First Promotion Stage Final winner.

AA Estudiantes Río Cuarto - CA Estudiantes Buenos Aires	1-0(1-0)
AMSD Atlético de Rafaela - CA Platense Buenos Aires	0-2(0-1)

Eliminatory Round Final [31.01.2021]

AA Estudiantes Río Cuarto - **CA Platense Buenos Aires**	1-1 aet; 2-4 pen

NATIONAL TEAM INTERNATIONAL MATCHES (16.07.2020 – 15.07.2021)

08.10.2020	Buenos Aires	Argentina - Ecuador	1-0(1-0)	(WCQ)
13.10.2020	La Paz	Bolivia - Argentina	1-2(1-1)	(WCQ)
12.11.2020	Buenos Aires	Argentina - Paraguay	1-1(1-1)	(WCQ)
17.11.2020	Lima	Peru - Argentina	0-2(0-2)	(WCQ)
03.06.2021	Santiago del Estero	Argentina - Chile	1-1(1-1)	(WCQ)
08.06.2021	Barranquilla	Colombia - Argentina	2-2(0-2)	(WCQ)
14.06.2021	Rio de Janeiro	Argentina - Chile	1-1(1-0)	(CA)
18.06.2021	Brasília	Argentina - Uruguay	1-0(1-0)	(CA)
21.06.2021	Brasília	Argentina - Paraguay	1-0(1-0)	(CA)
28.06.2021	Cuiabá	Bolivia - Argentina	1-4(0-3)	(CA)
03.07.2021	Goiânia	Argentina - Ecuador	3-0(1-0)	(CA)
06.07.2021	Brasília	Argentina - Colombia	1-1 aet; 3-2 pen	(CA)
10.07.2021	Rio de Janeiro	Argentina - Brazil	1-0(1-0)	(CA)

08.10.2020, 22nd FIFA World Cup, Qualifiers
Estadio "Alberto J. Armando", Buenos Aires; Attendance: 0
Referee: Roberto Andrés Tobar Vargas (Chile)
ARGENTINA - ECUADOR   **1-0(1-0)**
ARG: Franco Armani (12/0), Nicolás Hernán Gonzalo Otamendi (71/4), Lucas Martínez Quarta (3/0), Nicolás Alejandro Tagliafico (26/0), Gonzalo Ariel Montiel (5/0) [84.Juan Marcos Foyth (11/0)], Leandro Daniel Paredes (25/3), Lucas Ariel Ocampos (4/2) [84.Nicolás Martín Domínguez (6/1)], Marcos Javier Acuña (28/0) [66.Eduardo Antonio Salvio (14/0)], Rodrigo Javier De Paul (18/0), Lionel Andrés Messi Cuccittini (139/71), Lautaro Javier Martínez (18/9) [76.Lucas Nicolás Alario (8/3)]. Trainer: Lionel Sebastián Scaloni (22).
Goal: Lionel Andrés Messi Cuccittini (13 penalty).

13.10.2020, 22nd FIFA World Cup, Qualifiers
Estadio „Hernándo Siles Reyes", La Paz; Attendance: 0
Referee: Diego Mirko Haro Sueldo (Peru)
BOLIVIA - ARGENTINA   **1-2(1-1)**
ARG: Franco Armani (13/0), Nicolás Hernán Gonzalo Otamendi (72/4), Lucas Martínez Quarta (4/0), Nicolás Alejandro Tagliafico (27/0), Gonzalo Ariel Montiel (6/0), Leandro Daniel Paredes (26/3) [69.Guido Rodríguez (10/0)], Lucas Ariel Ocampos (5/2) [59.Carlos Joaquín Correa (5/2)], Rodrigo Javier De Paul (19/0) [69.Nicolás Martín Domínguez (7/1)], Exequiel Alejandro Palacios (5/0), Lionel Andrés Messi Cuccittini (140/71), Lautaro Javier Martínez (19/10) [89.Facundo Axel Medina (1/0)]. Trainer: Lionel Sebastián Scaloni (23).
Goals: Lautaro Javier Martínez (45), Carlos Joaquín Correa (79).

12.11.2020, 22nd FIFA World Cup, Qualifiers
Estadio "Alberto J. Armando", Buenos Aires; Attendance: 0
Referee: Raphael Claus (Brazil)
ARGENTINA - PARAGUAY   **1-1(1-1)**
ARG: Franco Armani (14/0), Nicolás Hernán Gonzalo Otamendi (73/4), Lucas Martínez Quarta (5/0), Gonzalo Ariel Montiel (7/0), Leandro Daniel Paredes (27/3), Lucas Ariel Ocampos (6/2) [60.Ángel Fabián Di María Hernández (103/20)], Rodrigo Javier De Paul (20/0) [83.Lucas Nicolás Alario (9/3)], Exequiel Alejandro Palacios (6/0) [29.Giovani Lo Celso (22/2)], Lionel Andrés Messi Cuccittini (141/71), Lautaro Javier Martínez (20/10) [83.Nicolás Martín Domínguez (8/1)], Nicolás Iván González (4/1). Trainer: Lionel Sebastián Scaloni (24).
Goal: Nicolás Iván González (41).

17.11.2020, 22nd FIFA World Cup, Qualifiers
Estadio Nacional, Lima; Attendance: 0
Referee: Wilmar Alexander Roldán Pérez (Colombia)
PERU - ARGENTINA   **0-2(0-2)**
ARG: Franco Armani (15/0), Nicolás Hernán Gonzalo Otamendi (74/4), Lucas Martínez Quarta (6/0), Nicolás Alejandro Tagliafico (28/0), Gonzalo Ariel Montiel (8/0), Leandro Daniel Paredes (28/3), Rodrigo Javier De Paul (21/0) [57.Lucas Ariel Ocampos (7/2)], Giovani Lo Celso (23/2), Lionel Andrés Messi Cuccittini (142/71), Lautaro Javier Martínez (21/11) [89.Alejandro Darío Gómez (5/1)], Nicolás Iván González (5/2) [72.Ángel Fabián Di María Hernández (104/20)]. Trainer: Lionel Sebastián Scaloni (25).
Goals: Nicolás Iván González (17), Lautaro Javier Martínez (28).

03.06.2021, 22nd FIFA World Cup, Qualifiers
Estadio Único, Santiago del Estero; Attendance: 0
Referee: Jesús Noel Valenzuela Sáez (Venezuela)
ARGENTINA - CHILE   **1-1(1-1)**
ARG: Damián Emiliano Martínez Romero (1/0), Lucas Martínez Quarta (7/0) [46.Lisandro Martínez (2/0)], Nicolás Alejandro Tagliafico (29/0), Cristian Gabriel Romero (1/0), Juan Marcos Foyth (12/0) [81.Nahuel Molina Lucero (1/0)], Ángel Fabián Di María Hernández (105/20) [62.Julián Álvarez (1/0)], Leandro Daniel Paredes (29/3) [81.Exequiel Alejandro Palacios (7/0)], Lucas Ariel Ocampos (8/2) [46.Ángel Martín Correa Martínez (13/2)], Rodrigo Javier De Paul (22/0), Lionel Andrés Messi Cuccittini (143/72), Lautaro Javier Martínez (22/11). Trainer: Lionel Sebastián Scaloni (26).
Goal: Lionel Andrés Messi Cuccittini (23 penalty).

08.06.2021, 22nd FIFA World Cup, Qualifiers
Estadio Metropolitano "Roberto Meléndez", Barranquilla; Attendance: 0
Referee: Roberto Andrés Tobar Vargas (Chile)
COLOMBIA - ARGENTINA   **2-2(0-2)**
ARG: Damián Emiliano Martínez Romero (2/0) [40.Agustín Federico Marchesín (8/0)], Nicolás Hernán Gonzalo Otamendi (75/4), Gonzalo Ariel Montiel (9/0), Cristian Gabriel Romero (2/1) [64.Germán Alejo Pezzella (17/2)], Leandro Daniel Paredes (30/4), Marcos Javier Acuña (29/0), Rodrigo Javier De Paul (23/0), Giovani Lo Celso (24/2) [54.Exequiel Alejandro Palacios (8/0)], Lionel Andrés Messi Cuccittini (144/72), Lautaro Javier Martínez (23/11), Nicolás Iván González (6/2) [65.Juan Marcos Foyth (13/0)]. Trainer: Lionel Sebastián Scaloni (27).
Goals: Cristian Gabriel Romero (3), Leandro Daniel Paredes (8).

14.06.2021, 47th Copa América, Group Stage
Estádio Olímpico "Nilton Santos", Rio de Janeiro (Brazil); Attendance: 0
Referee: Wilmar Alexander Roldán Pérez (Colombia)
ARGENTINA - CHILE   **1-1(1-0)**
ARG: Damián Emiliano Martínez Romero (3/0), Nicolás Hernán Gonzalo Otamendi (76/4), Lucas Martínez Quarta (8/0), Nicolás Alejandro Tagliafico (30/0), Gonzalo Ariel Montiel (10/0) [85.Nahuel Molina Lucero (2/0)], Leandro Daniel Paredes (31/4) [68.Exequiel Alejandro Palacios (9/0)], Rodrigo Javier De Paul (24/0), Giovani Lo Celso (25/2) [67.Ángel Fabián Di María Hernández (106/20)], Lionel Andrés Messi Cuccittini (145/73), Lautaro Javier Martínez (24/11) [80.Sergio Leonel Agüero del Castillo (98/42)], Nicolás Iván González (7/2) [80.Carlos Joaquín Correa (6/2)]. Trainer: Lionel Sebastián Scaloni (28).
Goal: Lionel Andrés Messi Cuccittini (33).

18.06.2021, 47th Copa América, Group Stage
Estádio Nacional "Mané Garrincha", Brasília (Brazil); Attendance: 0
Referee: Wilton Pereira Sampaio (Brazil)
ARGENTINA - URUGUAY　　　　　　　　　　　　　　　　　　　　**1-0(1-0)**
ARG: Damián Emiliano Martínez Romero (4/0), Nicolás Hernán Gonzalo Otamendi (77/4), Nahuel Molina Lucero (3/0), Cristian Gabriel Romero (3/1), Marcos Javier Acuña (30/0), Giovani Lo Celso (26/2) [52.Exequiel Alejandro Palacios (10/0)], Guido Rodríguez (11/1), Rodrigo Javier De Paul (25/0) [90.Germán Alejo Pezzella (18/2)], Lionel Andrés Messi Cuccittini (146/73), Lautaro Javier Martínez (25/11) [52.Carlos Joaquín Correa (7/2)], Nicolás Iván González (8/2) [70.Ángel Fabián Di María Hernández (107/20)]. Trainer: Lionel Sebastián Scaloni (29).
Goal: Guido Rodríguez (13).

21.06.2021, 47th Copa América, Group Stage
Estádio Nacional "Mané Garrincha", Brasília (Brazil); Attendance: 0
Referee: Jesús Noel Valenzuela Sáez (Venezuela)
ARGENTINA - PARAGUAY　　　　　　　　　　　　　　　　　　　**1-0(1-0)**
ARG: Damián Emiliano Martínez Romero (5/0), Germán Alejo Pezzella (19/2), Nahuel Molina Lucero (4/0), Nicolás Alejandro Tagliafico (31/0), Cristian Gabriel Romero (4/1), Alejandro Darío Gómez (6/2) [72.Rodrigo Javier De Paul (26/0)], Ángel Fabián Di María Hernández (108/20) [81.Ángel Martín Correa Martínez (14/2)], Leandro Daniel Paredes (32/4) [81.Nicolás Martín Domínguez (9/1)], Guido Rodríguez (12/1), Lionel Andrés Messi Cuccittini (147/73), Sergio Leonel Agüero del Castillo (99/42) [59.Carlos Joaquín Correa (8/2)]. Trainer: Lionel Sebastián Scaloni (30).
Goal: Alejandro Darío Gómez (10).

28.06.2021, 47th Copa América, Group Stage
Arena Pantanal, Cuiabá (Brazil); Attendance: 0
Referee: Andrés José Rojas Noguera (Colombia)
BOLIVIA - ARGENTINA　　　　　　　　　　　　　　　　　　　　**1-4(0-3)**
ARG: Franco Armani (16/0), Germán Alejo Pezzella (20/2), Gonzalo Ariel Montiel (11/0), Lisandro Martínez (3/0), Alejandro Darío Gómez (7/3) [56.Julián Álvarez (2/0)], Marcos Javier Acuña (31/0), Guido Rodríguez (13/1) [71.Leandro Daniel Paredes (33/4)], Exequiel Alejandro Palacios (11/0) [71.Nicolás Martín Domínguez (10/1)], Lionel Andrés Messi Cuccittini (148/75), Sergio Leonel Agüero del Castillo (**100**/42) [63.Lautaro Javier Martínez (26/12)], Ángel Martín Correa Martínez (15/2) [64.Giovani Lo Celso (27/2)]. Trainer: Lionel Sebastián Scaloni (31).
Goals: Alejandro Darío Gómez (6), Lionel Andrés Messi Cuccittini (33 penalty, 42), Lautaro Javier Martínez (65).

03.07.2021, 47th Copa América, Quarter-Finals
Estádio Olímpico "Pedro Ludovico", Goiânia (Brazil); Attendance: 0
Referee: Wilton Pereira Sampaio (Brazil)
ARGENTINA - ECUADOR　　　　　　　　　　　　　　　　　　　**3-0(1-0)**
ARG: Damián Emiliano Martínez Romero (6/0), Nicolás Hernán Gonzalo Otamendi (78/4), Germán Alejo Pezzella (21/2), Nahuel Molina Lucero (5/0), Leandro Daniel Paredes (34/4) [71.Guido Rodríguez (14/1)], Marcos Javier Acuña (32/0), Rodrigo Javier De Paul (27/1), Giovani Lo Celso (28/2) [71.Ángel Fabián Di María Hernández (109/20)], Lionel Andrés Messi Cuccittini (149/76), Lautaro Javier Martínez (27/13) [90+4.Sergio Leonel Agüero del Castillo (101/42)], Nicolás Iván González (9/2) [83.Nicolás Alejandro Tagliafico (32/0)]. Trainer: Lionel Sebastián Scaloni (32).
Goals: Rodrigo Javier De Paul (40), Lautaro Javier Martínez (84), Lionel Andrés Messi Cuccittini (90+3).

06.07.2021, 47th Copa América, Semi-Finals
Estádio Nacional "Mané Garrincha", Brasília (Brazil); Attendance: 0
Referee: Jesús Noel Valenzuela Sáez (Venezuela)
ARGENTINA - COLOMBIA　　　　　　　　　　　　　**1-1(1-0,1-1,1-1); 3-2 on penalties**
ARG: Damián Emiliano Martínez Romero (7/0), Nicolás Hernán Gonzalo Otamendi (79/4), Germán Alejo Pezzella (22/2), Nahuel Molina Lucero (6/0) [46.Gonzalo Ariel Montiel (12/0)], Nicolás Alejandro Tagliafico (33/0), Rodrigo Javier De Paul (28/1), Guido Rodríguez (15/1), Giovani Lo Celso (29/2) [56.Leandro Daniel Paredes (35/4)], Lionel Andrés Messi Cuccittini (150/76), Lautaro Javier Martínez (28/14), Nicolás Iván González (10/2) [67.Ángel Fabián Di María Hernández (110/20)]. Trainer: Lionel Sebastián Scaloni (33).
Goal: Lautaro Javier Martínez (7).
Penalties: Lionel Andrés Messi Cuccittini, Rodrigo Javier De Paul (missed), Leandro Daniel Paredes, Lautaro Javier Martínez.

10.07.2021, 47th Copa América, Final
Estádio „Jornalista Mário Filho" (Maracanã), Rio de Janeiro; Attendance: 7,800
Referee: Esteban Daniel Ostojich Vega (Uruguay)
ARGENTINA - BRAZIL　　　　　　　　　　　　　　　　　　　　**1-0(1-0)**
ARG: Damián Emiliano Martínez Romero (8/0), Nicolás Hernán Gonzalo Otamendi (80/4), Gonzalo Ariel Montiel (13/0), Cristian Gabriel Romero (5/1) [79.Germán Alejo Pezzella (23/2)], Leandro Daniel Paredes (36/4) [54.Guido Rodríguez (16/1)], Marcos Javier Acuña (33/0), Rodrigo Javier De Paul (29/1), Giovani Lo Celso (30/2) [63.Nicolás Alejandro Tagliafico (34/0)], Ángel Fabián Di María Hernández (111/21) [79.Exequiel Alejandro Palacios (12/0)], Lionel Andrés Messi Cuccittini (151/76), Lautaro Javier Martínez (29/14) [79.Nicolás Iván González (11/2)]. Trainer: Lionel Sebastián Scaloni (34).
Goal: Ángel Fabián Di María Hernández (22).

NATIONAL TEAM PLAYERS 2020/2021				
Name		DOB	Caps	Goals
[Club 2020/2021]				

(Caps and goals at 15.07.2021)

Goalkeepers

Name	DOB	Caps	Goals
Franco ARMANI *[2020/2021: CA River Plate Buenos Aires]*	16.10.1986	**16**	0
Agustín Federico MARCHESÍN *[2021: FC do Porto (POR)]*	16.03.1988	**8**	0
Damián Emiliano MARTÍNEZ Romero *[2021: Aston Villa FC Birmingham (ENG)]*	02.09.1992	**8**	0

Defenders

Name	DOB	Caps	Goals
Juan Marcos FOYTH *[2020/2021: Villarreal CF (ESP)]*	12.01.1998	**13**	0
Lisandro MARTÍNEZ *[2021: AFC Ajax Amsterdam (NED)]*	18.01.1998	**3**	0
Lucas MARTÍNEZ Quarta *[2020/2021: ACF Fiorentina (ITA)]*	10.05.1996	**8**	0
Facundo Axel MEDINA *[2020/2021: Racing Club de Lens (FRA)]*	28.05.1999	**1**	0
Nahuel MOLINA Lucero *[2021: Udinese Calcio (ITA)]*	06.04.1998	**6**	0
Gonzalo Ariel MONTIEL *[2020/2021: CA River Plate Buenos Aires]*	01.01.1997	**13**	0
Nicolás Hernán Gonzalo OTAMENDI *[2020/2021: Sport Lisboa e Benfica (POR)]*	12.02.1988	**80**	4
Germán Alejo PEZZELLA *[2021: ACF Fiorentina (ITA)]*	27.06.1991	**23**	2
Cristian Gabriel ROMERO *[2021: Atalanta Bergamasca Calcio (ITA)]*	27.04.1998	**5**	1
Nicolás Alejandro TAGLIAFICO *[2020/2021: AFC Ajax Amsterdam (NED)]*	31.08.1992	**34**	0

Midfielders

Marcos Javier ACUÑA *[2020/2021: Sevilla FC (ESP)]*	28.10.1991	33	0
Ángel Martín CORREA Martínez *[2021: Club Atlético de Madrid (ESP)]*	09.03.1995	15	2
Rodrigo Javier DE PAUL *[2020/2021: Udinese Calcio (ITA)]*	24.05.1994	29	1
Nicolás Martín DOMÍNGUEZ *[2020/2021: Bologna FC 1909 (ITA)]*	28.06.1998	10	1
Alejandro Darío GÓMEZ *[2020/2021: Atalanta Bergamasca Calcio (ITA)]*	15.01.1988	7	3
Giovani LO CELSO *[2020/2021: Tottenham Hotspur FC London (ENG)]*	09.04.1996	30	2
Lucas Ariel OCAMPOS *[2020/2021: Sevilla FC (ESP)]*	11.07.1994	8	2
Exequiel Alejandro PALACIOS *[2020/2021: TSV Bayer 04 Leverkusen (GER)]*	05.10.1998	12	0
Leandro Daniel PAREDES *[2020/2021: Paris Saint-Germain FC (FRA)]*	29.09.1994	36	4
Guido RODRÍGUEZ *[2020/2021: Real Betis Balompié Sevilla (ESP)]*	12.04.1994	16	1

Forwards

Sergio Leonel AGÜERO Del Castillo *[2021: Manchester City FC (ENG)]*	02.06.1988	101	42
Lucas Nicolás ALARIO *[2020/2021:TSV Bayer 04 Leverkusen (GER)]*	08.10.1992	9	3
Julián ÁLVAREZ *[2021: CA River Plate Buenos Aires]*	31.01.2000	2	0
Carlos Joaquín CORREA *[2020/2021: SS Lazio Roma (ITA)]*	13.08.1994	8	2
Ángel Fabián DI MARÍA Hernández *[2020/2021: Paris Saint-Germain FC (FRA)]*	14.02.1988	111	21
Nicolás Iván GONZÁLEZ *[2020/2021: VfB Stuttgart (GER)]*	06.04.1998	11	2
Lautaro Javier MARTÍNEZ *[2020/2021: FC Internazionale Milano (ITA)]*	22.08.1997	29	14
Lionel Andrés MESSI Cuccittini *[2020/2021: FC Barcelona (ESP)]*	24.06.1987	151	76
Eduardo Antonio SALVIO *[2020: CA Boca Juniors Buenos Aires]*	13.07.1990	14	0

National coach

Lionel Sebastián SCALONI [from 02.08.2018]	16.05.1978	34 M; 20 W; 10 D; 4 L; 62-24

BOLIVIA

The Country:
Estado Plurinacional de Bolivia (Plurinational State of Bolivia) Capital: Sucre Surface: 1,098,581 km² Inhabitants: 11,428,245 [2019] Time: UTC-4

The FA:
Federación Boliviana de Fútbol Av. Libertador Bolívar 1168, Cochabamba Year of Formation: 1925 Member of FIFA since: 1926 Member of CONMEBOL since: 1926 Internet: www.fbf.com.bo

NATIONAL TEAM RECORDS	
First international match:	12.10.1926, Santiago: Chile – Bolivia 7-1
Most international caps:	Ronald Raldes Balcazar – 102 caps (2001-2018)
Most international goals:	Marcelo Martins Moreno – 25 goals (84 caps; since 2007)

FIFA CONFEDERATIONS CUP 1992-2017
1999 (Group Stage)

OLYMPIC FOOTBALL TOURNAMENTS 1908-2016							
1908	Did not enter	1948	Did not enter	1972	Qualifiers	1996	Qualifiers
1912	Did not enter	1952	Did not enter	1976	Did not enter	2000	Qualifiers
1920	Did not enter	1956	Did not enter	1980	Did not enter	2004	Qualifiers
1924	Did not enter	1960	Did not enter	1984	Did not enter	2008	Qualifiers
1928	Did not enter	1964	Did not enter	1988	Qualifiers	2012	Qualifiers
1936	Did not enter	1968	Did not enter	1992	Qualifiers	2016	Qualifiers

COPA AMÉRICA	
1916	Did not enter
1917	Did not enter
1919	Did not enter
1920	Did not enter
1921	Did not enter
1922	Did not enter
1923	Did not enter
1924	Did not enter
1925	Did not enter
1926	5th Place
1927	4th Place
1929	*Withdrew*
1935	*Withdrew*
1937	*Withdrew*
1939	*Withdrew*
1941	*Withdrew*
1942	*Withdrew*
1945	6th Place
1946	6th Place
1947	7th Place
1949	4th Place
1953	6th Place
1955	*Withdrew*
1956	*Withdrew*
1957	*Withdrew*
1959	7th Place
1959E	Withdrew
1963	**Winners**
1967	6th Place
1975	1st Round
1979	1st Round
1983	Group Stage
1987	Group Stage
1989	Group Stage
1991	Group Stage
1993	Group Stage
1995	Quarter-Finals
1997	Runners-up
1999	Group Stage
2001	Group Stage
2004	Group Stage
2007	Group Stage
2011	Group Stage
2015	Quarter-Finals
2016	Group Stage
2019	Group Stage
2021	Group Stage

FIFA WORLD CUP	
1930	Final Tournament (Group Stage)
1934	Did not enter
1938	Did not enter
1950	Final Tournament (Group Stage)
1954	Did not enter
1958	Did not enter
1962	Qualifiers
1966	Qualifiers
1970	Qualifiers
1974	Qualifiers
1978	Qualifiers
1982	Qualifiers
1986	Qualifiers
1990	Qualifiers
1994	Final Tournament (Group Stage)
1998	Qualifiers
2002	Qualifiers
2006	Qualifiers
2010	Qualifiers
2014	Qualifiers
2018	Qualifiers

BOLIVIAN CLUB HONOURS IN SOUTH AMERICAN CLUB COMPETITIONS:

COPA LIBERTADORES 1960-2020
None
COPA SUDAMERICANA 2002-2020
None
RECOPA SUDAMERICANA 1989-2020
None
COPA CONMEBOL 1992-1999
None
SUPERCUP „JOÃO HAVELANGE" 1988-1997*
None
COPA MERCONORTE 1998-2001**
None

*Contested betwenn winners of all previous editions of the Copa Libertadores
**Contested between teams belonging countries from the northern part of South America (Bolivia, Colombia, Ecuador, Peru and Venezuela);

NATIONAL COMPETITIONS
TABLE OF HONOURS

	NATIONAL CHAMPIONS 1914-2020
	La Paz League
1914	Club The Strongest La Paz
1915	Colegio Militar La Paz
1916-1	Club The Strongest La Paz
1916-2	Club The Strongest La Paz
1917	Club The Strongest La Paz
1918	*No competition*
1919	*No competition*
1920	*No competition*
1921	*No competition*
1922	Club The Strongest La Paz
1923	Club The Strongest La Paz
1924	Club The Strongest La Paz
1925	Club The Strongest La Paz
1926	*No competition*
1927	Nimbles Sport La Paz
1928	Colegio Militar La Paz
1929	CD Universitario La Paz
1930	Club The Strongest La Paz
1931	Nimbles Sport La Paz
1932	Club Bolívar La Paz
1933	*No competition*
1934	*No competition*
1935	Club The Strongest La Paz
1936	Ayacucho La Paz
1937	Club Bolívar La Paz
1938	Club The Strongest La Paz
1939	Club Bolívar La Paz

Year	Champion
1940	Club Bolívar La Paz
1941	Club Bolívar La Paz
1942	Club Bolívar La Paz
1943	Club The Strongest La Paz
1944	Deportivo Ferroviario de La Paz
1945	Club The Strongest La Paz
1946	Club The Strongest La Paz
1947	CD Lítoral La Paz
1948	CD Lítoral La Paz
1949	CD Lítoral La Paz
1950	Club Bolívar La Paz
1951	Club Always Ready La Paz
1952	Club The Strongest La Paz
1953	Club Bolívar La Paz
	**Torneo Integrado (La Paz & Cochabamba & Oruro)**
1954	CD Lítoral La Paz
1955	CS San José Oruro
1956	Club Bolívar La Paz
1957	Club Always Ready La Paz
	**Torneo Nacional / Copa Simón Bolívar***
1958	Club Jorge Wilstermann Cochabamba
1959	Club Jorge Wilstermann Cochabamba
1960	Club Jorge Wilstermann Cochabamba
1961	Deportivo Municipal La Paz
1962	*No competition*
1963	Club Aurora Cochabamba
1964	Club The Strongest La Paz
1965	Deportivo Municipal La Paz
1966	Club Bolívar La Paz
1967	Club Jorge Wilstermann Cochabamba
1968	Club Bolívar La Paz
1969	CD Universitario La Paz
1970	CD Chaco Petrolero La Paz
1971	CD Oriente Petrolero Santa Cruz de la Sierra
1972	Club Jorge Wilstermann Cochabamba
1973	Club Jorge Wilstermann Cochabamba
1974	Club The Strongest La Paz
1975	CD Guabirá Montero
1976	Club Bolívar La Paz
	**Professional National League**
1977	Club The Strongest La Paz
1978	Club Bolívar La Paz
1979	CD Oriente Petrolero Santa Cruz de la Sierra
1980	Club Jorge Wilstermann Cochabamba
1981	Club Jorge Wilstermann Cochabamba
1982	Club Bolívar La Paz
1983	Club Bolívar La Paz
1984	CSCD Blooming Santa Cruz de la Sierra
1985	Club Bolívar La Paz
1986	Club The Strongest La Paz
1987	Club Bolívar La Paz
1988	Club Bolívar La Paz

		CHAMPIONS	CUP WINNERS**
1989		Club The Strongest La Paz	Escuela „Enrique Happ" Cochabamba
1990		CD Oriente Petrolero Santa Cruz de la Sierra	Club Universidad Santa Cruz
1991		Club Bolívar La Paz	Escuela „Enrique Happ" Cochabamba
1992		Club Bolívar La Paz	Escuela „Enrique Happ" Cochabamba
1993		Club The Strongest La Paz	Real Santa Cruz FC
1994		Club Bolívar La Paz	Club Stormers Sucre
1995		CD San José Oruro	Deportivo Municipal La Paz
1996		Club Bolívar La Paz	CSCD Blooming Santa Cruz de la Sierra
1997		Club Bolívar La Paz	Club Bamin Real Potosí
1998		CSCD Blooming Santa Cruz de la Sierra	Club Unión Central Tarija
1999		CSCD Blooming Santa Cruz de la Sierra	Atlético Pompeya
2000		Club Jorge Wilstermann Cochabamba	Club Universidad Iberoamericana
2001		CD Oriente Petrolero Santa Cruz de la Sierra	CD San José Oruro
2002		Club Bolívar La Paz	Club Aurora Cochabamba
2003	Ape:	Club The Strongest La Paz	La Paz FC
	Cla:	Club The Strongest La Paz	
2004	Ape:	Club Bolívar La Paz	Club Destroyers Santa Cruz de la Sierra
	Cla:	CD Oriente Petrolero Santa Cruz de la Sierra	
2005	TA:	Club Bolívar La Paz	CD Universitario Sucre
	Ape:	CSCD Blooming Santa Cruz de la Sierra	
2006	Ape:	Club Bolívar La Paz	Municipal Real Mamoré Trinidad
	Cla:	Club Jorge Wilstermann Cochabamba	
2007	Ape:	Club Bamin Real Potosí	CD Guabirá Montero
	Cla:	CD San José Oruro	
2008	Ape:	CD Universitario Sucre	CA Nacional Potosí
	Cla:	Club Aurora Cochabamba	
2009	Ape:	Club Bolívar La Paz	CD Guabirá Montero
	Cla:	CSCD Blooming Santa Cruz de la Sierra	
2010	Ape:	Club Jorge Wilstermann Cochabamba	CA Nacional Potosí
	Cla:	CD Oriente Petrolero Santa Cruz de la Sierra	
2011	TA	Club Bolívar La Paz	-
2011/2012	Ape:	Club The Strongest La Paz	No competition
	Cla:	Club The Strongest La Paz	
2012/2013	Ape:	Club The Strongest La Paz	No competition
	Cla:	Club Bolívar La Paz	
2013/2014	Ape:	Club The Strongest La Paz	No competition
	Cla:	CD Universitario Sucre	
2014/2015	Ape:	Club Bolívar La Paz	No competition
	Cla:	Club Bolívar La Paz	
2015/2016	Ape:	Sport Boys Warnes	No competition
	Cla:	Club Jorge Wilstermann Cochabamba	
2016/2017	Ape:	Club The Strongest La Paz	No competition
2017	Ape:	Club Bolívar La Paz	No competition
	Cla:	Club Bolívar La Paz	
2018	Ape:	Club Jorge Wilstermann Cochabamba	No competition
	Cla:	CD San José Oruro	
2019	Ape:	Club Bolívar La Paz	No competition

	Cla:	Club Jorge Wilstermann Cochabamba	
2020	Ape:	Club Always Ready La Paz	*No competition*
	Cla:	*Championship cancelled*	

*between 1960 and 1976, the final play-offs for the Torneo Nacional was known as „Copa Simón Bolívar".
**The National Cup competition was reintroduced in 1989 as the Second League championship, whose winner were promoted to the First League.
In 2005 and 2011, the first half season was called „Torneo Adecuación".

BEST GOALSCORERS

1977		Jesús Reynaldo Hurtado (Club Bolívar La Paz)	28
1978		Jesús Reynaldo Hurtado (Club Bolívar La Paz)	39
1979		Raúl Horacio Baldessari (ARG, CSCD Blooming Santa Cruz de la Sierra)	31
1980		Juan Carlos Sánchez (ARG, CD Guabirá Montero)	21
1981		Juan Carlos Sánchez (ARG, CSCD Blooming Santa Cruz de la Sierra)	30
1982		Raúl Horacio Baldessari (ARG, CD Oriente Petrolero Santa Cruz de la Sierra)	25
1983		Juan Carlos Sánchez (ARG, CSCD Blooming Santa Cruz de la Sierra)	30
1984		Víctor Hugo Antelo (CD Oriente Petrolero Santa Cruz de la Sierra)	38
1985		Víctor Hugo Antelo (CD Oriente Petrolero Santa Cruz de la Sierra)	37
1986		Jesús Reynaldo Hurtado (Club The Strongest La Paz)	36
1987		Fernando Salinas (Club Bolívar La Paz)	28
1988		Fernando Salinas (Club Bolívar La Paz)	17
1989		Víctor Hugo Antelo (Real Santa Cruz FC)	22
1990		Juan Carlos Sánchez (ARG, CD San José Oruro)	20
1991		Carlos Da Silva (BRA, CD Oriente Petrolero Santa Cruz de la Sierra)	
		Jorge Hirano Matsumoto (PER, Club Bolívar La Paz)	
		Jasson Rodrigues (BRA, CD Chaco Petrolero La Paz)	19
1992		Álvaro Guillermo Peña (CD San José Oruro)	32
1993		Víctor Hugo Antelo (CD San José Oruro)	20
1994		Oscar Osmar González (ARG, Club Independiente Petrolero Sucre)	23
1995		Juan Berthy Suárez (CD Guabirá Montero)	29
1996		Sergio João (BRA, Club Stormers Sucre)	17
1997		Víctor Hugo Antelo (CSCD Blooming Santa Cruz de la Sierra)	24
1998		Víctor Hugo Antelo (CSCD Blooming Santa Cruz de la Sierra)	31
1999		Víctor Hugo Antelo (CSCD Blooming Santa Cruz de la Sierra)	31
2000		Daniel Alejandro Delfino (ARG, Club The Strongest La Paz)	28
2001		José Alfredo Castillo (CD Oriente Petrolero Santa Cruz de la Sierra)	42
2002		Joaquín Botero Vaca (Club Bolívar La Paz)	49
2003	Ape:	Thiago Leitão Polieri (Club Jorge Wilstermann Cochabamba)	19
	Cla:	Miguel Ángel Mercado Melgar (Club Bolívar La Paz)	18
2004	Ape:	José Martín Menacho Aguilera (Club Bamin Real Potosí)	15
	Cla:	Pablo Daniel Escobar Olivetti (PAR, CD San José Oruro)	17
2005	TA:	Rubén Darío Aguilera Ferreira (PAR, CD San José Oruro)	21
	Ape:	Juan Matías Fischer (ARG, Club Bolívar La Paz)	16
2006	Ape:	Cristino Alfredo Jara Mereles (Club Bamin Real Potosí)	16
	Cla:	Cristino Alfredo Jara Mereles (Club Bamin Real Potosí)	19
2007	Ape:	Hernán Boyero (ARG, CSCD Blooming Santa Cruz de la Sierra)	
		Lizandro Moyano (ARG, CD San José Oruro)	12
	Cla:	Juan Alberto Maraude (ARG, Municipal Real Mamoré Trinidad)	14

2008	Ape:	Anderson Aparecido Gonzaga (BRA, CSCD Blooming Santa Cruz de la Sierra)	16
	Cla:	Hernán Boyero (ARG, CSCD Blooming Santa Cruz de la Sierra) Martín Adrian Palavicini López (CD San José Oruro)	6
2009	Ape:	William Ferreira Martínez (URU, Club Bolívar La Paz)	16
	Cla:	Cristián Omar Díaz (ARG, CD San José Oruro) William Ferreira Martínez (URU, Club Bolívar La Paz) Pastór Torrez (Club Bamin Real Potosí)	9
2010	Ape:	Cristián Omar Díaz (ARG, CD San José Oruro)	18
	Cla:	William Ferreira Martínez (URU, Club Bolívar La Paz)	14
2011	TA:	Juan Alberto Maraude (ARG, Municipal Real Mamoré Trinidad)	19
2011/2012	Ape:	William Ferreira Martínez (URU, Club Bolívar La Paz)	16
	Cla:	Carlos Enrique Saucedo Urgel (CD San José Oruro)	17
2012/2013	Ape:	Carlos Enrique Saucedo Urgel (CD San José Oruro)	24
	Cla:	William Ferreira Martínez (URU, Club Bolívar La Paz) Juan Eduardo Fierro Ribera (CD Universitario Sucre)	17
2013/2014	Ape:	Carlos Enrique Saucedo Urgel (CD San José Oruro) José Marcelo Gomes (BRA, CD San José Oruro)	16
	Cla:	Carlos Ariel Neumann (PAR, CD San José Oruro)	18
2014/2015	Ape:	Juan Miguel Callejón Bueno (ESP, Club Bolívar La Paz)	15
	Cla:	Martín Adrián Palavicini (ARG, CD Universitario Sucre)	13
2015/2016	Ape:	Martín Adrián Palavicini (ARG, CD Universitario Sucre)	19
	Cla:	Juan Leandro Vogliotti (ARG, Club Atlético Ciclón de Tarija)	12
2016/2017	Ape:	Cristian Ernesto Alessandrini (ARG, Club Atlético Nacional Potosí) Juan Miguel Callejón Bueno "Juanmi" (ESP, Club Bolívar La Paz)	14
2017	Ape:	Carlos Enrique Saucedo Urgel (CD Guabirá Montero)	17
	Cla:	Gilbert Álvarez Vargas (CD Jorge Wilsterman Cochabamba)	15
2018	Ape:	Carlos Enrique Saucedo Urgel (CD San José Oruro)	18
	Cla:	Rolando Manrique Blackburn Ortega (PAN, Club The Strongest La Paz) Jair Alejandro Reinoso Moreno (COL, CD San José Oruro) Marcos Daniel Riquelme (ARG, Club Bolívar La Paz)	20
2019	Ape:	Carlos Enrique Saucedo Urgel (CD San José Oruro)	23
	Cla:	Juan Miguel Callejón Bueno „Juanmi Callejón" (ESP, Club Bolívar La Paz) Carlos Enrique Saucedo Urgel (CD San José Oruro) Jair Alejandro Reinoso Moreno (COL, Club The Strongest La Paz)	19
	Ape:	Marcos Daniel Riquelme (ARG, Club Bolívar La Paz)	20
2020	Cla:	-	

NATIONAL CHAMPIONSHIP
División de Fútbol Profesional 2020

Torneo Apertura 2020

Results

Round 1 [21-23.01.2020]
CSCD Blooming - Real Santa Cruz 1-1(0-0)
Club Aurora - Real Potosí 4-0(1-0)
Guabirá - Always Ready 2-1(1-0)
Bolívar - Atlético Palmaflor 3-1(2-0)
Royal Pari - Oriente Petrolero 1-0(0-0)
Nacional Potosí - Jorge Wilstermann 1-0(0-0)
The Strongest - Club San José 3-0(3-0) [04.03.]

Round 2 [25-26.01.2020]
Always Ready - Club Aurora 1-0(1-0)
Atlético Palmaflor - Royal Pari 1-0(0-0)
Club San José - Bolívar 2-5(2-3)
Real Potosí - CSCD Blooming 1-3(0-1)
Jorge Wilstermann - Guabirá 1-0(0-0)
Oriente Petrolero - Nacional Potosí 1-0(0-0)
Real Santa Cruz - The Strongest 3-2(2-1)

Round 3 [29-30.01.2020]
Royal Pari - Bolívar 1-0(0-0)
The Strongest - Real Potosí 3-2(3-0)
Nacional Potosí - Atlético Palmaflor 4-2(1-2)
CSCD Blooming - Always Ready 0-2(0-1)
Guabirá - Oriente Petrolero 1-2(0-1)
Club Aurora - Jorge Wilstermann 2-1(1-0)
Real Santa Cruz - San José 1-1(0-0) [05.02.]

Round 4 [01-02.02.2020]
Always Ready - The Strongest 4-1(2-0)
Club San José - Royal Pari 0-2(0-2)
Bolívar - Nacional Potosí 4-0(1-0)
Jorge Wilstermann - CSCD Blooming 3-0(2-0)
Oriente Petrolero - Club Aurora 2-1(1-1)
Real Potosí - Real Santa Cruz 2-1(0-1)
Atlético Palmaflor - Guabirá 2-0(0-0)

Round 5 [08-09.02.2020]
Club Aurora - Atlético Palmaflor 0-0
Nacional Potosí - Royal Pari 0-0
The Strongest - Jorge Wilstermann 0-1(0-1)
Always Ready - Real Santa Cruz 6-0(3-0)
Guabirá - Bolívar 2-1(2-0)
Real Potosí - Club San José 2-1(0-1)
CSCD Blooming - Oriente Petrolero 3-1(1-0)

Round 6 [12-13.02.2020]
Always Ready - Real Potosí 4-1(4-0)
Bolívar - Club Aurora 3-0(0-0)
Club San José - Nacional Potosí 1-1(1-1)
Royal Pari - Guabirá 2-1(0-0)
Atlético Palmaflor - CSCD Blooming 2-1(1-0)
Jorge Wilstermann - Real Santa Cruz 0-0
Oriente Petrol - The Strongest 0-3(0-2) [15.03.]

Round 7 [15-17.02.2020]
Always Ready - Club San José 1-2(1-0)
Guabirá - Nacional Potosí 1-0(0-0)
Real Potosí - Jorge Wilstermann 4-1(1-1)
Real Santa Cruz - Oriente Petrolero 1-5(1-2)
The Strongest - Atlético Palmaflor 1-0(0-0)
CSCD Blooming - Bolívar 2-1(1-1)
Club Aurora - Royal Pari 0-1(0-1)

Round 8 [21-23.02.2020]
Bolívar - The Strongest 5-4(2-4)
Club San José - Guabirá 2-2(2-0)
Atlético Palmaflor - Real Santa Cruz 2-1(0-1)
Nacional Potosí - Club Aurora 2-1(1-1)
Royal Pari - CSCD Blooming 2-3(0-2)
Jorge Wilstermann - Always Ready 2-0(0-0)
Real Potosí - Oriente Petrol. 2-2(1-0) [04.03.]

Round 9 [26-27.02.2020]
Always Ready - Oriente Petrolero 4-2(1-1)
Real Potosí - Atlético Palmaflor 1-0(1-0)
Jorge Wilstermann - Club San José 1-2(1-2)
Real Santa Cruz - Bolívar 2-4(1-1)
Club Aurora - Guabirá 2-0(0-0)
The Strongest - Royal Pari 4-0(3-0)
CSCD Blooming - Nacional Potosí 2-1(0-1)

Round 10 [01-03.03.2020]
Nacional Potosí - The Strongest 3-1(1-0)
Bolívar - Real Potosí 0-0
Club San José - Club Aurora 1-0(1-0)
Oriente Petrolero - Jorge Wilstermann 0-1(0-1)
Atlético Palmaflor - Always Ready 2-0(0-0)
Royal Pari - Real Santa Cruz 0-2(0-0)
Guabirá - CSCD Blooming 1-1(1-1)

Round 11 [06-08.03.2020]
Real Santa Cruz - Nacional Potosí 2-1(1-0)
Always Ready - Bolívar 2-1(0-1)
Jorge Wilstermann - Atlét. Palmaflor 2-1(0-0)
CSCD Blooming - Club Aurora 4-0(1-0)
The Strongest - Guabirá 6-2(2-2)
Real Potosí - Royal Pari 2-2(0-0)
Club San José - Oriente Petrolero 4-1(2-1)

Round 12 [11-15.03.2020]
Royal Pari - Always Ready 4-1(1-0)
Atlético Palmaflor - Oriente Petrolero 1-0(1-0)
Club San José - CSCD Blooming 1-0(1-0)
Club Aurora - The Strongest 1-2(1-1)
Bolívar - Jorge Wilstermann 1-1(0-1)
Nacional Potosí - Real Potosí 4-0(1-0)
Guabirá - Real Santa Cruz 1-0(0-0)

The competition was suspended from 16.03. to 27.11.2020 sue to COVID-19 pandemic.

Round 13 [27-28.11.2020]
Always Ready - Nacional Potosí 2-2(1-2)
Real Santa Cruz - Club Aurora 4-2(1-2)
Real Potosí - Guabirá 0-1(0-1)
Oriente Petrolero - Bolívar 3-4(3-2)
Atlético Palmaflor - Club San José 5-0(1-0)
The Strongest - CSCD Blooming 3-0(2-0)
Jorge Wilstermann - Royal Pari 2-3(2-2)

Round 14 [30.11.-01.12.2020]
Real Santa Cruz - CSCD Blooming 0-2(0-0)
Jorge Wilstermann - Nacional Potosí 2-1(0-1)
Club San José - The Strongest 1-1(1-0)
Always Ready - Guabirá 2-0(1-0)
Atlético Palmaflor - Bolívar 1-0(0-0)
Real Potosí - Club Aurora 2-1(0-1)
Oriente Petrolero - Royal Pari 2-2(1-0)

Round 15 [02-04.12.2020]
The Strongest - Real Santa Cruz 4-2(3-1)
Royal Pari - Atlético Palmaflor 3-1(2-0)
Nacional Potosí - Oriente Petrolero 2-1(1-0)
CSCD Blooming - Real Potosí 2-1(0-0)
Club Aurora - Always Ready 1-1(0-0)
Bolívar - Club San José 2-0(2-0)
Guabirá - Jorge Wilstermann 1-3(1-1)

Round 16 [06-07.12.2020]
Atlético Palmaflor - Nacional Potosí 0-0
Bolívar - Royal Pari 4-0(0-0)
Real Potosí - The Strongest 3-5(1-2)
Oriente Petrolero - Guabirá 2-3(0-0)
Always Ready - CSCD Blooming 8-0(5-0)
Club San José - Real Santa Cruz 4-1(2-0)
Jorge Wilstermann - Club Aurora 1-1(0-1)

Round 17 [08-10.12.2020]
Guabirá - Atlético Palmaflor 2-0(2-0)
Nacional Potosí - Bolívar 1-1(0-0)
Royal Pari - Club San José 2-0(0-0)
Real Santa Cruz - Real Potosí 3-1(1-0)
The Strongest - Always Ready 2-0(1-0)
CSCD Blooming - Jorge Wilstermann 2-1(2-0)
Club Aurora - Oriente Petrolero 2-1(2-0)

Round 18 [11-12.12.2020]
Club San José - Real Potosí 1-2(0-1)
Bolívar - Guabirá 5-0(3-0)
Royal Pari - Nacional Potosí 4-1(2-0)
Jorge Wilstermann - The Strongest 0-0
Real Santa Cruz - Always Ready 0-3(0-0)
Atlético Palmaflor - Club Aurora 1-0(0-0)
Oriente Petrolero - CSCD Blooming 1-0(1-0)

Round 19 [13-15.12.2020]
Nacional Potosí - Club San José 3-2(3-1)
Real Santa Cruz - Jorge Wilstermann 1-3(0-1)
The Strongest - Oriente Petrolero 7-0(3-0)
CSCD Blooming - Atlético Palmaflor 3-1(2-0)
Club Aurora - Bolívar 0-1(0-1)
Real Potosí - Always Ready 3-5(2-3)
Guabirá - Royal Pari 4-2(2-1)

Round 20 [16-17.12.2020]
Atlético Palmaflor - The Strongest 2-1(2-0)
Oriente Petrolero - Real Santa Cruz 3-2(2-0)
Royal Pari - Club Aurora 1-0(0-0)
Nacional Potosí - Guabirá 1-0(0-0)
Bolívar - CSCD Blooming 3-0(1-0)
Club San José - Always Ready 1-3(0-1)
Jorge Wilstermann - Real Potosí 3-1(1-0)

Round 21 [19-20.12.2020]
Real Santa Cruz - Atlético Palmaflor 2-1(1-0)
Club Aurora - Nacional Potosí 1-1(1-0)
The Strongest - Bolívar 2-1(1-0)
CSCD Blooming - Royal Pari 1-0(0-0)
Always Ready - Jorge Wilstermann 1-0(1-0)
Guabirá - Club San José 4-0(2-0)
Oriente Petrolero - Real Potosí 2-0(2-0)

Round 22 [21-22.12.2020]
Nacional Potosí - CSCD Blooming 1-0(0-0)
Royal Pari - The Strongest 1-0(0-0)
Club San José - Jorge Wilstermann 0-2(0-1)
Atlético Palmaflor - Real Potosí 0-0
Bolívar - Real Santa Cruz 4-0(2-0)
Oriente Petrolero - Always Ready 2-0(0-0)
Guabirá - Club Aurora 2-1(2-1)

Round 23 [24-25.12.2020]
Real Santa Cruz - Royal Pari 2-4(1-1)
The Strongest - Nacional Potosí 3-0(2-0)
Jorge Wilstermann - Oriente Petrolero 2-2(1-1)
Club Aurora - Club San José 2-0(0-0)
Always Ready - Atlético Palmaflor 4-0(4-0)
CSCD Blooming - Guabirá 1-2(1-1)
Real Potosí - Bolívar 2-3(1-2)

Round 24 [27.12.2020]
Atlét. Palmaflor - Jorge Wilstermann 1-1(0-0)
Royal Pari - Real Potosí 1-1(0-1)
Nacional Potosí - Real Santa Cruz 1-0(0-0)
Guabirá - The Strongest 3-2(0-1)
Bolívar - Always Ready 0-0
Oriente Petrolero - Club San José 1-0(0-0)
Club Aurora - CSCD Blooming 3-2(1-2)

Round 25 [29.12.2020]
CSCD Blooming - Club San José 4-0(2-0)
The Strongest - Club Aurora 2-0(0-0)
Real Santa Cruz - Guabirá 4-4(3-1)
Real Potosí - Nacional Potosí 2-3(1-1)
Always Ready - Royal Pari 2-1(2-0)
Jorge Wilstermann - Bolívar 2-0(1-0)
Oriente Petrolero - Atlético Palmaflor 0-1(0-0)

Round 26 [31.12.2020]
Club San José - Atlético Palmaflor 1-1(0-0)
Bolívar - Oriente Petrolero 4-1(1-0)
Royal Pari - Jorge Wilstermann 3-0(1-0)
Nacional Potosí - Always Ready 0-2(0-1)
Guabirá - Real Potosí 4-0(2-0)
Club Aurora - Real Santa Cruz 1-1(1-0)
CSCD Blooming - The Strongest 1-3(1-1)

Final Standings

1.	Club Always Ready La Paz	26	16	3	7	59 - 29	51
2.	Club The Strongest La Paz	26	16	2	8	65 - 35	50
3.	Club Bolívar La Paz	26	15	4	7	60 - 29	49
4.	Royal Pari FC Santa Cruz de la Sierra	26	14	4	8	42 - 34	46
5.	CD Jorge Wilsterman Cochabamba	26	12	6	8	36 - 28	42
6.	CD Guabirá Montero	26	13	3	10	44 - 43	42
7.	Club Atlético Nacional Potosí	26	11	6	9	34 - 35	39
8.	Club Atlético Palmaflor Quillacollo	26	11	5	10	29 - 30	38
9.	CSCD Blooming Santa Cruz de la Sierra	26	12	2	12	38 - 43	38
10.	CD Oriente Petrolero Santa Cruz de la Sierra	26	9	3	14	37 - 51	30
11.	Club Aurora Cochabamba	26	6	5	15	26 - 37	23
12.	Club Real Potosí	26	6	5	15	35 - 59	23
13.	CD San José Oruro	26	7	4	15	27 - 52	23
14.	Club Real Santa Cruz de la Sierra	26	6	5	15	36 - 62	23

2020 Torneo Apertura Champions: **Club Always Ready La Paz**

Top goalscorers:
20 goals: **Marcos Daniel Riquelme (ARG)**   **(Club Bolívar La Paz)**
17 goals: Jair Alexander Reinoso Moreno (COL)   (Club The Strongest La Paz)
14 goals: Jefferson Tavares da Silva (BRA)   (Club Atlético Palmaflor Quillacollo)

Torneo Clausura 2020

Due to the COVID-19 pandemic and the suspension of the Torneo Apertura which was extended for 8 months, taking into account the desire to end the season in the calendar year, the Torneo Clausura - usually scheduled for the second half of the year - was cancelled. The Torneo Apertura final standings were considered Aggregate Table standings. No clubs were relegated. Following teams were qualified for the 2021 club competitions:

Club Always Ready La Paz, Club The Strongest La Paz, Club Bolívar La Paz and Royal Pari FC Santa Cruz de la Sierra were qualified for the 2021 Copa Libertadores.
CD Jorge Wilsterman Cochabamba, CD Guabirá Montero, Club Atlético Nacional Potosí and Club Atlético Palmaflor Quillacollo were qualified for the 2021 Copa Sudamericana.

THE CLUBS 2020

CLUB ALWAYS READY LA PAZ

Foundation date: April 13, 1933
Address: *Not available*
Stadium: Estadio Municipal de Villa Ingenio, El Alto – Capacity: 25,000

THE SQUAD

	DOB	M	(s)	G
Goalkeepers:				
Pedro Domingo Galindo Suheiro	13.04.1995	1		
Carlos Emilio Lampe Porras	17.03.1987	25		
Defenders:				
Juan Sergio Adrián Rodríguez	08.03.1996	15	(7)	4
Marcos Israel Barrera (ARG)	02.03.1984	12	(4)	1
Nelson David Cabrera Báez	22.04.1983	24		3
Marc François Enoumba (CMR)	04.03.1993	12	(8)	1
Josué Limberth Mamani Tumiri	20.08.2000	24		1
Juan José Orellana Chavarría	02.01.1998	6	(3)	
Carlos Anderson Rey Salinas	13.09.1994		(6)	
Edemir Rodríguez Mercado	21.10.1986	9	(1)	2
Jair Torrico Camacho	02.09.1986	19	(1)	
Midfielders:				
Cristhian Alexis Arabe Pedraza	25.12.1991	18	(2)	4
Samuel Galindo Suheiro	18.04.1992	13	(5)	4
Víctor Hugo Melgar Bejarano	23.02.1988	8		1
Carlos Eduardo Puña Aguirre	25.02.1986	1	(2)	
Rafael da Silva Souza (BRA)	08.10.1990	8	(4)	3
Javier Andrés Sanguinetti (ARG)	29.08.1990	18	(5)	13
Fernando Javier Saucedo Pereyra	15.03.1990	21	(4)	4
Forwards:				
Gustavo Ezequiel Britos (ARG)	20.02.1990	15	(7)	5
Milton Daniel Garzón	24.04.2001	2		
Francisco Jimmy Isita	15.04.1994	1	(1)	
Marcos Emanuel Ovejero (ARG)	23.11.1986	13	(10)	8
Rodrigo Luis Ramallo Cornejo	19.10.1990	12	(2)	2
Duvier Orlando Riascos Barahona (COL)	26.06.1986	3		
Jorge Hugo Rojas Justiniano	06.12.1993	3	(13)	2
Junior Kevin Romay Sánchez	17.04.1994	3	(12)	
Trainer:				
Eduardo Andres Villegas Camarena [01.01.-05.12.2020]	29.03.1964	15		
Omar Andrés Asad (ARG) [from 05.12.2020]	09.04.1971	11		

CLUB ATLÉTICO PALMAFLOR QUILLACOLLO
Foundation date: September 10, 2008
Address: *Not available*
Stadium: Estadio „Félix Capriles Sainz", Cochabamba – Capacity: 32,000

THE SQUAD

	DOB	M	(s)	G
Goalkeepers:				
Jhohan Francisco Gutiérrez Oliveira	27.09.1996	16	(1)	
Claudio Patricio Santis Torrejón (CHI)	16.10.1992	10	(1)	
Defenders:				
Jenry Alaca Maconde	14.11.1986	15	(2)	
Jorge Miguel Ayala Quintana	27.11.1988	5		
Iván Gabriel Cañete Martínez (PAR)	22.04.1995	14		
Deymar Céspedes Licona	13.07.2001	1		
Brayan Chacón	12.12.2000	1	(1)	
David Rafael Checa Padilla	28.05.1993	1	(2)	
Iván Enrique Huayhuata Romero	09.03.1989	23	(1)	1
Luis Ariel Jaldín Torrico	01.05.1990	15	(8)	2
Victor Machaca Huanca	19.12.1993	7	(5)	
Robson Leandro Dos Santos (BRA)	28.09.1992	13	(2)	
Midfielders:				
Matías Enrique Abelairas (ARG)	18.06.1985	20	(2)	
Eddin Apaza Riverola	12.06.1996		(1)	
Ronaldo Daniel Arancibia Cervantes	15.01.2000	10	(1)	1
Raúl Balderrama	05.03.1995	7	(6)	1
Richet Gómez Quispe	12.12.2000	4	(8)	
Darwin Jesús Lora Vidaurre	10.07.1986	13		
Alan Loras Vélez	07.04.1986	24	(1)	
Adalid Terrazas Abasto	25.08.2000	21	(2)	
Thiago dos Santos Ferreira (BRA)	14.05.1984	11	(1)	1
Erick Moises Vásquez Ajhuacho	01.03.1992	10	(7)	1
Pablo Victor Hugo Velasco		11	(2)	
Forwards:				
José Fabricio Bustamante	10.02.1995		(4)	1
Jefferson Tavares da Silva (BRA)	22.11.1989	24	(1)	14
Yeltsin Nery Ovando Guerrero	19.04.1997	1	(1)	
Luis Fernando Saldías Muñoz	27.02.1997	3	(12)	3
Bismark Ebuka Ubah (NGA)	05.01.1994	6	(17)	3
Trainer:				
Humberto Viviani Ribera [01.01.-09.12.2020]	10.12.1980	17		
Francisco Xabier Azkargorta Uriarte (ESP) [from 10.12.2020]	26.09.1963	9		

CLUB AURORA COCHABAMBA

Foundation date: May 27, 1935
Address: Av. Circuito Bolivia, frente al Country Club, Zona de la Laguna Alalay, Cochabamba
Stadium: Estadio „Félix Capriles Sainz", Cochabamba – Capacity: 32,000

THE SQUAD	DOB	M	(s)	G
Goalkeepers:				
Juan Carlos Robles Rodríguez	25.01.1985	2		
Alejandro Torrez	19.03.1998	1	(1)	
David Joel Torrico Claros	24.10.1986	23		
Defenders:				
Luis René Barboza Quiroz	02.04.1993	11	(6)	
Caleb Cardozo Herbas	11.08.1989	9	(1)	
Enrique David Díaz Velázquez (URU)	04.09.1982	16	(2)	1
Omar Jesús Morales Paz	18.01.1988	6	(4)	
Manuel Joaquín Morello (ARG)	14.04.1994	17		
Huberth Alonso Sánchez Medranda	21.11.1997	10	(5)	
Daniel Nicoll Taboada Caballero	06.06.1990	14	(1)	2
Christian Israel Vargas Claros	08.09.1983	16		
Midfielders:				
Eduardo Marcelo Aguirre Biscaldi (ARG)	25.08.1983	15	(6)	1
Pablo Anibarro	17.11.1997		(4)	
Santiago Arce Añazgo	30.05.2000	21		
Daniel Alejandro Camacho Almanza	15.10.1998	7	(13)	
Jaime Alberto Cornejo Valencia	20.09.1994	4	(5)	
Adriel Fernández Sánchez	22.03.1996	8	(8)	2
Jhonatan Huaygua	26.06.2001		(1)	
Jhon Mena	23.06.1999	8	(2)	1
Gabriel Montaño Moizán	15.02.2002	2		
Miguel Ángel Ríos Pinto	17.11.1992	4	(10)	1
Edwin Rivera Sifuentes	01.09.1989	17		
Amilcar Alvaro Sánchez Guzmán	23.01.1991	17	(1)	2
Darío Torrico	18.10.2000	12		2
Forwards:				
Alejandro Martín Barrón Pinheiro	27.07.1999	2	(7)	2
Yasmani Georges Duk Arandia	01.03.1988	6	(1)	1
Sergio Alejandro Moruno Antezana	08.06.1993	10	(5)	
Darwin Ríos Pinto	25.04.1991	10	(9)	5
José Gabriel Ríos Banegas	20.03.1986	2	(2)	
Erick Alejandro Rivera (SLV)	10.10.1989	16	(2)	5
Edgar Vieira Gomes (BRA)	09.03.1996		(1)	
Trainer:				
Julio César Baldivieso Rico [29.12.2019-16.12.2020; Sacked]	02.12.1971	19		
Sergio Zeballos [from 17.12.2020]		7		

CLUB SOCIAL, CULTURAL Y DEPORTIVO BLOOMING
SANTA CRUZ DE LA SIERRA
Foundation date: May 1, 1946
Address: Monseñor Santistevan 144, Santa Cruz
Stadium: Estadio „Ramón "Tahuichi" Aguilera Costas", Santa Cruz de la Sierra – Capacity: 38,500

THE SQUAD	DOB	M	(s)	G
Goalkeepers:				
Rubén Cordano Justiniano	16.10.1998	2		
José Feliciano Peñarrieta Flores	18.11.1989	22		
Braulio Uraezaña Cuñaendi	26.03.1995	2		
Defenders:				
Jordy Joan Candía Zeballos	20.04.1996	4		
Robert Cueto Catima	27.05.1999		(2)	
Evanildo Borges Barbosa Junior „Juninho" (BRA)	11.01.1990	9	(3)	
Ervin Ernesto Montero Antelo	16.11.2000	4	(1)	
Walter Humberto Rioja Ugarte	08.08.1994	16	(2)	1
Jesús Manuel Sagredo Chávez	10.03.1994	21		1
Katuary Leonardo Urapuca Katuary	31.07.1998	12	(1)	1
Midfielders:				
José Fernando Arismendi Peralta (URU)	31.03.1991	12	(7)	6
José María Carrasco Sanguino	16.08.1997	12		2
Kevin Alan Farell Cuéllar	27.03.1996	2	(1)	1
Helmut Enrique Gutiérrez Zapana	02.07.1987	7	(4)	
Julio Héctor Herrera Farel	11.02.1999	4	(6)	2
Christian Marcelo Latorre Long (URU)	17.04.1987	13	(1)	
Clody Yunior Menacho Salvatierra	08.11.2001	11		1
Julio César Pérez Peredo	24.10.1991	19	(5)	1
José Antonio Pinto Quiroz	06.05.2000	1		
Rafael Allan Mollercke "Rafinha" (BRA)	20.12.1991	7	(7)	3
Erwin Junior Sánchez Paniagua	23.07.1992	21	(1)	1
Leonardo Sánchez Paniagua	02.04.1998	1		
Richard Spenhay Arauz	09.09.1997	9	(4)	
Edward Vaca Hurtado	30.09.1999	14	(8)	4
José Carlos Vaca Velasco	12.08.1982	6	(10)	2
Luis José Vargas García	31.01.1996	16	(8)	4
Forwards:				
Gustavo Martín Fernández (ARG)	04.08.1990	8	(7)	1
Juan Daniel Ferrufino Arteaga	08.03.2001	9	(5)	
César Alejandro Menacho Claros	09.08.1999	11	(3)	3
Jorge Nelson Orozco Quiroga	24.01.2000	7	(5)	1
Rafael Barros Silva (BRA)	24.11.1991	2	(3)	2
José Andrés Veizaga Vargas	11.11.1997	2	(4)	1
Trainer:				
Miguel Andrés Ponce Torres (CHI) [02.01.-12.10.2020]	19.08.1971	15		
Gabriel Francisco Schürrer Peralta (ARG) [from 22.10.2020]	16.08.1971	11		

CLUB BOLÍVAR LA PAZ

Foundation date: April 12, 1925
Address: Calle 17 de Obrajes, La Paz
Stadium: Estadio „Hernando Siles Reyes", La Paz – Capacity: 42,000

THE SQUAD				
	DOB	M	(s)	G
Goalkeepers:				
Javier Rojas Iguaro	14.01.1996	13	(1)	
Widen Rojas Jou	04.04.1993	1		
Guillermo Vizcarra Bruckner	07.02.1993	12		
Defenders:				
Roberto Carlos Domínguez Fuentes (SLV)	09.05.1997	15	(3)	1
Roberto Carlos Fernández Toro	12.07.1999	16	(2)	5
Jorge Enrique Flores Yrahory	01.02.1994	16		
Roberto Naín Flores Conde	27.04.2001	2		
Luis Alberto Gutiérrez Herrera	15.01.1985	14	(1)	
José Orlando Herrera Taborga	09.03.2003	2	(5)	1
Adrián Johnny Jusino Cerruto	09.07.1992	18	(4)	4
Fidencio Oviedo Domínguez (PAR)	30.05.1987	22	(2)	1
Teodoro Paul Paredes Pavón (PAR)	01.04.1993	2		1
Jairo Quinteros Sierra	07.02.2001	11		1
Oscar Leandro Ribera Guzmán	11.02.1992	12	(3)	
Midfielders:				
Paolo Andrés Alcocer Rojas	03.09.2000	2	(1)	
Pedro Jesús Azogue Rojas	06.12.1994	4	(8)	
Diego Bejarano Ibañez	01.02.1988	3	(1)	1
Félix Imanol Cárdenas López	29.04.2000	11	(4)	
Mateo Nicolás Flores Cuevas	29.01.2001		(1)	
Cristhian Machado Pinto	20.06.1990	10	(8)	
Hernán Luis Rodríguez	15.09.1996	11	(5)	2
Erwin Mario Saavedra Flores	22.02.1996	20	(2)	7
Emiliano Gabriel Vecchio (ARG)	16.11.1988	2	(3)	
Gabriel Alejandro Villamil Cortez	28.06.2001		(2)	
Forwards:				
Víctor Alonso Ábrego Aguilera	11.02.1997	8	(12)	6
Juan Carlos Arce Justiniano	10.04.1985	17	(2)	4
Erick Brandon Cano Baneo	15.03.1999	1	(1)	
Vladimir Castellón Colque	12.08.1989	2	(8)	2
Jorge Rolando Pereyra Díaz (ARG)	05.08.1990	2	(4)	
Marcos Daniel Riquelme (ARG)	01.06.1989	22		20
Leonardo Vaca Gutiérrez	24.11.1995	15	(11)	4
Trainer:				
Claudio Alejandro Vivas (ARG) [28.12.2019-21.10.2020; Sacked]	12.08.1968	12		
Wálter Alberto Flores Condarco [21.10.-12.12.2020; Caretaker]	29.10.1978	7		
José Ignacio "Natxo" González Sáenz (ESP) [from 12.12.2020]	29.07.1966	7		

CLUB DEPORTIVO GUABIRÁ MONTERO

Year of Formation: September 21, 1962
Address: Calle Isaias Parada, Santa Cruz de la Sierra
Stadium: Estadio „Gilberto Parada", Montero – Capacity: 18,000

THE SQUAD	DOB	M	(s)	G
Goalkeepers:				
Jhon Jairo Cuéllar Vaca	15.10.1999	3		
Saidt Mustafá Céspedes	11.09.1989	23		
Defenders:				
Nelson Avelino Amarilla Bogado (PAR)	20.07.1987	11	(1)	1
Alejandro Rene Bejarano Sajama (ARG)	21.06.1984	3	(2)	
Carlos Andrés Chore Aguilera	03.06.2000	4		
Víctor Martín Galain Pecora (URU)	02.03.1989	18	(1)	2
Maicol Gil Montenegro	28.02.2002	1		
Luis Enrique Hurtado Badani	27.09.1993	20	(3)	5
Jefferson Ibáñez	12.02.1995	14	(3)	1
Heber Edgar Leaños (ARG)	19.06.1990	11	(2)	1
Juan Salvador Bartolomé Mercado Gálvez	06.01.1997	11	(3)	1
Matías Ezequiel Notta Reynoso			(1)	
Jim Plata	16.01.2000	3		
Dico Andrés Roca Montaño	22.10.1996	8	(3)	
Ricardo Suárez Antelo	23.10.1993	4	(3)	
Fran Geral Supayabe	12.01.1996	18	(2)	1
Midfielders:				
Jorge Marco Andia Pizarro	08.02.1988	18	(2)	2
Anderson Camilo Góngora	15.10.1991	4	(5)	1
Diego Josué Hoyos Carrillo	29.09.1992	14	(5)	1
Leandro Faruk López Herbas			(1)	
Jorge Eduardo Lovera	18.04.1997	1	(3)	
Luis René Melgar	02.06.2000		(1)	
Bruno Pascua López (ESP)	21.01.1990	14	(5)	4
Rodderyk Simón Perozo Bravo (VEN)	07.12.1993	6	(13)	2
Álvaro Daniel Quiroga Sardina	17.06.1995	13	(11)	1
Wilmer Rojas	12.12.2001		(5)	
Elio Salazar	16.06.2001	1		
Hugo Denar Salvatierra Saucedo	15.01.2003		(3)	
Forwards:				
Mauricio Chajtur Molina	07.10.1996		(5)	1
Luis Alfredo Montero Ruíz	02.04.2000	2	(3)	
Gustavo Peredo Ortíz	07.04.2000	19		2
Alejandro Gabriel Quintana (ARG)	20.02.1992	21	(1)	10
Juan Leandro Vogliotti (ARG)	11.04.1985	21	(2)	7
Trainer:				
Víctor Hugo Andrada Canalis (ARG) [since 05.08.2019]	25.12.1958	26		

CLUB JORGE WILSTERMAN COCHABAMBA

Year of Formation: November 24, 1949
Address: Calle Ecuador 673, Cochabamba
Stadium: Estadio „Félix Capriles Sainz", Cochabamba – Capacity: 32,000

THE SQUAD	DOB	M	(s)	G
Goalkeepers:				
Arnaldo Andrés Giménez (PAR)	09.03.1987	20		
Juan Daniel Sandy Lazcano	22.10.2001	4		
Hugo Suárez Vaca	07.02.1982	2		
Defenders:				
Juan Pablo Aponte Gutíerrez	18.05.1992	11		
Ramiro Daniel Ballivián	08.04.1992	1	(15)	
Ismael Benegas Arévalos (PAR)	01.08.1987	16		1
Pablo Antonio Laredo Pardo	04.10.1993	2	(1)	
Alejandro Meleán Villarroel (USA)	16.07.1987	14	(4)	2
Ronny Fernando Montero Martínez	15.05.1991	7	(2)	1
Jorge Antonio Ortíz Ortíz	01.06.1984	7	(5)	
Juan Sebastián Reyes Farrell	12.03.1997	16		
Marco Natanael Torsiglieri (ARG)	12.01.1988	3		
Óscar Edmundo Vaca Ortega	30.10.1988	9		
Edward Mauro Zenteno Álvarez	05.12.1984	13	(4)	
Midfielders:				
Cristian Paul Arano Ruiz	23.02.1995	4	(5)	1
Jaime Dario Arrascaita Iriondo	02.09.1993	7	(15)	5
Cristian Manuel Chávez (ARG)	16.06.1986	14	(3)	6
Fabio Richard Díaz Pozo	30.01.2002	3		
Sebastián Galindo Novillo	29.07.2000	14		
Leonel Justiniano Arauz	02.07.1992	20		
Carlos Antonio Melgar Vargas	04.11.1994	13	(4)	2
Esteban Gabriel Orfano (ARG)	13.01.1992	13	(2)	2
José Marcos Rosales	20.05.2000	5		
Didi Torrico Camacho	18.05.1988	19	(5)	
Moisés Villarroel Angulo	07.09.1998	9	(7)	
Forwards:				
Gilbert Álvarez Vargas	07.04.1992	17	(2)	4
William Gustavo Álvarez Vargas	15.09.1995	3	(14)	6
Ricardo Pedriel Suárez	19.01.1987	5	(6)	
Sérgio Henrique Francisco "Serginho" (BRA)	19.12.1984	15	(5)	5
Trainer:				
Cristian Lionel Díaz (ARG) [since 02.06.2019]	12.05.1976	26		

CLUB ATLÉTICO NACIONAL POTOSÍ

Foundation date: March 24, 1942
Address: Pasaje Bulevar Edificio Potosi no.2425
Stadium: Estadio „Víctor Agustín Ugarte", Potosí – Capacity: 32,000

THE SQUAD

	DOB	M	(s)	G
Goalkeepers:				
Élder Arauz Saucedo	23.04.1990	1		
Yimmy Leandro Roca Salazar	04.05.1999	25		
Defenders:				
Carlos Oscar Añez Urachianta	23.07.1990	23	(2)	
Abraham Cabrera Scapin	20.02.1991	24		
Rodrigo Sergio Cabrera Sasía (URU)	02.05.1989	24		1
Jorge Cuéllar	29.04.1991	1	(4)	
Daniel Mancilla	17.02.1991	19	(2)	2
Juan Pablo Rioja	04.05.1988	7	(5)	
Luis Francisco Rodríguez Zegada	22.08.1994	11	(8)	1
Midfielders:				
Mario Gabriel Barbery Gil	01.04.2002	22		2
Ronald Cuéllar Ortíz	09.06.1997	1	(5)	1
Alexis Hinestroza Estacio (COL)	28.08.1988	21	(1)	1
Paolo Jiménez Coto (CRC)	28.01.1984	15	(8)	5
Paul Justiniano	12.04.2000		(3)	
Diego Fernando Navarro Iturri	08.12.1992	13	(7)	7
Luis Fernando Pavia Mamani	13.06.1999	10	(9)	
Miguel Alejandro Quiroga Castillo	15.09.1991	19	(1)	1
Miguel Gerardo Suárez Savino	01.06.1993	6	(7)	1
Forwards:				
Luis Carlos Arias Cardona (COL)	13.01.1985	3	(1)	
Mauro Sergio Bustamante (ARG)	23.06.1991	2	(3)	2
Mauricio Cabral Rivero	05.11.2000	4	(3)	
Juan Eduardo Fierro Ribera	23.06.1988	6	(7)	2
José Carlos Muñoz López	21.09.1994	1	(3)	
Edson Rigoberto Pérez Torres	16.12.1992	14	(4)	2
Pablo Nicolás Royón Silvera (URU)	28.01.1991	14	(5)	5
Trainer:				
Jeaustin Campos Madriz [30.12.2019-07.03.2020; Sacked]	30.06.1971	11		
Sebastián Emilio Núñez Rojas (CHI) [from 10.03.2020]	13.01.1982	15		

CLUB DEPORTIVO ORIENTE PETROLERO
SANTA CRUZ DE LA SIERRA

Foundation date: November 5, 1955
Address: Av. Monseñor Costas No.50 - Barrio San Antonio, Santa Cruz de la Sierra
Stadium: Estadio „Ramón 'Tahuichi' Aguilera Costas", Santa Cruz de la Sierra – Capacity: 38,500

THE SQUAD	DOB	M	(s)	G
Goalkeepers:				
Luis Rodrigo Banegas Cury	08.11.1995	12		
Romel Javier Quiñónez Suárez	25.06.1992	1		
Bruno Rivas Reyes	22.08.2000		(1)	
Leonardo Vaca Yoki	23.01.2000	13		
Defenders:				
Daniel Alejandro Franco (ARG)	15.07.1991	18		
Gustavo Olguín Mancilla	13.11.1994	7	(6)	
Widen Saucedo Candia	01.03.1997	13	(3)	
Wilfredo Soleto Vargas	21.02.1996	16	(2)	
Marcelo Sebastián Suárez Justiniano	20.12.2001	3	(5)	
Midfielders:				
Brayan Calderón Monasterio	29.08.1998	6	(2)	
Robin Canido Salvatierra	25.03.1999	4		
Jaime Matías Carreño Le-Chong (CHI)	03.03.1997	6	(3)	1
Wilson Ronaldo Castro Arauz			(1)	
Jesús Estrada Zepallos			(1)	
Sebastián Gamarra Ruiz	15.01.1997	6	(5)	1
Arturo García Vargas	24.08.1999		(2)	
Juan Diego Gutiérrez De las Casas (PER)	28.04.1992	2	(3)	1
Santos Rodrigo Navarro Arteaga	20.11.1990	13	(1)	1
Norberto Darío Palmieri (ARG)	23.03.1996	15		2
Samuel Pozo Challa	23.07.1997	15	(1)	
Juan Alexis Ribera Castillo	15.08.1995	10	(5)	1
Daniel Rojas Céspedes	22.02.2000	18	(2)	
Oscar Fernando Salinas Aguilar (CHI)	26.06.1988	6	(2)	3
Kevin Francisco Salvatierra Flores	05.08.2001	19	(1)	3
José Carlos Velasco Moreno	16.12.1998	3	(3)	
Mateo Henrique Zoch Méndez	12.06.1998	4	(13)	2
Forwards:				
Carmelo Algarañaz Añez	27.01.1996	2	(3)	1
Marco Antonio Bueno Ontiveros (MEX)	31.03.1994	15	(2)	4
José Alfredo Castillo Parada	09.02.1983	5	(13)	10
Alán Jorge Mercado Berthalet	27.07.1993	13	(3)	1
Juan Carlos Montenegro	04.02.1997	12	(2)	4
Ferddy Andrés Roca Vivancos	24.03.2000	2	(3)	1
Héctor Ronaldo Sánchez Camaras	24.04.1997	7		
Rodrigo Saucedo Zeballos	11.03.1999	9		
Carlos Alberto Solíz Caba	08.05.1997	9	(4)	1
Juan Jose Viveros Mercado		2	(1)	
Daniel Zapata Zepallos			(1)	
Trainer:				
Pablo Andrés Sánchez Spucches (ARG) [27.09.2019-13.11.2020]	03.01.1973	16		
Erwin Sánchez Freking [from 18.11.20209	19.10.1969	10		

CLUB REAL POTOSÍ

Foundation date: October 20, 1941
Address: Calle Final Bustillos s/n (Industrias Potosí), Potosí
Stadium: Estadio „Víctor Agustín Ugarte", Potosí – Capacity: 32,000

THE SQUAD

	DOB	M	(s)	G
Goalkeepers:				
Eliot Cassas Aguayo	04.09.1992	1		
Gustavo Salvatierra García	16.03.1990	25		
Defenders:				
Nicolás Agustin Aguirre (ARG)	12.04.1991	14		
Juan Carlos Bálcera Romero	25.09.1993	1	(2)	
Oscar Junior Baldomar Roca	16.02.1996	19	(4)	3
Rodrigo Borda Quispe	11.02.1992	14	(4)	2
Ronald Eguino Segovia	20.02.1988	11	(3)	1
Douglas Rodolfo Ferrufino Rojas	18.12.1991	18	(1)	1
Luis Miguel Garnica Chávez	27.08.1992	8	(5)	
Brian Alejandro Hinojosa Pinto	16.06.1993	12	(2)	
Dustin Maldonado Antelo	18.03.1990	1	(11)	1
Alejandro Leonel Morales Pinedo	02.09.1988	11		
Miguel David Paredes Villalobos	01.06.1998	1		
Midfielders:				
Yelson Aguirre Ramos	15.08.2000	2		
Rodrigo Fabián Ávila Solíz	01.01.1995	10	(1)	
Federico Domínguez (ARG)	17.05.1991	14	(3)	
Francisco Pastor Bautista „Fran Pastor" (ESP)	06.01.1994	9	(7)	10
Guery Fernando García Gúzman	23.02.1989		(1)	
Gerardo Maximiliano Gómez (ARG)	03.01.1988	17	(2)	3
José María Laguna Mendoza	16.05.2000	15	(1)	
Leandro Marcelo Maygua Ríos	12.09.1992	10	(9)	
Claudio Matías Mirabaje Correa (URU)	06.03.1989	2	(2)	
Vladimir Ortega Segovia	10.01.2000	14	(7)	2
Gabriel Soliz Carrasco	21.06.1995	2	(3)	1
Esteban Um Lee	23.06.1999	7	(2)	
Forwards:				
Matías Gabriel Aguirre	21.05.1991	2	(1)	
Óscar Alberto Díaz Acosta	22.10.1985	3	(4)	1
Aldo Vladimir Gallardo	07.10.1985	16	(4)	1
Joan Alexander Juncos (ARG)	23.04.1994	1	(2)	
Rivaldo Julián Melchor Quispe	30.05.1999	11	(10)	2
César Gerardo Yecerotte Soruco	28.08.1988	15	(5)	7
Trainer:				
Walter Gustavo Grazziosi (ARG) [05.01.-25.01.2020]	08.04.1982	1		
Marcos Rodolfo Ferrufino Estévez [25.01.-20.03.2020; Sacked]	25.04.1963	11		
Cristián Alejandro Aldirico (ARG) [03.09.2020]	19.05.1971	14		

CLUB DEPORTIVO REAL SANTA CRUZ DE LA SIERRA

Foundation date: May 3, 1962
Address: *Not known*
Stadium: Estadio Real Santa Cruz, Santa Cruz de la Sierra – Capacity: 40,000

THE SQUAD

	DOB	M	(s)	G
Goalkeepers:				
Junior Fernando Peña Vargas	27.03.1990	6	(1)	
Leonardo Andrés Romero (ARG)	23.08.1991	20		
Defenders:				
Miguel Ángel Becerra	23.05.1993	20	(1)	2
Cristhian Michael Coimbra Arias	31.12.1988	22		1
Ronaldo Martínez Severiche	23.04.1996	6	(6)	
Ezequiel Michelli Ponce de León (ARG)	29.04.1991	5		1
Juan Francisco Rivero	14.06.1989	13	(3)	
Ciro Rodríguez	05.04.1993	6	(5)	
Carlos Andrés Zabala Negrete	19.05.1994	7	(5)	
Juan Carlos Zampiery Rivarola	28.09.1989	8	(10)	
Midfielders:				
José Enrique Caraballo Rosal (VEN)	21.02.1996	16	(4)	9
Víctor Cuéllar	23.09.2000	14		
Rafael Díaz	03.04.1993		(4)	
Saulo Henry Guerra Pérez	14.09.1992	6	(1)	
Rodrigo Alejandro Lafuente López	03.01.1991	3	(1)	
Gonzalo Moruco Carreño	10.01.1995	5		
Carlos Said Navas Ortega (PAN)	28.09.1997	9	(6)	3
Miyhel Ortiz	22.10.2001	10	(6)	
Ademar Padilla	10.04.2001	2	(2)	
Miguel Ángel Pérez	10.06.1996	2	(7)	2
Carlos Abelardo Ribera Guzmán	06.02.1997	18	(5)	4
Fernando Rodríguez Rendón	11.01.1996	15	(5)	2
Marcel Nicolás Román Núñez (URU)	07.02.1988	11		
Mauricio Saucedo Guardia	14.08.1985	2	(7)	2
Jorge Vargas Ortíz	17.02.1997	14	(2)	
Kevin Joel Zelaya Velásquez	18.05.2000		(3)	
Forwards:				
Brahian Égüez Flores	14.05.1992	20	(1)	
Lucas Emanuel Gómez Benites (ARG)	06.10.1987	21		9
Alcides Peña Jiménez	14.01.1989		(5)	
Hamel Yazir Talamas Silva	10.11.2000	5	(5)	
Trainer:				
José Enrique Peña	10.09.1968	26		

ROYAL PARI FÚTBOL CLUB SANTA CRUZ DE LA SIERRA
Foundation date: November 13, 1993
Address: *Not known*
Stadium: Estadio „Ramón 'Tahuichi' Aguilera Costas", Santa Cruz de la Sierra – Capacity: 38,500

THE SQUAD

	DOB	M	(s)	G
Goalkeepers:				
Germán Arauz	25.05.1995	1		
Jorge Araúz Saucedo	15.03.1995	5		
Diego Armando Méndez Saucedo	05.10.1990	20		
Defenders:				
Walter Emilio Antelo Ynclan	09.10.2000	12	(3)	
Mariano Sebastián Brau (ARG)	10.07.1982	8	(1)	
Rodrigo Cabrera Vera	06.02.1997	5		
Harry Céspedes Velasco	27.07.1998	12	(2)	
Anier Alfonso Figueroa Mosquera (COL)	27.07.1987	10	(1)	
Ariel Juárez Montaño	23.06.1988	19	(1)	1
Guimer Justiniano Justiniano	29.06.1989	13		1
Jefferson Virreira Cossío	19.01.1997	18	(1)	
Midfielders:				
Alonso Sánchez González (ESP)	18.04.1990	9	(3)	1
Marco Antonio Barrios Guevara	23.02.1995	10	(4)	
José Luis Chávez Sánchez	18.05.1986	9	(8)	1
Layonel Figueroa Prado	06.07.1999	7	(7)	2
Damián Emanuel Lizio	30.06.1989	14	(6)	4
Richard Peñaranda	25.02.1998	5		
David Ribera	19.01.2001	10		1
Omar Pedro Siles Canda	15.11.1992	11	(11)	1
Thiago Ribeiro Da Silva Vasconcelos (BRA)	23.01.1985	14	(10)	1
Mirko Tomianovic	01.10.2001	9	(1)	1
Luciano Nahuel Ursino Pegolo (ARG)	31.10.1988	18	(4)	4
Forwards:				
Iker Hernández Ezquerro (ESP)	08.04.1994	12	(12)	6
Bruno Miranda Villagómez	10.02.1998	12	(6)	12
John Jairo Mosquera Mosquera (COL)	15.01.1988	8		3
Roberto Kevin Rojas Hurtado		2		
Carlos Enrique Saucedo Urgel	11.09.1979	5		1
Enrique Troncoso Caiti		1		
Rodrigo Mauricio Vargas Castillo	19.10.1994	7	(7)	2
Trainer:				
Miguel Angel Portugal Vicario (ESP) [02.01.-21.05.2020; Resigned]	28.11.1955	12		
Miguel Ángel Abrigo (ARG) [from 25.08.2020]	29.03.1974	14		

CLUB DEPORTIVO SAN JOSÉ ORURO

Foundation date: March 19, 1942
Address: Caro entre 6 de Agosto y Potosi No. 448, Oruro
Stadium: Estadio „Jesús Bermúdez", Oruro – Capacity: 28,000

THE SQUAD

	DOB	M	(s)	G
Goalkeepers:				
Jesús Enrique Careaga Guzmán	09.05.1997	6	(2)	
José Osvaldo Nova Anhel	16.05.1994	1		
Roberto Carlos Rivas Rivera	09.06.1985	19		
Defenders:				
Kevin Alejandro Ceceri (ARG)	02.02.1996	10	(1)	
César Augusto Mena Mosquera (COL)	15.10.1988	8	(4)	
Jasson Martín Fernández Mollo			(1)	
Jorge Leonardo Toco Arredondo	13.01.1992	25		3
Luis Anibal Torrico Valverde	14.09.1986	24		2
Iván Gonzalo Vidaurre Mejía	02.02.1987	23		
Midfielders:				
Jorge Luis Añez Torrico	09.09.1999	4	(9)	
Javier Mauricio Bilbao López	27.10.1999		(5)	
Erlan Boris Condori Galvarro	31.05.1997	7	(15)	
José Marcelo Gomes (BRA)	24.11.1981	19	(3)	1
Marco Antonio Morgon Filho „Marquinho" (BRA)	24.02.1988	23	(2)	8
Mario Alberto Ovando Padilla	10.11.1985	11	(2)	
Ronald Segovia Calzadilla	17.01.1985	3	(7)	
Roly Desiderio Sejas Muñoz	27.09.1978	20		1
Luis Serrano	16.05.1998	3	(8)	
Jairo Samuel Thomas Enríquez	31.03.2000	19	(3)	1
William Velasco	21.04.2000	13	(1)	
Forwards:				
Freddy Alessandro Abastoflor Molina	10.01.1993	22	(4)	2
Kevin Aquilino Fernández	20.06.1997	3	(9)	
Rodrigo Vargas Touchard	01.09.1989	23		7
Trainer:				
Omar Andrés Asad (ARG) [05.01.-25.05.2020; Resigned]	09.04.1971	12		
Arnaldo Mancilla (ARG) [from 09.09.2020]	23.08.1960	14		

CLUB THE STRONGEST LA PAZ

Foundation date: April 8, 1908
Address: Calle Colón No. 512 esq. Comercio, La Paz
Stadium: Estadio „Hernando Siles Reyes" / "Rafael Mendoza Castellón", La Paz – Capacity: 42,000 / 10,000

THE SQUAD

	DOB	M	(s)	G
Goalkeepers:				
Daniel Vaca Tasca	03.11.1978	26		
Defenders:				
Carlos Enrique Añez Oliva	06.07.1995	9	(1)	2
Marvin Orlando Bejarano Jiménez	06.03.1988	9	(6)	
Gonzalo Gabriel Castillo Cabral (URU)	17.10.1990	19	(1)	
Luis Eduardo Demiquel Banegas	15.01.2000	12		
Gonzalo Damián Godoy Silva (URU)	17.01.1988	10		
Luis Fernando Martelli Dias	08.02.1986	2	(3)	1
Maximiliano Iván Ortíz Cuello (ARG)	11.10.1989	1	(2)	
José Manuel Sagredo Chávez	10.03.1994	18		2
Saúl Torres Rojas	22.03.1990	21		1
Juan Gabriel Valverde Rivera	24.06.1990	12	(2)	
Midfielders:				
Jhasmani Campos Dávalos	10.05.1988	2	(20)	2
Rudy Alejandro Cardozo Fernández	14.02.1990	11	(6)	5
Raúl Castro Peñaloza	19.08.1989	14	(3)	
Jeyson Ariel Chura Almanza	03.02.2002	10		3
Franz Simón Gonzales Mejía	26.06.2000	4	(5)	
Ramiro Vaca Porcel	01.07.1998	19	(4)	4
Walter Veizaga Argote	22.04.1986	10	(6)	1
Diego Horacio Wayar Cruz	15.10.1993	20	(2)	2
Forwards:				
Rolando Manrique Blackburn Ortega (PAN)	09.01.1990	11	(14)	10
Daniel Moisés Calero Salazar	12.09.1998	1	(2)	
Harold Fernando Reina Figueroa (COL)	18.07.1990	6	(6)	1
Jair Alexander Reinoso Moreno (COL)	07.06.1985	20	(6)	17
Gabriel Agustín Sotomayor Cardozo	02.07.1999	1	(5)	
Willie Hortencio Barbosa (BRA)	15.05.1993	18	(3)	13
Trainer:				
Mauricio Ronald Soria Portillo [05.08.2019]	10.06.1966	8		
Luis Orozco Abraham [03.03.-08.03.2020; Caretaker]	09.01.1952	2		
Alberto Illanes Puente [from 09.03.2020]	25.11.1963	16		

SECOND LEVEL
Segunda División – Copa "Simón Bolívar" 2020

First Stage [07-22.11.2020]

Winners and runners-up were qualified for the Second Stage.

Grupo A
1. Libertad Gran Mamoré FC	4	2	2	0	8	-	4	8
2. CD Kivón Trinidad	4	1	2	1	3	-	4	5
3. CD Blooming de Guayaramerín	4	0	2	2	6	-	9	2

Grupo B
1. Club Independiente Petrolero Sucre	4	3	0	1	16	-	5	9
2. Academia Deportiva Fancesa	4	3	0	1	14	-	6	9
3. CD Real Monteagudo	4	0	0	4	1	-	20	0

Grupo C
1. Cochabamba FC	4	2	2	0	8	-	6	8
2. Club Municipal Tiquipaya	4	0	4	0	3	-	3	4
3. Escuela de Fútbol Enrique Happ	4	0	2	2	5	-	7	2

Grupo D
1. Club Deportivo FATIC El Alto	2	1	1	0	2	-	1	4
2. Club Chaco Petrolero La Paz	2	0	1	1	1	-	2	1

Grupo E
1. Oruro Royal Club	3	1	2	0	10	-	3	5
2. Club Empresa Minera Huanuni	3	1	2	0	8	-	4	5
3. CD SUR-CAR Oruro	3	1	2	0	6	-	3	5
4. Club Asociación Municipal Deportiva de Caracollito	3	0	0	3	2	-	16	0

Grupo F
1. Club Vaca Díez Cobija	4	3	1	0	5	-	1	10
2. CD Mariscal Sucre Cobija	4	2	0	2	7	-	5	6
3. Club Universitario de Pando Cobija	4	0	1	3	2	-	8	1

Grupo G
1. Club Stormers San Lorenzo	3	2	0	1	11	-	7	6
2. CA Nacional Rosario Central Potosí	3	2	0	1	7	-	3	6
3. Club Sol Radiante de Llallagua	3	2	0	1	7	-	4	6
4. CD Cervecería Nacional Potosí	3	0	0	3	3	-	14	0

Grupo H
1. CD Torre Fuerte Santa Cruz de la Sierra	4	2	2	0	8	-	6	8
2. Satélite Norte FC Warnes	4	1	1	2	8	-	7	4
3. CD Ferroviario Santa Cruz de la Sierra	4	1	1	2	4	-	7	4

Grupo I								
1. CD Real Tomayapo	6	3	2	1	9	-	3	11
2. Club Quebracho Villa Montes	6	3	1	2	10	-	5	10
3. CD García Agreda Tarija	6	2	3	1	8	-	6	9
4. Club Atlético Bermejo	6	1	0	5	7	-	20	3

Second Stage [25-29.11.2020]

CD Mariscal Sucre Cobija - Club Vaca Díez Cobija	2-1	0-3
Club Municipal Tiquipaya - Club Deportivo FATIC El Alto	2-3	1-2
Club Chaco Petrolero La Paz - Cochabamba FC	2-0	0-3
CA Nacional Rosario Central Potosí - Oruro Royal Club	1-1	0-0
Club Empresa Minera Huanuni - Club Stormers San Lorenzo	3-1	2-6
CD Kivón Trinidad - CD Torre Fuerte Santa Cruz de la Sierra	2-7	1-1
Satélite Norte FC Warnes - Libertad Gran Mamoré FC	1-1	1-4
Club Quebracho Villa Montes - Club Independiente Petrolero Sucre	3-2	1-3
Academia Deportiva Fancesa - CD Real Tomayapo	3-1	1-3

Third Stage [02-05.12.2020]

Club Empresa Minera Huanuni - CD Real Tomayapo	2-1	0-5
Club Chaco Petrolero La Paz - Club Independiente Petrolero Sucre	0-2	0-5
Academia Deportiva Fancesa - Club Deportivo FATIC El Alto	2-1	2-1
Oruro Royal Club - Club Vaca Díez Cobija	2-4	2-2
CD Torre Fuerte Santa Cruz de la Sierra - Libertad Gran Mamoré FC	1-3	2-3
Cochabamba FC - Club Stormers San Lorenzo	1-1	1-1

CD Torre Fuerte Santa Cruz de la Sierra and Club Empresa Minera Huanuni (as best two losers) were qualified for the Quarter-Finals.

Quarter-Finals [09-12.12.2020]

CD Torre Fuerte Santa Cruz de la Sierra - Academia Deportiva Fancesa	1-1(1-0)	2-4(1-1)
Club Empresa Minera Huanuni - Club Independiente Petrolero Sucre	0-0	0-1(0-0)
Cochabamba FC - CD Real Tomayapo	1-1(1-1)	0-1(0-0)
Libertad Gran Mamoré FC - Club Vaca Díez Cobija	0-1(0-0)	0-2(0-1)

Semi-Finals [16-20.12.2020]

Academia Deportiva Fancesa - CD Real Tomayapo	3-1(0-1)	1-2 aet; 4-5 pen
Club Vaca Díez Cobija - Club Independiente Petrolero Sucre	1-2(0-0)	1-3(0-2)

Finals [18-22.12.2020]

CD Real Tomayapo - Club Independiente Petrolero Sucre	1-3(0-0)
Club Independiente Petrolero Sucre - CD Real Tomayapo	0-1 aet; 3-4 pen

<u>2020 Segunda División Winners</u>: **CD Real Tomayapo** (promoted for the 2021 División de Fútbol Profesional)

Club Independiente Petrolero Sucre, as runners-up also promoted for the 2021 División de Fútbol Profesional.

**NATIONAL TEAM
INTERNATIONAL MATCHES
(16.07.2020 – 15.07.2021)**

09.10.2020	Pernambuco	Brazil - Bolivia	5-0(2-0)	(WCQ)
13.10.2020	La Paz	Bolivia - Argentina	1-2(1-1)	(WCQ)
12.11.2020	La Paz	Bolivia - Ecuador	2-3(1-0)	(WCQ)
17.11.2020	Asunción	Paraguay - Bolivia	2-2(1-2)	(WCQ)
26.03.2021	Rancagua	Chile - Bolivia	2-1(2-1)	(F)
29.03.2021	Guayaquil	Ecuador - Bolivia	2-1(1-0)	(F)
03.06.2021	La Paz	Bolivia - Venezuela	3-1(1-1)	(WCQ)
08.06.2021	Santiago	Chile - Bolivia	1-1(0-0)	(WCQ)
14.06.2021	Goiânia	Paraguay - Bolivia	3-1(0-1)	(CA)
18.06.2021	Brasília	Chile - Bolivia	1-0(1-0)	(CA)
24.06.2021	Cuiabá	Bolivia - Uruguay	0-2(0-1)	(CA)
28.06.2021	Cuiabá	Bolivia - Argentina	1-4(0-3)	(CA)

09.10.2020, 22nd FIFA World Cup, Qualifiers
Neo Química Arena, São Paulo; Attendance: 0
Referee: Leodán Franklin González Cabrera (Uruguay)
BRAZIL - BOLIVIA   **5-0(2-0)**
BOL: Carlos Emilio Lampe Porras (30/0), Juan Gabriel Valverde Rivera (14/0), José Manuel Sagredo Chávez (18/0), Jesús Manuel Sagredo Chávez (1/0), Cristhian Alexis Árabe Pedraza (2/0) [63.Rudy Alejandro Cardozo Fernández (43/6)], Diego Horacio Wayar Cruz (16/0) [84.Leonardo Yassir Zabala Zeballos (1/0)], José María Carrasco Sanguino (3/0), Antônio José Bustamante (1/0) [80.Franz Simón Gonzales Mejía (1/0)], Bruno Miranda Villagómez (7/0), Luis Fernando Saldías Muñoz (1/0) [46.Boris Adrián Céspedes (1/0)], César Alejandro Menacho Claros (1/0) [62.Jhasmani Campos Dávalos (54/5)].
Trainer: César Alejandro Farías Acosta (Venezuela, 12).

13.10.2020, 22nd FIFA World Cup, Qualifiers
Estadio „Hernándo Siles Reyes", La Paz; Attendance: 0
Referee: Diego Mirko Haro Sueldo (Peru)
BOLIVIA - ARGENTINA   **1-2(1-1)**
BOL: Carlos Emilio Lampe Porras (31/0), Juan Gabriel Valverde Rivera (15/0), José Manuel Sagredo Chávez (19/0), Saúl Torres Rojas (4/0), Alejandro Saúl Chumacero Bracamonte (45/2) [66.Bruno Miranda Villagómez (8/0)], Rudy Alejandro Cardozo Fernández (44/6) [87.Cristhian Alexis Árabe Pedraza (3/0)], Diego Horacio Wayar Cruz (17/0) [83.Jorge Nelson Orozco Quiroga (1/0)], Raúl Castro Peñaloza (24/0) [66.Boris Adrián Céspedes (2/0)], José María Carrasco Sanguino (4/0), Marcelo Moreno Martins (77/19), Carlos Enrique Saucedo Urgel (16/7) [46.Antônio José Bustamante (2/0)].
Trainer: César Alejandro Farías Acosta (Venezuela, 13).
Goal: Marcelo Moreno Martins (24).

12.11.2020, 22nd FIFA World Cup, Qualifiers
Estadio „Hernándo Siles Reyes", La Paz; Attendance: 0
Referee: Wilton Pereira Sampaio (Brazil)
BOLIVIA - ECUADOR 2-3(1-0)
BOL: Carlos Emilio Lampe Porras (32/0), Juan Gabriel Valverde Rivera (16/0) [54.Ronny Fernando Montero Martínez (2/0)], Jorge Enrique Flores Yrahory (9/0) [90+2.José Manuel Sagredo Chávez (20/0)], Óscar Leandro Ribera Guzmán (10/0), Adrián Johnny Jusino Cerruto (11/0), Roberto Carlos Fernández Toro (5/0) [66.Henry Vaca Urquiza (8/0)], Leonel Justiniano Araúz (25/1), Erwin Mario Saavedra Flores (22/2) [67.Moisés Villarroel Angulo (2/0)], Marcelo Moreno Martins (78/20), Juan Carlos Arce Justiniano (70/12), Victor Alonso Ábrego Aguilera (1/0) [67.Gilbert Álvarez Vargas (23/5)]. Trainer: César Alejandro Farías Acosta (Venezuela, 14).
Goals: Juan Carlos Arce Justiniano (37), Marcelo Moreno Martins (24).

17.11.2020, 22nd FIFA World Cup, Qualifiers
Estadio Defensores del Chaco, Asunción; Attendance: 0
Referee: Alexis Adrián Herrera Hernández (Venezuela)
PARAGUAY - BOLIVIA 2-2(1-2)
BOL: Carlos Emilio Lampe Porras (33/0), Ronny Fernando Montero Martínez (3/0), José Manuel Sagredo Chávez (21/0), Óscar Leandro Ribera Guzmán (11/0), Adrián Johnny Jusino Cerruto (12/0), Leonel Justiniano Araúz (26/1) [90+4.Diego Horacio Wayar Cruz (18/0)], Boris Adrián Céspedes (3/1) [81.Victor Alonso Ábrego Aguilera (2/0)], Erwin Mario Saavedra Flores (23/2) [90+4.Erwin Junior Sánchez (3/0)], Marcelo Moreno Martins (79/21), Juan Carlos Arce Justiniano (71/12) [80.Jorge Enrique Flores Yrahory (10/0)], Gilbert Álvarez Vargas (24/5) [70.Alejandro Saúl Chumacero Bracamonte (46/2)]. Trainer: César Alejandro Farías Acosta (Venezuela, 15).
Goals: Marcelo Moreno Martins (41), Boris Adrián Céspedes (45).

26.03.2021, Friendly International
Estadio El Teniente, Rancagua; Attendance: 0
Referee: Juan Gabriel Benítez (Paraguay)
CHILE - BOLIVIA 2-1(2-1)
BOL: Carlos Emilio Lampe Porras (34/0), Juan Gabriel Valverde Rivera (17/0), Ronny Fernando Montero Martínez (4/0), Diego Bejarano Ibáñez (27/2) [75.Óscar Leandro Ribera Guzmán (12/0)], José Manuel Sagredo Chávez (22/0), Roberto Carlos Fernández Toro (6/0) [57.Ramiro Vaca Ponce (7/1)], Leonel Justiniano Araúz (27/1) [75.William Gustavo Álvarez Vargas (1/0)], Erwin Mario Saavedra Flores (24/2) [65.Diego Horacio Wayar Cruz (19/0)], Marcelo Moreno Martins (80/22), Juan Carlos Arce Justiniano (72/12) [65.Alejandro Saúl Chumacero Bracamonte (47/2)], Gilbert Álvarez Vargas (25/5) [46.Rodrigo Luis Ramallo Cornejo (16/2)]. Trainer: César Alejandro Farías Acosta (Venezuela, 16).
Goal: Marcelo Moreno Martins (18).

29.03.2021, Friendly International
Estadio Monumental Banco Pichincha, Guayaquil; Attendance: 0
Referee: Jhon Alexander Ospina Londoño (Colombia)
ECUADOR - BOLIVIA 2-1(1-0)
BOL: Javier Rojas Iguaro (1/0), Ronny Fernando Montero Martínez (5/0), Diego Bejarano Ibáñez (28/2) [67.Óscar Leandro Ribera Guzmán (13/0)], Jorge Enrique Flores Yrahory (11/0) [74.José Manuel Sagredo Chávez (23/0)], Guimer Justiniano Osorio (3/0), Diego Horacio Wayar Cruz (20/0), Erwin Mario Saavedra Flores (25/2) [67.Erwin Junior Sánchez (4/0)], Ramiro Vaca Ponce (8/1) [75.Leonel Justiniano Araúz (28/1)], Marcelo Moreno Martins (81/22), Juan Carlos Arce Justiniano (73/12) [67.Carlos Antonio Melgar Vargas (3/0)], Bruno Miranda Villagómez (9/0) [46.Rodrigo Luis Ramallo Cornejo (17/3)]. Trainer: César Alejandro Farías Acosta (Venezuela, 17).
Goal: Rodrigo Luis Ramallo Cornejo (90+4).

03.06.2021, 22nd FIFA World Cup, Qualifiers
Estadio „Hernándo Siles Reyes", La Paz; Attendance: 0
Referee: Jhon Alexander Ospina Londoño (Colombia)
BOLIVIA - VENEZUELA   **3-1(1-1)**
BOL: Carlos Emilio Lampe Porras (35/0), Diego Bejarano Ibáñez (29/3), Jorge Enrique Flores Yrahory (12/0) [46.José Manuel Sagredo Chávez (24/0)], Luis Fernando Haquín López (16/1), Jairo Quinteros Sierra (1/0), Leonel Justiniano Araúz (29/1), Erwin Mario Saavedra Flores (26/2) [90+4.Ramiro Vaca Ponce (9/1)], Henry Vaca Urquiza (9/0) [58.Gilbert Álvarez Vargas (26/5)], Marcelo Moreno Martins (82/24), Juan Carlos Arce Justiniano (74/12) [75.Diego Horacio Wayar Cruz (21/0)], Rodrigo Luis Ramallo Cornejo (18/3) [90+4.Roberto Carlos Fernández Toro (7/0)]. Trainer: César Alejandro Farías Acosta (Venezuela, 18).
Goals: Marcelo Moreno Martins (5), Diego Bejarano Ibáñez (60), Marcelo Moreno Martins (83).

08.06.2021, 22nd FIFA World Cup, Qualifiers
Estadio Nacional "Julio Martínez Prádanos", Santiago; Attendance: 0
Referee: Eber Aquino Gaona (Paraguay)
CHILE - BOLIVIA   **1-1(0-0)**
BOL: Carlos Emilio Lampe Porras (36/0), Diego Bejarano Ibáñez (30/3), José Manuel Sagredo Chávez (25/0), Adrián Johnny Jusino Cerruto (13/0), Luis Fernando Haquín López (17/1), Leonel Justiniano Araúz (30/1), Danny Brayhan Bejarano Yañez (29/0) [71.Diego Horacio Wayar Cruz (22/0)], Boris Adrián Céspedes (4/1) [46.Juan Carlos Arce Justiniano (75/12)], Henry Vaca Urquiza (10/0) [46.Gilbert Álvarez Vargas (27/5)], Marcelo Moreno Martins (83/25) [90+3.Erwin Junior Sánchez (5/0)], Rodrigo Luis Ramallo Cornejo (19/3) [46.Jorge Enrique Flores Yrahory (13/0)]. Trainer: César Alejandro Farías Acosta (Venezuela, 19).
Goal: Marcelo Moreno Martins (81 penalty).

14.06.2021, 47th Copa América, Group Stage
Estádio Olímpico "Pedro Ludovico", Goiânia (Brazil); Attendance: 0
Referee: Diego Mirko Haro Sueldo (Peru)
PARAGUAY - BOLIVIA   **3-1(0-1)**
BOL: Rubén Cordano Justiniano (2/0), Diego Bejarano Ibáñez (31/3), José Manuel Sagredo Chávez (26/0), Jorge Enrique Flores Yrahory (14/0) [46.Roberto Carlos Fernández Toro (8/0)], Adrián Johnny Jusino Cerruto (14/0), Jairo Quinteros Sierra (2/0), Leonel Justiniano Araúz (31/1) [75.Erwin Junior Sánchez (6/0)], Boris Adrián Céspedes (5/1) [46.Danny Brayhan Bejarano Yañez (30/0)], Erwin Mario Saavedra Flores (27/3) [64.Diego Horacio Wayar Cruz (23/0)], Gilbert Álvarez Vargas (28/5) [69.Rodrigo Luis Ramallo Cornejo (20/3)], Jaume Albert Cuéllar Mendoza (1/0) [*sent off 45+9*]. Trainer: César Alejandro Farías Acosta (Venezuela, 20).
Goal: Erwin Mario Saavedra Flores (10 penalty).

18.06.2021, 47th Copa América, Group Stage
Estádio Nacional "Mané Garrincha", Brasília (Brazil); Attendance: 0
Referee: Wilton Pereira Sampaio (Brazil)
CHILE - BOLIVIA   **1-0(1-0)**
BOL: Carlos Emilio Lampe Porras (37/0), Diego Bejarano Ibáñez (32/3), Adrián Johnny Jusino Cerruto (15/0), Roberto Carlos Fernández Toro (9/0), Jairo Quinteros Sierra (3/0), Leonel Justiniano Araúz (32/1) [46.Danny Brayhan Bejarano Yañez (31/0)], Erwin Mario Saavedra Flores (28/3) [78.Jorge Enrique Flores Yrahory (15/0)], Ramiro Vaca Ponce (10/1) [90.Moisés Villarroel Angulo (3/0)], Jeyson Ariel Chura Almanza (1/0) [64.Rodrigo Luis Ramallo Cornejo (21/3)], Juan Carlos Arce Justiniano (76/12), Gilbert Álvarez Vargas (29/5). Trainer: César Alejandro Farías Acosta (Venezuela, 21).

24.06.2021, 47th Copa América, Group Stage
Arena Pantanal, Cuiabá (Brazil); Attendance: 0
Referee: Alexis Adrián Herrera Hernández (Venezuela)
BOLIVIA - URUGUAY **0-2(0-1)**
BOL: Carlos Emilio Lampe Porras (38/0), Adrián Johnny Jusino Cerruto (16/0), Roberto Carlos Fernández Toro (10/0) [74.Jorge Enrique Flores Yrahory (16/0)], Jairo Quinteros Sierra (4/0), Leonel Justiniano Araúz (33/1), Moisés Villarroel Angulo (4/0) [46.Danny Brayhan Bejarano Yañez (32/0)], Erwin Mario Saavedra Flores (29/3), Ramiro Vaca Ponce (11/1), Jeyson Ariel Chura Almanza (2/0) [46.Henry Vaca Urquiza (11/0)], Juan Carlos Arce Justiniano (77/12) [68.Erwin Junior Sánchez (7/0)], Rodrigo Luis Ramallo Cornejo (22/3) [61.Marcelo Moreno Martins (84/25)]. Trainer: César Alejandro Farías Acosta (Venezuela, 22).

28.06.2021, 47th Copa América, Group Stage
Arena Pantanal, Cuiabá (Brazil); Attendance: 0
Referee: Andrés José Rojas Noguera (Colombia)
BOLIVIA - ARGENTINA **1-4(0-3)**
BOL: Carlos Emilio Lampe Porras (39/0), Diego Bejarano Ibáñez (33/3), Adrián Johnny Jusino Cerruto (17/0), Luis Fernando Haquín López (18/1), Roberto Carlos Fernández Toro (11/0) [81.Diego Horacio Wayar Cruz (24/0)], Leonel Justiniano Araúz (34/1), Boris Adrián Céspedes (6/1) [61.José Manuel Sagredo Chávez (27/0)], Erwin Mario Saavedra Flores (30/4) [85.Moisés Villarroel Angulo (5/0)], Ramiro Vaca Ponce (12/1), Jeyson Ariel Chura Almanza (3/0) [61.Henry Vaca Urquiza (12/0)], Gilbert Álvarez Vargas (30/5) [61.Rodrigo Luis Ramallo Cornejo (23/3)]. Trainer: César Alejandro Farías Acosta (Venezuela, 23).
Goal: Erwin Mario Saavedra Flores (60).

NATIONAL TEAM PLAYERS 2020/2021

Name [Club 2020/2021]	DOB	Caps	Goals

(Caps and goals at 15.07.2021)

Goalkeepers

Name [Club 2020/2021]	DOB	Caps	Goals
Rubén CORDANO Justiniano [2021: Club Bolívar La Paz]	16.10.1998	2	0
Carlos Emilio LAMPE Porras [2020/2021: Club Always Ready La Paz]	17.03.1987	39	0
Javier ROJAS Iguaro [2021: Club Bolívar La Paz]	14.01.1996	1	0

Defenders

Name [Club 2020/2021]	DOB	Caps	Goals
Diego BEJARANO Ibáñez [2020/2021: Club Bolívar La Paz]	24.08.1991	33	3
José María CARRASCO Sanguino [2020: CSCD Blooming Santa Cruz de la Sierra]	16.08.1997	4	0
Roberto Carlos FERNÁNDEZ Toro [2020/2021: Club Bolívar La Paz]	12.07.1999	11	0
Jorge Enrique FLORES Yrahory [2020: Club Bolívar La Paz; 13.01.2021-> Club Always Ready La Paz]	01.02.1994	16	0
Luis Fernando HAQUÍN López [2021: CD Melipilla (CHI)]	15.11.1997	18	1
Adrián Johnny JUSINO Cerruto [2020: Club Bolívar La Paz; 17.01.2021-> AE Lárissa (GRE)]	09.07.1992	17	0
Guimer JUSTINIANO Osorio [2021: Royal Pari FC Santa Cruz de la Sierra]	29.06.1989	3	0
Ronny Fernando MONTERO Martínez [2020/2021: Club Jorge Wilsterman Cochabamba]	15.05.1991	5	0
Jairo QUINTEROS Sierra [2021: Club Bolívar La Paz]	07.02.2001	4	0
Óscar Leandro RIBERA Guzmán [2020: Club Bolívar La Paz; 27.01.2021-> CSCD Blooming Santa Cruz de la Sierra]	10.02.1992	13	0
Jesús Manuel SAGREDO Chávez [2020: CSCD Blooming Santa Cruz de la Sierra]	10.03.1994	1	0
José Manuel SAGREDO Chávez [2020/2021: Club The Strongest La Paz]	10.03.1994	27	0
Saúl TORRES Rojas [2020: Club The Strongest La Paz]	22.03.1990	4	0
Juan Gabriel VALVERDE Rivera [2020/2021: Club The Strongest La Paz]	24.06.1990	17	0
Leonardo Yassir ZABALA Zeballos [2020: SE Palmeiras São Paulo (BRA)]	23.05.2003	1	0

Midfielders

Name	DOB		
Cristhian Alexis ÁRABE Pedraza *[2020: Club Always Ready La Paz]*	25.12.1991	3	0
Danny Brayhan BEJARANO Yañez *[2021:PAS Lamia (GRE)]*	03.01.1994	32	0
Antônio José BUSTAMANTE *[2020: CSCD Blooming Santa Cruz de la Sierra]*	20.06.1997	2	0
Jhasmani CAMPOS Dávalos *[2020: Club The Strongest La Paz]*	10.05.1988	54	5
Rudy Alejandro CARDOZO Fernández *[2020: Club The Strongest La Paz]*	14.02.1990	44	6
Raúl CASTRO Peñaloza *[2020: Club The Strongest La Paz]*	19.08.1989	24	0
Boris Adrián CÉSPEDES *[2020/2021: Servette FC Genève (SUI)]*	19.06.1995	6	1
Alejandro Saúl CHUMACERO Bracamonte *[2020: Club Puebla (MEX); 16.02.2021-> Club Unión Española Santiago (CHI)]*	22.04.1991	47	2
Jeyson Ariel CHURA Almanza *[2021: Club The Strongest La Paz]*	03.02.2002	3	0
Franz Simón GONZALES Mejía *[2020: Club The Strongest La Paz]*	26.06.2000	1	0
Leonel JUSTINIANO Araúz *[2020: Club Jorge Wilsterman Cochabamba; 04.01.2021-> Club Bolívar La Paz]*	02.07.1992	24	1
Carlos Antonio MELGAR Vargas *[2021: Club Jorge Wilsterman Cochabamba]*	04.11.1994	3	0
Erwin Mario SAAVEDRA Flores *[2020/2021: Club Bolívar La Paz]*	22.02.1996	30	4
Erwin Junior SÁNCHEZ *[2020/2021: CSCD Blooming Santa Cruz de la Sierra]*	23.07.1992	7	0
Henry VACA Urquiza *[2020: Club The Strongest La Paz; 29.01.2021-> CD Oriente Petrolero Santa Cruz de la Sierra]*	27.01.1998	12	0
Ramiro VACA Ponce *[2020/2021: Club The Strongest La Paz]*	01.07.1999	12	1
Moisés VILLARROEL Angulo *[2020/2021: Club Jorge Wilsterman Cochabamba]*	06.09.1998	5	0
Diego Horacio WAYAR Cruz *[2020/2021: Club The Strongest La Paz]*	15.10.1993	24	0

Forwards

Victor Alonso ÁBREGO Aguilera *[2020: Club Bolívar La Paz]*	11.02.1997	2	0
Juan Carlos ARCE Justiniano *[2020: Club Bolívar La Paz; 23.01.2021-> Club Always Ready La Paz]*	10.04.1985	77	12
Gilbert ÁLVAREZ Vargas *[2020/2021: Club Jorge Wilstermann Cochabamba]*	07.04.1992	30	5
William Gustavo ÁLVAREZ Vargas *[2021: CD Guabirá Montero]*	15.09.1995	1	0
Jaume Albert CUÉLLAR Mendoza *[2021: SPAL Ferrara (ITA)]*	23.08.2001	1	0
César Alejandro MENACHO Claros *[2020: CSCD Blooming Santa Cruz de la Sierra]*	09.08.1999	1	0
Bruno MIRANDA Villagómez *[2020/2021: Royal Pari FC Santa Cruz de la Sierra]*	10.02.1998	9	0
Marcelo Martins MORENO *[2020/2021: Cruzeiro EC Belo Horizonte (BRA)]*	18.06.1987	84	25
Jorge Nelson OROZCO Quiroga *[2020: CSCD Blooming Santa Cruz de la Sierra]*	24.01.2000	1	0
Rodrigo Luis RAMALLO Cornejo *[2020/2021: Club Always Ready La Paz]*	14.10.1990	23	3
Luis Fernando SALDÍAS Muños *[2020: Club Atlético Palmaflor Quillacollo]*	27.02.1997	1	0
Carlos Enrique SAUCEDO Urgel *[2020: Royal Pari FC Santa Cruz de la Sierra]*	11.09.1979	16	7

National coach

César Alejandro FARÍAS ACOSTA (*Venezuela*) [from 30.08.2019]	14.06.1973	15 M; 2 W; 2 D; 11 L; 17-36
Complete record as trainer of Bolivia (15.05.2018 – 01.02.2019) & (from 30.08.2019)		23 M; 3 W; 6 D; 14 L; 24-48

BRAZIL

The Country:
República Federativa do Brasil (Federative Republic of Brazil)
Capital: Brasilia
Surface: 8,514,877 km²
Inhabitants: 210,147,125 [2019]
Time: UTC-2 to -4

The FA:
Confederação Brasileira de Futebol
Avenida Luis Carlos Prestes n°130, Barra da Tijuca - 22775-055 Rio de Janeiro
Year of Formation: 1914
Member of FIFA since: 1923
Member of CONMEBOL since: 1916
Internet: www.cbf.com.br

NATIONAL TEAM RECORDS	
First international match:	20.09.1914, Buenos Aires: Argentina – Brazil 3-0
Most international caps:	Marcos Evangelista de Morais „Cafu" – 142 caps (1990-2006)
Most international goals:	Edson Arantes do Nascimento „Pelé" – 77 goals (92 caps, 1957-1971)

FIFA CONFEDERATIONS CUP 1992-2017
1997 (Winners), 1999 (Runners-up), 2001, 2003, **2005 (Winners)**, 2009 (Winners), 2013 (Winners)

OLYMPIC FOOTBALL TOURNAMENTS 1908-2016						
1908	Did not enter	1948	Did not enter	1972	Group Stage	1996	3rd Place
1912	Did not enter	1952	Quarter-Finals	1976	4th Place	2000	Quarter-Finals
1920	Did not enter	1956	Qualifiers	1980	Qualifiers	2004	Qualifiers
1924	Qualifiers	1960	Group Stage	1984	Runners-up	2008	3rd Place
1928	Did not enter	1964	Group Stage	1988	Runners-up	2012	Runners-up
1936	Did not enter	1968	Group Stage	1992	Qualifiers	2016	**Winners**

COPA AMÉRICA	
1916	3rd Place
1917	3rd Place
1919	**Winners**
1920	3rd Place
1921	Runners-up
1922	**Winners**
1923	4th Place
1924	*Withdrew*
1925	Runners-up
1926	*Withdrew*
1927	*Withdrew*
1929	*Withdrew*
1935	*Withdrew*
1937	Runners-up
1939	*Withdrew*
1941	*Withdrew*
1942	3rd Place
1945	Runners-up
1946	Runners-up
1947	*Withdrew*
1949	**Winners**
1953	Runners-up
1955	*Withdrew*
1956	4th Place
1957	Runners-up
1959	Runners-up
1959E	3rd Place
1963	4th Place
1967	*Withdrew*
1975	Semi-Finals
1979	Semi-Finals
1983	Runners-up
1987	Group Stage
1989	**Winners**
1991	Runners-up
1993	Quarter-Finals
1995	Runners-up
1997	**Winners**
1999	**Winners**
2001	Quarter-Finals
2004	**Winners**
2007	**Winners**
2011	Quarter-Finals
2015	Quarter-Finals
2016	Group Stage
2019	**Winners**
2021	Runners-up

FIFA WORLD CUP	
1930	Final Tournament (1st Round)
1934	Final Tournament (1st Round)
1938	Final Tournament (3rd Place)
1950	Final Tournament (Runners-up)
1954	Final Tournament (Quarter-Finals)
1958	**Final Tournament (Winners)**
1962	**Final Tournament (Winners)**
1966	Final Tournament (Group Stage)
1970	**Final Tournament (Winners)**
1974	Final Tournament (4th Place)
1978	Final Tournament (3rd Place)
1982	Final Tournament (2nd Round)
1986	Final Tournament (Quarter-Finals)
1990	Final Tournament (2nd Round of 16)
1994	**Final Tournament (Winners)**
1998	Final Tournament (Runners-up)
2002	**Final Tournament (Winners)**
2006	Final Tournament (Quarter-Finals)
2010	Final Tournament (Quarter-Finals)
2014	Final Tournament (4th Place)
2018	Final Tournament (Quarter-Finals)

BRAZILIAN CLUB HONOURS IN SOUTH AMERICAN CLUB COMPETITIONS:

COPA LIBERTADORES 1960-2020
Santos Futebol Clube (1962, 1963, 2011)
Cruzeiro Esporte Clube Belo Horizonte (1976, 1997)
Clube de Regatas do Flamengo Rio de Janeiro (1981, 2019)
Grêmio Foot-Ball Porto Alegrense (1983, 1995, 2017)
São Paulo Futebol Clube (1992, 1993, 2005)
Club de Regatas Vasco da Gama Rio de Janeiro (1998)
Sociedade Esportiva Palmeiras São Paulo (1999, 2020)
Sport Club Internacional Porto Alegre (2006, 2010)
Sport Club Corinthians Paulista São Paulo (2012)
Clube Atletico Mineiro Belo Horizonte (2013)

COPA SUDAMERICANA 2002-2020
Sport Club Internacional Porto Alegre (2008)
São Paulo Futebol Clube (2012)
Associação Chapecoense de Futebol (2016)
Club Athletico Paranaense Curitiba (2018)

RECOPA SUDAMERICANA 1989-2020
São Paulo Futebol Clube (1993, 1994)
Grêmio Foot-Ball Porto Alegrense (1996, 2018)
Cruzeiro Esporte Clube Belo Horizonte (1998)
Sport Club Internacional Porto Alegre (2007, 2011)
Santos Futebol Clube (2012)
Sport Club Corinthians Paulista São Paulo (2013)
Clube Atletico Mineiro Belo Horizonte (2014)
Clube de Regatas do Flamengo Rio de Janeiro (2020)

COPA CONMEBOL 1992-1999
Clube Atlético Mineiro (1992, 1997)
Botafogo de Futebol e Regatas Rio de Janeiro (1993)
São Paulo Futebol Clube (1994)
Santos Futebol Clube (1998)

SUPERCUP „JOÃO HAVELANGE" 1988-1997*
Cruzeiro Esporte Clube Belo Horizonte (1991, 1992)
São Paulo Futebol Clube (1993)

COPA MERCOSUR 1998-2001**
Sociedade Esportiva Palmeiras São Paulo (1998)
Clube de Regatas do Flamengo Rio de Janeiro (1999)
Club de Regatas Vasco da Gama Rio de Janeiro (2000)

*Contested betwewn winners of all previous editions of the Copa Libertadores
** Contested between teams belonging countries from the southern part of South America (Argentina, Brazil, Chile, Paraguay and Uruguay).

NATIONAL COMPETITIONS
TABLE OF HONOURS

	CHAMPIONS	CUP WINNERS
1959	-	Esporte Clube Bahia
1960	-	SE Palmeiras São Paulo
1961	-	Santos FC
1962	-	Santos FC
1963	-	Santos FC
1964	-	Santos FC
1965	-	Santos FC
1966	-	Cruzeiro EC Belo Horizonte
1967	-	SE Palmeiras São Paulo
1968	-	Botafogo de FR Rio de Janeiro
1969	-	-
1970	-	-
1971	Clube Atlético Mineiro	-
1972	SE Palmeiras São Paulo	-
1973	SE Palmeiras São Paulo	-
1974	CR Vasco da Gama Rio de Janeiro	-
1975	SC Internacional Porto Alegre	-
1976	SC Internacional Porto Alegre	-
1977	São Paulo FC	-
1978	Guarani FC Campinas	-
1979	SC Internacional Porto Alegre	-
1980	CR Flamengo Rio de Janeiro	-
1981	Grêmio Foot-Ball Porto Alegrense	-
1982	CR Flamengo Rio de Janeiro	-
1983	CR Flamengo Rio de Janeiro	-
1984	Fluminense FC Rio de Janeiro	-
1985	Coritiba FC	-
1986	São Paulo FC	-
1987	Sport Club do Recife	-
1988	Esporte Clube Bahia	-
1989	CR Vasco da Gama Rio de Janeiro	Grêmio Foot-Ball Porto Alegrense
1990	SC Corinthians Paulista São Paulo	CR Flamengo Rio de Janeiro
1991	São Paulo FC	Criciúma EC
1992	CR Flamengo Rio de Janeiro	SC Internacional Porto Alegre
1993	SE Palmeiras São Paulo	Cruzeiro EC Belo Horizonte
1994	SE Palmeiras São Paulo	Grêmio Foot-Ball Porto Alegrense
1995	Botafogo de FR Rio de Janeiro	SC Corinthians Paulista São Paulo
1996	Grêmio Foot-Ball Porto Alegrense	Cruzeiro EC Belo Horizonte
1997	CR Vasco da Gama Rio de Janeiro	Grêmio Foot-Ball Porto Alegrense
1998	SC Corinthians Paulista São Paulo	SE Palmeiras São Paulo
1999	SC Corinthians Paulista São Paulo	EC Juventude Caxias do Sul
2000	CR Vasco da Gama Rio de Janeiro	Cruzeiro EC Belo Horizonte
2001	Club Athletico Paranaense Curitiba	Grêmio Foot-Ball Porto Alegrense
2002	Santos FC	SC Corinthians Paulista São Paulo
2003	Cruzeiro EC Belo Horizonte	Cruzeiro EC Belo Horizonte
2004	Santos FC	EC Santo André
2005	SC Corinthians Paulista São Paulo	Paulista FC São Paulo

2006	São Paulo FC	CR Flamengo Rio de Janeiro
2007	São Paulo FC	Fluminense FC Rio de Janeiro
2008	São Paulo FC	Sport Club do Recife
2009	CR Flamengo Rio de Janeiro	SC Corinthians Paulista São Paulo
2010	Fluminense FC Rio de Janeiro	Santos FC
2011	SC Corinthians Paulista São Paulo	CR Vasco da Gama Rio de Janeiro
2012	Fluminense FC Rio de Janeiro	SE Palmeiras São Paulo
2013	Cruzeiro EC Belo Horizonte	CR Flamengo Rio de Janeiro
2014	Cruzeiro EC Belo Horizonte	Clube Atlético Mineiro Belo Horizonte
2015	SC Corinthians Paulista São Paulo	SE Palmeiras São Paulo
2016	SE Palmeiras São Paulo	Grêmio Foot-Ball Porto Alegrense
2017	SC Corinthians Paulista São Paulo	Cruzeiro EC Belo Horizonte
2018	SE Palmeiras São Paulo	Cruzeiro EC Belo Horizonte
2019	CR Flamengo Rio de Janeiro	Club Athletico Paranaense Curitiba
2020	CR Flamengo Rio de Janeiro	SE Palmeiras São Paulo

	BEST GOALSCORERS	
1971	Dario José dos Santos (Clube Atlético Mineiro)	17
1972	Dario José dos Santos (Clube Atlético Mineiro) Pedro Virgilio Rocha Franchetti (São Paulo FC)	17
1973	Ramón da Silva Ramos (Santa Cruz FC Recife)	21
1974	Carlos Roberto de Oliveira „Roberto Dinamite" (CR Vasco da Gama)	16
1975	Flávio Almeida da Fonseca „Flávio Minuano" (SC Internacional Porto Alegre)	16
1976	Dario José dos Santos (SC Internacional Porto Alegre)	16
1977	José Reinaldo de Lima (Clube Atlético Mineiro)	28
1978	Paulo Luiz Massariol „Paulinho" (CR Vasco da Gama)	19
1979	César Martins de Oliveira (América FC Rio de Janeiro) Roberto César Itacaramby (Cruzeiro EC Belo Horizonte)	12
1980	Arthur Antunes Coimbra „Zico" (CR Flamengo Rio de Janeiro)	21
1981	João Batista Nunes de Oliveira (CR Flamengo Rio de Janeiro)	16
1982	Arthur Antunes Coimbra „Zico" (CR Flamengo Rio de Janeiro)	21
1983	Sérgio Bernardino „Serginho" (Santos FC)	22
1984	Carlos Roberto de Oliveira „Roberto Dinamite" (CR Vasco da Gama)	16
1985	Edmar Bernardes dos Santos (Guarani FC Campinas)	20
1986	Antônio de Oliveira Filho „Careca" (São Paulo FC)	25
1987	Luís Antônio Corréa da Costa „Müller" (São Paulo FC)	25
1988	Nílson Esídio Mora (SC Internacional Porto Alegre)	15
1989	Túlio Humberto Pereira Costa (Goiás EC Goiânia)	11
1990	Charles Fabian Figueiredo Santos (Esporte Clube Bahia)	11
1991	Paulo César Vieira Rosa „Paulinho" (Santos FC)	15
1992	José Roberto Gama de Oliveira „Bebeto" (CR Vasco da Gama)	18
1993	Alexandre da Silva „Guga" (Santos FC)	14
1994	Márcio Amoroso dos Santos (Guarani FC Campinas) Túlio Humberto Pereira Costa (Botafogo de FR Rio de Janeiro)	19
1995	Túlio Humberto Pereira Costa (Botafogo de FR Rio de Janeiro)	23
1996	Renaldo Lopes da Cruz (Clube Atlético Mineiro) Arílson de Paula Nunes „Paulo Nunes" (Grêmio Foot-Ball Porto Alegrense)	16
1997	Edmundo Alves de Souza Neto (CR Vasco da Gama)	29
1998	Paulo Sergio Rosa „Viola" (Santos FC)	21
1999	Guilherme de Cássio Alves (Clube Atlético Mineiro)	28

Jahr	Torschützenkönig	Tore
2000	Elpídio Barbosa Conceição „Dill" (Goiás EC Goiânia) Magno Alves de Araújo (Fluminense FC Rio de Janeiro) Romário de Souza Faria (CR Vasco da Gama)	20
2001	Romário de Souza Faria (CR Vasco da Gama)	21
2002	Luís Fabiano Clemente (São Paulo FC) Rodrigo Fabri (Grêmio Foot-Ball Porto Alegrense)	19
2003	Editácio Vieira de Andrade „Dimba" (Goiás EC Goiânia)	31
2004	Washington Stecanela Cerqueira (Club Athletico Paranaense Curitiba)	34
2005	Romário de Souza Faria (CR Vasco da Gama)	22
2006	Rodrigo de Souza Cardoso (Goiás EC Goiânia)	17
2007	Josiel da Rocha (Paraná Clube Curitiba)	20
2008	Keirrison de Souza Carneiro (Coritiba FC) Washington Stecanela Cerqueira (Fluminense FC Rio de Janeiro) Kléber João Boas Pereira (Santos FC)	21
2009	Adriano Leite Ribeiro (CR Flamengo Rio de Janeiro) Diego Tardelli Martins (Clube Atlético Mineiro)	19
2010	Jonas Gonçalves Oliveira (Grêmio Foot-Ball Porto Alegrense)	23
2011	Humberlito Borges Teixeira (Santos FC)	23
2012	Frederico Chaves Guedes "Fred" (Fluminense FC Rio de Janeiro)	20
2013	Éderson Alves Ribeiro Silva (Club Athletico Paranaense Curitiba)	21
2014	Frederico Chaves Guedes "Fred" (Fluminense FC Rio de Janeiro)	18
2015	Ricardo de Oliveira (Santos FC)	20
2016	Diego de Souza Andrade (Sport Club do Recife) Frederico Chaves Guedes „Fred" (Clube Atlético Mineiro Belo Horizonte / Fluminense FC Rio de Janeiro) William de Oliveira Pottker (AA Ponte Preta Campinas)	14
2017	José Henrique da Silva Dourado (Fluminense FC Rio de Janeiro) João Alves de Assis Silva "Jô" (SC Corinthians Paulista São Paulo)	18
2018	Gabriel Barbosa Almeida (Santos FC)	18
2019	Gabriel Barbosa Almeida (CR Flamengo Rio de Janeiro)	25
2020	Cláudio Luiz Rodrigues Parise Leonel "Claudinho" (Red Bull Bragantino) Luciano da Rocha Neves (São Paulo FC)	18

NATIONAL CHAMPIONSHIP
Campeonato Brasileiro Série A 2020
(08.08.2020 - 25.02.2021)

Please note: Clube Atlético Bragantino changed its name to Red Bull Bragantino.

Results

Round 1 [08-09.08.2020]
Fortaleza - CA Paranaense 0-2(0-2)
Coritiba - Internacional 0-1(0-0)
SC Recife - Ceará SC 3-2(3-1)
Flamengo - Atlético Mineiro 0-1(0-1)
Santos FC - Red Bull Bragantino 1-1(0-0)
Grêmio Porto Alegre - Fluminense 1-0(1-0)
Botafogo - EC Bahia 1-2(0-1) [30.09.]
Corinthians - AC Goianiense 0-0 [30.09.]
Goiás EC - São Paulo FC 0-3(0-1) [03.12.]
Palmeiras - Vasco da Gama 1-1(1-1) [27.01.21]

Round 2 [12-13.08.2020]
Red Bull Bragantino - Botafogo 1-1(1-0)
Atlético Mineiro - Corinthians 3-2(0-2)
CA Paranaense - Goiás EC 2-1(1-1)
EC Bahia - Coritiba 1-0(1-0)
AC Goianiense - Flamengo 3-0(2-0)
Fluminense - Palmeiras 1-1(1-1)
Ceará SC - Grêmio Porto Alegre 1-1(1-0)
São Paulo FC - Fortaleza 1-0(1-0)
Internacional - Santos FC 2-0(0-0)
Vasco da Gama - SC Recife 2-0(2-0)

Round 3 [15-16.08.2020]
Grêmio Porto Alegre - Corinthians 0-0
Coritiba - Flamengo 0-1(0-1)
Palmeiras - Goiás EC 1-1(1-1)
Atlético Mineiro - Ceará SC 2-0(0-0)
Vasco da Gama - São Paulo FC 2-1(0-0)
EC Bahia - Red Bull Bragantino 2-1(1-0)
Fluminense - Internacional 2-1(1-1)
AC Goianiense - SC Recife 1-1(1-0)
Fortaleza - Botafogo 0-0
Santos FC - CA Paranaense 3-1(2-0)

Round 4 [19-20.08.2020]
Flamengo - Grêmio Porto Alegre 1-1(0-1)
Red Bull Bragantino - Fluminense 2-1(1-1)
CA Paranaense - Palmeiras 0-1(0-0)
Internacional - AC Goianiense 3-0(0-0)
Goiás EC - Fortaleza 1-3(0-1)
Botafogo - Atlético Mineiro 2-1(0-1)
Corinthians - Coritiba 3-1(1-1)
SC Recife - Santos FC 0-1(0-1)
São Paulo FC - EC Bahia 1-1(0-1)
Ceará SC - Vasco da Gama 0-3(0-0)

Round 5 [22-26.08.2020]
CA Paranaense - Fluminense 0-1(0-1)
Internacional - Atlético Mineiro 1-0(1-0)
Goiás EC - AC Goianiense 2-0(1-0)
Flamengo - Botafogo 1-0(0-0)
Vasco da Gama - Grêmio Porto Alegre 0-0
Palmeiras - Santos FC 2-1(1-0)
Red Bull Bragantino - Coritiba 1-2(1-1)
SC Recife - São Paulo FC 0-1(0-1)
Ceará SC - EC Bahia 2-0(1-0)
Corinthians - Fortaleza 1-1(0-0)

Round 6 [29-30.08.2020]
Botafogo - Internacional 0-2(0-2)
Fluminense - Vasco da Gama 2-1(1-0)
EC Bahia - Palmeiras 1-1(0-0)
Fortaleza - Red Bull Bragantino 3-0(1-0)
São Paulo FC - Corinthians 2-1(1-1)
Santos FC - Flamengo 0-1(0-1)
Coritiba - SC Recife 1-0(0-0)
AC Goianiense - Ceará SC 0-2(0-0)
Atlético Mineiro - Paranaense 0-2(0-2) [18.11.]
Grêmio P. Alegre - Goiás EC 2-1(1-0) [30.11.]

Round 7 [02-03.09.2020]
Ceará SC - Fortaleza 1-0(1-0)
Fluminense - AC Goianiense 1-1(1-0)
Goiás EC - Corinthians 1-2(0-1)
Botafogo - Coritiba 0-0
EC Bahia - Flamengo 3-5(2-3)
CA Paranaense - Red Bull Bragantino 1-1(1-1)
Palmeiras - Internacional 1-1(0-0)
Santos FC - Vasco da Gama 2-2(1-1)
Grêmio Porto Alegre - SC Recife 1-2(0-1)
Atlético Mineiro - São Paulo FC 3-0(2-0)

Round 8 [05-06.09.2020]
Flamengo - Fortaleza 2-1(1-1)
Corinthians - Botafogo 2-2(1-1)
Ceará SC - Santos FC 0-1(0-1)
Red Bull Bragantino - Palmeiras 1-2(0-0)
São Paulo FC - Fluminense 3-1(0-1)
Internacional - EC Bahia 2-2(1-1)
Vasco da Gama - CA Paranaense 1-0(1-0)
AC Goianiense - Grêmio Porto Alegre 1-1(1-1)
SC Recife - Goiás EC 2-1(0-1)
Coritiba - Atlético Mineiro 0-1(0-1)

Round 9 [09-10.09.2020]
CA Paranaense - Botafogo 1-1(0-0)
Fortaleza - SC Recife 1-0(0-0)
Goiás EC - Coritiba 3-3(1-2)
São Paulo FC - Red Bull Bragantino 1-1(0-0)
Fluminense - Flamengo 1-2(0-2)
Santos FC - Atlético Mineiro 3-1(2-1)
Corinthians - Palmeiras 0-2(0-1)
Internacional - Ceará SC 2-0(1-0)
EC Bahia - Grêmio Porto Alegre 0-2(0-1)
Vasco da Gama - AC Goianiense 1-2(0-0)

Round 10 [12-13.09.2020]
CA Paranaense - Coritiba 1-0(1-0)
Santos FC - São Paulo FC 2-2(1-2)
Fluminense - Corinthians 2-1(1-0)
Grêmio Porto Alegre - Fortaleza 1-0(1-0)
Atlético Mineiro - RB Bragantino 2-1(1-0)
EC Bahia - AC Goianiense 0-1(0-1)
Ceará SC - Flamengo 2-0(1-0)
Goiás EC - Internacional 1-0(1-0)
Palmeiras - SC Recife 2-2(2-1)
Botafogo - Vasco da Gama 2-3(0-1)

Round 11 [16-20.09.2020]
São Paulo FC - Paranaense 1-0(0-0) [26.09.]
Corinthians - EC Bahia 3-2(2-1)
Red Bull Bragantino - Ceará SC 4-2(3-1)
Fortaleza - Internacional 1-0(0-0)
AC Goianiense - Atlético Mineiro 3-4(1-0)
Grêmio Porto Alegre - Palmeiras 1-1(0-0)
Coritiba - Vasco da Gama 1-0(0-0)
Botafogo - Santos FC 0-0
SC Recife - Fluminense 1-0(1-0)
Flamengo - Goiás EC 2-1(1-1) [13.10.]

Round 12 [23-28.09.2020]
SC Recife - Corinthians 1-0(1-0)
Internacional - São Paulo FC 1-1(1-1)
CA Paranaense - EC Bahia 1-0(0-0)
Atlético Mineiro - Grêmio P. Alegre 3-1(1-0)
Vasco da Gama - Red Bull Bragantino 1-1(0-0)
Palmeiras - Flamengo 1-1(0-0)
Ceará SC - Goiás EC 2-2(0-1)
AC Goianiense - Botafogo 1-0(1-0)
Santos FC - Fortaleza 1-1(1-0)
Fluminense - Coritiba 4-0(1-0)

Round 13 [03-04.10.2020]
Grêmio Porto Alegre - Internacional 1-1(0-0)
Palmeiras - Ceará SC 2-1(1-1)
Red Bull Bragantino - Corinthians 0-0
Botafogo - Fluminense 1-1(0-1)
Flamengo - CA Paranaense 3-1(0-0)
Coritiba - São Paulo FC 1-1(1-1)
EC Bahia - SC Recife 1-2(0-1)
Fortaleza - AC Goianiense 0-0
Goiás EC - Santos FC 2-3(1-1)
Atlético Mineiro - Vasco da Gama 4-1(4-1)

Round 14 [07-08.10.2020]
Corinthians - Santos FC 1-1(1-1)
Flamengo - SC Recife 3-0(0-0)
Grêmio Porto Alegre - Coritiba 2-1(2-0)
EC Bahia - Vasco da Gama 3-0(3-0)
São Paulo FC - AC Goianiense 3-0(1-0)
Goiás EC - Fluminense 2-4(1-1)
Botafogo - Palmeiras 2-1(0-0)
Fortaleza - Atlético Mineiro 2-1(1-1)
CA Paranaense - Ceará SC 0-0
Red Bull Bragantino - Internacional 0-2(0-2)

Round 15 [10-11.10.2020]
Vasco da Gama - Flamengo 1-2(1-0)
Palmeiras - São Paulo FC 0-2(0-0)
Coritiba - Fortaleza 0-0
Atlético Mineiro - Goiás EC 3-0(2-0)
Fluminense - EC Bahia 1-0(0-0)
Santos FC - Grêmio Porto Alegre 2-1(1-0)
SC Recife - Botafogo 1-2(0-2)
AC Goianiense - Red Bull Bragantino 2-1(1-1)
Internacional - CA Paranaense 2-1(2-1)
Ceará SC - Corinthians 2-1(1-1)

Round 16 [14-16.10.2020]
Palmeiras - Coritiba 1-3(1-2)
Grêmio Porto Alegre - Botafogo 3-1(1-1)
Santos FC - AC Goianiense 0-1(0-0)
Atlético Mineiro - Fluminense 1-1(0-1)
SC Recife - Internacional 3-5(1-2)
CA Paranaense - Corinthians 0-1(0-0)
Flamengo - Red Bull Bragantino 1-1(0-0)
Goiás EC - EC Bahia 1-1(0-0)
Vasco da Gama - Fortaleza 0-0 [19.11.]
Ceará SC - São Paulo FC 1-1(0-1) [25.11.]

Round 17 [17-19.10.2020]
Fluminense - Ceará SC 2-2(1-1)
Coritiba - Santos FC 1-2(0-2)
AC Goianiense - CA Paranaense 1-1(1-0)
São Paulo FC - Grêmio Porto Alegre 0-0
Corinthians - Flamengo 1-5(0-1)
Internacional - Vasco da Gama 2-0(2-0)
Red Bull Bragantino - SC Recife 2-0(0-0)
Fortaleza - Palmeiras 2-0(2-0)
Botafogo - Goiás EC 0-0
EC Bahia - Atlético Mineiro 3-1(0-1)

Round 18 [21-25.10.2020]
Vasco da Gama - Corinthians 1-2(0-1)
Red Bull Bragantino - Goiás EC 2-0(1-0)
Ceará SC - Coritiba 2-1(1-1)
Atlético Mineiro - SC Recife 0-0
Fluminense - Santos FC 3-1(1-1)
AC Goianiense - Palmeiras 0-3(0-1)
Internacional - Flamengo 2-2(2-1)
CA Paranaense - Grêmio Porto Alegre 1-2(1-0)
EC Bahia - Fortaleza 2-1(1-0) [11.11.]
São Paulo FC - Botafogo 4-0(3-0) [09.12.]

Round 19 [31.10.-02.11.2020]
Botafogo - Ceará SC 2-2(2-1)
Corinthians - Internacional 1-0(1-0)
Coritiba - AC Goianiense 1-0(1-0)
Fortaleza - Fluminense 0-1(0-0)
Flamengo - São Paulo FC 1-4(1-2)
SC Recife - CA Paranaense 1-0(0-0)
Santos FC - EC Bahia 3-1(3-1)
Goiás EC - Vasco da Gama 1-1(0-1)
Palmeiras - Atlético Mineiro 3-0(1-0)
Grêmio Porto Alegre - RB Bragantino 2-1(0-0)

Round 20 [07-08.11.2020]
CA Paranaense - Fortaleza 2-1(0-1)
São Paulo FC - Goiás EC 2-1(1-1)
AC Goianiense - Corinthians 1-1(0-1)
Vasco da Gama - Palmeiras 0-1(0-0)
Internacional - Coritiba 2-2(1-0)
Atlético Mineiro - Flamengo 4-0(2-0)
EC Bahia - Botafogo 1-0(0-0)
Red Bull Bragantino - Santos FC 1-1(0-0)
Fluminense - Grêmio Porto Alegre 0-1(0-1)
Ceará SC - SC Recife 0-0

Round 21 [14-16.11.2020]
SC Recife - Vasco da Gama 0-2(0-1)
Santos FC - Internacional 2-0(0-0)
Goiás EC - CA Paranaense 0-1(0-1)
Fortaleza - São Paulo FC 2-3(1-1)
Corinthians - Atlético Mineiro 1-2(1-0)
Grêmio Porto Alegre - Ceará SC 4-2(3-1)
Palmeiras - Fluminense 2-0(0-0)
Flamengo - AC Goianiense 1-1(0-1)
Coritiba - EC Bahia 1-2(1-1)
Botafogo - Red Bull Bragantino 1-2(1-1)

Round 22 [20-23.11.2020]
Red Bull Bragantino - EC Bahia 4-0(3-0)
CA Paranaense - Santos FC 1-0(0-0)
Flamengo - Coritiba 3-1(2-0)
Goiás EC - Palmeiras 1-0(0-0)
São Paulo FC - Vasco da Gama 1-1(1-1)
Ceará SC - Atlético Mineiro 2-2(0-1)
Internacional - Fluminense 1-2(1-0)
Botafogo - Fortaleza 1-2(0-0)
Corinthians - Grêmio Porto Alegre 0-0
SC Recife - AC Goianiense 0-1(0-0)

Round 23 [25-30.11.2020]
Atlético Mineiro - Botafogo 2-1(1-0)
Coritiba - Corinthians 0-1(0-1)
Fortaleza - Goiás EC 1-1(0-1)
Santos FC - SC Recife 4-2(2-2)
Palmeiras - CA Paranaense 3-0(2-0)
EC Bahia - São Paulo FC 1-3(0-0)
AC Goianiense - Internacional 0-0
Vasco da Gama - Ceará SC 1-4(0-2)
Fluminense - Red Bull Bragantino 0-0
Grêmio P.A. - Flamengo 2-4(1-0) [28.01.21]

Round 24 [02-07.12.2020]
Fortaleza - Corinthians 0-0
Botafogo - Flamengo 0-1(0-0)
Santos FC - Palmeiras 2-2(1-0)
Fluminense - CA Paranaense 3-1(1-1)
EC Bahia - Ceará SC 0-2(0-0)
Coritiba - Red Bull Bragantino 0-0
Grêmio Porto Alegre - Vasco da Gama 4-0(1-0)
São Paulo FC - SC Recife 1-0(1-0)
Atlético Mineiro - Internacional 2-2(1-1)
AC Goianiense - Goiás EC 0-1(0-1)

Round 25 [12-13.12.2020]
CA Paranaense - Atlético Mineiro 0-1(0-1)
Red Bull Bragantino - Fortaleza 2-1(1-1)
Internacional - Botafogo 2-1(1-1)
Palmeiras - EC Bahia 3-0(3-0)
Goiás EC - Grêmio Porto Alegre 0-0
Ceará SC - AC Goianiense 1-2(0-0)
Flamengo - Santos FC 4-1(1-0)
Corinthians - São Paulo FC 1-0(1-0)
SC Recife - Coritiba 1-0(1-0)
Vasco da Gama - Fluminense 1-1(0-1)

Round 26 [16-21.12.2020]
AC Goianiense - Fluminense 2-1(1-0)
São Paulo FC - Atlético Mineiro 3-0(1-0)
SC Recife - Grêmio Porto Alegre 1-1(1-0)
Coritiba - Botafogo 1-2(1-0)
Internacional - Palmeiras 2-0(1-0)
Vasco da Gama - Santos FC 1-0(1-0)
Red Bull Bragantino - CA Paranaense 0-1(0-1)
Flamengo - EC Bahia 4-3(2-0)
Fortaleza - Ceará SC 0-2(0-0)
Corinthians - Goiás EC 2-1(1-1)

Round 27 [26-27.12.2020]
Atlético Mineiro - Coritiba 2-0(0-0)
Fortaleza - Flamengo 0-0
Goiás EC - SC Recife 1-0(1-0)
Fluminense - São Paulo FC 1-2(0-1)
Botafogo - Corinthians 0-2(0-1)
EC Bahia - Internacional 1-2(0-1)
CA Paranaense - Vasco da Gama 3-0(2-0)
Palmeiras - Red Bull Bragantino 1-0(1-0)
Santos FC - Ceará SC 1-1(1-1)
Grêmio Porto Alegre - AC Goianiense 2-1(1-0)

Round 28 [06-07.01.2021]
Grêmio Porto Alegre - EC Bahia 2-1(1-0)
Botafogo - CA Paranaense 0-2(0-1)
SC Recife - Fortaleza 1-0(1-0)
Coritiba - Goiás EC 1-2(0-2)
Flamengo - Fluminense 1-2(1-0)
Red Bull Bragantino - São Paulo FC 4-2(4-1)
Ceará SC - Internacional 0-2(0-0)
AC Goianiense - Vasco da Gama 0-0
Palmeiras - Corinthians 4-0(2-0) [18.01.]
Atlético Mineiro - Santos FC 2-0(2-0) [26.01.]

Round 29 [09-13.01.2021]
SC Recife - Palmeiras 0-1(0-1)
Coritiba - CA Paranaense 0-0
Fortaleza - Grêmio Porto Alegre 0-0
São Paulo FC - Santos FC 0-1(0-0)
Flamengo - Ceará SC 0-2(0-1)
AC Goianiense - EC Bahia 1-1(1-0)
Internacional - Goiás EC 1-0(1-0)
Vasco da Gama - Botafogo 3-0(1-0)
RB Bragantino - Atlético Mineiro 2-2(1-0)
Corinthians - Fluminense 5-0(1-0)

Round 30 [15-18.01.2021]
Palmeiras - Grêmio Porto Alegre 1-1(1-0)
Fluminense - SC Recife 1-0(0-0)
Vasco da Gama - Coritiba 0-1(0-1)
Santos FC - Botafogo 2-1(1-1)
CA Paranaense - São Paulo FC 1-1(1-0)
Atlético Mineiro - AC Goianiense 3-1(2-0)
Ceará SC - Red Bull Bragantino 1-2(0-0)
Internacional - Fortaleza 4-2(2-1)
Goiás EC - Flamengo 0-3(0-1)
EC Bahia - Corinthians 2-1(2-0) [28.01.]

Round 31 [20-21.01.2021]
Botafogo - AC Goianiense 1-3(0-0)
EC Bahia - CA Paranaense 1-0(0-0)
Grêmio P. Alegre - Atlético Mineiro 1-1(0-1)
Coritiba - Fluminense 3-3(2-0)
Red Bull Bragantino - Vasco da Gama 4-1(1-0)
São Paulo FC - Internacional 1-5(1-2)
Flamengo - Palmeiras 2-0(1-0)
Fortaleza - Santos FC 2-0(0-0)
Goiás EC - Ceará SC 0-4(0-2)
Corinthians - SC Recife 3-0(1-0)

Round 32 [23-25.01.2021]
São Paulo FC - Coritiba 1-1(0-0)
Vasco da Gama - Atlético Mineiro 3-2(2-0)
CA Paranaense - Flamengo 2-1(1-1)
Ceará SC - Palmeiras 2-1(2-1)
Internacional - Grêmio Porto Alegre 2-1(0-0)
SC Recife - EC Bahia 2-0(0-0)
AC Goianiense - Fortaleza 2-0(1-0)
Santos FC - Goiás EC 3-4(2-0)
Fluminense - Botafogo 2-0(0-0)
Corinthians - Red Bull Bragantino 0-2(0-2)

Round 33 [31.01.-02.02.2021]
AC Goianiense - São Paulo FC 2-1(1-1)
Coritiba - Grêmio Porto Alegre 1-1(0-1)
Vasco da Gama - EC Bahia 0-0
Ceará SC - CA Paranaense 0-2(0-0)
Atlético Mineiro - Fortaleza 2-0(0-0)
Internacional - Red Bull Bragantino 2-1(1-1)
Fluminense - Goiás EC 3-0(3-0)
SC Recife - Flamengo 0-3(0-2)
Palmeiras - Botafogo 1-1(1-0)
Santos FC - Corinthians 1-0(0-0) [17.02.]

Round 34 [03-05.02.2021]
Grêmio Porto Alegre - Santos FC 3-3(1-1)
Red Bull Bragantino - AC Goianiense 2-0(0-0)
EC Bahia - Fluminense 0-1(0-1)
Goiás EC - Atlético Mineiro 1-0(1-0)
Corinthians - Ceará SC 2-1(2-1)
Fortaleza - Coritiba 3-1(2-1)
Flamengo - Vasco da Gama 2-0(1-0)
CA Paranaense - Internacional 0-0
Botafogo - SC Recife 0-1(0-1)
São Paulo FC - Palmeiras 1-1(0-0) [19.02.]

Round 35 [06-10.02.2021]
EC Bahia - Goiás EC 3-3(2-1)
AC Goianiense - Santos FC 1-1(1-0)
Red Bull Bragantino - Flamengo 1-1(0-1)
Botafogo - Grêmio Porto Alegre 2-5(0-2)
Internacional - SC Recife 1-2(1-2)
Fortaleza - Vasco da Gama 3-0(2-0)
São Paulo FC - Ceará SC 1-1(0-0)
Fluminense - Atlético Mineiro 0-0
Corinthians - CA Paranaense 3-3(2-2)
Coritiba - Palmeiras 1-0(0-0) [17.02.]

Round 36 [13-15.02.2021]
Goiás EC - Botafogo 2-0(1-0)
Atlético Mineiro - EC Bahia 1-1(1-0)
Santos FC - Coritiba 2-0(1-0)
Flamengo - Corinthians 2-1(1-1)
Vasco da Gama - Internacional 0-2(0-1)
Palmeiras - Fortaleza 3-0(3-0)
CA Paranaense - AC Goianiense 2-1(0-0)
Grêmio Porto Alegre - São Paulo FC 1-2(1-0)
Ceará SC - Fluminense 1-3(0-1)
SC Recife - Red Bull Bragantino 0-0

Round 37 [20-22.02.2021]
Coritiba - Ceará SC 0-2(0-0)
Fortaleza - EC Bahia 0-4(0-1)
Corinthians - Vasco da Gama 0-0
SC Recife - Atlético Mineiro 2-3(1-1)
Flamengo - Internacional 2-1(1-1)
Santos FC - Fluminense 1-1(0-1)
Grêmio Porto Alegre - CA Paranaense 1-0(0-0)
Goiás EC - Red Bull Bragantino 0-0
Palmeiras - AC Goianiense 1-1(1-1)
Botafogo - São Paulo FC 1-0(0-0)

Round 38 [25.02.2021]
São Paulo FC - Flamengo 2-1(1-0)
Ceará SC - Botafogo 2-1(1-0)
Atlético Mineiro - Palmeiras 2-0(0-0)
EC Bahia - Santos FC 2-0(1-0)
Internacional - Corinthians 0-0
RB Bragantino - Grêmio Porto Alegre 1-0(0-0)
CA Paranaense - SC Recife 2-0(1-0)
AC Goianiense - Coritiba 3-1(3-0)
Fluminense - Fortaleza 2-0(1-0)
Vasco da Gama - Goiás EC 3-2(1-2)

Final Standings

1.	**CR Flamengo Rio de Janeiro**	38	21	8	9	68	-	48	71
2.	SC Internacional Porto Alegre	38	20	10	8	61	-	35	70
3.	Clube Atlético Mineiro Belo Horizonte	38	20	8	10	64	-	45	68
4.	São Paulo Futebol Clube	38	18	12	8	59	-	41	66
5.	Fluminense FC Rio de Janeiro	38	18	10	10	55	-	42	64
6.	Grêmio Foot-Ball Porto Alegrense	38	14	17	7	53	-	40	59
7.	SE Palmeiras São Paulo	38	15	13	10	51	-	37	58
8.	Santos Futebol Clube	38	14	12	12	52	-	51	54
9.	Club Athletico Paranaense Curitiba	38	15	8	15	38	-	36	53
10.	Red Bull Bragantino	38	13	14	11	50	-	40	53
11.	Ceará Sporting Club Fortaleza	38	14	10	14	54	-	51	52
12.	SC Corinthians Paulista São Paulo	38	13	12	13	45	-	45	51
13.	Atlético Clube Goianiense	38	12	14	12	40	-	45	50
14.	Esporte Clube Bahia Salvador	38	12	8	18	48	-	59	44
15.	Sport Club do Recife	38	12	6	20	31	-	50	42
16.	Fortaleza Esporte Clube	38	10	11	17	34	-	44	41
17.	CR Vasco da Gama Rio de Janeiro (*Relegated*)	38	10	11	17	37	-	56	41
18.	Goiás EC Goiânia (*Relegated*)	38	9	10	19	41	-	63	37
19.	Coritiba Foot Ball Club (*Relegated*)	38	7	10	21	31	-	54	31
20.	Botafogo de FR Rio de Janeiro (*Relegated*)	38	5	12	21	32	-	62	27

Top goalscorers:
18 goals: **Cláudio Luiz Rodrigues Parise Leonel "Claudinho"** **(Red Bull Bragantino)**
          Luciano da Rocha Neves   **(São Paulo FC)**
17 goals: Thiago Galhardo do Nascimento Roca   (SC Internacional P. Alegre)
          Mário Sérgio Santos Costa   (Santos Futebol Clube)

Qualified for the 2021 Copa Libertadores (Group Stage):
CR Flamengo Rio de Janeiro, SC Internacional Porto Alegre, Clube Atlético Mineiro Belo Horizonte, São Paulo Futebol Clube, Fluminense FC Rio de Janeiro.

Qualified for the 2021 Copa Libertadores (Qualifying Second Stage):
Grêmio Foot-Ball Porto Alegrense, SE Palmeiras São Paulo, Santos Futebol Clube.

Qualified for the 2021 Copa Sudamericana:
Club Athletico Paranaense Curitiba, Red Bull Bragantino, Ceará Sporting Club Fortaleza, SC Corinthians Paulista São Paulo, Atlético Clube Goianiense, Esporte Clube Bahia Salvador.

NATIONAL CUP
Copa do Brasil Final 2020 (Copa Continental Pneus)

28.02.2021, Arena do Grêmio, Porto Alegre
Referee: Marcelo de Lima Henrique
Grêmio Foot-Ball Porto Alegrense - SE Palmeiras São Paulo 0-1(0-1)
Grêmio: Paulo Victor de Mileo Vidotti, Victor Ferraz Macedo (73.Diego Churín Puyo), Jonathan Doin "Paulo Miranda" (81.Vanderson de Oliveira Campos), Walter Kannemann, Diogo Barbosa Mendanha, Maicon Thiago Pereira de Souza Nascimento (Cap) (73.Aldemir dos Santos Ferreira), Matheus Henrique De Souza, Jean Pyerre Casagrande Silveira Correa (81.Thaciano Mickael da Silva), Eduardo Gabriel Aquino Cossa "Pepê", Diego de Souza Andrade, Alisson Euler de Freitas Castro (81.Isaque Elias Brito). Trainer: Renato Portaluppi "Renato Gaúcho".
Palmeiras: Wéverton Pereira da Silva, Marcos Luis Rocha de Aquino, Luan Garcia Teixeira [*sent off 63*], Gustavo Raúl Gómez Portillo, Matías Nicolás Viña Susperreguy, Felipe Melo de Carvalho (Cap), José Rafael Vivian "Zé Rafael" (77.Mayke Rocha de Oliveira), Raphael Cavalcante Veiga (67.Alan Pereira Empereur), Ronielson da Silva Barbosa "Rony" (77.Danilo dos Santos de Oliveira), Wesley Ribeiro Silva (67.Gabriel Vinicius Menino), Luiz Adriano de Souza da Silva (70.Gabriel Veron Fonseca de Souza). Trainer: Abel Fernando Moreira Ferreira (Portugal).
Goal: 0-1 Gustavo Raúl Gómez Portillo (31).

07.03.2021, Allianz Parque, São Paulo
Referee: Bruno Arleu de Araújo
SE Palmeiras São Paulo - Grêmio Foot-Ball Porto Alegrense 2-0(0-0)
Palmeiras: Wéverton Pereira da Silva, Marcos Luis Rocha de Aquino, Gustavo Raúl Gómez Portillo, Alan Pereira Empereur, Matías Nicolás Viña Susperreguy, Felipe Melo de Carvalho (Cap), José Rafael Vivian "Zé Rafael" (62.Patrick de Paula Carreiro), Raphael Cavalcante Veiga (74.Mayke Rocha de Oliveira), Ronielson da Silva Barbosa "Rony", Wesley Ribeiro Silva (74.Gabriel Vinicius Menino), Luiz Adriano de Souza da Silva (74.Willian Gomes de Siqueira). Trainer: Abel Fernando Moreira Ferreira (Portugal).
Grêmio: Paulo Victor de Mileo Vidotti, Vanderson de Oliveira Campos (77.Victor Ferraz Macedo), Jonathan Doin "Paulo Miranda", Walter Kannemann (77.Diego Churín Puyo), Diogo Barbosa Mendanha, Maicon Thiago Pereira de Souza Nascimento (Cap), Matheus Henrique De Souza, Thaciano Mickael da Silva (68.Jean Pyerre Casagrande Silveira Correa), Alisson Euler de Freitas Castro (59.Guilherme da Silva Azevedo), Diego de Souza Andrade, Eduardo Gabriel Aquino Cossa "Pepê" (59.Aldemir dos Santos Ferreira). Trainer: Renato Portaluppi "Renato Gaúcho".
Goals: 1-0 Wesley Ribeiro Silva (52), 2-0 Gabriel Vinicius Menino (84).

<u>Copa do Brasil Winner 2020</u>: **SE Palmeiras São Paulo**

THE CLUBS 2020

CLUB ATHLETICO PARANAENSE CURITIBA

Foundation date: May 26, 1924
Address: Rua Petit Carneiro 57, Bairro Água Verde 80240-050, Curitiba, Paraná
Stadium: Estádio "Joaquim Américo Guimarães" [Arena da Baixada] – Capacity: 42,372

THE SQUAD

		DOB	M	(s)	G
Goalkeepers:					
Bento	Bento Matheus Krepski	10.06.1999	1		
Jandrei	Jandrei Chitolina Carniel	01.03.1993	4		
Santos	Aderbar Melo dos Santos Neto	17.03.1990	33		
Defenders:					
Abner Vinicius	Abner Vinicius Da Silva Santos	27.05.2000	30	(4)	3
	Felipe Aguilar Mendoza (COL)	20.01.1993	5	(6)	
Jonathan	Jonathan Cícero Moreira	27.02.1986	18		
José Ivaldo	José Ivaldo Almeida Silva	21.02.1997	6	(8)	
Khellven	Khellven Douglas Silva Oliveira	25.02.2001	9	(12)	
Luan Patrick	Luan Patrick Wiedthauper	20.01.2002		(1)	
Lucas Halter	Lucas Halter	02.05.2000	6	(3)	
Márcio Azevedo	Márcio Gonzaga Azevedo	05.02.1986	6		
Pedro Henrique	Pedro Henrique Ribeiro Gonçalves	02.10.1995	30		
Richard	Richard Candido Coelho	18.02.1994	21	(7)	
Thiago Heleno	Thiago Heleno Henrique Ferreira	17.09.1988	29		2
Midfielders:					
	Jaime Alberto Alvarado Hoyos (COL)	26.07.1999	3	(11)	
Bruno Leite	Bruno da Silva Costa Leite	07.04.2000		(3)	
Christian	Christian Roberto Alves Cardoso	19.12.2000	22	(8)	2
Erick	Erick Luis Conrado Carvalho	14.11.1997	17	(2)	
Fernando Canesin	Fernando Canesin Matos	27.02.1992	9	(7)	1
	Luis Óscar González (ARG)	19.01.1981	4	(8)	
Jádson	Jádson Rodrigues da Silva	05.10.1983	4	(5)	
João Victor	João Victor da Silva Oliveira	06.04.2002	1	(2)	
Jorginho	Jorge de Moura Xavier „Jorginho"	05.01.1991	2	(2)	
Kawan	Kawan Gabriel da Silva	06.03.2002		(1)	
Léo Cittadini	Leonardo Cittadini "Léo Cittadini"	27.02.1994	29	(2)	5
Léo Gomes	Leonardo da Silva Gomes „Léo Gomes"	30.04.1997	2		
Marquinhos Gabriel	Marcos Gabriel do Nascimento „Marquinhos Gabriel"	21.07.1990	3	(1)	
Nikão	Maycon Vinícius Ferreira da Cruz "Nikão"	29.07.1992	25	(1)	3
Ravanelli	Ravanelli Ferreira dos Santos	29.08.1997	1	(10)	1
Wellington	Wellington Aparecido Martins	28.01.1991	17	(3)	
Forwards:					
Bissoli	Guilherme Bissoli Campos	09.01.1998	6	(9)	
Carlos Eduardo	Carlos Eduardo Ferreira de Souza	10.10.1996	20	(10)	7
Fabinho	Fabio Augusto Luciano da Silva "Fabinho"	18.11.1999	6	(7)	1
Geuvânio	Geuvânio Santos Silva	05.04.1992	5	(7)	1
Jajá	Jair Diego Alves de Brito "Jajá"	15.04.2001		(1)	
Pedrinho	Pedro Gabriel Pereira Lopes "Pedrinho"	10.11.1999	3	(6)	
Reinaldo	Reinaldo di Nascimento Satorno	06.06.2001	4	(7)	
Renato Kayzer	Renato Kayzer de Souza	17.02.1996	24	(3)	8
Vinicius Mingotti	Vinicius Alessandro Mingotti	07.01.2000	4	(2)	
Vitinho	Vitor Hugo Naum Dos Santos „Vitinho"	01.04.1999	8	(5)	4
Wálter	Wálter Henrique da Silva	22.07.1989	1	(16)	

	Trainer:		
Dorival Júnior	Dorival Silvestre Júnior [27.12.2019-28.08.2020; Sacked]	25.04.1962	6
Eduardo Barros	Eduardo Maciel de Barros [28.08.-22.10.2020; Sacked]	08.03.1985	10
Paulo Autuori	Paulo Autuori de Mello [from 23.10.2020]	25.08.1956	22

ATLÉTICO CLUBE GOIANIENSE

Foundation date: April 2, 1937
Address: Rua Vitória Régia, 74565-100 Goiânia, GO
Stadium: Estádio "Antônio Accioly", Goiânia – Capacity: 12,500

THE SQUAD

		DOB	M	(s)	G
Goalkeepers:					
Jean	Jean Paulo Fernandes Filho	26.10.1995	36		5
Kozlinski	Mauricio Kozlinski	18.06.1991	2		
Defenders:					
Arnaldo	Arnaldo Manoel de Almeida	15.04.1992	3	(14)	
Danilo Alves	Danilo Alves da Silva	04.08.2001		(1)	
Dudu	Luis Eduardo Marques dos Santos "Dudu"	30.05.1997	32	(2)	
Éder Ferreira	Éder Ferreira Graminho	05.04.1995	32		
Edson	Edson Felipe da Cruz	01.07.1991	14		1
Gilvan	Gilvan Souza Correa	10.11.1989	14	(8)	2
João Victor	João Victor Da Silva Marcelino	17.07.1998	25	(2)	
Moacir	Moacir Costa da Silva	14.02.1986	1	(3)	
Natanael Pimenta	Natanael Batista Pimenta	25.12.1990	12	(7)	2
Nicolas	Nicolas Vichiatto da Silva	24.02.1997	26	(4)	
Oliveira	Lucas da Cruz Oliveira	02.02.1996	10	(9)	2
Midfielders:					
Baralhas	Gabriel Baralhas Dos Santos	10.10.1998	2	(2)	
	Francisco Hyun Sol Kim "Chico" (KOR)	16.05.1991	27	(6)	1
Everton Felipe	Everton Felipe de Oliveira Silva	28.07.1997	6	(8)	
Jorginho	Jorge de Moura Xavier „Jorginho"	05.01.1991	5		2
Marlon Freitas	Marlon Rodrigues de Freitas	27.03.1995	30	(1)	
Matheus Frizzo	Matheus Henrique Frizzo	24.07.1998		(4)	
Matheus Vargas	Matheus de Vargas	18.06.1996	13	(16)	1
Matheuzinho	Matheus Cotulio Bossa „Matheuzinho"	21.02.1993	3	(14)	1
Pereira	Matheus Sousa Pereira	31.01.1997	5	(5)	1
Rithely	Francisco Rithely da Silva Sousa	27.01.1991		(3)	
	Henry Vaca Urquiza (BOL)	27.01.1998		(1)	
Willian Maranhão	Willian Marlon Ferreira Moraes „Willian Maranhão"	14.12.1995	18	(4)	
Wellington Rato	Wellington Soares da Silva „Wellington Rato"	18.06.1992	13	(6)	2
Forwards:					
Danilo	Danilo Gomes Magalhães	05.02.1999	4	(9)	1
Gustavo Ferrareis	Gustavo Henrique Ferrareis	02.01.1996	24	(2)	3
Hyuri	Hyuri Henrique de Oliveira Costa	26.09.1991	8	(8)	2
Janderson	Janderson Santos de Souza	26.02.1999	24	(8)	3
Júnior Brandão	José Brandão Gonçalves Júnior	07.01.1995		(11)	
Renato Kayzer	Renato Kayzer de Souza	17.02.1996	5		3
Roberson	Roberson de Arruda Alves	02.04.1989	2	(7)	2
Vitor Leque	Vitor Benedito Leque da Silva	19.01.2001		(8)	2
Zé Roberto	Jose Roberto Assunção de Araujo Filho "Zé Roberto"	14.09.1993	22	(3)	3

	Trainer:		
Vágner Mancini	Vágner do Carmo Mancini [25.06.-12.10.2020]	24.10.1966	15
Eduardo Souza	Eduardo do Nascimento Souza [13.10.-07.11.2020; Caretaker]	01.01.1980	5
Marcelo Cabo	Marcelo Ribeiro Cabo [from 07.11.2020]	06.12.1966	18

CLUBE ATLÉTICO MINEIRO BELO HORIZONTE
Foundation date: March 25, 1908
Address: Av. Olegario Maciel, 1516 , Bairro Centro, Belo Horizonte, MG CEP: 30180-110
Stadium: Estádio "Governador Magalhães Pinto" [Mineirão], Belo Horizonte – Capacity: 61,846

THE SQUAD

		DOB	M	(s)	G
Goalkeepers:					
Éverson	Éverson Felipe Marques Pires	22.07.1990	28		
Rafael Monteiro	Rafael Pires Monteiro	23.06.1989	10		
Victor	Victor Leandro Bagy	21.01.1983		(1)	
Defenders:					
	Junior Osmar Ignacio Alonso Mujica (PAR)	09.02.1993	32		1
Bueno	Wellington Daniel Bueno	24.08.1995	3	(6)	
Fábio Santos	Fábio Santos Romeu	16.09.1985	1	(4)	
Gabriel França	Gabriel Costa França	14.03.1995	6	(3)	
Guga	Claudio Rodrigues Gomes "Guga"	29.08.1998	30	(2)	1
Guilherme Arana	Guilherme Antonio Arana Lopes	14.04.1997	35	(2)	4
Gustavo Henrique	Gustavo Henrique Santos	07.10.1999		(1)	
Igor Rabello	Igor Rabello da Costa	28.04.1995	19	(5)	1
Mailton	Maílton dos Santos de Sá	31.05.1998	1	(4)	
Mariano	Mariano Ferreira Filho	23.06.1986	4	(4)	
Réver	Réver Humberto Alves Araújo	04.01.1985	25	(1)	1
Talison	Talison Ruan da Silva	02.06.2000	2	(1)	
Midfielders:					
Allan	Allan Rodrigues de Souza	03.03.1997	26	(5)	
	Dylan Felipe Borrero Caicedo (COL)	05.01.2002	1	(5)	
Calebe	Calebe Goncalves Ferreira da Silva	30.04.2000	4	(7)	
	Alan Steven Franco Palma (COL)	21.08.1998	17	(11)	3
Hyoran	Hyoran Kaue Dalmoro	25.05.1993	21	(8)	8
Jair	Jair Rodrigues Júnior	26.08.1994	24	(4)	4
Léo Sena	Leonardo de Souza Sena „Léo Sena"	31.12.1995		(1)	
Nathan	Nathan Allan de Souza	13.03.1996	13	(14)	3
Wesley	Wesley Hudson da Silva	15.04.2000		(2)	
	Federico Matías Javier Zaracho (ARG)	10.03.1998	8	(5)	1
Forwards:					
Bruno Silva	Bruno da Silva Costa	28.03.2000		(2)	
Diego Tardelli	Diego Tardelli Martins	10.05.1985	1	(2)	
Eduardo Sasha	Eduardo Colcenti Antunes „Eduardo Sasha"	24.02.1992	24	(10)	9
Keno	Marcos da Silva França „Keno"	10.09.1989	29	(4)	10
Marquinhos	José Marcos Costa Martins „Marquinhos"	23.10.1999	3	(8)	
Marrony	Marrony da Silva Liberato	05.02.1999	9	(23)	5
	Jefferson David Savarino Quintero (VEN)	11.11.1996	28	(4)	7
Sávio	Sávio Moreira de Oliveira	10.04.2004	2	(6)	
	Eduardo Jesús Vargas Rojas (CHI)	20.11.1989	12	(4)	2
Trainer:					
	Jorge Luis Sampaoli Moya (ARG) [from 01.03.2020]	13.03.1960	38		

ESPORTE CLUBE BAHIA SALVADOR

Foundation date: January 1, 1931
Address: Avenida Octávio Mangabeira 41715-000, Salvador, Bahia
Stadium: Estádio "Governador Roberto Santos" [Pituaçu], Salvador – Capacity: 32,157

THE SQUAD

		DOB	M	(s)	G
Goalkeepers:					
Anderson	Anderson Pedro da Silva	20.11.1983	5	(3)	
Douglas Friedrich	Douglas Alan Schuck Friedrich	12.12.1988	30		
Mateus Claus	Mateus Eduardo Claus	03.08.1994	3		
Defenders:					
Anderson Martins	Anderson Vieira Martins	21.08.1987	5	(2)	1
Ernando	Ernando Rodrigues Lopes	17.04.1988	30		1
João Pedro	João Pedro Maturano dos Santos	15.11.1996	3	(2)	
Juninho	José Carlos Ferreira Junior „Juninho"	01.02.1995	25	(5)	2
Juninho Capixaba	Luis Antonio da Rocha Junior "Juninho Capixaba"	06.07.1997	22	(7)	
Lucas Fonseca	Lucas Silva Fonseca	02.08.1985	19		
Matheus Bahia	Matheus Bahia Santos	11.08.1999	13		
Nino Paraíba	Severino de Ramos Clementino da Silva "Nino Paraíba"	10.01.1986	29	(4)	1
Patrick de Lucca	Patrick de Lucca Chaves de Oliveira	02.03.2000	3		
Wanderson	Wanderson Santos Pereira	07.02.1991	1		
Zeca	José Carlos Cracco Neto „Zeca"	16.05.1994	4	(7)	1
Midfielders:					
Danielzinho	Daniel Sampaio Simões „Danielzinho"	11.01.1996	16	(13)	3
Edson	Edson Fernando da Silva Gomes	24.04.1998	7	(5)	
Elías	Elías Mendes Trindade	16.05.1985	9	(2)	
Elton	Elton Junior Melo Ataide	17.03.1990	1	(4)	
Fessin	Jefferson Gabriel Nascimento Brito „Fessin"	04.01.1999	9	(10)	1
Flávio	Flávio Medeiros da Silva	10.02.1996	1		
Gregore	Gregore de Magalhães da Silva	02.03.1994	33		
Jádson	Jádson Alves dos Santos	30.08.1993	2	(3)	
Luiz Felipe	Luiz Felipe Silverio Silva	15.06.2000		(1)	
Marco Antônio	Marco Antônio Rosa Furtado Júnior	01.10.1997	2	(16)	1
Ramires	Eric Dos Santos Rodrigues „Ramires"	10.08.2000	3		
	Juan Pablo Ramírez Velásquez (COL)	26.11.1997	9		3
Ramon	Ramon Rodrigo de Carvalho	19.05.1997	6	(7)	
Rodriguinho	Rodrigo Eduardo Costa Marinho „Rodriguinho"	27.03.1988	18	(6)	7
Ronaldo	Ronaldo da Silva Souza	23.10.1996	22	(4)	
Forwards:					
Alesson	Alesson dos Santos Batista	16.02.1999	3	(13)	2
Clayson	Clayson Henrique da Silva Vieira	19.03.1995	6	(15)	3
Élber	José Élber Pimentel da Silva	27.05.1992	17	(5)	3
Fernandão	José Fernando Viana de Santana "Fernandão"	27.03.1987		(1)	
Gabriel Novaes	Gabriel Novaes Fernandes	05.04.1999	5	(8)	2
Gilberto	Gilberto Oliveira Souza Júnior	05.06.1989	30	(3)	9
Marcelo Ryan	Marcelo Ryan Silvetre dos Santos	08.06.2002		(1)	
Rossi	Rossicley Pereira da Silva „Rossi"	22.04.1993	20	(14)	5
Saldanha	Matheus Bonifacio Saldanha Marinho	18.08.1999		(17)	2
Thiago Andrade	Thiago Eduardo de Andrade	31.10.2000	7	(2)	1
Trainer:					
Roger	Roger Machado Marques [02.04.2019-02.09.2020; Sacked]	25.04.1975	6		
Cláudio Prates	Cláudio Mendes Prates [02-11.09.2020]	18.09.1965	2		

| Mano Menezes | Luiz Anbtônio Venker de Menezes „Mano Menezes" [11.09.-20.12.2020; Sacked] | 11.06.1962 | 18 |
| Dado Cavalcanti | Luiz Eduardo Barros Cavalcanti "Dado Cavalcanti" [from 23.12.2020] | 09.07.1981 | 12 |

BOTAFOGO DE FUTEBOL E REGATAS RIO DE JANEIRO
Foundation date: July 1, 1894
Address: Avenida Venceslau Brás 72, Bairro Botafago, 22290-140 Rio de Janeiro
Stadium: Estádio Olímpico "Nílton Santos", Rio de Janeiro – Capacity: 44,661

THE SQUAD

		DOB	M	(s)	G
Goalkeepers:					
Diego	Diego Terra Loureiro	28.07.1998	7		
Diego Cavalieri	Diego Cavalieri	01.12.1982	22		
	Roberto Júnior Fernández Torres (PAR)	29.03.1988	8		
Saulo	Saulo Ferreira Silva	20.04.1995	1		
Defenders:					
	Federico Barrandeguy Martino (URU)	08.05.1996	4	(10)	
Danilo Barcelos	Danilo Carvalho Barcelos	17.08.1991	2	(1)	
David Sousa	David Sousa Albino	04.07.2001	10	(3)	
Fernando Costanza	Fernando Peixoto Costanza	29.11.1998	1	(1)	
Guilherme Santos	Guilherme Oliveira Santos	05.02.1988	8	(4)	
Helerson	Helerson Mateus do Nascimento	28.10.1997	1		
Hugo	Hugo Gonçalves Ferreira Neto	20.09.2001	4	(3)	
Kanu	Victor Hugo Soares dos Santos "Kanu"	07.03.1997	35		
Kevin	Kevin Peterson dos Santos Silva	07.09.1997	31	(2)	
Marcelo Benevenuto	Marcelo da Conceição Benevenuto Malaquias	07.01.1996	30	(1)	1
Marcinho	Marcio Alemida de Oliveira „Marcinho"	16.05.1996	3	(1)	
Rafael Forster	Rafael Forster	23.07.1990	19	(3)	
Victor Luís	Victor Luís Chuab Zamblauskas	23.06.1993	26		2
Warley	Warley Leandro da Silva	17.09.1999	8	(8)	1
Midfielders:					
Bruno Nazário	Bruno dos Santos Nazário	09.02.1995	22	(4)	1
Caio Alexandre	Caio Alexandre Souza e Silva	24.02.1999	33	(1)	4
Cascardo	Gustavo Cascardo de Assis	24.03.1997		(1)	
Cesinha	César Coelho Campos Júnior „Cesinha"	03.10.2000	5	(2)	
Cícero	Cícero Santos	26.08.1984	2	(7)	
Éber Bessa	Éber Henrique Ferreira Bessa	21.03.1992	1	(6)	
Ênio	Sebastião Enio Santos de Almeida	03.03.2001	2	(2)	
Kayque	Kayque Luiz Pereira	12.07.2000	3	(2)	
	Keisuke Honda (JPN)	13.06.1986	15	(3)	2
José Welison	José Welison da Silva	11.03.1995	16	(1)	
Luiz Fernando	Luiz Fernando Moraes dos Santos	16.10.1996	1	(1)	1
Luiz Otavio	Luiz Otavio Alves Marcolino	18.03.1997	4	(15)	
	Carlos Enrique Renteria Olaya (COL)	05.07.1995	6	(4)	
Rhuan	Rhuan da Silveira Castro	25.01.2000	11	(12)	
Romildo	Romildo Del Piage de Souza	12.04.2000	4		
Wendel Lessa	Wendel Lessa de Macedo Gonçalves	06.02.2002		(1)	
Forwards:					
	Iván Darío Angulo Cortés (COL)	22.03.1999		(3)	
Davi Araújo	Davi Machado dos Santos Araújo	20.03.1999	1	(12)	
	Salomon Armand Magloire Kalou (CIV)	05.08.1985	11	(14)	1

Kelvin	Kelvin Mateus de Oliveira	01.06.1993	3	(2)	
	Alexander Lecaros (PER)	13.10.1999	1	(10)	
Lucas Campos	Lucas da Silva Ribeiro Campos	30.10.1997	1	(1)	
Luis Henrique	Luis Henrique Tomaz de Lima	14.12.2001	5		
Matheus Babi	Matheus Barcelos da Silva	18.07.1997	21	(13)	10
Matheus Nascimento	Matheus do Nascimento de Paula	03.03.2004	6	(5)	
Pedro Raúl	Pedro Raúl Garay da Silva	05.11.1996	19	(6)	7
Rafael Navarro	Rafael Navarro Leal	14.04.2000	5	(2)	2

Trainer:

Paulo Autuori	Paulo Autuori de Mello [12.02.-01.10.2020; Sacked]	25.08.1956	10
Bruno Lazaroni	Bruno Amorim Lazaroni [01-29.10.2020; Sacked]	13.09.1980	6
Flávio Tenius	Flávio de Britto Pereira Tenius [30.10.-10.11.2020]	08.05.1994	3
	Emiliano Ramón Díaz (ARG) [14-27.11.2020; Resigned]	22.06.1983	3
Felipe Lucena	Felipe Mercier de Lucena [04-11.12.2020]		2
Eduardo Barroca	Eduardo de Souza Barroca [11.12.2020-06.02.2021]	02.02.1980	10
Lúcio Flávio	Lúcio Flávio dos Santos [from 07.02.2021]	02.03.1979	4

CEARÁ SPORTING CLUB FORTALEZA

Foundation date: June 2, 1914
Address: Avenida Joáo Pessoa 3532, Porangabuçu 60425-680, Fortaleza, Ceará
Stadium: Estádio "Governador Plácido Aderaldo Castelo" [Castelão], Fortaleza - Capacity: 63,903

THE SQUAD

		DOB	M	(s)	G
Goalkeepers:					
Fernando Prass	Fernando Büttenbender Prass	09.07.1978	22		
Richard	Richard de Oliveira Costa	01.03.1991	16		
Defenders:					
Alan	Alan Rodrigues Uchôa	26.03.1999		(1)	
Alyson	Alyson Vinicius Almeida Neves	05.04.1996	8	(2)	
Bruno Pacheco	Bruno de Jesus Pacheco	08.12.1991	29		
Eduardo	Carlos Eduardo Santos Oliveira	20.11.1986	9	(5)	1
Eduardo Brock	Eduardo Schröder Brock	06.05.1991	5	(2)	1
Gabriel Lacerda	Gabriel Santos Cordeiro Lacerda	29.08.1999	7	(2)	
Kelvyn	Kelvyn Ramos da Fonseca	07.05.1999	2	(14)	2
Klaus	Willian Klaus	11.01.1994	8	(4)	
Luiz Otávio	Luiz Otávio Anacleto Leandro	14.09.1988	28		1
Mateus Farias	Mateus Cavalcante Farias	02.09.2000		(1)	
Samuel Xavier	Samuel Xavier Brito	06.06.1990	28		1
Tiago Pagnussat	Tiago Pagnussat	17.06.1990	28		1
Midfielders:					
Charles	Charles Rigon Matos	19.06.1996	23	(8)	2
Fabinho	Fábio Gonçalves „Fabinho"	19.11.1986	26	(5)	1
Felipe Silva	Felipe de Oliveira Silva	28.05.1990	3	(4)	
Fernando Sobral	Fernando Pereira do Nascimento "Fernando Sobral"	17.12.1994	32	(2)	2
Marthã	Marthã Fernando Gonçalves Pimenta	20.06.1997	1	(2)	
Pedro Naressi	Pedro Henrique Naressi Machado	10.01.1998	6	(7)	2
Ricardinho	Ricardo Dias Acosta „Ricardinho"	15.12.1985	5	(5)	
Vinicius Goes	Vinicius Goes Barbosa de Souza	15.04.1991	30	(1)	13
Wescley	Wescley Gomes dos Santos	11.10.1991	2	(18)	1
William Oliveira	William Oliveira dos Santos	25.02.1992	5	(6)	
Forwards:					
Bérgson	Bérgson Gustavo Silveira da Silva	09.02.1991		(5)	
Cléber	Cléber Bomfim de Jesus	22.10.1996	29	(4)	6
Felipe Vizeu	Felipe dos Reis Pereira Vizeu do Carmo	12.03.1997	3	(8)	2
Leandro Carvalho	Leandro Carvalho da Silva	10.05.1995	9	(10)	1
Léo Chú	Leonardo Alves Chú Franco „Léo Chú"	04.06.2000	20	(2)	3
Lima	Vinicius Moreira de Lima	11.06.1996	19	(11)	6
Mateus Gonçalves	Mateus Gonçalves Martins	28.09.1994	6	(8)	1
Rafael Sóbis	Rafael Augusto Sóbis do Nascimento	17.06.1985	6	(8)	
Rick	Rick Jhonatan Lima Morais	02.09.1999	2	(6)	
Saulo	Saulo Rodrigues da Silva	17.06.1997	1	(16)	4
Vitor Jacaré	Francisco Vítor Silva Costa	24.10.1999		(10)	1
Trainer:					
Guto Ferreira	Augusto Sérgio Ferreira "Guto Ferreira" [from 17.03.2020]	07.09.1965	38		

SPORT CLUB CORINTHIANS PAULISTA SÃO PAULO

Foundation date: September 1, 1910
Address: Rua São Jorge, 777 São Paulo, CEP 03087-000
Stadium: Neo Quìmica Arena [ex-Arena Corinthians], São Paulo - Capacity: 47,605

THE SQUAD

		DOB	M	(s)	G
Goalkeepers:					
Cássio	Cássio Ramos	06.06.1987	35		
Walter	Walter Leandro Capeloza Artune	18.11.1987	3	(1)	
Defenders:					
Danilo Avelar	Danilo Fernando Avelar	09.06.1989	13		2
Fábio Santos	Fábio Santos Romeu	16.09.1985	20		3
Fágner	Fágner Conserva Lemos	11.06.1989	32		2
Gil	Carlos Gilberto Nascimento Silva "Gil"	12.06.1987	36		2
Jemerson	Jemerson de Jesus Nascimento	24.08.1992	7		
Lucas Piton	Lucas Piton Crivellaro	09.10.2000	15	(5)	
Marllon	Marllon da Silva Gonçalves	16.04.1992	7	(4)	
	Bruno Méndez Cittadini (URU)	10.09.1999	14	(2)	
Michel Macedo	Míchel Macedo Rocha Machado	15.02.1990	5	(2)	
Raul Gustavo	Raul Gustavo Pereira Bicalho	24.04.1999		(1)	
Sidcley	Sidcley Ferreira Pereira	13.05.1993	5	(4)	
Midfielders:					
	Ángelo Giovanni Araos Llanos (CHI)	06.01.1997	12	(3)	1
Camacho	Guilherme de Aguiar Camacho	02.03.1990	4	(16)	
	Víctor Danilo Cantillo Jiménez (COL)	15.10.1993	21	(4)	
	Juan Ramon Cazares Sevillano (ECU)	03.04.1992	10	(10)	2
Éderson	Éderson José dos Santos Lourenço da Silva	07.07.1999	8	(8)	
Gabriel	Gabriel Girotto Franco	10.07.1992	24	(4)	2
Gustavo Mantuan	Gustavo Mantuan	20.06.2001	3	(4)	1
Mateus Vital	Mateus Da Silva Vital Assumpção	12.02.1998	14	(11)	4
Ramiro	Ramiro Moschen Benetti	22.05.1993	20	(11)	1
Roni	Roni Medeiros de Moura	15.04.1999	7	(2)	1
Ruan Oliveira	Ruan de Oliveira Ferreira	23.03.2000	1	(3)	
Xavier	João Vitor Xavier de Almeida	02.03.2000	9	(9)	
Forwards:					
	Mauro Boselli (ARG)	22.05.1985	1	(7)	
Everaldo	Everaldo Silva do Nascimento	28.05.1994	4	(9)	2
Gabriel Pereira	Gabriel Pereira dos Santos	01.08.2001		(10)	
Gustavo Silva	Gustavo Henric da Silva	07.09.1997	16	(11)	5
Janderson	Janderson Santos de Souza	26.02.1999		(1)	
Jô	João Alves de Assis Silva "Jô"	20.03.1987	24	(6)	6
Jonathan Cafú	Jonathan Renato Barbosa „Jonathan Cafú"	10.07.1991	1	(2)	
Léo Natel	Leonardo Natel Vieira „Léo Natel"	14.03.1997	14	(17)	4
Luan	Luan Guilherme de Jesús Vieira	27.03.1993	11	(11)	2
Matheus Davó	Matheus Alvarenga de Oliveira „Matheus Davó"	16.08.1999	4		2
	Rómulo Otero (VEN)	09.11.1992	18	(6)	2
Trainer:					
Tiago Nunes	Tiago Retzlaff Nunes [05.11.2019-11.09.2020; Sacked]	15.02.1980	8		
Dyego Coelho	Dyego Rocha Coelho [11.09.-12.10.2020; Caretaker]	22.03.1983	7		
Vagner Mancini	Vagner do Carmo Mancini [from 14.10.2020]	24.10.1966	23		

CORITIBA FOOT BALL CLUBE

Foundation date: October 12, 1909
Address: Rua Ubaldino do Amaral 37, Bairro Alto da Glória, 80060-190 Curitiba, Paraná
Stadium: Estádio „Major Antônio Couto Pereira", Curitiba – Capacity: 40,502

THE SQUAD

		DOB	M	(s)	G
Goalkeepers:					
Arthur	Arthur Henrique Bittencourt	28.01.1997	4		
Wilson	Wilson Rodrigues de Moura Junior	31.01.1984	34		1
Defenders:					
Angelo	Angelo Samuel Chaves	10.02.2001	1	(1)	
Jonathan	Jonathan Francisco Lemos	25.08.1992	16	(8)	1
Maílton	Maílton dos Santos de Sá	31.05.1998	7	(1)	
Marcio Leite	Marcio Gleyson Leite da Silva	07.07.2001	1		
Natanael	Natanael Moreira Milouski	05.01.2002	12	(5)	1
Nathan	Nathanael Ananias da Silva	06.05.1997	17	(2)	1
Nathán Ribeiro	Nathan Otávio Ribeiro	02.06.1990	7		
Patrick	Patrick de Oliveira Vieira	22.01.1991	4		
Rhodolfo	Luiz Rhodolfo Dini Gaioto	11.08.1986	15	(2)	
Rodolfo Filemon	Rodolfo Filemon de Oliveira da Silva	29.08.1994	12	(2)	
Sabino	José Sabino Chagas Monteiro	25.10.1996	31		4
William Matheus	William Matheus Da Silva	02.04.1990	24		1
Midfielders:					
Biel	Luiz Gabriel de Oliveira Fonseca „Biel"	19.03.2002	1		
Giovanni	Giovanni Piccolomo	04.04.1994		(2)	
Giovanni Augusto	Giovanni Augusto Oliveira Cardoso	05.09.1989	15	(5)	4
Guilherme Biro	Guilherme da Trindade Dubas „Guilherme Biro"	01.05.2000	9		
Henrique Vermudt	Henrique Vermudt	25.02.1999	5	(3)	
Hugo Moura	Hugo Moura Arruda da Silva	03.01.1998	24	(4)	1
	Brayan Damián Lucumí Lucumí (COL)	12.02.1994		(4)	
Luiz Henrique	Luiz Henrique Augustin Schlocobier	03.05.1999	5	(10)	1
	Ramón Martínez López (PAR)	04.01.1996	2	(7)	
Matheus Bueno	Matheus Bueno Batista	30.07.1998	16	(11)	
Matheus Galdezani	Matheus Galdezani	13.03.1992	19	(5)	1
Matheus Sales	Matheus de Sales Cabral	13.05.1995	20	(1)	
Mattheus Oliveira	Mattheus de Andrade Gama Oliveira	07.07.1994	8	(4)	1
Osman Júnior	Osman de Menezes Venâncio Júnior	29.10.1992	3	(4)	
Rafinha	Rafael da Silva Francisco „Rafinha"	04.08.1983	8	(1)	
Renê Júnior	Renê dos Santos Júnior	16.09.1989	1	(2)	
Ruy	Ruy Franco de Almeida Junior	26.01.1989	2	(1)	
Thiago Lopes	Thiago Ferreira Lopes	27.10.1996		(2)	
	Martín Nicolás Sarrafiore (ARG)	20.07.1997	6	(10)	1
Yan Sasse	Yan Medeiros Sasse	24.06.1997	6	(12)	
Forwards:					
	Ezequiel Osvaldo Cerutti (ARG)	17.01.1992	3	(4)	
Cristiano	Cristiano Robert do Amaral	31.08.2001		(2)	
Gabriel	Gabriel Santana Pinto	06.01.1990	5	(3)	
Igor Jesus	Igor Jesus Maciel da Cruz	25.02.2001	5	(5)	
Nathan	Nathan Uiliam Fogaça	09.06.1999	2	(10)	
Neilton	Neilton Meira Mestzk	17.02.1994	16	(8)	1
Pablo Thomaz	Pablo Thiago Ferreira Thomaz	07.09.1999	2	(11)	
Ricardo Oliveira	Ricardo de Oliveira	06.05.1980	10	(8)	2
Robson	Robson dos Santos Fernandes	30.05.1991	29	(3)	8

Rodrigo Muniz	Rodrigo Muniz Carvalho	04.05.2001	3	(3)	1
Sassá	Luiz Ricardo Alves „Sassá"	11.01.1994	8	(2)	1
Wanderley	Wanderley Santos Monteiro Junior	11.10.1988		(1)	
Wellissol	Wellissol Santos de Oliveira	16.02.1998		(4)	

Trainer:

Eduardo Barroca	Eduardo de Souza Barroca [20.12.2019-20.08.2020; Sacked]	22.04.1982	4
Mozart	Mozart Santos Batista Júnior [21-25.08.2020; Caretaker]	08.11.1979	1
Jorginho	Jorge de Amorim Campos "Jorginho" [26.08.-27.10.2020; Sacked]	17.08.1964	13
Pachequinho	Eriélton Carlos Pacheco "Pachequinho" [30.10.-06.11.2020; Caretaker]	26.09.1970	1
Rodrigo Santana	Rodrigo Marques de Santana [06.11.-14.12.2020; Sacked]	29.05.1982	6
Pachequinho	Eriélton Carlos Pacheco "Pachequinho" [15.12.2020-14.01.2021; Caretaker]	26.09.1970	4
	Gustavo Eliseo Morínigo Vázquez (PAR) [from 15.01.2021]	23.01.1977	9

CLUBE DE REGATAS DO FLAMENGO RIO DE JANEIRO

Foundation date: November 15, 1895
Address: Av. Borges de Medeiros, 997, Gávea, Rio de Janeiro, CEP 22430-041
Stadium: Estádio "Jornalista Mário Filho" [Maracanã], Rio de Janeiro – Capacity: 78,838

THE SQUAD		DOB	M	(s)	G
Goalkeepers:					
César	César Bernardo Dutra	27.01.1992	3	(2)	
Diego Alves	Diego Alves Carreira	24.06.1985	10		
Gabriel Batista	Gabriel Batista de Souza	03.06.1998	3		
Hugo Souza	Hugo de Souza Nogueira	31.01.1999	22	(1)	
Defenders:					
Filipe Luís	Filipe Luís Kasmirski	09.08.1985	31		2
Gabriel Noga	Gabriel Rodrigues Noga	25.01.2002	1	(1)	
Gustavo Henrique	Gustavo Henrique Vernes	24.03.1993	23	(2)	2
	Mauricio Anibal Isla Isla (CHI)	12.06.1988	28	(1)	2
João Lucas	João de Almeida Carvalho „João Lucas"	09.03.1998	3	(2)	
Léo Pereira	Leonardo Pereira „Léo Pereira"	31.01.1996	11	(2)	1
Matheuzinho	Matheus França Silva „Matheuzinho"	08.09.2000	4	(9)	
Natan	Natan Bernardo de Souza	06.02.2001	12	(2)	1
Otávio	Otávio Ataide da Silva	21.04.2002	1		
Rafinha	Márcio Rafael Ferreira de Souza „Rafinha"	07.09.1985	1	(1)	
Ramon	Ramon Ramos Lima	13.03.2001	1	(3)	
Renê	Renê Rodrigues Martins	14.09.1992	7	(5)	1
Rodrigo Caio	Rodrigo Caio Coquete Russo	17.08.1993	20		
Thuler	Matheus Soares Thuler	10.03.1999	2	(2)	
Midfielders:					
	Giorgian Daniel de Arrascaeta Benedetti (URU)	01.06.1994	26	(2)	8
Diego	Diego Ribas da Cunha	28.02.1985	14	(12)	1
Éverton Ribeiro	Éverton Augusto de Barros Ribeiro	10.04.1989	31	(2)	7
Gerson	Gerson Santos da Silva	20.05.1997	33	(1)	1
João Gomes	João Victor Gomes da Silva	12.02.2001	4	(7)	
Lázaro	Lázaro Vinicius Marques	12.03.2002		(2)	
Pepê	João Pedro Vilardi Pinto „Pepê"	06.01.1998		(11)	1
	Richard Rios Montoya (COL)	02.06.2000		(1)	
Thiago Maia	Thiago Maia Alencar	23.03.1997	13	(1)	
Willian Arão	Willian Souza Arão da Silva	12.03.1992	29	(3)	1
Yuri Oliveira	Yuri de Oliveira	02.01.2001		(1)	
Forwards:					
Bruno Henrique	Bruno Henrique Pinto	30.12.1990	30	(1)	9
Gabriel Barbosa	Gabriel Barbosa Almeida	30.08.1996	22	(3)	14
Guilherme Bala	Guilherme da Silva Gonçalves „Guilherme Bala"	16.09.2001	1		
Lincoln	Lincoln Corrêa dos Santos	16.12.2000	2	(12)	1
Michael	Michael Richard Delgado de Oliveira	12.03.1996	4	(16)	
Pedro	Pedro Guilherme Abreu dos Santos	20.06.1997	15	(19)	13
Pedro Rocha	Pedro Rocha Neves	01.10.1994	2	(3)	
Rodrigo Muniz	Rodrigo Muniz Carvalho	04.05.2001		(4)	
Vitinho	Victor Vinícius Coelho dos Santos "Vitinho"	09.10.1993	9	(20)	2
Trainer:					
Domènec Torrent	Domènec Torrent Font (ESP) [31.07.-09.11.2020; Sacked]	14.07.1962	20		
Rogério Ceni	Rogério Mücke Ceni [from 10.11.2020]	22.01.1973	18		

FLUMINENSE FOOTBALL CLUB RIO DE JANEIRO

Foundation date: July 21, 1902
Address: Rua Álvaro Chaves, 41, Laranjeiras, Rio de janeiro, CEP 22231-220
Stadium: Estadio "Jornalista Mário Filho" [Maracanã], Rio de Janeiro – Capacity: 78,838

THE SQUAD

		DOB	M	(s)	G
Goalkeepers:					
Marcos Felipe	Marcos Felipe de Freitas Monteiro	13.04.1996	19		
Muriel Becker	Muriel Gustavo Becker	14.02.1987	19		
Defenders:					
Calegari	Lucas Felipe Calegari	27.02.2002	22		
Daniel	Daniel Lima de Castro	18.06.1999		(1)	
Danilo Barcelos	Danilo Carvalho Barcelos	17.08.1991	17		1
Digão	Rodrigo Junior Paula Silva „Digão"	07.05.1988	9	(1)	2
Egídio	Egídio de Araujo Pereira Júnior	16.06.1986	20		
Frazan	Wesley Frazan Bernardo	05.06.1996		(1)	
Igor Julião	Igor de Carvalho Julião	23.08.1994	17	(3)	
Luccas Claro	Luccas Claro dos Santos	20.11.1991	30	(1)	2
Matheus Ferraz	Matheus Ferraz Pereira	12.02.1985	12	(2)	1
Nino	Marcilio Florencia Mota Filho „Nino"	10.04.1997	25	(1)	3
Wisney	Wisney Junio Dias Carvalho	10.06.1999		(2)	
Midfielders:					
André	André Trindade da Costa Neto	16.07.2001	2	(8)	
Caio Paulista	Caio Fernando de Oliveira „Caio Paulista"	11.05.1998	3	(21)	3
Christian	Christian Henrique Mora De Oliveira Silva	14.08.1999		(1)	
Dodi	Douglas Moreira Fagundes „Dodi"	17.04.1996	19		1
Ganso	Paulo Henrique Chagas de Lima "Ganso"	12.10.1989	3	(15)	1
Húdson	Húdson Rodrigues dos Santos	30.01.1988	19	(6)	
Martinelli	Matheus Martinelli Lima	05.10.2001	11	(2)	3
Miguel Silveira	Miguel Silveira dos Santos	26.03.2003		(4)	
Nascimento	Mateus Nascimento Soares	06.07.1999		(1)	
Nenê	Anderson Luiz de Carvalho "Nenê"	19.07.1981	28	(3)	8
Yago Felipe	Yago Felipe da Costa Rocha	03.02.1995	20	(8)	2
Yuri Lima	Yuri Oliveira Lima	05.08.1994	13	(3)	
Forwards:					
	Michel Daryl Araújo Villar (URU)	28.09.1996	23	(6)	1
Evanilson	Francisco Evanilson de Lima Barbosa	06.10.1999	6		2
Fellipe Cardoso	Wanderson Fellipe Cardoso dos Santos	04.10.1998	3	(17)	2
Fred	Frederico Chaves Guedes „Fred"	03.10.1983	19	(5)	5
John Kennedy	John Kennedy Batista de Souza	18.05.2002	2	(5)	2
Lucca	Lucca Borges de Brito	14.02.1990	11	(7)	3
Luiz Henrique	Luiz Henrique André Rosa da Silva	02.01.2001	13	(13)	2
Marcos Paulo	Marcos Paulo Costa do Nascimento	01.02.2001	14	(10)	3
	Fernando José Pacheco Rivas (PER)	26.06.1999	5	(10)	
Samuel	Samuel Salustiano de Jesus Silva	02.10.2000		(2)	1
Wellington Silva	Wellington Alves da Silva	06.01.1993	14	(8)	4
Trainer:					
Odair Hellmann	Odair Hellmann [from 19.12.2019]	22.01.1977	24		
Marcão	Marco Aurélio de Oliveira "Marcão"	22.07.1972	14		

FORTALEZA ESPORTE CLUBE

Foundation date: October 18, 1918
Address: Avenida Senador Fernandez Távora 200, Pici 60510-290 Fortaleza, Ceará
Stadium: Estádio "Governador Plácido Aderaldo Castelo" [Castelão], Fortaleza - Capacity: 63,903

THE SQUAD

		DOB	M	(s)	G
Goalkeepers:					
Felipe Alves	Felipe Alves Raymundo	21.05.1988	37		
Max Walef	Max Walef Araújo da Silva	23.10.1993	1		
Defenders:					
Bruno Melo	Bruno Ferreira Melo	26.10.1992	19	(5)	2
Carlinhos	Carlos Emiliano Pereira "Carlinhos"	29.11.1986	19	(8)	
Felipe	Luiz Antonio Ferreira Rodrigues "Felipe"	10.04.1994	32	(1)	1
Jackson Souza	Jackson de Souza	01.05.1990	19	(2)	
João Paulo	João Paulo da Silva Alves	04.07.1997	3	(7)	
Paulão	Paulo Marcos De Jesus Ribeiro „Paulão"	25.02.1986	29	(2)	
	Juan Sebastián Quintero Fletcher (COL)	23.03.1995	13	(1)	
Roger Carvalho	Roger de Carvalho	10.12.1986	6		
Tinga	Guilherme de Jesus da Silva "Tinga"	01.09.1993	20	(8)	
Wanderson	Wanderson Santos Pereira	07.02.1991	8	(3)	
Midfielders:					
Derley	Wanderley de Jesus Sousa "Derley"	02.08.1986	1	(9)	
Gabriel Dias	Gabriel Dias de Oliveira	10.05.1994	21	(10)	1
Juninho	Paulo Roberto Valoura Júnior "Juninho"	20.03.1986	31	(1)	3
Luiz Henrique	Luiz Henrique Araujo Silva	18.03.1999	4	(3)	
Marlon	Marlon Adriano Prezotti	26.02.1990	7	(9)	
Pablo	Pablo Gabriel Sousa Alves	26.01.1997		(1)	
Ronald	Ronald dos Santos Lopes	18.06.1997	15	(13)	
	Mariano Vázquez (ARG)	20.12.1992	3	(16)	
Yuri César	Yuri César Santos de Oliveira Silva	06.05.2000	8	(20)	1
Forwards:					
Bérgson	Bérgson Gustavo Silveira da Silva	09.02.1991	5	(9)	3
David	David Correa da Fonseca	17.10.1995	35		7
Éderson	Éderson Alves Ribeiro Silva	13.03.1989	1	(7)	
Edson Caríus	Jose Edson Barros da Silva „Edson Caríus"	12.10.1988	1		
	Franco Rodrigo Fragapane (ARG)	06.02.1993		(9)	
Igor Torres	Igor Torres da Silva	11.03.2000	2	(5)	1
Osvaldo	Osvaldo Lourenço Filho	11.04.1987	25	(11)	1
Romarinho	José Romario Silva de Souza "Romarinho"	01.03.1994	31	(3)	4
Tiago Orobó	Tiago Pereira da Silva „Tiago Orobó"	28.10.1993		(5)	
Wellington Paulista	Wellington Pereira do Nascimento "Wellington Paulista"	22.04.1984	22	(13)	9
Trainer:					
Rogério Ceni	Rogério Mücke Ceni [30.09.2019-09.11.2020]	22.01.1973	19		
Marconne Montenegro	Marconne Montenegro [10-13.11.2020; Caretaker]	10.09.1965	1		
Marcelo Chamusca	Marcelo Augusto Oliveira Chamusca [13.11.2020-07.01.2021; Sacked]	07.10.1966	8		
Enderson Moreira	Enderson Alves Moreira [from 08.01.2021]	28.09.1971	10		

GOIÁS ESPORTE CLUBE GOIÂNIA

Foundation date: April 6, 1947
Address: Avenida Edmundo Pinheiro de Abreu 721, Setor Bela Vista 74823-030, Goiânia, Goiás
Stadium: Estádio da Serrinha, Goiânia - Capacity: 12,500

THE SQUAD

		DOB	M	(s)	G
Goalkeepers:					
Marcelo Rangel	Marcelo Rangel Rosa	17.05.1988	6		
Tadeu	Tadeu Antonio Ferreira	04.02.1992	32		
Defenders:					
Caju	Wanderson de Jesus Martins „Caju"	17.07.1995	8	(5)	
Chico	Luis Francisco Grando „Chico"	02.02.1987	3		
Daniel	Daniel de Pauli Oliveira	06.08.1999	3	(15)	
David Duarte	David de Duarte Macedo	24.01.1995	30		2
Edílson	Edílson Mendes Guimarães	27.07.1986	10		
Fábio Sanches	Fábio Pizarro Sanches	06.01.1991	30	(1)	1
Gabriel Rodrigues	Gabriel Martins Rodrigues	27.12.1999	1	(4)	
Gustavinho	Gustavo Luis Silva Aguiar „Gustavinho"	10.04.2000		(2)	
Heron	Heron Crespo da Silva	17.08.2000	18	(6)	
Iago	Iago Pereira Mendonça	16.08.1999	5	(5)	
Jefferson	Jefferson Junio da Silva	03.01.1997	25	(1)	1
Lucão	Lucas Cavalcante Silva Afonso „Lucão"	23.03.1996		(1)	
Luiz Gustavo	Luiz Gustavo Tavares Conde	12.02.1994	3		
	Juan de Dios Pintado Leines (URU)	28.07.1997	8	(6)	
Rafael Vaz	Rafael Vaz dos Santos	17.09.1988	7		1
Taylon	Taylon Vinicius dos Santos Carvalho	28.03.2000	4	(5)	
Vidal	Cristiano da Silva Vidal	23.08.1996		(1)	
Yago Rocha	Yago da Silva Rocha	22.05.1994	1	(1)	
Midfielders:					
Breno	Breno Washington Rodrigues da Silva	01.09.2000	27	(2)	
	Alejandro Ariel Cabral (ARG)	11.09.1987	18	(2)	
	Daniel Sartori Bessa (ITA)	14.01.1993	13		2
Daniel Silva	Daniel Silva Santos	01.09.2000		(1)	
Gilberto	Gilberto dos Santos Souza Júnior	20.10.1988	5	(2)	
Gustavo Blanco	Gustavo Blanco Petersen Macedo	03.10.1994	2	(2)	
Henrique Lordelo	Henrique Lordelo Souza de Oliveira	16.06.2000	7	(6)	
	Ignacio Jara (CHI)	11.02.1997	1	(5)	1
Miguel Figueira	Miguel Ferreira Damasceno	22.04.2000	11	(12)	1
Pedro Marinho	Pedro Henrique Marinho Maria	16.02.2000		(4)	
Ratinho	Jurani Francisco Ferreira „Ratinho"	01.10.1996	5	(6)	
	Sebastián Enríque Salazar Beltrán (COL)	30.09.1995		(1)	
Sandro	Sandro Raniere Guimarães Cordeiro	15.03.1989	7	(2)	
Shaylon	Shaylon Kallyson Cardozo	27.04.1997	23	(3)	1
Thalles	Thalles Gabriel Morais dos Reis	03.01.1998	1		
Forwards:					
Alyson Motta	Alyson José da Motta	05.01.2000		(1)	
Douglas Baggio	Douglas Baggio de Oliveira Costa	02.02.1995	11	(14)	
Fernandão	José Fernando Viana de Santana „Fernandão"	27.03.1987	21	(3)	10
Índio	Eduardo Figueiredo da Cruz „Índio"	06.12.2000	3	(9)	1
João Marcos	João Marcos Lima Cândido	11.05.2000		(4)	1
Lucão	Lucas Vinicius Gonçalves Silva „Lucão"	14.09.1991		(1)	
Marcinho	Marcio Antonio de Sousa Junior "Marcinho"	08.06.1995	1		
Mike	Mike dos Santos Nenatarvicius	08.03.1993	2	(5)	

	Kevin Martín Quevedo Mathey (PER)	22.02.1997		(1)	
Rafael Moura	Rafael Martiniano de Miranda Moura	23.05.1983	23	(8)	9
Sandrinho	Sandro Diego De Moraes Bueno „Sandrinho"	24.04.2001		(3)	
Victor Andrade	Victor Andrade dos Santos	30.09.1995	4	(5)	2
	Daniel Alberto Villalva Barrios (ARG)	06.07.1992	16	(2)	
Vinícius Lopes	Vinícius Lopes da Silva	07.05.1999	23	(5)	6
Zeca	José Joaquim de Carvalho „Zeca"	10.03.1997		(3)	

Trainer:

Ney Franco	Ney Franco da Silveira Júnior [09.08.2019-20.08.2020; Sacked]	22.07.1966	3
Glauber Ramos	Glauber Ramos da Silva [21-24.08.2020]		1
Thiago Largi	Thiago Mendes Larghi [24.08.-28.09.2020; Sacked]	27.09.1980	5
Enderson Moreira	Enderson Alves Moreira [02.10.-17.11.2020; Sacked]	28.09.1971	10
Augusto César	Augusto Pedro de Sousa "Augusto César" [from 17.11.2020]	05.11.1968	19

GRÊMIO FOOT-BALL PORTO ALEGRENSE

Foundation date: September 15, 1903
Address: Rua Largo dos Campeões, 1, Porto Alegre (RS), CEP 9088 – 0440
Stadium: Arena do Grêmio, Porto Alegre – Capacity: 55,662

THE SQUAD

		DOB	M	(s)	G
Goalkeepers:					
Júlio César	Júlio César Jacobi	02.09.1986	1		
Paulo Victor	Paulo Victor de Mileo Vidotti	12.01.1987	10		
Vanderlei	Vanderlei Farias da Silva	01.02.1984	27		
Defenders:					
Bruno Cortêz	Bruno Cortês Barbosa	11.03.1987	21	(2)	
David Braz	David Braz de Oliveira Filho	21.05.1987	15	(6)	2
Diogo Barbosa	Diogo Barbosa Mendanha	17.08.1992	17	(4)	
Geromel	Pedro Tonon Geromel	21.09.1985	12	(1)	
	Walter Kannemann (ARG)	14.03.1991	16		
Marcelo Oliveira	Marcelo Oliveira Ferreira	29.03.1987		(1)	
	Luis Manuel Orejuela García (COL)	20.08.1995	17	(1)	1
Paulo Miranda	Jonathan Doin "Paulo Miranda"	16.08.1988	13	(1)	1
Rodrigues	Antônio Josenildo Rodrigues de Oliveira	10.10.1997	18	(6)	
Ruan	Ruan Tressoldi Neto	07.06.1999	2	(2)	
Vanderson	Vanderson de Oliveira Campos	21.06.2001	5		1
Victor Ferraz	Victor Ferraz Macedo	14.01.1988	16	(1)	
Midfielders:					
Darlan Mendes	Darlan Pereira Mendes	16.04.1998	15	(6)	1
Diego Souza	Diego de Souza Andrade	17.06.1985	25		13
Gui Azevedo	Guilherme da Silva Azevedo	21.05.2001		(9)	
Jean Pyerre	Jean Pyerre Casagrande Silveira Correa	07.05.1998	17	(3)	5
Lucas Silva	Lucas Silva Borges	16.02.1993	21	(11)	1
Maicon	Maicon Thiago Pereira de Souza Nascimento	14.09.1988	11	(7)	1
Matheus Henrique	Matheus Henrique De Souza	19.12.1997	28	(1)	2
Patrick	Patrick Machado Ferreira	23.11.1998		(2)	
	César Ignacio Pinares Tamayo (CHI)	23.05.1991	4	(8)	1
Rildo	Rildo Gonçalves de Amorim Filho	21.01.2000		(2)	
Robinho	Róbson Michael Signorini „Robinho"	10.11.1987	6	(5)	
Thaciano	Thaciano Mickael da Silva	12.05.1995	7	(18)	2
Thiago Neves	Thiago Neves Augusto	27.02.1985	1	(4)	
Forwards:					
Alisson	Alisson Euler de Freitas Castro	25.06.1993	24		2
	Diego Churín Puyo (ARG)	01.12.1989	7	(7)	3
Éverton	Éverton Cardoso da Silva	11.12.1988	7	(10)	1
Fabrício	Fabricio do Rosario dos Santos	08.10.2000		(2)	
Ferreira	Aldemir dos Santos Ferreira	31.12.1997	7	(15)	2
Isaque	Isaque Elias Brito	22.04.1997	11	(13)	2
Luciano	Luciano da Rocha Neves	18.05.1993		(1)	
Luiz Fernando	Luiz Fernando Morais dos Santos	16.10.1996	10	(13)	1
Pepê	Eduardo Gabriel Aquino Cossa „Pepê"	24.02.1997	27	(4)	9
Trainer:					
Renato Gaúcho	Renato Portaluppi "Renato Gaúcho" [from 09.02.2018]	09.09.1962	38		

SPORT CLUB INTERNACIONAL PORTO ALEGRE

Foundation date: April 4, 1909
Address: Av. Padre Cacique, 891, Menino Deus, Porto Alegre, CEP 90810-240
Stadium: Estádio "José Pinheiro Borda" [Beira-Rio], Porto Alegre – Capacity: 50,128

THE SQUAD

		DOB	M	(s)	G
Goalkeepers:					
Daniel	Daniel De Sousa Brito	06.05.1994		(1)	
Danilo Fernandes	Danilo Fernandes Batista	03.04.1988	1		
Marcelo Lomba	Marcelo Lomba do Nascimento	18.12.1986	37		
Defenders:					
Bruno Fuchs	Bruno da Lara Fuchs	01.04.1999	2		
	Víctor Leandro Cuesta (ARG)	19.11.1988	35		1
Heitor	Heitor Rodrigues da Fonseca	05.11.2000	10	(2)	
Léo Borges	Leonardo Borges Da Silva „Léo Borges"	03.01.2001		(1)	
Lucas Mazetti	Lucas Henrique Mazetti	02.02.2001		(1)	
Lucas Ribeiro	Lucas Ribeiro dos Santos	19.01.1999	11	(2)	
Matheus Jussa	Matheus Isaias dos Santos	22.04.1996	1	(1)	
Moisés	Moisés Roberto Barbosa	11.03.1995	24	(2)	
Pedro Henrique	Pedro Henrique Alves Santana	31.01.2001	1		
Rodinei	Rodinei Marcelo de Almeida	29.01.1992	20	(3)	
Rodrigo Moledo	Rodrigo Modesto da Silva Moledo	27.10.1987	10	(8)	1
	Renzo Saravia (ARG)	16.06.1993	8		
Uendel	Uendel Pereira Gonçalves	08.10.1988	13	(1)	
Midfielders:					
Boschilia	Gabriel Boschilia	05.03.1996	9	(4)	1
Bruno Praxedes	Bruno Conceição Praxedes	08.02.2002	18	(4)	1
	Andrés Nicolás D'Alessandro (ARG)	15.04.1981	4	(16)	
Edenilson	Edenilson Andrade dos Santos	18.12.1989	31	(2)	6
Johnny	João Lucas de Souza Cardoso "Johnny" (USA)	20.09.2001	5	(8)	
Mauricio	Mauricio Magalhães Prado	22.06.2001	3	(5)	
	Damián Marcelo Musto (ARG)	09.06.1987	6	(8)	1
Nonato	Gustavo Nonato Santana	03.03.1998	4	(7)	1
Patrick Bezerra	Patrick Bezerra Do Nascimento	29.07.1992	32	(1)	6
Rodrigo Dourado	Rodrigo Dourado Cunha	17.06.1994	15	(4)	3
Rodrigo Lindoso	Rodrigo Oliveira Lindoso	06.06.1989	15	(15)	
	Martín Sarrafiore (ARG)	20.07.1997	1	(1)	
Zé Gabriel	José Gabriel dos Santos Silva „Zé Gabriel"	21.01.1999	17	(5)	
Forwards:					
Caio	Caio Vidal Rocha	04.11.2000	12	(2)	2
	Leandro Miguel Fernández (ARG)	12.03.1991	3	(6)	
	José Paolo Guerrero Gonzales (PER)	01.01.1984	3		3
	Abel Mathías Hernández Platero (URU)	08.08.1990	10	(13)	3
Léo Ferreira	Leonardo Ferreira Gonçalves „Léo Ferreira"	11.10.2000	1		
Marcos Guilherme	Marcos Guilherme de Almeida Santos Matos	05.08.1995	16	(11)	
Peglow	João Gabriel Martins Peglow	07.01.2002	3	(13)	2
Thiago Galhardo	Thiago Galhardo do Nascimento Rocha	20.07.1989	20	(9)	17
William Pottker	William de Oliveira Pottker	22.12.1993	3	(4)	
Yuri Alberto	Yuri Alberto Monteiro Da Silva	18.03.2001	14	(9)	10
Trainer:					
	Eduardo Germán Coudet (ARG) [16.12.2019-09.11.2020]	12.09.1974	20		
Abel Braga	Abel Carlos da Silva Braga [from 10.11.2020]	01.09.1972	18		

SOCIEDADE ESPORTIVA PALMEIRAS SÃO PAULO
Foundation date: August 26, 1914
Address: Rua Turiaçu 1840, Perdizes 05005-000, São Paulo
Stadium: Allianz Parque [Palestra Itália Arena], São Paulo – Capacity: 43,713

THE SQUAD

		DOB	M	(s)	G
Goalkeepers:					
Jaílson Santos	Jaílson Marcelino dos Santos	20.07.1981	6		
Vinicius Silvestre	Vinicius Silvestre da Costa	28.03.1994	2		
Wéverton	Wéverton Pereira da Silva	13.12.1987	30		
Defenders:					
Alan Empereur	Alan Pereira Empereur	10.03.1994	7	(3)	
Diogo Barbosa	Diogo Barbosa Mendanha	17.08.1992	3	(2)	
Emerson Santos	Emerson Raymundo Santos	05.04.1995	10	(2)	1
	Gustavo Raúl Gómez Portillo (PAR)	06.05.1993	21		1
	Benjamín Kuščević Jaramillo (CHI)	02.05.1996	8	(3)	
Luan Garcia	Luan Garcia Teixeira	10.05.1993	22	(4)	
Lucas Esteves	Lucas Esteves Souza	24.06.2000	7	(3)	
Marcos Rocha	Marcos Luis Rocha de Aquino	11.12.1988	18	(4)	
Mayke	Mayke Rocha de Oliveira	10.11.1992	16	(5)	
Renan	Renan Victor da Silva	19.05.2002	8		
	Matías Nicolás Viña Susperreguy (URU)	09.11.1997	23		1
Vanderlan	Vanderlan Barbosa da Silva	07.09.2002	1	(1)	
Vitor Hugo	Vitor Hugo Franchescoli de Souza	20.05.1991	3	(1)	
Midfielders:					
Bruno Henrique	Bruno Henrique Corsini	21.10.1989	7	(6)	
Danilo	Danilo dos Santos de Oliveira	29.04.2001	8	(10)	
Felipe Melo	Felipe Melo de Carvalho	26.06.1983	13	(2)	
Gabriel Menino	Gabriel Vinicius Menino	29.09.2000	24	(3)	
Gustavo Scarpa	Gustavo Henrique Furtado Scarpa	05.01.1994	10	(16)	1
Lucas Lima	Lucas Rafael Araújo Lima	09.07.1990	23	(9)	1
Patrick de Paula	Patrick de Paula Carreiro	08.09.1999	22	(5)	3
Ramires	Ramires Santos do Nascimento	24.03.1987	4	(12)	
Raphael Veiga	Raphael Cavalcante Veiga	19.06.1995	19	(7)	11
Zé Rafael	José Rafael Vivian „Zé Rafael"	16.06.1993	21	(5)	2
Forwards:					
Breno Lopes	Breno Henrique Vasconcelos Lopes	24.01.1996	9	(9)	2
Fabrício	Fabrício do Nascimento Biato	23.02.2001		(3)	
Gabriel Silva	Gabriel Silva Viera	22.03.2002	3	(10)	
Gabriel Veron	Gabriel Veron Fonseca de Souza	03.09.2002	8	(12)	4
Luiz Adriano	Luiz Adriano de Souza da Silva	12.04.1987	19	(5)	10
Marcelinho	Marcelo José de Lima Filho "Marcelinho"	11.12.2002	1	(1)	
Pedro	Pedro Acacio Monteiro da Sllva	28.06.2002		(3)	
Rony	Ronielson da Silva Barbosa „Rony"	11.05.1995	15	(8)	5
Wesley	Wesley Ribeiro Silva	30.03.1999	9	(6)	2
Willian	Willian Gomes de Siqueira	19.11.1986	18	(14)	7
Trainer:					
Vanderlei Luxemburgo	Vanderlei Luxemburgo da Silva [15.12.2019-14.10.2020; Sacked]	10.05.1952	13		
Andrey Lopes	Andrey Lopes dos Santos [16.10.-04.11.2020; Caretaker]	18.10.1973	5		
Abel Ferreira	Abel Fernando Moreira Ferreira (POR) [from 04.11.2020]	22.11.1978	20		

RED BULL BRAGANTINO BRAGANÇA PAULISTA

Foundation date: January 8, 1928 (*as Clube Atlético Bragantino*)
Address: Rua Emílio Coleta, 12900-000 Bragança Paulista, São Paulo
Stadium: Estádio "Nabi Abi Chedid" [Nabizão], Bragança Paulista – Capacity: 17,128

THE SQUAD

		DOB	M	(s)	G
Goalkeepers:					
Cleiton	Cleiton Schwengber	19.08.1997	32		
Júlio César	Júlio César De Souza Santos	27.10.1984	6		
Defenders:					
Aderlan Silva	Aderlan de Lima Silva	18.08.1990	32	(2)	
Edimar	Edimar Curitiba Fraga	21.05.1986	26	(3)	1
Fabricio Bruno	Fabricio Bruno Soares de Faria	12.02.1996	13	(1)	1
	César Rafael Haydar Villarreal (COL)	31.03.2001		(1)	
Léo Ortiz	Leonardo Rech Ortiz „Léo Ortiz"	03.01.1996	32	(1)	3
Ligger	Ligger Moreira Malaquias	18.05.1988	26	(3)	
Luan Cândido	Luan Cândido de Almeida	02.02.2001	6	(5)	1
	Leonardo Javier Realpe Montaño (ECU)	26.02.2001	5	(1)	
Weverson	Weverson Moreira da Costa	05.07.2000	7	(8)	
Weverton	Weverton Guilherme da Silva Souza	15.06.1999	3	(7)	
Midfielders:					
Barreto	Gustavo Bonatto Barreto	10.12.1995	1	(3)	
Bruno Tubarão	Bruno Nunes de Barros „Bruno Tubarão"	05.03.1995	13	(15)	1
	Tomás Esteban Cuello (ARG)	05.03.2000	8	(10)	
Lucas Evangelista	Lucas Evangelista Santana de Oliveira	06.05.1995	12	(8)	2
Matheus Jesus	Matheus Sousa de Jesus	10.04.1997	8	(4)	
Ramires	Eric Dos Santos Rodrigues „Ramires"	10.08.2000	4	(9)	1
Raul	Raul Lo Gonçalves	11.07.1996	29	(1)	2
Ricardo Ryller	Ricardo Ryller Ribeiro Lino Silva	27.02.1994	25	(4)	2
Thonny Anderson	Thonny Anderson da Silva Carvalho	27.12.1997	1	(7)	1
Uillian Correia	Uillian Correia Granemann	27.09.1989	2	(5)	
Vitinho	Victor Hugo Santana Carvalho „Vitinho"	24.03.1998	2	(2)	
Forwards:					
Alerrandro	Alerrandro Barra Mansa Realino de Souza	12.01.2000	11	(5)	5
Artur	Artur Víctor Guimaraes	15.02.1998	33		1
Chrigor	Chrigor Flores Moraes	13.11.2000	1	(4)	
Claudinho	Cláudio Luiz Rodrigues Parise Leonel „Claudinho"	28.01.1997	33	(2)	18
Helinho	Hélio Júnio Nunes de Castro „Helinho"	25.04.2000	9	(1)	3
	Jan Carlos Hurtado Anchico (VEN)	05.03.2000	2	(21)	2
Leandrinho	Leandro Henrique do Nascimento „Leandrinho"	11.10.1998	4	(8)	
Luis Phelipe	Luis Phelipe de Souza Figueiredo	12.02.2001		(11)	1
Morato	Andrew Erick Feitosa „Morato"	01.09.1992	7	(11)	
Robinho	Robson José Brilhante Martins „Robinho"	20.10.1998		(5)	
Wesley	Wesley Pionteck Souza	14.04.1996		(1)	
Ytalo	Ytalo José Oliveira dos Santos	12.01.1988	25	(6)	5
Trainer:					
Felipe Conceição	Felipe de Oliveira Conceição [26.01.2020-31.08.2020; Sacked]	09.07.1979	6		
Marcinho	Márcio Miranda Freitas Rocha da Silva "Marcinho" [31.08.-04.09.2020; Caretaker]	20.03.1981	1		
Maurício Barbieri	Maurício Nogueira Barbieri [from 04.09.2020]	30.09.1981	31		

SANTOS FUTEBOL CLUBE

Foundation date: April 14, 1912
Address: Rua Princesa Isabel, 77, Vila Belmiro, Santos, CEP 11075-501
Stadium: Estádio „Urbano Caldeira" [Vila Belmiro], Santos – Capacity: 16,068

THE SQUAD

		DOB	M	(s)	G
Goalkeepers:					
João Paulo	João Paulo Silva Martins	29.06.1995	25	(1)	
John	John Victor Maciel Furtado	13.02.1996	9		
Vladimir	Vladimir Orlando Cardoso de Araújo Filho	16.07.1989	4		
Defenders:					
Derick	Derick Fernando da Silva	16.05.2002		(1)	
Felipe Jonatan	Felipe Jonatan Rocha Andrade	15.02.1998	32	(1)	2
Fernando Pileggi	Fernando Moraes Pileggi	06.07.1999	2		
Laércio	Laércio Soldá	22.03.1993	12	(2)	
Luan Peres	Luan Peres Petroni	19.07.1994	27	(2)	
Lucas Veríssimo	Lucas Veríssimo da Silva	02.07.1995	16		1
Luiz Felipe	Luiz Felipe Nascimento dos Santos	09.09.1993	12	(1)	
Mádson	Mádson Ferreira dos Santos	13.01.1992	14	(12)	5
Pará	Marcos Rogério Ricci Lopes "Pará"	14.02.1986	24	(3)	
Wagner Leonardo	Wagner Leonardo Calvelo De Souza	23.07.1999	5	(7)	
Wellington	Wellington Gonzaga de Assis Filho	05.06.2001		(1)	
Midfielders:					
Alex	Alex de Oliveira Nascimento	10.05.1999	7	(4)	
Alison	Alison Lopes Ferreira	01.03.1993	18	(2)	
Diego Pituca	Diego Cristiano Evaristo „Diego Pituca"	15.08.1992	26	(1)	1
Gabriel Pirani	Gabriel Cordeiro Pirani	12.04.2002		(1)	
Guilherme Nunes	Guilherme Nunes da Silva	12.07.1998	2	(2)	
Ivonei	Ivonei Junior da Silva Rabelo	16.04.2002	3	(10)	1
Jean Mota	Jean Mota Oliveira de Sousa	15.10.1993	14	(15)	1
Jobson	Jobson Souza Santos	13.09.1995	14	(5)	2
Lucas Lourenço	Lucas Lourenço Andrade	23.01.2001	1	(17)	
	Carlos Andrés Sánchez Arcosa (URU)	02.12.1984	10	(2)	
Sandry Roberto	Sandry Roberto Santos Góes	30.08.2002	12	(6)	
	Yeferson Julio Soteldo Martínez (VEN)	30.06.1997	20	(4)	4
Tailson	Tailson Pinto Gonçalves	05.03.1999	2	(11)	
Forwards:					
Allanzinho	Allan Victor Oliveira Mota „Allanzinho"	04.04.2000		(1)	
Anderson Ceara	Francisco Anderson „Ceara" de Jesus dos Santos	21.05.1999		(1)	
Ângelo Borges	Ângelo Gabriel Borges Damaceno	21.12.2004	1	(7)	
Arthur Gomes	Arthur Gomes Lourenco	03.07.1998	16	(6)	2
Bruninho	Bruno Henrique Marques Torres „Bruninho"	22.02.1999	2	(13)	3
Kaio Jorge	Kaio Jorge Pinto Ramos	24.01.2002	23	(5)	4
Lucas Braga	Lucas Braga Ribeiro	10.11.1996	24	(6)	2
Marcos Leonardo	Marcos Leonardo Santos Almeida	02.05.2003	7	(11)	4
Marinho	Mário Sérgio Santos Costa "Marinho"	29.05.1990	24	(3)	17
Raniel	Raniel Santana de Vasconcelos	11.06.1996	3	(1)	
Renyer	Renyer Luan de Oliveira Damasceno	12.07.2003		(1)	
	Fernando Uribe Hincapié (COL)	01.01.1988		(1)	
Vinicius	Vinicius Balieiro Lourenco De Carvalho	28.05.1999	7	(4)	
Trainer:					
Cuca	Alexi Stival "Cuca" [07.08.2020-22.02.2021]	07.06.1973	37		
Marcelo Fernandes	Marcelo Faria Fernandes [from 23.03.3031]	20.04.1974	1		

SÃO PAULO FUTEBOL CLUBE

Foundation date: January 25, 1930
Address: Praça Roberto Gomes Pedrosa, 1, São Paulo, CEP 05653-070
Stadium: Estádio „Cícero Pompeu de Toledo" [Morumbi], São Paulo – Capacity: 72,039

THE SQUAD					
		DOB	M	(s)	G
Goalkeepers:					
Tiago Volpi	Tiago Luis Volpi	19.12.1990	38		
Defenders:					
	Robert Abel Arboleda Escobar (ECU)	22.10.1991	19	(2)	1
Bruno Alves	Bruno Fabiano Alves	16.04.1991	26	(2)	
Daniel Alves	Daniel Alves da Silva	06.05.1983	30		1
Diego Costa	Diego Henrique Costa Barbosa	21.07.1999	18	(1)	1
Gabriel	Gabriel Rodrigas da Silva	04.01.2002	8	(4)	3
Igor Vinicius	Igor Vinicius de Souza	01.04.1997	14	(12)	
Juanfran	Juan Francisco Torres Belén "Juanfran" (ESP)	09.01.1985	22	(1)	
Leo	Leonardo Pinheiro da Conceição „Leo"	06.03.1996	15	(5)	
Reinaldo	Reinaldo Manoel da Silva	28.09.1989	34	(1)	6
Welington	Welington Damascena Santos	19.02.2001	1		
Midfielders:					
Gabriel Sara	Welington Damascena Santos	26.06.1999	21		2
Helinho	Hélio Júnio Nunes de Castro "Helinho"	25.04.2000		(3)	
Hernanes	Anderson Hernanes de Carvalho Viana Lima	29.05.1985	4	(17)	3
Igor Gomes	Igor Silveira Gomes	17.03.1999	29	(8)	3
Liziero	Igor Matheus Liziero Pereira	07.02.1998	5	(1)	
Luan	Luan Vinicius da Silva Santos	14.05.1999	24	(6)	
Rodrigo Nestor	Rodrigo Nestor Bertalia	09.08.2000	1	(5)	
Tchê Tchê	Danilo das Neves Pinheiro "Tchê Tchê"	30.09.1992	26	(8)	4
Vitor Bueno	Vitor Frezarin Bueno	05.09.1994	11	(20)	2
Forwards:					
Brenner	Brenner Souza da Silva	16.01.2000	21	(6)	11
	Gonzalo Rodrigo Carneiro Méndez (URU)	12.09.1995	2	(8)	1
	Antonio Javier Galeano Ferreira (PAR)	22.03.2000		(5)	
Jonas Toró	Jonas Gabriel Da Silva Nunes „Jonas Toró"	30.05.1999	1	(12)	1
Luciano	Luciano da Rocha Neves	18.05.1993	29	(2)	18
Pablo	Pablo Felipe Teixeira	23.06.1992	14	(16)	2
Paulo Bóia	Paulo Henrique Pereira da Silva „Paulo Bóia"	26.06.1998	5	(8)	
	Joao Robin Rojas Mendoza (ECU)	14.06.1989		(1)	
	Santiago Tréllez Viveros (COL)	17.01.1990		(8)	
Trainer:					
Fernando Diniz	Fernando Diniz Silva	27.03.1974	33		
	[26.09.2019-01.02.2021; Sacked]				
Marcos Vizolli	Marcos César Vizolli [from 05.02.2021]	26.03.1965	5		

SPORT CLUB DO RECIFE

Foundation date: May 13, 1905
Address: Avenida Sport Club do Recife, Bairro Madalena, 50750-221 Recife, Pernambuco
Stadium: Estádio "Adelmar da Costa Carvalho" [Ilha do Retiro], Recife – Capacity: 32,983

THE SQUAD

		DOB	M	(s)	G
Goalkeepers:					
Luan Polli	Luan Polli Gomes	06.04.1993	31		
Mailson	Mailson Tenório dos Santos	20.08.1996	7		
Defenders:					
Adryelson	Adryelson Shawann Lima Silva	23.03.1998	36		
Chico	Francisco Alves da Silva Neto "Chico"	14.09.1998	7	(5)	
Ewerthon	Ewerthon Diógenes da Silva	11.10.2000	4	(7)	
Iago Maidana	Iago Justen Maidana Martins	06.02.1996	34		6
Júnior Tavares	Carlos Eugenio Júnior Tavares dos Santos	07.08.1996	15	(5)	
Luciano Juba	Luciano Batista da Silva Junior "Luciano Juba"	29.08.1999	8	(13)	
Patric	Patric Cabral Lalau	25.03.1989	36		1
Pedrão	Pedro Henrique Nunes Silva „Pedrão"	22.01.2000		(1)	
Rafael	Rafael Luiz Santos da Costa	09.05.2002	2		
Rafael Thyere	Rafael Thyere de Albuquerque Marques	17.05.1993	7	(3)	
Raul Prata	Raul Prata	14.06.1987	7	(5)	
Sander	Sander Henrique Bortolotto	03.10.1990	14	(10)	
Midfielders:					
Betinho	Roberto Pimenta Vinagre Filho „Betinho"	04.04.1992	18	(6)	
Bruninho	Bruno Roberto Pereira da Silva „Bruninho"	27.04.2000	1	(15)	
Gustavo	Gustavo Salgueiro de Almeida Correia	07.07.1984		(4)	
	Jonathan David Gómez (ARG)	21.12.1989	12	(12)	1
João Igor	João Igor Oliveira de Santana	14.03.1996		(3)	
Marcão Silva	Marcos Antonio Almeida Silva „Marcão Silva"	14.01.1991	22	(4)	2
Márcio Araújo	Márcio Rodrigues Araújo	11.06.1984	4	(6)	
Marcos Serrato	Marcos Vinicius Serrato	08.02.1994		(2)	
Marquinhos	Marcos Vinícius Sousa Natividade „Marquinhos"	26.01.1997	29	(3)	3
Maxwell	Maxwell Lima Santos Silva	21.04.1999		(4)	
	Lucas Andrés Mugni (ARG)	12.01.1992	17	(6)	1
Ricardinho	Ricardo Ribeiro de Lima „Ricardinho"	27.03.1989	20	(6)	
Ronaldo	Ronaldo Henrique Ferreira da Silva	27.06.1994	14	(10)	
Thiago Neves	Thiago Neves Augusto	27.02.1985	24	(1)	6
Willian Farias	Willian Roberto de Farias	06.06.1989	4		
Forwards:					
	Leandro Barcia Montero (URU)	08.10.1992	10	(6)	3
Dalberto	Dalberto Luan Belo	15.09.1994	15		3
Élton	Élton Rodrigues Brandão	01.08.1985	9		2
Hernane Brocador	Hernane Vidal de Souza „Hernane Brocador"	08.04.1986	8	(14)	2
Lucas Venuto	Lucas Henrique Ferreira Venuto	14.01.1995	2	(6)	
Mikael	Mikael Filipe Viana de Sousa	28.05.1999	1	(13)	1
Philip	Philip Luis Soares da Silva	08.05.1991		(1)	
Rogério	José Rogério de Oliveira Melo	24.12.1990		(7)	
Ronaldo	Ronaldo Henrique Silva	10.04.1991		(3)	
Trainer:					
Daniel Paulista	Daniel Pollo Baroni "Daniel Paulista" [16.02.-28.08.2020; Sacked]	05.05.1982	5		
Jair Ventura	Jair Zaksauskas Ribeiro Ventura [from 28.08.2020]	19.03.1979	33		

CLUB DE REGATAS VASCO DA GAMA RIO DE JANEIRO

Foundation date: August 21, 1898
Address: Rua Gal Almério de Moura 131, Bairro Vasco da Gama 20921-060, Rio de Janeiro RJ
Stadium: Estádio Vasco da Gama [São Januário], Rio de Janeiro – Capacity: 21,880

THE SQUAD

		DOB	M	(s)	G
Goalkeepers:					
Fernando Miguel	Fernando Miguel Kaufmann	02.02.1985	36		
Lucão	Lucas Alexandre Galdino de Azevedo "Lucão"	26.02.2001	2		
Defenders:					
Cayo Tenório	Cayo Henrique Nascimento Ferreira „Cayo Tenório"	22.02.1999	4	(12)	
Cláudio Winck	Cláudio Winck Neto	15.04.1994	2		
Henrique	Henrique Silva Milagres	25.04.1994	28	(1)	
Jadson Morais	Jadson Cristiano Silva de Morais	05.11.1991	3	(2)	
Leandro Castán	Leandro Castán da Silva	05.11.1986	28		
Léo Matos	Leonardo de Matos Cruz „Léo Matos"	02.04.1986	19		1
Marcelo Alves	Marcelo Alves dos Santos	07.02.1998	12	(2)	
Miranda	Matheus dos Santos Miranda	19.01.2000	14	(4)	
Neto Borges	Vivaldo Borges dos Santos Neto	13.09.1996	11	(8)	
Ricardo Graça	Ricardo Queiroz de Alencastro Graça	16.02.1997	19	(2)	2
Werley	Werley Ananias da Silva	05.09.1988	7	(1)	
Yago Pikachu	Glaybson Yago Souza Lisboa „Yago Pikachu"	05.06.1992	22	(6)	2
Midfielders:					
Andrey	Andrey Ramos Do Nascimento	15.02.1998	21	(6)	1
	Martín Nicolás Benítez (ARG)	17.06.1994	21	(3)	2
Bruno César	Bruno César Zanaki	03.11.1988	2	(5)	
Bruno Gomes	Bruno Gomes da Silva Clevelário	04.04.2001	15	(8)	
Caio Lopes	Caio Lopes da Costa Schoell	12.09.2000	2	(3)	
Carlinhos	Carlos Vinicius Santos de Jesus „Carlinhos"	22.06.1994	14	(14)	1
Fellipe Bastos	Fellipe Ramos Ignez Bastos	01.02.1990	10	(4)	4
Gabriel Pec	Gabriel Fortes Chaves "Gabriel Pec"	11.02.2001	3	(13)	1
	Leonardo Roque Albano Gil (ARG)	31.05.1991	17	(2)	
Juninho	Alexandre Almeida Silva Júnior „Juninho"	23.01.2001	9	(8)	
Lucas Santos	Lucas Santos da Silva	07.03.1999		(4)	
Marcos Júnior	Marcos Antônio Candido Ferreira Júnior	13.05.1995	12	(9)	
Forwards:					
	Germán Ezequiel Cano (ARG)	02.02.1988	33	(1)	14
Guilherme Parede	Guilherme Parede Pinheiro	19.09.1995	1	(10)	
Ribamar	Lucas Ribamar Lopes dos Santos Bibiano	21.05.1997	4	(11)	4
Talles Magno	Talles Magno Bacelar Martins	26.06.2002	30	(4)	3
Tiago Reis	Tiago Rodrigues dos Reis	14.08.1999		(8)	
	Gustavo Adolfo Torres Grueso (COL)	15.06.1996	4	(5)	
Vinícius Paiva	Vinícius dos Santos de Oliveira Paiva	01.03.2001	9	(9)	1
Ygor Catatau	Ygor de Oliveira Ferreira „Ygor Catatau"	01.07.1995	4	(11)	1
Trainer:					
Ramon Menezes	Ramon Menezes Hubner [30.03.-08.10.2020; Sacked]	30.06.1972	13		
Alexandre Grasseli	Alexandre Grasseli de Souza [08-19.10.2020; Caretaker]	05.05.1974	2		
Sá Pinto	Ricardo Manuel Andrade e Silva Sá Pinto (POR) [14.10.-29.12.2020; Sacked]	10.10.1972	11		
Vanderlei Luxemburgo	Vanderlei Luxemburgo da Silva [from 04.01.2021]	10.05.1952	12		

Campeonato Brasileiro Série B 2020

1.	Associação Chapecoense de Futebol (*Promoted*)	38	20	13	5	42 - 21	73
2.	América FC Mineiro Belo Horizonte (*Promoted*)	38	20	13	5	43 - 23	73
3.	Esporte Clube Juventude Caxias do Sul (*Promoted*)	38	17	10	11	52 - 42	61
4.	Cuiabá Esporte Clube (*Promoted*)	38	17	10	11	48 - 40	61
5.	Centro Sportivo Alagoano Maceió	38	16	10	12	50 - 37	58
6.	Sampaio Corrêa FC São Luís	38	17	6	15	50 - 38	57
7.	Associação Atlética Ponte Preta Campinas	38	16	9	13	54 - 49	57
8.	Operário Ferroviário Esporte Clube Ponta Grossa	38	15	12	11	40 - 34	57
9.	Avaí FC Florianópolis	38	16	7	15	45 - 49	55
10.	Clube de Regatas Brasil Maceió	38	15	7	16	48 - 47	52
11.	Cruzeiro EC Belo Horizonte*	38	14	13	11	39 - 32	49
12.	Grêmio Esportivo Brasil Pelotas	38	11	16	11	31 - 33	49
13.	Guarani Futebol Clube Campinas	38	13	9	16	41 - 48	48
14.	EC Vitória Salvador de Bahia	38	11	15	12	45 - 45	48
15.	Associação Desportiva Confiança Aracaju	38	12	10	16	38 - 46	46
16.	Clube Náutico Capibaribe Recife	38	10	14	14	35 - 42	44
17.	Figueirense FC Florianópolis (*Relegated*)	38	9	12	17	35 - 49	39
18.	Paraná Clube Curitiba (*Relegated*)	38	9	10	19	34 - 50	37
19.	Botafogo FC Ribeirão Preto (*Relegated*)	38	8	10	20	26 - 39	34
20.	Oeste Futebol Clube Itápolis (*Relegated*)	38	7	8	23	28 - 60	29

*6 points deducted for financial reasons

Promoted for the 2021 Série B season:
Vila Nova Futebol Clube Goiânia,
Clube do Remo Belém,
Londrina Esporte Clube,
Brusque Futebol Clube.

THE STATE CHAMPIONSHIPS 2020

Acre

Acre State Championship winners:

Year	Winner	Year	Winner
1919	Rio Branco FC	1970	Independência FC Rio Branco
1920	Ypiranga SC Rio Branco	1971	Rio Branco FC
1921	Rio Branco FC	1972	Independência FC Rio Branco
1922	Rio Branco FC	1973	Rio Branco FC
1923	*Not known*	1974	Independência FC Rio Branco
1924	*Not known*	1975	AC Juventus Rio Branco
1925	*Not known*	1976	AC Juventus Rio Branco
1926	*Not known*	1977	AC Juventus Rio Branco
1927	*Not known*	1978	Rio Branco FC
1928	Rio Branco FC	1979	Rio Branco FC
1929	*Not known*	1980	AC Juventus Rio Branco
1930	Associação Atlética Militar Rio Branco	1981	AC Juventus Rio Branco
1931	*Not known*	1982	AC Juventus Rio Branco
1932	*Not known*	1983	Rio Branco FC
1933	*Not known*	1984	AC Juventus Rio Branco
1934	*Not known*	1985	Independência FC Rio Branco
1935	Rio Branco FC	1986	Rio Branco FC
1936	Rio Branco FC	1987	Atlético Acreano Rio Branco
1937	Rio Branco FC	1988	Independência FC Rio Branco
1938	Rio Branco FC	1989	AC Juventus Rio Branco
1939	Rio Branco FC	1990	AC Juventus Rio Branco
1940	Rio Branco FC	1991	Atlético Acreano Rio Branco
1941	Rio Branco FC	1992	Rio Branco FC
1942	Rio Branco FC	1993	Independência FC Rio Branco
1943	Rio Branco FC	1994	Rio Branco FC
1944	Rio Branco FC	1995	AC Juventus Rio Branco
1945	Rio Branco FC	1996	AC Juventus Rio Branco
1946	Rio Branco FC	1997	Rio Branco FC
1947	Rio Branco FC	1998	Independência FC Rio Branco
1948	América FC Rio Branco	1999	AD Vasco da Gama Rio Branco
1949	América FC Rio Branco	2000	Rio Branco FC
1950	Rio Branco FC	2001	AD Vasco da Gama Rio Branco
1951	Rio Branco FC	2002	Rio Branco FC
1952	Atlético Acreano Rio Branco	2003	Rio Branco FC
1953	Atlético Acreano Rio Branco	2004	Rio Branco FC
1954	Independência FC Rio Branco	2005	Rio Branco FC
1955	Rio Branco FC	2006	AD Senador Guiomard
1956	Rio Branco FC	2007	Rio Branco FC
1957	Rio Branco FC	2008	Rio Branco FC
1958	Independência FC Rio Branco	2009	AC Juventus Rio Branco
1959	Independência FC Rio Branco	2010	Rio Branco FC
1960	Independência FC Rio Branco	2011	Rio Branco FC
1961	Rio Branco FC	2012	Rio Branco FC
1962	Rio Branco FC & Atlético Acreano Rio Branco	2013	Plácido de Castro FC
		2014	Rio Branco FC
1963	Independência FC Rio Branco	2015	Rio Branco FC
1964	Rio Branco FC	2016	Atlético Acreano Rio Branco

1965	AD Vasco da Gama Rio Branco		2017	Atlético Acreano Rio Branco
1966	AC Juventus Rio Branco		2018	Rio Branco Football Club
1967	Grêmio Atlético Sampaio Rio Branco		2019	Atlético Acreano Rio Branco
1968	Atlético Acreano Rio Branco		2020	Galvez Esporte Clube
1969	AC Juventus Rio Branco			

Acre State League (Campeonato Acriano) 2020

Primeiro Turno

First Stage

Grupo A

1. Atlético Acreano Rio Branco	4	3	0	1	12 - 3	9
2. Plácido de Castro Futebol Clube	4	3	0	1	12 - 5	9
3. Rio Branco Football Club	4	3	0	1	12 - 11	9
4. Andirá Esporte Clube Rio Branco	4	1	0	3	7 - 9	3
5. São Francisco Futebol Clube Rio Branco	4	0	0	4	4 - 19	0

Grupo B

1. Galvez Esporte Clube	3	3	0	0	14 - 2	9
2. Sport Clube Humaitá Porto Acre	3	2	0	1	5 - 5	6
3. Náuas Esporte Clube Cruzeiro do Sul	3	1	0	2	6 - 3	3
4. AD Vasco da Gama Rio Branco	3	0	0	3	2 - 17	0

Winners and runners-up were qualified for the Semi-Finals.

Semi-Finals (12.03.2020)

Atlético Acreano Rio Branco - Sport Clube Humaitá Porto Acre	2-0(0-0)
Galvez Esporte Clube - Plácido de Castro Futebol Clube	1-1 aet; 5-3 pen

Final (17.03.2020)

Atlético Acreano Rio Branco - Galvez Esporte Clube	0-4(0-2)

Galvez Esporte Clube qualified for the State Championship Finals.

Segundo Turno

First Stage

Grupo A

1. Rio Branco Football Club	4	4	0	0	14 - 3	12
2. Plácido de Castro Futebol Clube	4	4	0	0	13 - 4	12
3. Atlético Acreano Rio Branco	4	4	0	0	10 - 2	12
4. Andirá Esporte Clube Rio Branco	4	2	0	2	8 - 12	6
5. São Francisco Futebol Clube Rio Branco	4	1	0	3	3 - 19	3

Grupo B

1. Galvez Esporte Clube	5	2	0	3	14 - 7	6
2. Náuas Esporte Clube Cruzeiro do Sul	5	2	0	3	9 - 8	6
3. Sport Clube Humaitá Porto Acre	5	1	0	4	12 - 15	3
4. AD Vasco da Gama Rio Branco	5	0	0	5	5 - 18	0

Winners and runners-up were qualified for the Semi-Finals.

Semi-Finals (09.09.2020)	
Rio Branco Football Club - Plácido de Castro Futebol Clube	2-0(2-0)
Galvez Esporte Clube - Náuas Esporte Clube Cruzeiro do Sul	2-1(1-0)

Final (12.09.2020)	
Rio Branco Football Club - Galvez Esporte Clube	0-2(0-0)

Galvez Esporte Clube qualified for the State Championship Finals.

Acre Championship Finals

No final matches needed, as Galvez Esporte Clube was winner of both Primeiro and Segundo Torneo.

Acre State Championship Winners 2020: **Galvez Esporte Clube**

Alagoas

Alagoas State Championship winners:

1927	Clube de Regatas Maceió
1928	Centro Sportivo Alagoano Maceió
1929	Centro Sportivo Alagoano Maceió
1930	Clube de Regatas Maceió
1931	*No competition*
1932	*No competition*
1933	Centro Sportivo Alagoano Maceió
1934	*No competition*
1935	Centro Sportivo Alagoano Maceió
1936	Centro Sportivo Alagoano Maceió
1937	Clube de Regatas Maceió
1938	Clube de Regatas Maceió
1939	Clube de Regatas Maceió
1940	Clube de Regatas Maceió
1941	Centro Sportivo Alagoano Maceió
1942	Centro Sportivo Alagoano Maceió
1943	*No competition*
1944	Centro Sportivo Alagoano Maceió
1945	Santa Cruz FC Maceió
1946	EC Barroso Maceió
1947	EC Alexandria Maceió
1948	Santa Cruz FC Maceió
1949	Centro Sportivo Alagoano Maceió
1950	Clube de Regatas Maceió
1951	Clube de Regatas Maceió
1952	Centro Sportivo Alagoano Maceió
1953	Agremiação Sportiva Arapiraquense
1954	Ferroviário AC Maceió
1955	Centro Sportivo Alagoano Maceió
1956	Centro Sportivo Alagoano Maceió
1957	Centro Sportivo Alagoano Maceió
1958	Centro Sportivo Alagoano Maceió
1959	Centro Sportivo Capelense
1960	Centro Sportivo Alagoano Maceió
1961	Clube de Regatas Maceió
1962	Centro Sportivo Capelense
1963	Centro Sportivo Alagoano Maceió
1964	Clube de Regatas Maceió
1965	Centro Sportivo Alagoano Maceió
1966	Centro Sportivo Alagoano Maceió
1967	Centro Sportivo Alagoano Maceió
1968	Centro Sportivo Alagoano Maceió
1969	Clube de Regatas Maceió
1970	Clube de Regatas Maceió
1971	Centro Sportivo Alagoano Maceió
1972	Clube de Regatas Maceió
1973	Clube de Regatas Maceió
1974	Centro Sportivo Alagoano Maceió
1975	Centro Sportivo Alagoano Maceió
1976	Clube de Regatas Maceió
1977	Clube de Regatas Maceió
1978	Clube de Regatas Maceió
1979	Clube de Regatas Maceió
1980	Centro Sportivo Alagoano Maceió
1981	Centro Sportivo Alagoano Maceió
1982	Centro Sportivo Alagoano Maceió
1983	Clube de Regatas Maceió
1984	Centro Sportivo Alagoano Maceió
1985	Centro Sportivo Alagoano Maceió
1986	Clube de Regatas Maceió
1987	Clube de Regatas Maceió
1988	Centro Sportivo Alagoano Maceió
1989	Centro Sportivo Capelense
1990	Centro Sportivo Alagoano Maceió
1991	Centro Sportivo Alagoano Maceió
1992	Clube de Regatas Maceió
1993	Clube de Regatas Maceió
1994	Centro Sportivo Alagoano Maceió
1995	Clube de Regatas Maceió
1996	Centro Sportivo Alagoano Maceió
1997	Centro Sportivo Alagoano Maceió
1998	Centro Sportivo Alagoano Maceió
1999	Centro Sportivo Alagoano Maceió
2000	Agremiação Sportiva Arapiraquense
2001	Agremiação Sportiva Arapiraquense
2002	Clube de Regatas Maceió
2003	Agremiação Sportiva Arapiraquense
2004	SC Corinthians Alagoano Maceió
2005	Agremiação Sportiva Arapiraquense
2006	Associação Atlética Coruripe
2007	Associação Atlética Coruripe
2008	Centro Sportivo Alagoano Maceió
2009	Agremiação Sportiva Arapiraquense
2010	Murici Futebol Clube
2011	Agremiação Sportiva Arapiraquense
2012	Clube de Regatas Brasil Maceió
2013	Clube de Regatas Brasil Maceió
2014	Associação Atlética Coruripe
2015	Clube de Regatas Brasil Maceió
2016	Clube de Regatas Brasil Maceió
2017	Clube de Regatas Brasil Maceió
2018	Centro Sportivo Alagoano Maceió
2019	Centro Sportivo Alagoano Maceió
2020	Clube de Regatas Brasil Maceió

Alagoas State League (Campeonato Alagoano) 2020

	First Stage								
1.	Clube de Regatas Brasil Maceió	7	4	1	2	12	-	7	13
2.	Centro Sportivo Alagoano Maceió	7	4	1	2	10	-	6	13
3.	Murici Futebol Clube	7	3	3	1	8	-	5	13
4.	Agremiação Sportiva Arapiraquense	7	3	1	3	6	-	8	10
5.	Associação Atlética Coruripe	7	2	3	2	5	-	10	9
6.	Centro Esportivo Olhodagüense	7	2	1	4	5	-	6	8
7.	Clube Sociedade Esportiva Palmeira dos Índios	7	1	4	3	7	-	9	7
8.	Jaciobá Atlético Clube Pão de Açúcar	7	0	2	5	5	-	10	2

Top-4 were qualified for the Semi-Finals.

Semi-Finals (03.08.2020)	
Centro Sportivo Alagoano Maceió - Murici Futebol Clube	4-0(0-0)
Clube de Regatas Brasil Maceió - Agremiação Sportiva Arapiraquense	0-0 aet; 3-1 pen

Third Place Play-off (05.08.2020)	
Murici Futebol Clube - Agremiação Sportiva Arapiraquense	2-0(1-0)

Alagoas Championship Finals (05.08.2020)	
Centro Sportivo Alagoano Maceió - Clube de Regatas Brasil Maceió	0-1(0-1)

Alagoas State Championship Winners 2020: **Clube de Regatas Brasil Maceió**

Amapá

Amapá State Championship winners:

1944	Esporte Clube Macapá
1945	Amapá Clube Macapá
1946	Esporte Clube Macapá
1947	Esporte Clube Macapá
1948	Esporte Clube Macapá
1949	*No competition*
1950	Amapá Clube Macapá
1951	Amapá Clube Macapá
1952	Trem Desportivo Clube Macapá
1953	Amapá Clube Macapá
1954	Esporte Clube Macapá
1955	Esporte Clube Macapá
1956	Esporte Clube Macapá
1957	Esporte Clube Macapá
1958	Esporte Clube Macapá
1959	Esporte Clube Macapá
1960	Santana Esporte Clube
1961	Santana Esporte Clube
1962	Santana Esporte Clube
1963	CEA Clube
1964	Juventus
1965	Santana Esporte Clube
1966	Juventus
1967	Juventus
1968	Santana Esporte Clube
1969	Esporte Clube Macapá
1970	SER São José Macapá
1971	SER São José Macapá
1972	Santana Esporte Clube
1973	Amapá Clube Macapá
1974	Esporte Clube Macapá
1975	Amapá Clube Macapá
1976	Ypiranga Clube Macapá
1977	Guarany
1978	Esporte Clube Macapá
1979	Amapá Clube Macapá
1980	Esporte Clube Macapá
1981	Esporte Clube Macapá
1982	Independente Esporte Clube Santana
1983	Independente Esporte Clube Santana
1984	Trem Desportivo Clube Macapá
1985	Santana Esporte Clube
1986	Esporte Clube Macapá
1987	Amapá Clube Macapá
1988	Amapá Clube Macapá
1989	Independente Esporte Clube Santana
1990	Amapá Clube Macapá
1991	Esporte Clube Macapá
1992	Ypiranga Clube Macapá
1993	SER São José Macapá
1994	Ypiranga Clube Macapá
1995	Independente Esporte Clube Santana
1996	*No competition*
1997	Ypiranga Clube Macapá
1998	Aliança
1999	Ypiranga Clube Macapá
2000	Santos Futebol Clube Macapá
2001	Independente Esporte Clube Santana
2002	Ypiranga Clube Macapá
2003	Ypiranga Clube Macapá
2004	Ypiranga Clube Macapá
2005	SER São José Macapá
2006	SER São José Macapá
2007	Trem Desportivo Clube Macapá
2008	Cristal Atlético Clube Macapá
2009	SER São José Macapá
2010	Trem Desportivo Clube Macapá
2011	Trem Desportivo Clube Macapá
2012	Oratório Recreativo Clube Macapá
2013	Santos Futebol Clube Macapá
2014	Santos Futebol Clube Macapá
2015	Santos Futebol Clube Macapá
2016	Santos Futebol Clube Macapá
2017	Santos Futebol Clube Macapá
2018	Ypiranga Clube Macapá
2019	Santos Futebol Clube Macapá
2020	Ypiranga Clube Macapá

Amapá State League (Campeonato Amapaense) 2020

First Stage

1. Santos Futebol Clube Macapá	5	3	1	1	10	-	7	10
2. Ypiranga Clube Macapá	5	3	0	2	10	-	8	9
3. São Paulo Futebol Clube Macapá	5	2	3	0	7	-	3	9
4. Santana Esporte Clube	5	2	1	2	10	-	8	7
5. Trem Desportivo Clube Macapá	5	2	1	2	8	-	7	7
6. Esporte Clube Macapá	5	0	0	5	0	-	12	0

Top-4 teams were qualified for the Semi-Finals.

Final Stage

Semi-Finals (12-19.09.2020)

Santana Esporte Clube - Santos Futebol Clube Macapá	2-2(2-2)	1-0(0-0)
São Paulo Futebol Clube Macapá - Ypiranga Clube Macapá	1-1(0-0)	1-2(0-0)

Amapá Championship Finals (23.09.-01.10.2020)

Santana Esporte Clube - Ypiranga Clube Macapá	1-2(0-2)
Ypiranga Clube Macapá - Santana Esporte Clube	2-0(1-0)

Amapá State Championship Winners 2020: **Ypiranga Clube Macapá**

Amazonas

Amazonas State Championship winners:

1914	Manaus Athletic Club Manaus
1915	Manaus Athletic Club Manaus
1916	Nacional Futebol Clube Manaus
1917	Nacional Futebol Clube Manaus
1918	Nacional Futebol Clube Manaus
1919	Nacional Futebol Clube Manaus
1920	Nacional Futebol Clube Manaus
1921	Atlético Rio Negro Clube Manaus
1922	Nacional Futebol Clube Manaus
1923	Nacional Futebol Clube Manaus
1924	*No competition*
1925	*No competition*
1926	*No competition*
1927	Atlético Rio Negro Clube Manaus
1928	Cruzeiro do Sul Futebol Clube Manaus
1929	Manaus Sporting Club Manaus
1930	Cruzeiro do Sul Futebol Clube Manaus
1931	Atlético Rio Negro Clube Manaus
1932	Atlético Rio Negro Clube Manaus
1933	Nacional Futebol Clube Manaus
1934	União Esportiva Portuguesa Manaus
1935	União Esportiva Portuguesa Manaus
1936	Nacional Futebol Clube Manaus
1937	Nacional Futebol Clube Manaus
1938	Atlético Rio Negro Clube Manaus
1939	Nacional Futebol Clube Manaus
1940	Atlético Rio Negro Clube Manaus
1941	Nacional Futebol Clube Manaus
1942	Nacional Futebol Clube Manaus
1943	Atlético Rio Negro Clube Manaus
1944	Olímpico Clube Manaus
1945	Nacional Futebol Clube Manaus
1946	Nacional Futebol Clube Manaus
1947	Olímpico Clube Manaus
1948	Nacional Fast Club Manaus
1949	Nacional Fast Club Manaus
1950	Nacional Futebol Clube Manaus
1951	América Futebol Clube Manaus
1952	América Futebol Clube Manaus
1953	América Futebol Clube Manaus
1954	América Futebol Clube Manaus
1955	Nacional Fast Club Manaus
1956	Auto Esporte Clube Manaus
1957	Nacional Futebol Clube Manaus
1958	Santos Futebol Clube Manaus
1959	Auto Esporte Clube Manaus
1960	Nacional Fast Club Manaus
1961	São Raimundo Esporte Clube Manaus
1962	Atlético Rio Negro Clube Manaus
1963	Nacional Futebol Clube Manaus
1968	Nacional Futebol Clube Manaus
1969	Nacional Futebol Clube Manaus
1970	Nacional Fast Club Manaus
1971	Nacional Fast Club Manaus
1972	Nacional Futebol Clube Manaus
1973	Associação Atlética Rodoviária Manaus
1974	Nacional Futebol Clube Manaus
1975	Atlético Rio Negro Clube Manaus
1976	Nacional Futebol Clube Manaus
1977	Nacional Futebol Clube Manaus
1978	Nacional Futebol Clube Manaus
1979	Nacional Futebol Clube Manaus
1980	Nacional Futebol Clube Manaus
1981	Nacional Futebol Clube Manaus
1982	Atlético Rio Negro Clube Manaus
1983	Nacional Futebol Clube Manaus
1984	Nacional Futebol Clube Manaus
1985	Nacional Futebol Clube Manaus
1986	Nacional Futebol Clube Manaus
1987	Atlético Rio Negro Clube Manaus
1988	Atlético Rio Negro Clube Manaus
1989	Atlético Rio Negro Clube Manaus
1990	Atlético Rio Negro Clube Manaus
1991	Nacional Futebol Clube Manaus
1992	Sul América Esporte Clube Manaus
1993	Sul América Esporte Clube Manaus
1994	América Futebol Clube Manaus
1995	Nacional Futebol Clube Manaus
1996	Nacional Futebol Clube Manaus
1997	São Raimundo Esporte Clube Manaus
1998	São Raimundo Esporte Clube Manaus
1999	São Raimundo Esporte Clube Manaus
2000	Nacional Futebol Clube Manaus
2001	Atlético Rio Negro Clube Manaus
2002	Nacional Futebol Clube Manaus
2003	Nacional Futebol Clube Manaus
2004	São Raimundo Esporte Clube Manaus
2005	Grêmio Atlético Coariense Coari
2006	São Raimundo Esporte Clube Manaus
2007	Nacional Futebol Clube Manaus
2008	Holanda Esporte Clube Manaus
2009	América Futebol Clube Manaus
2010	Peñarol Atlético Clube Itacoatiara
2011	Peñarol Atlético Clube Itacoatiara
2012	Nacional Futebol Clube Manaus
2013	Princesa do Solimões EC Manacapuru
2014	Nacional Futebol Clube Manaus
2015	Nacional Futebol Clube Manaus
2016	Nacional Fast Clube Manaus
2017	Manaus Futebol Clube

1964	Nacional Futebol Clube Manaus
1965	Atlético Rio Negro Clube Manaus
1966	São Raimundo Esporte Clube Manaus
1967	Olímpico Clube Manaus

2018	Manaus Futebol Clube
2019	Manaus Futebol Clube
2020	Penarol Atlético Clube Itacoatiara

Amazonas State Championship (Campeonato Amazonense) 2020

The Amazonas State Championship was delayed due to COVID-19 pandemic.

First Stage

Grupo A

1. Manaus Futebol Clube	3	3	0	0	4	-	0	9
2. Penarol Atlético Clube Itacoatiara	3	1	1	1	3	-	2	4
3. Amazonas Futebol Clube Manaus	3	1	0	2	2	-	5	3
4. Nacional Futebol Clube Manaus	3	0	1	2	1	-	3	1

Grupo B

1. São Raimundo Esporte Clube Manaus	2	2	0	0	5	-	2	6
2. Nacional Fast Clube Manaus	2	1	0	1	3	-	1	3
3. Esporte Clube Iranduba da Amazônia	2	0	0	2	2	-	7	0

Winners and runners-up were qualified for the Semi-Finals.

Semi-Finals (27.02.2021)

Manaus Futebol Clube - Nacional Fast Clube Manaus	2-0(0-0)
São Raimundo Esporte Clube Manaus - Penarol Atlético Clube Itacoatiara	0-1(0-0)

Third Place Play-off (01.03.2021)

Nacional Fast Clube Manaus - São Raimundo Esporte Clube Manaus	1-0(0-0)

Amazonas Championship Finals (01.03.2021)

Manaus Futebol Clube - Penarol Atlético Clube Itacoatiara	1-1 aet; 5-6 pen

Amazonas State Championship Winners 2020: **Penarol Atlético Clube Itacoatiara**

Bahia

Bahia State Championship winners:

Year	Winner	Year	Winner
1905	Clube Internacional de Cricket Salvador	1964	Esporte Clube Vitória Salvador
1906	Clube de Natação e Regatas São Salvador	1965	Esporte Clube Vitória Salvador
1907	Clube de Natação e Regatas São Salvador	1966	Assoc. Desportiva Leônico Salvador
1908	Esporte Clube Vitória Salvador	1967	Esporte Clube Bahia Salvador
1909	Esporte Clube Vitória Salvador	1968	Galícia Esporte Clube Salvador
1910	Sport Club Santos Dumont Salvador	1969	Fluminense FC Feira de Santana
1911	Sport Club Bahia Salvador	1970	Esporte Clube Bahia Salvador
1912	Atlético Futebol Clube Salvador	1971	Esporte Clube Bahia Salvador
1913	Fluminense Futebol Clube Salvador	1972	Esporte Clube Vitória Salvador
1914	Sport Club Internacional Salvador	1973	Esporte Clube Bahia Salvador
1915	Fluminense Futebol Clube Salvador	1974	Esporte Clube Bahia Salvador
1916	Sport Club República Salvador	1975	Esporte Clube Bahia Salvador
1917	Sport Club Ypiranga Salvador	1976	Esporte Clube Bahia Salvador
1918	Sport Club Ypiranga Salvador	1977	Esporte Clube Bahia Salvador
1919	Sport Club Botafogo Salvador	1978	Esporte Clube Bahia Salvador
1920	Sport Club Ypiranga Salvador	1979	Esporte Clube Bahia Salvador
1921	Sport Club Ypiranga Salvador	1980	Esporte Clube Vitória Salvador
1922	Sport Club Botafogo Salvador	1981	Esporte Clube Bahia Salvador
1923	Sport Club Botafogo Salvador	1982	Esporte Clube Bahia Salvador
1924	Associação Atlética da Bahia Salvador	1983	Esporte Clube Bahia Salvador
1925	Sport Club Ypiranga Salvador	1984	Esporte Clube Bahia Salvador
1926	Sport Club Botafogo Salvador	1985	Esporte Clube Vitória Salvador
1927	Clube Bahiano de Tênis Salvador	1986	Esporte Clube Bahia Salvador
1928	Sport Club Ypiranga Salvador	1987	Esporte Clube Bahia Salvador
1929	Sport Club Ypiranga Salvador	1988	Esporte Clube Bahia Salvador
1930	Sport Club Botafogo Salvador	1989	Esporte Clube Vitória Salvador
1931	Esporte Clube Bahia Salvador	1990	Esporte Clube Vitória Salvador
1932	Sport Club Ypiranga Salvador	1991	Esporte Clube Bahia Salvador
1933	Esporte Clube Bahia Salvador	1992	Esporte Clube Vitória Salvador
1934	Esporte Clube Bahia Salvador	1993	Esporte Clube Bahia Salvador
1935	Sport Club Botafogo Salvador	1994	Esporte Clube Bahia Salvador
1936	Esporte Clube Bahia Salvador	1995	Esporte Clube Vitória Salvador
1937	Galícia Esporte Clube Salvador	1996	Esporte Clube Vitória Salvador
1938	1/ Esporte Clube Bahia Salvador	1997	Esporte Clube Vitória Salvador
1938	2/ Sport Club Botafogo Salvador	1998	Esporte Clube Bahia Salvador
1939	Sport Club Ypiranga Salvador	1999	Esporte Clube Bahia Salvador &
1940	Esporte Clube Bahia Salvador		Esporte Clube Vitória Salvador (shared)
1941	Galícia Esporte Clube Salvador	2000	Esporte Clube Vitória Salvador
1942	Galícia Esporte Clube Salvador	2001	Esporte Clube Bahia Salvador
1943	Galícia Esporte Clube Salvador	2002	Palmeiras do Nordeste Feira de Santana
1944	Esporte Clube Bahia Salvador	2002	Esporte Clube Vitória Salvador
1945	Esporte Clube Bahia Salvador	2003	Esporte Clube Vitória Salvador
1946	Assoc. Desportiva Guarany Salvador	2004	Esporte Clube Vitória Salvador
1947	Esporte Clube Bahia Salvador	2005	Esporte Clube Vitória Salvador
1948	Esporte Clube Bahia Salvador	2006	Colo-Colo de Futebol e Regatas Ilhéus
1949	Esporte Clube Bahia Salvador	2007	Esporte Clube Vitória Salvador
1950	Esporte Clube Bahia Salvador	2008	Esporte Clube Vitória Salvador
1951	Sport Club Ypiranga Salvador	2009	Esporte Clube Vitória Salvador
1952	Esporte Clube Bahia Salvador	2010	Esporte Clube Vitória Salvador
1953	Esporte Clube Vitória Salvador	2011	Associação Desportiva Bahia de Feira

1954	Esporte Clube Bahia Salvador		2012	Esporte Clube Bahia Salvador
1955	Esporte Clube Vitória Salvador		2013	Esporte Clube Vitória Salvador
1956	Esporte Clube Bahia Salvador		2014	Esporte Clube Bahia Salvador
1957	Esporte Clube Vitória Salvador		2015	Esporte Clube Bahia Salvador
1958	Esporte Clube Bahia Salvador		2016	Esporte Clube Vitória Salvador
1959	Esporte Clube Bahia Salvador		2017	Esporte Clube Vitória Salvador
1960	Esporte Clube Bahia Salvador		2018	Esporte Clube Bahia Salvador
1961	Esporte Clube Bahia Salvador		2019	Esporte Clube Bahia Salvador
1962	Esporte Clube Bahia Salvador		2020	Esporte Clube Bahia Salvador
1963	Fluminense FC Feira de Santana			

Bahia State Championship (Campeonato Baiano) 2020

First Stage

1.	Esporte Clube Bahia Salvador	9	5	3	1	12 - 5	18
2.	Alagoinhas Atlético Clube	9	5	2	2	11 - 9	17
3.	Sociedade Desportiva Juazeirense	9	4	4	1	19 - 12	16
4.	Esporte Clube Jacuipense Riachão do Jacuipe	9	4	3	2	15 - 9	15
5.	Esporte Clube Vitória Salvador	9	3	4	2	13 - 12	13
6.	Associação Desportiva Bahia de Feira	9	3	3	3	12 - 11	12
7.	Esporte Clube Primeiro Passo Vitória da Conquista	9	2	4	3	9 - 12	10
8.	Fluminense de Feira Futebol Clube	9	2	3	5	18 - 19	9
9.	Doce Mel Esporte Clube Ipiaú	9	1	5	3	14 - 18	8
10.	Jacobina Esporte Clube (*Relegated*)	9	0	1	8	3 - 19	1

Top-4 were qualified for the Semi-Finals.

Second Stage

Semi-Finals (30.07.-02.08.2020)

Esporte Clube Jacuipense Riachão do Jacuipe - Esporte Clube Bahia Salvador	0-2(0-1)	2-2(0-1)
Sociedade Desportiva Juazeirense - Alagoinhas Atlético Clube	1-4(1-2)	2-0(1-0)

Bahia Championship Finals (05-08.08.2020)

Alagoinhas Atlético Clube - Esporte Clube Bahia Salvador	0-0
Esporte Clube Bahia Salvador - Alagoinhas Atlético Clube	1-1 aet; 7-6 pen

Bahia State Championship Winners 2020: **Esporte Clube Bahia Salvador**

Ceará

Ceará State Championship winners:

1914	Rio Branco Foot-ball Club Fortaleza
1915	Ceará Sporting Club Fortaleza
1916	Ceará Sporting Club Fortaleza
1917	Ceará Sporting Club Fortaleza
1918	Ceará Sporting Club Fortaleza
1919	Ceará Sporting Club Fortaleza
1920	Fortaleza Esporte Clube
1921	Fortaleza Esporte Clube
1922	Ceará Sporting Club Fortaleza
1923	Fortaleza Esporte Clube
1924	Fortaleza Esporte Clube
1925	Ceará Sporting Club Fortaleza
1926	Fortaleza Esporte Clube
1927	Fortaleza Esporte Clube
1928	Fortaleza Esporte Clube
1929	Maguari Esporte Clube Fortaleza
1930	Orion Futebol Clube Fortaleza
1931	Ceará Sporting Club Fortaleza
1932	Ceará Sporting Club Fortaleza
1933	Fortaleza Esporte Clube
1934	Fortaleza Esporte Clube
1935	América Futebol Clube Fortaleza
1936	Maguari Esporte Clube Fortaleza
1937	Fortaleza Esporte Clube
1938	Fortaleza Esporte Clube
1939	Ceará Sporting Club Fortaleza
1940	Tramways Sport Club Fortaleza
1941	Ceará Sporting Club Fortaleza
1942	Ceará Sporting Club Fortaleza
1943	Maguari Esporte Clube Fortaleza
1944	Maguari Esporte Clube Fortaleza
1945	Ferroviário Atlético Clube Fortaleza
1946	Fortaleza Esporte Clube
1947	Fortaleza Esporte Clube
1948	Ceará Sporting Club Fortaleza
1949	Fortaleza Esporte Clube
1950	Ferroviário Atlético Clube Fortaleza
1951	Ceará Sporting Club Fortaleza
1952	Ferroviário Atlético Clube Fortaleza
1953	Fortaleza Esporte Clube
1954	Fortaleza Esporte Clube
1955	Calouros do Ar Futebol Clube Fortaleza
1956	Gentilândia Atlético Clube Fortaleza
1957	Ceará Sporting Club Fortaleza
1958	Ceará Sporting Club Fortaleza
1959	Fortaleza Esporte Clube
1960	Fortaleza Esporte Clube
1961	Ceará Sporting Club Fortaleza
1962	Ceará Sporting Club Fortaleza
1963	Ceará Sporting Club Fortaleza
1969	Fortaleza Esporte Clube
1970	Ferroviário Atlético Clube Fortaleza
1971	Ceará Sporting Club Fortaleza
1972	Ceará Sporting Club Fortaleza
1973	Fortaleza Esporte Clube
1974	Fortaleza Esporte Clube
1975	Ceará Sporting Club Fortaleza
1976	Ceará Sporting Club Fortaleza
1977	Ceará Sporting Club Fortaleza
1978	Ceará Sporting Club Fortaleza
1979	Ferroviário Atlético Clube Fortaleza
1980	Ceará Sporting Club Fortaleza
1981	Ceará Sporting Club Fortaleza
1982	Fortaleza Esporte Clube
1983	Fortaleza Esporte Clube
1984	Ceará Sporting Club Fortaleza
1985	Fortaleza Esporte Clube
1986	Ceará Sporting Club Fortaleza
1987	Fortaleza Esporte Clube
1988	Ferroviário Atlético Clube Fortaleza
1989	Ceará Sporting Club Fortaleza
1990	Ceará Sporting Club Fortaleza
1991	Fortaleza Esporte Clube
1992	Fortaleza Esporte Clube
	Ceará Sporting Club Fortaleza
	AE Tiradentes Fortaleza
	Icasa Esporte Clube Juazeiro do Norte
1993	Ceará Sporting Club Fortaleza
1994	Ferroviário Atlético Clube Fortaleza
1995	Ferroviário Atlético Clube Fortaleza
1996	Ceará Sporting Club Fortaleza
1997	Ceará Sporting Club Fortaleza
1998	Ceará Sporting Club Fortaleza
1999	Ceará Sporting Club Fortaleza
2000	Fortaleza Esporte Clube
2001	Fortaleza Esporte Clube
2002	Ceará Sporting Club Fortaleza
2003	Fortaleza Esporte Clube
2004	Fortaleza Esporte Clube
2005	Fortaleza Esporte Clube
2006	Ceará Sporting Club Fortaleza
2007	Fortaleza Esporte Clube
2008	Fortaleza Esporte Clube
2009	Fortaleza Esporte Clube
2010	Fortaleza Esporte Clube
2011	Ceará Sporting Club Fortaleza
2012	Ceará Sporting Club Fortaleza
2013	Ceará Sporting Club Fortaleza
2014	Ceará Sporting Club Fortaleza
2015	Fortaleza Esporte Clube

1964	Fortaleza Esporte Clube Fortaleza		2016	Fortaleza Esporte Clube
1965	Fortaleza Esporte Clube		2017	Ceará Sporting Club Fortaleza
1966	América Futebol Clube Fortaleza		2018	Ceará Sporting Club Fortaleza
1967	Fortaleza Esporte Clube		2019	Fortaleza Esporte Clube
1968	Ferroviário Atlético Clube Fortaleza		2020	Fortaleza Esporte Clube

Please note: 1992 - four winners (shared).

Ceará State Championship (Campeonato Cearense) 2020

First Stage

1.	Guarany Sporting Club Sobral	7	4	3	0	9 - 3	15
2.	Barbalha Futebol Clube	7	4	2	1	11 - 3	14
3.	Ferroviário Atlético Clube Fortaleza	7	3	3	1	6 - 4	12
4.	Caucaia Esporte Clube	7	1	5	1	9 - 8	8
5.	Futebol Clube Atlético Cearense Fortaleza	7	2	2	3	8 - 9	8
6.	Pacajus Esporte Clube	7	1	4	2	4 - 6	7
7.	Floresta Esporte Clube Fortaleza (*Relegated*)	7	1	3	3	9 - 14	6
8.	Horizonte Futebol Clube (*Relegated*)	7	0	2	5	3 - 12	2

Top-6 qualified for the Second Stage.

Second Stage

1.	Fortaleza Esporte Clube	7	6	0	1	20 - 4	18
2.	Ceará Sporting Club Fortaleza	7	4	2	1	10 - 3	14
3.	Ferroviário Atlético Clube Fortaleza	7	4	2	1	7 - 5	14
4.	Guarany Sporting Club Sobral	7	4	1	2	7 - 7	13
5.	Futebol Clube Atlético Cearense Fortaleza	7	3	1	3	13 - 12	10
6.	Caucaia Esporte Clube	7	1	1	5	4 - 10	4
7.	Pacajus Esporte Clube	7	1	1	5	7 - 14	4
8.	Barbalha Futebol Clube	7	1	0	6	6 - 19	3

Top-4 were qualified for the Semi-Finals.

Semi-Finals (18-19.07.2020)

Fortaleza Esporte Clube - Guarany Sporting Club Sobral	1-0(1-0)
Ceará Sporting Club Fortaleza - Ferroviário Atlético Clube Fortaleza	1-0(1-0)

Ceará Championship Finals (30.09.-21.10.2020)

Ceará Sporting Club Fortaleza - Fortaleza Esporte Clube	1-2(1-1)
Fortaleza Esporte Clube - Ceará Sporting Club Fortaleza	1-0(0-0)

Ceará State Championship Winners 2020: **Fortaleza Esporte Clube**

Distrito Federal

Distrito Federal State Championship winners:

Year	Winner	Year	Winner
1959	GE Brasiliense Núcleo Bandeirante	1989	Taguatinga Esporte Clube
1960	Defelê Futebol Clube Brasília	1990	Sociedade Esportiva do Gama
1961	Defelê Futebol Clube Brasília	1991	Taguatinga Esporte Clube
1962	Defelê Futebol Clube Brasília	1992	Taguatinga Esporte Clube
1963	AE Cruzeiro do Sul Brasília	1993	Taguatinga Esporte Clube
1964	AA Guanabara Brasília (Am)* / Rabello Futebol Clube Brasília (Pr)*	1994	Sociedade Esportiva do Gama
1965	Pederneiras FC Brasília (Am) / Rabello Futebol Clube Brasília (Pr)	1995	Sociedade Esportiva do Gama
1966	AA Guanabara Brasília (Am) / Rabello Futebol Clube Brasília (Pr)	1996	Clube de Regatas Guará
		1997	Sociedade Esportiva do Gama
		1998	Sociedade Esportiva do Gama
1967	Rabello Futebol Clube Brasília	1999	Sociedade Esportiva do Gama
1968	Defelê Futebol Clube Brasília	2000	Sociedade Esportiva do Gama
1969	Coenge Futebol Clube Brasília	2001	Sociedade Esportiva do Gama
1970	GE Brasiliense Núcleo Bandeirante	2002	Centro de Futebol do Zico/BSB Brasília
1971	CA Colombo Núcleo Bandeirante	2003	Sociedade Esportiva Gama
1972	AA Serviço Gráfico Brasília	2004	Brasiliense Futebol Clube Taguatinga
1973	CEUB Esporte Clube Brasília	2005	Brasiliense Futebol Clube Taguatinga
1974	Pioneira Futebol Clube Taguatinga	2006	Brasiliense Futebol Clube Taguatinga
1975	Campineira Brasília	2007	Brasiliense Futebol Clube Taguatinga
1976	Brasília Esporte Clube	2008	Brasiliense Futebol Clube Taguatinga
1977	Brasília Esporte Clube	2009	Brasiliense Futebol Clube Taguatinga
1978	Brasília Esporte Clube	2010	Ceilândia Esporte Clube
1979	Sociedade Esportiva do Gama	2011	Brasiliense Futebol Clube Taguatinga
1980	Brasília Esporte Clube	2012	Ceilândia Esporte Clube
1981	Taguatinga Esporte Clube	2013	Brasiliense Futebol Clube Taguatinga
1982	Brasília Esporte Clube	2014	Associação Atlética Luziânia
1983	Brasília Esporte Clube	2015	Sociedade Esportiva do Gama
1984	Brasília Esporte Clube	2016	Associação Atlética Luziânia
1985	Sobradinho Esporte Clube	2017	Brasiliense Futebol Clube Taguatinga
1986	Sobradinho Esporte Clube	2018	Sobradinho Esporte Clube
1987	Brasília Esporte Clube	2019	Sociedade Esportiva do Gama
1988	Grêmio Esportivo Tiradentes Brasília	2020	Sociedade Esportiva do Gama

*Am=Amateurs; Pr= Professionals

Distrito Federal State Championship (Campeonato Brasiliense) 2020

First Stage

1.	Sociedade Esportiva do Gama	11	10	1	0	41	-	8	31
2.	Brasiliense Futebol Clube Taguatinga	11	9	1	1	38	-	7	28
3.	Real Brasília Futebol Clube Vila Planalto	11	7	2	2	25	-	9	23
4.	Bosque Formosa Esporte Clube	11	6	1	4	19	-	19	19
5.	Taguatinga Esporte Clube	11	5	3	3	18	-	15	18
6.	Capital Clube de Futebol Ltda Brasília	11	3	6	2	15	-	12	15
7.	Associação Atlética Luziânia	11	4	2	5	22	-	21	14
8.	Sobradinho Esporte Clube	11	4	1	6	13	-	24	13
9.	Unaí Esporte Clube	11	3	2	6	19	-	22	11
10.	Ceilândia Esporte Clube	11	2	2	7	8	-	26	8
11.	Sociedade Esportiva Ceilandense (*Relegated*)	11	0	3	8	1	-	27	3
12.	Paranoá Esporte Clube (*Relegated*)	11	0	2	8	8	-	37	2

Top-8 qualified for the Final Stage.

Final Stage

Quarter-Finals (12-16.08.2020)

Sobradinho Esporte Clube - Sociedade Esportiva do Gama	0-5(0-3)	1-2(1-1)
Taguatinga Esporte Clube - Bosque Formosa Esporte Clube	0-1(0-0)	1-0(0-0)
Associação Atlética Luziânia - Brasiliense Futebol Clube Taguatinga	0-0	1-2(1-1)
Capital Clube de Futebol Ltda Brasília - Real Brasília Futebol Clube Vila Planalto	1-1(1-0)	0-1(0-0)

Semi-Finals (19-23.08.2020)

Bosque Formosa Esporte Clube - Sociedade Esportiva do Gama	1-3(1-1)	1-3(0-2)
Real Brasília Futebol Clube Vila Planalto - Brasiliense Futebol Clube Taguatinga	0-1(0-0)	2-1(0-0)

Distrito Federal Championship Finals (26-29.08.2020)

Brasiliense Futebol Clube Taguatinga - Sociedade Esportiva do Gama	3-1(0-0)
Sociedade Esportiva do Gama - Brasiliense Futebol Clube Taguatinga	2-0 aet: 4-3 pen

Distrito Federal State Championship Winners 2020: **Sociedade Esportiva do Gama**

Espirito Santo

Espirito Santo State Championship winners:

1930	Rio Branco Atlético Clube Vitória
1931	Santo Antônio Futebol Clube Vitória
1932	Vitória Futebol Clube
1933	Vitória Futebol Clube
1934	Rio Branco Atlético Clube Vitória
1935	Rio Branco Atlético Clube Vitória
1936	Rio Branco Atlético Clube Vitória
1937	Rio Branco Atlético Clube Vitória
1938	Rio Branco Atlético Clube Vitória
1939	Rio Branco Atlético Clube Vitória
1940	Americano Futebol Clube Vitória
1941	Rio Branco Atlético Clube Vitória
1942	Rio Branco Atlético Clube Vitória
1943	Vitória Futebol Clube
1944	Caxias Futebol Clube Vitória
1945	Rio Branco Atlético Clube Vitória
1946	Rio Branco Atlético Clube Vitória
1947	Rio Branco Atlético Clube Vitória
1948	Cachoeiro FC Cachoeiro do Itapemirim
1949	Rio Branco Atlético Clube Vitória
1950	Vitória Futebol Clube
1951	Rio Branco Atlético Clube Vitória
1952	Vitória Futebol Clube
1953	Santo Antônio Futebol Clube Vitória
1954	Santo Antônio Futebol Clube Vitória
1955	Santo Antônio Futebol Clube Vitória
1956	Vitória Futebol Clube
1957	Rio Branco Atlético Clube Vitória
1958	Rio Branco Atlético Clube Vitória
1959	Rio Branco Atlético Clube Vitória
1960	Santo Antônio Futebol Clube Vitória
1961	Santo Antônio Futebol Clube Vitória
1962	Rio Branco Atlético Clube Vitória
1963	Rio Branco Atlético Clube Vitória
1964	Assoc. Desportiva Ferroviária Cariacica
1965	Assoc. Desportiva Ferroviária Cariacica
1966	Rio Branco Atlético Clube Vitória
1967	Assoc. Desportiva Ferroviária Cariacica
1968	Rio Branco Atlético Clube Vitória
1969	Rio Branco Atlético Clube Vitória
1970	Rio Branco Atlético Clube Vitória
1971	Rio Branco Atlético Clube Vitória
1972	Assoc. Desportiva Ferroviária Cariacica
1973	Rio Branco Atlético Clube Vitória
1974	Assoc. Desportiva Ferroviária Cariacica
1975	Rio Branco Atlético Clube Vitória
1976	Vitória Futebol Clube
1977	Assoc. Desportiva Ferroviária Cariacica
1978	Rio Branco Atlético Clube Vitória
1979	Assoc. Desportiva Ferroviária Cariacica
1980	Assoc. Desportiva Ferroviária Cariacica
1981	Assoc. Desportiva Ferroviária Cariacica
1982	Rio Branco Atlético Clube Vitória
1983	Rio Branco Atlético Clube Vitória
1984	Assoc. Desportiva Ferroviária Cariacica
1985	Rio Branco Atlético Clube Vitória
1986	Assoc. Desportiva Ferroviária Cariacica
1987	Guarapari Esporte Clube
1988	Ibiraçu Esporte Clube
1989	Assoc. Desportiva Ferroviária Cariacica
1990	Associação Atlética Colatina
1991	Muniz Freire Futebol Clube
1992	Assoc. Desportiva Ferroviária Cariacica
1993	Linhares Esporte Clube
1994	Assoc. Desportiva Ferroviária Cariacica
1995	Linhares Esporte Clube
1996	Assoc. Desportiva Ferroviária Cariacica
1997	Linhares Esporte Clube
1998	Linhares Esporte Clube
1999	Sociedade Desportiva Serra FC
2000	Assoc. Desportiva Ferroviária Cariacica
2001	Alegrense Futebol Clube
2002	Alegrense Futebol Clube
2003	Sociedade Desportiva Serra FC
2004	Sociedade Desportiva Serra FC
2005	Sociedade Desportiva Serra FC
2006	Vitória Futebol Clube
2007	Linhares Futebol Clube
2008	Sociedade Desportiva Serra FC
2009	Associação Atlética São Mateus
2010	Rio Branco Atlético Clube Vitória
2011	CER Associação Atlética São Mateus
2012	Esporte Clube Aracruz
2013	Assoc. Desportiva Ferroviária Cariacica
2014	Estrela do Norte FC Cachoeiro de Itapemirim
2015	Rio Branco Atlético Clube Vitória
2016	AD Ferroviária Vale do Rio
2017	Clube Atlético Itapemirim
2018	Sociedade Desportiva Serra FC
2019	Vitória Futebol Clube
2020	Rio Branco FC Venda Nova do Imigrante

Espirito Santo State Championship (Campeonato Capixaba) 2020

First Stage

1. Vitória Futebol Clube	9	9	0	0	30	-	3	27
2. Rio Branco Futebol Clube Venda Nova do Imigrante	9	5	3	1	17	-	8	18
3. Real Noroeste Capixaba FC Águia Branca	9	5	2	2	15	-	11	17
4. Associação Desportiva Ferroviária Vale do Rio Doce Cariacica	9	5	1	3	14	-	8	16
5. Rio Branco Atlético Clube Vitória	9	5	0	4	20	-	12	15
6. Sociedade Desportiva Serra FC	9	3	2	4	10	-	14	11
7. Centro Educativo Recreativo Associação Atlética São Mateus	9	3	2	4	7	-	12	11
8. Estrela do Norte FC Cachoeiro de Itapemirim	9	3	1	5	13	-	13	10
9. Clube Atlético Itapemirim (*Relegated*)	9	1	1	7	8	-	19	4
10. Linhares Futebol Clube (*Relegated*)	9	0	0	9	6	-	40	0

Top-8 qualified for the Final Stage/Quarter-Finals.

Final Stage

Quarter-Finals (21.11.-02.12.2020)

Rio Branco Atlético Clube Vitória - AD Ferroviária Vale do Rio Doce Cariacica	2-1	1-1
CERA Atlética São Mateus - Rio Branco FC Venda Nova do Imigrante	0-1	0-3
Sociedade Desportiva Serra FC - Real Noroeste Capixaba FC Águia Branca	0-2	2-1
Estrela do Norte FC Cachoeiro de Itapemirim - Vitória Futebol Clube	1-0	0-1

Semi-Finals (08-16.12.2020)

Rio Branco Atlético Clube Vitória - Vitória Futebol Clube	1-1	2-1
Real Noroeste Capixaba FC Á. Branca - Rio Branco FC Venda Nova do Imigrante	2-2	2-2

Espirito Santo Championship Finals (23-29.12.2020)

Rio Branco Atlético Clube Vitória - Rio Branco FC Venda Nova do Imigrante	0-0
Rio Branco FC Venda Nova do Imigrante - Rio Branco Atlético Clube Vitória	1-0

Espirito Santo State Championship Winners 2020: **Rio Branco FC Venda Nova do Imigrante**

Goias

Goias State Championship winners:

Amateur Era:

1944	Atlético Clube Goianiense Goiânia		1954	Goiânia Esporte Clube
1945	Goiânia Esporte Clube		1955	Atlético Clube Goianiense Goiânia
1946	Goiânia Esporte Clube		1956	Goiânia Esporte Clube
1947	Atlético Clube Goianiense Goiânia		1957	Atlético Clube Goianiense Goiânia
1948	Goiânia Esporte Clube		1958	Goiânia Esporte Clube
1949	Atlético Clube Goianiense Goiânia		1959	Goiânia Esporte Clube
1950	Goiânia Esporte Clube		1960	Goiânia Esporte Clube
1951	Goiânia Esporte Clube		1961	Vila Nova Futebol Clube Goiânia
1952	Goiânia Esporte Clube		1962	Vila Nova Futebol Clube Goiânia
1953	Goiânia Esporte Clube			

Professional Era:

1963	Vila Nova Futebol Clube Goiânia		1992	Goiatuba Esporte Clube
1964	Atlético Clube Goianiense Goiânia		1993	Vila Nova Futebol Clube Goiânia
1965	Anápolis Futebol Clube		1994	Goiás Esporte Clube Goiânia
1966	Goiás Esporte Clube Goiânia		1995	Vila Nova Futebol Clube Goiânia
1967	Clube Recreativo Atlético Catalano		1996	Goiás Esporte Clube Goiânia
1968	Goiânia Esporte Clube		1997	Goiás Esporte Clube Goiânia
1969	Vila Nova Futebol Clube Goiânia		1998	Goiás Esporte Clube Goiânia
1970	Atlético Clube Goianiense Goiânia		1999	Goiás Esporte Clube Goiânia
1971	Goiás Esporte Clube Goiânia		2000	Goiás Esporte Clube Goiânia
1972	Goiás Esporte Clube Goiânia		2001	Vila Nova Futebol Clube Goiânia
1973	Vila Nova Futebol Clube Goiânia		2002	Goiás Esporte Clube Goiânia
1974	Goiânia Esporte Clube		2003	Goiás Esporte Clube Goiânia
1975	Goiás Esporte Clube Goiânia		2004	Clube Recreativo Atlético Catalano
1976	Goiás Esporte Clube Goiânia		2005	Vila Nova Futebol Clube Goiânia
1977	Vila Nova Futebol Clube Goiânia		2006	Goiás Esporte Clube Goiânia
1978	Vila Nova Futebol Clube Goiânia		2007	Atlético Clube Goianiense Goiânia
1979	Vila Nova Futebol Clube Goiânia		2008	Itumbiara Esporte Clube
1980	Vila Nova Futebol Clube Goiânia		2009	Goiás Esporte Clube Goiânia
1981	Goiás Esporte Clube Goiânia		2010	Atlético Clube Goianiense Goiânia
1982	Vila Nova Futebol Clube Goiânia		2011	Atlético Clube Goianiense Goiânia
1983	Goiás Esporte Clube Goiânia		2012	Goiás Esporte Clube Goiânia
1984	Vila Nova Futebol Clube Goiânia		2013	Goiás Esporte Clube Goiânia
1985	Atlético Clube Goianiense Goiânia		2014	Atlético Clube Goianiense Goiânia
1986	Goiás Esporte Clube Goiânia		2015	Goiás Esporte Clube Goiânia
1987	Goiás Esporte Clube Goiânia		2016	Goiás Esporte Clube Goiânia
1988	Atlético Clube Goianiense Goiânia		2017	Goiás Esporte Clube Goiânia
1989	Goiás Esporte Clube Goiânia		2018	Goiás Esporte Clube Goiânia
1990	Goiás Esporte Clube Goiânia		2019	Atlético Clube Goianiense Goiânia
1991	Goiás Esporte Clube Goiânia		2020	Atlético Clube Goianiense Goiânia

Goias State Championship (Campeonato Goiano) 2020

First Stage

1.	Atlético Clube Goianiense Goiânia	12	8	2	2	27	-	8	26
2.	Goiás Esporte Clube Goiânia	12	6	4	2	18	-	13	22
3.	Jaraguá Esporte Clube	12	6	2	4	15	-	14	20
4.	Goianésia Esporte Clube	12	5	3	4	12	-	13	18
5.	Clube Recreativo Atlético Catalano	12	4	5	3	11	-	11	17
6.	Vila Nova Futebol Clube Goiânia	12	4	4	4	13	-	7	16
7.	Associação Atlética Aparecidense	12	4	3	5	16	-	16	15
8.	Anápolis Futebol Clube	12	3	6	3	12	-	15	15
9.	Grêmio Esportivo Anápolis	12	4	2	6	13	-	16	14
10.	Iporá Esporte Clube	12	3	5	4	10	-	11	14
11.	Goiânia Esporte Clube (*Relegated*)	12	3	2	7	8	-	22	11
12.	Associação Atlética Anapolina (*Relegated*)	12	1	4	7	13	-	23	7

Top-8 qualified for the Final Stage.

Final Stage

Quarter-Finals (10-11.02.2021)
Atlético Clube Goianiense Goiânia - Anápolis Futebol Clube	5-1(1-1)
Goiás Esporte Clube Goiânia - Associação Atlética Aparecidense	0-2(0-0)
Jaraguá Esporte Clube - Vila Nova Futebol Clube Goiânia	1-0(0-0)
Goianésia Esporte Clube - Clube Recreativo Atlético Catalano	1-0(1-0)

Semi-Finals (17-18.02.2021)
Atlético Clube Goianiense Goiânia - Associação Atlética Aparecidense	2-1(1-1)
Jaraguá Esporte Clube - Goianésia Esporte Clube	1-3(1-2)

Goias Championship Finals (27.02.2021)
Atlético Clube Goianiense Goiânia - Goianésia Esporte Clube	1-1 aet; 5-3 pen

Goias State Championship Winners 2020: **Atlético Clube Goianiense Goiânia**

Maranhão

Maranhão State Championship winners:

1918	Sport Club Luso Brasileiro São Luís
1919	Sport Club Luso Brasileiro São Luís
1920	Football Athletic Club São Luís
1921	Fênix Futebol Clube São Luís
1922	Sport Club Luso Brasileiro São Luís
1923	Sport Club Luso Brasileiro São Luís
1924	Sport Club Luso Brasileiro São Luís
1925	Sport Club Luso Brasileiro São Luís
1926	Sport Club Luso Brasileiro São Luís
1927	Sport Club Luso Brasileiro São Luís
1928	Vasco da Gama Futebol Clube São Luís
1929	*No competition*
1930	Sport Club Sírio São Luís
1931	*No competition*
1932	Tupan Esporte Clube São Luís
1933	Sampaio Corrêa FC São Luís
1934	Sampaio Corrêa FC São Luís
1935	Tupan Esporte Clube São Luís
1936	*No competition*
1937	Maranhão Atlético Clube São Luís
1938	Tupan Esporte Clube São Luís
1939	Maranhão Atlético Clube São Luís
1940	Sampaio Corrêa FC São Luís
1941	Maranhão Atlético Clube São Luís
1942	Sampaio Corrêa FC São Luís
1943	Maranhão Atlético Clube São Luís
1944	Moto Clube São Luís
1945	Moto Clube São Luís
1946	Moto Clube São Luís
1947	Moto Clube São Luís
1948	Moto Clube São Luís
1949	Moto Clube São Luís
1950	Moto Clube São Luís
1951	Maranhão Atlético Clube São
1952	Vitória do Mar Futebol Clube São Luís
1953	Sampaio Corrêa FC São Luís
1954	Sampaio Corrêa FC São Luís
1955	Moto Clube São Luís
1956	Sampaio Corrêa FC São Luís
1957	Ferroviário Esporte Clube São Luís
1958	Ferroviário Esporte Clube São Luís
1959	Moto Clube São Luís
1960	Moto Clube São Luís
1961	Sampaio Corrêa FC São Luís
1962	Sampaio Corrêa FC São Luís
1963	Maranhão Atlético Clube São Luís
1964	Sampaio Corrêa FC São Luís
1965	Sampaio Corrêa FC São Luís
1966	Moto Clube São Luís
1967	Moto Clube São Luís

1970	Maranhão Atlético Clube São Luís
1971	Ferroviário Esporte Clube São Luís
1972	Sampaio Corrêa FC São Luís
1973	Ferroviário Esporte Clube São Luís
1974	Moto Clube São Luís
1975	Sampaio Corrêa FC São Luís
1976	Sampaio Corrêa FC São Luís
1977	Moto Clube São Luís
1978	Sampaio Corrêa FC São Luís
1979	Maranhão Atlético Clube São Luís
1980	Sampaio Corrêa FC São Luís
1981	Moto Clube São Luís
1982	Moto Clube São Luís
1983	Moto Clube São Luís
1984	Sampaio Corrêa FC São Luís
1985	Sampaio Corrêa FC São Luís
1986	Sampaio Corrêa FC São Luís
1987	Sampaio Corrêa FC São Luís
1988	Sampaio Corrêa FC São Luís
1989	Moto Clube São Luís
1990	Sampaio Corrêa FC São Luís
1991	Sampaio Corrêa FC São Luís
1992	Sampaio Corrêa FC São Luís
1993	Maranhão Atlético Clube São Luís
1994	Maranhão Atlético Clube São Luís
1995	Maranhão Atlético Clube São Luís
1996	Bacabal Esporte Clube
1997	Sampaio Corrêa FC São Luís
1998	Sampaio Corrêa FC São Luís
1999	Maranhão Atlético Clube São Luís
2000	Moto Clube São Luís
2001	Moto Clube São Luís
2002	Sampaio Corrêa FC São Luís
2003	Sampaio Corrêa FC São Luís
2004	Moto Clube São Luís
2005	Sociedade Imperatriz de Desportos
2006	Moto Clube São Luís
2007	Maranhão Atlético Clube São Luís
2008	Moto Clube São Luís
2009	JV Lideral Esporte Clube Imperatriz
2010	Sampaio Corrêa FC São Luís
2011	Sampaio Corrêa FC São Luís
2012	Sampaio Corrêa FC São Luís
2013	Maranhão Atlético Clube São Luís
2014	Sampaio Corrêa FC São Luís
2015	Sociedade Imperatriz de Desportos
2016	Moto Club de São Luís
2017	Sampaio Corrêa FC São Luís
2018	Moto Clube São Luís
2019	Sociedade Imperatriz de Desportos

| 1968 | Moto Clube São Luís |
| 1969 | Maranhão Atlético Clube São Luís |

| 2020 | Sampaio Corrêa FC São Luís |

Maranhão State Championship (Campeonato Maranhense) 2020

First Stage

1. Moto Club de São Luís	7	6	1	0	8	-	1	19
2. Sampaio Corrêa Futebol Clube São Luís	7	4	2	1	11	-	6	14
3. Sociedade Imperatriz de Desportos	7	4	1	2	7	-	3	13
4. SE Juventude São Mateus do Maranhão	7	3	1	3	11	-	7	10
5. Pinheiro Atlético Clube	7	2	2	3	12	-	13	8
6. São José de Ribamar Esporte Clube	7	2	1	4	8	-	15	7
7. Maranhão Atlético Clube São Luís (*Relegated*)	7	2	0	5	13	-	13	6
8. Cordino Esporte Clube Barra do Corda (*Relegated*)	7	0	2	5	4	-	16	2

Top-2 qualified for the Semi-Finals, while teams ranked 3-6 were qualified for the Quarter-Finals.

Quarter-Finals (18-22.08.2020)

São José de Ribamar Esporte Clube - Sociedade Imperatriz de Desportos	4-1(3-0)	2-5 aet; 7-6 pen
Pinheiro Atlético Clube - SE Juventude São Mateus do Maranhão	1-1(0-1)	2-4(2-2)

Semi-Finals (05-16.09.2020)

São José de Ribamar Esporte Clube - Moto Club de São Luís	0-0	2-2 aet; 2-4 pen
SE Juventude São Mateus do Maranhão - Sampaio Corrêa FC São Luís	0-4(0-1)	1-1(0-0)

Maranhão Championship Finals (23-26.09.2020)

Sampaio Corrêa FC São Luís - Moto Club de São Luís	0-0
Moto Club de São Luís - Sampaio Corrêa FC São Luís	0-2(0-1)

Maranhão State Championship Winners 2020: **Sampaio Corrêa FC São Luís**

Mato Grosso

Mato Grosso State Championship winners:

1943	Mixto Esporte Clube
1944	Americano Futebol Clube Cuiabá
1945	Mixto Esporte Clube Cuiabá
1946	Clube Atlético Matogrossense Cuiabá
1947	Mixto Esporte Clube Cuiabá
1948	Mixto Esporte Clube Cuiabá
1949	Mixto Esporte Clube Cuiabá
1950	Clube Atlético Matogrossense Cuiabá
1951	Mixto Esporte Clube Cuiabá
1952	Mixto Esporte Clube Cuiabá
1953	Mixto Esporte Clube Cuiabá
1954	Mixto Esporte Clube Cuiabá
1955	Clube Atlético Matogrossense Cuiabá
1956	Clube Atlético Matogrossense Cuiabá
1957	Clube Atlético Matogrossense Cuiabá
1958	Clube Esportivo Dom Bosco Cuiabá
1959	Mixto Esporte Clube Cuiabá
1960	Clube Esportivo Dom Bosco Cuiabá
1961	Mixto Esporte Clube Cuiabá
1962	Mixto Esporte Clube Cuiabá
1963	Clube Esportivo Dom Bosco Cuiabá
1964	CE Operário Várzea Grande
1965	Mixto Esporte Clube Cuiabá
1966	Clube Esportivo Dom Bosco Cuiabá
1967	CE Operário Várzea Grande
1968	CE Operário Várzea Grande
1969	Mixto Esporte Clube Cuiabá
1970	Mixto Esporte Clube Cuiabá
1971	Clube Esportivo Dom Bosco Cuiabá
1972	CE Operário Várzea Grande
1973	CE Operário Várzea Grande
1974	Operário Futebol Clube Campo Grande
1975	EC Comercial Campo Grande
1976	Operário Futebol Clube Campo Grande
1977	Operário Futebol Clube Campo Grande
1978	Operário Futebol Clube Campo Grande
1979	Mixto Esporte Clube Cuiabá
1980	Mixto Esporte Clube Cuiabá
1981	Mixto Esporte Clube Cuiabá
1982	Mixto Esporte Clube Cuiabá
1983	CE Operário Várzea Grande
1984	Mixto Esporte Clube Cuiabá
1985	CE Operário Várzea Grande
1986	CE Operário Várzea Grande
1987	CE Operário Várzea Grande
1988	Mixto Esporte Clube Cuiabá
1989	Mixto Esporte Clube Cuiabá
1990	Sinop Futebol Clube
1991	Clube Esportivo Dom Bosco Cuiabá
1992	Sorriso Esporte Clube
1993	Sorriso Esporte Clube
1994	CE Operário Várzea Grande
1995	CE Operário Várzea Grande
1996	Mixto Esporte Clube Cuiabá
1997	CE Operário Várzea Grande
1998	Sinop Futebol Clube
1999	Sinop Futebol Clube
2000	SER Juventude Primavera do Leste
2001	SER Juventude Primavera do Leste
2002	Esporte Clube Operário Várzea Grande
2003	Cuiabá Esporte Clube
2004	Cuiabá Esporte Clube
2005	SE Vila Aurora Rondonópolis
2006	Esporte Clube Operário Várzea Grande
2007	Cacerense Esporte Clube Cáceres
2008	Mixto Esporte Clube Cuiabá
2009	Luverdense EC Lucas do Rio Verde
2010	União Esporte Clube Rondonópolis
2011	Cuiabá Esporte Clube
2012	Luverdense EC Lucas do Rio Verde
2013	Cuiabá Esporte Clube
2014	Cuiabá Esporte Clube
2015	Cuiabá Esporte Clube
2016	Luverdense EC Lucas do Rio Verde
2017	Cuiabá Esporte Clube
2018	Cuiabá Esporte Clube
2019	Cuiabá Esporte Clube
2020	Nova Mutum Esporte Clube

Mato Grosso State Championship (Campeonato Mato-Grossense) 2020

First Stage

1. Cuiabá Esporte Clube	9	6	3	0	21	-	5	21
2. Clube Esportivo Operário Várzea Grande	9	5	3	1	13	-	4	18
3. União Esporte Clube Rondonópolis	9	4	5	0	13	-	7	17
4. Sinop Futebol Clube	9	4	2	3	18	-	15	14
5. Nova Mutum Esporte Clube	8	3	4	2	9	-	6	13
6. Poconé Esporte Clube	9	3	2	4	11	-	9	11
7. Clube Esportivo Dom Bosco	9	3	2	4	13	-	16	11
8. Luverdense Esporte Clube Lucas do Rio Verde	9	2	2	5	11	-	20	8
9. Mixto Esporte Clube Cuiabá (*Relegated*)	9	2	1	6	9	-	19	7
10. Associação Atlética Araguaia Barra do Garças (*Relegated*)	9	1	0	8	4	-	21	3

Top-8 qualified for the Quarter-Finals.

Quarter-Finals (11.11.-09.12.2020)

Nova Mutum Esporte Clube - Sinop Futebol Clube	1-0(0-0)	1-1(0-0)
Clube Esportivo Dom Bosco - Clube Esportivo Operário Várzea Grande	1-0(0-0)	1-2(0-1) 3-2 pen
Poconé Esporte Clube - União Esporte Clube Rondonópolis	2-2(1-1)	0-0
Luverdense Esporte Clube Lucas do Rio Verde - Cuiabá Esporte Clube	0-2(0-1)	2-0(2-0)

Semi-Finals (02-16.12.2020)

Clube Esportivo Dom Bosco - União Esporte Clube Rondonópolis	0-0	0-1(0-1)
Luverdense Esporte Clube Lucas do Rio Verde - Nova Mutum Esporte Clube	0-0	0-2(0-1)

Mato Grosso Championship Finals (20-23.12.2020)

Nova Mutum Esporte Clube - União Esporte Clube Rondonópolis	1-0(1-0)
União Esporte Clube Rondonópolis - Nova Mutum Esporte Clube	0-1(0-1)

Mato Grosso State Championship Winners 2020: **Nova Mutum Esporte Clube**

Mato Grosso do Sul

Mato Grosso do Sul State Championship winners:

Year	Winner	Year	Winner
1979	Operário Futebol Clube Campo Grande	2000	Comercial Campo Grande
1980	Operário Futebol Clube Campo Grande	2001	Comercial Campo Grande
1981	Operário Futebol Clube Campo Grande	2002	CENE Campo Grande
1982	Comercial Campo Grande	2003	SER Chapadão
1983	Operário Futebol Clube Campo Grande	2004	CENE Campo Grande
1984	Corumbaense Corumbá	2005	CENE Campo Grande
1985	Comercial Campo Grande	2006	Clube Atlético Coxim
1986	Operário Futebol Clube Campo Grande	2007	EC Águia Negra Rio Brilhante
1987	Comercial Campo Grande	2008	Ivinhema Futebol Clube
1988	Operário Futebol Clube Campo Grande	2009	Clube Esportivo Naviraiense
1989	Operário Futebol Clube Campo Grande	2010	EC Comercial Campo Grande
1990	Ubiratan Dourados	2011	CENE Campo Grande
1991	Operário Futebol Clube Campo Grande	2012	EC Águia Negra Rio Brilhante
1992	Nova Andradina Nova Andradina	2013	CENE Campo Grande
1993	Comercial Campo Grande	2014	CENE Campo Grande
1994	Comercial Campo Grande	2015	EC Comercial Campo Grande
1995	SER Chapadão	2016	CRD 7 de Setembro Dourados
1996	Operário Futebol Clube Campo Grande	2017	Corumbaense Futebol Clube
1997	Operário Futebol Clube Campo Grande	2018	Operário Futebol Clube Campo Grande
1998	Ubiratan Dourados	2019	EC Águia Negra Rio Brilhante
1999	Ubiratan Dourados	2020	EC Águia Negra Rio Brilhante

Mato Grosso do Sul State Championship (Campeonato Sul-Mato-Grossense) 2020

First Stage

1.	Aquidauanense Futebol Clube	9	5	3	1	18	-	9	18
2.	Esporte Clube Águia Negra Rio Brilhante	9	5	3	1	14	-	8	18
3.	Sociedade Esportiva e Recreativa Chapadão	9	5	2	2	16	-	10	17
4.	Operário Futebol Clube Campo Grande	9	5	2	2	14	-	9	17
5.	Esporte Clube Comercial Campo Grande	9	5	1	3	14	-	9	16
6.	Costa Rica Esporte Clube	9	3	2	4	13	-	14	11
7.	Maracaju Atlético Clube	9	2	4	3	12	-	14	10
8.	Corumbaense Futebol Clube	9	3	2	4	7	-	8	5
9.	Sociedad Esportiva Pontaporanense (*Relegated*)	9	1	1	7	6	-	17	4
10.	Clubo Esportivo Nova Andranina (*Relegated*)	9	0	2	7	5	-	22	2

Top-8 from each group qualified for the Quarter-Finals.

Quarter-Finals (28.11.-05.12.2020)

Esporte Clube Comercial Campo Grande - Operário Futebol Clube Campo Grande	0-1	1-1
Corumbaense Futebol Clube - Aquidauanense Futebol Clube	0-3	w/o
Costa Rica Esporte Clube - Sociedade Esportiva e Recreativa Chapadão	2-1	0-4
Maracaju Atlético Clube - Esporte Clube Águia Negra Rio Brilhante	0-3	w/o

Please note: Operário Futebol Clube Campo Grande were disqualified.

Semi-Finals (06-16.12.2020)

Sociedade Esportiva e Recreativa Chapadão - EC Águia Negra Rio Brilhante	1-0	0-3
Esporte Clube Comercial Campo Grande - Aquidauanense Futebol Clube	0-0	2-3

Mato Grosso do Sul Championship Finals (20-24.12.2020)

Esporte Clube Águia Negra Rio Brilhante - Aquidauanense Futebol Clube	0-0
Aquidauanense Futebol Clube - Esporte Clube Águia Negra Rio Brilhante	0-1

Mato Grosso do Sul State Championship Winners 2020: **Esporte Clube Águia Negra Rio Brilhante**

Minas Gerais

Minas Gerais State Championship winners:

Year	Club	Year	Club
1915	Clube Atlético Mineiro Belo Horizonte	1967	Cruzeiro Esporte Clube Belo Horizonte
1916	América Futebol Clube Belo Horizonte	1969	Cruzeiro Esporte Clube Belo Horizonte
1917	América Futebol Clube Belo Horizonte	1969	Cruzeiro Esporte Clube Belo Horizonte
1918	América Futebol Clube Belo Horizonte	1970	Clube Atlético Mineiro Belo Horizonte
1919	América Futebol Clube Belo Horizonte	1971	América Futebol Clube Belo Horizonte
1920	América Futebol Clube Belo Horizonte	1972	Cruzeiro Esporte Clube Belo Horizonte
1922	América Futebol Clube Belo Horizonte	1973	Cruzeiro Esporte Clube Belo Horizonte
1922	América Futebol Clube Belo Horizonte	1974	Cruzeiro Esporte Clube Belo Horizonte
1923	América Futebol Clube Belo Horizonte	1975	Cruzeiro Esporte Clube Belo Horizonte
1924	América Futebol Clube Belo Horizonte	1976	Clube Atlético Mineiro Belo Horizonte
1925	América Futebol Clube Belo Horizonte	1977	Cruzeiro Esporte Clube Belo Horizonte
1926	Clube Atlético Mineiro Belo Horizonte[1] SE Palestra Itália Belo Horizonte[2]	1978	Clube Atlético Mineiro Belo Horizonte
1927	Clube Atlético Mineiro Belo Horizonte	1979	Clube Atlético Mineiro Belo Horizonte
1928	SE Palestra Itália Belo Horizonte	1980	Clube Atlético Mineiro Belo Horizonte
1929	SE Palestra Itália Belo Horizonte	1981	Clube Atlético Mineiro Belo Horizonte
1930	SE Palestra Itália Belo Horizonte	1982	Clube Atlético Mineiro Belo Horizonte
1931	Clube Atlético Mineiro Belo Horizonte	1983	Clube Atlético Mineiro Belo Horizonte
1932	Clube Atlético Mineiro Belo Horizonte[1] Villa Nova Atlético Clube Nova Lima[3]	1984	Cruzeiro Esporte Clube Belo Horizonte
		1985	Clube Atlético Mineiro Belo Horizonte
		1986	Clube Atlético Mineiro Belo Horizonte
1933	Villa Nova Atlético Clube Nova Lima	1987	Cruzeiro Esporte Clube Belo Horizonte
1934	Villa Nova Atlético Clube Nova Lima	1988	Clube Atlético Mineiro Belo Horizonte
1935	Villa Nova Atlético Clube Nova Lima	1989	Clube Atlético Mineiro Belo Horizonte
1936	Clube Atlético Mineiro Belo Horizonte	1990	Cruzeiro Esporte Clube Belo Horizonte
1937	Esporte Clube Siderúrgica Sabará	1991	Clube Atlético Mineiro Belo Horizonte
1938	Clube Atlético Mineiro Belo Horizonte	1992	Cruzeiro Esporte Clube Belo Horizonte
1939	Clube Atlético Mineiro Belo Horizonte	1993	América Futebol Clube Belo Horizonte
1940	SE Palestra Itália Belo Horizonte	1994	Cruzeiro Esporte Clube Belo Horizonte
1941	Clube Atlético Mineiro Belo Horizonte	1995	Clube Atlético Mineiro Belo Horizonte
1942	Clube Atlético Mineiro Belo Horizonte	1996	Cruzeiro Esporte Clube Belo Horizonte
1943	Cruzeiro Esporte Clube Belo Horizonte	1997	Cruzeiro Esporte Clube Belo Horizonte
1944	Cruzeiro Esporte Clube Belo Horizonte	1998	Cruzeiro Esporte Clube Belo Horizonte
1945	Cruzeiro Esporte Clube Belo Horizonte	1999	Clube Atlético Mineiro Belo Horizonte
1946	Clube Atlético Mineiro Belo Horizonte	2000	Clube Atlético Mineiro Belo Horizonte
1947	Clube Atlético Mineiro Belo Horizonte	2001	América Futebol Clube Belo Horizonte
1948	América Futebol Clube Belo Horizonte	2002	AA Caldense Poços de Caldas
1949	Clube Atlético Mineiro Belo Horizonte	2003	Cruzeiro Esporte Clube Belo Horizonte
1950	Clube Atlético Mineiro Belo Horizonte	2004	Cruzeiro Esporte Clube Belo Horizonte
1951	Villa Nova Atlético Clube Nova Lima	2005	Ipatinga Futebol Clube Ipatinga
1952	Clube Atlético Mineiro Belo Horizonte	2006	Cruzeiro Esporte Clube Belo Horizonte
1953	Clube Atlético Mineiro Belo Horizonte	2007	Clube Atlético Mineiro Belo Horizonte
1954	Clube Atlético Mineiro Belo Horizonte	2008	Cruzeiro Esporte Clube Belo Horizonte
1955	Clube Atlético Mineiro Belo Horizonte	2009	Cruzeiro Esporte Clube Belo Horizonte
1956	Clube Atlético Mineiro Belo Horizonte Cruzeiro EC Belo Horizonte[4]	2010	Clube Atlético Mineiro Belo Horizonte
		2011	Cruzeiro Esporte Clube Belo Horizonte
1957	América Futebol Clube Belo Horizonte	2012	Clube Atlético Mineiro Belo Horizonte
1958	Clube Atlético Mineiro Belo Horizonte	2013	Clube Atlético Mineiro Belo Horizonte
1959	Cruzeiro Esporte Clube Belo Horizonte	2014	Cruzeiro Esporte Clube Belo Horizonte
1960	Cruzeiro Esporte Clube Belo Horizonte	2015	Clube Atlético Mineiro Belo Horizonte
1961	Cruzeiro Esporte Clube Belo Horizonte	2016	América Futebol Clube Belo Horizonte

1962	Clube Atlético Mineiro Belo Horizonte	2017	Clube Atlético Mineiro Belo Horizonte
1963	Clube Atlético Mineiro Belo Horizonte	2018	Cruzeiro Esporte Clube Belo Horizonte
1964	Esporte Clube Siderúrgica Sabará	2019	Cruzeiro Esporte Clube Belo Horizonte
1965	Cruzeiro Esporte Clube Belo Horizonte	2020	Clube Atlético Mineiro Belo Horizonte
1966	Cruzeiro Esporte Clube Belo Horizonte		

[1] Winner of LMDT [Liga Mineira de Desportes Terrestres]
[2] Winner of AMET [Associação Mineira de Esportes Terrestres]
[3] Winner of AMEG [Associação Mineira de Esportes Geraes]
[4] two winners (shared)

Minas Gerais State Championship (Campeonato Mineiro) 2020

First Stage

1.	Tombense Futebol Clube	11	8	2	1	18 - 6	26
2.	América Futebol Clube Belo Horizonte	11	7	4	0	19 - 7	25
3.	Clube Atlético Mineiro Belo Horizonte	11	7	2	2	20 - 7	22
4.	Associação Atlética Caldense	11	6	2	3	18 - 9	20
5.	Cruzeiro Esporte Clube Belo Horizonte	11	6	2	3	16 - 10	20
6.	Uberlândia Esporte Clube	11	4	2	5	10 - 12	14
7.	Boa Esporte Clube Ituiutaba	11	3	5	3	10 - 10	14
8.	Clube Atlético Patrocinense	11	3	3	5	10 - 12	12
9.	União Recreativa dos Trabalhadores Patos de Minas	11	3	2	6	5 - 18	11
10.	Coimbra Sports Contagem	11	2	4	5	6 - 11	10
11.	Villa Nova Atlético Clube Nova Lima (*Relegated*)	11	1	1	9	11 - 21	4
12.	Tupynambás Futebol Clube Juiz de Fora (*Relegated*)	11	0	3	8	6 - 26	3

Top-4 qualified for the Semi-Finals.

Semi-Finals (02-05.08.2020)

Associação Atlética Caldense - Tombense Futebol Clube	0-1(0-1)	0-2(0-1)
Clube Atlético Mineiro Belo Horizonte - América Futebol Clube Belo Horizonte	2-1(2-0)	3-0(0-0)

Minas Gerais Championship Finals (26-30.08.2020)

Clube Atlético Mineiro Belo Horizonte - Tombense Futebol Clube	2-1(0-0)
Tombense Futebol Clube - Clube Atlético Mineiro Belo Horizonte	0-1(0-1)

Minas Gerais State Championship Winners 2020: **Clube Atlético Mineiro Belo Horizonte**

Pará

Pará State Championship winners:

1908	SA União Sportiva Belém
1909	*No competition*
1910	SA União Sportiva Belém
1911	*No competition*
1912	*No competition*
1913	Clube do Remo Belém
1914	Clube do Remo Belém
1915	Clube do Remo Belém
1916	Clube do Remo Belém
1917	Clube do Remo Belém
1918	Clube do Remo Belém
1919	Clube do Remo Belém
1920	Paysandu Sport Club Belém
1921	Paysandu Sport Club Belém
1922	Paysandu Sport Club Belém
1923	Paysandu Sport Club Belém
1924	Clube do Remo Belém
1925	Clube do Remo Belém
1926	Clube do Remo Belém
1927	Paysandu Sport Club Belém
1928	Paysandu Sport Club Belém
1929	Paysandu Sport Club Belém
1930	Clube do Remo Belém
1931	Paysandu Sport Club Belém
1932	Paysandu Sport Club Belém
1933	Clube do Remo Belém
1934	Paysandu Sport Club Belém
1935	*No competition*
1936	Clube do Remo Belém
1937	Tuna Luso Brasileira Belém
1938	Tuna Luso Brasileira Belém
1939	Paysandu Sport Club Belém
1940	Clube do Remo Belém
1941	Tuna Luso Brasileira Belém
1942	Paysandu Sport Club Belém
1943	Paysandu Sport Club Belém
1944	Paysandu Sport Club Belém
1945	Paysandu Sport Club Belém
1946	*No competition*
1947	Paysandu Sport Club Belém
1948	Tuna Luso Brasileira Belém
1949	Clube do Remo Belém
1950	Clube do Remo Belém
1951	Tuna Luso Brasileira Belém
1952	Clube do Remo Belém
1953	Clube do Remo Belém
1954	Clube do Remo Belém
1955	Tuna Luso Brasileira Belém
1956	Paysandu Sport Club Belém
1957	Paysandu Sport Club Belém
1965	Paysandu Sport Club Belém
1966	Paysandu Sport Club Belém
1967	Paysandu Sport Club Belém
1968	Clube do Remo Belém
1969	Paysandu Sport Club Belém
1970	Tuna Luso Brasileira Belém
1971	Paysandu Sport Club Belém
1972	Paysandu Sport Club Belém
1973	Clube do Remo Belém
1974	Clube do Remo Belém
1975	Clube do Remo Belém
1976	Paysandu Sport Club Belém
1977	Clube do Remo Belém
1978	Clube do Remo Belém
1979	Clube do Remo Belém
1980	Paysandu Sport Club Belém
1981	Paysandu Sport Club Belém
1982	Paysandu Sport Club Belém
1983	Tuna Luso Brasileira Belém
1984	Paysandu Sport Club Belém
1985	Paysandu Sport Club Belém
1986	Clube do Remo Belém
1987	Paysandu Sport Club Belém
1988	Tuna Luso Brasileira Belém
1989	Clube do Remo Belém
1990	Clube do Remo Belém
1991	Clube do Remo Belém
1992	Paysandu Sport Club Belém
1993	Clube do Remo Belém
1994	Clube do Remo Belém
1995	Clube do Remo Belém
1996	Clube do Remo Belém
1997	Clube do Remo Belém
1998	Paysandu Sport Club Belém
1999	Clube do Remo Belém
2000	Paysandu Sport Club Belém
2001	Paysandu Sport Club Belém
2002	Paysandu Sport Club Belém
2003	Clube do Remo Belém
2004	Clube do Remo Belém
2005	Paysandu Sport Club Belém
2006	Paysandu Sport Club Belém
2007	Clube do Remo Belém
2008	Clube do Remo Belém
2009	Paysandu Sport Club Belém
2010	Paysandu Sport Club Belém
2011	Independente Atlético Clube Tucuruí
2012	Cametá Sport Club
2013	Paysandu Sport Club Belém
2014	Clube do Remo Belém

1958	Tuna Luso Brasileira Belém		2015	Clube do Remo Belém
1959	Paysandu Sport Club Belém		2016	Paysandu Sport Club Belém
1960	Clube do Remo Belém		2017	Paysandu Sport Club Belém
1961	Paysandu Sport Club Belém		2018	Clube do Remo Belém
1962	Paysandu Sport Club Belém		2019	Clube do Remo Belém
1963	Paysandu Sport Club Belém		2020	Paysandu Sport Club Belém
1964	Clube do Remo Belém			

Pará State Championship (Campeonato Paraense) 2020

First Stage

1.	Paysandu Sport Club Belém	10	8	1	1	25 - 7	25
2.	Clube do Remo Belém	10	7	2	1	16 - 8	23
3.	Castanhal Esporte Clube	10	6	2	2	21 - 15	20
4.	Paragominas Futebol Clube	10	5	1	4	17 - 16	16
5.	Bragantino Clube do Pará	10	5	1	4	10 - 10	16
6.	Águia de Marabá Futebol Clube Marabá	10	3	2	5	11 - 16	11
7.	Sport Clube Itupiranga	10	3	2	5	10 - 16	11
8.	Independente Atlético Clube Tucuruí	10	3	1	6	10 - 14	10
9.	Tapajós Futebol Clube Santarém	10	2	2	6	11 - 14	8
10.	Carajás Esporte Clube	10	0	2	8	8 - 23	2

Top-4 qualified for the Semi-Finals.

Semi-Finals (12-20.08.2020)

Paragominas Futebol Clube - Paysandu Sport Club Belém	3-2(2-1)	0-2(0-0)
Castanhal Esporte Clube - Clube do Remo Belém	0-1(0-1)	0-2(0-0)

Pará Championship Finals (02-06.09.2020)

Paysandu Sport Club Belém - Clube do Remo Belém	2-1(0-1)
Clube do Remo Belém - Paysandu Sport Club Belém	0-1(0-0)

Pará State Championship Winners 2020: **Paysandu Sport Club Belém**

Paraíba

Paraíba State Championship winners:

Liga Desportiva Parahybana:

1919	Palmeiras Sport Club João Pessoa	1930	*No competition*
1920	EC Cabo Branco João Pessoa	1931	EC Cabo Branco João Pessoa
1921	Palmeiras Sport Club João Pessoa	1932	EC Cabo Branco João Pessoa
1922	Pytaguares Futebol Clube João Pessoa	1933	Palmeiras Sport Club João Pessoa
1923	América Football Club João Pessoa	1934	EC Cabo Branco João Pessoa
1924	EC Cabo Branco João Pessoa	1935	Palmeiras Sport Club João Pessoa
1925	América Football Club João Pessoa	1936	Botafogo Futebol Clube João Pessoa
1926	EC Cabo Branco João Pessoa	1937	Botafogo Futebol Clube João Pessoa
1927	EC Cabo Branco João Pessoa	1938	Botafogo Futebol Clube João Pessoa
1928	Palmeiras Sport Club João Pessoa	1939	Auto Esporte Clube João Pessoa
1929	EC Cabo Branco João Pessoa	1940	Treze Futebol Clube Campina Grande

Federação Desportiva de Football

1941	Treze Futebol Clube Campina Grande	1944	Botafogo Futebol Clube João Pessoa
1942	Clube Ástrea João Pessoa	1945	Botafogo Futebol Clube João Pessoa
1943	Clube Ástrea João Pessoa	1946	Felipéia Esporte Clube João Pessoa

Federação Paraíbana de Futebol

1947	Botafogo Futebol Clube João Pessoa	1984	Botafogo Futebol Clube João Pessoa
1948	Botafogo Futebol Clube João Pessoa	1985	*No competition*
1949	Botafogo Futebol Clube João Pessoa	1986	Botafogo Futebol Clube João Pessoa
1950	Treze Futebol Clube Campina Grande	1987	Auto Esporte Clube João Pessoa
1951	*No competition*	1988	Botafogo Futebol Clube João Pessoa
1952	Red Cross Football Club João Pessoa	1989	Treze Futebol Clube Campina Grande
1953	Botafogo Futebol Clube João Pessoa	1990	Auto Esporte Clube João Pessoa
1954	Botafogo Futebol Clube João Pessoa	1991	Campinense Clube Campina Grande
1955	Botafogo Futebol Clube João Pessoa	1992	Auto Esporte Clube João Pessoa
1956	Auto Esporte Clube João Pessoa	1993	Campinense Clube Campina Grande
1957	Botafogo Futebol Clube João Pessoa	1994	Sousa Esporte Clube
1958	Auto Esporte Clube João Pessoa	1995	Santa Cruz Recreativo EC Santa Rita
1959	Estrela do Mar EC João Pessoa	1996	Santa Cruz Recreativo EC Santa Rita
1960	Campinense Clube Campina Grande	1997	Confiança Esporte Clube Sapé
1961	Campinense Clube Campina Grande	1998	Botafogo Futebol Clube João Pessoa
1962	Campinense Clube Campina Grande	1999	Botafogo Futebol Clube João Pessoa
1963	Campinense Clube Campina Grande	2000	Treze Futebol Clube Campina Grande
1964	Campinense Clube Campina Grande	2001	Treze Futebol Clube Campina Grande
1965	Campinense Clube Campina Grande	2002	Atlético Cajazeirense de Desportos
1966	Treze Futebol Clube Campina Grande	2003	Botafogo Futebol Clube João Pessoa
1967	Campinense Clube Campina Grande	2004	Campinense Clube Campina Grande
1968	Botafogo Futebol Clube João Pessoa	2005	Treze Futebol Clube Campina Grande
1969	Botafogo Futebol Clube João Pessoa	2006	Treze Futebol Clube Campina Grande
1970	Botafogo Futebol Clube João Pessoa	2007	Nacional Atlético Clube Patos
1971	Campinense Clube Campina Grande	2008	Campinense Clube Campina Grande
1972	Campinense Clube Campina Grande	2009	Sousa Esporte Clube
1973	Campinense Clube Campina Grande	2010	Treze Futebol Clube Campina Grande
1974	Campinense Clube Campina Grande	2011	Treze Futebol Clube Campina Grande
1975	Treze Futebol Clube Campina Grande	2012	Campinense Clube Campina Grande
	Botafogo Futebol Clube João Pessoa*	2013	Botafogo Futebol Clube João Pessoa

1976	Botafogo Futebol Clube João Pessoa
1977	Botafogo Futebol Clube João Pessoa
1978	Botafogo Futebol Clube João Pessoa
1979	Campinense Clube Campina Grande
1980	Campinense Clube Campina Grande
1981	Treze Futebol Clube Campina Grande
1982	Treze Futebol Clube Campina Grande
1983	Treze Futebol Clube Campina Grande

2014	Botafogo Futebol Clube João Pessoa
2015	Campinense Clube Campina Grande
2016	Campinense Clube Campina Grande
2017	Botafogo Futebol Clube João Pessoa
2018	Botafogo Futebol Clube João Pessoa
2019	Botafogo Futebol Clube João Pessoa
2020	Treze Futebol Clube Campina Grande

*both teams winners (shared).

Paraíba State Championship (Campeonato Paraibano) 2020

First Stage

Grupo A

1. Treze Futebol Clube Campina Grande	10	6	2	2	11	-	6	20
2. Botafogo Futebol Clube João Pessoa	10	5	5	0	15	-	7	20
3. Atlético Cajazeirense de Desportos	10	5	4	1	14	-	5	19
4. Desportiva Perilima de Futebol Ltda Campina Grande	10	3	1	6	10	-	16	10
5. Sport Club Lagoa Seca (*Relegated*)	10	1	0	9	4	-	29	3

Grupo B

1. Campinense Clube Campina Grande	10	5	2	3	16	-	7	17
2. Sousa Esporte Clube	10	4	3	3	12	-	12	15
3. São Paulo Crystal Futebol Clube	10	3	3	4	11	-	8	12
4. Nacional Atlético Clube Patos	10	3	3	4	10	-	14	12
5. Centro Sportivo Paraibano João Pessoa (*Relegated*)	10	3	1	6	14	-	13	10

Top-2 of each group qualified for the Semi-Finals.

Semi-Finals (31.07.-05.08.2020)

Botafogo Futebol Clube João Pessoa - Treze Futebol Clube Campina Grande	2-0(2-0)	0-2 aet; 4-5 pen
Sousa Esporte Clube - Campinense Clube Campina Grande	2-2(1-0)	0-0 aet; 4-5 pen

Paraíba Championship Finals (12-15.08.2020)

Campinense Clube Campina Grande - Treze Futebol Clube Campina Grande	0-2(0-1)
Treze Futebol Clube Campina Grande - Campinense Clube Campina Grande	0-1(0-0)

Paraíba State Championship Winners 2020: **Treze Futebol Clube Campina Grande**

Paraná

Paraná State Championship winners:

1915	Internacional Futebol Clube Curitiba		1969	Coritiba Foot Ball Club
1916	Coritiba Foot Ball Club		1970	Club Athletico Paranaense Curitiba
1917	América Futebol Clube Curitiba		1971	Coritiba Foot Ball Club
1918	Britânia Sport Club Curitiba		1972	Coritiba Foot Ball Club
1919	Britânia Sport Club Curitiba		1973	Coritiba Foot Ball Club
1920	Britânia Sport Club Curitiba		1974	Coritiba Foot Ball Club
1921	Britânia Sport Club Curitiba		1975	Coritiba Foot Ball Club
1922	Britânia Sport Club Curitiba		1976	Coritiba Foot Ball Club
1923	Britânia Sport Club Curitiba		1977	Grêmio de Esportes Maringá
1924	Palestra Itália Futebol Clube Curitiba		1978	Coritiba Foot Ball Club
1925	Club Athletico Paranaense Curitiba		1979	Coritiba Foot Ball Club
1926	Palestra Itália Futebol Clube Curitiba		1980	Colorado Esporte Clube Curitiba
1927	Coritiba Foot Ball Club			Cascavel Esporte Clube Cascavel*
1928	Britânia Sport Club Curitiba		1981	Londrina Esporte Clube
1929	Club Athletico Paranaense Curitiba		1982	Club Athletico Paranaense Curitiba
1930	Club Athletico Paranaense Curitiba		1983	Club Athletico Paranaense Curitiba
1931	Coritiba Foot Ball Club		1984	Esporte Clube Pinheiros Curitiba
1932	Palestra Itália Futebol Clube Curitiba		1985	Club Athletico Paranaense Curitiba
1933	Coritiba Foot Ball Club		1986	Coritiba Foot Ball Club
1934	Club Athletico Paranaense Curitiba		1987	Esporte Clube Pinheiros Curitiba
1935	Coritiba Foot Ball Club		1988	Club Athletico Paranaense Curitiba
1936	Club Athletico Paranaense Curitiba		1989	Coritiba Foot Ball Club
1937	Clube Atlético Ferroviário Curitiba		1990	Club Athletico Paranaense Curitiba
1938	Clube Atlético Ferroviário Curitiba		1991	Paraná Clube Curitiba
1939	Coritiba Foot Ball Club		1992	Londrina Esporte Clube
1940	Club Athletico Paranaense Curitiba		1993	Paraná Clube Curitiba
1941	Coritiba Foot Ball Club		1994	Paraná Clube Curitiba
1942	Coritiba Foot Ball Club		1995	Paraná Clube Curitiba
1943	Club Athletico Paranaense Curitiba		1996	Paraná Clube Curitiba
1944	Clube Atlético Ferroviário Curitiba		1997	Paraná Clube Curitiba
1945	Club Athletico Paranaense Curitiba		1998	Club Athletico Paranaense Curitiba
1946	Coritiba Foot Ball Club		1999	Coritiba Foot Ball Club
1947	Coritiba Foot Ball Club		2000	Club Athletico Paranaense Curitiba
1948	Clube Atlético Ferroviário Curitiba		2001	Club Athletico Paranaense Curitiba
1949	Club Athletico Paranaense Curitiba		2002	Iraty Sport Club
1950	Clube Atlético Ferroviário Curitiba		2002	Club Athletico Paranaense Curitiba**
1951	Coritiba Foot Ball Club		2003	Coritiba Foot Ball Club
1952	Coritiba Foot Ball Club		2004	Coritiba Foot Ball Club
1953	Clube Atlético Ferroviário Curitiba		2005	Club Athletico Paranaense Curitiba
1954	Coritiba Foot Ball Club		2006	Paraná Clube Curitiba
1955	CA Monte Alegre Telêmaco Borba		2007	Atlético Clube Paranavaí
1956	Coritiba Foot Ball Club		2008	Coritiba Foot Ball Club
1957	Coritiba Foot Ball Club		2009	Club Athletico Paranaense Curitiba
1958	Clube Atlético Paranaense Curitiba		2010	Coritiba Foot Ball Club
1959	Coritiba Foot Ball Club		2011	Coritiba Foot Ball Club
1960	Coritiba Foot Ball Club		2012	Coritiba Foot Ball Club
1961	EC Comercial Cornélio Procópio		2013	Coritiba Foot Ball Club
1962	Londrina de Futebol e Regatas		2014	Londrina Esporte Clube
1963	Grêmio de Esportes Maringá		2015	Operário Ferroviário EC Ponta Grossa
1964	Grêmio de Esportes Maringá		2016	Club Athletico Paranaense Curitiba

1965	Clube Atlético Ferroviário Curitiba
1966	Clube Atlético Ferroviário Curitiba
1967	Esporte Clube Água Verde Curitiba
1968	Coritiba Foot Ball Club

2017	Coritiba Foot Ball Club
2018	Club Athletico Paranaense Curitiba
2019	Club Athletico Paranaense Curitiba
2020	Club Athletico Paranaense Curitiba

*both teams winners (shared).
**two editions organized in 2002; Club Athletico Paranaense Curitiba winners of Super Championship

Paraná State Championship (Campeonato Paranaense) 2020

First Stage

1. Coritiba Foot Ball Club	11	7	3	1	24	-	10	24
2. Futebol Clube Cascavel	11	7	2	2	20	-	12	23
3. Club Athletico Paranaense Curitiba	11	7	1	3	22	-	13	22
4. Operário Ferroviário EC Ponta Grossa	11	6	2	3	12	-	10	20
5. Cianorte Futebol Clube	11	5	3	3	15	-	10	18
6. Londrina Esporte Clube	11	4	3	4	14	-	16	15
7. Rio Branco Sport Club Paranaguá	11	3	5	3	12	-	11	14
8. Paraná Clube Curitiba	11	3	4	4	9	-	8	13
9. Cascavel Clube Recreativo	11	3	2	6	10	-	20	11
10. Toledo Esporte Clube	11	2	4	5	8	-	13	10
11. Paraná Soccer Technical Center Cornélio Procópio (*Relegated*)	11	1	3	7	7	-	15	6
12. Clube Esporte União Francisco Beltrão (*Relegated*)	11	1	2	8	8	-	23	5

Top-8 were qualified for the Quarter-Finals.

Quarter-Finals (18-23.07.2020)

Rio Branco Sport Club Paranaguá - Futebol Clube Cascavel	0-3(0-1)	0-5(0-3)
Cianorte Futebol Clube - Operário Ferroviário EC Ponta Grossa	0-1(0-0)	2-0(1-0)
Paraná Clube Curitiba - Coritiba Foot Ball Club	0-1(0-0)	1-2(1-1)
Londrina Esporte Clube - Club Athletico Paranaense Curitiba	1-1(0-0)	0-5(0-5)

Semi-Finals (26-29.07.2020)

Cianorte Futebol Clube - Coritiba Foot Ball Club	2-3(0-3)	0-2(0-0)
Club Athletico Paranaense Curitiba - Futebol Clube Cascavel	5-1(2-1)	0-0

Paraná Championship Finals (02-05.08.2020)

Club Athletico Paranaense Curitiba - Coritiba Foot Ball Club	1-0(0-0)
Coritiba Foot Ball Club - Club Athletico Paranaense Curitiba	1-2(1-0)

Paraná State Championship Winners 2020: **Club Athletico Paranaense Curitiba**

Pernambuco

Pernambuco State Championship winners:

1915	Esporte Clube Flamengo Recife
1916	Sport Club do Recife
1917	Sport Club do Recife
1918	América Futebol Clube Recife
1919	América Futebol Clube Recife
1920	Sport Club do Recife
1921	América Futebol Clube Recife
1922	América Futebol Clube Recife
1923	Sport Club do Recife
1924	Sport Club do Recife
1925	Sport Club do Recife
1926	Torre Sport Club Recife
1927	América Futebol Clube Recife
1928	Sport Club do Recife
1929	Torre Sport Club Recife
1930	Torre Sport Club Recife
1931	Santa Cruz Futebol Clube Recife
1932	Santa Cruz Futebol Clube Recife
1933	Santa Cruz Futebol Clube Recife
1934	Clube Náutico Capibaribe Recife
1935	Santa Cruz Futebol Clube Recife
1936	Tramways Sport Club Recife
1937	Tramways Sport Club Recife
1938	Sport Club do Recife
1939	Clube Náutico Capibaribe Recife
1940	Santa Cruz Futebol Clube Recife
1941	Sport Club do Recife
1942	Sport Club do Recife
1943	Sport Club do Recife
1944	América Futebol Clube Recife
1945	Clube Náutico Capibaribe Recife
1946	Santa Cruz Futebol Clube Recife
1947	Santa Cruz Futebol Clube Recife
1948	Sport Club do Recife
1949	Sport Club do Recife
1950	Clube Náutico Capibaribe Recife
1951	Clube Náutico Capibaribe Recife
1952	Clube Náutico Capibaribe Recife
1953	Sport Club do Recife
1954	Clube Náutico Capibaribe Recife
1955	Sport Club do Recife
1956	Sport Club do Recife
1957	Santa Cruz Futebol Clube Recife
1958	Sport Club do Recife
1959	Santa Cruz Futebol Clube Recife
1960	Clube Náutico Capibaribe Recife
1961	Sport Club do Recife
1962	Sport Club do Recife
1963	Clube Náutico Capibaribe Recife
1964	Clube Náutico Capibaribe Recife
1968	Clube Náutico Capibaribe Recife
1969	Santa Cruz Futebol Clube Recife
1970	Santa Cruz Futebol Clube Recife
1971	Santa Cruz Futebol Clube Recife
1972	Santa Cruz Futebol Clube Recife
1973	Santa Cruz Futebol Clube Recife
1974	Clube Náutico Capibaribe Recife
1975	Sport Club do Recife
1976	Santa Cruz Futebol Clube Recife
1977	Sport Club do Recife
1978	Santa Cruz Futebol Clube Recife
1979	Santa Cruz Futebol Clube Recife
1980	Sport Club do Recife
1981	Sport Club do Recife
1982	Sport Club do Recife
1983	Santa Cruz Futebol Clube Recife
1984	Clube Náutico Capibaribe Recife
1985	Clube Náutico Capibaribe Recife
1986	Santa Cruz Futebol Clube Recife
1987	Santa Cruz Futebol Clube Recife
1988	Sport Club do Recife
1989	Clube Náutico Capibaribe Recife
1990	Santa Cruz Futebol Clube Recife
1991	Sport Club do Recife
1992	Sport Club do Recife
1993	Santa Cruz Futebol Clube Recife
1994	Sport Club do Recife
1995	Santa Cruz Futebol Clube Recife
1996	Sport Club do Recife
1997	Sport Club do Recife
1998	Sport Club do Recife
1999	Sport Club do Recife
2000	Sport Club do Recife
2001	Clube Náutico Capibaribe Recife
2002	Clube Náutico Capibaribe Recife
2003	Sport Club do Recife
2004	Clube Náutico Capibaribe Recife
2005	Santa Cruz Futebol Clube Recife
2006	Sport Club do Recife
2007	Sport Club do Recife
2008	Sport Club do Recife
2009	Sport Club do Recife
2010	Sport Club do Recife
2011	Santa Cruz Futebol Clube Recife
2012	Santa Cruz Futebol Clube Recife
2013	Santa Cruz Futebol Clube Recife
2014	Sport Club do Recife
2015	Santa Cruz Futebol Clube Recife
2016	Santa Cruz Futebol Clube Recife
2017	Sport Club do Recife

1965	Clube Náutico Capibaribe Recife		2018	Clube Náutico Capibaribe Recife
1966	Clube Náutico Capibaribe Recife		2019	Sport Club do Recife
1967	Clube Náutico Capibaribe Recife		2020	Salgueiro Atlético Clube

Pernambuco State Championship (Campeonato Pernambucano) 2020

First Stage

1. Santa Cruz Futebol Clube Recife	9	8	1	0	16	- 4	25
2. Salgueiro Atlético Clube	9	5	1	3	12	- 9	16
3. Retrô Futebol Clube Brasil Camaragibe	9	4	3	2	20	- 10	15
4. Clube Náutico Capibaribe Recife	9	4	3	2	13	- 9	15
5. Central Sport Club Caruaru	9	3	4	2	10	- 6	13
6. Afogados da Ingazeira Futebol Clube	9	3	4	2	13	- 13	13
7. Sport Club do Recife	9	2	5	2	10	- 7	11
8. Petrolina Social Futebol Clube	9	1	4	4	6	- 16	7
9. Sociedade Esportiva Decisão FC Bonito	9	1	1	7	6	- 24	4
10. Associação Acadêmica e Desportiva Vitória das Tabocas	9	0	2	7	2	- 10	2

Top-2 were qualified for the Semi-Finals, teams ranked 3-6 were qualified for the Quarter-Finals and teams ranked 7-10 were qualified for the Relegation Play-offs (Quadrangular de rebaixamento).

Second Stage

Quadrangular de rebaixamento

1. Sport Club do Recife	3	3	0	0	9	- 0	9
2. Associação Acadêmica e Desportiva Vitória das Tabocas	3	1	1	1	3	- 3	4
3. Petrolina Social Futebol Clube (*Relegated*)	3	0	2	1	2	- 7	2
4. Sociedade Esportiva Decisão FC Bonito (*Relegated*)	3	0	1	2	2	- 6	1

Quarter-Finals (26.07.2020)

Clube Náutico Capibaribe Recife - Central Sport Club Caruaru	2-1(1-0)
Retrô Futebol Clube Brasil Camaragibe - Afogados da Ingazeira Futebol Clube	0-1(0-0)

Semi-Finals (29-30.07.2020)

Santa Cruz Futebol Clube Recife - Clube Náutico Capibaribe Recife	0-0; 7-6 pen
Salgueiro Atlético Clube - Afogados da Ingazeira Futebol Clube	3-0(1-0)

Pernambuco Championship Finals (02-05.08.2020)

Salgueiro Atlético Clube - Santa Cruz Futebol Clube Recife	1-1(1-1)
Santa Cruz Futebol Clube Recife - Salgueiro Atlético Clube	0-0; 3-4 pen

Pernambuco State Championship Winners 2020: **Salgueiro Atlético Clube**

Piauí

Piauí State Championship winners:

1941	Botafogo Esporte Clube Teresina
1942	Esporte Clube Flamengo Teresina
1943	Esporte Clube Flamengo Teresina
1944	Esporte Clube Flamengo Teresina
1945	Botafogo Esporte Clube Teresina
1946	Botafogo Esporte Clube Teresina
1947	Esporte Clube Flamengo Teresina
1948	Ríver Atlético Clube Teresina
1949	Botafogo Esporte Clube Teresina
1950	Ríver Atlético Clube Teresina
1951	Ríver Atlético Clube Teresina
1952	Ríver Atlético Clube Teresina
1953	Ríver Atlético Clube Teresina
1954	Ríver Atlético Clube Teresina
1955	Ríver Atlético Clube Teresina
1956	Ríver Atlético Clube Teresina
1957	Botafogo Esporte Clube Teresina
1958	Ríver Atlético Clube Teresina
1959	Ríver Atlético Clube Teresina
1960	Ríver Atlético Clube Teresina
1961	Ríver Atlético Clube Teresina
1962	Ríver Atlético Clube Teresina
1963	Ríver Atlético Clube Teresina
1964	Esporte Clube Flamengo Teresina
1965	Esporte Clube Flamengo Teresina
1966	Piauí Esporte Clube Teresina
1967	Piauí Esporte Clube Teresina
1968	Piauí Esporte Clube Teresina
1969	Piauí Esporte Clube Teresina
1970	Esporte Clube Flamengo Teresina
1971	Esporte Clube Flamengo Teresina
1972	Sociedade Esportiva Tiradentes
1973	Ríver Atlético Clube Teresina
1974	Sociedade Esportiva Tiradentes
1975	Ríver Atlético Clube Teresina & Sociedade Esportiva Tiradentes (shared)
1976	Esporte Clube Flamengo Teresina
1977	Ríver Atlético Clube Teresina
1978	Ríver Atlético Clube Teresina
1979	Esporte Clube Flamengo Teresina
1980	Ríver Atlético Clube Teresina
1981	Ríver Atlético Clube Teresina
1982	Sociedade Esportiva Tiradentes
1983	Auto Esporte Clube Teresina
1984	Esporte Clube Flamengo Teresina
1985	Piauí Esporte Clube Teresina
1986	Esporte Clube Flamengo Teresina
1987	Esporte Clube Flamengo Teresina
1988	Esporte Clube Flamengo Teresina
1989	Ríver Atlético Clube Teresina
1990	Sociedade Esportiva Tiradentes
1991	Sociedade Esportiva de Picos
1992	4 de Julho Esporte Clube Piripiri
1993	4 de Julho Esporte Clube Piripiri
1994	Sociedade Esportiva de Picos
1995	Assoc. Atlética Cori-Sabbá Floriano
1996	Ríver Atlético Clube Teresina
1997	Sociedade Esportiva de Picos
1998	Sociedade Esportiva de Picos
1999	Ríver Atlético Clube Teresina
2000	Ríver Atlético Clube Teresina
2001	Ríver Atlético Clube Teresina
2002	Ríver Atlético Clube Teresina
2003	Esporte Clube Flamengo Teresina
2004	Parnahyba Sport Club
2005	Parnahyba Sport Club
2006	Parnahyba Sport Club
2007	Ríver Atlético Clube Teresina
2008	Barras Futebol Clube
2009	Esporte Clube Flamengo Teresina
2010	Comercial Atlético Clube Campo Maior
2011	4 de Julho Esporte Clube Piripiri
2012	Parnahyba Sport Club
2013	Parnahyba Sport Club
2014	Ríver Atlético Clube Teresina
2015	Ríver Atlético Clube Teresina
2016	Ríver Atlético Clube Teresina
2017	Associação Esportiva de Altos
2018	Associação Esportiva de Altos
2019	Ríver Atlético Clube Teresina
2020	4 de Julho Esporte Clube Piripiri

Piauí State Championship (Campeonato Piauiense) 2020

First Stage (Taça Estado do Piauí)

1. Sociedad Esportiva Picos	14	9	3	2	22	-	8	30
2. 4 de Julho Esporte Clube Piripiri	14	7	6	1	23	-	9	27
3. Associação Esportiva de Altos	14	7	6	1	20	-	9	27
4. Parnahyba Sport Club	14	5	5	4	16	-	17	20
5. Ríver Atlético Clube Teresina	14	4	4	6	17	-	14	16
6. Esporte Clube Flamengo Teresina	14	3	4	7	17	-	22	13
7. Esporte Clube Timon (*Relegated*)	14	3	2	9	17	-	35	11
8. Piauí Esporte Clube Teresina (*Relegated*)	14	2	2	10	13	-	31	8

Top-2 were qualified for the Finals.

Piauí Championship Finals (19-22.12.2020)

4 de Julho Esporte Clube Piripiri - Sociedad Esportiva Picos   2-0 (2-0)
Sociedad Esportiva Picos - 4 de Julho Esporte Clube Piripiri   3-1 aet; 2-4 pen

Piauí State Championship Winners 2020: **4 de Julho Esporte Clube Piripiri**

Rio de Janeiro

Rio de Janeiro State Championship winners:

1906	Fluminense FC Rio de Janeiro
1907	Fluminense FC Rio de Janeiro & Botafogo FC Rio de Janeiro [shared]
1908	Fluminense FC Rio de Janeiro
1909	Fluminense FC Rio de Janeiro
1910	Botafogo FC Rio de Janeiro
1911	Fluminense FC Rio de Janeiro
1912	Paysandu Cricket Club Rio de Janeiro[1] Botafogo FC Rio de Janeiro[2]
1913	América FC Rio de Janeiro
1914	CR do Flamengo Rio de Janeiro
1915	CR do Flamengo Rio de Janeiro
1916	América FC Rio de Janeiro
1917	Fluminense FC Rio de Janeiro
1918	Fluminense FC Rio de Janeiro
1919	Fluminense FC Rio de Janeiro
1920	CR do Flamengo Rio de Janeiro
1921	CR do Flamengo Rio de Janeiro
1922	América FC Rio de Janeiro
1923	CR Vasco da Gama Rio de Janeiro
1924	CR Vasco da Gama Rio de Janeiro[3] Fluminense FC Rio de Janeiro[4]
1925	CR do Flamengo Rio de Janeiro
1926	São Cristóvão AC Rio de Janeiro
1927	CR do Flamengo Rio de Janeiro
1928	América FC Rio de Janeiro
1929	CR Vasco da Gama Rio de Janeiro
1930	Botafogo FC Rio de Janeiro
1931	América FC Rio de Janeiro
1932	Botafogo FC Rio de Janeiro
1933	Botafogo FC Rio de Janeiro[4] Bangu Atlético Clube Rio de Janeiro[5]
1934	Botafogo FC Rio de Janeiro[4] CR Vasco da Gama Rio de Janeiro[5]
1935	Botafogo FC Rio de Janeiro[6] América FC Rio de Janeiro[5]
1936	CR Vasco da Gama Rio de Janeiro[6] Fluminense FC Rio de Janeiro[5]
1937	Fluminense FC Rio de Janeiro
1938	Fluminense FC Rio de Janeiro
1939	CR do Flamengo Rio de Janeiro
1940	Fluminense FC Rio de Janeiro
1941	Fluminense FC Rio de Janeiro
1942	CR do Flamengo Rio de Janeiro
1943	CR do Flamengo Rio de Janeiro
1944	CR do Flamengo Rio de Janeiro
1945	CR Vasco da Gama Rio de Janeiro
1946	Fluminense FC Rio de Janeiro
1947	CR Vasco da Gama Rio de Janeiro
1948	Botafogo de FR Rio de Janeiro
1961	Botafogo de FR Rio de Janeiro
1962	Botafogo de FR Rio de Janeiro
1963	CR do Flamengo Rio de Janeiro
1964	Fluminense FC Rio de Janeiro
1965	CR do Flamengo Rio de Janeiro
1966	Bangu AC Rio de Janeiro
1967	Botafogo de FR Rio de Janeiro
1968	Botafogo de FR Rio de Janeiro
1969	Fluminense FC Rio de Janeiro
1970	CR Vasco da Gama Rio de Janeiro
1971	Fluminense FC Rio de Janeiro
1972	CR do Flamengo Rio de Janeiro
1973	Fluminense FC Rio de Janeiro
1974	CR do Flamengo Rio de Janeiro
1975	Fluminense FC Rio de Janeiro
1976	Fluminense FC Rio de Janeiro
1977	CR Vasco da Gama Rio de Janeiro
1978	CR do Flamengo Rio de Janeiro
1979	CR do Flamengo Rio de Janeiro CR do Flamengo Rio de Janeiro*
1980	Fluminense FC Rio de Janeiro
1981	CR do Flamengo Rio de Janeiro
1982	CR Vasco da Gama Rio de Janeiro
1983	Fluminense FC Rio de Janeiro
1984	Fluminense FC Rio de Janeiro
1985	Fluminense FC Rio de Janeiro
1986	CR do Flamengo Rio de Janeiro
1987	CR Vasco da Gama Rio de Janeiro
1988	CR Vasco da Gama Rio de Janeiro
1989	Botafogo de FR Rio de Janeiro
1990	Botafogo de FR Rio de Janeiro
1991	CR do Flamengo Rio de Janeiro
1992	CR Vasco da Gama Rio de Janeiro
1993	CR Vasco da Gama Rio de Janeiro
1994	CR Vasco da Gama Rio de Janeiro
1995	Fluminense FC Rio de Janeiro
1996	CR do Flamengo Rio de Janeiro
1997	Botafogo de FR Rio de Janeiro
1998	CR Vasco da Gama Rio de Janeiro
1999	CR do Flamengo Rio de Janeiro
2000	CR do Flamengo Rio de Janeiro
2001	CR do Flamengo Rio de Janeiro
2002	Fluminense FC Rio de Janeiro
2003	CR Vasco da Gama Rio de Janeiro
2004	CR do Flamengo Rio de Janeiro
2005	Fluminense FC Rio de Janeiro
2006	Botafogo de FR Rio de Janeiro
2007	CR do Flamengo Rio de Janeiro
2008	CR do Flamengo Rio de Janeiro
2009	CR do Flamengo Rio de Janeiro

1949	CR Vasco da Gama Rio de Janeiro		2010	Botafogo de FR Rio de Janeiro
1950	CR Vasco da Gama Rio de Janeiro		2011	CR do Flamengo Rio de Janeiro
1951	Fluminense FC Rio de Janeiro		2012	Fluminense FC Rio de Janeiro
1952	CR Vasco da Gama Rio de Janeiro		2013	Botafogo de FR Rio de Janeiro
1953	CR do Flamengo Rio de Janeiro		2014	CR do Flamengo Rio de Janeiro
1954	CR do Flamengo Rio de Janeiro		2015	CR Vasco da Gama Rio de Janeiro
1955	CR do Flamengo Rio de Janeiro		2016	CR Vasco da Gama Rio de Janeiro
1956	CR Vasco da Gama Rio de Janeiro		2017	CR do Flamengo Rio de Janeiro
1957	Botafogo de FR Rio de Janeiro		2018	Botafogo de FR Rio de Janeiro
1958	CR Vasco da Gama Rio de Janeiro		2019	CR do Flamengo Rio de Janeiro
1959	Fluminense FC Rio de Janeiro		2020	CR do Flamengo Rio de Janeiro
1960	América FC Rio de Janeiro			

[1] champions of LMSA [Liga Metropolitana de Sports Athleticos]
[2] champions of AFRJ [Associação de Football do Rio de Janeiro]
[3] champions of LMDT [Liga Metropolitana de Desportos Terrestres]
[4] champions of AMEA [Associação Metropolitana de Esportes Athleticos]
[5] champions of LCF [Liga Carioca de Futebol]
[6] champions of FMD [Federação Metropolitana de Desportos]
*two editions played in 1979

Rio de Janeiro State Championship (Campeonato Carioca) 2020

First Phase – Primeira fase

1.	Associação Atlética Portuguesa Rio de Janeiro	5	3	2	0	10 - 5	11
2.	Macaé Esporte Futebol Clube	5	2	1	2	6 - 6	7
3.	Americano FC Campos dos Goytacazes	5	2	1	2	3 - 4	7
4.	Nova Iguaçu Futebol Clube	5	2	0	3	9 - 7	6
5.	America Football Club Rio de Janeiro	5	1	3	1	4 - 6	6
6.	Friburguense Atlético Clube	5	1	1	3	1 - 5	4

Top-2 teams were qualified for the Second Phase, while teams ranked 3-6 were qualified for the Relegation Play-offs.

Relegation Play-off 1 Grupo X (Quadrangular do rebaixamento)

1.	Friburguense Atlético Clube	6	3	2	1	10 - 8	11
2.	Americano FC Campos dos Goytacazes	6	3	1	2	9 - 7	10
3.	America Football Club Rio de Janeiro	6	1	3	2	11 - 10	6
4.	Nova Iguaçu Futebol Clube	6	1	2	3	5 - 10	5

Friburguense Atlético Clube were qualified for the 2021 Campeonato Carioca First Phase.

Relegation Play-off 2 Grupo Z

1.	Americano FC Campos dos Goytacazes	4	3	0	1	5 - 4	9
2.	America Football Club Rio de Janeiro	4	2	1	1	5 - 2	7
3.	Nova Iguaçu Futebol Clube (*Relegated*)	4	0	1	3	3 - 7	1

Second Phase – First Stage (Taça Guanabara)

Grupo A

1.	Boavista Sport Club Saquarema	6	4	1	1	9 - 3		13
2.	CR do Flamengo Rio de Janeiro	6	4	1	1	9 - 4		13
3.	Botafogo de FR Rio de Janeiro	6	3	0	3	6 - 8		9
4.	Associação Atlética Portuguesa Rio de Janeiro	6	2	0	4	7 - 9		6
5.	Bangu Atlético Clube Rio de Janeiro	6	1	3	2	3 - 7		6
6.	Associação Desportiva Cabofriense	6	1	0	5	3 - 10		3

Grupo B

1.	Fluminense FC Rio de Janeiro	6	5	0	1	12 - 2		15
2.	Volta Redonda Futebol Clube	6	4	0	2	11 - 5		12
3.	Madureira Esporte Clube Rio de Janeiro	6	3	1	2	5 - 5		10
4.	CR Vasco da Gama Rio de Janeiro	6	2	1	3	4 - 5		7
5.	Resende Futebol Clube	6	1	2	3	6 - 9		5
6.	Macaé Esporte Futebol Clube	6	1	1	4	3 - 11		4

Places 1-2 were qualified of each group were qualified for the Semi-Finals.

Taça Guanabara Semi-Finals (12-16.02.2020)

Fluminense FC Rio de Janeiro - CR do Flamengo Rio de Janeiro	2-3(0-2)
Boavista Sport Club Saquarema - Volta Redonda Futebol Clube	1-1(1-0)

Taça Guanabara Finals (22.02.2020)

Boavista Sport Club Saquarema - CR do Flamengo Rio de Janeiro	1-2(1-1)

2020 Taça Guanabara Winners: **CR do Flamengo Rio de Janeiro**

Second Phase – Second Stage (Taça Rio)

Grupo A

1.	CR do Flamengo Rio de Janeiro	5	5	0	0	14 - 2		15
2.	Botafogo de FR Rio de Janeiro	5	2	2	1	9 - 7		8
3.	Boavista Sport Club Saquarema	5	2	1	2	5 - 5		7
4.	Bangu Atlético Clube Rio de Janeiro	5	2	1	2	4 - 6		7
5.	Associação Atlética Portuguesa Rio de Janeiro	5	1	2	2	5 - 4		5
6.	Associação Desportiva Cabofriense	5	0	0	5	4 - 17		0

Grupo B

1.	Fluminense FC Rio de Janeiro	5	3	1	1	11 - 4		10
2.	Volta Redonda Futebol Clube	5	3	1	1	7 - 3		10
3.	CR Vasco da Gama Rio de Janeiro	5	2	2	1	5 - 4		8
4.	Madureira Esporte Clube Rio de Janeiro	5	2	0	3	6 - 9		6
5.	Resende Futebol Clube	5	1	1	3	4 - 8		4
6.	Macaé Esporte Futebol Clube	5	1	1	3	2 - 7		4

Places 1-2 qualified of each group were qualified for the Semi-Finals.

Taça Rio Semi-Finals (05.07.2020)	
Fluminense FC Rio de Janeiro - Botafogo de FR Rio de Janeiro	0-0
CR do Flamengo Rio de Janeiro - Volta Redonda Futebol Clube	2-0(1-0)

Taça Rio Finals (08.07.2020)	
Fluminense FC Rio de Janeiro - CR do Flamengo Rio de Janeiro	1-1 aet; 3-2 pen

2020 Taça Rio Winners: **Fluminense FC Rio de Janeiro**

Aggregate Table 2020								
1. CR do Flamengo Rio de Janeiro	11	9	1	1	23	-	6	28
2. Fluminense FC Rio de Janeiro	11	8	1	2	23	-	6	25
3. Volta Redonda Futebol Clube	11	7	1	3	18	-	8	22
4. Boavista Sport Club Saquarema	11	6	2	3	14	-	8	20
5. Botafogo de FR Rio de Janeiro	11	5	2	4	15	-	15	17
6. Madureira Esporte Clube Rio de Janeiro	11	5	1	5	11	-	14	16
7. CR Vasco da Gama Rio de Janeiro	11	4	3	4	9	-	9	15
8. Bangu Atlético Clube Rio de Janeiro	11	3	4	4	7	-	13	13
9. Associação Atlética Portuguesa Rio de Janeiro	11	3	2	6	12	-	13	11
10. Resende Futebol Clube	11	2	3	6	10	-	17	9
11. Macaé Esporte Futebol Clube	11	2	2	7	5	-	18	8
12. Associação Desportiva Cabofriense	11	1	0	10	7	-	27	3

Top-2 were qualified for the State Championship Finals.

Rio de Janeiro Championship Finals (12-15.07.2020)	
Fluminense FC Rio de Janeiro - CR do Flamengo Rio de Janeiro	1-2(0-1)
CR do Flamengo Rio de Janeiro - Fluminense FC Rio de Janeiro	1-0(0-0)

Rio de Janeiro State Championship Winners 2020: **CR do Flamengo Rio de Janeiro**

Rio Grande Do Norte

Rio Grande do Norte State Championship winners:

1918	*Championship not finished*
1919	América Futebol Clube Natal
1920	América Futebol Clube Natal
1921	Centro Esportivo Natalense Natal
1922	América Futebol Clube Natal
1923	ABC Futebol Clube Natal
1924	Alecrim Futebol Clube Natal
1925	Alecrim Futebol Clube Natal & ABC Futebol Clube Natal [shared]
1926	América Futebol Clube Natal
1927	América Futebol Clube Natal
1928	ABC Futebol Clube Natal
1929	ABC Futebol Clube Natal
1930	América Futebol Clube Natal
1931	América Futebol Clube Natal
1932	ABC Futebol Clube Natal
1933	ABC Futebol Clube Natal
1934	ABC Futebol Clube Natal
1935	ABC Futebol Clube Natal
1936	ABC Futebol Clube Natal
1937	ABC Futebol Clube Natal
1938	ABC Futebol Clube Natal
1939	ABC Futebol Clube Natal
1940	ABC Futebol Clube Natal
1941	ABC Futebol Clube Natal
1942	América Futebol Clube Natal
1943	Santa Cruz Esporte e Cultura Natal
1944	ABC Futebol Clube Natal
1945	ABC Futebol Clube Natal
1946	América Futebol Clube Natal
1947	ABC Futebol Clube Natal
1948	América Futebol Clube Natal
1949	América Futebol Clube Natal
1950	ABC Futebol Clube Natal
1951	América Futebol Clube Natal
1952	América Futebol Clube Natal
1953	ABC Futebol Clube Natal
1954	ABC Futebol Clube Natal
1955	ABC Futebol Clube Natal
1956	América Futebol Clube Natal
1957	América Futebol Clube Natal
1958	ABC Futebol Clube Natal
1959	ABC Futebol Clube Natal
1960	ABC Futebol Clube Natal
1961	ABC Futebol Clube Natal
1962	ABC Futebol Clube Natal
1963	Alecrim Futebol Clube Natal
1964	Alecrim Futebol Clube Natal
1965	ABC Futebol Clube Natal
1966	ABC Futebol Clube Natal
1969	América Futebol Clube Natal
1970	ABC Futebol Clube Natal
1971	ABC Futebol Clube Natal
1972	ABC Futebol Clube Natal
1973	ABC Futebol Clube Natal
1974	América Futebol Clube Natal
1975	América Futebol Clube Natal
1976	ABC Futebol Clube Natal
1977	América Futebol Clube Natal
1978	ABC Futebol Clube Natal
1979	América Futebol Clube Natal
1980	América Futebol Clube Natal
1981	América Futebol Clube Natal
1982	América Futebol Clube Natal
1983	ABC Futebol Clube Natal
1984	ABC Futebol Clube Natal
1985	Alecrim Futebol Clube Natal
1986	Alecrim Futebol Clube Natal
1987	América Futebol Clube Natal
1988	América Futebol Clube Natal
1989	América Futebol Clube Natal
1990	ABC Futebol Clube Natal
1991	América Futebol Clube Natal
1992	América Futebol Clube Natal
1993	ABC Futebol Clube Natal
1994	ABC Futebol Clube Natal
1995	ABC Futebol Clube Natal
1996	América Futebol Clube Natal
1997	ABC Futebol Clube Natal
1998	ABC Futebol Clube Natal
1999	ABC Futebol Clube Natal
2000	ABC Futebol Clube Natal
2001	Atlético Clube Coríntians Caicó
2002	América Futebol Clube Natal
2003	América Futebol Clube Natal
2004	AC Desportiva Potiguar Mossoró
2005	ABC Futebol Clube Natal
2006	AC Esporte Clube Baraúnas Mossoró
2007	ABC Futebol Clube Natal
2008	ABC Futebol Clube Natal
2009	AS Sociedade Unida Açu
2010	ABC Futebol Clube Natal
2011	ABC Futebol Clube Natal
2012	América Futebol Clube Natal
2013	AC Desportiva Potiguar Mossoró
2014	América Futebol Clube Natal
2015	América Futebol Clube Natal
2016	ABC Futebol Clube Natal
2017	ABC Futebol Clube Natal
2018	ABC Futebol Clube Natal

1967	América Futebol Clube Natal
1968	Alecrim Futebol Clube Natal

2019	América Futebol Clube Natal
2020	ABC Futebol Clube Natal

Rio Grande do Norte State Championship (Campeonato Potiguar) 2020

First Stage (Taça Cidade de Natal)

#	Club	P	W	D	L	GF	-	GA	Pts
1.	ABC Futebol Clube Natal	7	6	1	0	19	-	7	19
2.	América Futebol Clube Natal	7	6	0	1	25	-	7	18
3.	Centro Esportivo Força e Luz Natal	7	3	2	2	11	-	12	11
4.	Santa Cruz Futebol Clube Natal	7	3	1	3	10	-	9	10
5.	Associação Cultural e Desportiva Potiguar Mossoró	7	2	2	3	9	-	9	8
6.	Palmeira Futebol Clube Goianinha	7	1	2	4	4	-	13	5
7.	Globo Futebol Clube Ceará Mirim	7	1	1	5	12	-	17	4
8.	Associação Sportiva Sociedade Unida Assu	7	0	3	4	4	-	20	3

Winner and runner-up were qualified for the First Stage Final.

Taça Cidade de Natal Final (19.02.2020)

ABC Futebol Clube Natal - América Futebol Clube Natal   2-2(1-0)
ABC Futebol Clube Natal qualified for the State Championship Finals.

Second Stage (Taça RN)

#	Club	P	W	D	L	GF	-	GA	Pts
1.	ABC Futebol Clube Natal	7	7	0	0	30	-	3	21
2.	América Futebol Clube Natal	7	5	1	1	21	-	5	16
3.	Globo Futebol Clube Ceará Mirim	7	4	0	3	19	-	10	12
4.	Centro Esportivo Força e Luz Natal	7	2	2	3	11	-	18	8
5.	Associação Sportiva Sociedade Unida Assu	7	1	3	3	5	-	13	6
6.	Santa Cruz Futebol Clube Natal	7	1	3	3	4	-	12	6
7.	Associação Cultural e Desportiva Potiguar Mossoró	7	1	2	4	5	-	19	5
8.	Palmeira Futebol Clube Goianinha	7	0	3	4	6	-	21	3

Winner and runner-up were qualified for the Second Stage Final.

Taça RN Final (07.09.2020)

ABC Futebol Clube Natal - América Futebol Clube Natal   1-1(0-1)
ABC Futebol Clube Natal qualified for the State Championship Finals.

Rio Grande do Norte Championship Finals

No final matches needed, as ABC Futebol Clube Natal was winner of both First and Second Stage.

Rio Grande do Norte State Championship Winners 2020: **ABC Futebol Clube Natal**

Aggregate Table 2020

1.	ABC Futebol Clube Natal	16	13	3	0	52 - 13	42
2.	América Futebol Clube Natal	16	11	3	2	49 - 15	36
3.	Centro Esportivo Força e Luz Natal	14	5	4	5	22 - 30	19
4.	Globo Futebol Clube Ceará Mirim	14	5	1	8	31 - 27	16
5.	Santa Cruz Futebol Clube Natal	14	4	4	6	14 - 21	16
6.	Associação Cultural e Desportiva Potiguar Mossoró	14	3	4	7	14 - 28	13
7.	Associação Sportiva Sociedade Unida Assu	14	1	6	7	9 - 33	9
8.	Palmeira Futebol Clube Goianinha (*Relegated*)	14	1	5	8	10 - 34	8

Rio Grande do Sul

Year	Champion	Year	Champion
1919	Grêmio Esportivo Brasil Pelotas	1970	Sport Club Internacional Porto Alegre
1920	Guarany Futebol Clube Bagé	1971	Sport Club Internacional Porto Alegre
1921	Grêmio Foot-ball Porto Alegrense	1972	Sport Club Internacional Porto Alegre
1922	Grêmio Foot-ball Porto Alegrense	1973	Sport Club Internacional Porto Alegre
1923	No competition	1974	Sport Club Internacional Porto Alegre
1924	No competition	1975	Sport Club Internacional Porto Alegre
1925	Grêmio Esportivo Bagé	1976	Sport Club Internacional Porto Alegre
1926	Grêmio Foot-ball Porto Alegrense	1977	Grêmio Foot-ball Porto Alegrense
1927	Sport Club Internacional Porto Alegre	1978	Sport Club Internacional Porto Alegre
1928	Sport Club Americano Porto Alegre	1979	Grêmio Foot-ball Porto Alegrense
1929	Esporte Clube Cruzeiro Porto Alegre	1980	Grêmio Foot-ball Porto Alegrense
1930	Esporte Clube Pelotas Pelotas	1981	Sport Club Internacional Porto Alegre
1931	Grêmio Foot-ball Porto Alegrense	1982	Sport Club Internacional Porto Alegre
1932	Grêmio Foot-ball Porto Alegrense	1983	Sport Club Internacional Porto Alegre
1933	Sport Club São Paulo Rio Grande	1984	Sport Club Internacional Porto Alegre
1934	Sport Club Internacional Porto Alegre	1985	Grêmio Foot-ball Porto Alegrense
1935	Grêmio Atlético Farroupilha Pelotas	1986	Grêmio Foot-ball Porto Alegrense
1936	Sport Club Rio Grande Rio Grande	1987	Grêmio Foot-ball Porto Alegrense
1937	Grêmio Foot-ball Santanense	1988	Grêmio Foot-ball Porto Alegrense
1938	Guarany Futebol Clube Bagé	1989	Grêmio Foot-ball Porto Alegrense
1939	FC Riograndense Rio Grande	1990	Grêmio Foot-ball Porto Alegrense
1940	Sport Club Internacional Porto Alegre	1991	Sport Club Internacional Porto Alegre
1941	Sport Club Internacional Porto Alegre	1992	Sport Club Internacional Porto Alegre
1942	Sport Club Internacional Porto Alegre	1993	Grêmio Foot-ball Porto Alegrense
1943	Sport Club Internacional Porto Alegre	1994	Sport Club Internacional Porto Alegre
1944	Sport Club Internacional Porto Alegre	1995	Grêmio Foot-ball Porto Alegrense
1945	Sport Club Internacional Porto Alegre	1996	Grêmio Foot-ball Porto Alegrense
1946	Grêmio Foot-ball Porto Alegrense	1997	Sport Club Internacional Porto Alegre
1947	Sport Club Internacional Porto Alegre	1998	Esporte Clube Juventude Caxias do Sul
1948	Sport Club Internacional Porto Alegre	1999	Grêmio Foot-ball Porto Alegrense
1949	Grêmio Foot-ball Porto Alegrense	2000	SE Recreativa Caxias do Sul
1950	Sport Club Internacional Porto Alegre	2001	Grêmio Foot-ball Porto Alegrense
1951	Sport Club Internacional Porto Alegre	2002	Sport Club Internacional Porto Alegre
1952	Sport Club Internacional Porto Alegre	2003	Sport Club Internacional Porto Alegre
1953	Sport Club Internacional Porto Alegre	2004	Sport Club Internacional Porto Alegre
1954	Sport Club Renner Porto Alegre	2005	Sport Club Internacional Porto Alegre
1955	Sport Club Internacional Porto Alegre	2006	Grêmio Foot-ball Porto Alegrense
1956	Grêmio Foot-ball Porto Alegrense	2007	Grêmio Foot-ball Porto Alegrense
1957	Grêmio Foot-ball Porto Alegrense	2008	Sport Club Internacional Porto Alegre
1958	Grêmio Foot-ball Porto Alegrense	2009	Sport Club Internacional Porto Alegre
1959	Grêmio Foot-ball Porto Alegrense	2010	Grêmio Foot-ball Porto Alegrense
1960	Grêmio Foot-ball Porto Alegrense	2011	Sport Club Internacional Porto Alegre
1961	Sport Club Internacional Porto Alegre	2012	Sport Club Internacional Porto Alegre
1962	Grêmio Foot-ball Porto Alegrense	2013	Sport Club Internacional Porto Alegre
1963	Grêmio Foot-ball Porto Alegrense	2014	Sport Club Internacional Porto Alegre
1964	Grêmio Foot-ball Porto Alegrense	2015	Sport Club Internacional Porto Alegre
1965	Grêmio Foot-ball Porto Alegrense	2016	Sport Club Internacional Porto Alegre
1966	Grêmio Foot-ball Porto Alegrense	2017	Esporte Clube Novo Hamburgo
1967	Grêmio Foot-ball Porto Alegrense	2018	Grêmio Foot-ball Porto Alegrense
1968	Grêmio Foot-ball Porto Alegrense	2019	Grêmio Foot-ball Porto Alegrense
1969	Sport Club Internacional Porto Alegre	2020	Grêmio Foot-ball Porto Alegrense

Rio Grande do Sul State Championship (Campeonato Gaúcho) 2020

First Stage (Taça "Coronel Evaldo Poeta")

Grupo A

1.	Sport Club Internacional Porto Alegre	5	4	1	0	10 - 4	13
2.	Ypiranga Futebol Clube Erechim	5	3	2	0	4 - 1	11
3.	Esporte Clube Juventude Caxias do Sul	5	1	2	2	4 - 5	5
4.	Esporte Clube São Luiz	5	1	1	3	8 - 10	4
5.	Esporte Clube Pelotas	5	1	1	3	7 - 10	4
6.	Esporte Clube Novo Hamburgo	5	0	3	2	0 - 3	3

Grupo B

1.	Sociedade Esportiva e Recreativa Caxias do Sul	5	3	1	1	5 - 2	10
2.	Grêmio Foot-ball Porto Alegrense	5	3	0	2	9 - 5	9
3.	Clube Esportivo Bento Gonçalves	5	2	2	1	6 - 9	8
4.	Clube Esportivo Aimoré São Leopoldo	5	2	0	3	6 - 8	6
5.	Esporte Clube São José	5	1	2	2	5 - 5	5
6.	Grêmio Esportivo Brasil Pelotas	5	1	1	3	1 - 3	4

Places 1-2 were qualified of each group were qualified for the Semi-Finals.

Semi-Finals (15-16.02.2020)

Sport Club Internacional Porto Alegre - Grêmio Foot-ball Porto Alegrense	0-1(0-0)
Sociedade Esportiva e Recreativa Caxias do Sul - Ypiranga FC Erechim	1-0(0-0)

Taça "Coronel Evaldo Poeta" Final (22.02.2020)

Sociedade Esport. e Recreativa Caxias do Sul - Grêmio Foot-ball Porto Alegrense   1-0(0-0)
Sociedade Esportiva e Recreativa Caxias do Sul were qualified for the State Championship Finals.

Second Stage (Taça "Francisco Novelletto")

Grupo A
1. Sport Club Internacional Porto Alegre	6	3	2	1	10 - 4	11
2. Esporte Clube Novo Hamburgo	6	2	2	2	5 - 5	8
3. Esporte Clube Juventude Caxias do Sul	6	2	1	2	5 - 7	7
4. Esporte Clube São Luiz	6	1	1	4	4 - 7	4
5. Esporte Clube Pelotas	6	1	1	4	4 - 8	4
6. Ypiranga Futebol Clube Erechim	6	0	4	2	6 - 11	4

Grupo B
1. Grêmio Foot-ball Porto Alegrense	6	4	2	0	9 - 3	14
2. Clube Esportivo Bento Gonçalves	6	3	2	1	10 - 8	11
3. Sociedade Esportiva e Recreativa Caxias do Sul	6	3	2	1	7 - 5	11
4. Esporte Clube São José	6	3	0	3	4 - 6	9
5. Grêmio Esportivo Brasil Pelotas	6	2	1	3	5 - 7	7
6. Clube Esportivo Aimoré São Leopoldo	6	1	4	1	7 - 5	7

Places 1-2 were qualified of each group were qualified for the Semi-Finals.

Semi-Finals (15-16.02.2020)

Grêmio Foot-ball Porto Alegrense - Esporte Clube Novo Hamburgo 4-3(2-2)
Sport Club Internacional Porto Alegre - Clube Esportivo Bento Gonçalves 4-0(3-0)

Taça "Francisco Novelletto" Final (22.02.2020)

Grêmio Foot-ball Porto Alegrense - Sport Club Internacional Porto Alegre 2-0(0-0)
Grêmio Foot-ball Porto Alegrense were qualified for the State Championship Finals.

Rio Grande do Sul Championship Finals (25-30.08.2020)

Sociedade Esportiva e Recreativa Caxias do Sul - Grêmio Foot-ball Porto Alegrense 0-2(0-1)
Grêmio Foot-ball Porto Alegrense - Sociedade Esportiva e Recreativa Caxias do Sul 1-2(1-1)

Rio Grande do Sul State Championship Winners 2020: **Grêmio Foot-ball Porto Alegrense**

Aggregate Table 2020

1. Grêmio Foot-ball Porto Alegrense	11	7	2	2	18 - 8	23
2. Sociedade Esportiva e Recreativa Caxias do Sul	11	6	3	2	12 - 7	21
3. Sport Club Internacional Porto Alegre	11	7	3	1	20 - 8	24
4. Clube Esportivo Bento Gonçalves	11	5	4	2	16 - 17	19
5. Ypiranga Futebol Clube Erechim	11	3	6	2	10 - 12	15
6. Esporte Clube São José	11	4	2	5	9 - 11	14
7. Clube Esportivo Aimoré São Leopoldo	11	3	4	4	13 - 13	13
8. Esporte Clube Juventude Caxias do Sul	11	3	3	5	9 - 12	12
9. Grêmio Esportivo Brasil Pelotas	11	3	2	6	6 - 10	11
10. Esporte Clube Novo Hamburgo	11	2	5	4	5 - 8	11
11. Esporte Clube São Luiz	11	2	2	7	12 - 17	8
12. Esporte Clube Pelotas	11	2	2	7	11 - 18	8

Rondônia

Rondonia State Championship winners:

1945	Ypiranga Esporte Clube Porto Velho
1946	Ferroviário Atlético Clube Porto Velho
1947	Ferroviário Atlético Clube Porto Velho
1948	Ferroviário Atlético Clube Porto Velho
1949	Ferroviário Atlético Clube Porto Velho
1950	Ferroviário Atlético Clube Porto Velho
1951	Ferroviário Atlético Clube Porto Velho
1952	Ferroviário Atlético Clube Porto Velho
1953	Ypiranga Esporte Clube Porto Velho
1954	Moto Clube Porto Velho
1955	Ferroviário Atlético Clube Porto Velho
1956	CR Flamengo Porto Velho
1957	Ferroviário Atlético Clube Porto Velho
1958	Ferroviário Atlético Clube Porto Velho
1959	Ypiranga Esporte Clube Porto Velho
1960	CR Flamengo Porto Velho
1961	CR Flamengo Porto Velho
1962	CR Flamengo Porto Velho
1963	Ferroviário Atlético Clube Porto Velho
1964	Ypiranga Esporte Clube Porto Velho
1965	CR Flamengo Porto Velho
1966	CR Flamengo Porto Velho
1967	CR Flamengo Porto Velho
1968	Moto Clube Porto Velho
1969	Moto Clube Porto Velho
1970	Ferroviário Atlético Clube Porto Velho
1971	Moto Clube Porto Velho
1972	Moto Clube Porto Velho
1973	São Domingos EC Porto Velho
1974	Botafogo Futebol Clube Porto Velho
1975	Moto Clube Porto Velho
1976	Moto Clube Porto Velho
1977	Moto Clube Porto Velho
1978	Ferroviário Atlético Clube Porto Velho
1979	Ferroviário Atlético Clube Porto Velho
1980	Moto Clube Porto Velho
1981	Moto Clube Porto Velho
1982	CR Flamengo Porto Velho
1983	CR Flamengo Porto Velho
1984	Ypiranga Esporte Clube Porto Velho
1985	CR Flamengo Porto Velho
1986	Ferroviário Atlético Clube Porto Velho
1987	Ferroviário Atlético Clube Porto Velho
1988	*No competition*
1989	Ferroviário Atlético Clube Porto Velho
1990	*No competition*
1991	Ji-Paraná Futebol Clube
1992	Ji-Paraná Futebol Clube
1993	Sociedade Esportiva Ariquemes
1994	Sociedade Esportiva Ariquemes
1995	Ji-Paraná Futebol Clube
1996	Ji-Paraná Futebol Clube
1997	Ji-Paraná Futebol Clube
1998	Ji-Paraná Futebol Clube
1999	Ji-Paraná Futebol Clube
2000	Guajará Esporte Clube Guajará-Mirim
2001	Ji-Paraná Futebol Clube
2002	Centro de Fut. Amazônia Porto Velho
2003	Sociedade Esportiva União Cacoalense
2004	Sociedade Esportiva União Cacoalense
2005	Vilhena Esporte Clube
2006	Sport Clube Ulbra Ji-Paraná
2007	Sport Clube Ulbra Ji-Paraná
2008	Sport Clube Ulbra Ji-Paraná
2009	Vilhena Esporte Clube
2010	Vilhena Esporte Clube
2011	Esporte Clube Espigão
2012	Ji-Paraná Futebol Clube
2013	Vilhena Esporte Clube
2014	Vilhena Esporte Clube
2015	Sport Club Genus de Porto Velho
2016	Rondoniense Social Clube Vilhena
2017	Real Desportivo Ariquemes FC
2018	Real Desportivo Ariquemes FC
2019	Vilhenense Esportivo Clube
2020	Porto Velho Esporte Clube

Rondônia State Championship (Campeonato Rondoniense) 2020

First Stage

Grupo A
1.	Porto Velho Esporte Clube	8	5	3	0	11 - 1	18
2.	Real Desportivo Ariquemes Futebol Clube	8	5	2	1	9 - 3	17
3.	Sport Club Genus de Porto Velho	8	3	1	4	11 - 11	10
4.	Rondoniense Social Clube Vilhena	7	1	1	5	5 - 12	4
5.	Guajará Esporte Clube	7	1	1	5	3 - 12	4

Grupo B
1.	Ji-Paraná Futebol Clube	10	6	4	0	19 - 5	22
2.	Sociedade Esportiva União Cacoalense	10	6	3	1	15 - 3	21
3.	Vilhenense Esportivo Clube	8	4	2	4	8 - 7	14
4.	Clube Atlético Pimentense	9	1	3	5	6 - 17	6
5.	Barcelona Futebol Clube Vilhena	8	1	2	5	7 - 15	5
6.	Guaporé Futebol Clube Rolim de Moura	9	1	2	6	7 - 15	5

Please note: several matches were cancelled due to COVID-19 pandemic.
Places 1-2 were qualified of each group were qualified for the Semi-Finals.

Semi-Finals (14-25.11.2020)
Sociedade Esportiva União Cacoalense - Porto Velho Esporte Clube	1-0(0-0)	1-2 aet; 2-3 pen
Real Desportivo Ariquemes Futebol Clube - Ji-Paraná Futebol Clube	3-1(1-1)	1-2(1-0)

Rondônia Championship Finals (28.11.-05.12.2020)
Porto Velho Esporte Clube - Real Desportivo Ariquemes Futebol Clube	2-1(1-0)
Real Desportivo Ariquemes Futebol Clube - Porto Velho Esporte Clube	0-1(0-1)

Rondônia State Championship Winners 2020: **Porto Velho Esporte Clube**

Roraima

Roraima State Championship winners:

Amateur Era:

1974	São Francisco Futebol Clube Boa Vista	1985	Atlético Roraima Clube Boa Vista
1975	Atlético Roraima Clube Boa Vista	1986	Baré Esporte Clube Boa Vista
1976	Atlético Roraima Clube Boa Vista	1987	Atlético Roraima Clube Boa Vista
1977	São Raimundo Esporte Clube Boa Vista	1988	Baré Esporte Clube Boa Vista
1978	Atlético Roraima Clube Boa Vista	1989	Ríver Esporte Clube Boa Vista
1979	Ríver Esporte Clube Boa Vista	1990	Atlético Roraima Clube Boa Vista
1980	Atlético Roraima Clube Boa Vista	1991	Atlético Rio Negro Clube Boa Vista
1981	Atlético Roraima Clube Boa Vista	1992	São Raimundo Esporte Clube Boa Vista
1982	Baré Esporte Clube Boa Vista	1993	Atlético Roraima Clube Boa Vista
1983	Atlético Roraima Clube Boa Vista	1994	Ríver Esporte Clube Boa Vista
1984	Baré Esporte Clube Boa Vista		

Professional Era:

1995	Atlético Roraima Clube Boa Vista	2008	Atlético Roraima Clube Boa Vista
1996	Baré Esporte Clube Boa Vista	2009	Atlético Roraima Clube Boa Vista
1997	Baré Esporte Clube Boa Vista	2010	Baré Esporte Clube Boa Vista
1998	Atlético Roraima Clube Boa Vista	2011	AE Real São Luiz do Anauá
1999	Baré Esporte Clube Boa Vista	2012	São Raimundo Esporte Clube Boa Vista
2000	Atlético Rio Negro Clube Boa Vista	2013	Náutico Futebol Clube Boa Vista
2001	Atlético Roraima Clube Boa Vista	2014	São Raimundo Esporte Clube Boa Vista
2002	Atlético Roraima Clube Boa Vista	2015	Náutico Futebol Clube Boa Vista
2003	Atlético Roraima Clube Boa Vista	2016	São Raimundo Esporte Clube Boa Vista
2004	São Raimundo Esporte Clube Boa Vista	2017	São Raimundo Esporte Clube Boa Vista
2005	São Raimundo Esporte Clube Boa Vista	2018	São Raimundo Esporte Clube Boa Vista
2006	Baré Esporte Clube Boa Vista	2019	São Raimundo Esporte Clube Boa Vista
2007	Atlético Roraima Clube Boa Vista	2020	São Raimundo Esporte Clube Boa Vista

Roraima State Championship (Campeonato Roraimense) 2020

First Stage

Primeiro Turno (Taça Boa Vista)

1.	Grêmio Atlético Sampaio Caracaraí	4	3	1	0	11 - 4	10
2.	São Raimundo Esporte Clube Boa Vista	4	2	2	0	6 - 3	8
3.	Atlético Roraima Clube Boa Vista	4	1	1	2	6 - 7	4
4.	Atlético Rio Negro Clube Boa Vista	4	1	1	2	2 - 3	4
5.	Baré Esporte Clube Boa Vista	4	0	1	3	3 - 11	1

Winner and runner-up were qualified for the First Stage Final.

First Stage Final (23.12.2020)

Grêmio Atlético Sampaio Caracaraí - São Raimundo Esporte Clube Boa Vista   1-4(1-1)
São Raimundo Esporte Clube Boa Vista qualified for the State Championship Final.

Second Stage

Secondo Turno (Taça Roraima)

1.	São Raimundo Esporte Clube Boa Vista	4	3	1	0	9 - 1	10
2.	Grêmio Atlético Sampaio Caracaraí	4	3	1	0	7 - 3	10
3.	Atlético Rio Negro Clube Boa Vista	4	1	1	2	5 - 9	4
4.	Atlético Roraima Clube Boa Vista	4	1	0	3	6 - 7	3
5.	Baré Esporte Clube Boa Vista	4	0	1	3	3 - 10	1

Winner and runner-up of each group were qualified for the Second Stage Final.

Second Stage Final (17.12.2020)

São Raimundo Esporte Clube Boa Vista - Grêmio Atlético Sampaio Caracaraí   1-1(1-0)
São Raimundo Esporte Clube Boa Vista qualified for the State Championship Final.

Roraima Championship Finals

No final matches needed, as São Raimundo Esporte Clube Boa Vista was winner of both Primeiro and Segundo Torneo.

Roraima State Championship Winners 2020: **São Raimundo Esporte Clube Boa Vista**

Santa Catarina

Santa Catarina State Championship winners:

1924	Avaí Futebol Clube Florianópolis
1925	Externato Futebol Clube Florianópolis
1926	Avaí Futebol Clube Florianópolis
1927	Avaí Futebol Clube Florianópolis
1928	Avaí Futebol Clube Florianópolis
1929	Caxias Futebol Clube Joinville
1930	Avaí Futebol Clube Florianópolis
1931	Lauro Müller Futebol Clube Itajaí
1932	Figueirense FC Florianópolis
1933	*Not finished*
1934	CA Catarinense Florianópolis
1935	Figueirense FC Florianópolis
1936	Figueirense FC Florianópolis
1937	Figueirense FC Florianópolis
1938	CIP Futebol Clube Itajaí
1939	Figueirense FC Florianópolis
1940	Ypiranga FC São Francisco do Sul
1941	Figueirense FC Florianópolis
1942	Avaí Futebol Clube Florianópolis
1943	Avaí Futebol Clube Florianópolis
1944	Avaí Futebol Clube Florianópolis
1945	Avaí Futebol Clube Florianópolis
1946	*No competition*
1947	América Futebol Clube Joinville
1948	América Futebol Clube Joinville
1949	Grêmio Esportivo Olímpico Blumenau
1950	Clube Atlético Carlos Renaux Brusque
1951	América Futebol Clube Joinville
1952	América Futebol Clube Joinville
1953	Clube Atlético Carlos Renaux Brusque
1954	Caxias Futebol Clube Joinville
1955	Caxias Futebol Clube Joinville
1956	Clube Atlético Operário Joinville
1957	Hercílio Luz Futebol Clube Tubarão
1958	Hercílio Luz Futebol Clube Tubarão
1959	Paula Ramos EC Florianópolis
1960	Esporte Clube Metropol Criciúma
1961	Esporte Clube Metropol Criciúma
1962	Esporte Clube Metropol Criciúma
1963	Clube Náutico Marcílio Dias Itajaí
1964	Grêmio Esportivo Olímpico Blumenau
1965	Esporte Clube Internacional Lages
1966	SER Perdigão Concórdia
1967	Esporte Clube Metropol Criciúma
1968	Comerciário Esporte Clube Criciúma
1969	Esporte Clube Metropol Criciúma
1970	Esporte Clube Ferroviário Tubarão
1971	América Futebol Clube Joinville
1972	Figueirense FC Florianópolis
1973	Avaí Futebol Clube Florianópolis
1974	Figueirense FC Florianópolis
1975	Avaí Futebol Clube Florianópolis
1976	Joinville Esporte Clube
1977	Ass. Chapecoense de Futebol Chapecó
1978	Joinville Esporte Clube
1979	Joinville Esporte Clube
1980	Joinville Esporte Clube
1981	Joinville Esporte Clube
1982	Joinville Esporte Clube
1983	Joinville Esporte Clube
1984	Joinville Esporte Clube
1985	Joinville Esporte Clube
1986	Criciúma Esporte Clube
1987	Joinville Esporte Clube
1988	Avaí Futebol Clube Florianópolis
1989	Criciúma Esporte Clube
1990	Criciúma Esporte Clube
1991	Criciúma Esporte Clube
1992	Brusque Futebol Clube
1993	Criciúma Esporte Clube
1994	Figueirense FC Florianópolis
1995	Criciúma Esporte Clube
1996	Ass. Chapecoense de Futebol Chapecó
1997	Avaí Futebol Clube Florianópolis
1998	Criciúma Esporte Clube
1999	Figueirense FC Florianópolis
2000	Joinville Esporte Clube
2001	Joinville Esporte Clube
2002	Figueirense FC Florianópolis
2003	Figueirense FC Florianópolis
2004	Figueirense FC Florianópolis
2005	Criciúma Esporte Clube
2006	Figueirense FC Florianópolis
2007	Ass. Chapecoense de Futebol Chapecó
2008	Figueirense FC Florianópolis
2009	Avaí Futebol Clube Florianópolis
2010	Avaí Futebol Clube Florianópolis
2011	Ass. Chapecoense de Futebol Chapecó
2012	Avaí Futebol Clube Florianópolis
2013	Criciúma Esporte Clube
2014	Figueirense FC Florianópolis
2015	Figueirense FC Florianópolis
2016	Ass. Chapecoense de Futebol Chapecó
2017	Ass. Chapecoense de Futebol Chapecó
2018	Figueirense FC Florianópolis
2019	Avaí Futebol Clube Florianópolis
2020	Ass. Chapecoense de Futebol Chapecó

Santa Catarina State Championship (Campeonato Catarinense) 2020

First Stage

1.	Avaí Futebol Clube Florianópolis	9	5	2	2	12	-	6	17
2.	Brusque Futebol Clube	9	5	2	2	13	-	9	17
3.	Figueirense Futebol Clube Florianópolis	9	4	3	2	8	-	5	15
4.	Clube Náutico Marcílio Dias Itajaí	9	4	3	2	9	-	9	15
5.	Criciúma Esporte Clube	9	3	4	2	9	-	9	13
6.	Grêmio Esportivo Juventus Jaraguá do Sul	9	3	2	4	10	-	10	11
7.	Joinville Esporte Clube	9	3	1	5	13	-	17	10
8.	Associação Chapecoense de Futebol Chapecó	9	2	4	3	8	-	6	10
9.	Concórdia Atlético Clube (*Relegation Play-offs*)	9	1	4	4	10	-	12	7
10.	Clube Atlético Tubarão (*Relegation Play-offs*)	9	1	3	5	5	-	14	6

Top-8 were qualified for the Quarter-Finals.

Relegation Play-offs (02-05.08.2020)

Clube Atlético Tubarão - Concórdia Atlético Clube	0-2(0-0)	1-2(0-2)

Quarter-Finals (08-31.07.2020)

Criciúma Esporte Clube - Clube Náutico Marcílio Dias Itajaí	0-0	1-0(1-0)
Associação Chapecoense de Futebol Chapecó - Avaí Futebol Clube Florianópolis	2-0(0-0)	1-1(1-1)
Grêmio Esportivo Juventus Jaraguá do Sul - Figueirense FC Florianópolis	1-2(0-2)	4-1(1-0)
Joinville Esporte Clube - Brusque Futebol Clube	0-1(0-0)	1-2(0-1)

Semi-Finals (02-05.08.2020)

Grêmio Esportivo Juventus Jaraguá do Sul - Brusque Futebol Clube	2-3(1-2)	0-0
Associação Chapecoense de Futebol Chapecó - Criciúma Esporte Clube	1-0(0-0)	0-1 aet; 4-2 pen

Santa Catarina Championship Finals (09-13.09.2020)

Associação Chapecoense de Futebol Chapecó - Brusque Futebol Clube	2-0(1-0)
Brusque Futebol Clube - Associação Chapecoense de Futebol Chapecó	0-1(0-0)

Santa Catarina State Championship Winners 2020: **Associação Chapecoense de Futebol Chapecó**

São Paulo

São Paulo State Championship winners:

1902	São Paulo Athletic Club
1903	São Paulo Athletic Club
1904	São Paulo Athletic Club
1905	Clube Atlético Paulistano São Paulo
1906	Sport Club Germânia São Paulo
1907	Sport Club Internacional São Paulo
1908	Clube Atlético Paulistano São Paulo
1909	AA das Palmeiras São Paulo
1910	AA das Palmeiras São Paulo
1911	São Paulo Athletic Club
1912	Sport Club Americano São Paulo
1913	Sport Club Americano São Paulo[1]
	Clube Atlético Paulistano São Paulo[2]
1914	SC Corinthians Paulista São Paulo[1]
	AA São Bento São Paulo[2]
1915	Sport Club Germânia São Paulo[1]
	AA das Palmeiras São Paulo[2]
1916	SC Corinthians Paulista São Paulo[1]
	Clube Atlético Paulistano São Paulo[2]
1917	Clube Atlético Paulistano São Paulo
1918	Clube Atlético Paulistano São Paulo
1919	Clube Atlético Paulistano São Paulo
1920	Palestra Itália São Paulo
1921	Clube Atlético Paulistano São Paulo
1922	SC Corinthians Paulista São Paulo
1923	SC Corinthians Paulista São Paulo
1924	SC Corinthians Paulista São Paulo
1925	AA São Bento São Paulo
1926	Palestra Itália São Paulo[2]
	Clube Atlético Paulistano São Paulo[3]
1927	Palestra Itália São Paulo[2]
	Clube Atlético Paulistano São Paulo[3]
1928	SC Corinthians Paulista São Paulo[2]
	Sport Club Internacional São Paulo[3]
1929	SC Corinthians Paulista São Paulo[2]
	Clube Atlético Paulistano São Paulo[3]
1930	SC Corinthians Paulista São Paulo
1931	São Paulo Futebol Clube
1932	Palestra Itália São Paulo
1933	Palestra Itália São Paulo
1934	Palestra Itália São Paulo
1935	Santos Futebol Clube[1]
	Portuguesa de Desportos São Paulo[2]
1936	Palestra Itália São Paulo[1]
	Portuguesa de Desportos São Paulo[2]
1937	SC Corinthians Paulista São Paulo
1938	SC Corinthians Paulista São Paulo
1939	SC Corinthians Paulista São Paulo
1940	Palestra Itália São Paulo
1941	SC Corinthians Paulista São Paulo
1957	São Paulo Futebol Clube
1958	Santos Futebol Clube
1959	SE Palmeiras São Paulo
1960	Santos Futebol Clube
1961	Santos Futebol Clube
1962	Santos Futebol Clube
1963	SE Palmeiras São Paulo
1964	Santos Futebol Clube
1965	Santos Futebol Clube
1966	SE Palmeiras São Paulo
1967	Santos Futebol Clube
1968	Santos Futebol Clube
1969	Santos Futebol Clube
1970	São Paulo Futebol Clube
1971	São Paulo Futebol Clube
1972	SE Palmeiras São Paulo
1973	Santos Futebol Clube & Portuguesa de Desportos São Paulo*
1974	SE Palmeiras São Paulo
1975	São Paulo Futebol Clube
1976	SE Palmeiras São Paulo
1977	SC Corinthians Paulista São Paulo
1978	Santos Futebol Clube
1979	SC Corinthians Paulista São Paulo
1980	São Paulo Futebol Clube
1981	São Paulo Futebol Clube
1982	SC Corinthians Paulista São Paulo
1983	SC Corinthians Paulista São Paulo
1984	Santos Futebol Clube
1985	São Paulo Futebol Clube
1986	Assoc. Atlética Internacional Limeira
1987	São Paulo Futebol Clube
1988	SC Corinthians Paulista São Paulo
1989	São Paulo Futebol Clube
1990	CA Bragantino Bragança Paulista
1991	São Paulo Futebol Clube
1992	São Paulo Futebol Clube
1993	SE Palmeiras São Paulo
1994	SE Palmeiras São Paulo
1995	SC Corinthians Paulista São Paulo
1996	SE Palmeiras São Paulo
1997	SC Corinthians Paulista São Paulo
1998	São Paulo Futebol Clube
1999	SC Corinthians Paulista São Paulo
2000	São Paulo Futebol Clube
2001	SC Corinthians Paulista São Paulo
2002	Ituano Futebol Clube Itu
2003	SC Corinthians Paulista São Paulo
2004	São Caetano Futebol Limitada
2005	São Paulo Futebol Clube

1942	SE Palmeiras São Paulo	2006	Santos Futebol Clube
1943	São Paulo Futebol Clube	2007	Santos Futebol Clube
1944	SE Palmeiras São Paulo	2008	SE Palmeiras São Paulo
1945	São Paulo Futebol Clube	2009	SC Corinthians Paulista São Paulo
1946	São Paulo Futebol Clube	2010	Santos Futebol Clube
1947	SE Palmeiras São Paulo	2011	Santos Futebol Clube
1948	São Paulo Futebol Clube	2012	Santos Futebol Clube
1949	São Paulo Futebol Clube	2013	SC Corinthians Paulista São Paulo
1950	SE Palmeiras São Paulo	2014	Ituano Futebol Clube São Paulo
1951	SC Corinthians Paulista São Paulo	2015	Santos Futebol Clube
1952	SC Corinthians Paulista São Paulo	2016	Santos Futebol Clube
1953	São Paulo Futebol Clube	2017	SC Corinthians Paulista São Paulo
1954	SC Corinthians Paulista São Paulo	2018	SC Corinthians Paulista São Paulo
1955	Santos Futebol Clube	2019	SC Corinthians Paulista São Paulo
1956	Santos Futebol Clube	2020	SE Palmeiras São Paulo

[1] champions of LPF [Liga Paulista de Foot-Ball]
[2] champions of APEA [Associação Paulista de Esportes Atléticos]
[3] champions of LAF [Liga dos Amadores de Futebol]
*shared winners

São Paulo State Championship (Campeonato Paulista) 2020

First Stage

Top-2 of each group qualified for the quarter-finals.

Grupo A

1. Santos Futebol Clube	12	4	4	4	13	-	12	16
2. Associação Atlética Ponte Preta	12	4	1	7	14	-	16	13
3. Esporte Clube Água Santa Diadema	12	2	5	5	7	-	15	11
4. Oeste Futebol Clube Itápolis	12	3	1	8	8	-	24	10

Grupo B

1. Sociedade Esportiva Palmeiras São Paulo	12	6	4	2	17	-	6	22
2. Esporte Clube Santo André	12	6	2	4	14	-	13	20
3. Grêmio Esportivo Novorizontino	12	4	7	1	12	-	8	19
4. Botafogo Futebol Clube Ribeirão Preto	12	3	2	7	9	-	23	11

Grupo C

1. São Paulo Futebol Clube	12	6	3	3	19	-	11	21
2. Mirassol Futebol Clube	12	4	5	3	16	-	11	17
3. Associação Atlética Internacional Limeira	12	4	2	6	8	-	15	14
4. Ituano Futebol Clube São Paulo	12	3	5	4	11	-	14	14

Grupo D

1. Red Bull Bragantino Bragança Paulista	12	7	2	3	18	-	9	23
2. Sport Club Corinthians Paulista São Paulo	12	4	5	3	15	-	10	17
3. Guarani Futebol Clube Campinas	12	4	4	4	16	-	14	16
4. Associação Ferroviária de Esportes Araraquara	12	3	4	3	13	-	9	15

Quarter-Finals (29-30.07.2020)

São Paulo Futebol Clube - Mirassol Futebol Clube	2-3 (2-2)
Sociedade Esportiva Palmeiras São Paulo - Esporte Clube Santo André	2-0 (0-0)
Red Bull Bragantino Brag. Paulista - Sport Club Corinthians Paulista São Paulo	0-2 (0-1)
Santos Futebol Clube - Associação Atlética Ponte Preta	1-3 (1-0)

Semi-Finals (02.08.2020)

Sport Club Corinthians Paulista São Paulo - Mirassol Futebol Clube 1-0(0-0)
Sociedade Esportiva Palmeiras São Paulo - Associação Atlética Ponte Preta 1-0(1-0)

São Paulo Championship Finals (05-08.08.2020)

Sport Club Corinthians Paulista São Paulo - Sociedade Esportiva Palmeiras São Paulo 0-0
Sociedade Esportiva Palmeiras São Paulo - Sport Club Corinthians Paulista São Paulo 1-1(0-0)

São Paulo State Championship Winners 2020: **Sociedade Esportiva Palmeiras São Paulo**

Campeonato do Interior

Quarter-Finals (29.07.2020)

Associação Ferroviária de Esportes Araraquara – Ass. Atlét. Internacional Limeira 0-2(0-2)
Guarani Futebol Clube Campinas - Ituano Futebol Clube São Paulo 1-1(1-0)
Grêmio Esportivo Novorizontino - Botafogo Futebol Clube Ribeirão Preto 0-2(0-0)

Semi-Finals (01.08.2020)

Associação Atlética Internacional Limeira - Guarani Futebol Clube Campinas 1-2(1-0)
Red Bull Bragantino Bragança Paulista - Botafogo Futebol Clube Ribeirão Preto 1-1(0-0)

Final (04.08.2020)

Red Bull Bragantino Bragança Paulista - Guarani Futebol Clube Campinas 1-0(1-0)

Aggregate Table 2020

#	Club	P	W	D	L	GF	-	GA	Pts
1.	Sociedade Esportiva Palmeiras São Paulo	16	8	6	2	21	-	7	30
2.	Sport Club Corinthians Paulista São Paulo	16	6	7	3	19	-	11	25
3.	Mirassol Futebol Clube	14	5	5	4	19	-	14	20
4.	Associação Atlética Ponte Preta	14	5	1	8	17	-	18	16
5.	Red Bull Bragantino Bragança Paulista	15	8	3	4	20	-	12	27
6.	São Paulo Futebol Clube	13	6	3	4	21	-	14	21
7.	Esporte Clube Santo André	13	6	2	5	14	-	15	20
8.	Santos Futebol Clube	13	4	4	5	14	-	15	16
9.	Guarani Futebol Clube Campinas	15	5	5	5	19	-	17	20
10.	Grêmio Esportivo Novorizontino	13	4	7	2	12	-	10	19
11.	Associação Atlética Internacional Limeira	14	5	2	7	11	-	17	17
12.	Botafogo Futebol Clube Ribeirão Preto	14	4	3	7	12	-	24	15
13.	Associação Ferroviária de Esportes Araraquara	13	3	6	4	13	-	11	15
14.	Ituano Futebol Clube São Paulo	13	3	6	4	12	-	15	15
15.	Esporte Clube Água Santa Diadema (*Relegated*)	12	2	5	5	7	-	15	11
16.	Oeste Futebol Clube Itápolis (*Relegated*)	12	3	1	8	8	-	24	10

Promoted clubs for the 2021 São Paulo State Championship:
Associação Desportiva São Caetano
Esporte Clube São Bento Sorocaba

Sergipe

Sergipe State Championship winners:

1918	Cotinguiba Sport Club Aracaju
1919	*No competition*
1920	Cotinguiba Sport Club Aracaju
1921	Industrial Futebol Clube Aracaju
1922	Club Sportivo Sergipe Aracaju
1923	Cotinguiba Sport Club Aracaju
1924	Club Sportivo Sergipe Aracaju
1925	*No competition*
1926	*No competition*
1927	Club Sportivo Sergipe Aracaju
1928	Club Sportivo Sergipe Aracaju
1929	Club Sportivo Sergipe Aracaju
1930	*No competition*
1931	*No competition*
1932	Club Sportivo Sergipe Aracaju
1933	Club Sportivo Sergipe Aracaju
1934	Palestra Futebol Clube Aracaju
1935	Palestra Futebol Clube Aracaju
1936	Cotinguiba Sport Club Aracaju
1937	Club Sportivo Sergipe Aracaju
1938	*No competition*
1939	Ipiranga Futebol Clube Maruim
1940	Club Sportivo Sergipe Aracaju
1941	Riachuelo Futebol Clube Aracaju
1942	Cotinguiba Sport Club Aracaju
1943	Club Sportivo Sergipe Aracaju
1944	Vasco Esporte Clube Aracaju
1945	Ipiranga Futebol Clube Maruim
1946	Olímpico Futebol Clube Aracaju
1947	Olímpico Futebol Clube Aracaju
1948	Vasco Esporte Clube Aracaju
1949	Palestra Futebol Clube Aracaju
1950	Passagem Futebol Clube Aracaju
1951	Assoc. Desportiva Confiança Aracaju
1952	Cotinguiba Sport Club Aracaju
1953	Vasco Esporte Clube Aracaju
1954	Assoc. Desportiva Confiança Aracaju
1955	Club Sportivo Sergipe Aracaju
1956	Esporte Clube Santa Cruz Estância
1957	Esporte Clube Santa Cruz Estância
1958	Esporte Clube Santa Cruz Estância
1959	Esporte Clube Santa Cruz Estância
1960	Esporte Clube Santa Cruz Estância
1961	Club Sportivo Sergipe Aracaju
1962	Assoc. Desportiva Confiança Aracaju
1963	Assoc. Desportiva Confiança Aracaju
1964	Club Sportivo Sergipe Aracaju
1965	Assoc. Desportiva Confiança Aracaju
1966	América Futebol Clube Propriá
1967	Club Sportivo Sergipe Aracaju
1970	Club Sportivo Sergipe Aracaju
1971	Club Sportivo Sergipe Aracaju
1972	Club Sportivo Sergipe Aracaju
1973	Associação Olímpica Itabaiana
1974	Club Sportivo Sergipe Aracaju
1975	Club Sportivo Sergipe Aracaju
1976	Assoc. Desportiva Confiança Aracaju
1977	Assoc. Desportiva Confiança Aracaju
1978	Associação Olímpica Itabaiana
1979	Associação Olímpica Itabaiana
1980	Associação Olímpica Itabaiana
1981	Associação Olímpica Itabaiana
1982	Associação Olímpica Itabaiana & Club Sportivo Sergipe Aracaju [shared]
1983	Assoc. Desportiva Confiança Aracaju
1984	Club Sportivo Sergipe Aracaju
1985	Club Sportivo Sergipe Aracaju
1986	Assoc. Desportiva Confiança Aracaju
1987	Vasco Esporte Clube Aracaju
1988	Assoc. Desportiva Confiança Aracaju
1989	Club Sportivo Sergipe Aracaju
1990	Assoc. Desportiva Confiança Aracaju
1991	Club Sportivo Sergipe Aracaju
1992	Club Sportivo Sergipe Aracaju
1993	Club Sportivo Sergipe Aracaju
1994	Club Sportivo Sergipe Aracaju
1995	Club Sportivo Sergipe Aracaju
1996	Club Sportivo Sergipe Aracaju
1997	Associação Olímpica Itabaiana
1998	Olimpico Lagartense Lagarto
1999	Club Sportivo Sergipe Aracaju
2000	Club Sportivo Sergipe Aracaju
2001	Assoc. Desportiva Confiança Aracaju
2002	Assoc. Desportiva Confiança Aracaju
2003	Club Sportivo Sergipe Aracaju
2004	Assoc. Desportiva Confiança Aracaju
2005	Associação Olímpica Itabaiana
2006	Olímpico Pirambu Futebol Clube
2007	América Futebol Clube Propriá
2008	Assoc. Desportiva Confiança Aracaju
2009	Assoc. Desportiva Confiança Aracaju
2010	Soc. Esportiva River Plate Carmópolis
2011	Soc. Esportiva River Plate Carmópolis
2012	Olímpico Esporte Clube Itabaianinha
2013	Club Sportivo Sergipe Aracaju
2014	Assoc. Desportiva Confiança Aracaju
2015	Assoc. Desportiva Confiança Aracaju
2016	Club Sportivo Sergipe Aracaju
2017	Assoc. Desportiva Confiança Aracaju
2018	Club Sportivo Sergipe Aracaju

1968	Assoc. Desportiva Confiança Aracaju		2019	Associação Desportiva Freipaulistano
1969	Associação Olímpica Itabaiana		2020	Assoc. Desportiva Confiança Aracaju

Sergipe State Championship (Campeonato Sergipano) 2020

First Stage

1. Associação Desportiva Confiança Aracaju	7	5	2	0	11	-	4	17
2. Club Sportivo Sergipe Aracaju	7	5	1	1	12	-	5	16
3. Associação Desportiva Freipaulistano	7	3	1	3	13	-	10	10
4. Itabaiana Coritiba Foot Ball Clube	7	3	0	4	8	-	8	9
5. Sociedade Boca Júnior Futebol Clube Estância	7	2	2	3	10	-	12	8
6. Dorense Futebol Clube Nossa Senhora das Dores	7	2	2	3	6	-	8	8
7. Lagarto Futebol Clube	7	1	3	3	3	-	6	6
8. América Futebol Clube Pedrinhas	7	1	1	5	7	-	17	4

Top-4 qualified for the Second Stage.

Second Stage

1. Associação Desportiva Confiança Aracaju	6	3	3	0	9	-	3	12
2. Club Sportivo Sergipe Aracaju	6	3	3	0	10	-	5	12
3. Itabaiana Coritiba Foot Ball Clube	6	1	1	4	6	-	10	4
4. Associação Desportiva Freipaulistano	6	1	1	4	3	-	10	4

Sergipe State Championship Winners 2020: **Associação Desportiva Confiança Aracaju**

Tocatins

Tocatins State Championship winners:

1993	Tocantinópolis Esporte Clube		2007	Palmas Futebol e Regatas
1994	União Atlética Araguainense		2008	Tocantins Futebol Clube Palmas
1995	Intercap Esporte Clube Paraíso		2009	Araguaína Futebol e Regatas
1996	Gurupi Esporte Clube		2010	Gurupi Esporte Clube Tocantinópolis
1997	Gurupi Esporte Clube		2011	Gurupi Esporte Clube Tocantinópolis
1998	Associação Atlética Alvorada		2012	Gurupi Esporte Clube Tocantinópolis
1999	Interporto FC Porto Nacional		2013	Interporto FC Porto Nacional
2000	Palmas Futebol e Regatas		2014	Interporto FC Porto Nacional
2001	Palmas Futebol e Regatas		2015	Tocantinópolis Esporte Clube
2002	Tocantinópolis Esporte Clube		2016	Gurupi Esporte Clube Tocantinópolis
2003	Palmas Futebol e Regatas		2017	Interporto FC Porto Nacional
2004	Palmas Futebol e Regatas		2018	Palmas Futebol e Regatas
2005	Colinas Esporte Clube		2019	Palmas Futebol e Regatas
2006	Araguaína Futebol e Regatas		2020	Palmas Futebol e Regatas

Tocatins State Championship (Campeonato Tocantinense) 2020

First Stage

1.	Palmas Futebol e Regatas	7	6	1	0	18 - 3	19
2.	Interporto Futebol Clube Porto Nacional	7	5	1	1	20 - 5	16
3.	Tocantinópolis Esporte Clube	7	4	1	2	11 - 9	13
4.	Araguacema Futebol Clube	7	3	2	2	12 - 8	11
5.	Capital Futebol Clube Palmas	7	2	0	5	6 - 13	6
6.	Paraíso Futebol Clube	7	1	3	3	4 - 11	6
7.	Sociedade Desportiva Sparta Araguaína	7	1	1	5	4 - 9	4
8.	Clube Atlético Cerrado Paraíso do Tocantins	7	1	1	5	4 - 21	4

Top-4 qualified for the Semi-Finals.

Semi-Finals (15.03.2020-05.02.2021)

Araguacema Futebol Clube - Palmas Futebol e Regatas	0-1(0-0)	0-0
Tocantinópolis Esporte Clube - Interporto Futebol Clube Porto Nacional	0-0	2-2(0-2)
		4-2 pen

Tocatins Championship Finals (10-14.02.2021)

Tocantinópolis Esporte Clube - Palmas Futebol e Regatas	3-3(2-0)
Palmas Futebol e Regatas - Tocantinópolis Esporte Clube	1-0(0-0)

Tocatins State Championship Winners 2020: **Palmas Futebol e Regatas**

NATIONAL TEAM INTERNATIONAL MATCHES (16.07.2020 – 15.07.2021)

09.10.2020	São Paulo	Brazil - Bolivia	5-0(2-0)	(WCQ)
13.10.2020	Lima	Peru - Brazil	2-4(1-1)	(WCQ)
13.11.2020	São Paulo	Brazil - Venezuela	1-0(0-0)	(WCQ)
17.11.2020	Montevideo	Uruguay - Brazil	0-2(0-2)	(WCQ)
04.06.2021	Porto Alegre	Brazil - Ecuador	2-0(0-0)	(WCQ)
08.06.2021	Asunción	Paraguay - Brazil	0-2(0-1)	(WCQ)
13.06.2021	Brasília	Brazil - Venezuela	3-0(1-0)	(CA)
17.06.2021	Rio de Janeiro	Brazil - Peru	4-0(1-0)	(CA)
23.06.2021	Rio de Janeiro	Brazil - Colombia	2-1(0-1)	(CA)
27.06.2021	Goiânia	Brazil - Ecuador	1-1(1-0)	(CA)
02.07.2021	Rio de Janeiro	Brazil - Chile	1-0(0-0)	(CA)
05.07.2021	Rio de Janeiro	Brazil - Peru	1-0(1-0)	(CA)
10.07.2021	Rio de Janeiro	Argentina - Brazil	1-0(1-0)	(CA)

09.10.2020, 22nd FIFA World Cup, Qualifiers
Neo Química Arena, São Paulo; Attendance: 0
Referee: Leodán Franklin González Cabrera (Uruguay)
BRAZIL - BOLIVIA 5-0(2-0)
BRA: Weverton (3/0), Danilo I (26/1), Thiago Silva (90/7) [71.Felipe (2/0)], Marquinhos III (48/2), Renan Lodi (5/0) [77.Alex Telles (2/0)], Casemiro (Cap) (47/3), Douglas Luiz (2/0), Philippe Coutinho (62/18) [77.Éverton Ribeiro (7/0)], Éverton (15/3) [59.Rodrygo (3/0)], Roberto Firmino (45/15) [71.Richarlison (20/6)], Neymar (102/61). Trainer: Adenor Leonardo Bacchi „Tite" (49).
Goals: Marquinhos III (16), Roberto Firmino (30, 49), José María Carrasco Sanguino (66 own goal), Philippe Coutinho (73)

13.10.2020, 22nd FIFA World Cup, Qualifiers
Estadio Nacional, Lima; Attendance: 0
Referee: Julio Alberto González Bascuñán (Chile)
PERU - BRAZIL 2-4(1-1)
BRA: Weverton (4/0), Danilo I (27/1), Thiago Silva (Cap) (91/7), Marquinhos III (49/2) [12.Rodrigo Caio (5/0)], Renan Lodi (6/0) [69.Alex Telles (3/0)], Casemiro (48/3), Douglas Luiz (3/0), Philippe Coutinho (63/18) [69.Éverton Ribeiro (8/0)], Richarlison (21/7), Neymar (103/64), Roberto Firmino (46/15) [69.Éverton (16/3)]. Trainer: Adenor Leonardo Bacchi „Tite" (50).
Goals: Neymar (28 penalty), Richarlison (64), Neymar (83 penalty, 90+4).

13.11.2020, 22nd FIFA World Cup, Qualifiers
Estádio "Cícero Pompeu de Toledo" [Morumbi], São Paulo; Attendance: 0
Referee: Juan Gabriel Benítez (Paraguay)
BRAZIL - VENEZUELA 1-0(0-0)
BRA: Ederson II (10/0), Danilo I (28/1), Thiago Silva (Cap) (92/7), Marquinhos III (50/2), Renan Lodi (7/0) [90+6.Alex Telles (4/0)], Allan (10/0), Douglas Luiz (4/0) [46.Lucas Paquetá (12/2)], Éverton Ribeiro (9/0), Gabriel Jesus (40/18) [76.Éverton (17/3)], Richarlison (22/7) [76.Pedro (1/0)], Roberto Firmino (47/16). Trainer: Adenor Leonardo Bacchi „Tite" (51).
Goal: Roberto Firmino (66).

17.11.2020, 22nd FIFA World Cup, Qualifiers
Estadio Centenario, Montevideo; Attendance: 0
Referee: Roberto Andrés Tobar Vargas (Chile)
URUGUAY - BRAZIL 0-2(0-2)
BRA: Ederson II (11/0), Danilo I (29/1), Thiago Silva (Cap) (93/7), Marquinhos III (51/2), Renan Lodi (8/0), Arthur (21/1), Douglas Luiz (5/0) [90+2.Lucas Paquetá (13/2)], Éverton Ribeiro (10/0) [90+2.Bruno Guimarães (1/0)], Richarlison (23/8) [70.Éverton (18/3)], Gabriel Jesus (41/18), Roberto Firmino (48/16). Trainer: Adenor Leonardo Bacchi „Tite" (52).
Goals: Arthur (33), Richarlison (45).

04.06.2021, 22nd FIFA World Cup, Qualifiers
Estádio "José Pinheiro Borda", Porto Alegre; Attendance: 0
Referee: Alexis Adrián Herrera Hernández (Venezuela)
BRAZIL - ECUADOR 2-0(0-0)
BRA: Alisson Becker (45/0), Danilo I (30/1), Éder Militão (9/0), Marquinhos III (52/2), Alex Sandro (24/1), Casemiro (Cap) (49/3), Lucas Paquetá (14/2), Fred III (12/0) [62.Gabriel Jesus (42/18)], Richarlison (24/9) [90+1.Fabinho (13/0)], Gabriel Barbosa (6/2) [76.Roberto Firmino (49/16)], Neymar (104/65). Trainer: Adenor Leonardo Bacchi „Tite" (53).
Goals: Richarlison (65), Neymar (90+4 penalty).

08.06.2021, 22nd FIFA World Cup, Qualifiers
Estadio Defensores del Chaco, Asunción; Attendance: 0
Referee: Patricio Loustau (Argentina)
PARAGUAY - BRAZIL 0-2(0-1)
BRA: Ederson II (12/0), Danilo I (31/1), Éder Militão (10/0), Marquinhos III (Cap) (53/2), Alex Sandro (25/1), Casemiro (50/3), Gabriel Jesus (43/18) [82.Éverton (19/3)], Fred III (13/0) [46.Lucas Paquetá (15/3)], Neymar (105/66), Richarlison (25/9) [82.Gabriel Barbosa (7/2)], Roberto Firmino (50/16) [73.Douglas Luiz (6/0)]. Trainer: Adenor Leonardo Bacchi „Tite" (54).
Goals: Neymar (4), Lucas Paquetá (90+3).

13.06.2021, 47th Copa América, Group Stage
Estádio Nacional "Mané Garrincha", Brasília; Attendance: 0
Referee: Esteban Daniel Ostojich Vega (Uruguay)
BRAZIL - VENEZUELA 3-0(1-0)
BRA: Alisson Becker (46/0), Danilo I (32/1), Éder Militão (11/0), Marquinhos III (54/3), Renan Lodi (9/0) [46.Alex Sandro (26/1)], Fred III (14/0) [85.Fabinho (14/0)], Casemiro (Cap) (51/3), Lucas Paquetá (16/3) [46.Éverton Ribeiro (11/0)], Richarlison (26/9) [65.Gabriel Barbosa (8/3)], Gabriel Jesus (44/18) [85.Vinícius Júnior (2/0)], Neymar (106/67). Trainer: Adenor Leonardo Bacchi „Tite" (55).
Goals: Marquinhos III (23), Neymar (64 penalty), Gabriel Barbosa (89).

17.06.2021, 47th Copa América, Group Stage
Estádio Olímpico "Nilton Santos", Rio de Janeiro; Attendance: 0
Referee: Patricio Loustau (Argentina)
BRAZIL - PERU 4-0(1-0)
BRA: Ederson II (13/0), Danilo I (33/1) [84.Emerson (2/0)], Thiago Silva (Cap) (94/7), Éder Militão (12/0), Alex Sandro (27/2) [77.Renan Lodi (10/0)], Fabinho (15/0), Fred III (15/0), Gabriel Jesus (45/18) [72.Roberto Firmino (51/16)], Éverton (20/3) [46.Éverton Ribeiro (12/1)], Gabriel Barbosa (9/3) [46.Richarlison (27/10)], Neymar (107/68). Trainer: Adenor Leonardo Bacchi „Tite" (56).
Goals: Alex Sandro (12), Neymar (68), Éverton Ribeiro (89), Richarlison (90+3).

23.06.2021, 47th Copa América, Group Stage
Estádio Olímpico "Nilton Santos", Rio de Janeiro; Attendance: 0
Referee: Néstor Fabián Pitana (Argentina)
BRAZIL - COLOMBIA **2-1(0-1)**
BRA: Weverton (5/0), Danilo I (34/1), Thiago Silva (95/7), Marquinhos III (Cap) (55/3), Alex Sandro (28/2) [62.Renan Lodi (11/0)], Éverton Ribeiro (13/1) [46.Roberto Firmino (52/17)], Casemiro (52/4), Fred III (16/0) [68.Lucas Paquetá (17/3)], Gabriel Jesus (46/18) [77.Éverton (21/3)], Richarlison (28/10) [77.Gabriel Barbosa (10/3)], Neymar (108/68). Trainer: Adenor Leonardo Bacchi „Tite" (57).
Goals: Roberto Firmino (78), Casemiro (90+10).

27.06.2021, 47th Copa América, Group Stage
Estádio Olímpico "Pedro Ludovico", Goiânia; Attendance: 0
Referee: Roberto Andrés Tobar Vargas (Chile)
BRAZIL - ECUADOR **1-1(1-0)**
BRA: Alisson Becker (47/0), Emerson (3/0), Éder Militão (13/1), Marquinhos III (Cap) (56/3), Renan Lodi (12/0) [49.Danilo I (35/1)], Fabinho (16/0), Douglas Luiz (7/0) [63.Casemiro (53/4)], Lucas Paquetá (18/3) [78.Éverton Ribeiro (14/1)], Roberto Firmino (53/17) [63.Vinícius Júnior (3/0)], Éverton (22/3) [78.Richarlison (29/10)], Gabriel Barbosa (11/3). Trainer: Adenor Leonardo Bacchi „Tite" (58).
Goal: Éder Militão (37).

02.07.2021, 47th Copa América, Quarter-Finals
Estádio Olímpico "Nilton Santos", Rio de Janeiro (Brazil); Attendance: 0
Referee: Patricio Loustau (Argentina)
BRAZIL - CHILE **1-0(0-0)**
BRA: Ederson II (14/0), Danilo I (36/1), Marquinhos III (Cap) (57/3), Thiago Silva (96/7), Renan Lodi (13/0) [90+1.Éder Militão (14/1)], Casemiro (54/4), Fred III (17/0), Gabriel Jesus (47/18) [*sent off 48*], Neymar (109/68), Richarlison (30/10) [90+1.Éverton (23/3)], Roberto Firmino (54/17) [46.Lucas Paquetá (19/4)]. Trainer: Adenor Leonardo Bacchi „Tite" (59).
Goal: Lucas Paquetá (46).

05.07.2021, 47th Copa América, Semi-Finals
Estádio Olímpico "Nilton Santos", Rio de Janeiro; Attendance: 0
Referee: Roberto Andrés Tobar Vargas (Chile)
BRAZIL - PERU **1-0(1-0)**
BRA: Ederson II (15/0), Danilo I (37/1), Marquinhos III (58/3), Thiago Silva (Cap) (97/7), Renan Lodi (14/0) [85.Éder Militão (15/1)], Casemiro (55/4), Fred III (18/0) [85.Fabinho (17/0)], Lucas Paquetá (20/5) [90+2.Douglas Luiz (8/0)], Neymar (110/68), Éverton (24/3) [70.Éverton Ribeiro (15/1)], Richarlison (31/10) [85.Vinícius Júnior (4/0)]. Trainer: Adenor Leonardo Bacchi „Tite" (60).
Goal: Lucas Paquetá (35).

10.07.2021, 47th Copa América, Final
Estádio „Jornalista Mário Filho" (Maracanã), Rio de Janeiro; Attendance: 7,800
Referee: Esteban Daniel Ostojich Vega (Uruguay)
ARGENTINA - BRAZIL **1-0(1-0)**
BRA: Ederson II (16/0), Danilo I (38/1), Marquinhos III (59/3), Thiago Silva (Cap) (98/7), Renan Lodi (15/0) [76.Emerson (4/0)], Casemiro (56/4), Fred III (19/0) [46.Roberto Firmino (55/17)], Éverton (25/3) [63.Vinícius Júnior (5/0)], Lucas Paquetá (21/5) [76.Gabriel Barbosa (12/3)], Neymar (111/68), Richarlison (32/10). Trainer: Adenor Leonardo Bacchi „Tite" (61).

NATIONAL TEAM PLAYERS 2020/2021				
Name		DOB	Caps	Goals
[Club 2020/2021]				

(Caps and goals at 15.07.2021)

Goalkeepers

ALISSON Ramses BECKER *[2021: Liverpool FC (ENG)]*	02.10.1992	**47**	**0**
Ederson Santana de Moraes "EDERSON II" *[2020/2021: Manchester City FC (ENG)]*	17.08.1993	**16**	**0**
WEVERTON Pereira da Silva *[2020/2021: SE Palmeiras São Paulo]*	13.12.1987	**5**	**0**

Defenders

ALEX SANDRO Lobo Silva *[2021: Juventus FC Torino (ITA)]*	26.01.1991	**28**	**2**
ALEX Nicolao TELLES *[2020: Manchester United FC (ENG)]*	15.12.1992	**4**	**0**
Danilo Luiz da Silva „DANILO I" *[2020/2021: Juventus FC Torino (ITA)]*	15.07.1991	**38**	**1**
ÉDER Gabriel MILITÃO *[2021: Real Madrid CF (ESP)]*	18.01.1998	**15**	**1**
EMERSON Aparecido Leite de Souza Junior *[2021: Real Betis Balompié Sevilla (ESP)]*	14.01.1999	**4**	**0**
FELIPE Augusto de Almeida Monteiro *[2020: Club Atlético de Madrid (ESP)]*	16.05.1989	**2**	**0**
Marcos Aoás Corrêa „MARQUINHOS III" *[2020/2021: Paris Saint-Germain FC (FRA)]*	14.05.1994	**59**	**3**
RENAN Augusto LODI dos Santos *[2020/2021: Club Atlético de Madrid (ESP)]*	08.04.1998	**15**	**0**
RODRIGO CAIO Coquette Russo *[2020: CR Flamengo Rio de Janeiro]*	17.08.1993	**5**	**0**
THIAGO Emiliano da SILVA *[2020/2021: Chelsea FC London (ENG)]*	22.09.1984	**98**	**7**

Midfielders

ALLAN Marques Loureiro *[2020: Everton FC Liverpool (ENG)]*	08.01.1991	10	0
ARTHUR Henrique Ramos de Oliveira Melo *[2020: Juventus FC Torino (ITA)]*	12.08.1996	21	1
BRUNO GUIMARÃES Rodriguez Moura *[2020: Olympique Lyonnais (FRA)]*	16.11.1997	1	0
Carlos Henrique CASEMIRO *[2020/2021: Real Madrid CF (ESP)]*	23.02.1992	56	4
DOUGLAS LUIZ Soares de Paulo *[2020/2021: Aston Villa FC Birmingham (ENG)]*	09.05.1998	8	0
ÉVERTON Augusto de Barros RIBEIRO *[2020/2021: CR Flamengo Rio de Janeiro]*	10.04.1989	15	1
Fábio Henrique Tavares "FABINHO" *[2021: Liverpool FC (ENG)]*	23.10.1993	17	0
Frederico Rodrigues de Paula Santos "FRED III" *[2021: Manchester United FC (ENG)]*	05.03.1993	19	0
Lucas Tolentino Coelho de Lima "LUCAS PAQUETÁ" *[2020/2021: Olympique Lyonnais (FRA)]*	27.08.1997	21	5
PHILIPPE COUTINHO Correia *[2020: FC Barcelona (ESP)]*	12.06.1992	63	18

Forwards

ÉVERTON Sousa Soares *[2020/2021: Sport Lisboa e Benfica (POR)]*	22.03.1996	25	3
GABRIEL BARBOSA Almeida *[2021: CR Flamengo Rio de Janeiro]*	30.08.1996	12	3
GABRIEL Fernando de JESUS *[2020/2021: Manchester City FC (ENG)]*	03.04.1997	47	18
NEYMAR da Silva Santos Júnior *[2020/2021: Paris Saint-Germain FC (FRA)]*	05.02.1992	111	68
PEDRO Guilherme Abreu dos Santos *[2020: CR Flamengo Rio de Janeiro]*	20.06.1997	1	0
RICHARLISON de Andrade *[2020/2021: Everton FC Liverpool (ENG)]*	10.05.1997	32	10
ROBERTO FIRMINO Barbosa de Oliveira *[2020/2021: Liverpool FC (ENG)]*	02.10.1991	55	17
RODRYGO Silva de Goes *[2020: Real Madrid CF (ESP)]*	09.01.2001	3	0
VINÍCIUS José Paixão de Oliveira JÚNIOR *[2021: Real Madrid CF (ESP)]*	12.07.2000	5	0

National coach

Adenor Leonardo Bacchi „TITE" [from 16.06.2016]	25.05.1961	61 M; 45 W; 11 D; 5 L; 128-22

CHILE

The Country:
República de Chile (Republic of Chile) Capital: Santiago Surface: 756,950 km² Inhabitants: 17,574,003 [2017] Time: UTC-5

The FA:
Federación de Fútbol de Chile Avenida Quilín No. 5635 - Comuna Peñalolén, Casilla No. 3733 Central de Casillas, Santiago Year of Formation: 1895 Member of FIFA since: 1913 Member of CONMEBOL since: 1916 Internet: www.anfp.cl

NATIONAL TEAM RECORDS	
First international match:	27.05.1910, Buenos Aires: Argentina – Chile 3-1
Most international caps:	Alexis Alejandro Sánchez Sánchez – 139 caps (since 2006)
Most international goals:	Alexis Alejandro Sánchez Sánchez - 46 goals / 139 caps (since 2006)

FIFA CONFEDERATIONS CUP 1992-2017
2017 (Runners-up)

OLYMPIC FOOTBALL TOURNAMENTS 1908-2016							
1908	Did not enter	1948	Did not enter	1972	Qualifiers	1996	Qualifiers
1912	Did not enter	1952	1st Round	1976	Qualifiers	2000	3rd Place
1920	Did not enter	1956	Did not enter	1980	Qualifiers	2004	Qualifiers
1924	Did not enter	1960	Qualifiers	1984	Quarter-Finals	2008	Qualifiers
1928	Consolation Rd.	1964	Qualifiers	1988	Qualifiers	2012	Qualifiers
1936	*Withdrew*	1968	Qualifiers	1992	Qualifiers	2016	Qualifiers

COPA AMÉRICA	
1916	4th Place
1917	4th Place
1919	4th Place
1920	4th Place
1921	*Withdrew*
1922	5th Place
1923	*Withdrew*
1924	4th Place
1925	*Withdrew*
1926	3rd Place
1927	*Withdrew*
1929	*Withdrew*
1935	4th Place
1937	5th Place
1939	4th Place
1941	3rd Place
1942	6th Place
1945	3rd Place
1946	5th Place
1947	4th Place
1949	5th Place
1953	4th Place
1955	Runners-up
1956	Runners-up
1957	6th Place
1959	5th Place
1959E	*Withdrew*
1963	*Withdrew*
1967	3rd Place
1975	Round 1
1979	Runners-up
1983	Round 1
1987	Runners-up
1989	Round 1
1991	3rd Place
1993	Round 1
1995	Round 1
1997	Round 1
1999	4th Place
2001	Quarter-Finals
2004	Round 1
2007	Quarter-Finals
2011	Quarter-Finals
2015	**Winners**
2016	**Winners**
2019	4th Place
2021	Quarter-Finals

FIFA WORLD CUP	
1930	Final Tournament (Group Stage)
1934	*Withdrew*
1938	*Withdrew*
1950	Final Tournament (Group Stage)
1954	Qualifiers
1958	Qualifiers
1962	Final Tournament (3rd Place)
1966	Final Tournament (Group Stage)
1970	Qualifiers
1974	Final Tournament (Group Stage)
1978	Qualifiers
1982	Final Tournament (Group Stage)
1986	Qualifiers
1990	Disqualified by the FIFA
1994	Banned by the FIFA
1998	Final Tournament (2nd Round of 16)
2002	Qualifiers
2006	Qualifiers
2010	Final Tournament (2nd Round of 16)
2014	Final Tournament (2nd Round of 16)
2018	Qualifiers

CHILEAN CLUB HONOURS IN SOUTH AMERICAN CLUB COMPETITIONS:

COPA LIBERTADORES 1960-2020
Club Social y Deportivo Colo-Colo Santiago (1991)
COPA SUDAMERICANA 2002-2020
CFP de la Universidad de Chile (2011)
RECOPA SUDAMERICANA 1989-2020
Club Social y Deportivo Colo-Colo Santiago (1992)
COPA CONMEBOL 1992-1999
None
SUPERCUP „JOÃO HAVELANGE" 1988-1997*
None
COPA MERCOSUR 1998-2001**
None

*Contested betwenn winners of all previous editions of the Copa Libertadores
**Contested between teams belonging countries from the southern part of South America (Argentina, Brazil, Chile, Paraguay and Uruguay).

NATIONAL COMPETITIONS
TABLE OF HONOURS

	CHAMPIONS	CUP WINNERS
1933	CD Magallanes Santiago	-
1934	CD Magallanes Santiago	-
1935	CD Magallanes Santiago	-
1936	Audax CS Italiano Santiago*	-
1937	CSD Colo-Colo Santiago	-
1938	CD Magallanes Santiago	-
1939	CSD Colo-Colo Santiago	-
1940	CFP de la Universidad de Chile	-
1941	CSD Colo-Colo Santiago	-
1942	CD Santiago Morning	-
1943	Club Unión Española Santiago	-
1944	CSD Colo-Colo Santiago	-
1945	CD Green Cross Santiago	-
1946	Audax CS Italiano Santiago	-
1947	CSD Colo-Colo Santiago	-
1948	Audax CS Italiano Santiago	-
1949	CD Universidad Católica Santiago	-
1950	Everton de Viña del Mar	-
1951	Club Unión Española Santiago	-
1952	Everton de Viña del Mar	-
1953	CSD Colo-Colo Santiago	-
1954	CD Universidad Católica Santiago	-
1955	CD Palestino Santiago	-
1956	CSD Colo-Colo Santiago	-
1957	Audax CS Italiano Santiago	-
1958	CD Santiago Wanderers Valparaíso	CSD Colo-Colo Santiago
1959	CFP de la Universidad de Chile	CD Santiago Wanderers Valparaíso
1960	CSD Colo-Colo Santiago	Club de Deportes La Serena

Year		Champion	Runner-up
1961		CD Universidad Católica Santiago	CD Santiago Wanderers Valparaíso
1962		CFP de la Universidad de Chile	CD Luis Cruz Martínez Curicó
1963		CSD Colo-Colo Santiago	*No competition*
1964		CFP de la Universidad de Chile	*No competition*
1965		CFP de la Universidad de Chile	*No competition*
1966		CD Universidad Católica Santiago	*No competition*
1967		CFP de la Universidad de Chile	*No competition*
1968		CD Santiago Wanderers Valparaíso	*No competition*
1969		CFP de la Universidad de Chile	*No competition*
1970		CSD Colo-Colo Santiago	*No competition*
1971		CD Unión San Felipe	*No competition*
1972		CSD Colo-Colo Santiago	*No competition*
1973		Club Unión Española Santiago	*No competition*
1974		CD Huachipato Talcahuano	CSD Colo-Colo Santiago
1975		Club Unión Española Santiago	CD Palestino Santiago
1976		Everton de Viña del Mar	*No competition*
1977		Club Unión Española Santiago	*No competition*
1978		CD Palestino Santiago	CD Palestino Santiago
1979		CSD Colo-Colo Santiago	CFP de la Universidad de Chile
1980		CD Cobreloa Calama	CD Municipal Iquique
1981		CSD Colo-Colo Santiago	CSD Colo-Colo Santiago
1982		CD Cobreloa Calama	CSD Colo-Colo Santiago
1983		CSD Colo-Colo Santiago	CD Universidad Católica Santiago
1984		CD Universidad Católica Santiago	Everton de Viña del Mar
1985		CD Cobreloa Calama	CSD Colo-Colo Santiago
1986		CSD Colo-Colo Santiago	CD Cobreloa Calama
1987		CD Universidad Católica Santiago	CD Cobresal El Salvador
1988		CD Cobreloa Calama	CSD Colo-Colo Santiago
1989		CSD Colo-Colo Santiago	CSD Colo-Colo Santiago
1990		CSD Colo-Colo Santiago	CSD Colo-Colo Santiago
1991		CSD Colo-Colo Santiago	CD Universidad Católica Santiago
1992		CD Cobreloa Calama	Club Unión Española Santiago
1993		CSD Colo-Colo Santiago	Club Unión Española Santiago
1994		CFP de la Universidad de Chile	CSD Colo-Colo Santiago
1995		CFP de la Universidad de Chile	CD Universidad Católica Santiago
1996		CSD Colo-Colo Santiago	CSD Colo-Colo Santiago
1997	Ape:	CD Universidad Católica Santiago	*No competition*
	Cla:	CSD Colo-Colo Santiago	
1998		CSD Colo-Colo Santiago	CFP de la Universidad de Chile
1999		CFP de la Universidad de Chile	*No competition*
2000		CFP de la Universidad de Chile	CFP de la Universidad de Chile
2001		CD Santiago Wanderers Valparaíso	*No competition*
2002	Ape:	CD Universidad Católica Santiago	*No competition*
	Cla:	CSD Colo-Colo Santiago	
2003	Ape:	CD Cobreloa Calama	*No competition*
	Cla:	CD Cobreloa Calama	
2004	Ape:	CFP de la Universidad de Chile	*No competition*
	Cla:	CD Cobreloa Calama	
2005	Ape:	Club Unión Española Santiago	*No competition*
	Cla:	CD Universidad Católica Santiago	
2006	Ape:	CSD Colo-Colo Santiago	*No competition*
	Cla:	CSD Colo-Colo Santiago	

2007	Ape:	CSD Colo-Colo Santiago	*No competition*
	Cla:	CSD Colo-Colo Santiago	
2008	Ape:	Everton de Viña del Mar	Universidad de Concepción
	Cla:	CSD Colo-Colo Santiago	
2009	Ape:	CFP de la Universidad de Chile	CD Unión San Felipe
	Cla:	CSD Colo-Colo Santiago	
2010		CD Universidad Católica Santiago	CD Municipal Iquique
2011	Ape:	CFP de la Universidad de Chile	CD Universidad Católica Santiago
	Cla:	CFP de la Universidad de Chile	
2012	Ape:	CFP de la Universidad de Chile	CFP de la Universidad de Chile
	Cla:	CD Huachipato Talcahuano	(2012/2013)
2013		Club Unión Española Santiago	-
2013/2014	Ape:	CD O'Higgins Rancagua	CD Iquique
	Cla:	CSD Colo-Colo Santiago	
2014/2015	Ape:	Club Universidad de Chile	CD Universidad de Concepción
	Cla:	CD Cobresal El Salvador	
2015/2016	Ape:	CSD Colo-Colo Santiago	Club Universidad de Chile Santiago
	Cla:	CD Universidad Católica Santiago	
2016/2017	Ape:	CD Universidad Católica Santiago	CSD Colo-Colo Santiago
	Cla:	Club Universidad de Chile Santiago	
2017		CSD Colo-Colo Santiago	CD Santiago Wanderers Valparaíso
2018		CD Universidad Católica Santiago	CD Palestino Santiago
2019		CD Universidad Católica Santiago	CSD Colo-Colo Santiago
2020		CD Universidad Católica Santiago	*No competition*

*became in January 2007 Audax CS Italiano La Florida.

	BEST GOALSCORERS	
1933	Luis Carvallo (CSD Colo-Colo Santiago)	9
1934	Carlos Giudice (Audax CS Italiano Santiago)	19
1935	Aurelio Domínguez (CSD Colo-Colo Santiago)	
	Guillermo Ogaz (CD Magallanes Santiago)	12
1936	Hernán Bolaños (CRC, Audax CS Italiano Santiago)	14
1937	Hernán Bolaños (CRC, Audax CS Italiano Santiago)	16
1938	Gustavo Pizarro (Badminton FC Santiago)	17
1939	Alfonso Domínguez (CSD Colo-Colo Santiago)	32
1940	Victor Alonso (CFP de la Universidad de Chile Santiago)	
	Pedro Valenzuela (CD Magallanes Santiago)	20
1941	José Profetta (ARG, Santiago National FC)	19
1942	Domingo Romo (CD Santiago Morning)	16
1943	Luis Machuca (Club Unión Española Santiago)	
	Victor Mancilla (CD Universidad Católica Santiago)	17
1944	Juan Alcantara (CSD Colo-Colo Santiago)	
	Alfonso Domínguez (Audax CS Italiano Santiago)	19
1945	Ubaldo Cruche (URU, CFP de la Universidad de Chile Santiago)	
	Hugo Giorgi (Audax CS Italiano Santiago)	
	Juan Zárate (ARG, CD Green Cross Santiago)	17
1946	Ubaldo Cruche (URU, CFP de la Universidad de Chile Santiago)	25
1947	Apolonides Vera (Santiago National FC)	17
1948	Juan Zárate (ARG, Audax CS Italiano Santiago)	22
1949	Mario Lorca (Club Unión Española Santiago)	20
1950	Félix Díaz (ARG, CD Green Cross Santiago)	21

Año	Jugador	Goles
1951	Rubén Aguilera (CD Santiago Morning)	
	Carlos Tello (Audax CS Italiano Santiago)	21
1952	René Meléndez (Everton de Viña del Mar)	30
1953	Jorge Robledo Oliver (CSD Colo-Colo Santiago)	26
1954	Jorge Robledo Oliver (CSD Colo-Colo Santiago)	25
1955	Nicolas Moreno (ARG, CD Green Cross Santiago)	27
1956	Guillermo Villarroel (CD O'Higgins Rancagua)	19
1957	Gustavo Albella (ARG, CD Green Cross Santiago)	27
1958	Gustavo Albella (ARG, CD Green Cross Santiago)	
	Carlos Verdejo (Club de Deportes La Serena)	23
1959	José Benito Rios (CD O'Higgins Rancagua)	
1960	Juan Falcón (ARG, CD Palestino Santiago)	21
1961	Carlos Campos Sánchez (CFP de la Universidad de Chile Santiago)	
	Honorino Landa Vera (Club Unión Española Santiago)	24
1962	Carlos Campos Sánchez (CFP de la Universidad de Chile Santiago)	34
1963	Luis Hernán Álvarez (CSD Colo-Colo Santiago)	37
1964	Daniel Escudero (Everton de Viña del Mar)	25
1965	Héctor Scandolli (CSD Rangers Talca)	25
1966	Felipe Bracamonte (ARG, CD Unión San Felipe)	
	Carlos Campos Sánchez (CFP de la Universidad de Chile Santiago)	21
1967	Eladio Zarate (PAR, Club Unión Española Santiago)	28
1968	Carlos Enzo Reinoso Valdenegro (Audax CS Italiano Santiago)	21
1969	Eladio Zarate (PAR, Club Unión Española Santiago)	22
1970	Osvaldo Castro Pelayo (Universidad de Concepción)	36
1971	Eladio Zarate (PAR, CFP de la Universidad de Chile Santiago)	25
1972	Fernando Espinoza (CD Magallanes Santiago)	25
1973	Guillermo Yávar (Club Unión Española Santiago)	21
1974	Julio Crisosto (CSD Colo-Colo Santiago)	28
1975	Víctor Pizarro (CD Santiago Morning)	27
1976	Oscar Fabbiani (ARG, CD Palestino Santiago)	23
1977	Oscar Fabbiani (ARG, CD Palestino Santiago)	34
1978	Oscar Fabbiani (ARG, CD Palestino Santiago)	35
1979	Carlos Humberto Caszely Garrido (CSD Colo-Colo Santiago)	20
1980	Carlos Humberto Caszely Garrido (CSD Colo-Colo Santiago)	26
1981	Víctor Cabrera (CD San Luis de Quillota)	
	Carlos Humberto Caszely Garrido (CSD Colo-Colo Santiago)	
	Luis Marcoleta (CD Magallanes Santiago)	20
1982	Jorge Luis Siviero (URU, CD Cobreloa Calama)	18
1983	Washington Oliveira (URU, CD Cobreloa Calama)	29
1984	Víctor Cabrera (CD Regional Atacama Copiapó)	18
1985	Ivo Alexis Basay Hatibovic (CD Magallanes Santiago)	19
1986	Sergio Salgado (CD Cobresal El Salvador)	18
1987	Osvaldo Heriberto Hurtado Galeguillo (CD Universidad Católica Santiago)	21
1988	Gustavo De Luca (ARG, Club de Deportes La Serena)	
	Juan José Oré (PER, CD Municipal Iquique)	18
1989	Rubén Martínez (CD Cobresal El Salvador)	25
1990	Rubén Martínez (CSD Colo-Colo Santiago)	22
1991	Rubén Martínez (CSD Colo-Colo Santiago)	23
1992	Aníbal Segundo González Espinoza (CSD Colo-Colo Santiago)	24
1993	Marco Antonio Figueroa Montero (CD Cobreloa Calama)	18
1994	Alberto Federico Acosta (ARG, CD Universidad Católica Santiago)	33

Año			
1995		Gabriel Esteban Caballero Schiker (ARG, Club Deportes Antofagasta)	
		Aníbal Segundo González Espinoza (CD Palestino Santiago)	18
1996		Mario Véner (CD Santiago Wanderers Valparaíso)	30
1997	Ape:	David Bisconti (ARG, CD Universidad Católica Santiago)	15
	Cla:	Richard Martín Báez Fernández (PAR, Universidad de Chile Santiago)	
		Rubén Vallejos (Club de Deportes Puerto Montt)	10
1998		Pedro Alejandro González Vera (CFP de la Universidad de Chile Santiago)	23
1999		Mario Núñez (CD O'Higgins Rancagua)	34
2000		Pedro Alejandro González Vera (CFP de la Universidad de Chile Santiago)	26
2001		Héctor Santiago Tapia Urdile (CSD Colo-Colo Santiago)	24
2002	Ape:	Sebastián Ignacio González Valdés (CSD Colo-Colo Santiago)	18
	Cla:	Manuel Alejandro Neira Díaz (CSD Colo-Colo Santiago)	14
2003	Ape:	Salvador Cabañas Ortega (PAR, Audax CS Italiano Santiago)	18
	Cla:	Gustavo Javier Biscayzacú Perea (URU, Club Unión Española Santiago)	21
2004	Ape:	Patricio Sebastián Galaz Sepúlveda (CD Cobreloa Calama)	23
	Cla:	Patricio Sebastián Galaz Sepúlveda (CD Cobreloa Calama)	19
2005	Ape:	Joel Estay Silva (Everton de Viña del Mar)	
		Álvaro Gustavo Sarabia Navarro (CD Huachipato Talcahuano)	
		Héctor Raúl Mancilla (CD Cobresal El Salvador)	13
	Cla:	Cristian Antonio Montecinos González (CD Concepción)	
		Gonzalo Antonio Fierro Caniullán (CSD Colo-Colo Santiago)	
		César Díaz (CD Cobresal El Salvador)	13
2006	Ape:	Humberto Andrés Suazo Pontivo (CSD Colo-Colo Santiago)	19
	Cla:	Leonardo Esteban Monje Valenzuela (Universidad de Concepción)	17
2007	Ape:	Humberto Andrés Suazo Pontivo (CSD Colo-Colo Santiago)	18
	Cla:	Carlos Andrés Villanueva Roland (Audax CS Italiano La Florida)	20
2008	Ape:	Lucas Ramón Barrios Arioli (ARG, CSD Colo-Colo Santiago)	19
	Cla:	Lucas Ramón Barrios Arioli (ARG, CSD Colo-Colo Santiago)	18
2009	Ape:	Esteban Efraín Paredes Quintanilla (CD Santiago Morning)	17
	Cla:	Diego Gabriel Rivarola Popón (ARG, CD Santiago Morning)	13
2010		Milovan Petar Mirošević Albornoz (CD Universidad Católica Santiago)	19
2011	Ape:	Matías Héctor Sebastián Urbano (ARG, CD Unión San Felipe)	11
	Cla:	Esteban Efraín Paredes Quintanilla (CSD Colo-Colo Santiago)	14
2012	Ape:	Enzo Hernán Gutiérrez Lencinas (CD O'Higgins Rancagua)	
		Emanuel Herrera (Club Unión Española Santiago)	
		Sebastián Andrés Ubilla Cambón (CD Santiago Wanderers Valparaíso)	11
	Cla:	Sebastián Oscar Jaime (ARG, Club Unión Española Santiago)	
		Carlos Andrés Muñoz Rojas (CSD Colo-Colo Santiago)	
		Jorge Sebastián Sáez (ARG, Audax CS Italiano La Florida)	12
2013	Tra:	Javier Aníbal Elizondo (ARG, CD Antofagasta)	
		Jorge Sebastián Sáez (ARG, Audax CS Italiano La Florida)	14
2013/2014	Ape:	Claudio Luciano Vázquez (ARG, Deportivo Ñublense Chillán)	11
	Cla:	Esteban Efraín Paredes Quintanilla (CSD Colo-Colo Santiago)	16
2014/2015	Ape:	Esteban Efraín Paredes Quintanilla (CSD Colo-Colo Santiago)	12
	Cla:	Jean Paul Jesús Pineda Cortés (CD Unión La Calera)	
		Esteban Efraín Paredes Quintanilla (CSD Colo-Colo Santiago)	11
2015/2016	Ape:	Marcos Daniel Riquelme (ARG, CD Palestino Santiago)	10
	Cla:	Nicolás Ignacio Castillo Mora (CD Universidad Católica Santiago)	11
2016/2017	Ape:	Nicolás Ignacio Castillo Mora (CD Universidad Católica Santiago)	13
	Cla:	Felipe Andrés Mora Aliaga (Club Universidad de Chile Santiago)	13
2017	Tra:	Bryan Paul Carrasco Santos (Audax CS Italiano La Florida)	10
2018		Esteban Efraín Paredes Quintanilla (CSD Colo-Colo Santiago)	19

| 2019 | Lucas Giuliano Passerini (ARG, CD Palestino Santiago) | 14 |
| 2020 | Fernando Matías Zampedri (ARG, CD Universidad Católica Santiago) | 20 |

NATIONAL CHAMPIONSHIP
Primera División de Chile 2020
Campeonato Nacional PlanVital 2020

Results

Round 1 [24-28.01.2020]
Everton - Univ. Concepción 2-1(0-1)
O'Higgins - Unión La Calera 1-2(0-1)
CD Antofagasta - Coquimbo Unido 2-1(2-0)
Audax Italiano - CD Cobresal 4-1(1-1)
Santiago Wanderers - Univ. Católica 0-3(0-1)
CD Huachipato - Universidad de Chile 2-1(0-0)
Unión Española - CD Iquique 3-2(0-1)
Curicó Unido - La Serena 1-0(1-0)
Colo-Colo - CD Palestino 3-0(1-0)

Round 2 [31.01.-03.02.2020]
Unión La Calera - Unión Española 1-0(1-0)
Univ. Concepción - Wanderers 0-2(0-1)
CD Palestino - CD Huachipato 1-0(1-0)
Universidad de Chile - Curicó Unido 5-1(2-1)
CD Cobresal - Colo-Colo 2-1(0-0)
Univ. Católica - O'Higgins 3-2(1-0)
CD Iquique - Everton 2-2(2-0)
La Serena - CD Antofagasta 0-1(0-1)
Coquimbo Unido - Audax Italiano 0-0 [01.09.]

Round 3 [07-10.02.2020]
La Serena - CD Cobresal 1-2(1-1)
CD Huachipato - Univ. Concepción 1-1(0-1)
Universid. de Chile - Unión La Calera 3-0(1-0)
Curicó Unido - CD Iquique 1-0(0-0)
CD Antofagasta - Univ. Católica 2-3(1-2)
Audax Italiano - Colo-Colo 2-1(2-0)
Unión Española - CD Palestino 1-1(0-1)
O'Higgins - Santiago Wanderers 2-1(1-1)
Everton - Coquimbo Unido 1-0(0-0)

Round 4 [14-17.02.2020]
Unión La Calera - La Serena 2-1(1-1)
Wanderers - Universidad de Chile 1-2(1-0)
CD Palestino - O'Higgins 0-0
CD Iquique - CD Antofagasta 0-4(0-2)
CD Cobresal - Everton 1-1(1-1)
Colo-Colo - Univ. Católica 0-2 *awarded*
Univ. Concepción - Curicó Unido 1-2(0-0)
Unión Española - Audax Italiano 1-2(1-2)
Coquimbo - CD Huachipato 1-2(0-0) [29.08.]

Round 5 [21-24.02.2020]
CD Antofagasta - Univ. Concepción 1-1(0-1)
Univ. Católica - CD Iquique 3-1(2-0)
CD Huachipato - CD Cobresal 1-0(1-0)
Everton - Unión La Calera 0-1(0-0)
La Serena - Santiago Wanderers 3-0(1-0)
Universidad de Chile - Coquimbo 1-1(0-0)
Audax Italiano - CD Palestino 0-1(0-0)
Curicó Unido - Colo-Colo 1-0(1-0)
O'Higgins - Unión Española 1-3(1-2)

Round 6 [28.02.-03.03.2020]
Unión La Calera - Univ. Católica 1-1(1-1)
CD Cobresal - CD Iquique 1-1(0-1)
Colo-Colo - Univ. Concepción 2-2(2-0)
Unión Española - Everton 2-0(0-0)
Coquimbo Unido - La Serena 2-1(1-0)
O'Higgins - Universidad de Chile 2-3(2-1)
CD Palestino - CD Antofagasta 2-2(0-2)
Curicó Unido - CD Huachipato 1-0(0-0)
Santiago Wanderers - Audax Italiano 3-3(2-1)

Round 7 [05-10.03.2020]
Universidad de Chile - Everton 0-0
Univ. Concepción - CD Cobresal 2-2(0-1)
La Serena - Colo-Colo 1-2(0-0)
CD Antofagasta - Curicó Unido 0-0
CD Iquique - O'Higgins 1-0(1-0)
Unión La Calera - Coquimbo Unido 2-0(1-0)
Santiago Wanderers - CD Palestino 1-2(0-0)
CD Huachipato - Audax Italiano 2-1(2-0)
Univ. Católica – Un. Española 0-1(0-1)[29.08.]

Round 8 [14-15.03./29-30.08.2020]
CD Cobresal - Univ. Católica 0-1(0-0)
Everton - La Serena 0-0
Coquimbo Unido - CD Iquique 0-3(0-1)
Unión Española - CD Huachipato 4-4(3-2)
Audax Italiano - Univ. Concepción 1-1(1-0)
Colo-Colo - Santiago Wanderers 2-3(1-1)
O'Higgins - CD Antofagasta 0-1(0-1)
CD Palestino - Universidad de Chile 2-2(0-1)
Curicó Unido - Unión La Calera 0-2(0-0)

Please note: the championship was suspended from 18.03. to 29.08.2020 due to the COVID-19 pandemic.

Round 9 [03-06.09.2020]
Univ. Concepción - Unión Española 2-3(0-0)
CD Palestino - Everton 1-0(1-0)
Unión La Calera - CD Cobresal 2-2(1-2)
La Serena - O'Higgins 1-1(0-1)
CD Iquique - CD Huachipato 1-0(0-0)
Univ. Católica - Coquimbo Unido 4-1(3-0)
Santiago Wanderers - Curicó Unido 2-0(2-0)
CD Antofagasta - Audax Italiano 2-2(1-0)
Universidad de Chile - Colo-Colo 1-1(0-1)

Round 10 [08-10.09.2020]
Univ. Concepción - Unión La Calera 2-1(1-0)
Unión Española - Santiago Wanderers 2-1(2-0)
CD Huachipato - Univ. Católica 1-3(0-1)
CD Cobresal - Curicó Unido 4-0(2-0)
Colo-Colo - O'Higgins 0-1(0-1)
Coquimbo Unido - CD Palestino 1-0(0-0)
Audax Italiano - La Serena 2-1(0-0)
CD Iquique - Universidad de Chile 0-2(0-2)
Everton - CD Antofagasta 0-0

Round 11 [12-17.09.2020]
Unión La Calera - Colo-Colo 0-0
Santiago Wanderers - CD Huachipato 3-2(0-0)
Univ. Católica - Audax Italiano 3-0(3-0)
O'Higgins - Everton 1-2(1-1)
Universidad de Chile - CD Cobresal 2-1(1-0)
La Serena - Univ. Concepción 0-1(0-0)
Curicó Unido - Coquimbo Unido 2-1(1-0)
CD Palestino - CD Iquique 2-0(0-0)
CD Antofagasta - Unión Española 2-0(1-0)

Round 12 [24-27.09.2020]
CD Iquique - Unión La Calera 0-3(0-3)
Univ. Concepción - O'Higgins 1-4(1-2)
CD Cobresal - CD Palestino 2-1(1-0)
Coquimbo Unido - Wanderers 2-1(1-0)
CD Huachipato - La Serena 1-1(1-1)
Everton - Univ. Católica 2-2(0-0)
Audax Italiano - Curicó Unido 0-0
Un. Española - Universidad de Chile 3-1(1-1)
Colo-Colo - CD Antofagasta 1-0(0-0) [10.11.]

Round 13 [01-04.10.2020]
CD Palestino - Univ. Concepción 0-1(0-1)
Santiago Wanderers - CD Iquique 3-1(2-0)
O'Higgins - Coquimbo Unido 1-4(0-3)
La Serena - Unión Española 0-2(0-0)
CD Antofagasta - CD Cobresal 2-1(0-1)
Curicó Unido - Everton 1-3(0-1)
Colo-Colo - CD Huachipato 0-1(0-0)
Univ. Católica - Universidad de Chile 3-0(1-0)
Unión La Calera - Audax Italiano 3-2(1-1)

Round 14 [08-11.10.2020]
O'Higgins - CD Cobresal 0-2(0-1)
Unión Española - Curicó Unido 2-1(1-1)
Coquimbo Unido - Colo-Colo 2-2(1-0)
CD Iquique - Audax Italiano 2-1(2-1)
CD Huachipato - CD Antofagasta 0-0
Everton - Santiago Wanderers 2-2(1-0)
Univ. Católica - Univ. Concepción 1-1(0-1)
Unión La Calera - CD Palestino 1-0(0-0)
Universidad de Chile - La Serena 3-0(0-0)

Round 15 [14-15.10.2020]
La Serena - CD Palestino 4-2(2-0)
CD Cobresal - Coquimbo Unido 0-1(0-1)
CD Huachipato - Everton 1-0(1-0)
Colo-Colo - Unión Española 3-5(3-2)
Univ. Concepción - CD Iquique 1-1(1-1)
Santiago Wanderers - Unión La Calera 0-3(0-0)
Antofagasta - Universidad de Chile 1-0(0-0)
Audax Italiano - O'Higgins 2-1(1-1)
Curicó Unido - Univ. Católica 3-2(2-0) [11.11.]

Round 16 [20-21.10.2020]
CD Iquique - La Serena 2-0(1-0)
Unión La Calera - CD Huachipato 3-0(0-0)
O'Higgins - Curicó Unido 2-2(1-0)
Santiago Wanderers - CD Antofagasta 2-1(1-0)
Coquimbo Unido - Univ. Concepción 0-2(0-1)
Universidad de Chile - Audax Italiano 2-2(2-0)
Unión Española - CD Cobresal 1-0(0-0)
Everton - Colo-Colo 1-1(1-0) [28.10.]
CD Palestino - Univ. Católica 1-4(1-1) [08.11.]

Round 17 [29.10.-01.11.2020]
CD Cobresal - Santiago Wanderers 1-0(1-0)
Univ. Concepción – Univers. de Chile 1-0(0-0)
CD Antofagasta - Unión La Calera 3-1(2-0)
Colo-Colo - CD Iquique 0-2(0-2)
CD Huachipato - O'Higgins 2-0(0-0)
Curicó Unido - CD Palestino 1-0(0-0)
Audax Italiano - Everton 1-2(1-0)
Coquimbo Unido - Unión Española 1-1(0-0)
Univ. Católica - La Serena 3-0(1-0)

Round 18 [13-15.11.2020]
Everton - O'Higgins 0-1(0-0)
CD Palestino - Colo-Colo 3-1(1-0)
CD Iquique - Curicó Unido 1-2(1-2)
Unión Española - Unión La Calera 3-2(3-0)
Audax Italiano - Coquimbo Unido 2-0(1-0)
Univ. Concepción - CD Antofagasta 2-0(1-0)
La Serena - CD Huachipato 1-0(0-0)
Universidad de Chile - Wanderers 3-0(1-0)
Univ. Católica - CD Cobresal 2-1(0-1)

Round 19 [17-19.11.2020]
O'Higgins - CD Palestino 1-0(0-0)
Curicó Unido - Univ. Concepción 2-2(2-1)
CD Cobresal - La Serena 1-2(1-1)
La Calera - Universidad de Chile 1-0(0-0)
Coquimbo Unido - Univ. Católica 2-1(1-0)
CD Antofagasta - Everton 1-1(1-1)
CD Huachipato - CD Iquique 1-1(1-1)
Colo-Colo - Audax Italiano 1-0(0-0)
Santiago Wanderers - Unión Española 1-0(0-0)

Round 20 [21-25.11.2020]
Coquimbo Unido - Unión La Calera 1-2(0-0)
CD Palestino - La Serena 1-3(1-1)
Everton - Universidad de Chile 1-1(1-1)
Univ. Católica - CD Antofagasta 5-3(3-1)
CD Iquique - CD Cobresal 0-0
Univ. Concepción - CD Huachipato 0-1(0-0)
Unión Española - O'Higgins 0-2(0-0)
Audax Italiano - Santiago Wanderers 1-1(0-1)
Colo-Colo - Curicó Unido 0-2(0-1)

Round 21 [02-06.12.2020]
CD Antofagasta - CD Palestino 1-1(1-1)
Curicó Unido - Audax Italiano 4-1(2-0)
Unión Española - Univ. Concepción 1-1(1-0)
CD Cobresal - O'Higgins 1-0(0-0)
La Serena - CD Iquique 1-0(0-0)
CD Huachipato - Colo-Colo 2-2(1-2)
Santiago Wanderers - Coquimbo 1-1(0-1)
Unión La Calera - Everton 6-2(3-1)
Univers. de Chile - Univ. Católica 0-0 [23.12.]

Round 22 [08-10.12.2020]
CD Cobresal - Univ. Concepción 3-1(1-0)
CD Iquique - Unión Española 1-1(0-0)
Colo-Colo - La Serena 0-2(0-1)
O'Higgins - CD Huachipato 2-1(1-0)
CD Palestino - Unión La Calera 3-1(0-1)
Audax Italiano - Universidad de Chile 1-3(0-0)
Everton - Curicó Unido 3-1(1-0)
Coquimbo - CD Antofagasta 0-1(0-0) [23.12.]
Univ. Católica - Wanderers 1-1(1-1) [30.12.]

Round 23 [12-14.12.2020]
Unión Española - Colo-Colo 1-2(0-1)
Univ. Concepción - Audax Italiano 3-1(1-0)
La Serena - Coquimbo Unido 1-0(0-0)
Santiago Wanderers - Everton 2-1(0-1)
CD Antofagasta - CD Huachipato 2-1(1-0)
Curicó Unido - CD Cobresal 0-1(0-0)
Unión La Calera - O'Higgins 0-1(0-0) [30.12.]
Univ. de Chile - Iquique 2-2(1-0) [24.01.2021]
Univ. Católica - Palestino 2-3(1-1)[25.01.2021]

Round 24 [16-17.12.2020]
CD Palestino - Santiago Wanderers 3-1(0-0)
CD Iquique - Univ. Concepción 4-0(3-0)
Everton - Unión Española 1-2(1-2)
Audax Italiano - CD Antofagasta 3-0(2-0)
La Serena - Universidad de Chile 0-0
CD Huachipato - Curicó Unido 1-0(1-0)
Colo-Colo - Coquimbo 2-1(1-1) [23.01.2021]
CD Cobresal - La Calera 1-1(1-0) [23.01.2021]
O'Higgins - Un. Católica 2-0(1-0) [30.01.2021]

Round 25 [19-22.12.2020]
Univ. Católica - Colo-Colo 0-0
CD Palestino - Audax Italiano 1-0(1-0)
CD Antofagasta - Santiago Wanderers 1-1(1-1)
Universidad de Chile - CD Huachipato 2-2(2-2)
Coquimbo Unido - O'Higgins 0-3(0-2)
Univ. Concepción - La Serena 0-2(0-0)
Everton - CD Cobresal 3-0(1-0)
La Calera - CD Iquique 1-2(1-0) [28.01.2021]
Curicó - Unión Española 2-4(0-2) [31.01.2021]

Round 26 [26-28.12.2020]
Santiago Wanderers - O'Higgins 1-0(0-0)
Unión Española - CD Antofagasta 1-1(0-1)
CD Huachipato - Coquimbo Unido 0-1(0-1)
Audax Italiano - Univ. Católica 2-2(0-0)
CD Iquique - CD Palestino 0-2(0-0)
CD Cobresal - Universidad de Chile 2-0(1-0)
Univ. Concepción - Everton 0-0
La Serena - Curicó 2-0(0-0) [24.01.2021]
Colo-Colo - La Calera 2-1(0-1) [31.01.2021]

Round 27 [02-04.01.2021]
O'Higgins - La Serena 1-1(0-1)
Everton - CD Iquique 1-0(1-0)
Unión La Calera - Santiago Wanderers 3-0(2-0)
CD Antofagasta - Colo-Colo 0-1(0-1)
Universidad de Chile - U. Concepción 2-0(0-0)
CD Palestino - Curicó Unido 4-2(3-1)
Univ. Católica - CD Huachipato 3-0(0-0)
Audax Italiano - Unión Española 2-2(0-1)
Coquimbo Unido - Cobresal 0-1(0-0) [04.02.]

Round 28 [06-08.01.2021]
Santiago Wanderers - Colo-Colo 3-0(2-0)
La Serena - Everton 1-1(1-1)
Universidad de Chile - O'Higgins 0-1(0-1)
Curicó Unido - CD Antofagasta 2-0(0-0)
Univ. Concepción - CD Palestino 1-1(1-0)
CD Huachipato - Unión La Calera 4-3(1-1)
CD Iquique - Univ. Católica 0-1(0-0)
CD Cobresal - Audax Italiano 1-2(1-1)
Unión Española - Coquimbo 0-1(0-1) [26.01.]

Round 29 [10-12.01.2021]
Univ. Católica - Curicó Unido 1-1(0-1)
Colo-Colo - Everton 1-0(1-0)
Unión La Calera - Univ. Concepción 1-2(0-1)
CD Palestino - Unión Española 2-2(1-2)
CD Antofagasta - La Serena 2-2(1-1)
Santiago Wanderers - CD Cobresal 1-0(0-0)
Audax Italiano - CD Huachipato 2-0(0-0)
O'Higgins - CD Iquique 2-2(1-1)
Coquimbo – Univers. de Chile 0-1(0-0)[29.01.]

Round 30 [13-15.01.2021]
Univ. Concepción - Colo-Colo 1-1(0-0)
Everton - Audax Italiano 2-1(2-1)
Universidad de Chile - CD Palestino 1-1(1-1)
Unión Española - Univ. Católica 1-1(0-0)
CD Cobresal - CD Antofagasta 3-1(1-0)
La Serena - Unión La Calera 0-3(0-1)
Curicó Unido - O'Higgins 1-3(1-0)
CD Huachipato - Santiago Wanderers 4-0(2-0)
CD Iquique - Coquimbo 2-2(2-1) [01.02.]

Round 31 [17-20.01.2021]
Colo-Colo - Universidad de Chile 0-0
CD Palestino - CD Cobresal 3-2(1-1)
Santiago Wanderers - La Serena 0-0
Audax Italiano - Unión La Calera 1-3(0-1)
CD Antofagasta - CD Iquique 3-1(1-1)
CD Huachipato - Unión Española 4-1(3-0)
Univ. Católica - Everton 1-1(1-1)
O'Higgins - Univ. Concepción 0-0
Coquimbo Unido - Curicó Unido 0-0

Round 32 [05-07.02.2021]
La Serena - Univ. Católica 1-2(0-1)
Unión La Calera - CD Antofagasta 1-1(0-0)
Curicó Unido - Santiago Wanderers 1-3(1-1)
O'Higgins - Audax Italiano 0-0
Everton - CD Palestino 1-3(0-1)
Universidad de Chile – Un. Española 3-0(0-0)
CD Iquique - Colo-Colo 0-0
Univ. Concepción - Coquimbo Unido 2-1(2-1)
CD Cobresal - CD Huachipato 2-1(0-0)

Round 33 [10-11.02.2021]
CD Antofagasta - O'Higgins 1-0(0-0)
Unión Española - La Serena 1-1(0-0)
Curicó Unido - Universidad de Chile 0-0
Univ. Católica - Unión La Calera 0-0
Audax Italiano - CD Iquique 1-1(0-0)
Wanderers - Univ. Concepción 1-1(1-0)
Coquimbo Unido - Everton 3-0(1-0)
Colo-Colo - CD Cobresal 0-0
CD Huachipato - CD Palestino 1-0(0-0)

Round 34 [13-15.02.2021]
Unión La Calera - Curicó Unido 2-3(0-2)
Universidad de Chile - Antofagasta 3-1(2-1)
Univ. Concepción - Univ. Católica 1-2(1-0)
Everton - CD Huachipato 1-0(1-0)
CD Iquique - Santiago Wanderers 2-0(0-0)
La Serena - Audax Italiano 0-2(0-0)
CD Palestino - Coquimbo Unido 2-2(1-1)
O'Higgins - Colo-Colo 1-1(0-0)
CD Cobresal - Unión Española 4-1(2-1)

Final Standings

1.	CD Universidad Católica Santiago	34	18	11	5	65 - 35	65
2.	CD Unión La Calera	34	17	6	11	59 - 41	57
3.	Club Universidad de Chile Santiago	34	13	13	8	49 - 33	52
4.	Club Unión Española Santiago	34	14	10	10	55 - 53	52
5.	CD Palestino Santiago	34	14	9	11	49 - 45	51
6.	CD Antofagasta	34	12	12	10	43 - 42	48
7.	CD Cobresal El Salvador	34	13	8	13	45 - 40	47
8.	CD Huachipato Talcahuano	34	13	7	14	43 - 44	46
9.	CD Provincial Curicó Unido	34	13	7	14	40 - 52	46
10.	CD O'Higgins Rancagua	34	12	9	13	40 - 39	45
11.	CD Santiago Wanderers Valparaíso	34	12	8	14	42 - 53	44
12.	Everton de Viña del Mar	34	10	13	11	37 - 41	43
13.	Audax CS Italiano La Florida	34	10	11	13	47 - 50	41
14.	CD Universidad de Concepción	34	9	14	11	38 - 46	41
15.	CD La Serena	34	10	9	15	34 - 41	39
16.	CSD Colo-Colo Santiago (*Relegation Play-offs*)	34	9	12	13	33 - 43	39
17.	CD Iquique (*Relegated*)	34	9	11	14	38 - 46	38
18.	CD Coquimbo Unido (*Relegated*)	34	9	8	17	33 - 46	35

Top goalscorers:
20 goals: Fernando Matías Zampedri (ARG) **(CD Universidad Católica Santiago)**
19 goals: Joaquin Óscar Larrivey (ARG) (Club Universidad de Chile Santiago)
17 goals: Cecilio Alfonso Waterman Ruiz (PAN) (CD Universidad de Concepción)
15 goals: Cristian Martín Palacios Ferreira (URU) (Club Unión Española Santiago)
Juan Ignacio Sánchez Sotelo (ARG) (CD Huachipato Talcahuano)

CD Universidad Católica Santiago, CD Unión La Calera, Club Universidad de Chile Santiago and Club Unión Española Santiago qualified for the 2021 Copa Libertadores.

CD Palestino Santiago, CD Antofagasta, CD Cobresal El Salvador and CD Huachipato Talcahuano qualified for the 2021 Copa Sudamericana.

| **Weighted Relegation Table** |

Please note: for this season, a weighted table was elaborated by computing an average of the points earned per game over this season and the previous one. The the average of points earned in the 2019 season weighted by 60% while the average of points earned in the 2020 season weighted by 40%. Promoted teams only had their points in the 2020 season averaged, without weighting. The team placed last in this table at the end of the season was relegated, while the team ranked 17th was qualified for the relegation play-off.

Pos	Team	2019 P/M	Aver 2019	2020 P/M	Aver 2020	Total P	M	Aver W
1.	CD Universidad Católica Santiago	53/24	1.325	65/34	0.765	118	58	2.090
2.	CD Unión La Calera	37/25	0.888	57/34	0.671	94	59	1.559
3.	CD Palestino Santiago	38/24	0.950	51/34	0.600	89	58	1.550
4.	CSD Colo-Colo Santiago	40/24	1.000	39/34	0.459	79	58	1.459
5.	Club Unión Española Santiago	34/25	0.816	52/34	0.612	86	59	1.428
6.	CD Huachipato Talcahuano	34/24	0.850	46/34	0.541	80	58	1.391
7.	CD O'Higgins Rancagua	34/24	0.850	45/34	0.529	79	58	1.379
8.	CD Cobresal El Salvador	34/25	0.816	47/34	0.553	81	59	1.369
9.	Audax CS Italiano La Florida	34/24	0.850	41/34	0.482	75	58	1.332
10.	CD Santiago Wanderers Valparaíso	-	-	44/34	1.294	44	34	1.294
11.	CD Coquimbo Unido	34/24	0.850	35/34	0.412	69	58	1.262
12.	CD Antofagasta	27/24	0.675	48/34	0.565	75	58	1.240
13.	Everton de Viña del Mar	29/24	0.725	43/34	0.506	72	58	1.231
14.	Club Universidad de Chile Santiago	24/24	0.600	52/34	0.612	76	58	1.212
15.	CD Provincial Curicó Unido	26/24	0.650	46/34	0.541	72	58	1.191
16.	CD La Serena	-	-	39/34	1.147	39	34	1.147
17.	CD Universidad de Concepción (*Relegation Play-offs*)	23/24	0.575	41/34	0.482	64	58	1.057
18.	CD Iquique (*Relegated*)	25/25	0.600	38/34	0.447	63	59	1.047

| **Relegation Play-off [17.02.2021]** |

CSD Colo-Colo Santiago - CD Universidad de Concepción   1-0(1-0)

| **NATIONAL CUP** |
| **Copa Chile Final 2020** |

The competition was cancelled due to COVID-19 pandemic.

THE CLUBS 2020

CLUB DE DEPORTES ANTOFAGASTA

Foundation date: May 14, 1966
Address: Calle General Manuel Baquedano 482, Oficina 24-25, 124-0000 Antofagasta
Stadium: Estadio Regional Calvo y Bascuñán, Antofagasta – Capacity: 21,178

THE SQUAD

	DOB	M	(s)	G
Goalkeepers:				
José Ignacio González Catalán	02.12.1989	22	(1)	
Fernando Javier Hurtado Pérez	05.04.1983	12		
Defenders:				
Branco Ampuero Vera	19.07.1993	27		1
Salvador Eduardo Manuel Cordero Leiva	11.03.1996	25	(7)	1
Simón Alonso Gonzáles Montalban	12.10.2000	5	(4)	
Gustavo Ramón Mencia Dávalos (PAR)	05.07.1988	18	(4)	1
Byron Rodrigo Nieto Salinas	03.02.1998	24	(6)	1
Nicolás Ignacio Peñailillo Acuña	13.06.1991	22	(3)	1
Francisco Javier Sepúlveda Riveros	03.09.1991		(1)	
Lukas Gustavo Soza Rodríguez	19.01.1998	11	(7)	
Midfielders:				
Eduard Alexander Bello Gil (VEN)	20.08.1995	25	(5)	10
Marco Antonio Collao Ramos	11.04.1998	25	(5)	
Adrián Ignacio Cuadra Cabrera	23.10.1997	13	(1)	
Gonzalo Gastón Freitas Silva (URU)	02.10.1991	24	(1)	1
Luis Alejandro Guerra Romero (VEN)	20.11.1996	1	(12)	1
Michael Antonio Lepe Labraña	13.09.1990		(7)	
Cristián Manuel Rojas Sanhueza	19.12.1985	18	(4)	1
Gabriel Sarría Trigo	16.10.1999		(3)	
Andrés Souper De La Cruz	06.05.1999	12	(11)	5
Forwards:				
Tobias Nahuel Figueroa (ARG)	04.02.1992	20	(6)	5
Felipe Ignacio Flores Chandia	09.01.1987	2	(18)	1
Jason Flores Abrigo	28.02.1997	28	(2)	4
Carlos Andrés Muñoz Rojas	21.04.1989	20	(10)	8
Gary Felipe Tello Mery	07.04.1993	1	(15)	
Ariel Alfonso Uribe Lepe	14.02.1999	19	(7)	1
Trainer:				
Juan Manuel Azconzábal (ARG) [27.05.2019-30.06.2020]	08.09.1974	7		
Héctor Alfredo Almandoz (ARG) [20.07.-02.12.2020]	17.01.1969	14		
Diego Reveco [03-14.12.2020; Caretaker]	17.06.1992	1		
Héctor Santiago Tapia Urdile [from 15.12.2020]	30.09.1977	12		

AUDAX CLUB SPORTIVO ITALIANO LA FLORIDA

Foundation date: November 30, 1910
Address: Enrique Olivares 1003, La Florida, 832-0000 Santiago
Stadium: Estadio Bicentenario Municipal de La Florida – Capacity: 12,000

THE SQUAD

	DOB	M	(s)	G
Goalkeepers:				
José Antonio Devecchi (ARG)	09.07.1995	15		
Joaquín Emanuel Muñoz Almarza	28.12.1990	19		
Defenders:				
Nicolás Ignacio Crovetto Aqueveque	15.03.1986	20	(6)	
Manuel Elias Fernández Guzmán (URU)	25.01.1989	27		1
Nicolás Esteban Fernández Muñoz	03.08.1999	22	(7)	
Carlos Alfredo Labrín Candia	02.12.1990	22	(1)	2
Nicolás Iván Orellana Acuña	03.09.1995	14	(8)	4
Diego Ignacio Torres Quintana	31.07.1992	14	(11)	
Fabián Andrés Torres Cuello	27.04.1989	18	(4)	2
Midfielders:				
Nicolás Aedo Muñoz	06.04.2001		(1)	
Osvaldo Javier Bosso Torres	14.10.1993	20	(3)	
Luis Alberto Cabrera Figueroa	07.01.1994	23	(3)	
Alfred Jeafra Canales Céspedes	27.04.2000	3	(6)	
Bryan Jesús Figueroa de la Hoz	21.06.1999	9	(7)	1
Jorge Alexis Henríquez Neira	17.06.1994	23	(3)	3
Pablo Damián Lavandeira Hernández (URU)	11.05.1990	6	(10)	3
Iván Patricio Ledezma Ahumada	19.07.1995	23	(4)	6
Cristóbal Osvaldo Marín Barrios	17.01.1994	3	(5)	
Ariel Elias Martínez Arce	10.01.1994	20	(5)	5
René Antonio Meléndez Plaza	19.11.1998	1	(4)	
Oliver Jesús Rojas Múñoz	11.06.2000	12	(4)	
Forwards:				
Gonzalo Estebán Álvarez Morales	20.01.1997	6	(7)	5
Álvaro Alejandro Delgado Sciaraffia	13.05.1995	5	(12)	2
Rodrigo Julián Holgado (ARG)	28.06.1995	24	(5)	8
Joaquín Alberto Montecinos Naranjo (COL)	07.12.1995	15		2
Jesús Andrés Ramírez Díaz (VEN)	04.05.1998	10	(12)	2
Trainer:				
Francisco Meneghini (ARG) [16.12.2019-04.12.2020]	13.08.1988	21		
José Antonio Calderón Bilbao [09- 20.12.2020; Caretaker]	17.07.1972	4		
Pablo Andrés Sánchez Spucches (ARG) [from 20.12.2020]	03.01.1973	9		

CLUB DE PORTES COBRESAL EL SALVADOR

Foundation date: May 5, 1979
Address: Avenida Arqueros 2500, 150-8101 El Salvador, comuna Diego de Almagro
Stadium: Estadio El Cobre, El Salvador – Capacity: 12,000

THE SQUAD

	DOB	M	(s)	G
Goalkeepers:				
Jorge Luis Deschamps Méndez	13.05.1984	6		
Leandro Daniel Requena (ARG)	11.09.1987	28		
Defenders:				
Pablo Ignacio Cárdenas Baeza	10.02.2000	22	(1)	2
Diego Andrés Céspedes Maturana	25.09.1998	8	(7)	
Iván Alejandro Contreras Araya	26.07.2001	4	(6)	
Ariel Elpidio Coronel (ARG)	17.07.1987	17		1
Marcelo Filla Toro	14.02.1998	7	(2)	
Rodolfo Antonio González Aránguiz	28.02.1989	32		1
Marcelo Pablo Jorquera Silva	13.10.1992	26		
Mario Esteban Pardo Acuña	13.05.1988	13		1
John Antonio Santander Plaza	15.05.1994	8	(4)	
Sebastián Ignacio Silva Pérez	16.07.1991	21	(2)	2
Luis Ignacio Vergara Loyola	29.01.2000		(1)	
Midfielders:				
Marcelo Cañete (ARG)	16.04.1990	29	(3)	4
Yodilan Yusset Cruz Toloza	09.09.2004		(2)	
Eduardo Ignacio Farías Diaz	01.01.1989	13	(6)	
Juan Rodrigo Gutiérrez Arenas	11.02.1990	10	(12)	
Christopher Mesías Sepúlveda	02.05.1998	9	(8)	1
Franco Marcelo Ragusa Nappe	11.01.1993	22	(9)	3
Francisco Javier Ignacio Valdés Díaz	13.11.2001	3	(5)	
Luis Vásquez Reyes	08.01.2002		(1)	
Forwards:				
Facundo Alfredo Castro (ARG)	28.02.1996	3	(9)	
Juan Carlos Darío Gaete Contreras	21.05.1996	28	(3)	7
Rodolfo Vicente Gamarra Varela (PAR)	10.12.1988	6	(3)	
Allan Guillermo Muriáldo (ARG)	24.09.1992	3	(5)	1
Leonardo Andrés Olivera Troncoso	08.06.1987	5	(9)	3
Benjamin Osses Miranda	24.06.2002		(3)	
Lucas Ignacio Portilla Portilla	10.11.1999		(1)	
Felipe Andrés Reynero Galarce	14.03.1989	25	(8)	6
John Edwin Riascos Palacios	26.09.2001		(2)	
Oscar Fernando Salinas Aguilar	26.06.1988	16	(8)	9
Sebastián Esteban Varas Moreno	01.08.1988	10	(9)	4
Trainer:				
Gustavo Ernesto Huerta Araya [from 03.10.2017]	15.10.1957	34		

CLUB SOCIAL Y DEPORTIVO COLO-COLO SANTIAGO

Foundation date: April 19, 1925
Address: Avenida Marathon 5300, Macul, 782-0919 Santiago
Stadium: Estadio Monumental „David Arellano", Santiago – Capacity: 47,017

THE SQUAD

	DOB	M	(s)	G
Goalkeepers:				
Brayan Josué Cortés Fernández	11.03.1995	29		
Miguel Ángel Pinto Jerez	04.07.1983	5		
Defenders:				
Julio Alberto Barroso (ARG)	16.01.1985	21	(2)	
Felipe Manuel Campos Mosqueira	08.11.1993	17	(4)	
Ronald Bladimir de la Fuente Arias	25.01.1991	14	(2)	
Maximiliano Joel Falcón Picart (URU)	01.05.1997	17		1
Juan Manuel Insaurralde (ARG)	03.10.1984	21	(1)	1
Óscar Mauricio Opazo Lara	18.10.1990	13	(2)	
Jeyson Alejandro Rojas Orellana	23.01.2002	12	(1)	
Bryan Alfonso Vejar Utreras	14.07.1995	12	(10)	
Matías Ezequiel Zaldivia (ARG)	22.01.1991	1		
Midfielders:				
William Héctor Alarcón Cepeda	20.11.2000	3	(14)	
Carlos Emilio Carmona Tello	21.02.1987	18	(3)	
Basilio Gabriel Costa Heredia (URU)	02.04.1990	21	(2)	5
Joan Manuel Cruz Castro	04.04.2003		(3)	
Ethan Mauricio Espinoza Martínez	17.01.2001		(1)	
Matías Ariel Fernández Fernández	15.05.1986	8	(11)	
César Nicolás Fuentes González	12.04.1993	24	(4)	3
Ignacio Andrés Jara Vargas	28.01.1997	2	(5)	1
Branco Antonio Provoste Ovalle	14.04.2000	9	(3)	
Bryan Andrés Soto Pereira	01.06.2001	5	(1)	
Gabriel Alonso Suazo Urbina	07.08.1997	28	(1)	1
Jorge Luis Valdivia Toro	19.10.1983	1	(2)	
Leonardo Felipe Valencia Rossel	25.04.1991	22	(4)	6
Carlos Alberto Villanueva Fuentes	01.07.1999		(1)	
Forwards:				
Luciano Daniel Arriagada García	20.04.2002	1	(3)	1
Nicolás Blandi (ARG)	13.01.1990	7	(8)	2
Marcos Nikolas Bolados Hidalgo	28.02.1996	14	(3)	2
Iván Andrés Morales Bravo	29.07.1999	7	(6)	1
Pablo Nicolás Mouche (ARG)	11.10.1987	17	(6)	2
Esteban Efraín Paredes Quintanilla	01.08.1980	9	(7)	3
Javier Andrés Parraguez Herrera	31.12.1989	10	(13)	2
Pablo Solari	22.03.2001	6	(2)	
Trainer:				
Mario Alfredo Salas Saieg [18.12.2018-25.02.2020]	11.10.1967	5		
Gualberto Jara (PAR) [26.02.-04.10.2020; Caretaker]	13.07.1959	12		
Gustavo Domingo Quinteros Desabato (BOL) [from 06.10.2020]	15.02.1965	17		

COQUIMBO UNIDO

Foundation date: July 11, 1958
Address: Calle Edwards 50, Le Llano, Coquimbo
Stadium: Estadio "Francisco Sánchez Rumoroso", Coquimbo – Capacity: 18,000

THE SQUAD

	DOB	M	(s)	G
Goalkeepers:				
Matías Nicolás Cano (ARG)	20.04.1986	29		
Guillermo Enrique Orellana Riquelme	29.07.1986	5	(2)	
Defenders:				
Nicolás Berardo (ARG)	26.07.1990	22	(5)	1
Juan Carlos Espinoza Reyes	05.07.1991	16	(7)	
Víctor Manuel González Chang	30.05.1994	24	(2)	1
Raúl Andrés Osorio Medina	29.06.1995	24	(4)	
Federico Hernán Pereyra (ARG)	04.01.1989	29	(1)	1
Flavio Germán Rojas Catalán	16.01.1994		(1)	
John Michael Salas Torres	12.10.1996	27	(3)	1
Diego Vergara Bernales	04.08.2002		(8)	
Benjamín Fernando Vidal Allendes	18.03.1991	8		
Cristian Alexander Zavala Briones	03.08.1999	5	(2)	
Midfielders:				
Joaquín Naid Sebastián Abdala Astudillo	19.01.2000	8	(3)	
Joe Axel Abrigo Navarro	22.03.1995	25	(6)	6
Diego Sebastián Aravena Ramírez	30.12.1996	27	(2)	2
Nicolás Esteban Díaz García	02.03.1999	2		
Luis Pedro Figueroa Sepúlveda	14.05.1983	4	(13)	
Jorge Paul Gática Loyola	17.06.1996	11	(7)	1
Gaspar Emmanuel Iñíguez (ARG)	26.03.1994	6	(8)	
Maximiliano Francisco Lugo (ARG)	04.12.1989	1	(1)	
Fernando Alejandro Manríquez Hernández	01.02.1984	14	(3)	
Felipe Andrés Villagrán Rivera	17.03.1997	6	(14)	1
Forwards:				
José Matías Aguilera Tapia	31.01.2000	5	(3)	
Rafael Daniel Arace Gargaro (VEN)	22.05.1995	1	(10)	
Rubén Ignacio Farfán Arancibia	25.09.1991	27	(3)	6
Andrés Eduardo Montero Cadenas (VEN)	05.03.1994	3	(5)	
Lautaro Agustín Palacios (ARG)	29.05.1995	11	(5)	4
Mauricio Ricardo Pinilla Ferrera	04.02.1984	5	(10)	2
Mathias Daniel Pinto Mell	13.07.1998	10	(1)	3
Cristofer Andrés Salas Barriga	23.05.2000	7	(4)	1
Diego Alfredo Vallejos Hernández	16.03.1990	12	(14)	2
Trainer:				
Germán Luis Corengia (ARG) [18.12.2019-02.09.2020; Sacked]	27.04.1980	8		
Rafael Celedón [03-06.09.2020; Caretaker]	10.09.1979	1		
Juan José Ribera Fonseca [from 07.09.2020]	01.10.1980	25		

CLUB DE DEPORTES CURICÓ UNIDO

Foundation date: February 26, 1973
Address: Avenida Peña 819, Curicó
Stadium: Estadio La Granja, Curicó – Capacity: 8,278

THE SQUAD

	DOB	M	(s)	G
Goalkeepers:				
Fabián Alfredo Cerda Valdes	07.02.1989	18		
Paulo Andrés Garcés Contreras	02.08.1984	16		
Defenders:				
Franco Bechtholdt Chervaz (ARG)	15.08.1993	30		
Jens Buss Barrios	24.01.1997	28	(1)	3
Jorge Ignacio Catejo Lizana	21.06.2000	1		
Leonel Ezequiel Galeano (ARG)	02.08.1991	3	(1)	
Alex Matías Ibacache Mora	11.01.1999	19	(4)	1
Kennet Lara Arbunic	10.06.1999	2	(4)	
Fernando Tomás Lazcano Barros	10.11.1988	2	(1)	
Yerson Flavio Opazo Riquelme	24.12.1984	12	(8)	
Héctor Antonio Urrego Hurtado (COL)	10.11.1992	2	(1)	
Midfielders:				
Pablo Ignacio Corral Mondaca	16.01.1992	11	(8)	
Martín Miguel Cortés (ARG)	07.01.1983	31	(1)	1
Carlos Felipe Ignacio Espinosa Contreras	22.11.1982	8	(13)	
Fernando Gabriel Godoy (ARG)	01.05.1990	33		
Matías Nicolás Ormazábal Valdés	21.09.1998	4		2
Felipe Sebastián Ortíz Venegas	25.09.2001	1	(5)	
Pablo Alejandro Parra Rubilar	23.07.1994	24		7
José Manuel Rojas Bahamondes	23.06.1983	28		1
Diego Urzúa Rojas	04.02.1997	2	(8)	
Forwards:				
Federico Gastón Castro (ARG)	28.02.1992	28	(2)	10
Matias Cavalleri Lopetegui	08.04.1998	16	(6)	3
Heber Daniel García Torrealba (VEN)	27.03.1997	10	(6)	1
Gabriel Harding Subiabre	17.09.2000	12	(14)	2
Sebastián Óscar Jaime (ARG)	30.01.1987	6	(18)	3
Benjamín Antonio Ortiz Acuña	22.05.1999	3	(2)	
Bayron Andrés Oyarzo Muñoz	14.07.1995	9	(8)	1
Diego Daniel Vera Méndez (URU)	05.01.1985	15	(12)	4
Trainer:				
Nicolás Larcamón (ARG) [05.12.2019-19.11.2020; Resigned]	11.08.1984	19		
Damián Darío Muñoz Galaz [19-25.11.2020; Caretaker]	13.01.1984	1		
Martín Palermo (ARG) [from 27.11.2020]	07.11.1973	14		

EVERTON DE VIÑA DEL MAR

Foundation date: June 24, 1909
Address: Avenida Valparaíso 585, Oficina 32, 252-0431 Viña del Mar
Stadium: Estadio Sausalito, Viña del Mar – Capacity: 23,423

THE SQUAD

	DOB	M	(s)	G
Goalkeepers:				
Jhonny Cristián Herrera Muñoz	09.05.1981	34		1
Defenders:				
Denil Omar Maldonado Munguía (HON)	26.05.1998	1	(3)	
Sebastián Rodrigo Pereira Abarca	23.06.1997	29		1
Camilo Bryan Rodríguez Pedraza	04.03.1995	14	(9)	
Bastián San Juan Martínez	27.04.1994	20	(3)	1
Cristián Fernando Suárez Figueroa	06.02.1987	32		
Marcos Antonio Velásquez Ahumada	23.06.1988	6	(3)	
Dilan Patricio Zúñiga Espinoza	26.07.1996	31	(1)	
Midfielders:				
Benjamín Rodrigo Berríos Reyes	09.03.1998	11	(1)	
Jonathan Copete Valencia (COL)	23.01.1988	1	(1)	
Jorge Roberto Díaz Price (MEX)	27.07.1998	5	(19)	
Rodrigo Eduardo Echeverría Sáez	17.04.1995	27	(1)	3
Kevin Steven Figueroa Silva	01.09.2000		(2)	
Carlos Alberto Lobos Ubilla	21.02.1997	11	(12)	
Álvaro Alfredo Alejandro Madrid Gaete	05.04.1995	28	(5)	
Gary Germain Moya Sandoval	23.10.2001	8	(3)	1
Benjamín Nicolás Rivera Silva	23.10.1998	20	(5)	
Fernando Antonio Saavedra Valencia	11.04.1986	12	(14)	
Forwards:				
Maximiliano Iván Ceratto (ARG)	21.04.1988	12	(2)	3
Juan Ezequiel Cuevas (ARG)	04.06.1988	27	(1)	13
Wálter Rodrigo González Sosa (PAR)	21.05.1995	10	(10)	5
Matías Leiva Arancibia	24.07.1999	8	(5)	2
Cristian Matías Menéndez (ARG)	02.04.1988	8	(2)	
Marcos Sebastián Pol Gutiérrez (ARG)	14.03.1988	11	(11)	3
Francisco Ignacio Robles Toro	22.02.2001		(3)	
Juan Martín Román Guglielmi (ARG)	27.04.2000		(4)	
Patricio Rodolfo Rubio Pulgar	18.04.1989	8		2
Trainer:				
Javier Luis Torrente (ARG) [18.09.2019-17.12.2020; Sacked]	08.06.1969	24		
Christian Mauricio Ochoa Rojas [18-23.12.2020; Caretkaer]	17.04.1970	1		
Roberto Néstor Sensini (ARG) [from 24.12.2020]	12.10.1966	9		

CLUB DEPORTIVO HUACHIPATO TALCAHUANO

Foundation date: June 7, 1947
Address: Avenida Desiderio García 909, Las Higueras, 429-0035 Talcahuano
Stadium: Estadio CAP, Talcahuano – Capacity: 10,500

THE SQUAD

	DOB	M	(s)	G
Goalkeepers:				
Gabriel Jesús Castellón Velazque	08.09.1993	24		
Yerko Andrés Urra Cortés	09.07.1996	10		
Defenders:				
Antonio Andrés Castillo Navarrete	15.11.1998	8		
Juan Guillermo Córdova Torres	25.06.1995	13	(3)	
Cristián Alejandro Cuevas Jara	02.04.1995	28		1
Benjamín José Gazzolo Freire	14.07.1997		(2)	
Joaquin Ignacio Gutiérrez Jara	04.07.2002	21		1
Diego Alejandro Oyarzún Carrasco	19.01.1993	15	(5)	
Nicolás Enrique Ramírez Aguilera	01.05.1997	29		
Ignacio Tapia Bustamante	22.02.1999	28		1
Midfielders:				
Javier Adolfo Altamirano Altamirano	21.08.1999	3	(3)	
Jhon Elian García Sossa (BOL)	13.04.2000		(1)	
Sebastián Martínez Muñoz	06.06.1993	6	(14)	
José Ignacio Molina Espinoza	23.03.2000		(1)	
Brayan Enrique Palmezano Reyes (VEN)	17.09.2000	3	(13)	
Israel Elías Poblete Zúñiga	22.06.1995	29	(3)	2
Claudio Elias Sepúlveda Castro	19.06.1992	32		3
Javier Adolfo Urzúa Altamirano	21.09.1999	14	(9)	1
César Valenzuela Martínez	04.09.1992	24	(4)	3
Forwards:				
Joffre Andrés Escobar Moyano (ECU)	24.10.1996	13	(14)	6
Cris Robert Martínez Escobar (PAR)	24.04.1993	27	(2)	6
Walter Uriel Mazzantti (ARG)	05.09.1996	11	(3)	3
Denilson Josué Ovando Ramírez (ECU)	23.09.2001	1	(13)	
Maximiliano Alexander Rodríguez Vejar	31.05.2000	1	(13)	
Juan Ignacio Sánchez Sotelo (ARG)	02.10.1987	29	(1)	15
Nicolás Silva Gómez	12.05.1999		(3)	
Joaquín Verdugo Salazar	07.10.1996	5	(15)	
Trainer:				
Gustavo Atilano Florentín Morínigo (PAR) [11.07.2019-06.01.2021]	30.06.1978	27		
Juan José Luvera (ARG) [from 07.01.2021]	31.12.1982	7		

CLUB DEPORTES IQUIQUE

Foundation date: May 21, 1978
Address: Avenida Soldado Pedro Prado con Avenida Tadeo Haenke, Iquique
Stadium: Estadio Tierra de Campeones, Iquique – Capacity: 13,171

THE SQUAD

	DOB	M	(s)	G
Goalkeepers:				
Sebastián Andrés Pérez Kirby	02.12.1990	34		
Defenders:				
Lucas Elio Aveldaño (ARG)	19.07.1985	30		2
Matías Javier Blázquez Lavín	12.11.1991	13	(6)	
Alejandro Andrés Contreras Daza	03.03.1993	10	(4)	
Michael Jordan Contreras Araya	10.02.1993	8	(3)	
Bruno Guiliano Gutiérrez Vilches	25.06.2002	8	(1)	
Abel Alejandro Hidalgo Briceño	13.04.1998	4	(2)	
Felipe Ignacio Saavedra Saavedra	26.09.1996	16	(4)	
Hans Francisco Salinas Flores	23.04.1990	24	(5)	5
Juan Elías Segovia Barraza	10.06.2001		(3)	
Mauricio Alejandro Zenteno Morales	21.04.1984	20	(2)	
Midfielders:				
Ricardo Darío Blanco (ARG)	20.06.1990	13	(14)	1
Rafael Antonio Caroca Cordero	19.07.1989	18		
Diego Nicolás Fernández Castro	08.03.1998	14	(10)	1
Arturo Guerrero	09.03.2001	1	(2)	
Facundo Jeremias Guichón Sisto (URU)	08.02.1991	2		
Gustavo Rubén Lorenzetti Espinosa (ARG)	10.05.1985	22	(6)	
Guido Mainero (ARG)	23.03.1995	8	(4)	2
Diego Felipe Andrés Orellana Medina	16.05.1993	30	(1)	2
Fabián Nicolás Ramos Paz	12.08.1994	3	(8)	
Franz Hermann Schultz Ramírez	20.07.1991	16	(2)	
Forwards:				
Johan Castillo Aracena	17.03.1999	3		
Misael Omar Cubillos Ramos	06.02.1996	2	(11)	
Jorge Matías Donoso Gárate	08.07.1986	13	(13)	6
Michael Andrés Fuentes Vadulli	27.05.1998	12	(9)	1
Jesús Isaac Hernández Córdova (VEN)	06.01.1993	5	(13)	1
César Huanca Araya	04.06.2001	16	(4)	6
Álvaro Sebastián Ramos Sepúlveda	14.04.1992	19	(5)	7
Sebastián Zúñiga Fuenzalida	21.06.1990	10	(8)	3
Trainer:				
Jaime Andrés Vera Rodríguez [30.07.2019-24.09.2020; Resigned]	25.03.1963	12		
Cristian Rodrigo Leiva Godoy [from 27.09.2020]	03.03.1976	22		

CLUB DE DEPORTES LA SERENA
Foundation date: December 9, 1955
Address: Calle Manuel Antonio Matta 250, 171-0059 La Serena
Stadium: Estadio La Portada, La Serena – Capacity: 18,243

THE SQUAD				
	DOB	M	(s)	G
Goalkeepers:				
Gustavo Nicolás Fuentealba Tobar	31.10.1994	3		
Zacarías Orlando López González	30.06.1998	30		
Raúl Alejandro Olivares Gálvez	17.04.1988	1	(1)	
Defenders:				
David Eduardo Achucarro Trinidad (ARG)	05.01.1991	10	(1)	
Facundo Agüero (ARG)	21.01.1995	13	(1)	
Marko Andrés Biskupovic Venturino	30.06.1989	4		
Rodrigo Andrés Brito Tobar	23.02.1983	10	(5)	
Enzo Nicolás Ferrario Argüello	03.03.2000	12	(3)	
Lucas Fasson dos Santos (BRA)	30.05.2001	20		
Stéfano Magnasco Galindo	28.09.1992	14		
David Montoya Henao (COL)	01.09.1995	8		
Enzo Daniel Ruiz Eizaga (URU)	31.08.1988	8		1
Midfielders:				
Nicolás Eduardo Baeza Martínez	07.05.1997	25	(9)	1
Danilo Catalán Córdova	19.11.1997		(3)	
Sebastián Ignacio Leyton Hevia	13.03.1993	20	(1)	4
Kevin Felipe Medel Soto	24.05.1996	16	(10)	
Gerónimo Gastón Poblete (ARG)	02.01.1993	16		
Rômulo Zanre Zwarg (BRA)	01.03.2000	4	(6)	1
Martín Tonso (ARG)	19.10.1989	3	(5)	1
Jaime Andrés Zapata Valdés	11.01.1981	22	(10)	2
David Oscar Vallejos (ARG)	17.03.2000	3	(4)	
Forwards:				
Felipe Andrés Barrientos Mena	06.03.1997	21	(5)	1
Vicente Pablo Durán Vidal	04.10.1999	22	(1)	
Fabián Marcelo Hormazabal Berríos	26.04.1996	14	(13)	3
David Antonio Llanos Almonacid	27.07.1989		(5)	
Daniel Alejandro Monardes Zelada	11.03.2000	9	(7)	1
Franco Leonel Olego (ARG)	04.05.1987	5	(1)	3
Richard Nicolás Paredes Moraga	04.12.1997	15	(9)	2
Danny Marcos Pérez Valdez (VEN)	23.01.2000	9	(2)	1
Steffan Pino Briceño	26.02.1994	2	(1)	
Walter Benjamin Ponce Gallardo	04.03.1998	2	(16)	1
Alessandro Rizzoli Dallaserra	01.04.2000	5	(5)	
Rodrigo Javier Salinas (ARG)	04.07.1986	3	(7)	2
Humberto Andrés Suazo Pontivo	10.05.1981	25		8
Trainer:				
Francisco Andrés Bozán Santibáñez [01.01.-04.10.2020; Resigned]	21.10.1986	13		
Óscar Heraldo Correa Álvarez [06-13.10.2020; Caretaker]	09.04.1972	2		
Miguel Andrés Ponce Torres [from 14.10.2020]	19.08.1971	19		

CLUB DEPORTIVO O'HIGGINS RANCAGUA

Foundation date: April 7, 1955
Address: Calle Cuevas 51, 284-0608 Rancagua
Stadium: Estadio El Teniente Codelco, Rancagua – Capacity: 15,600

THE SQUAD

	DOB	M	(s)	G
Goalkeepers:				
Augusto Martín Batalla Barga (ARG)	30.04.1996	33		
Luis Alfonso Ureta Medina	08.03.1999	1		
Defenders:				
Albert Alejandro Acevedo Vergara	06.05.1983	19	(6)	2
Matías Cahais (ARG)	24.12.1987	29		
Roberto Andrés Cereceda Guajardo	10.10.1984	23	(2)	1
Matías Fracchia Moreira	21.09.1995	9	(6)	
Moisés Alejandro González Torres	22.11.2000	5	(5)	
Diego Abraham González Torres	29.04.1998	26		
Paulo Cezar Magalhaes Lobos	14.12.1989	11	(5)	
Brian Nicolás Torrealba Silva	14.07.1997	18	(2)	
Midfielders:				
Tomás Alarcón Vergara	19.01.1999	25	(3)	7
Ramón Ignacio Fernández (ARG)	03.12.1984	28	(2)	4
Diego Humberto González Saavedra	28.08.1998	5	(3)	
Alejandro Samuel Márquez Pérez	31.10.1991	4		1
Gerardo Ignacio Navarrete Barrientos	14.07.1994	9	(4)	
Santiago Ernesto Romero Fernández (URU)	15.02.1990	14	(1)	
Matías Ignacio Sepúlveda Méndez	12.03.1999	9	(14)	
Forwards:				
Francisco Andrés Arancibia Silva	12.11.1996	12	(12)	2
Renato Andrés Araya Jerez	24.09.2002		(1)	
Facundo Ismael Castro Soto (URU)	22.01.1995	32	(1)	7
Antonio Alejandro Díaz Campos	26.04.2000	10	(3)	
Gustavo Gotti (ARG)	20.10.1993	12	(11)	4
Roberto Carlos Gutiérrez Gamboa	18.04.1983	15	(6)	6
Marcelo Alejandro Larrondo Páez (ARG)	16.08.1988	9	(8)	5
Matías Francisco Meneses Letelier	28.03.1999	3	(11)	1
Esteban Ignacio Moreira Soto	17.02.2002		(2)	
José Luis Muñoz Muñoz	24.07.1987	13	(11)	
Trainer:				
Patricio Andrés Graff (ARG) [11.12.2019-09.10.2020]	18.11.1975	15		
Víctor Fuentes [10-15.10.2020; Caretaker]		-		
Dalcio Víctor Giovagnoli (ARG) [from 16.10.2020]	05.06.1963	19		

CLUB DEPORTIVO PALESTINO SANTIAGO

Foundation date: August 20, 1920
Address: Avenida El Parrón 999, La Cisterna, 797-0227 Santiago
Stadium: Estadio Municipal de La Cisterna, Santiago – Capacity: 12,000

THE SQUAD	DOB	M	(s)	G
Goalkeepers:				
Cristián Edward Guerra Torres	09.08.1994	9		
Gastón Guruceaga Fagundez (URU)	15.03.1995	8		
Federico Vicente Lanzillota (ARG)	01.12.1992	14		
Nery Alexis Veloso Espinoza	02.03.1987	3	(1)	
Defenders:				
Lucas Javier Acevedo (ARG)	08.11.1991	24		1
Sebastián Eduardo Cabrera Morgado	16.03.1998	5	(8)	
Bryan Paul Carrasco Santos	31.01.1991	22	(8)	7
Nicolás Andrés Díaz Huincales	20.05.1999	4		
Sergio Andrés Felipe Silva (URU)	21.02.1991	12	(2)	
Vicente Felipe Fernández Godoy	17.02.1999	27	(2)	
Enzo Francesco Guerrero Segovia	31.01.1991	15	(2)	1
Ignacio Antonio Mesina Silva	16.01.2001	8	(4)	
Benjamin Rojas Ferrera	01.03.2001		(1)	
Henry Steven Sanhueza Galaz	24.03.1996	12	(6)	1
Sebastián Felipe Silva Lavanderos	07.01.1997	3		
Guillermo Tomás Soto Arredondo	10.01.1994	18	(3)	
Daniel Matías Vicencio Quiero	04.08.1992	2		
Midfielders:				
Jorge Matias Araya Pozo	25.03.1996	5	(8)	
Esteban Andrés Carvajal Tapia	17.11.1988	14	(12)	
Felipe Sebastián Chamorro Aspe	30.07.2001	2	(4)	
César Alexis Cortés Pinto	09.01.1984	32		1
Carlos Agustín Farías (ARG)	25.12.1987	30		4
Luis Antonio Jiménez Garcés	17.06.1984	25		13
Carlos Andrés Villanueva Roland	05.02.1986	16		1
Forwards:				
Fabián Antonio Ahumada Astete	29.04.1996	3	(5)	
Federico Marcelo Anselmo (ARG)	11.06.1994		(4)	1
Leandro Iván Benegas (ARG)	27.11.1988	18	(10)	5
Jonathan Óscar Benítez (ARG)	04.09.1991	27	(1)	9
Matías Rodrigo Campos López	18.08.1991	6	(14)	2
Nicolás Imanol Alberto Solaberrieta Vergara	24.08.1996		(5)	
Renato Nicolás Tarifeño Aranda	06.09.1996	10	(5)	2
Trainer:				
Ivo Alexie Basay Hatibovic [09.10.2018-09.11.2020; Sacked]	13.04.1966	17		
José Luis Sierra Pando [from 11.11.2020]	05.12.1968	17		

CLUB DE DEPORTES SANTIAGO WANDERERS VALPARAÍSO
Foundation date: August 15, 1892
Address: Calle Independencia 2061, 234-0000 Valparaíso
Stadium: Estadio "Elías Figueroa Brander", Valparaíso – Capacity: 20,575

THE SQUAD	DOB	M	(s)	G
Goalkeepers:				
Christian Andrés Fuentes López	07.07.1999	2	(1)	
Mauricio Alejandro Viana Caamaño (BRA)	14.06.1989	32		
Defenders:				
Bernardo Humberto Cerezo Rojas	21.01.1995	30	(1)	
Víctor Alfonso Espinoza Apablaza	14.03.1998		(2)	
Luis Francisco García Varas	09.02.1996	23	(2)	
Daniel Enrique González Orellana	20.02.2002	18	(1)	1
Axel Aron Herrera Rojas	09.03.2001	4	(3)	
Ezequiel Esteban Luna (ARG)	19.11.1986	14		
Víctor Armando Retamal Ahumada	06.03.1998	24	(2)	
Juan Carlos Soto Swett	02.07.1994	11	(2)	
Midfielders:				
Francisco Arturo Alarcón Cruz	25.02.1990	25	(2)	1
Matías Ignacio Fernández Cordero	14.08.1995	26	(5)	1
Jason Matías León Alvear	11.05.2000		(3)	
Matías Nicolás Marín Vega	19.12.1999	7	(6)	1
Marco Antonio Medel de la Fuente	30.06.1989	28	(4)	2
Juan Pablo Miño Peña (ARG)	23.08.1987	20	(3)	1
Gabriel Ignacio Rojas Muñoz	09.03.1999	4	(4)	
Forwards:				
Néstor Eduardo Canelón Gil (VEN)	19.08.1991	14	(12)	4
Ronnie Alan Fernández Sáez	30.01.1991	7	(4)	
Willian Patrick Gama Olivera	30.06.2000	5	(8)	
Esli Samuel García Cordero (VEN)	14.07.2000		(11)	
Enzo Hernán Gutiérrez Lencinas (ARG)	28.05.1986	20	(7)	13
Aldrix Esteban Jara Falcón	08.08.2000		(2)	
Gustavo Martín Lanaro (ARG)	21.03.1986	6	(4)	3
Carlos Rodolfo Rotondi (ARG)	12.03.1997	24	(4)	7
Kennan Jesús Sepúlveda Acevedo	08.02.2002	3	(1)	
Sebastián Andrés Ubilla Cambón	09.08.1990	27	(4)	7
Alexis Joel Valencia Castro	08.02.2001		(2)	
Trainer:				
Miguel Ramírez Pérez [from 30.07.2018]	11.06.1970	34		

CLUB UNIÓN ESPAÑOLA SANTIAGO

Foundation date: May 18, 1897
Address: Calle Julio Martínez Pradanos 1365, Independencia, 833-0072 Santiago
Stadium: Estadio „Santa Laura"-Universidad SEK, Santiago – Capacity: 22,000

THE SQUAD

	DOB	M	(s)	G
Goalkeepers:				
Álvaro Luis Salazar Bravo	24.03.1993	3		
Diego Ignacio Sánchez Carvajal	08.05.1987	31		
Defenders:				
Hárold Oshkaly Cummings Segura (PAN)	01.03.1992	20	(1)	1
Thomas Ignacio Galdames Millán	20.11.1998	25		1
Juan Pablo Gómez Vidal (ARG)	11.05.1991	25	(1)	
Rodrigo González Catalán	30.11.1995	11	(5)	2
Mario Ignacio Larenas Díaz	27.07.1993	11	(3)	
José Ramón Leguizamón Ortega (PAR)	23.08.1991	8	(1)	
Nicolás Ramón Mancilla Hidalgo	07.10.1993	10		
Luis Alberto Pavez Muñoz	17.09.1995	23		
Jonathan Gabriel Villagra Bustamante	29.03.2001	1		
Agustín Volker Vergara	14.02.1999	1	(2)	
Midfielders:				
Diego Acevedo	23.02.2001		(2)	
Misael Aldair Dávila Carvajal	17.07.1991	28	(1)	10
Benjamín Ignacio Galdames Millán	24.02.2001		(8)	
Mauro Jesús Maureira Maureira	01.06.2001	1	(1)	
Jonathan Yulián Mejía Chaverra (COL)	28.07.1990	7	(6)	1
Víctor Felipe Méndez	23.09.1999	31	(1)	1
Ignacio Antonio Núñez Estrada	15.01.1999	11	(14)	1
Luis Antonio Pavez Contreras	25.06.1988	8	(10)	
Mario Aníbal Sandoval Toro	24.07.1991	22	(4)	4
Jeremy Nicolás Silva González	08.02.2001		(1)	
Forwards:				
Rafael Daniel Arace Gargaro (VEN)	22.05.1995	5	(2)	1
Mauro Andrés Caballero Aguilera (PAR)	08.10.1994	9	(10)	4
Daniel Esteban Castro Santibáñez	27.04.1994	3	(8)	
Vicente Javier Conelli González	07.01.2003		(1)	
Felipe Luciano Fritz Saldías	23.09.1997	23	(5)	3
Ronald Dámian González Tabilo	17.10.1990	6	(6)	1
Alexis Patricio Norambuena Ruz	07.05.2003		(1)	
Carlos Alonso Enrique Palacios Núñez	20.07.2000	32	(1)	8
Cristian Martín Palacios Ferreira (URU)	02.09.1990	19	(3)	15
Bastián Jean Paul Yáñez Miranda	21.06.2001		(6)	
Trainer:				
Ronald Hugo Fuentes Núñez [24.08.2019-28.01.2021; Sacked]	22.06.1969	31		
César Alexis Bravo Castillo [28-31.01.2021; Caretaker]	25.04.1973	-		
Jorge Alberto Pellicer Barceló [from 01.02.2021]	07.02.1976	3		

CLUB DEPORTIVO UNIÓN LA CALERA

Foundation date: January 26, 1954
Address: Lord Cochrane 308, La Calera, Quillota
Stadium: Estadio Municipal „Nicolás Chahuán", La Calera – Capacity: 9,200

THE SQUAD	DOB	M	(s)	G
Goalkeepers:				
Alexis Martín Arias (ARG)	04.07.1992	33		
Miguel Ángel Vargas Mañan	15.06.1996	1		
Defenders:				
Yonathan Wladimir Andía León	06.08.1992	30		1
Fernando Patricio Cordero Fonseca	26.08.1987	18	(8)	2
Santiago García (ARG)	08.07.1988	27		
Cristopher Alejandro Medina García	13.02.2001	1	(2)	
Matías Cristóbal Navarrete Fuentes	23.05.1992	14	(3)	
Cristián Vilches González	13.07.1983	28		2
Érick Andrés Wiemberg Higuera	20.06.1994	27		
Midfielders:				
Gonzalo Pablo Castellani (ARG)	10.08.1987	29	(4)	6
Matías Alejandro Laba (ARG)	11.12.1991	5	(7)	
Juan Andrés Leiva Mieres	11.11.1993	31	(1)	5
Fabrizio Fabián Manzo Melo	11.08.1998	1	(4)	
Abel Eric Moreno Vargas	17.04.2002		(1)	
Vicente Raúl Ramírez Ramírez	10.07.2000		(4)	
Jorge Israel Romo Salinas	09.01.1990	1	(3)	
Pedro Sánchez Torrealba	07.02.1998	2	(17)	
Felipe Ignacio Seymour Dobud	23.07.1987	21	(3)	
Nicolás Marcelo Stefanelli (ARG)	22.11.1994	18	(12)	8
Esteban Cristobal Valencia Reyes	13.08.1999	28	(2)	4
Forwards:				
Ariel Ignacio Cáceres Lizana	21.11.1999		(5)	
Thomas Rodríguez Trogsar	05.04.1996	14	(14)	4
Jorge Sebastián Sáez (ARG)	24.01.1985	6	(1)	2
Jeisson Andrés Vargas Salazar	15.09.1997	13	(16)	9
Andrés Alejandro Vílches Araneda	14.01.1992	26	(5)	14
Trainer:				
Juan Pablo Vojvoda Rizzo (ARG) [from 29.12.2019]	13.05.1975	34		

CLUB DEPORTIVO UNIVERSIDAD CATÓLICA SANTIAGO

Foundation date: April 21, 1937
Address: Avenida Andrés Bello 2782, Las Condes, 755-0006 Santiago
Stadium: Estadio "San Carlos de Apoquindo", Santiago – Capacity: 18,000

THE SQUAD

	DOB	M	(s)	G
Goalkeepers:				
Matías Ezequiel Dituro (ARG)	08.05.1987	33		
Cristopher Benjamín Toselli Ríos	15.06.1988	1		
Defenders:				
Tomás Pablo Asta-Buruaga Montoya	11.10.1996	6	(3)	1
Juan Francisco Cornejo Palma	27.02.1990	12	(5)	1
José Pedro Fuenzalida Gana	22.02.1985	20	(1)	4
Valber Roberto Huerta Jérez	26.08.1993	32		1
Benjamín Kuščević Jaramillo	02.05.1996	7		1
Germán Lanaro (ARG)	21.03.1986	11	(1)	
Stéfano Magnasco Galindo	28.09.1992	3	(1)	
Alfonso Cristián Parot Rojas	15.10.1989	18	(5)	
Raimundo Rebolledo Valenzuela	14.05.1997	25	(4)	
Carlos Antonio Salomón Tapia	28.03.2000	6	(1)	
Midfielders:				
Aaron Sebastián Astudillo Quiñones (VEN)	17.04.2000	1		
Luciano Román Aued (ARG)	01.03.1987	30	(1)	10
Diego Mario Buonanotte Rende (ARG)	19.04.1988	13	(10)	
Juan Eduardo Fuentes Jiménez	21.03.1995	5	(2)	1
Gastón Adrián Lezcano (ARG)	21.11.1986	25	(1)	3
Marcelino Ignacio Núñez Espinoza	01.03.2000	10	(10)	2
César Ignacio Pinares Tamayo	23.05.1991	10	(3)	4
Ignacio Antonio Saavedra Pino	12.01.1999	31	(1)	
Francisco Andrés Silva Gajardo	11.02.1986	2	(2)	
Forwards:				
Alexander Ernesto Aravena Guzman	06.09.2002		(4)	
Clemente José Montes Barroilhet	25.04.2001	1	(8)	1
César Augusto Munder Rodríguez (CUB)	07.01.2000	4	(11)	2
Edson Raúl Puch Cortez	04.09.1986	22	(2)	5
Gonzalo Andrés Tapia Dubournais	18.02.2002	7	(4)	2
Diego Martín Valencia Morello	14.01.2000	9	(21)	4
Fernando Matías Zampedri (ARG)	14.02.1988	30	(2)	20
Trainer:				
Ariel Enrique Holan (ARG) [from 12.09.2019]	14.09.1960	34		

CLUB UNIVERSIDAD DE CHILE SANTIAGO

Foundation date: May 24, 1927
Address: Avenida Campo de Deportes 565, Ñuñoa, 775-0332 Santiago
Stadium: Estadio Nacional „Julio Martínez Prádanos", Santiago – Capacity: 77,000

THE SQUAD

	DOB	M	(s)	G
Goalkeepers:				
Fernando Carlos de Paul Lanciotti	25.04.1991	34		
Defenders:				
Augusto Sebastián Barrios Silva	03.10.1991	9	(3)	
Jean André Emamuel Beausejour Coliqueo	01.06.1984	23	(1)	
Diego Andrés Carrasco Muñoz	25.05.1995	15	(5)	1
Luis Ignacio Casanova Sandoval	01.07.1992	22	(2)	
Luis Enrique del Pino Mago (VEN)	15.09.1994	14	(4)	
Osvaldo Alexis González Sepúlveda	10.08.1984	25		
Matías Nicolas Rodríguez (ARG)	14.04.1986	27	(2)	3
Midfielders:				
Pablo Mauricio Aránguiz Salazar	17.03.1997	18	(2)	5
Fernando Nicolás Cornejo Miranda	26.12.1995	11	(9)	
Brandon William Cortés Bustos (ARG)	26.06.2001		(6)	
Gonzalo Alejandro Espinoza Toledo	09.04.1990	26	(5)	4
Sebastián Paolo Galani Villega	17.08.1997	12	(9)	
Jimmy Antonio Martínez Candia	26.01.1997	9	(12)	
Walter Damián Montillo (ARG)	14.04.1984	26	(5)	4
Mauricio Gerardo Morales Olivares	07.01.2000	2	(2)	
Camilo Andrés Moya Carreño	19.03.1998	23	(5)	1
Luis José Esteban Rojas Zamora	06.03.2002	1	(2)	
Jonathan Fabián Zacaría (ARG)	06.02.1990	3	(2)	
Forwards:				
Cristian Barros Mirabal (URU)	09.04.2000		(7)	
Simón Alberto Contreras Valenzuela	29.03.2002	7	(7)	1
Nicolás Bastián Guerra Ruz	09.01.1999	14	(10)	3
Ángelo José Henríquez Iturra	13.04.1994	13	(13)	5
Joaquin Óscar Larrivey (ARG)	20.08.1984	32	(1)	19
Reinaldo Lenis Montes (COL)	20.07.1992	8	(1)	3
César Franco Lobos Asman	22.02.1999		(7)	
Mauricio Gerardo Morales Olivares	07.01.2000		(1)	
Trainer:				
Héctor Hernán Caputto Gómez [05.08.2019-31.10.2020; Sacked]	06.10.1974	17		
Marcelo Antonio Jara Valdés [02-19.11.2020]	13.08.1972	2		
Rafael Édgar Dudamel Ochoa (VEN) [from 20.11.2020]	07.01.1973	15		

CLUB DEPORTIVO UNIVERSIDAD DE CONCEPCIÓN
Foundation date: August 8, 1994
Address: Calle Beltrán Mathieu 97, Barrio Universitario, 403-0576 Concepción
Stadium: Estadio "Alcaldesa Ester Roa Rebolledo", Concepción – Capacity: 30,448

THE SQUAD

	DOB	M	(s)	G
Goalkeepers:				
Richard Andrés Leyton Abrigo	25.01.1987	1	(1)	
Guillermo Martín Reyes Maneiro (URU)	10.07.1986	33		
Defenders:				
Juan René Abarca Fuentes	07.12.1988	7	(7)	
Hardy Fabián Cavero Vargas	31.05.1996	8	(12)	
Nicolás Correa Risso (URU)	25.12.1983	28		
Eric Orlando Godoy Zepeda	26.03.1987	30		
Claudio Patricio Navarrete Arévalo	05.11.1998	1	(2)	
Guillermo Alfonso Pacheco Tudela	10.04.1989	7	(3)	
Simón Alonso Ramírez Cuevas	03.11.1998	30		1
Anibal Antonio San Martín Vilugrón	12.11.2001		(4)	
Ricardo Segovia	16.06.2001	1		
Mario Segura	26.04.2002	1		
Midfielders:				
Juan Pablo Abarzúa Sepúlveda	17.02.1992	5	(8)	1
Matías Julio Cabrera Acevedo (URU)	16.05.1986	23	(1)	2
Alejandro Maximiliano Camargo (ARG)	12.06.1989	29		
Jaime Matías Carreño Le-Chong	03.03.1997	7	(6)	
Bryan Andrés Carvallo Utreras	15.09.1996	29	(1)	5
Gonzalo Germán Córdoba (ARG)	29.03.2000	1		
Leandro Enrique Díaz Parra	16.03.1999	32		3
Paolo Fuentes	01.10.2000		(1)	
Martín Alonso Lara Collao	28.12.2000	6	(3)	
Mario Antonio Oporto Hidalgo	13.12.1999		(1)	
Felipe Orellana	30.09.2000	1		
Francisco Leoncio Portillo Maidana (PAR)	24.07.1987		(2)	
Leonardo Nicolás Povea Pérez	26.01.1994	18	(8)	
Andrés Sebastián Robles Fuentes	07.05.1994	18	(2)	2
Forwards:				
Gustavo Javier Alles Vila (URU)	09.04.1990	9	(2)	
Joaquín Gabriel Avilés Rodríguez (URU)	09.02.2001		(2)	
Gonzalo Diego Bueno Bingola (URU)	16.01.1993	4	(2)	1
Sebastián Moya	11.07.2000		(1)	
Fabián Alexí Neira Garcés	03.01.2001		(7)	
Maximiliano Quinteros (ARG)	28.04.1989	11	(11)	4
Juan Sebastián Patiño Sánchez (COL)	01.02.2001	1	(11)	
Antonio Esteban Ramírez Cuevas	03.11.1998	3	(9)	1
Francisco Javier Tapia Greave (COL)	19.06.2001		(1)	
Cecilio Alfonso Waterman Ruiz (PAN)	13.04.1991	30	(1)	17
Trainer:				
Eduardo Mario Acevedo Cardozo (URU) [28.12.2019-28.12.2020; Resigned]	25.09.1959	26		
Hugo Enrique Balladares Valenzuela [from 30.12.2020]	26.11.1973	8		

SECOND LEVEL
Campeonato National de Primera División B del Fútbol Profesional Chileno 2020 / Campeonato JuegaEnLinea.com 2020

  1. Deportivo Ñublense Chillán (*Promoted*) 28 15 5 8 51 - 33 50
  2. CD Unión San Felipe   28 12 10 6 37 - 25 46
  3. CSD Rangers Talca   28 12 9 7 43 - 39 45
  4. CD Puerto Montt   28 11 9 8 36 - 28 42
  5. CD Melipilla   28 11 9 8 30 - 23 42
  6. CD Temuco   28 11 8 9 35 - 34 41
  7. CD San Marcos de Arica   28 12 5 11 27 - 29 41
  8. CD Magallanes Santiago   28 9 13 6 31 - 25 40
  9. CD Copiapó   28 10 9 9 48 - 46 39
 10. CD Cobreloa Calama   28 9 9 10 37 - 33 36
 11. CD San Luis de Quillota   28 8 9 11 31 - 35 33
 12. CD Santiago Morning   28 7 10 11 29 - 39 31
 13. Athletic Club Barnechea   28 7 9 12 39 - 45 30
 14. CD Deportes Valdivia   28 6 10 12 34 - 48 28
 15. CD Santa Cruz   28 6 4 18 28 - 54 22

Teams ranked 3-6 were qualified for the Promotion Play-offs Primera fase, while the runners-up were qualified for the Promotion Play-offs Final.

Promotion Play-offs – Liguilla de Promoción

Primera fase [21-24.01.2021]
CD Melipilla - CD Puerto Montt	2-2(0-0)	1-0(1-0)
CD Temuco - CSD Rangers Talca	0-1(0-1)	0-1(0-0)

Segunda fase [27-30.01.2021]
CD Melipilla - CSD Rangers Talca	1-1(1-1)	2-0(1-0)

Promotion Play-off Final [03-07.02.2021]
CD Melipilla - CD Unión San Felipe	0-1(0-1)
CD Unión San Felipe - CD Melipilla	0-1 aet; 1-3 pen

CD Melipilla promoted for the Primera División de Chile 2021.

Weighted Relegation Table

Please note: similarly to Primera División, for this season, a weighted table was elaborated by computing an average of the points earned per game over this season and the previous one. The the average of points earned in the 2019 season weighted by 60% while the average of points earned in the 2020 season weighted by 40%. CD San Marcos de Arica (promoted team) only had their points in the 2020 season averaged, without weighting. The team placed last in this table at the end of the season was relegated.

Pos	Team	2019 P/M	Aver 2019	2020 P/M	Aver 2020	Total P	Total M	Aver W
1.	Deportivo Ñublense Chillán	42/27	0.933	50/28	0.714	92	55	1.647
2.	CD Unión San Felipe	39/27	0.867	46/28	0.657	85	55	1.524
3.	CD Melipilla	39/26	0.900	42/28	0.600	81	54	1.500
4.	CD San Marcos de Arica	-	-	41/28	1.464	41	28	1.464
5.	CD Copiapó	38/26	0.877	39/28	0.557	77	54	1.434
6.	CD Temuco	38/27	0.844	41/28	0.586	79	55	1.430
7.	CD Puerto Montt	37/27	0.822	42/28	0.600	79	55	1.422
8.	CD Cobreloa Calama	39/26	0.900	36/28	0.514	75	54	1.414
9.	Athletic Club Barnechea	40/27	0.889	30/28	0.429	70	55	1.318
10.	CSD Rangers Talca	28/27	0.622	45/28	0.643	73	55	1.265
11.	CD Santiago Morning	34/26	0.785	31/28	0.443	65	54	1.228
12.	CD Magallanes Santiago	25/26	0.577	40/28	0.571	65	54	1.148
13.	CD Santa Cruz	37/27	0.822	22/28	0.314	59	55	1.136
14.	CD San Luis de Quillota	27/26	0.623	33/28	0.471	60	54	1.094
15.	CD Deportes Valdivia (*Relegated*)	19/27	0.422	2828	0.400	47	55	0.822

NATIONAL TEAM INTERNATIONAL MATCHES (16.07.2020 – 15.07.2021)

08.10.2020	Montevideo	Uruguay - Chile	2-1(1-0)	(WCQ)
13.10.2020	Santiago	Chile - Colombia	2-2(2-1)	(WCQ)
13.11.2020	Santiago	Chile - Peru	2-0(2-0)	(WCQ)
17.11.2020	Caracas	Venezuela - Chile	2-1(1-1)	(WCQ)
26.03.2021	Rancagua	Chile - Bolivia	2-1(2-1)	(F)
03.06.2021	Santiago del Estero	Argentina - Chile	1-1(1-1)	(WCQ)
08.06.2021	Santiago	Chile - Bolivia	1-1(0-0)	(WCQ)
14.06.2021	Rio de Janeiro	Argentina - Chile	1-1(1-0)	(CA)
18.06.2021	Cuiabá	Chile - Bolivia	1-0(1-0)	(CA)
21.06.2021	Cuiabá	Uruguay - Chile	1-1(0-1)	(CA)
24.06.2021	Brasília	Chile - Paraguay	0-2(0-1)	(CA)
02.07.2021	Rio de Janeiro	Brazil - Chile	1-0(0-0)	(CA)

08.10.2020, 22nd FIFA World Cup, Qualifiers
Estadio Centenario, Montevideo; Attendance: 0
Referee: Eber Aquino Gaona (Paraguay)
URUGUAY - CHILE   **2-1(1-0)**
CHI: Gabriel Arias Arroyo (13/0), José Pedro Fuenzalida Gana (54/5) [68.César Ignacio Pinares Tamayo (10/1)], Paulo César Díaz Huincales (24/0), Sebastián Ignacio Vegas Orellana (10/1), Francisco Andrés Sierralta Carvallo (3/0), Nicolás Andrés Díaz Huincales (1/0) [83.Enzo Pablo Roco Roco (25/1)], Arturo Erasmo Vidal Pardo (116/28), Charles Mariano Aránguiz Sandoval (79/7), Claudio Andrés Baeza Baeza (5/0), Alexis Alejandro Sánchez Sánchez (133/44), Eduardo Jesús Vargas Rojas (92/38) [68.Víctor Alejandro Dávila Zavala (2/0)]. Trainer: Reinaldo Rueda Rivera (Colombia, 24).
Goal: Alexis Alejandro Sánchez Sánchez (54).

13.10.2020, 22nd FIFA World Cup, Qualifiers
Estadio Nacional „Julio Martínez Prádanos", Santiago; Attendance: 0
Referee: Darío Humberto Herrera (Argentina)
CHILE - COLOMBIA   **2-2(2-1)**
CHI: Brayan Josué Cortés Fernández (4/0), Mauricio Aníbal Isla Isla (116/4), Paulo César Díaz Huincales (25/0), Sebastián Ignacio Vegas Orellana (11/1), Francisco Andrés Sierralta Carvallo (4/0), Arturo Erasmo Vidal Pardo (117/29), Charles Mariano Aránguiz Sandoval (80/7), César Ignacio Pinares Tamayo (11/1) [74.José Pedro Fuenzalida Gana (55/5)], Claudio Andrés Baeza Baeza (6/0), Alexis Alejandro Sánchez Sánchez (134/45), Eduardo Jesús Vargas Rojas (93/38) [90.Nicolás Andrés Díaz Huincales (2/0)]. Trainer: Reinaldo Rueda Rivera (Colombia, 25).
Goals: Arturo Erasmo Vidal Pardo (37 penalty), Alexis Alejandro Sánchez Sánchez (41).

13.11.2020, 22nd FIFA World Cup, Qualifiers
Estadio Nacional „Julio Martínez Prádanos", Santiago; Attendance: 0
Referee: Esteban Daniel Ostojich Vega (Uruguay)
CHILE - PERU   **2-0(2-0)**
CHI: Claudio Andrés Bravo Muñoz (124/0), Mauricio Aníbal Isla Isla (117/4) [84.Niklas Fernando Nygård Castro (1/0)], Jean André Emanuel Beausejour Coliqueo (108/6), Guillermo Alfonso Maripán Loaysa (25/2), Paulo César Díaz Huincales (26/0), Arturo Erasmo Vidal Pardo (118/31), César Ignacio Pinares Tamayo (12/1) [70.Rodrigo Eduardo Echeverría Sáez (1/0)], Erick Antonio Pulgar Farfán (25/1) [71.Claudio Andrés Baeza Baeza (7/0)], Jean David Meneses Villarroel (3/1), Fabián Ariel Orellana Valenzuela (42/2) [76.Yonathan Wladimir Andía León (1/0)], Felipe Andrés Mora Aliaga (6/1) [84.Alexis Alejandro Sánchez Sánchez (135/45)]. Trainer: Reinaldo Rueda Rivera (Colombia, 26).
Goals: Arturo Erasmo Vidal Pardo (19, 34).

17.11.2020, 22nd FIFA World Cup, Qualifiers
Estadio Olímpico „Ciudad Universitaria", Caracas; Attendance: 0
Referee: Patricio Loustau (Argentina)
VENEZUELA - CHILE   **2-1(1-1)**
CHI: Claudio Andrés Bravo Muñoz (125/0), Mauricio Aníbal Isla Isla (118/4), Jean André Emanuel Beausejour Coliqueo (109/6), Guillermo Alfonso Maripán Loaysa (26/2), Paulo César Díaz Huincales (27/0), Arturo Erasmo Vidal Pardo (119/32), César Ignacio Pinares Tamayo (13/1) [46.Claudio Andrés Baeza Baeza (8/0)], Erick Antonio Pulgar Farfán (26/1) [89.Andrés Alejandro Vilches Araneda (2/0)], Jean David Meneses Villarroel (4/1), Alexis Alejandro Sánchez Sánchez (136/45), Felipe Andrés Mora Aliaga (7/1) [76.Carlos Enrique Palacios Núñez (1/0)]. Trainer: Reinaldo Rueda Rivera (Colombia, 27).
Goal: Arturo Erasmo Vidal Pardo (15).

26.03.2021, Friendly International
Estadio El Teniente, Rancagua; Attendance: 0
Referee: Juan Gabriel Benítez (Paraguay)
CHILE - BOLIVIA   **2-1(2-1)**
CHI: Claudio Andrés Bravo Muñoz (126/0), Gary Alexis Medel Soto (127/7), Erick Andrés Wiemberg Higuera (1/0), Sebastián Ignacio Vegas Orellana (12/1), Daniel Enrique González Orellana (1/0) [88.Clemente José Montes Barroilhet (1/0)], Luis Antonio Jiménez Garcés (27/3) [73.Ángelo José Henríquez Iturra (13/2)], César Ignacio Pinares Tamayo (14/1) [64.Carlos Enrique Palacios Núñez (2/0)], Jean David Meneses Villarroel (5/2) [88.Ignacio Antonio Saavedra Pino (1/0)], Pablo Ignacio Galdames Millán (3/0), Tomás Jesús Alarcón Vergara (2/0), Fabián Ariel Orellana Valenzuela (43/2) [64.Pablo Alejandro Parra Rubilar (1/0)]. Trainer: Martín Bernardo Lasarte Arróspide (Uruguay, 1).
Goals: Luis Antonio Jiménez Garcés (12), Jean David Meneses Villarroel (20).

03.06.2021, 22nd FIFA World Cup, Qualifiers
Estadio Único, Santiago del Estero; Attendance: 0
Referee: Jesús Noel Valenzuela Sáez (Venezuela)
ARGENTINA - CHILE   **1-1(1-1)**
CHI: Claudio Andrés Bravo Muñoz (127/0), Mauricio Aníbal Isla Isla (119/4), Gary Alexis Medel Soto (128/7), Eugenio Esteban Mena Reveco (57/3), Guillermo Alfonso Maripán Loaysa (27/2), Charles Mariano Aránguiz Sandoval (81/7) [86.Tomás Jesús Alarcón Vergara (3/0)], Erick Antonio Pulgar Farfán (27/1), Jean David Meneses Villarroel (6/2), Pablo Ignacio Galdames Millán (4/0) [65.César Ignacio Pinares Tamayo (15/1)], Alexis Alejandro Sánchez Sánchez (137/46), Eduardo Jesús Vargas Rojas (94/38) [81.Carlos Enrique Palacios Núñez (3/0)]. Trainer: Martín Bernardo Lasarte Arróspide (Uruguay, 2).
Goal: Alexis Alejandro Sánchez Sánchez (36).

08.06.2021, 22nd FIFA World Cup, Qualifiers
Estadio Nacional "Julio Martínez Prádanos", Santiago; Attendance: 0
Referee: Eber Aquino Gaona (Paraguay)
CHILE - BOLIVIA **1-1(0-0)**
CHI: Claudio Andrés Bravo Muñoz (128/0), Mauricio Aníbal Isla Isla (120/4), Gary Alexis Medel Soto (129/7), Eugenio Esteban Mena Reveco (58/3), Guillermo Alfonso Maripán Loaysa (28/2), Francisco Andrés Sierralta Carvallo (5/0) [86.Fabián Ariel Orellana Valenzuela (44/2)], Charles Mariano Aránguiz Sandoval (82/7), Erick Antonio Pulgar Farfán (28/2), Jean David Meneses Villarroel (7/2) [86.Felipe Andrés Mora Aliaga (8/1)], Alexis Alejandro Sánchez Sánchez (138/46), Eduardo Jesús Vargas Rojas (95/38) [65.Luis Antonio Jiménez Garcés (28/3)]. Trainer: Martín Bernardo Lasarte Arróspide (Uruguay, 3).
Goal: Erick Antonio Pulgar Farfán (69).

14.06.2021, 47th Copa América, Group Stage
Estádio Olímpico "Nilton Santos", Rio de Janeiro (Brazil); Attendance: 0
Referee: Wilmar Alexander Roldán Pérez (Colombia)
ARGENTINA - CHILE **1-1(1-0)**
CHI: Claudio Andrés Bravo Muñoz (129/0), Mauricio Aníbal Isla Isla (121/4), Gary Alexis Medel Soto (130/7) [84.Enzo Pablo Roco Roco (26/1)], Eugenio Esteban Mena Reveco (59/3), Guillermo Alfonso Maripán Loaysa (29/2), Arturo Erasmo Vidal Pardo (120/32) [85.Tomás Jesús Alarcón Vergara (4/0)], Charles Mariano Aránguiz Sandoval (83/7), Erick Antonio Pulgar Farfán (29/2), Jean David Meneses Villarroel (8/2) [90+3.Pablo Ignacio Galdames Millán (5/0)], Eduardo Jesús Vargas Rojas (96/39) [77.César Ignacio Pinares Tamayo (16/1)], Carlos Enrique Palacios Núñez (4/0) [77.Benjamin Anthony Brereton (1/0)]. Trainer: Martín Bernardo Lasarte Arróspide (Uruguay, 4).
Goal: Eduardo Jesús Vargas Rojas (58).

18.06.2021, 47th Copa América, Group Stage
Arena Pantanal, Cuiabá (Brazil); Attendance: 0
Referee: Jesús Gil Manzano (Spain)
CHILE - BOLIVIA **1-0(1-0)**
CHI: Claudio Andrés Bravo Muñoz (130/0), Mauricio Aníbal Isla Isla (122/4), Gary Alexis Medel Soto (131/7), Eugenio Esteban Mena Reveco (60/3), Guillermo Alfonso Maripán Loaysa (30/2), Arturo Erasmo Vidal Pardo (121/32) [69.Tomás Jesús Alarcón Vergara (5/0)], Charles Mariano Aránguiz Sandoval (84/7), Erick Antonio Pulgar Farfán (30/2), Jean David Meneses Villarroel (9/2) [65.César Ignacio Pinares Tamayo (17/1)], Eduardo Jesús Vargas Rojas (97/39), Benjamin Anthony Brereton (2/1) [84.Pablo Mauricio Aránguiz Salazar (1/0)]. Trainer: Martín Bernardo Lasarte Arróspide (Uruguay, 5).
Goal: Benjamin Anthony Brereton (10).

21.06.2021, 47th Copa América, Group Stage
Arena Pantanal, Cuiabá (Brazil); Attendance: 0
Referee: Raphael Claus (Brazil)
URUGUAY - CHILE **1-1(0-1)**
CHI: Claudio Andrés Bravo Muñoz (131/0), Mauricio Aníbal Isla Isla (123/4), Gary Alexis Medel Soto (132/7), Eugenio Esteban Mena Reveco (61/3), Guillermo Alfonso Maripán Loaysa (31/2) [38.Enzo Pablo Roco Roco (27/1)], Francisco Andrés Sierralta Carvallo (6/0), Arturo Erasmo Vidal Pardo (122/32) [69.Tomás Jesús Alarcón Vergara (6/0)], Charles Mariano Aránguiz Sandoval (85/7), Erick Antonio Pulgar Farfán (31/2), Eduardo Jesús Vargas Rojas (98/40) [56.Jean David Meneses Villarroel (10/2)], Benjamin Anthony Brereton (3/1) [69.Luciano Daniel Arriagada García (1/0)]. Trainer: Martín Bernardo Lasarte Arróspide (Uruguay, 6).
Goal: Eduardo Jesús Vargas Rojas (26).

24.06.2021, 47th Copa América, Group Stage
Estádio Nacional "Mané Garrincha", Brasília (Brazil); Attendance: 0
Referee: Wilmar Alexander Roldán Pérez (Colombia)
CHILE - PARAGUAY **0-2(0-1)**
CHI: Claudio Andrés Bravo Muñoz (132/0), Mauricio Aníbal Isla Isla (124/4), Gary Alexis Medel Soto (133/7) [68.Enzo Pablo Roco Roco (28/1)], Eugenio Esteban Mena Reveco (62/3), Francisco Andrés Sierralta Carvallo (7/0), Arturo Erasmo Vidal Pardo (123/32), Charles Mariano Aránguiz Sandoval (86/7), César Ignacio Pinares Tamayo (18/1) [68.Pablo Ignacio Galdames Millán (6/0)], Tomás Jesús Alarcón Vergara (7/0) [46.Jean David Meneses Villarroel (11/2)], Eduardo Jesús Vargas Rojas (99/40), Benjamin Anthony Brereton (4/1). Trainer: Martín Bernardo Lasarte Arróspide (Uruguay, 7).

02.07.2021, 47th Copa América, Quarter-Finals
Estádio Olímpico "Nilton Santos", Rio de Janeiro (Brazil); Attendance: 0
Referee: Patricio Loustau (Argentina)
BRAZIL - CHILE **1-0(0-0)**
CHI: Claudio Andrés Bravo Muñoz (133/0), Mauricio Aníbal Isla Isla (125/4), Gary Alexis Medel Soto (134/7), Eugenio Esteban Mena Reveco (63/3), Sebastián Ignacio Vegas Orellana (13/1) [64.Carlos Enrique Palacios Núñez (5/0)], Francisco Andrés Sierralta Carvallo (8/0), Arturo Erasmo Vidal Pardo (124/32), Charles Mariano Aránguiz Sandoval (87/7) [88.Diego Martín Valencia Morello (1/0)], Erick Antonio Pulgar Farfán (32/2) [76.Jean David Meneses Villarroel (12/2)], Alexis Alejandro Sánchez Sánchez (139/46) [46.Benjamin Anthony Brereton (5/1)], Eduardo Jesús Vargas Rojas (**100**/40). Trainer: Martín Bernardo Lasarte Arróspide (Uruguay, 8).

NATIONAL TEAM PLAYERS 2020/2021

Name [Club 2020/2021] (Caps and goals at 15.07.2021)	DOB	Caps	Goals

Goalkeepers

Gabriel ARIAS Arroyo [2020: Racing Club Avellaneda (ARG)]	13.09.1987	13	0
Claudio Andrés BRAVO Muñoz [2020/2021: Real Betis Balompié Sevilla (ESP)]	13.04.1983	133	0
Brayan Josué CORTÉS FERNÁNDEZ [2020: CSD Colo-Colo Santiago]	11.03.1995	4	0

Defenders

Yonathan Wladimir ANDÍA León [2020: Club Universidad de Chile]	06.08.1992	1	0
Jean André Emanuel BEAUSEJOUR Coliqueo [2020: Club Universidad de Chile Santiago]	01.06.1984	109	6
Nicolás Andrés DÍAZ Huincales [2020: Mazatlán FC (MEX)]	20.05.1999	2	0
Paulo César DÍAZ Huincales [2020: CA River Plate Buenos Aires (ARG)]	24.03.1994	27	0
Daniel Enrique GONZÁLEZ Orellana [2021: CD Santiago Wanderers]	20.02.2002	1	0
Mauricio Aníbal ISLA Isla [2020/2021: CR Flamengo Rio de Janeiro (BRA)]	12.06.1988	125	4
Guillermo Alfonso MARIPÁN Loaysa [2020/2021: AS Monaco FC (FRA)]	06.05.1994	31	2
Gary Alexis MEDEL Soto [2020/2021: Bologna FC 1909 (ITA)]	03.08.1987	134	7
Eugenio Esteban MENA Reveco [2021: Racing Club Avellaneda (ARG)]	18.07.1988	63	3
Enzo Pablo ROCO Roco [2020/2021: Fatih Karagümrük SK (TUR)]	16.08.1992	28	1
Francisco Andrés SIERRALTA Carvallo [2020/2021: Watford FC (ENG)]	06.05.1997	8	0
Sebastián Ignacio VEGAS Orellana [2020/2021: CF Monterrey (MEX)]	04.12.1996	13	1
Erick Andrés WIEMBERG Higuera [2021: Unión La Calera]	20.06.1994	1	0

Midfielders

Tomás Jesús ALARCÓN Vergara *[2021: CD O`Higgins Rancagua]*	19.01.1999	7	0
Charles Mariano ARÁNGUIZ Sandoval *[2020/2021: TSV Bayer 06 Leverkusen (GER)]*	17.04.1989	87	7
Pablo Mauricio ARÁNGUIZ Salazar *[2021: Club Universidad de Chile]*	17.03.1997	1	0
Claudio Andrés BAEZA Baeza *[2020: ID Necaxa Aguascalientes (MEX)]*	23.12.1993	8	0
Rodrigo Eduardo ECHEVERRÍA Sáez *[2020: Everton de Viña del Mar]*	17.05.1995	1	0
José Pedro FUENZALIDA Gana *[2020: CD Universidad Católica Santiago]*	22.02.1985	55	5
Pablo Ignacio GALDAMES Millán *[2021: CA Vélez Sarsfield Buenos Aires]*	30.12.1996	6	0
Luis Antonio JIMÉNEZ Garcés *[2021: CD Palestino Santiago]*	17.06.1984	28	3
Pablo Alejandro PARRA Rubilar *[2021: CDP Curicó Unido]*	23.07.1994	1	0
César Ignacio PINARES Tamayo *[2020/2021: Grêmio Foot-Ball Porto Alegrense (BRA)]*	23.05.1991	18	1
Erick Antonio PULGAR Farfán *[2020/2021: ACF Fiorentina (ITA)]*	15.01.1994	32	2
Ignacio Antonio SAAVEDRA Pino *[2021: CD Universidad Católica Santiago]*	12.01.1999	1	0
Arturo Erasmo VIDAL Pardo *[2020/2021: FC Internazionale Milano (ITA)]*	22.05.1987	124	32

Forwards

Luciano Daniel ARRIAGADA García *[2021: CSD Colo-Colo Santiago]*	30.04.2002	1	0
Benjamín Anthony BRERETON *[2021: Blackburn Rovers FC (ENG)]*	18.04.1999	5	1
Víctor Alejandro DÁVILA Zavala *[2020: CF Pachuca (MEX)]*	04.11.1997	2	0
Ángelo José HENRÍQUEZ Iturra *[2021: Club Universidad de Chile Santiago]*	13.04.1994	13	2
Jean David MENESES Villarroel *[2020/2021: Club León (MEX)]*	16.03.1993	12	2
Clemente José MONTES Barroilhet *[2021: CD Universidad Católica Santiago]*	25.04.2001	1	0
Felipe Andrés MORA Aliaga *[2020: CF UNAM Ciudad de México (MEX); 19.01.2021-> Portland Timbers (USA)]*	02.08.1993	8	1
Niklas Fernando NYGÅRD Castro *[2020: Aalesunds FK (NOR)]*	08.01.1996	1	0
Fabián Ariel ORELLANA Valenzuela *[2020/2021: Real Valladolid CF (ESP)]*	27.01.1986	44	2
Carlos Enrique PALACIOS Núñez *[2020: Club Unión Española Santiago; 22.03.3021-> SC Internacional Porto Alegre (BRA)]*	20.07.2000	5	0
Alexis Alejandro SÁNCHEZ Sánchez *[2020/2021: FC Internazionale Milano (ITA)]*	19.12.1988	139	46
Diego Martín VALENCIA Morello *[2021: CD Universidad Católica Santiago]*	14.01.2000	1	0
Eduardo Jesús VARGAS Rojas *[2020/2021: Clube Atlético Mineiro Belo Horizonte (BRA)]*	20.11.1989	100	40
Andrés Alejandro VILCHES Araneda *[2020: Unión La Calera]*	14.01.1992	2	0

National coach

Reinaldo RUEDA Rivera (Colombia) [08.01.2018 – 13.01.2021]	16.04.1957	27 M; 9 W; 8 D; 10 L; 35-35
Martín Bernardo LASARTE Arróspide (Uruguay) [from 14.02.2021]	20.03.1961	8 M; 2 W; 4 D; 2 L; 7-8

COLOMBIA

The Country:
República de Colombia (Republic of Colombia) Capital: Bogotá Surface: 1,141,748 km² Inhabitants: 50,372,424 [2020] Time: UTC-5

The FA:
Federación Colombiana de Fútbol Carrera 45 A No. 94-06, Pisos 6, 7 y 8, Bogotá D.C. Year of Formation: 1924 Member of FIFA since: 1936 Member of CONMEBOL since: 1936 Internet: fcf.com.co

NATIONAL TEAM RECORDS	
First international match:	10.02.1938, Ciudad de Panamá: Mexico – Colombia 3-1
Most international caps:	David Ospina Ramírez – 113 caps (since 2007)
Most international goals:	Radamel Falcao García Zárate - 34 goals / 89 caps (since 2007)

FIFA CONFEDERATIONS CUP 1992-2017
2003 (4th Place)

OLYMPIC FOOTBALL TOURNAMENTS 1908-2016							
1908	Did not enter	1948	Did not enter	1972	Group Stage	1996	Qualifiers
1912	Did not enter	1952	Did not enter	1976	Qualifiers	2000	Qualifiers
1920	Did not enter	1956	Did not enter	1980	Group Stage	2004	Qualifiers
1924	Did not enter	1960	Qualifiers	1984	Qualifiers	2008	Qualifiers
1928	Did not enter	1964	Qualifiers	1988	Qualifiers	2012	Qualifiers
1936	Did not enter	1968	Group Stage	1992	Group Stage	2016	Quarter-Finals

COPA AMÉRICA	
1916	Did not enter
1917	Did not enter
1919	Did not enter
1920	Did not enter
1921	Did not enter
1922	Did not enter
1923	Did not enter
1924	Did not enter
1925	Did not enter
1926	Did not enter
1927	Did not enter
1929	Did not enter
1935	Did not enter
1937	Did not enter
1939	Did not enter
1941	Did not enter
1942	Did not enter
1945	5th Place
1946	*Withdrew*
1947	8th Place
1949	8th Place
1953	*Withdrew*
1955	*Withdrew*
1956	*Withdrew*
1957	5th Place
1959	*Withdrew*
1959E	*Withdrew*
1963	7th Place
1967	Qualifying Round
1975	Runners-up
1979	Round 1
1983	Round 1
1987	3rd Place
1989	Group Stage
1991	4th Place
1993	3rd Place
1995	3rd Place
1997	Quarter-Finals
1999	Quarter-Finals
2001	**Winners**
2004	4th Place
2007	Group Stage
2011	Quarter-Finals
2015	Quarter-Finals
2016	3rd Place
2019	Quarter-Finals
2021	3rd Place

FIFA WORLD CUP	
1930	Did not enter
1934	Did not enter
1938	*Withdrew*
1950	Did not enter
1954	Did not enter
1958	Qualifiers
1962	Final Tournament (Group Stage)
1966	Qualifiers
1970	Qualifiers
1974	Qualifiers
1978	Qualifiers
1982	Qualifiers
1986	Qualifiers
1990	Final Tournament (2nd Round of 16)
1994	Final Tournament (Group Stage)
1998	Final Tournament (Group Stage)
2002	Qualifiers
2006	Qualifiers
2010	Qualifiers
2014	Final Tournament (Quarter-Finals)
2018	Final Tournament (2nd Round of 16)

COLOMBIAN CLUB HONOURS IN SOUTH AMERICAN CLUB COMPETITIONS:
COPA LIBERTADORES 1960-2020
Club Atlético Nacional Medellín (1989, 2016)   Corporación Deportiva Once Caldas Manizales (2004)
COPA SUDAMERICANA 2002-2020
Club Independiente Santa Fe Bogotá (2015)
RECOPA SUDAMERICANA 1989-2020
Club Atlético Nacional Medellín (2017)
COPA CONMEBOL 1992-1999
None
SUPERCUP „JOÃO HAVELANGE" 1988-1997*
None
COPA MERCONORTE 1998-2001**
Corporación Deportiva Atlético Nacional Medellín (1998, 2000)   Corporación Deportiva América de Cali (1999)   Club Deportivo Los Millonarios Bogotá (2001)

*Contested betwenn winners of all previous editions of the Copa Libertadores
**Contested between teams belonging countries from the northern part of South America (Bolivia, Colombia, Ecuador, Peru and Venezuela);

NATIONAL COMPETITIONS   TABLE OF HONOURS

NATIONAL CHAMPIONS 1948-2020	
1948	Independiente Santa Fé Bogotá[1]
1949	CD Los Millonarios Bogotá
1950	CD Once Caldas Manizales
1951	CD Los Millonarios Bogotá
1952	CD Los Millonarios Bogotá
1953	CD Los Millonarios Bogotá
1954	Club Atlético Nacional Medellín
1955	CD Independiente Medellín
1956	Deportes Quindío Armenia
1957	CD Independiente Medellín
1958	Independiente Santa Fé Bogotá
1959	CD Los Millonarios Bogotá
1960	Independiente Santa Fé Bogotá
1961	CD Los Millonarios Bogotá
1962	CD Los Millonarios Bogotá
1963	CD Los Millonarios Bogotá
1964	CD Los Millonarios Bogotá
1965	Asociación Deportivo Cali
1966	Independiente Santa Fé Bogotá
1967	Asociación Deportivo Cali
1968	AD Unión Magdalena Santa Marta
1969	Asociación Deportivo Cali
1970	Asociación Deportivo Cali
1971	Independiente Santa Fé Bogotá

Year	Champion
1972	CD Los Millonarios Bogotá
1973	Club Atlético Nacional Medellín
1974	Asociación Deportivo Cali
1975	Independiente Santa Fé Bogotá
1976	Club Atlético Nacional Medellín
1977	CDPJ Atlético Junior Barranquilla
1978	CD Los Millonarios Bogotá
1979	CD América de Cali
1980	CDPJ Atlético Junior Barranquilla
1981	Club Atlético Nacional Medellín
1982	CD América de Cali
1983	CD América de Cali
1984	CD América de Cali
1985	CD América de Cali
1986	CD América de Cali
1987	CD Los Millonarios Bogotá
1988	CD Los Millonarios Bogotá
1989	*Championship cancelled*
1990	CD América de Cali
1991	Club Atlético Nacional Medellín
1992	CD América de Cali
1993	CDPJ Atlético Junior Barranquilla
1994	Club Atlético Nacional Medellín
1995	CDPJ Atlético Junior Barranquilla[2]
1995/1996	Asociación Deportivo Cali
1996/1997	CD América de Cali
1998	Asociación Deportivo Cali
1999	Club Atlético Nacional Medellín
2000	CD América de Cali
2001	CD América de Cali
2002 Ape:	CD América de Cali
Fin:	CD Independiente Medellín
2003 Ape:	CD Once Caldas Manizales
Fin:	CC Deportes Tolima Ibagué
2004 Ape:	CD Independiente Medellín
Fin:	CDPJ Atlético Junior Barranquilla
2005 Ape:	Club Atlético Nacional Medellín
Fin:	Asociación Deportivo Cali
2006 Ape:	Asociación Deportivo Pasto
Fin:	CN Cúcuta Deportivo
2007 Ape:	Club Atlético Nacional Medellín
Fin:	Club Atlético Nacional Medellín
2008 Ape:	Boyacá Chicó FC Tunja
Fin:	CD América de Cali
2009 Ape:	CD Once Caldas Manizales
Fin:	CD Independiente Medellín
2010 Ape:	CDP Junior Barranquilla
Fin:	CD Once Caldas Manizales
2011 Ape:	Club Atlético Nacional Medellín
Fin:	CDP Junior Barranquilla
2012 Ape:	Santa Fe CD Bogotá
Fin:	CD Los Millonarios Bogotá

2013	Ape:	Club Atlético Nacional Medellín
	Fin:	Club Atlético Nacional Medellín
2014	Ape:	Club Atlético Nacional Medellín
	Fin:	Santa Fe CD Bogotá
2015	Ape:	Asociación Deportivo Cali
	Fin:	Club Atlético Nacional Medellín
2016	Ape:	CD Independiente Medellín
	Fin:	Club Independiente Santa Fe Bogotá
2017	Ape:	Club Atlético Nacional Medellín
	Fin:	CD Los Millonarios Bogotá
2018	Ape:	CC Deportes Tolima Ibagué
	Fin:	CDP Junior Barranquilla
2019	Ape:	CDP Junior Barranquilla
	Fin:	SAD América de Cali
2020	Ape:	SAD América de Cali

[1] became Santa Fe CD Bogotá.
[2] became CDP Junior Barranquilla.

	BEST GOALSCORERS	
1948	Alfredo Castillo (ARG, CD Los Millonarios Bogotá)	31
1949	Pedro Cabillón (ARG, CD Los Millonarios Bogotá)	42
1950	Casimiro Ávalos (PAR, CSDC de Pereira)	27
1951	Alfredo Stéfano Di Stéfano Laulhé (ARG, CD Los Millonarios Bogotá)	31
1952	Alfredo Stéfano Di Stéfano Laulhé (ARG, CD Los Millonarios Bogotá)	19
1953	Mario Garelli (ARG, Deportes Quindío Armenia)	20
1954	Carlos Alberto Gambina (ARG, Club Atlético Nacional Medellín)	21
1955	Felipe Marino (ARG, CD Independiente Medellín)	22
1956	Jaime Gutiérrez (Deportes Quindío Armenia)	21
1957	José Vicente Grecco (ARG, CD Independiente Medellín)	30
1958	José Americo Montanini (ARG, Club Atlético Bucaramanga CD)	36
1959	Felipe Marino (ARG, CN Cúcuta Deportivo)	35
1960	Walter Marcolini (ARG, Asociación Deportivo Cali)	30
1961	Alberto Perazzo (ARG, Independiente Santa Fé Bogotá)	32
1962	José Omar Verdún (URU, CN Cúcuta Deportivo)	36
1963	Omar Lorenzo Devanni (ARG, Club Atlético Bucaramanga CD) José Omar Verdún (URU, CN Cúcuta Deportivo)	36
1964	Omar Lorenzo Devanni (ARG, AD Unión Magdalena Santa Marta / Club Atlético Bucaramanga CD)	28
1965	Perfecto Rodríguez (ARG, CD Independiente Medellín)	38
1966	Omar Lorenzo Devanni (ARG, Independiente Santa Fé Bogotá)	31
1967	José María Ferrero (ARG, CD Los Millonarios Bogotá)	38
1968	José María Ferrero (ARG, CD Los Millonarios Bogotá)	32
1969	Hugo Horacio Londero (ARG, CD América de Cali)	25
1970	José María Ferrero (ARG, CN Cúcuta Deportivo) Walter Sosa (URU, Independiente Santa Fé Bogotá)	27
1971	Hugo Horacio Londero (ARG, CN Cúcuta Deportivo) Apolinar Paniagua (PAR, CSDC de Pereira)	30
1972	Hugo Horacio Londero (ARG, CN Cúcuta Deportivo)	27
1973	Nelson Silva Pacheco (URU, CN Cúcuta Deportivo)	36
1974	Víctor Ephanor (BRA, CDPJ Atlético Junior Barranquilla)	33
1975	Jorge Ramón Cáceres (ARG, CSDC de Pereira)	35

Year	Player	Goals
1976	Miguel Ángel Converti (ARG, CD Los Millonarios Bogotá)	33
1977	Oswaldo Marcial Palavecino (ARG, Club Atlético Nacional Medellín)	33
1978	Oswaldo Marcial Palavecino (ARG, Club Atlético Nacional Medellín)	36
1979	Juan José Irigiyon (ARG, CD Los Millonarios Bogotá)	36
1980	Sergio Cierra (ARG, CSDC de Pereira)	26
1981	Víctor Hugo Del Río (ARG, CC Deportes Tolima Ibagué)	29
1982	Miguel Oswaldo González (ARG, Club Atlético Bucaramanga CD)	27
1983	Hugo Ernesto Gottardi (ARG, Independiente Santa Fé Bogotá)	29
1984	Hugo Ernesto Gottardi (ARG, Independiente Santa Fé Bogotá)	23
1985	Miguel Oswaldo González (ARG, Club Atlético Bucaramanga CD)	34
1986	Hugo Ramón Sosa (ARG, CD Independiente Medellín)	23
1987	Jorge Orlando Aravena Plaza (CHI, Asociación Deportivo Cali)	23
1988	Sergio Angulo Bolaños (Independiente Santa Fé Bogotá)	29
1989	Héctor Gerardo Móndez (URU, CSDC de Pereira)	17
1990	Antony William de Ávila Charris (CD América de Cali)	25
1991	Sergio Angulo Bolaños (CDPJ Atlético Junior Barranquilla)	30
1992	John Jairo Tréllez (Club Atlético Nacional Medellín)	25
1993	Miguel Guerrero (CDPJ Atlético Junior Barranquilla)	34
1994	Rubén Darío Hernández (Club Atlético Nacional Medellín / CSDC de Pereira / CD América de Cali)	32
1995	Iván René Valenciano Pérez (CDPJ Atlético Junior Barranquilla)	24
1995/1996	Iván René Valenciano Pérez (CDPJ Atlético Junior Barranquilla)	36
1996/1997	Hamilton Ricard Cuesta (Asociación Deportivo Cali)	36
1998	Víctor Manuel Bonilla Hinestroza (Asociación Deportivo Cali)	37
1999	Sergio Galván Rey (ARG, CD Once Caldas Manizales)	26
2000	Carlos Alberto Castro (CD Los Millonarios Bogotá)	24
2001	Carlos Alberto Castro (CD Los Millonarios Bogotá) Jorge Horacio Serna Castañeda (CD Independiente Medellín)	29
2002 Ape:	Luis Fernando Zuleta (AD Unión Magdalena Santa Marta)	13
Fin:	Orlando Enrique Ballesteros Santos (Club Atlético Bucaramanga CD) Milton Fabián Rodríguez Suárez (CSDC de Pereira)	13
2003 Ape:	Arnulfo Valentierra Cuero (CD Once Caldas Manizales)	13
Fin:	Léider Calimenio Preciado Guerrero (Asociación Deportivo Cali)	17
2004 Ape:	Sergio Darío Herrera Month (CD América de Cali)	13
Fin:	Leonardo Fabio Moreno Cortés (CD América de Cali) Léider Calimenio Preciado Guerrero (Independiente Santa Fé Bogotá)	15
2005 Ape:	Víctor Hugo Aristizábal Posada (Club Atlético Nacional Medellín)	16
Fin:	Jémerson Rentería (Independiente Santa Fé Bogotá) Hugo Rodalega Martínez (Asociación Deportivo Cali)	12
2006 Ape:	Jorge Moreno (CN Cúcuta Deportivo)	15
Fin:	Diego Álvarez (CD Independiente Medellín) John Jairo Charria Escobar (CC Deportes Tolima Ibagué)	11
2007 Ape:	Fredy Henkyer Montero Muñoz Jr. (CD Atlético Huila Neiva) Sergio Galván Rey (Club Atlético Nacional Medellín)	13
Fin:	Dayro Mauricio Moreno Galindo (CD Once Caldas Manizales)	16
2008 Ape:	Iván Velásquez (Deportes Quindío Armenia) Miguel Eduardo Caneo (ARG, Boyacá Chicó FC Tunja)	13
Fin:	Fredy Henkyer Montero Muñoz Jr. (Asociación Deportivo Cali)	16
2009 Ape:	Teófilo Antonio Gutiérrez Rocancio (CDP Junior Barranquilla)	16
Fin:	Jackson Arley Martínez Valencia (CD Independiente Medellín)	18
2010 Ape:	Carlos Arturo Bacca Ahumada (CDP Junior Barranquilla) Carlos Alveiro Rentería Cuesta (CD La Equidad Seguros Bogotá)	12

	Fin:	Wilder Andrés Medina Tamayo (CC Deportes Tolima Ibagué)	17
2011	Ape:	Carlos Alveiro Rentería Cuesta (Club Atlético Nacional Medellín)	12
	Fin:	Carlos Arturo Bacca Ahumada (CDP Junior Barranquilla)	12
2012	Ape:	Robin Ariel Ramírez González (CC Deportes Tolima Ibagué)	13
	Fin:	Henry Javier Hernández Álvarez (CN Cúcuta Deportivo)	9
2013	Ape:	Wilder Andrés Medina Tamayo (Santa Fe CD Bogotá)	12
	Fin:	Dayro Mauricio Moreno Galindo (CD Los Millonarios Bogotá)	
		Luis Carlos Ruiz Morales (CDP Junior Barranquilla)	16
2014	Ape:	Dayro Mauricio Moreno Galindo (CD Los Millonarios Bogotá)	13
	Fin:	Germán Ezequiel Cano (ARG, CD Independiente Medellín)	16
2015	Ape:	Fernando Uribe Hincapié (Millonarios FC Bogotá)	15
	Fin:	Jefferson Andrés Duque Montoya (Club Atlético Nacional Medellín)	15
2016	Ape:	Miguel Ángel Borja Hernández (Corporación Club Deportivo Tuluá)	19
	Fin:	Ayron del Valle Rodríguez (Millonarios FC Bogotá)	12
2017	Ape:	Dayro Mauricio Moreno Galindo (Club Atlético Nacional Medellín)	14
	Fin:	Yimmi Javier Chará Zamora (CDP Junior Barranquilla)	
		Ayron del Valle Rodríguez (Millonarios FC Bogotá)	
		Dayro Mauricio Moreno Galindo (Club Atlético Nacional Medellín)	
		Carmelo Enrique Valencia Chaverra (CD La Equidad Seguros Bogotá)	11
2018	Ape:	Germán Ezequiel Cano Recalde (ARG, CD Independiente Medellín)	12
	Fin:	Germán Ezequiel Cano Recalde (ARG, CD Independiente Medellín)	20
2019	Ape:	Germán Ezequiel Cano Recalde (ARG, CD Independiente Medellín)	21
	Fin:	Germán Ezequiel Cano Recalde (ARG, CD Independiente Medellín)	
		Michael Jhon Ander Rangel Valencia (SAD América de Cali)	13
2020	Ape:	Miguel Ángel Borja Hernández (CDP Junior Barranquilla)	14

NATIONAL CHAMPIONSHIP
PRIMERA A 2020 / Liga BetPlay DIMAYOR

Please note: prior to the COVID-19 pandemic, the league season was planned to be played as follows: two tournaments (Apertura and Finalización), with three stages each. Unfortunately, the competition was suspended from 13.03. to 12.09.2020 due to COVID-19 pandemic.
On 25.07.2020, DIMAYOR (División Mayor del Fútbol Colombiano) decided to continue playing the Torneo Apertura as the only tournament to be held in the 2020 season (with the Final stage originally planned for the Torneo Finalización). On 13.08.2020, DIMAYOR's General Assembly decided also to suspend relegation for this season and postpone it until the end of the first tournament 2021.

Torneo Apertura

Results

Round 1 [23-26.01.2020]
CD Tolima - CD Independiente 2-2(1-2)
Águilas Doradas - Jaguares 2-0(0-0)
Once Caldas - Santa Fe 0-0
Envigado FC - Boyacá Chicó 1-0(0-0)
Atlét. Bucaramanga - Deportivo Cali 0-2(0-1)
CDP Junior - La Equidad 2-0(1-0)
América de Cali - Alianza Petrolera 3-1(2-1)
Patriotas - Cúcuta Deportivo 1-1(1-1)
Atlético Nacional - CSDC Pereira 2-0(0-0)
Millonarios - Deportivo Pasto 1-2(0-2)

Round 2 [28-30.01.2020]
Once Caldas - Atlético Bucaramanga 1-1(1-1)
CD Independiente - Águilas Doradas 2-1(1-0)
Deportivo Cali - CDP Junior 0-0
Jaguares - América de Cali 2-2(1-1)
Boyacá Chicó - Patriotas 1-0(0-0)
La Equidad - Atlético Nacional 3-4(3-2)
Alianza Petrolera - CSDC Pereira 1-0(0-0)
Santa Fe - Envigado FC 1-1(1-0)
Cúcuta Deportivo - Millonarios 1-1(0-0)
Deportivo Pasto - CD Tolima 1-3(1-2) [13.09.]

Round 3 [01-04.02.2020]
Atlético Bucaramanga - CD Tolima 0-0
CDP Junior - CD Independiente 1-0(1-0)
Atlético Nacional - Jaguares 1-2(0-0)
CSDC Pereira - Cúcuta Deportivo 2-0(0-0)
Millonarios - La Equidad 2-2(1-1)
América de Cali - Boyacá Chicó 1-0(1-0)
Alianza Petrolera - Deportivo Pasto 0-1(0-1)
Águilas Doradas - Santa Fe 1-0(0-0)
Envigado FC - Once Caldas 0-1(0-0)
Patriotas - Deportivo Cali 0-0

Round 4 [07-11.02.2020]
CD Independiente - Patriotas 3-1(1-0)
Deportivo Pasto - Atlét. Bucaramanga 4-0(2-0)
CD Tolima - Envigado FC 3-0(1-0)
Cúcuta Deportivo - Alianza Petrolera 0-2(0-1)
Deportivo Cali - América de Cali 2-1(1-0)
Santa Fe - CDP Junior 3-1(2-0)
La Equidad - CSDC Pereira 3-3(1-1)
Jaguares - Millonarios 4-1(1-1)
Once Caldas - Águilas Doradas 1-1(1-1)
Boyacá Chicó - Atlético Nacional 0-3(0-1)

Round 5 [14-18.02.2020]
Águilas Doradas - CD Tolima 1-1(0-1)
Alianza Petrolera - La Equidad 1-0(1-0)
América de Cali - CD Independiente 2-0(0-0)
Millonarios - Boyacá Chicó 2-1(0-0)
Atlético Nacional - Deportivo Cali 2-2(1-2)
Patriotas - Santa Fe 0-2(0-1)
Envigado FC - Atlético Bucaramanga 4-0(3-0)
CDP Junior - Once Caldas 0-0
Cúcuta Deportivo - Deportivo Pasto 0-0
CSDC Pereira - Jaguares 1-0(1-0)

Round 6 [21-24.02.2020]
Deportivo Pasto - Envigado FC 1-0(0-0)
Santa Fe - América de Cali 2-0(0-0)
Boyacá Chicó - CSDC Pereira 0-1(0-1)
CD Independiente - Atlético Nacional 1-3(0-2)
CD Tolima - CDP Junior 0-0
La Equidad - Cúcuta Deportivo 4-1(2-1)
Atlét. Bucaramanga - Águilas Doradas 2-0(2-0)
Once Caldas - Patriotas 0-0
Jaguares - Alianza Petrolera 1-3(1-0)
Deportivo Cali - Millonarios 1-1(1-0) [12.09.]

363

Round 7 [28.02.-03.03.2020]
CDP Junior - Jaguares 3-2(0-1)
Patriotas - Boyacá Chicó 1-1(0-0)
Atlético Nacional - CD Independiente 1-1(0-1)
América de Cali - Deportivo Cali 1-1(0-0)
Alianza Petrolera - CD Tolima 0-1(0-1)
Deportivo Pasto - La Equidad 1-2(0-0)
Águilas Doradas - Envigado FC 1-1(0-0)
Cúcuta Deportivo - Atl. Bucaramanga 0-1(0-0)
CSDC Pereira - Once Caldas 1-3(1-2)
Millonarios - Santa Fe 0-0

Round 8 [06-10.03.2020]
Deportivo Cali - CSDC Pereira 2-2(1-1)
Once Caldas - América de Cali 1-1(1-0)
CD Independiente - Millonarios 1-0(1-0)
Atlético Bucaramanga - CDP Junior 1-1(0-0)
Boyacá Chicó - Alianza Petrolera 2-2(2-1)
Envigado FC - Águilas Doradas 2-2(1-0)
Santa Fe - Atlético Nacional 2-2(0-1)
CD Tolima - Patriotas 1-0(1-0)
Jaguares - Cúcuta Deportivo 0-3(0-1)
La Equidad - Deportivo Pasto 1-1(0-0)

Round 9 [18-22.09.2020]
La Equidad - Boyacá Chicó 4-0(2-0)
Patriotas - Envigado FC 0-1(0-1)
CSDC Pereira - Santa Fe 1-2(1-1)
Alianza Petrolera - CD Independiente 1-0(0-0)
Millonarios - Once Caldas 1-3(1-2)
Deportivo Pasto - Jaguares 2-0(0-0)
América de Cali - Atlét. Bucaramanga 2-1(1-0)
CDP Junior - Águilas Doradas 2-1(1-0)
Cúcuta Deportivo - Deportivo Cali 3-3(1-2)
Atlét. Nacional - CD Tolima 1-2(0-1) [30.09.]

Round 10 [25-29.09.2020]
Jaguares - La Equidad 2-0(2-0)
Once Caldas - Atlético Nacional 2-0(1-0)
Atlético Bucaramanga - Patriotas 1-1(0-0)
Envigado FC - CDP Junior 1-0(1-0)
CD Tolima - América de Cali 1-0(1-0)
Boyacá Chicó - Cúcuta Deportivo 0-2(0-1)
Deportivo Cali - Alianza Petrolera 2-0(1-0)
CD Independiente - CSDC Pereira 1-1(0-0)
Santa Fe - Millonarios 1-1(0-0)
Águilas Doradas - Deportivo Pasto 1-1(1-0)

Round 11 [02-04.10.2020]
Alianza Petrolera - Once Caldas 1-1(1-1)
Cúcuta Deportivo - Santa Fe 2-3(2-1)
Millonarios - Atlético Bucaramanga 0-0
Deportivo Pasto - Boyacá Chicó 2-1(1-1)
Jaguares - Deportivo Cali 0-0
CSDC Pereira - CD Tolima 0-0
Atlético Nacional - Envigado FC 3-2(1-1)
Patriotas - CDP Junior 0-0
América de Cali - Águilas Doradas 3-1(2-0)
La Equidad - CD Independiente 1-0(0-0)

Round 12 [06-08.10.2020]
Santa Fe - Alianza Petrolera 4-1(1-1)
Once Caldas - CSDC Pereira 0-3(0-2) *awarded*
CD Tolima - Millonarios 2-2(2-1)
Atl. Bucaramanga - Atlético Nacional 1-2(1-2)
Deportivo Cali - La Equidad 1-0(0-0)
Envigado FC - América de Cali 1-1(1-1)
CDP Junior - Deportivo Pasto 0-1(0-0)
Águilas Doradas - Patriotas 3-0(3-0)
Boyacá Chicó - Jaguares 1-0(1-0)
CD Independiente - Cúcuta Deportivo 4-1(0-1)

Round 13 [10-12.10.2020]
La Equidad - Once Caldas 2-0(1-0)
CSDC Pereira - Envigado FC 1-1(0-1)
Deportivo Pasto - Deportivo Cali 1-1(0-0)
Atlético Nacional - CDP Junior 2-2(1-1)
Cúcuta Deportivo - CD Tolima 0-3(0-0)
Boyacá Chicó - CD Independiente 1-0(0-0)
América de Cali - Patriotas 3-0(2-0)
Millonarios - Águilas Doradas 0-0
Alianza Petrolera - Atl. Bucaramanga 1-2(0-1)
Jaguares - Santa Fe 1-1(0-0)

Round 14 [14-15.10.2020]
Patriotas - Deportivo Pasto 1-1(0-0)
Deportivo Cali - Boyacá Chicó 3-1(3-1)
Once Caldas - Cúcuta Deportivo 1-1(0-1)
Envigado FC - Millonarios 1-2(1-1)
CDP Junior - América de Cali 1-1(1-1)
Santa Fe - La Equidad 1-0(0-0)
CD Independiente - Jaguares 1-1(1-1)
CD Tolima - Alianza Petrolera 3-1(2-0)
Águilas Doradas - Atlético Nacional 2-3(1-1)
Atlético Bucaramanga - CSDC Pereira 1-0(0-0)

Round 15 [17-19.10.2020]
Boyacá Chicó - Once Caldas 1-1(1-0)
Cúcuta Deportivo - Envigado FC 1-0(0-0)
Millonarios - Patriotas 1-0(1-0)
La Equidad - Atlético Bucaramanga 2-1(0-1)
CSDC Pereira - CDP Junior 0-2(0-2)
Jaguares - CD Tolima 1-1(0-1)
Atlético Nacional - América de Cali 2-2(0-1)
Deportivo Pasto - CD Independiente 2-1(2-1)
Alianza Petrolera - Águilas Doradas 0-1(0-1)
Deportivo Cali - Santa Fe 3-2(1-0)

Round 16 [24-26.10.2020]
Once Caldas - Jaguares 2-1(1-0)
CD Tolima - La Equidad 1-2(0-0)
CDP Junior - Millonarios 1-1(0-0)
Envigado FC - Alianza Petrolera 3-3(1-3)
Patriotas - Atlético Nacional 2-1(0-0)
Santa Fe - Boyacá Chicó 3-1(3-0)
América de Cali - Deportivo Pasto 3-2(2-0)
CD Independiente - Deportivo Cali 2-3(1-3)
Águilas Doradas - CSDC Pereira 1-0(1-0)
Atl. Bucaramanga - Cúcuta Deportivo 1-0(0-0)

Round 17 [31.10.-03.11.2020]
Jaguares - Envigado FC 0-0
Millonarios - Atlético Nacional 3-0(3-0)
Deportivo Cali - CD Tolima 1-2(1-0)
La Equidad - Águilas Doradas 0-0
Cúcuta Deportivo - CDP Junior 1-4(1-1)
Deportivo Pasto - Santa Fe 1-1(1-0)
CD Independiente - Once Caldas 1-1(0-1)
Boyacá Chicó - Atlético Bucaramanga 1-0(0-0)
CSDC Pereira - América de Cali 0-1(0-1)
Alianza Petrolera - Patriotas 0-0

Round 18 [05-08.11.2020]
Santa Fe - CD Independiente 3-0(0-0)
Envigado FC - La Equidad 1-1(0-1)
Águilas Doradas - Cúcuta Deportivo 2-1(0-0)
Patriotas - CSDC Pereira 1-0(1-0)
Atlético Bucaramanga - Jaguares 2-2(2-2)
CD Tolima - Boyacá Chicó 2-0(0-0)
América de Cali - Millonarios 0-2(0-0)
Once Caldas - Deportivo Cali 1-1(0-1)
CDP Junior - Alianza Petrolera 2-1(1-0)
Atlético Nacional - Deportivo Pasto 1-0(0-0)

Round 19 [10-12.11.2020]
La Equidad - Patriotas 1-0(1-0)
CD Independiente - Atl. Bucaramanga 1-0(0-0)
CSDC Pereira - Millonarios 0-2(0-0)
Santa Fe - CD Tolima 1-0(0-0)
Deportivo Cali - Envigado FC 3-0(1-0)
Jaguares - CDP Junior 2-2(0-0)
Boyacá Chicó - Águilas Doradas 1-2(0-1)
Alianza Petrolera - Atlético Nacional 2-3(1-1)
Cúcuta Depor. - América de Cali 0-3 *awarded*
Deportivo Pasto - Once Caldas 2-1(2-1)

Round 20 [14-15.11.2020]
Patriotas - Jaguares 2-0(0-0)
Envigado FC - CD Independiente 2-1(2-0)
Atlético Bucaramanga - Santa Fe 1-2(1-1)
Atl. Nacional - Cúcuta Deportivo 3-0 *awarded*
CSDC Pereira - Deportivo Pasto 1-1(1-1)
Millonarios - Alianza Petrolera 6-1(2-1)
América de Cali - La Equidad 1-2(0-1)
CDP Junior - Boyacá Chicó 3-0(0-0)
Águilas Doradas - Deportivo Cali 4-1(1-0)
CD Tolima - Once Caldas 2-3(2-1)

Final Standings

1.	Club Independiente Santa Fe Bogotá	20	11	7	2	34	-	17	40
2.	CD Tolima Ibagué	20	10	7	3	30	-	16	37
3.	Atlético Nacional Medellín	20	10	5	5	39	-	31	35
4.	Asociación Deportivo Cali	20	8	10	2	32	-	23	34
5.	Asociación Deportivo Pasto	20	9	7	4	27	-	19	34
6.	CDP Junior Barranquilla	20	8	9	3	27	-	17	33
7.	SAD América de Cali	20	9	6	5	31	-	22	33
8.	CD La Equidad Seguros Bogotá	20	9	5	6	30	-	23	32
9.	Rionegro Águilas Doradas	20	8	7	5	27	-	21	31
10.	Millonarios FC Bogotá	20	7	9	4	29	-	21	30
11.	CD Once Caldas Manizales	20	6	11	3	23	-	20	29
12.	Envigado FC	20	5	8	7	22	-	25	23
13.	Club Atlético Bucaramanga	20	5	6	9	16	-	26	21
14.	CD Independiente Medellín	20	5	5	10	22	-	28	20
15.	CD Alianza Petrolera Barrancabermeja	20	5	4	11	22	-	35	19
16.	CS Deportivo y Cultural Pereira	20	4	6	10	17	-	24	18
17.	Jaguares de Córdoba FC Montería	20	3	8	9	21	-	30	17
18.	Patriotas Boyacá Tunja	20	3	8	9	10	-	21	17
19.	Boyacá Chicó FC Tunja	20	4	3	13	13	-	33	15
20.	Cúcuta Deportivo FC	20	3	5	12	18	-	38	14

Top-8 were qualified for the Championship Play-offs (Fase final), while teams ranked 9-20 were qualified for the Liguilla de eliminados.

Fase Final

Quarter-Finals [21-29.11.2020]

Asociación Deportivo Pasto - Club Independiente Santa Fe Bogotá	1-0(1-0)	0-2(0-2)
CDP Junior Barranquilla - CD Tolima Ibagué	1-0(1-0)	1-0(0-0)
SAD América de Cali - Atlético Nacional Medellín	1-2(1-1)	3-0(2-0)
CD La Equidad Seguros Bogotá - Asociación Deportivo Cali	1-1(0-1)	1-0(0-0)

Semi-Finals [05-13.12.2020]

CD La Equidad Seguros Bogotá - Club Independiente Santa Fe Bogotá	1-1(0-1)	1-2(0-1)
SAD América de Cali - CDP Junior Barranquilla	0-0	2-1(2-0)

Championship Finals

20.12.2020, Estadio Olímpico "Pascual Guerrero", Cali; Attendance: 0
Referee: Carlos Arturo Ortega Jaimes
SAD América de Cali - Club Independiente Santa Fe Bogotá   3-0(1-0)
América: Joel David Graterol Nader, Cristian Camilo Arrieta Medina, Marlon Aldair Torres Obeso, Pablo Antonio Ortíz Cabezas, Edwin Alexis Velasco Uzuriaga (52.Daniel Alexander Quiñones Navarro), Luis Francisco Sánchez Mosquera (73.Rafael Andrés Carrascal Avílez), Luis Alejandro Paz Mulato (52.Rodrigo Andrés Ureña Reyes), Yesus Segundo Cabrera Ramírez (80.Jhon Adolfo Arias Andrade), Santiago Moreno, Gustavo Adrián Ramos Vásquez (81.Marco Aldair Rodríguez Iraola), Duván Andrés Vergara Hernández. Trainer: Juan Cruz Real (Argentina).
Santa Fe: Andrés Leandro Castellanos Serrano, Carlos Mario Arboleda Ampudia, Fáiner Torijano Cano, Jeisson Andrés Palacios Murillo, Dixon Stiven Rentería Mosquera, Andrés Eduardo Pérez Gutiérrez (65.Juan Sebastián Pedroza Perdomo), Daniel Eduardo Giraldo Cárdenas, Jhon Jairo Velásquez Turga (77.Patricio Cucchi), Kelvin David Osorio Antury (59.Luis Manuel Seijas Gunther), Fabián Héctor Sambueza (76.Edgar Mauricio Gómez Sánchez), Jorge Luis Ramos Sánchez (65.Diego Valdés Giraldo). Trainer: Harold Rivera Roa
Goals: 1-0 Yesus Segundo Cabrera Ramírez (24), 2-0 Duván Andrés Vergara Hernández (62), 3-0 Santiago Moreno (78).

27.12.2020, Estadio „Nemesio Camacho" [El Campín], Bogotá; Attendance: 0
Referee: Wilmar Alexander Roldán Pérez
Club Independiente Santa Fe Bogotá - SAD América de Cali   2-0(2-0)
Santa Fe: Andrés Leandro Castellanos Serrano, Carlos Mario Arboleda Ampudia, Fáiner Torijano Cano, Jeisson Andrés Palacios Murillo, Dairon Mosquera Chaverra, Andrés Eduardo Pérez Gutiérrez (68.Jorge Luis Ramos Sánchez), Daniel Eduardo Giraldo Cárdenas, Fabián Héctor Sambueza, Luis Manuel Seijas Gunther (52.Jhon Jairo Velásquez Turga), Patricio Cucchi (74.Kelvin David Osorio Antury), Diego Valdés Giraldo (68.Enrique Carlos Serje Orozco). Trainer: Harold Rivera Roa
América: Joel David Graterol Nader, Cristian Camilo Arrieta Medina, Marlon Aldair Torres Obeso, Kevin Orlando Andrade Murillo, Pablo Antonio Ortíz Cabezas (45+8.Rodrigo Andrés Ureña Reyes), Luis Francisco Sánchez Mosquera (46.Daniel Alexander Quiñones Navarro), Luis Alejandro Paz Mulato, Yesus Segundo Cabrera Ramírez (83.Rafael Andrés Carrascal Avílez), Santiago Moreno (62.Jhon Adolfo Arias Andrade), Gustavo Adrián Ramos Vásquez, Duván Andrés Vergara Hernández (83.Felipe Jaramillo Velásquez). Trainer: Juan Cruz Real (Argentina).
Goals: 1-0 Jeisson Andrés Palacios Murillo (40), 2-0 Fabián Héctor Sambueza (45+3).

2020 Torneo Apertura Champions: **SAD América de Cali**

Liguilla de eliminados

Please note: due to the liquidation of Cúcuta Deportivo FC, DIMAYOR decided to exclude the club from the competition and the Liguilla was played by only 11 teams.
Each group winner and the best runner-up were qualified for the Semi-Finals. The winner of the Liguilla was qualified for the play-offs for Copa Sudamericana 2021.

Grupo A

Round 1 [26-27.11.2020]
Águilas Doradas - Envigado FC 1-1(1-0)
CD Independiente - CSDC Pereira 1-2(0-2)

Round 2 [01-02.12.2020]
CSDC Pereira - Águilas Doradas 2-2(1-2)
Envigado FC - CD Independiente 0-3(0-3)

Round 3 [09.12.2020]
Envigado FC - CSDC Pereira 0-1(0-0)
Águilas Doradas - CD Independiente 2-1(1-0)

1. CS Deportivo y Cultural Pereira	3	2	1	0	5 - 3	7
2. Rionegro Águilas Doradas	3	1	2	0	5 - 4	5
3. CD Independiente Medellín	3	1	0	2	5 - 4	3
4. Envigado FC	3	0	1	2	1 - 5	1

Grupo B

Round 1 [27-30.11.2020]
Millonarios - Once Caldas 5-2(3-0)
Boyacá Chicó - Patriotas 1-3(0-0)

Round 2 [04-05.12.2020]
Patriotas - Millonarios 2-3(1-1)
Once Caldas - Boyacá Chicó 1-0(1-0)

Round 3 [09.12.2020]
Once Caldas - Patriotas 2-0(1-0)
Millonarios - Boyacá Chicó 2-0(1-0)

1. Millonarios FC Bogotá	3	3	0	0	10 - 4	9
2. CD Once Caldas Manizales	3	2	0	1	5 - 5	6
3. Patriotas Boyacá Tunja	3	1	0	2	5 - 6	3
4. Boyacá Chicó FC Tunja	3	0	0	3	1 - 6	0

Grupo C

Round 1 [26.11.2020]
Atl. Bucaramanga - Alianza Petrolera 3-2(2-1)

Round 2 [03.12.2020]
Jaguares - Atlético Bucaramanga 0-0

Round 3 [09.12.2020]
Alianza Petrolera - Jaguares 2-2(2-1)

1. Club Atlético Bucaramanga	2	1	1	0	3 - 2	4
2. Jaguares de Córdoba FC Montería	2	0	2	0	2 - 2	2
3. CD Alianza Petrolera Barrancabermeja	2	0	1	1	4 - 5	1

	Ranking of runners-up							
1.	CD Once Caldas Manizales (2.00)	3	2	0	1	5 - 5	6
2.	Rionegro Águilas Doradas (1.67)	3	1	2	0	5 - 4	5
3.	Jaguares de Córdoba FC Montería (1.00)	2	0	2	0	4 - 5	2

In brackets: points per game

Liguilla Semi-Finals [16-17.12.2020]

CS Deportivo y Cultural Pereira - Club Atlético Bucaramanga	1-1(1-1)	3-2 pen
Millonarios FC Bogotá - CD Once Caldas Manizales	0-0	7-6 pen

Liguilla Finals [22.12.2020]

Millonarios FC Bogotá - CS Deportivo y Cultural Pereira	1-0(1-0)

Aggregate Table 2020

1.	Club Independiente Santa Fe Bogotá	26	14	8	4	41 - 23	50
2.	SAD América de Cali	26	12	7	7	40 - 27	43
3.	CDP Junior Barranquilla	24	10	10	4	30 - 19	40
4.	Atlético Nacional Medellín	22	11	5	6	41 - 35	38
5.	CD Tolima Ibagué	22	10	7	5	30 - 18	37
6.	CD La Equidad Seguros Bogotá	24	10	7	7	34 - 27	37
7.	Asociación Deportivo Pasto	22	10	7	5	28 - 21	37
8.	Asociación Deportivo Cali	22	8	11	3	33 - 25	35
9.	Rionegro Águilas Doradas	20	8	7	5	27 - 21	31
10.	Millonarios FC Bogotá	20	7	9	4	29 - 21	30
11.	CD Once Caldas Manizales	20	6	11	3	23 - 20	29
12.	Envigado FC	20	5	8	7	22 - 25	23
13.	Club Atlético Bucaramanga	20	5	6	9	16 - 26	21
14.	CD Independiente Medellín	20	5	5	10	22 - 28	20
15.	CD Alianza Petrolera Barrancabermeja	20	5	4	11	22 - 35	19
16.	CS Deportivo y Cultural Pereira	20	4	6	10	17 - 24	18
17.	Jaguares de Córdoba FC Montería	20	3	8	9	21 - 30	17
18.	Patriotas Boyacá Tunja	20	3	8	9	10 - 21	17
19.	Boyacá Chicó FC Tunja	20	4	3	13	13 - 33	15
20.	Cúcuta Deportivo FC (*Disaffiliated*)	20	3	5	12	18 - 38	14

| Copa Sudamericana Play-offs / Repechage Final [29.12.2020] |
Asociación Deportivo Cali - Millonarios FC Bogotá   1-1(0-1)   4-3 pen

Top goalscorers:
14 goals: Miguel Ángel Borja Hernández   (CDP Junior Barranquilla)
13 goals: Jáder Rafael Obrian Arias   (Rionegro Águilas Doradas)
10 goals: Cristian Daniel Arango Duque   (Millonarios FC Bogotá)
            Henry Matías Mier Codina (URU)   (CD La Equidad Seguros Bogotá)

Qualified for the 2021 Copa Libertadores (Group Stage):
Club Independiente Santa Fe Bogotá, SAD América de Cali.

Qualified for the 2021 Copa Libertadores (Second Stage):
CDP Junior Barranquilla, Atlético Nacional Medellín.

Qualified for the 2021 Copa Sudamericana (First Stage):
CD Tolima Ibagué, CD La Equidad Seguros Bogotá, Asociación Deportivo Pasto, Asociación Deportivo Cali.

| **COPA COLOMBIA** |
| **Copa Águila Final 2020** |

11.02.2021, Estadio „Atanasio Girardot", Medellín; Attendance: 30
Referee: John Alexander Ospina Londono
CD Independiente Medellín - CD Tolima Ibagué   1-1(1-0,1-1,1-1); 5-4 on penalties
Independiente Medellín: Andrés Felipe Mosquera Marmolejo, Germán Andrés Gutiérrez Henao, Andrés Felipe Cadavid Cardona, Juan Guillermo Arboleda Sánchez, Víctor Andrés Moreno Córdoba, James Amilkar Sánchez Altamiranda (79.Jaen Carlos Pineda Jiménez), Henry Matías Mier Codina, David Alejandro Loaiza Gutiérrez, Robert Alexander Harrys Roqueme (72.Leonardo Fabio Castro Loaiza), Javier Arley Reina Calvo (75.Juan Pablo Gallego), Agustín Vuletich. Trainer: Hernán Darío Gómez Jaramillo.
CD Tolima: Álvaro David Montero Perales, Sergio Andrés Mosquera Zapata, Jeison Andrés Angulo Trujillo, Omar Antonio Albornoz Contreras (65.José Guillermo Ortíz Picado), Anderson Darley Angulo Tenorio, Nilson David Castrillón Burbano (85.Luis Fernando Miranda Molinares), Yeison Stiven Gordillo Vargas, Juan David Ríos Henao (65.Juan Pablo Nieto Salazar), Juan Fernando Caicedo Benítez, Anderson Daniel Plata Guillén (65.Daniel Felipe Cataño Torres), Jaminton Leandro Campaz. Trainer: Hernán Torres Oliveros.
Goals: 1-0 Henry Matías Mier Codina (20), 1-1 Anderson Darley Angulo Tenorio (90).
Penalties: Sergio Andrés Mosquera Zapata 0-1; Henry Matías Mier Codina 1-1; Daniel Felipe Cataño Torres 1-2; Agustín Vuletich 2-2; José Guillermo Ortíz Picado (saved); Leonardo Fabio Castro Loaiza 3-2; Jaminton Leandro Campaz 3-3; Andrés Felipe Cadavid Cardona 4-3; Yeison Stiven Gordillo Vargas 4-4; Juan Guillermo Arboleda Sánchez 5-4.

2020 Copa Colombia Winners: **CD Independiente Medellín**

THE CLUBS 2020

Please note: matches and goals are including First Stage, Fase Final (Quarter-Finals, Semi-Finals and Finals) & Liguilla de eliminados (Group matches, Semi-Finals and Finals).

ÁGUILAS DORADAS RIONEGRO

Foundation date: July 16, 2008
Address: Calle 36 N° 59, Rionegro
Stadium: Estadio "Alberto Grisales", Rionegro – Capacity: 14,000

THE SQUAD

	DOB	M	(s)	G
Goalkeepers:				
Carlos Andrés Bejarano Palacios (EQG)	29.01.1985	22		
Juan David Valencia Arboleda	19.03.1993	1		
Defenders:				
Carlos Alberto Henao Sánchez	03.12.1988	10		
Jefferson Mena Palacios	15.06.1989	1		
Geovan Jarit Montes Melo	31.01.1996	8	(2)	
Mateo Puerta Peláez	12.06.1997	13		
Jeison Estiven Quiñónes Botina	17.08.1997	19		1
Carlos Andrés Ramírez Aguirre	01.05.1988	15		
Midfielders:				
Álvaro Anyiver Angulo Mosquera	06.03.1997	19		4
Kevin Duván Castaño Gil	29.09.2000		(1)	
David Eliécer Contreras Suárez	07.02.1994		(2)	
Juan Pablo Díaz Ospina	01.01.2000	2	(6)	
Oscar Javier Hernández Niño (VEN)	24.02.1993	22	(1)	
Christian Camilo Marrugo Rodríguez	18.07.1985	13		4
Giovanny Martínez Cortés	07.07.1989	11	(5)	
Jonny Ferney Mosquera Mena	17.02.1991	7	(2)	
Juan Pablo Otálvaro Bedoya	11.12.1997	6	(12)	1
Aldo Leao Ramírez Sierra	18.04.1981	10	(4)	
Andrés Mauricio Restrepo Gómez	07.05.1981	4		
Tomas Salazar Henao	09.06.2000		(4)	
Forwards:				
Jacobo Escobar Gómez	24.08.1998	6	(1)	
Frank Feltscher Martínez (VEN)	17.05.1988	3	(3)	
Brayan Alexis Fernández Garcés	25.01.1992	5	(13)	1
Miguel Ángel Murillo García	19.10.1993	2	(1)	
Jáder Rafael Obrian Arias	18.05.1995	18	(4)	13
Andrés Yair Rentería Morelo	06.03.1993	13	(2)	4
Jesús David Rivas Hernández	06.04.1997		(10)	
Jhon Fredy Salazar Valencia	01.04.1995	16	(5)	1
Anthony Chelin Uribe Francia (VEN)	24.10.1990	7	(1)	1
Trainer:				
Francesco Stifano Garzone (VEN) [from 12.12.2019]	19.07.1979	23		

CLUB DEPORTIVO ALIANZA PETROLERA BARRANCABERMEJA
Foundation date: October 24, 1991
Address: Calle 67 Carrera 11, Barrancabermeja
Stadium: Estadio "Daniel Villa Zapata", Floridablanca – Capacity: 10,400

THE SQUAD	DOB	M	(s)	G
Goalkeepers:				
Pier Luigi Grazziani Serrano	14.08.1994	2		
Ricardo Antonio Jérez Figueroa (GUA)	04.02.1986	16		
Juan Sebastían Serrano Epalza	08.01.1999	4		
Defenders:				
César Augusto Hinestroza Lozano	20.11.1989	17	(1)	1
Yhormar David Hurtado Torres	14.12.1996	10		2
Camilo Javier Mancilla Valencia	26.03.1993	1		
Víctor Andrés Moreno Córdoba	23.10.1994	16		1
Henry Yoseiner Obando Estacio	05.04.1993	7	(1)	
Carlos Anderson Pérez Ochoa	15.06.1995	16		1
Andrés Felipe Renteria Mosquera	02.02.2001	1	(2)	
David Alonso Valencia Figueroa	31.05.1991	13	(3)	
Midfielders:				
Jair Andrés Castillo León	21.04.1997	5	(8)	2
Diego Alejandro Cuadros Velázquez	28.05.1996	4	(3)	1
Freddy Alexander Flórez Carrillo	14.02.1993	15		
Jhon Edison Hernández Montoya	22.06.1986	13	(4)	1
Juan Sebastián Mancilla Rueda	18.02.1998	14	(3)	1
Hayen Santiago Palacios Sánchez	08.09.1999	9	(1)	2
Cristian Andrés Palomeque Valoyes	02.04.1994	8	(4)	2
Juan Camilo Portilla Orozco	12.09.1998	4	(6)	
Harlín José Suárez Torres	28.06.1994	4	(4)	
Macnelly Torres Berrio	01.11.1984	7	(2)	1
Forwards:				
Cleider Leandro Alzáte Correa	05.02.1988	15	(5)	1
César Augusto Arias Moros	02.04.1988	12	(5)	3
Brayan Alexander Gil Hurtado	28.06.2001	4	(3)	
Romeesh Nathaniel Ivey Belgrave (PAN)	14.07.1994	5	(3)	1
Álvaro José Meléndez Escobar	28.01.1997	3	(3)	
Elbio Maximiliano Pérez Azambuya (URU)	08.05.1995	6	(5)	2
Andrés de Jesús Sarmiento Salas	15.01.1998	4	(8)	2
Julián Esteban Zea Macca	17.01.1999	7	(6)	1
Trainer:				
César Fernando Torres Ramírez [from 01.01.2019]	23.09.1976	22		

SOCIEDAD ANÓNIMA DEPORTIVA AMÉRICA DE CALI

Foundation date: February 13, 1927
Address: Carrera 101 # 11a – 32, Santiago de Cali
Stadium: Estadio Olímpico "Pascual Guerrero", Cali – Capacity: 35,405

THE SQUAD				
	DOB	M	(s)	G
Goalkeepers:				
Eder Aleixo Chaux Ospina	20.12.1991	11		
Joel David Graterol Nader (VEN)	13.02.1997	13		
Jeison Alberto Pinillo Solis	01.04.1997	1		
Defenders:				
Kevin Orlando Andrade Murillo	16.06.1999	3	(3)	
Cristian Camilo Arrieta Medina	03.01.1996	17	(2)	1
Juan Daniel Cifuentes Vergara	21.04.1999	2		
Pedro Camilo Franco Ulloa	23.04.1991	1	(1)	1
Juan Camilo Mesa Antúnez	23.02.1998		(1)	
Jefferson Eulises Murillo Aguilar	18.01.1992		(1)	
Pablo Antonio Ortíz Cabezas	08.06.2000	9	(1)	
Daniel Alexander Quiñones Navarro	07.04.1999	5	(3)	
Luis Francisco Sánchez Mosquera	18.09.2000	8	(5)	2
Juan Pablo Segovia González (ARG)	21.03.1989	13		2
Marlon Aldair Torres Obeso	17.04.1996	19		
Edwin Alexis Velasco Uzuriaga	05.11.1991	19	(2)	
Midfielders:				
Jhon Adolfo Arias Andrade	23.09.1997	10	(11)	1
Emerson Geovanny Batalla Martínez	30.06.2001	2	(6)	
Yesus Segundo Cabrera Ramírez	15.09.1990	14	(2)	3
Rafael Andrés Carrascal Avílez	26.11.1992	14	(5)	
Nicolás Andrés Giraldo Urueta	29.03.1993	3	(1)	
Felipe Jaramillo Velásquez	18.04.1996	14	(4)	
Santiago Moreno	21.04.2000	9	(8)	2
Juan Diego Nieva Guzmán	13.02.1999	1		
Luis Alejandro Paz Mulato	08.09.1988	17	(3)	
Juan David Pérez Benítez	23.03.1991	3	(7)	1
Carlos José Sierra López	25.10.1990	10	(8)	2
Rodrigo Andrés Ureña Reyes (CHI)	01.03.1993	6	(8)	1
Juan Pablo Zuluaga Estrada	15.06.1993		(1)	
Forwards:				
Carlos Manuel Cortes Barreiro	17.09.2001	2	(3)	
Matías Pisano (ARG)	13.12.1991	4	(1)	1
Gustavo Adrián Ramos Vásquez	22.01.1986	18		9
Michael Jhon Ander Rangel Valencia	08.03.1991	6		5
Marco Aldair Rodríguez Iraola (PER)	06.08.1994	1	(3)	
Duván Andrés Vergara Hernández	09.09.1996	20	(1)	6
Trainer:				
Alexandre Henrique Borges Guimarães (CRC)[01.07.2019-14.06.2020]	07.11.1959	8		
Juan Cruz Real (ARG) [from 13.07.2020]	08.10.1976	17		

CLUB ATLÉTICO BUCARAMANGA

Foundation date: May 11, 1949
Address: Carrera 20 N° 34-47, Bucaramanga
Stadium: Estadio "Alfonso López", Bucaramanga – Capacity: 28,000

THE SQUAD	DOB	M	(s)	G
Goalkeepers:				
James José Aguirre Hernández	21.05.1992		(1)	
Jefersson Justino Martínez Valverde	16.08.1993	15		
Christian Vargas Cortez	16.11.1989	8		
Defenders:				
Juan Sebastián Barrios Bustos	02.03.2002		(2)	
Eder Castañeda Botia	22.07.1992	1		
Gustavo Adolfo Chará Valois	26.03.1996	5		
Germán Andrés Gutiérrez Henao	16.01.1990	22		1
Steve Eduardo Makuka Pereyra (URU)	26.11.1994	18	(1)	
Homer Enríque Martínez Yepez	06.10.1997	20		
Jair Ulices Palacios Silva	30.06.1990	16	(2)	
Martín Enrique Payares Campo	27.03.1995	8	(3)	
Fabio Darío Rodríguez Mejía	03.10.1985	1	(1)	
Midfielders:				
Oscar Alberto Alcócer Castro	01.09.2000	4	(3)	
Bryan David Castrillón Gómez	30.03.1999	8	(3)	
Bernaldo Manzano (VEN)	07.06.1990	8	(2)	
Jhon Freddy Pérez Lizarazo	22.07.1988	16	(2)	3
Juan Pablo Ramírez Velásquez	23.11.1997		(1)	
Daniel Restrepo Agudelo	10.03.1993	7	(7)	
Nicolás Steven Roa Reyes	24.02.1994	8	(7)	
Henry Andrés Rojas Delgado	27.07.1987	10	(2)	
Cristhian Camilo Subero Mier	26.05.1991	14	(4)	
Yeison Andrés Tolosa Castro	12.06.1999		(3)	
Roger Mauricio Torres Hoya	13.07.1991	6	(10)	1
Ever Augusto Valencia Ruiz	23.01.1997	3	(12)	
Forwards:				
Kevin Ademola Aladesanmi Sánchez	12.11.1998	2	(5)	
Maicol Balanta Peña	02.01.1990	8	(2)	1
Johan Camilo Caballero Cristancho	15.05.1998	18	(4)	4
Diego Fernando Herazo Moreno	14.04.1996	20	(3)	9
Rubén Emir Rojas Ordosgoitti (VEN)	03.07.1992	7	(7)	
Trainer:				
José Manuel Rodríguez Becerra [30.09.2019-17.02.2020; Sacked]	08.10.1965	5		
Jorge Amado Nunes Infrán (PAR) [17-23.02.2020; Caretaker]	18.10.1961	1		
Guillermo Óscar Sanguinetti Giordano (URU) [from 22.02.2020]	21.06.1966	17		

ATLÉTICO NACIONAL MEDELLÍN

Foundation date: March 7, 1947
Address: Calle 62 N° 44-103, Coltejer Itagüí, Medellín
Stadium: Estadio „Atanasio Girardot", Medellín – Capacity: 52,872

THE SQUAD

	DOB	M	(s)	G
Goalkeepers:				
José Fernando Cuadrado Romero	01.06.1985	13		
Sebastian Guerra Navarro	08.01.2001	1		
Aldair Alejandro Quintana Rojas	11.07.1994	7		
Defenders:				
Diego Luis Braghieri (ARG)	23.02.1987	12	(2)	2
Juan David Cabal Murillo	08.01.2001		(1)	
Brayan Stiven Córdoba Barrientos	18.09.1999	9	(2)	
Alexis Fernan Estupiñán Cundumi	27.05.2001		(1)	
Jimer Esteban Fory Mejía	24.05.2002	1	(1)	
Yerson Mosquera Valdelamar	02.05.2001	4		1
Daniel Muñoz Mejia	25.05.1996	6		
Helibelton Palacios Zapata	09.06.1993	14	(1)	
Geisson Alexander Perea Ocoró	06.08.1991	7	(3)	
Jorge Andrés Segura Portocarrero	18.01.1997	7	(1)	
Midfielders:				
Andrés Felipe Andrade Torres	23.02.1989	14	(7)	7
Estéfano Arango González	18.01.1994	9	(3)	
Jarlan Junior Barrera Escalona	16.09.1995	11	(8)	3
Cristian Blanco Betancur	29.01.1999	5	(5)	
Yerson Candelo Miranda	24.02.1992	11	(3)	
Agustín Cano Lotero	08.06.2001	1		
Alberto Facundo Costa (ARG)	09.01.1985	1	(1)	
Sebastián Gómez Londoño	03.06.1996	11	(4)	1
Vladimir Javier Hernández Rivero	23.04.1989	11	(4)	3
Christian Camilo Mafla Rebellón	15.01.1993	11		
Ewil Hernando Murillo Renteria	21.06.2000	1	(1)	
Baldomero Perlaza Perlaza	02.06.1992	16	(3)	2
Deinner Alexander Quiñónes Quiñónes	16.08.1995	8	(7)	1
Brayan Andrés Rovira Ferreira	02.12.1996	13	(5)	1
Forwards:				
Jefferson Andrés Duque Montoya	17.05.1987	13	(2)	9
Fabián Andrés González Lasso	23.11.1992	9	(6)	2
Yair Mena Palacios	28.06.2000	1	(2)	
Gustavo Adolfo Torres Grueso	15.06.1996	4	(1)	4
Trainer:				
Juan Carlos Osorio Arbeláez [10.06.2019-01.11.2020; Sacked]	08.06.1961	17		
Alejandro Restrepo Mazo [from 05.11.2020; Caretaker]	30.01.1982	4		

BOYACÁ CHICÓ FÚTBOL CLUB TUNJA
Foundation date: March 26, 2002 (*as Bogotá Chico*)
Address: Carrera 7 N° 156 – 80, Tunja
Stadium: Estadio La Independencia, Tunja – Capacity: 20,630

THE SQUAD

	DOB	M	(s)	G
Goalkeepers:				
Rogerio Andrés Caicedo Vásquez	18.12.1993	6		
Pablo Andrés Mina Ramírez	09.06.1985	17		
Defenders:				
Eduard David Banguero Ramos	04.02.2001	2	(5)	
Dayron Manuel Benavides Cabezas	09.05.1991	7	(1)	
Efraín Cortés Grueso	10.07.1984	1		
Juan David Díaz Sánchez	27.03.1997	1		
Juan José Forero Patiño	06.06.2000	1	(2)	
Victor Hugo Giraldo López	30.09.1985	12	(1)	
Frank Sebastián Lozano Rengifo	22.08.1993	23		1
Járol Enrique Martínez González	22.03.1987	8	(1)	
Jhon Alexander Mena Vacca	28.03.1997	7	(1)	
Jordy Joâo Monroy Ararat (ARM)	03.01.1996	7		
Jhonathan Muñoz Posso	01.08.1988	20		
Juan Camilo Pérez Saldarriaga	26.10.1985	17		3
Nelino José Tapia Gil	01.02.1991	17	(2)	1
Midfielders:				
Delvin José Alfonzo Briceño (VEN)	04.09.2000	9	(2)	
Julian Andrés Bustos García	28.05.2000	1		
Jhon Edwar González Zúñiga (VEN)	18.01.1995	10	(7)	
José Ignacio Hurtado Rodríguez	20.09.1999	11	(1)	
Mateo Palacios Pretel	12.10.1996	15	(5)	4
Bryan Eduardo Urueña Díaz	31.10.1992	3	(3)	
Juan Camilo Vela Ospina	18.02.1993	4	(1)	
Forwards:				
Geimer Romir Balanta Echeverry	15.01.1993	14	(5)	2
Jean Carlos Blanco Becerra	06.04.1992	3	(8)	1
Darío José Castro Guzmán	24.09.1999	3	(3)	
Diego Armando Echeverri Gil	21.07.1989	17	(3)	
Jaminthon Grueso Micolta	01.11.1998		(3)	
Brayan Moreno Cárdenas	26.06.1998	3		1
Cristian Andrés Páez Ramírez	03.01.2000	1	(9)	
Luis Alfonso Páez Restrepo	24.10.1986	4		
Edinson Manuel Palomino Marrugo	30.01.1986	6	(7)	1
Jacobo Pimentel Betancourt	13.01.2002	3	(8)	
Trainer:				
Jhon Jaime Gómez [2016-02.09.2020; Sacked]	05.07.1967	8		
Jhon Bélmer Aguilar López [from 02.09.2020]	11.11.1973	15		

CORPORACIÓN SOCIAL, DEPORTIVA Y CULTURAL DE PEREIRA
Foundation date: February 12, 1944
Address: Calle 14 No. 12 – 198, Pereira
Stadium: Estadio "Hernán Ramírez Villegas", Pereira – Capacity: 30,297

THE SQUAD	DOB	M	(s)	G
Goalkeepers:				
Sergio Andrés Avellaneda Morales	26.02.1990	3		
Harlen Alfred Castillo Moreno	17.08.1993	20		
Daniel Felipe Fajardo Londoño	12.09.1999	2		
Carlos Andrés Mosquera Marmolejo	21.09.1994		(1)	
Defenders:				
Alejandro Artunduaga Meneses	09.09.1997	18		1
Danny Cano Sánchez	12.02.1986	14	(2)	1
Luís Felipe Cardoza Zuñiga	19.12.1984	9		
Mauricio Ferney Casierra	08.12.1985	13	(4)	
Francisco Antonio Córdoba Escarpeta	08.09.1988	23	(1)	
Yoiver González Mosquera (EQG)	22.11.1989	14	(2)	
Ketier Samir Kury Palomino	02.11.2001	5		
Jherson Steven Mosquera Castro	18.09.1999		(5)	
Jorge Iván Posada Hernández	21.10.1995	3	(7)	1
Midfielders:				
Jorge Andrés Bermúdez Correa	05.02.2001	5		
Mateo Cano Mejía	17.09.1997	7	(1)	1
Jonathan Lopera Jiménez	02.06.1987	14	(4)	1
Cesar Stiven Manzano Herrera	03.02.1998	1	(1)	
Jáder Antonio Maza Rodríguez	04.11.1994		(2)	
Edwin Dayan Móvil Cabrera	07.05.1986	2	(7)	
Jorge Mario Murillo Quintero	03.01.1996	1	(2)	
Rafael Enrique Navarro Cujia	28.02.1989	12	(6)	5
Michael Ordóñez Rodríguez	22.02.1990	12	(1)	
Alejandro Piedrahita Díaz	03.09.2002	4	(6)	
Delio Ángel Ramírez Raigosa	25.11.2000	14	(9)	2
Edwin Ronaldo Tavera Contreras	31.07.1995	14	(4)	
Jhonny Alexander Vásquez Salazar	23.06.1987	20		1
Forwards:				
Diego Andrés Álvarez Sánchez	23.09.1981	7	(10)	1
Wilfrido de la Rosa Mendoza	07.02.1993	22	(2)	4
Javier Steven García Mosquera	29.06.2001		(3)	
Camilo Andrés Mena Márquez	01.10.2002	6	(7)	
Jairo Gabriel Molina Ospino	28.04.1993	10	(7)	4
Jhon Stiven Quinto Gómez	29.03.1999		(3)	
Trainer:				
Néstor Oscar Craviotto (ARG) [01.01.2019-20.10.2020; Resigned]	03.10.1963	15		
José Alexis Márquez Restrepo [from 28.10.2020; Caretaker]	27.06.1976	10		

CÚCUTA DEPORTIVO FÚTBOL CLUB

Foundation date: September 10, 1924
Address: Avenida Cero N° 11-30, Cúcuta
Stadium: Estadio "General Santander", Cúcuta – Capacity: 42,901

THE SQUAD

	DOB	M	(s)	G
Goalkeepers:				
Juan Camilo Chaverra Martínez	12.12.1992	18		
Defenders:				
Gilberto García Olarte	27.01.1987	12	(2)	
Tomás Maya Giraldo	12.09.1996	5		
Hányer Luis Mosquera Córdoba	15.01.1987	12	(2)	1
Nicolás Palacios Vidal	11.02.1992		(1)	
Diego Arturo Peralta González	02.01.1985	11	(3)	
José Orlando Pérez Castillo	14.04.1997	7	(1)	1
Winston Jefrey Ramírez Gil	01.12.2000	8	(2)	
Julian Ronaldo Rojas Luna	17.09.2001	2		
Diego Alejandro Sánchez Rodríguez	28.03.1993	11	(1)	
Cristian Camilo Valencia Cifuentes	04.12.1991	15	(2)	
Midfielders:				
Jhoan Manuel Arenas Delgado	16.01.1990		(3)	
Edwin Ronaldo Ariza Cabezas	17.01.1998	5	(5)	1
Juan Carlos Caicedo Solís	04.01.1998	6	(3)	
Yeison Carabalí Uzuriaga	06.08.1993	3		
Juan Pablo Marín Cristancho	19.08.2000	5	(6)	1
Auli Alexander Oliveros Estrada	01.08.2001	3	(7)	
Juan Pablo Patiño Paz	10.09.1998	1		
Jaen Carlos Pineda Jiménez	17.09.1997	15		
Matías Ezequiel Rodríguez (ARG)	29.03.1993	12	(1)	2
Héctor Orlando Solano Montañez	26.03.1999	2	(6)	
Forwards:				
Hernán Darío Burbano	05.03.1988	6	(4)	
Luis Carlos Cabezas Mairongo	03.03.1986	1	(4)	
Andrés Ramiro Escobar Díaz	14.05.1991	3	(1)	
Christian Andrés Mina Reyes	14.04.1997	5	(9)	1
Jefferson Michell Ramos Ramírez	21.06.1998	14		5
Jefferson Giovanny Solano Montañez	24.02.1996	3	(3)	2
Agustín Vuletich (ARG)	03.11.1991	13	(4)	4
Trainer:				
Jairo Leonard Patiño Rosero [05.01.-17.02.2020; Sacked]	05.04.1978	5		
Jorge Ricardo Artigas Carrica (URU) [18.02.-03.11.2020; Resigned]	16.12.1975	12		
David Suárez [from 04.11.2020]		1		

ASOCIACIÓN DEPORTIVO CALI

Foundation date: November 23, 1912
Address: Calle 34 Norte N°2 BN 75, Cali
Stadium: Estadio Deportivo Cali, Cali – Capacity: 55,000

THE SQUAD

	DOB	M	(s)	G
Goalkeepers:				
David González Giraldo	20.07.1982	21		
Johan Wallens Otálvaro	03.08.1992	1		
Defenders:				
Darwin Zamir Andrade Marmolejo	11.02.1991	18		1
Juan Camilo Angulo Villegas	26.09.1988	16		
Eduar Hernán Caicedo Solis	23.04.1995	13	(2)	
Harold Andrés Gómez Muñoz	21.04.1992	7	(9)	
Jorge Hernán Menosse Acosta (URU)	28.04.1987	20		
Brayan Stiven Montaño Montaño	02.05.2002	1	(1)	
Kevin Joacid Moreno Sinisterra	23.07.2000	2	(1)	
Richard Stevens Rentería Moreno	19.02.1996	9		1
Midfielders:				
Andrés Juan Arroyo Romero	20.01.2002	3	(9)	
Andrés Felipe Balanta Cifuentes	18.01.2000	8	(9)	2
Andrés Felipe Colorado Sánchez	01.12.1998	18		1
Yimmi Andrés Congo Caicedo	28.02.1998		(2)	
Carlos David Lizarazo Landazury	26.04.1991	6	(12)	2
Agustín Palavecino (ARG)	09.11.1996	17	(1)	9
Juan Daniel Roa Reyes	20.08.1991	8	(6)	
Jhojan Manuel Valencia Jiménez	27.07.1996	10	(2)	
Jhon Freduar Vásquez Anaya	12.02.1995	17	(2)	5
Kevin Andrés Velasco Bonilla	30.04.1997	8	(7)	1
Forwards:				
Jesús David Arrieta Farak	10.01.1991	4	(9)	1
Déiber Jair Caicedo Mideros	25.03.2000	15	(4)	3
José David Enamorado Gómez	13.01.1999	4	(5)	
Carlos Alberto Lucumí González	04.03.2000		(1)	
José Daniel Mulato Palacios	09.01.2003		(2)	
Roger Andretty Murillo Soto	17.03.2002		(1)	
Angelo José Rodríguez Henry	04.04.1989	16		5
Trainer:				
Alfredo Carlos Arias Sánchez (URU) [from 13.12.2019]	28.11.1958	22		

ASOCIACIÓN DEPORTIVO PASTO

Foundation date: October 12, 1949
Address: Avenida Panamericana Sur, San Juan de Pasto
Stadium: Estadio Departamental Libertad, Pasto – Capacity: 25,000

THE SQUAD

	DOB	M	(s)	G
Goalkeepers:				
Luis Enrique Delgado Mantilla	26.10.1980	9	(1)	
Diego Alejandro Martínez Marin	29.11.1989	13		
Defenders:				
Leonardo Jesús Aponte Matute (VEN)	30.04.1994	7	(3)	
Danilo Arboleda Hurtado	16.05.1995	18	(1)	1
Juan Guillermo Arboleda Sánchez	28.07.1989	17	(1)	
Jerson Andrés Malagón Piracún	26.06.1993	20		2
Mairon Jair Quiñónes Cabezas	20.04.1996	3	(2)	
César Alexander Quintero Jiménez	09.11.1989	15	(5)	
Cristian Camilo Tovar Angola	06.05.1998	6	(3)	
Marvin Leandro Vallecilla Gómez	24.06.1991	10	(1)	
Midfielders:				
Cristian Marcelo Álvarez (ARG)	28.09.1992	8	(6)	2
Camilo Andrés Ayala Quintero	23.06.1986	17	(2)	1
Sneyder Julián Guevara Muñoz	04.05.1992		(4)	
Daniel Alejandro Hernández González	10.12.1990	3	(3)	
Ederson Moreno Ramírez	18.01.1994	9	(6)	2
Kévin Camilo Rendón Guerrero	08.01.1993	2	(4)	
Francisco Javier Rodríguez Ibarra	24.06.1987	18	(2)	
Daniel Rojano Gómez	25.04.1997	1	(1)	
Forwards:				
Johan Camilo Campaña Barrera	09.09.2002		(2)	
Carlos Daniel Hidalgo Cadena	25.04.1986	2	(9)	
Edis Horacio Ibargüen García	22.11.1991	5	(6)	1
Jeison Medina Escobar	27.02.1995	13	(4)	5
Esneyder Mena Perea	03.11.1997	11	(3)	
Feiver Alonso Mercado Galera	01.06.1990	5	(13)	5
Carlos Rodrigo Núñez Techera (URU)	22.06.1992	2		
Jhon Freddy Pajoy Ortíz	10.11.1988	17	(2)	5
Ray Andrés Vanegas Zúñiga	12.03.1993	11	(7)	3
Trainer:				
Diego Andrés Corredor Hurtado [from 04.12.2019]	30.06.1981	22		

ENVIGADO FÚTBOL CLUB

Foundation date: October 14, 1989
Address: Polideportivo Sur Carrera 48 - 46 Sur 150, Envigado
Stadium: Estadio Polideportivo Sur, Envigado – Capacity: 6,000

THE SQUAD

	DOB	M	(s)	G
Goalkeepers:				
Wilmar Santiago Londoño Ruiz	09.03.1995	17		
Joan Felipe Parra Marín	10.06.2000	3	(1)	
Jorge Iván Soto Botero	02.08.1993	3		
Defenders:				
Francisco Javier Báez (PAR)	11.08.1991	22		1
Yilmar Zamir Celedón Salas	08.01.2000	3	(6)	
Santiago Jiménez Mejía	01.03.1998	17		1
Tomás Maya Giraldo	12.09.1996	8	(1)	1
Santiago Noreña Galeano	11.06.1998	16	(1)	
Yeferson Andrés Rodallega Paz	23.11.2000	2	(1)	
Santiago Ruíz Rojas	12.01.1997	16	(2)	
Juan Camilo Suárez Serna	24.03.1999	2		
Carlos Terán Díaz	24.09.2000	4		
Luis Alberto Tipton Palacio	28.07.1992	4		
Juan Manuel Zapata Zumaque	19.05.2000	12	(1)	1
Midfielders:				
Yaser Esneider Asprilla Martínez	19.11.2003		(2)	
Sebastian Betancur Quiróz	20.04.1999	1	(2)	
Yeison Estiven Guzmán Gómez	22.03.1998	20	(1)	5
Edison Alexánder López Gil	20.10.1999	9	(7)	1
Yadir Meneses Betancur	01.04.2000	6	(9)	1
Jesus Morelo Meza	28.12.2000	1		
Neyder Stiven Moreno Betancur	09.02.1997	10	(2)	5
Jairo Fabián Palomino Sierra	02.08.1988	16		3
Jean Lucas Rivera Murillo	28.09.1997	10	(6)	1
Iván Andrés Rojas Vásquez	24.07.1997	8	(2)	
George Saunders (ENG)	10.06.1989	4	(1)	
Julián Caro Sepulveda	07.02.2000		(1)	
Forwards:				
Jorge Andrés Aguirre Restrepo	18.06.1987	13	(5)	
Oswal Andrés Álvarez Salazar	11.06.1995	5	(2)	
Jhon Jader Durán Palacio	13.12.2003	5	(8)	1
Michael Nike Gómez Vega	04.04.1997	8	(4)	1
Joao Rivelino Hinestroza Valencia	31.12.1995	3	(3)	
Wilmar Jordán Gil	17.10.1990	2	(1)	
Santiago Muñoz Gómez	08.06.1999	2	(10)	
Carlos Andrés Paternina Molina	12.04.2001	1	(3)	
Trainer:				
José Arastey Eres (ESP) [from 23.09.2019]	30.06.1966	23		

381

CORPORACIÓN DEPORTIVA INDEPENDIENTE MEDELLÍN
Foundation date: April 15, 1914
Address: Carrera 74 N° 48-37 C.E. Obelisco Oficina 1037, Medellín
Stadium: Estadio „Atanasio Girardot", Medellín – Capacity: 52,872

THE SQUAD				
	DOB	M	(s)	G
Goalkeepers:				
Andrés Felipe Mosquera Marmolejo	10.09.1991	19		
Luis Erney Vásquez Caicedo	01.03.1996	4	(1)	
Defenders:				
Andrés Felipe Cadavid Cardona	28.12.1985	21		3
Didier Delgado Delgado	25.07.1992	11	(2)	
Jaime Andrés Giraldo Ocampo	08.02.1998	7	(2)	
Yulián Andrés Gómez Mosquera	04.08.1997	12	(1)	1
Juan Camilo Moreno Abadía	13.12.2001	4		
Jesús David Murillo Largacha	18.02.1994	9		
Juan José Parra Barrientos	06.05.2001	2		
Hernán Enrique Pertúz Ortega	31.03.1989	1		
Guillermo Alejandro Tegue Caicedo	06.02.2000	14		
Midfielders:				
Larry Johan Angulo Riascos	10.08.1995	12		1
Adrián Arregui (ARG)	12.08.1992	5		
Mauricio Cortés Armero	09.02.1997	4	(5)	
Juan Manuel Cuesta Baena	09.02.2002	5	(12)	1
Juan Carlos Díaz Mena	20.05.2001	8	(2)	
Yesid Alberto Díaz Montero	24.07.1997	11	(6)	1
José Hernando Estupiñan Riascos	06.05.2000	8	(5)	
Francisco Javier Flores Sequera (VEN)	30.04.1990		(3)	
Miguel Ángel Monsalve González	27.02.2004		(5)	
Juan Diego Ospina Gómez	18.06.2001	1	(4)	
Javier Arley Reina Calvo	04.01.1989	20		4
Andrés Ricaurte Vélez	03.10.1991	7		2
Wálter David Rodríguez Burgos (PAR)	07.10.1995	3		
Forwards:				
Maicol Balanta Peña	02.01.1990	3	(2)	
Juan Fernando Caicedo Benítez	13.07.1989	4	(1)	
Daniel Esteban Castro Santibáñez (CHI)	08.01.1999	2		
Leonardo Fabio Castro Loaiza	14.06.1992	10		4
Israel Enoc Escalante (ARG)	09.01.1999	10	(1)	2
Jhord Bayron Garcés Moreno	30.05.1993	9	(8)	5
Federico Raúl Laurito (ARG)	18.05.1990	1	(2)	
Luis Hernando Mena Sepúlveda	20.05.1994	9	(2)	
Carlos Daniel Monges Ávalos (PAR)	23.11.1996	4	(5)	1
Edwín Stiven Mosquera Palacios	27.06.2001	2	(7)	
Juan David Mosquera López	05.09.2002	9	(2)	
Andrés Stiven Rodríguez Ossa	13.10.1998	2	(6)	
Trainer:				
Aldo Antonio Bobadilla Ávalos (PAR) [04.09.2019-28.09.2020]	20.04.1976	10		
Javier Ignacio Álvarez Arteaga [02.10.-15.11.2020; Resigned]	14.03.1958	10		
Humberto de Jesús Sierra Sánchez [from 15.11.2020; Caretaker]	21.07.1960	3		

CLUB INDEPENDIENTE SANTA FE BOGOTÁ

Foundation date: February 28, 1941
Address: Calle 64 a N° 50 b – 08 (Nueva Nomenclatura), Bogotá
Stadium: Estadio „Nemesio Camacho" [El Campín], Bogotá – Capacity: 48,310

THE SQUAD	DOB	M	(s)	G
Goalkeepers:				
Andrés Leandro Castellanos Serrano	09.03.1984	21		
Omar Sebastián Rodríguez Estupiñán	25.11.1996	5	(2)	
Defenders:				
Carlos Mario Arboleda Ampudia	08.06.1986	25		
Edwin Alberto Herrera Hernández	02.09.1998	5		
Dairon Mosquera Chaverra	23.06.1992	17		
José David Moya Rojas	07.08.1992	4	(2)	
Jeisson Andrés Palacios Murillo	20.03.1994	21		2
Ciro Alexander Porras Ruíz	27.08.1999		(2)	
Dixon Stiven Rentería Mosquera	24.09.1995	4	(8)	1
Fáiner Torijano Cano	31.08.1988	25		1
Midfielders:				
Matías Nicolás Leonel Ballini (ARG)	19.12.1988	3		
Daniel Eduardo Giraldo Cárdenas	01.07.1992	24	(1)	4
Edgar Mauricio Gómez Sánchez	21.12.1993	5	(13)	
Jersson David González Niño	15.09.2001		(5)	1
Jonathan Herrera Baquero	24.02.1996	9	(1)	
Yohandry José Orozco Cujía (VEN)	19.03.1991	4	(2)	
Kelvin David Osorio Antury	29.10.1993	16	(8)	3
Juan Sebastián Pedroza Perdomo	08.04.1999	1	(10)	
Andrés Eduardo Pérez Gutiérrez	05.09.1980	20	(1)	1
Fabián Héctor Sambueza (ARG)	01.08.1988	22	(2)	6
Luis Manuel Seijas Gunther (VEN)	23.06.1986	7	(6)	2
Enrique Carlos Serje Orozco	10.01.1996	4	(7)	1
Jhon Jairo Velásquez Turga	02.05.1995	16	(4)	3
Forwards:				
Patricio Cucchi (ARG)	05.03.1993	5	(16)	4
Jorge Luis Ramos Sánchez	02.10.1992	14	(4)	7
Diego Valdés Giraldo	29.01.1991	9	(5)	5
Trainer:				
Harold Rivera Roa [from 07.08.2019]	23.09.1970	26		

JAGUARES DE CÓRDOBA FÚTBOL CLUB MONTERÍA

Foundation date: December 5, 2012
Address: *Not available*
Stadium: Estadio Jaraguay [Municipal de Montería], Montería – Capacity: 8,000

THE SQUAD	DOB	M	(s)	G
Goalkeepers:				
José Huber Escobar Giraldo	09.10.1987	2		
Robinson Zapata Montaño	30.09.1978	20		
Defenders:				
Israel Alba Marín	06.05.1995	22		
Yulian José Anchico Patiño	28.05.1984	17		
Leonardo Javier Escorcia Barraza	09.08.1996	6	(1)	
Juan Emanuel Hernández Rodríguez (URU)	30.10.1997	9	(2)	
Yonatan Yovanny Murillo Alegría	05.07.1992	11		
Kevin Stuar Riascos Segura	21.06.1995	11	(3)	2
Leonardo Enrique Saldaña Carvajal	08.12.1989	14		
Iván René Scarpeta Silgado	05.06.1996	16		
Juan Daniel Silgado Ramos	11.10.1998	1	(2)	
Midfielders:				
Jhoan Sebastián Ayala Sanabria	14.09.1995	9	(6)	
Diomar Ángel Díaz Calderón (VEN)	07.03.1990	4	(12)	5
Wilder Andrés Guisao Correa	30.07.1991	19		2
Roger Felipe Lemus Acevedo	27.01.1992	2	(8)	
Darwin Guillermo López Tobías	10.02.1992	6	(8)	1
Wilson Mateo López Presiga	18.03.1997		(1)	
Ronaldo Vidal Lucena Torrealba (VEN)	27.02.1997		(3)	
Harrison Arley Mojica Betancourt	17.02.1993	15		2
Fabián Camilo Mosquera Mercado	03.03.1995	14	(4)	2
Vicente Prado Moreno	16.05.1999	2	(2)	
Marlon Ricardo Sierra Zamora	21.09.1994	7	(1)	
Forwards:				
Pablo Sebastián Bueno (ARG)	30.03.1990	12	(6)	3
Jefferson Cuero Castro	15.05.1988	9	(8)	
Jhon Stiwar García Mena	06.09.1990	2	(9)	1
Sergio Esteban Romero Méndez	22.11.1988	11	(8)	3
Dairon Andrés Valencia Mosquera	30.06.1999	1	(4)	
Trainer:				
Juan Cruz Real (ARG) [30.09.2019-12.03.2020; Resigned]	08.10.1976	8		
José Alberto Suárez Giraldo [from 17.07.2020]	22.02.1961	14		

CORPORACIÓN DEPORTIVO POPULAR JUNIOR BARRANQUILLA
Foundation date: August 7, 1924
Address: Carrera 57 N° 72-56, Barranquilla
Stadium: Estadio Metropolitano "Roberto Meléndez", Barranquilla – Capacity: 60,000

THE SQUAD	DOB	M	(s)	G
Goalkeepers:				
José Luis Chunga Vega	11.07.1991	1		
Mario Sebastián Viera Galaín (URU)	07.03.1983	23		
Defenders:				
Jeison Andrés Angulo Trujillo	27.06.1996	8	(1)	
Willer Emilio Ditta Pérez	23.01.1997	10	(1)	
Gabriel Rafael Fuentes Gómez	09.02.1997	13		
Jefferson José Gómez Genes	22.06.1996	7	(1)	
Germán Mera Cáceres	05.03.1990	18	(1)	1
Marlon Javier Piedrahita Londoño	13.06.1985	6	(3)	
Daniel Alejandro Rosero Valencia	06.10.1993	12	(1)	2
Fabián Alexis Viáfara Alarcón	16.03.1992	21		
Midfielders:				
Fabián Steven Ángel Bernal	10.01.2001	3	(4)	
Sherman Andrés Cárdenas Estupiñan	07.08.1989	10	(8)	
Edwuin Steven Cetré Angulo	01.01.1998	10	(9)	3
Luis Daniel González Cova (VEN)	22.12.1990	10	(6)	3
Cristian Andrés Higuita Beltrán	12.01.1994	4	(2)	
Freddy Hinestroza Arias	05.04.1990	15	(2)	
Didier Andrés Moreno Asprilla	15.09.1991	14	(4)	1
Rubén Leonardo Pico Carvajal	04.10.1991	11	(2)	
James Amilkar Sánchez Altamiranda	04.05.1988	12	(3)	1
Larry Vásquez Ortega	19.09.1992	12	(2)	1
Forwards:				
Miguel Ángel Borja Hernández	26.01.1993	13	(10)	14
Teófilo Antonio Gutiérrez Roncancio	17.05.1985	13	(3)	
Daniel Moreno Mosquera	17.05.1995	5	(2)	
Michael Jhon Ander Rangel Valencia	08.03.1991	5	(2)	
Luis Fernando Sandoval Oyola	01.06.1999		(2)	
Carmelo Enrique Valencia Chaverra	13.07.1984	8	(11)	2
Trainer:				
Julio Avelino Comesaña López (URU) [05.05.2018-14.09.2020; Resigned]	10.03.1948	8		
Luis Amaranto Perea Mosquera [from 14.09.2020]	30.01.1979	16		

CLUB DEPORTIVO LA EQUIDAD SEGUROS

Foundation date: Ocotober 12, 1990
Address: Calle 193 N° 38-20, Bogotá
Stadium: Estadio Metropolitano de Techo, Bogotá – Capacity: 12,000

THE SQUAD

	DOB	M	(s)	G
Goalkeepers:				
Cristian Harson Bonilla Garzón	02.06.1993	4		
Diego Alejandro Novoa Urrego	31.05.1989	20		
Defenders:				
Bleiner David Agrón Mosquera	24.02.2001	2	(2)	
Joan Sebastián Castro Dinas	13.01.1997	17	(5)	3
Andrés Correa Valencia	29.01.1994	8	(2)	
John Edison García Zabala	04.06.1989	22		2
Joiner Moreno Montero	02.08.2000		(1)	
Andrés Felipe Murillo Segura	04.01.1996	20	(1)	
Walmer Pacheco Mejía	16.01.1995	22		1
Alex Enrique Rambal Ramírez	24.09.1992	4	(1)	
Jáider Alfonso Riquett Molina	10.05.1990	1		
Amaury Torralvo Polo	12.01.1994	15	(3)	
Midfielders:				
David Andrés Camacho Valencia	12.06.1997	2	(6)	
Cesar Mateo Castaño Gómez	15.04.1999		(2)	
Juan Carlos Colina Silva (VEN)	21.10.1986	10	(8)	
Brayner Jesús de Alba Castro	26.01.1993	1	(3)	
Pablo Lima Gualco (URU)	19.08.1990	20		
Juan Alejandro Mahecha Molina	22.07.1987	11	(6)	2
Henry Matías Mier Codina (URU)	02.08.1990	17	(2)	10
Stalin Motta Vaquiro	28.03.1984	18	(3)	1
Carlos Marío Rodríguez Torres	30.01.1995	6	(11)	4
Kevin David Salazar Chiquiza	09.02.1996		(10)	1
Hansel Orlando Zapata Zape	11.02.1995	8	(1)	
Forwards:				
Neider Barona Solís	11.07.1997	13	(3)	
Carlos Andrés Peralta Barrios	14.02.1990	8	(4)	2
Pablo David Sabbag Daccarett	11.06.1997	12	(9)	7
Brayhan Andrés Torres Quiñones	23.01.1998	3	(8)	
Trainer:				
Alexis Enrique García Vega [from 07.01.2020]	21.07.1960	24		

MILLONARIOS FÚTBOL CLUB BOGOTÁ

Foundation date: June 18, 1946
Address: Carrera 50 N° 59-54, Bogotá
Stadium: Estadio „Nemesio Camacho" [El Campín], Bogotá – Capacity: 48,310

THE SQUAD

	DOB	M	(s)	G
Goalkeepers:				
Cristian Harson Bonilla Garzón	02.06.1993	1		
Wuilker Faríñez Aray (VEN)	15.02.1998	6		
Jefersson Justino Martínez Valverde	16.08.1993	1		
Juan Esteban Moreno Córdoba	09.07.1999	9		
Christian Vargas Cortez	16.11.1989	8	(1)	
Defenders:				
Felipe Banguero Millán	31.12.1988	4		
Omar Andrés Bertel Vergara	09.09.1996	9	(2)	
Matías de Los Santos de Los Santos (URU)	22.11.1992	15	(1)	
Andrés Llinás Montejo	25.03.1997	3		
Kliver Exney Moreno Robles	09.08.2000	5	(9)	
Breiner Alexander Paz Medina	27.09.1997	12	(4)	
Elvis Yohan Perlaza Lara	07.03.1989	20	(3)	
Andrés Felipe Román Mosquera	05.10.1995	12	(4)	1
Juan Pablo Vargas Campos (CRC)	06.06.1995	21		
Stiven Vega Londoño	22.05.1998	18	(2)	
Midfielders:				
César Manuel Carrillo Mejía	08.08.1992		(2)	
Jhon Fredy Duque Arias	04.06.1992	18		
Juan Camilo García Soto	24.02.1997	2	(2)	
Diego Armando Godoy Vásquez (PAR)	01.04.1992	11	(6)	
Santiago Montoya Muñoz	15.09.1991	1	(7)	
Juan Carlos Pereira Díaz	08.02.1993	12		4
Elieser Evangelista Quiñónes Tenorio	07.11.1988	1	(8)	1
David Macalister Silva Mosquera	13.12.1986	16		4
Forwards:				
Diego Ferney Abadía García	01.05.1999	1	(6)	
Cristian Daniel Arango Duque	09.03.1995	19	(2)	10
Ayron Del Valle Rodríguez	27.01.1989	12	(8)	7
Edgar Andrés Guerra Hernández	09.03.2001		(1)	
Ricardo Luis Márquez González	09.11.1997	7	(7)	4
José Guillermo Ortíz Picado (CRC)	20.06.1992	6	(1)	1
Jorge Alexander Rengifo Clavel	21.01.1997		(7)	
Emerson Rivaldo Rodríguez Valois	25.08.2000	12	(2)	3
Juan Camilo Salazar Hinestrosa	29.06.1997	7	(8)	2
Hansel Orlando Zapata Zape	11.02.1995	6	(1)	1
Trainer:				
Alberto Miguel Gamero Morillo [from 03.12.2019]	03.02.1964	25		

CORPORACIÓN DEPORTIVA ONCE CALDAS MANIZALES

Foundation date: April 16, 1947
Address: Carrera 23 N° 55-81, Puerta 18, Manizales
Stadium: Estadio Palogrande, Manizales – Capacity: 42,553

THE SQUAD	DOB	M	(s)	G
Goalkeepers:				
Gerardo Amilcar Ortíz Zarza (PAR)	25.03.1989	16		
Sergio Felipe Román Palacios	21.05.1995	8	(1)	
Defenders:				
Jorge Luis Cardona Gutiérrez	23.02.1999		(1)	
José Tomás Clavijo Mosquera	04.04.1999	4	(4)	1
Andrés Felipe Correa Osorio	02.07.1984	21		2
Alejandro García Castillo	28.02.2001	3	(6)	
David Alejandro Gómez Rojas	25.03.1988	20		
José Junior Julio Bueno	03.09.1996	16	(2)	1
Robert Andrés Mejía Navarrete	06.10.2000	14	(3)	1
Elvis David Mosquera Valdés	22.01.1991	19		1
Carlos Mario Pájaro Castro	15.03.1998	5		
Luis Miguel Payares Blanco	14.01.1990	11	(1)	
Midfielders:				
Marcelino Jr. Carreazo Betin (VEN)	17.02.1999	19	(1)	4
Adrián Estacio Peña	20.04.1998		(6)	1
Andrés Ferrín Jaramillo	07.05.2001		(2)	
Jhony Moisés Galli Moreira (URU)	19.03.1990	4	(7)	
Sebastián Felipe Guzmán Mendoza	26.05.1997	10	(5)	
Sebastián Hernández Mejía	02.10.1986	11	(7)	1
Kevin Alexander Londoño Asprilla	23.11.1993	6		2
Juan David Rodríguez Rico	24.09.1992	19		
Forwards:				
Johan Stiven Carbonero Balanta	20.07.1999	2	(1)	
Jown Anderson Cardona Agudelo	09.01.1995	1	(3)	
Santiago Antonio Cubides Guevara	08.09.2000		(5)	
Mender García Torres	28.10.1998	4	(9)	2
David Fernando Lemos Cortés	09.11.1995	6	(9)	2
Dayro Mauricio Moreno Galindo	16.09.1985	9	(5)	5
Roberto Andrés Ovelar Maldonado (PAR)	01.12.1985	18	(1)	6
Pablo José Rojas Cardales	23.09.1991	18	(3)	1
Trainer:				
Hubert Antonio Bodhert Barrios [from 01.01.2018]	17.01.1972	24		

PATRIOTAS BOYACÁ TUNJA

Foundation date: February 18, 2003
Address: Calle 19 #9-35 Ofi: 607, Tunja
Stadium: Estadio La Independencia, Tunja – Capacity: 21,000

THE SQUAD

	DOB	M	(s)	G
Goalkeepers:				
Yasser David Chávez Borelly	05.03.1995	2		
Carlos Alexander Mosquera Blandón	19.10.1994	13		
Álvaro Villete Melgar (URU)	01.07.1991	8		
Defenders:				
Federico Arbeláez Ocampo	10.11.1996	18	(3)	
Juan David Caicedo Vásquez	12.04.1996	3		
Darwin Johan Carrero Ortega	04.11.1993	16		1
Martín Enríque Payares Campo	27.03.1995	8		
Santiago Roa Reyes	04.10.1995	18		
Oscar Luis Vanegas Zúñiga	07.05.1996	16		2
Breyner Zapata Uzurriaga	10.06.2000	6	(2)	
Midfielders:				
Andrés Felipe Ávila Tavera	30.01.1994	5	(6)	
Cristian Darío Barrios Puerta	19.05.1998	18	(4)	
Exequiel Emanuel Benavídez (ARG)	05.03.1989	11	(2)	
Arley Bonilla Micolta	08.11.1993	1	(4)	1
Julián Fernando Buitrago Quiñónez	07.01.1993	11	(7)	
Daniel Andrés Mantilla Ossa	25.12.1996	21	(2)	1
Maicol Giovanny Medina Medina	04.06.1997	20		
Santiago Orozco Fernández	16.03.1996	13	(5)	1
David Josué Pérez Martinez	11.11.1998	2		
Forwards:				
Juan David Castañeda Muñoz	26.01.1995	5	(4)	3
Christian Camilo Huérfano Quintero	15.12.1995	1	(3)	
Iván Andre Luquetta Tuñón	04.05.1996		(4)	
Misael Smith Martínez Olivella	25.03.1998	9	(5)	1
Jhon Fredy Miranda Rada	07.03.1997	12	(6)	
Rodin Jair Quiñónes Rentería	30.05.1995	6	(9)	
Carlos Jesús Ramírez Rozo	22.10.1996	6	(7)	2
Carlos Andrés Rivas Gómez	22.08.1991	4	(2)	
Trainer:				
Nelson Gabriel Gómez Ospina [03.10.2019-17.11.2020; Sacked]	01.06.1969	20		
Francisco Abel Segovia Vega [from 17.11.2020]	02.09.1979	3		

CLUB DEPORTES TOLIMA IBAGUÉ

Foundation date: December 18, 1954
Address: Carrera 4 Bis N° 34-60,. Ibagué
Stadium: Estadio „Manuel Murillo Toro", Ibagué – Capacity: 31,000

THE SQUAD	DOB	M	(s)	G
Goalkeepers:				
William David Cuesta Mosquera	19.02.1993	4		
Álvaro David Montero Perales	29.03.1995	18		
Defenders:				
Omar Antonio Albornoz Contreras	28.09.1995	15		3
Anderson Darley Angulo Tenorio	01.07.1996	5	(1)	
Leyvin Jhojane Balanta Fory	03.09.1990	9	(2)	
Danovis Banguero Lerma	27.10.1989	12	(1)	1
Nilson David Castrillón Burbano	28.01.1996	10		1
Jonathan Marulanda Vásquez	21.11.1995	13	(2)	
Sergio Andrés Mosquera Zapata	09.02.1994	11		2
José David Moya Rojas	07.08.1992	6		
John William Narváez Arroyo (ECU)	12.06.1991	3	(1)	
Julian Alveiro Quiñónes García	05.11.1989	12		
Léider Andrés Riascos Suárez	04.07.2000		(2)	
Midfielders:				
Daniel Felipe Cataño Torres	17.01.1992	6	(6)	1
Guillermo León Celis Montiel	08.05.1993	3	(1)	1
Andrey Estupiñán Quiñones	05.07.1994	16	(3)	6
Yeison Stiven Gordillo Vargas	25.06.1992	20		
Junior Alexis Hernández Angulo	05.04.1999	2	(5)	
Juan Pablo Nieto Salazar	25.02.1993	6	(6)	
Kevin Andrés Pérez Pérez	18.07.1997		(3)	
Jean Carlos Pestaña Hernández	25.08.1997	7	(3)	
Juan David Ríos Henao	07.10.1991	13	(5)	
Carlos Julio Robles Rocha	16.05.1992	8	(3)	1
Cristian Esteban Trujillo Riascos	08.08.1998		(2)	
Forwards:				
Juan Fernando Caicedo Benítez	13.07.1989	7		1
Jaminton Leandro Campaz	24.05.2000	16	(2)	5
Luis Fernando Miranda Molinarez	27.08.1997	9	(9)	4
Anderson Daniel Plata Guillén	08.11.1990	1	(8)	1
Jorge Luis Ramos Sánchez	02.10.1992		(3)	
Francisco Javier Rodríguez Hernández (CRC)	08.02.1993	4	(5)	2
Roger Fabricio Rojas Lazo (HON)	09.06.1990	6	(1)	
Trainer:				
Hernán Torres Oliveros [from 06.12.2019]	18.02.1961	22		

SECOND LEVEL
Primera B 2020 - Torneo Betplay DIMAYOR

Torneo I

First Stage

1.	CC Deportivo Tuluá	17	10	3	4	27	-	14	33
2.	AD Unión Magdalena Santa Marta	17	9	5	3	28	-	17	32
3.	Deportes Quindío Armenia	17	8	6	3	28	-	13	30
4.	Bogotá FC	17	9	3	5	26	-	20	30
5.	Valledupar FC	17	8	6	3	16	-	13	30
6.	Llaneros FC Villavicencio	17	7	7	3	22	-	15	28
7.	CD Atlético Huila Neiva	17	8	4	5	20	-	19	28
8.	Itagüí Leones Fútbol Club	17	7	6	4	26	-	16	27
9.	Fortaleza FC Zipaquira	17	6	6	5	23	-	21	24
10.	CD Real San Andrés	17	6	2	9	19	-	24	20
11.	Orsomarso SC Palmira	17	4	8	5	17	-	22	20
12.	Boca Juniors de Cali	17	5	4	8	15	-	21	19
13.	Atlético FC Cali	17	3	4	10	12	-	27	13
14.	Tigres FC Bogotá	17	2	6	9	12	-	20	12
15.	CD Real Cartagena FC	17	3	3	11	8	-	22	12
16.	Barranquilla FC	17	2	5	10	9	-	24	11

Top-8 teams advanced to the Semi-Finals (Cuadrangulares semifinales).

Cuadrangulares semifinales

Grupo A

1.	CC Deportivo Tuluá	6	4	1	1	15	-	8	13
2.	Valledupar FC	6	2	3	1	3	-	6	9
3.	Bogotá FC	6	2	1	3	9	-	10	7
4.	Itagüí Leones Fútbol Club	6	0	3	3	5	-	8	3

Grupo B

1.	CD Atlético Huila Neiva	6	4	1	1	7	-	4	13
2.	Deportes Quindío Armenia	6	3	2	1	6	-	3	11
3.	AD Unión Magdalena Santa Marta	6	2	1	3	9	-	9	7
4.	Llaneros FC Villavicencio	6	0	2	4	1	-	7	2

Each group winner advanced to the Finals.

Torneo I Finals [23-26.12.2020]

CD Atlético Huila Neiva - CC Deportivo Tuluá   1-0(0-0)
CC Deportivo Tuluá - **CD Atlético Huila Neiva**   1-3(0-2)

**NATIONAL TEAM
INTERNATIONAL MATCHES
(16.07.2020 – 15.07.2021)**

09.10.2020	Barranquilla	Colombia - Venezuela	3-0(3-0)	(WCQ)
13.10.2020	Santiago	Chile - Colombia	2-2(2-1)	(WCQ)
13.11.2020	Barranquilla	Colombia - Uruguay	0-3(0-1)	(WCQ)
17.11.2020	Quito	Ecuador - Colombia	6-1(4-1)	(WCQ)
03.06.2021	Lima	Peru - Colombia	0-3(0-1)	(WCQ)
08.06.2021	Barranquilla	Colombia - Argentina	2-2(0-2)	(WCQ)
13.06.2021	Cuiabá	Colombia - Ecuador	1-0(1-0)	(CA)
17.06.2021	Goiânia	Colombia - Venezuela	0-0	(CA)
20.06.2021	Goiânia	Colombia - Peru	1-2(0-1)	(CA)
23.06.2021	Rio de Janeiro	Brazil - Colombia	2-1(0-1)	(CA)
03.07.2021	Brasília	Uruguay - Colombia	0-0 aet; 2-4 pen	(CA)
06.07.2021	Brasília	Argentina - Colombia	1-1 aet; 3-2 pen	(CA)
09.07.2021	Brasília	Colombia - Peru	3-2(0-1)	(CA)

09.10.2020, 22nd FIFA World Cup, Qualifiers
Estadio Metropolitano "Roberto Meléndez", Barranquilla; Attendance: 0
Referee: Guillermo Enrique Guerrero Alcivar (Ecuador)
COLOMBIA - VENEZUELA   3-0(3-0)
COL: Camilo Andrés Vargas Gil (7/0), Santiago Arias Naranjo (54/0) [13.John Stefan Medina Ramírez (19/0)], Johan Andrés Mojica Palacio (10/1), Yerry Fernando Mina González (25/6), Davinson Sánchez Mina (30/0), Juan Guillermo Cuadrado Bello (90/8) [59.Alfredo José Morelos Aviléz (8/1)], James David Rodríguez Rubio (77/22) [74.Steven Alzate (3/0)], Wílmar Enrique Barrios Terán (30/0), Jefferson Andrés Lerma Solís (20/0), Duván Esteban Zapata Banguero (17/4) [74.Radamel Falcao García Zárate (90/34)], Luis Fernando Muriel Fruto (33/7) [59.Frank Yusty Fabra Palacios (21/1)]. Trainer: Carlos Manuel Brito Leal Queiroz (Portugal, 15).
Goals: Duván Esteban Zapata Banguero (16), Luis Fernando Muriel Fruto (26, 45+3).

13.10.2020, 22nd FIFA World Cup, Qualifiers
Estadio Nacional „Julio Martínez Prádanos", Santiago; Attendance: 0
Referee: Darío Humberto Herrera (Argentina)
CHILE - COLOMBIA   2-2(2-1)
COL: Camilo Andrés Vargas Gil (8/0), John Stefan Medina Ramírez (20/0) [29.Steven Alzate (4/0)], Jeison Fabián Murillo Cerón (30/1), Johan Andrés Mojica Palacio (11/1), Davinson Sánchez Mina (31/0), Juan Guillermo Cuadrado Bello (91/8), James David Rodríguez Rubio (78/22), Wílmar Enrique Barrios Terán (31/0) [72.Radamel Falcao García Zárate (91/35)], Jefferson Andrés Lerma Solís (21/1), Duván Esteban Zapata Banguero (18/4), Luis Fernando Muriel Fruto (34/7) [51.Alfredo José Morelos Aviléz (9/1)]. Trainer: Carlos Manuel Brito Leal Queiroz (Portugal, 16).
Goals: Jefferson Andrés Lerma Solís (6), Radamel Falcao García Zárate (90+1).

13.11.2020, 22nd FIFA World Cup, Qualifiers
Estadio Metropolitano "Roberto Meléndez", Barranquilla; Attendance: 0
Referee: Fernando Andrés Rapallini (Argentina)
COLOMBIA - URUGUAY   0-3(0-1)
COL: David Ospina Ramírez (105/0), Jeison Fabián Murillo Cerón (31/1), Johan Andrés Mojica Palacio (12/1), Yerry Fernando Mina González (26/6) [*sent off 90*], Juan Guillermo Cuadrado Bello (92/8), James David Rodríguez Rubio (79/22), Andrés Mateus Uribe Villa (27/3) [65.Edwin Andrés Cardona Bedoya (38/5)], Wílmar Enrique Barrios Terán (32/0) [32.Luis Fernando Díaz Marulanda (15/1)], Jefferson Andrés Lerma Solís (22/1), Duván Esteban Zapata Banguero (19/4), Luis Fernando Muriel Fruto (35/7) [60.Alfredo José Morelos Aviléz (10/1)]. Trainer: Carlos Manuel Brito Leal Queiroz (Portugal, 17).

17.11.2020, 22nd FIFA World Cup, Qualifiers
Estadio "Rodrigo Paz Delgado", Quito; Attendance: 0
Referee: Jesús Valenzuela Sáez (Venezuela)
ECUADOR - COLOMBIA **6-1(4-1)**
COL: Camilo Andrés Vargas Gil (9/0), Jeison Fabián Murillo Cerón (32/1), Johan Andrés Mojica Palacio (13/1) [40.Frank Yusty Fabra Palacios (22/1)], Davinson Sánchez Mina (32/0), Luis Manuel Orejuela García (5/0) [41.Luis Fernando Muriel Fruto (36/7)], Juan Guillermo Cuadrado Bello (93/8), James David Rodríguez Rubio (80/23), Andrés Mateus Uribe Villa (28/3) [41.Wílmar Enrique Barrios Terán (33/0)], Jefferson Andrés Lerma Solís (23/1) [65.Edwin Andrés Cardona Bedoya (39/5)], Duván Esteban Zapata Banguero (20/4), Luis Fernando Díaz Marulanda (16/1) [41.Luis Javier Suárez Charris (1/0)]. Trainer: Carlos Manuel Brito Leal Queiroz (Portugal, 18).
Goal: James David Rodríguez Rubio (45+1 penalty).

03.06.2021, 22nd FIFA World Cup, Qualifiers
Estadio Nacional, Lima; Attendance: 0
Referee: Wilton Pereira Sampaio (Brazil)
PERU - COLOMBIA **0-3(0-1)**
COL: David Ospina Ramírez (106/0), John Stefan Medina Ramírez (21/0) [56.Daniel Muñoz Mejia (1/0) [*sent off* 59]], William José Tesillo Gutiérrez (14/1), Yerry Fernando Mina González (27/7), Davinson Sánchez Mina (33/0), Juan Guillermo Cuadrado Bello (94/8), Gustavo Leonardo Cuéllar Gallegos (8/1), Andrés Mateus Uribe Villa (29/4) [72.Wílmar Enrique Barrios Terán (34/0)], Duván Esteban Zapata Banguero (21/4) [72.Miguel Ángel Borja Hernández (11/3)], Luis Fernando Muriel Fruto (37/7) [72.Rafael Santos Borré Maury (3/0)], Luis Fernando Díaz Marulanda (17/2) [56.Yairo Yesid Moreno Berrío (7/0)]. Trainer: Reinaldo Rueda Rivera (44).
Goals: Yerry Fernando Mina González (40), Andrés Mateus Uribe Villa (49), Luis Fernando Díaz Marulanda (55).

08.06.2021, 22nd FIFA World Cup, Qualifiers
Estadio Metropolitano "Roberto Meléndez", Barranquilla; Attendance: 0
Referee: Roberto Andrés Tobar Vargas (Chile)
COLOMBIA - ARGENTINA **2-2(0-2)**
COL: David Ospina Ramírez (107/0), John Stefan Medina Ramírez (22/0) [75.Yairo Yesid Moreno Berrío (8/0)], William José Tesillo Gutiérrez (15/1), Yerry Fernando Mina González (28/7), Davinson Sánchez Mina (34/0), Juan Guillermo Cuadrado Bello (95/8), Gustavo Leonardo Cuéllar Gallegos (9/1) [46.Wílmar Enrique Barrios Terán (35/0)], Andrés Mateus Uribe Villa (30/4), Jefferson Andrés Lerma Solís (24/1) [30.Luis Fernando Muriel Fruto (38/8)], Duván Esteban Zapata Banguero (22/4) [46.Miguel Ángel Borja Hernández (12/4)], Luis Fernando Díaz Marulanda (18/2) [46.Edwin Andrés Cardona Bedoya (40/5)]. Trainer: Reinaldo Rueda Rivera (45).
Goals: Luis Fernando Muriel Fruto (51 penalty), Miguel Ángel Borja Hernández (90+4).

13.06.2021, 47th Copa América, Group Stage
Arena Pantanal, Cuiabá (Brazil); Attendance: 0
Referee: Néstor Fabián Pitana (Argentina)
COLOMBIA - ECUADOR **1-0(1-0)**
COL: David Ospina Ramírez (108/0), Óscar Fabián Murillo Murillo (18/0) [82.Davinson Sánchez Mina (35/0)], Yerry Fernando Mina González (29/7), Daniel Muñoz Mejia (2/0), Juan Guillermo Cuadrado Bello (96/8), Edwin Andrés Cardona Bedoya (41/6) [82.Gustavo Leonardo Cuéllar Gallegos (10/1)], Andrés Mateus Uribe Villa (31/4) [61.Sebastián Pérez Cardona (9/1)], Wílmar Enrique Barrios Terán (36/0), Yairo Yesid Moreno Berrío (9/0) [45+5.William José Tesillo Gutiérrez (16/1)], Miguel Ángel Borja Hernández (13/4) [61.Duván Esteban Zapata Banguero (23/4)], Rafael Santos Borré Maury (4/0). Trainer: Reinaldo Rueda Rivera (46).
Goal: Edwin Andrés Cardona Bedoya (42).

17.06.2021, 47th Copa América, Group Stage
Estádio Olímpico "Pedro Ludovico", Goiânia (Brazil); Attendance: 0
Referee: Eber Aquino Gaona (Paraguay)
COLOMBIA - VENEZUELA **0-0**
COL: David Ospina Ramírez (109/0), William José Tesillo Gutiérrez (17/1), Yerry Fernando Mina González (30/7), Davinson Sánchez Mina (36/0), Daniel Muñoz Mejia (3/0), Juan Guillermo Cuadrado Bello (97/8), Edwin Andrés Cardona Bedoya (42/6) [62.Luis Fernando Díaz Marulanda (19/2) [*sent off 90+4*]], Andrés Mateus Uribe Villa (32/4), Wílmar Enrique Barrios Terán (37/0), Duván Esteban Zapata Banguero (24/4) [73.Miguel Ángel Borja Hernández (14/4)], Luis Fernando Muriel Fruto (39/8) [62.Jaminton Leandro Campaz (1/0)]. Trainer: Reinaldo Rueda Rivera (47).

20.06.2021, 47th Copa América, Group Stage
Estádio Olímpico "Pedro Ludovico", Goiânia (Brazil); Attendance: 0
Referee: Esteban Daniel Ostojich Vega (Uruguay)
COLOMBIA - PERU **1-2(0-1)**
COL: David Ospina Ramírez (110/0), John Stefan Medina Ramírez (23/0) [81.Alfredo José Morelos Aviléz (11/1)], William José Tesillo Gutiérrez (18/1), Yerry Fernando Mina González (31/7), Davinson Sánchez Mina (37/0), Juan Guillermo Cuadrado Bello (98/8), Edwin Andrés Cardona Bedoya (43/6) [70.Yimmi Javier Chará Zamora (11/1)], Sebastián Pérez Cardona (10/1) [60.Gustavo Leonardo Cuéllar Gallegos (11/1)], Wílmar Enrique Barrios Terán (38/0), Duván Esteban Zapata Banguero (25/4) [61.Luis Fernando Muriel Fruto (40/8)], Miguel Ángel Borja Hernández (15/5). Trainer: Reinaldo Rueda Rivera (48).
Goal: Miguel Ángel Borja Hernández (53 penalty).

23.06.2021, 47th Copa América, Group Stage
Estádio Olímpico "Nilton Santos", Rio de Janeiro; Attendance: 0
Referee: Néstor Fabián Pitana (Argentina)
BRAZIL - COLOMBIA **2-1(0-1)**
COL: David Ospina Ramírez (111/0), William José Tesillo Gutiérrez (19/1), Yerry Fernando Mina González (32/7), Davinson Sánchez Mina (38/0), Daniel Muñoz Mejia (4/0), Juan Guillermo Cuadrado Bello (99/8), Andrés Mateus Uribe Villa (33/4), Wílmar Enrique Barrios Terán (39/0), Duván Esteban Zapata Banguero (26/4) [64.Miguel Ángel Borja Hernández (16/5)], Rafael Santos Borré Maury (5/0) [64.Gustavo Leonardo Cuéllar Gallegos (12/1)], Luis Fernando Díaz Marulanda (20/3) [90+1.Óscar Fabián Murillo Murillo (19/0)]. Trainer: Reinaldo Rueda Rivera (49).
Goal: Luis Fernando Díaz Marulanda (10).

03.07.2021, 47th Copa América, Quarter-Finals
Estádio Nacional "Mané Garrincha", Brasília (Brazil); Attendance: 0
Referee: Jesús Gil Manzano (Spain)
URUGUAY - COLOMBIA **0-0; 2-4 on penalties**
COL: David Ospina Ramírez (112/0), William José Tesillo Gutiérrez (20/1), Yerry Fernando Mina González (33/7), Davinson Sánchez Mina (39/0), Daniel Muñoz Mejia (5/0), Gustavo Leonardo Cuéllar Gallegos (13/1), Wílmar Enrique Barrios Terán (40/0), Duván Esteban Zapata Banguero (27/4), Luis Fernando Muriel Fruto (41/8) [67.Yimmi Javier Chará Zamora (12/1)], Rafael Santos Borré Maury (6/0) [87.Miguel Ángel Borja Hernández (17/5)], Luis Fernando Díaz Marulanda (21/3). Trainer: Reinaldo Rueda Rivera (50).
Penalties: Duván Esteban Zapata Banguero, Davinson Sánchez Mina, Yerry Fernando Mina González, Miguel Ángel Borja Hernández.

06.07.2021, 47th Copa América, Semi-Finals
Estádio Nacional "Mané Garrincha", Brasília (Brazil); Attendance: 0
Referee: Jesús Valenzuela Sáez (Venezuela)
ARGENTINA - COLOMBIA   **1-1(1-0,1-1,1-1); 3-2 on penalties**
COL: David Ospina Ramírez (113/0), William José Tesillo Gutiérrez (21/1) [46.Frank Yusty Fabra Palacios (23/1)], Yerry Fernando Mina González (34/7), Davinson Sánchez Mina (40/0), Daniel Muñoz Mejia (6/0), Juan Guillermo Cuadrado Bello (**100**/8), Gustavo Leonardo Cuéllar Gallegos (14/1) [46.Yimmi Javier Chará Zamora (13/1)], Wílmar Enrique Barrios Terán (41/0), Duván Esteban Zapata Banguero (28/4) [60.Miguel Ángel Borja Hernández (18/5)], Rafael Santos Borré Maury (7/0) [46.Edwin Andrés Cardona Bedoya (44/6)], Luis Fernando Díaz Marulanda (22/4). Trainer: Reinaldo Rueda Rivera (51).
Goal: Luis Fernando Díaz Marulanda (61).
Penalties: Juan Guillermo Cuadrado Bello, Davinson Sánchez Mina (saved), Yerry Fernando Mina González (saved), Miguel Ángel Borja Hernández, Edwin Andrés Cardona Bedoya (saved).

09.07.2021, 47th Copa América, Third Place Play-off
Estádio Nacional "Mané Garrincha", Brasília (Brazil); Attendance: 0
Referee: Raphael Claus (Brazil)
COLOMBIA - PERU   **3-2(0-1)**
COL: Camilo Andrés Vargas Gil (10/0), Óscar Fabián Murillo Murillo (20/0), John Stefan Medina Ramírez (24/0), William José Tesillo Gutiérrez (22/1), Yerry Fernando Mina González (35/7) [55.Davinson Sánchez Mina (41/0)], Juan Guillermo Cuadrado Bello (101/9), Edwin Andrés Cardona Bedoya (45/6) [46.Yimmi Javier Chará Zamora (14/1)], Gustavo Leonardo Cuéllar Gallegos (15/1) [83.Rafael Santos Borré Maury (8/0)], Wílmar Enrique Barrios Terán (42/0) [90+3.Luis Fernando Muriel Fruto (42/8)], Duván Esteban Zapata Banguero (29/4) [55.Miguel Ángel Borja Hernández (19/5)], Luis Fernando Díaz Marulanda. Trainer: Reinaldo Rueda Rivera (52).
Goals: Juan Guillermo Cuadrado Bello (49), Luis Fernando Díaz Marulanda (66, 90+4).

NATIONAL TEAM PLAYERS 2020/2021			
Name [Club 2020/2021]	DOB	Caps	Goals

(Caps and goals at 15.07.2021)

Goalkeepers

David OSPINA Ramírez *[2020/2021: SSC Napoli (ITA)]*	31.08.1988	113	0
Camilo Andrés VARGAS Gil *[2020/2021: Atlas FC Guadalajara (MEX)]*	09.03.1989	10	0

Defenders

Santiago ARIAS Naranjo *[2020: TSV Bayer 04 Leverkusen (GER), on loan]*	13.01.1992	54	0
Frank Yusty FABRA Palacios *[2020/2021: CA Boca Juniors Buenos Aires (ARG)]*	22.02.1991	23	1
John Stefan MEDINA Ramírez *[2020/2021: CF Monterrey (MEX)]*	14.06.1992	23	0
Yerry Fernando MINA González *[2020/2021: Everton FC Liverpool (ENG)]*	23.09.1994	35	7
Johan Andrés MOJICA Palacio *[2020: Atalanta Bergamasca Calcio (ITA)]*	21.08.1992	13	1
Daniel MUÑOZ Mejia *[2021: KRC Genk (BEL)]*	24.05.1996	6	0
Jeison Fabián MURILLO Cerón *[2020: RC Celta de Vigo (ESP)]*	27.05.1992	32	1
Óscar Fabián MURILLO Murillo *[2021: CF Pachuca (MEX)]*	18.04.1988	20	0
Luis Manuel OREJUELA García *[2020: EC Cruzeiro Belo Horizonte (BRA)]*	20.08.1995	5	0
Davinson SÁNCHEZ Mina *[2020/2021: Tottenham Hotspur FC London (ENG)]*	12.05.1996	41	0
William José TESILLO Gutiérrez *[2021: Club León (MEX)]*	02.02.1990	21	1

Midfielders

Steven ALZATE *[2020: Brighton & Hove Albion FC (ENG)]*	08.09.1998	**4**	**0**
Wílmar Enrique BARRIOS Terán *[2020/2021: FK Zenit Saint Petersburg (RUS)]*	16.10.1993	**42**	**0**
Edwin Andrés CARDONA Bedoya *[2020/2021: CA Boca Juniors Buenos Aires (ARG)]*	08.12.1992	**45**	**6**
Juan Guillermo CUADRADO Bello *[2020/2021: Juventus FC Torino (ITA)]*	26.05.1988	**101**	**9**
Gustavo Leonardo CUÉLLAR Gallegos *[2021: Al Hilal Saudi FC Riyadh (KSA)]*	14.10.1992	**15**	**1**
Jaminton LEANDRO Campaz *[2021: CD Tolima Ibagué]*	24.05.2000	**1**	**0**
Jefferson Andrés LERMA Solís *[2020/2021: AFC Bournemouth (ENG)]*	25.10.1994	**24**	**1**
Yairo Yesid MORENO Berrío *[2021: Club León (MEX)]*	04.04.1995	**9**	**0**
Sebastian PÉREZ Cardona *[2021: Boavista FC Porto (POR)]*	29.03.1993	**10**	**1**
James David RODRÍGUEZ Rubio *[2020: Everton FC Liverpool (ENG)]*	12.07.1991	**80**	**23**
Andrés Mateus URIBE Villa *[2020/2021: FC do Porto (POR)]*	21.03.1991	**33**	**4**

Forwards

Miguel Ángel BORJA Hernández *[2021: CDP Junior Barranquilla]*	26.01.1993	**19**	**5**
Rafael Santos BORRÉ Maury *[2021: CA River Plate Buenos Aires (ARG)]*	15.09.1995	**7**	**0**
Yimmi Javier CHARÁ Zamora *[2021: Portland Timbers (USA)]*	02.04.1991	**14**	**1**
Luis Fernando DÍAZ Marulanda *[2020/2021: FC do Porto (POR)]*	13.01.1997	**23**	**6**
Radamel Falcao GARCÍA Zárate *[2020: Galatasaray SK İstanbul (TUR)]*	10.02.1986	**91**	**35**
Alfredo José MORELOS Aviléz *[2020/2021: Rangers FC Glasgow (SCO)]*	21.06.1996	**11**	**1**
Luis Fernando MURIEL Fruto *[2020/2021: Atalanta Bergamasca Calcio (ITA)]*	16.04.1991	**42**	**8**
Luis Javier SUÁREZ Charris *[2020/2021: Granada CF (ESP)]*	02.12.1997	**1**	**0**
Duván Esteban ZAPATA Banguero *[2020/2021: Atalanta Bergamasca Calcio (ITA)]*	01.04.1991	**29**	**4**

National coach

Carlos Manuel Brito Leal QUEIROZ (Portugal) [07.02.2019 – 01.12.2020]	01.03.1953	18 M; 9 W; 5 D; 4 L; 22-18
Reinaldo RUEDA Rivera [from 14.01.2021]	16.04.1957	9 M; 3 W; 4 D; 2 L; 12-9
Complete record as trainer of Colombia (07.05.2002 - 12.05.2002) & (18.02.2004 – 16.08.2006) & (from 14.01.2021)		52 M; 21 W; 17 D; 14 L; 70-51

ECUADOR

The Country:
República del Ecuador (Republic of Ecuador)
Capital: Quito
Surface: 256,370 km²
Inhabitants: 17,084,358 [2018]
Time: UTC-5 to -6

The FA:
Federación Ecuatoriana de Fútbol
Avenida Las Aguas y Calle Alianza, P.O. Box 09-01-7447, Guayaquíl
Year of Formation: 1925
Member of FIFA since: 1926
Member of CONMEBOL since: 1927
Internet: www.fef.ec

NATIONAL TEAM RECORDS	
First international match:	08.08.1938, Bogotá: Bolivia – Ecuador 1-1
Most international caps:	Iván Jacinto Hurtado Angulo – 168 caps (1992-2015)
Most international goals:	Agustín Javier Delgado Chalá – 31 goals / 72 caps (1994-2011)
	Enner Remberto Valencia Lastra – 31 goals / 61 caps (since 2012)

FIFA CONFEDERATIONS CUP 1992-2017
None

OLYMPIC FOOTBALL TOURNAMENTS 1908-2016							
1908	Did not enter	1948	Did not enter	1972	Qualifiers	1996	Qualifiers
1912	Did not enter	1952	Did not enter	1976	Did not enter	2000	Qualifiers
1920	Did not enter	1956	Did not enter	1980	Did not enter	2004	Qualifiers
1924	Qualifiers	1960	Did not enter	1984	Qualifiers	2008	Qualifiers
1928	Did not enter	1964	Did not enter	1988	Qualifiers	2012	Qualifiers
1936	Did not enter	1968	Qualifiers	1992	Qualifiers	2016	Qualifiers

COPA AMÉRICA	
1916	Did not enter
1917	Did not enter
1919	Did not enter
1920	Did not enter
1921	Did not enter
1922	Did not enter
1923	Did not enter
1924	Did not enter
1925	Did not enter
1926	Did not enter
1927	Did not enter
1929	Did not enter
1935	Did not enter
1937	Did not enter
1939	5th Place
1941	5th Place
1942	7th Place
1945	7th Place
1946	*Withdrew*
1947	6th Place
1949	7th Place
1953	6th Place
1955	7th Place
1956	*Withdrew*
1957	7th Place
1959	*Withdrew*
1959E	4th Place
1963	6th Place
1967	Qualifying Round
1975	Round 1
1979	Round 1
1983	Round 1
1987	Group Stage
1989	Group Stage
1991	Group Stage
1993	4th Place
1995	Group Stage
1997	Quarter-Finals
1999	Group Stage
2001	Group Stage
2004	Group Stage
2007	Group Stage
2011	Group Stage
2015	Group Stage
2016	Quarter-Finals
2019	Group Stage
2021	Quarter-Finals

FIFA WORLD CUP	
1930	Did not enter
1934	Did not enter
1938	Did not enter
1950	*Withdrew*
1954	Did not enter
1958	Did not enter
1962	Qualifiers
1966	Qualifiers
1970	Qualifiers
1974	Qualifiers
1978	Qualifiers
1982	Qualifiers
1986	Qualifiers
1990	Qualifiers
1994	Qualifiers
1998	Qualifiers
2002	Final Tournament (Group Stage)
2006	Final Tournament (2nd Round of 16)
2010	Qualifiers
2014	Final Tournament (Group Stage)
2018	Qualifiers

ECUADORIAN CLUB HONOURS IN SOUTH AMERICAN CLUB COMPETITIONS:

COPA LIBERTADORES 1960-2020
Liga Deportiva Universitaria de Quito (2008)
COPA SUDAMERICANA 2002-2020
Liga Deportiva Universitaria de Quito (2009)
CARE Independiente del Valle Sangolquí (2019)
RECOPA SUDAMERICANA 1989-2020
Liga Deportiva Universitaria Quito (2009, 2010)
COPA CONMEBOL 1992-1999
None
SUPERCUP „JOÃO HAVELANGE" 1988-1997*
None
COPA MERCONORTE 1998-2001**
None

*Contested betwenn winners of all previous editions of the Copa Libertadores
**Contested between teams belonging countries from the northern part of South America (Bolivia, Colombia, Ecuador, Peru and Venezuela)

NATIONAL COMPETITIONS
TABLE OF HONOURS

NATIONAL CHAMPIONS 1957-2020

Year	Champion
1957	CS Emelec Guayaquil
1958	*No competition*
1959	*No competition*
1960	Barcelona SC Guayaquil
1961	CS Emelec Guayaquil
1962	CD Everest Guayaquil
1963	Barcelona SC Guayaquil
1964	Sociedad Deportivo Quito
1965	CS Emelec Guayaquil
1966	Barcelona SC Guayaquil
1967	CD El Nacional Quito
1968	Sociedad Deportivo Quito
1969	LDU de Quito
1970	Barcelona SC Guayaquil
1971	Barcelona SC Guayaquil
1972	CS Emelec Guayaquil
1973	CD El Nacional Quito
1974	LDU de Quito
1975	LDU de Quito
1976	CD El Nacional Quito
1977	CD El Nacional Quito
1978	CD El Nacional Quito
1979	CS Emelec Guayaquil
1980	Barcelona SC Guayaquil
1981	Barcelona SC Guayaquil
1982	CD El Nacional Quito
1983	CD El Nacional Quito

1984	CD El Nacional Quito
1985	Barcelona SC Guayaquil
1986	CD El Nacional Quito
1987	Barcelona SC Guayaquil
1988	CS Emelec Guayaquil
1989	Barcelona SC Guayaquil
1990	LDU de Quito
1991	Barcelona SC Guayaquil
1992	CD El Nacional Quito
1993	CS Emelec Guayaquil
1994	CS Emelec Guayaquil
1995	Barcelona SC Guayaquil
1996	CD El Nacional Quito
1997	Barcelona SC Guayaquil
1998	LDU de Quito
1999	LDU de Quito
2000	CD Olmedo Riobamba
2001	CS Emelec Guayaquil
2002	CS Emelec Guayaquil
2003	LDU de Quito
2004	Club Deportivo Cuenca
2005	Ape: LDU de Quito
	Fin: CD El Nacional Quito
2006	CD El Nacional Quito
2007	LDU de Quito
2008	Sociedad Deportivo Quito
2009	Sociedad Deportivo Quito
2010	LDU de Quito
2011	Sociedad Deportivo Quito
2012	Barcelona SC Guayaquil
2013	CS Emelec Guayaquil
2014	CS Emelec Guayaquil
2015	CS Emelec Guayaquil
2016	Barcelona SC Guayaquil
2017	CS Emelec Guayaquil
2018	LDU de Quito
2019	Delfin SC Manta
2020	Barcelona SC Guayaquil

	BEST GOALSCORERS	
1957	Simón Cañarte (Barcelona SC Guayaquil)	4
1960	Enrique Cantos (Barcelona SC Guayaquil)	8
1961	Galo Pinto (CD Everest Guayaquil)	12
1962	Iris López (BRA, Barcelona SC Guayaquil)	9
1963	Carlos Alberto Raffo Vallaco (ARG, CS Emelec Guayaquil)	4
1964	Jorge Valencia (CD América de Manta)	8
1965	Hélio Cruz (BRA, Barcelona SC Guayaquil)	8
1966	Pio Coutinho (BRA, LDU de Quito)	13
1967	Tomás Rodríguez (CD El Nacional Quito)	16
1968	Víctor Manuel Battaini Treglia (URU, Sociedad Deportivo Quito)	19
1969	Francisco Bertocchi (URU, LDU de Quito)	26

Año	Jugador	Goles
1970	Rómulo Dudar Mina (CSD Macará)	19
1971	Alfonso Obregón (PAR, LDU de Portoviejo)	18
1972	Nelson Miranda „Nelsinho" (BRA, Barcelona SC Guayaquil)	15
1973	Ángel Marín (URU, CD América de Quito)	18
1974	Ángel Luis Liciardi Pasculi (ARG, Club Deportivo Cuenca)	19
1975	Ángel Luis Liciardi Pasculi (ARG, Club Deportivo Cuenca)	36
1976	Ángel Luis Liciardi Pasculi (ARG, Club Deportivo Cuenca)	35
1977	Fabián Paz y Miño (CD El Nacional Quito) Ángel Marín (URU, Sociedad Deportivo Quito)	27
1978	Juan José Pérez (ARG, LDU de Portoviejo)	24
1979	Carlos Horacio Miori (ARG, CS Emelec Guayaquil)	26
1980	Miguel Ángel Gutiérrez (ARG, CD América de Quito)	26
1981	Paulo César Evangelista (BRA, LDU de Quito)	25
1982	José Villafuerte (CD El Nacional Quito)	25
1983	Paulo César Evangelista (BRA, Barcelona SC Guayaquil)	28
1984	Sergio Antonio Saucedo (ARG, Sociedad Deportivo Quito)	25
1985	Juan Carlos de Lima (URU, CD Universidad Católica Quito) Alexander Da Silva „Guga" (BRA, CSD Esmeraldas Petrolero)	24
1986	Juan Carlos de Lima (URU, Sociedad Deportivo Quito)	23
1987	Ermen Benítez (CD El Nacional Quito) Hamilton Cuvi (CD Filanbanco Guayaquil) Waldemar Barreto Victorino (URU, LDU de Portoviejo)	23
1988	Janio Pinto (BRA, LDU de Quito)	18
1989	Ermen Benítez (CD El Nacional Quito)	23
1990	Ermen Benítez (CD El Nacional Quito)	28
1991	Pedro Emir Varela (URU, Delfín SC Manta)	24
1992	Carlos Antonio Muñoz Martínez (Barcelona SC Guayaquil)	19
1993	Diego Rodrigo Herrera (LDU de Quito)	18
1994	Manuel Antonio Uquillas (CD Espoli Quito)	
1995	Manuel Antonio Uquillas (Barcelona SC Guayaquil)	24
1996	Ariel José Graziani Lentini (ARG, CS Emelec Guayaquil)	29
1997	Ariel José Graziani Lentini (ARG, CS Emelec Guayaquil)	24
1998	Jaime Iván Kaviedes Llorenty (CS Emelec Guayaquil)	43
1999	Christian José Botero (ARG, CSD Macará)	25
2000	Alejandro Martín Kenig (ARG, CS Emelec Guayaquil)	25
2001	Carlos Alberto Juárez Devico (ARG, CS Emelec Guayaquil)	17
2002	Christian Gabriel Carnero (ARG, Sociedad Deportivo Quito)	26
2003	Ariel José Graziani Lentini (ARG, Barcelona SC Guayaquil)	23
2004	Ebelio Agustín Ordóñez Martínez (CD El Nacional Quito)	28
2005	Ape: Wilson Segura (LDU de Quito) Fin: Omar Alfredo Guerra Castilla (SD Aucas Quito)	21
2006	Luis Miguel Escalada (ARG, CS Emelec Guayaquil)	29
2007	Juan Carlos Ferreyra (ARG, Club Deportivo Cuenca)	17
2008	Pablo David Palacios Herrería (Barcelona SC Guayaquil)	20
2009	Claudio Daniel Bieler (ARG, LDU de Quito)	22
2010	Jaime Javier Ayoví Corozo (CS Emelec Guayaquil)	23
2011	Arrinton Narciso Mina Villalba (CSD Independiente José Terán Sangolquí)	28
2012	Arrinton Narciso Mina Villalba (Barcelona SC Guayaquil)	30
2013	Federico Gastón Nieto (ARG, Sociedad Deportivo Quito)	29
2014	Armando Lenin Wila Canga (CD Universidad Católica Quito)	20
2015	Miller Alejandro Bolaños Reascos (CS Emelec Guayaquil)	25
2016	Maximiliano Fabián Barreiro (ARG, Delfín Sporting Club Manta)	26

2017	Hernán Barcos (ARG, Liga Deportiva Universitaria de Quito)	21
2018	Jhon Jairo Cifuente Vergara (CD Universidad Católica Quito)	37
2019	Luis Antonio Amarilla Lencina (PAR, CD Universidad Católica Quito)	19
2020	Cristian Martínez Borja (COL, Liga Deportiva Universitaria de Quito)	24

NATIONAL CHAMPIONSHIP
Campeonato Ecuatoriano de Fútbol
Serie A - LigaPro 2020

Primera Etapa

Results

Round 1 [14-16.02.2020]
Independ. del Valle - Mushuc Runa 2-1(1-1)
CD Cuenca - LDU Quito 1-2(1-1)
Aucas - Delfín SC 1-2(0-2)
Orense SC - Emelec 2-2(1-0)
CSD Macará - Universidad Católica 1-1(0-0)
El Nacional - LDU Portoviejo 2-1(1-0)
Guayaquil City - CD Olmedo 4-1(0-1)
Barcelona SC - Técnico Universitario 0-0

Round 2 [21-24.02.2020]
LDU Portoviejo - CD Cuenca 2-4(1-1)
CD Olmedo - CSD Macará 1-2(0-1)
Delfín SC - Barcelona SC 1-2(0-0)
LDU Quito - Independiente del Valle 2-3(0-0)
Universidad Católica - Orense SC 4-0(1-0)
Mushuc Runa - El Nacional 1-1(1-1)
Emelec - Guayaquil City 1-2(0-1)
Técnico Universitario - Aucas 2-0(0-0)

Round 3 [28.02.-02.03.2020]
Delfín SC - Técnico Universitario 0-2(0-0)
El Nacional - LDU Quito 0-3(0-2)
Orense SC - Guayaquil City 1-0(1-0)
Barcelona SC - LDU Portoviejo 1-1(0-0)
Independiente del Valle - CD Olmedo 1-2(0-0)
Aucas - Mushuc Runa 3-0(1-0)
CSD Macará - Emelec 1-0(1-0)
CD Cuenca - Universidad Católica 1-2(0-2)

Round 4 [06-09.03.2020]
Técnico Universitario - Mushuc Runa 1-1(0-1)
LDU Portoviejo - Delfín SC 2-1(0-1)
Independ. del Valle – Univ. Católica 2-2(1-1)
LDU Quito - Barcelona SC 2-1(0-1)
CD Olmedo - Orense SC 2-2(2-1)
Guayaquil City - CSD Macará 1-0(0-1)
Emelec - Aucas 4-0(3-0)
El Nacional - CD Cuenca 1-1(0-1)

The championship was suspended from 14.03. to 14.08.2020 due to the COVID-19 pandemic.

Round 5 [13-14.03./14-16.08.2020]
Técnico Universit. - LDU Portoviejo 3-1(2-0)
Mushuc Runa - CSD Macará 2-0(1-0)
CD Cuenca - Guayaquil City 1-1(0-0)
Barcelona SC - Orense SC 1-0(0-0)
El Nacional - Independiente del Valle 2-4(1-3)
Delfín SC - Emelec 2-0(1-0)
CD Olmedo - LDU Quito 2-3(1-1)
Universidad Católica - Aucas 3-1(1-1)

Round 6 [18-19.08.2020]
Independiente del Valle - CSD Macará 4-4(4-1)
Orense SC - LDU Portoviejo 1-1(0-0)
CD Cuenca - Barcelona SC 0-3(0-1)
Guayaquil City - Delfín SC 0-0
Técnico Universitario - CD Olmedo 1-3(0-1)
Aucas - El Nacional 2-0(1-0)
LDU Quito - Universidad Católica 2-1(2-1)
Emelec - Mushuc Runa 2-0(0-0)

Round 7 [21-23.08.2020]
Delfín SC - Orense SC 0-0
CSD Macará - CD Cuenca 2-1(1-0)
Técnico Univ. - Independ. del Valle 0-1(0-0)
LDU Portoviejo - Guayaquil City 3-1(1-0)
Aucas - LDU Quito 2-0(2-0)
CD Olmedo - Mushuc Runa 1-2(0-0)
Universidad Católica - El Nacional 1-1(0-1)
Barcelona SC - Emelec 2-1(0-0)

Round 8 [25-26.08.2020]
CD Cuenca - Orense SC 2-2(2-1)
CSD Macará - Técnico Universitario 0-0
Independiente del Valle - Aucas 1-1(0-1)
LDU Quito - Delfín SC 1-0(1-0)
Mushuc Runa - Universidad Católica 1-2(1-0)
El Nacional - CD Olmedo 3-2(1-1)
Emelec - LDU Portoviejo 2-1(0-0)
Guayaquil City - Barcelona SC 2-1(2-0)

Round 9 [28-30.08.2020]
Aucas - CSD Macará 1-0(1-0)
Mushuc Runa - CD Cuenca 1-1(1-1)
Orense SC - LDU Quito 1-2(0-2)
Barcelona SC - CD Olmedo 3-1(1-0)
Técnico Universitario - Emelec 2-0(0-0)
Universid. Católica - LDU Portoviejo 4-0(2-0)
Delfín SC - El Nacional 2-1(0-0)
Independ. del Valle - Guayaquil City 3-0(1-0)

Round 10 [01-02.09.2020]
CD Cuenca - Técnico Universitario 2-2(1-2)
Orense SC - Mushuc Runa 0-2(0-0)
LDU Quito - CSD Macará 1-0(1-0)
Barcelona SC - Aucas 4-2(3-1)
CD Olmedo - Delfín SC 2-0(2-0)
Guayaquil City - Universidad Católica 1-3(1-2)
LDU Portoviejo - Independ. del Valle 1-2(1-0)
El Nacional - Emelec 2-1(0-0)

Round 11 [04-07.09.2020]
Mushuc Runa - Barcelona SC 1-2(0-1)
Universidad Católica - CD Olmedo 3-1(1-0)
LDU Portoviejo - LDU Quito 1-1(1-1)
CSD Macará - El Nacional 1-0(1-0)
Delfín SC - CD Cuenca 2-1(0-1)
Aucas - Guayaquil City 3-1(2-1)
Emelec - Independiente del Valle 2-2(2-0)
Técnico Universitario - Orense SC 2-0(0-0)

Round 12 [11-14.09.2020]
Mushuc Runa - LDU Portoviejo 1-0(0-0)
LDU Quito - Guayaquil City 2-0(1-0)
El Nacional - Técnico Universitario 0-1(0-1)
CD Olmedo - Emelec 1-1(0-1)
Aucas - CD Cuenca 2-0(0-0)
Independiente del Valle - Delfín SC 4-2(1-2)
Barcelona SC - Universidad Católica 1-0(1-0)
Orense SC - CSD Macará 1-2(0-2)

Round 13 [18-20.09.2020]
CD Cuenca - Indep. del Valle 1-3(1-1) [09.09.]
CSD Macará - Barcelona SC 1-0(0-0) [09.09.]
LDU Portoviejo - CD Olmedo 2-1(0-0)
Orense SC - Aucas 2-2(1-2)
Emelec - LDU Quito 1-1(0-1)
Univ. Católica - Técnico Universitario 2-1(1-1)
Delfín SC - Mushuc Runa 4-1(2-0)
Guayaquil City - El Nacional 2-1(2-0) [30.10.]

Round 14 [25-28.09.2020]
El Nacional - Orense SC 2-2(1-2)
Mushuc Runa - Guayaquil City 2-1(1-1)
CD Olmedo - Aucas 3-2(2-0)
Técnico Universitario - LDU Quito 0-5(0-1)
Independ. del Valle - Barcelona SC 1-1(1-1)
Delfín SC - Universidad Católica 0-0
Emelec - CD Cuenca 2-0(2-0)
LDU Portoviejo - CSD Macará 2-2(2-1)

Round 15 [02-04.10.2020]
CD Cuenca - CD Olmedo 0-3 *awarded*
Aucas - LDU Portoviejo 4-1(1-0)
LDU Quito - Mushuc Runa 2-0(2-0)
Orense SC - Independiente del Valle 1-3(1-2)
Barcelona SC - El Nacional 0-0
CSD Macará - Delfín SC 5-1(3-0)
Guayaquil City - Técnico Universit. 1-0(0-0)
Universidad Católica - Emelec 4-1(3-0)

Final Standings

1. Liga Deportiva Universitaria de Quito	15	11	2	2	29	-	13	35
2. CARE Independiente del Valle Sangolquí	15	9	5	1	36	-	22	32
3. CD Universidad Católica Quito	15	9	4	2	32	-	14	31
4. Barcelona SC Guayaquil	15	8	5	2	23	-	13	29
5. CSD Macará Ambato	15	6	6	3	22	-	17	24
6. SD Aucas Quito	15	7	2	6	26	-	23	23
7. CD Técnico Universitario Ambato	15	6	4	5	17	-	16	22
8. Delfín SC Manta	15	5	3	7	17	-	22	18
9. Guayaquil City FC	15	5	3	7	17	-	23	18
10. Mushuc Runa SC Ambato	15	5	3	7	16	-	22	18
11. CD Olmedo Riobamba	15	5	2	8	26	-	29	17
12. CS Emelec Guayaquil	15	4	4	7	20	-	22	16
13. CD El Nacional Quito	15	3	5	7	16	-	24	14
14. Liga Deportiva Universitaria de Portoviejo	15	3	4	8	19	-	30	13
15. Orense SC Machala	15	1	7	7	15	-	27	10
16. Club Deportivo Cuenca	15	1	5	9	16	-	30	8

Liga Deportiva Universitaria de Quito qualified for the Championship Finals.

Segunda Etapa

Results

Round 1 [14-15.10.2020]
Mushuc Runa - Independ. del Valle 3-2(2-2)
Delfín SC - Aucas 2-2(0-1)
LDU Quito - CD Cuenca 5-0(4-0)
Técnico Universitario - Barcelona SC 0-2(0-1)
Emelec - Orense SC 1-0(0-0)
CD Olmedo - Guayaquil City 1-2(1-1)
LDU Portoviejo - El Nacional 3-0(1-0)
Universidad Católica - CSD Macará 2-1(1-0)

Round 2 [17-19.10.2020]
Aucas - Técnico Universitario 2-1(1-0)
Independiente del Valle - LDU Quito 3-2(0-1)
Barcelona SC - Delfín SC 1-0(1-0)
El Nacional - Mushuc Runa 2-1(1-0)
Orense SC - Universidad Católica 1-1(1-0)
CSD Macará - CD Olmedo 1-0(1-0)
Guayaquil City - Emelec 1-0(0-0)
CD Cuenca - LDU Portoviejo 2-1(0-1)

Round 3 [23-26.10.2020]
Mushuc Runa - Aucas 1-4(0-2)
Universidad Católica - CD Cuenca 0-1(0-0)
Emelec - CSD Macará 0-0
Técnico Universitario - Delfín SC 1-1(0-0)
LDU Quito - El Nacional 1-0(0-0)
CD Olmedo - Independiente del Valle 2-1(1-1)
LDU Portoviejo - Barcelona SC 0-2(0-2)
Guayaquil City - Orense SC 1-1(0-1)

Round 4 [30.10.-02.11.2020]
CD Cuenca - El Nacional 0-0
Mushuc Runa - Técnico Universitario 0-1(0-1)
Delfín SC - LDU Portoviejo 4-2(2-1)
Univ. Católica - Independ. del Valle 3-1(1-0)
Orense SC - CD Olmedo 2-1(0-0)
Aucas - Emelec 1-1(0-1)
Barcelona SC - LDU Quito 2-2(1-0)
CSD Macará - Guayaquil City 1-1(0-0)

Round 5 [05-08.11.2020]
CSD Macará - Mushuc Runa 0-3(0-1)
Independiente del Valle - CD Cuenca 2-1(1-0)
El Nacional - Delfín SC 1-3(0-0)
LDU Quito - Orense SC 4-0(1-0)
CD Olmedo - Barcelona SC 1-0(1-0)
LDU Portoviejo - Técnico Universit. 0-2(0-0)
Guayaquil City - Aucas 4-2(2-1)
Emelec - Universidad Católica 2-0(2-0)

Round 6 [10-11.11.2020]
Orense SC - CD Cuenca 1-1(0-0)
Técnico Universitario - El Nacional 1-0(1-0)
Delfín SC - CSD Macará 1-2(1-1)
Barcelona SC - Independ. del Valle 2-0(1-0)
Aucas - CD Olmedo 3-3(2-1)
Mushuc Runa - LDU Quito 1-2(0-0)
Universidad Católica - Guayaquil City 2-1(1-1)
LDU Portoviejo - Emelec 0-6(0-3)

Round 7 [13-15.11.2020]
CD Cuenca - Delfín SC 2-1(0-0)
Guayaquil City - Mushuc Runa 3-2(2-1)
CSD Macará - Orense SC 0-1(0-1)
LDU Quito - Aucas 4-1(2-1)
CD Olmedo - Universidad Católica 2-1(2-1)
Independ. del Valle - LDU Portoviejo 2-3(0-1)
Emelec - Técnico Universitario 1-1(1-1)
El Nacional - Barcelona SC 1-1(1-0)

Round 8 [18-19.11.2020]
Aucas - Independiente del Valle 3-3(1-1)
Delfín SC - Guayaquil City 1-1(0-0)
Técnico Universitario - CSD Macará 0-1(0-0)
LDU Quito - Emelec 1-2(1-0)
Mushuc Runa - CD Olmedo 1-1(1-0)
El Nacional - Universidad Católica 0-2(0-2)
LDU Portoviejo - Orense SC 1-2(0-0)
Barcelona SC - CD Cuenca 2-0(2-0)

Round 9 [21-23.11.2020]
Independ. del Valle - Técnico Univers. 1-0(0-0)
Guayaquil City - LDU Quito 1-1(1-1)
CD Olmedo - El Nacional 1-2(0-0)
CD Cuenca - Aucas 3-3(2-0)
Emelec - Delfín SC 3-2(1-2)
Universidad Católica - Mushuc Runa 1-1(1-1)
Orense SC - Barcelona SC 0-0
CSD Macará - LDU Portoviejo 1-0(0-0)

Round 10 [27-29.11.2020]
LDU Quito - CD Olmedo 3-0(3-0)
Mushuc Runa - Emelec 2-3(0-2)
Técnico Universitario - CD Cuenca 1-1(0-1)
Delfín SC - Independiente del Valle 1-0(0-0)
El Nacional - Guayaquil City 0-3 *awarded*
Aucas - Orense SC 4-1(1-1)
LDU Portoviejo - Universid. Católica 2-1(0-0)
Barcelona SC - CSD Macará 3-0(0-0)

Round 11 [04-06.12.2020]
CD Olmedo - Técnico Universitario 0-0
CD Cuenca - Mushuc Runa 1-0(0-0)
Orense SC - Delfín SC 1-1(0-0)
CSD Macará - Aucas 2-1(2-1)
Universidad Católica - LDU Quito 2-0(1-0)
Independiente del Valle - El Nacional 2-0(2-0)
Guayaquil City - LDU Portoviejo 3-1(0-0)
Emelec - Barcelona SC 1-1(1-1)

Round 12 [08-09.12.2020]
Mushuc Runa - Orense SC 0-0
CD Cuenca - CSD Macará 2-1(2-1)
Técnico Universit. - Univ. Católica 1-0(0-0)
Delfín SC - CD Olmedo 3-1(1-1)
El Nacional - Aucas 2-2(0-1)
LDU Quito - LDU Portoviejo 1-1(0-1)
Independiente del Valle - Emelec 3-0(2-0)
Barcelona SC - Guayaquil City 2-0(0-0)

Round 13 [11-13.12.2020]
CD Olmedo - CD Cuenca 1-1(0-1)
Universidad Católica - Delfín SC 0-0
Orense SC - Técnico Universitario 1-0(1-0)
LDU Portoviejo - Mushuc Runa 0-0
Emelec - El Nacional 3-0(0-0)
CSD Macará - LDU Quito 3-4(2-3)
Guayaquil City - Independ. del Valle 0-2(0-0)
Aucas - Barcelona SC 2-1(1-0)

Round 14 [16-17.12.2020]
CD Cuenca - Emelec 2-1(1-0)
Técnico Universitario - Guayaquil City 0-0
Delfín SC - LDU Quito 2-0(0-0)
Barcelona SC - Mushuc Runa 3-0(0-0)
Aucas - Universidad Católica 1-1(1-0)
El Nacional - CSD Macará 2-1(2-1)
CD Olmedo - LDU Portoviejo 1-3(1-1)
Independiente del Valle - Orense SC 4-0(1-0)

Round 15 [19-20.12.2020]
Guayaquil City - CD Cuenca 2-1(1-0)
Mushuc Runa - Delfín SC 2-0(0-0)
Orense SC - El Nacional 1-0(0-0)
LDU Portoviejo - Aucas 3-2(1-1)
Universidad Católica - Barcelona SC 0-0
CSD Macará - Independiente del Valle 1-0(1-0)
LDU Quito - Técnico Universitario 1-2(1-2)
Emelec - CD Olmedo 4-1(4-1)

	Final Standings								
1.	Barcelona SC Guayaquil	15	8	5	2	22	-	7	29
2.	CS Emelec Guayaquil	15	8	4	3	28	-	15	28
3.	Guayaquil City FC	15	7	5	3	23	-	17	26
4.	Liga Deportiva Universitaria de Quito	15	7	3	5	31	-	20	24
5.	Club Deportivo Cuenca	15	6	5	4	18	-	21	23
6.	CARE Independiente del Valle Sangolquí	15	7	1	7	26	-	21	22
7.	Orense SC Machala	15	5	6	4	12	-	19	21
8.	Delfin SC Manta	15	5	5	5	22	-	19	20
9.	CD Universidad Católica Quito	15	5	5	5	16	-	14	20
10.	CD Técnico Universitario Ambato	15	5	5	5	11	-	11	20
11.	CSD Macará Ambato	15	6	2	7	15	-	20	20
12.	SD Aucas Quito	15	4	7	4	33	-	32	19
13.	Liga Deportiva Universitaria de Portoviejo	15	5	2	8	20	-	29	17
14.	Mushuc Runa SC Ambato	15	3	4	8	17	-	23	13
15.	CD Olmedo Riobamba	15	3	4	8	16	-	27	13
16.	CD El Nacional Quito	15	3	3	9	10	-	25	12

Barcelona SC Guayaquil qualified for the Championship Finals.

Campeonato Ecuatoriano de Fútbol - Final 2020

23.12.2020, Estadio Monumental Banco Pichincha, Guayaquil; Attendance: 0
Referee: Augusto Bergelio Aragón Bautista
Barcelona SC Guayaquil - Liga Deportiva Universitaria de Quito   1-1(0-1)
Barcelona: Javier Nicolás Burrai, Pedro Pablo Velasco Arboleda (61.Matías Damián Oyola), Williams Ismael Riveros Ibáñez, Darío Javier Aimar Álvarez, Mario Alberto Pineida Martínez, Nixon Andrés Molina Torres (61.Cristian Ariel Colmán Ortíz), Bruno Piñatares Prieto, Leandro Emmanuel Martínez (84.Adonis Stalin Preciado Quintero), Damián Rodrigo Díaz (Cap), Byron David Castillo Segura, Jonatan Daniel Álvez Sagar (90.José Enrique Angulo Caicedo). Trainer: Fabián Daniel Bustos (Argentina).
LDU Quito: Adrián José Gabbarini (Cap), Christian Geovanny Cruz Tapia, Luis Alberto Caicedo Medina, Moisés David Corozo Cañizares, Pedro Pablo Perlaza Caicedo, Lucas David Villarruel (82.Lucas Ezequiel Piovi), Jordy José Alcívar Macías, Jhojan Esmaides Julio Palacios, Junior Nazareno Sornoza Moreira (90+5.Franklin Joshua Guerra Cedeño), José Alfredo Quintero Ordóñez (90.Billy Vladimir Arce Mina), Cristian Martínez Borja. Trainer: Pablo Eduardo Repetto (Uruguay).
Goals: 0-1 (45+4), 1-1 (50).

29.12.2020, Estadio "Rodrigo Paz Delgado" [Casa Blanca], Quito; Attendance: 0
Referee: Guillermo Enrique Guerrero Alcívar
Liga Deportiva Universitaria de Quito - Barcelona SC Guayaquil   0-0
LDU Quito: Adrián José Gabbarini (Cap), Christian Geovanny Cruz Tapia, Franklin Joshua Guerra Cedeño, Moisés David Corozo Cañizares, Pedro Pablo Perlaza Caicedo (79.Billy Vladimir Arce Mina), Lucas David Villarruel (89.Lucas Ezequiel Piovi), Jordy José Alcívar Macías, Jhojan Esmaides Julio Palacios (90+2.Marcos Jackson Caicedo Caicedo), Junior Nazareno Sornoza Moreira, José Alfredo Quintero Ordóñez, Cristian Martínez Borja. Trainer: Pablo Eduardo Repetto (Uruguay).
Barcelona: Javier Nicolás Burrai, Pedro Pablo Velasco Arboleda (85.Cristian Ariel Colmán Ortíz), Williams Ismael Riveros Ibáñez, Darío Javier Aimar Álvarez, Mario Alberto Pineida Martínez, Nixon Andrés Molina Torres (75.Exon Gustavo Vallecilla Godoy), Bruno Piñatares Prieto, Leandro Emmanuel Martínez (75.Matías Damián Oyola), Damián Rodrigo Díaz (Cap), Byron David Castillo Segura, Jonatan Daniel Álvez Sagar. Trainer: Fabián Daniel Bustos (Argentina).
Penalties: Jordy José Alcívar Macías 1-0; Jonatan Daniel Álvez Sagar 1-1; Franklin Joshua Guerra Cedeño (saved); Matías Damián Oyola 1-2; Lucas Ezequiel Piovi (missed); Damián Rodrigo Díaz 1-3; Cristian Martínez Borja (saved).

2020 Campeonato Ecuatoriano de Fútbol Winners: **Barcelona SC Guayaquil**

Aggregate Table 2020

1. Liga Deportiva Universitaria de Quito	30	18	5	7	60	-	33	59
2. Barcelona SC Guayaquil	30	16	10	4	45	-	20	58
3. CARE Independiente del Valle Sangolquí	30	16	6	8	62	-	43	54
4. CD Universidad Católica Quito	30	14	9	7	48	-	28	51
5. CS Emelec Guayaquil	30	12	8	10	48	-	37	44
6. Guayaquil City FC	30	12	8	10	40	-	40	44
7. CSD Macará Ambato	30	12	8	10	37	-	37	44
8. SD Aucas Quito	30	11	9	10	59	-	55	42
9. CD Técnico Universitario Ambato	30	11	9	10	28	-	27	42
10. Delfin SC Manta	30	10	8	12	39	-	41	38
11. Mushuc Runa SC Ambato	30	8	7	15	33	-	45	31
12. Club Deportivo Cuenca	30	7	10	13	34	-	51	31
13. Orense SC Machala	30	6	13	11	27	-	46	31
14. CD Olmedo Riobamba	30	8	6	16	42	-	56	30
15. Liga Deportiva Universitaria de Portoviejo (*Relegated*)	30	8	6	16	39	-	59	30
16. CD El Nacional Quito (*Relegated*)	30	6	8	16	26	-	49	26

Top goalscorers:
24 goals: Cristian Martínez Borja (COL) (**Liga Deportiva Universitaria de Quito**)
18 goals: Raúl Oscar Becerra (ARG, Club Deportivo Cuenca)
17 goals: Michael Steveen Estrada Martínez (CSD Macará Ambato)
16 goals: Fidel Francisco Martínez Tenorio (Barcelona SC Guayaquil)

Liga Deportiva Universitaria de Quito, Barcelona SC Guayaquil, CARE Independiente del Valle Sangolquí and CD Universidad Católica Quito qualified for the 2021 Copa Libertadores.

CS Emelec Guayaquil, Guayaquil City FC, CSD Macará Ambato and SD Aucas Quito qualified for the 2021 Copa Sudamericana.

THE CLUBS 2020

SOCIEDAD DEPORTIVA AUCAS

Foundation date: February 6, 1945
Address: Villalengua E1-48 e Iñaquito, Quito
Stadium: Estadio „ Gonzalo Pozo Ripalda", Quito – Capacity: 18,799

THE SQUAD

	DOB	M	(s)	G
Goalkeepers:				
Luís Fernando Fernández López (COL)	01.07.1978	1		
Damián Andrés Frascarelli Gutiérrez (URU)	02.06.1985	27	(1)	
Johan David Lara Medrano	28.02.1999	2	(1)	
Defenders:				
Gregori Alexander Anangonó Minda	16.05.1998	9	(5)	
Bryan Javier Caicedo Jurado	31.12.2000	12	(5)	
Edison Javier Carcelén Chalá	09.11.1992	1	(1)	
Carlos Andres Cuero Quiñonez	17.02.1996	26	(2)	
Jhon Jairo Espínoza Izquierdo	24.02.1999	22	(2)	
Alejandro Sebastián Manchot (ARG)	12.04.1988	27	(1)	
Richard Alexander Mina Caicedo	22.07.1999	19	(1)	3
Tomás Alexis Oneto (ARG)	19.02.1998	3		
Midfielders:				
Lisandro Joel Alzugaray (ARG)	17.04.1990	16	(2)	6
José Luis Cazares Quiñónez	14.05.1991	18	(9)	
Víctor Alberto Figueroa (ARG)	29.09.1983	28	(1)	13
Alejandro Javier Frezzotti (ARG)	15.02.1984	12	(2)	
Sergio Daniel López (ARG)	04.01.1989	23	(3)	10
Eddy Joel Mejía Montero	09.03.2000		(2)	
Marcos David Olmedo Garrido	01.06.1999	2	(5)	
Jhonny Raúl Quiñónez Ruíz	11.06.1998	10	(11)	6
Janus Guillermo Vivar Estrella	07.09.1998	7	(11)	3
Forwards:				
Alexander Antonio Alvarado Carriel	21.04.1999	12	(1)	1
Carlos Alexi Arboleda Ruíz	24.01.1991	2	(5)	
Maximiliano Fabián Barreiro (ARG)	16.03.1985	13	(3)	5
Alejandro Jair Cabeza Jiménez	11.03.1997	14	(8)	4
Luis Miguel Escalada (ARG)	27.02.1986	4	(6)	2
Edson Eli Montaño Angulo	15.03.1991	3	(1)	1
Jorge Luis Palacios Avila	02.09.1993	3	(12)	3
Jhon Sergio Pereira Córtez	03.09.1998	1	(1)	
Bryan David Sánchez Congo	24.04.1993	13	(8)	1
Trainer:				
Máximo Manuel Jorge Villafañe (ARG) [01.01.-14.06.2020; Resigned]	1978	4		
Osvaldo Darío Tempesta (ARG) [from 14.06.2020]	15.02.1960	26		

410

BARCELONA SPORTING CLUB GUAYAQUIL

Foundation date: May 1, 1925
Address: Ciudadela Bellavista, Estadio Monumental, Guayaquil
Stadium: Estadio Monumental Banco Pichincha, Guayaquil – Capacity: 57,267

THE SQUAD

	DOB	M	(s)	G
Goalkeepers:				
Javier Nicolás Burrai (ARG)	09.10.1990	30		
Víctor Eduardo Mendoza Izurieta	30.09.1994	2		
Defenders:				
Darío Javier Aimar Álvarez	05.01.1995	28		2
Anthony Patricio Bedoya Caicedo	26.01.1996	1		
Byron David Castillo Segura	10.11.1998	31		2
Mario Alberto Pineida Martínez	06.07.1992	19		
Bryan Steven Rivera Andrango	26.02.1997	4	(2)	
Williams Ismael Riveros Ibáñez (PAR)	20.11.1992	29		2
Exon Gustavo Vallecilla Godoy	28.05.1999	6	(9)	1
Pedro Pablo Velasco Arboleda	29.06.1993	15	(3)	1
Midfielders:				
Christian Fernando Alemán Alegría	05.02.1996	3	(1)	
Éder Derik Cetre Castillo	15.11.1994	1	(3)	
Damián Rodrigo Díaz (ARG)	01.05.1986	24	(1)	10
Gabriel Marques de Andrade Pinto (BRA)	04.03.1988	15	(4)	
Nixon Andrés Molina Torres	26.03.1993	15	(9)	2
Jean Carlos Montaño Valencia	28.01.1999	2	(4)	
Jefferson Gabriel Orejuela Izquierdo	14.02.1993	3	(13)	
Matías Damián Oyola (ARG)	15.10.1982	5	(20)	
Bruno Piñatares Prieto (URU)	25.06.1990	27		2
Sergio Saúl Quintero Chávez	12.03.1999	3	(2)	
Forwards:				
Jonatan Daniel Álvez Sagar (URU)	31.05.1988	19	(1)	6
José Enrique Angulo Caicedo	03.02.1995	8	(9)	3
Michael Antonio Arroyo Mina	23.04.1987	3	(6)	1
Alexander David Bolaños Casierra	12.12.1999	1	(11)	
Cristian Ariel Colmán Ortíz (PAR)	26.02.1994	11	(16)	5
Ely Jair Esterilla Castro	06.02.1993	3	(3)	2
Fidel Francisco Martínez Tenorio	15.02.1990	6		3
Leandro Emmanuel Martínez (ARG)	04.06.1994	28		3
Santiago Daniel Micolta Lastra	26.05.2000		(1)	
Adonis Stalin Preciado Quintero	23.03.1997	10	(13)	
Ángel Fernando Quiñónez Guerrero	04.09.1996		(2)	
Trainer:				
Fabián Daniel Bustos Barbero (ARG) [from 16.12.2019]	28.03.1969	32		

Please note: Matches and goals in Championship Finals included.

DELFÍN SPORTING CLUB MANTA

Foundation date: March 1, 1989
Address: *Not available*
Stadium: Estadio Jocay, Manta – Capacity: 22,000

THE SQUAD	DOB	M	(s)	G
Goalkeepers:				
Máximo Orlando Banguera Valdivieso	16.12.1985	12		
Alain Baroja Méndez (VEN)	23.10.1989	10		
Dennis Wilber Corozo Villalva	05.04.1988	6		
Johan David Padilla Quiñónez	14.08.1992	2		
Defenders:				
Agustín Ale Perego (URU)	19.02.1995	18	(2)	2
Andy David Burbano Guapi	27.05.1994	3	(1)	
Luis David Cangá Sánchez	18.06.1995	24		1
Harold Jonathan González Guerrero	18.01.1994	18	(1)	1
Bryan Paul Hernández Porozo	20.12.1998	2		
Jerry Gabriel León Nazareno	22.04.1995	13	(4)	
Roberto Francisco Luzárraga Mendoza	24.02.1991	7	(2)	
Anthony Joel Macías Savedra	26.07.2000	6	(1)	
Tommy Mayer Mina Márquez	28.10.1999		(1)	
Geovanny Enrique Nazareno Simisterra	17.01.1988	24		
Segundo Arlen Portocarrero Rodríguez	15.10.1996	5	(7)	1
Carlos Emilio Rodríguez Rodríguez (URU)	07.04.1990	6	(3)	
Midfielders:				
Óscar Junior Benítez (ARG)	14.01.1993	13	(5)	1
Richard Rodrigo Calderón Llori	25.06.1993	7		1
Yeison Guerrero Perea	21.04.1998		(1)	
Sneyder Julián Guevara Muñoz	04.05.1992	5	(5)	
David Alejandro Noboa Tello	16.05.1995	12	(10)	
Julio Joao Ortíz Landázuri	01.05.1996	22	(3)	2
Juan Diego Rojas Caicedo	23.12.1992	14	(9)	1
Charles Ariel Vélez Plaza	26.12.1992	19	(6)	1
Alejandro Javier Villalva Pavón	28.11.1992	6	(9)	1
Forwards:				
Diego Martín Alaníz Ávila (URU)	19.02.1993	7	(2)	
Jairo Antonio Carreño Vélez	06.03.1999	1	(2)	
Jhon Jairo Cifuente Vergara	23.07.1992	14	(12)	8
Janner Hitcler Corozo Alman	08.09.1995	19	(6)	5
Carlos Jhon Garcés Acosta	01.03.1990	21	(3)	9
Francisco Javier Mera Herrera	06.06.1992	3	(4)	1
José Adolfo Valencia Arrechea (COL)	18.12.1991	11	(8)	3
Trainer:				
Miguel Ángel López Pérez (ESP) [27.12.2019-29.02.2020; Sacked]	05.04.1983	3		
Carlos Luis Ischia (ARG) [01.03.-04.09.2020; Sacked]	28.10.1956	7		
Miguel Ángel Zahzú (ARG) [04.09.03.12.2020; Sacked]	24.02.1966	15		
Horacio Montemurro (ARG) [from 03.12.2020; Caretaker]	13.01.1962	5		

CLUB DEPORTIVO CUENCA

Foundation date: March 4, 1971
Address: Avenida del Estadio y José Peralta, Cuenca
Stadium: Estadio „Alejandro Serrano Aguilar", Cuenca – Capacity: 18,549

THE SQUAD

	DOB	M	(s)	G
Goalkeepers:				
Jerónimo Ignacio Costa (ARG)	05.02.1984	1		
Brian Roberto Heras González	17.04.1995	27		
Kenner Daniel Leni Chévez	20.04.1996	1		
Defenders:				
Anthony Patricio Bedoya Caicedo	26.01.1996	10		
Iván Marcelo Betancourt Villena	07.02.2000	2	(4)	
Jimmy Denilson Bolaños Cervantes	18.08.2000	13	(4)	
Fernando Moisés Cagua Quiñónez	18.12.1999		(2)	
Bryan Javier Caicedo Jurado	31.12.2000	1		
Brian Federico Cucco Ballarini (ARG)	22.01.1989	19	(1)	
Liam Patrick McCabe Soriano	08.07.1999		(1)	
Wilmar Pascual Meneses Borja	14.12.1995	8	(3)	1
Jonnathan Gabriel Mina Jara	28.03.1995	13	(4)	
Sergio Maximiliano Ojeda (ARG)	04.01.1992	21		
Ivan Mateo Piedra Zaputt	23.03.2000	14	(4)	
Joao Fernando Quiñonez Araujo	15.05.1999	6	(5)	
Miguel Angel Segura Ordoñez	05.06.1990	4		
Jefferson Alexander Sierra Flores	13.05.1993		(1)	
Midfielders:				
Manuel Enrique Aguirre Barrera	02.01.1998	4	(6)	
Kener Luis Arce Caicedo	17.06.1988	4		1
Luis Arturo Arce Mina	03.12.1993	10	(1)	1
Xavier Alexander Armijos Quinde	13.07.2000	1	(1)	
Diego Alejandro Jervés Cordóva	15.05.1997	6	(6)	
Pedro Sebastián Larrea Arellano	21.05.1986	10	(2)	
Lucas Eduardo Mancinelli (ARG)	06.07.1989	22		7
Taylor Gabriel Mercado Jiménez	01.11.2000		(1)	
Carlos Alberto Perea Tello	02.01.1998		(2)	
Jhon Jairo Rodríguez Monserrate	26.09.1996	19	(1)	
Thiago Augusto Serpa Carmona (BRA)	24.07.1999	13	(6)	
Ismael Genaro Zúñiga Quintero	04.06.1997	1	(11)	
Forwards:				
Gustavo Javier Alles Vila (URU)	09.04.1990	3		3
José Stalin Caicedo Porozo	22.02.1999	9	(7)	
Johao Manuel Chávez Quintero	16.05.1999	10	(5)	1
Diego Fernando Dorregaray (ARG)	09.05.1992	21	(2)	7
Ely Jair Esterilla Castro	06.02.1993	7	(1)	
Bruno Foliados Suárez (URU)	17.01.1992	5	(2)	1
Kevin Stalin Jiménez Ayora	26.06.1999		(4)	
Daniel Alberto Néculman Suárez (ARG)	25.05.1985	3	(14)	
Ángel Fernando Quiñonez Guerrero	04.09.1996	12	(4)	3
Carlos Augusto Rivas Murillo (COL)	15.04.1994	3	(4)	1
Rafael Armando Viotti (ARG)	15.02.1988	16	(3)	7
Trainer:				
Tabaré Abayubá Silva Aguilar (URU)[04.06.2019-30.09.2020; Sacked]	30.08.1974	14		
Guillermo Duró (ARG) [from 30.09.2020; Caretaker]	14.03.1969	16		

CLUB DEPORTIVO EL NACIONAL QUITO

Foundation date: June 1, 1964
Address: Yasuni e Isla San Cristóbal, Ciudadela Jipijapa, Quito
Stadium: Estadio Olímpico Atahualpa, Quito – Capacity: 38,258

THE SQUAD	DOB	M	(s)	G
Goalkeepers:				
Leodan Raúl Chala Ayovi	25.01.1998	15		
Johan David Padilla Quiñónez	14.08.1992	14		
Defenders:				
Henry Junior Cangá Ortiz	20.06.1987	1		
Pablo César Cifuentes Cortez	17.04.1988	21	(1)	1
Juan Gabriel Lara Quiñónez	26.05.1989	12	(1)	
Sixto Romario Mina Arroyo	30.10.1999	21		1
José Luis Monaga Quiñónez	29.03.1998	15	(3)	
Juan Carlos Paredes Reasco	08.07.1987	20	(1)	
Jean Carlos Peña Ludueña	05.03.1998	22	(3)	
Kevin Marcelo Peralta Ayoví	01.05.1997	20	(4)	
Henry Raúl Quiñónez Díaz	22.06.1993	7	(4)	
Mateo Alejandro Emile Zambrano Bailon (FRA)	02.04.1998		(2)	
Midfielders:				
Michael Alexander Cárcelen Carabalí	13.04.1997	15	(5)	1
Adrián Josué Cela Recalde	11.04.1997	4	(3)	
Esteban Nicolás Davila Alarcon	07.02.1996	8	(6)	
Ronal David de Jesús Ogonaga	15.03.1986	24	(1)	
Holger Eduardo Matamoros Chunga	04.01.1985	14	(5)	3
Tomson Geraldy Minda Borja	07.12.2000	2	(2)	
Darío Fabian Pazmiño Daza	25.05.2000	1	(2)	
Pedro Angel Quiñónez Rodríguez	04.03.1986	8	(7)	1
Jersson Israel Rodríguez Maroto	02.04.1995	1	(3)	
Forwards:				
Luis Gonzalo Congo Minda	27.02.1989	15	(8)	5
Marlon Jonathan De Jesús Pabón	04.09.1991	14	(11)	6
Melvin Fabricio Díaz Canencia	26.11.2001	6	(6)	
Felipe Jonathan Mejía Perlaza	25.02.1995	14	(10)	4
Jorge Antonio Ordoñez Galarce	27.06.1995	6	(10)	1
Jairo Santiago Padilla Folleco	10.05.1991	1	(1)	
Byron Efrain Palacios Vélez	20.02.1995	6	(12)	1
Darwin Temistocles Rodríguez Zambrano	10.10.1993		(4)	
Tito Johan Valencia Gómez	05.01.1991	12	(4)	1
Trainer:				
Eduardo Lara Lozano (COL) [12.11.2019-20.06.2020; Sacked]	04.09.1959	4		
Jorge Daniel Montesino (ARG) [20.06.-07.11.2020; Sacked]	26.12.1964	16		
José Javier Rodríguez Mayorga [07-20.11.2020; Resigned]	07.10.1960	3		
Édison Vicente Méndez Méndez [20.11.-08.12.2020; Resigned]	16.03.1979	2		
José Voltaire Villafuerte Tenorio [from 08.12.2020]	27.11.1956	4		

CLUB SPORT EMELEC GUAYAQUIL

Foundation date: April 29, 1929
Address: General Gómez 1312 y Avenida Quito, Guayaquil
Stadium: Estadio „George Capwell" [Banco de Pacífico], Guayaquil – Capacity: 40,059

THE SQUAD

	DOB	M	(s)	G
Goalkeepers:				
Adrián Javier Bone Sánchez	08.09.1988	2		
Pedro Alfredo Ortíz Angulo	19.02.1990	28		
Defenders:				
Óscar Dalmiro Bagüi Angulo	10.12.1982	7	(3)	
Bryan Ignacio Carabalí Cañola	18.12.1997	17	(7)	1
Manuel José Hernández Porozo	18.12.1996	5	(8)	
Edgar Eyffer Lastre Mercado	13.09.1999	1		
Aníbal Leguizamón Espínola (ARG)	10.01.1992	28		1
Marlon Mauricio Mejía Díaz	21.09.1994	17	(2)	1
Joel Steven Quintero Nazareno	25.09.1998	2	(8)	
Jackson Gabriel Rodríguez Perlaza	07.10.1998	17	(4)	
Leandro Sebastián Vega (ARG)	27.05.1996	14		1
Midfielders:				
Dixon Jair Arroyo Espinoza	01.06.1992	18	(5)	2
José Francisco Cevallos Enríquez	18.01.1995	19	(11)	13
Silvano Denilson Estacio Mina	29.04.2002		(2)	
Wilmer Javier Godoy Quiñónez	05.11.1993	5	(8)	
Xavier Edu Pineda Arana	11.11.1999		(1)	
Sebastián Javier Rodríguez Iriarte (URU)	16.08.1992	30		1
Alexis Zapata Álvarez (COL)	10.05.1995	7	(8)	1
Forwards:				
Alhassane Bangoura (GUI)	30.03.1992	1	(8)	
Facundo Barceló Viera (URU)	31.03.1993	18	(7)	10
Robert Javier Burbano Cobeña	10.04.1995	11	(8)	
Bryan Alfredo Cabezas Segura	20.03.1997	17	(9)	
Romario Javier Caicedo Ante	23.05.1990	29	(1)	3
Roberto Javier Ordóñez Ayoví	04.05.1985	19	(9)	7
Edwuin Alexander Pernía Martínez (VEN)	12.02.1995	2	(6)	2
Joao Joshimar Rojas López	16.08.1997	16	(6)	3
Trainer:				
Ismael Rescalvo Sánchez (ESP) [since 01.05.2019]	02.03.1982	30		

GUAYAQUIL CITY FÚTBOL CLUB

Foundation date: September 7, 2007
Address: Estadio La Fortaleza, km 14,5 via Samborondón, Guayaquil
Stadium: Estadio "Christian Benítez Betancourt", Guayaquil – Capacity: 10,152

THE SQUAD

	DOB	M	(s)	G
Goalkeepers:				
Gonzalo Roberto Valle Bustamante	28.02.1996	7		
Daniel Jimmy Viteri Vinces	12.12.1981	22		
Defenders:				
Alan Maximiliano Aguirre (ARG)	13.08.1993	25	(2)	2
Kevin Steeven Becerra Wila	05.01.1996	5	(2)	
Ángel Fernando Gracia Toral	30.05.1989	26	(1)	3
John Jairo Jiménez Vega	03.04.1995	13	(8)	1
Luca Alexander Sosa (ARG)	11.06.1994	24		
Willian Andrés Vargas León	12.06.1997	11	(10)	
Midfielders:				
Christian Fernando Alemán Alegria	05.02.1996	7	(2)	
Flavio David Caicedo Gracia	28.02.1988	5	(9)	
Luis Ángel Cano Quintana	05.09.1999	14	(11)	5
Segundo Alejandro Castillo Nazareno	15.05.1982	4	(2)	
Stick Carlos Castro Palma	25.04.1999		(8)	
Gabriel Jhon Cortez Casierra	10.10.1995		(4)	
Matías Nicolás Duffard Villarreal (URU)	27.04.1989	3	(11)	
Fernando Vicente Gaibor Orellana	08.10.1991	6	(1)	1
Jean Carlos Humanante Vargas	13.05.1996	25	(2)	
Kevin Josué Sambonino Terán	14.04.2000	24	(3)	
Bruno Téliz Carrasco (URU)	16.08.1991	8	(10)	
Forwards:				
Jaime Javier Ayoví Corozo	21.02.1988	1	(7)	
José Manuel Ayoví Plata	06.12.1991	18	(2)	
Ariel Hernán Cháves (ARG)	20.02.1992	9	(14)	2
Michael Ryan Hoyos (ARG)	02.08.1991	26		10
Gonzalo Mathías Mastriani Borges (URU)	28.04.1993	24	(2)	11
Marcos Gustavo Mondaini (ARG)	14.02.1985	4	(5)	1
Anderson Alexander Naula Cumbicus	22.06.1998	1	(2)	
Miguel Enrique Parrales Vera	26.12.1995	7	(10)	1
Trainer:				
Pool Geovanny Gavilánez Solís [since 11.09.2017]	03.08.1981	29		

CLUB DE ALTO RENDIMIENTO ESPECIALIZADO
INDEPENDIENTE DEL VALLE

Foundation date: March 1, 1958
Address: Calle Oinchincha 603 y Calle García Moreno, Sangolquí
Stadium: Estadio Municipal „General Rumiñahui", Sangolquí – Capacity: 7,233

THE SQUAD

	DOB	M	(s)	G
Goalkeepers:				
Hamilton Emanuel Piedra Ordóñez	20.02.1993	3		
Jorge Bladimir Pinos Haiman	03.10.1989	16		
Wellington Moisés Ramírez Preciado	09.09.2000	11		
Defenders:				
Pablo Andrés Alvarado (ARG)	27.02.1986	11	(1)	
Cristopher Adonis Angulo Caicedo	09.10.2000		(2)	
Beder Julio Caicedo Lastra	13.05.1992	19	(3)	1
Jhoanner Stalin Chávez Quintero	25.04.2002		(1)	
Johao Manuel Chávez Quintero	16.05.1999	2		
Piero Martín Hincapié Reyna	09.01.2002		(2)	
Anthony Rigoberto Landázuri Estacio	19.04.1997	11	(5)	
Ángelo Smit Preciado Quiñónez	18.02.1998	21		3
Richard Hernán Schunke (ARG)	26.11.1991	22		1
Luis Geovanny Segovia Vega	26.10.1997	22	(3)	3
Midfielders:				
Néicer Aldhair Acosta Méndez	12.12.2002		(1)	
Fricson Alexander Borja Meneses	30.10.1999		(1)	
Daniel Nieto Vela „Dani Nieto" (ESP)	04.05.1991	4		
Lorenzo Abel Faravelli (ARG)	29.03.1993	23	(5)	6
Bryan Jahir García Realpe	18.01.2001	2	(13)	
José Andrés Hurtado Cheme	23.12.2001		(1)	
Darlin Alberto Leiton Lamilla	09.05.2001	6	(10)	1
Luis Enrique Loor Solorzano	25.05.1995	4		
Andrés David Mena Montenegro	07.09.2000		(2)	
Efrén Alexander Mera Moreira	23.06.1985	11	(10)	3
Luis Mateo Ortíz Lara	31.01.2000	1		
William Joel Pacho Tenorio	16.10.2001	7	(1)	
Cristian Alberto Pellerano (ARG)	01.02.1982	19	(4)	2
Braian Abel Rivero (ARG)	22.02.1996	11	(8)	
Liberman Bryan Torres Nazareno	16.05.2002		(1)	
Forwards:				
Alejandro Jair Cabeza Jiménez	11.03.1997	3	(1)	2
Moisés Isaac Caicedo Corozo	02.11.2001	17	(5)	4
Fernando Alexander Guerrero Vásquez	31.07.1989	13	(9)	
Edson Eli Montaño Angulo	15.03.1991	10	(11)	4
Jacob Israel Murillo Moncada	31.03.1993	17	(7)	7
Christian Jonatan Ortiz López (ARG)	20.08.1992	12	(9)	7
Jhon Jairo Sánchez Enríquez	30.07.1999	16	(9)	2
Gabriel Arturo Torres Tejada (PAN)	31.10.1988	16	(7)	15
Trainer:				
Miguel Ángel Ramírez Medina (ESP) [since 07.05.2019]	23.10.1984	30		

LIGA DEPORTIVA UNIVERSITARIA DE PORTOVIEJO

Foundation date: November 15, 1969
Address: Sucre y Morales, Edificio Dinamo, 130105 Portoviejo
Stadium: Estadio Reales Tamarindos, Portoviejo – Capacity: 21,000

THE SQUAD	DOB	M	(s)	G
Goalkeepers:				
Jerónimo Ignacio Costa (ARG)	05.02.1984	5	(2)	
Esteban Javier Dreer Ginanneschi (ARG)	11.11.1981	23		
Manuel Alberto Mendoza Rezabala	19.01.1989	2		
Defenders:				
Ayrton Alexander Cisneros Montenegro	01.05.1997	17	(5)	
Gabriel Eduardo Corozo Vásquez	05.01.1995	14	(2)	
Jonathan Marcelo Ferrari (ARG)	08.05.1987	18	(1)	1
Luis Fernando Gómez Angulo	13.01.2000	17	(7)	2
Martín Alexis González Crespo De Machado (URU)	09.02.1990	12	(1)	
José Mario Hurtado Cuero	29.05.1992	4		
David Koob Hurtado Arboleda	19.07.1985	16		
Derihan Leonardo Rivera Vela	11.08.2002		(1)	
Dúval Merino Valverde Banchón	03.09.1987	5	(2)	
Midfielders:				
Kevin Andres Arroyo Lastra	05.07.1994	8	(2)	
Wilmer Vidal Ayoví Cabezas	19.04.2002		(1)	
Freddy Geovanny Bravo Posligua	15.05.1996		(1)	
Matías Ignacio García (ARG)	11.11.1995	15	(3)	
Robertino Insúa (ARG)	28.03.1994	13	(3)	2
Luis Alejandro Luna Quinteros	25.01.1988	21	(1)	
Armando Andrés Monteverde (ARG)	06.03.1985	28	(1)	2
Nicolás Queiroz Martínez (URU)	07.05.1996			
Jhonny Marcelo Quijije Morerira	29.12.2001	1	(2)	
Michael Jackson Quiñónez Cabeza	21.06.1984	13	(10)	3
Alexander Xavier Ushiña Goyes	26.08.1996	11	(4)	2
Kevin Xavier Ushiña Goyes	26.08.1996	19	(2)	
Forwards:				
Carlos Gabriel Almada (ARG)	17.01.1999	5	(7)	1
Jhon Jairon Almagro Caicedo	07.11.1998		(7)	
José Miguel Andrade de la Torre	14.01.1993		(5)	
Vinicio César Angulo Pata	26.07.1988	17	(6)	8
Jaime Javier Ayoví Corozo	21.02.1988	6	(3)	
Maximiliano Fabián Barreiro (ARG)	16.03.1985	4	(3)	2
Brayan José De la Torre Martínez	11.01.1991	4	(3)	
Francisco David Fydriszewski (ARG)	13.04.1993	28		13
Gabriel Antonio Méndez (ARG)	08.05.1988	3	(4)	2
Víctor Andrés Mendoza Mendoza	14.03.1999		(1)	
Hugo Javier Vélez Benítez	26.05.1986		(8)	
Trainer:				
Rubén Darío Insúa (ARG) [04.02.2019-05.11.2020; Sacked]	17.04.1961	19		
Miguel Ángel Intriago Ferrín [06-08.11.2020; Caretaker]				
Marcelo Javier Zuleta (ARG) [05-20.11.2020; Resigned]	25.01.1964	3		
Pablo Marcelo Trobbiani (ARG) [from 21.11.2020]	28.12.1976	7		

LIGA DEPORTIVA UNIVERSITARIA DE QUITO

Foundation date: January 11, 1930
Address: Calle Robles 653 y Avenida Amazonas 41-01, Edif. Proinco, Quito
Stadium: Estadio "Rodrigo Paz Delgado" [Casa Blanca], Quito – Capacity: 41,575

THE SQUAD	DOB	M	(s)	G
Goalkeepers:				
Adrián José Gabbarini (ARG)	10.10.1985	29		
Leonel Romario Nazareno Delgado	05.08.1994	3		
Defenders:				
Luis Miguel Ayala Brucil	24.09.1993	7	(13)	
Edilson Alejandro Cabeza Almeida	08.07.2002	1		
Luis Alberto Caicedo Medina	11.05.1992	11	(2)	
Moisés David Corozo Cañizares	25.10.1992	21	(1)	4
Christian Geovanny Cruz Tapia	01.08.1992	26		
Franklin Joshua Guerra Cedeño	12.04.1992	21	(1)	1
Anderson Rafael Ordóñez Váldez	29.01.1994	5		
Pedro Pablo Perlaza Caicedo	03.02.1991	24		
José Alfredo Quintero Ordóñez	20.06.1990	22	(5)	2
Carlos Emilio Rodríguez Rodríguez (URU)	07.04.1990	4		
Luis Antonio Valencia Mosquera	04.08.1985	4		
Stalin Evander Valencia Cortez	10.10.2003		(1)	
Midfielders:				
Jordy José Alcívar Macías	05.08.1999	19	(8)	2
Jefferson Stalin Arce Mina	29.05.2000	1		
Luis Arturo Arce Mina	03.12.1993		(1)	
Joseph Alejandro Espinoza Montenegro	02.07.2000	1	(1)	
Jhojan Esmaides Julio Palacios	11.02.1998	9	(12)	3
Adolfo Alejandro Muñoz Cervantes	12.12.1997	12	(5)	7
Lucas Ezequiel Piovi (ARG)	20.08.1992	11	(5)	
Junior Nazareno Sornoza Moreira	28.01.1994	25	(2)	3
Jefferson Alberto Troya Vera	02.04.2001		(1)	
Édison Fernando Vega Obando	08.03.1990	7	(8)	
Lucas David Villarruel (ARG)	13.11.1990	22	(1)	2
Frank Joel Ventura Gaspar	31.01.2000	1		
Paul Matías Zunino Escudero (URU)	20.04.1990	14	(4)	3
Forwards:				
Rodrigo Sebastián Aguirre Soto (URU)	01.10.1994	7	(13)	5
Billy Vladimir Arce Mina	12.07.1998	7	(19)	3
Marcos Jackson Caicedo Caicedo	10.11.1991	12	(13)	
Davinson Alexander Jama Guzmán	10.10.1998	2	(8)	1
Cristian Martínez Borja (COL)	01.01.1988	24	(7)	24
Ronny Bryan Medina Valencia	09.04.1995		(1)	
Trainer:				
Pablo Eduardo Repetto (URU) [since 01.07.2017]	14.03.1974	32		

Please note: Matches and goals in Championship Finals included.

CLUB SOCIAL Y DEPORTIVA MACARÁ AMBATO

Foundation date: August 25, 1939
Address: Montalvo Entre 12 de Noviembre y Juan Benigno Vela
Stadium: Estadio Bellavista, Ambato – Capacity: 16,467

THE SQUAD			
	DOB	M (s)	G
Goalkeepers:			
Carlos Luis Espinoza Ogonaga	23.12.1988	2 (2)	
Agustín Silva (ARG)	28.06.1989	28	
Defenders:			
Galo Ricardo Corozo Junco	20.08.1990	21 (6)	
Dubar Adrián Enríquez Sánchez	10.08.1992	6	1
José Mario Hurtado Cuero	23.08.1992	3	
César Ricardo Mercado Lemo	13.05.1989	15 (2)	
Braian Nicolás Molina (ARG)	17.04.1995	27	3
Fernando David Mora Peñaranda	09.04.1996	14 (12)	
John Willian Narváez Arroyo	12.06.1991	5	
Leonel Enríque Quiñónez Padilla	03.07.1993	29	6
Héctor Damián Schmidt (ARG)	07.12.1992	4	
Ángel Eduardo Viotti (ARG)	24.08.1994	24 (5)	
Midfielders:			
Kener Luis Arce Caicedo	17.06.1988	12 (6)	
Ronald Erick Champang Zambrano	19.06.1994	20 (8)	3
Jonathan Oswaldo de la Cruz Valverde	18.07.1992	2 (6)	1
Bagner Samuel Delgado Loor	20.11.1995	(2)	
Roberto Daniel Garces Salazar	06.07.1993	19 (2)	
Jhonathan Jeison Lucas Figueroa	28.01.1996	(3)	
Mario Enrique Rizotto Vázquez (URU)	30.08.1984	15 (8)	
Arón David Rodriguez Franco	06.08.1999	9 (16)	2
Enson Jesús Rodríguez Mesa (VEN)	05.09.1989	7 (9)	1
Jhon Adonis Santacruz Campos	17.10.1996	12 (10)	3
Forwards:			
Abel Alexánder Araújo Córtez	15.01.1994	(1)	
José Manuel Balza Liscano (VEN)	10.09.1997	1 (3)	
Carlos Alfredo Feraud Silva	23.10.1990	15 (11)	
Juan Sebastián Herrera Sanabria (COL)	04.11.1994	18 (12)	11
Pablo José Mancilla George	01.09.1992	(9)	
Jonny Alexander Uchuari Pintado	19.01.1994	22 (4)	4
Trainer:			
Ángel Paúl Vélez Ordoñez [since 01.01.2016]	12.05.1971	30	

MUSHUC RUNA SPORTING CLUB AMBATO
Foundation date: January 2, 2003
Address: *not available*
Stadium: Estadio Mushuc Runa Cooperativa de Ahorro y Crédito, Ambato – Capacity: 8,200

THE SQUAD

	DOB	M	(s)	G
Goalkeepers:				
Iván Alejandro Brun (ARG)	19.01.1984	25		1
Carlos Andrés Ortíz Assos	26.10.1992	5		
Defenders:				
Marco Alexander Carrasco Bonilla	03.01.1993	15	(9)	
Ángel Miguel Castillo Ordóñez	16.09.1997		(1)	
Armando Francisco Gómez Torres	24.01.1984	16	(6)	
Leonardo Francisco Incorvaia (ARG)	26.06.1992	9	(2)	
Deison Adolfo Méndez Rosero	27.10.1990	6	(9)	
José Ángel Mendoza Nivela	13.12.1995	26	(1)	1
Glendys Carlos Mina Cortez	25.02.1996	8	(17)	
Darwin Estuardo Quilumba Díaz	07.12.1988	27	(1)	1
Luis Manuel Romero Véliz	15.05.1984	22		1
Ronny Ronaldo Rueda Rodríguez	06.03.1997	1	(1)	
Midfielders:				
Dario Darwin Bone Lastre	27.03.1990	1	(9)	
Franco Miguel Faría (ARG)	29.09.1992	9	(6)	3
Marco Roberto Mosquera Borja	03.12.1984	24	(2)	
Luis Emilio Ojeda Sotomayor	18.07.1998		(1)	
Horacio de Dios Orzán (ARG)	14.04.1988	25		1
Forwards:				
Julio Eduardo Angulo Medina	28.05.1990	26	(1)	5
Jhon Clovis Carabalí Sandoval	05.04.1988	15	(4)	3
Miller David Castillo Quiñonez	01.08.1987	2	(10)	
Esteban Santiago de la Cruz Santacruz	23.06.1993	3	(18)	2
Juan José Govea Tenorio	27.01.1991	7	(14)	
Ignacio José Herrera Fernández (CHI)	30.10.1987	28	(1)	2
Juan Muriel Orlando (ARG)	18.03.1989	30		11
Gregoris Antonio Ortíz Espinoza	10.12.1995		(5)	
Trainer:				
Ricardo Horacio Dillon (ARG) [from 12.11.2019]	04.08.1964	30		

CENTRO DEPORTIVO OLMEDO RIOBAMBA

Foundation date: November 11, 1919
Address: Calle Veloz y García Moreno, Edificio Esmeralda 4to Piso, Riobamba
Stadium: Estadio Olímpico de Riobamba, Riobamba – Capacity: 14,400

THE SQUAD

	DOB	M	(s)	G
Goalkeepers:				
José Gabriel Cevallos Enríquez	19.03.1998	20		
Cono Javier Irazún González (URU)	04.12.1986	9		
Defenders:				
Fabricio Ildegar Bagüí Wila	07.05.1989	7	(10)	
Jimmy Bermúdez Valencia (EQG)	16.12.1987	5	(3)	
Jeison Alfonso Domínguez Quiñónez	31.05.1995	6	(1)	
Gorman Isaac Estacio Alegría	21.09.1997	12		2
Santiago Fernando Mallitasig Achig	12.02.1990	18		
Byron Andres Mina Cuero	01.08.1991	8	(2)	
Marco Roberto Montaño Díaz	08.09.1992	21	(3)	
Julio César Murillo Asprilla (COL)	03.01.1991	2		
Oscar Alberto Sainz Salinas (ARG)	09.01.1992	20		1
Miguel Ángel Segura Ordoñez	05.06.1990	20	(4)	2
Midfielders:				
Willian Daniel Cevallos Caicedo	15.05.1990	26		8
Michael Alfonso Chalá Espinoza	29.01.1994	10	(7)	
Jean Carlos Estacio Nazareno	11.10.1997	5	(8)	
Jesi Alexander Godoy Quiñones	15.09.1992	23	(2)	
Eisner Iván Loboa Balanta (COL)	17.05.1989	2	(1)	1
José Jackson Mina Borja	04.03.1993	1	(2)	
Luis Andrés Moreira Mora	20.06.1996	4	(7)	
Elvis Adán Patta Quintero	17.11.1990	3	(1)	
Washington Rubén Plúas Macías	30.08.1992	11	(2)	
Dennys Andrés Quiñónez Espinoza	12.03.1992	1		
José Mauricio Ramírez Lastre	29.03.1994	1	(1)	
Forwards:				
Luis Alberto Bolaños León	27.03.1985	15	(3)	4
Bagner Samuel Delgado Loor	20.11.1995	6	(2)	1
Jorge Daniel Detona (ARG)	21.05.1986	3	(5)	1
Carlos Enrique Espinoza Espinoza (VEN)	25.06.1992	4	(8)	1
Kevin Josué Mina Quiñónez	21.11.1993	8	(10)	6
Joao Alonzo Paredes Quiñónez	19.01.1997	20	(8)	7
Daniel Guillermo Porozo Valencia	20.09.1997	2	(7)	
Marco Antonio Posligua Garcés	17.02.1993	8	(8)	1
Marcos Vinicio Romero Nazareno	10.05.1987	17	(8)	3
Patricio Elias Vidal (ARG)	08.04.1992	1	(5)	
Trainer:				
Darío Javier Franco Gatti (ARG) [09.12.2019-15.06.2020; Resigned]	17.01.1969	4		
Geovanny Patricio Cumbicus Castillo [from 18.06.2020]	25.01.1980	25		

ORENSE SPORTING CLUB MACHALA

Foundation date: December 15, 2009
Address: Complejo Deportivo "Euclides Palacios Palacios", Av. Luis León Román 3, 070219 Machala
Stadium: Estadio 9 de Mayo, Orense – Capacity: 16,456

THE SQUAD

	DOB	M	(s)	G
Goalkeepers:				
Bryan Esteban Caicedo Medina	13.07.1994	2	(1)	
Rolando David Silva Cabello	15.06.1995	28		
Defenders:				
Edison Javier Carcelén Chalá	09.11.1992	11	(1)	1
Jorge Luis Cevallos Castillo	23.01.1988	10	(3)	
Andrés Gabriel García Gallo	10.02.1994	15		1
Joaquín Adán Lencinas (ARG)	11.05.1988	27	(1)	
Marlon Joel Medranda Valencia	19.05.1999	8	(1)	
Aurelio Mauricio Nazareno Mercado	27.07.1988	10	(8)	1
Ronaldo André Oñate Zambrano	02.01.1996	2		
George Franco Pardo Salazar	12.07.2000		(2)	
Midfielders:				
Diego Martín Alaníz Ávila (URU)	19.02.1993	15		4
Cristhian Jonathan Blacio Espínoza	28.10.1993		(1)	
Elkin Blanco Rivas (COL)	15.09.1989	15	(5)	
Édison Armando Caicedo Castro	13.03.1990	25	(3)	
Marcos Fabián Cangá Casierra	10.12.1988	26		1
Éder Derik Cetre Castillo	15.11.1994	13		1
Ariel Patricio Hall Gaspar	12.09.2000		(1)	
Jeltsin Joel Rebolledo Rodríguez	17.12.1998		(2)	
Bryan Javier Rodríguez Estrella	18.01.1990	16	(4)	5
Forwards:				
Jostin Aldahir Alman Herrera	11.05.1995	13	(4)	3
Daniel Patricio Angulo Arroyo	16.11.1986	9	(6)	2
Carlos Alexi Arboleda Ruíz	24.01.1991	11	(2)	
Abel Alberto Casquete Rodríguez	08.08.1997	4	(8)	2
José Erik Correa Villero (COL)	20.07.1992	5	(13)	2
Luis Carlos Espínola Ruíz (PAR)	15.04.1986	20	(5)	2
Ronaldo Iván Johnson Mina	15.04.1995	21	(2)	1
Joel Jacobo Molina Rentería	06.05.1999		(4)	
Carlos Alfredo Orejuela Quiñónez	14.03.1993	5	(2)	
Edison Andrés Preciado Bravo	18.04.1986	2	(4)	
Maicon Stiven Solís Arroyo	11.05.1994	6	(7)	
Roberto Patricio Valarezo Romero	17.09.1991		(5)	
Jorge Daniel Valencia Angulo	13.03.1996	2	(3)	
Arnaldo Andrés Valverde Morante	03.05.1991	9	(8)	
Albert Jesús Zambrano Ferrer (VEN)	01.10.1995		(2)	
Trainer:				
Humberto Enrique Pizarro Veliz [01.01.2019-01.09.2020]	28.07.1967	10		
Patricio Antonio Lara Giorgetti (ARG) [from 02.09.2020]	15.08.1956	20		

CLUB DEPORTIVO TÉCNICO UNIVERSITARIO AMBATO

Foundation date: April 11, 1971
Address: Av. 12 de Noviembre C.C. Ambato Bloque N, Ambato
Stadium: Estadio Bellavista, Ambato – Capacity: 16,467

THE SQUAD				
	DOB	M	(s)	G
Goalkeepers:				
Walter Daniel Chávez Solorzano	06.04.1994	30		
Juan Gabriel Molina Guevara	10.09.1982		(1)	
Defenders:				
Rúben Dario Canga Yánez	07.04.1994		(6)	
Eddie Fernando Guevara Chávez	02.04.1990	30		1
Carlos Javier Lujano Sánchez (VEN)	14.07.1991	1	(4)	
Ronaldo André Oñate Zambrano	02.01.1996	1		
Juan Jairo Realpe Vera	08.12.1988	1	(1)	
Cristhian Jackson Romero Cedeño	15.06.1993	16	(5)	
Alexis Mauricio Santacruz Delgado	13.08.1987	28	(1)	
Christopher Alexi Tutalchá Erazo	20.03.1995	30		
Iván Frangoy Zambrano Vera	10.04.1997	22	(5)	
Midfielders:				
Luis Alfredo Ayoví Medina	05.05.1993		(2)	
Kevin Iván Caicedo Mina	20.06.2000	1	(1)	
Francisco Antonio de la Cruz Córtez	21.12.1991		(1)	
Juan David Jiménez Alvarado (COL)	12.03.1994	29	(1)	1
Juan Pablo Lituma Vera	28.07.2002		(3)	
Edwin Miguel Méndez Escobar	09.05.1993	20	(5)	1
Carlos Andrés Mosquera Perea (COL)	12.06.1991	18	(8)	5
José Carlos Muñoz Mejía (COL)	15.01.1994	5	(9)	1
Denis Omar Pineda Torres (SLV)	10.08.1995	5	(4)	2
Orlen Marcelo Quintero Mercado	10.10.1990	21	(4)	7
Steven Tapiero Rodallega (COL)	28.07.1991	26	(3)	2
Jorge Ronaldo Tello Barre	15.09.1998	2	(14)	
Forwards:				
Diego Fernando Dorregaray (URU)	09.05.1992		(5)	1
Elvis Adán Patta Quintero	17.11.1990	14	(7)	
Henry Leonel Patta Quintero	14.01.1987	26	(1)	6
Carlos Andrés Sinisterra Zúñiga (COL)	04.08.1991	4	(4)	
Trainer:				
José Eugenio Hernández Sarmiento (COL) [since 01.05.2019]	18.03.1956	30		

CLUB DEPORTIVO UNIVERSIDAD CATÓLICA QUITO
Foundation date: June 26, 1963
Address: Pasaje Manuela Sáenz 827 y Hénández Girón, Quito
Stadium: Estadio Olímpico Atahualpa, Quito – Capacity: 35,258

THE SQUAD

	DOB	M	(s)	G
Goalkeepers:				
Darwin Patricio Cuero Anangono	15.10.1994	3		
Hernán Ismael Galíndez (ARG)	30.03.1987	27		
Defenders:				
Jesús Luis Castillo Saa	26.04.1999	4	(6)	1
Gustavo Orlando Córtez Quiñónez	11.10.1997	22	(2)	
Guillermo Daniel de los Santos Viana (URU)	15.02.1991	23		1
Marcos Andrés López Cabrera	04.02.1993	24		2
Kevin Andrés Minda Ruales	21.11.1998	22	(2)	4
Yuber Antonio Mosquera Perea (COL)	31.08.1984	25	(1)	1
Rockson Alexander Renteria Ovando	25.10.2001	5	(1)	
Midfielders:				
Diego Andrés Armas Benavides	02.07.1990	20	(10)	4
Jean James Bone España	29.10.2003		(1)	
José Joel Carabalí Prado	19.05.1997	16	(3)	2
Luis Andrés Chicaiza Morales	03.04.1992	6	(14)	4
Édison Xavier Guerrero Ponce	06.05.2000	1	(1)	
Carlos Manuel Insaurralde (ARG)	31.01.1999	13	(9)	
Facundo Martín Martínez Montagnoli (URU)	02.04.1983	21	(4)	2
Christian Andrés Oña Alcocer	23.01.1993	20	(5)	
Kelvis Fabricio Rivera Espinoza	23.03.1999		(2)	
Yarol Ariel Tafur Bedoya	04.04.2001		(1)	
Santiago Gabriel Zamora Araújo	10.09.2001	1		
Forwards:				
Nazareno Daniel Bazán (ARG)	08.03.1999	5	(21)	7
Jonathan Enrique Betancourt Mina	14.02.1995		(1)	
Jeison Daniel Chalá Vásquez	08.12.1994	12	(3)	3
Walter Leodán Chalá Vázquez	24.02.1992	11	(3)	2
Bryan Alejandro de Jesús Pabón	10.02.1995	1	(8)	
Luis Joel Estupiñán García	13.05.1999	2	(12)	
Bryan Gabriel Oña Simbaña	12.12.1993	6	(6)	1
Juan Manuel Tévez (ARG)	28.08.1987	26	(2)	7
Bruno Leonel Vides (ARG)	20.02.1993	14	(10)	6
Trainer:				
Santiago Escobar Saldarriaga (COL) [since 06.11.2017]	13.01.1964	30		

SECOND LEVEL
Campeonato Ecuatoriano de Fútbol Serie B 2020 / LigaPro Serie B

Please note: due to COVID-19 pandemic, only one tournament was played (Primera Etapa).

1.	9 de Octubre FC Guayaquil (*Promoted*)	18	9	6	3	27 - 16	33
2.	Manta FC (*Promoted*)	18	9	5	4	26 - 18	32
3.	CD América de Quito	18	8	4	6	20 - 14	28
4.	Club Atlético Porteño	18	7	5	6	15 - 15	26
5.	Chacaritas FC Pelileo	18	5	8	5	23 - 26	23
6.	Gualaceo Sporting Club	18	6	4	8	21 - 21	22
7.	CD Independiente Juniors Sangolquí	18	4	8	6	19 - 24	20
8.	Club Atlético Santo Domingo	18	4	8	6	12 - 19	20
9.	Fuerza Amarilla SC Machala (*Relegated*)	18	3	9	6	14 - 19	18
10.	CDS Santa Rita Vinces (*Relegated*)	18	3	7	8	19 - 24	16

NATIONAL TEAM INTERNATIONAL MATCHES (16.07.2020 – 15.07.2021)

08.10.2020	Buenos Aires	Argentina - Ecuador	1-0(1-0)	(WCQ)
13.10.2020	Quito	Ecuador - Uruguay	4-2(2-0)	(WCQ)
12.11.2020	La Paz	Bolivia - Ecuador	2-3(1-0)	(WCQ)
17.11.2020	Quito	Ecuador - Colombia	6-1(4-1)	(WCQ)
29.03.2021	Guayaquil	Ecuador - Bolivia	2-1(1-0)	(F)
04.06.2021	Porto Alegre	Brazil - Ecuador	2-0(0-0)	(WCQ)
08.06.2021	Quito	Ecuador - Peru	1-2(0-0)	(WCQ)
13.06.2021	Cuiabá	Colombia - Ecuador	1-0(1-0)	(CA)
20.06.2021	Rio de Janeiro	Venezuela - Ecuador	2-2(0-1)	(CA)
23.06.2021	Goiânia	Ecuador - Peru	2-2(2-0)	(CA)
27.06.2021	Goiânia	Brazil - Ecuador	1-1(1-0)	(CA)
03.07.2021	Goiânia	Argentina - Ecuador	3-0(1-0)	(CA)

08.10.2020, 22nd FIFA World Cup, Qualifiers
Estadio "Alberto J. Armando", Buenos Aires; Attendance: 0
Referee: Roberto Andrés Tobar Vargas (Chile)
ARGENTINA - ECUADOR   **1-0(1-0)**
ECU: Alexander Domínguez Carabalí (53/0), Robert Abel Arboleda Escobar (17/1), Xavier Ricardo Arreaga Bermello (7/0), Pervis Josué Estupiñán Tenorio (2/0), Erick Steven Ferigra Burnham (1/0) [46.Ángelo Smit Preciado Quiñónez (4/0)], Alex Renato Ibarra Mina (47/1) [64.Gonzalo Jordy Plata Jiménez (5/1)], Carlos Armando Gruezo Arboleda (26/0), Alan Steven Franco Palma (6/1), Moisés Isaac Caicedo Corozo (1/0) [79.Romario Andrés Ibarra Mina (17/3)], Ángel Israel Mena Delgado (21/4) [87.Michael Steveen Estrada Martínez (9/1)], Enner Remberto Valencia Lastra (55/31). Trainer: Gustavo Julio Alfaro (Argentina, 1).

13.10.2020, 22nd FIFA World Cup, Qualifiers
Estadio "Rodrigo Paz Delgado", Quito; Attendance: 0
Referee: Wilmar Alexander Roldán Pérez (Colombia)
ECUADOR - URUGUAY   **4-2(2-0)**
ECU: Alexander Domínguez Carabalí (54/0), Robert Abel Arboleda Escobar (18/1), Xavier Ricardo Arreaga Bermello (8/0), Pervis Josué Estupiñán Tenorio (3/0) [74.Diego José Palacios Espinoza (6/0)], Ángelo Smit Preciado Quiñónez (5/0), Carlos Armando Gruezo Arboleda (27/0), Moisés Isaac Caicedo Corozo (2/1) [85.Christian Fernando Noboa Tello (79/4)], Ángel Israel Mena Delgado (22/4), Enner Remberto Valencia Lastra (56/31) [69.Gonzalo Jordy Plata Jiménez (6/2)], Romario Andrés Ibarra Mina (18/3) [69.Alan Steven Franco Palma (7/1)], Michael Steveen Estrada Martínez (10/3) [85.Leonardo Campana Romero (5/0)]. Trainer: Gustavo Julio Alfaro (Argentina, 2).
Goals: Moisés Isaac Caicedo Corozo (14), Michael Steveen Estrada Martínez (45+3, 52), Gonzalo Jordy Plata Jiménez (75).

12.11.2020, 22nd FIFA World Cup, Qualifiers
Estadio „Hernándo Siles Reyes", La Paz; Attendance: 0
Referee: Wilton Pereira Sampaio (Brazil)
BOLIVIA - ECUADOR **2-3(1-0)**
ECU: Alexander Domínguez Carabalí (55/0), Robert Abel Arboleda Escobar (19/1), Beder Julio Caicedo Lastra (8/1) [72.Gonzalo Jordy Plata Jiménez (7/2)], Xavier Ricardo Arreaga Bermello (9/0), Pervis Josué Estupiñán Tenorio (4/0), Ángelo Smit Preciado Quiñónez (6/0), Carlos Armando Gruezo Arboleda (28/1), Junior Nazareno Sornoza Moreira (11/2) [63.Alex Renato Ibarra Mina (48/1)], Moisés Isaac Caicedo Corozo (3/1) [83.Alan Steven Franco Palma (8/1)], Ángel Israel Mena Delgado (23/5) [83.Jhojan Esmaides Julio Palacios (4/0)], Michael Steveen Estrada Martínez (11/3). Trainer: Gustavo Julio Alfaro (Argentina, 3).
Goals: Beder Julio Caicedo Lastra (46), Ángel Israel Mena Delgado (55), Carlos Armando Gruezo Arboleda (88 penalty).

17.11.2020, 22nd FIFA World Cup, Qualifiers
Estadio "Rodrigo Paz Delgado", Quito; Attendance: 0
Referee: Jesús Valenzuela Sáez (Venezuela)
ECUADOR - COLOMBIA **6-1(4-1)**
ECU: Alexander Domínguez Carabalí (56/0), Robert Abel Arboleda Escobar (20/2), Xavier Ricardo Arreaga Bermello (10/1), Pervis Josué Estupiñán Tenorio (5/1), Pedro Pablo Perlaza Caicedo (1/0) [87.Ángelo Smit Preciado Quiñónez (7/0)], Alex Renato Ibarra Mina (49/1) [81.Beder Julio Caicedo Lastra (9/1)], Jhegson Sebastián Méndez Carabalí (16/0), Adolfo Alejandro Muñoz Cervantes (1/0) [32.Gonzalo Jordy Plata Jiménez (8/3) [*sent off 80*]], Moisés Isaac Caicedo Corozo (4/1), Ángel Israel Mena Delgado (24/6) [87.Joao Joshimar Rojas López (3/0)], Michael Steveen Estrada Martínez (12/4). Trainer: Gustavo Julio Alfaro (Argentina, 4).
Goals: Robert Abel Arboleda Escobar (7), Ángel Israel Mena Delgado (9), Michael Steveen Estrada Martínez (32), Xavier Ricardo Arreaga Bermello (39), Gonzalo Jordy Plata Jiménez (78), Pervis Josué Estupiñán Tenorio (90+1).

29.03.2021, Friendly International
Estadio Monumental Banco Pichincha, Guayaquil; Attendance: 0
Referee: Jhon Alexander Ospina Londoño (Colombia)
ECUADOR - BOLIVIA **2-1(1-0)**
ECU: Alexander Domínguez Carabalí (57/0), Luis Fernando León Bermeo (3/0), Leonel Enríque Quiñónez Padilla (1/0) [60.Gonzalo Jordy Plata Jiménez (9/3)], Pedro Pablo Perlaza Caicedo (2/0), Félix Eduardo Torres Caicedo (4/0) [83.Jackson Gabriel Porozo Vernaza (2/0)], Christian Fernando Noboa Tello (80/4) [71.Jhonny Raúl Quiñónez Ruiz (2/0)], Dixon Jair Arroyo Espinoza (1/0), Fidel Francisco Martínez Tenorio (31/8) [83.Walter Leodán Chalá Vázquez (1/0)], José Joel Carabalí Prado (1/0), Ángel Israel Mena Delgado (25/6) [71.Damián Rodrigo Díaz Montero (1/0)], Michael Steveen Estrada Martínez (13/5) [59.Leonardo Campana Romero (6/0)]. Trainer: Gustavo Julio Alfaro (Argentina, 5).
Goals: Fidel Francisco Martínez Tenorio (37), Michael Steveen Estrada Martínez (59).

04.06.2021, 22nd FIFA World Cup, Qualifiers
Estádio "José Pinheiro Borda", Porto Alegre; Attendance: 0
Referee: Alexis Adrián Herrera Hernández (Venezuela)
BRAZIL - ECUADOR **2-0(0-0)**
ECU: Alexander Domínguez Carabalí (58/0), Robert Abel Arboleda Escobar (21/2), Xavier Ricardo Arreaga Bermello (11/1), Pervis Josué Estupiñán Tenorio (6/1), Ángelo Smit Preciado Quiñónez (8/0), Carlos Armando Gruezo Arboleda (29/1), Eduar Ayrton Preciado García (17/1) [70.Fidel Francisco Martínez Tenorio (32/8)], Jhegson Sebastián Méndez Carabalí (17/0) [76.Michael Steveen Estrada Martínez (14/5)], Alan Steven Franco Palma (9/1), Ángel Israel Mena Delgado (26/6) [84.Juan Ramón Cazares Sevillano (22/1)], Enner Remberto Valencia Lastra (57/31) [76.Jordy Josué Caicedo Medina (1/0)]. Trainer: Gustavo Julio Alfaro (Argentina, 6).

08.06.2021, 22nd FIFA World Cup, Qualifiers
Estadio "Rodrigo Paz Delgado", Quito; Attendance: 0
Referee: Esteban Daniel Ostojich Vega (Uruguay)
ECUADOR - PERU **1-2(0-0)**
ECU: Alexander Domínguez Carabalí (59/0), Robert Abel Arboleda Escobar (22/2), Xavier Ricardo Arreaga Bermello (12/1), Pervis Josué Estupiñán Tenorio (7/1), Pedro Pablo Perlaza Caicedo (3/0) [46.Ángelo Smit Preciado Quiñónez (9/0)], Jhegson Sebastián Méndez Carabalí (18/0) [46.Christian Fernando Noboa Tello (81/4)], José Joel Carabalí Prado (2/0) [65.Fidel Francisco Martínez Tenorio (33/8)], Moisés Isaac Caicedo Corozo (5/1), Ángel Israel Mena Delgado (27/6) [65.Damián Rodrigo Díaz Montero (2/0)], Michael Steveen Estrada Martínez (15/5), Jordy Josué Caicedo Medina (2/0) [46.Gonzalo Jordy Plata Jiménez (10/4)]. Trainer: Gustavo Julio Alfaro (Argentina, 7).
Goal: Gonzalo Jordy Plata Jiménez (90+2).

13.06.2021, 47th Copa América, Group Stage
Arena Pantanal, Cuiabá (Brazil); Attendance: 0
Referee: Néstor Fabián Pitana (Argentina)
COLOMBIA - ECUADOR **1-0(1-0)**
ECU: Pedro Alfredo Ortíz Angulo (3/0), Robert Abel Arboleda Escobar (23/2), Pervis Josué Estupiñán Tenorio (8/1), Ángelo Smit Preciado Quiñónez (10/0), Piero Martín Hincapié Reyna (1/0), Fidel Francisco Martínez Tenorio (34/8) [59.Ángel Israel Mena Delgado (28/6)], Jhegson Sebastián Méndez Carabalí (19/0), Gonzalo Jordy Plata Jiménez (11/4) [69.Eduar Ayrton Preciado García (18/1)], Moisés Isaac Caicedo Corozo (6/1) [80.Damián Rodrigo Díaz Montero (3/0)], Enner Remberto Valencia Lastra (58/31), Michael Steveen Estrada Martínez (16/5) [69.Jordy Josué Caicedo Medina (3/0)]. Trainer: Gustavo Julio Alfaro (Argentina, 8).

20.06.2021, 47th Copa América, Group Stage
Estádio Olímpico "Nilton Santos", Rio de Janeiro (Brazil); Attendance: 0
Referee: Roberto Andrés Tobar Vargas (Chile)
VENEZUELA - ECUADOR **2-2(0-1)**
ECU: Pedro Alfredo Ortíz Angulo (4/0), Robert Abel Arboleda Escobar (24/2), Pervis Josué Estupiñán Tenorio (9/1), Ángelo Smit Preciado Quiñónez (11/0), Piero Martín Hincapié Reyna (2/0), Eduar Ayrton Preciado García (19/2) [88.Fidel Francisco Martínez Tenorio (35/8)], Jhegson Sebastián Méndez Carabalí (20/0) [67.Christian Fernando Noboa Tello (82/4)], Moisés Isaac Caicedo Corozo (7/1), Ángel Israel Mena Delgado (29/6) [68.Gonzalo Jordy Plata Jiménez (12/5)], Enner Remberto Valencia Lastra (59/31) [83.Alan Steven Franco Palma (10/1)], Leonardo Campana Romero (7/0). Trainer: Gustavo Julio Alfaro (Argentina, 9).
Goals: Eduar Ayrton Preciado García (39), Gonzalo Jordy Plata Jiménez (71).

23.06.2021, 47th Copa América, Group Stage
Estádio Olímpico "Pedro Ludovico", Goiânia (Brazil); Attendance: 0
Referee: Jesús Gil Manzano (Spain)
ECUADOR - PERU **2-2(2-0)**
ECU: Hernán Ismael Galíndez (1/0), Robert Abel Arboleda Escobar (25/2), Pervis Josué Estupiñán Tenorio (10/1), Ángelo Smit Preciado Quiñónez (12/0), Piero Martín Hincapié Reyna (3/0), Damián Rodrigo Díaz Montero (4/0) [64.Ángel Israel Mena Delgado (30/6)], Eduar Ayrton Preciado García (20/3) [90+2.Fidel Francisco Martínez Tenorio (36/8)], Jhegson Sebastián Méndez Carabalí (21/0) [81.Christian Fernando Noboa Tello (83/4)], Alan Steven Franco Palma (11/1) [82.Jordy Josué Caicedo Medina (4/0)], Moisés Isaac Caicedo Corozo (8/1), Leonardo Campana Romero (8/0) [64.Michael Steveen Estrada Martínez (17/5)]. Trainer: Gustavo Julio Alfaro (Argentina, 10).
Goals: Renato Fabrizio Tapia Cortijo (23 own goal), Eduar Ayrton Preciado García (45+3).

27.06.2021, 47th Copa América, Group Stage
Estádio Olímpico "Pedro Ludovico", Goiânia; Attendance: 0
Referee: Roberto Andrés Tobar Vargas (Chile)
BRAZIL - ECUADOR **1-1(1-0)**
ECU: Hernán Ismael Galíndez (2/0), Robert Abel Arboleda Escobar (26/2), Pervis Josué Estupiñán Tenorio (11/1), Diego José Palacios Espinoza (7/0) [72.Gonzalo Jordy Plata Jiménez (13/5)], Ángelo Smit Preciado Quiñónez (13/0), Piero Martín Hincapié Reyna (4/0), Eduar Ayrton Preciado García (21/3) [84.Mario Alberto Pineida Martínez (9/0)], Jhegson Sebastián Méndez Carabalí (22/0), Alan Steven Franco Palma (12/1), Moisés Isaac Caicedo Corozo (9/1) [17.Ángel Israel Mena Delgado (31/7)], Enner Remberto Valencia Lastra (60/31) [83.Leonardo Campana Romero (9/0)]. Trainer: Gustavo Julio Alfaro (Argentina, 11).
Goal: Ángel Israel Mena Delgado (53).

03.07.2021, 47th Copa América, Quarter-Finals
Estádio Olímpico "Pedro Ludovico", Goiânia (Brazil); Attendance: 0
Referee: Wilton Pereira Sampaio (Brazil)
ARGENTINA - ECUADOR **3-0(1-0)**
ECU: Hernán Ismael Galíndez (3/0), Robert Abel Arboleda Escobar (27/2), Pervis Josué Estupiñán Tenorio (12/1), Diego José Palacios Espinoza (8/0) [46.Gonzalo Jordy Plata Jiménez (14/5)], Ángelo Smit Preciado Quiñónez (14/0) [83.Leonardo Campana Romero (10/0)], Piero Martín Hincapié Reyna (5/0) [*sent off 90+2*], Carlos Armando Gruezo Arboleda (30/1) [46.Michael Steveen Estrada Martínez (18/5)], Jhegson Sebastián Méndez Carabalí (23/0), Alan Steven Franco Palma (13/1) [70.Moisés Isaac Caicedo Corozo (10/1)], Ángel Israel Mena Delgado (32/7), Enner Remberto Valencia Lastra (61/31). Trainer: Gustavo Julio Alfaro (Argentina, 12).

NATIONAL TEAM PLAYERS 2020/2021			
Name [Club 2020/2021]	DOB	Caps	Goals

(Caps and goals at 15.07.2021)

Goalkeepers

Alexander DOMÍNGUEZ Carabalí [2020/2021: CA Vélez Sarsfield Buenos Aires (ARG)]	05.06.1987	59	0
Hernán Ismael GALÍNDEZ [2021: CD Universidad Católica Quito]	30.03.1987	3	0
Pedro Alfredo ORTÍZ Angulo [2021: CS Emelec Guayaquil]	19.02.1990	4	0

Defenders

Robert Abel ARBOLEDA Escobar [2020/2021: São Paulo FC (BRA)]	22.10.1991	27	2
Xavier Ricardo ARREAGA Bermello [2020/2021: Seattle Sounders FC (USA)]	28.09.1994	12	1
Beder Julio CAICEDO Lastra [2020: CARE Independiente del Valle Sangolquí]	13.05.1992	9	1
Pervis Josué ESTUPIÑÁN Tenorio [2020/2021: Villarreal CF (ESP)]	21.01.1998	12	1
Erick Steven FERIGRA Burnham [2020: Torino FC (ITA)]	07.02.1999	1	0
Piero Martín HINCAPIÉ Reyna [2021: CA Talleres Córdoba (ARG)]	09.01.2002	5	0
Luis Fernando LEÓN Bermeo [2021: Barcelona SC Guayaquil]	11.04.1993	3	0
Diego José PALACIOS Espinoza [2020/2021: Los Angeles FC (USA)]	12.07.1999	8	0
Pedro Pablo PERLAZA Caicedo [2020/2021: LDU de Quito (3/0)]	03.02.1991	3	0
Mario Alberto PINEIDA Martínez [2021: Barcelona SC Guayaquil]	06.07.1992	9	0
Jackson Gabriel POROZO Vernaza [2021: Boavista FC Porto (POR)]	04.08.2000	2	0
Ángelo Smit PRECIADO Quiñónez [2020: CARE Independiente del Valle Sangolquí; 04.01.2021-> KRC Genk (BEL)]	18.02.1998	14	0
Leonel Enríque QUIÑÓNEZ Padilla [2021: Barcelona SC Guayaquil]	03.07.1993	1	0
Felix Eduardo TORRES Caicedo [2021: Club Santos Laguna Torreón (MEX)]	11.01.1997	4	0

Midfielders

Name	DOB		
Dixon Jair ARROYO Espinoza	01.06.1992	1	0
[2021: CS Emelec Guayaquil]			
Moisés Isaac CAICEDO Corozo	02.11.2001	10	1
[2020: CARE Independiente del Valle Sangolquí; 01.02.2021-> Brighton & Hove Albion FC (ENG)]			
José Joel CARABALÍ Prado	19.05.1997	2	0
[2021: CD Universidad Católica Quito]			
Juan Ramón CAZARES Sevillano	03.04.1992	22	1
[2021: Fluminense FC Rio de Janeiro (BRA)]			
Damián Rodrigo DÍAZ Montero	01.05.1986	4	0
[2021: Barcelona SC Guayaquil]			
Alan Steven FRANCO Palma	21.08.1998	13	1
[2020/2021: Clube Atlético Mineiro Belo Horizonte (BRA)]			
Carlos Armando GRUEZO Arboleda	19.04.1995	30	1
[2020/2021: FC Augsburg (GER)]			
Alex Renato IBARRA Mina	20.01.1991	49	1
[2020: Atlas FC Guadalajara (MEX)]			
Jhojan Esmaides JULIO Palacios	11.02.1998	4	0
[2020: LDU de Quito]			
Jhegson Sebastián MÉNDEZ Carabalí	26.04.1997	23	0
[2020/2021: Orlando City SC (USA)]			
Adolfo Alejandro MUÑOZ Cervantes	12.12.1997	1	0
[2020: LDU de Quito]			
Christian Fernando NOBOA Tello	09.04.1985	83	4
[2020/2021: FK Sochi (RUS)]			
Gonzalo Jordy PLATA Jiménez	01.11.2000	14	5
[2020/2021: Sporting Clube de Portugal Lisboa (POR)]			
Eduar Ayrton PRECIADO García	17.07.1994	21	3
[2021: Club Santos Laguna Torréon (MEX)]			
Jhonny Raúl QUIÑÓNEZ Ruiz	11.06.1998	2	0
[2021: SD Aucas Quito]			
Joao Joshimar ROJAS López	16.08.1997	3	0
[2020: CS Emelec Guayaquil]			
Junior Nazareno SORNOZA Moreira	28.01.1994	11	2
[2020: LDU de Quito]			

Forwards			
Jordy Josué CAICEDO Medina *[2021: PFC CSKA Sofia (BUL)]*	18.11.1997	4	0
Leonardo CAMPANA Romero *[2021: FC Famalicão (POR)]*	24.07.2000	10	0
Walter Leodán CHALÁ Vázquez *[2021: CD Universidad Católica Quito]*	24.02.1992	1	0
Michael Steveen ESTRADA Martínez *[2020/2021: Deportivo Toluca FC (MEX)]*	07.04.1996	18	5
Romario Andrés IBARRA Mina *[2020: CF Pachuca (MEX)]*	24.09.1994	18	3
Fidel Francisco MARTÍNEZ Tenorio *[2021: Club Tijuana Xoloitzcuintles de Caliente (MEX)]*	15.02.1990	36	8
Ángel Israel MENA Delgado *[2020/2021: Club León (MEX)]*	21.01.1988	32	7
Enner Remberto VALENCIA Lastra *[2020/2021: Fenerbahçe SK İstanbul (TUR)]*	11.04.1989	61	31

National coach		
Gustavo Julio ALFARO (ARG) [from 26.08.2020]	14.08.1962	12 M; 4 W; 3 D; 5 L; 21-20

PARAGUAY

The Country:
República del Paraguay (Republic of Paraguay) Capital: Asunción Surface: 406,752 km² Inhabitants: 7,303,000 [2021] Time: UTC-4

The FA:
Asociación Paraguaya de Fútbol Avenida Medallistas Olímpicos No1, Parque Olímpico, Ñu Guasu de la ciudad de Luque, Asunción Year of Formation: 1906 Member of FIFA since: 1925 Member of CONMEBOL since: 1921 Internet: www.apf.org.py

NATIONAL TEAM RECORDS	
First international match:	11.05.1919, Asunción: Paraguay - Argentina 1-5
Most international caps:	Paulo César da Silva Barrios - 148 caps (2000-2017)
Most international goals:	Roque Luis Santa Cruz Cantero – 32 goals / 112 caps (1999-2016)

FIFA CONFEDERATIONS CUP 1992-2017
None

OLYMPIC FOOTBALL TOURNAMENTS 1908-2016							
1908	-	1948	Did not enter	1972	Qualifiers	1996	Qualifiers
1912	-	1952	Did not enter	1976	Did not enter	2000	Qualifiers
1920	-	1956	Did not enter	1980	Did not enter	2004	Runners-up
1924	-	1960	Did not enter	1984	Qualifiers	2008	Qualifiers
1928	Did not enter	1964	Did not enter	1988	Qualifiers	2012	Qualifiers
1936	Did not enter	1968	Qualifiers	1992	Quarter-Finals	2016	Qualifiers

COPA AMÉRICA	
1916	Did not enter
1917	Did not enter
1919	Did not enter
1920	Did not enter
1921	4th Place
1922	Runners-up
1923	3rd Place
1924	3rd Place
1925	3rd Place
1926	4th Place
1927	*Withdrew*
1929	Runners-up
1935	*Withdrew*
1937	4th Place
1939	3rd Place
1941	*Withdrew*
1942	4th Place
1945	*Withdrew*
1946	3rd Place
1947	Runners-up
1949	Runners-up
1953	**Winners**
1955	5th Place
1956	5th Place
1957	*Withdrew*
1959	3rd Place
1959E	5th Place
1963	Runners-up
1967	4th Place
1975	Round 1
1979	**Winners**
1983	Semi-Finals
1987	Round 1
1989	4th Place
1991	Group Stage
1993	Quarter-Finals
1995	Quarter-Finals
1997	Quarter-Finals
1999	Quarter-Finals
2001	Group Stage
2004	Quarter-Finals
2007	Quarter-Finals
2011	Runners-up
2015	4th Place
2016	Group Stage
2019	Quarter-Finals
2021	Quarter-Finals

FIFA WORLD CUP	
1930	Final Tournament (1st Round)
1934	Did not enter
1938	Did not enter
1950	Final Tournament (Group Stage)
1954	Qualifiers
1958	Final Tournament (Group Stage)
1962	Qualifiers
1966	Qualifiers
1970	Qualifiers
1974	Qualifiers
1978	Qualifiers
1982	Qualifiers
1986	Final Tournament (2nd Round of 16)
1990	Qualifiers
1994	Qualifiers
1998	Final Tournament (2nd Round of 16)
2002	Final Tournament (2nd Round of 16)
2006	Final Tournament (Group Stage)
2010	Final Tournament (Quarter-Finals)
2014	Qualifiers
2018	Qualifiers

PARAGUAYAN CLUB HONOURS IN SOUTH AMERICAN CLUB COMPETITIONS:

COPA LIBERTADORES 1960-2020
Club Olimpia Asunción (1979, 1990, 2002)

COPA SUDAMERICANA 2002-2020
None

RECOPA SUDAMERICANA 1989-2020
Club Olimpia Asunción (1991, 2003)

COPA CONMEBOL 1992-1999
None

SUPERCUP „JOÃO HAVELANGE" 1988-1997*
Club Olimpia Asunción (1990)

COPA MERCONORTE 1998-2001**
None

*Contested betwenn winners of all previous editions of the Copa Libertadores
**Contested between teams belonging countries from the southern part of South America (Argentina, Brazil, Chile, Paraguay and Uruguay).

NATIONAL COMPETITIONS
TABLE OF HONOURS

NATIONAL CHAMPIONS
1906-2020

Amateur Era Championship

1906	Club Guaraní Asunción
1907	Club Guaraní Asunción
1908	No championship
1909	Club Nacional Asunción
1910	Club Libertad Asunción
1911	Club Nacional Asunción
1912	Club Olimpia Asunción
1913	Club Cerro Porteño Asunción
1914	Club Olimpia Asunción
1915	Club Cerro Porteño Asunción
1916	Club Olimpia Asunción
1917	Club Libertad Asunción
1918	Club Cerro Porteño Asunción
1919	Club Cerro Porteño Asunción
1920	Club Libertad Asunción
1921	Club Guaraní Asunción
1922	No championship
1923	Club Guaraní Asunción
1924	Club Nacional Asunción
1925	Club Olimpia Asunción
1926	Club Nacional Asunción
1927	Club Olimpia Asunción
1928	Club Olimpia Asunción
1929	Club Olimpia Asunción
1930	Club Libertad Asunción
1931	Club Olimpia Asunción
1932	No championship

1933	*No championship*
1934	*No championship*
	Professional Era Championship
1935	Club Cerro Porteño Asunción
1936	Club Olimpia Asunción
1937	Club Olimpia Asunción
1938	Club Olimpia Asunción
1939	Club Cerro Porteño Asunción
1940	Club Cerro Porteño Asunción
1941	Club Cerro Porteño Asunción
1942	Club Nacional Asunción
1943	Club Libertad Asunción
1944	Club Cerro Porteño Asunción
1945	Club Libertad Asunción
1946	Club Nacional Asunción
1947	Club Olimpia Asunción
1948	Club Olimpia Asunción
1949	Club Guaraní Asunción
1950	Club Cerro Porteño Asunción
1951	Club Sportivo Luqueño
1952	Club Presidente Hayes Asunción
1953	Club Sportivo Luqueño
1954	Club Cerro Porteño Asunción
1955	Club Libertad Asunción
1956	Club Olimpia Asunción
1957	Club Olimpia Asunción
1958	Club Olimpia Asunción
1959	Club Olimpia Asunción
1960	Club Olimpia Asunción
1961	Club Cerro Porteño Asunción
1962	Club Olimpia Asunción
1963	Club Cerro Porteño Asunción
1964	Club Guaraní Asunción
1965	Club Olimpia Asunción
1966	Club Cerro Porteño Asunción
1967	Club Guaraní Asunción
1968	Club Olimpia Asunción
1969	Club Guaraní Asunción
1970	Club Cerro Porteño Asunción
1971	Club Olimpia Asunción
1972	Club Cerro Porteño Asunción
1973	Club Cerro Porteño Asunción
1974	Club Cerro Porteño Asunción
1975	Club Olimpia Asunción
1976	Club Libertad Asunción
1977	Club Cerro Porteño Asunción
1978	Club Olimpia Asunción
1979	Club Olimpia Asunción
1980	Club Olimpia Asunción
1981	Club Olimpia Asunción
1982	Club Olimpia Asunción
1983	Club Olimpia Asunción

1984		Club Guaraní Asunción
1985		Club Olimpia Asunción
1986		Club Sol de América Asunción
1987		Club Cerro Porteño Asunción
1988		Club Olimpia Asunción
1989		Club Olimpia Asunción
1990		Club Cerro Porteño Asunción
1991		Club Sol de América Asunción
1992		Club Cerro Porteño Asunción
1993		Club Olimpia Asunción
1994		Club Cerro Porteño Asunción
1995		Club Olimpia Asunción
1996		Club Cerro Porteño Asunción
1997		Club Olimpia Asunción
1998		Club Olimpia Asunción
1999		Club Olimpia Asunción
2000		Club Olimpia Asunción
2001		Club Cerro Porteño Asunción
2002		Club Libertad Asunción
2003		Club Libertad Asunción
2004		Club Cerro Porteño Asunción
2005		Club Cerro Porteño Asunción
2006		Club Libertad Asunción
2007		Club Libertad Asunción
2008	Ape:	Club Libertad Asunción
	Cla:	Club Libertad Asunción
2009	Ape:	Club Cerro Porteño Asunción
	Cla:	Club Nacional Asunción
2010	Ape:	Club Guaraní Asunción
	Cla:	Club Libertad Asunción
2011	Ape:	Club Nacional Asunción
	Cla:	Club Olimpia Asunción
2012	Ape:	Club Cerro Porteño Asunción
	Cla:	Club Libertad Asunción
2013	Ape:	Club Nacional Asunción
	Cla:	Club Cerro Porteño Asunción
2014	Ape:	Club Libertad Asunción
	Cla:	Club Libertad Asunción
2015	Ape:	Club Cerro Porteño Asunción
	Cla:	Club Olimpia Asunción
2016	Ape:	Club Libertad Asunción
	Cla:	Club Guaraní Asunción
2017	Ape:	Club Libertad Asunción
	Cla:	Club Cerro Porteño Asunción
2018	Ape:	Club Olimpia Asunción
	Cla:	Club Olimpia Asunción
2019	Ape:	Club Olimpia Asunción
	Cla:	Club Olimpia Asunción
2020	Ape:	Club Cerro Porteño Asunción
	Cla:	Club Olimpia Asunción

	BEST GOALSCORERS	
1935	Pedro Osorio (Club Cerro Porteño Asunción)	18
1936	Flaminio Silva (Club Olimpia Asunción)	36
1937	Francisco Sosa (Club Cerro Porteño Asunción)	21
1938	Martín Flor (Club Cerro Porteño Asunción) Amado Salinas (Club Libertad Asunción)	17
1939	Teófilo Salinas (Club Libertad Asunción)	28
1940	José Vinsac (Club Cerro Porteño Asunción)	30
1941	Benjamín Laterza (Club Cerro Porteño Asunción) Fabio Franco (Club Nacional Asunción)	18
1942	Francisco Sosa (Club Cerro Porteño Asunción)	23
1943	Atilio Mellone (Club Guaraní Asunción)	27
1944	Porfirio Rolón (Club Libertad Asunción) Sixto Noceda (Club Presidente Hayes Asunción)	18
1945	Porfirio Rolón (Club Libertad Asunción)	18
1946	Leocadio Marín (Club Olimpia Asunción)	26
1947	Leocadio Marín (Club Olimpia Asunción)	27
1948	Fabio Franco (Club Nacional Asunción)	24
1949	Darío Jara Saguier (Club Cerro Porteño Asunción)	18
1950	Darío Jara Saguier (Club Cerro Porteño Asunción)	18
1951	Antonio Ramón Gómez (Club Libertad Asunción)	19
1952	Antonio Ramón Gómez (Club Libertad Asunción) Rubén Fernández Real (Club Libertad Asunción)	16
1953	Antonio Acosta (Club Presidente Hayes Asunción)	15
1954	Máximo Rolón (Club Libertad Asunción)	24
1955	Máximo Rolón (Club Libertad Asunción)	25
1956	Máximo Rolón (Club Libertad Asunción)	26
1957	Juan Bautista Agüero (Club Olimpia Asunción)	14
1958	Juan Bautista Agüero (Club Olimpia Asunción)	16
1959	Ramón Rodríguez (Club River Plate Asunción)	17
1960	Benigno Gilberto Penayo (Club Cerro Porteño Asunción)	18
1961	Justo Pastor Leiva (Club Guaraní Asunción)	17
1962	Cecilio Martínez (Club Nacional Asunción)	19
1963	Juan Cabañas (Club Libertad Asunción)	17
1964	Genaro García (Club Guaraní Asunción) A. Jara (Club Sol de América Asunción) Antonio González (Club Rubio Ñu Asunción)	8
1965	Genaro García (Club Guaraní Asunción)	15
1966	Celino Mora (Club Cerro Porteño Asunción)	14
1967	Sebastián Fleitas Miranda (Club Libertad Asunción)	18
1968	Pedro Antonio Cibils (Club Libertad Asunción)	13
1969	Benicio Ferreira (Club Olimpia Asunción)	13
1970	Saturnino Arrúa (Club Cerro Porteño Asunción)	19
1971	Cristóbal Maldonado (Club Libertad Asunción)	11
1972	Saturnino Arrúa (Club Cerro Porteño Asunción)	17
1973	Mario Beron (Club Cerro Porteño Asunción) Clemente Rolón (Club River Plate Asunción)	15
1974	Mario Beron (Club Cerro Porteño Asunción) Fermín Cabrera (Club Sportivo Luqueño)	10
1975	Hugo Enrique Kiesse (Club Olimpia Asunción)	12
1976	Arsenio Meza (Club River Plate Asunción)	11

Year	Player	Goals
1977	Gustavo Fanego (Club Guaraní Asunción)	12
1978	Enrique Villalba (Club Olimpia Asunción)	10
1979	Edgar Ozuna (Club Capitán Figari Lambaré)	10
1980	Miguel Michelagnoli (Club Olimpia Asunción)	11
1981	Eulalio Mora (Club Guaraní Asunción)	9
1982	Pedro Fernánez (Club River Plate Asunción)	13
1983	Rafael Bobadilla (Club Olimpia Asunción)	14
1984	Amancio Mereles (Club River Plate Asunción) Milciades Morel (Club Cerro Porteño Asunción)	12
1985	Adriano Samaniego Giménez (Club Olimpia Asunción)	19
1986	Félix Ricardo Torres (Club Sol de América Asunción)	13
1987	Félix Brítez Román (Club Cerro Porteño Asunción)	11
1988	Raúl Vicente Amarilla (Club Olimpia Asunción)	17
1989	Jorge López (Club Sportivo San Lorenzo)	16
1990	Buenaventura Ferreira Gómez (Club Libertad Asunción / Club Cerro Porteño Asunción) Julio César Romero (Club Sportivo Luqueño)	17
1991	Carlos Luis Torres (Club Olimpia Asunción) Lilio Torales (Club Atlético Colegiales)	12
1992	Felipe Nery Franco (Club Libertad Asunción)	13
1993	Francisco Flaminio Ferreira Romero (Club Sportivo Luqueño)	13
1994	Héctor Núñez Bello (URU, Club Cerro Porteño Asunción)	27
1995	Héctor Núñez Bello (URU, Club Cerro Porteño Asunción)	17
1996	Arístides Miguel Rojas Aranda (Club Guaraní Asunción)	22
1997	Luis Molinas (Club Nacional Asunción / Club Atlético Tembetary Yparé)	13
1998	Mauro Antonio Caballero (Club Olimpia Asunción)	21
1999	Paulo Roberto Junges „Gauchinho" (BRA, Club Cerro Porteño Asunción)	22
2000	Francisco Flaminio Ferreira Romero (Club Cerro Porteño Asunción)	23
2001	Mauro Antonio Caballero López (Club Cerro Porteño Asunción / Club Libertad Asunción)	13
2002	Juan Eduardo Samudio Serna (Club Libertad Asunción)	23
2003	Erwin Lorenzo Ávalos (Club Cerro Porteño Asunción)	17
2004	Juan Eduardo Samudio Serna (Club Libertad Asunción)	22
2005	Dante Rafael López Fariña (Club Nacional Asunción / Club Olimpia Asunción)	21
2006	Hernán Rodrigo López Mora (URU, Club Libertad Asunción)	27
2007	Fabio Ramón Ramos Mereles (Club Nacional Asunción) Pablo Daniel Zeballos Ocampos (Club Sol de América Asunción)	15
2008	Ape: Fabio Escobar Benítez (Club Nacional Asunción)	13
	Cla: Edgar Benítez Santander (Club Sol de América Asunción)	14
2009	Ape: Pablo César Leonardo Velázquez Centurión (Club Rubio Ñu Asunción)	16
	Cla: César Cáceres Cañete (Club Guaraní Asunción)	11
2010	Ape: Rodrigo Teixeira Pereira (BRA, Club Guaraní Asunción) Pablo Daniel Zeballos Ocampos (Club Cerro Porteño Asunción)	16
	Cla: Juan Carlos Ferreyra (ARG, Club Olimpia Asunción) Roberto Antonio Nanni (ARG, Club Cerro Porteño Asunción)	12
2011	Ape: Pablo Daniel Zeballos Ocampos (Club Olimpia Asunción)	13
	Cla: Freddy José Barreiro Gamarra (Club Cerro Porteño Asunción)	13
2012	Ape: José María Ortigoza Ortíz (Club Sol de América Asunción)	13
	Cla: José Ariel Nuñez Portelli (Club Libertad Asunción)	13
2013	Ape: Julián Alfonso Benítez Franco (Club Nacional Asunción)	13
	Cla: Hernán Rodrigo López Mora (URU, Club Sportivo Luqueño)	17

2014	Ape:	Hernán Rodrigo López Mora (URU, Club Libertad Asunción)	
		Christian Gilberto Ovelar Rodríguez (Club Sol de América Asunción)	19
	Cla:	Fernando Fabián Fernández Acosta (Club Guaraní Asunción)	17
2015	Ape:	Fernando Fabián Fernández Acosta (Club Guaraní Asunción)	
		José María Ortigoza Ortíz (Club Cerro Porteño Asunción)	
		Santiago Gabriel Salcedo González (Club Sol de América Asunción)	11
	Cla:	Santiago Gabriel Salcedo González (Club Sol de América Asunción)	19
2016	Ape:	Brian Guillermo Montenegro Martínez (Club Nacional Asunción)	18
	Cla:	Ernesto Raúl Álvarez (Club Sol de América Asunción)	14
		Cecilio Andrés Domínguez Ruíz (Club Cerro Porteño Asunción)	
2017	Ape:	Santiago Gabriel Salcedo González (Club Libertad Asunción)	15
	Cla:	Rodrigo Manuel Bogarín Giménez (Club Guaraní Asunción)	
		Diego Churín Puyo (ARG, Club Cerro Porteño Asunción)	11
2018	Ape:	Néstor Abrahan Camacho Ledesma (Club Olimpia Asunción)	14
	Cla:	Óscar René Cardozo Marín (Club Libertad Asunción)	15
2019	Ape:	William Gabriel Mendieta Pintos (Club Olimpia Asunción)	11
		Roque Luis Santa Cruz Cantero (Club Olimpia Asunción)	
	Cla:	Roque Luis Santa Cruz Cantero (Club Olimpia Asunción)	15
2020	Ape:	Carlos Sebastián Ferreira Vidal (Club Libertad Asunción)	13
	Cla:	Jorge Eduardo Recalde Ramírez (Club Olimpia Asunción)	9

NATIONAL CHAMPIONSHIP
División Profesional - 2020 Copa de Primera TIGO-Visión Banco
Torneo Apertura „Dr. Emilio Insfrán Villalba" 2020

Results

Round 1 [17-19.01.2020]
Guaraní - San Lorenzo 0-0
River Plate - Sol de América 3-0(1-0)
Nacional - Guaireña FC 3-0(1-0)
Cerro Porteño - Sportivo Luqueño 2-1(1-0)
12 de Octubre - Libertad 0-3(0-2)
Olimpia - General Díaz 2-1(1-0)

Round 2 [24-26.01.2020]
General Díaz - Nacional 0-2(0-1)
San Lorenzo - 12 de Octubre 1-0(0-0)
Guaireña FC - River Plate 2-0(1-0)
Libertad - Olimpia 1-1(0-0)
Sol de América - Sportivo Luqueño 1-0(1-0)
Guaraní - Cerro Porteño 1-0(1-0)

Round 3 [31.01.-02.02.2020]
Sportivo Luqueño - Guaireña FC 1-1(0-1)
Cerro Porteño - Sol de América 4-1(1-0)
12 de Octubre - Guaraní 1-3(0-3)
Olimpia - San Lorenzo 4-2(1-1)
River Plate - General Díaz 3-2(1-0)
Nacional - Libertad 1-2(0-1)

Round 4 [07-10.02.2020]
Guaireña FC - Sol de América 2-0(0-0)
Libertad - River Plate 2-1(0-0)
San Lorenzo - Nacional 1-1(0-0)
Guaraní - Olimpia 0-3 *awarded*
12 de Octubre - Cerro Porteño 1-4(0-2)
General Díaz - Sportivo Luqueño 1-3(1-2)

Round 5 [15-17.02.2020]
Sportivo Luqueño - Libertad 1-2(1-0)
Cerro Porteño - Guaireña FC 2-2(2-0)
Nacional - Guaraní 1-2(1-1)
Sol de América - General Díaz 3-1(2-0)
Olimpia - 12 de Octubre 4-0(1-0)
River Plate - San Lorenzo 4-2(2-1)

Round 6 [21-24.02.2020]
12 de Octubre - Nacional 0-2(0-0)
Libertad - Sol de América 2-1(1-1)
Olimpia - Cerro Porteño 1-1(1-1)
General Díaz - Guaireña FC 1-1(1-1)
San Lorenzo - Sportivo Luqueño 0-0
Guaraní - River Plate 3-0(2-0) [05.08.]

Round 7 [28.02.-02.03.2020]
Guaireña FC - Libertad 3-2(2-1)
River Plate - 12 de Octubre 0-2(0-1)
Nacional - Olimpia 1-0(1-0)
Cerro Porteño - General Díaz 0-1(0-0)
Sportivo Luqueño - Guaraní 0-3(0-0)
Sol de América - San Lorenzo 2-1(0-1)

Round 8 [06-08.03.2020]
12 de Octubre - Sportivo Luqueño 3-2(2-0)
Nacional - Cerro Porteño 0-0
Libertad - General Díaz 5-1(1-0)
Guaraní - Sol de América 1-1(0-0)
San Lorenzo - Guaireña FC 1-1(0-1)
Olimpia - River Plate 1-1(0-0)

Please note: the competition was suspended from 10.03. to 21.07.2020 due to COVID-19 pandemic.

Round 9 [21-23.07.2020]
River Plate - Nacional 1-1(0-0)
Cerro Porteño - Libertad 2-1(2-0)
General Díaz - San Lorenzo 2-1(1-0)
Sportivo Luqueño - Olimpia 2-2(2-0)
Guaireña FC - Guaraní 1-1(0-0)
Sol de América - 12deOctubre 0-1(0-0)[05.08.]

Round 10 [25-27.07.2020]
San Lorenzo - Libertad 1-2(1-1)
River Plate - Cerro Porteño 0-2(0-1)
Nacional - Sportivo Luqueño 1-2(1-0)
Olimpia - Sol de América 4-0(2-0)
12 de Octubre - Guaireña FC 0-2(0-1)
Guaraní - General Díaz 0-0

Round 11 [31.07.-02.08.2020]
Sportivo Luqueño - River Plate 0-1(0-1)
General Díaz - 12 de Octubre 1-1(0-1)
Sol de América - Nacional 1-1(1-0)
Libertad - Guaraní 1-3(0-1)
Cerro Porteño - San Lorenzo 4-1(2-0)
Guaireña FC - Olimpia 0-1(0-1)

Round 12 [07-09.08.2020]
Guaireña FC - Nacional 0-0
Sportivo Luqueño - Cerro Porteño 0-1(0-0)
General Díaz - Olimpia 1-3(0-1)
Libertad - 12 de Octubre 1-1(1-0)
Sol de América - River Plate 0-0
San Lorenzo - Guaraní 1-1(1-0)

Round 13 [11-14.08.2020]
Nacional - General Díaz 3-0(1-0)
River Plate - Guaireña FC 2-1(0-1)
12 de Octubre - San Lorenzo 1-0(0-0)
Cerro Porteño - Guaraní 1-0(1-0)
Olimpia - Libertad 2-1(1-0)
Sportivo Luqueño - Sol de América 2-2(1-1)

Round 14 [16-18.08.2020]
General Díaz - River Plate 2-1(2-0)
Guaraní - 12 de Octubre 2-2(1-2)
San Lorenzo - Olimpia 1-2(1-2)
Libertad - Nacional 2-0(0-0)
Guaireña FC - Sportivo Luqueño 0-1(0-0)
Sol de América - Cerro Porteño 0-1(0-1)

Round 15 [21-23.08.2020]
Nacional - San Lorenzo 2-0(1-0)
Olimpia - Guaraní 1-2(1-0)
Cerro Porteño - 12 de Octubre 1-0(1-0)
River Plate - Libertad 1-2(1-1)
Sportivo Luqueño - General Díaz 4-1(2-1)
Sol de América - Guaireña FC 2-1(0-1)

Round 16 [25-27.08.2020]
Guaraní - Nacional 1-0(0-0)
San Lorenzo - River Plate 0-0
Guaireña FC - Cerro Porteño 1-2(1-0)
12 de Octubre - Olimpia 0-3(0-2)
General Díaz - Sol de América 1-1(0-0)
Libertad - Sportivo Luqueño 0-0

Round 17 [29.08.-01.09.2020]
River Plate - Guaraní 1-0(0-0)
Nacional - 12 de Octubre 0-0
Cerro Porteño - Olimpia 2-0(0-0)
Sportivo Luqueño - San Lorenzo 0-0
Sol de América - Libertad 1-3(0-1)
Guaireña FC - General Díaz 2-1(0-0)

Round 18 [04-06.09.2020]
12 de Octubre - River Plate 0-1(0-0)
Guaraní - Sportivo Luqueño 3-0(2-0)
Libertad - Guaireña FC 5-2(1-2)
Olimpia - Nacional 4-0(1-0)
San Lorenzo - Sol de América 1-1(1-0)
General Díaz - Cerro Porteño 1-3(0-0)

Round 19 [11-15.09.2020]
Sportivo Luqueño - 12 de Octubre 2-1(0-1)
River Plate - Olimpia 0-4(0-1)
Sol de América - Guaraní 1-2(0-1)
General Díaz - Libertad 0-2(0-1)
Guaireña FC - San Lorenzo 4-0(2-0)
Cerro Porteño - Nacional 1-0(0-0)

Round 20 [18-21.09.2020]
12 de Octubre - Sol de América 3-1(1-0)
San Lorenzo - General Díaz 2-1(0-0)
Olimpia - Sportivo Luqueño 7-0(4-0)
Guaraní - Guaireña FC 0-0
Libertad - Cerro Porteño 0-0
Nacional - River Plate 1-2(1-1)

Round 21 [25-27.09.2020]
Guaireña FC - 12 de Octubre 3-3(1-0)
Cerro Porteño - River Plate 3-1(1-0)
Sol de América - Olimpia 2-4(0-3)
Libertad - San Lorenzo 3-0(1-0)
Sportivo Luqueño - Nacional 1-0(0-0)
General Díaz - Guaraní 0-1(0-0)

Round 22 [02-04.10.2020]
Nacional - Sol de América 2-2(1-1)
San Lorenzo - Cerro Porteño 1-1(0-0)
River Plate - Sportivo Luqueño 0-0
12 de Octubre - General Díaz 3-3(1-3)
Olimpia - Guaireña FC 1-1(0-1)
Guaraní - Libertad 1-1(0-1)

Final Standings

1.	**Club Cerro Porteño Asunción**	22	15	5	2	37	-	14	50
2.	Club Olimpia Asunción	22	13	6	3	54	-	20	45
3.	Club Libertad Asunción	22	13	5	4	43	-	23	44
4.	Club Guaraní Asunción	22	11	8	3	30	-	16	41
5.	Club River Plate Asunción	22	8	5	9	23	-	30	29
6.	Guaireña FC Villarrica	22	6	9	7	30	-	29	27
7.	Club Nacional Asunción	22	6	7	9	22	-	22	25
8.	Club Sportivo Luqueño	22	6	7	9	22	-	32	25
9.	12 de Octubre Football Club Itauguá	22	5	6	11	23	-	39	21
10.	Club Sol de América Asunción	22	4	7	11	23	-	40	19
11.	Club Sportivo San Lorenzo	22	2	10	10	18	-	36	16
12.	General Díaz FC Luque	22	3	5	14	22	-	46	14

Top goalscorers:
13 goals: **Carlos Sebastián Ferreira Vidal** **(Club Libertad Asunción)**
10 goals: Roque Luis Santa Cruz Cantero (Club Olimpia Asunción)
9 goals: Néstor Abrahan Camacho Ledesma (Club Olimpia Asunción)

NATIONAL CHAMPIONSHIP
División Profesional - 2020 Copa de Primera TIGO-Visión Banco
Torneo Clausura "Profesor Cristóbal Maldonado" 2020

Results

Round 1 [16-18.10.2020]
General Díaz - San Lorenzo 0-1(0-0)
Olimpia - Nacional 1-1(0-0)
Sol de América - Guaraní 1-0(0-0)
Guaireña FC - Libertad 0-3(0-1)
River Plate - 12 de Octubre 1-2(0-2)
Cerro Porteño - Sportivo Luqueño 2-0(0-0)

Round 2 [23-26.10.2020]
12 de Octubre - General Díaz 2-1(1-0)
Sportivo Luqueño - River Plate 2-0(0-0)
Guaireña FC - Olimpia 2-1(0-1)
San Lorenzo - Nacional 1-1(1-1)
Libertad - Sol de América 0-2(0-0)
Guaraní - Cerro Porteño 1-1(0-1)

Round 3 [30.10.-02.11.2020]
Nacional - 12 de Octubre 1-1(0-1)
General Díaz - Sportivo Luqueño 0-1(0-0)
Cerro Porteño - Libertad 1-0(0-0)
River Plate - Guaraní 1-0(1-0)
Olimpia - San Lorenzo 3-1(1-0)
Sol de América - Guaireña FC 1-1(0-0)

Round 4 [06-08.11.2020]
12 de Octubre - San Lorenzo 0-1(0-0)
Guaraní - General Díaz 2-0(2-0)
Guaireña FC - Cerro Porteño 1-1(0-0)
Libertad - River Plate 3-1(1-1)
Sportivo Luqueño - Nacional 1-3(1-1)
Sol de América - Olimpia 1-3(0-2)

Round 5 [10-12.11.2020]
River Plate - Guaireña FC 1-2(1-1)
General Díaz - Libertad 3-4(1-3)
Olimpia - 12 de Octubre 2-1(2-0)
San Lorenzo - Sportivo Luqueño 1-2(0-1)
Nacional - Guaraní 0-0
Cerro Porteño - Sol de América 0-0 [26.11.]

Round 6 [14-16.11.2020]
Guaireña FC - General Díaz 1-1(1-0)
Sol de América - River Plate 2-3(1-2)
Libertad - Nacional 0-2(0-0)
Sportivo Luqueño - 12 de Octubre 2-3(0-1)
Guaraní - San Lorenzo 2-1(0-1)
Cerro Porteño - Olimpia 1-0(0-0) [03.12.]

Round 7 [19-22.11.2020]
General Díaz - Sol de América 2-5(1-2)
River Plate - Cerro Porteño 1-2(1-2)
San Lorenzo - Libertad 2-2(2-1)
12 de Octubre - Guaraní 1-0(0-0)
Nacional - Guaireña FC 0-0
Sportivo Luqueño - Olimpia 2-2(1-0)

Round 8 [27-30.11.2020]
Guaireña FC - San Lorenzo 2-2(1-0)
Olimpia - River Plate 3-1(3-0)
Libertad - 12 de Octubre 3-0(1-0)
Cerro Porteño - General Díaz 3-1(0-0)
Guaraní - Sportivo Luqueño 2-1(1-0)
Sol de América - Nacional 2-3(1-0)

Round 9 [05-07.12.2020]
General Díaz - River Plate 0-0
Sportivo Luqueño - Libertad 2-2(0-0)
12 de Octubre - Guaireña FC 3-0(1-0)
San Lorenzo - Sol de América 2-2(1-1)
Guaraní - Olimpia 2-0(0-0)
Nacional - Cerro Porteño 4-3(2-2)

Round 10 [11-13.12.2020]
Guaireña FC - Sportivo Luqueño 1-0(0-0)
Libertad - Guaraní 1-1(0-1)
River Plate - Nacional 1-1(0-0)
Olimpia - General Díaz 4-2(2-2)
Sol de América - 12 de Octubre 0-0
Cerro Porteño - San Lorenzo 1-1(1-1)

Round 11 [17-19.12.2020]
Nacional - General Díaz 2-2(0-1)
12 de Octubre - Cerro Porteño 2-1(1-0)
San Lorenzo - River Plate 0-0
Sportivo Luqueño - Sol de América 0-3(0-1)
Guaraní - Guaireña FC 1-0(0-0)
Libertad - Olimpia 2-1(1-1)

	Final Standings								
1.	12 de Octubre Football Club Itauguá	11	6	2	3	15	-	12	20
2.	Club Nacional Asunción	11	4	7	0	18	-	12	19
3.	Club Cerro Porteño Asunción	11	5	4	2	16	-	11	19
4.	Club Libertad Asunción	11	5	3	3	20	-	15	18
5.	Club Guaraní Asunción	11	5	3	3	11	-	7	18
6.	Club Olimpia Asunción	11	5	2	4	20	-	16	17
7.	Club Sol de América Asunción	11	4	4	3	19	-	14	16
8.	Guaireña FC Villarrica	11	3	5	3	10	-	14	14
9.	Club Sportivo San Lorenzo	11	2	6	3	13	-	15	12
10.	Club Sportivo Luqueño	11	3	2	6	13	-	19	11
11.	Club River Plate Asunción	11	2	3	6	10	-	17	9
12.	General Díaz FC Luque	11	0	3	8	12	-	25	3

Top-8 were qualfied for the Championship Play-offs.

Play-offs (Cuadro)

Quarter-Finals [22-23.12.2020]

Club Nacional Asunción - Club Sol de América Asunción	0-1(0-0)	
Club Cerro Porteño Asunción - Club Olimpia Asunción	1-1 aet	1-4 pen
12 de Octubre Football Club Itauguá - Guaireña Fútbol Club	1-2(0-2)	
Club Libertad Asunción - Club Guaraní Asunción	1-3(1-0)	

Semi-Finals [27.12.2020]

Club Sol de América Asunción - Club Olimpia Asunción	2-4(0-0)
Guaireña Fútbol Club - Club Guaraní Asunción	0-1(0-0)

Championship Final

30.12.2020, Estadio Defensores del Chaco, Asunción; Attendance: 0
Referee: Juan Gabriel Benítez
Club Guaraní Asunción - Club Olimpia Asunción   2-2(2-0,2-2,2-2); 4-5 on penalties
Guaraní: Gaspar Andrés Servio, Alexis Villalba Mosqueda, Cristhian Javier Báez (Cap), Jhohan Sebastián Romaña Espitia, Miguel Ángel Benítez Guayuan, Nicolás Andrés Maná (76.Rodney Iván Redes Cáceres), Jorge Emanuel Morel Barrios, Rodrigo Fernández Cedrés (63.José Ignacio Florentín Bobadilla), Cecilio Andrés Domínguez Ruiz (81.Fernando Fabián Fernández Acosta), Bautista Merlini, Raúl Marcelo Bobadilla. Trainer: Gustavo Adolfo Costas Makeira (Argentina).
Olimpia: Alfredo Ariel Aguilar, Sergio Andrés Otálvaro Botero [sent off 71], Antolín Alcaráz Viveros, Diego Fabián Polenta Museti, Iván Arturo Torres Riveros, Alejandro Daniel Silva González, Richard Ortíz Bustos, Juan Rodrigo Rojas Ovelar (83.Nicolás Mario Domingo), Diego Joel Torres Garcete (74.Carlos Adalberto Rolón Ibarra), Jorge Eduardo Recalde Ramírez (84.Braian Óscar Ojeda Rodríguez), Roque Luis Santa Cruz Cantero (Cap). Trainer: Néstor Raúl Gorosito (Argentina).
Goals: 1-0 Nicolás Andrés Maná (36), 2-0 Cristhian Javier Báez (39), 2-1 Jorge Eduardo Recalde Ramírez (57), 2-2 Alejandro Daniel Silva González (69 penalty).
Penalties: Alejandro Daniel Silva González 0-1; Cristhian Javier Báez 1-1; Diego Fabián Polenta Museti 1-2; Miguel Ángel Benítez Guayuan (saved); Iván Arturo Torres Riveros 1-3; Jorge Emanuel Morel Barrios 2-3; Nicolás Mario Domingo (missed); José Ignacio Florentín Bobadilla 3-3; Richard Ortíz Bustos 3-4; Bautista Merlini 4-4; Braian Óscar Ojeda Rodríguez 4-5; Raúl Marcelo Bobadilla (missed).

Torneo Clausura 2020 Champions: **Club Olimpia Asunción**

Top goalscorers:
9 goals: **Jorge Eduardo Recalde Ramírez** (Club Olimpia Asunción)
7 goals: Roque Luis Santa Cruz Cantero (Club Olimpia Asunción)
6 goals: Pablo César Leonardo Velázquez Centurión (General Díaz FC Luque)

Aggregate Table 2020								
1. Club Cerro Porteño Asunción	33	20	9	4	53	-	25	69
2. Club Olimpia Asunción	33	18	8	7	74	-	36	62
3. Club Libertad Asunción	33	18	8	7	63	-	38	62
4. Club Guaraní Asunción	33	16	11	6	41	-	23	59
5. Club Nacional Asunción	33	10	14	9	40	-	34	44
6. Guaireña FC Villarrica	33	9	14	10	40	-	43	41
7. 12 de Octubre Football Club Itauguá	33	11	8	14	38	-	51	41
8. Club River Plate Asunción	33	10	8	15	33	-	47	38
9. Club Sportivo Luqueño	33	9	9	15	35	-	51	36
10. Club Sol de América Asunción	33	8	11	14	42	-	54	35
11. Club Sportivo San Lorenzo	33	4	16	13	31	-	51	28
12. General Díaz FC Luque	33	3	8	22	34	-	71	17

Club Cerro Porteño Asunción, Club Olimpia Asunción, Club Libertad Asunción and Club Guaraní Asunción qualified for the 2021 Copa Libertadores.

Club Nacional Asunción, Guaireña FC Villarrica, 12 de Octubre Football Club Itauguá and Club River Plate Asunción qualified for the 2021 Copa Sudamericana.

Relegation Table

The team which will be relegated is determined on average points taking into account results of the last six seasons (Apertura & Clausura 2018, Apertura & Clausura 2019, Apertura & Clausura 2020).

Pos	Team	2018 P	2019 P	2020 P	Total P	M	Aver
1.	Club Olimpia Asunción	102	108	62	272	121	2.248
2.	Club Cerro Porteño Asunción	82	80	69	231	121	1.909
3.	Club Libertad Asunción	76	85	62	223	121	1.843
4.	Club Guaraní Asunción	48	69	59	176	121	1.455
5.	Club Nacional Asunción	65	52	44	161	121	1.331
6.	Club Sol de América Asunción	63	57	35	155	121	1.281
7.	Guaireña FC Villarrica	—	—	41	41	33	1.242
8.	12 de Octubre Football Club Itauguá	—	—	41	41	33	1.242
9.	Club River Plate Asunción	—	52	38	90	77	1.169
10.	Club Sportivo Luqueño	46	52	36	134	121	1.107
11.	Club Sportivo San Lorenzo (*Relegated*)	—	49	28	77	77	1.000
12.	General Díaz FC Luque (*Relegated*)	46	41	16	103	121	0.851

COPA PARAGUAY 2020

The competition was cancelled due to COVID-19 pandemic.

THE CLUBS 2020

12 DE OCTUBRE FOOTBALL CLUB ITAUGUÁ

Foundation date: August 14, 1914
Address: Ruta Mariscal Estigarribia, Km. 30, Itauguá
Stadium: Estadio „Luis Alberto Salinas Tanasio", Itauguá – Capacity: 8,000

THE SQUAD

	DOB	Ape			Cla		
		M	(s)	G	M	(s)	G
Goalkeepers:							
José Silvino Aquino Allende	31.12.1991	6					
Marino Osmar Arzamendia Espinoza	19.01.1998	1					
Mauro Ruben Cardozo Patiño	08.03.1982	15	(1)		11		
Rodolfo Fabián Rodríguez Jara	08.03.1987				1		
Defenders:							
Víctor Hugo Ayala Ojeda	05.11.1988	14	(1)		7		
Víctor Fabián Barrios Samaniego	22.03.1997	19	(2)				
Cesar Iván Benitez León	22.05.1990	18		1	12		
Walter Cabrera Cañiza	07.01.1990	4			2		
Ramón David Coronel Gómez	31.03.1991				9		
Mateo Gamarra	20.10.2000				4	(4)	
Álex Adrián Garcete Ozuna	22.09.1993				1	(2)	1
Jang Hee-mang (KOR)	07.03.1992	3	(1)				
Gonzalo Ezequiel Menéndez (ARG)	16.12.1992	11	(1)		4	(3)	
Herminio Antonio Miranda Ovelar	07.05.1985	6	(1)				
Gustavo Manuel Navarro Galeano	16.09.1996	12	(3)	1	10	(1)	1
Jonathan David Roa Aranda	29.05.1996		(2)				
Juan Gabriel Villamayor Caballero	03.08.1997	2					
Midfielders:							
Juan Gabriel Abente Amarilla	04.03.1984	1					
Jesús Daniel Araújo Colman	03.07.1991	6	(3)				
Enzo Leonardo David Ávalos González	25.05.1993	1	(1)				
Pablo David Ayala	30.06.1995	15	(1)	2	11		1
Walter Benito Bogado González	01.03.1999				3	(5)	1
Rodrigo Ramón Burgos Oviedo	21.06.1989	9	(5)				
Guido Di Vanni (ARG)	11.06.1988	9	(2)				
David Ariel Mendieta Chávez	22.08.1986	14	(5)	1	8	(2)	1
Osmar de la Cruz Molinas González	03.05.1987				6	(2)	
José Ricardo Montiel Núñez	19.03.1988	11	(3)	2			
Marcelo Miguel Paredes Váldez	04.01.1993	13	(5)		7	(2)	
Hugo Lorenzo Quintana Escobar	10.11.2001		(1)				
Wálter David Rodríguez Burgos	07.10.1995	7					
Ariel Schwartzman Cardona	03.01.1998				5		
Armando Agustín Torres Acosta		3		1			
Forwards:							
Jonathan Ferreira da Silva „Jonathan Baixo" (BRA)	28.12.1992		(2)				
Júnior Osvaldo Marabel Jara	26.03.1998				5	(6)	1
Derlis Darío Martínez González	09.12.1999	8	(4)	1			
José Ariel Núñez Portelli	12.09.1988	14	(4)	3	11	(1)	3
Miguel Ángel Fabián Ovejero	13.04.1991	3	(7)	1	2	(2)	1
Bonifacio Ariel Roa Benítez	03.02.1993		(4)				
Mathías Saavedra Perdomo (URU)	30.04.1989	5					
Alejandro Samudio Ramírez	26.06.1999					(2)	

447

Rubén Darío Tarasco (ARG)	30.01.1995			1	(1)	
Héctor Villamayor Escobar	03.08.1997	(2)			(1)	
Pablo Daniel Zeballos Ocampos	04.03.1986	12	(5)	8	12	5
Trainer:						
Daniel Farrar (USA) [01.10.2019-22.02.2020; Sacked]	08.11.1985	6				
Mario Vicente Jara (ARG) [22.02.-20.11.2020; Sacked]	25.04.1980	16			6	
Pedro Alcides Sarabia Achucarro [from 20.11.2020]	05.07.1975				6	

CLUB CERRO PORTEÑO ASUNCIÓN

Foundation date: October 1, 1912
Address: Avenida 5ta, N° 828 c/ Tacuary, Barrio Obrero, Asunción
Stadium: Estadio „General Pablo Rojas", Asunción – Capacity: 45,000

THE SQUAD						
	DOB	Ape			Cla	
		M	(s)	G	M	(s)	G
Goalkeepers:						
Miguel Ángel Martínez Irala	29.09.1998	1	(1)		8		
Rodrigo Martin Muñóz Salomón (URU)	22.01.1982	21			4		
Defenders:						
Fernando Amorebieta Mardaras (VEN)	29.03.1985	3					
Santiago Arzamendia Duarte	05.05.1998	16			3		
Marcos Antonio Cáceres Centurión	05.05.1986	4			8		
Raúl Alejandro Cáceres Bogado	18.09.1991	4					
Alexis David Duarte Pereira	12.03.2000	14		1	11		
Alberto Espinola Giménez	08.02.1991	17		2	8		
Hugo Fabián Franco Schlender	11.10.1998				1		
Joel Elías Ronaldo Jiménez Cabrera	22.05.1997	1			1	(2)	
Juan Gabriel Patiño Martínez	29.11.1989	18		1	8		
Leonardo Daniel Rivas	06.12.2001				1	(2)	
Juan Camillo Saiz Ortegón (COL)	01.03.1992	4					
Midfielders:						
Juan José Aguilar Orzusa	24.06.1989	5					
Claudio Ezequiel Aquino (ARG)	24.07.1991	17		4	10		2
Julio César Báez Meza	13.01.2000				1		
Víctor Javier Cáceres Centurión	25.03.1985	2	(1)				
Ángel Rodrigo Cardozo Lucena	19.10.1994	14	(3)	3	10		3
Federico Gastón Carrizo (ARG)	17.05.1991	17	(1)		9		1
David Josué Colmán Escobar	25.07.1998	5	(12)	2	2	(6)	
Rodrigo Elías Delvalle Noguera	17.05.2001	2			1		
Julio Daniel Dos Santos Rodríguez	07.05.1983	1	(2)		1		
Enzo Daniel Giménez Rojas	17.02.1998	13	(2)	4	11		1
Aldo Agustín Maiz Gill	07.08.2000				1	(2)	
Marcelo José Palau Balzaretti (URU)	01.08.1985	9		1	1	(3)	
Alan Francisco Rodríguez Armoa	15.08.2000	5	(9)		6	(1)	
Óscar Ramón Ruiz Roa	14.05.1991	8	(10)	5	3	(5)	2
Wilder Viera Caballero	04.03.2002		(3)			(1)	
Mathías Adalberto Villasanti Rolón	24.01.1997	14	(1)	1	11		
Forwards:						
Sergio Elías Bareiro Cardozo	04.11.1998				1	(2)	
Jorge Daniel Benítez Guillen	02.09.1992		(4)	1			

448

Diego Churín Puyo (ARG)	12.01.1989	19		7	1			1
Sergio Ismael Díaz Velázquez	05.03.1998	4		2				
Ronaldo Iván Martínez Rolón	25.04.1996	1	(3)	2			(2)	
Robert Morales	17.03.1999				1		(4)	2
Júnior Alexander Noguera Máchuca	08.05.2002		(1)					
José María Ortigoza Ortíz	01.04.1987		(6)		3		(4)	1
Fernando Fabián Ovelar Martínez	06.01.2004		(1)				(1)	
Nelson Antonio Haedo Valdez	28.11.1983	3	(2)	1	6		(1)	2
Fredy David Vera	12.06.1998		(1)					

Trainer:

Francisco Javier Arce Rolón [from 19.12.2019]	02.04.1971	22		12

GENERAL DÍAZ FOOTBALL CLUB LUQUE

Foundation date: November 22, 1917
Address: Avenida "General Elizardo Aquino y General Jara Luque", Luque
Stadium: Estadio „General Adrián Jara", Luque – Capacity: 3,500

THE SQUAD

	DOB		Ape			Cla	
		M	(s)	G	M	(s)	G
Goalkeepers:							
Ever Alexis Caballero	27.04.1982	3					
Roque Alberto Cardozo Suárez	16.08.1987				7		
Jorge Luis González Cardozo	28.02.1989	15					
Gustavo Manuel Serdán Colmán	25.04.1995	4			4		
Defenders:							
Matías Barreto	20.07.2000	2	(1)				
Bruno Díaz Dupland					2		
Hugo Fabián Franco Schlender	11.10.1998	8	(6)	3			
Marcos Antonio Gamarra Arbiniagaldez	08.07.1988	8					
Álex Adrián Garcete Ozuna	22.09.1993		(1)				
Jesús Godoy	18.12.1997				1		
Néstor Fabián González	09.05.1986	13		1	6		
Rodrigo David González Álvarez	23.06.2000				2		
Luis Aníbal Lezcano Monges	11.04.1996	3	(2)		5		
Pablo Fabián Meza Marmolejo	29.01.1997	8	(1)	1	6	(1)	
Gustavo David Noguera Domínguez	07.11.1987	19		3			
Rodney Miguel Pedrozo	05.09.1993	14					
Franco Nicolás Quiroz (ARG)	11.05.1998				3		
Arnaldo Joel Recalde Ramírez	21.05.1991	7	(1)				
Inocencio Velázquez Flecha	31.07.1999				5	(1)	
Diego Roberto Vera Cabrera	27.11.1989	8	(1)	1	6		
Marcelo Javier Villamayor Vera	23.09.1997				1		
Eduardo Sebastián Zaracho Espínola	20.01.1999	2	(1)			(2)	
Midfielders:							
José Carlos Báez	15.08.1987	2	(1)				
Wilfrido Manuel Báez Matto	18.06.1994	7	(2)	1	5	(5)	1
Álvaro Marcial Campuzano	12.06.1995	20		2			
Leonardo Felipe Coronel Jara	20.11.1999	1					
Gustavo Alberto Cristaldo Britez	31.05.1989	8	(5)	1	7	(1)	2
Pablo Leonel Gaitán (ARG)	09.05.1992	6	(5)	1	6		
Jorge Daniel González Marquet	25.03.1988	11	(1)		7	(1)	1
Gustavo Legal	02.08.1996		(3)				

449

Luis Alcides Miño Muñoz	08.01.1989				3		1
Estivel Iván Moreira Benítez	16.04.1999	15	(2)	1	6	(1)	
Wilson Omar Pittoni Rodríguez	14.08.1985					(1)	
Richard Fabián Prieto	25.02.1997				6	(3)	
Rubén Dario Ríos (ARG)	02.11.1995	8	(3)		8		
David Josué Valenzuela Giménez	29.06.1996	3	(1)		3	(1)	
David Raúl Villalba Candia	13.04.1982	4			5		
Edgar Villalba	31.10.2000	1			1	(2)	1

Forwards:

Ernesto Raúl Álvarez Fleitas	20.10.1988				3	(4)	
Derlis Sebastián Aquino Espinola	08.04.2000				2	(2)	
Gerardo Domingo Arévalos	03.08.1987	5	(8)	1			
Sergio Elías Bareiro Cardozo	04.11.1998	17		4			
Victor Céspedes	28.03.2003		(1)		1	(1)	
Sergio Daniel Dietze Altenhofen	03.07.1997					(3)	
Diego Javier Doldán Zacarías	06.02.1987	6	(8)	1	1	(2)	
Lenon Farias de Souza Leite (BRA)	10.01.1996		(1)				
Bruno Daniel Medina Flecha	04.08.1997	2	(3)				
Nicolás Fernando Morínigo Torres	09.03.2000		(3)	1			
Cristhian Ocampos	13.07.1999					(1)	
Edsson Riveros	29.09.1994	4	(5)		1		
Pablo César Leonardo Velázquez Centurión	12.03.1987				8	(1)	6

Trainer:

Cristian Martínez Medina [18.04.2019-26.06.2020; Resigned]	19.05.1983	8
Robert Pereira Molina [01.07.-01.10.2020; Sacked]	30.05.1968	14
Julio Javier Doldán [01.10-13.11.2020; Caretaker]		5
Héctor Fernando Marecos Silvera [from 13.11.2020]	04.01.1979	6

GUAIREÑA FÚTBOL CLUB VILLARRICA

Foundation date: March 28, 2016
Address: *Not available*
Stadium: Estadio Parque del Guairá, San Villarrica – Capacity: 12,000

THE SQUAD

	DOB	Ape M	(s)	G	Cla M	(s)	G
Goalkeepers:							
Ignacio Óscar Don (ARG)	28.02.1982	21			11		
Héctor Adán Espínola Varela	12.02.1991				1		
Óscar Ramón Toledo Acosta	06.05.1999	1			1		
Defenders:							
Marcelo David Báez Casco	14.01.1991	18			8		
Tomás Javier Bartomeús Viveros	27.10.1982	2	(1)		7		
Salustiano Antonio Candia Galeano	08.07.1983	21		1	13		2
Luis Colmán	20.04.1993		(1)				
Aquilino Giménez Gaona	21.04.1993	20			8		
Ángel David Martínez	13.04.1989	19	(2)		8	(3)	
Ramón Eduardo David Mendieta Alfonso	04.05.1988	2	(3)		2		
David Bernardo Mendoza Ayala	10.05.1985	16	(1)	2	8		
Inocencio Velázquez Flecha	31.07.1999		(1)				
Gustavo Antonio Villamayor Achucarro	20.03.1993	7	(2)	1	5	(1)	
Midfielders:							
Milver Osmar Aquino	11.03.1996		(1)				
Eduardo Lorenzo Aranda	28.01.1985				1	(1)	
Wilson Brahian Ayala Vera	29.06.1995	14	(5)	4			
Pedro Reinaldo Delvalle Romero	06.01.1994	11	(10)	1	8	(3)	2
Miguel Ángel Godoy Melgarejo	07.05.1983	4	(2)		1		
Jorge Darío Mendoza Torres	15.05.1989	20		3	11	(1)	
Luis Alcides Miño Muñoz	08.01.1989		(3)				
José Ricardo Montiel Núñez	19.03.1988				9	(3)	
Jorge Martín Salinas Martínez	06.05.1992				7	(1)	1
Rosalino Ramón Toledo Acosta	30.08.1988	20			8	(2)	1
Forwards:							
Ernesto Raúl Álvarez Fleitas	20.10.1988		(2)				
Ever Milton Cantero Benítez	03.12.1985				4		
Ósmar Darío Colmán Ortíz	03.08.2000		(4)				
Carlos Agustín Duarte Martínez	28.08.1982	1	(18)	3	4	(8)	1
Lucas González	18.10.1997	2	(2)		8	(3)	2
Antonio Marín Colmán	21.07.1999	11	(5)	3			
Antonio Oviedo Cortizo (URU)	01.09.1996		(1)				
Cristian David Paredes Orquiola	14.07.1990				3	(6)	
Fernando Raúl Romero González	24.04.2000				1	(4)	2
Santiago Gabriel Salcedo González	06.09.1981	19	(1)	5			
Alejandro Daniel Toledo (ARG)	29.10.1989				6		1
José Feliciano Verdún Duarte	27.04.1989	13	(1)	5		(3)	
Trainer:							
Troadio Daniel Duarte Barreto [from 13.01.2020]	03.04.1977	22			13		

CLUB GUARANÍ ASUNCIÓN

Foundation date: October 12, 1903
Address: Avenida Dr. Eusebio Ayala N° 770 y Calle 1811, Barrio Dos Bocas, Asunción
Stadium: Estadio „Rogelio Livieres", Asunción – Capacity: 6,000

THE SQUAD	DOB	Ape M	(s)	G	Cla M	(s)	G
Goalkeepers:							
Jorge Rodrigo Bava	02.08.1981	6					
Gaspar Andrés Servio (ARG)	09.03.1992	16			14		
Defenders:							
Cristhian Javier Báez	09.04.1990	17	(1)	2	13		3
Ángel Guillermo Benítez (ARG)	08.12.1993	10	(1)		6		
Miguel Ángel Benítez Guayuan	13.08.1997	12			8	(1)	
Víctor Hugo Dávalos Aguirre	03.02.1991	9	(2)		4		
Roberto Fernández Urbieta	07.06.2000	3			7	(1)	
Rolando García Guerreño	10.02.1990	12	(1)				
Hernán Ezequiel Lopes (ARG)	28.03.1991	7	(1)			(1)	
Iván Rodrigo Ramírez Segovia	08.12.1994	13					
Rodney Iván Redes Cáceres	22.02.2000	11	(9)	2	8	(4)	2
Jhohan Sebastián Romaña Espitia (COL)	13.09.1998	11			8		
Nicolás Martín Tripicchio (ARG)	05.01.1996				3		
Alexis Villalba Mosqueda	28.08.1998				6		
Midfielders:							
Fernando Omar Barrientos (ARG)	17.11.1991	12	(1)		1	(2)	
Ángel María Benítez Argüello	27.01.1996	10	(7)	2	4	(2)	
Walter David Clar Fritz	27.09.1994	6	(2)	1			
Rodrigo Fernández Cedrés (URU)	03.01.1996	13	(1)	2	8		1
José Ignacio Florentín Bobadilla	05.07.1996	9	(6)	4	4	(7)	2
Nicolás Andrés Maná (ARG)	25.03.1994	10	(7)	1	8	(5)	1
Bautista Merlini (ARG)	04.07.1995	15	(5)	1	12	(1)	
Jorge Emanuel Morel Barrios	22.01.1998	11		1	12		
Forwards:							
Edgar Milciades Benítez Santander	08.11.1987	5	(5)	1	3	(5)	
Raúl Marcelo Bobadilla	18.06.1987	10	(4)	9	7	(3)	2
Cecilio Andrés Domínguez Ruiz	11.08.1994				11	(3)	4
Fernando Fabián Fernández Acosta	08.01.1992	12	(4)	8	7	(5)	2
Antonio Marín Colmán	21.07.1999					(1)	
Estiven Osmar Pérez Yegros	05.08.2000	1	(1)				
Alejandro Samudio Ramírez	25.06.1999	1	(1)				
Trainer:							
Gustavo Adolfo Costas Makeira (ARG) [from 06.06.2019]	28.02.1963	22			14		

CLUB LIBERTAD ASUNCIÓN

Foundation date: July 30, 1905
Address: Avenida Artigas N° 1030, esq. Cusmanich, Asunción
Stadium: Estadio „Dr. Nicolás Leóz", Asunción – Capacity: 10,000

THE SQUAD

	DOB	Ape M	(s)	G	Cla M	(s)	G
Goalkeepers:							
Carlos María Servín Caballero	24.03.1987	2			2		
Martín Andrés Silva Leites (URU)	25.03.1983	20			10		
Defenders:							
Luciano Andrés Abecasis (ARG)	04.06.1990	9	(1)				
Pablo Javier Adorno Martínez	06.02.1996	7		1	4		
Daniel Eduardo Bocanegra Ortíz (COL)	23.07.1987	13	(4)		2		
Luis Carlos Cardozo Espillaga	10.10.1988	7	(3)		9		
Paulo César da Silva Barrios	01.02.1980	10			1	(1)	
Iván Rodrigo Leguizamon Piris	10.03.1989	14			5	(1)	
Iván Rodrigo Ramírez Segovia	08.12.1994				11		
Leonel Jesús Vangioni (ARG)	05.05.1987				4		
Diego Francisco Viera Ruiz Díaz	30.04.1991	20		2	10		1
Midfielders:							
Sergio Daniel Aquino (ARG)	21.09.1979	1			1	(2)	
Blas Antonio Cáceres Garay	01.07.1989	15	(3)	5	9		
Álvaro Marcial Campuzano	12.06.1995				6	(1)	2
Julio César Enciso	23.01.2004	1	(2)	1	4	(1)	
Matías David Espinoza Acosta	19.09.1997	12			7	(1)	1
Iván René Franco Díaz	16.04.2000	4	(10)	1	4	(3)	
Hugo Javier Martínez Cantero	27.04.2000	6	(2)		3	(3)	
Alexander Mejía Sabalsa (COL)	11.07.1988	17	(4)		5		
Rodrigo Rivero Fernández (URU)	27.12.1995	4				(3)	
Nicolás Milesi van Lommel (URU)	10.11.1992	10					
Forwards:							
Antonio Bareiro Álvarez	24.04.1989	14	(4)	4	10	(1)	3
Rodrigo Manuel Bogarín Giménez	24.05.1997	11	(3)	2	4		
Óscar René Cardozo Marín	20.05.1983	12	(9)	8	6	(5)	5
Carlos Sebastián Ferreira Vidal	13.02.1998	17	(3)	13	8	(1)	4
Adrián Emanuel Martínez (ARG)	07.07.1992	6	(11)	4	2	(5)	2
Alfio Ovidio Oviedo Álvarez	18.12.1995				2	(3)	2
Lucas Daniel Sanabria Brítez	13.09.1999		(1)		1	(1)	
Héctor Daniel Villalba	26.07.1994	10	(5)	2	2	(3)	1
Trainer:							
Ramón Ángel Díaz (ARG)	29.08.1959	20					
[17.12.2019-24.09.2020; Resigned]							
Gustavo Eliseo Morínigo Vázquez	23.01.1977	2			10		
[24.09.-18.12.2020; Sacked]							
Juan Eduardo Samudio Serna [from 18.12.2020]	14.10.1978				2		

CLUB NACIONAL ASUNCIÓN

Foundation date: June 5, 1904
Address: Cerro León y Paraguarí, Barrio Obrero, Asunción
Stadium: Estadio „Arsenio Erico", Asunción – Capacity: 4,000

THE SQUAD

	DOB	M	Ape (s)	G	M	Cla (s)	G
Goalkeepers:							
Juan Ángel Espínola González	02.11.1994	11					
Cristhian David Riveros Silvero	29.08.1998	1					
Santiago Gerardo Rojas López	05.04.1996	10			2		
Antony Domingo Silva Cano	27.02.1984				10		
Defenders:							
Víctor Julián Barrientos Troche	27.02.1995	7					
Luis Alberto Cabral Vázquez	23.09.1983	17		2	8		1
Walter David Clar Fritz	27.09.1994				11		
Farid Alfonso Díaz Rhenals (COL)	20.07.1983	11			6		
Carlos Niño Junior Espinola Díaz	25.12.1999	1					
Hugo Humberto Espínola Cuéllar	09.03.1995	11	(2)				
Rodi David Ferreira	29.05.1998	8	(1)		4		
Ricardo Garay Lima	07.03.1997	9			1	(2)	
Néstor Rafael Giménez Florentín	24.07.1997	3					
Claudio Ronaldo Núñez Aquino	19.11.1995	9	(3)		9		
Midfielders:							
Juan David Argüello Arias	28.09.1991		(1)				
Carlos Alberto Arrua García	30.07.1997	4		2	9	(1)	3
Ronaldo Báez Mendoza	23.03.1998	8	(2)	2			
Nery Ramon Balbuena González	18.06.1998		(3)				
Celso Burgos	15.05.2002		(1)				
Víctor Javier Cáceres Centurión	25.03.1985	5			1	(1)	
Orlando David Colmán	02.02.2002	1				(1)	
Marcos de Jesús Duré Cantero	18.02.1991		(2)				
Carlos Niño Junior Espinola Díaz	25.12.1999				7		
Elvis Saúl Figueredo Noguera		3					
Juan José Franco Arrellaga	10.02.1992	13	(3)		1		
Alexis Joel González Belotto	07.01.1992	3	(2)		1		
Edgardo Daniel Orzusa Cáceres	23.02.1986	10	(3)	1	8	(1)	
Cristian Miguel Riveros Núñez	16.10.1982	17		2	7	(1)	
Juan Danilo Santacruz González	12.06.1995	13	(3)	3	10		3
Juan Sebastian Vargas Melgarejo	17.01.2002	1			1	(4)	1
Edgar Catalino Zaracho Zorilla	29.11.1989	10	(3)	3	11	(1)	1
Forwards:							
Ernesto Raúl Álvarez Fleitas	20.10.1988		(5)				
Wilson Brahian Gustavo Ayala Vera	29.06.1995				1	(4)	2
Guillermo Alexis Beltrán Paredes	26.04.1984	14	(3)	4		(5)	1
Julián Alfonso Benítez Franco	06.06.1987	12	(7)		1	(1)	
Enrique Javier Borja Araújo	30.05.1995	2	(3)			(3)	
Franco Lautaro Costa (ARG)	10.12.1991	14	(4)		10		2
David Manuel Fleitas Montiel	08.03.1997	3	(3)		2	(8)	1
Sergio Daniel Fretes Galeano	07.02.1999				1	(2)	
Fernando Raúl Romero González	24.04.2000	4	(3)				
Leonardo Adrián Villagra Enciso	02.09.1990	7	(9)	2	10		2
Trainer:							

Roberto Ismael Torres Baez [20.12.2019-17.09.2020; Sacked]	06.04.1972	19		
Hernán Rodrigo López Mora (URU) [from 17.09.2020]	21.01.1978	3	12	

CLUB OLIMPIA ASUNCIÓN

Foundation date: July 25, 1902
Address: Avenida Mariscal López 1499, casi Avenida General M. Santos, Barrio Las Mercedes, Asunción
Stadium: Estadio „Manuel Ferreira", Asunción – Capacity: 15,000

THE SQUAD

	DOB	Ape M	(s)	G	Cla M	(s)	G
Goalkeepers:							
Alfredo Ariel Aguilar	18.07.1986	18			12		
Librado Daniel Azcona Salinas	18.01.1984	4			2		
Defenders:							
Antolín Alcaráz Viveros	30.07.1982	8		1	10	(1)	
Jorge Enrique Arias de la Hoz (COL)	13.12.1992	11	(1)			(1)	
Alan Max Benítez Domínguez	25.01.1994	5			5		
Julio César Cáceres López	05.10.1979					(1)	
Luis Eladio de la Cruz	23.03.1991	3	(2)		3	(2)	
Robert Ismael Ergas Moreno (URU)	15.01.1998				5		
Wilson Gabriel Ibarrola Caballero	02.07.1996	3			1	(1)	
José Alfredo Leguizamón Ortega	23.08.1991	10	(3)				
Sergio Andrés Otálvaro Botero (COL)	10.12.1986	16			7	(2)	
Diego Fabián Polenta Museti (URU)	06.02.1992	6			14		1
Carlos Adalberto Rolón Ibarra	30.06.1992	10			4	(4)	
Miguel Angel Ramón Samudio	24.08.1986	1					
Midfielders:							
Hernesto Caballero Benítez	09.04.1991	5	(1)				
Nestor Abraham Camacho Ledesma	15.10.1987	13	(7)	9	4	(9)	2
Willian Benito Candia Garay	27.03.1993	4	(6)	1	2	(3)	
Nicolás Mario Domingo (ARG)	08.04.1985	15	(3)	1	2	(3)	
Hugo Francisco Fernández	02.12.1997	7	(5)	3			
Braian Óscar Ojeda Rodríguez	27.06.2000	1	(2)		6	(4)	
Richard Ortíz Bustos	22.05.1990	14		2	9	(1)	1
Jorge Eduardo Recalde Ramírez	08.05.1992	5	(5)	7	13		9
Jorge Luis Rojas Meza	07.01.1993	11	(4)	1	1		
Juan Rodrigo Rojas Ovelar	09.04.1988	11	(2)	2	13		
Alejandro Daniel Silva González (URU)	04.09.1989	13	(4)	3	11		3
Diego Joel Torres Garcete	14.10.2002		(1)		8		2
Iván Arturo Torres Riveros	27.02.1991	15			8	(2)	1
Forwards:							
Emmanuel Adebayor (TOG)	26.02.1984	1	(1)				
Diego Ariel Duarte Gárcete	08.04.2002	1			1	(2)	
Derlis Alberto González Galeano	20.03.1994	11	(1)	7	2	(1)	
Erik Nicolás López Samaniego	27.11.2001		(1)				
Brian Guillermo Montenegro Martínez	10.06.1993	8	(4)	3		(2)	
Jorge Miguel Ortega Salinas	16.04.1991		(3)				
Isidro Miguel Pitta Saldívar	14.08.1999				1	(3)	1
Roque Luis Santa Cruz Cantero	16.08.1981	10	(7)	10	10		7

Tabaré Uruguay Viudez Mora (URU)	08.09.1989	2	(2)
Trainer:			
Daniel Oscar Garnero (ARG) [13.12.2017-25.10.2020; Sacked]	01.04.1969	22	2
Enrique Landaida [26.10.-11.11.2020; Caretaker]	19.09.1974		3
Néstor Raúl Gorosito (AREG) [from 11.11.2020]	14.05.1964		9

CLUB RIVER PLATE ASUNCIÓN

Foundation date: January 15, 1911
Address: Barrio Mburicaó, Asunción
Stadium: Estadio River Plate, Asunción – Capacity: 6,500

THE SQUAD

	DOB	Ape M	(s)	G	Cla M	(s)	G
Goalkeepers:							
Osvaldo Ramón Cabral (ARG)	04.06.1985	2					
Pablo Martín Gavilán Fernández	18.07.1989	20			11		1
Defenders:							
Rodrigo Alborno Ortega	12.08.1993	7	(2)	1	6		
Darío Jorge Cáceres Ovelar	26.01.1998	1			1	(1)	
Nicolas Dure		2					
Richard Ernesto Fernández Rodríguez (URU)	29.09.1996	17			8		
Gustavo Antonio Giménez Báez	19.06.1987	22			8	(1)	
Matías David Maidana (ARG)	09.03.1987	6			3		
Carlos Montiel Cañiza	08.02.1994	7					
José Luis Moreno Peña (COL)	22.10.1996				4		1
Jorge Rodrigo Paredes	23.04.1985				3		1
Álvaro Daniel Pereira Barragán (URU)	28.11.1985	3					
Richard Adrián Salinas Benítez	06.02.1988	7	(1)		8		
Midfielders:							
Emiliano Germán Agüero (ARG)	21.01.1995	6	(2)	1	6		
Diego Fabián Barreto Lara	31.05.1993	1	(2)		1	(1)	
Alberto Cirilo Contrera Jiménez	14.02.1992	7	(9)	1	6	(1)	1
Walter Gabriel Gaona Salinas	14.06.2002		(2)				
Juan José Gauto Cáceres	29.04.1994	5	(3)				
Alex Jonathan González Benjamin	19.06.1997	1	(2)				
Marcelo Sebastián González Cabral	27.05.1996	20		4	6	(3)	1
Jorge Daniel Núñez Giménez	16.08.1995	6	(2)	1	1	(2)	
Francisco Ramón Parra Benítez	07.12.1991	4	(7)			(1)	
Aldo Emmanuel Quiñónez Ayala	08.02.1991	12			9		
Mario Arsenio Saldívar Rijas	12.09.1990	13			4	(2)	
Cristian Gustavo Sosa Ledesma	08.08.1987	9	(4)		2	(2)	
Ramón Sosa Acosta	31.08.1999	14	(5)	2	10		2
Silvio Gabriel Torales Giménez	23.09.1991	14	(3)	3	6	(1)	
Rodrigo Francisco Vera Encina	23.11.1995	2	(2)		2	(1)	
Forwards:							
Juan Luis Anangonó León (ECU)	13.04.1989				1	(2)	
Francisco Vidal Bareiro Muñoz	21.11.1999	3	(4)	1	1	(1)	
Epifanio Ariel García Duarte	02.07.1992	3	(3)	1		(4)	
Óscar Guillermo Giménez	26.04.1990	2	(1)				
Dionisio Ismael Pérez Mambreani	13.08.1986	15	(2)	5	10		2
Marco Antonio Prieto	07.11.1985	5	(1)	2	1	(1)	

Robin Ariel Ramírez González	11.11.1989	4	(4)	1		(4)	
Juan Aníbal Roa	26.09.1992	2	(1)				
Alexis Ricardo Rojas Villalba	08.10.1996				3	(4)	1

Trainer:

Marcelo Philipp (ARG) 11.01.1969 6
[03.10.2019-03.03.2020; Sacked]
Celso Rafael Ayala Gavilán 20.08.1970 16 2
[04.03.-27.10.2020; Sacked]
Carlos Aitor García Sanz (ESP) 14.02.1984 7
[27.10.-08.12.2020; Sacked]
Ariel Galeano [from 08.12.2020] 07.09.1996 2

CLUB SPORTIVO SAN LORENZO

Foundation date: April 17, 1930
Address: Rua General Genes y Ruta International, San Lorenzo
Stadium: Estadio "Gunther Vogel", San Lorenzo – Capacity: 5,000

THE SQUAD

	DOB	Ape M	(s)	G	Cla M	(s)	G
Goalkeepers:							
Orlando David Gill Noldin	11.06.2000	2					
Wilson Daniel Quiñonez Amarilla	04.09.1988	20			11		
Defenders:							
Jorge Manuel Balbuena Carreras	07.06.1993	10			6		
Luis Fernando Cáceres Maciel	17.01.1996	14			10		1
Andrés Daniel Duarte Pereira jr.	05.01.1996	9					
Alexis Fernández	16.08.1997	1					
Orlando Israel Gallardo Noguera	27.06.1994	14			7		
Victor Alejandro González Vega	11.01.1984	11			4		
Mario Otazú	05.07.1996	3	(2)		5		
Teodoro Paul Paredes Pavón	01.04.1993				4		
Rodney Miguel Pedrozo	05.09.1993				3		
Nelson Ramón Ruiz Giménez	27.12.1991	21		1	6		
Isidro Ismael Saldivar Romero	26.04.1996	5					
Cristian Damián Trombetta (ARG)	15.10.1986				3		
Midfielders:							
Ignacio Daniel Miño Benítez	18.04.1992	16		1	10		2
Blas Daniel Ortigoza Torales	09.08.2000		(2)				
Derlis Ricardo Orué Acevedo	02.01.1989		(4)		1	(6)	
Jorge Martín Salinas Martínez	06.05.1992	14	(3)	2			
Jordan Federico Santacruz Rodas	14.12.1995	15			11		2
Santiago Ezequiel Vera (ARG)	12.12.1998	1	(7)	1	2	(2)	
Gustavo Agustín Viera Velázquez	28.08.1995	11	(5)	1	1	(3)	
Forwards:							
Ronald Alexis Acuña Giménez	25.05.1993					(1)	
Luis Miguel Barrios Medina	25.05.1999				1	(1)	1
Feliciano Brizuela Baez	17.07.1996	13	(5)	1	4	(2)	
Alex Albino Cáceres Méndez	01.02.1996	16	(3)	6	4	(1)	
Fernando Roberto Escobar Rodríguez	17.12.1997	2	(2)				
Sebastián Mauricio Fernández Presa (URU)	15.11.1989	5	(3)		1	(2)	
Martín José Giménez (ARG)	17.08.1991				2	(3)	
Carlos Javier González Ozuna	18.10.1988	7	(4)				

Rogério Luis Leichtweis	28.06.1988	6	(6)	3	1	(4)	
Pablo Daniel Martínez Morales	30.11.1996	1	(2)			(1)	
Carlos Gabriel Ripoll Espínola	08.10.1999	1	(2)		1	(1)	
Juan Manuel Salgueiro Silva (URU)	03.04.1983	13	(4)	2	8	(2)	3
Santiago Gabriel Salcedo González	06.09.1981				9	(1)	3
Richard Daniel Salinas	06.06.1995				4	(1)	1
Willian Ramón Santander Alderete	29.12.1989	6	(3)		2	(1)	
Alejandro Daniel Toledo (ARG)	16.05.1990	5	(8)				

Trainer:

Sergio Daniel Órteman Rodríguez (URU) [15.02.2017-27.07.2020]	29.09.1978	10
Cristian Martínez Medina [28.07.-16.09.2020;Sacked]	16.05.1983	12
Roberto Ismael Torres Baez [from 01.10.2020]	06.04.1972	11

CLUB SOL DE AMÉRICA ASUNCIÓN

Foundation date: February 22, 1909
Address: Avenida 5ta y Antequera, Barrio Villa Elisa, Asunción
Stadium: Estadio „Luis Alfonso Giagni", Asunción – Capacity: 5,000

THE SQUAD

	DOB	Ape			Cla		
		M	(s)	G	M	(s)	G
Goalkeepers:							
Víctor Hugo Centurión Miranda	24.02.1986	17					
Rubén Escobar Fernández	06.02.1991				13		
Luis Hernán Franco Fariña	10.04.1999	5					
Defenders:							
Federico Acuña Cabrera	23.03.1985	1	(1)				
Facundo Cobos (ARG)	19.02.1993	16			5	(1)	
Mathias Corujo Díaz (URU)	08.05.1986	5	(5)				
Marcelo Molinas	05.05.2001	1					
Gustavo David Noguera Domínguez	07.11.1987				9	(2)	
Milciades Portillo Castro	21.02.1992	16	(1)	1	10	(1)	1
Miguel Angel Ramón Samudio	24.08.1986				7	(1)	1
Héctor Antonio Urrego Hurtado (COL)	10.11.1992				3		
Adrián Fernando Vargas García	24.02.1998	3	(1)				
Gustavo Alberto Velázquez Núñez	17.12.1987	1			5	(1)	
Iván Emilio Villalba Chamorro	19.01.1995	18		1	7	(2)	
Midfielders:							
Juan José Aguilar Orzusa	24.06.1989	10					
Juan Ramón Cáceres López	30.03.2002	1	(2)		2		1
José María Canale Domínguez	20.07.1996	12	(2)	1	8		1
Iván Javier Cazal Báez	22.03.1999	14	(3)		4		1
Fernando Espínola	23.06.2000				1		
Edgar Ramón Ferreira Gallas	31.08.1987	10	(2)		6	(4)	
Richard Darío Franco Escobar	16.07.1992				7	(1)	2
Federico Jourdan (ARG)	13.01.1991	12	(7)	2	1	(1)	
Hernán Novick Rattich (URU)	13.12.1988	17	(2)	4			
Luis Ortíz Gamarra	30.01.2000		(1)				
Matías Gabriel Pardo (ARG)	07.04.1995	17	(1)	2	9		1
Tomás Iván Rojas Goméz	17.03.1997	8	(8)	1	1	(6)	
Santiago Úbeda (ARG)	06.04.1996				3	(3)	
Diego Gabriel Váldez Samudio	14.11.1993	11	(5)	4	12		2

458

Aldo Anibal Vera Grance	15.09.1987	20	(1)				
Forwards:							
Jorge Daniel Benítez Guillen	02.09.1992				4	(2)	2
Guido Manuel Chávez Centurión	09.05.1998		(1)				
Cristian Gabriel Esparza (ARG)	30.01.1993				10		3
Osias Renatto Fernández Álvarez	30.10.2001	1					
Jacson Mauricio Pita Mina (ECU)	08.12.1995	1	(6)	1	4	(2)	1
Rodrigo Ruiz Díaz	15.01.1999	2	(2)				
Gonzalo Alberto Verón (ARG)	24.12.1989				1		
Nildo Arturo Viera Recalde	20.03.1993	15	(1)	4	9	(2)	4
César Rodrigo Villagra Olmedo	27.12.1988	8	(11)	2	2	(7)	2
Trainer:							
Pablo Daniel Escobar Olivetti (BOL) [28.08.2019-02.02.2020]	12.07.1978	3					
Luis Alberto Islas Ranieri (ARG) [03.02.-28.07.2020; Sacked]	22.12.1965	6					
Sergio Daniel Ortemán Rodríguez (URU) [28.07.-08.12.2020; Sacked]	29.09.1978	13			9		
Celso Rafael Ayala Gavilán [from 08.12.2020]	20.08.1970				4		

CLUB SPORTIVO LUQUEÑO

Foundation date: May 1, 1921
Address: Avenida Sportivo Luqueño y Gaspar R. de Francia, Barrio Tercer, Luque
Stadium: Estadio „Feliciano Cáceres", Luque – Capacity: 25,000

THE SQUAD							
	DOB	Ape			Cla		
		M	(s)	G	M	(s)	G
Goalkeepers:							
Dante Nicolás Campisi (ARG)	29.10.1996	10			8		
Alejandro Christoph Duarte Preus (PER)	05.04.1994				3		
Rubén Escobar Fernández	06.02.1991	12					
Defenders:							
Wildo Javier Alonso Jara	30.07.1990	5					
Hugo Aquino	04.04.1993				7	(1)	
Joel Sebastián Aquino Moreno	10.10.2001	3			4		
Emigdio Sebastián Bobadilla Colmán	17.02.1999	1					
Richard Ariel Cabrera Aveiro	30.05.1995	16		1	8		
Andrés Daniel Duarte Pereira jr.	05.01.1996				8		
Eduardo Daniel Duarte González	21.03.1994	5					
Aníbal Enrique Gómez Sánchez	05.04.1997	8	(1)				
Roberto Carlos Hernández Rodríguez (URU)	20.03.1994					(1)	
Paulo Fabián Lima Simoes (URU)	20.01.1992	17					
Oscar Vidal Noguera Urquhart	24.08.1989	6			11		
Juan Miguel Ojeda Gauto	04.04.1998	3	(2)		6		
Jorge Rodrigo Paredes	23.04.1985	3	(2)				
Midfielders:							
Franco Ezequiel Aragón (ARG)	04.05.1994	6	(4)				
Juan David Argüello Arias	28.09.1991		(1)				
Fernando Benítez Aguirre	04.06.1999	3	(8)			(1)	
Blas Yamil Díaz Silva	03.02.1991	19		2	7	(3)	2
Javier Domínguez	26.05.2000				6	(4)	
Marcos de Jesús Duré Cantero	18.02.1991	6	(3)		7	(1)	

Diego Agustín Fernández Servín	02.09.2002	1	(3)			(1)	
Luís Enrique Ibarra Recalde	04.01.1999	2					
Fernando Martínez Rojas	13.05.1994	12	(2)		3	(1)	
Jorge Daniel Nuñez Giménez	16.08.1995		(1)				
Walter Pablo Ortíz (ARG)	04.07.1991	11	(2)	1			
Aldo Emmanuel Quiñónez Ayala	08.02.1991	7		1			
Marcos Antonio Riveros Krayacich	04.09.1988	11	(1)		2	(1)	
Ariel Schwartzman Cardona	03.01.1998	6	(2)	1			
Valdeci Moreira da Silva (BRA)	26.03.1995	7	(5)	2	4	(6)	1
Aldo Aníbal Vera Grance	15.09.1987				11		1
Víctor Vidal Villalba Insfrán	20.08.1998	1	(1)				

Forwards:

Blas Esteban Armoa Núñez	03.02.2000	8		1			
Luis Nery Caballero Chamorro	22.04.1990	1	(4)		1		
Orlando Gabriel Gaona Lugo	25.07.1990	14	(1)	2	8		2
Óscar Guillermo Giménez	26.04.1990				1	(4)	1
Carlos Javier González Ozuna	18.10.1988				7	(2)	
Elias Damian Meza Huespe	31.07.1997		(2)				
Emanuel Morales	14.08.1996				1	(6)	1
Yeiber Murillo Gamboa (VEN)	23.04.1998	7	(2)	3			
Jorge Miguel Ortega Salinas	16.04.1991				8		4
Cristian David Paredes Orquiola	14.07.1990	6	(8)	1			
Marcelo de la Cruz Pérez Mosqueira	23.03.2001	2	(1)				
Isidro Miguel Pitta Saldívar	14.08.1999	16		7			
Kevin Steven Serna Jaramillo (COL)	17.12.1997	7	(9)				
Mauricio Alejandro Tévez (ARG)	31.07.1996					(1)	

Trainer:

Celso Rafael Ayala Gavilán [08.10.2019-03.03.2020; Sacked]	20.08.1970	7		
Hernán Rodrigo López Mora (URU) [04.03.-17.09.2020; Resigned]	21.01.1978	12		
Carlos Humberto Paredes Monges [17.09.-20.11.2020; Sacked]	16.071.976	3	6	
Luis Fernando Escobar Zelaya [from 20.11.2020]	25.04.1975		5	

SECOND LEVEL
División Intermedia 2020

All lower level league championships were cancelled due to COVID-19 pandemic.

**NATIONAL TEAM
INTERNATIONAL MATCHES
(16.07.2020 – 15.07.2021)**

08.10.2020	*Asunción*	*Paraguay - Peru*	*2-2(0-0)*	*(WCQ)*
13.10.2020	*Mérida*	*Venezuela - Paraguay*	*0-1(0-0)*	*(WCQ)*
12.11.2020	*Buenos Aires*	*Argentina - Paraguay*	*1-1(1-1)*	*(WCQ)*
17.11.2020	*Asunción*	*Paraguay - Bolivia*	*2-2(1-2)*	*(WCQ)*
03.06.2021	*Montevideo*	*Uruguay - Paraguay*	*0-0*	*(WCQ)*
08.06.2021	*Asunción*	*Paraguay - Brazil*	*0-2(0-1)*	*(WCQ)*
14.06.2021	*Goiânia*	*Paraguay - Bolivia*	*3-1(0-1)*	*(CA)*
21.06.2021	*Brasília*	*Argentina - Paraguay*	*1-0(1-0)*	*(CA)*
24.06.2021	*Brasília*	*Chile - Paraguay*	*0-2(0-1)*	*(CA)*
28.06.2021	*Rio de Janeiro*	*Uruguay - Paraguay*	*1-0(1-0)*	*(CA)*
02.07.2021	*Goiânia*	*Peru - Paraguay*	*3-3 aet; 4-3 pen*	*(CA)*

08.10.2020, 22nd FIFA World Cup, Qualifiers
Estadio Defensores del Chaco, Asunción; Attendance: 0
Referee: Néstor Fabián Pitana (Argentina)
PARAGUAY - PERU   **2-2(0-0)**
PAR: Roberto Júnior Fernández Torres (17/0), Gustavo Raúl Gómez Portillo (42/3), Alberto Espínola Giménez (1/0), Júnior Osmar Ignacio Alonso Mujica (29/1), Blás Miguel Riveros Galeano (8/0), Gastón Claudio Giménez (1/0) [81.Celso Fabián Ortíz Gamarra (22/0)], Miguel Ángel Almirón Rejala (27/2) [90+7.Arnaldo Antonio Sanabria Ayala (18/1)], Adrián Andrés Cubas (2/0) [62.Richard Rafael Sánchez Guerrero (13/1)], Mathías Adalberto Villasanti Rolón (5/0), Hernán Arsenio Pérez González (37/2) [63.Ángel Rodrigo Romero Villamayor (21/4)], Darío Lezcano Mendoza (18/4) [63.Raúl Marcelo Bobadilla (11/0)]. Trainer: Manuel Eduardo Berizzo Magnolo (Argentina, 15).
Goals: Ángel Rodrigo Romero Villamayor (66, 81).

13.10.2020, 22nd FIFA World Cup, Qualifiers
Estadio Metropolitano de Mérida, Mérida; Attendance: 0
Referee: Andrés José Rojas Noguera (Colombia)
VENEZUELA - PARAGUAY   **0-1(0-0)**
PAR: Antony Domingo Silva Cano (30/0), Gustavo Raúl Gómez Portillo (43/3), Alberto Espínola Giménez (2/0), Júnior Osmar Ignacio Alonso Mujica (30/1), Blás Miguel Riveros Galeano (9/0) [90+3.Omar Federico Alderete Fernández (2/0)], Gastón Claudio Giménez (2/1), Miguel Ángel Almirón Rejala (28/2) [90+2.Robert Samuel Rojas Chávez (4/1)], Adrián Andrés Cubas (3/0) [77.Ángel Rodrigo Cardozo Lucena (2/0)], Mathías Adalberto Villasanti Rolón (6/0), Darío Lezcano Mendoza (19/4) [76.Arnaldo Antonio Sanabria Ayala (19/1)], Ángel Rodrigo Romero Villamayor (22/4) [87.Fabián Cornelio Balbuena González (15/0)]. Trainer: Manuel Eduardo Berizzo Magnolo (Argentina, 16).
Goal: Gastón Claudio Giménez (85).

461

12.11.2020, 22nd FIFA World Cup, Qualifiers
Estadio "Alberto J. Armando", Buenos Aires; Attendance: 0
Referee: Raphael Claus (Brazil)
ARGENTINA - PARAGUAY   1-1(1-1)
PAR: Antony Domingo Silva Cano (31/0), Gustavo Raúl Gómez Portillo (44/3), Fabián Cornelio Balbuena González (16/0), Júnior Osmar Ignacio Alonso Mujica (31/1), Robert Samuel Rojas Chávez (5/1), Gastón Claudio Giménez (3/1) [86.Juan Rodrigo Rojas Ovelar (28/0)], Miguel Ángel Almirón Rejala (29/2) [90+2.Omar Federico Alderete Fernández (3/0)], Ángel Rodrigo Cardozo Lucena (3/0), Mathías Adalberto Villasanti Rolón (7/0) [74.Jorge Emanuel Morel Barrios (4/0)], Darío Lezcano Mendoza (20/4) [74.Hernán Arsenio Pérez González (38/2)], Ángel Rodrigo Romero Villamayor (23/5) [86.Arnaldo Antonio Sanabria Ayala (20/1)]. Trainer: Manuel Eduardo Berizzo Magnolo (Argentina, 17).
Goal: Ángel Rodrigo Romero Villamayor (21 penalty).

17.11.2020, 22nd FIFA World Cup, Qualifiers
Estadio Defensores del Chaco, Asunción; Attendance: 0
Referee: Alexis Adrián Herrera Hernández (Venezuela)
PARAGUAY - BOLIVIA   2-2(1-2)
PAR: Antony Domingo Silva Cano (32/0), Gustavo Raúl Gómez Portillo (45/3), Fabián Cornelio Balbuena González (17/0), Alberto Espínola Giménez (3/0) [62.Hernán Arsenio Pérez González (39/2)], Júnior Osmar Ignacio Alonso Mujica (32/1) [62.Matías Nicolás Rojas Romero (8/0)], Óscar David Romero Villamayor (46/4), Gastón Claudio Giménez (4/1) [83.Mathías Adalberto Villasanti Rolón (8/0)], Ángel Rodrigo Cardozo Lucena (4/0) [58.Alejandro Sebastián Romero Gamarra (6/3)], Richard Rafael Sánchez Guerrero (14/1), Ángel Rodrigo Romero Villamayor (24/6), Arnaldo Antonio Sanabria Ayala (21/1). Trainer: Manuel Eduardo Berizzo Magnolo (Argentina, 18).
Goals: Ángel Rodrigo Romero Villamayor (19 penalty), Alejandro Sebastián Romero Gamarra (72).

03.06.2021, 22nd FIFA World Cup, Qualifiers
Estadio Centenario, Montevideo; Attendance: 0
Referee: Wilmar Alexander Roldán Pérez (Colombia)
URUGUAY - PARAGUAY   0-0
PAR: Antony Domingo Silva Cano (33/0), Gustavo Raúl Gómez Portillo (46/3), Fabián Cornelio Balbuena González (18/0), Omar Federico Alderete Fernández (4/0), Robert Samuel Rojas Chávez (6/1), Óscar David Romero Villamayor (47/4) [67.Santiago Arzamendia Duarte (9/0)], Gastón Claudio Giménez (5/1), Miguel Ángel Almirón Rejala (30/2) [90.Gabriel Ávalos Stumpfs (1/0)], Ángel Rodrigo Cardozo Lucena (5/0) [68.Richard Rafael Sánchez Guerrero (15/1)], Mathías Adalberto Villasanti Rolón (9/0), Ángel Rodrigo Romero Villamayor (25/6) [79.Antonio Bareiro Álvarez (5/1)]. Trainer: Manuel Eduardo Berizzo Magnolo (Argentina, 19).

08.06.2021, 22nd FIFA World Cup, Qualifiers
Estadio Defensores del Chaco, Asunción; Attendance: 0
Referee: Patricio Loustau (Argentina)
PARAGUAY - BRAZIL   0-2(0-1)
PAR: Antony Domingo Silva Cano (34/0), Gustavo Raúl Gómez Portillo (47/3), Júnior Osmar Ignacio Alonso Mujica (33/1), Omar Federico Alderete Fernández (5/0), Santiago Arzamendia Duarte (10/0), Robert Samuel Rojas Chávez (7/1) [86.Alberto Espínola Giménez (4/0)], Gastón Claudio Giménez (6/1) [61.Gabriel Ávalos Stumpfs (2/0)], Miguel Ángel Almirón Rejala (31/2), Ángel Rodrigo Cardozo Lucena (6/0) [80.Antonio Bareiro Álvarez (6/1)], Mathías Adalberto Villasanti Rolón (10/0) [73.Óscar David Romero Villamayor (48/4)], Ángel Rodrigo Romero Villamayor (26/6) [80.Braian José Samudio Segovia (5/0)]. Trainer: Manuel Eduardo Berizzo Magnolo (Argentina, 20).

14.06.2021, 47th Copa América, Group Stage
Estádio Olímpico "Pedro Ludovico", Goiânia (Brazil); Attendance: 0
Referee: Diego Mirko Haro Sueldo (Peru)
PARAGUAY - BOLIVIA **3-1(0-1)**
PAR: Antony Domingo Silva Cano (35/0), Gustavo Raúl Gómez Portillo (48/3), Alberto Espínola Giménez (5/0), Júnior Osmar Ignacio Alonso Mujica (34/1), Santiago Arzamendia Duarte (11/0) [74.Hugo Javier Martínez Cantero (1/0)], Robert Ayrton Piris Da Motta Mendoza (7/0) [58.Carlos Gabriel González Espínola (2/0)], Miguel Ángel Almirón Rejala (32/2), Alejandro Sebastián Romero Gamarra (7/4) [87.Adrián Andrés Cubas (4/0)], Mathías Adalberto Villasanti Rolón (11/0) [46.Richard Rafael Sánchez Guerrero (16/1)], Ángel Rodrigo Romero Villamayor (27/8), Gabriel Ávalos Stumpfs (3/0) [87.Julio César Enciso Espínola (1/0)]. Trainer: Manuel Eduardo Berizzo Magnolo (Argentina, 21).
Goals: Alejandro Sebastián Romero Gamarra (62), Ángel Rodrigo Romero Villamayor (65, 80).

21.06.2021, 47th Copa América, Group Stage
Estádio Nacional "Mané Garrincha", Brasília (Brazil); Attendance: 0
Referee: Jesús Noel Valenzuela Sáez (Venezuela)
ARGENTINA - PARAGUAY **1-0(1-0)**
PAR: Antony Domingo Silva Cano (36/0), Gustavo Raúl Gómez Portillo (49/3), Alberto Espínola Giménez (6/0), Júnior Osmar Ignacio Alonso Mujica (35/1), Santiago Arzamendia Duarte (12/0), Robert Ayrton Piris Da Motta Mendoza (8/0) [82.Richard Rafael Sánchez Guerrero (17/1)], Miguel Ángel Almirón Rejala (33/2), Alejandro Sebastián Romero Gamarra (8/4) [66.Óscar David Romero Villamayor (49/4)], Adrián Andrés Cubas (5/0) [66.Ángel Rodrigo Cardozo Lucena (7/0)], Ángel Rodrigo Romero Villamayor (28/8) [87.Carlos Gabriel González Espínola (3/0)], Gabriel Ávalos Stumpfs (4/0) [87.Braian José Samudio Segovia (6/0)]. Trainer: Manuel Eduardo Berizzo Magnolo (Argentina, 22).

24.06.2021, 47th Copa América, Group Stage
Estádio Nacional "Mané Garrincha", Brasília (Brazil); Attendance: 0
Referee: Wilmar Alexander Roldán Pérez (Colombia)
CHILE - PARAGUAY **0-2(0-1)**
PAR: Antony Domingo Silva Cano (37/0), Gustavo Raúl Gómez Portillo (50/3), Alberto Espínola Giménez (7/0), Júnior Osmar Ignacio Alonso Mujica (36/1), Hugo Javier Martínez Cantero (2/0), Santiago Arzamendia Duarte (13/0) [84.Omar Federico Alderete Fernández (6/0)], Miguel Ángel Almirón Rejala (34/3) [77.Antonio Bareiro Álvarez (7/1)], Ángel Rodrigo Cardozo Lucena (8/0) [84.Gastón Claudio Giménez (7/1)], Mathías Adalberto Villasanti Rolón (12/0), Carlos Gabriel González Espínola (4/0) [77.Óscar David Romero Villamayor (50/4)], Braian José Samudio Segovia (7/1) [62.Ángel Rodrigo Romero Villamayor (29/8)]. Trainer: Manuel Eduardo Berizzo Magnolo (Argentina, 23).
Goals: Braian José Samudio Segovia (33), Miguel Ángel Almirón Rejala (58 penalty).

28.06.2021, 47th Copa América, Group Stage
Estádio Olímpico "Nilton Santos", Rio de Janeiro (Brazil); Attendance: 0
Referee: Raphael Claus (Brazil)
URUGUAY - PARAGUAY **1-0(1-0)**
PAR: Antony Domingo Silva Cano (38/0), Alberto Espínola Giménez (8/0) [57.Hugo Javier Martínez Cantero (3/0)], Júnior Osmar Ignacio Alonso Mujica (37/1), Omar Federico Alderete Fernández (7/0), Robert Samuel Rojas Chávez (8/1), Gastón Claudio Giménez (8/1) [74.Richard Rafael Sánchez Guerrero (18/1)], Miguel Ángel Almirón Rejala (35/3) [33.Óscar David Romero Villamayor (51/4)], Mathías Adalberto Villasanti Rolón (13/0), Ángel Rodrigo Romero Villamayor (30/8), Gabriel Ávalos Stumpfs (5/0) [57.Carlos Gabriel González Espínola (5/0)], Braian José Samudio Segovia (8/1) [73.Adrián Andrés Cubas (6/0)]. Trainer: Manuel Eduardo Berizzo Magnolo (Argentina, 24).

02.07.2021, 47th Copa América, Quarter-Finals
Estádio Olímpico "Pedro Ludovico", Goiânia (Brazil); Attendance: 0
Referee: Esteban Daniel Ostojich Vega (Uruguay)
PERU - PARAGUAY 3-3(2-1,3-3,3-3); 4-3 on penalties
PAR: Antony Domingo Silva Cano (39/0), Gustavo Raúl Gómez Portillo (51/4) [*sent off 45+3*], Alberto Espínola Giménez (9/0), Júnior Osmar Ignacio Alonso Mujica (38/2), Hugo Javier Martínez Cantero (4/0), Santiago Arzamendia Duarte (14/0) [83.Julio César Enciso Espínola (2/0)], Ángel Rodrigo Cardozo Lucena (9/0) [46.Robert Samuel Rojas Chávez (9/1)], Mathías Adalberto Villasanti Rolón (14/0) [79.Robert Ayrton Piris Da Motta Mendoza (9/0)], Richard Rafael Sánchez Guerrero (19/1) [83.Gabriel Ávalos Stumpfs (6/1)], Ángel Rodrigo Romero Villamayor (31/8), Carlos Gabriel González Espínola (6/0) [68.Braian José Samudio Segovia (9/1)]. Trainer: Manuel Eduardo Berizzo Magnolo (Argentina, 25).
Goals: Gustavo Raúl Gómez Portillo (11), Júnior Osmar Ignacio Alonso Mujica (54), Gabriel Ávalos Stumpfs (90).
Penalties: Ángel Rodrigo Romero Villamayor, Júnior Osmar Ignacio Alonso Mujica, Hugo Javier Martínez Cantero (missed), Braian José Samudio Segovia (missed), Robert Ayrton Piris Da Motta Mendoza, Alberto Espínola Giménez (saved).

NATIONAL TEAM PLAYERS 2020/2021			
Name	DOB	Caps	Goals
[Club 2020/2021]			

(Caps and goals at 15.07.2021)

Goalkeepers

Roberto Junior FERNÁNDEZ Torres	29.03.1988	17	0
[2020: Botafogo FR Rio de Janeiro (BRA)]			
Antony Domingo SILVA Cano	27.02.1984	39	0
[2020: Club Nacional Asunción; 01.01.2021-> Club Puebla (MEX)]			

Defenders

Omar Federico ALDERETE Fernández	26.12.1996	7	0
[2020/2021:Hertha BSC Berlin (GER)]			
Júnior Osmar Ignacio ALONSO Mujica	09.02.1993	38	2
[2020/2021: Clube Atlético Mineiro Belo Horizonte (BRA)]			
Santiago ARZAMENDIA Duarte	05.05.1998	14	0
[2021: Club Cerro Porteño Asunción]			
Fabián Cornelio BALBUENA González	23.08.1991	18	0
[2020/2021: West Ham United FC London (ENG)]			
Alberto ESPÍNOLA Giménez	08.02.1991	9	0
[2020/2021: Club Cerro Porteño Asunción]			
Gustavo Raúl GÓMEZ Portillo	06.05.1993	51	4
[2020/2021: SE Palmeiras São Paulo (BRA)]			
Blás Miguel RIVEROS Galeano	03.02.1998	9	0
[2020: Brøndby IF (DEN)]			
Robert Samuel ROJAS Chávez	30.04.1996	9	1
[2020/2021: CA River Plate Buenos Aires (ARG)]			

Midfielders

Miguel Ángel ALMIRÓN Rejala	13.11.1993	35	3
[2020/2021: Newcastle United FC (ENG)]			
Ángel Rodrigo CARDOZO Lucena	19.10.1994	9	0
[2020/2021: Club Cerro Porteño Asunción]			
Adrián Andrés CUBAS	22.05.1996	6	0
[2020/2021: Nîmes Olympique (FRA)]			
Gastón Claudio GIMÉNEZ	27.07.1991	8	1
[2020/2021: Chicago Fire FC (USA)]			
Hugo Javier MARTÍNEZ Cantero	27.04.2000	4	0
[2021: Club Libertad Asunción]			
Jorge Emanuel MOREL Barrios	22.01.1998	4	0
[2020: Club Guaraní Asunción]			
Celso Fabián ORTÍZ Gamarra	26.01.1989	22	0
[2020: CF Monterrey (MEX)]			
Robert Ayrton PIRIS Da Motta Mendoza	26.07.1994	9	0
[2021: Gençlerbirliği SK Ankara (TUR)]			
Juan Rodrigo ROJAS Ovelar	09.04.1988	28	0
[2020: Club Olimpia Asunción]			
Matías Nicolás ROJAS Romero	03.11.1995	8	0
[2020: Racing Club de Avellaneda (ARG)]			
Alejandro Sebastián ROMERO Gamarra	11.01.1995	8	4
[2020: New York Red Bulls (USA); 01.02.2021-> Al-Taawon FC Buraidah (KSA)]			
Óscar David ROMERO Villamayor	04.07.1992	51	4
[2020/2021: CA San Lorenzo de Almagro (ARG)]			
Richard Rafael SÁNCHEZ Guerrero	29.03.1996	19	1
[2020/2021: CF América Ciudad de México (MEX)]			
Mathías Adalberto VILLASANTI Rolón	24.01.1997	14	0
[2020/2021: Club Cerro Porteño Asunción]			

Forwards			
Gabriel ÁVALOS Stumpfs *[2021: AA Argentinos Juniors Buenos Aires (ARG)]*	12.10.1990	6	1
Antonio BAREIRO Álvarez *[2021: Club Libertad Asunción]*	24.04.1989	7	1
Raúl Marcelo BOBADILLA *[2020: Club Guaraní Asunción]*	18.06.1987	11	0
Julio César ENCISO Espínola *[2021: Club Libertad Asunción]*	23.01.2004	2	0
Carlos Gabriel GONZÁLEZ Espínola *[2021: CF Tigres de la Universidad Autónoma de Nuevo León (MEX)]*	04.02.1993	6	0
Darío LEZCANO Mendoza *[2020: FC Juárez (MEX)]*	30.06.1990	20	4
Hernán Arsenio PÉREZ González *[2020: Al Ahli SC Doha (QAT)]*	25.02.1989	39	2
Ángel Rodrigo ROMERO Villamayor *[2020/2021: CA San Lorenzo de Almagro (ARG)]*	04.07.1992	31	8
Braian José SAMUDIO Segovia *[2021: Çaykur Rizespor Kulübü (TUR)]*	23.12.1995	9	1
Arnaldo Antonio SANABRIA Ayala *[2020: Real Betis Balompié Sevilla (ESP)]*	04.03.1996	21	1

National coach		
Manuel Eduardo BERIZZO Magnolo (Argentina) [from 18.02.2020/2021]	13.11.1969	25 M; 6 W; 11 D; 8 L; 28-29

PERU

The Country:
República del Perú (Republic of Peru)
Capital: Lima
Surface: 1,285,216 km²
Inhabitants: 32,824,358 [2020]
Time: UTC-5

The FA:
Federación Peruana de Fútbol
Avenida Aviación 2085, San Luis, Lima 30
Year of Formation: 1922
Member of FIFA since: 1924
Member of CONMEBOL since: 1925
Internet: www.fpf.com.pe

NATIONAL TEAM RECORDS
First international match: 01.11.1927, Lima: Peru – Uruguay 0-4
Most international caps: Roberto Carlos Palacios Mestas – 128 caps (1992-2012)
Most international goals: José Paolo Guerrero Gonzales – 38 goals / 104 caps (since 2004)

FIFA CONFEDERATIONS CUP 1992-2017
None

OLYMPIC FOOTBALL TOURNAMENTS 1908-2016

1908	Qualifiers	1948	Qualifiers	1972	Qualifiers	1996	Qualifiers
1912	Qualifiers	1952	Did not enter	1976	Qualifiers	2000	Qualifiers
1920	Qualifiers	1956	Qualifiers	1980	Qualifiers	2004	Qualifiers
1924	Qualifiers	1960	Group Stage	1984	Qualifiers	2008	Qualifiers
1928	Qualifiers	1964	Qualifiers	1988	Qualifiers	2012	Qualifiers
1936	Quarter-Finals	1968	Qualifiers	1992	Qualifiers	2016	Qualifiers

COPA AMÉRICA	
1916	Did not enter
1917	Did not enter
1919	Did not enter
1920	Did not enter
1921	Did not enter
1922	Did not enter
1923	Did not enter
1924	Did not enter
1925	Did not enter
1926	Did not enter
1927	3rd Place
1929	4th Place
1935	3rd Place
1937	6th Place
1939	**Winners**
1941	4th Place
1942	5th Place
1945	*Withdrew*
1946	*Withdrew*
1947	5th Place
1949	3rd Place
1953	5th Place
1955	3rd Place
1956	6th Place
1957	4th Place
1959	4th Place
1959E	Did not enter
1963	5th Place
1967	*Withdrew*
1975	**Winners**
1979	Semi-Finals
1983	Semi-Finals
1987	Group Stage
1989	Group Stage
1991	Group Stage
1993	Quarter-Finals
1995	Group Stage
1997	4th Place
1999	Quarter-Finals
2001	Quarter-Finals
2004	Quarter-Finals
2007	Quarter-Finals
2011	3rd Place
2015	3rd Place
2016	Quarter-Finals
2019	Runners-up
2021	4th Place

FIFA WORLD CUP	
1930	Final Tournament (Group Stage)
1934	*Withdrew*
1938	Qualifiers
1950	*Withdrew*
1954	*Withdrew*
1958	Qualifiers
1962	Qualifiers
1966	Qualifiers
1970	Final Tournament (Quarter-Finals)
1974	Qualifiers
1978	Final Tournament (2nd Round of 16)
1982	Final Tournament (Group Stage)
1986	Qualifiers
1990	Qualifiers
1994	Qualifiers
1998	Qualifiers
2002	Qualifiers
2006	Qualifiers
2010	Qualifiers
2014	Qualifiers
2018	Final Tounament (Group Stage)

PERUVIAN CLUB HONOURS IN SOUTH AMERICAN CLUB COMPETITIONS:

COPA LIBERTADORES 1960-2020
None

COPA SUDAMERICANA 2002-2020
Club Sportivo Cienciano Cuzco (2003)

RECOPA SUDAMERICANA 1989-2020
Club Sportivo Cienciano Cuzco (2004)

COPA CONMEBOL 1992-1999
None

SUPERCUP „JOÃO HAVELANGE" 1988-1997*
None

COPA MERCONORTE 1998-2001**
None

*Contested betwenn winners of all previous editions of the Copa Libertadores
**Contested between teams belonging countries from the northern part of South America (Bolivia, Colombia, Ecuador, Peru and Venezuela);

NATIONAL COMPETITIONS TABLE OF HONOURS

NATIONAL CHAMPIONS 1906-2020	
Liga Peruana	
1912	Lima Cricket and Football Club
1913	Jorge Chávez Nr. 1 Lima
1914	Lima Cricket and Football Club
1915	Sport José Galvez Lima
1916	Sport José Galvez Lima
1917	Sport Juan Bielovucic Lima
1918	Sport Alianza Lima[1]
1919	Sport Alianza Lima
1920	Sport Inca Lima
1921	Sport Progreso Lima
1922	No competition
1923	No competition
1924	No competition
1925	No competition
Amateur Era Championship	
1926	Sport Progreso Lima
1927	Club Alianza Lima
1928	Club Alianza Lima
1929	Federación Universitaria Lima[2]
1930	Club Atlético Chalaco Callao
1931	Club Alianza Lima
1932	Club Alianza Lima
1933	Club Alianza Lima
1934	Club Universitario de Deportes Lima
1935	Sport Boys Association Callao
1936	No competition
1937	Sport Boys Association Callao

469

Year	Champion
1938	Club Centro Deportivo Municipal Lima
1939	Club Universitario de Deportes Lima
1940	Club Centro Deportivo Municipal Lima
1941	Club Universitario de Deportes Lima
1942	Sport Boys Association Callao
1943	Club Centro Deportivo Municipal Lima
1944	Mariscal Sucre FC Lima
1945	Club Universitario de Deportes Lima
1946	Club Universitario de Deportes Lima
1947	Club Atlético Chalaco Callao
1948	Club Alianza Lima
1949	Club Universitario de Deportes Lima
1950	Club Centro Deportivo Municipal Lima
Lima & Callao League	
1951	Sport Boys Association Callao
1952	Club Alianza Lima
1953	Mariscal Sucre FC Lima
1954	Club Alianza Lima
1955	Club Alianza Lima
1956	Club Sporting Cristal Lima
1957	Club Centro Iqueño Lima
1958	Sport Boys Association Callao
1959	Club Universitario de Deportes Lima
1960	Club Universitario de Deportes Lima
1961	Club Sporting Cristal Lima
1962	Club Alianza Lima
1963	Club Alianza Lima
1964	Club Universitario de Deportes Lima
1965	Club Alianza Lima
Professional (Descentralizado) Era Championship	
1966	Club Universitario de Deportes Lima
1967	Club Universitario de Deportes Lima
1968	Club Sporting Cristal Lima
1969	Club Universitario de Deportes Lima
1970	Club Sporting Cristal Lima
1971	Club Universitario de Deportes Lima
1972	Club Sporting Cristal Lima
1973	Club Atlético Defensor Lima
1974	Club Universitario de Deportes Lima
1975	Club Alianza Lima
1976	Club Sport Unión Huaral
1977	Club Alianza Lima
1978	Club Alianza Lima
1979	Club Sporting Cristal Lima
1980	Club Sporting Cristal Lima
1981	Foot Ball Club Melgar Arequipa
1982	Club Universitario de Deportes Lima
1983	Club Sporting Cristal Lima
1984	Sport Boys Association Callao
1985	Club Universitario de Deportes Lima
1986	Club Deportivo Colegio San Agustín Lima
1987	Club Universitario de Deportes Lima

1988	Club Sporting Cristal Lima
1989	Club Sport Unión Huaral
1990	Club Universitario de Deportes Lima
1991	Club Sporting Cristal Lima
1992	Club Universitario de Deportes Lima
1993	Club Universitario de Deportes Lima
1994	Club Sporting Cristal Lima
1995	Club Sporting Cristal Lima
1996	Club Sporting Cristal Lima
1997	Club Alianza Lima
1998	Club Universitario de Deportes Lima
1999	Club Universitario de Deportes Lima
2000	Club Universitario de Deportes Lima
2001	Club Alianza Lima
2002	Club Sporting Cristal Lima
2003	Club Alianza Lima
2004	Club Alianza Lima
2005	Club Sporting Cristal Lima
2006	Club Alianza Lima
2007	Club Deportivo Universidad San Martín de Porres
2008	Club Deportivo Universidad San Martín de Porres
2009	Club Universitario de Deportes Lima
2010	Club Deportivo Universidad San Martín de Porres
2011	Club Juan Aurich de Chiclayo
2012	Club Sporting Cristal Lima
2013	Club Universitario de Deportes Lima
2014	Club Sporting Cristal Lima
2015	Foot Ball Club Melgar Arequipa
2016	Club Sporting Cristal Lima
2017	Club Alianza Lima
2018	Club Sporting Cristal Lima
2019	Escuela Municipal Deportivo Binacional Desaguadero
2020	Club Sporting Cristal Lima

[1]became 1927 Club Alianza Lima
[2]became 1931 Club Universitario de Deportes Lima

	BEST GOALSCORERS	
1928	Carlos Alejandro Villanueva Martinez (Club Alianza Lima)	3
1929	Carlos Cilloniz (Federación Universitaria Lima)	8
1930	Manuel Puente (Club Atlético Chalaco Callao)	3
1931	Carlos Alejandro Villanueva Martinez (Club Alianza Lima)	16
1932	Teodoro Fernández Meyzán (Club Universitario de Deportes Lima)	11
1933	Teodoro Fernández Meyzán (Club Universitario de Deportes Lima)	9
1934	Teodoro Fernández Meyzán (Club Universitario de Deportes Lima)	9
1935	Jorge Alcalde (Sport Boys Association Callao)	5
1936	No competition	
1937	Juan Flores (Sport Boys Association Callao)	10
1938	Jorge Alcalde (Sport Boys Association Callao)	8
1939	Teodoro Fernández Meyzán (Club Universitario de Deportes Lima)	15
1940	Teodoro Fernández Meyzán (Club Universitario de Deportes Lima)	15
1941	Jorge Cabrejos (Club Centro Deportivo Municipal Lima)	13
1942	Teodoro Fernández Meyzán (Club Universitario de Deportes Lima)	11
1943	German Cerro (Club Universitario de Deportes Lima)	9
1944	Victor Espinoza (Club Universitario de Deportes Lima)	16
1945	Teodoro Fernández Meyzán (Club Universitario de Deportes Lima)	16
1946	Valeriano López (Sport Boys Association Callao)	22
1947	Valeriano López (Sport Boys Association Callao)	20
1948	Valeriano López (Sport Boys Association Callao)	20
1949	Emilio Salinas (Club Alianza Lima)	18
1950	Alberto Terry Arias-Schreiber (Club Universitario de Deportes Lima)	16
1951	Valeriano López (Sport Boys Association Callao)	31
1952	Emilio Salinas (Club Alianza Lima)	22
1953	Gualberto Blanco (Club Atlético Chalaco Callao)	17
1954	Vicente Villanueva (Club Sporting Tabaco Lima)	
1955	Maximo Mosquera (Club Alianza Lima)	11
1956	Daniel Ruiz (Club Universitario de Deportes Lima)	16
1957	Daniel Ruiz (Club Universitario de Deportes Lima)	20
1958	Juan Joya (Club Alianza Lima)	17
1959	Daniel Ruiz (Club Universitario de Deportes Lima)	28
1960	Fernando Olaechea (Club Centro Iqueño Lima)	18
1961	Alberto Gallardo (Club Sporting Cristal Lima)	18
1962	Alberto Gallardo (Club Sporting Cristal Lima)	22
1963	Pedro Pablo León García (Club Alianza Lima)	13
1964	Ángel Uribe Sánchez (Club Universitario de Deportes Lima)	15
1965	Carlos Urranaga (Club Atlético Defensor Lima)	16
1966	Teófilo Juan Cubillas Arizaga (Club Alianza Lima)	19
1967	Pedro Pablo León García (Club Alianza Lima)	14
1968	Oswaldo Felipe Ramírez Salcedo (Sport Boys Association Callao)	26
1969	Jaime Moreno (Club Centro Deportivo Municipal Lima)	15
1970	Teófilo Juan Cubillas Arizaga (Club Alianza Lima)	22
1971	Manuel Mellan (Club Centro Deportivo Municipal Lima)	25
1972	Francisco González (Club Atlético Defensor Lima)	20
1973	Francisco González (Club Atlético Defensor Lima)	25
1974	Pablo Muchotrigo (Club Sportivo Cienciano Cuzco)	32
1975	José Leyva (Club Alfonso Ugarte Puno)	28
1976	Alejandro Luces (Club Sport Unión Huaral)	17
1977	Freddy Ravello (Club Alianza Lima)	21
1978	Juan José Oré Herrera (Club Universitario de Deportes Lima)	19

Year	Player (Club)	Goals
1979	José Leyva (Club Alfonso Ugarte Puno)	28
1980	Oswaldo Felipe Ramírez Salcedo (Club Sporting Cristal Lima)	18
1981	José Carranza (Club Alianza Lima)	15
1982	Percy Rojas Montero (Club Universitario de Deportes Lima)	19
1983	Juan Caballero (Club Sporting Cristal Lima)	29
1984	Jaime Drago (Club Universitario de Deportes Lima) Francisco Montero (Club Atlético Torino de Talara)	13
1985	Genaro Neyra (Foot Ball Club Melgar Arequipa)	22
1986	Juvenal Briceño (Foot Ball Club Melgar Arequipa)	16
1987	Fidel Suárez (Club Universitario de Deportes Lima)	20
1988	Alberto Mora (Club Social Deportivo Octavio Espinoza Ica)	15
1989	Carlos Delgado (Club Carlos Mannucci de Trujillo)	14
1990	Cláudio Adalberto Adão (BRA, Sport Boys Association Callao)	31
1991	Horacio Raúl Baldessari Guntero (ARG, Club Sporting Cristal Lima)	25
1992	Marco dos Santos „Marquinho" (BRA, Sport Boys Association Callao)	18
1993	Waldir Alejandro Sáenz Pérez (Club Alianza Lima)	31
1994	Flavio Francisco Maestri Andrade (Club Sporting Cristal Lima)	25
1995	Julio César de Andrade Moura „Julinho" (BRA, Club Sporting Cristal Lima)	23
1996	Waldir Alejandro Sáenz Pérez (Club Alianza Lima)	19
1997	Ricardo Zegarra (Club Alianza Atlético Sullana)	17
1998	Nílson Esídio Mora (BRA, Club Sporting Cristal Lima)	25
1999	Herlyn Ysrael Zuñiga Yañez (Foot Ball Club Melgar Arequipa)	32
2000	José Eduardo Esidio (BRA, Club Universitario de Deportes Lima)	37
2001	Jorge Ramírez (Club Deportivo Wanka Huancayo)	21
2002	Luis Fabián Artime (ARG, Foot Ball Club Melgar Arequipa)	24
2003	Luis Alberto Bonnet (ARG, Club Sporting Cristal Lima)	20
2004	Gabriel García (URU, Foot Ball Club Melgar Arequipa)	35
2005	Miguel Ángel Mostto Fernández-Prada (Club Sportivo Cienciano Cuzco)	18
2006	Miguel Ángel Mostto Fernández-Prada (Club Sportivo Cienciano Cuzco)	22
2007	Johan Javier Fano Espinoza (Club Universitario de Deportes Lima)	19
2008	Miguel Alejandro Ximénez Acosta (URU, Club Sporting Cristal Lima)	32
2009	Richard María Estigarribia (PAR, Total Chalaco FBC Callao)	23
2010	Héber Alberto Arriola (ARG, CD Universidad San Martín de Porres)	24
2011	Luis Carlos Tejada Hansell (PAN, Club Juan Aurich de Chiclayo)	17
2012	Andy Roberto Pando García (Asociación Civil Real Atlético Garcilaso)	27
2013	Víctor Alfonso Rossel Del Mar (CD Unión Comercio Nueva Cajamarca) Raúl Mario Ruidíaz Misitich (Club Universitario de Deportes Lima)	21
2014	Santiago Silva Gerez (URU, CD Universidad San Martín de Porres)	23
2015	Lionard Fernando Pajoy Ortíz (COL, CD Unión Comercio Nueva Cajamarca)	18
2016	Robinson Aponzá Caraballí (COL, CS Alianza Atlético Sullana)	30
2017	Irven Beybe Ávila Acero (Club Sporting Cristal Lima)	22
2018	Emanuel Herrera (ARG, Club Sporting Cristal Lima)	40
2019	Bernardo Nicolás Cuesta (ARG, Foot Ball Club Melgar Arequipa)	27
2020	Emanuel Herrera (ARG, Club Sporting Cristal Lima)	20

NATIONAL CHAMPIONSHIP
Liga 1 Movistar 2020

Fase 1 - 2020

Please note: Asociación Civil Real Atlético Garcilaso changed its name to Cusco FC (23.12.2019).

Results

Round 1 [31.01.-03.02.2020]
FBC Melgar - Universitario Lima 1-2(1-1)
Alianza Lima - Alianza Universidad 2-3(1-1)
„U" Técnica - Sporting Cristal 2-1(2-1)
Sport Huancayo - Atlético Grau 1-0(0-0)
„U" Cesar Vallejo - Dep. Municipal 1-1(1-1)
„U" San Martín - Ayacucho FC 3-1(0-0)
Academia Cantolao - Club Cienciano 2-1(2-0)
FC Carlos Stein - Carlos A. Mannucci 0-3(0-2)
Sport Boys - Llacuabamba 3-2(3-0)
Cusco FC - Dep. Binacional 0-2(0-0)

Round 2 [07-09.02.2020]
Ayacucho FC - Sport Boys 2-1(0-0)
Atlético Grau - „U" Cesar Vallejo 1-1(1-1)
Dep. Binacional - FBC Melgar 2-4(0-1)
Universitario Lima - Sport Huancayo 2-1(0-0)
Sporting Cristal - Cusco FC 3-2(3-0)
Club Cienciano - „U" San Martín 4-0(1-0)
Alianza Universidad - FC Carlos Stein 1-0(1-0)
Llacuabamba - Academia Cantolao 3-1(2-1)
Carlos A. Mannucci - Alianza Lima 1-1(0-0)
Dep. Municipal - „U" Técnica 0-0

Round 3 [14-17.02.2020]
Club Cienciano - Llacuabamba 5-2(3-1)
„U" Cesar Vallejo - Dep. Binacional 0-2(0-0)
Academia Cantolao - Ayacucho FC 0-2(0-1)
FC Carlos Stein - Universitario Lima 1-3(1-1)
Sport Boys - Carlos A. Mannucci 3-3(1-1)
Alianza Lima - Atlético Grau 1-0(1-0)
„U" San Martín - Alianza Universidad 1-2(1-0)
FBC Melgar - Sporting Cristal 1-0(0-0)
Sport Huancayo - Dep. Municipal 1-1(1-1)
„U" Técnica - Cusco FC 2-1(2-1)

Round 4 [21-24.02.2020]
Dep. Binacional - „U" Técnica 1-0(0-0)
Dep. Municipal - FC Carlos Stein 1-1(1-0)
Sporting Cristal - Sport Huancayo 0-0
Atlético Grau - Sport Boys 2-3(2-0)
Cusco FC - FBC Melgar 3-1(1-1)
Universitario Lima - Cesar Vallejo 0-2(0-2)
Carlos A. Mannucci – Acad. Cantolao 0-1(0-1)
Ayacucho FC - Alianza Lima 2-0(1-0)
Llacuabamba - „U" San Martín 1-2(0-0)
Alianza Universidad - Club Cienciano 1-0(0-0)

Round 5 [28.02.-02.03.2020]
„U" Técnica - FBC Melgar 1-1(1-1)
Alianza Lima - Dep. Municipal 1-0(0-0)
Academia Cantolao - Atlético Grau 1-0(0-0)
Club Cienciano - Ayacucho FC 1-4(1-1)
Alianza Universidad - Llacuabamba 3-0(3-0)
„U" San Martín - Carlos A. Mannucci 2-2(1-0)
FC Carlos Stein - Dep. Binacional 1-1(1-0)
Sport Boys - Universitario Lima 3-3(2-2)
„U" Cesar Vallejo - Sporting Cristal 1-1(0-1)
Sport Huancayo - Cusco FC 3-2(2-1)

Round 6 [06-09.03.2020]
Llacuabamba - „U" Técnica 2-2(1-1)
Carlos A. Mannucci - Club Cienciano 0-2(0-0)
Sporting Cristal - FC Carlos Stein 0-1(0-1)
Cusco FC - „U" Cesar Vallejo 2-1(1-1)
Dep. Municipal - Academia Cantolao 2-0(2-0)
FBC Melgar - Sport Huancayo 1-0(0-0)
Atlético Grau - „U" San Martín 0-0
Universitario Lima - Alianza Lima 2-0(1-0)
Dep. Binacional - Sport Boys 3-1(0-0)
Ayacucho FC - Alianza Universidad 1-1(0-0)

474

Round 7 [08-10/18.19.08.2020]
Academia Cantolao - Universitario Lima 0-0
Alianza Lima - Dep. Binacional 3-0 *awarded*
Cienciano - Atlético Grau 0-0; 3-0 *awarded*
Sport Boys - Sporting Cristal 1-4(1-1)
Sport Huancayo - „U" Técnica 2-0(1-0)
„U" San Martín - Dep. Municipal 0-1(0-1)
FC Carlos Stein - Cusco FC 1-2(1-1)
Alianza Univer. - Carlos A. Mannucci 0-1(0-0)
Llacuabamba - Ayacucho FC 1-3(1-1)
„U" Cesar Vallejo - FBC Melgar 0-0

Round 8 [25-27.08.2020]
Dep. Binacional - Academia Cantolao 2-3(0-0)
Sporting Cristal - Alianza Lima 1-1(0-1)
Dep. Municipal - Club Cienciano 0-1(0-0)
Carlos A. Mannucci - Llacuabamba 1-0(1-0)
„U" Técnica - „U" Cesar Vallejo 1-3(0-2)
Ayacucho FC - Sport Huancayo 1-1(0-1)
Cusco FC - Sport Boys 2-0(0-0)
Universitario Lima - „U" San Martín 2-0(0-0)
Atlético Grau - Alianza Universidad 1-1(0-1)
FBC Melgar - FC Carlos Stein 0-2(0-1)

Round 9 [29.08.-01.09.2020]
Alianza Lima - Cusco FC 0-0
Club Cienciano - Universitario Lima 1-3(1-0)
Academia Cantolao - Sporting Cristal 2-6(1-3)
„U" Cesar Vallejo - Sport Huancayo 2-0(0-0)
Alianza Universidad - Dep. Municipal 1-1(1-1)
Sport Boys - FBC Melgar 1-0(1-0)
FC Carlos Stein - „U" Técnica 0-1(0-0)
„U" San Martín - Dep. Binacional 0-0
Llacuabamba - Atlético Grau 2-0(2-0)
Ayacucho FC - Carlos A. Mannucci 1-2(1-1)

Round 10 [07-09.09.2020]
FBC Melgar - Alianza Lima 2-2(1-0)
Universitario Lima - Alianza Univers. 3-2(3-0)
„U" Técnica - Sport Boys 2-1(1-0)
Dep. Binacional - Club Cienciano 1-0(0-0)
Sport Huancayo - FC Carlos Stein 1-0(0-0)
Cusco FC - Academia Cantolao 1-1(0-0)
Dep. Municipal - Llacuabamba 2-2(0-1)
Carlos A. Mannucci - Cesar Vallejo 1-1(1-1)
Sporting Cristal - „U" San Martín 2-0(1-0)
Atlético Grau - Ayacucho FC 2-2(2-1)

Round 11 [11-14.09.2020]
Alianza Universidad - Dep. Binacional 1-2(0-2)
Alianza Lima - „U" Técnica 0-2(0-1)
Llacuabamba - Universitario Lima 0-1(0-1)
Sport Boys - Sport Huancayo 0-1(0-0)
FC Carlos Stein - „U" Cesar Vallejo 2-2(1-1)
Academia Cantolao - FBC Melgar 0-2(0-1)
„U" San Martín - Cusco FC 1-2(0-2)
Ayacucho FC - Dep. Municipal 1-2(1-1)
Carlos A. Mannucci - Atlético Grau 0-2(0-1)
Club Cienciano - Sporting Cristal 0-0

Round 12 [17-19.09.2020]
„U" Técnica - Academia Cantolao 3-1(1-1)
„U" Cesar Vallejo - Sport Boys 2-0(1-0)
FC Carlos Stein - Atlético Grau 1-1(1-0)
Dep. Binacional - Llacuabamba 2-1(2-1)
FBC Melgar - „U" San Martín 1-1(1-0)
Universitario Lima - Ayacucho FC 1-0(1-0)
Dep. Municipal - Carlos A. Mannucci 0-1(0-0)
Sport Huancayo - Alianza Lima 1-1(0-0)
Cusco FC - Club Cienciano 2-3(0-3)
Sporting Cristal - Alianza Universidad 2-1(1-0)

Round 13 [21-24.09.2020]
Sport Boys - FC Carlos Stein 0-1(0-1)
Alianza Lima - „U" Cesar Vallejo 1-1(0-0)
„U" San Martín - „U" Técnica 1-1(1-0)
C. A. Mannucci - Universitario Lima 2-2(0-1)
Atlético Grau - Dep. Municipal 3-2(0-2)
Academia Cantolao - Sport Huancayo 1-3(0-1)
Alianza Universidad - Cusco FC 1-0(0-0)
Club Cienciano - FBC Melgar 3-1(1-0)
Llacuabamba - Sporting Cristal 1-4(1-1)
Ayacucho FC - Dep. Binacional 1-0(0-0)

Round 14 [25-27.09.2020]
Cesar Vallejo - Academia Cantolao 1-1(1-0)
Sport Huancayo - „U" San Martín 4-3(0-2)
Universitario Lima - Atlético Grau 2-0(1-0)
Sport Boys - Dep. Municipal 1-1(1-0)
„U" Técnica - Club Cienciano 3-0(1-0)
FC Carlos Stein - Alianza Lima 0-2(0-0)
Dep. Binacional - Carlos A. Mannucci 0-1(0-1)
Sporting Cristal - Ayacucho FC 2-1(0-0)
Cusco FC - Llacuabamba 2-2(2-1)
FBC Melgar - Alianza Universidad 1-0(0-0)

Round 15 [29.09.-01.10.2020]
Academia Cantolao - FC Carlos Stein 2-2(1-0)
Club Cienciano - Sport Huancayo 0-0
„U" San Martín - „U" Cesar Vallejo 0-1(0-1)
Carlos A. Mannucci - Sporting Cristal 3-3(1-1)
Dep. Municipal - Universitario Lima 0-5(0-3)
Llacuabamba - FBC Melgar 1-1(1-0)
Ayacucho FC - Cusco FC 1-1(1-0)
Alianza Universidad - „U" Técnica 0-0
Alianza Lima - Sport Boys 1-1(1-0) [07.10.]
Atlético Grau - Dp.Binacional 2-2(1-1) [07.10.]

Round 16 [02-05.10.2020]
FC Carlos Stein - „U" San Martín 1-2(1-0)
„U" Cesar Vallejo - Club Cienciano 1-0(1-0)
Sport Boys - Academia Cantolao 1-2(1-0)
Dep. Binacional - Dep. Municipal 1-3(1-2)
Alianza Lima - Llacuabamba 2-0(0-0)
Sporting Cristal - Atlético Grau 1-2(1-1)
Cusco FC - Carlos A. Mannucci 0-4(0-0)
FBC Melgar - Ayacucho FC 0-0
Sport Huancayo - Alianza Universidad 0-1(0-0)
„U" Técnica - Universitario Lima 1-3(1-2)

Round 17 [08-10.10.2020]
Club Cienciano - FC Carlos Stein 0-1(0-0)
Dep. Municipal - Sporting Cristal 1-1(1-0)
Llacuabamba - Sport Huancayo 0-2(0-1)
Ayacucho FC - „U" Técnica 1-1(0-0)
Alianza Universidad - „U" Cesar Vallejo 0-0
Carlos A. Mannucci - FBC Melgar 1-1(1-1)
„U" San Martín - Sport Boys 1-1(0-0)
Academia Cantolao - Alianza Lima 1-0(0-0)
Atlético Grau - Cusco FC 1-1(0-0)
Universitario Lima - Dep. Binacional 1-1(1-0)

Round 18 [12-15.10.2020]
FC Carlos Stein - Llacuabamba 3-3(1-2)
Academia Cantolao - Alianza Univers. 1-2(1-1)
Cusco FC - Dep. Municipal 1-1(1-0)
Alianza Lima - „U" San Martín 0-1(0-0)
Sport Huancayo - Dep. Binacional 1-0(1-0)
FBC Melgar - Atlético Grau 3-0(1-0)
Sport Boys - Club Cienciano 2-1(1-0)
„U" Cesar Vallejo - Ayacucho FC 2-1(2-0)
Sporting Cristal - Universitario Lima 1-0(1-0)
„U" Técnica - Carlos A. Mannucci 2-2(0-2)

Round 19 [16-19.10.2020]
„U" San Martín - Academia Cantolao 2-1(1-1)
Dep. Municipal - FBC Melgar 1-2(0-1)
Club Cienciano - Alianza Lima 2-1(1-1)
Alianza Universidad - Sport Boys 0-1(0-0)
Dep. Binacional - Sporting Cristal 3-6(1-2)

Llacuabamba - „U" Cesar Vallejo 2-3(1-3)
Ayacucho FC - FC Carlos Stein 3-0(1-0)
Universitario Lima - Cusco FC 3-2(1-0)
Atlético Grau - „U" Técnica 0-0
Carlos A. Mannucci - Sport Huancayo 0-1(0-1)

Final Standings

1.	**Club Universitario de Deportes Lima**[1]	19	13	4	2	38	-	18	42
2.	Deportivo Sport Huancayo	19	10	5	4	23	-	15	35
3.	Club Sporting Cristal Lima	19	9	6	4	38	-	23	33
4.	CD Universidad César Vallejo Trujillo	19	8	9	2	25	-	16	33
5.	CSD Carlos A. Manucci Trujillo	19	7	8	4	28	-	22	29
6.	CCD Universidad Técnica de Cajamarca	19	7	8	4	24	-	20	29
7.	Club Alianza Universidad de Huánuco	19	8	5	6	21	-	17	29
8.	Foot Ball Club Melgar Arequipa	19	7	7	5	23	-	20	28
9.	Ayacucho FC	19	7	6	6	28	-	21	27
10.	Club Sportivo Cienciano Cuzco	19	8	3	8	27	-	23	27
11.	Escuela Municipal Deportivo Binacional Desaguadero	19	6	5	8	24	-	29	23
12.	Club Alianza Lima	19	5	7	7	19	-	20	22
13.	Academia Deportiva Cantolao Callao	19	6	4	9	21	-	33	22
14.	Club Centro Deportivo Municipal Lima	19	4	9	6	20	-	24	21
15.	Cusco FC	19	5	6	8	26	-	31	21
16.	CD Universidad San Martín de Porres	19	5	6	8	20	-	27	21
17.	Sport Boys Association Callao[1]	19	5	5	9	24	-	33	19
18.	FC Carlos Stein Lambayeque[1]	19	4	6	9	18	-	28	17
19.	CSD Atlético Grau Piura	19	3	8	8	17	-	27	17
20.	CSC Deportivo Llacuabamba	19	2	5	12	25	-	42	11

[1] *1 point deducted.*

Club Universitario de Deportes Lima, as winner of Fase 1 were qualified for the Championship Playoffs.

Fase 2 - 2000

Results

Liguilla A

Round 1 [24-26.10.2020]
Universitario Lima - Atlético Grau 2-1(0-0)
Club Cienciano - Sporting Cristal 2-3(1-0)
FC Carlos Stein - Academia Cantolao 2-1(1-1)
Alianza Universidad - „U" San Martín 0-1(0-0)
„U" Técnica - Dep. Binacional 3-0(0-0)

Round 2 [30-31.10.2020]
Academia Cantolao - Atlético Grau 0-0
Sporting Cristal - FC Carlos Stein 1-0(0-0)
Club Cienciano - „U" Técnica 1-1(1-1)
„U" San Martín - Dep. Binacional 0-2(0-1)
Alianza Univers. - Universitario Lima 0-1(0-0)

Round 3 [03-04.11.2020]
„U" Técnica - Academia Cantolao 4-2(4-1)
Universitario Lima - Club Cienciano 0-1(0-0)
Atlético Grau - Sporting Cristal 1-4(0-2)
FC Carlos Stein - „U" San Martín 0-2(0-1)
Dep. Binacional - Alianza Universidad 2-1(0-0)

Round 4 [06-07.11.2020]
Acad. Cantolao - Universitario Lima 2-2(1-0)
Alianza Universidad - FC Carlos Stein 3-2(2-0)
Club Cienciano - Dep. Binacional 1-1(1-1)
„U" Técnica - Atlético Grau 0-0
„U" San Martín - Sporting Cristal 0-2(0-0)

Round 5 [10-11.11.2020]
Dep. Binacional - Academia Cantolao 1-0(0-0)
Universitario Lima - „U" Técnica 1-6(0-1)
Sporting Cristal - Alianza Universidad 2-0(0-0)
Atlético Grau - „U" San Martín 0-2(0-1)
FC Carlos Stein - Club Cienciano 3-2(0-1)

Round 6 [13-16.11.2020]
„U" Técnica - Alianza Universidad 1-2(0-0)
Academia Cantolao - Club Cienciano 2-0(0-0)
Universitario Lima - „U" San Martín 2-3(1-1)
Dep. Binacional - Sporting Cristal 1-2(0-1)
Atlético Grau - FC Carlos Stein 3-1(0-0)

Round 7 [19-21.11.2020]
Alianza Universidad – Acad. Cantolao 1-1(1-1)
„U" San Martín - „U" Técnica 1-1(1-0)
Club Cienciano - Atlético Grau 1-0(0-0)
Sporting Cristal - Universitario Lima 2-2(1-1)
FC Carlos Stein - Dep. Binacional 1-3(1-0)

Round 8 [23-24.11.2020]
Academia Cantolao - „U" San Martín 1-2(0-1)
Club Cienciano - Alianza Universidad 2-0(1-0)
„U" Técnica - Sporting Cristal 1-1(0-1)
Universitario Lima - FC Carlos Stein 0-2(0-1)
Dep. Binacional - Atlético Grau 1-3(0-2)

Round 9 [28-30.11.2020]
Sporting Cristal - Academia Cantolao 3-2(3-0)
Atlético Grau - Alianza Universidad 1-1(0-0)
FC Carlos Stein - „U" Técnica 1-1(1-1)

„U" San Martín - Club Cienciano 1-2(0-1)
Dep. Binacional - Universitario Lima 0-2(0-0)

Final Standings

1. Club Sporting Cristal Lima   9 7 2 0 20 - 9 23
2. CD Universidad San Martín de Porres 9 5 1 3 12 - 10 16
3. CCD Universidad Técnica de Cajamarca 9 3 5 1 18 - 9 14
4. Club Sportivo Cienciano Cuzco   9 4 2 3 12 - 11 14
5. Escuela Municipal Deportivo Binacional Desaguadero 9 4 1 4 11 - 13 13
6. Club Universitario de Deportes Lima 9 3 2 4 12 - 17 11
7. FC Carlos Stein Lambayeque   9 3 1 5 12 - 16 10
8. CSD Atlético Grau Piura   9 2 3 4   9 - 12   9
9. Club Alianza Universidad de Huánuco 9 2 2 5   8 - 13   8
10. Academia Deportiva Cantolao Callao 9 1 3 5 11 - 15   6

Club Sporting Cristal Lima, as winner of Liguilla A were qualified for the Fase 2 Final.

Liguilla B

Round 1 [23-26.10.2020]
Cusco FC - FBC Melgar 3-1(2-1)
Dep. Municipal - Sport Huancayo 0-0
Llacuabamba - Sport Boys 3-0(2-0)
Carlos A. Mannucci - Cesar Vallejo 2-3(1-1)
Alianza Lima - Ayacucho FC 1-2(0-2)

Round 2 [29-31.10.2020]
Carlos A. Mannucci - Cusco FC 0-2(0-0)
Sport Boys - Sport Huancayo 3-2(0-1)
Alianza Lima - Dep. Municipal 1-2(1-0)
„U" Cesar Vallejo - Llacuabamba 2-0(2-0)
Ayacucho FC - FBC Melgar 2-0(1-0)

Round 3 [02-03.11.2020]
Cusco FC - Sport Boys 1-2(0-0)
Dep. Municipal - Carlos A. Mannucci 0-2(0-1)
FBC Melgar - Alianza Lima 0-4(0-3)
Llacuabamba - Ayacucho FC 1-0(0-0)
Sport Huancayo - Cesar Vallejo 0-0 [12.11.]

Round 4 [05-06.11.2020]
Sport Boys - Dep. Municipal 1-0(0-0)
Cusco FC - Sport Huancayo 0-0
Alianza Lima - Llacuabamba 2-2(2-0)
Ayacucho FC - „U" Cesar Vallejo 1-1(0-1)
Carlos A. Mannucci - FBC Melgar 0-0 [12.11.]

Round 5 [09-10.11.2020]
Llacuabamba - Carlos A. Mannucci 0-2(0-1)
Sport Huancayo - Ayacucho FC 0-3(0-1)
„U" Cesar Vallejo - Alianza Lima 4-1(2-1)
FBC Melgar - Sport Boys 4-1(1-1)
Dep. Municipal - Cusco FC 1-1(1-0)

Round 6 [14-16.11.2020]
Dep. Municipal - Ayacucho FC 1-1(0-1)
Sport Boys - Carlos A. Mannucci 0-4(0-2)
FBC Melgar - „U" Cesar Vallejo 0-2(0-1)
Cusco FC - Alianza Lima 1-0(1-0)
Sport Huancayo - Llacuabamba 4-3(2-0)

Round 7 [20-21.11.2020]
Ayacucho FC - Cusco FC 3-1(2-0)
„U" Cesar Vallejo - Dep. Municipal 0-1(0-0)
Llacuabamba - FBC Melgar 0-6(0-2)
Alianza Lima - Sport Boys 0-2(0-2)
Carlos A. Mannucci - Sport Huancayo 2-1(1-0)

Round 8 [24-25.11.2020]
FBC Melgar - Huancayo 4-0(1-0) [19.11.]
Sport Boys - Ayacucho FC 0-1(0-0)
Cusco FC - „U" Cesar Vallejo 1-1(1-0)
Dep. Municipal - Llacuabamba 2-5(0-2)
Carlos A. Mannucci - Alianza Lima 1-0(1-0)

Round 9 [28-30.11.2020]
Llacuabamba - Cusco FC 2-3(1-2)
Sport Huancayo - Alianza Lima 2-0(1-0)
FBC Melgar - Dep. Municipal 3-2(1-0)

„U" Cesar Vallejo - Sport Boys 3-1(0-1)
Ayacucho FC - Carlos A. Mannucci 1-0(0-0)

Final Standings

1.	Ayacucho FC	9	6	2	1	14 - 5	20
2.	CD Universidad César Vallejo Trujillo	9	5	3	1	16 - 7	18
3.	CSD Carlos A. Mannucci Trujillo	9	5	1	3	13 - 7	16
4.	Cusco FC	9	4	3	2	13 - 10	15
5.	Foot Ball Club Melgar Arequipa	9	4	1	4	18 - 14	13
6.	Sport Boys Association Callao	9	4	0	5	10 - 18	12
7.	CSC Deportivo Llacuabamba	9	3	1	5	16 - 21	10
8.	Club Centro Deportivo Municipal Lima	9	2	3	4	9 - 14	9
9.	Deportivo Sport Huancayo	9	2	3	4	9 - 15	9
10.	Club Alianza Lima	9	1	1	7	9 - 16	4

Ayacucho FC, as winner of Liguilla B were qualified for the Fase 2 Final.

Fase 2 Final [05.12.2020]
Club Sporting Cristal Lima - Ayacucho FC   1-1 aet; 2-3 pen

Ayacucho FC, as winner of Fase 2 were qualified for the Championship Play-offs.

Aggregate Table 2020								
1. Club Sporting Cristal Lima	28	16	8	4	58	-	32	56
2. Club Universitario de Deportes Lima	28	16	6	6	50	-	35	53
3. CD Universidad César Vallejo Trujillo	28	13	12	3	41	-	23	51
4. Ayacucho FC	28	13	8	7	42	-	26	47
5. CSD Carlos A. Manucci Trujillo	28	12	9	7	41	-	29	45
6. Deportivo Sport Huancayo	28	12	8	8	32	-	30	44
7. CCD Universidad Técnica de Cajamarca	28	10	13	5	42	-	29	43
8. Foot Ball Club Melgar Arequipa	28	11	8	9	41	-	34	41
9. Club Sportivo Cienciano Cuzco	28	12	5	11	39	-	34	41
10. Club Alianza Universidad de Huánuco	28	10	7	11	29	-	30	37
11. CD Universidad San Martín de Porres	28	10	7	11	32	-	37	37
12. Cusco FC	28	9	9	10	39	-	41	36
13. Escuela Municipal Deportivo Binacional Desaguadero	28	10	6	12	35	-	42	36
14. Sport Boys Association Callao	28	9	5	14	34	-	51	31
15. Club Centro Deportivo Municipal Lima	28	6	12	10	29	-	38	30
16. Academia Deportiva Cantolao Callao	28	7	7	14	32	-	48	28
17. FC Carlos Stein Lambayeque	28	7	7	14	30	-	44	27
18. Club Alianza Lima (*Relegated*)	28	6	8	14	28	-	36	26
19. CSD Atlético Grau Piura (*Relegated*)	28	5	11	12	26	-	39	26
20. CSC Deportivo Llacuabamba (*Relegated*)	28	5	6	17	41	-	63	20

Club Universitario de Deportes Lima, as winner of Fase 1 and runner-up of the Aggregate Table were directly qualified for the Championship Finals.
Club Sporting Cristal Lima, as winner of the Aggregate Table were qualified for the Championship Semi-Finals.

Club Sporting Cristal Lima, Club Universitario de Deportes Lima, CD Universidad César Vallejo Trujillo and Ayacucho FC qualified for the 2021 Copa Libertadores.

CSD Carlos A. Manucci Trujillo, Deportivo Sport Huancayo, CCD Universidad Técnica de Cajamarca and Foot Ball Club Melgar Arequipa qualified for the 2021 Copa Sudamericana.

Championship Play-offs – Final Nacional
Semi-Finals [09-12.12.2020]

Club Sporting Cristal Lima - Ayacucho FC 2-1(2-0)
Ayacucho FC - Club Sporting Cristal Lima 1-4(1-1)

Club Sporting Cristal Lima were qualified for the Championship Finals.

Championship final

16.12.2020, Estadio Monumental, Lima; Attendance: 0
Referee: Joel Alonso Alarcón Limo
Club Universitario de Deportes Lima - Club Sporting Cristal Lima   1-2(0-1)
Universitario: José Aurelio Carvallo Alonso (Cap), Diego Armando Chávez Ramos, Aldo Sebastián Corzo Chávez, Nelinho Minzúm Quina Asín, Iván Diego Santillán Atoche, Gerson Alexis Barreto Gamboa (68.Jesús Miguel Barco Bozzeta), Armando André Alfageme Palacios, Alberto Abdiel Quintero Medina, Donald Diego Millán Rodríguez (78.Alexander Succar Cañote), Alejandro Hohberg González (79.Luis Alfredo Urruti Giménez), Jonathan David Dos Santos Duré. Trainer: Ángel David Comizzo Leiva (Argentina).
Sporting Cristal: Renato Alfredo Solis Salinas, Johan Arturo Alexander Madrid Reyes, Gianfranco Chávez Massoni, Omar Jesús Merlo, Nilson Evair Loyola Morales, Jorge Luis Cazulo (Cap) (74.Kevin Armando Sandoval Laynes), Gerald Martin Távara Mogollón, Horacio Martín Calcaterra (90+2.Jesús Abdallah Castillo Molina), Christopher Robin Olivares Burga (87.Carlos Percy Liza Espinoza), Emanuel Herrera, Washington Bryan Corozo Becerra (90+1.Renzo Revoredo Zuazo). Trainer: Roberto Orlando Mosquera Vera.
Goals: 0-1 Gianfranco Chávez Massoni (26), 0-2 Jorge Luis Cazulo (52), 1-2 Alberto Abdiel Quintero Medina (66).

20.12.2020, Estadio Monumental, Lima; Attendance: 0
Referee: Víctor Hugo Carrillo Casanova
Club Sporting Cristal Lima - Club Universitario de Deportes Lima   1-1(0-0)
Sporting Cristal: Renato Alfredo Solis Salinas, Johan Arturo Alexander Madrid Reyes, Gianfranco Chávez Massoni, Omar Jesús Merlo, Nilson Evair Loyola Morales, Jorge Luis Cazulo (Cap) (70.Christofer Gonzáles Crespo), Gerald Martin Távara Mogollón (61.Kevin Armando Sandoval Laynes), Christopher Robin Olivares Burga (79.Renzo Revoredo Zuazo), Emanuel Herrera, Washington Bryan Corozo Becerra. Trainer: Roberto Orlando Mosquera Vera.
Universitario: José Aurelio Carvallo Alonso (Cap), Aldo Sebastián Corzo Chávez, Federico Damián Alonso, Nelinho Minzúm Quina Asín, Iván Diego Santillán Atoche, Jesús Miguel Barco Bozzeta, Armando André Alfageme Palacios (77.Luis Alfredo Urruti Giménez), Rafael Nicanor Guarderas Saravia (67.Gerson Alexis Barreto Gamboa), Alberto Abdiel Quintero Medina (79.Donald Diego Millán Rodríguez), Alejandro Hohberg González (77.Alexander Succar Cañote), Jonathan David Dos Santos Duré. Trainer: Ángel David Comizzo Leiva (Argentina).
Goals: 0-1 Alberto Abdiel Quintero Medina (50), 1-1 Armando André Alfageme Palacios (69 own goal).

2020 Liga 1 Winners: **Club Sporting Cristal Lima**

Top goalscorers:
20 goals:	**Emanuel Herrera (ARG)**	**(Club Sporting Cristal Lima)**
19 goals:	Yorleys Mena Palacios (COL)	(CSCD Universidad César Vallejo)
14 goals:	Sebastián Ariel Penco Fernández (ARG)	(Sport Boys Association Callao)
	Mauro Guevgeozián Crespo (ARM)	(Universidad Técnica de Cajamarca)
	Danilo Ezequiel Carando (ARG)	(Cusco FC)

Copa Perú Final Tournament 2020
The competition was cancelled due to COVID-19 pandemic.

Copa Bicentenario 2020
The competition was cancelled due to COVID-19 pandemic.

THE CLUBS 2020
(M / G = matches and goals in Fase 1, Fase 2, Play-offs and Championship Finals).

ACADEMIA DEPORTIVA CANTOLAO CALLAO
Foundation date: April 14, 1981
Address: Calle García y García 275, Distrito de La Punta, Callao
Stadium: Estadio „Miguel Grau", Callao – Capacity: 17,000

THE SQUAD

	DOB	M	(s)	G
Goalkeepers:				
José Junior Dávila Gonzales	13.07.1998	3		
Erick Guillermo Delgado Vásquez	30.06.1982	20		
José Luis Lozada Gamarra	12.12.1991	5	(1)	
Defenders:				
Brayan Gustavo Arana Camarena	21.01.1994	6	(3)	
Cesar Enrique Barco Bozzeta	18.01.1998	8	(1)	
Orlando Contreras Collantes	11.06.1982	5	(8)	
Farih Jasauí Peirano	09.09.1991	7	(4)	
Orlando Núñez Castillo	16.01.2000	17	(2)	
José Andrés Ramírez Jaramillo (COL)	20.10.1987	20		1
Víctor Martin Salas Pinedo	24.03.1993	16	(3)	1
José Arón Sánchez Flores	04.05.2003	17	(3)	3
Christian André Sánchez Soto	05.04.1999	10	(3)	
Ronald Bryce Vega Guzmán	12.03.2000		(1)	
Midfielders:				
Jesús Castillo Peña	10.03.1996	19	(3)	
Yuriel Dario Celi Guerrero	20.02.2002	20	(4)	6
Andrés Renato Latorre Vítor	10.03.1999	1		
Rodrigo Miguel Salinas Moreano	10.04.1999	4	(8)	
Exlander Raúl Sanes Velita	16.11.2001		(6)	
Walter Omar Serrano (ARG)	02.07.1986	17	(2)	
Augusto Leonel Solis Ramírez	30.08.1996	20	(3)	
Forwards:				
Mario Javier Ceballos Chau	07.08.1990	16	(7)	3
Jhamir Adrián D'Arrigo Huanca	15.11.1999	4	(9)	1
Sebastián Milton La Torre Miranda	29.09.1998		(3)	
Michael Omar Owens Gaona	24.06.2003	1		
Júnior Alexander Ponce Pardo	16.02.1994	14	(3)	4
Jarlín Medardo Quintero León (COL)	19.08.1993	16	(9)	10
Sandro Alexis Rengifo García	31.10.1995	20	(4)	
Charles Adibe Somadina (NGA)	20.03.2000		(1)	
Mario Kazuma Tajima López (COL)	31.05.1993	21	(1)	3
Daniel Alonso Tarazona Cueva	27.09.1999	1	(6)	
Trainer:				
Hernán Alberto Lisi (ARG) [14.12.2019-27.10.2020; Sacked]	14.04.1971	27		
Jorge Luis Espejo Miranda [from 28.10.2020]	20.08.1976	1		

CLUB ALIANZA LIMA

Foundation date: February 15, 1901
Address: Calle Jirón Abtao con Avenida Isabel La Católica 821, La Victoria, Lima
Stadium: Estadio „Alejandro Villanueva", Lima – Capacity: 33,938

THE SQUAD

	DOB	M	(s)	G
Goalkeepers:				
Leao Butrón Gotuzzo	06.03.1977	12		
Italo Gilmar Espínoza Gómez	17.04.1996	6		
Steven Aldair Rivadeneyra del Villar	02.11.1994	9		
Defenders:				
Kluvierth Miguel Aguilar Díaz	05.05.2003	14	(4)	2
Carlos Javier Beltrán Neroni (ARG)	18.08.1990	15	(1)	1
Dylan Pave Caro Salas	23.03.1999	5		
Francisco Elías Duclós Flores	26.01.1996	9		
Edwin Alexi Gómez Gutiérrez	04.03.1993	11	(8)	1
Franco Anthony Medina Soto	02.05.1999	3	(6)	
Carlos Joao Montoya García	04.05.2002	8	(3)	
Rubert José Quijada Fasciana (VEN)	10.02.1989	17	(1)	
Alberto Junior Rodríguez Valdelomar	31.03.1984	10	(2)	
José Anthony Rosell Delgado	20.04.1995	13	(3)	1
Héctor Aldair Salazar Tejada	19.08.1994	15	(3)	
Midfielders:				
Luís Bernardo Aguiar Burgos (URU)	17.11.1985	4	(2)	
Joazhino Waldhir Arroé Salcedo	05.06.1992	9	(8)	4
Carlos Antonio Ascues Avila	19.06.1992	23	(1)	4
Josepmir Aarón Ballón Villacorta	21.03.1988	25	(1)	1
Miguel Cornejo Loli	18.01.2000	10	(10)	2
Paulo Rinaldo Cruzado Durand	21.09.1984	8	(4)	
Jeremy Aldair Escate Gallegos	04.03.2002	2		
Kevin Josué Ferreyra Chonlón	07.06.1999	4	(6)	
Aldair Amarildo Fuentes Siguas	25.01.1998	4	(1)	
Didier Jeanpier La Torre Arana	21.03.2002		(2)	
Oslimg Roberto Mora Pasache	02.06.1999	21	(2)	2
Forwards:				
Adrián Martin Balboa Camacho (URU)	19.01.1994	5	(1)	
Sebastián José Cavero Nakahoro	20.06.2002	4	(6)	
Luiz Humberto da Silva Silva	28.12.1996	2	(8)	
Jean Carlos Francisco Deza Sánchez	09.06.1993	2	(1)	
Federico Martín Rodríguez Rodríguez (URU)	03.04.1991	3	(2)	1
Patricio Rodolfo Rubio Pulgar (CHI)	18.04.1989	19	(1)	6
Gonzalo Gabriel Sánchez Franco	06.05.2000	3	(8)	
Cristian David Zúñiga Pino (COL)	07.05.1992	2	(7)	
Trainer:				
Pablo Javier Bengoechea Dutra (URU)[01.06.2019-09.03.2020; Resigned]	27.06.1965	6		
Mario Alfredo Salas Saieg (CHI) [02.04.-01.11.2020]	11.10.1967	15		
Guillermo Sandro Salas Suárez [01-06.11.2020; Caretaker]	21.10.1974	/		
Daniel Héctor Ahmed (ARG) [06.11.-02.12.2020]	22.11.1965	6		

CLUB ALIANZA UNIVERSIDAD DE HUÁNUCO

Foundation date: January 1, 1939
Address: Not available
Stadium: Estadio Municipal "Heraclio Tapia León", Huánuco – Capacity: 21,000

THE SQUAD	DOB	M	(s)	G
Goalkeepers:				
Diego Hernán Morales López (ARG)	16.03.1983	28		
Defenders:				
Paul Yerson Bashi Quijano	01.04.1993	9	(4)	
Juan Manuel Cámara Miranda	21.12.1992	9	(2)	
José Vladimir Canova Hernández	30.09.1992	23		
Cristian Humberto Carbajal Díaz	20.09.1999	12	(1)	
Diego Armando Encinas González	11.07.1993	10	(2)	
Gianmarco Gambetta Sponza	02.05.1991	13	(1)	
Ederson Leonel Mogollón Flores	04.10.1992	11	(3)	
Elías Alejandro Ramos Castillo	13.09.1998	21	(1)	1
Midfielders:				
Deivy Yeremy Carbajal Ballon	13.05.2002		(1)	
Juan Pablo Mariano Carranza Estéves	10.03.2001	1	(1)	
Jack Kevin Durán Aban	08.12.1991	18	(3)	1
Carlos Alexander Gamarra Cárdenas	02.03.2000	2		
Flavio Leonardo Gómez Zevallos	04.01.1997	4	(9)	
Julio César Landauri Ventura	17.04.1986	22	(4)	2
Giordano Marcos Mendoza Lescano	18.10.1993	8	(6)	
Juan Gustavo Waldemar Morales Coronado	06.03.1989	23		
Axel Aarón Moyano Durand	03.01.2001	5	(9)	1
Claudio Guillermo Ramírez Llamocca	03.06.2000		(1)	
Mario Alexis Ramírez Álvarez (COL)	08.04.1990	8	(10)	
José Carlos Rivas Zeballos	19.08.1989	1		
Jorginho Andersson Sernaqué Bustos	11.07.1994		(1)	
Juan Enrique Tuesta Macedo	25.09.1993	3	(6)	
Óscar Christopher Vílchez Soto	21.01.1986	19	(1)	
Forwards:				
Joyce Leopoldo Conde Chigne	08.09.1991		(1)	
Enzo Damián Maidana (ARG)	13.01.1988	21	(1)	8
Germán Ezequiel Pacheco (ARG)	19.05.1991	9	(10)	1
Lionard Fernando Pajoy Ortíz (COL)	07.06.1981	19	(6)	10
Juan Carlos Portilla Peña	07.11.1986	1	(2)	1
Hernán Rengifo Trigoso	18.04.1983	8	(7)	4
Trainer:				
Ronny Revollar Miranda [from 29.09.2017]	26.02.1976	28		

CLUB ATLÉTICO GRAU PIURA

Foundation date: June 5, 1919
Address: Av Luis Montero Mz. V Lote 7-8 Urb. Miraflores – Castilla, Piura
Stadium: Estadio Campeones del '36, Sullana – Capacity: 10,000

THE SQUAD

	DOB	M	(s)	G
Goalkeepers:				
Bernardo David Medina (PAR)	14.01.1988	28		
Defenders:				
Jonathan Acasiete Ariadela	11.11.1988	20		
Ronaldo Paolo Andía Uculmana	07.07.1997	7	(2)	
Jonathan Ávila Martínez (COL)	01.11.1991	20		3
Brian Robert Edson Bernaola Acosta	17.01.1995	3	(1)	
Roberto Ronaldo Céspedes Sánchez	10.12.1998	14	(2)	
Frank Alexis Gallardo Juárez	03.01.2000	2		
Marcelo Jesús Gallardo Altamirano	06.09.2000	2	(2)	1
Marcelo Enrique Gaona Flores	26.03.1999	6	(6)	
Brackzon Henry León Canchaya	13.05.1995	12	(1)	
Andy Maelo Reátegui Castillo	14.06.1995	6	(1)	
Bryan Rivas	30.01.2000	12		
Axel Yair Sánchez Solano	27.11.1996	19	(6)	1
Jorge Jair Yglesias Cárdenas	10.02.1981	12	(3)	
Midfielders:				
Piero Alonso Antón Castillo	11.01.2000	7	(4)	
Carlos Martín Canales Fernández	29.10.1991	6	(2)	
Gary Jeamsen Correa Gauguín	23.05.1990	12	(8)	2
Denilson Gonzáles Perlado	26.11.1998	10	(9)	
Reimond Orangel Manco Albarracín	23.08.1990	17	(2)	1
Neil Jaime Marcos Morán	11.05.1992	20	(1)	1
Juan Raúl Neira Medina	07.05.1995	6	(5)	
Emmanuel Jesús Páucar Reyes	09.08.1996	8	(5)	
Diego Antonio Ramírez Cutti	02.11.1994	3	(4)	
Oshiro Carlos Takeuchi Bambaren	13.10.1994	9	(7)	2
Forwards:				
Tiago Cantoro Armentano (ARG)	06.01.2001		(4)	
Luis Fernando Celi Valdiviezo	26.08.2000	3	(3)	
Jefferson Collazos Viveros (COL)	01.12.1990	26	(1)	11
Carlos Jairsinho Gonzáles Ávalos	20.12.1989	1	(5)	
Cristian Yesid Lasso Lucumi (COL)	18.02.1991	9	(4)	2
Kleiber Mauricio Palomino Hurtado (VEN)	12.07.1999	8	(8)	2
Víctor Alonso Rossel Del Mar	05.11.1985		(3)	
Trainer:				
Pablo César Zegarra Zamora [08.01.-09.03.2020; Sacked]	01.04.1973	6		
Rafael Catillo Lazón [from 09.03.2020]	26.09.1960	22		

AYACUCHO FÚTBOL CLUB

Foundation date: July 27, 1972
Address: Avenida Machu Picchu, Barrio de Miraflores, San Juan Bautista, Ayacucho
Stadium: Estadio Ciudad e Cumaná, Huamanga – Capacity: 12,000

THE SQUAD	DOB	M	(s)	G
Goalkeepers:				
Éxar Javier Rosales Sánchez	20.05.1984	10		
Ángel Gustavo Zamudio Chávez	21.04.1997	21	(1)	
Defenders:				
Erick Alfredo Canales Colunga	07.06.2001	2	(2)	
Alexis Cossio Zamora	11.02.1995	28	(1)	1
Jesús Alexander Mendieta Rojas	11.04.1998	8	(7)	1
Diego Alejandro Minaya Naters	01.05.1990	25		1
Minzún Nelinho Quina Asín	11.05.1987	25	(2)	4
Fabio Renato Rojas Prieto	04.08.1999	20	(3)	
Hugo Fernando Souza Días (URU)	28.01.1985	15	(3)	1
Roberto Daniel Villamarín Mora	25.09.1997	20	(7)	4
Midfielders:				
Luis Enrique Álvarez Valdivia	17.05.1990	12	(8)	1
Anthony Tadashi Aoki Nakama	08.06.2000	5	(1)	
Robert Rogelio Ardiles Fernández	20.07.1987	22	(4)	
Luis Enrique Carranza Vargas	18.08.1998	8	(12)	1
Pedro Casique Fernández	22.03.2001	1	(4)	
Diego Alberto Espinoza Atoche	30.01.2001	6	(6)	1
Gonzalo Lucero (ARG)	02.04.1994		(6)	
Jorge Salvador Murrugarra Torres	22.03.1997	20	(7)	
Gonzalo Sebastián Papa Palleiro (URU)	08.05.1989	16	(9)	1
Leandro Sosa Toranza (URU)	24.06.1994	27	(2)	6
Forwards:				
Maximiliano Callorda Lafont (URU)	04.04.1990	6	(11)	2
Mauricio Alejandro Montes Sanguinetti	22.06.1982	22	(5)	8
Carlos Dante Olascuaga Viera	22.07.1992	15	(8)	7
Joao de Jesús Villamarin Antúnez	10.02.1992	7	(20)	3
Trainer:				
Gerardo Ameli (ARG) [from 29.11.2019]	18.09.1970	31		

CLUB SOCIAL Y DEPORTIVO CARLOS A. MANUCCI TRUJILLO

Foundation date: November 16, 1959
Address: *Not available*
Stadium: Estadio Mansiche, Trujillo – Capacity: 25,036

THE SQUAD

	DOB	M	(s)	G
Goalkeepers:				
Manuel Alexander Heredia Rojas	09.01.1986	28		
Defenders:				
Horacio Cristian Benincasa Olaya	11.04.1994	20	(2)	1
Luis Enrique Benites Vargas	09.07.1996	9	(10)	
Manuel Alejandro Corrales González	03.09.1982	7	(3)	
Ricardo César Lagos Puyen	20.04.1996	21	(6)	5
Andrés Alejandro López Díaz	28.10.1988	7	(3)	
Kevin Manuel Moreno Alzamora	08.05.1997	18	(3)	
Giancarlo Antonio Peña Herrera	21.08.1992	4	(2)	
Mario Sebastián Ramírez Silva (URU)	18.05.1992	19		
Gonzalo Nicolás Rizzo Sánchez (URU)	27.12.1995	23	(1)	2
Franz Wendelin Schmidt Silva	03.05.2000	1	(1)	
Midfielders:				
Patricio Salvatore Arce Cambana	23.02.1993	9	(6)	3
Piero Alexander Cabel Albarran	23.11.2001	1	(3)	
Tarek Brahan Carranza Terry	13.02.1992	16	(5)	2
Richard Eusebeio Chávez Chonate	12.12.2000	3	(2)	
Carlos Javier Flores Córdova	09.05.1988	12	(6)	
Jean Pierre Fuentes Siguas	18.10.1991	8	(8)	1
José Anthony Gallardo Flores	15.02.2001	5		
Diego Nicolás Guastavino Bentancour (URU)	26.07.1984	10	(7)	6
Javier Eduardo Núñez Mendoza	23.01.1997	11	(5)	
Ernest Nungaray Arce (USA)	07.05.1992	18	(6)	1
Forwards:				
Luis Antonio Acuy Calderón	29.06.1998		(1)	
José Carlos Fernández Piedra	14.05.1983	11	(12)	1
Rely Henry Fernández Manzanares	01.11.1997	11	(13)	5
Osmar Noronha Montani	17.12.1991	15	(7)	7
Luis Alejandro Ramos Leiva	13.12.1999		(1)	
Arley José Rodríguez Henry (COL)	13.02.1993	21	(1)	4
Trainer:				
Juan Manuel Llop (ARG) [01.12.2019-07.03.2020]	01.06.1963	6		
Pablo Peirano Pardeiro (URU) [from 13.03.2020]	21.01.1975	22		

FÚTBOL CLUB CARLOS STEIN LAMBAYEQUE

Foundation date: March 6, 2012
Address: *Not available*
Stadium: Estadio Municipal "César Flores Marigorda", Lambayeque – Capacity: 7,000

THE SQUAD

	DOB	M	(s)	G
Goalkeepers:				
Carlos Alfonso Grados Heredia	15.05.1995	11		
Ronald Pierre Ruíz Ordinola	02.08.1987	17		
Defenders:				
Joaquín Aldaír Aguirre Luza	24.07.1995	22	(3)	1
Cord Jesús Cleque Sánchez	09.10.1986	12	(2)	
Óscar Alexander Guerra Maldonado	25.03.1985	11	(2)	
Camilo César Jiménez Ballón	02.07.1996	6		
Roderick Alonso Miller Molina (PAN)	03.04.1992	4		1
Jeferson Jesús Navarro Zúñiga	05.08.2000	13	(6)	
Willy Fernando Pretel Santos	20.04.1994	2	(3)	
Jesús Giancarlos Rabanal Dávila	25.12.1984	12		1
Janeiler Rivas Palacios (COL)	18.05.1988	18		2
Jeremy Martín Rostaing Verástegui	23.05.1995	19	(2)	1
Jorge Luis Taboada Saenz	01.03.1987	7	(1)	
Midfielders:				
Gustavo Romario Aliaga Romero	04.02.1991	1	(6)	
Brayan Alfredo Guevara Uchofen	05.05.1998	2	(4)	
Diego Ariel Manicero (ARG)	24.05.1985	26		6
Cristian Adrián Mejía Quintanilla	15.02.1992	19	(5)	2
Ayrthon Carlos Edú Quintana Azalde	14.03.2001	2	(1)	
Mario Jorge Soto Weninger	19.04.1987	2	(2)	
Josimar Hugo Vargas García	06.04.1990	24		
José Fernando Villalobos Montenegro	05.06.1999		(1)	
Forwards:				
Iván Bulos Guerrero	20.05.1993	3	(9)	2
José Aurelio Gonzáles Vigil Bentin	01.03.1996	3	(16)	2
Juan Diego Gutiérrez De las Casas	28.04.1992	11	(4)	
Álvaro Eduardo Medrano Chuchuca	23.10.1995	11	(6)	1
Brahyan Alexis Montenegro Díaz	28.05.1997	1	(5)	
Facundo Manuel Carlos Parra (ARG)	15.06.1985	18	(1)	4
Luis Alberto Perea Pérez (COL)	09.03.1986	5		1
Carlos Alberto Preciado Benítez (COL)	30.03.1985	12	(4)	1
Aryan Issait Romaní Velasco	12.07.2001	14	(2)	4
Joffre Vásquez Vera	21.05.1991		(5)	
Trainer:				
Orlando Edson Lavalle Zamora [31.12.2019-19.09.2020]	22.06.1969	13		
Juan Carlos Bazalar Cruzado [23.09.-08.11.2020; Sacked]	23.02.1968	10		
Iván Chávez Siancas [08-11.11.2020; Caretaker]		1		
Daniel Alberto Valderrama Brenis [from 13.11.2020]	05.08.1970	4		

CLUB CIENCIANO CUSCO

Foundation date: July 8, 1901
Address: Colegio Ciencias 2do piso, Plaza San Francisco S/N, Cusco
Stadium: Estadio Inca Garcilaso de la Vega, Cusco – Capacity: 45,000

THE SQUAD

	DOB	M	(s)	G
Goalkeepers:				
Juniors Branco Barbieri García	20.01.1996	1		
Daniel Andrés Ferreyra Silva (ARG)	22.01.1982	25		
Luis Cristian Ortíz Lovera	09.06.1990	2		
Defenders:				
José Adalberto Cuero García (COL)	30.03.1990	6	(3)	2
Lampros Kontogiannis Gómez (MEX)	01.08.1988	24		
Juan Diego Lojas Solano	23.04.1989	11	(4)	
Rosmel Enríque Perleche Romero	04.06.1995	6		
Ángelo Matías Pizzorno Bracco (URU)	21.10.1992	25		2
Deyair Reyes Contreras	04.03.1992	7	(5)	
Javier Bohuslav Salazar Tejada	10.03.1982	6	(7)	
Luis Enrique Trujillo Ortíz	27.12.1990	25		3
Midfielders:				
Junior Alejandro Aguirre Ramírez	18.01.1992	1	(5)	
Abdiel Armando Ayarza Cocanegra (PAN)	12.09.1992	21		6
Luis Gabriel García Uribe Uribe	05.06.1988	21	(3)	6
Renato Garcia Uribe	07.02.1994	4	(3)	
Inti Amaru Garrafa Tapía	10.09.1995	3	(2)	
Damián Ismodes Saravia	10.03.1989	10	(1)	2
Edison Antony Kuncho Ynchcsana	12.02.1996	12	(6)	
Pier Antonio Larrauri Conroy	26.03.1994	10	(12)	2
Jorge Luis Molina Cabrera	05.03.1987	20		
Jhony Alberto Obeso Panduro	02.06.1991	3	(1)	
Rudy Palomino Jordán	23.07.1998	2	(2)	
Sharif Aaron Ramírez Naupari	13.03.2003	1		
Paulo Henrique Rodríguez	17.03.2003		(1)	
Diego Adolfo Temoche Linares	02.04.2000	3	(3)	
Benjamín Ubierna Barandiarán	22.11.1991	5		
Forwards:				
Miguel Ángel Curiel Arteaga	23.03.1988	13	(9)	4
Bruno Henrique Díaz	12.08.1999		(1)	
Oscar Matías Franco Lugo (PAR)	17.11.1992		(3)	
Breno Rodrigo Naranjo Guerrini	26.01.1996	9	(6)	1
Erick Anthony Perleche Cruzado	15.08.2000	14	(6)	
Juan Bautista Romagnoli (ARG)	20.06.1996	7	(1)	4
Adrián Martín Ugarriza Tello	01.01.1997	11	(5)	3
Trainer:				
Marcelo Fabián Grioni (ARG) [from 11.06.2019]	27.06.1966	28		

CUSCO FÚTBOL CLUB

Foundation date: July 16, 2009
Address: Calle Bellavista L 4, Residencial Huancaro, Cusco
Stadium: Estadio "Túpac Amaru", Cusco – Capacity: 15,230

THE SQUAD	DOB	M	(s)	G
Goalkeepers:				
Ricardo Daniel Farro Caballero	06.03.1985	2	(1)	
Carlos Aldair Gómez Urrutia	18.09.1997	5		
Juan Miguel Pretel Sánchez	05.11.1983	21		
Defenders:				
Jair Edson Céspedes Zegarra	22.05.1984	27		
Bryan Khristopher Chahuaylla Ccorimanya	28.10.2000	2	(1)	
Edinson José Chávez Quiñónez	20.11.1993	18	(1)	
Marcos Abner Delgado Ocampo	17.02.1989	16	(2)	
José André Guidino Otero	04.09.1996	2	(7)	
Carlos Alexander Orbe Gastelu	17.02.2000	1		
Marco Antonio Saravia Antinori	06.02.1999	18		1
Jorge Jair Toledo Bravo	22.06.1996	10	(2)	
José Junior Velásquez Huillca	29.10.1998		(2)	
Yordi Eduardo Vilchez Cienfuegos	13.02.1995	7	(1)	1
Midfielders:				
Eduardo Lorenzo Aranda (PAR)	28.01.1985	5	(2)	
Josimar Jair Atoche Bances	29.09.1989	20	(1)	
Miguel Ángel Aucca Cruz	10.08.1998	4	(1)	
Miguel Alexander Carranza Macahuachi	03.11.1995	9	(13)	3
Erick Paul Gonzáles Aponte	11.04.1996	14	(5)	1
Pedro Guillermo Gutiérrez Montero	05.10.1991	2	(6)	
Junior William Mimbela Cáceres	15.05.1992	5	(6)	
Brandon Roberto Palacios Bustamante	26.03.1998	2	(8)	1
Miguel Ángel Paniagua Rivarola (PAR)	14.05.1987	18	(1)	1
Alfredo Sebastian Ramúa (ARG)	04.09.1986	23	(2)	2
Jairo Enrique Uscamayta Vásquez	24.08.2001	2		1
Oswaldo Josúe Valenzuela Dileo	20.12.2000	18	(1)	
Forwards:				
Franco Emanuel Boló (ARG)	04.02.1994	7	(8)	
Danilo Ezequiel Carando (ARG)	05.08.1988	24	(3)	14
James Christian Morales Sequeiros	12.04.2000	1	(4)	
Carlos Fabián Pando Espinoza	15.01.2002			
Janio Carlo Pósito Olazábal	10.10.1989	6	(12)	4
José Daniel Rivera Martínez	08.05.1997	14	(6)	8
Ray Anderson Sandoval Baylón	13.02.1995	5	(2)	1
Trainer:				
Javier Silvano Arce Arias [12.09.201903.03.2020; Sacked]	28.02.1957	5		
Carlos Ramaciotti (ARG) [05.03.-09.09.2020]	29.05.1955	5		
Francisco Melgar Roose [09.09.-01.10.2020]	20.06.1973	6		
Carlos Ramaciotti (ARG) [from 07.10.2020]	29.05.1955	12		

490

ESCUELA MUNICIPAL DEPORTIVO BINACIONAL DESAGUADERO

Foundation date: December 18, 2010
Address: *Not available*
Stadium: Estadio "Guillermo Briceño Rosamedina", Juliaca – Capacity: 20,030

THE SQUAD

	DOB	M	(s)	G
Goalkeepers:				
Raúl Omar Fernández Valverde	06.10.1985	24		
Michael Anthony Sotillo Cañari	23.09.1984	3		
Defenders:				
Diego Fernando Angles Quispe	20.02.1996	1	(8)	
Nery Rubén Bareiro Zorrilla (PAR)	03.03.1988	3	(1)	
John Anderson Fajardo Pinchi	24.02.1989	19	(2)	
Éder Alberto Fernández Esquivel	17.10.1988	10	(1)	
Camilo Javier Mancilla Valencia (COL)	26.03.1993	14	(1)	
Paolo Anthony Méndez Sánchez	05.11.1998		(4)	
Felipe Arturo Mesones Bayona	08.11.1994	10	(2)	2
Diego Armando Otoya Grandez	07.05.1991	1	(2)	
Ángel Arturo Pérez Madrid	07.10.1989	16	(1)	1
Jeickson Gustavo Reyes Aparcana	09.10.1987	22		
Midfielders:				
Johan Leandro Arango Ambuila (COL)	05.02.1991	17	(4)	7
Roque Ariel Guachiré Lugo (PAR)	05.05.1995	9	(9)	3
Pablo Stefano Labrín Seclen	29.06.2000	20		
Dahwling Leudo Cossio (COL)	24.07.1989	20		3
Edson Aldair López Rubina	03.08.1996		(2)	
Reimond Orangel Manco Albarracín	23.08.1990	6		
Mauricio Daiki Matzuda Gusukuda	03.01.2000	6	(3)	
Ángel Ojeda Allauca	11.08.1992	20	(2)	2
Andy Jeferson Polar Paredes	17.02.1997	12	(2)	2
Omar Ernesto Reyes Burga	13.12.1988		(1)	1
Ángel Elías Romero Iparraguirre	09.08.1990	9	(7)	
Yorkman Hiromi Tello Hayashida	21.07.1989	23		2
Forwards:				
Jean Carlos Francisco Deza Sánchez	09.06.1993	11	(3)	
Gerardo Sebastián Gularte Fros (URU)	21.05.1990	8	(8)	3
Anthony Roberth Osorio Del Rosario	26.04.1998	1	(8)	
Marco Aldair Rodríguez Iraola	06.08.1994	8	(1)	6
Héctor Alipio Zeta Lacherre	15.05.1994	4	(15)	2
Trainer:				
César Eduardo Vigevani Martínez (ARG)[01.01.-10.02.2020;Resigned]	30.08.1974	2		
Willy Ismael Escapa Gómez [11.02.-24.02.2020; Caretaker]		2		
José Flabio Torres Sierra (COL) [24.02.-08.09.2020]	07.12.1970	5		
Javier Silvano Arce Arias [08.09.-26.10.2020]	28.02.1957	10		
Luis Alberto Flores Villena [from 29.10.2020]	18.08.1964	8		

CLUB SOCIAL CULTURAL DEPORTIVO LLACUABAMBA
Foundation date: February 15, 2011
Address: *Not available*
Stadium: Estadio "Héroes de San Ramón", Cajamarca – Capacity: 18,000

THE SQUAD

	DOB	M	(s)	G
Goalkeepers:				
Mario Fabián Ovando Colmán (PAR)	22.02.1991	7	(1)	
Daniel Arturo Prieto Solimano	18.09.1995	3		
Miguel Gabriel Ramírez Pichilingue	05.04.1991	18		
Defenders:				
Manuel Arturo Calderón Maraví	28.01.1990	14	(1)	
Christian Alberto Cerna Salas	20.01.1995	1	(1)	
Humberto Antonio Mendoza Quiñónez (COL)	02.10.1984	12	(2)	2
Álvaro Franco Olaya Rosales	25.07.1993	5	(1)	
Jorge Nicolás Raguso Sánchez (URU)	02.01.1992	23	(1)	2
Marlon Brayan Ruidias Cutipa	13.05.1999	7	(1)	
Kelvin Denis Sánchez Vásquez	03.01.1999	12	(4)	
Félix Josimar Uculmana Aliaga	25.02.1991	17	(1)	1
Jaime Vásquez Ramírez	21.02.1991	16		
Jimmy Jhonathan Vásquez Boluarte	25.09.1994	9	(1)	
Midfielders:				
Segundo Henry Acevedo Arana	18.02.1994	9	(4)	1
Gianluca di Laura la Torre	30.11.1990	3		
Félix Eduardo Espinoza Vega	08.05.1999		(1)	
Miguel Ángel Otero Palacios	10.06.1990		(3)	
Yerson Alexis Pachas Eras	24.11.1998	11		
Keyvín Rubén Paico Dios	08.04.1995	9	(5)	
Diego Pérez Zúñiga	03.09.2000	1	(7)	
Jardy Portocarrero Sajami	10.05.1991	3	(7)	
Fabrizio Roca	20.03.2002	1	(1)	
César Augusto Ruiz Sánchez	10.01.1990	10	(10)	1
Alexander Gustavo Sánchez Reyes	06.06.1983	4	(1)	
Javier Alejandro Trauco Ramírez	22.05.1991	8	(5)	4
Niger Josset Vega Argomedo	06.08.1993	20	(1)	1
César Junior Viza Seminario	04.03.1985	2	(10)	
Forwards:				
Christian Edgardo Adrianzen Gómez	21.03.1994	4	(5)	
Arly Anderson Benítes Torres	15.02.1997	9	(1)	1
Francisco José Bustamante Abad	15.01.2000	20	(4)	5
Daniel Mackensi Chávez Castillo	08.01.1988	4	(7)	3
Diago André Salomón Portugal Miranda	23.02.1991		(8)	
Kevin Osvaldo Santamaría Guzmán (SLV)	11.01.1991	16	(3)	6
Álex Eduardo Valera Sandoval	16.05.1996	21		9
Maximiliano Alejandro Velasco (ARG)	19.06.1990	9	(13)	5
Trainer:				
Néstor Rolando Clausen (ARG) [10.01.-01.03.2020; Sacked]	29.09.1962	5		
Néstor William Otero Carvajal (COL) [02.03.-27.09.2020; Sacked]	18.09.1955	8		
Alberto Agustín Castillo Gallardo [from 27.09.2020]	05.05.1963	15		

CLUB CENTRO DEPORTIVO MUNICIPAL LIMA

Foundation date: July 27, 1935
Address: *not available*
Stadium: Estadio Olímpico de la Universidad Nacional Mayor de San Marcos, Lima – Capacity: 32,000

THE SQUAD

	DOB	M	(s)	G
Goalkeepers:				
Hairo José Camacho Cumpa	05.04.1994	1		
Diego Melián de León (URU)	04.11.1991	27		
Defenders:				
Rotceh Américo Aguilar Rupany	12.06.2001	13	(3)	1
Renzo José Ignacio Alfani (ARG)	18.02.1996	16		2
José Eduardo Caballero Bazán	31.03.1997	21		1
Yhirbis Yosec Córdova Guizasola	03.01.1991	21	(1)	1
Cristian Gabriel Dávila Ríos	06.07.1990	5		
David Alonso Díaz Colunga	12.03.1991	16	(2)	
Jorge Alejandro Torres Bohórquez	26.07.1999	13	(2)	
Freddy Alonso Yovera Pérez	11.02.2001	1	(1)	
Midfielders:				
Jean Pierre Archimbaud Arriarán	16.08.1994	24		3
Adrián Ademir Ascues Earl	15.11.2002		(5)	
Juan Jeremías Bogado Britos (PAR)	04.07.1995	9	(8)	2
David Josue Dioses Agurto	20.02.1996	14	(4)	
Jhojan Humberto Domínguez Tasayco	09.07.2000	6	(14)	
Matías Alberto Mansilla (ARG)	21.01.1996	22	(3)	
Eduardo Alejandro Pita Herrera	06.06.1998	4	(2)	
Masakatsu Sawa (JPN)	12.01.1983	1	(9)	
Aarón Douglas Torres Morales	24.04.1997	7	(4)	
Mario Alfonso Velarde Pinto	03.07.1990	23	(3)	1
Rodrigo Gary Vilca Betetta	12.03.1999	12	(1)	3
Forwards:				
Paulo Sergio Gallardo Olmos	29.01.2001		(5)	
Rafael Meza Behr	08.03.2000		(2)	1
Andy Robert Pando García	28.07.1983	4	(15)	2
Italo Estuard Regalado Algendones	15.09.1995	9	(13)	1
Douglas Junior Ross Santillana	19.02.1986	15	(8)	
Juan Matías Succar Cañote	16.02.1999	24	(2)	11
Trainer:				
Víctor Hugo Rivera Coronado [07.12.2017-02.12.2020]	10.11.1968	28		

FOOT BALL CLUB MELGAR AREQUIPA

Foundation date: March 25, 1915
Address: Calle Consuelo 414, Arequipa
Stadium: Estadio Monumental de la UNSA, Arequipa – Capacity: 45,000

THE SQUAD	DOB	M	(s)	G
Goalkeepers:				
Carlos Enrique Cáceda Ollaguez	27.09.1991	18		
Angelo Ademir Campos Turriarte	27.04.1994	10		
Defenders:				
Alec Hugo Deneumostier Ortmann	05.05.1999	16	(1)	
Paolo Fuentes Varcárel	11.05.1997	10	(1)	1
Pedro Guillermo Ibáñez Gálvez	16.01.2001	5	(3)	
Matías Fernando Lazo Zapata	11.07.2003	1		
Leonardo William Mifflin Cabezudo	04.01.2000	13	(4)	
Carlos Roberto Neyra Layva	24.05.1995	17	(2)	
Hernán Darío Pellerano (ARG)	04.06.1984	14	(1)	1
Eduardo Valentin Rabanal Jaramillo	30.01.1997	8		
Paolo Alessandro Reyna Lea	13.10.2001	18		
Midfielders:				
Emanuel Joel Amoroso (ARG)	08.01.1988	22	(3)	4
Alexis Arias Tuesta	13.12.1995	24		1
Edson Diego Aubert Cervantes	14.11.1988	16	(7)	
Daniel Fabricio Cabrera Ramírez	17.09.1997	2	(18)	1
Paulo Hernán Junior Hinostroza Vásquez	21.12.1993	3	(6)	
Pablo Nicolas Míguez Farre (URU)	19.06.1987	20	(2)	
Jesús Emanuel Pretell Panta	26.03.1999	9	(1)	1
Joel Melchor Sánchez Alegría	11.06.1989	25	(1)	6
Walter Angello Tandazo Silva	14.06.2000		(12)	
Omar Alejandro Tejeda López (MEX)	22.08.1988	1	(10)	2
Forwards:				
Hideyoshi Enrique Arakaki Chinen	02.01.1998	5	(4)	2
Othoniel Arce Jaramillo (MEX)	08.11.1989	21	(5)	13
Irven Beybe Ávila Acero	02.07.1990	14	(10)	5
Michel Ademir Rasmussen Grados	14.08.1999	2	(7)	
Emilio Esteban Saba Fassioli	26.03.2001		(2)	
Jhonny Víctor Vidales Lature	21.04.1992	14	(11)	3
Trainer:				
Carlos Julio Bustos (ARG) [02.12.2019-24.09.2020; Sacked]	16.04.1966	13		
Marco Antonio Valencia Pacheco [from 24.09.2020]	01.08.1971	15		

SPORT BOYS ASSOCIATION CALLAO

Foundation date: July 28, 1927
Address: Calle Jr. Pedro Ruíz Gallo 153, Callao
Stadium: Estadio "Miguel Grau", Callao – Capacity: 17,000

THE SQUAD

	DOB	M	(s)	G
Goalkeepers:				
Jeremy Giordano Aguirre Minan	01.01.1999	4		
Giacomo Gambetta Sponza	27.09.1998	3		
Jonathan Benito Medina Angulo	29.04.1993	21		
Defenders:				
Alberto Benjamín Ampuero Aróstegui	05.08.2000	7		
Adán Adolfo Balbín Silva	13.10.1986	11	(2)	
Paolo Giancarlo de la Haza Urquiza	30.11.1983	21	(1)	1
Pedro Daniel García Reategui	16.02.2000	9	(3)	
Joao Luis Ortiz Pérez (CHI)	10.02.1991	17	(3)	
Hansell Argenis Riojas La Rosa	15.10.1991	21	(2)	1
Manuel Angel Tejada Medina	12.01.1989	17	(3)	
Adrián Zela Terry	20.03.1989	4		
Midfielders:				
Luis Enrique Cáceres Centurión (PAR)	16.04.1988	8	(10)	1
Fernando José Caro Espino	12.11.2000	2	(2)	
Heiner Jesús Chávez Salazar	05.03.1986	17	(1)	2
Joaquín Alberto García Broggi	22.04.1999	2	(1)	
Josuee Jesús Herrera Taber	04.02.1999	1	(6)	
Fredy Alejandro Oncoy Huarote	29.09.2000	15	(7)	
Yordan Hernando Moisés Quintanilla Cáceres	30.07.2000	2	(5)	
Luis Alberto Ramírez Lucay	10.11.1984	20	(3)	1
Piero Luis Ratto Caballero	11.05.1998	14	(8)	
Claudio Torrejón Tineo	14.05.1993	22	(1)	1
Jean Carlo Tragodara Gálves	16.12.1985	5	(1)	1
Eduardo Alberto Uribe Oshiro	02.09.1985	8	(12)	1
Forwards:				
Ignacio Nicolás Huguenet (ARG)	05.05.1998	16	(7)	3
Sebastián Ariel Penco (ARG)	22.09.1983	17	(3)	14
Leonardo Gabriel Ruíz Serpa	09.12.2000	1	(8)	
Walter Junior Vásquez Rios	28.08.1998	4	(7)	1
Claudio Daniel Villagra (ARG)	02.01.1996	19	(4)	5
Trainer:				
Marcelo Vivas (ARG) [09.07.2019-13.09.2020; Resigned]	08.02.1966	11		
Luis Alberto Hernández Díaz [15-22.09.2020; Resigned]	15.02.1981	2		
Teddy Armando Cardama Sinti [from 23.09.2020]	15.08.1966	15		

DEPORTIVO SPORT HUANCAYO

Foundation date: February 7, 2007
Address: Jr. Loreto N° 839 - 2do. Piso - Huancayo
Stadium: Estadio Huancayo, Huancayo – Capacity: 20,000

THE SQUAD	DOB	M	(s)	G
Goalkeepers:				
Eder Alberto Hermoza Guevara	04.04.1990	2		
Federico Ariel Nicosia (ARG)	05.02.1990	5		
Joel Ademir Pinto Herrera	05.06.1980	21		
Defenders:				
Hugo Alexis Ademir Ángeles Chávez	18.12.1993	19	(1)	
Víctor Julio Rodolfo Balta Mori	30.01.1986	15	(1)	1
Carlos Alberto Caraza Pérez	14.11.1985	15	(11)	
Giancarlo Carmona Maldonado	12.10.1985	18	(5)	1
Anthony Marcelo Fuentes Paucar	24.02.2000	8	(3)	
Hervé Kambou (CIV)	01.05.1985	12	(2)	
Palanqueta Valoyes Córdoba (COL)	30.11.1986	20		2
Joseph Angie Vega Quiroz	09.12.1994	10	(2)	
Midfielders:				
Milton Rodrigo Benítez Lirio (PAR)	30.03.1986	3	(7)	1
Marco Alexander Lliuya Cristobál	27.03.1992	24	(2)	1
Daniel Fabio Morales Quispe	28.04.1992	15	(2)	4
Víctor Manuel Peña Espinoza	14.10.1987	14	(11)	1
Alfredo Junior Rojas Pajuelo	01.05.1991	19	(4)	
Ricardo Enrique Salcedo Smith	23.03.1990	3		
Marcio Andre Valverde Zamora	23.10.1987	17	(3)	6
Moises Aldair Velásquez Gamboa	24.02.1999	9	(7)	
Leonardo Marcelo Villar Callupe	18.03.2000	11	(11)	
Forwards:				
Jorge Luis Bazán Lazarte	23.03.1991	11	(8)	
Luis Enrique Campos Mendiola	16.11.2000	2	(10)	2
Gibson Fuentes Pando	30.06.1999		(3)	
Ronal Omar Huaccha Jurado	20.12.1993	9	(9)	3
Charles Junior Monsalvo Peralta (COL)	26.05.1990	8	(6)	5
Carlos Ariel Neumann Torres (PAR)	03.01.1986	11	(10)	3
Carlos Esteban Ross Cotal (CHI)	23.11.1990	7		1
Trainer:				
Elar Wilmar Elisban Valencia Pacheco [from 19.12.2019]	27.10.1961	28		

CLUB SPORTING CRISTAL LIMA

Foundation date: December 13, 1955
Address: Calle 18 s/n, La Florida, Rímac, Lima
Stadium: Estadio "Alberto Gallardo", San Martín de Porres – Capacity: 18,000

THE SQUAD

	DOB	M	(s)	G
Goalkeepers:				
Patricio Leonel Álvarez Noguera	24.01.1994	2		
Emile Patricio Franco Vernooy	11.03.2000	4	(1)	
Renato Alfredo Solis Salinas	28.01.1998	27		
Defenders:				
Carlos Miguel Cabello Anagua	22.09.1997	7	(9)	
Gianfranco Chávez Massoni	10.08.1998	30	(1)	2
Carlos Junior Huerto Saavedra	26.04.1999	5	(3)	
Carlos Jhilmar Lora Saavedra	24.10.2000	4		
Nilson Evair Loyola Morales	26.10.1994	24	(1)	1
Rafael Julián Lutiger Vidalón	03.07.2001	1		
Johan Arturo Alexander Madrid Reyes	26.11.1996	18	(9)	
Omar Jesús Merlo (ARG)	12.06.1987	30		3
Renzo Revoredo Zuazo	11.05.1986	14	(12)	
Midfielders:				
Horacio Martín Calcaterra (ARG)	22.02.1989	28		3
Jesús Abdallah Castillo Molina	11.06.2001	6	(13)	
Jorge Luis Cazulo (URU)	14.02.1982	19	(8)	4
Christofer Gonzáles Crespo	12.10.1992	17	(2)	5
José María Alberto Inga Guerrero	07.09.1999	3	(7)	
Jhilmar Augusto Lobatón Espejo	22.05.1998		(2)	1
Jhon Lorens Marchán Cordero (VEN)	02.09.1998	6	(14)	3
Aryan Issait Romaní Velasco	12.07.2001	1		
Kevin Armando Sandoval Laynes	03.05.1997	14	(12)	4
Diego Paolo Soto Vidarte	31.08.2001	1		
Gerald Martin Távara Mogollón	25.03.1999	28		2
Forwards:				
Washington Bryan Corozo Becerra (COL)	09.07.1998	26	(2)	8
Joao Alberto Grimaldo Ubidia	20.02.2003		(1)	
Emanuel Herrera (ARG)	13.04.1987	31	(1)	20
Carlos Percy Liza Espinoza	10.04.2000		(9)	2
Christopher Robin Olivares Burga	03.04.1999	14	(12)	8
Christian Jonatan Ortíz López (ARG)	20.08.1992	1		1
Ray Anderson Sandoval Baylón	13.02.1995	2	(2)	
Trainer:				
Manuel Francisco Barreto Sayán [12.09.2019-20.02.2020; Sacked]	12.09.1982	3		
Jorge Antonio Soto Gómez [20-23.03.2020; Caretaker]	27.10.1971	1		
Roberto Orlando Mosquera Vera [from 23.02.2020]	21.06.1956	29		

CLUB DEPORTIVO UNIVERSIDAD CÉSAR VALLEJO TRUJILLO

Foundation date: January 6, 1996
Address: Avenida Víctor Larco 1700, Trujillo
Stadium: Estadio Mansiche, Trujillo – Capacity: 25,036

THE SQUAD

	DOB	M	(s)	G
Goalkeepers:				
Máximo Saúl Rabines Terrones	05.07.1993	3		
Patrick Sergei Zubczuk Meléndez	21.02.1995	25		
Defenders:				
Emiliano José Ciucci Marino (ARG)	07.04.1986	10	(1)	
Leandro Roberto Fleitas Ovejero (ARG)	29.12.1983	27		
Ángel Gabriel Flores Alarcón	10.07.2001	2	(2)	1
Renzo Renato Garcés Mori	12.06.1996	20		
Erick Stalin Morillo Calderón	19.02.2000	19	(6)	1
Christian Guillermo Martín Ramos Garagay	04.11.1988	13	(1)	1
Pedro Paulo Requena Cisneros	24.01.1991	2	(8)	
Elsar Rodas Mendoza	28.02.1994	18	(8)	2
Jerson Vásquez Shapiama	05.03.1986	18		2
Midfielders:				
Victor Andrés Cedrón Zurita	06.10.1993	22	(1)	2
Arquímedes José Figuera Salazar (VEN)	06.10.1989	19	(1)	
Ángel Franchesco Flores Ayo	15.06.2001		(2)	
Raziel Samir Fernando García Paredes	15.02.1994	8	(10)	
José Miguel Manzaneda Pineda	10.09.1994	9	(7)	1
Ronald Jhonatan Quinteros Sánchez	28.06.1985	12	(10)	1
Jorge Luis Emerson Ríos Guevara	07.12.1999	2	(5)	
Jairo David Vélez Cedeño (ECU)	21.04.1995	21	(2)	5
Frank Joseph Ysique Alguedas	20.06.1996	26		2
Forwards:				
Víctor Marcelino Aquino Romero (PAR)	26.11.1985	7	(15)	3
Sebastián Milton La Torre Miranda	29.09.1998		(4)	
Yorleys Mena Palacios (COL)	20.07.1991	25	(2)	19
Jair Paolo Rivera Jaramillo	03.02.2001		(3)	
Trainer:				
José Guillermo Del Solar Álvarez Calderón [from 01.02.2018]	28.11.1967	28		

CLUB DEPORTIVO UNIVERSIDAD SAN MARTÍN DE PORRES

Foundation date: January 21, 2004
Address: Avenida Las Calandrias, Santa Anita, Lima
Stadium: Estadio "Alberto Gallardo", San Martín de Porres – Capacity: 18,000

THE SQUAD

	DOB	M	(s)	G
Goalkeepers:				
Diego Alonso Penny Valdez	22.04.1984	26		
Pedro Andre Shigueishi Ynamine Kitano	14.10.1998	2	(1)	
Defenders:				
Luis Fernando Garro Sánchez	20.07.1996	12	(8)	
Mathias Daniel Llontop Diáz	22.05.2002	3		
José Félix Luján Feijoo	12.01.1997	23		
Jefferson Carlos Portales Lavalle	29.11.1997	13	(5)	
Saúl Yonatan Salas Carrillo	10.10.1994	18	(5)	1
Werner Luis Schuler Gamarra	27.07.1990	21	(1)	3
Jhon Richard Vega Ramos	21.03.1995	26	(1)	
Midfielders:				
Alfonso Daniel Barco Del Solar	07.12.2001	4	(10)	
Héctor Rodrigo Bazán Cieza	15.11.2001	1	(6)	
Jairo Jair Concha Gonzáles	27.05.1999	27		3
Jordan Marcelo Guivin Tanta	23.02.1998	25		7
Yamir Edhu Oliva Rodríguez	17.01.1996	19	(6)	3
Oscar Manuel Pinto Marín	20.01.2002		(6)	
Piero Antonio Vivanco Ayala	17.01.2000		(3)	1
Franco Zanelatto Tellez (PAR)	09.05.2000	10	(8)	1
Forwards:				
José Vidal Bolivar Ormeño	17.01.2000	23		
Nicolás Amaedo Figueroa Rodríguez	24.05.2002	10	(14)	2
Gaspar Gentile (ARG)	16.02.1995	20	(1)	3
Sebastián Gonzáles Zela	06.12.1999	15	(5)	5
Mohamed Karamoko (CIV)	25.01.2002	3	(9)	
Marcelo Olivera (ARG)	04.01.1999	1	(4)	
Santiago Edgardo Rebagliatti Patroni	01.08.1996	6	(12)	3
Trainer:				
Héctor Pablo Bidoglio (VEN) [from 13.12.2019]	05.02.1968	28		

CLUB CULTURAL Y DEPORTIVO UNIVERSIDAD TÉCNICA DE CAJAMARCA

Foundation date: July 14, 1964
Address: *Not available*
Stadium: Estadio "Héroes de San Ramón", Cajamarca – Capacity: 18,000

THE SQUAD

	DOB	M	(s)	G
Goalkeepers:				
Salomón Alexis Libman Pastor	25.02.1984	28		
Defenders:				
Roberto Efraín Koichi Aparicio Mori	06.06.1993	18		1
Carlos Stefano Diez Lino	18.04.1996	25	(1)	
Josué Daniel Estrada Aguilar	07.09.1996	28		3
Adrián Júnior Gutiérrez Toledo	20.02.2000	15	(1)	
Delio Ramon Ojeda Ferreira (PAR)	25.09.1985	25		
Nicolás Darío Ortíz (ARG)	04.03.1995	22		1
Josué Alberto Rodríguez Malpartida	13.05.1993	11		
José Leonardo Rugel Morán	02.06.2001	2		
Christian James Vásquez Pérez	15.10.1999	3	(4)	
Midfielders:				
Rick Antonny Campodónico Pérez	10.01.1996	6	(6)	
José Aldair Cotrina Uculmana	08.08.1997	1	(2)	
Paulo César Goyoneche Yaranaga	08.04.1993	16	(8)	
Paulo César Goyoneche Yaranaga	24.10.1992	3	(1)	
Andy Jhans Huamán Grandez	04.07.2001	2		
Gerardo Daniel Martínez (ARG)	11.04.1991	10	(4)	1
Fernando Darey Pérez Giuria	28.06.1996	4	(10)	
Kevin Alejandro Ruíz Rosales	14.02.1995	10	(3)	2
Sebastián Ternero Pacheco	03.04.1997		(5)	
Emiliano Lionel Trovento (ARG)	10.01.1995	5	(5)	3
Carlos Iván Uribe Zambrano	25.03.1992	1	(3)	
Forwards:				
Renato Espinoza Torres	06.07.1998	7	(15)	3
Mauro Guevgeozián (ARM)	10.05.1986	25		15
Luis Enrique Iberico Robalino	06.02.1998	23		6
Érinson Raimundo Ramírez Manrique	15.03.1998	18	(4)	7
Carlos Alberto Ruíz Gutierrez	25.01.2002		(1)	
Trainer:				
Franco Enrique Navarro Monteiro [from 28.11.2019]	10.11.1961	28		

CLUB UNIVERSITARIO DE DEPORTES LIMA

Foundation date: August 7, 1924
Address: Avenida Javier Prado Este, 77 Ate-Vitarte, Lima
Stadium: Estadio Monumental del Perú, Lima – Capacity: 80,093

THE SQUAD

	DOB	M	(s)	G
Goalkeepers:				
José Aurelio Carvallo Alonso	16.03.1986	23		
Diego Alonso Romero Cachay	17.08.2001	7		
Defenders:				
Federico Damián Alonso (URU)	04.04.1991	14		2
Diego Armando Chávez Ramos	07.03.1993	15	(2)	
Aldo Sebastián Corzo Chávez	20.05.1989	19		2
Junior César Morales Reyes	22.06.1996	3	(1)	
Nelinho Minzúm Quina Asín	11.05.1987	28		1
Iván Diego Santillán Atoche	06.05.1991	24	(2)	4
Luis Leonardo Valverde Ledesma	07.04.2000	5	(10)	
Brayan Esleyter Velarde Hernández	18.02.1999	9		
José Fernando Zevallos Villanueva	13.01.1999	3	(3)	
Midfielders:				
Armando André Alfageme Palacios	03.11.1990	19	(3)	
Jesús Miguel Barco Bozzeta	09.03.1997	14	(10)	1
Gerson Alexis Barreto Gamboa	18.08.1995	21	(5)	
Nelson Jhonny Luis Cabanillas Jésus	08.02.2000	1	(2)	
Mathías Petter Carpio Ferro	15.11.2002		(3)	
Paulo César De La Cruz	22.10.1999	1	(6)	
Rafael Nicanor Guarderas Saravia	12.09.1993	10	(6)	
Donald Diego Millán Rodríguez (COL)	21.03.1986	24	(4)	4
Alberto Abdiel Quintero Medina (PAN)	18.12.1987	27	(2)	3
Forwards:				
Luis Carlos Chávez Portilla	10.06.2000		(1)	
Jonathan David Dos Santos Duré (URU)	18.04.1992	18	(4)	12
Alejandro Hohberg González	20.09.1991	24	(3)	13
Alexander Succar Cañote	12.08.1995	12	(9)	3
Luis Alfredo Urruti Giménez (URU)	11.09.1992	9	(12)	6
Trainer:				
Gregorio Elso Pérez Perdigón (URU) [03.12.2019-12.06.2020]	16.01.1948	6		
Ángel David Comizzo Leiva (ARG) [from 06.06.2019]	27.04.1962	24		

SECOND LEVEL
Liga 2 de Fútbol Profesional del Perú 2020

1. Club Sport Unión Huaral	9	5	3	1	20	-	14	18
2. Sport Chavelines Juniors	9	5	2	2	14	-	8	17
3. CS Alianza Atlético Sullana	9	5	2	2	16	-	11	17
4. Club Juan Aurich de Chiclayo	9	5	1	3	14	-	12	16
5. Pirata FC Chiclayo	9	4	3	2	15	-	10	15
6. CSDC Comerciantes Unidos Cutervo	9	3	3	3	14	-	12	12
7. CD Unión Comercio Nueva Cajamarca	9	3	2	4	10	-	12	11
8. Club Deportivo Coopsol Lima	9	2	2	5	5	-	10	8
9. Santos FC Ica	9	1	3	5	14	-	20	6
10. CD Cultural Santa Rosa Andahuaylas	9	1	1	7	6	-	19	4

Teams ranked 1-4 were qualified for the Championship Play-offs.

Play-offs

Semi-Fnals [23.12.2020]
Sport Chavelines Juniors - CS Alianza Atlético Sullana 2-4(1-0)
Club Sport Unión Huaral - Club Juan Aurich de Chiclayo 3-4(1-1,2-2)

Final [27.12.2020]
CS Alianza Atlético Sullana - Club Juan Aurich de Chiclayo 2-1(0-0,0-0)

CS Alianza Atlético Sullana promoted for the 2021 Liga 1.

NATIONAL TEAM INTERNATIONAL MATCHES (16.07.2020 – 15.07.2021)

08.10.2020	Asunción	Paraguay - Peru	2-2(0-0)	(WCQ)
13.10.2020	Lima	Peru - Brazil	2-4(1-1)	(WCQ)
13.11.2020	Santiago	Chile - Peru	2-0(2-0)	(WCQ)
17.11.2020	Lima	Peru - Argentina	0-2(0-2)	(WCQ)
03.06.2021	Lima	Peru - Colombia	0-3(0-1)	(WCQ)
08.06.2021	Quito	Ecuador - Peru	1-2(0-0)	(WCQ)
17.06.2021	Rio de Janeiro	Brazil - Peru	4-0(1-0)	(CA)
20.06.2021	Goiânia	Colombia - Peru	1-2(0-1)	(CA)
23.06.2021	Goiânia	Ecuador - Peru	2-2(2-0)	(CA)
27.06.2021	Brasília	Venezuela - Peru	0-1(0-0)	(CA)
02.07.2021	Goiânia	Peru - Paraguay	3-3 aet; 4-3 pen	(CA)
05.07.2021	Rio de Janeiro	Brazil - Peru	1-0(1-0)	(CA)
09.07.2021	Brasília	Colombia - Peru	3-2(0-1)	(CA)

08.10.2020, 22nd FIFA World Cup, Qualifiers
Estadio Defensores del Chaco, Asunción; Attendance: 0
Referee: Néstor Fabián Pitana (Argentina)
PARAGUAY - PERU   **2-2(0-0)**
PER: Pedro David Gallese Quiroz (63/0), Carlos Augusto Zambrano Ochandarte (53/4), Luis Jan Piers Advíncula Castrillón (90/1), Miguel Ángel Trauco Saavedra (51/0), Luis Alfonso Abram Ugarelli (21/1), Víctor Yoshimar Yotún Flores (93/3) [87.Andy Jorman Polo Andrade (32/1)], Christian Alberto Cueva Bravo (67/10) [64.Jefferson Agustín Farfán Guadalupe (96/27)], André Martín Carrillo Díaz (67/8) [87.Marcos Johan López Lanfranco (3/0)], Renato Fabrizio Tapia Cortijo (54/3) [87.Sergio Fernando Peña Flores (10/0)], Pedro Jesús Aquino Sánchez (26/3), Raúl Mario Ruidíaz Misitich (44/4) [74.Christofer Gonzáles Crespo (23/2)]. Trainer: Ricardo Alberto Gareca Nardi (Argentina, 68).
Goals: André Martín Carrillo Díaz (52, 85).

13.10.2020, 22nd FIFA World Cup, Qualifiers
Estadio Nacional, Lima; Attendance: 0
Referee: Julio Alberto González Bascuñán (Chile)
PERU - BRAZIL   **2-4(1-1)**
PER: Pedro David Gallese Quiroz (64/0), Carlos Augusto Zambrano Ochandarte (54/4) [*sent off 89*], Luis Jan Piers Advíncula Castrillón (91/1), Miguel Ángel Trauco Saavedra (52/0), Luis Alfonso Abram Ugarelli (22/1), Víctor Yoshimar Yotún Flores (94/3), André Martín Carrillo Díaz (68/9), Renato Fabrizio Tapia Cortijo (55/4) [90.Christian Alberto Cueva Bravo (68/10)], Pedro Jesús Aquino Sánchez (27/3), Christofer Gonzáles Crespo (24/2) [90+1.Miguel Gianpierre Araujo Blanco (18/0)], Jefferson Agustín Farfán Guadalupe (97/27) [90+7.Andy Jorman Polo Andrade (33/1)]. Trainer: Ricardo Alberto Gareca Nardi (Argentina, 69). Please note: Carlos Alberto Cáceda Ollaguez were sent off on the bench (86).
Goals: André Martín Carrillo Díaz (5), Renato Fabrizio Tapia Cortijo (79).

13.11.2020, 22nd FIFA World Cup, Qualifiers
Estadio Nacional „Julio Martínez Prádanos", Santiago; Attendance: 0
Referee: Esteban Daniel Ostojich Vega (Uruguay)
CHILE - PERU   **2-0(2-0)**
PER: Pedro David Gallese Quiroz (65/0), Luis Jan Piers Advíncula Castrillón (92/1), Miguel Ángel Trauco Saavedra (53/0) [76.Christofer Gonzáles Crespo (25/2)], Miguel Gianpierre Araujo Blanco (19/0), Luis Alfonso Abram Ugarelli (23/1), Víctor Yoshimar Yotún Flores (95/3), André Martín Carrillo Díaz (69/9), Renato Fabrizio Tapia Cortijo (56/4) [77.Andy Jorman Polo Andrade (34/1)], Pedro Jesús Aquino Sánchez (28/3) [39.Christian Alberto Cueva Bravo (69/10)], Edison Michael Flores Peralta (52/13) [60.Marcos Johan López Lanfranco (4/0)], Raúl Mario Ruidíaz Misitich (45/4) [60.Gianluca Lapadula Vargas (1/0)]. Trainer: Ricardo Alberto Gareca Nardi (Argentina, 70).

17.11.2020, 22nd FIFA World Cup, Qualifiers
Estadio Nacional, Lima; Attendance: 0
Referee: Wilmar Alexander Roldán Pérez (Colombia)
PERU - ARGENTINA   **0-2(0-2)**
PER: Pedro David Gallese Quiroz (66/0), Aldo Sebastián Corzo Chávez (32/0) [71.Luis Jan Piers Advíncula Castrillón (93/1)], Anderson Santamaría Bardales (18/0), Miguel Trauco Saavedra (54/0), Luis Alfonso Abram Ugarelli (24/1), Víctor Yoshimar Yotún Flores (96/3) [88.Horacio Martín Calcaterra (5/0)], Christian Alberto Cueva Bravo (70/10) [81.Raúl Mario Ruidíaz Misitich (46/4)], André Martín Carrillo Díaz (70/9), Pedro Jesús Aquino Sánchez (29/3) [88.Wilder José Cartagena Mendoza (6/0)], Edison Michael Flores Peralta (53/13) [71.Andy Jorman Polo Andrade (35/1)], Gianluca Lapadula Vargas (2/0). Trainer: Ricardo Alberto Gareca Nardi (Argentina, 71).

03.06.2021, 22nd FIFA World Cup, Qualifiers
Estadio Nacional, Lima; Attendance: 0
Referee: Wilton Pereira Sampaio (Brazil)
PERU - COLOMBIA   **0-3(0-1)**
PER: Pedro David Gallese Quiroz (67/0), Aldo Sebastián Corzo Chávez (33/0) [45+3.Marcos Johan López Lanfranco (5/0)], Christian Guillermo Martín Ramos Garagay (76/3), Luis Jan Piers Advíncula Castrillón (94/1), Miguel Ángel Trauco Saavedra (55/0) [*sent off 45*], Luis Alfonso Abram Ugarelli (25/1), Víctor Yoshimar Yotún Flores (97/3) [65.Gianluca Lapadula Vargas (3/0)], Christian Alberto Cueva Bravo (71/10) [53.Pedro Jesús Aquino Sánchez (30/3)], André Martín Carrillo Díaz (71/9) [65.Raúl Mario Ruidíaz Misitich (47/4)], Renato Fabrizio Tapia Cortijo (57/4), José Paolo Guerrero Gonzales (103/38). Trainer: Ricardo Alberto Gareca Nardi (Argentina, 72).

08.06.2021, 22nd FIFA World Cup, Qualifiers
Estadio "Rodrigo Paz Delgado", Quito; Attendance: 0
Referee: Esteban Daniel Ostojich Vega (Uruguay)
ECUADOR - PERU   **1-2(0-0)**
PER: Pedro David Gallese Quiroz (68/0), Christian Guillermo Martín Ramos Garagay (77/3), Luis Jan Piers Advíncula Castrillón (95/2), Luis Alfonso Abram Ugarelli (26/1), Marcos Johan López Lanfranco (6/0), Víctor Yoshimar Yotún Flores (98/3), Christian Alberto Cueva Bravo (72/11) [79.Luis Enrique Iberico Robalino (1/0)], André Martín Carrillo Díaz (72/9) [90+1.Alexis Arias Tuesta (2/0)], Renato Fabrizio Tapia Cortijo (58/4), Sergio Fernando Peña Flores (11/0) [73.Pedro Jesús Aquino Sánchez (31/3)], Gianluca Lapadula Vargas (4/0) [90+1.José Paolo Guerrero Gonzales (104/38)]. Trainer: Ricardo Alberto Gareca Nardi (Argentina, 73).
Goals: Christian Alberto Cueva Bravo (62), Luis Jan Piers Advíncula Castrillón (88).

17.06.2021, 47th Copa América, Group Stage
Estádio Olímpico "Nilton Santos", Rio de Janeiro; Attendance: 0
Referee: Patricio Loustau (Argentina)
BRAZIL - PERU **4-0(1-0)**
PER: Pedro David Gallese Quiroz (69/0), Aldo Sebastián Corzo Chávez (34/0), Christian Guillermo Martín Ramos Garagay (78/3), Luis Alfonso Abram Ugarelli (27/1), Marcos Johan López Lanfranco (7/0), Víctor Yoshimar Yotún Flores (99/3) [74.Alexis Arias Tuesta (3/0)], Christian Alberto Cueva Bravo (73/11) [74.Gerald Martin Távara Mogollón (1/0)], André Martín Carrillo Díaz (73/9), Renato Fabrizio Tapia Cortijo (59/4), Sergio Fernando Peña Flores (12/0) [67.Luis Enrique Iberico Robalino (2/0)], Gianluca Lapadula Vargas (5/0) [67.Alex Eduardo Valera Sandoval (1/0)]. Trainer: Ricardo Alberto Gareca Nardi (Argentina, 74).

20.06.2021, 47th Copa América, Group Stage
Estádio Olímpico "Pedro Ludovico", Goiânia (Brazil); Attendance: 0
Referee: Esteban Daniel Ostojich Vega (Uruguay)
COLOMBIA - PERU **1-2(0-1)**
PER: Pedro David Gallese Quiroz (70/0), Aldo Sebastián Corzo Chávez (35/0), Christian Guillermo Martín Ramos Garagay (79/3), Alexander Martín Callens Asín (14/1), Marcos Johan López Lanfranco (8/0), Víctor Yoshimar Yotún Flores (**100**/3), Christian Alberto Cueva Bravo (74/11) [90+2.Raziel Samir Fernando García Paredes (1/0)], André Martín Carrillo Díaz (74/9), Renato Fabrizio Tapia Cortijo (60/4), Sergio Fernando Peña Flores (13/1) [83.Wilder José Cartagena Mendoza (7/0)], Gianluca Lapadula Vargas (6/0) [83.Santiago Gabriel Ormeño Zayas (1/0)]. Trainer: Ricardo Alberto Gareca Nardi (Argentina, 75).
Goals: Sergio Fernando Peña Flores (17), Yerry Fernando Mina González (64 own goal).

23.06.2021, 47th Copa América, Group Stage
Estádio Olímpico "Pedro Ludovico", Goiânia (Brazil); Attendance: 0
Referee: Jesús Gil Manzano (Spain)
ECUADOR - PERU **2-2(2-0)**
PER: Pedro David Gallese Quiroz (71/0), Aldo Sebastián Corzo Chávez (36/0), Christian Guillermo Martín Ramos Garagay (80/3), Alexander Martín Callens Asín (15/1), Miguel Ángel Trauco Saavedra (56/0), Víctor Yoshimar Yotún Flores (101/3) [90+3.Luis Enrique Iberico Robalino (3/0)], Christian Alberto Cueva Bravo (75/11) [86.Miguel Gianpierre Araujo Blanco (20/0)], André Martín Carrillo Díaz (75/10), Renato Fabrizio Tapia Cortijo (61/4), Sergio Fernando Peña Flores (14/1) [78.Wilder José Cartagena Mendoza (8/0)], Gianluca Lapadula Vargas (7/1) [78.Santiago Gabriel Ormeño Zayas (2/0)]. Trainer: Ricardo Alberto Gareca Nardi (Argentina, 76).
Goals: Gianluca Lapadula Vargas (49), André Martín Carrillo Díaz (54).

27.06.2021, 47th Copa América, Group Stage
Estádio Nacional "Mané Garrincha", Brasília (Brazil); Attendance: 0
Referee: Patricio Loustau (Argentina)
VENEZUELA - PERU **0-1(0-0)**
PER: Pedro David Gallese Quiroz (72/0), Aldo Sebastián Corzo Chávez (37/0), Alexander Martín Callens Asín (16/1) [27.Luis Alfonso Abram Ugarelli (28/1)], Miguel Ángel Trauco Saavedra (57/0), Miguel Gianpierre Araujo Blanco (21/0), Víctor Yoshimar Yotún Flores (102/3), Christian Alberto Cueva Bravo (76/11) [83.Alex Eduardo Valera Sandoval (2/0)], André Martín Carrillo Díaz (76/11) [73.Raziel Samir Fernando García Paredes (2/0)], Renato Fabrizio Tapia Cortijo (62/4) [73.Wilder José Cartagena Mendoza (9/0)], Sergio Fernando Peña Flores (15/1), Gianluca Lapadula Vargas (8/1) [83.Santiago Gabriel Ormeño Zayas (3/0)]. Trainer: Ricardo Alberto Gareca Nardi (Argentina, 77).
Goal: André Martín Carrillo Díaz (48).

02.07.2021, 47th Copa América, Quarter-Finals
Estádio Olímpico "Pedro Ludovico", Goiânia (Brazil); Attendance: 0
Referee: Esteban Daniel Ostojich Vega (Uruguay)
PERU - PARAGUAY   **3-3(2-1,3-3,3-3); 4-3 on penalties**
PER: Pedro David Gallese Quiroz (73/0), Aldo Sebastián Corzo Chávez (38/0) [90+2.Carlos Jhilmar Lora Saavedra (1/0)], Christian Guillermo Martín Ramos Garagay (81/3), Anderson Santamaría Bardales (19/0), Miguel Ángel Trauco Saavedra (58/0), Víctor Yoshimar Yotún Flores (103/4), Christian Alberto Cueva Bravo (77/11), André Martín Carrillo Díaz (77/11) [*sent off 85*], Renato Fabrizio Tapia Cortijo (63/4), Sergio Fernando Peña Flores (16/1) [60.Santiago Gabriel Ormeño Zayas (4/0)], Gianluca Lapadula Vargas (9/2). Trainer: Ricardo Alberto Gareca Nardi (Argentina, 78).
Goals: Gustavo Raúl Gómez Portillo (21 own goal), Gianluca Lapadula Vargas (40), Víctor Yoshimar Yotún Flores (80).
Penalties: Gianluca Lapadula Vargas, Víctor Yoshimar Yotún Flores, Santiago Gabriel Ormeño Zayas, Renato Fabrizio Tapia Cortijo, Christian Alberto Cueva Bravo, Miguel Ángel Trauco Saavedra.

05.07.2021, 47th Copa América, Semi-Finals
Estádio Olímpico "Nilton Santos", Rio de Janeiro; Attendance: 0
Referee: Roberto Andrés Tobar Vargas (Chile)
BRAZIL - PERU   **1-0(1-0)**
PER: Pedro David Gallese Quiroz (74/0), Aldo Sebastián Corzo Chávez (39/0) [75.Carlos Jhilmar Lora Saavedra (2/0)], Christian Guillermo Martín Ramos Garagay (82/3) [46.Raziel Samir Fernando García Paredes (3/0)], Alexander Martín Callens Asín (17/1), Anderson Santamaría Bardales (20/0), Miguel Ángel Trauco Saavedra (59/0) [46.Marcos Johan López Lanfranco (9/0)], Víctor Yoshimar Yotún Flores (104/4), Christian Alberto Cueva Bravo (78/11) [81.Santiago Gabriel Ormeño Zayas (5/0)], Renato Fabrizio Tapia Cortijo (64/4) [89.Gerald Martin Távara Mogollón (2/0)], Sergio Fernando Peña Flores (17/1), Gianluca Lapadula Vargas (10/2). Trainer: Ricardo Alberto Gareca Nardi (Argentina, 79).

09.07.2021, 47th Copa América, Third Place Play-off
Estádio Nacional "Mané Garrincha", Brasília (Brazil); Attendance: 0
Referee: Raphael Claus (Brazil)
COLOMBIA - PERU   **3-2(0-1)**
PER: Pedro David Gallese Quiroz (75/0), Aldo Sebastián Corzo Chávez (40/0) [78.Carlos Jhilmar Lora Saavedra (3/0)], Alexander Martín Callens Asín (18/1), Anderson Santamaría Bardales (21/0), Marcos Johan López Lanfranco (10/0), Víctor Yoshimar Yotún Flores (105/5), Christian Alberto Cueva Bravo (79/11) [69.Raziel Samir Fernando García Paredes (4/0)], André Martín Carrillo Díaz (78/11), Renato Fabrizio Tapia Cortijo (65/4) [24.Wilder José Cartagena Mendoza (10/0)], Sergio Fernando Peña Flores (18/1) [78.Santiago Gabriel Ormeño Zayas (6/0)], Gianluca Lapadula Vargas (11/3). Trainer: Ricardo Alberto Gareca Nardi (Argentina, 80).
Goals: Víctor Yoshimar Yotún Flores (45), Gianluca Lapadula Vargas (82).

NATIONAL TEAM PLAYERS 2020/2021			
Name [Club 2020/2021] (Caps and goals at 15.07.2021)	DOB	Caps	Goals

Goalkeepers

Pedro David GALLESE Quiroz [2020/2021: Orlando City SC (USA)]	23.04.1990	75	0

Defenders

Luis Alfonso ABRAM Ugarelli [2020/2021: Club Vélez Sarsfield Buenos Aires (ARG)]	27.02.1996	28	1
Luis Jan Piers ADVÍNCULA Castrillón [2020/2021: Rayo Vallecano de Madrid (ESP)]	02.03.1990	95	2
Miguel Gianpierre ARAUJO Blanco [2020/2021: FC Emmen (NED)]	24.10.1994	21	0
Alexander Martín Marquinho CALLENS Asín [2021: New York City FC (USA)]	04.05.1992	18	1
Aldo Sebastián CORZO Chávez [2020/2021: Club Universitario de Deportes Lima]	20.04.1989	40	0
Marcos Johan LÓPEZ Lanfranco [2020/2021: San Jose Earthquakes (USA)]	20.11.1999	10	0
Carlos Jhilmar LORA Saavedra [2021: Club Sporting Cristal Lima]	24.10.2000	3	0
Christian Guillermo Martín RAMOS Garagay [2021: CD Universidad César Vallejo Trujillo]	04.11.1988	82	3
Anderson SANTAMARÍA Bardales [2020/2021: Atlas FC Guadalajara (MEX)]	10.01.1992	21	0
Miguel Ángel TRAUCO Saavedra [2020/2021: AS Saint-Étienne (FRA)]	25.08.1992	59	0
Carlos Augusto ZAMBRANO Ochandarte [2020: CA Boca Juniors Buenos Aires (ARG)]	10.07.1989	54	4

Midfielders

Pedro Jesús AQUINO Sánchez *[2020: Club León (MEX); 01.01.2021-> CF América Ciudad de México (MEX)]*	13.04.1995	31	3
Alexis ARIAS Tuesta *[2021: FBC Melgar Arequipa]*	13.12.1995	3	0
Horacio Martín CALCATERRA *[2020: Club Sporting Cristal Lima]*	22.02.1989	5	0
Wilder José CARTAGENA Mendoza *[2020/2021: CD Godoy Cruz Antonio Tomba (ARG)]*	23.09.1994	10	0
Christian Alberto CUEVA Bravo *[2020: Yeni Malatya Spor Kulübü (TUR); 25.01.2021-> Al-Fateh SC Hofuf (KSA)]*	23.11.1991	79	11
Édison Michael FLORES Peralta *[2020: Washington DC United (USA)]*	15.05.1994	53	13
Raziel Samir Fernando GARCÍA Paredes *[2021: Club Sportivo Cienciano Cuzco]*	15.02.1994	4	0
Christofer GONZÁLES Crespo *[2020/2021: Club Sporting Cristal Lima]*	12.10.1992	25	2
Sergio Fernando PEÑA Flores *[2020/2021: FC Emmen (NED)]*	28.09.1995	18	1
Renato Fabrizio TAPIA Cortijo *[2020/2021: RC Celta de Vigo (ESP)]*	28.07.1995	65	4
Gerald Martin TÁVARA Mogollón *[2021: Club Sporting Cristal Lima]*	25.03.1999	2	0
Víctor Yoshimar YOTÚN Flores *[2020/2021: Cruz Azul FC Ciudad de México (MEX)]*	07.04.1990	105	5

Forwards

André Martín CARRILLO Díaz *[2020/2021: Al-Hilal FC Riyadh (KSA)]*	14.06.1991	78	11
Jefferson Agustín FARFÁN Guadalupe *[2020: FK Lokomotiv Moskva (RUS)]*	28.10.1984	97	27
José Paolo GUERRERO Gonzales *[2021: SC Internacional Porto Alegre (BRA)]*	01.01.1984	104	38
Luis Enrique IBERICO Robalino *[2021: Foot Ball Club Melgar Arequipa]*	06.02.1998	3	0
Gianluca LAPADULA Vargas *[2020/2021: Benevento Calcio (ITA)]*	07.02.1990	11	3
Santiago Gabriel ORMEÑO Zayas *[2021: Club León (MEX)]*	04.02.1994	6	0
Andy Jorman POLO Andrade *[2020: Portland Timbers (USA)]*	29.09.1994	35	1
Raúl Mario RUIDÍAZ Misitich *[2020/2021: Seattle Sounders FC (USA)]*	25.07.1990	47	4
Alex Eduardo VALERA Sandoval *[2021: Club Universitario de Deportes Lima]*	16.05.1996	2	0

National coach

Ricardo Alberto GARECA Nardi (Argentina) [from 09.02.2015]	10.02.1958	81 M; 30 W; 19 D; 31 L; 99-101

URUGUAY

The Country:
República Oriental del Uruguay (Oriental Republic of Uruguay) Capital: Montevideo Surface: 176,215 km² Inhabitants: 3,518,552 [2019] Time: UTC-3

The FA:
Asociación Uruguaya de Fútbol Guayabo 1531, Montevideo 11200 Year of Formation: 1900 Member of FIFA since: 1923 Member of CONMEBOL since: 1916 Internet: www.auf.org.uy

NATIONAL TEAM RECORDS
First international match: 20.07.1902, Montevideo: Uruguay – Argentina 0-6 **Most international caps:** Diego Roberto Godín Leal – 146 caps (since 2005) **Most international goals:** Luis Alberto Suárez Díaz – 64 goals / 123 caps (since 2007)

FIFA CONFEDERATIONS CUP 1992-2017
1997 (4th Place), 2013 (4th Place)

OLYMPIC FOOTBALL TOURNAMENTS 1908-2016

1908	Did not enter	1948	Qualifiers	1972	Qualifiers	1996	Qualifiers
1912	Did not enter	1952	Qualifiers	1976	*Withdrew*	2000	Qualifiers
1920	Did not enter	1956	Qualifiers	1980	Qualifiers	2004	Qualifiers
1924	**Winners**	1960	Qualifiers	1984	Qualifiers	2008	Qualifiers
1928	**Winners**	1964	Qualifiers	1988	Qualifiers	2012	Group Stage
1936	*Withdrew*	1968	Qualifiers	1992	Qualifiers	2016	Qualifiers

COPA AMÉRICA	
1916	**Winners**
1917	**Winners**
1919	Runners-up
1920	**Winners**
1921	3rd Place
1922	3rd Place
1923	**Winners**
1924	**Winners**
1925	Withdrew
1926	**Winners**
1927	Runners-up
1929	3rd Place
1935	**Winners**
1937	3rd Place
1939	Runners-up
1941	Runners-up
1942	**Winners**
1945	4th Place
1946	4th Place
1947	3rd Place
1949	6th Place
1953	3rd Place
1955	4th Place
1956	**Winners**
1957	3rd Place
1959	5th Place
1959E	**Winners**
1963	*Withdrew*
1967	**Winners**
1975	Semi-Finals
1979	Round 1
1983	**Winners**
1987	**Winners**
1989	Runners-up
1991	Group Stage
1993	Quarter-Finals
1995	**Winners**
1997	Group Stage
1999	Runners-up
2001	Semi-Finals
2004	3rd Place
2007	Semi-Finals
2011	**Winners**
2015	Quarter-Finals
2016	Group Stage
2019	Quarter-Finals
2021	Quarter-Finals

FIFA WORLD CUP	
1930	**Final Tournament (Winners)**
1934	*Withdrew*
1938	Did not enter
1950	**Final Tournament (Winners)**
1954	Final Tournament (Semi-Finals)
1958	Qualifiers
1962	Final Tournament (Group Stage)
1966	Final Tournament (Quarter-Finals)
1970	Final Tournament (4th Place)
1974	Final Tournament (Group Stage)
1978	Qualifiers
1982	Qualifiers
1986	Final Tournament (2nd Round of 16)
1990	Final Tournament (2nd Round of 16)
1994	Qualifiers
1998	Qualifiers
2002	Final Tournament (Group Stage)
2006	Qualifiers
2010	Final Tournament (4th Place)
2014	Final Tournament (2nd Round of 16)
2018	Final Tournament (Quarter-Finals)

URUGUAYAN CLUB HONOURS IN SOUTH AMERICAN CLUB COMPETITIONS:

COPA LIBERTADORES 1960-2020
Club Atlético Peñarol Montevideo (1960, 1961, 1966, 1982, 1987)
Club Nacional de Football Montevideo (1971, 1980, 1988)

COPA SUDAMERICANA 2002-2020
None

RECOPA SUDAMERICANA 1989-2020
Club Nacional de Football Montevideo (1989)

COPA CONMEBOL 1992-1999
None

SUPERCUP „JOÃO HAVELANGE" 1988-1997*
None

COPA MERCOSUR 1998-2001**
None

*Contested betwenn winners of all previous editions of the Copa Libertadores
**Contested between teams belonging countries from the southern part of South America (Argentina, Brazil, Chile, Paraguay and Uruguay).

NATIONAL COMPETITIONS
TABLE OF HONOURS

NATIONAL CHAMPIONS
1900-2020

	THE AMATEUR ERA
	Uruguay Association Foot-ball League
1900	Central Uruguay Railway Cricket Club Montevideo (CURCC)
1901	Central Uruguay Railway Cricket Club Montevideo
1902	Club Nacional de Football Montevideo
1903	Club Nacional de Football Montevideo
1904	*No competition*
1905	Central Uruguay Railway Cricket Club Montevideo
1906	Montevideo Wanderers FC
1907	Central Uruguay Railway Cricket Club Montevideo
	Liga Uruguaya
1908	River Plate FC Montevideo
1909	Montevideo Wanderers FC
1910	River Plate FC Montevideo
1911	Central Uruguay Railway Cricket Club Montevideo
1912	Club Nacional de Football Montevideo
1913	River Plate FC Montevideo
1914	River Plate FC Montevideo
	Asociación Uruguaya de Foot-ball
1915	Club Nacional de Football Montevideo
1916	Club Nacional de Football Montevideo
1917	Club Nacional de Football Montevideo
1918	CA Peñarol Montevideo
1919	Club Nacional de Football Montevideo

Year	Champion
1920	Club Nacional de Football Montevideo
1921	CA Peñarol Montevideo
1922	Club Nacional de Football Montevideo
1923	Club Nacional de Football Montevideo
1924	Club Nacional de Football Montevideo
1925	*Championship not finished*
Consejo Provisorio	
1926	CA Peñarol Montevideo
Asociación Uruguaya de Foot-ball	
1927	Rampla Juniors FC Montevideo
1928	CA Peñarol Montevideo
1929	CA Peñarol Montevideo
1930	*No competition*
1931	Montevideo Wanderers FC
THE PROFESSIONAL ERA	
Asociación Uruguaya de Fútbol	
1932	CA Peñarol Montevideo
1933	Club Nacional de Football Montevideo
1934	Club Nacional de Football Montevideo
1935	CA Peñarol Montevideo
1936	CA Peñarol Montevideo
1937	CA Peñarol Montevideo
1938	CA Peñarol Montevideo
1939	Club Nacional de Football Montevideo
1940	Club Nacional de Football Montevideo
1941	Club Nacional de Football Montevideo
1942	Club Nacional de Football Montevideo
1943	Club Nacional de Football Montevideo
1944	CA Peñarol Montevideo
1945	CA Peñarol Montevideo
1946	Club Nacional de Football Montevideo
1947	Club Nacional de Football Montevideo
1948	*Championship not fiished*
1949	CA Peñarol Montevideo
1950	Club Nacional de Football Montevideo
1951	CA Peñarol Montevideo
1952	Club Nacional de Football Montevideo
1953	CA Peñarol Montevideo
1954	CA Peñarol Montevideo
1955	Club Nacional de Football Montevideo
1956	Club Nacional de Football Montevideo
1957	Club Nacional de Football Montevideo
1958	CA Peñarol Montevideo
1959	CA Peñarol Montevideo
1960	CA Peñarol Montevideo
1961	CA Peñarol Montevideo
1962	CA Peñarol Montevideo
1963	Club Nacional de Football Montevideo
1964	CA Peñarol Montevideo
1965	CA Peñarol Montevideo
1966	Club Nacional de Football Montevideo
1967	CA Peñarol Montevideo

1968	CA Peñarol Montevideo
1969	Club Nacional de Football Montevideo
1970	Club Nacional de Football Montevideo
1971	Club Nacional de Football Montevideo
1972	Club Nacional de Football Montevideo
1973	CA Peñarol Montevideo
1974	CA Peñarol Montevideo
1975	CA Peñarol Montevideo
1976	Defensor SC Montevideo
1977	Club Nacional de Football Montevideo
1978	CA Peñarol Montevideo
1979	CA Peñarol Montevideo
1980	Club Nacional de Football Montevideo
1981	CA Peñarol Montevideo
1982	CA Peñarol Montevideo
1983	Club Nacional de Football Montevideo
1984	Central Español FC Montevideo
1985	CA Peñarol Montevideo
1986	CA Peñarol Montevideo
1987	Defensor SC Montevideo
1988	Danubio FC Montevideo
1989	CA Progreso Montevideo
1990	CA Bella Vista Montevideo
1991	Defensor SC Montevideo
1992	Club Nacional de Football Montevideo
1993	CA Peñarol Montevideo
1994	CA Peñarol Montevideo
1995	CA Peñarol Montevideo
1996	CA Peñarol Montevideo
1997	CA Peñarol Montevideo
1998	Club Nacional de Football Montevideo
1999	CA Peñarol Montevideo
2000	Club Nacional de Football Montevideo
2001	Club Nacional de Football Montevideo
2002	Club Nacional de Football Montevideo
2003	CA Peñarol Montevideo
2004	Danubio FC Montevideo
2005	Club Nacional de Football Montevideo
2005/2006	Club Nacional de Football Montevideo
2006/2007	Danubio FC Montevideo
2007/2008	Defensor SC Montevideo
2008/2009	Club Nacional de Football Montevideo
2009/2010	CA Peñarol Montevideo
2010/2011	Club Nacional de Football Montevideo
2011/2012	Club Nacional de Football Montevideo
2012/2013	CA Peñarol Montevideo
2013/2014	Danubio FC Montevideo
2014/2015	Club Nacional de Football Montevideo
2015/2016	CA Peñarol Montevideo
2016	Club Nacional de Football Montevideo
2017	CA Peñarol Montevideo
2018	CA Peñarol Montevideo

2019	Club Nacional de Football Montevideo	
2020	Club Nacional de Football Montevideo	

	BEST GOALSCORERS	
1932	Juan Labraga (Rampla Juniors FC Montevideo)	17
1933	Juan Young (CA Peñarol Montevideo)	33
1934	Aníbal Ciocca (Club Nacional de Football Montevideo)	13
1935	Antonio Cataldo (Defensor SC Montevideo)	12
1936	Aníbal Ciocca (Club Nacional de Football Montevideo)	14
1937	Horacio Tellechea (CA Peñarol Montevideo)	16
1938	Atilio Ceferino García Pérez (ARG, Club Nacional de Football Montevideo)	20
1939	Atilio Ceferino García Pérez (ARG, Club Nacional de Football Montevideo)	21
1940	Atilio Ceferino García Pérez (ARG, Club Nacional de Football Montevideo)	18
1941	Atilio Ceferino García Pérez (ARG, Club Nacional de Football Montevideo)	23
1942	Atilio Ceferino García Pérez (ARG, Club Nacional de Football Montevideo)	19
1943	Atilio Ceferino García Pérez (ARG, Club Nacional de Football Montevideo)	18
1944	Atilio Ceferino García Pérez (ARG, Club Nacional de Football Montevideo)	21
1945	Nicolás Falero (CA Peñarol Montevideo) Juan Alberto Schiaffino Villano (CA Peñarol Montevideo)	21
1946	Atilio Ceferino García Pérez (ARG, Club Nacional de Football Montevideo)	21
1947	Nicolás Falero (CA Peñarol Montevideo)	17
1948	Óscar Omar Míguez (CA Peñarol Montevideo)	8
1949	Óscar Omar Míguez (CA Peñarol Montevideo)	20
1950	Juan Ramón Orlandi (Club Nacional de Football Montevideo)	14
1951	Juan Eduardo Hohberg (CA Peñarol Montevideo)	17
1952	Jorge Enrico (Club Nacional de Football Montevideo)	15
1953	Juan Eduardo Hohberg (CA Peñarol Montevideo)	17
1954	Juan Romay (CA Peñarol Montevideo)	12
1955	Javier Ambrois (Club Nacional de Football Montevideo)	17
1956	Carlos Carranza (CA Cerro Montevideo)	18
1957	Walter Hernández (Defensor SC Montevideo)	16
1958	Manuel Pedersen (Rampla Juniors FC Montevideo)	12
1959	Víctor Guaglianone (Montevideo Wanderers FC)	13
1960	Ángel Cabrera (CA Peñarol Montevideo)	14
1961	Alberto Spencer Herrera (ECU, CA Peñarol Montevideo)	18
1962	Alberto Spencer Herrera (ECU, CA Peñarol Montevideo)	16
1963	Pedro Virgilio Rocha Franchetti (CA Peñarol Montevideo)	18
1964	Héctor Salva (Rampla Juniors FC Montevideo)	12
1965	Pedro Virgilio Rocha Franchetti (CA Peñarol Montevideo)	15
1966	Araquem De Melo (BRA, Danubio FC Montevideo)	12
1967	Alberto Spencer Herrera (ECU, CA Peñarol Montevideo)	11
1968	Alberto Spencer Herrera (ECU, CA Peñarol Montevideo) Pedro Virgilio Rocha Franchetti (CA Peñarol Montevideo) Ruben García (CA Cerro Montevideo) Ruben Bareño (CA Cerro Montevideo)	8
1969	Luis Artime (ARG, Club Nacional de Football Montevideo)	24
1970	Luis Artime (ARG, Club Nacional de Football Montevideo)	21
1971	Luis Artime (ARG, Club Nacional de Football Montevideo)	16
1972	Juan Carlos Mamelli (Club Nacional de Football Montevideo)	20
1973	Fernando Morena Belora (CA Peñarol Montevideo)	23
1974	Fernando Morena Belora (CA Peñarol Montevideo)	27

Year	Player	Goals
1975	Fernando Morena Belora (CA Peñarol Montevideo)	34
1976	Fernando Morena Belora (CA Peñarol Montevideo)	18
1977	Fernando Morena Belora (CA Peñarol Montevideo)	19
1978	Fernando Morena Belora (CA Peñarol Montevideo)	36
1979	Waldemar Barreto Victorino (Club Nacional de Football Montevideo)	19
1980	Jorge Luis Siviero Vlahussich (Institución Atlética Sud América Montevideo)	19
1981	Ruben Walter Paz Márquez (CA Peñarol Montevideo)	17
1982	Fernando Morena Belora (CA Peñarol Montevideo)	17
1983	Roberto Arsenio Luzardo Correa (Club Nacional de Football Montevideo)	13
1984	José Villareal (Central Español FC Montevideo)	18
1985	Antonio Valentín Alzamendi Casas (CA Peñarol Montevideo)	13
1986	Juan Ramón Carrasco Torres (Club Nacional de Football Montevideo) Gerardo Miranda (Defensor SC Montevideo)	11
1987	Gerardo Miranda (Defensor SC Montevideo)	13
1988	Rubén Fernando da Silva Echeverrito (Danubio FC Montevideo)	23
1989	Johnny Miqueiro (CA Progreso Montevideo) Diego Vicente Aguirre Camblor (CA Peñarol Montevideo) Oscar Quagliata (CSD Huracán Buceo)	7
1990	Adolfo Barán (CA Peñarol Montevideo)	13
1991	Julio César Dely Valdés (PAN, Club Nacional de Football Montevideo)	16
1992	Julio César Dely Valdés (PAN, Club Nacional de Football Montevideo)	13
1993	Wilmar Rubens Cabrera Sappa (CSD Huracán Buceo)	12
1994	Darío Debray Silva Pereira (CA Peñarol Montevideo)	19
1995	Juan Antonio González Crespo (Club Nacional de Football Montevideo)	16
1996	Juan Antonio González Crespo (Club Nacional de Football Montevideo)	13
1997	Pablo Javier Bengoechea Dutra (CA Peñarol Montevideo)	10
1998	Jorge Martín Rodríguez Alba (CA River Plate Montevideo) Rubén Sosa Ardáiz (Club Nacional de Football Montevideo)	13
1999	Jorge Gabriel Álvez Fernández (Club Nacional de Football Montevideo)	24
2000	Ernesto Javier Chevantón Espinoza (Danubio FC Montevideo)	33
2001	Eliomar Marcón (BRA, Defensor SC Montevideo)	21
2002	Germán Hornos (Centro Atlético Fénix Montevideo)	25
2003	Alexander Jesús Medina Reobasco (Liverpool FC Montevideo)	22
2004	Alexander Jesús Medina Reobasco (Club Nacional de Football Montevideo) Carlos Éber Bueno Suárez (CA Peñarol Montevideo)	26
2005	Pablo Mariano Granoche Louro (Club Sportivo Miramar Misiones)	16
2005/2006	Pedro Cardoso (Rocha Fútbol Club)	17
2006/2007	Aldo Díaz (Tacuarembó FC)	15
2007/2008	Christian Ricardo Stuani (Danubio FC Montevideo) Richard Aníbal Porta Candelaresi (CA River Plate Montevideo)	19
2008/2009	Líber Quiñones (Racing Club de Montevideo) Antonio Pacheco D'Agosti (CA Peñarol Montevideo)	12
2009/2010	Antonio Pacheco D'Agosti (CA Peñarol Montevideo)	23
2010/2011	Santiago Damián García Correa (Club Nacional de Football Montevideo)	23
2011/2012	Richard Aníbal Porta Candelaresi (Club Nacional de Football Montevideo)	17
2012/2013	Juan Manuel Olivera López (CA Peñarol Montevideo)	18
2013/2014	Héctor Fabián Acuña Maciel (CA Cerro Montevideo)	20
2014/2015	Iván Daniel Alonso Vallejo (Club Nacional de Football Montevideo)	22
2015/2016	Gastón Rodríguez Maeso (Montevideo Wanderers FC) Junior Gabriel Arias Cáceres (Liverpool FC Montevideo)	19
2016	Gabriel Matías Fernández Leites (Racing Club de Montevideo) Pablo Martín Silva (CSD Villa Española Montevideo)	8

2017	Cristian Martín Palacios Ferreira (Montevideo Wanderers FC / CA Peñarol Montevideo)	19
2018	Gonzalo Rubén Bergessio (ARG, Club Nacional de Football Montevideo)	17
2019	Juan Ignacio Ramírez Polero (Liverpool FC Montevideo)	23
2020	Gonzalo Rubén Bergessio (ARG, Club Nacional de Football Montevideo)	25

NATIONAL CHAMPIONSHIP
Campeonato Uruguayo de Primera División 2020
Torneo "Néstor 'Tito' Gonçalvez"

Please note: the competition was suspended from 13.03. to 08.08.2020 due to the COVID-19 pandemic. CA Torque Montevideo changed ist name to Montevideo City Torque.

Torneo Apertura "Sr. Mateo Giri"

Results

Round 1 [15-19.02.2020]
CD Maldonado - Boston River 1-2(1-1)
Montevideo City - CA Progreso 1-3(0-1)
CA Peñarol - CA Cerro 2-1(1-1)
Wanderers FC - Defensor Sporting 0-0
CA River Plate - CA Fénix 2-2(1-2)
CA Rentistas - Club Nacional 2-0(0-0)
Cerro Largo - Danubio FC 1-0(0-0)
Liverpool FC - Plaza Colonia 1-0(0-0)

Round 2 [22-26.02.2020]
Boston River - CA Rentistas 2-3(2-2)
CA Cerro - CA River Plate 0-0
Club Nacional - Cerro Largo 2-2(0-1)
Liverpool FC - CD Maldonado 1-1(0-1)
Danubio FC - Wanderers FC 0-1(0-1)
CA Progreso - Plaza Colonia 2-2(1-1)
Defensor Sporting - CA Peñarol 2-1(0-0)
CA Fénix - Montevideo City 1-3(0-1)

Round 3 [07-08.03.2020]
Plaza Colonia - CA Fénix 1-1(1-1)
Montevideo City - CA Cerro 1-1(1-1)
CA Rentistas - CD Maldonado 4-1(1-1)
CA Peñarol - Danubio FC 1-1(0-0)
Liverpool FC - CA Progreso 1-1(1-0)
CA River Plate - Defensor Sporting 1-1(0-0)
Wanderers FC - Club Nacional 2-2(1-2)
Cerro Largo - Boston River 0-0

Round 4 [08-09.08.2020]
CA Rentistas - Liverpool FC 1-1(0-0)
CA Cerro - Plaza Colonia 1-0(0-0)
Danubio FC - CA River Plate 1-3(0-1)
Defensor Sporting - Montevideo City 0-2(0-1)
CD Maldonado - Cerro Largo 1-1(0-1)
CA Fénix - CA Progreso 1-1(1-0)
Boston River - Wanderers FC 0-2(0-1)
Club Nacional - CA Peñarol 1-1(1-0)

Round 5 [14-16.08.2020]
Plaza Colonia - Defensor Sporting 2-0(1-0)
Montevideo City - Danubio FC 1-2(0-1)
Liverpool FC - CA Fénix 2-2(2-1)
CA River Plate - Club Nacional 2-3(2-2)
Wanderers FC - CD Maldonado 2-2(1-0)
CA Progreso - CA Cerro 2-0(2-0)
Cerro Largo - CA Rentistas 1-1(1-1)
CA Peñarol - Boston River 2-0(0-0)

Round 6 [19-20.08.2020]
Boston River - CA River Plate 1-1(0-1)
CA Rentistas - Wanderers FC 0-0
CD Maldonado - CA Peñarol 2-0(0-0)
Plaza Colonia - Danubio FC 1-0(0-0)
Defensor Sporting - CA Progreso 2-1(0-0)
CA Cerro - CA Fénix 2-2(2-0)
Cerro Largo - Liverpool FC 4-3(4-2)
Club Nacional - Montevideo City 2-0(2-0)

Round 7 [22-23.08.2020]
CA Progreso - Danubio FC 1-0(1-0)
CA River Plate - CD Maldonado 0-1(0-0)
CA Peñarol - CA Rentistas 2-2(1-0)
CA Fénix - Defensor Sporting 5-0(3-0)
Liverpool FC - CA Cerro 1-0(0-0)
Montevideo City - Boston River 2-0(1-0)
Plaza Colonia - Club Nacional 0-0
Wanderers FC - Cerro Largo 1-0(0-0)

Round 8 [26-27.08.2020]
Danubio FC - CA Fénix 2-0(0-0)
Boston River - Plaza Colonia 0-0
CD Maldonado - Montevideo City 0-3(0-1)
Club Nacional - CA Progreso 2-1(2-0)
Defensor Sporting - CA Cerro 1-1(1-0)
Wanderers FC - Liverpool FC 2-0(1-0)
CA Peñarol - Cerro Largo 2-0(1-0)
Rentistas - CA River Plate 2-1(2-1) [16.09.]

Round 9 [29-30.08.2020]
Plaza Colonia - CD Maldonado 1-2(0-1)
CA Fénix - Club Nacional 1-2(0-0)
Montevideo City - CA Rentistas 1-3(1-1)
Liverpool FC - Defensor Sporting 1-2(1-0)
CA Cerro - Danubio FC 1-2(1-1)
CA Progreso - Boston River 1-2(1-1)
Cerro Largo - CA River Plate 2-1(2-1)
CA Peñarol - Wanderers FC 0-2(0-0)

Round 10 [04-06.09.2020]
Cerro Largo - Montevideo City 1-1(1-0)
CA Rentistas - Plaza Colonia 2-1(1-0)
Wanderers FC - CA River Plate 0-2(0-1)
CA Peñarol - Liverpool FC 3-2(3-1)
Boston River - CA Fénix 0-0
Danubio FC - Defensor Sporting 0-0
CD Maldonado - CA Progreso 1-0(0-0)
Club Nacional - CA Cerro 5-1(1-1)

Round 11 [09-10.09.2020]
Plaza Colonia - Cerro Largo 1-3(1-1)
CA Progreso - CA Rentistas 2-2(0-1)
CA River Plate - CA Peñarol 0-0
Montevideo City - Wanderers FC 2-1(2-0)
CA Fénix - CD Maldonado 1-0(1-0)
Liverpool FC - Danubio FC 2-1(1-0)
CA Cerro - Boston River 2-1(0-0)
Defensor Sporting - Club Nacional 1-1(0-0)

Round 12 [12-13.09.2020]
CA Progreso - Cerro Largo 1-2(1-1)
Wanderers FC - Plaza Colonia 1-2(1-1)
CA Peñarol - Montevideo City 0-0
CA River Plate - Liverpool FC 1-2(0-1)
Boston River - Defensor Sporting 1-1(0-0)
CA Rentistas - CA Fénix 1-1(0-0)
CD Maldonado - CA Cerro 1-0(0-0)
Club Nacional - Danubio FC 2-0(1-0)

Round 13 [19-20.09.2020]
Plaza Colonia - CA Peñarol 1-3(0-3)
Cerro Largo - CA Fénix 0-0
Defensor Sporting - CD Maldonado 4-2(1-0)
Danubio FC - Boston River 2-2(1-0)
CA Progreso - Wanderers FC 3-0(0-0)
CA Cerro - CA Rentistas 1-0(1-0)
Montevideo City - CA River Plate 1-0(1-0)
Liverpool FC - Club Nacional 1-3(0-2) [03.10.]

Round 14 [05-07.10.2020]
CD Maldonado - Danubio FC 0-0
CA River Plate - Plaza Colonia 1-1(0-0)
CA Peñarol - CA Progreso 2-1(0-0)
Wanderers FC - CA Fénix 1-2(0-0)
CA Rentistas - Defensor Sporting 2-0(1-0)
Boston River - Club Nacional 1-1(0-0)
Cerro Largo - CA Cerro 2-1(1-0)
Montevideo City - Liverpool FC 2-1(2-1)

Round 15 [10-11.10.2020]
CA Progreso - CA River Plate 1-2(0-1)
CA Fénix - CA Peñarol 0-0
CA Cerro - Wanderers FC 1-1(0-0)
Liverpool FC - Boston River 3-2(1-0)

Club Nacional - CD Maldonado 1-1(0-1)
Danubio FC - CA Rentistas 1-1(0-0)
Defensor Sporting - Cerro Largo 2-0(1-0)
Plaza Colonia - Montevideo City 1-1(0-1)

Final Standings								
1.	Club Nacional de Football Montevideo	15	7	7	1	27 - 16		28
2.	CA Rentistas Montevideo	15	7	7	1	26 - 15		28
3.	Montevideo City Torque	15	7	4	4	21 - 16		25
4.	CA Peñarol Montevideo	15	6	6	3	19 - 15		24
5.	Cerro Largo FC Melo	15	6	6	3	19 - 17		24
6.	Defensor Sporting Club Montevideo	15	5	6	4	16 - 20		21
7.	Montevideo Wanderers FC	15	5	5	5	16 - 16		20
8.	CD Maldonado	15	5	5	5	16 - 20		20
9.	Liverpool FC Montevideo	15	5	4	6	22 - 25		19
10.	CA Fénix Montevideo	15	3	9	3	19 - 17		18
11.	CA Progreso Montevideo	15	4	4	7	21 - 20		16
12.	CA River Plate Montevideo	15	3	6	6	17 - 18		15
13.	Club Plaza Colonia de Deportes Colonia del Sacramento	15	3	6	6	14 - 18		15
14.	Danubio FC Montevideo	15	3	5	7	12 - 17		14
15.	CA Cerro Montevideo	15	3	5	7	13 - 21		14
16.	CA Boston River Montevideo	15	2	7	6	14 - 21		13

Torneo Apertura decider [14.10.2020]

Club Nacional de Football Montevideo - CA Rentistas Montevideo   0-1(0-0,0-0)

CA Rentistas Montevideo were qualified for the Championship Play-offs Semi-Finals.

Torneo Intermedio

Please note: both Serie winners were qualified for the Torneo Intermedio Final.

Serie A

17.10.2020	Club Plaza Colonia de Deportes	- Cerro Largo FC Melo	0-3(0-0)
18.10.2020	Montevideo City Torque	- CA Progreso Montevideo	1-2(0-1)
	CA Rentistas Montevideo	- Liverpool FC Montevideo	1-2(1-0)
	CA Cerro Montevideo	- Montevideo Wanderers FC	1-0(0-0)
23.10.2020	Liverpool FC Montevideo	- CA Cerro Montevideo	3-2(1-1)
	Cerro Largo FC Melo	- Montevideo City Torque	2-1(1-0)
24.10.2020	CA Progreso Montevideo	- Club Plaza Colonia de Deportes	0-0
25.10.2020	Montevideo Wanderers FC	- CA Rentistas Montevideo	2-2(2-2)
06.11.2020	CA Rentistas Montevideo	- Cerro Largo FC Melo	0-0
	CA Cerro Montevideo	- CA Progreso Montevideo	2-2(1-1)
07.11.2020	Montevideo City Torque	- Montevideo Wanderers FC	1-2(0-1)
09.11.2020	Club Plaza Colonia de Deportes	- Liverpool FC Montevideo	2-2(0-2)
10.11.2020	CA Progreso Montevideo	- CA Rentistas Montevideo	0-0
	Montevideo Wanderers FC	- Cerro Largo FC Melo	1-0(0-0)
12.11.2020	Club Plaza Colonia de Deportes	- CA Cerro Montevideo	3-0(1-0)
	Liverpool FC Montevideo	- Montevideo City Torque	2-2(1-2)
22.11.2020	Montevideo City Torque	- CA Cerro Montevideo	3-0(2-0)
23.11.2020	Cerro Largo FC Melo	- Liverpool FC Montevideo	1-1(1-1)
	Montevideo Wanderers FC	- CA Progreso Montevideo	3-0(2-0)
26.11.2020	CA Rentistas Montevideo	- Club Plaza Colonia de Deportes	1-0(0-0)
29.11.2020	CA Progreso Montevideo	- Cerro Largo FC Melo	2-2(1-2)
30.11.2020	Club Plaza Colonia de Deportes	- Montevideo City Torque	1-3(0-1)
	Liverpool FC Montevideo	- Montevideo Wanderers FC	2-3(0-3)
	CA Cerro Montevideo	- CA Rentistas Montevideo	0-2(0-0)
05.12.2020	CA Progreso Montevideo	- Liverpool FC Montevideo	1-2(0-1)
	Cerro Largo FC Melo	- CA Cerro Montevideo	0-0
	Montevideo Wanderers FC	- Club Plaza Colonia de Deportes	2-2(2-0)
13.01.2021	Montevideo City Torque	- CA Rentistas Montevideo	2-1(1-0)

Final Standings

1. Montevideo Wanderers FC	7	4	2	1	13	-	8	14
2. Liverpool FC Montevideo	7	3	3	1	14	-	12	12
3. Montevideo City Torque	7	3	1	3	13	-	10	10
4. Cerro Largo FC Melo	7	2	4	1	8	-	5	10
5. CA Rentistas Montevideo	7	2	3	2	7	-	6	9
6. CA Progreso Montevideo	7	1	4	2	7	-	10	7
7. Club Plaza Colonia de Deportes Colonia del Sacramento	7	1	3	3	8	-	11	6
8. CA Cerro Montevideo	7	1	2	4	5	-	13	5

Serie B

17.10.2020	CA Peñarol Montevideo	-	CA River Plate	1-2(0-2)
	CA Boston River Montevideo	-	CD Maldonado	5-1(2-0)
18.10.2020	Danubio FC Montevideo	-	Defensor Sporting Club	0-0
	Club Nacional Montevideo	-	CA Fénix Montevideo	1-0(0-0)
23.10.2020	CA River Plate	-	Danubio FC Montevideo	4-0(3-0)
24.10.2020	CA Fénix Montevideo	-	CA Boston River Montevideo	2-0(2-0)
31.10.2020	CD Maldonado	-	Club Nacional Montevideo	1-2(0-0)
01.11.2020	Defensor Sporting Club	-	CA Peñarol Montevideo	2-1(2-0)
07.11.2020	Club Nacional Montevideo	-	Defensor Sporting Club	3-0(1-0)
08.11.2020	Danubio FC Montevideo	-	CA Fénix Montevideo	1-0(0-0)
	CA Peñarol Montevideo	-	CD Maldonado	4-1(2-0)
	CA Boston River Montevideo	-	CA River Plate	0-3(0-0)
11.11.2020	Danubio FC Montevideo	-	CA Boston River Montevideo	0-0
	CA Fénix Montevideo	-	CA Peñarol Montevideo	1-0(0-0)
	CD Maldonado	-	Defensor Sporting Club	3-1(1-1)
12.11.2020	CA River Plate	-	Club Nacional Montevideo	0-2(0-0)
21.11.2020	CD Maldonado	-	CA River Plate	2-1(1-0)
	Club Nacional Montevideo	-	Danubio FC Montevideo	0-2(0-1)
	Defensor Sporting Club	-	CA Fénix Montevideo	0-1(0-1)
22.11.2020	CA Peñarol Montevideo	-	CA Boston River Montevideo	2-0(1-0)
28.11.2020	CA Fénix Montevideo	-	CD Maldonado	1-1(0-0)
29.11.2020	CA River Plate	-	Defensor Sporting Club	1-1(1-1)
	CA Boston River Montevideo	-	Club Nacional Montevideo	0-1(0-0)
11.12.2020	CA River Plate	-	CA Fénix Montevideo	3-2(1-0)
13.12.2020	CA Peñarol Montevideo	-	Club Nacional Montevideo	3-2(2-1)
	CD Maldonado	-	Danubio FC Montevideo	1-1(0-0)
19.12.2020	Danubio FC Montevideo	-	CA Peñarol Montevideo	1-4(0-3)
13.01.2021	Defensor Sporting Club	-	CA Boston River Montevideo	1-1(1-0)

Final Standings

1.	Club Nacional de Football Montevideo	7	5	0	2	11 - 6	15
2.	CA River Plate Montevideo	7	4	1	2	14 - 8	13
3.	CA Peñarol Montevideo	7	4	0	3	15 - 9	12
4.	CA Fénix Montevideo	7	3	1	3	7 - 6	10
5.	Danubio FC Montevideo	7	2	3	2	5 - 9	9
6.	CD Maldonado	7	2	2	3	10 - 15	8
7.	Defensor Sporting Club Montevideo	7	1	3	3	5 - 10	6
8.	CA Boston River Montevideo	7	1	2	4	6 - 10	5

Torneo Intermedio Final [14.01.2021]

Club Nacional de Football Montevideo - Montevideo Wanderers FC   0-0 aet; 4-1 pen

Torneo Clausura "Sr. Julio César Road"

Results

Round 1 [16-18.01.2021]
Danubio FC - Cerro Largo 0-3(0-1)
CA Cerro - CA Peñarol 1-1(0-1)
CA Progreso - Montevideo City 0-0
CA Fénix - CA River Plate 0-3 *awarded*
Club Nacional - CA Rentistas 1-1(1-0)
Defensor Sporting - Wanderers FC 1-1(0-0)
Plaza Colonia - Liverpool FC 0-0
Boston River - CD Maldonado 5-0(2-0)

Round 2 [20-22.01.2021]
Montevideo City - CA Fénix 3-0(0-0)
CA River Plate - CA Cerro 1-2(1-1)
Cerro Largo - Club Nacional 0-0
Wanderers FC - Danubio FC 2-0(0-0)
Plaza Colonia - CA Progreso 0-1(0-1)
CD Maldonado - Liverpool FC 2-4(0-1)
CA Rentistas - Boston River 0-1(0-1)
Peñarol - Defensor Sporting 1-2(0-0) [27.01.]

Round 3 [29-31.01.2021]
CA Fénix - Plaza Colonia 3-3(1-1)
Boston River - Cerro Largo 2-1(1-1)
CA Progreso - Liverpool FC 0-4(0-1)
CD Maldonado - CA Rentistas 3-1(2-1)
Club Nacional - Wanderers FC 2-1(1-1)
Danubio FC - CA Peñarol 0-1(0-0)
CA Cerro - Montevideo City 1-3(1-2)
Defensor Sporting - CA River Plate 0-2(0-0)

Round 4 [02-04.02.2021]
CA Progreso - CA Fénix 0-1(0-0)
Cerro Largo - CD Maldonado 1-2(1-2)
Liverpool FC - CA Rentistas 2-2(1-1)
CA Peñarol - Club Nacional 0-0
Wanderers FC - Boston River 2-2(1-1)
CA River Plate - Danubio FC 0-4(0-3)
Plaza Colonia - CA Cerro 2-1(0-0)
Montevideo City - Defensor Sporting 0-0

Round 5 [06-07.02.2021]
CA Rentistas - Cerro Largo 2-1(0-0)
CA Fénix - Liverpool FC 0-2(0-1)
CD Maldonado - Wanderers FC 1-1(1-1)
Boston River - CA Peñarol 0-1(0-1)
Danubio FC - Montevideo City 0-4(0-1)
CA Cerro - CA Progreso 2-0(1-0)
Defensor Sporting - Plaza Colonia 3-2(1-0)
Club Nacional - CA River Plate 3-0(2-0)

Round 6 [10-11.02.2021]
Liverpool FC - Cerro Largo 3-2(0-1)
Plaza Colonia - Danubio FC 3-0(2-0)
Wanderers FC - CA Rentistas 3-2(1-1)
Montevideo City - Club Nacional 1-2(0-2)
CA Fénix - CA Cerro 3-3(1-1)
CA River Plate - Boston River 3-1(1-1)
CA Progreso - Defensor Sporting 3-3(2-1)
CA Peñarol - CD Maldonado 1-1(1-0)

Round 7 [13-15.02.2021]
Cerro Largo - Wanderers FC 1-3(1-1)
Club Nacional - Plaza Colonia 1-1(0-0)
CA Cerro - Liverpool FC 1-1(1-0)
CA Rentistas - CA Peñarol 0-1(0-1)
CD Maldonado - CA River Plate 1-2(1-0)
Defensor Sporting - CA Fénix 2-2(1-1)
Danubio FC - CA Progreso 0-1(0-1)
Boston River - Montevideo City 0-3(0-0)

Round 8 [17-19.02.2021]
CA River Plate - CA Rentistas 1-1(1-1)
Liverpool FC - Wanderers FC 2-1(1-1)
Cerro Largo - CA Peñarol 1-1(0-1)
CA Cerro - Defensor Sporting 0-0
CA Fénix - Danubio FC 1-1(0-1)
CA Progreso - Club Nacional 0-1(0-1)
Montevideo City - CD Maldonado 1-1(0-1)
Plaza Colonia - Boston River 3-0(1-0)

Round 9 [20-23.02.2021]
CA River Plate - Cerro Largo 2-0(0-0)
Defensor Sporting - Liverpool FC 0-3(0-1)
Wanderers FC - CA Peñarol 0-1(0-1)
CA Rentistas - Montevideo City 1-2(1-1)
Club Nacional - CA Fénix 2-2(2-1)
Danubio FC - CA Cerro 2-1(2-1)
CD Maldonado - Plaza Colonia 1-1(0-0)
Boston River - CA Progreso 2-3(1-0)

Round 10 [26.02.-02.03.2021]
Liverpool FC - CA Peñarol 1-1(0-1)
CA River Plate - Wanderers FC 1-1(0-0)
CA Cerro - Club Nacional 0-1(0-0)
CA Fénix - Boston River 2-1(2-0)
Defensor Sporting - Danubio FC 1-1(0-0)
Montevideo City - Cerro Largo 0-0
Plaza Colonia - CA Rentistas 5-0(3-0)
CA Progreso - CD Maldonado 1-1(0-1)

Round 11 [05-08.03.2021]
Wanderers FC - Montevideo City 2-8(1-2)
Boston River - CA Cerro 2-0(1-0)
CA Peñarol - CA River Plate 2-0(1-0)
Danubio FC - Liverpool FC 0-1(0-0)
Cerro Largo - Plaza Colonia 3-1(2-0)
Club Nacional - Defensor Sporting 2-1(1-0)
CA Rentistas - CA Progreso 1-3(0-2)
CD Maldonado - CA Fénix 0-2(0-0)

Round 12 [12-15.03.2021]
Plaza Colonia - Wanderers FC 3-0(1-0)
Defensor Sporting - Boston River 1-2(0-1)
Danubio FC - Club Nacional 2-1(1-1)
CA Cerro - CD Maldonado 2-3(0-2)
Liverpool FC - CA River Plate 3-2(2-1)
Cerro Largo - CA Progreso 1-0(0-0)
Montevideo City - CA Peñarol 1-2(1-0)
CA Fénix - CA Rentistas 3-0(1-0)

Round 13 [18-21.03.2021]
CD Maldonado - Defensor Sporting 2-1(2-0)
CA Rentistas - CA Cerro 0-1(0-1)
Boston River - Danubio FC 1-5(1-2)
CA River Plate - Montevideo City 1-1(0-0)
CA Peñarol - Plaza Colonia 1-3(1-1)
CA Fénix - Cerro Largo 1-0(1-0)
Wanderers FC - CA Progreso 3-0 *awarded*
Club Nacional - Liverpool FC 0-4(0-2)

Round 14 [23-26.03.2021]
Danubio FC - CD Maldonado 2-2(2-1)
Liverpool FC - Montevideo City 4-1(1-1)
CA Cerro - Cerro Largo 0-1(0-1)
Club Nacional - Boston River 1-2(0-1)
CA Fénix - Wanderers FC 3-3(2-1)
CA Progreso - CA Peñarol 0-2(0-1)
Defensor Sporting - CA Rentistas 0-0
Plaza Colonia - CA River Plate 1-0(1-0)

Round 15 [28-29.03.2021]
Boston River - Liverpool FC 1-0(0-0)
CD Maldonado - Club Nacional 1-2(0-1)
CA Rentistas - Danubio FC 1-0(0-0)
Cerro Largo - Defensor Sporting 0-0

Wanderers FC - CA Cerro 1-1(1-0)
CA River Plate - CA Progreso 3-2(2-0)
Montevideo City - Plaza Colonia 2-0(1-0)
CA Peñarol - CA Fénix 3-1(2-0)

Final Standings

1.	Liverpool FC Montevideo	15	10	4	1	34	-	13	34
2.	CA Peñarol Montevideo	15	8	5	2	20	-	12	29
3.	Montevideo City Torque	15	7	5	3	30	-	14	26
4.	Club Nacional de Football Montevideo	15	7	5	3	19	-	16	26
5.	Club Plaza Colonia de Deportes Colonia del Sacramento	15	7	4	4	28	-	16	25
6.	CA Boston River Montevideo	15	7	1	7	23	-	26	22
7.	CA Fénix Montevideo	15	5	6	4	25	-	24	21
8.	CA River Plate Montevideo	15	6	3	6	19	-	23	21
9.	Montevideo Wanderers FC	15	4	6	5	24	-	28	18
10.	CD Maldonado	15	4	6	5	21	-	27	18
11.	Cerro Largo FC Melo	15	4	4	7	15	-	17	16
12.	Danubio FC Montevideo	15	4	3	8	17	-	23	15
13.	CA Progreso Montevideo	15	4	3	8	14	-	24	15
14.	CA Cerro Montevideo	15	3	5	7	16	-	21	14
15.	Defensor Sporting Club Montevideo	15	2	8	5	15	-	21	14
16.	CA Rentistas Montevideo	15	2	4	9	12	-	27	10

Liverpool FC Montevideo were qualified for the Championship Play-offs Semi-Finals.

	Aggregate Table 2020							
1.	Club Nacional de Football Montevideo	37	19	12	6	57 - 38	69
2.	Liverpool FC Montevideo	37	18	11	8	70 - 50	65
3.	CA Peñarol Montevideo	37	18	11	8	54 - 36	65
4.	Montevideo City Torque	37	17	10	10	64 - 40	61
5.	Montevideo Wanderers FC	37	13	13	11	53 - 57	52
6.	Cerro Largo FC Melo	37	12	14	11	42 - 39	50
7.	CA Fénix Montevideo	37	11	16	10	51 - 47	49
8.	CA River Plate Montevideo	37	13	10	14	50 - 49	49
9.	CA Rentistas Montevideo	37	11	14	12	45 - 48	47
10.	Club Plaza Colonia de Deportes Colonia del Sacramento	37	11	13	13	50 - 45	46
11.	CD Maldonado	37	11	13	13	47 - 62	46
12.	Defensor Sporting Club Montevideo	37	8	17	12	36 - 51	41
13.	CA Boston River Montevideo	37	10	10	17	43 - 57	40
14.	CA Progreso Montevideo	37	9	11	17	42 - 49	38
15.	Danubio FC Montevideo	37	9	11	17	34 - 49	38
16.	CA Cerro Montevideo	37	7	12	18	34 - 55	33

Club Nacional de Football Montevideo, as Aggregate Table winner, were qualified for the Championship Final.

Club Nacional de Football Montevideo, Liverpool FC Montevideo, Montevideo Wanderers FC and CA Rentistas Montevideo qualified for the 2021 Copa Libertadores.

CA Peñarol Montevideo, Montevideo City Torque, Cerro Largo FC Melo and CA Fénix Montevideo qualified for the 2021 Copa Sudamericana.

Top goalscorers:
25 goals: Gonzalo Rubén Bergessio (ARG)   **(Club Nacional de Football Montevideo)**
24 goals: Juan Ignacio Ramírez Polero   (Liverpool FC Montevideo)
18 goals: Maureen Javier Franco Alonso   (CA Fénix Montevideo)

2020 Championship Semi-Final [31.03.2021]

(played between Torneo Apertura and Torneo Clausura winners)
Liverpool FC Montevideo - CA Rentistas Montevideo   1-1(0-0,1-1); 2-3 pen

Championship Final 2020
(played between Aggregate Table winners and Semi-Final winners)

04.04.2021, Estadio Gran Parque Central, Montevideo; Attendance: 0
Referee: Esteban Daniel Ostoich Vega
Club Nacional de Football Montevideo - CA Rentistas Montevideo   3-0(2-0)
Nacional: Sergio Ramón Rochet Álvarez, Mathías Nicolás Laborda Malseñido, Guzmán Corujo Bríccola, Nicolás Marichal Pérez, Agustín Oliveros Cano, Gabriel Neves Perdomo, Joaquin Gabriel Trasante Hernández, Felipe Ignacio Carballo Ares (86.Thiago Vecino Berriel), Alfonso Trezza Hernández (83.Armando Jesús Méndez Alcorta), Brian Alexis Ocampo Ferreira (77.Pablo Javier García Lafluf), Gonzalo Rubén Bergessio (Cap) (86.Emiliano Martínez Toranza). Trainer: Martín Ricardo Ligüera López.
Rentistas: Yonatan Irrazábal Condines, Mathías Nicolás Abero Villan (73.Franco Marcelo Pérez Portillo), Maximiliano Javier Amondarain Colzada, Damián Alejandro Malrrechaufe Verdún, Carlos Andrés Rodales Ramírez (Cap), Nicolás Carlos Colazo, Carlos Gabriel Villalba, Ramiro Nicolás Cristóbal Calderón, Agustin Acosta Bentancourt, Ederson Salomón Rodríguez Lima, Nahuel Acosta de Silva (46.Diego Gonzalo Vega Martínez). Trainer: Alejandro Martín Cappuccio Díaz.
Goals: 1-0 Gonzalo Rubén Bergessio (7), 2-0 Gonzalo Rubén Bergessio (29), 3-0 Mathías Nicolás Laborda Malseñido (66).

07.04.2021, Estadio Complejo Rentistas, Montevideo; Attendance: 0
Referee: Andrés Ismael Cunha Soca
CA Rentistas Montevideo - Club Nacional de Football Montevideo   0-1(0-1)
Rentistas: Yonatan Irrazábal Condines, Mathías Nicolás Abero Villan, Guillermo Fratta Cabrera, Damián Alejandro Malrrechaufe Verdún, Carlos Andrés Rodales Ramírez (Cap), Nicolás Carlos Colazo, Carlos Gabriel Villalba, Ramiro Nicolás Cristóbal Calderón, Franco Marcelo Pérez Portillo (73.Nahuel Acosta de Silva), Ederson Salomón Rodríguez Lima, Diego Gonzalo Vega Martínez. Trainer: Alejandro Martín Cappuccio Díaz.
Nacional: Sergio Ramón Rochet Álvarez, Mathías Nicolás Laborda Malseñido, Guzmán Corujo Bríccola, Nicolás Marichal Pérez (87.Ignacio Nicolás Velázquez Quintana), Agustín Oliveros Cano (31.Enzo Joaquín Sosa Romanuk), Emiliano Martínez Toranza, Joaquin Gabriel Trasante Hernández (79.Santiago Cartagena Listur), Felipe Ignacio Carballo Ares, Alfonso Trezza Hernández (87.Pablo Javier García Lafluf), Alexis Ocampo Ferreira, Gonzalo Rubén Bergessio (Cap) (87.Thiago Vecino Berriel). Trainer: Martín Ricardo Ligüera López.
Goal: 0-1 Gonzalo Rubén Bergessio (41).

2020 Campeonato Uruguayo de Primera División Winners: **Club Nacional de Football Montevideo**

Relegation Table 2020

The relagation was determined after adding points obtained in the two last seasons.

Pos	Team	2019 P	2020 P	Total P	Total M	Aver
1.	Club Nacional de Football Montevideo	75	69	144	74	1.946
2.	CA Peñarol Montevideo	74	65	139	74	1.878
3.	Liverpool FC Montevideo	59	65	124	74	1.676
4.	Montevideo City Torque	—	61	61	37	1.649
5.	Cerro Largo FC Melo	69	50	119	74	1.608
6.	CA Progreso Montevideo	65	38	103	74	1.392
7.	Club Plaza Colonia de Deportes Colonia del Sacramento	56	46	102	74	1.378
8.	CA River Plate Montevideo	51	49	100	74	1.351
9.	Montevideo Wanderers FC	46	52	98	74	1.324
10.	CA Fénix Montevideo	48	49	97	74	1.311
11.	CA Rentistas Montevideo	—	47	47	37	1.270
12.	CD Maldonado	—	46	46	37	1.243
13.	CA Boston River Montevideo	48	40	88	74	1.189
14.	Defensor Sporting Club Montevideo (*Relegated*)	45	41	86	74	1.162
15.	Danubio FC Montevideo (*Relegated*)	41	38	79	74	1.068
16.	CA Cerro Montevideo (*Relegated*)	33	33	66	74	0.892

THE CLUBS 2020

Please note: matches, subs and goals are including Apertura & Decider + Intermedio & Final + Clausura and Championship Play-offs & Finals.

CLUB ATLÉTICO BOSTON RIVER MONTEVIDEO

Foundation date: February 20, 1939
Address: Calle Saladero Fariña 3388, Montevideo
Stadium: Estadio Centenario, Montevideo – Capacity: 60,235

THE SQUAD

	DOB	M	(s)	G
Goalkeepers:				
Gonzalo Adrián Falcón Vitancour	16.11.1996	36		
Mauricio Fratta Cabrera	24.03.1998	1		
Defenders:				
Emiliano Álvarez Longo	03.04.1996	9		1
Pablo Álvarez Menéndez	07.02.1985	19	(11)	
Adolfo Nicolás Barán Flangini	09.02.1990	13	(3)	1
Guillermo Fratta Cabrera	19.09.1995	12	(1)	1
Sebastián Gorga Nogueira	06.04.1994	5	(1)	
Leandro Nicolás Lozano Fernández	19.12.1998	32	(3)	1
Ismael Tejería Russi	23.02.2000	5	(2)	
Pedro Silva Torrejón (ARG)	25.01.1997	31	(1)	
Carlos Adrián Valdez Suárez	02.05.1983	31	(1)	2
Midfielders:				
José Alberti Loyarte	29.03.1997	31	(4)	4
Santiago Daniel Arias Fierro	19.06.1995	7	(11)	
Wiston Daniel Fernández Queirolo	04.01.1998	31	(3)	
Robert Mario Flores Bistolfi	13.05.1986	7	(9)	
Nicolás Andrés Freitas Silva	08.06.1987	10	(3)	2
Diego Martín Gurri Bentancor	23.02.1993		(4)	
Enzo Miguel Larrosa Martínez	21.04.2001	11	(5)	2
Agustín Nadruz Blanco	29.06.1996	17	(7)	1
Luciano Olaizola Paraduja	22.08.2001	4	(13)	
Diego Andrés Romero Solano (CRC)	02.03.2000	8	(6)	1
Matías Andrés Sosa (ARG)	26.06.1992		(2)	
Marcelo Daniel Tapia Amarillo	26.09.1992	6	(7)	
Forwards:				
Washington Sebastián Abreu Gallo	17.10.1976	9	(5)	2
Bruno Gabriel Barja Sampedro	16.09.2002		(7)	
Rubén Daniel Bentancourt Morales	02.03.1993	19	(5)	10
Dany José Cure Correa (VEN)	07.04.1990		(1)	
Brian Ezequiel Leis Fagúndez	18.11.2000		(1)	
Hernán Alejandro Martinuccio (ARG)	16.12.1987	14	(14)	3
Matías Wolf Rigoleto Arévalo	02.06.1995	28	(4)	6
Facundo Rodríguez Calleriza	20.08.1995	11	(8)	6
Trainer:				
Washington Sebastián Abreu Gallo [26.12.2019-09.11.2020; Resigned]	17.10.1976	18		
Fernando Javier Rodino García [09-11.22.2020; Caretaker]	29.07.1975	1		
Juan Ramón Tejera Pérez [from 11.11.2020]	23.02.1956	18		

CLUB ATLÉTICO CERRO MONTEVIDEO

Foundation date: December 1, 1922
Address: Avenida Grecia 3621, 11600 Montevideo
Stadium: Estadio Monumental „Luis Tróccoli", Montevideo – Capacity: 25,000

THE SQUAD

	DOB	M	(s)	G
Goalkeepers:				
Gabriel Araújo Soto	28.03.1993	5		
Rodrigo Nicolás Formento Chialanza	25.09.1999	31	(1)	
Ricardo Rizzo Trejo (AUS)	29.08.2000	1		
Defenders:				
Bryan Daniel Bentaberry Varela	21.01.1997	17	(8)	
Diego Giovanni Duque Viera	01.06.1998	2	(2)	
Gastón Filgueira Méndez	08.01.1986	8	(4)	
Lucas Nahuel Furtado Cabrera	20.03.1998	21	(8)	
Richard Martín González Lemos	03.06.1994	19	(3)	2
Jorge Agustín Hernández Arrúa	11.06.1997	7	(3)	
Rodrigo Andrés Izquierdo Díaz	19.11.1992	22	(4)	
Pablo Martín Lacoste Icardi	15.01.1988	19	(1)	
Kevin Ezequiel Moreira Parrabichine	06.07.1997	5	(1)	
Christian Washington Núñez Medina	24.09.1982	11	(3)	
Luca Núñez González	07.06.2000	1		
Nicolás Ramos Ríos	10.03.1999	14	(3)	
Mathías Emanuel Silvera Almeida	20.03.1999	6	(1)	
Midfielders:				
Ronald Daniel Álvarez Magallanes	14.11.1997		(2)	
Sebastián Cáceres Carranza	15.01.2000	15	(4)	
Cristian Daniel Cruz Regueiro	12.02.1998	15	(6)	1
Felipe Ely Klein (BRA)	09.04.1987	20	(3)	1
Martín Fernández Benítez	23.06.2003	2	(4)	
Mario Valentín García Fernández	08.09.1999	26	(3)	2
Facundo Maxmiliano Moreira Burgos	27.02.1989	16	(2)	
Leandro Gastón Paiva Santurión	15.02.1997	16	(1)	3
César Federico Pintos Álvarez	17.11.1992		(1)	
Nahuel Santana Silva	04.01.1997		(3)	
Cristián Sellanes Cuadrado	13.07.1999		(9)	
Emiliano Gastón Sosa Viera	18.02.1998	3	(3)	
José Luis Tancredi Malatez	14.02.1983	30	(2)	9
Forwards:				
Federico Andrade Noble	14.08.2000		(5)	
Joaquín Antonio Boghossian	19.06.1987	8	(16)	
Maicol Gabriel Cabrera Galaín	11.05.1996	23	(6)	9
Alejandro Nicolás Della Nave Casella	15.08.1998	5	(2)	1
Franco Sebastián López Taborda	20.10.1992	16	(14)	3
Alexander Nicolás Machado Aycaguer	28.05.2002	2	(11)	
Dylan Alenxader Nandín Berrutti	28.02.2002	7	(3)	
Gonzalo Martín Pintos Pintos	16.02.1998		(3)	
Emiliano Agustín Villar Vidal	21.10.1999	10	(2)	2
Ignacio Andrés Yepez Guzmán (COL)	20.10.1998	4	(8)	1
Trainer:				
Nathaniel Revetria Soñora [28.12.2019-08.09.2020; Sacked]	29.06.1981	10		
Juan Jacinto Rodríguez Araujo [08.09.2020-06.01.2021; Caretaker]	27.11.1958	12		
Santiago Paz Grolero [06.01.-12.01.2021]	05.09.1979	1		
Rolando Adrián Carlen (ARG) [from 12.01.2021]	11.11.1966	14		

CERRO LARGO FÚTBOL CLUB MELO
Foundation date: November 19, 2002
Address: Calle José Batlle y Ordóñez 695 esc. 101 Melo
Stadium: Estadio "Arquitecto Antonio Eleuterio Ubilla", Melo – Capacity: 9,000

THE SQUAD

	DOB	M	(s)	G
Goalkeepers:				
Washington Omar Aguerre Lima	23.04.1993	29		
Pablo Ramiro Bentancur Rodríguez	28.02.1989	8	(1)	
Defenders:				
Gabriel Alejandro Báez Corradi (ARG)	21.07.1995	10	(2)	1
Emanuel Tomás Beltrán Bardas	23.01.1998	14	(1)	
Mauro Alejandro Brasil Alcaire	27.04.1999	27	(2)	
José Enrique Etcheverry Mendoza	10.05.1996	12	(3)	
Brian Ferrarés Fernández	01.03.2000	1	(6)	1
Robinson Martín Ferreira García	07.03.1992	35	(1)	1
Mauricio Sebastián Gómez Castro	16.04.1992	12	(1)	1
Gastón Agustín Heredia (ARG)	16.06.1997	25	(2)	
Washington Emilio MacEachen Vázquez	05.04.1992	6	(2)	
Hugo Alejandro Magallanes Silveira	26.08.1997	9	(3)	
Santiago Daniel Merlo Rosadilla	30.08.1998		(5)	
Sergio David Montero Sosa	03.11.1997	5	(8)	
Facundo Rodríguez Aguilera	30.08.1993	18		
Midfielders:				
Ángel Gabriel Cayetano Pirez	08.01.1991	26	(2)	2
José Manuel Domínguez Alemán	21.12.1999		(1)	
Víctor Hugo Dorrego Coito	09.05.1993	24	(3)	9
Richard Andrés Dorrego Coito	01.02.1995	2	(11)	
Bruno Foliados Suárez	17.01.1992	1	(8)	
Jonathan Jorge Suárez	08.05.1999	1	(1)	
Gonzalo Agustín Lamardo (ARG)	25.04.1997	13	(13)	
Sergio Nicolás Leites Montes	03.12.1997		(2)	
Hans Axel Müller Odriozola	02.10.1996	1	(2)	
Hamilton Miguel Pereira Ferrón	26.06.1987	28	(4)	2
Adrián Guillermo Sánchez (ARG)	14.05.1999	10	(8)	
Forwards:				
Borys Santiago Barone Grillo	31.05.1994	1	(5)	
Enzo Araciel Borges Couto	22.07.1986	35	(2)	12
Aldo Tomás Luján Fernández (ARG)	08.08.1998	19	(2)	3
Gonzalo José Latorre Bovio	26.04.1996	2	(3)	
Hober Gabriel Leyes Viera	29.05.1990	5	(6)	1
Guillermo Luis May Bartesaghi	11.03.1998	25	(2)	7
Thiago Alberto Nascente Rebolledo	12.02.2002		(1)	
Carlos Rodrigo Núñez Techera	22.06.1992	1	(4)	1
Luis Miguel Rodríguez Rodríguez	28.12.1998	2	(7)	
Brian Matías Tavares Pereira	04.01.1997		(5)	
Trainer:				
Luis Danielo Nuñez Maciel [from 27.01.2018]	25.10.1964	37		

DANUBIO FÚTBOL CLUB MONTEVIDEO

Foundation date: March 1, 1932
Address: Avenida 8 de Octubre 4584, 12100 Montevideo
Stadium: Estadio Jardines del Hipódromo María Mincheff de Lazaroff, Montevideo – Capacity: 18,000

THE SQUAD

	DOB	M	(s)	G
Goalkeepers:				
Emiliano Bermúdez Arias	09.06.1997	6		
Emiliano Darío Denis Figueroa	16.12.1991	7		
Salvador Ichazo Fernández	26.01.1992	24		
Defenders:				
Emiliano Ancheta Da Rosa	09.06.1999	10	(3)	
Santiago Nicolás Carrera Sanguinetti	05.03.1994	14	(2)	
Julio César Domínguez Castillo (PAR)	07.04.1992	10	(1)	
Fredy Joel Martínez Mancilla	01.05.2001		(2)	
Lucas Gabriel Monzón Lemos	29.09.2001	13	(6)	
Nicolás Pantaleone (ARG)	18.02.1993	4	(2)	
Mateo Ponte Costa	24.05.2003	8	(2)	
Yeferson Agustín Quintana Alonso	19.04.1996	5	(1)	
José Luis Rodríguez Bebanz	14.03.1997	28	(3)	2
Sergio Gonzalo Rodríguez Budes	05.01.1985	8		
Carlos Alberto Romaña Mena (COL)	10.11.1999	1	(2)	
Luis Leandro Sosa Otermin	18.03.1991	23	(6)	
Mauricio Bernardo Victorino Dansilio	11.10.1982	22	(2)	
Midfielders:				
Briam Eduardo Acosta Arellano	07.09.1997	4	(5)	1
Matías Lionel Fritzler (ARG)	23.08.1986	16	(1)	
Cristian David González Taborda	02.01.1999	9	(13)	
Carlos Javier Grossmüller	04.05.1983		(4)	
Matías Martín Jones Mourigan	01.07.1991	7	(1)	1
Santiago Nicolás Mederos Pascal	16.01.1998	22	(6)	4
Óscar Javier Méndez Albornoz	05.12.1994	15		2
Gonzalo Montes Calderini	22.12.1994	1		
Leandro Onetto Baccino	12.12.1996	1		
Nicolás Santiago Prieto Larrea	05.09.1992	12	(6)	
Lucas Guzmán Rodríguez Cardoso	08.05.1993	16	(3)	
Maximiliano Jair Rodríguez Cejas	06.06.1999	8	(9)	
Pablo Fabricio Siles Morales	15.07.1997	16	(9)	
Facundo Ezequiel Silvera Adreoli	18.11.2001	3	(11)	
Forwards:				
Martín Nicolás Comachi (ARG)	22.10.1991	8	(5)	2
Matías Nicolás Deorta Azar	24.11.1999		(3)	1
Juan Manuel Gutiérrez Freire	04.02.2002	9	(2)	1
Facundo Labandeira Castro	03.03.1996	17	(8)	2
Diego Andrés Martiñones Rus	25.01.1985		(1)	
Emanuel Mercado (ARG)	21.04.1997	2	(5)	
Luciano Nequecaur (ARG)	19.07.1992	13	(1)	2
Santiago Martín Paiva Mattos	11.01.1999	15	(16)	6
Rodrigo Andrés Piñeiro Silva	05.05.1999	17	(3)	3
Leandro Joaquín Rodríguez Telechea	19.11.1992	9	(7)	2
Nicolás Hernán Siri Cagno	17.04.2004	4	(6)	4
Trainer:				
Martín Adrián García Curbelo [23.12.2019-22.08.2020; Sacked]	26.03.1976	7		
Leonardo Alfredo Ramos Girón [from 22.08.2020]	11.09.1969	30		

DEFENSOR SPORTING CLUB MONTEVIDEO

Foundation date: March 15, 1913
Address: Avenida 21 de Setiembre N° 2362 Parque Rodó, 1100 Montevideo
Stadium: Estadio „Luis Franzini", Montevideo – Capacity: 18,000

THE SQUAD

	DOB	M	(s)	G
Goalkeepers:				
Matias Fidel Castro Fuentes	24.10.1987	23		
Bernardo Enzo Long Baccino	27.09.1989	14		
Defenders:				
Emiliano Álvarez Longo	03.04.1996	2		
Pedro Gastón Álvarez Sosa	24.03.2000	7	(1)	
Alejandro Damián González Hernández	23.03.1988	15		
Jonathan Shaquille González Álvarez	22.06.2000	2	(2)	
Andrés Lamas Bervejillo	16.01.1984	20	(4)	2
Facundo Mallo Blanco	16.01.1995	17		1
Renzo Facundo Rabino Albín	19.12.1997	12	(1)	
Matías Emiliano Rocha Calderón	13.02.2001	13		
Lucas Rodríguez Álvarez	15.01.1999	8	(2)	
Rodrigo Rojo Piazze	21.07.1989	26	(1)	1
Emilio Enrique Zeballos Gutiérrez	05.08.1992	17	(3)	
Midfielders:				
Juan Ángel Albín Leites	17.07.1986	4	(12)	2
Cristian Barros Mirabal	09.04.2000	2	(2)	
Luciano Boggio Albín	10.03.1999	7	(13)	
Mathías Adolfo Cardacio Alaguich	02.10.1987	28	(1)	2
Álvaro Rafael González Luengo	29.10.1984	29	(1)	2
Ignacio Jesús Laquintana Marsico	01.02.1999	19	(9)	
Adolfo Justino Lima Camejo	24.07.1990	10	(1)	
Alán Kevin Méndez Olivera	10.01.1996	22	(11)	2
Gonzalo Nápoli Soria	08.05.2000	9	(4)	
Matías Ernesto Ocampo Ornizún	14.03.2002	11	(10)	2
Vicente Poggi Sassi	11.07.2002	20	(4)	2
Alan Jesús Rodríguez Guaglianoni	25.01.2000	12	(10)	1
Franco Zuculini (ARG)	05.09.1990	4	(9)	1
Forwards:				
Cristian Gabriel Chávez (ARG)	04.06.1987	6	(6)	1
Diego Martín Coelho Díaz	28.01.1995	15	(16)	5
Ignacio Colombini (ARG)	12.05.1992	8	(5)	2
Pablo Nicolás López de León	08.10.1996	2		
Facundo Nahuel Milán Osorio	03.02.2001	3	(6)	3
Álvaro Damián Navarro Bica	28.01.1985	13	(15)	2
Tabaré Uruguay Viudez Mora	08.09.1989	9	(4)	1
Trainer:				
Alejandro Miguel Orfila Colmenares [21.12.2019-12.11.2020; Sacked]	18.05.1981	19		
Gregorio Elso Pérez Perdigón [14.11.2020-13.03.2021; Sacked]	16.01.1948	15		
Eduardo Mario Acevedo Cardozo [from 13.03.2021]	25.09.1959	3		

CLUB DEPORTIVO MALDONADO

Foundation date: August 25, 1928
Address: Avenida España 693 esquina Ginés Cairo Medina, CP 20000 Maldonado
Stadium: Estadio "Domingo Burgueño Miguel", Maldonado – Capacity: 25,000

THE SQUAD

	DOB	M	(s)	G
Goalkeepers:				
Leandro Gelpi Rosales	27.02.1991	1		
Danilo Emanuel Lerda (ARG)	30.03.1987	36		
Defenders:				
Santiago Nicolás Carrera Sanguinetti	05.03.1994	9	(1)	
Álex Marcelo de Freitas Azambuya	24.05.1999	2	(1)	
Luis Nicolás Olivera Moreira	17.02.1993	13	(1)	
Gastón Nicolas Pagano Peralta	08.10.1988	24	(2)	1
Andrés Ravecca Cadenas	01.09.1989	8	(3)	
Ariel Agustín Sant'Anna Quintero	27.09.1997	32		1
Facundo Tealde Sassano	15.03.1989	31		1
Charles Mijael Zoryez Arbiza	27.01.1988	5	(4)	
Midfielders:				
Alejandro Rafael Acosta Cabrera	02.10.1990	1	(5)	
Mariano Adrián Bogliacino Hernández	02.06.1980	3	(18)	
Marcos Maximiliano Cantera Mora	10.05.1993	30	(5)	7
Washington Eduardo Darías Lafuente	28.02.1998	11	(5)	3
Marcelo Alejandro Estigarribia Balmori (PAR)	21.09.1987	15		2
Sebastián González Mozzo	11.02.2000	32	(1)	1
Carlos Santiago Nagüel (ARG)	28.01.1993	3	(2)	
Ignacio Nicolini Díaz	04.02.1987	13	(10)	1
Lucas Javier Núñez Núñez	09.06.2001	4	(5)	1
Facundo Rodríguez Aguilera	30.08.1993	6	(1)	
Forwards:				
Facundo Agustin Batista Ochoa	16.01.1999	26	(7)	14
Diego Mateo Casas López	04.03.1995	4	(5)	
Claudio Federico Castellanos García	15.12.1992	6	(6)	1
Alexander Nicolás González Pérez	08.08.2002	2	(3)	
Luis Enrique Machado Mora	22.12.1991	4	(7)	
Thiago Rodrigues da Silva „Mosquito" (BRA)	06.01.1996	4	(4)	1
Rodrigo Ariel Muniz Menosse	01.09.2001	11	(13)	3
César Emanuel Pereyra (ARG)	23.11.1981	7	(10)	4
Leonardo Federico Ramos Melgar	16.09.1991	27	(6)	1
Federico Martín Rodríguez Rodríguez	03.04.1991		(5)	
Matías Nicolás Tellechea Pérez	21.09.1992	26	(3)	2
Hernán Darío Toledo (ARG)	17.01.1996	11	(5)	1
Trainer:				
Francisco Ricardo Palladino Soba [from 06.02.2019]	23.01.1983	37		

CENTRO ATLÉTICO FÉNIX MONTEVIDEO

Foundation date: July 7, 1916
Address: Avenida Capurro 874, 11200 Montevideo
Stadium: Estadio Parque Capurro, Montevideo – Capacity: 5,500

THE SQUAD	DOB	M	(s)	G
Goalkeepers:				
Francisco Casanova Bruzzone	04.03.1997	20		
Guillermo Rafael De Amores Ravelo	19.10.1994	14		
Ernesto Exequiel Hernández Oncina	26.07.1985	3		
Defenders:				
Juan Daniel Álvez Ortíz	21.08.1983	21	(7)	
Adrián Argachá González	21.12.1986	20	(3)	
Eduar Andrés Barboza Cubilla	23.07.1994	13	(2)	
Leonardo Henriques Coelho "Léo Coelho" (BRA)	17.05.1993	31		1
José Ignacio Pallas Martínez	05.01.1983	7	(8)	
Fernando Esekiel Souza Píriz	24.05.1998	16	(2)	
Jonathan Toledo Paragarino	10.01.1996	2	(1)	
Midfielders:				
Kevín Nicolás Alaniz Acuña	30.01.2003	8	(15)	
Fernando Agustín Alfaro Baes	29.06.1999	12	(3)	1
Agustín Canobbio Graviz	01.10.1998	19	(3)	5
Roberto Nicolás Fernández Fagúndez	02.03.1998	23	(3)	3
Camilo Alejandro Núñez Gómez	06.03.1993	10	(10)	2
Richard Gustavo Núñez	25.10.1997	3	(8)	
Bryan Olivera Calvo	11.03.1994	25	(2)	3
Julio César Recoba Serena	03.04.1997	1	(2)	
Ángel Leonardo Rodríguez Güelmo	02.12.1992	34	(1)	
Edgardo Andrés Schetino Yancev	26.05.1994	12	(14)	1
Manuel Ugarte Ribeiro	11.04.2001	16		1
Forwards:				
Carlos Roberto Fernández Martínez (HON)	17.02.1992	7	(10)	2
Maureen Javier Franco Alonso	13.12.1983	25	(4)	18
Kaique Vergilio da Silva (BRA)	19.01.1996	8	(6)	2
Nicolás Teodoro Machado Mira	03.01.1997	5	(9)	2
Luciano Nequecaur (ARG)	19.07.1992	12	(6)	4
Ignacio Agustín Pereira González	14.04.1998	29	(7)	3
Nicolás Daniel Ruíz Tabárez (VEN)	06.01.1999	2	(2)	
Bruno Scorza Perdomo	01.10.2000	3	(10)	
Christian Marcelo Silva de León	10.03.1994	2	(8)	
Jorge Luis Trinidad Ferreira	01.05.1993	4	(8)	1
Trainer:				
Juan Ramón Carrasco Torres [from 17.05.2018]	15.09.1956	37		

LIVERPOOL FÚTBOL CLUB MONTEVIDEO

Foundation date: February 15, 1915
Address: Avenida Agraciada 4186, 11200 Montevideo
Stadium: Estadio Belvedere, Montevideo – Capacity: 8,384

THE SQUAD

	DOB	M	(s)	G
Goalkeepers:				
Carlos Sebastián Lentinelly Villavicencio	07.08.1997	24	(1)	
Andrés Ulises Mehring (ARG)	19.04.1994	14		
Defenders:				
Christian Andrés Almeida Rodríguez	25.12.1989	22		3
Camilo Damián Cándido Aquino	02.06.1995	33	(2)	3
Ernesto Goñi Ameijenda	13.01.1985	3	(1)	
Lucas Maximiliano Lemos Mayuncaldi	26.02.2000	1	(5)	
Gastón Nicolás Martirena Torres	05.01.2000	1	(1)	
Andrés Federico Pereira Castelnoble	24.02.2000	36		3
Maximiliano Rodrigo Pereira Cardozo	25.04.1993	1		
Gonzalo Pérez Corbalán	04.01.2001	23	(1)	
Franco Gastón Romero Ponte	11.02.1995	27	(3)	5
Jean Pierre Rosso Génova	07.04.1997	17	(6)	1
Midfielders:				
Bruno Martín Correa Araújo	27.07.1991	20	(10)	1
Fabricio Díaz Badaracco	03.02.2003	28	(8)	
Martín Alejandro Fernández Figueira	08.05.2001	16	(12)	1
Hernán Figueredo Alonzo	15.05.1985	34	(2)	5
Guillermo Pablo Firpo Marrone	12.07.1988	1	(3)	
Alan Damián Medina Silva	10.04.1998	16	(4)	5
Lucas Agustín Ocampo Galván	23.11.1997	32	(3)	9
Gastón Alejandro Pérez Conde	19.10.1999	10	(12)	2
Álex Bacilio Vázquez Álvez	09.03.2002		(16)	
Forwards:				
Mateo Abeijon Porto	17.09.1999		(2)	
Joel Gustavo Acosta (ARG)	16.01.1991	1		
Emiliano Alfaro Toscano	28.04.1988	5	(4)	
Gonzalo Diego Bueno Bingola	16.01.1993	4	(9)	3
Diego Agustín Cor Morales	06.07.2000		(7)	1
Fabián Agustín Dávila Silva	05.01.1999	9	(7)	1
Ezequiel Alexandre Escobar Luna	04.04.1999	9	(7)	2
Rodrigo Ferreyra Ocampo	02.02.2001		(2)	
Juan Ignacio Ramírez Polero	01.02.1997	28	(3)	24
Lucas Nelson Ribeiro	10.07.2000	2	(5)	
Gustavo Daniel Viera Moreira	21.10.2000	1	(1)	
Facundo Trinidad Carballo	14.04.2002		(8)	
Trainer:				
Román Marcelo Cuello Arizmendi [12.12.2019-12.10.202; Sacked]	04.04.1977	15		
Gustavo Ferrín [13-18.10.2020; Caretaker]	01.05.1959	1		
Marcelo Fabián Méndez Russo [from 18.10.2020]	10.01.1981	22		

MONTEVIDEO CITY TORQUE

Foundation date: December 23, 2007 (*as Club Atlético Torque*)
Address: Roque Graseras 694, CP 11300, Montevideo
Stadium: Estadio Charrúa, Montevideo – Capacity: 14,000

THE SQUAD	DOB	M	(s)	G
Goalkeepers:				
Jonathan Mathías Cubero Rieta	15.01.1994	1	(2)	
Cristopher Javier Fiermarin Forlán	01.01.1998	36		
Defenders:				
Gabriel Fabricio Chocobar	05.08.1999	2	(1)	1
Alejandro Agustín Peña Montero	08.03.1989	7	(1)	
Joaquín Alejandro Pereyra Cantero	10.07.1994	10	(9)	1
Oscar Piris (ARG)	06.06.1989	5	(3)	1
Yonathan Nicolás Rak Barragán	18.08.1993	31	(1)	4
Andrew Christopher Teuten Ponzoni	20.07.1998	20	(4)	1
Midfielders:				
Marcelo Iván Allende Bravo (CHI)	07.04.1999	26	(7)	6
Hugo Diego Arismendi Ciapparetta	25.01.1988	25		
Álvaro Nicolás Brun Martínez	10.04.1987	26	(2)	4
Franco Catarozzi Parafita	02.04.2000	5	(3)	
Leandro Ezquerra De León	05.06.1986	14	(3)	
Sebastián Guerrero Martínez	23.09.2000		(9)	2
Ignacio Nicolás Neira Borba	06.02.1998	10	(11)	
Franco Nicolás Pizzichillo Fernández	03.01.1996	31	(3)	3
Lucas Rodríguez Trezza	25.02.1997	20	(8)	2
Matías Joaquín Santos Arotegui	11.03.1994	4	(7)	2
Santiago Scotto Padín	26.04.1997	28	(4)	2
Forwards:				
José Ignacio Álvarez Medero	27.12.1994	22	(9)	3
Sergio Rubén Blanco Soto	25.11.1981	3	(3)	
Matías Fernando Cóccaro Ferreira	15.11.1997	22	(14)	12
Rodrigo de Olivera Donado	20.12.1994		(5)	
Gustavo Javier del Prete (ARG)	12.06.1996	28	(4)	10
Emanuel Natanael Guzmán (ARG)	11.08.1999		(15)	
Leandro Gastón Otormín Fumero	30.07.1996	14	(11)	4
Junior José Paredes Jaspe (VEN)	01.01.2001		(2)	
Alfonso Darío Pereira D'Atri	25.02.1996	17	(17)	4
Trainer:				
Pablo Alejandro Marini (ARG) [from 01.01.2018]	31.01.1967	37		

CLUB NACIONAL DE FOOTBALL MONTEVIDEO

Foundation date: May 14, 1899
Address: Avenida 8 de Octubre 2847, 11200 Montevideo
Stadium: Estadio Gran Parque Central, Montevideo – Capacity: 34,000

THE SQUAD

	DOB	M	(s)	G
Goalkeepers:				
Guillermo Christian Centurión Elizalde	23.07.2001	1		
Luis Angel Mejía Cajar (PAN)	16.03.1991	9		
Sergio Ramón Rochet Álvarez	23.03.1993	31	(1)	
Defenders:				
Guzmán Corujo Brícola	02.08.1996	26	(1)	
Carlos Ayrton Cougo Rivero	15.06.1996	16	(2)	1
Rafael García Casanova	06.01.1989	5	(8)	
Miguel Isaías Jacquet Duarte (PAR)	20.05.1995	1	(1)	
Mathías Nicolás Laborda Malseñido	15.09.1999	23	(6)	2
Nicolás Marichal Pérez	17.03.2001	3	(1)	
Armando Jesús Méndez Alcorta	31.03.1996	26	(4)	1
Agustín Oliveros Cano	17.08.1998	30		1
Renzo Miguel Orihuela Barcos	04.04.2001	16	(3)	1
Paulo Vinicius Souza Dos Santos (HUN)	21.02.1990	13		
Enzo Joaquín Sosa Romanuk	10.01.2002		(1)	
Mathías Sebastián Suárez Suárez	24.06.1996	10		
Ignacio Nicolás Velázquez Quintana	31.01.2002		(2)	
Midfielders:				
Rodrigo Nahuel Amaral Pereira	25.03.1997	7	(6)	1
Felipe Ignacio Carballo Ares	04.10.1996	26	(10)	6
Santiago Cartagena Listur	01.09.2002		(5)	1
Gonzalo Castro Irizabal	14.09.1984	13	(4)	2
Felipe Gedoz da Conceição (BRA)	12.07.1993	2	(2)	
Pablo Javier García Lafluf	15.04.1999	19	(5)	2
Agustín González Pereira	25.01.1997	1	(2)	
Emiliano Martínez Toranza	17.08.1999	22	(2)	1
Gabriel Neves Perdomo	11.08.1997	27	(1)	2
Brian Alexis Ocampo Ferreira	25.06.1999	20	(8)	1
Santiago Valentín Ramírez Polero	03.09.2001		(5)	
Santiago Mariano Rodríguez Molina	08.01.2000	12	(7)	5
Joaquin Gabriel Trasante Hernández	14.03.1999	13	(13)	1
Claudio Ariel Yacob (ARG)	18.07.1987	11	(5)	
Forwards:				
Gonzalo Rubén Bergessio (ARG)	20.07.1984	37		25
Sebastián Bruno Fernández Miglierina	23.05.1985	1	(10)	
Ignacio Lores Varela	26.04.1991	6	(8)	
Axel Alejandro Pérez Etchelar	18.02.2002		(1)	
Alfonso Trezza Hernández	22.06.1999	18	(11)	
Thiago Vecino Berriel	25.02.1999	4	(24)	4
Emiliano Agustín Villar Vidal	21.10.1999	2	(9)	1
Trainer:				
Gustavo Adolfo Munúa Vera [20.12.2019-15.10.2020; Sacked]	27.01.1978	17		
Jorge Antonio Giordano Moreno [16.10.2020-22.03.2021; Sacked]	27.02.1965	21		
Martín Ricardo Ligüera López [from 22.03.2021]	09.11.1980	3		

CLUB ATLÉTICO PEÑAROL MONTEVIDEO

Foundation date: September 28, 1891
Address: Palacio Peñarol „Contador Gastón Güelfi", Avenida Magallanes 1721, 11200 Montevideo
Stadium: Estadio "Campeón del Siglo", Montevideo – Capacity: 42,500

THE SQUAD

	DOB	M	(s)	G
Goalkeepers:				
Thiago Gastón Cardozo Brugman	31.07.1996	3	(1)	
Elcio Martín Correa Rodríguez	04.06.2000		(1)	
Kevin Emiliano Dawson Blanco	08.02.1992	34		
Defenders:				
Rodrigo Abascal Barros	14.01.1994	13	(4)	1
Juan Manuel Acosta Díaz	11.11.1993	8	(4)	
Fabricio Orosmán Formiliano Duarte	14.01.1993	26	(2)	2
Giovanni Alessandro González Apud	20.09.1994	31	(1)	3
Robert Fabián Herrera Rosas	01.03.1989	6	(2)	
Gary Christofer Kagelmacher Pérez	21.04.1988	31	(1)	2
Enzo Gabriel Martínez Suárez	29.04.1998	2	(1)	
Victorio Maximiliano Pereira Páez	08.06.1984	2	(1)	
Mathías Rodrigo Pintos Chagas	26.12.1999	2		
Gabriel Hernán Rojas (ARG)	22.06.1997	2		
Midfielders:				
Agustín Álvarez Wallace	20.04.2001	8	(11)	
Marcos Matías de los Santos Morales	28.09.1998	8	(4)	
Walter Alejandro Gargano Guevara	23.07.1984	20	(3)	
Kevin Mathías Lewis Rodríguez	08.01.1999	2	(1)	
Ezequiel Martín Mechoso Reyes	23.03.2000		(1)	
Hernán Novick Rattich	13.12.1988		(1)	
Denis César Olivera Lima	29.07.1999	1	(6)	
Joaquín Piquerez Moreira	24.08.1998	29	(1)	
Cristian Gabriel Rodríguez Barrotti	30.09.1985	8	(18)	1
Diego Valentín Rodríguez Alonso	13.06.2001	1	(5)	
Miguel David Terans Pérez	11.08.1994	25	(4)	16
Facundo Daniel Torres Pérez	13.04.2000	28	(4)	5
Jesús Emiliano Trindade Flores	10.07.1993	31	(3)	1
Jonathan Matías Urretaviscaya da Luz	19.03.1990	5	(5)	1
Krisztián Vadócz (HUN)	03.05.1985	13	(11)	
Forwards:				
Luis Miguel Acevedo Tabárez	05.10.1996	2	(10)	
Máximo David Alonso Fontes	05.07.2002	1	(3)	
Agustín Álvarez Martínez	19.05.2001	17	(7)	10
Christian Daniel Bravo Araneda (CHI)	01.10.1993	7	(3)	
Matías Britos Cardoso	26.11.1988	19	(6)	7
Fabián Larry Estoyanoff Poggio	27.09.1982	2	(11)	1
Nicolás Franco (ARG)	26.04.1996	1		
Ariel Gerardo Nahuelpán Osten (ARG)	15.10.1987	1	(7)	
Sergio Fabián Núñez Rosas	30.06.2000	1	(8)	
Facundo Pellistri Rebollo	20.12.2001	8	(4)	
Francisco Jiménez Tejada "Xisco" (ESP)	26.06.1986	9	(1)	1
Trainer:				
Diego Martín Forlán Corazo [20.12.2019-31.08.2020; Sacked]	19.05.1979	9		
Mario Daniel Saralegui Iriarte [31.08.-31.12.2020]	24.04.1959	13		
José Mauricio Larriera Dibarboure [from 01.01.2021]	26.08.1970	15		

CLUB PLAZA COLONIA DE DEPORTES
COLONIA DEL SACRAMENTO

Foundation date: April 22, 1917
Address: Avenida General Flores 272, Colonia del Sacramento
Stadium: Estadio "Parque Juan Gaspar Prandi", Colonia del Sacramento – Capacity: 4,500

THE SQUAD

	DOB	M	(s)	G
Goalkeepers:				
Luis Iván Cartés Maidana	29.03.1998	9		
Álvaro Marcelo García Zaroba	13.01.1984	5		
Nicolás Guirin Chialvo	07.05.1995	3		
Santiago Andrés Mele Castanero	06.09.1997	20		
Defenders:				
Federico Andueza Velazco	25.05.1997	2	(4)	
Martín Ezequiel Jourdan Félix	13.10.2001		(1)	
Facundo Kidd Álvarez	04.08.1997	35		2
Federico Pérez Silvera	23.01.1986	34		4
Fabián Eduardo Píriz González	25.01.1998	2	(1)	
Mario Pablo Risso Caffiro	31.01.1988	35		2
Lucas Silva Rodrigues (BRA)	04.07.1999		(4)	
Haibrany Nick Ruíz Díaz Minervino	31.08.1992	35		2
Ezequiel Silveira Tolosa	22.07.2000		(1)	
Guido José Verdún Vera (PAR)	19.12.1995	2	(3)	1
Midfielders:				
Yvo Nahuel Calleros Rébori	14.03.1998	26	(5)	
Matías Ezequiel Caseras Taberna	20.03.1992	1	(1)	
Álvaro Fernández Gay	11.10.1985	20	(11)	6
Juan Ignacio González Brazeiro	05.11.1993	3	(4)	
Jorge Daniel Gravi Piñeiro	16.01.1994	3	(16)	
Agustín Sebastián Miranda Cambón	28.11.1992	5	(4)	
Elías Oyola Chajías	21.05.1998		(1)	
Facundo Julián Píriz González	27.03.1990	18	(2)	2
Ezequias Emanuel Redín Morales	11.05.1995	17	(12)	1
Lucas Ruiz Díaz (ARG)	19.02.1990		(2)	
Iván Ernesto Salazar Aleijón	28.01.1998	3	(10)	
Facundo Nicolás Silvestre Álvarez	27.11.2000		(1)	
Leonai Souza de Almeida (BRA)	28.04.1995	28	(3)	
Facundo Federico Waller Martiarena	09.04.1997	3		
Forwards:				
Diogo de Oliveira Barbosa (BRA)	04.12.1996	13	(14)	6
Nicolás Ezequiel Dibble Aristimuño	27.05.1994	21	(10)	7
Imanol Enríquez (ARG)	13.02.2000		(9)	1
Juan Crúz Mascia Paysée	03.01.1994	16	(11)	7
Rodrigo Pérez Gutiérrez	17.10.2003		(1)	
Ramiro Manuel Quintana Hernández	28.08.1994	20	(8)	5
Leandro Suhr Avondet	24.09.1997	27	(6)	4
Elías Umeres (ARG)	10.12.1995	1	(7)	
Gonzalo Joaquín Wigman De Agostini	15.05.2000		(4)	
Trainer:				
Victor Matias Rosa Castro [27.03.2019-20.01.2021]	10.01.1982	25		
Eduardo Fabián Espinel Porley [from 31.01.2021]	28.06.1972	12		

CLUB ATLÉTICO PROGRESO MONTEVIDEO

Foundation date: April 30, 1917
Address: Avenida Carlos María Ramírez 756/58, Montevideo
Stadium: Parque "Abraham Paladino", Montevideo – Capacity: 5,400

THE SQUAD

	DOB	M	(s)	G
Goalkeepers:				
Alison Nicola Pérez Barone	05.02.1990	24		
Rafael Andrés Sánchez Islas (VEN)	01.02.1998	3		
Bruno Nahuel Suárez Pereyra	02.06.2000	10	(1)	
Defenders:				
Danilo Asconeguy Ruiz	04.09.1986	15	(2)	
Carlos Alberto Canobbio Bentaberry	07.01.1982		(1)	
Rodrigo Iván Díaz (ARG)	11.07.1996	4	(2)	
Lucas Agustín Ferreira Zagas	16.06.2000	20	(2)	1
Matías Alejandro Gallardo González	20.04.2000	5		
Mauricio Loffreda Zinula	29.10.1990	26		
Pablo Martín Marta Rodríguez	28.01.1997	12	(2)	2
Heber Javier Méndez Leiva	06.11.1982	15	(1)	1
Rodrigo Gastón Mieres Pérez	19.04.1989	4	(1)	
Federico Platero Gazzaneo	07.02.1991	22	(1)	1
Alex Silva Quiroga	15.06.1993	4	(5)	
Midfielders:				
Leandro Aguilera Davyt	21.07.2001	10	(4)	
Gonzalo Sebastián Andrada Acosta	04.07.1997	23	(1)	1
Fabricio Fernández Pertusso	09.04.1993	23	(8)	7
Esteban Ricardo González Maciel	26.01.1991	29	(4)	2
Joaquín Gottesman Villanueva	05.02.1996	14	(12)	3
Gonzalo Andrés Jara González (CHI)	01.12.1998	14	(6)	2
Joel Isaac Lew Veloso	27.02.1998	5	(4)	1
Mathías Damian Riquero Beretta	29.08.1982	15	(8)	2
Maicol Ezequiel Rodríguez Alonso	29.01.2000	4	(3)	
Antony Alexis Sosa Martínez	27.07.1996	11	(5)	
Rodrigo Pascual Viega Alves	07.08.1991	22	(6)	2
Forwards:				
Gustavo Javier Alles Vila	09.04.1990	7	(4)	4
Luis Santiago Gáspari Vázquez	18.07.1994	6	(5)	
Federico Horacio Laens Martino	14.01.1988	6	(9)	
Vicente Mosquilo Sciandro	04.07.2001		(2)	
Facundo Peraza Fontana	27.07.1992	21	(2)	2
Luciano Rodríguez Rosales	16.07.2003		(4)	
Ricardo Nahuel Roldán Pinela	21.12.1998	8	(22)	4
Alexander Mauricio Rosso Génova	27.02.1993	3	(2)	
Alexander Maximiliano Silva Garrel	14.11.1990	20	(6)	8
Rodrigo Ezequiel Vidal Piñeyro	12.08.2000	2	(5)	1
Trainer:				
Leonel Rocco Herrera [21.11.2018-01.11.2020]	18.09.1966	20		
Gastón Gabriel Añón Berlano [02.11.2020-08.02.2021; Resigned]	19.12.1989	10		
Maximiliano Viera Dutra [from 09.02.2021]	24.10.1968	7		

CLUB ATLÉTICO RENTISTAS MONTEVIDEO

Foundation date: March 26, 1933
Address: Avenida General Flores 4020, Montevideo
Stadium: Estadio Compejo Rentistas, Montevideo – Capacity: 10,600

THE SQUAD	DOB	M	(s)	G
Goalkeepers:				
Yonatan Irrazábal Condines	12.02.1988	33		
Jonathan Nicolás Rossi Acuña	16.05.1998	8	(2)	
Defenders:				
Mathías Nicolás Abero Villan	09.04.1990	26	(4)	1
Agustin Acosta Bentancourt	17.02.2001	7	(6)	
Maximiliano Javier Amondarain Colzada	22.01.1993	7	(5)	
Robert Ismael Ergas Moreno	15.01.1998	13	(1)	
Maximiliano Joel Falcón Picart	01.05.1997	16		2
Guillermo Fratta Cabrera	19.09.1995	16	(1)	
Damián Alejandro Malrrechaufe Verdún	19.10.1984	22	(5)	1
Facundo Parada Rocha	28.01.2000	4	(8)	
Carlos Andrés Rodales Ramírez	09.07.1987	36		
Germán Alexis Rolín Fernández	07.02.1989	17		2
Midfielders:				
Matías Alberto Abisab Gutíerrez	10.09.1993	19	(1)	
Bryan Federico Bautista López	29.01.1994	2	(2)	
Nicolás Carlos Colazo (ARG)	08.07.1990	15	(3)	1
Ramiro Nicolás Cristóbal Calderón	10.04.1996	36	(1)	
Francisco Duarte Genta	28.03.2000	7	(8)	
Pablo Nicolás Fernández Sosa	06.02.2003		(1)	
Pablo Maximiliano Lemos Merladett	17.12.1993	19	(17)	5
Lucas Andrés Puyol Vinas	04.08.2003		(2)	
Santiago Ernesto Romero Fernández	15.02.1990	13		1
Carlos Gabriel Villalba (ARG)	19.07.1998	35		1
Forwards:				
Nahuel Acosta de Silva	11.05.1999	5	(21)	
Renato César Pérez	16.08.1993	21	(3)	4
Cristian Gonzalo Olivera Ibarra	17.04.2002	10	(1)	3
Lucas Elías Ontivero (ARG)	09.09.1994	1	(5)	
Franco Marcelo Pérez Portillo	01.08.2001	12	(21)	5
Ederson Salomón Rodríguez Lima	16.02.2000	14	(16)	5
Mauro Abrahán Valiente (ARG)	26.01.2000	2	(7)	1
Diego Gonzalo Vega Martínez	29.06.1992	34	(3)	15
Trainer:				
Alejandro Martín Cappuccio Díaz [from 21.08.2018]	07.02.1976	41		

CLUB ATLÉTICO RIVER PLATE MONTEVIDEO

Foundation date: May 11, 1932
Address: Avenida 19 de Abril 1145, 11200 Montevideo
Stadium: Estadio Parque „Federico Omar Saroldi", Montevideo – Capacity: 5,624

THE SQUAD	DOB	M	(s)	G
Goalkeepers:				
Fabrizio Nicolás Correa González	18.01.2001	2		
Lucas Machado Solari	10.04.1998	14		
Gastón Hernán Olveira Echeverría	21.04.1993	21		
Defenders:				
Facundo Bonifazi Castro	29.09.1995	17	(2)	
Santiago Brunelli Llorca	15.05.1998	9	(6)	
Joaquín Fernández Pertusso	22.01.1999	2		
Claudio Herrera Casanova	11.02.1988	6	(2)	
Marcos Daniel Montiel González	12.07.1995	12	(11)	3
Santiago Martín Pérez Casal	08.11.1998	9	(3)	
Guzmán Rodríguez Ferrari	08.02.2000	24	(2)	
Horacio David Salaberry Marrero	03.04.1987	30	(1)	
Facundo Silvera Paz	20.01.1997	5	(5)	1
Gonzalo Viera Davyt	08.02.1987	31		3
Midfielders:				
Facundo Nicolás Bone Vale	16.11.1995	3	(1)	
Maximiliano Matías Calzada Fuentes	21.04.1990	15	(9)	1
Tiago Galletto López	11.05.2002	1	(10)	
José Pablo Neris Figueredo	13.03.2000	17	(7)	7
Facundo Ospitaleche Hernández	11.04.1996	14	(14)	
Sebastián Gerardo Píriz Ribas	04.03.1990	23	(4)	2
Juan Pablo Plada Ricci	06.08.1998	6	(7)	
Nicolás Alejandro Rodríguez Charquero	22.07.1991	31	(1)	3
Ribair Rodríguez Pérez	04.10.1987	17	(3)	2
Diego Sebastián Vicente Pereyra	19.07.1998	10	(6)	
Facundo Vigo González	22.05.1999	3	(4)	
Forwards:				
Matías Damián Alonso Vallejo	16.04.1985	5	(21)	4
Douglas Matías Arezo Martínez	21.11.2002	30	(5)	13
Thiago Nicolás Borbas Silva	07.04.2002	3	(15)	3
Mauro Andrés da Luz Regalado	05.09.1994	1	(4)	
Daniel Nicolás González Álvarez	23.06.1997	12	(10)	5
Adrián Eloys Leites López	08.02.1992	20	(8)	3
Agustín Morales Viñotti	17.02.1998		(1)	
Juan Manuel Olivera López	14.08.1981	8	(13)	
Juan Ignacio Quintana Silva	04.01.2000	6	(2)	
Trainer:				
Jorge Daniel Fossati Lurachi [13.06.2019-01.04.2021]	22.11.1952	37		

MONTEVIDEO WANDERERS FÚTBOL CLUB

Foundation date: August 15, 1902
Address: Avenida Agraciada 2871, 11700 Montevideo
Stadium: Estadio Parque „Alfredo Víctor Viera", Montevideo – Capacity: 15,000

THE SQUAD

	DOB	M	(s)	G
Goalkeepers:				
Ignacio de Arruabarrena Fernández	16.01.1997	35		
Mauro Santiago Silveira Lacuesta	06.05.2000	3		
Defenders:				
Gerardo Alcoba Rebollo	25.11.1984	14		
Gastón Matías Bueno Sciutto	02.02.1985	18	(1)	
Lucas Couto Silva	20.09.1997	9	(7)	
Juan Manuel Izquierdo Viana	04.07.1997	14	(2)	2
Gabriel Hernán Labraga de Pena	09.05.2000	2		
Paulo Fabián Lima Simoes	20.01.1992	13	(3)	1
Damián Macaluso Rojas	09.03.1980	6	(4)	
Lucas Elías Morales Villalba	14.02.1994	25	(5)	
Rodrigo Hernán Petryk Vidal	21.10.1994	12		
Darwin Fabián Torres Alonso	16.02.1991	27	(2)	2
Midfielders:				
César Nahuel Araújo Vilches	02.04.2001	25	(5)	
Cristofer Nahuel Barboza Bonilla	14.03.2003		(1)	
Jonathan Daniel Barboza Bonilla	02.11.1990	18	(9)	2
Agustin Ezequiel Barcellos Rueco	21.05.2002	1		
Adrián Nicolás Colombino Rodríguez	12.10.1993	17	(1)	
Ignacio María „Nacho" González Gatti	14.05.1982	5	(6)	3
Diego Manuel Hernández González	22.06.2000	9	(10)	2
Ignacio Lores Varela	26.04.1991	8	(2)	1
Santiago Gabriel Martínez Pintos	30.07.1991	10	(12)	
Leonardo Javier Pais Corbo	07.07.1994	25	(5)	4
Ricardo Guzmán Pereira Méndez	16.05.1991	7		
Gerónimo Plada Ricci	24.05.2001	2	(1)	
Kevin Adrián Rolón Benítez	02.03.2001	5		1
Martín Eduardo Suárez Debattista	16.06.2004	3		
Bruno Enrico Veglio Araújo	12.02.1998	12	(3)	2
Guillermo Federico Wagner Canabal	09.01.2002		(3)	
Forwards:				
Mathías Alexander Acuña Maciel	28.11.1992	14	(7)	4
Mauro Andrés Méndez Acosta	17.01.1999	16	(13)	7
Rodrigo Pastorini de León	04.03.1990	9	(4)	3
Maximiliano Daniel Pérez Tambasco (ARG)	26.10.1986	12	(14)	3
Nicolás Quagliata Platero	05.06.1999	19	(7)	3
Gonzalo Alberto Reyes Mella (CHI)	05.09.1995	4	(5)	
Diego Nicolás Riolfo Pérez	08.01.1990	4	(18)	2
Hernán Daniel Rivero (ARG)	12.09.1992	15	(2)	7
Agustin Santurio García	02.05.2001		(4)	
Trainer:				
José Mauricio Larriera Dibarboure [23.12.2019-10.10.2020; Resigned]	26.08.1970	15		
José Daniel Carreño Izquierdo [from 12.10.2020]	01.05.1963	23		

SECOND LEVEL
Campeonato Uruguayo de Segunda División 2020

	Team								
1.	CS Cerrito Montevideo (*Promoted*)	22	11	8	3	38	-	23	41
2.	CSD Villa Española Montevideo (*Promoted*)	22	10	7	5	35	-	24	37
3.	CA Juventud de Las Piedras	22	7	11	4	24	-	17	32
4.	Rampla Juniors FC Montevideo	22	8	8	6	27	-	23	32
5.	Racing Club de Montevideo	22	7	9	5	25	-	26	30
6.	Institución Atlética Sud América Montevideo	22	7	7	8	30	-	33	28
7.	Central Español FC Montevideo	22	7	6	9	25	-	25	27
8.	Rocha FC	22	6	9	7	20	-	23	27
9.	CA Villa Teresa Montevideo	22	6	8	8	19	-	29	26
10.	CA Atenas de San Carlos	22	5	9	8	23	-	29	24
11.	Tacuarembó FC	22	6	5	11	19	-	27	23
12.	Albion FC Montevideo	22	5	7	10	22	-	28	22

Please note: teams ranked 3-6 were qualified for the Promotion Play-offs.

Promotion Play-offs

Semi-Finals [03-09.12.2020/19.01.2021]
Institución Atlética Sud América Montevideo - CA Juventud de Las Piedras	2-0(1-0)	0-1(0-1)
Racing Club de Montevideo - Rampla Juniors FC Montevideo	1-0(1-0)	0-3(0-0)

Final [23-29.01.2021]
Institución Atlética Sud América Montevideo - Rampla Juniors FC Montevideo	3-2(2-1)
Rampla Juniors FC Montevideo - Institución Atlética Sud América Montevideo	1-2(0-1)

Institución Atlética Sud América Montevideo promoted as third team to Campeonato Uruguayo de Primera División 2021.

Relegation Table 2020

Pos	Team	2019 P	2020 P	Total P	M	Aver
1.	CSD Villa Española Montevideo	36	37	73	44	1,659
2.	CS Cerrito Montevideo	30	41	71	44	1,613
3.	CA Juventud de Las Piedras	-	32	32	22	1,454
4.	Rampla Juniors FC Montevideo	-	32	32	22	1,454
5.	Racing Club de Montevideo	-	30	30	22	1,363
6.	Institución Atlética Sud América Montevideo	30	28	58	44	1,318
7.	CA Villa Teresa Montevideo	28	26	54	44	1,227
8.	Rocha FC	-	27	27	22	1,227
9.	CA Atenas de San Carlos	29	24	53	44	1,204
10.	Central Español FC Montevideo	24	27	51	44	1,159
11.	Albion FC Montevideo	27	22	49	44	1,139
12.	Tacuarembó FC (*Relegated*)	19	23	42	44	0,954

**NATIONAL TEAM
INTERNATIONAL MATCHES
(16.07.2020 – 15.07.2021)**

08.10.2020	Montevideo	Uruguay - Chile	2-1(1-0)	(WCQ)
13.10.2020	Quito	Ecuador - Uruguay	4-2(2-0)	(WCQ)
13.11.2020	Barranquilla	Colombia - Uruguay	0-3(0-1)	(WCQ)
17.11.2020	Montevideo	Uruguay - Brazil	0-2(0-2)	(WCQ)
03.06.2021	Montevideo	Uruguay - Paraguay	0-0	(WCQ)
08.06.2021	Caracas	Venezuela - Uruguay	0-0	(WCQ)
18.06.2021	Brasília	Argentina - Uruguay	1-0(1-0)	(CA)
21.06.2021	Cuiabá	Uruguay - Chile	1-1(0-1)	(CA)
24.06.2021	Cuiabá	Bolivia - Uruguay	0-2(0-1)	(CA)
28.06.2021	Rio de Janeiro	Uruguay - Paraguay	1-0(1-0)	(CA)
03.07.2021	Brasília	Uruguay - Colombia	0-0 aet; 2-4 pen	(CA)

08.10.2020, 22nd FIFA World Cup, Qualifiers
Estadio Centenario, Montevideo; Attendance: 0
Referee: Eber Aquino Gaona (Paraguay)
URUGUAY - CHILE   **2-1(1-0)**
URU: Martín Nicolás Campaña Delgado (6/0), José Martín Cáceres Silva (99/4), Diego Roberto Godín Leal (136/8), Sebastián Coates Nion (40/1), Matías Nicolás Viña Susperreguy (7/0), Giorgian Daniel De Arrascaeta Benedetti (26/3) [76.Jonathan Javier Rodríguez Portillo (21/3)], Rodrigo Bentancur Colmán (30/0) [76.Mauro Wilney Arambarri Rosa (1/0)], Federico Santiago Valverde Dipetta (21/2), Diego Nicolás de la Cruz Arcosa (1/0) [56.Nahitan Michel Nández Acosta (32/0)], Paul Brian Rodríguez Bravo (7/3) [87.Maximiliano Gómez González (18/3)], Luis Alberto Suárez Díaz (114/60). Trainer: Óscar Wáshington Tabárez Silva (2).
Goals: Luis Alberto Suárez Díaz (39 penalty), Maximiliano Gómez González (90+3).

13.10.2020, 22nd FIFA World Cup, Qualifiers
Estadio "Rodrigo Paz Delgado", Quito; Attendance: 0
Referee: Wilmar Alexander Roldán Pérez (Colombia)
ECUADOR - URUGUAY   **4-2(2-0)**
URU: Martín Nicolás Campaña Delgado (7/0), José Martín Cáceres Silva (**100**/4), Diego Roberto Godín Leal (137/8), Ronald Federico Araújo da Silva (1/0), Matías Nicolás Viña Susperreguy (8/0), Nahitan Michel Nández Acosta (33/0) [46.Diego Nicolás de la Cruz Arcosa (2/0)], Rodrigo Bentancur Colmán (31/0) [77.Lucas Sebastián Torreira Di Pascua (24/0)], Federico Santiago Valverde Dipetta (22/2) [89.Mauro Wilney Arambarri Rosa (2/0)], Paul Brian Rodríguez Bravo (8/3) [46.Darwin Gabriel Núñez Rivera (2/1)], Luis Alberto Suárez Díaz (115/62), Maximiliano Gómez González (19/3) [63.Jonathan Javier Rodríguez Portillo (22/3)]. Trainer: Óscar Wáshington Tabárez Silva (2).
Goals: Luis Alberto Suárez Díaz (83 penalty, 90+5 penalty).

13.11.2020, 22nd FIFA World Cup, Qualifiers
Estadio Metropolitano "Roberto Meléndez", Barranquilla; Attendance: 0
Referee: Fernando Andrés Rapallini (Argentina)
COLOMBIA - URUGUAY   **0-3(0-1)**
URU: Martín Nicolás Campaña Delgado (8/0), José Martín Cáceres Silva (101/4), Diego Roberto Godín Leal (138/8), José María Giménez de Vargas (59/8), Matías Nicolás Viña Susperreguy (9/0), Nahitan Michel Nández Acosta (34/0), Lucas Sebastián Torreira Di Pascua (25/0), Rodrigo Bentancur Colmán (32/0) [90+3.Gabriel Neves Perdomo (1/0)], Diego Nicolás de la Cruz Arcosa (3/0) [46.Darwin Gabriel Núñez Rivera (3/2)], Luis Alberto Suárez Díaz (116/63) [70.Jonathan Javier Rodríguez Portillo (23/3)], Edinson Roberto Cavani Gómez (117/51) [78.Mauro Wilney Arambarri Rosa (3/0)]. Trainer: Óscar Wáshington Tabárez Silva (2).
Goals: Edinson Roberto Cavani Gómez (5), Luis Alberto Suárez Díaz (54 penalty), Darwin Gabriel Núñez Rivera (73).

17.11.2020, 22nd FIFA World Cup, Qualifiers
Estadio Centenario, Montevideo; Attendance: 0
Referee: Roberto Andrés Tobar Vargas (Chile)
URUGUAY - BRAZIL   **0-2(0-2)**
URU: Martín Nicolás Campaña Delgado (9/0), José Martín Cáceres Silva (102/4), Diego Roberto Godín Leal (139/8), José María Giménez de Vargas (60/8), Agustín Oliveros Cano (1/0), Nahitan Michel Nández Acosta (35/0), Lucas Sebastián Torreira Di Pascua (26/0) [60.Mauro Wilney Arambarri Rosa (4/0)], Rodrigo Bentancur Colmán (33/0) [60.Paul Brian Rodríguez Bravo (9/3)], Diego Nicolás de la Cruz Arcosa (4/0) [70.Jonathan Javier Rodríguez Portillo (24/3)], Edinson Roberto Cavani Gómez (118/51) [*sent off 71*], Darwin Gabriel Núñez Rivera (4/2). Trainer: Óscar Wáshington Tabárez Silva (2).

03.06.2021, 22nd FIFA World Cup, Qualifiers
Estadio Centenario, Montevideo; Attendance: 0
Referee: Wilmar Alexander Roldán Pérez (Colombia)
URUGUAY - PARAGUAY   **0-0**
URU: Néstor Fernando Muslera Micol (117/0), José Martín Cáceres Silva (103/4), Diego Roberto Godín Leal (140/8), José María Giménez de Vargas (61/8), Giovanni Alessandro González Apud (9/0), Matías Nicolás Viña Susperreguy (10/0) [83.Paul Brian Rodríguez Bravo (10/3)], Matías Vecino Falero (42/3) [58.Lucas Sebastián Torreira Di Pascua (27/0)], Rodrigo Bentancur Colmán (34/0), Federico Santiago Valverde Dipetta (23/2), Luis Alberto Suárez Díaz (117/63), Jonathan Javier Rodríguez Portillo (25/3) [66.Facundo Daniel Torres Pérez (1/0)]. Trainer: Óscar Wáshington Tabárez Silva (2).

08.06.2021, 22nd FIFA World Cup, Qualifiers
Estadio Olímpico „Ciudad Universitaria", Caracas; Attendance: 0
Referee: Anderson Daronco (Brazil)
VENEZUELA - URUGUAY   **0-0**
URU: Néstor Fernando Muslera Micol (118/0), José Martín Cáceres Silva (104/4), Diego Roberto Godín Leal (141/8), José María Giménez de Vargas (62/8), Giovanni Alessandro González Apud (10/0), Matías Vecino Falero (43/3) [46.Nahitan Michel Nández Acosta (36/0)], Lucas Sebastián Torreira Di Pascua (28/0) [89.Fernando Gorriarán Fontes (1/0)], Federico Santiago Valverde Dipetta (24/2), Luis Alberto Suárez Díaz (118/63), Jonathan Javier Rodríguez Portillo (26/3) [46.Matías Nicolás Viña Susperreguy (11/0)], Facundo Daniel Torres Pérez (2/0) [69.Diego Nicolás de la Cruz Arcosa (5/0)]. Trainer: Óscar Wáshington Tabárez Silva (2).

18.06.2021, 47th Copa América, Group Stage
Estádio Nacional "Mané Garrincha", Brasília (Brazil); Attendance: 0
Referee: Wilton Pereira Sampaio (Brazil)
ARGENTINA - URUGUAY **1-0(1-0)**
URU: Néstor Fernando Muslera Micol (119/0), Diego Roberto Godín Leal (142/8), José María Giménez de Vargas (63/8), Giovanni Alessandro González Apud (11/0) [70.Facundo Daniel Torres Pérez (3/0)], Matías Nicolás Viña Susperreguy (12/0), Lucas Sebastián Torreira Di Pascua (29/0) [64.Matías Vecino Falero (44/3)], Rodrigo Bentancur Colmán (35/0) [46.Nahitan Michel Nández Acosta (37/0)], Federico Santiago Valverde Dipetta (25/2) [84.Fernando Gorriarán Fontes (2/0)], Diego Nicolás de la Cruz Arcosa (6/0) [65. Brian Alexis Ocampo Ferreira (1/0)], Luis Alberto Suárez Díaz (119/63), Edinson Roberto Cavani Gómez (119/51). Trainer: Óscar Wáshington Tabárez Silva (2).

21.06.2021, 47th Copa América, Group Stage
Arena Pantanal, Cuiabá (Brazil); Attendance: 0
Referee: Raphael Claus (Brazil)
URUGUAY - CHILE **1-1(0-1)**
URU: Néstor Fernando Muslera Micol (120/0), Diego Roberto Godín Leal (143/8), José María Giménez de Vargas (64/8), Giovanni Alessandro González Apud (12/0) [46.Nahitan Michel Nández Acosta (38/0)], Matías Nicolás Viña Susperreguy (13/0) [85.Jonathan Javier Rodríguez Portillo (27/3)], Matías Vecino Falero (45/3) [81.Lucas Sebastián Torreira Di Pascua (30/0)], Giorgian Daniel De Arrascaeta Benedetti (27/3) [60.Facundo Daniel Torres Pérez (4/0)], Federico Santiago Valverde Dipetta (26/2), Diego Nicolás de la Cruz Arcosa (7/0) [46.José Martín Cáceres Silva (105/4)], Luis Alberto Suárez Díaz (120/64), Edinson Roberto Cavani Gómez (120/51). Trainer: Óscar Wáshington Tabárez Silva (2).
Goal: Luis Alberto Suárez Díaz (66).

24.06.2021, 47th Copa América, Group Stage
Arena Pantanal, Cuiabá (Brazil); Attendance: 0
Referee: Alexis Adrián Herrera Hernández (Venezuela)
BOLIVIA - URUGUAY **0-2(0-1)**
URU: Néstor Fernando Muslera Micol (121/0), Diego Roberto Godín Leal (144/8), José María Giménez de Vargas (65/8), Matías Nicolás Viña Susperreguy (14/0), Matías Vecino Falero (46/3), Giorgian Daniel De Arrascaeta Benedetti (28/3) [73.Facundo Daniel Torres Pérez (5/0)], Nahitan Michel Nández Acosta (39/0) [88.Giovanni Alessandro González Apud (13/0)], Federico Santiago Valverde Dipetta (27/2), Diego Nicolás de la Cruz Arcosa (8/0) [61.Rodrigo Bentancur Colmán (36/0)], Luis Alberto Suárez Díaz (121/64) [88.Maximiliano Gómez González (20/3)], Edinson Roberto Cavani Gómez (121/52). Trainer: Óscar Wáshington Tabárez Silva (2).
Goals: Jairo Quinteros Sierra (40 own goal), Edinson Roberto Cavani Gómez (79).

28.06.2021, 47th Copa América, Group Stage
Estádio Olímpico "Nilton Santos", Rio de Janeiro (Brazil); Attendance: 0
Referee: Raphael Claus (Brazil)
URUGUAY - PARAGUAY **1-0(1-0)**
URU: Néstor Fernando Muslera Micol (122/0), Diego Roberto Godín Leal (145/8) [46.Sebastián Coates Nion (41/1)], José María Giménez de Vargas (66/8), Matías Nicolás Viña Susperreguy (15/0), Matías Vecino Falero (47/3) [57.José Martín Cáceres Silva (106/4)], Giorgian Daniel De Arrascaeta Benedetti (29/3) [67.Facundo Daniel Torres Pérez (6/0)], Nahitan Michel Nández Acosta (40/0), Rodrigo Bentancur Colmán (37/0), Federico Santiago Valverde Dipetta (28/2) [76.Lucas Sebastián Torreira Di Pascua (31/0)], Diego Nicolás de la Cruz Arcosa (9/0), Edinson Roberto Cavani Gómez (122/53) [68.Luis Alberto Suárez Díaz (122/64)]. Trainer: Óscar Wáshington Tabárez Silva (2).
Goal: Edinson Roberto Cavani Gómez (21 penalty).

03.07.2021, 47th Copa América, Quarter-Finals
Estádio Nacional "Mané Garrincha", Brasília (Brazil); Attendance: 0
Referee: Jesús Gil Manzano (Spain)
URUGUAY - COLOMBIA   0-0 aet; 2-4 on penalties
URU: Néstor Fernando Muslera Micol (123/0), Diego Roberto Godín Leal (146/8), José María Giménez de Vargas (67/8), Matías Nicolás Viña Susperreguy (16/0), Matías Vecino Falero (48/3), Giorgian Daniel De Arrascaeta Benedetti (30/3) [68.Facundo Daniel Torres Pérez (7/0)], Nahitan Michel Nández Acosta (41/0), Rodrigo Bentancur Colmán (38/0), Federico Santiago Valverde Dipetta (29/2) [80.José Martín Cáceres Silva (107/4)], Luis Alberto Suárez Díaz (123/64), Edinson Roberto Cavani Gómez (123/53). Trainer: Óscar Wáshington Tabárez Silva (2).
Penalties: Edinson Roberto Cavani Gómez, José María Giménez de Vargas (saved), Luis Alberto Suárez Díaz, Matías Nicolás Viña Susperreguy (saved).

NATIONAL TEAM PLAYERS 2020/2021			
Name	DOB	Caps	Goals
[Club 2020/2021] *(Caps and goals at 15.07.2021)*			

Goalkeepers

Martín Nicolás CAMPAÑA Delgado *[2020: Al Batin FC (KSA)]*	29.05.1989	9	0
Néstor Fernando MUSLERA Micol *[2021: SK Galatasaray Istanbul (TUR)]*	16.06.1986	123	0

Defenders

Ronald Federico ARAÚJO da Silva *[2020: FC Barcelona (ESP)]*	07.03.1999	1	0
José Martín CÁCERES Silva *[2020/2021: ACF Fiorentina (ITA)]*	07.04.1987	107	4
Sebastián COATES Nion *[2020/2021: Sporting Clube de Portugal Lisboa (POR)]*	07.10.1990	41	1
José María GIMÉNEZ De Vargas *[2020/2021: Club Atlético de Madrid (ESP)]*	20.01.1995	67	8
Diego Roberto GODÍN Leal *[2020/2021: Cagliari Calcio (ITA)]*	16.02.1986	146	8
Giovanni Alessandro GONZÁLEZ Apud *[2020/2021: CA Peñarol Montevideo]*	20.09.1994	13	0
Agustín OLIVEROS Cano *[2020: ID Necaxa Aguascalientes (MEX)]*	17.08.1998	1	0
Matías Nicolás VIÑA Susperreguy *[2020/2021: SE Palmeiras São Paulo (BRA)]*	09.11.1997	16	0

Midfielders

Mauro Wilney ARAMBARRI Rosa *[2020: Getafe CF (ESP)]*	30.09.1995	4	0
Rodrigo BENTANCUR Colmán *[2020/2021: Juventus FC Torino (ITA)]*	25.06.1997	38	0
Giorgian Daniel DE ARRASCAETA Benedetti *[2020/2021: CR Flamengo Rio de Janeiro (BRA)]*	01.05.1994	30	3
Diego Nicolás DE LA CRUZ Arcosa *[2020/2021: CA River Plate Buenos Aires (ARG)]*	01.06.1997	9	0
Fernando GORRIARÁN Fontes *[2021: Club Santos Laguna Torreón (MEX)]*	27.11.1994	2	0
Nahitan Michel NÁNDEZ Acosta *[2020/2021: Cagliari Calcio (ITA)]*	28.12.1995	41	0
Gabriel NEVES Perdomo *[2020: Club Nacional de Football Montevideo]*	11.08.1997	1	0
Lucas Sebastián TORREIRA Di Pascua *[2020/2021: Club Atlético de Madrid (ESP, on loan)]*	11.02.1996	31	0
Federico Santiago VALVERDE Dipetta *[2020/2021: Real Madrid CF (ESP)]*	22.07.1998	29	2
Matías VECINO Falero *[2020/2021: FC Internazionale Milano (ITA)]*	24.08.1991	48	3

Forwards

Edinson Roberto CAVANI Gómez *[2020/2021: Manchester United FC (ENG)]*	14.02.1987	123	53
Maximiliano GÓMEZ González *[2020/2021: Valencia CF (ESP)]*	14.08.1996	20	3
Darwin Gabriel NÚÑEZ Rivera *[2020: Sport Lisboa e Benfica (POR)]*	24.06.1999	4	2
Brian Alexis OCAMPO Ferreira *[2021: Club Nacional de Football Montevideo]*	25.06.1999	1	0
Jonathan Javier RODRÍGUEZ Portillo *[2020/2021: Cruz Azul FC Ciudad de México (MEX)]*	06.07.1993	27	3
Paul Brian RODRÍGUEZ Bravo *[2020: Los Angeles FC (USA); 01.02.2021-> UD Almería (ESP, on loan)]*	20.05.2000	10	3
Luis Alberto SUÁREZ Díaz *[2020/2021: Club Atlético de Madrid (ESP)]*	24.01.1987	123	64
Facundo Daniel TORRES Pérez *[2021: CA Peñarol Montevideo]*	13.04.2000	7	0

National coach

Óscar Wáshington TABÁREZ Silva [from 21.05.2006]	03.03.1947	185 M; 90 W; 48 D; 47 L; 303-191
Complete record as trainer of Uruguay (27.09.1988 – 25.06.1990) & (from 21.05.2006)		219 M; 107 W; 56 D; 56 L; 353-219

VENEZUELA

The Country:
República Bolivariana de Venezuela (Bolivarian Republic of Venezuela)
Capital: Caracas
Surface: 916,445 km²
Inhabitants: 28,887,118 [2018]
Time: UTC-4

The FA:
Federación Venezolana de Fútbol
Avenida Santos Erminy Ira, Calle las Delicias, Torre, Mega II P.H., Sabana Grande, Caracas 1050
Year of Formation: 1926
Member of FIFA since: 1952
Member of CONMEBOL since: 1952
Internet: www.federacionvenezolanadefutbol.org

NATIONAL TEAM RECORDS
First international match: 12.02.1938, Ciudad de Panamá: Panama – Venezuela 2-1
Most international caps: Juan Fernando Arango Sáenz – 129 caps (1999-2015)
Most international goals: José Salomón Rondón Giménez - 31 goals / 82 caps (since 2008)

FIFA CONFEDERATIONS CUP 1992-2017
None

OLYMPIC FOOTBALL TOURNAMENTS 1908-2016

1908	Did not enter	1948	Did not enter	1972	Qualifiers	1996	Qualifiers
1912	Did not enter	1952	Did not enter	1976	Did not enter	2000	Qualifiers
1920	Did not enter	1956	Did not enter	1980	Group Stage	2004	Qualifiers
1924	Did not enter	1960	Did not enter	1984	Qualifiers	2008	Qualifiers
1928	Did not enter	1964	Did not enter	1988	Qualifiers	2012	Qualifiers
1936	Did not enter	1968	Qualifiers	1992	Qualifiers	2016	Qualifiers

COPA AMÉRICA	
1916	Did not enter
1917	Did not enter
1919	Did not enter
1920	Did not enter
1921	Did not enter
1922	Did not enter
1923	Did not enter
1924	Did not enter
1925	Did not enter
1926	Did not enter
1927	Did not enter
1929	Did not enter
1935	Did not enter
1937	Did not enter
1939	Did not enter
1941	Did not enter
1942	Did not enter
1945	Did not enter
1946	Did not enter
1947	Did not enter
1949	Did not enter
1953	Did not enter
1955	Did not enter
1956	Did not enter
1957	Did not enter
1959	Did not enter
1959E	Did not enter
1963	Did not enter
1967	5th Place
1975	Round 1
1979	Round 1
1983	Round 1
1987	Group Stage
1989	Group Stage
1991	Group Stage
1993	Group Stage
1995	Group Stage
1997	Group Stage
1999	Group Stage
2001	Group Stage
2004	Group Stage
2007	Quarter-Finals
2011	4th Place
2015	Group Stage
2016	Quarter-Finals
2019	Quarter-Finals
2021	Group Stage

FIFA WORLD CUP	
1930	Did not enter
1934	Did not enter
1938	Did not enter
1950	Did not enter
1954	Did not enter
1958	*Withdrew*
1962	Did not enter
1966	Qualifiers
1970	Qualifiers
1974	*Withdrew*
1978	Qualifiers
1982	Qualifiers
1986	Qualifiers
1990	Qualifiers
1994	Qualifiers
1998	Qualifiers
2002	Qualifiers
2006	Qualifiers
2010	Qualifiers
2014	Qualifiers
2018	Qualifiers

VENEZUELAN CLUB HONOURS IN SOUTH AMERICAN CLUB COMPETITIONS:	
COPA LIBERTADORES 1960-2020	
None	
COPA SUDAMERICANA 2002-2020	
None	
RECOPA SUDAMERICANA 1989-2020	
None	
COPA CONMEBOL 1992-1999	
None	
SUPERCUP „JOÃO HAVELANGE" 1988-1997*	
None	
COPA MERCONORTE 1998-2001**	
None	

*Contested betwenn winners of all previous editions of the Copa Libertadores
**Contested between teams belonging countries from the northern part of South America (Bolivia, Colombia, Ecuador, Peru and Venezuela);

NATIONAL COMPETITIONS TABLE OF HONOURS		
	CHAMPIONS	CUP WINNERS[1]
	THE AMATEUR ERA	
1921	Las América FC	-
1922	Centro Atlético SC	-
1923	Las América FC	-
1924	Centro Atlético SC	-
1925	Loyola SC	-
1926	Centro Atlético SC	-
1927	Venzóleo	-
1928	Deportivo Venezuela	-
1929	Deportivo Venezuela	-
1930	Centro Atlético SC	-
1931	Deportivo Venezuela	-
1932	Unión SC	-
1933	Deportivo Venezuela	-
1934	Unión SC	-
1935	Unión SC	-
1936	Dos Caminos SC	-
1937	Dos Caminos SC	-
1938	Dos Caminos SC	-
1939	Unión SC	-
1940	Unión SC	-
1941	Litoral SC	-
1942	Dos Caminos SC	-
1943	Loyola SC	-
1944	Loyola SC	-
1945	Dos Caminos SC	-
1946	Club Deportivo Español	-
1947	Unión SC	-
1948	Loyola SC	-

1949	Dos Caminos SC	-
1950	Unión SC	-
1951	Universidad Central de Venezuela FC	-
1952	La Salle FC	-
1953	Universidad Central de Venezuela FC	-
1954	Deportivo Vasco	-
1955	La Salle FC	-
1956	Banco Obrero	-
	THE PROFESSIONAL ERA	
1957	Universidad Central de Venezuela FC	-
1958	CD Portugués Caracas	-
1959	CD Español	CD Portugués Caracas
1960	CD Portugués Caracas	Banco Agrícola y Pecuario
1961	Deportivo Italia FC Caracas[2]	Deportivo Italia FC Caracas
1962	CD Portugués Caracas	Deportivo Italia FC Caracas
1963	Deportivo Italia FC Caracas	Unión Deportivo Canarias
1964	Deportivo Galicia Caracas[3]	Tiquire Flores FC
1965	Lara FC Barquisimeto	Valencia FC
1966	Deportivo Italia FC Caracas	Deportivo Galicia Caracas
1967	CD Portugués Caracas	Deportivo Galicia Caracas
1968	Unión Deportivo Canarias	Unión Deportivo Canarias
1969	Deportivo Galicia Caracas	Deportivo Galicia Caracas
1970	Deportivo Galicia Caracas	Deportivo Italia FC Caracas
1971	Valencia FC[4]	Estudiantes de Mérida FC
1972	Deportivo Italia FC Caracas	CD Portugués Caracas
1973	Portuguesa FC Acarigua	Portuguesa FC Acarigua
1974	Deportivo Galicia Caracas	*No competition*
1975	Portuguesa FC Acarigua	Estudiantes de Mérida FC
1976	Portuguesa FC Acarigua	Portuguesa FC Acarigua
1977	Portuguesa FC Acarigua	Portuguesa FC Acarigua
1978	Portuguesa FC Acarigua	Valencia FC
1979	Deportivo Táchira FC San Cristóbal[5]	Deportivo Galicia Caracas
1980	Estudiantes de Mérida FC	Atlético Zamora FC Barinas
1981	Deportivo Táchira FC San Cristóbal	Deportivo Galicia Caracas
1982	Club Atlético San Cristóbal	Atlético Zamora FC Barinas
1983	Universidad de Los Andes FC Mérida	*No competitio*
1984	Deportivo Táchira FC San Cristóbal	AC Mineros de Guayana FC Puerto Ordaz
1985	Estudiantes de Mérida FC	Estudiantes de Mérida FC
1986	Unión Atlético Táchira San Cristóbal	Deportivo Táchira FC San Cristóbal
1986/1987	CS Marítimo de Venezuela Caracas	CS Marítimo de Venezuela Caracas (1987)
1987/1988	CS Marítimo de Venezuela Caracas	Caracas FC (1988)
1988/1989	AC Mineros de Guayana FC Puerto Ordaz	CS Marítimo de Venezuela Caracas (1989)
1989/1990	CS Marítimo de Venezuela Caracas	Anzoátegui FC (1990)
1990/1991	Universidad de Los Andes FC Mérida	Internacional de Anzoátegui Puerto La Cruz (1991)
1991/1992	Caracas FC	Trujillanos FC Valera (1992)
1992/1993	CS Marítimo de Venezuela Caracas	*No competition* (1993)
1993/1994	Caracas FC	Caracas FC (1994)
1994/1995	Caracas FC	Caracas FC (1995)
1995/1996	AC Minervén Bolívar FC Ciudad Guayana	Universidad de Los Andes FC Mérida (1996)
1996/1997	Caracas FC	Atlético Zulia FC Maracaibo (1997)

1997/1998	Atlético Zulia FC Maracaibo	*No competition* (1998)
1998/1999	Deportivo Italchacao FC Caracas	*No competition* (1999)
1999/2000	Deportivo Táchira FC San Cristóbal	Caracas FC (2000)
2000/2001	Caracas FC	*No competition* (2001)
2001/2002	Club Nacional Táchira San Cristóbal	*No competition* (2002)
2002/2003	Caracas FC	*No competition* (2003)
2003/2004	Caracas FC	*No competition* (2004)
2004/2005	CD Unión Atlético Maracaibo	*No competition* (2005)
2005/2006	Caracas FC	*No competition* (2006)
2006/2007	Caracas FC	AC Aragua FC Maracay (2007)
2007/2008	Deportivo Táchira FC San Cristóbal	Deportivo Anzoátegui SC Puerto La Cruz (2008)
2008/2009	Caracas FC	Caracas FC (2009)
2009/2010	Caracas FC	Trujillanos FC Valera (2010)
2010/2011	Deportivo Táchira FC San Cristóbal	AC CD Mineros de Guayana Puerto Ordaz (2011)
2011/2012	CD Lara Barquisimeto	Deportivo Anzoátegui SC Puerto La Cruz (2012)
2012/2013	Zamora FC Barinas	Caracas FC (2013)
2013/2014	Zamora FC Barinas	Deportivo La Guaira Caracas (2014)
2014/2015	Deportivo Táchira FC San Cristóbal	-
2015	Zamora FC Barinas	Deportivo La Guaira Caracas
2016	Zamora FC Barinas	Zulia FC Maracaibo
2017	Monagas SC Maturín	AC CD Mineros de Guayana Puerto Ordaz
2018	Zamora FC Barinas	Zulia FC Maracaibo
2019	Caracas FC	Zamora FC Barinas
2020	Deportivo La Guaira Caracas	*No competition*

[1]The National Cup had different names over the years: Copa Liga Mayor (1959), Copa Naciones (1960), Copa Caracas (1961-1967), Copa Venezuela (1968-1971), Copa Valencia (1972), Copa Venezuela (1973-today).
[2]changed its name to Deportivo Italchacao FC Caracas between 1998 and 2006.
[3]became 2005 Galicia de Araguay, after moving to Maracay.
[4]became 1997 Carabobo FC Valencia.
[5]called Unión Atlético Táchira San Cristóbal between 1986 and 1999.

	BEST GOALSCORERS	
1957	Marino Araújo „Tonho" (BRA, Universidad Central de Venezuela FC)	12
1958	René Irazque (CD Portugués Caracas)	6
1959	Abel Benítez (ESP, CD Español)	15
1960	José Luis Iglesias (ESP, CD Portugués Caracas)	9
1961	Antonio Rávelo (Banco Agrícola y Pecuario)	11
1962	Jaime Araújo da Silva (BRA, Universidad Central de Venezuela FC)	16
1963	Aldeny Isidro „Nino" (BRA, CD Portugués Caracas)	15
1964	Hélio Rodrigues (BRA, Tiquire Flores FC)	12
1965	Mario Mateo (BRA, Lara FC Barquisimeto) Jorge Horacio Romero (ARG, La Salle FC)	16
1966	Luis De Mouros „Ratto" (BRA, CD Portugués Caracas)	21
1967	João Ramos (CD Portugués Caracas)	18
1968	Raimundo Lima „Raimundinho" (CD Portugués Caracas)	21
1969	Eustaquio Batista (Deportivo Italia FC Caracas) Aurélio dos Santos „Lelo" (Valencia FC)	19
1970	Roland Langón (URU, Deportivo Galicia Caracas)	13
1971	Agostinho Sabara (BRA, Tiquire Aragua FC)	20
1972	Francisco Rodríguez (Anzoátegui FC)	18
1973	José Chiazzaro (URU, Estudiantes de Mérida FC)	14
1974	José Chiazzaro (URU, Estudiantes de Mérida FC) Sergio Hugo Castillo (URU, Anzoátegui FC)	15
1975	Pedro Pascual Peralta (PAR, Portuguesa FC Acarigua)	20
1976	Pedro Pascual Peralta (PAR, Portuguesa FC Acarigua)	25
1977	Jair Ventura Filho „Jairzinho" (BRA, Portuguesa FC Acarigua) Juan César Silva (Portuguesa FC Acarigua)	20
1978	Jorge Luís Andrade (Universidad de Los Andes FC Mérida)	23
1979	Omar Ferrari (URU, Deportivo Táchira FC San Cristóbal)	15
1980	Walfrido Campos (BRA, Portuguesa FC Acarigua)	12
1981	Rafael Angulo (COL, Deportivo Táchira FC San Cristóbal)	14
1982	Germán Montero (URU, Estudiantes de Mérida FC)	21
1983	Johnny Castellanos (Atlético Zamora FC Barinas)	13
1984	Sérgio Meckler (BRA, Atlético Zamora FC Barinas)	15
1985	Sérgio Meckler (BRA, Deportivo Táchira FC San Cristóbal)	17
1986	Wilton Arreaza (Caracas FC)	8
1986/1987	Johnny Castellanos (Portuguesa FC Acarigua)	16
1987/1988	Miguel Oswaldo González (ARG, Unión Atlético Táchira San Cristóbal)	22
1988/1989	Johnny Castellanos (AC Mineros de Guayana FC Puerto Ordaz)	24
1989/1990	Herbert Márquez (CS Marítimo de Venezuela Caracas)	19
1990/1991	Alexander Bottini (Monagas SC Maturín)	15
1991/1992	Andreas Vogler (GER, Caracas FC)	22
1992/1993	Herbert Márquez (CS Marítimo de Venezuela Caracas)	21
1993/1994	Rodrigo Soto (COL, Trujillanos FC Valera)	20
1994/1995	Rogeiro Da Silva (BRA, Mineros de Guayana FC Puerto Ordaz)	30
1995/1996	José Luis Dolgetta (Caracas FC)	22
1996/1997	Rafael Ernesto Castellín García (Caracas FC)	19
1997/1998	José Luis Dolgetta (Estudiantes de Mérida FC / Caracas FC)	22
1998/1999	Gustavo Fonseca (COL, Internacional Lara FC)	24
1999/2000	Juan García Rivas (Caracas FC)	24
2000/2001	(Estudiantes de Mérida FC)	12
2001/2002	Juan García Rivas (Club Nacional Táchira San Cristóbal)	34

2002/2003	Juan García Rivas (Monagas SC Maturín / AC Mineros de Guayana FC Puerto Ordaz)	19
2003/2004	Juan García Rivas (AC Mineros de Guayana FC Puerto Ordaz)	18
2004/2005	Daniel Delfino (ARG, Carabobo FC Valencia)	19
2005/2006	Juan García Rivas (Deportivo Táchira FC San Cristóbal)	21
2006/2007	Robinson Rentería (COL, Trujillanos FC Valera)	19
2007/2008	Alexander Rondón Heredia (Deportivo Anzoátegui SC Puerto La Cruz)	19
2008/2009	Heatklif Rafael Castillo Delgado (AC Aragua FC Maracay) Daniel Enrique Arismendi (Deportivo Táchira FC San Cristóbal)	17
2009/2010	Norman Freddy Cabrera Valencia (Atlético El Vigía FC)	20
2010/2011	Daniel Enrique Arismendi (Deportivo Anzoátegui SC Puerto La Cruz)	20
2011/2012	Rafael Ernesto Castellín García (CD Lara Barquisimeto)	21
2012/2013	Gabriel Arturo Torres Tejada (Zamora FC Barinas)	20
2013/2014	Juan Manuel Falcón Jiménez (Zamora FC Barinas)	18
2014/2015	Edwin Enrique Aguilar Samaniego (Deportivo Anzoátegui SC Puerto La Cruz)	23
2015	Manuel Alejandro Arteaga Rubianes (Zulia FC Maracaibo)	17
2016	Gabriel Arturo Torres Tejada (PAN, Zamora FC Barinas)	22
2017	Anthony Miguel Blondell Blondell (Monagas SC Maturín)	24
2018	Anthony Chelin Uribe Francia (Zamora FC Barinas)	16
2019	Edder José Farías Martínez (Atlético Venezuela CF Caracas)	18
2020	Richard José Blanco Delgado (AC CD Mineros de Guayana Puerto Ordaz) Edder José Farías Martínez (Atlético Venezuela CF Caracas)	8

NATIONAL CHAMPIONSHIP
Primera División de Venezuela / Liga de Fútbol Profesional Venezolano 2020

First Stage 2020

Results

Round 1 [30.01.-03.02.2020]
Portuguesa - Mineros Guayana 1-0(0-0)
Metropolitanos - Aragua 1-3(1-2)
ACD Lara - Zulia FC 2-1(2-0)
Yaracuyanos - Atlético Venezuela 0-0
LALA FC - Monagas SC 1-1(0-1)
Deportivo Táchira - Academia 0-0
Carabobo - GV Maracay 0-0
Caracas FC - Estudiantes Mérida 5-1(3-1)
Zamora FC - Trujillanos 2-0(1-0)

Round 2 [07-10.02.2020]
Trujillanos - ACD Lara 0-0
Academia - Zamora FC 0-0
Caracas FC - Deportivo La Guaira 1-0(0-0)
GV Maracay - Yaracuyanos 0-0
Aragua - Deportivo Táchira 1-0(1-0)
Estudiantes Mérida - LALA FC 2-1(0-0)
Atlético Venezuela - Metropolitanos 2-1(0-1)
Monagas SC - Portuguesa 2-0(0-0)
Mineros Guayana - Carabobo 0-1(0-1)

Round 3 [14-17.02.2020]
Yaracuyanos - Mineros Guayana 0-2(0-1)
Atlético Venezuela - GV Maracay 1-0(0-0)
LALA FC - Deportivo La Guaira 1-2(0-0)
Zamora FC - Aragua 1-0(1-0)
Caracas FC - Zulia FC 4-0(1-0)
Carabobo - Monagas SC 0-0
Portuguesa - Estudiantes Mérida 0-0
Deportivo Táchira - Metropolitanos 2-1(1-1)
ACD Lara - Academia 3-1(3-1)

Round 4 [21-24.02.2020]
Deportivo Táchira - Zamora FC 0-2(0-0)
Metropolitanos - GV Maracay 2-1(1-0)
Estudiantes Mérida - Carabobo 4-0(2-0)
Aragua - ACD Lara 0-1(0-0)
Deportivo La Guaira - Portuguesa 2-0(0-0)
Trujillanos - Caracas FC 0-0
Mineros Guayana - Atlét. Venezuela 0-1(0-0)
Zulia FC - LALA FC 2-1(0-1)
Monagas SC - Yaracuyanos 2-1(2-1)

Round 5 [28.02.-02.03.2020]
GV Maracay - Mineros Guayana 1-2(1-2)
Caracas FC - Academia 1-1(0-1)
Atlético Venezuela - Monagas SC 2-2(2-0)
LALA FC - Trujillanos 0-1(0-0)
ACD Lara - Deportivo Táchira 2-0(1-0)
Carabobo - Deportivo La Guaira 0-0
Yaracuyanos - Estudiantes Mérida 2-1(1-1)
Portuguesa - Zulia FC 2-2(1-0)
Zamora FC - Metropolitanos 3-1(3-0)

Round 6 [05-09.03.2020]
Aragua - Caracas FC 0-1(0-0)
Estudiantes Mérida - Atlét. Venezuela 2-1(1-0)
Monagas SC - GV Maracay 3-0(2-0)
Zulia FC - Carabobo 2-1(1-0)
Trujillanos - Portuguesa 1-0(1-0)
Deportivo La Guaira - Yaracuyanos 2-2(1-2)
Metropolitanos - Mineros Guayana 3-0(0-0)
Academia - LALA FC 2-1(2-0)
Zamora FC - ACD Lara 2-1(1-1)

Due to the COVID-19 pandemic, on 12.03.2020 the championship was suspended, on the same day every footballing activity in the country was also suspended. On 15.03.2020, the Liga FUTVE confirmed the indefinite suspension of the Primera División tournament.

Ranking after 6 Rounds:

1.	Zamora FC Barinas	6	5	1	0	10	-	2	16
2.	Caracas FC	6	4	2	0	12	-	2	14
3.	ACD Lara Cabudare	6	4	1	1	9	-	4	13
4.	Monagas SC Maturín	6	3	3	0	10	-	4	12
5.	Atlético Venezuela CF Caracas	6	3	2	1	7	-	5	11
6.	Estudiantes de Mérida FC	6	3	1	2	10	-	9	10
7.	Deportivo La Guaira Caracas	5	2	2	1	6	-	4	8
8.	Trujillanos FC Valera	5	2	2	1	2	-	2	8
9.	Zulia FC Maracaibo	5	2	1	2	7	-	10	7
10.	AC Aragua FC Maracay	5	2	0	3	4	-	4	6
11.	Academia Puerto Cabello	5	1	3	1	4	-	5	6
12.	Metropolitanos de Caracas FC	6	2	0	4	9	-	11	6
13.	Yaracuyanos FC San Felipe	6	1	3	2	5	-	7	6
14.	AC CD Mineros de Guayana Puerto Ordaz	6	2	0	4	4	-	7	6
15.	Carabobo FC Valencia	6	1	3	2	2	-	6	6
16.	Portuguesa FC Acarigua	6	1	2	3	3	-	7	5
17.	Deportivo Táchira FC San Cristóbal	5	1	1	3	2	-	6	4
18.	Gran Valencia FC Maracay	6	0	2	4	2	-	8	2
19.	Asociación Civil LALA FC Caroni	6	0	1	5	5	-	10	1

On 15.05.2020, FVF (Federación Venezolana de Fútbol) announced the permanent suspension of the Primera and Segunda División seasons voiding the standings and results of matches played up until the suspension of the season.

In early June 2020 both the FVF and the Liga FUTVE presented, on their own, proposals to resume the competition. The proposal to resume the tournament at the point at which it was suspended and play a single round-robin instead of a double round-robin as originally planned was rejected. Instead, a new format was used.

On 07.09.2020, Zulia FC Maracaibo and Asociación Civil LALA FC Caroni both announced that they would not be taking part in the new tournament, with reason that the adequate biosecurity conditions were not in place to resume activities!

The remaining 17 teams were drawn on 18.09.2020, into two groups: one group of nine teams (matches hosted in Puerto Cabello and Valencia), and one group of eight teams (matches hosted in Barinas). Group winners advanced to the Championship Final to decide the 2020 League champions, while the group runners-up advanced to the Third Place Play-off.

Torneo de Normalización 2020

Grupo A - Results

Round 1 [14-15.10.2020]
Estudiantes Mérida - Yaracuyanos 1-2(1-0)
Mineros Guayana - Atlét. Venezuela 2-1(2-0)
ACD Lara - Trujillanos 3-0(2-0)
Deportivo La Guaira - Carabobo 2-0(0-0)

Round 2 [17-18.10.2020]
Carabobo - Mineros Guayana 2-2(0-0)
Trujillanos - Estudiantes Mérida 1-1(1-0)
Yaracuyanos - Academia 0-0
Atlético Venezuela - ACD Lara 0-3(0-1)

Round 3 [20-21.10.2020]
Deportivo La Guaira - Trujillanos 1-2(1-0)
Mineros Guayana - Yaracuyanos 3-1(2-1)
ACD Lara - Academia 0-0
Carabobo - Atlético Venezuela 0-0

Round 4 [24-25.10.2020]
Deportivo La Guaira - ACD Lara 1-0(0-0)
Atlético Venezuela - Academia 2-2(0-0)
Carabobo - Estudiantes Mérida 2-2(0-0)
Trujillanos - Yaracuyanos 1-2(0-0)

Round 5 [27-28.10.2020]
Estudiantes Mérida - Dep. La Guaira 1-2(0-1)
ACD Lara - Mineros Guayana 1-1(1-1)
Academia - Carabobo 2-1(1-0)
Yaracuyanos - Atlético Venezuela 4-2(1-2)

Round 6 [31.10.-01.11.2020]
Mineros Guayana - Estudiant- Mérida 2-3(1-2)
Carabobo - Yaracuyanos 0-2(0-1)
Deportivo La Guaira - Academia 3-0(1-0)
Atlético Venezuela - Trujillanos 1-0(0-0)

Round 7 [03-04.11.2020]
Academia - Mineros Guayana 0-0
Yaracuyanos - Deportivo La Guaira 1-1(1-1)
Trujillanos - Carabobo 3-0(1-0)
Estudiantes Mérida - ACD Lara 0-1(0-1)

Round 8 [07-08.11.2020]
Estudiantes Mérida - Atlét. Venezuela 2-0(1-0)
Mineros Guayana - Dep. La Guaira 0-2(0-0)
ACD Lara - Carabobo 2-2(1-0)
Academia - Trujillanos 1-3(0-0)

Round 9 [10-11.11.2020]
Atl. Venezuela - Deportivo La Guaira 2-3(2-2)
Yaracuyanos - ACD Lara 1-1(0-0)
Trujillanos - Mineros Guayana 1-2(0-0)
Academia - Estudiantes Mérida 2-2(0-2)

Round 10 [14-15.11.2020]
Yaracuyanos - Estudiantes Mérida 1-1(0-1)
Atlét. Venezuela - Mineros Guayana 3-1(2-0)
Trujillanos - ACD Lara 1-2(1-0)
Carabobo - Deportivo La Guaira 0-2(0-0)

Round 11 [17-18.11.2020]
Academia - Yaracuyanos 1-0(0-0)
Estudiantes Mérida - Trujillanos 1-2(1-0)
ACD Lara - Atlético Venezuela 4-0(1-0)
Mineros Guayana - Carabobo 4-2(1-1)

Round 12 [21-22.11.2020]
Academia - ACD Lara 0-0
Trujillanos - Deportivo La Guaira 0-2(0-1)
Atlético Venezuela - Carabobo 2-0(1-0)
Yaracuyanos - Mineros Guayana 0-1(0-0)

Round 13 [24-25.11.2020]
ACD Lara - Deportivo La Guaira 1-0(1-0)
Academia - Atlético Venezuela 2-2(0-0)
Estudiantes Mérida - Carabobo 3-2(3-1)
Yaracuyanos - Trujillanos 1-1(1-1)

Round 14 [28-29.11.2020]
Atlético Venezuela - Yaracuyanos 0-1(0-1)
Dep. La Guaira - Estudiantes Mérida 1-1(0-1)
Carabobo - Academia 0-3(0-3)
Mineros Guayana - ACD Lara 1-2(1-0)

Round 15 [01-02.12.2020]
Trujillanos - Atlético Venezuela 1-0(0-0)
Yaracuyanos - Carabobo 1-1(0-0)
Academia - Deportivo La Guaira 1-1(1-1)
Estudiant. Mérida - Mineros Guayana 3-2(2-0)

Round 16 [05.12.2020]
Mineros Guayana - Academia 0-2(0-1)
Carabobo - Trujillanos 2-2(1-0)
Deportivo La Guaira - Yaracuyanos 2-1(1-1)
ACD Lara - Estudiantes Mérida 1-2(0-0)

Round 17 [09.12.2020]
Trujillanos - Academia 0-4(0-2)
Atlét. Venezuela - Estudiantes Mérida 2-1(2-0)
Carabobo - ACD Lara 0-3(0-2)
Deport. La Guaira - Mineros Guayana 0-1(0-1)

Round 18 [12.12.2020]
Deport.La Guaira - Atlético Venezuela 2-0(0-0)
ACD Lara - Yaracuyanos 3-0(2-0)
Mineros Guayana - Trujillanos 2-1(1-1)
Estudiantes Mérida - Academia 1-2(1-1)

Final Standings

1.	**Deportivo La Guaira Caracas**	16	10	3	3	25 - 11	33
2.	*ACD Lara Cabudare*	16	9	5	2	27 - 9	32
3.	Academia Puerto Cabello	16	6	8	2	22 - 15	26
4.	AC CD Mineros de Guayana Puerto Ordaz	16	7	3	6	24 - 24	24
5.	Yaracuyanos FC San Felipe	16	5	6	5	18 - 19	21
6.	Estudiantes de Mérida FC	16	5	5	6	25 - 25	20
7.	Trujillanos FC Valera	16	5	3	8	19 - 25	18
8.	Atlético Venezuela CF Caracas	16	4	3	9	17 - 28	15
9.	Carabobo FC Valencia	16	0	6	10	14 - 35	6

Grupo B - Results

Round 1 [25-26.10.2020]
Metropolitanos - Aragua 2-2(1-0)
Caracas FC - Zamora FC 1-0(1-0)
Monagas SC - Deportivo Táchira 1-2(0-1)
Portuguesa - GV Maracay 0-0

Round 2 [29-30.10.2020]
Zamora FC - Monagas SC 1-0(1-0)
Deportivo Táchira - Metropolitanos 1-0(0-0)
GV Maracay - Caracas FC 0-4(0-2)
Aragua - Portuguesa 1-0(0-0)

Round 3 [01-02.11.2020]
Zamora FC - Deportivo Táchira 0-1(0-0)
Caracas FC - Monagas SC 1-0(1-0)
Aragua - GV Maracay 1-1(1-1)
Metropolitanos - Portuguesa 1-1(0-0)

Round 4 [05-06.11.2020]
Monagas SC - Aragua 1-0(1-0)
Portuguesa - Zamora FC 2-1(1-1)
GV Maracay - Metropolitanos 1-1(1-0)
Deportivo Táchira - Caracas FC 1-1(1-1)

Round 5 [08-09.11.2020]
Monagas SC - Portuguesa 1-0(1-0)
Zamora FC - GV Maracay 1-0(1-0)
Aragua - Deportivo Táchira 0-1(0-0)
Caracas FC - Metropolitanos 2-1(2-0)

Round 6 [12-13.11.2020]
Caracas FC - Aragua 0-1(0-1)
Metropolitanos - Zamora FC 0-0
Portuguesa - Deportivo Táchira 0-1(0-0)
GV Maracay - Monagas SC 2-1(1-0)

Round 7 [15-16.11.2020]	**Round 8** [19-20.11.2020]
Zamora FC - Aragua 2-0(0-0)	Aragua - Metropolitanos 0-1(0-1)
Monagas SC - Metropolitanos 1-2(0-0)	Deportivo Táchira - Monagas SC 3-2(2-1)
Portuguesa - Caracas FC 0-2(0-0)	Zamora FC - Caracas FC 1-3(0-2)
Deportivo Táchira - GV Maracay 0-0	GV Maracay - Portuguesa 0-1(0-0)

Round 9 [22-23.11.2020]	**Round 10** [26-27.11.2020]
Metropolitanos - Deportivo Táchira 0-3(0-1)	Deportivo Táchira - Zamora FC 0-3(0-1)
Monagas SC - Zamora FC 1-0(0-0)	Monagas SC - Caracas FC 1-2(0-1)
Caracas FC - GV Maracay 6-2(2-0)	Portuguesa - Metropolitanos 0-3(0-3)
Portuguesa - Aragua 1-2(0-1)	GV Maracay - Aragua 0-2(0-1)

Round 11 [29-30.11.2020]	**Round 12** [03-04.12.2020]
Caracas FC - Deportivo Táchira 0-0	GV Maracay - Zamora FC 1-0(0-0)
Zamora FC - Portuguesa 4-1(3-0)	Portuguesa - Monagas SC 3-2(0-1)
Aragua - Monagas SC 3-2(1-1)	Deportivo Táchira - Aragua 1-1(1-1)
Metropolitanos - GV Maracay 4-2(2-1)	Metropolitanos - Caracas FC 2-1(2-1)

Round 13 [07-08.12.2020]	**Round 14** [10-11.12.2020]
Zamora FC - Metropolitanos 1-1(0-1)	Aragua - Zamora FC 3-1(2-1)
Monagas SC - GV Maracay 0-2(0-0)	Metropolitanos - Monagas SC 2-2(0-0)
Deportivo Táchira - Portuguesa 3-0(3-0)	Caracas FC - Portuguesa 2-0(1-0)
Aragua - Caracas FC 0-0	GV Maracay - Deportivo Táchira 0-3(0-2)

Final Standings

1. **Deportivo Táchira FC San Cristóbal** 14 9 4 1   20 - 8   31
2. *Caracas FC*   14 9 3 2   25 - 9   30
3. AC Aragua FC Maracay   14 6 4 4   16 - 13 22
4. Metropolitanos de Caracas FC   14 5 6 3   20 - 17 21
5. Zamora FC Barinas   14 5 2 7   15 - 14 17
6. Gran Valencia FC Maracay   14 3 4 7   11 - 24 13
7. Portuguesa FC Acarigua   14 3 2 9   9 - 23 11
8. Monagas SC Maturín   14 3 1 10 15 - 23 10

Play-offs

Third place Play-off [15.12.2020]

ACD Lara Cabudare - Caracas FC   1-0(0-0)

2020 Championship Finals

15.12.2020, Estadio Polideportivo "Misael Delgado", Valencia; Attendance: 0
Referee: José Ramón Argote Vega
Deportivo La Guaira Caracas - Deportivo Táchira FC San Cristóbal   2-0(1-0)
La Guaira: Carlos Raúl Olses Quijada, Martín Eduardo García, Jon Mikel Aramburu Mejias (58.José Pilar Velásquez Barreto), Kendrys Jesús Silva Guzmán, Louis Angelo Peña Puentes (58.Williams José Lugo Ladera), Arlés Eduardo Flores Crespo, Francisco Andrés La Mantia Pipaon, Guillermo León Marín Pino (69.Jovanny David Bolívar Alvarado), Charlis José Ortíz García (79.José Manuel Balza Liscano), Aquiles David Ocanto Querales (69.Jean Franco Alexi Fuentes Velazco), Yohan Eduardo Cumana Hernández. Trainer: Daniel Alejandro Farías Acosta.
Deportivo Táchira: José David Contreras Verna, Pablo Jesús Camacho Figueira, Nicolás Adrián Foglia, Naicol Israel Contreras Salinas (68.Juan Antonio García Reyes), Carlos Alberto Vivas González, Yeferson José Velasco Leal (78.Javier del Valle Liendo), Carlos Eduardo Cermeño Uzcategui, David Alejandro Zalzman Guevara (46.Jacobo Salvador Kouffati Agostini), Edgar Fernando Pérez Greco (72.Miguel Elías Camargo Cañizalez), Duglar Alexander Angarita Martínez, Yerson Ronaldo Chacón Ramírez (78.Cristian Enrique Cruz Meleán). Trainer: Juan Domingo Tolisano.
Goals: 1-0 Martín Eduardo García (40), 2-0 Charlis José Ortíz García (76).

2020 Primera División de Venezuela Winners : **Deportivo La Guaira Caracas**

Top goalscorers:
8 goals: Richard José Blanco Delgado   (AC CD Mineros de Guayana Puerto Ordaz)
            Edder José Farías Martínez   (Atlético Venezuela CF Caracas)
7 goals: José Manuel Hernández Chávez   (Trujillanos FC Valera)
            Matías Rafael Lacava González   (Academia Puerto Cabello)
            Aquiles David Ocanto Querales   (Deportivo La Guaira Caracas)
            José Alejandro Rivas Gamboa   (Estudiantes de Mérida FC)

Final Standings
(by computing an average of the points earned per game)

1.	Deportivo Táchira FC San Cristóbal	(2.21)	14	9	4	1	20 - 8	31
2.	Caracas FC	(2.14)	14	9	3	2	25 - 9	30
3.	Deportivo La Guaira Caracas	(2.06)	16	10	3	3	25 - 11	33
4.	ACD Lara Cabudare	(2.00)	16	9	5	2	27 - 9	32
5.	Academia Puerto Cabello	(1.63)	16	6	8	2	22 - 15	26
6.	AC Aragua FC Maracay	(1.57)	14	6	4	4	16 - 13	22
7.	Metropolitanos de Caracas FC	(1.50)	14	5	6	3	20 - 17	21
8.	AC CD Mineros de Guayana Puerto Ordaz	(1.50)	16	7	3	6	24 - 24	24
9.	Yaracuyanos FC San Felipe	(1.31)	16	5	6	5	18 - 19	21
10.	Estudiantes de Mérida FC	(1.25)	16	5	5	6	25 - 25	20
11.	Zamora FC Barinas	(1.21)	14	5	2	7	15 - 14	17
12.	Trujillanos FC Valera	(1.13)	16	5	3	8	19 - 25	18
13.	Atlético Venezuela CF Caracas	(0.94)	16	4	3	9	17 - 28	15
14.	Gran Valencia FC Maracay	(0.93)	14	3	4	7	11 - 24	13
15.	Portuguesa FC Acarigua	(0.79)	14	3	2	9	9 - 23	11
16.	Monagas SC Maturín	(0.71)	14	3	1	10	15 - 23	10
17.	Carabobo FC Valencia	(0.38)	16	0	6	10	14 - 35	6

Deportivo Táchira FC San Cristóbal, Caracas FC, Deportivo La Guaira Caracas and ACD Lara Cabudare qualified for the 2021 Copa Libertadores.

Academia Puerto Cabello, AC Aragua FC Maracay, Metropolitanos de Caracas FC and AC CD Mineros de Guayana Puerto Ordaz qualified for the 2021 Copa Sudamericana.

COPA VENEZUELA 2020

The competition was cancelled due to COVID-19 pandemic.

THE CLUBS 2020

(M / G = matches and goals in Torneo de Normalización and Play-offs).

ACADEMIA PUERTO CABELLO

Foundation date: January 21, 2011
Address: Calle Principal Edif. Vista Mar, Piso PB Of. 1, Urb. Vistamar
Stadium: Complejo Deportivo Socialista, Puerto Cabello – Capacity: 7,500

THE SQUAD

	DOB	M	(s)	G
Goalkeepers:				
Eduardo José Herrera Alvarado	06.06.1993	5		
Luis Alberto Terán Guzmán	14.08.1993	11		
Defenders:				
Gleider José Caro Torres	17.06.1988	9	(2)	
Oscar Iván Conde Chourio	06.06.2002	12		1
Mayker José González Montilla	06.06.1988	13	(3)	1
Raudy Javier Guerrero Reyes	19.11.1993	5		
Juan Carlos Medina Pérez	14.08.1991	14	(2)	
Héctor Emilio Noguera Sánchez	01.02.1987	8	(3)	
Juan Miguel Tineo Villabón	13.04.1996	9	(1)	
Luis Alejandro Valladares López	09.08.2001	1		
Midfielders:				
Eudis Enrique Arraga García	07.06.1994	1	(2)	
Robert Alexander Garcés Sánchez	05.04.1993	8	(4)	1
Luifer Enríque Hernández Quintero	28.04.2001	7	(5)	4
Jesús Enrique Herrera Hernández	22.02.1999		(1)	
Matías Rafael Lacava González	24.10.2002	15	(1)	7
Christopher Alexander Montaña Rivas	03.01.1999	10	(4)	
José Gregorio Pinto Mariani	14.01.1997	11	(3)	
Wilken Samir Ramírez Holguín	28.05.2002	1	(2)	
Forwards:				
René David Alarcón González	14.01.1992	10	(4)	3
Javier Enrique Arape Quevedo	05.06.2001	8	(4)	1
Gustavo Ariel Ascona (ARG)	17.02.1987	5	(6)	
Ronaldo Daniel Chacón Zambrano	18.02.1998	4	(3)	
Giancarlo Gregorio Maldonado Marrero	29.06.1982	1		
Eduin Junior Padilla Pedroza	21.03.1999	2	(5)	
Lisandro José Pérez Venezuela	07.06.2000	5	(6)	4
Emilio Rentería García	09.10.1984	1	(5)	
Trainer:				
Carlos Fabián Maldonado Bineiro [from 21.03.2019]	30.07.1963	16		

ASOCIACIÓN CIVIL ARAGUA FÚTBOL CLUB MARACAY

Foundation date: August 20, 2002
Address: Prolongación Avenida Sucre y Avenida Las Delicias, Maracay, Estado Aragua
Stadium: Estadio Olímpico „Hermanos Ghersi Páez", Maracay – Capacity: 16,000

THE SQUAD

	DOB	M	(s)	G
Goalkeepers:				
Yosmel Daniel Gil Rodríguez	11.05.2001	3		
Yhonathan Alexander Yustiz Linarez	27.01.1992	11		
Defenders:				
Moisés Manuel Acuña Morales	23.07.1996	6	(1)	
Joiser Daniel Arias Maza	03.12.1998	6	(2)	3
Xavier Andrés Flores Phillips	15.05.2002	8	(3)	1
Arquímides Hernández Díaz	28.08.1989	9	(2)	2
Roger Alexander Manríque Laorca	23.03.1999	2	(3)	
Bryan Leonel Ruiz Zerpa	05.08.2002	7	(1)	
Manuel Augusto Trias Parada	18.12.1998		(2)	
César José Urpín Díaz	14.08.1994	13		1
José Jesús Yégüez Salgado	19.09.1987	6	(1)	2
Octavio Mauricio Zapata Possu (COL)	06.05.1990	12	(1)	
Midfielders:				
Pedro Luis Álvarez Benavides	01.02.2001	10	(1)	
Homero Ernesto Calderón Gazui	20.10.1993	6	(2)	
Andrés Eloy Farreras Martínez	23.06.2001	1	(2)	
Diego Leonardo García Veneri	05.08.1993	9	(2)	2
Andrés Alejandro Hernández Hernández	21.04.1993	10	(2)	1
Roibert Alexander Hernández Sánchez	18.04.2004		(1)	
Lewis José Landaeta Ferreira	24.05.2000		(3)	
Héctor Enrique Pérez Ramírez	11.10.1986	9	(4)	1
Kenny Anthony Romero Alvarado	03.06.1995		(6)	2
José Francisco Torres Briceño	19.06.1993	12	(1)	
Forwards:				
Ender Echenique Peña	02.04.2004		(4)	
Daniel Ricardo Febles Argüelles	08.02.1991	6	(6)	
Guillermo Orlando Fernández Gagliardi	21.01.1988	5	(6)	1
Edanyilber José Navas Alayón	14.01.2000	3	(5)	
Trainer:				
Enrique García Feijó [since 01.01.2019]	15.12.1982	14		

ASOCIACIÓN CIVIL DEPORTIVO LARA CABUDARE

Foundation date: July 2, 2009
Address: Carrera 1A Entre Calles 7A Y 8, No 7A-30, Urb. Nueva Segovia, RIF: J-298111421-5
Stadium: Estadio Metropolitano, Cabudare – Capacity: 47,913

THE SQUAD

	DOB	M	(s)	G
Goalkeepers:				
Luis Eduardo Curiel Riera	28.06.1989	8	(1)	
Carlos Alberto Salazar Lugo	20.08.1980	9		
Defenders:				
Eliel José Alejos Marchán	05.07.2002		(1)	
Ignacio José Anzola Aguilar	28.07.1999	5	(3)	1
Daniel José Carrillo Montilla	02.12.1995	13	(1)	
Jonathan Joan España Santiago	13.11.1988	2	(1)	
Henry Alcídes Pernía Almao	09.11.1990	8		
Víctor Manuel Sifontes Antequera	21.10.1993	7	(1)	
Eduardo José Silva Lezama	22.11.1994		(1)	
Jefre José Vargas Belisario	12.01.1995	11	(2)	
Midfielders:				
Jesús Daniel Bueno Añez	15.04.1999	15	(1)	4
Juan Carlos Castellanos Anuel	30.10.1995	6	(3)	3
Javier Alfonso García Domínguez	22.04.1987	5	(8)	
César Iván González Torres	10.10.1987	3	(4)	
Diego Enrique Meleán Berrueta	13.02.1993	9	(2)	
Juan Luis Perdomo Rivero	20.01.2001	6	(7)	
Cristopher Jesús Rodríguez González	09.11.1997	14		1
Telasco José Segovia Pérez	02.04.2003	13	(3)	
Forwards:				
Johan José Arrieche	22.06.1991	6	(5)	2
Bryan José Castillo Rosendo	14.05.2001	5	(7)	1
Jean Franco Castillo Castillo	04.10.2002	9	(4)	2
César Enrique Martínez Quintero	30.09.1991	7	(7)	2
Ángel Gabriel Sánchez Córdoba (PAN)	07.04.1994	12	(5)	5
Luis Elías Urbina Criollo	12.03.2002	1	(8)	1
Freddy Enrique Vargas Piñero	01.04.1999	13	(3)	5
Trainer:				
Leonardo Alberto González Antequera [since 01.07.2016]	14.07.1972	17		

ATLÉTICO VENEZUELA CLUB DE FÚTBOL CARACAS

Foundation date: July 23, 2009
Address: Calle California con Mucuchíes, Edf. Los. 1060 Caracas
Stadium: Estadio Nacional "Brígido Iriarte", Caracas – Capacity: 12,500

THE SQUAD

	DOB	M	(s)	G
Goalkeepers:				
Jesús David Briceño Mendoza	26.06.1998	9		
Eduardo Luis Lima Prado	09.10.1992	7		
Defenders:				
Juan Andrés Dellacasa Guerra	01.08.1997	3	(2)	
Francisco Javier Fajardo Gil	08.07.1990	7	(1)	
Adrián Hilario Gomes de Gouvela	25.01.2001	5		
Alejandro Andrés Gonçalves Fernandes	23.02.2001	5	(4)	3
Jhonny Alberto González Benavente	15.09.1995	8	(1)	
José Rafael Hernández	26.06.1997	7		
Luis Alfonso Morgillo Marrero	15.06.1993	11		
Richard Eduardo Orellana Torres	17.12.1999	1	(2)	
José Ismael Páez Pulido	04.05.1992	6	(6)	1
Grenddy Adrián Perozo Rincón	28.02.1986	11		
José Gregorio Requena Rojas	09.04.2001	9	(2)	1
Midfielders:				
Keyner Arley de Vasconcelos Adrian	24.02.2000	13		
Ángel José Flores Hernández	29.05.1989	4	(5)	
Jesús Javier Gómez Mercado	06.08.1984	5		
Adjin Livingstone Ebo (GHA)	12.04.1989	8	(2)	
Jorge Rafael Maicabare Torrealba	19.01.2001	2	(1)	
Ricardo Manuel Cardoso Martins (POR)	24.01.1990	7	(4)	1
Ronald Deivyd McIntosh Rojas	26.09.1998		(6)	
Maike Julio Villero Fariñez	28.01.2001	10	(3)	
Forwards:				
Alejandro José Cabeza Guerrero	08.03.2001	1	(2)	
Luis José Castillo Patiño	27.02.1992	4	(9)	3
Edder José Farías Martínez	12.04.1988	14		8
Aitor López López	04.06.1999	2	(5)	
Yeangel Emilio Montero Manzano	25.12.1998		(5)	
Robín Raúl Ramos García	05.08.1998	6	(4)	
Carlos José Sosa Moreno	02.08.1995	11	(3)	
Trainer:				
Henry Antonio Meléndez Sánchez [20.09.2019-31.10.2020]	02.07.1984	5		
Jair José Díaz Villegas [from 01.11.2020]	03.07.1980	11		

CARABOBO FÚTBOL CLUB VALENCIA

Foundation date: July 24, 1964
Address: Avenida Bolívar Norte, Valencia
Stadium: Estadio "Misael Delgado", Valencia – Capacity: 10,000

THE SQUAD	DOB	M	(s)	G
Goalkeepers:				
Jorge Abraham Graterol Nader	15.02.2000	14		
César Augusto Herrera Núñez	17.03.2001	2		
Defenders:				
Richard Emmanuel Badillo Pérez	29.04.1989	8		
Darío José Bastardo López	12.05.1995	5	(3)	
William Alexander Díaz Gutiérrez	31.03.1985	8		
Davixson Slayter Flórez Quintero	18.10.1994	7	(2)	1
Luís Alfredo García Lozada	14.03.1995	10	(2)	
Ottoniel José Medina Medina	30.08.1999	10	(1)	
Hendry José Navas López	05.08.2003		(1)	
Juan Andrés Olmos Andarcia	19.11.2001		(2)	
Rodrigo Romero Pirilla	22.09.2001	7	(2)	1
Andrés Elionai Sánchez León	12.12.1987	1	(3)	1
Midfielders:				
Winston Alberto Azuaje Parra	06.04.1993	6	(3)	
Luis Alexis Barrios Rojas	19.05.1994	13		1
Jeferson Tony Caraballo Pinto	08.05.2002	6	(2)	
Francisco Javier Chong Fiocco	13.12.2001	7	(5)	
José Ángel Ferrer Torres	27.06.1997	9	(4)	1
Jhosep Nicolás Hernández González	27.10.2001		(1)	
Luis Carlos Melo Salcedo	18.08.1991	11		
Williams José Pedrozo García	28.12.2001	13		2
Carlos Ignacio Ramos Rodríguez	26.05.1999	10	(3)	1
Edson Alejandro Tortolero Toro	05.02.1998	13	(3)	3
Forwards:				
Luis Felipe Bandez Salazar	24.08.2002	1	(2)	
Víctor Betancourth	26.01.2001		(6)	
Gabriel Enrique Fermín Ávila	13.12.2002	10	(2)	1
Wilfredo Alexander Herrera Torres	09.01.1996	5	(8)	2
Luis José Pallares Garrido	18.02.2002		(3)	
Trainer:				
Antonio Franco López [13.12.2019-29.10.2020]	28.08.1981	5		
José Francisco Parada Bonifaz [from 29.10.2020]	22.09.1987	11		

CARACAS FÚTBOL CLUB

Foundation date: October 3, 1989
Address: Cocodrilos Sports Park, Cota 905, Ofoconas del Caracas FC, Caracas
Stadium: Estadio Olímpico de la Universidad Central de Venezuela, Caracas – Capacity: 23,940

THE SQUAD

	DOB	M	(s)	G
Goalkeepers:				
Cristhian Jesús Flores Ramírez	06.09.1990	2		
Beycker Eduardo Velásquez Ortega	06.10.1996	13		
Defenders:				
Luis Fernando Casiani Zúñiga	20.07.2001	2	(3)	
Diego Antonio Castillo Prado	19.08.1997	6	(4)	
Julio César da Silva Velasquez	06.06.2001	2	(3)	
Eduardo Enrique Ferreira Peñaranda	20.09.2000	12	(2)	
Javier Alejandro Maldonado Manzini	09.04.1994	3	(2)	
Junior Alberto Moreno Paredes	03.03.2000		(3)	
Sandro Notaroberto Peci	10.03.1998	9		
Diego Andrés Osio Valencia	03.01.1997	10	(4)	2
Renné Alejandro Rivas Alezones	21.03.2003	4	(3)	
Carlos Gregorio Rivero González	27.11.1992	9		
Rosmel Gabriel Villanueva Parra	16.08.1992	9	(2)	
Midfielders:				
Ricardo Andreutti Jordán	30.06.1987	2	(7)	
Anderson Rafael Contreras Pérez	30.03.2001	10		1
Jorge Eliézer Echeverría Montilva	13.02.2000	1	(4)	
Leonardo José Flores Soto	05.08.1995	12	(1)	
Luis David González Torres	27.11.1998	3	(5)	
Robert Enrique Hernández Aguado	14.09.1993	12		4
Luis Alejandro Ramírez López	02.07.1997	1	(2)	
Edgar José Silva Infante	12.02.1998	1	(2)	1
Forwards:				
Alexis Hernán Blanco (ARG)	06.06.1988	8	(3)	4
Richard Enríque Celis Sánchez	23.04.1996	13	(2)	4
Rodrigo Febres Chacón	14.05.1996	4	(3)	1
Saúl Alejandro Guarirapa Briceño	18.10.2002	10	(1)	3
Kwaku Bonsu Osei (GHA)	17.08.2000	4	(6)	4
Santiago Alfonzo Rodríguez Pacheco	29.01.2001	3	(8)	1
Trainer:				
Noel Sanvicente Bethelmy [since 01.01.2017]	21.12.1964	15		

DEPORTIVO LA GUAIRA CARACAS

Foundation date: June 21, 2008
Address: Calle La Cinta, Complejo Deportivo Fray Luis, Piso 1, Oficina 02, Caracas
Stadium: Estadio Olímpico de la Universidad Central de Venezuela, Caracas – Capacity: 23,940

THE SQUAD	DOB	M	(s)	G
Goalkeepers:				
Carlos Raúl Olses Quijada	21.09.2000	4		
Mario Alberto Santilli (ARG)	27.06.1984	13		
Defenders:				
Jon Mikel Aramburu Mejias	23.07.2002	13	(3)	
Elías Alejandro Arias Rengel	25.03.2002	1	(3)	
Jean Franco Alexi Fuentes Velazco	07.02.1997	9	(1)	
Martín Eduardo García (ARG)	19.09.1985	9	(3)	1
Rommell Jhoan Ibarra Hernández	24.03.2000	6	(1)	
Carlos Augusto Rojas Torres	23.01.2004		(1)	
Kendrys Jesús Silva Guzmán	17.12.1993	10	(2)	1
José Pilar Velásquez Barreto	04.04.2001	6	(6)	
Midfielders:				
Arlés Eduardo Flores Crespo	12.04.1991	14	(1)	
Clyde Nick García Segura	19.03.2002	1	(6)	
Francisco Andrés La Mantia Pipaon	24.02.1996	15	(2)	
Williams José Lugo Ladera	16.12.1996	10	(5)	3
Guillermo León Marín Pino	14.06.2001	8	(2)	
Darluis Andrés Paz Ferrer	26.03.2002	3	(2)	
Louis Angelo Peña Puentes	25.12.1989	14	(2)	3
Forwards:				
José Manuel Balza Liscano	10.09.1997	4	(4)	2
Jovanny David Bolívar Alvarado	16.12.2001	6	(7)	3
Yohan Eduardo Cumana Hernández	08.03.1996	15		
Anyer Jesús Maldonado Arteaga	18.01.2000		(3)	
Ronaldo Luis Moreno Antúñez	23.04.2001		(11)	1
Aquiles David Ocanto Querales	18.11.1988	15	(1)	7
Charlis José Ortíz García	21.07.1986	10	(5)	5
Ronald José Peña Ayala	27.01.2001	1	(6)	1
Trainer:				
Daniel Alejandro Farías Acosta [since 23.04.2018]	28.09.1981	17		

DEPORTIVO TÁCHIRA FÚTBOL CLUB SAN CRISTÓBAL
Foundation date: January 1, 1974
Address: Calle 14, entre carreras 20 y 21, N° 20-95, Quinta Chelita, Barrio Obrero, San Cristóbal, Estado Táchira
Stadium: Estadio Polideportivo de Pueblo Nuevo, San Cristóbal – Capacity: 38,755

THE SQUAD	DOB	M	(s)	G
Goalkeepers:				
José David Contreras Verna	20.10.1994	13		
Diego Enrique Váldes Guerrero	12.02.1993	2		
Defenders:				
Pablo Jesús Camacho Figueira	12.12.1990	13	(1)	1
Edilmer Paolo Chacón	27.05.1997	3	(1)	1
Naicol Israel Contreras Salinas	05.04.2000	7	(1)	
Nicolás Adrián Foglia (ARG)	07.10.1986	11	(2)	1
Anthony Eduardo Graterol Pérez	27.02.1995	7	(1)	
Jesús Alejandro Quintero	01.02.2001	3		
José Manuel Velázquez Rodríguez	08.09.1990	4	(2)	
Carlos Alberto Vivas González	04.04.2002	12	(1)	1
Midfielders:				
Miguel Elías Camargo Cañizalez (PAN)	09.05.1993	4	(1)	1
Carlos Eduardo Cermeño Uzcategui	08.08.1995	9	(3)	1
Cristian Enrique Cruz Meleán	12.06.2002	1	(8)	
Marlon Antonio Fernández Jiménez	16.01.1986	11	(2)	
Javier Alejandro Jaimes Verde	04.06.1999		(1)	
Javier del Valle Liendo (ARG)	02.04.1988	4	(5)	
Jean Paúl Madera Carreño	25.02.1999	1	(2)	
Yeferson José Velasco Leal	13.06.1986	10	(4)	1
David Alejandro Zalzman Guevara	04.03.1996	8	(5)	
Forwards:				
Duglar Alexander Angarita Martínez	13.08.1995	9	(2)	4
Carlos Daniel Calzadilla Durán	14.11.2001		(4)	
Yerson Ronaldo Chacón Ramírez	04.06.2003	13	(1)	2
Juan Antonio García Reyes	01.02.1991	3	(11)	1
Gibran Haj Yousef Cordero	27.01.2001			
Jacobo Salvador Kouffati Agostini	30.06.1993	3	(6)	
Jesús Manuel Orozco Hernández	12.02.2001	2	(5)	2
Edgar Fernando Pérez Greco	16.02.1982	10	(3)	3
Deivid Celestino Tegues Hernández	05.02.2004	2		1
Trainer:				
Juan Domingo Tolisano [since 07.03.2019]	07.08.1984	15		

ESTUDIANTES DE MÉRIDA FÚTBOL CLUB

Foundation date: April 14, 1971
Address: Avenida Urdaneta con calle 51, N° 3-14, Edificio Confirmerca, PB. Mérida, Estado Mérida
Stadium: Estadio Olímpico Metropolitano de Mérida, Mérida – Capacity: 42,500

THE SQUAD	DOB	M	(s)	G
Goalkeepers:				
Alejandro Araque Peña	14.09.1995	15		
Aldair Edgardo Peña Torres	12.10.2000	1	(1)	
Defenders:				
Germán Eduardo Contreras Puentes	25.08.2000	1	(1)	
Galileo Antonio del Castillo Carrasquel	13.05.1991	6		1
Jhonder José Gómez Bueno	24.04.2002	12	(1)	
Omar Alberto Labrador Gutiérrez	18.02.1992	2		
Daniel Orlando Linarez Cordero	23.03.1992	14		3
José Manuel Manríquez Hernández	19.03.1987	9	(3)	
José Luis Marrufo Jiménez	12.05.1996	11		
Edison José Penilla Herrera	06.01.1996	5	(2)	
Henry Junior Plazas Mendoza	12.12.1992	10	(2)	2
Ronaldo David Rivas Vielma	31.10.1999	6	(1)	1
Midfielders:				
Daniel José Dávila Torres	13.01.1998	1		
Cristian Leonardo Flores Calderón	03.04.1988	8	(7)	1
Diego Alessandro Guillén Alarcón	04.03.2001	2	(1)	
Yorwin de Jesús Lobo Peña	26.07.1993	3	(9)	
Jesús Manuel Meza Moreno	06.01.1986	11	(2)	
Ayrton Andrés Páez Yepez	16.01.1995	4	(6)	
Cristian Yonaiker Rivas Vielma	22.01.1997	8	(1)	
Édson Armando Rivas Vielma	23.10.2001	11	(2)	
Sebastián Augusto Uzcátegui Jaen	23.07.2001	2	(3)	
Forwards:				
Armando José Araque Peña	06.03.1989	5	(6)	3
Wilson José Barrios Rondón	23.08.2000	5		
Wilson Antonio Mena Asprilla (COL)	07.02.1987	7	(6)	4
José Alejandro Rivas Gamboa	01.09.1998	10	(4)	7
Luz Lorenzo Rodríguez Hernández (MEX)	27.05.1991	2	(3)	
Ever David Urrutia Espinal	22.04.2001	5	(3)	
Trainer:				
Martín Eugenio Brignani (ARG) [since 19.06.2018]	10.05.1972	16		

ASOCIACIÓN CIVIL LALA FÚTBOL CLUB CIUDAD GUAYANA
Foundation date: January 6, 2011
Address: Avenida Pacífico c/ Avenida Loefling, La Esperanza, UD 232.
Stadium: Centro Total de Entretenimiento Cachamay, Puerto Ordaz – Capacity: 41,600

GRAN VALENCIA MARACAY FÚTBOL CLUB
Foundation date: July 10, 2014
Address: *Not known*
Stadium: Estadio "Giuseppe Antonelli", Maracay – Capacity: 7,500

THE SQUAD

	DOB	M	(s)	G
Goalkeepers:				
Óscar Enrique Narváez Romero	09.01.1989	1		
Virgilio Nazareth Piñero Delgado	30.04.1989	10		
Enmis Daniel Rodríguez Ibarra	04.07.1996	3		
Defenders:				
Héctor Andrés Acosta Di Gregorio	17.07.2000	10		1
Giovanny José Dolgetta Soto	18.05.1994	5	(4)	
David José Flores Castillo	24.08.1999	1		
Jenner Cecilio González Romero	08.07.1990	14		
Moisés Alejandro Henríquez Escorcha	14.12.1999	3		
Anderson Rafael Orozco Torres	26.02.1984	5		
Midfielders:				
Franco Diamante Acosta Acosta	28.05.1981	1	(3)	
Henrys Junior Alcalá Cedeño	25.07.1991	13	(1)	1
Yonifer Jesús Álviarez Niño	12.11.1989	2	(4)	
Kevin Alberto Escorche Griman	08.08.2001	4	(3)	1
Yirber José Flores Rodríguez	23.01.2002	3		
Carlos Benjamín Ibarra Pacheco	24.05.2000	1		
Joel Antonio Infante Salas	15.02.1993	11	(1)	6
Carlos Javier Orozco Torres	01.01.1991	7	(1)	
Alexander Alfonso Osorio Chirinos	26.04.2001	8	(4)	
Tony Andrés Rodríguez Silva	28.07.1999		(2)	
Luis Armando Ruíz Carmona	03.08.1997	10	(1)	
Forwards:				
Rafael Alfredo Blancq Cazaux (ARG)	16.02.1998	7	(4)	1
Edgar Rafael Castellanos Ruiz	31.05.1995	5	(6)	
Martín Andrés Giménez (ARG)	30.09.1988	8	(2)	1
Fraivan López Contreras	09.05.2001	3	(2)	
Roalex Adrián Molina Medina	30.07.1999		(4)	
Omar Alfonso Perdomo Teheran	03.02.1994	5	(8)	
Gabriel José Reyes González	01.06.2003	10	(1)	
Jhonarby Iván Salazar Pérez	22.08.1991	4	(6)	
Trainer:				
Bladimir Alejandro Morales Duarte [from	09.04.1983	14		

METROPOLITANOS DE CARACAS FÚTBOL CLUB

Foundation date: August 3, 2011
Address: *Not known*
Stadium: Estadio Olímpico de la Universidad Central de Venezuela, Caracas – Capacity: 23,940

THE SQUAD	DOB	M	(s)	G
Goalkeepers:				
Geykel Gabriel Parra Arias	30.07.2001		(1)	
Tito Daniel Rojas Rojas	11.10.1987	8		
Giancarlo Schiavone Modica	02.11.1993	6		
Defenders:				
Leminger Alcides Bolívar Echarry	18.02.1990	7	(3)	
Néstor José Gabriel Cova Meneses	02.05.1995	5	(1)	
Tino Andrés Danesi Cammarano	21.02.2001	1		
Carlos Manuel Díaz Ferrer	10.03.2001	2		
Leonardo José Falcón Rosales	20.08.1988	4		
Andrés Felipe Ferro Peña	02.08.2001	13		
Albert José González Zamora	20.09.1996	7	(1)	2
Juan Ernesto Mancín Salami	31.01.2000	1	(3)	
Andrés Eduardo Ojeda Oliver	01.03.2001		(1)	
Steven Jesús Pabón Delgado	25.07.2001	3		
Rennier Alexander Rodríguez González	25.03.1984	7	(1)	
Midfielders:				
Abraham Bahachille García	01.03.2001	9	(2)	
Luis Enrique Colmenárez Gutiérrez	26.09.1988	7	(3)	1
Robinson Daniel Flores Barrios	14.04.1998	9	(3)	
Luis Andrés González González	27.06.1993	5	(9)	
Evelio De Jesús Hernández Guedez	18.06.1984	5	(6)	1
Maikel Armando Ibarra Sosa	29.06.1999		(1)	
Christian Adán Larotonda Adán	26.05.1999	10		
Luis Ángel Martell Castillo	07.10.1994	5	(8)	1
Johan Orlando Moreno Vivas	10.06.1991	12		4
Daniel Alejandro Pérez Córdova	17.01.2002	8	(1)	6
Forwards:				
Jholvis Alexander Acevedo Petequín	02.10.1998	6	(4)	
Irwin Rafael Antón Barroso	10.01.1988	3	(5)	4
Marco Antonio Bustillo Benítez	01.08.1996	1		
Jonathan Fernando Castillo Aguirre	07.01.2001	5	(4)	
Santiago Manuel de Sousa Tovar	26.03.2002	1	(1)	
Oscar José Núñez López	13.07.1994	2	(5)	
Giancarlo Schiavone Modica	12.07.2000	2	(1)	
Trainer:				
José Maria Morr [from 18.12.2018]	12.04.1981	14		

ASOCIACIÓN CIVIL CLUB DEPORTIVO
MINEROS DE GUAYANA PUERTO ORDAZ

Foundation date: November 20, 1981
Address: Urbanización Mendoza, Calle Jusepín, Puerto Ordaz, Estado Bolívar
Stadium: Centro Total de Entretenimiento Cachamay, Puerto Ordaz – Capacity: 41,600

THE SQUAD

	DOB	M	(s)	G
Goalkeepers:				
Edixson Antonio González Peroza	13.01.1990	6	(1)	
Edgar David Pérez Rodríguez	30.01.1987	10		
Defenders:				
Ángel Enrique Faría Mendoza	28.01.1983		(1)	
Christian Anthony Gómez Vargas	23.02.1999	8		1
José Gabriel González Malavé	21.09.2002	1	(1)	
Danny Leonel Hernández Bucobo	18.07.2001	13	(2)	1
Julio César Machado Cesario	19.06.1982	11		
Luis Adrián Martínez	14.07.1993	11	(2)	
Anthony Gabriel Matos Rivero	06.10.1995	16		2
Johan Armando Micolta Ruiz	13.02.2003	3	(3)	
Karin Alfredo Saab Pomonti	11.01.2001	11	(2)	
Jorbert Alejandro Trillo Márquez Trillo	11.04.2002		(3)	
Midfielders:				
Argenis José Gómez Ortega	23.11.1987	4	(5)	2
Nelson Antonio Hernández Belorín	08.07.1992	13	(2)	
Pierangelo José Pagnano Malavé	28.08.2001	4	(5)	
Ely Antonio Valderrey Medino	29.04.1986	15	(1)	
Josmar Jesús Zambrano Suárez	09.06.1992	7	(6)	1
Forwards:				
Richard José Blanco Delgado	21.01.1982	13	(1)	8
Darwin de Jesús Gómez Rivas	24.10.1991	11	(5)	4
Brayan Yohangel Hurtado Cortesía	21.06.1999	13	(3)	5
Alfredo Ignacio Mendoza Matheus	21.08.2002		(1)	
Víctor Hugo Navas Barrera	18.05.2001		(5)	
Andrés Eduardo Saavedra Brito	20.03.2001	6	(8)	
Pedro José Zaragoza Cabrera	08.09.2002		(4)	
Trainer:				
Leonel Gerardo Vielma Peña [from 13.10.2020]	30.08.1978	16		

MONAGAS SPORT CLUB MATURÍN

Foundation date: September 23, 1987
Address: Avenida Ugarte Pelayo, Centro, Maturín
Stadium: Estadio Monumental de Maturín, Maturín – Capacity: 51,796

THE SQUAD				
	DOB	M	(s)	G
Goalkeepers:				
Jorge Alfredo Roa Ruíz	06.01.1998	12		
Hildelgar Valera Núñez	12.01.2001	2		
Defenders:				
David Antonio Álvarez Agudelo (COL)	13.10.1992	8	(2)	
Samuel Alejandro Barberi Gómez	08.04.1999	1		
Gennaro Fabrizio Faría Russo	13.01.1999	2		
Oscar Constantino González Rengifo	25.02.1992	13		
Igor Brondani Da Luz (BRA)	21.03.1995	7	(2)	1
Héctor Daniel Maestre Montilla	19.02.2001	6	(2)	
Johan José Osorio Paredes	02.09.1990	3	(1)	
Carlos Eduardo Rodríguez Gutiérrez	27.07.2000	1	(1)	
Ismael Jesús Romero Tocuyo	08.05.1998	7	(2)	
Jesús Natividad Yendis Gómez	18.03.1998	6	(5)	
Midfielders:				
Edgar Leonardo Carrión Dorta	07.07.2001	2	(8)	
Luis Daniel Chiquillo Ledesma	02.01.1999	9	(2)	
César Eduardo González Amaís	01.10.1982	8	(3)	4
Jesús Gerardo Hernández Castellar	05.10.2001	2	(1)	
Víctor Danilo Mejía Mina (COL)	04.02.1993	7	(1)	
Dimas Rafael Meza Daniz	23.04.1994	1	(7)	2
Arian David Moreno Silva	23.01.2003	1	(6)	1
Vicente Bautista Rodríguez Cedeño	13.11.1994	3	(4)	
Andrés Josué Romero Tocuyo	07.03.2003	10	(2)	
Carlos Adrián Suárez Váldez	26.04.1992	9	(1)	
Klinsmann Daniel Yendis Gómez	16.05.2004	3	(1)	1
Starling Luis Yendis Gómez	07.03.1999	4	(7)	
Gabriel Zambrano Acosta	17.08.2001	3		
Forwards:				
Yorlen José Cordero Díaz	05.02.2002	9	(2)	
Franklin Eduardo González Hernández	30.04.1998	8	(4)	3
Jean Pier Kouffati Cedeño	08.10.2003	1		
Cristian Novoa Sandín	09.07.1991	6	(2)	2
Trainer:				
Jhonny Ferreira Camacho [from 12.12.2019]	05.12.1977	14		

PORTUGUESA FÚTBOL CLUB ACARIGUA

Foundation date: March 2, 1987
Address: *Not known*
Stadium: Estadio "General José Antonio Páez", Acarigua – Capacity: 18,000

THE SQUAD

	DOB	M	(s)	G
Goalkeepers:				
Juan Carlos Reyes Alberti	09.01.1995	13		
Vilas Júnior Waghmare Carmona	10.02.1999	1		
Defenders:				
Joel Fernando Cáceres Álvarez	15.02.1993	13		1
Yeferson Alfredo Escudero Graterol	06.05.1998	7	(1)	
Luis Marcelo Jiménez Orozco	13.09.1997	12	(1)	
Franklin José Lucena Peña	20.02.1981	4	(4)	
Reniel Alejandro Mendoza Morillo	17.02.2001	10		
Midfielders:				
Emanuel Ysaas Calzadilla Granadino	17.02.1993	11	(1)	
Pablo José Castillo Molina	02.09.1988	10	(2)	
Ángelo Yonnier Lucena Soteldo	26.01.2003	9	(5)	3
Sixto Alejandro Lucena Sánchez	05.07.2002	5	(5)	
Edixon José Mena Ortíz	19.07.1996	10	(2)	1
Cristian Ramírez Ramos	21.08.2003	1	(4)	
Darvis José Rodríguez	01.07.1994	12	(1)	2
Argel Alejandro Silva Pérez	23.11.1997	1		
Forwards:				
Kenger Iván Bermúdez Martínez	13.02.2002	1	(2)	
Wilber Alexander Bravo Mercado	04.12.1990	8	(5)	1
Tulio Enrique Etchemaite (ARG)	10.07.1987	6	(6)	1
Wilfredo Daniel Peña Peña Wilfredo Peña	03.05.2001	9	(4)	
Jaiker Simón Pérez Lucena	21.10.1997	2	(4)	
José Javier Vásquez Márquez	19.10.1998	3	(2)	
Yohalex Vásquez Alvarado	20.04.1993	6	(6)	
Trainer:				
José Alí Cañas Navas [from 03.09.2020]	19.06.1960	14		

TRUJILLANOS FÚTBOL CLUB VALERA

Foundation date: August 25, 1981
Address: Tienda „Gol x Gol", Centro Comerical Plaza, Edificio 2, Nivel Plaza, Local P. 102, Valera
Stadium: Estadio „José Alberto Pérez", Valera – Capacity: 20,000

THE SQUAD	DOB	M	(s)	G
Goalkeepers:				
Álvaro Antonio Forero Rojas	19.12.1991	11		
Andrés Alfonso González	22.06.1990	5		
Defenders:				
César Alberto Aponte Churión	07.09.1993	13	(2)	
Francisco Javier Carabalí Terán	24.02.1991	1		
John Freins Chacón	16.08.1994	6	(1)	
Yohanner José García Molina	21.11.1999	1	(3)	1
Manuel Alejandro Granados Asprilla	16.02.1989	11	(1)	1
Jean Frank Gutiérrez Abreu	07.12.1997	1		
Edgar José Mendoza Acosta	15.06.1991	7		
Jerson Alberto Montilla Cegarra	21.01.1997	4	(3)	
Juan Carlos Ortíz	01.10.1993	7	(6)	1
Luis Alejandro Parra	15.12.1996	9		
Midfielders:				
Jair Enmanuel Andara García	07.04.2001	7		1
Joantony Xavier Carmona	27.05.2001	10	(6)	5
José Manuel Hernández Chávez	02.08.1996	12	(3)	7
Josman Alberto Hernández Soto	18.01.2002	2	(1)	
Óscar David Linares Bellorín	20.03.2004	2		
Elián José Quintero Delgado	15.08.2003	1		
Manuel Antonio Ramírez Cardozo	28.03.1996	1	(3)	
Carlos Alberto Rueda Villegas	06.04.1997	8	(3)	
Anthony David Salcedo Paredes	22.02.2002	4	(7)	
Jesús Enmanuel Sandrea Briceño	29.12.2001	7	(4)	
Francis Domilei Sosa	22.04.1998	4	(5)	
Enderson Hailis Torrealba Moreno	02.04.1999	3	(3)	
Miguel Alfonzo Umbría Valecillos	21.08.1998	5		
Wuiliyhon Vivas Trejo	29.09.1993	9	(2)	
Forwards:				
Luis José Annese Aragúren	12.01.1993	6	(7)	
Alexander José Guerra La Rosa	20.11.1996	4	(4)	
Ronny Jesús Maza Miranda	11.05.1997	10	(3)	3
José Daniel Parra Materán	13.02.1998	1		
Nelson David Pérez Mora	30.03.1993	4	(5)	
Trainer:				
Martín Simón Carrillo Simancas [since 16.06.2019]	26.01.1983	16		

YARACUYANOS FÚTBOL CLUB

Foundation date: February 20, 2006
Address: Not known
Stadium: Estadio "Florentino Oropeza", San Felipe – Capacity: 10,000

THE SQUAD

	DOB	M	(s)	G
Goalkeepers:				
Yáñez Alexis Angulo Vallejo	21.02.1984	15		
Williams Ivannissternrroy Tortolero Sandoval	22.01.2003	1		
Defenders:				
José Jesús Acosta Amaiz	28.11.1989	3	(2)	
Edgar Arturo Góndola Antioco (PAN)	13.03.1993	12		
José Daniel Graterol Hernández	10.08.1992	14		2
Yohandry Manuel Herrera	27.01.1991	14	(1)	1
Alejandro Javier Naranjo Moyetones	17.04.2001	7	(1)	
Miguel David Orejuela Chirinos	30.07.2001	1		
Carlos Luis Yánez Pérez	01.12.1987	3	(3)	
Midfielders:				
George Anderson Arrieta Urquizo	19.11.1992	5		
Freiber José Castillo López	16.11.2000		(1)	
Gustavo Junior González Pérez	20.02.1996	3	(2)	
Andris Jesús Herrera Palomino	20.10.1996	14		1
Framber Daniel López Castillo	13.07.2001	1		
Michael Yomar Márquez García	24.08.1993	13		
Jhon James Pacheco Villa	23.09.2001	13	(2)	1
Orlando José Peraza Vanegas	19.03.1991	6	(2)	1
Rubén Argenis Rivas Reyes	02.01.1993	1	(6)	
Alfredo Junior Urdaneta González	26.02.2002	4	(3)	
Forwards:				
Pablo Andrés Andrea Mirabal	06.04.2001		(2)	
José Alexander Carrasquel González	19.01.1993	6	(5)	3
Carlos Alfredo Espinoza Bueno	19.02.2002	4	(2)	
Freddy Elías Góndola Smith (PAN)	18.09.1995	14	(1)	4
José Antonio Iré Sojo Peralez	18.05.1994	4	(3)	1
Elioscar Alejandro Lizardo Barrio	21.08.1993		(4)	
Armando Rafael Maita Urbáez	26.08.1981	9	(5)	2
Ángel Arturo Osorio Meza	02.01.1990	4	(5)	1
Romer Emir Rojas Ordosgoitti	03.07.1992		(7)	
Jolvis Enrique Sosa Rodríguez	17.01.2000	3	(8)	1
Isaias Alberto Véliz Álvarez	19.02.1997		(2)	
Trainer:				
Jesús Alonso Cabello Rojas [from	12.11.1982	16		

ZAMORA FÚTBOL CLUB BARINAS
Foundation date: February 2, 1977
Address: Barinas 5201, Estado Barinas
Stadium: Estadio „Agustín Tovar", Barinas – Capacity: 27,500

THE SQUAD

	DOB	M	(s)	G
Goalkeepers:				
Luis Enrique Romero Durán	16.11.1990	3		
Daniel Eduardo Valdés Guerrero	09.04.1985	11		
Defenders:				
Carlos Enrique Castro Abreu	04.12.1986	5	(1)	
Jorge Enrique Davidson Muñoz	10.10.2001	2	(3)	
Kevin Eduardo De la Hoz Morys	15.07.1998	7	(1)	
Jorge Ignacio González Barón (URU)	22.12.1983	12		1
Marcel Daniel Guaramato García	02.11.1993	12	(1)	
Yehova Hernando Osorio Paredes	15.11.2002	3	(5)	1
Luis Alejandro Rangel Molina	29.09.2001	8		
Layneker Evelio Zafra Martínez	23.05.1986	10		
Midfielders:				
Leomar David Mosquera Niño	18.05.2001	1	(6)	
Maikol Julián Quintero Mora	04.11.1998	12	(2)	
Pedro Antonio Ramírez Paredes	24.08.1992	10	(1)	
Duván Rodríguez Urango	05.05.1996	3	(8)	
Gustavo Adolfo Rojas Rocha	14.01.1982	10	(3)	1
José Daniel Soto Montero	18.05.1994	4	(6)	
Sergio Luis Sulbarán García	21.02.1998		(5)	
Romeri Isidro Villamizar Becerra	06.06.1995	1	(5)	
Forwards:				
Manuel Alejandro Arteaga Rubianes	17.06.1994	6	(2)	2
Richard José Figueroa Avilés	04.08.1996	10	(4)	1
Mauricio Isaac Márquez Centeno	20.03.2001	1	(3)	
Darwin Daniel Matheus Tovar	09.04.2001	10	(3)	3
Antonio Madreluis Romero Urquiola	16.01.1997	8	(3)	2
Franxel Ruiz Rivas	23.09.2001		(1)	
José David Serrano Suárez	17.10.2002	5	(7)	3
Trainer:				
José Manuel Rey Cortegoso [24.12.2019-08.12.2020; Sacked]	20.05.1975	13		
Luis Alberto Terán Guzmán [from 09.12.2020]	14.08.1993	1		

ZULIA FÚTBOL CLUB MARACAIBO
Foundation date: January 16, 2005
Address: C.C Montielco, piso 12 oficina 1-2, Maracaibo
Stadium: Estadio Olímpico „José Encarnación 'Pachencho' Romero", Maracaibo – Capacity: 38,000

SECOND LEVEL
Segunda División de Venezuela 2020

Torneo Apertura 2020

Grupo Occidental
1.	Ureña Sport Club	10	7	2	1	16 - 7	23
2.	CD Hermanos Colmenarez Barinas	10	6	2	2	21 - 12	20
3.	Union Local Andina FC Mérida	10	4	3	3	16 - 16	15
4.	Atlético El Vigía FC	10	3	2	5	14 - 16	11
5.	Deportivo JBL del Zulia	10	3	2	5	12 - 16	11
6.	Real Frontera SC San Antonio de Táchira	10	1	1	8	12 - 24	4

Grupo Central-Oriental
1.	Llaneros de Guanare Escuela de Fútbol	10	6	3	1	14 - 8	21
2.	Universidad Central de Venezuela FC Caracas	10	5	4	1	10 - 4	19
3.	Yaracuy FC San Felipe	10	3	4	3	10 - 9	13
4.	Academia Rey Barquisimeto	10	3	3	4	7 - 8	12
5.	Angostura FC Ciudad Bolívar	10	1	5	4	6 - 9	8
6.	Fundación AIFI FC Ciudad Guayana	10	0	5	5	6 - 14	5

Top-2 of each group qualified for the Play-offs.

Play-offs / Eliminatoria de ascenso a Primera División

Semi-Finals [04-08.12.2020]
CD Hermanos Colmenarez Barinas - Llaneros de Guanare Escuela de Fútbol	1-0(1-0)	2-1(0-1)
Universidad Central de Venezuela FC Caracas - Ureña Sport Club	0-0	0-0; 5-3 pen

Final [10.12.2020]
CD Hermanos Colmenarez Barinas - Universidad Central de Venezuela FC   1-0(1-0)

2020 Segunda División de Venezuela champions: **CD Hermanos Colmenarez Barinas**
(promoted to the 2021 Primera División with Universidad Central de Venezuela FC)

NATIONAL TEAM INTERNATIONAL MATCHES (16.07.2020 – 15.07.2021)

09.10.2020	Barranquilla	Colombia - Venezuela	3-0(3-0)	(WCQ)
13.10.2020	Mérida	Venezuela - Paraguay	0-1(0-0)	(WCQ)
13.11.2020	São Paulo	Brazil - Venezuela	1-0(0-0)	(WCQ)
17.11.2020	Caracas	Venezuela - Chile	2-1(1-1)	(WCQ)
03.06.2021	La Paz	Bolivia - Venezuela	3-1(1-1)	(WCQ)
08.06.2021	Caracas	Venezuela - Uruguay	0-0	(WCQ)
13.06.2021	Brasília	Brazil - Venezuela	3-0(1-0)	(CA)
17.06.2021	Goiânia	Colombia - Venezuela	0-0	(CA)
20.06.2021	Rio de Janeiro	Venezuela - Ecuador	2-2(0-1)	(CA)
27.06.2021	Brasília	Venezuela - Peru	0-1(0-0)	(CA)

09.10.2020, 22nd FIFA World Cup, Qualifiers
Estadio Metropolitano "Roberto Meléndez", Barranquilla; Attendance: 0
Referee: Guillermo Enrique Guerrero Alcivar (Ecuador)
COLOMBIA - VENEZUELA   **3-0(3-0)**
VEN: Wuilker Faríñez Aray (23/0), Roberto José Rosales Altuve (81/1) [79.Rolf Günther Feltscher Martínez (24/0)], Wilker José Ángel Romero (25/1), Jhon Carlos Chancellor Cedeño (16/0), Ronald José Hernández Pimentel (16/0), Tomás Eduardo Rincón Hernández (102/1), Jefferson David Savarino Quintero (14/1) [67.Rómulo Otero Vásquez (35/6)], Yangel Clemente Herrera Ravelo (19/2), Darwin Daniel Machís Marcano (24/6) [78.Cristian Sleiker Cásseres Yepes (1/0)], Jhon Eduard Murillo Romaña (30/4) [82.Juan Pablo Añor Acosta (21/1)], Sergio Duvan Córdova Lezama (9/0) [67.Andrés Fabián Ponce Núñez (7/1)]. Trainer: José Vitor dos Santos Peseiro (Portugal, 1).

13.10.2020, 22nd FIFA World Cup, Qualifiers
Estadio Metropolitano de Mérida, Mérida; Attendance: 0
Referee: Andrés José Rojas Noguera (Colombia)
VENEZUELA - PARAGUAY   **0-1(0-0)**
VEN: Wuilker Faríñez Aray (24/0), Roberto José Rosales Altuve (82/1) [77.Ronald José Hernández Pimentel (17/0)], Rolf Günther Feltscher Martínez (25/0), Wilker José Ángel Romero (26/1), Jhon Carlos Chancellor Cedeño (17/0), Tomás Eduardo Rincón Hernández (103/1), Rómulo Otero Vásquez (36/6) [77.Yeferson Julio Soteldo Martínez (17/1)], Yangel Clemente Herrera Ravelo (20/2), Cristian Sleiker Cásseres Yepes (2/0) [89.Eric Kleybel Ramírez Matheus (1/0)], Darwin Daniel Machís Marcano (25/6) [84.Jhon Eduard Murillo Romaña (31/4)], Sergio Duvan Córdova Lezama (10/0) [88.Fernando Luis Aristeguieta de Luca (19/1)]. Trainer: José Vitor dos Santos Peseiro (Portugal, 2).

13.11.2020, 22nd FIFA World Cup, Qualifiers
Estádio "Cícero Pompeu de Toledo" [Morumbi], São Paulo; Attendance: 0
Referee: Juan Gabriel Benítez (Paraguay)
BRAZIL - VENEZUELA   **1-0(0-0)**
VEN: Wuilker Faríñez Aray (25/0), Roberto José Rosales Altuve (83/1) [65.Alexander David González Sibulo (48/1)], Rolf Günther Feltscher Martínez (26/0) [18.Luis Enrique Del Pino Mago (10/1)], Wilker José Ángel Romero (27/1), Yordan Hernando Osorio Paredes (11/0), Tomás Eduardo Rincón Hernández (104/1), Junior Leonardo Moreno Borrero (21/0), Yeferson Julio Soteldo Martínez (18/1) [65.Rómulo Otero Vásquez (37/6)], Cristian Sleiker Cásseres Yepes (3/0), José Salomón Rondón Giménez (81/30), Darwin Daniel Machís Marcano (26/6) [79.Jefferson David Savarino Quintero (15/1)]. Trainer: José Vitor dos Santos Peseiro (Portugal, 3).

580

17.11.2020, 22nd FIFA World Cup, Qualifiers
Estadio Olímpico „Ciudad Universitaria", Caracas; Attendance: 0
Referee: Patricio Loustau (Argentina)
VENEZUELA - CHILE **2-1(1-1)**
VEN: Wuilker Faríñez Aray (26/0), Alexander David González Sibulo (49/1), Wilker José Ángel Romero (28/1), Yordan Hernando Osorio Paredes (12/0), Luis Enrique Del Pino Mago (11/2) [90+1.Óscar Iván Conde Chourio (1/0)], Junior Leonardo Moreno Borrero (22/1), Jefferson David Savarino Quintero (16/1) [70.Yeferson Julio Soteldo Martínez (19/1)], Yangel Clemente Herrera Ravelo (21/2), Cristian Sleiker Cásseres Yepes (4/0) [78.Rómulo Otero Vásquez (38/6)], José Salomón Rondón Giménez (82/31), Darwin Daniel Machís Marcano (27/6) [90+1.Jhon Carlos Chancellor Cedeño (18/0)]. Trainer: José Vitor dos Santos Peseiro (Portugal, 4).
Goals: Luis Enrique Del Pino Mago (9), José Salomón Rondón Giménez (81).

03.06.2021, 22nd FIFA World Cup, Qualifiers
Estadio „Hernándo Siles Reyes", La Paz; Attendance: 0
Referee: Jhon Alexander Ospina Londoño (Colombia)
BOLIVIA - VENEZUELA **3-1(1-1)**
VEN: Joel David Graterol Nader (1/0), Roberto José Rosales Altuve (84/1), Alexander David González Sibulo (50/1) [63.Jefferson David Savarino Quintero (17/1)], Wilker José Ángel Romero (29/1), Jhon Carlos Chancellor Cedeño (19/1), Mikel Villanueva Álvarez (26/2), Tomás Eduardo Rincón Hernández (105/1), Rómulo Otero Vásquez (39/6), Junior Leonardo Moreno Borrero (23/1) [72.José Andrés Martínez Torres (1/0)], Cristian Sleiker Cásseres Yepes (5/0) [79.Jhonder Leonel Cádiz Fernández (3/0)], Fernando Luis Aristeguieta de Luca (20/1) [63.Josef Alexander Martínez Mencia (52/11)]. Trainer: José Vitor dos Santos Peseiro (Portugal, 5).
Goal: Jhon Carlos Chancellor Cedeño (26).

08.06.2021, 22nd FIFA World Cup, Qualifiers
Estadio Olímpico „Ciudad Universitaria", Caracas; Attendance: 0
Referee: Anderson Daronco (Brazil)
VENEZUELA - URUGUAY **0-0**
VEN: Joel David Graterol Nader (2/0), Roberto José Rosales Altuve (85/1) [83.Luis Enrique Del Pino Mago (12/2)], Alexander David González Sibulo (51/1) [84.Rolf Günther Feltscher Martínez (27/0)], Jhon Carlos Chancellor Cedeño (20/1), Mikel Villanueva Álvarez (27/2), Nahuel Adolfo Ferraresi Hernández (4/0), Tomás Eduardo Rincón Hernández (106/1), Rómulo Otero Vásquez (40/6) [75.Cristian Sleiker Cásseres Yepes (6/0)], Junior Leonardo Moreno Borrero (24/1), Jefferson David Savarino Quintero (18/1) [83.Richard Enrique Celis Sánchez (1/0)], Josef Alexander Martínez Mencia (53/11) [79.Jhonder Leonel Cádiz Fernández (4/0)]. Trainer: José Vitor dos Santos Peseiro (Portugal, 6).

13.06.2021, 47th Copa América, Group Stage
Estádio Nacional "Mané Garrincha", Brasília; Attendance: 0
Referee: Esteban Daniel Ostojich Vega (Uruguay)
BRAZIL - VENEZUELA **3-0(1-0)**
VEN: Joel David Graterol Nader (3/0), Alexander David González Sibulo (52/1) [90+2.Ronald José Hernández Pimentel (18/0)], Luis Adrián Martínez Olivo (1/0), Yohán Eduardo Cumana Hernández (1/0), Luis Enrique Del Pino Mago (13/2), Junior Leonardo Moreno Borrero (25/1), Francisco Andrés La Mantia Pipaón (2/0), Bernaldo Antonio Manzano Varón (4/0) [77.Richard Enrique Celis Sánchez (2/0)], José Andrés Martínez Torres (2/0), Cristian Sleiker Cásseres Yepes (7/0) [84.Edson Daniel Castillo García (1/0)], Fernando Luis Aristeguieta de Luca (21/1) [77.Sergio Duvan Córdova Lezama (11/0)]. Trainer: José Vitor dos Santos Peseiro (Portugal, 7).

17.06.2021, 47th Copa América, Group Stage
Estádio Olímpico "Pedro Ludovico", Goiânia (Brazil); Attendance: 0
Referee: Eber Aquino Gaona (Paraguay)
COLOMBIA - VENEZUELA **0-0**
VEN: Wuilker Faríñez Aray (27/0), Alexander David González Sibulo (53/1) [89.Ronald José Hernández Pimentel (19/0)], Luis Adrián Martínez Olivo (2/0), Yohán Eduardo Cumana Hernández (2/0), Luis Enrique Del Pino Mago (14/2), Junior Leonardo Moreno Borrero (26/1), Francisco Andrés La Mantia Pipaón (3/0), Bernaldo Antonio Manzano Varón (5/0) [59.Yangel Clemente Herrera Ravelo (22/2)], José Andrés Martínez Torres (3/0), Cristian Sleiker Cásseres Yepes (8/0) [89.Edson Daniel Castillo García (2/0)], Fernando Luis Aristeguieta de Luca (22/1) [83.Sergio Duvan Córdova Lezama (12/0)]. Trainer: José Vitor dos Santos Peseiro (Portugal, 8).

20.06.2021, 47th Copa América, Group Stage
Estádio Olímpico "Nilton Santos", Rio de Janeiro (Brazil); Attendance: 0
Referee: Roberto Andrés Tobar Vargas (Chile)
VENEZUELA - ECUADOR **2-2(0-1)**
VEN: Wuilker Faríñez Aray (28/0), José Manuel Velázquez Rodríguez (26/3), Alexander David González Sibulo (54/1), Luis Adrián Martínez Olivo (3/0), Yohán Eduardo Cumana Hernández (3/0) [77.Ronald José Hernández Pimentel (20/1)], Luis Enrique Del Pino Mago (15/2), Edson Daniel Castillo García (3/1), Junior Leonardo Moreno Borrero (27/1) [82.Richard Enrique Celis Sánchez (3/0)], José Andrés Martínez Torres (4/0) [77.Jan Carlos Hurtado Anchico (4/0)], Cristian Sleiker Cásseres Yepes (9/0) [82.Bernaldo Antonio Manzano Varón (6/0)], Fernando Luis Aristeguieta de Luca (23/1) [57.Sergio Duvan Córdova Lezama (13/0)]. Trainer: José Vitor dos Santos Peseiro (Portugal, 9).
Goals: Edson Daniel Castillo García (51), Ronald José Hernández Pimentel (90+1).

27.06.2021, 47th Copa América, Group Stage
Estádio Nacional "Mané Garrincha", Brasília (Brazil); Attendance: 0
Referee: Patricio Loustau (Argentina)
VENEZUELA - PERU **0-1(0-0)**
VEN: Wuilker Faríñez Aray (29/0), Roberto José Rosales Altuve (86/1) [69.Alexander David González Sibulo (55/1)], Mikel Villanueva Álvarez (28/2), Luis Enrique Del Pino Mago (16/2), Ronald José Hernández Pimentel (21/1), Nahuel Adolfo Ferraresi Hernández (5/0), Edson Daniel Castillo García (4/1) [69.Yeferson Julio Soteldo Martínez (20/1)], Junior Leonardo Moreno Borrero (28/1), Jefferson David Savarino Quintero (19/1) [59.Rómulo Otero Vásquez (41/6)], Cristian Sleiker Cásseres Yepes (10/0) [59.José Andrés Martínez Torres (5/0)], Sergio Duvan Córdova Lezama (14/0) [78.Jan Carlos Hurtado Anchico (5/0)]. Trainer: José Vitor dos Santos Peseiro (Portugal, 10).

NATIONAL TEAM PLAYERS 2020/2021			
Name [Club 2020/2021] *(Caps and goals at 15.07.2021)*	DOB	Caps	Goals

Goalkeepers

Wuilker FARÍÑEZ Aray *[2020/2021: Racing Club Lens (FRA)]*	15.02.1998	29	0
Joel David GRATEROL Nader *[2021: SAD América de Cali (COL)]*	13.02.1997	3	0

Defenders

Wilker José ÁNGEL Romero *[2020/2021: FK Akhmat Grozny (RUS)]*	18.03.1993	29	1
Jhon Carlos CHANCELLOR Cedeño *[2020/2021: Brescia Calcio (ITA)]*	02.01.1992	20	1
Óscar Iván CONDE Chourio *[2020: Academia Puerto Cabello]*	06.06.2002	1	0
Yohán Eduardo CUMANA Hernández *[2021: Deportivo La Guaira Caracas]*	08.03.1996	3	0
Luis Enrique DEL PINO Mago *[2020/2021: Club Universidad de Chile Santiago (CHI)]*	15.09.1994	16	2
Rolf Günther FELTSCHER Martínez *[2020: Los Angeles Galaxy (USA); 01.01.2021-> Würzburger Kickers (GER)]*	06.10.1990	27	0
Nahuel Adolfo FERRARESI Hernández *[2021: Moreirense FC (POR)]*	19.11.1998	5	0
Alexander David GONZÁLEZ Sibulo *[2020: FC Dinamo București (ROU); 04.01.2021-> Málaga CF (ESP)]*	13.09.1992	55	1
Ronald José HERNÁNDEZ Pimentel *[2020: Aberdeen FC (SCO); 18.02.2021-> Atlanta United FC (USA)]*	26.06.1997	21	1
Francisco Andrés LA MANTIA Pipaón *[2021: Deportivo La Guaira Caracas]*	24.02.1996	3	0
Luis Adrián MARTÍNEZ Olivo *[2021: Deportivo La Guaira Caracas]*	14.07.1993	3	0
Yordan Hernando OSORIO Paredes *[2020: Parma Calcio 1913 (ITA)]*	10.05.1994	12	0
Roberto José ROSALES Altuve *[2020/2021: CD Leganés (ESP)]*	20.11.1988	86	1
José Manuel VELÁZQUEZ Rodríguez *[2021: FC Arouca (POR)]*	08.09.1990	26	3
Mikel VILLANUEVA Álvarez *[2021: CD Santa Clara Ponta Delgada (POR)]*	14.04.1993	28	2

Midfielders

Juan Pablo AÑOR Acosta *[2020: Málaga CF (ESP)]*	24.01.1994	21	1
Edson Daniel CASTILLO García *[2021: Caracas FC]*	18.05.1994	4	1
Cristian Sleiker CÁSSERES Yepes *[2020/2021: New York Red Bulls (USA)]*	20.01.2000	10	0
Yangel Clemente HERRERA Ravelo *[2020/2021: Granada CF (ESP)]*	07.01.1998	22	2
Bernaldo Antonio MANZANO Varón *[2021: ACD Lara Cabudare]*	02.07.1990	6	0
José Andrés MARTÍNEZ Torres *[2021: Philadelphia Union (USA)]*	07.08.1994	5	0
Junior Leonardo MORENO Borrero *[2020/2021: Washington DC United (USA)]*	20.07.1993	28	1
Jhon Eduard MURILLO Romaña *[2020/2021: CD Tondela (POR)]*	21.11.1995	31	4
Rómulo OTERO Vásquez *[2020/2021: SC Corinthians Paulista São Paulo (BRA)]*	09.11.1992	41	6
Tomás Eduardo RINCÓN Hernández *[2020/2021: Torino FC (ITA)]*	13.01.1988	106	1
Jefferson David SAVARINO Quintero *[2020/2021: Clube Atlético Mineiro Belo Horizonte (BRA)]*	11.11.1996	19	1
Yeferson Julio SOTELDO Martínez *[2020: Santos FC (BRA); 24.04.2021-> Toronto FC (CAN)]*	30.06.1997	20	1

Forwards

Fernando Luis ARISTEGUIETA de Luca *[2020/2021: Mazatlán FC (MEX)]*	09.04.1992	23	1
Jhonder Leonel CÁDIZ Fernández *[2021: Nashville SC (USA)]*	29.07.1995	4	0
Richard Enrique CELIS Sánchez *[2021: Caracas FC]*	23.04.1996	3	0
Sergio Duvan CÓRDOVA Lezama *[2020/2021: DSC Arminia Bielefeld (GER)]*	09.08.1997	14	0
Jan Carlos HURTADO Anchico *[2021: Red Bull Bragantino (BRA)]*	05.03.2000	5	0
Darwin Daniel MACHÍS Marcano *[2020/2021: Granada CF (ESP)]*	07.02.1993	27	6
Josef Alexander MARTÍNEZ Mencia *[2021: Atlanta United FC (USA)]*	19.05.1993	53	11
Andrés Fabián PONCE Núñez *[2020: FK Akhmat Grozny (RUS)]*	11.11.1996	7	1
Eric Kleybel RAMÍREZ Matheus *[2020: FC DAC Dunajská Streda (SVK)]*	20.11.1998	1	0
José Salomón RONDÓN Giménez *[2020: Dalian Yifang FC (CHN)]*	16.09.1989	82	31

National coach

JOSÉ Vitor dos Santos PESEIRO (Portugal) [from 04.02.2020]	04.04.1960	10 M; 1 W; 3 D; 6 L; 5-15

SOUTH AMERICAN FOOTBALLER OF THE YEAR 2020

The „South American Footballer of the Year" award is given to the best South American football player currently active in South America or Mexico. It was created in 1971 and was awarded until 1992 by the Venezuelan newspaper „El Mundo", the awards between 1971 and 1985 counted as official. Since 1986, the official award is made by Uruguayan newspaper „El País", they choose each year the best South American Player: „Rey del Fútbol de América". The same newspaper choose since 1986 the „South American Coach of the Year" too.

The „2020 South American Footballer of the Year" award, was won for the first time by Brazilian forward Mário Sérgio Santos Costa "Marinho" (Santos FC). The winner earned 80 votes. Argentinian midfielder Ignacio Martín Fernández (Clube Atlético Mineiro Belo Horizonte / Brazil) and Paraguayan defender Gustavo Raúl Gómez Portillo (SE Palmeiras São Paulo / Brazil) came in second and third in the voting with 59 and 57 votes, respectively.

The „2020 South American Coach of the Year" was awarded for the third consecutive time to Marcelo Daniel Gallardo, coach of Argentinian club CA River Plate Buenos Aires.

All „South American Player of the Year" winners since 1971

Year	Player	Club	Country
1971	Eduardo Gonçalves de Andrade „Tostão"	Cruzeiro EC Belo Horizonte	Brazil
1972	Teófilo Juan Cubillas Arizaga	Club Alianza Lima	Peru
1973	Edson Arantes do Nascimento „Pelé"	Santos FC	Brazil
1974	Elías Ricardo Figueroa Brander	SC Internacional Porto Alegre (BRA)	Chile
1975	Elías Ricardo Figueroa Brander	SC Internacional Porto Alegre (BRA)	Chile
1976	Elías Ricardo Figueroa Brander	SC Internacional Porto Alegre (BRA)	Chile
1977	Arthur Antunes Coimbra „Zico"	CR Flamengo Rio de Janeiro	Brazil
1978	Mario Alberto Kempes	CF Valencia (ESP)	Argentina
1979	Diego Armando Maradona	AA Argentinos Juniors	Argentina
1980	Diego Armando Maradona	AA Argentinos Juniors	Argentina
1981	Arthur Antunes Coimbra „Zico"	CR Flamengo Rio de Janeiro	Brazil
1982	Arthur Antunes Coimbra „Zico"	CR Flamengo Rio de Janeiro	Brazil
1983	Sócrates Brasileiro Sampaio de Souza Vieira de Oliveira	SC Corinthians Paulista São Paulo	Brazil
1984	Enzo Francescoli Uriarte	CA River Plate Buenos Aires (ARG)	Uruguay
1985	Julio César Romero	Fluminense FC Rio de Janeiro (BRA)	Paraguay
1986	Antonio Alzamendi Casas	CA River Plate Buenos Aires (ARG)	Uruguay
1987	Carlos Alberto Valderrama Palacio	Asociación Deportivo Cali	Colombia
1988	Ruben Wálter Paz Márquez	Racing Club de Avellaneda (ARG)	Uruguay
1989	José Roberto Gama de Oliveira „Bebeto"	CR Vasco da Gama Rio de Janeiro	Brazil
1990	Raúl Vicente Amarilla Vera	Club Olimpia Asunción	Paraguay
1991	Oscar Alfredo Ruggeri	CA Vélez Sarsfield	Argentina
1992	Raí Souza Vieira de Oliveira	São Paulo FC	Brazil

Year	Player	Club	Country
1993	Carlos Alberto Valderrama Palacio	CD Atlético Junior Barranquilla	Colombia
1994	Marcos Evangelista de Moraes „Cafu"	São Paulo FC	Brazil
1995	Enzo Francescoli Uriarte	CA River Plate Buenos Aires (ARG)	Uruguay
1996	José Luis Félix Chilavert González	CA Vélez Sarsfield (ARG)	Paraguay
1997	José Marcelo Salas Melinao	CA River Plate Buenos Aires (ARG)	Chile
1998	Martín Palermo	CA Boca Juniors Buenos Aires	Argentina
1999	Javier Pedro Saviola Fernández	CA River Plate Buenos Aires	Argentina
2000	Romário de Souza Faria	CR Vasco da Gama Rio de Janeiro	Brazil
2001	Juan Román Riquelme	CA Boca Juniors Buenos Aires	Argentina
2002	José Saturnino Cardozo Otazú	Deportivo Toluca FC (MEX)	Paraguay
2003	Carlos Alberto Tévez	CA Boca Juniors Buenos Aires	Argentina
2004	Carlos Alberto Tévez	CA Boca Juniors Buenos Aires	Argentina
2005	Carlos Alberto Tévez	SC Corinthians Paulista São Paulo (BRA)	Argentina
2006	Matías Ariel Fernández Fernández	CSD Colo-Colo Santiago	Chile
2007	Salvador Cabañas Ortega	Club América Ciudad de México (MEX)	Paraguay
2008	Juan Sebastián Verón	Club Estudiantes de La Plata	Argentina
2009	Juan Sebastián Verón	Club Estudiantes de La Plata	Argentina
2010	Andrés Nicolás D'Alessandro	SC Internacional Porto Alegre (BRA)	Argentina
2011	Neymar da Silva Santos Júnior	Santos FC	Brazil
2012	Neymar da Silva Santos Júnior	Santos FC	Brazil
2013	Ronaldo de Assis Moreira „Ronaldinho"	Clube Atlético Mineiro Belo Horizonte	Brazil
2014	Teófilo Antonio Gutiérrez Roncancio	CA River Plate Buenos Aires	Colombia
2015	Carlos Andrés Sánchez Arcosa	CA River Plate Buenos Aires	Uruguay
2016	Miguel Ángel Borja Hernández	SE Palmeiras São Paulo (BRA)	Colombia
2017	Luan Guilherme de Jesus Vieira	Grêmio Foot-Ball Porto Alegrense	Brazil
2018	Gonzalo Nicolás Martínez	CA River Plate Buenos Aires	Argentina
2019	Gabriel Barbosa Almeida	CR Flamengo Rio de Janeiro	Brazil
2020	**Mário Sérgio Santos Costa "Marinho"**	Santos FC	Brazil

All „South American Coach of the Year" winners since 1986

Year	Coach	Club/National Team	Country
1986	Dr. Carlos Salvador Bilardo	Argentina	Argentina
1987	Dr. Carlos Salvador Bilardo	Argentina	Argentina
1988	Roberto Fleitas	Club Nacional de Football Montevideo	Uruguay
1989	Sebastião Barroso Lazaroni	Brazil	Brazil
1990	Luis Alberto Cubilla Almeida	Club Olimpia Asunción (PAR)	Uruguay
1991	Alfredo „Alfio"Rubén Basile	Argentina	Argentina
1992	Telê Santana da Silva	São Paulo FC	Brazil
1993	Francisco Maturana	Colombia	Colombia
1994	Carlos Arcecio Bianchi	CA Vélez Sarsfield	Argentina
1995	Héctor Núñcz Bello	Uruguay	Uruguay
1996	Hernán Darío Gómez	Colombia	Colombia
1997	Daniel Alberto Passarella	Argentina	Argentina
1998	Carlos Arcecio Bianchi	CA Boca Juniors Buenos Aires	Argentina
1999	Luiz Felipe Scolari	SE Palmeiras São Paulo	Brazil
2000	Carlos Arcecio Bianchi	CA Boca Juniors Buenos Aires	Argentina
2001	Carlos Arcecio Bianchi	CA Boca Juniors Buenos Aires	Argentina
2002	Luiz Felipe Scolari	Brazil	Brazil
2003	Carlos Arcecio Bianchi	CA Boca Juniors Buenos Aires	Argentina
2004	Luis Fernando Montoya Soto	CD Once Caldas Manizales	Colombia
2005	Aníbal Ruiz	Paraguay	Uruguay
2006	Claudio Daniel Borghi	CSD Colo-Colo Santiago (CHI)	Argentina
2007	Gerardo Daniel Martino	Paraguay	Argentina
2008	Edgardo Bauza	LDU de Quito (ECU)	Argentina
2009	Marcelo Alberto Bielsa Caldera	Chile	Argentina
2010	Óscar Wáshington Tabárez Silva	Uruguay	Uruguay
2011	Óscar Wáshington Tabárez Silva	Uruguay	Uruguay
2012	José Néstor Pekerman	Colombia	Argentina
2013	José Néstor Pekerman	Colombia	Argentina
2014	José Néstor Pekerman	Colombia	Argentina
2015	Jorge Luis Sampaoli Moya	Chile	Argentina
2016	Reinaldo Rueda Rivera	Club Atlético Nacional Medellín	Colombia
2017	Adenor Leonardo Bacchi „Tite"	Brazil	Brazil
2018	Marcelo Daniel Gallardo	CA River Plate Buenos Aires	Argentina
2019	Marcelo Daniel Gallardo	CA River Plate Buenos Aires	Argentina
2020	**Marcelo Daniel Gallardo**	CA River Plate Buenos Aires	Argentina